HSK 4급 합격을 위한 **나의 다짐**

HSK 4급 목표 점수 _____ 점 / 300점
HSK 4급 학습 기간 ___ 월 ___ 일까지

교재p.18~19에 있는 **학습플랜을 활용하여**
매일매일 정해진 분량의 학습량으로 **HSK 4급을 준비**해보세요.

30일 학습플랜

중국어 학습 기간이 3개월 미만이면서 HSK 4급 도전이 처음인 학습자에게 추천!

1주	2주	3주	4주	5주	6주
필수 어법 ▶ 가장 취약하기 쉬운 듣기/쓰기 ▶ 독해 학습					실전모의고사 마무리

20일 학습플랜

중국어 학습 기간이 3개월 이상이거나 HSK 3급을 취득한 경험이 있는 학습자에게 추천!

1주	2주	3주	4주
필수 어법 ▶ 듣기는 매일, 독해/쓰기는 격일 학습			실전모의고사 마무리

HSK 4급 200% 활용법 확인하기 ➡

해커스 [중국어] HSK4급 한 권으로 합격 200% 활용법!

교재 무료 MP3 [학습용 / 문제별 분할(듣기·독해·쓰기) / 고사장 소음 버전 / 핵심어휘집]

방법 1 해커스중국어(china.Hackers.com) 접속 후 로그인 ▶
페이지 상단 [교재/MP3 → 교재 MP3/자료] 클릭 ▶ 본 교재 선택 후 이용하기

방법 2 [해커스 ONE] 앱 다운로드 후 로그인 ▶ 좌측 상단에서 [중국어] 선택 ▶
페이지 상단 [교재·MP3] 클릭 ▶ 본 교재 선택 후 이용하기

▲ [해커스 ONE]
앱 다운받기

HSK 1-4급 필수어휘 1200 & 듣기 예제 병음북 [PDF+MP3]

이용방법 해커스중국어(china.Hackers.com) 접속 후 로그인 ▶
페이지 상단 [교재/MP3 → 교재 MP3/자료] 클릭 ▶ 본 교재 선택 후 이용하기

무료 HSK 4급 받아쓰기 & 쉐도잉 프로그램

이용방법 해커스중국어(china.Hackers.com) 접속 후 로그인 ▶
페이지 상단 [iBT 학습하기 → HSK 받아쓰기&쉐도잉] 클릭 ▶ 본 교재 선택 후 이용하기

해커스 HSK 4급 IBT 쓰기 트레이너

이용방법 해커스중국어(china.Hackers.com) 접속 후 로그인 ▶
페이지 상단 [iBT 학습하기 → HSK iBT 쓰기 트레이너] 클릭 ▶ 교재 구매 인증 코드 입력 후 이용하기

본 교재 인강 30% 할인쿠폰

C43CAF6BE523845A * 쿠폰 유효기간: 쿠폰 등록 후 30일

▲ 쿠폰 등록하기

이용방법 해커스중국어(china.Hackers.com) 접속 후 로그인 ▶ 나의강의실 ▶ 내 쿠폰 확인하기 ▶ 쿠폰번호 등록

* 해당 쿠폰은 HSK 4급 단과 강의 구매 시 사용 가능합니다.
* 이외 쿠폰 관련 문의는 해커스중국어 고객센터(02-537-5000)으로 연락 바랍니다.

해커스 중국어 HSK 4급

한 권으로 합격

해커스

HSK 최신 출제 경향을 완벽 반영한

해커스 HSK 4급
한 권으로 합격
전면개정 신간을 내면서

그동안 <해커스 HSK 4급 한 권으로 합격> 교재가 베스트셀러 자리를 지킬 수 있었던 것은, 수험생 여러분의 시험 합격, 나아가 중국어 실력 향상을 위한 끊임없는 고민을 교재에 담아 냈고, 그러한 고민과 노력의 결실이 수험생 여러분께 닿을 수 있기 때문이었습니다.

이제 해커스 HSK 연구소는, 최근 지속적으로 변화하고 있는 HSK 4급을 학습자들이 충분히 대비하고 단기간에 합격하는데 도움을 드리고자, HSK 4급의 최신 출제 경향을 철저히 분석하여 완벽하게 반영한 <해커스 HSK 4급 한 권으로 합격> 전면개정 신간을 출간하게 되었습니다.

HSK 4급 최신 출제 경향을 철저히 반영한 교재!

단기간에 HSK4급을 합격할 수 있도록 해커스의 HSK 시험 전문 연구진들이 최신 기출 유형과 출제 경향을 심도 있게 분석하여 교재 전반에 철저하게 반영하였습니다.

기본에서 실전까지 한 달 완성!

HSK 4급 듣기, 독해, 쓰기 영역의 핵심 내용을 <합격비책>으로 학습하고, 실전모의고사 3회분으로 실전 감각을 익힐 수 있게 하였습니다. 한 달이면 개념 이해부터 실전 문제 풀이까지 충분히 가능합니다.

상세한 해설을 통해 이해를 돕는 교재!

문제풀이 스텝을 적용한 상세한 해설, 자연스럽지만 직역에 가까운 해석, 사전이 필요 없는 상세한 어휘 정리로 효율적인 학습이 가능하도록 하였습니다.

쓰기 영역을 완벽히 대비할 수 있는 교재!

쓰기 영역의 관건은 어법의 이해라 할 수 있습니다. <해커스 HSK 4급 한 권으로 합격>에서는 학습자들이 기초 어법부터 탄탄히 다져 문장을 정확하게 완성할 수 있는 실력을 쌓을 수 있게 하였고, 다양한 문장 템플릿으로 쓰기 작문에 완벽히 대비할 수 있도록 하였습니다.

<해커스 HSK 4급 한 권으로 합격> 전면개정 신간이 여러분의 단기 합격에 튼튼한 발판이 되고 중국어 실력 향상은 물론, 여러분의 꿈을 향한 길에 믿음직한 동반자가 되기를 바랍니다.

CONTENTS

듣기

제1부분 [일치·불일치 판단하기]

제2,3부분 대화 [대화 듣고 질문에 답하기]

제3부분 단문 [단문 듣고 질문에 답하기]

독해

제1부분 [빈칸 채우기]

제2부분 [순서 배열하기]

제3부분 [지문 읽고 문제 풀기]

쓰기

제1부분 [제시된 어휘로 문장 완성하기]

제2부분 [제시된 어휘로 사진에 대한 문장 만들기]

실전모의고사

실전모의고사 1

실전모의고사 2

실전모의고사 3

 • 해설집 [책 속의 책]

 • HSK 4급 핵심어휘집 [별책]

 • 학습용/문제별 분할/고사장 소음 버전 MP3
독해·쓰기 MP3 / 핵심어휘집 MP3

 • HSK 1-4급 필수어휘 1200 PDF&MP3
듣기 예제 병음북 PDF

 • HSK 4급 받아쓰기&쉐도잉 프로그램
해커스 HSK IBT 쓰기 트레이너

* 모든 MP3/PDF 파일과 학습용 프로그램은 해커스중국어 사이트
(china.Hackers.com)에서 무료로 이용 가능합니다.

<해커스 HSK 4급 한 권으로 합격>이 제시하는

최단 기간 합격 비법!

❀ HSK 4급 최신 출제 경향 및 문제풀이 스텝을 익힌다!

🔍 영역·부분별 최신 출제 경향 파악하기!

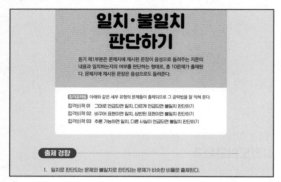

HSK 4급에서 자주 출제되는 문제 유형, 주제, 질문 등의 출제 경향을 영역·부분별로 철저하게 분석하여 정리하였습니다.

⌐ 문제풀이 스텝 익히기!

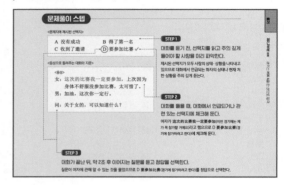

각 부분별로 가장 효과적인 문제풀이 스텝을 수록하였습니다. 실제 시험장에서 적용 가능한 스텝별 문제풀이 전략을 익힘으로써 실전에 효과적으로 대비할 수 있습니다.

🔑 합격비책으로 문제 유형과 핵심전략 학습하기!

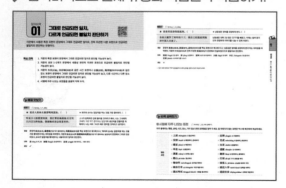

각 부분에서 출제되는 문제 유형을 체계적으로 정리하여 합격비책으로 구성하였습니다. 각 합격비책에서는 문제풀이를 위한 필수 핵심전략을 제시하여 전략적인 학습이 가능합니다.

≔ 예제로 문제풀이 스텝 바로 적용하기!

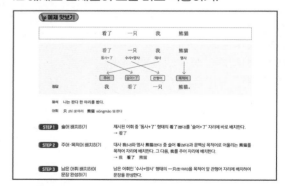

각 합격비책에는 최신 시험 유형과 동일한 유형의 문제를 예제로 제공하여, 문제풀이 스텝을 실제 문제풀이에 적용하는 방법을 보다 빠르고 쉽게 이해할 수 있도록 하였습니다.

❋ 기본기와 실전 감각을 동시에 쌓는다!

💡 핵심 표현 꼼꼼히 암기하기!

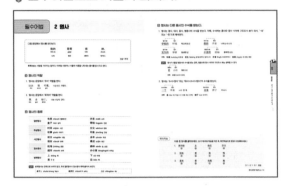

각 영역·부분별로 문제풀이에 꼭 필요한 핵심 표현들을 정리 및 제공하여, 듣기·독해·쓰기 각 영역 정복을 위해 꼭 암기해야 하는 어휘 및 표현을 집중 암기할 수 있도록 하였습니다.

💡 필수어법으로 기본기 다지기!

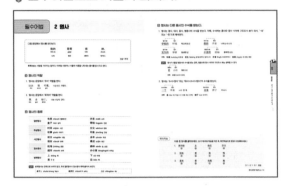

문제풀이에 꼭 필요한 핵심어법을 이해하기 쉽게 정리하였습니다. 어법 실력이 점수를 좌우하는 쓰기 영역뿐만 아니라, 전 영역에 걸친 전반적인 중국어 실력 향상에 큰 도움이 될 것입니다.

📋 실전연습문제 & 실전테스트로 실력 굳히기!

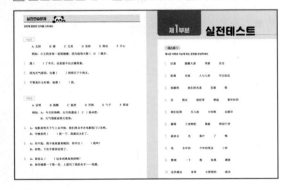

각 합격비책에서 학습한 내용을 탄탄하게 복습할 수 있도록 실전연습문제를 구성하였습니다. 또한 각 부분의 학습을 마무리한 후에는 실전테스트를 통해 모든 유형의 실전 문제들을 풀어봄으로써, 앞서 학습한 내용을 적용하고 실전에 대비할 수 있도록 하였습니다.

📋 실전모의고사 3회분으로 실전 감각 극대화하기!

최종적으로 실전모의고사 3회분을 풀어봄으로써 실전 감각을 키우고, 자신의 실력도 정확히 예측해 볼 수 있습니다. 이로써 학습자들은 실제 시험에서도 당황하지 않고 마음껏 실력을 발휘할 수 있습니다.

최단 기간 합격 비법!

❋ 상세한 해설로 문제풀이 실력을 극대화한다!

🎧 듣기 해설로 직청직해 실력 키우기!

문제의 스크립트와 정답, 해석을 모두 수록하였으며, 문제풀이 스텝을 기반으로 한 실제 시험장에서 바로 적용 가능한 해설을 수록하였습니다. 또한 정답의 단서가 되는 부분 뿐만 아니라 오답에 대한 설명까지 상세하게 수록하여 오답이 왜 오답인지를 충분히 이해할 수 있도록 하였습니다.

📖 독해 해설로 문제풀이 시간 단축하기!

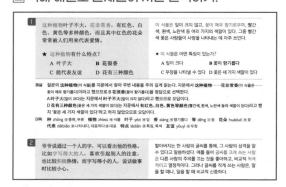

독해 문제풀이 시간을 가장 효과적으로 단축할 수 있는 전략을 적용한 해설을 제공하였습니다. 또한 자연스럽지만 직역에 가까운 해석을 수록하여 해석을 통해서도 중국어 문장의 구조를 이해할 수 있도록 하였습니다. 지문에 사용된 대부분의 어휘를 상세히 정리해 두어 사전을 찾아볼 필요 없이 효율적으로 학습할 수 있습니다.

✏️ 쓰기 제1부분 해설로 문장 구조 완벽 이해하기!

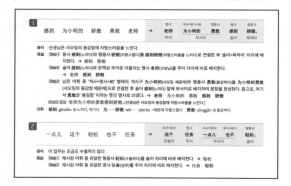

한눈에 확인 가능한 문장 완성 도식을 통해 문장 완성 원리를 쉽게 이해할 수 있도록 구성하였으며, 문장 완성 방법을 단계적으로 차근차근 해설하여, 문장을 정확하게 완성할 수 있도록 하였습니다.

✏️ 쓰기 제2부분 문장 템플릿으로 작문 고민 해결!

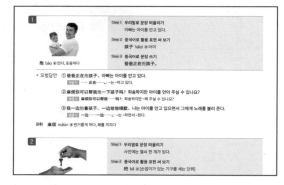

중국어 문장을 쉽게 작문할 수 있도록 다양한 문장 템플릿을 수록하여 4급 학습자들이 어려워하는 쓰기 제2부분을 전략적으로 대비할 수 있게 하였습니다.

✿ 해커스만의 노하우가 담긴 학습 자료를 활용한다!

📖 HSK 4급 핵심어휘집 & MP3

각 영역별 빈출 표현 및 어휘, 쓰기 제2부분 모범답안을 학습할 수 있도록 구성하였으며, 시험장까지 가져갈 수 있도록 별책으로 제공하였습니다. 또한, 해커스중국어(china.Hackers.com)에서 무료로 제공하는 MP3와 함께 학습하면 더욱 효과적으로 어휘와 표현을 암기할 수 있습니다.

🎧 학습용&문제별 분할&고사장 소음 버전 MP3

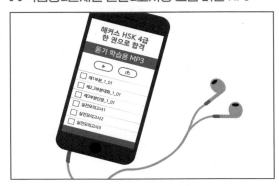

MP3 음원이 필수인 듣기 영역 뿐만 아니라 독해, 쓰기 영역도 MP3 음원을 제공하여 듣기 실력을 극대화할 수 있습니다. 실전모의고사 고사장 소음 버전 MP3로 실제 시험장에서 시험을 치는 것처럼 연습할 수 있습니다.

(모든 MP3는 '해커스 MP3 플레이어' 앱을 통해 0.5~2.0배까지 0.05배속 단위로 원하는 배속을 선택하여 들을 수 있습니다.)

🎧 HSK 1~4급 필수어휘 1200 PDF&MP3

출제기관에서 공식 지정한 HSK 1~4급 필수어휘 1200개를 PDF로 구성하였습니다. 또한, 무료로 제공하는 MP3를 들으면서 어휘 암기 효과를 극대화할 수 있도록 하였습니다.

🖥 IBT 시험까지 대비 가능한 온라인 서비스 프로그램

IBT

HSK 4급 받아쓰기&쉐도잉 프로그램을 통해 직청직해 능력을 키울 수 있고, 해커스 HSK IBT 쓰기 트레이너를 통해 쓰기 제2부분의 모범답안을 실제 IBT 시험처럼 입력해보는 연습을 할 수 있어 IBT시험을 완벽 대비할 수 있습니다.

(모든 온라인 서비스 프로그램은 해커스중국어(china.Hackers.com)에서 무료로 이용하실 수 있습니다.)

HSK 소개

✿ HSK란?

汉语水平考试(중국어 능력시험)의 한어병음인 Hànyǔ Shuǐpíng Kǎoshì의 앞글자를 딴 것으로, 제1언어가 중국어가 아닌 사람이 실생활에서 운용하는 중국어 능력을 평가하기 위해 만들어진 중국 정부 유일의 국제 중국어 능력 표준화 고시이다.

✿ HSK의 용도

· 국내외 대학(원) 및 특목고 입학·졸업 시 평가 기준
· 중국정부장학생 선발 기준
· 각급 업체 및 기관의 채용·승진을 위한 평가 기준

✿ HSK의 시험 방식

· HSK PBT(Paper-Based Test) : 시험지와 OMR 답안지로 진행하는 지필시험
· HSK IBT(Internet-Based Test) : 컴퓨터로 진행하는 시험
  ※ PBT와 IBT시험 성적은 효력이 동일하다.

✿ HSK의 급수 구성

· HSK는 급수별로 응시할 수 있다.
· HSK에서 각 급수별로 요구되는 어휘량은 다음과 같다.

HSK 급수		어휘량
어려움	HSK 6급	5,000개 이상 (6급 2,500개, 1~5급 2,500개)
	HSK 5급	2,500개 이상 (5급 1,300개, 1~4급 1,200개)
	HSK 4급	1,200개 이상 (4급 600개, 1~3급 600개)
	HSK 3급	600개 이상 (3급 300개, 1~2급 300개)
	HSK 2급	300개 이상 (2급 150개, 1급 150개)
쉬움	HSK 1급	150개 이상

※ HSK, 접수부터 성적 확인까지!

1 HSK 접수

1. 인터넷 접수

HSK 한국사무국 홈페이지(http://www.hsk.or.kr)에서 홈페이지 좌측의 [PBT] 또는 [IBT]를 클릭한 후,
홈페이지 중앙의 [인터넷접수]를 클릭하여 접수한다.

- 접수 과정: 인터넷접수 바로가기 → 응시 등급 선택 → 결제방법 선택 → 고시장 선택 → 개인정보 입력
  → 사진 등록 → 내용 확인 및 결제
- 국내 포털 사이트에서 'HSK 접수'로 검색하면 다른 시험센터에서 고사장을 선택하여 접수 가능하다.

2. 우편 접수

구비 서류를 동봉하여 등기우편으로 접수한다.

- 구비 서류: 응시원서(사진 1장 부착), 응시 원서에 부착한 사진 외 1장, 응시비 입금영수증
- 보낼 주소: (06336) 서울시 강남구 강남우체국 사서함 115호 <HSK한국사무국>

3. 방문 접수

준비물을 지참하여 접수처에 방문하여 접수한다.

- 준비물: 응시원서(사진 1장 부착), 응시 원서에 부착한 사진 외 1장, 응시비
- 접수처: 서울 강남구 강남대로92길 31(역삼동 649-8) 민석빌딩 8층 HSK한국사무국
- 접수 시간: 평일 09:00-12:00, 13:00-18:00(토·일요일, 공휴일 휴무)

2 HSK 당일 준비물

 수험표   유효한 신분증    2B연필,지우개   시계

3 HSK 성적 확인

1. 성적 조회

지필시험 성적은 시험일로부터 1개월, IBT시험 성적은 시험일로부터 2주 후 중국고시센터
(http://www.chinesetest.cn/goquery.do)에서 조회가 가능하다.

- 성적 조회 과정: HSK 한국사무국 홈페이지 우측의 [성적조회] 클릭 → 페이지 하단의 [성적조회 바로가기] 클릭
- 입력 정보 : 수험 번호, 성명, 인증 번호
  - * 수험 번호는 [성적 조회] 페이지 하단의 [수험번호 조회]를 클릭한 후, 한글 이름, 생년월일, 핸드폰번호, 시험일자를 입력
    하면 바로 조회 가능하다.

2. 성적표 수령 방법

- 우편 수령 신청자의 경우, 성적표는 시험일로부터 45일 이후 등기우편으로 발송된다.
- 방문 수령 신청자의 경우, 성적표는 시험일로부터 45일 이후, 홈페이지 공지사항에서 해당시험일 성적표 발송공지문을 확인 후,
  신분증을 지참하여 HSK 한국사무국으로 방문하여 수령한다.

3. 성적의 유효 기간

성적은 시험을 본 당일로부터 2년간 유효하다.

✹ HSK 4급 소개

✹ 시험 대상

HSK 4급 시험 대상은 약 4학기 동안 매주 2-4시간씩(총 190~400시간) 중국어를 학습하고, 1200개의 상용어휘와 관련 어법 지식을 마스터한 학습자를 대상으로 한다.

✹ 시험 구성 및 시험 시간

• HSK 4급은 듣기, 독해, 쓰기의 세 영역으로 나뉘며, 총 100문제가 출제된다.

• 듣기 영역의 경우, 듣기 시험 시간이 종료된 후 답안 작성시간 5분이 별도로 주어지며, 독해·쓰기 영역은 별도의 답안 작성시간이 없으므로 해당 영역 시험 시간에 바로 작성해야 한다.

시험 내용		문항 수		시험 시간
듣기	제1부분	10	45	약 30분
	제2부분	15		
	제3부분	20		
듣기 영역에 대한 답안 작성 시간				5분
독해	제1부분	10	40	40분
	제2부분	10		
	제3부분	20		
쓰기	제1부분	10	15	25분
	제2부분	5		
합계		100 문항		약 100분

✹ 합격 기준

• HSK 4급 성적표에는 듣기, 독해, 쓰기 세 영역별 점수와 총점이 기재된다. 영역별 만점은 100점이며, 따라서 총점은 300점 만점이다. 이때, 총점이 180점 이상이면 합격이다.

• 또한 성적표에는 영역별 점수 및 총점을 기준으로 백분율을 제공하고 있어 자신의 점수가 상위 몇 %에 속하는지를 확인할 수 있다.

✳ 학습자들이 궁금해하는 HSK 4급 관련 질문 BEST 5

Q1. HSK 4급에 합격하려면 얼마 동안 어떻게 공부를 해야 할까요?

A. 자신의 현재 수준에 맞는 학습 플랜을 세워 학습하는 것이 중요합니다.

• 자신의 현재 수준에 따라 체계적으로 계획을 세우고 시작하는 것이 매우 중요합니다. <해커스 HSK 4급>의 '나만의 학습 플랜'(p.18) 의 30일과 20일 학습 플랜 중 자신의 수준에 맞는 것을 선택하여 학습하시면, 효과적으로 HSK 시험에 대비할 수 있습니다.

Q2. HSK 4급을 독학으로 합격할 수 있을까요?

A. 독학으로도 HSK 4급에 충분히 합격할 수 있습니다.

• HSK 4급을 혼자서 준비하고자 하는 많은 학습자들을 위해, <해커스 HSK 4급>에서는 영역별, 부분별로 최신 출제 유형을 합격비책 으로 구성하였으며, 체계적인 문제풀이 스텝과 쉽고 상세한 설명을 수록하였습니다. 또한 풍부한 양의 실전문제와 엄선된 부가 학습 자료들을 통해 독학으로도 충분히 HSK 4급에 합격할 수 있습니다.

Q3. HSK IBT로 HSK 4급을 응시하려고 하는데 지필 시험(PBT)과 많이 다른가요?

A. HSK IBT를 대비하는 것 또한 HSK를 대비하는 것과 별반 다르지 않습니다.

• 필기로 진행되는 일반 HSK와 달리, HSK IBT는 컴퓨터로 시험을 응시하는 방식이지만 시험 문제 구성과 난이도는 일반 HSK와 동일 합니다. 따라서 IBT로 응시한다 하더라도 <해커스 HSK 4급>을 통해 기본기와 실전 감각을 쌓는다면 충분히 대비하실 수 있습니다.

• 단, 쓰기 제2부분에서는 키보드로 직접 중국어 문장을 입력하기 위해, 중국어 입력 프로그램인 sogou 프로그램을 다운로드 및 설치 하여 중국어 한자 입력 연습을 해야 합니다. 이를 위해 해커스 HSK IBT 쓰기 트레이너 프로그램으로 쓰기 제2부분의 모범답안을 실 제 IBT 시험처럼 입력해 보는 연습을 해 두시면 시험장에서도 당황하지 않고 시험에 임할 수 있습니다.
(해커스 HSK IBT 쓰기 트레이너 프로그램은 해커스중국어(china.Hackers.com)에서 무료로 이용하실 수 있습니다.)

> ✳ sogou 프로그램 다운로드 / 설치 방법
> <pinyin.sogou.com> 사이트 접속 → 立即下载(즉시 다운로드) 버튼 클릭하여 다운로드 받기 → 설치

Q4. 중국어 초보인데, HSK 4급 응시할 수 있을까요?

A. 중국어 초보라 하더라도 충분히 응시 가능합니다.

• 중국어를 시작한지 얼마 되지 않은 초보라 하더라도, 어느 정도 기초 실력만 쌓으면 충분히 응시할 수 있습니다. <해커스 자동발사 중 국어 첫걸음>(1탄, 2탄)으로 중국어 기초를 다진 후 <해커스 HSK 4급>으로 HSK 4급 시험을 준비하면 중국어 초보라도 단기간에 HSK 4급에 응시하여 합격이 가능합니다.

Q5. HSK 4급을 따려면 단어를 얼마나 외우면 되나요?

A. HSK 4급에서는 1200개의 상용 어휘를 학습해 두어야 합니다.

• HSK 4급은 중국 국가한반에서 제공하는 1200개의 상용어휘를 바탕으로 문제가 구성되므로 1-4급 필수어휘 1200개를 반드시 학 습해두어야 합니다. 이를 위해 <해커스 HSK 4급>에서는 HSK 1-4급 필수어휘 1200개를 PDF와 MP3로 제공하고 있어 언제 어디 서든 어휘를 학습할 수 있습니다.

HSK 4급 영역별 출제 형태

듣기

제1부분　일치·불일치 판단하기

문제풀이 스텝 p.23

◎ 문제지에 제시된 문장이 음성으로 들려주는 지문의 내용과 일치하는지, 일치하지 않는지 판단하는 형태
◎ 총 문항 수: 10문항 (1번-10번)

문제지

> 1. ★ 小西看书看得很仔细。(　　　　　)

음성

> 小西很喜欢看书，而且总是看得很仔细。有时候她还会把自己的想法写在旁边。
>
> ★ 小西看书看得很仔细。

정답 ✓

제2,3부분 대화　대화 듣고 질문에 답하기

문제풀이 스텝 p.39

◎ 제2부분은 남녀가 한 번씩, 제3부분 대화는 남녀가 두 번씩 주고 받는 대화와 질문을 듣고 문제지에서 정답을 고르는 형태
◎ 총 문항 수: 25문항 (제2부분: 11-25번/ 제3부분 대화: 26-35번)

■ 제2부분

문제지

> 11. A 没有成功　　　B 得了第一名　　　C 收到了邀请　　　D 要参加比赛

음성

> 女：这次的比赛我一定要参加，上次因为身体不舒服没参加比赛，太可惜了。
> 男：加油，这次你一定行。
> ···
> 问：关于女的，可以知道什么？

정답 D

■ 제3부분 대화

문제지

> 26. A 花   B 蛋糕   C 巧克力   D 小说

음성

> 女：今天是母亲节，你打算给你妈妈买点儿什么礼物？
> 男：我也不知道我妈妈到底喜欢什么。
> 女：那她有没有喜欢看的小说？你可以给她买一本小说。
> 男：这个主意不错。
>
> ....
>
> 问：女的建议买什么？

정답 D

| 제3부분 단문 | 단문 듣고 질문에 답하기 | 문제풀이 스텝 p.67 |

◎ 단문과 관련된 두 개의 질문을 듣고 문제지에서 정답을 고르는 형태
◎ 총 문항 수: 10문항 (36번-45번)

문제지

> 36. A 去试一试   B 整理材料   C 提出意见   D 与经理见面
> 37. A 脾气很好   B 有自信心   C 态度积极   D 经验丰富

음성

> 第36到37题是根据下面一段话：
>   小天大学毕业后一直没有找到满意的工作。有一天他看到有公司正在招聘，那正好是他很久以前就想进的公司。他觉得自己符合公司提出的所有要求，所以决定去应聘。小天顺利进入那家公司后，经理跟他说，面试时他积极的态度感动了自己。
>
> ....
>
> 36. 看到招聘信息，小天决定做什么？
> 37. 小天能进那家公司的原因是什么？

정답 36. A 37. C

독해

| 제1부분 | 빈칸 채우기 | 문제풀이 스텝 p.89 |

◎ 제시된 6개의 선택지 중 예시 어휘를 제외한 5개의 어휘 중 하나를 골라 문장의 빈칸을 채우는 형태
◎ 서술문(46번-50번) 또는 대화문(51번-55번)의 빈칸을 채우는 형태로 출제
◎ 총 문항 수: 10문항 (46번-55번)

문제지

서술문의 빈칸 채우기

> A 挂　　B 偶尔　　C 表扬　　D 坚持　　E 内容　　F 香
>
> 46. 今天老师（　　　）了他，因为他又取得了全班第一的好成绩。

정답 C

대화문의 빈칸 채우기

> A 估计　　B 乱　　C 温度　　D 占线　　E 举办　　F 详细
>
> 51. A：你现在一个人生活，要是不经常打扫，房间会很（　　　）的。
> 　　B：是啊，但是天天打扫真不容易。

정답 B

| 제2부분 | 순서 배열하기 | 문제풀이 스텝 p.121 |

◎ 제시된 선택지 A, B, C를 문맥에 맞게 순서를 배열하여 하나의 문장을 완성하는 형태
◎ 총 문항 수: 10문항 (56번-65번)

문제지

> 56. A 李老师批评了我
> 　　B 他让我把考试内容再复习一遍
> 　　C 昨天的考试我考得很不好　　　_____

정답 CAB

| 제3부분 | 지문 읽고 문제 풀기 | 문제풀이 스텝 p.137 |

◎ 지문을 읽고 관련된 1개의 질문(66번-79번) 또는 2개의 질문(80번-85번)에 대한 정답을 고르는 형태
◎ 총 문항 수: 20문항 (66번-85번)

문제지

> 66. 我认为给朋友送礼物时要用心，不要只看贵的，而是要选择一些既好用又值得纪念的东西。
>
> ★ 说话人觉得送给朋友的礼物应该是：
>
> A 便宜的　　　B 好看的　　　C 好用的　　　D 特别的

정답 C

쓰기

| 제1부분 | 제시된 어휘로 문장 완성하기 | 문제풀이 스텝 p.151 |

◎ 제시된 4~5개의 어휘를 어순에 맞게 배치하여 하나의 문장을 완성하는 형태
◎ 총 문항 수: 10문항 (86번-95번)

문제지

> 86. 她　　这个　　喜欢　　镜子

정답 她喜欢这个镜子。

| 제2부분 | 제시된 어휘로 사진에 대한 문장 만들기 | 문제풀이 스텝 p.247 |

◎ 제시된 어휘를 사용하여 제시된 사진과 관련된 문장을 작문하는 형태
◎ 총 문항 수: 5문항 (96번-100번)

문제지

→ PBT 시험에서는 흑백으로 보여요!

96.　　　　　　重

모범답안　这个箱子看起来很重。

나만의 학습 플랜

🕐 30일 학습 플랜 중국어 학습 기간이 3개월 미만이면서 HSK 4급 도전이 처음인 학습자

- 필수어법으로 중국어 기본을 다진 후, 가장 취약하기 쉬운 듣기와 쓰기부터 학습한 다음 독해 학습을 추가해 갑니다.
- 30일로 구성된 <HSK 4급 핵심어휘집>을 매일 병행 학습하세요.

	1일	2일	3일	4일	5일
1주	☐ ___월___일 [쓰기] 필수어법 1-5 [핵심어휘집] 01일	☐ ___월___일 [쓰기] 필수어법 6-10 [핵심어휘집] 02일	☐ ___월___일 [쓰기] 필수어법 11-15 [핵심어휘집] 03일	☐ ___월___일 [쓰기] 필수어법 16-20 [핵심어휘집] 04일	☐ ___월___일 [쓰기] 필수어법1-20 복습 [핵심어휘집] 05일
2주	☐ ___월___일 [듣기] 제1부분 합격비책1 [쓰기] 제1부분 합격비책1 [핵심어휘집] 06일	☐ ___월___일 [듣기] 제1부분 합격비책2 [쓰기] 제1부분 합격비책2 [핵심어휘집] 07일	☐ ___월___일 [듣기] 제1부분 합격비책3 [쓰기] 제1부분 합격비책3 [핵심어휘집] 08일	☐ ___월___일 [듣기] 제1부분 실전테스트 [쓰기] 제1부분 합격비책4 [핵심어휘집] 09일	☐ ___월___일 [듣기] 제2,3부분 대화 합격비책1 [쓰기] 제1부분 합격비책5 [핵심어휘집] 10일
3주	☐ ___월___일 [듣기] 제2,3부분 대화 합격비책2 [쓰기] 제1부분 합격비책6 [핵심어휘집] 11일	☐ ___월___일 [듣기] 제2,3부분 대화 합격비책3 [쓰기] 제1부분 합격비책7 [독해] 제1부분 합격비책1 [핵심어휘집] 12일	☐ ___월___일 [듣기] 제2,3부분 대화 합격비책4 [쓰기] 제1부분 합격비책8 [독해] 제1부분 합격비책2 [핵심어휘집] 13일	☐ ___월___일 [듣기] 제2,3부분 대화 합격비책5 [쓰기] 제1부분 합격비책9 [독해] 제1부분 합격비책3 [핵심어휘집] 14일	☐ ___월___일 [듣기] 제2,3부분 대화 실전테스트 [쓰기] 제1부분 합격비책10 [독해] 제1부분 합격비책4 [핵심어휘집] 15일
4주	☐ ___월___일 [듣기] 제3부분 단문 합격비책1 [쓰기] 제1부분 합격비책11 [독해] 제1부분 합격비책5 [핵심어휘집] 16일	☐ ___월___일 [듣기] 제3부분 단문 합격비책2 [쓰기] 제1부분 합격비책12 [독해] 제1부분 실전테스트 [핵심어휘집] 17일	☐ ___월___일 [듣기] 제3부분 단문 합격비책3 [쓰기] 제1부분 합격비책13 [독해] 제2부분 합격비책1 [핵심어휘집] 18일	☐ ___월___일 [듣기] 제3부분 단문 합격비책4 [쓰기] 제1부분 실전테스트 제2부분 필수학습 [독해] 제2부분 합격비책2 [핵심어휘집] 19일	☐ ___월___일 [듣기] 제3부분 단문 실전테스트 [쓰기] 제2부분 합격비책1 [독해] 제2부분 합격비책3 [핵심어휘집] 20일
5주	☐ ___월___일 [듣기] 제1부분 합격비책 MP3 반복 듣기 [쓰기] 제2부분 합격비책2 [독해] 제2부분 합격비책4 [핵심어휘집] 21일	☐ ___월___일 [듣기] 제1부분 실전테스트 MP3 반복 듣기 [쓰기] 제2부분 합격비책3 [독해] 제2부분 실전테스트 [핵심어휘집] 22일	☐ ___월___일 [듣기] 제2,3부분 대화 합격비책 MP3 반복 듣기 [쓰기] 제2부분 합격비책4 [독해] 제3부분 합격비책1 [핵심어휘집] 23일	☐ ___월___일 [듣기] 제2,3부분 대화 실전테스트 MP3 반복 듣기 [쓰기] 제2부분 실전테스트 [독해] 제3부분 합격비책2 [핵심어휘집] 24일	☐ ___월___일 [듣기] 제3부분 단문 합격비책 MP3 반복 듣기 [쓰기] 제1부분 어법 복습 [독해] 제3부분 합격비책3 [핵심어휘집] 25일
6주	☐ ___월___일 [듣기] 제3부분 단문 실전테스트 MP3 반복 듣기 [쓰기] 제2부분 문장 암기 [독해] 제3부분 실전테스트 [핵심어휘집] 26일	☐ ___월___일 **실전모의고사 1** [핵심어휘집] 27일	☐ ___월___일 **실전모의고사 2** [핵심어휘집] 28일	☐ ___월___일 **실전모의고사 3** [핵심어휘집] 29일	☐ ___월___일 **실전모의고사 1~3 복습** [핵심어휘집] 30일

학습 플랜 이용 Tip

- 공부할 날짜를 쓰고, 매일 당일 학습 분량을 공부한 후 박스에 체크해 나가며 목표를 달성해 보세요.
- 60일 동안 천천히 꼼꼼하게 실력을 다지고 싶다면 하루 분량을 2일에 나누어 학습하세요.

🕐 **20일 학습 플랜** 중국어 학습 기간이 3개월 이상이거나 HSK 3급을 취득한 경험이 있는 학습자

- 필수어법으로을 기본을 다진 후, 듣기는 매일, 독해·쓰기는 하루씩 번갈아가며 학습합니다.
- 30일로 구성된 <HSK 4급 핵심어휘집>을 15일 동안은 매일 이틀 분량을, 이후 5일 동안은 헷갈리는 단어 위주로 집중적으로 암기합니다.

	1일	2일	3일	4일	5일
1주	☐ ___월___일 [쓰기] 필수어법 1-10 [핵심어휘집] 01-02일	☐ ___월___일 [쓰기] 필수어법 11-20 [핵심어휘집] 03-04일	☐ ___월___일 [쓰기] 필수어법 1-20 복습 [핵심어휘집] 05-06일	☐ ___월___일 [듣기] 제1부분 합격비책1,2 [독해] 제1부분 합격비책1,2 [핵심어휘집] 07-08일	☐ ___월___일 [듣기] 제1부분 합격비책3 [쓰기] 제1부분 합격비책1~3 [핵심어휘집] 09-10일
2주	☐ ___월___일 [듣기] 제1부분 실전테스트 [독해] 제1부분 합격비책3~5 [핵심어휘집] 11-12일	☐ ___월___일 [듣기] 제2,3부분 대화 합격비책1,2 [쓰기] 제1부분 합격비책4~6 [핵심어휘집] 13-14일	☐ ___월___일 [듣기] 제2,3부분 대화 합격비책3,4 [독해] 제1부분 실전테스트 제2부분 합격비책1~2 [핵심어휘집] 15-16일	☐ ___월___일 [듣기] 제2,3부분 대화 합격비책5 [쓰기] 제1부분 합격비책7~9 [핵심어휘집] 17-18일	☐ ___월___일 [듣기] 제2,3부분 대화 실전테스트 [독해] 제2부분 합격비책3~4 [핵심어휘집] 19-20일
3주	☐ ___월___일 [듣기] 제3부분 단문 합격비책1 [쓰기] 제1부분 합격비책10~13 [핵심어휘집] 21-22일	☐ ___월___일 [듣기] 제3부분 단문 합격비책2 [독해] 제2부분 실전테스트 제3부분 합격비책1 [핵심어휘집] 23-24일	☐ ___월___일 [듣기] 제3부분 단문 합격비책3 [쓰기] 제1부분 실전테스트 제2부분 필수학습 [핵심어휘집] 25-26일	☐ ___월___일 [듣기] 제3부분 단문 합격비책4 [독해] 제3부분 합격비책2,3 [핵심어휘집] 27-28일	☐ ___월___일 [듣기] 제3부분 단문 실전테스트 [쓰기] 제2부분 합격비책1,2 [핵심어휘집] 29-30일
4주	☐ ___월___일 [듣기] 합격비책 복습 [독해] 제3부분 실전테스트 [핵심어휘집] 01-06일 복습	☐ ___월___일 [듣기] 실전테스트 복습 [쓰기] 제2부분 합격비책3,4 제2부분 실전테스트 [핵심어휘집] 07-12일 복습	☐ ___월___일 **실전모의고사 1** [핵심어휘집] 13-18일 복습	☐ ___월___일 **실전모의고사 2** [핵심어휘집] 19-24일 복습	☐ ___월___일 **실전모의고사 3** [핵심어휘집] 25-30일 복습

학습 플랜 이용 Tip

- 공부할 날짜를 쓰고, 매일 당일 학습 분량을 공부한 후 박스에 체크해 나가며 목표를 달성해 보세요.

본교재동영상강의·무료학습자료제공

china.Hackers.com

听力

듣기

제1부분
일치·불일치 판단하기

제2,3부분 대화
대화 듣고 질문에 답하기

제3부분 단문
단문 듣고 질문에 답하기

제1부분

일치·불일치 판단하기

듣기 제1부분은 문제지에 제시된 문장이 음성으로 들려주는 지문의 내용과 일치하는지의 여부를 판단하는 형태로, 총 10문제가 출제된다. 문제지에 제시된 문장은 음성으로도 들려준다.

합격공략법 아래와 같은 세부 유형의 문제들이 출제되므로 그 공략법을 잘 익혀 둔다.

합격비책 01 그대로 언급되면 일치, 다르게 언급되면 불일치 판단하기
합격비책 02 바꾸어 표현이면 일치, 상반된 표현이면 불일치 판단하기
합격비책 03 추론 가능하면 일치, 다른 사실이 언급되면 불일치 판단하기

출제 경향

1. **일치로 판단되는 문제와 불일치로 판단되는 문제가 비슷한 비율로 출제된다.**

   문제지에 제시된 문장이 음성으로 들려주는 지문과 내용이, 일치하는 것으로 판단되는 문제와 불일치로 판단되는 문제가 거의 5:5 비율로 비슷하게 출제되고 있다.

2. **지문을 토대로 문장의 내용을 추론할 수 있어 일치로 판단되는 문제가 자주 출제된다.**

   일치로 판단되는 문제의 경우, 지문의 특정 표현이 문장에서 그대로 또는 의미가 같은 다른 표현으로 바꾸어 언급되는 문제나, 지문을 토대로 문장의 내용을 추론할 수 있는 문제가 출제되는데, 그중 문장의 내용을 추론할 수 있어 일치로 판단되는 문제가 자주 출제된다.

3. **지문의 내용과 전혀 다른 사실이 문장에 언급되어 불일치로 판단되는 문제가 자주 출제된다.**

   불일치로 판단되는 문제의 경우, 지문의 특정 표현이 문장에서 다르게 또는 상반되게 언급되거나, 지문의 내용과 전혀 다른 사실이 문장에서 언급되는 문제가 출제되는데, 그중 전혀 다른 사실이 언급되어 불일치로 판단되는 문제가 자주 출제된다.

문제풀이 스텝

<문제지에 제시된 문장>

★ 小西看书看得很仔细。（ ✓ ）

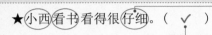

<음성으로 들려주는 지문과 문장>

小西很喜欢看书，而且总是看得很仔细。
有时候她还会把自己的想法写在旁边。

★ 小西看书看得很仔细。

STEP 1

음성을 듣기 전, 문장을 먼저 읽으며 핵심
표현에 체크하고 의미를 파악한다.

문장의 小西(샤오시), 看书(책을 보다), 仔细(꼼꼼하
다)를 핵심 표현으로 체크해 두고, '샤오시는 책을 꼼
꼼하게 본다'라는 의미임을 파악한다.

* 인물/사물 이름, 행동, 상태, 시간, 장소 등을 나타내는 표
현들이 핵심 표현이 될 수 있다.

STEP 2

음성을 들을 때, 문장의 핵심 표현에 유의하
여 내용이 일치하는지의 여부를 판단한다.

지문의 小西(샤오시)와 看书(책을 보다), 看得很仔
细(꼼꼼하게 보다)가 문장에서 그대로 언급되었고, 샤
오시는 책을 꼼꼼하게 본다는 내용이므로 일치로 판
단한다.

해석 해설집 p.2

그대로 언급되면 일치,
다르게 언급되면 불일치 판단하기

바로 듣고 학습하기

지문에서 사용된 특정 표현이 문장에서 그대로 언급되면 일치로, 전혀 무관한 다른 표현으로 언급되면 불일치로 판단하는 유형이다.

핵심 전략

1. 지문의 특정 표현이 문장에서 그대로 언급되면 일치로 판단될 가능성이 높다.

2. 지문의 표현 1~2개가 문장에서 내용상 완전히 무관한 표현으로 언급되면 불일치로 판단될 가능성이 높다.

3. 지문의 今天(오늘), 20分钟(20분)과 같은 시간 표현이나 公园(공원), 海洋馆(아쿠아리움)과 같은 장소 표현이 문장에서 그대로 언급되면 일치로 판단될 가능성이 높고, 다른 시간이나 다른 장소 표현이 언급되면 불일치로 판단될 가능성이 높다.

4. 시험에 자주 나오는 표현들을 꼼꼼히 익혀 두자.

예제 맛보기

예제 1 🎧 제1부분_1_01_예제1

★ 说话人的孙女最爱喝鸡蛋汤。（　　）	★ 화자의 손녀는 달걀국을 먹는 것을 가장 좋아한다. (　　)
听说孙女放假要回家，我打算给她做她最爱喝的鸡蛋汤和鱼汤。我想她应该会很喜欢的。	손녀가 방학하면 집에 돌아올 것이라고 해서, 나는 그녀에게 그녀가 가장 먹기 좋아하는 달걀국과 생선국을 만들어줄 계획이다. 나는 아마 그녀가 매우 좋아할 것이라고 생각한다.

해설 문장의 **孙女**(손녀), **最爱喝**(가장 먹기 좋아한다), **鸡蛋汤**(달걀국)을 핵심 표현으로 체크해 두고, '화자의 손녀는 달걀국을 먹는 것을 가장 좋아한다'라는 의미임을 파악한다. 지문의 **孙女**(손녀)와 **最爱喝的鸡蛋汤**(가장 먹기 좋아하는 달걀국)이 문장에서 그대로 언급되었고, 손녀가 달걀국을 좋아한다는 내용이므로 일치로 판단한다.

어휘 **汤** tāng 圆 국, 탕　**放假** fàngjià 통 방학하다　**应该** yīnggāi 조통 아마도, ~해야 한다

정답 ✓

★ 弟弟英语讲得很流利。（　　）	★ 남동생은 영어를 유창하게 한다. （　）
弟弟大概学了两年的中文，现在已经能流利地和中国人交谈了。	남동생은 대략 2년 동안 중국어를 배웠고, 이제는 벌써 중국인과 유창하게 이야기를 나눌 수 있게 되었다.

해설　문장의 弟弟(남동생), 英语(영어), 流利(유창하다)를 핵심 표현으로 체크해 두고, '남동생은 영어를 유창하게 한다'라는 의미임을 파악한다. 지문의 中文(중국어)과 전혀 무관한 英语(영어)가 문장에서 언급되었으므로 불일치로 판단한다.

어휘　**英语** Yīngyǔ 〔고유〕영어　**讲** jiǎng 〔동〕말하다　**流利** liúlì 〔형〕유창하다　**大概** dàgài 〔부〕대략　**中文** Zhōngwén 〔고유〕중국어
　　　交谈 jiāotán 〔동〕이야기를 나누다

정답　✕

＊〈듣기 예제 병음북 PDF〉를 활용하여 예제 문제를 병음과 함께 학습해 보세요.

🎋 비책 공략하기

■시험에 자주 나오는 표현　🎧 제1부분_1_03_비책 공략하기
자주 출제되는 행동, 상태, 시간, 장소, 기타 일상 관련 표현들을 알아 두세요. 잘 외워지지 않는 표현은 박스에 체크하여 복습하세요.

행동 표현		
	□ 上班 shàngbān 〔동〕출근하다	□ 应聘 yìngpìn 〔동〕지원하다
	□ 安排 ānpái 〔동〕배정하다, 준비하다	□ 完成 wánchéng 〔동〕끝내다, 완성하다
	□ 建议 jiànyì 〔동〕제안하다	□ 出发 chūfā 〔동〕출발하다
	□ 毕业 bìyè 〔동〕졸업하다	□ 道歉 dàoqiàn 〔동〕사과하다
	□ 满意 mǎnyì 〔형〕만족스럽다	□ 翻译 fānyì 〔동〕번역하다, 통역하다
	□ 爬山 páshān 〔동〕등산하다	□ 打球 dǎ qiú 구기 운동을 하다
	□ 做动作 zuò dòngzuò 동작을 취하다	□ 接客人 jiē kèrén 손님을 데리러 가다
	□ 骑自行车 qí zìxíngchē 자전거를 타다	□ 推迟入学 tuīchí rùxué 입학을 미루다
	□ 通过考试 tōngguò kǎoshì 시험을 통과하다	□ 适应社会 shìyìng shèhuì 사회에 적응하다

상태 표현	□ 安静 ānjìng 휑 조용하다	□ 勇敢 yǒnggǎn 휑 용감하다
	□ 重要 zhòngyào 휑 중요하다	□ 不贵 bú guì 비싸지 않다
	□ 不舒服 bù shūfu 아프다, 불편하다	□ 动作标准 dòngzuò biāozhǔn 동작이 정확하다
	□ 以…为骄傲 yǐ…wéi jiāo'ào ~을 자랑스러워하다	□ 离…很近 lí…hěn jìn ~에서 가깝다

시간 표현	□ 十分钟 shí fēnzhōng 10분	□ 半个小时 bàn ge xiǎoshí 30분
	□ 一个小时 yí ge xiǎoshí 한 시간	□ 早上 zǎoshang 휑 아침
	□ 昨天 zuótiān 휑 어제	□ 明天 míngtiān 휑 내일
	□ 周三 zhōu sān 수요일	□ 礼拜天/周日 lǐbàitiān/zhōu rì 휑 일요일
	□ 周末 zhōumò 휑 주말	□ 下周 xià zhōu 다음 주
	□ 每个月 měi ge yuè 매달	□ 月底 yuèdǐ 휑 월말
	□ 每年 měi nián 매년	□ 一年 yì nián 1년

장소 표현	□ 房间 fángjiān 휑 방	□ 宾馆 bīnguǎn 휑 호텔
	□ 餐厅 cāntīng 휑 식당, 레스토랑	□ 学校 xuéxiào 휑 학교
	□ 机场 jīchǎng 휑 공항	□ 国外 guówài 휑 외국
	□ 景点 jǐngdiǎn 휑 여행지	□ 上海 Shànghǎi 고유 상하이, 상해
	□ 长城 Chángchéng 고유 만리장성	□ 郊区 jiāoqū 휑 교외, 변두리
	□ 动物园 dòngwùyuán 휑 동물원	□ 火车站 huǒchēzhàn 휑 기차역
	□ 大使馆 dàshǐguǎn 휑 대사관	□ 服务区 fúwù qū 휴게소
	□ 海洋馆 hǎiyáng guǎn 아쿠아리움	□ 小城市 xiǎo chéngshì 작은 도시

기타 일상 관련 표현	□ 牙膏 yágāo 휑 치약	□ 打印机 dǎyìnjī 휑 프린터
	□ 耳朵 ěrduo 휑 귀	□ 空调 kōngtiáo 휑 에어컨
	□ 假期 jiàqī 휑 휴가 기간	□ 软件 ruǎnjiàn 휑 애플리케이션
	□ 总经理 zǒngjīnglǐ 휑 사장	□ 旧衣服 jiù yīfu 낡은 옷
	□ 鸡蛋汤 jīdàn tāng 달걀국	□ 辣的菜 là de cài 매운 음식
	□ 羊肉包子 yángròu bāozi 양고기 만두	□ 西红柿汁 xīhóngshì zhī 토마토 주스
	□ 网球比赛 wǎngqiú bǐsài 테니스 경기	□ 汉语专业 Hànyǔ zhuānyè 중국어 전공
	□ 英语老师 Yīngyǔ lǎoshī 영어 선생님	□ 起飞时间 qǐfēi shíjiān 이륙 시간
	□ 将来的计划 jiānglái de jìhuà 미래 계획	□ 照片上的文章 zhàopiàn shang de wénzhāng 사진에 있는 글

음성을 듣고 제시된 문장이 지문 내용과 일치하면 ✔, 일치하지 않으면 ✘를 체크하세요. 🎧 제1부분_1_04_실전연습문제

1. ★ 说话人喜欢汉语专业。 ( )

2. ★ 这家餐厅离学校很近。 ( )

3. ★ 说话人耳朵不舒服。 ( )

4. ★ 说话人明天要去海洋馆。 ( )

5. ★ 那个小狗能做各种各样的动作。 ( )

6. ★ 说话人喜欢骑自行车上班。 ( )

7. ★ 说话人今天不想去爬山。 ( )

8. ★ 他们打算提前三个小时出发。 ( )

9. ★ 说话人穿了旧衣服。 ( )

10. ★ 马建是英语老师。 ( )

정답 해설집 p.2

합격비책

02 바꾸어 표현이면 일치, 상반된 표현이면 불일치 판단하기

바로 듣고 학습하기

지문에서 사용된 특정 표현이 문장에서 같은 의미의 다른 표현으로 바꾸어 언급되면 일치로, 상반된 표현으로 언급되면 불일치로 판단하는 유형이다.

핵심 전략

1. 지문의 특정 표현이 문장에서 같은 의미의 다른 표현으로 바꾸어 언급되면 일치로 판단한다.
2. 지문의 특정 표현이 문장에서 반의어나, '不/没(有)'와 같은 부정 표현을 사용한 상반된 표현으로 언급되면 불일치로 판단한다.
3. 문장에 都(모두), 只(~만), 全部(전부)와 같은 절대적인 표현이 있거나 '不/没(有)'와 같은 부정 표현이 있을 경우, 지문에서는 이러한 표현들이 언급되지 않아 불일치로 판단될 가능성이 높다.
4. 시험에 자주 나오는 바꾸어 표현과 상반된 표현들을 익혀 두자.

예제 맛보기

예제 1 제1부분_2_01_예제1

★ 说话人忘记扔垃圾了。( )	★ 화자는 쓰레기를 버리는 것을 잊어버렸다. ( )
昨天出门的时候，我又没有扔垃圾，我的室友已经提醒过我很多遍了，但我总是不记得这件事。	어제 외출할 때, 나는 또 쓰레기를 버리지 않았다. 나의 룸메이트가 나에게 이미 여러 번 주의를 줬는데, 나는 이 일을 늘 기억하지 못한다.

해설 문장의 忘记(잊어버리다), 扔垃圾(쓰레기를 버리다)를 핵심 표현으로 체크해 두고, '화자는 쓰레기를 버리는 것을 잊어버렸다'라는 의미임을 파악한다. 지문의 不记得(기억하지 못하다)가 문장에서 忘记(잊어버리다)로 바꾸어 표현되어 동일한 내용을 전달하므로 일치로 판단한다.

* 바꾸어 표현 不记得 기억하지 못하다 → 忘记 잊어버리다

어휘 忘记 wàngjì [동] 잊어버리다, 잊다 扔 rēng [동] 버리다 垃圾 lājī [명] 쓰레기 出门 chūmén [동] 외출하다, 집을 나서다 室友 shìyǒu [명] 룸메이트 提醒 tíxǐng [동] 주의를 주다, 일깨우다 遍 biàn [양] 번, 차례 总是 zǒngshì [부] 늘, 언제나 记得 jìde [동] 기억하고 있다

정답 ✓

예제 2 제1부분_2_02_예제2

★ 说话人登机的时候人很少。（　　）	★ 화자가 비행기에 탑승할 때 사람이 적었다. (　)
上次登机的时候，我前面排队的人很多，我坐到座位上的时候，飞机差不多快要起飞了。	지난번에 비행기에 탑승할 때, 내 앞에 줄을 선 사람이 많아서, 내가 좌석에 앉았을 때, 비행기는 거의 이륙 직전이었다.

해설 문장의 登机(비행기에 탑승하다), 人很少(사람이 적다)를 핵심 표현으로 체크해 두고, '화자가 비행기에 탑승할 때 사람이 적었다'라는 의미임을 파악한다. 지문에서는 人很多(사람이 많다)가 언급되었는데, 문장에서는 人很少(사람이 적다)라는 상반된 표현이 언급되어 다른 내용을 전달하므로 불일치로 판단한다.

어휘 登机 dēngjī [동] 비행기에 탑승하다 上次 shàng cì 지난번 排队 páiduì [동] 줄을 서다 座位 zuòwèi [명] 좌석
差不多 chàbuduō [부] 거의, 대체로 起飞 qǐfēi [동] 이륙하다

정답 ×

* <듣기 예제 병음북 PDF>를 활용하여 예제 문제를 병음과 함께 학습해 보세요.

비책 공략하기

시험에 자주 나오는 표현 제1부분_2_03_비책 공략하기

자주 출제되는 바꾸어 표현으로 일치하는 경우, 상반된 표현으로 불일치하는 경우를 알아 두세요. 잘 외워지지 않는 표현은 박스에 체크하여 복습하세요.

바꾸어 표현으로 일치하는 경우

□ 晚到 wǎn dào 늦게 도착하다	→	□ 迟到 chídào 지각하다
□ 觉得 juéde ~라고 생각하다	→	□ 认为 rènwéi ~라고 여기다
□ 忘记了 wàngjì le 잊어버렸다	→	□ 没记住 méi jìzhù 기억하지 못했다
□ 不仅是… bùjǐn shì… ~뿐만은 아니다	→	□ 不只是… bù zhǐshì… ~인 것만은 아니다
□ 开心 kāixīn 즐겁다	→	□ 心情很好 xīnqíng hěn hǎo 기분이 좋다
□ 有一些问题 yǒu yìxiē wèntí 문제가 약간 있다	→	□ 不太好 bú tài hǎo 그다지 좋지 않다
□ 衣服适合她 yīfu shìhé tā 옷이 그녀에게 알맞다	→	□ 衣服很合适 yīfu hěn héshì 옷이 어울리다
□ 说得很标准 shuō de hěn biāozhǔn 표준적으로 말하다	→	□ 说得很好 shuō de hěn hǎo 잘 말하다

□ 说明为什么 shuōmíng wèishénme 왠인지 설명하다 → □ 说明原因 shuōmíng yuányīn 원인을 설명하다

□ 差不多…完了 chàbuduō…wán le 거의 다…했다 → □ 快…好了 kuài…hǎo le 곧…다 된다

□ 十分环保 shífēn huánbǎo
매우 친환경적이다 → □ 重视环境保护 zhòngshì huánjìng bǎohù
환경 보호를 중시하다

□ 参加体育活动 cānjiā tǐyù huódòng
체육 활동에 참여하다 → □ 锻炼 duànliàn
운동하다

□ 没有花掉多少钱 méiyǒu huādiào duōshao qián
돈을 얼마 쓰지 않았다 → □ 花的钱不太多 huā de qián bú tài duō
쓴 돈은 그다지 많지 않다

□ 不怎么爱看电视 bù zěnme ài kàn diànshì
TV 보는 것을 그다지 좋아하지 않는다 → □ 不常看电视节目 bù cháng kàn diànshì jiémù
TV 프로그램을 자주 보지 않는다

상반된 표현으로 불일치하는 경우

□ 多 duō 많다 ↔ □ 少 shǎo 적다

□ 赢 yíng 이기다 ↔ □ 输 shū 지다

□ 轻松 qīngsōng 가뿐하다, 수월하다 ↔ □ 紧张 jǐnzhāng 긴장하다

□ 好听 hǎotīng 듣기 좋다 ↔ □ 难听 nántīng 듣기 안 좋다

□ 推迟 tuīchí 미루다, 연기하다 ↔ □ 准时 zhǔnshí 제때에

□ 凉快 liángkuai 시원하다 ↔ □ 温度高 wēndù gāo 기온이 높다

□ 价格便宜 jiàgé piányi 가격이 싸다 ↔ □ 价格高 jiàgé gāo 가격이 높다

□ 经常联系 jīngcháng liánxì 자주 연락하다 ↔ □ 很少联系 hěn shǎo liánxì 거의 연락하지 않다

□ 睡懒觉 shuì lǎn jiào 늦잠을 자다 ↔ □ 早睡早起 zǎo shuì zǎo qǐ 일찍 자고 일찍 일어나다

□ 很干净 hěn gānjìng
깨끗하다 ↔ □ 卫生情况差 wèishēng qíngkuàng chà
위생 상태가 나쁘다

□ 活泼 huópō 활발하다 ↔ □ 不爱说话 bú ài shuōhuà 말하는 것을 좋아하지 않다

□ 关系不好 guānxi bù hǎo 사이가 나쁘다 ↔ □ 关系非常好 guānxi fēicháng hǎo 사이가 아주 좋다

□ 只在相同的地方生活
zhǐ zài xiāngtóng de dìfang shēnghuó
같은 곳에서만 생활하다 ↔ □ 在不同的地方生活
zài bù tóng de dìfang shēnghuó
다른 곳에서 생활하다

□ 考得不太理想 kǎo de bú tài lǐxiǎng
시험을 그다지 만족스럽게 보지 못했다 ↔ □ 考得很不错 kǎo de hěn búcuò
시험을 잘 봤다

음성을 듣고 제시된 문장이 지문 내용과 일치하면 ✓, 일치하지 않으면 ✗를 체크하세요. 🎧 제1부분_2_04_실전연습문제

1. ★ 说话人和小林很少联系。　　　　　（　　　）

2. ★ 说话人现在心情很好。　　　　　（　　　）

3. ★ 同学聚会将会准时举办。　　　　　（　　　）

4. ★ 外国朋友们认为黄山很漂亮。　　　　　（　　　）

5. ★ 买羊肉包子的人不多。　　　　　（　　　）

6. ★ 这首歌很难听。　　　　　（　　　）

7. ★ 秋季应该多锻炼。　　　　　（　　　）

8. ★ 说话人没有通过考试。　　　　　（　　　）

9. ★ 小志要迟到了。　　　　　（　　　）

10. ★ 说话人没记住信用卡密码。　　　　　（　　　）

정답 해설집 p.5

합격비책 03

추론 가능하면 일치, 다른 사실이 언급되면 불일치 판단하기

바로 듣고 학습하기

지문을 토대로 문장의 내용을 추론할 수 있으면 일치로, 문장의 내용이 지문과 전혀 다른 사실을 언급하고 있으면 불일치로 판단하는 유형이다.

핵심 전략

1. 지문에서 **可是**(하지만), **但/但是**(그러나)과 같이 전환을 나타내는 표현이 들리면, 그 뒤의 내용을 추론하는 경우가 자주 있으므로, 특히 주의 깊게 듣는다.
2. 문장이 '비행기에서 담배를 피우면 안 된다'와 같이 상식적인 사실이더라도, 지문의 내용과 전혀 연관성이 없어서 불일치로 판단하는 문제도 출제된다.
3. 시험에 자주 나오는 추론으로 일치하는 경우와 다른 사실 언급으로 불일치하는 경우를 익혀 두자.

예제 맛보기

예제 1 제1부분_3_01_예제1

★ 大家的粗心引起了这个问题。（　　）	★ 모두의 부주의함이 이 문제를 일으켰다. (　)
解决这个问题的关键是细心，大家在以后的工作中不要再这么粗心了。	이 문제를 해결하는 관건은 세심함입니다. 모두가 앞으로의 업무에서 다시는 이렇게 부주의해서는 안 됩니다.

해설 문장의 **粗心**(부주의하다), **引起……问题**(문제를 일으키다)를 핵심 표현으로 체크해 두고, '모두의 부주의함이 이 문제를 일으켰다'라는 의미임을 파악한다. 지문의 **解决这个问题的关键是细心，大家……不要再这么粗心了**(이 문제를 해결하는 관건은 세심함입니다. 모두가……다시는 이렇게 부주의해서는 안 됩니다)라는 내용을 통해 문장의 내용을 추론할 수 있으므로 일치로 판단한다.

어휘 **粗心** cūxīn [형] 부주의하다, 소홀하다 **引起** yǐnqǐ [동] 일으키다, 야기하다 **解决** jiějué [동] 해결하다, 풀다
关键 guānjiàn [명] 관건, 키포인트 **细心** xìxīn [형] 세심하다

정답 ✓

★ 姐姐的儿子快要出生了。(　　)	★ 누나의 아들은 곧 태어난다. (　)
姐姐的儿子刚出生一个星期，全家人都在忙着给他起又可爱又好听的名字。	누나의 아들은 갓 태어난지 일주일이 되었는데, 온 가족이 그에게 귀엽고 듣기 좋은 이름을 지어주기 바쁘다.

해설 문장의 姐姐的儿子(누나의 아들), 快要出生了(곧 태어난다)를 핵심 표현으로 체크해 두고, '누나의 아들은 곧 태어난다'라는 의미임을 파악한다. 문장의 내용이 지문의 姐姐的儿子刚出生一个星期(누나의 아들은 갓 태어난지 일주일이 되었다)와 완전히 다른 사실을 언급하고 있으므로 불일치로 판단한다.

어휘 出生 chūshēng 圖태어나다　刚 gāng 囲갓, 막　起名字 qǐ míngzi 이름을 짓다　又……又…… yòu……yòu…… ~하고 ~하다
可爱 kě'ài 圖귀엽다, 사랑스럽다

정답 ✕

* <듣기 예제 병음북 PDF>를 활용하여 예제 문제를 병음과 함께 학습해 보세요.

🎋 비책 공략하기

■ 시험에 자주 나오는 표현　🎧 제1부분_3_03_비책 공략하기

자주 출제되는 추론으로 일치하는 경우, 다른 사실 언급으로 불일치하는 경우를 알아 두세요. 잘 외워지지 않는 표현은 박스에 체크하여 복습하세요.

추론으로 일치하는 경우

- ☐ 没有打通电话 méiyǒu dǎtōng diànhuà 전화가 연결되지 않았다
  - → 电话占线 diànhuà zhànxiàn 통화 중이다

- ☐ 还是别去了 háishi bié qù le 가지 않는 것이 좋겠다
  - → 本来计划去 běnlái jìhuà qù 원래는 갈 계획이었다

- ☐ 打八折 dǎ bā zhé 20% 할인하다
  - → 价格比较便宜 jiàgé bǐjiào piányi 가격이 비교적 저렴하다

- ☐ 去关窗户吧 qù guān chuānghu ba 가서 창문을 닫아라
  - → 窗户没有关上 chuānghu méiyǒu guānshang 창문이 닫혀 있지 않다

- ☐ 前面有服务区 qiánmian yǒu fúwù qū 앞에 휴게소가 있다
  - → 快到服务区了 kuài dào fúwù qū le 곧 휴게소에 도착한다

- ☐ 抽烟让我受不了 chōuyān ràng wǒ shòubuliǎo 담배를 피우는 것은 나를 참을 수 없게 한다
  - → 不喜欢抽烟 bù xǐhuan chōuyān 담배 피우는 것을 좋아하지 않는다

□ 所有的亲戚都来了 suǒyǒu de qīnqi dōu lái le 모든 친척이 다 왔다
→ 来了很多人 láile hěn duō rén 사람이 많이 왔다

□ 材料还没整理完 cáiliào hái méi zhěnglǐ wán 자료를 아직 다 정리하지 못했다
→ 还没有完成工作 hái méiyǒu wánchéng gōngzuò 업무를 아직 다 끝내지 못했다

□ 这次是第一次参加 zhè cì shì dìyī cì cānjiā 이번이 처음 참가한 것이다
→ 以前没有参加过 yǐqián méiyǒu cānjiāguo 예전에 참가한 적이 없다

□ 是专业网球运动员 shì zhuānyè wǎngqiú yùndòngyuán 프로 테니스 선수이다
→ 会打网球 huì dǎ wǎngqiú 테니스를 칠 줄 안다

다른 사실 언급으로 불일치하는 경우

□ 阳光很不错 yángguāng hěn búcuò 햇빛이 잘 들어온다
→ 照不到阳光 zhào bu dào yángguāng 햇빛이 비추지 않는다

□ 孩子一岁了 háizi yī suì le 아이는 한 살이 되었다
→ 孩子快要出生了 háizi kuài yào chūshēng le 아이가 곧 태어난다

□ 想去公司工作 xiǎng qù gōngsī gōngzuò 회사에 가서 일을 하고 싶다
→ 还不想找工作 hái bù xiǎng zhǎo gōngzuò 아직 일자리를 찾고 싶지 않다

□ 马上把杯子洗干净 mǎshàng bǎ bēizi xǐ gānjìng 컵을 바로 깨끗이 씻다
→ 杯子要多洗几遍 bēizi yào duō xǐ jǐ biàn 컵은 여러 번 씻어야 한다

□ 差一点儿就赢了 chà yìdiǎnr jiù yíng le 거의 이길 뻔 했다
→ 赢了比赛 yíngle bǐsài 경기에서 이겼다

□ 飞机上要坐好 fēijī shang yào zuòhǎo 비행기에서는 잘 앉아 있어야 한다
→ 飞机上禁止吸烟 fēijī shang jìnzhǐ xīyān 비행기에서는 흡연을 금지한다

□ 去那儿不需要打的 qù nàr bù xūyào dǎdī 그곳에 갈 때 택시를 탈 필요가 없다
→ 坐车去那儿 zuò chē qù nàr 차를 타고 그곳에 간다

□ 需要两三天的时间 xūyào liǎng sān tiān de shíjiān 2~3일의 시간이 필요하다
→ 马上就能修好 mǎshàng jiù néng xiūhǎo 금방 고칠 수 있다

□ 在比赛赢得了好成绩 zài bǐsài yíngdéle hǎo chéngjì 경기에서 좋은 성적을 거뒀다
→ 比赛结果还没出来 bǐsài jiéguǒ hái méi chūlái 경기 결과가 아직 나오지 않았다

□ 第一次参加演出 dìyī cì cānjiā yǎnchū 처음으로 공연에 참가한다
→ 以前就有丰富的演出经验 yǐqián jiù yǒu fēngfù de yǎnchū jīngyàn 예전부터 풍부한 공연 경험이 있었다

음성을 듣고 제시된 문장이 지문 내용과 일치하면 ✓, 일치하지 않으면 ✗를 체크하세요. 🎧 제1부분_3_04_실전연습문제

1. ★ 他们公司正在进行招聘。 (　　　　)

2. ★ 杯子要多洗几遍。 (　　　　)

3. ★ 说话人不喜欢室友抽烟。 (　　　　)

4. ★ 说话人的邻居会打网球。 (　　　　)

5. ★ 买房子时有许多需要注意的地方。 (　　　　)

6. ★ 小张想了解旅游的事情。 (　　　　)

7. ★ 手表马上就能修好。 (　　　　)

8. ★ 乘坐地铁时不能吃东西。 (　　　　)

9. ★ 互联网十分安全。 (　　　　)

10. ★ 说话人现在在大使馆办签证。 (　　　　)

정답 해설집 p.8

테스트 1

🎧 제1부분_테스트1

음성을 듣고 제시된 문장이 지문 내용과 일치하면 ✔, 일치하지 않으면 ✖를 체크하세요.

1. ★ 说话人还没有完成工作。　　　　　　　　　（　　　　）

2. ★ 小红穿那件衣服很合适。　　　　　　　　　（　　　　）

3. ★ 说话人的学校赢了昨天的比赛。　　　　　　（　　　　）

4. ★ 张丽打算跟说话人道歉。　　　　　　　　　（　　　　）

5. ★ 今天说话人在地铁上一直站着。　　　　　　（　　　　）

6. ★ 说话人建议姐姐去医院。　　　　　　　　　（　　　　）

7. ★ 有些饭店的卫生情况不太好。　　　　　　　（　　　　）

8. ★ 说话人想找警察帮忙。　　　　　　　　　　（　　　　）

9. ★ 航班的起飞时间推迟了。　　　　　　　　　（　　　　）

10. ★ 说话人周末可以放松了。　　　　　　　　　（　　　　）

테스트 2

🎧 제1부분_테스트2

음성을 듣고 제시된 문장이 지문 내용과 일치하면 ✓, 일치하지 않으면 ✗를 체크하세요.

1. ★ 中国人会用骑自行车的方法来锻炼身体。　　　(　　　)

2. ★ 他们的毛巾质量不合格。　　　(　　　)

3. ★ 说话人认为毕业后需要一段时间去适应社会。　　　(　　　)

4. ★ 有的人不会安排时间。　　　(　　　)

5. ★ 公司计划下周举行一场球赛。　　　(　　　)

6. ★ 学习外语不只是为了跟外国人交流。　　　(　　　)

7. ★ 说话人以前就有丰富的演出经验。　　　(　　　)

8. ★ 小王不能吃辣的菜。　　　(　　　)

9. ★ 说话人参加了那个活动。　　　(　　　)

10. ★ 说话人是出租车司机。　　　(　　　)

정답 해설집 p.11

제2,3부분 대화

대화 듣고
질문에 답하기

듣기 제2부분과 제3부분 대화는 대화와 질문을 듣고 정답을 선택하는 형태이다. 제2부분은 남녀가 한 번씩 주고받는 대화로 총 15문제가 출제되며, 제3부분 대화는 남녀가 두 번씩 주고받는 대화로 총 10문제가 출제된다. 문제지에는 4개의 선택지만 제시되고, 대화와 질문은 음성으로만 들려준다.

합격공략법 아래와 같은 세부 유형의 문제들이 출제되므로 그 공략법을 잘 익혀 둔다.

합격비책 01   장소 및 직업·관계 문제 공략하기
합격비책 02   사람의 행동 문제 공략하기
합격비책 03   사람의 상태·상황 문제 공략하기
합격비책 04   특정 대상의 상태·상황 문제 공략하기
합격비책 05   특정 명사·명사구 문제 공략하기

출제 경향

1. **일상생활과 관련된 대화가 주로 출제된다.**

   제2부분과 제3부분 대화에서는 일상생활 및 직장생활에 관련된 대화가 출제되는데, 그중 여가, 가정, 날씨, 교통 상황 등 일상생활에 관한 두 남녀의 대화가 주로 출제된다.

2. **화자나 제3자와 관련된 세부 내용을 묻는 문제가 자주 출제된다.**

   화자 즉, 남자 또는 여자 혹은 제3자와 관련된 세부 내용을 묻는 문제가 자주 출제된다. 예를 들면, **关于男的，可以知道什么？** (남자에 관해 알 수 있는 것은 무엇인가?), **小林的男朋友怎么样？** (샤오린의 남자친구는 어떠한가?) 등과 같은 질문에 맞는 선택지를 고르는 문제가 자주 출제된다.

문제풀이 스텝

<문제지에 제시된 선택지>

A 没有成功　　　B 得了第一名
C 收到了邀请　　Ⓓ 要参加比赛 ✓

<음성으로 들려주는 대화와 질문>

女：这次的比赛我一定要参加，上次因为
　　身体不舒服没参加比赛，太可惜了。
男：加油，这次你一定行。
问：关于女的，可以知道什么？

STEP 1

대화를 듣기 전, 선택지를 읽고 주의 깊게
들어야 할 사항을 미리 파악한다.

제시된 선택지가 모두 사람의 상태·상황을 나타내고
있으므로 대화에서 언급되는 화자의 상태나 현재 처
한 상황을 주의 깊게 듣는다.

STEP 2

대화를 들을 때, 대화에서 언급되거나 관
련 있는 선택지에 체크해 둔다.

여자가 这次的比赛我一定要参加(이번 경기에는 제
가 꼭 참가할 거예요)라고 했으므로 D 要参加比赛(경
기에 참가하려고 한다)에 체크해 둔다.

STEP 3

대화가 끝난 뒤, 약 2초 후 이어지는 질문을 듣고 정답을 선택한다.

질문이 여자에 관해 알 수 있는 것을 물었으므로 D 要参加比赛(경기에 참가하려고 한다)를 정답으로 선택한다.

해석 해설집 p.17

바로 듣고 학습하기

선택지가 모두 장소이거나 사람의 직업 또는 관계를 나타내는 표현으로 구성된 문제이다. 장소 문제는 주로 대화가 이루어지는 장소나 화자 또는 특정 인물이 가려고 하는 장소를 묻고, 직업·관계 문제는 화자 또는 제3자의 직업이나 이들의 관계를 묻는다.

핵심 전략

장소 문제

1. 선택지가 모두 장소 표현이면, 대화를 들을 때 대화가 이루어지는 장소나 화자 또는 특정 인물이 가려고 하는 장소를 주의 깊게 듣는다.

2. 대화 중 특정 장소와 관련된 표현이 언급되면 이 표현을 토대로 알 수 있는 장소가 무엇인지 파악한다.

직업·관계 문제

1. 선택지가 老师(선생님)과 같은 직업이거나 妈妈(엄마)와 같은 신분이면, 대화를 들을 때 화자나 제3자의 직업 또는 신분 관련 표현을 주의 깊게 듣는다.

2. 선택지가 同事(동료)과 같이 인물의 관계를 나타내는 표현이면, 두 화자의 관계 혹은 특정 인물과의 관계를 파악하며 대화를 듣는다.

3. 대화에서 여러 직업 및 관계 표현이 언급되면 누구와 관련된 내용인지 주의 깊게 듣고 질문에 맞는 직업·관계를 정답으로 선택한다.

빈출 질문

🎧 제2,3부분 대화
_1_01_빈출
질문

장소 문제

男的最可能在哪儿? 남자는 어디에 있을 가능성이 가장 큰가?

他们要去哪儿? 그들은 어디에 가려고 하는가?

직업·관계 문제

女的是做什么的? 여자는 무슨 일을 하는가?

他们最可能是什么关系? 그들은 무슨 관계일 가능성이 가장 큰가?

⩟ 예제 맛보기

예제 1 제2부분　🎧 제2,3부분 대화_1_02_예제1

| A 车上 | B 机场 | C 客厅 | D 办公室 | A 차 안 | B 공항 | C 거실 | D 사무실 |

男：你这两天不是要去旅游吗？怎么又来上班了？

女：唉，雨下得太大，航班取消了，所以我的旅行也只能改天去了。

问：他们最可能在哪儿？

남: 당신 요 이틀 여행 가려고 하지 않았어요? 왜 또 출근했어요?

여: 어휴, 비가 너무 많이 와서, 항공편이 취소되었어요. 그래서 여행도 나중에 갈 수 밖에 없게 됐어요.

질문: 그들은 어디에 있을 가능성이 가장 큰가?

해설　제시된 선택지가 모두 장소를 나타내고 있으므로 대화를 들을 때 화자 또는 특정 인물이 있는 장소 혹은 가려고 하는 장소가 어디인지를 주의 깊게 듣는다. 남자가 여자에게 怎么又来上班了?(왜 또 출근했어요?)라고 했다. 질문이 그들은 어디에 있을 가능성이 가장 큰지 물었으므로, 又来上班(또 출근하다)이라는 표현을 토대로 알 수 있는 D 办公室(사무실)을 정답으로 선택한다.

어휘　客厅 kètīng 圆 거실　办公室 bàngōngshì 圆 사무실　航班 hángbān 圆 항공편　取消 qǔxiāo 圆 취소하다
　　　旅行 lǚxíng 圆 여행하다　只能 zhǐnéng 圆 ~할 수 밖에 없다　改天 gǎitiān 圆 나중, 다음에

정답　D

예제 2 제3부분 대화　🎧 제2,3부분 대화_1_03_예제2

| A 邻居 | B 亲戚 | C 夫妻 | D 师生 | A 이웃 | B 친척 | C 부부 | D 선생님과 학생 |

女：今天真的太感谢你了。要是没有你，事情肯定会变得更麻烦。

男：没关系，咱们住得这么近，互相帮助是应该的。

女：下次如果有什么事情需要帮忙的话，一定要跟我说。

男：好的，到时候会联系你的。

问：他们最可能是什么关系？

여: 오늘 정말 너무 감사했어요. 만약 당신이 없었다면, 일은 분명히 더욱 번거로워졌을 거예요.

남: 괜찮아요. 우리가 이렇게나 가까이 사는데, 서로 도와야죠.

여: 다음 번에 만약 도움이 필요한 일이 있다면, 반드시 제게 말하세요.

남: 좋아요. 그때가 되면 연락할게요.

질문: 그들은 무슨 관계일 가능성이 가장 큰가?

해설　제시된 선택지가 모두 관계를 나타내는 표현이므로 대화를 들을 때 두 화자의 관계 혹은 특정 인물과의 관계를 나타내는 내용을 주의 깊게 듣는다. 여자가 남자에게 감사하다고 하자, 남자가 咱们住得这么近(우리가 이렇게나 가까이 산다)이라고 했다. 질문이 그들은 무슨 관계일 가능성이 가장 큰지 물었으므로, 住得这么近(이렇게나 가까이 산다)이라는 표현을 토대로 알 수 있는 A 邻居(이웃)를 정답으로 선택한다.

어휘　邻居 línjū 圆 이웃　亲戚 qīnqi 圆 친척　夫妻 fūqī 圆 부부　师生 shīshēng 선생님과 학생, 사제　感谢 gǎnxiè 圆 감사하다
　　　要是 yàoshi 圆 만약 ~라면　肯定 kěndìng 圆 분명히, 확실히　麻烦 máfan 圆 번거롭다, 귀찮다　咱们 zánmen 回 우리(들)
　　　互相 hùxiāng 圆 서로　如果 rúguǒ 圆 만약 ~라면　一定 yídìng 圆 반드시, 필히　联系 liánxì 圆 연락하다

정답　A

* <듣기 예제 병음북 PDF>를 활용하여 예제 문제를 병음과 함께 학습해 보세요.

■ 시험에 자주 나오는 장소 표현   🎧 제2,3부분 대화_1_04_비책 공략하기1

자주 출제되는 장소 및 관련 표현들을 알아 두세요. 잘 외워지지 않는 표현은 박스에 체크하여 복습하세요.

공공장소 및 관련 표현

机场 jīchǎng 공항			
□ 飞机 fēijī 몡 비행기		□ 航班 hángbān 몡 항공편	
□ 护照 hùzhào 몡 여권		□ 签证 qiānzhèng 몡 비자	
□ 起飞 qǐfēi 됭 이륙하다		□ 降落 jiàngluò 됭 착륙하다	
□ 出发 chūfā 됭 출발하다		□ 推迟 tuīchí 됭 지연시키다, 늦추다	
□ 行李箱 xínglǐxiāng 몡 여행용 가방, 캐리어		□ 飞往 fēiwǎng (비행기를 타고) ~로 가다	
□ 登机牌 dēngjīpái 몡 탑승권		□ 登机口 dēngjī kǒu 탑승구	
□ 赶不上 gǎn bu shang 놓치다, 늦다		□ 系安全带 jì ānquándài 안전벨트를 매다	

站 zhàn 역			
□ 车站 chēzhàn 몡 정거장, 정류장		□ 车票 chēpiào 몡 차표	
□ 座位 zuòwèi 몡 좌석, 자리		□ 乘坐 chéngzuò 됭 (자동차·배·비행기 등을) 타다	
□ 高铁 gāotiě 몡 고속 철도		□ 到站 dào zhàn 정거장에 도착하다	
□ 火车站 huǒchēzhàn 몡 기차역		□ 公共汽车 gōnggòng qìchē 버스	
□ 汽车站 qìchē zhàn 정류장, 터미널		□ 公交车站 gōngjiāochē zhàn 버스 정류장	
□ 地铁站 dìtiě zhàn 지하철역		□ 不准时 bù zhǔnshí 시간을 지키지 않는다	
□ 空座位 kōng zuòwèi 빈 자리		□ 广播通知 guǎngbō tōngzhī 안내방송	
□ 先下后上 xiān xià hòu shàng (승객들이) 먼저 내린 후에 타다			

邮局 yóujú 우체국			
□ 寄 jì 됭 (우편으로) 보내다, 부치다		□ 信 xìn 몡 편지	
□ 地址 dìzhǐ 몡 주소		□ 信封 xìnfēng 몡 편지 봉투	
□ 单号 dān hào 운송장 번호		□ 收费标准 shōufèi biāozhǔn 요금 기준	

商场 shāngchǎng 쇼핑 센터 超市 chāoshì 슈퍼마켓			
□ 家具 jiājù 몡 가구		□ 沙发 shāfā 몡 소파	
□ 衬衫 chènshān 몡 셔츠		□ 裙子 qúnzi 몡 치마	
□ 毛巾 máojīn 몡 수건		□ 牙膏 yágāo 몡 치약	
□ 商品 shāngpǐn 몡 상품		□ 质量 zhìliàng 몡 품질	
□ 价格 jiàgé 몡 가격		□ 斤 jīn 몡 근(500g)	
□ 试 shì 됭 시험 삼아 해 보다		□ 打折 dǎzhé 됭 할인하다, 가격을 깎다	
□ 售货员 shòuhuòyuán 몡 판매원		□ 打八折 dǎ bā zhé 20% 할인	

餐厅 cāntīng 레스토랑, 식당 饭馆 fànguǎn 식당	□ 饮料 yǐnliào 몡 음료 □ 瓶 píng 몡 병 □ 筷子 kuàizi 몡 젓가락 □ 味道 wèidao 몡 맛 □ 酸 suān 톙 시다 □ 苦 kǔ 톙 쓰다 □ 西红柿 xīhóngshì 몡 토마토 □ 点菜 diǎn cài 음식을 주문하다	□ 啤酒 píjiǔ 몡 맥주 □ 杯子 bēizi 몡 컵 □ 勺子 sháozi 몡 숟가락 □ 咸 xián 톙 짜다 □ 甜 tián 톙 달다 □ 辣 là 톙 맵다 □ 服务员 fúwùyuán 몡 종업원 □ 菜单 càidān 몡 메뉴
银行 yínháng 은행	□ 密码 mìmǎ 몡 비밀번호 □ 账号 zhànghào 몡 계좌 번호 □ 存款 cúnkuǎn 동 저금하다 몡 저금	□ 忘记 wàngjì 잊어버리다 □ 信用卡 xìnyòngkǎ 몡 신용 카드 □ 取钱 qǔ qián 돈을 찾다, 출금하다
医院 yīyuàn 병원	□ 医生 yīshēng 몡 의사 □ 护士 hùshi 몡 간호사 □ 住院 zhùyuàn 동 입원하다	□ 大夫 dàifu 몡 의사 □ 病人 bìngrén 몡 환자 □ 出院 chūyuàn 동 퇴원하다
图书馆 túshūguǎn 도서관	□ 借书 jiè shū 책을 빌리다 □ 到期 dào qī 만기가 되다, 기한이 되다	□ 还书 huán shū 책을 반납하다 □ 法律基础 fǎlù jīchǔ 법률 기초
理发店 lǐfàdiàn 미용실, 이발소	□ 流行 liúxíng 유행하다 □ 洗头发 xǐ tóufa 머리를 감다 □ 留黑发 liú hēi fà 검은 머리를 기르다	□ 短发 duǎn fà 단발머리, 짧은 머리 □ 弄干 nònggān 말리다 □ 理短点儿 lǐ duǎn diǎnr 짧게 다듬다

기타 장소

기타 공공장소	□ 书店 shūdiàn 몡 서점 □ 食堂 shítáng 몡 식당, 구내 식당 □ 办公室 bàngōngshì 몡 사무실 □ 电梯 diàntī 몡 엘리베이터 □ 服务区 fúwù qū 휴게소 □ 植物园 zhíwùyuán 몡 식물원 □ 电影院 diànyǐng yuàn 영화관	□ 海边 hǎibiān 몡 해변 □ 大使馆 dàshǐguǎn 몡 대사관 □ 药店 yàodiàn 몡 약국 □ 复印店 fùyìn diàn 복사 가게 □ 海洋馆 hǎiyáng guǎn 아쿠아리움 □ 网球场 wǎngqiú chǎng 테니스장 □ 省体育馆 shěng tǐyùguǎn 성(省) 체육관 　*우리나라 도립 체육관에 해당

실내 장소	□ 厨房 chúfáng 圐 주방	□ 客厅 kètīng 圐 거실
	□ 球场 qiúchǎng 圐 구장	□ 厕所 cèsuǒ 圐 화장실
	□ 卫生间 wèishēngjiān 圐 화장실	□ 洗手间 xǐshǒujiān 圐 화장실
고유/특정 장소	□ 长城 Chángchéng 고유 만리장성	□ 故宫 Gùgōng 고유 고궁, 자금성
	□ 杭州 Hángzhōu 고유 항저우, 항주	□ 西安 Xī'ān 고유 시안, 서안
	□ 长江大桥 Chángjiāng dàqiáo 창장대교	□ 首都机场 Shǒudū jīchǎng 서우두공항, 수도공항
	□ 世界公园 Shìjiè gōngyuán 세계 공원	□ 森林公园 sēnlín gōngyuán 삼림 공원
	□ 公园入口 gōngyuán rùkǒu 공원 입구	□ 大学西门 dàxué xīmén 대학교 서문

■ 시험에 자주 나오는 직업·관계 표현 🎧 제2,3부분 대화_1_05_비책 공략하기2

자주 출제되는 직업·인물의 관계 및 관련 표현들을 알아 두세요. 잘 외워지지 않는 표현은 박스에 체크하여 복습하세요.

직업·관계 및 관련 표현

老师 lǎoshī 선생님	□ 学生 xuésheng 圐 학생	□ 教师 jiàoshī 圐 교사
	□ 校长 xiàozhǎng 圐 교장	□ 班长 bānzhǎng 圐 반장
	□ 上课 shàngkè 롱 수업하다	□ 教室 jiàoshì 圐 교실
	□ 成绩 chéngjì 圐 성적	□ 寒暑假 hán shǔjià 겨울 방학과 여름 방학
医生/大夫 yīshēng/dàifu 의사	□ 医院 yīyuàn 圐 병원	□ 护士 hùshi 圐 간호사
	□ 看病 kànbìng 롱 진료하다, 진료를 받다	□ 打针 dǎzhēn 롱 주사를 맞다, 주사를 놓다
	□ 发烧 fāshāo 롱 열이 나다	□ 咳嗽 késou 롱 기침을 하다
	□ 开药 kāi yào 약을 처방하다	□ 不舒服 bù shūfu (몸이) 아프다
同事 tóngshì 동료	□ 经理 jīnglǐ 圐 매니저	□ 办公室 bàngōngshì 圐 사무실
	□ 材料 cáiliào 圐 자료, 데이터	□ 任务 rènwu 圐 업무, 임무
	□ 加班 jiābān 롱 야근하다	□ 出差 chūchāi 롱 출장 가다
	□ 及时联系 jíshí liánxì 바로 연락하다	□ 答谢活动 dáxiè huódòng 고객 감사 행사
同学 tóngxué 동창 师生 shīshēng 선생님과 학생	□ 开学 kāixué 롱 개학하다	□ 放假 fàngjià 롱 방학하다
	□ 请假 qǐngjià 롱 (조퇴, 결석 등을) 신청하다	□ 毕业 bìyè 롱 졸업하다
	□ 通过 tōngguò 롱 통과하다	□ 网上教学 wǎngshàng jiàoxué 온라인 수업
家人 jiārén 가족	□ 妻子 qīzi 圐 아내	□ 丈夫 zhàngfu 圐 남편
	□ 女儿 nǚ'ér 圐 딸	□ 儿子 érzi 圐 아들
	□ 奶奶 nǎinai 圐 할머니	□ 爷爷 yéye 圐 할아버지
	□ 夫妻 fūqī 圐 부부	□ 母子 mǔzǐ 엄마와 아들, 모자
	□ 阿姨 āyí 圐 이모, 아주머니	□ 亲戚 qīnqi 圐 친척

기타 직업 및 관계

기타 직업	☐ 演员 yǎnyuán 몡배우 ☐ 律师 lǜshī 몡변호사 ☐ 作家 zuòjiā 몡작가 ☐ 售货员 shòuhuòyuán 몡판매원	☐ 翻译 fānyì 몡통역사, 번역가 ☐ 记者 jìzhě 몡기자 ☐ 交警 jiāojǐng 몡교통경찰 ☐ 生意人 shēngyi rén 사업가
기타 관계	☐ 邻居 línjū 몡이웃	☐ 恋人 liànrén 몡연인

실전연습문제

대화를 듣고 질문에 알맞은 선택지를 고르세요. 🎧 제2,3부분 대화_1_06_실전연습문제

제2부분

1. A 家 | B 公司 | C 医院 | D 学校
2. A 同事 | B 夫妻 | C 师生 | D 邻居
3. A 老师 | B 律师 | C 作家 | D 交警
4. A 王阿姨 | B 李爷爷 | C 王医生 | D 张老师
5. A 厕所 | B 药店 | C 公园 | D 办公室
6. A 记者 | B 律师 | C 演员 | D 售货员

제3부분 대화

7. A 超市 | B 食堂 | C 教室 | D 省图书馆
8. A 师生 | B 同事 | C 恋人 | D 亲戚
9. A 火车站 | B 电影院 | C 理发店 | D 公交车站
10. A 作家 | B 老师 | C 医生 | D 护士

정답 해설집 p.17

사람의 행동 문제 공략하기

모든 선택지에 사람의 행동과 관련된 동사가 포함된 문제이다. 주로 화자가 현재 하고 있는 행동이나 하려고 하는 행동을 묻는다.

핵심 전략

1. 각 선택지의 동사를 핵심 키워드로 체크해 두고, 대화에서 관련된 내용을 주의 깊게 듣는다.

2. 대화에서 **打算/准备/计划**+동사(~할 계획이다), **想/要**+동사(~하려고 하다), **~怎么样?**(하는 것이 어때요?), **你要**(당신은 ~해야 해요)와 같은 표현이 들리면 그 다음에 화자가 하려고 하는 행동이 언급되므로 특히 주의 깊게 듣는다.

3. 대화에서 **在/正在**+동사(~하고 있는 중이다)가 들리면 화자가 지금 하고 있는 행동이 언급되므로 특히 주의 깊게 듣는다.

빈출 질문

🎧 제2,3부분 대화
_2_01_빈출
질문

男的要去做什么? 남자는 무엇을 하러 가려고 하는가?

男的有什么计划? 남자는 무슨 계획이 있는가?

女的在干什么? 여자는 무엇을 하고 있는가?

他们正在做什么? 그들은 무엇을 하고 있는 중인가?

女的周末要做什么? 여자는 주말에 무엇을 하려고 하는가?

女的接下来会干什么? 여자는 이어서 무엇을 할 것인가?

男的最可能要做什么? 남자는 무엇을 할 가능성이 가장 큰가?

男的希望女的做什么? 남자는 여자가 무엇을 하길 바라는가?

🎋 예제 맛보기

예제 1 제2부분   🎧 제2,3부분 대화_2_02_예제1

A 跑步	B 修电脑	A 달린다	B 컴퓨터를 수리한다
C 买自行车	D 乘坐地铁	C 자전거를 산다	D 지하철을 탄다

男: 我想买一辆自行车，去哪里买好呢？		남: 저는 자전거 한 대를 사고 싶은데, 어디 가서 사면 좋을까요?
女: 我知道一家很不错的店，就是有点儿远。我直接带你过去吧。		여: 제가 좋은 가게를 하나 아는데, 조금 멀어요. 제가 직접 당신을 데리고 가 줄게요.
问: 男的要去做什么？		질문: 남자는 무엇을 하러 가려고 하는가?

해설   제시된 선택지가 모두 행동을 나타내고 있으므로 대화를 들을 때 화자 또는 특정 인물이 하고 있거나 하려는 행동이 무엇인지를 주의 깊게 듣는다. 남자가 我想买一辆自行车, 去哪里买好呢?(저는 자전거 한 대를 사고 싶은데, 어디 가서 사면 좋을까요?)라고 했고, 질문이 남자는 무엇을 하러 가려고 하는지 물었으므로 C 买自行车(자전거를 산다)를 정답으로 선택한다.

어휘   自行车 zìxíngchē 몡 자전거   乘坐 chéngzuò 동 (자동차·배·비행기 등을) 타다   地铁 dìtiě 몡 지하철
　　　辆 liàng 양 대, 량[차량·자전거 등 탈 것을 세는 단위]   直接 zhíjiē 형 직접적이다   带 dài 동 데리다   过去 guòqu 동 가다, 지나가다

정답   C

예제 2   제3부분 대화   🎧 제2,3부분 대화_2_03_예제2

| A 学画画 | B 写小说 | A 그림 그리는 것을 배운다 | B 소설을 쓴다 |
| C 做生意 | D 参加考试 | C 사업을 한다 | D 시험을 본다 |

女: 这次的假期很长, 我打算去国外旅行, 你有什么计划吗?	여: 이번 연휴 기간이 길어서, 나는 해외에 나가 여행할 계획이야. 넌 무슨 계획이 있어?
男: 我要参加汉语水平考试, 因为这是我们的毕业条件之一。	남: 나는 HSK를 보려고 해. 이건 우리 졸업 조건 중 하나이기 때문이야.
女: 原来你们学校这么严格。	여: 알고 보니 너희 학교가 이렇게나 엄격하구나.
男: 是啊, 而且我听说很多人因为考试不合格, 不能按时毕业。	남: 응, 게다가 듣기로는 많은 사람들이 시험에 합격하지 못해서, 제때 졸업하지 못한대.
问: 男的有什么计划?	질문: 남자는 무슨 계획이 있는가?

해설   제시된 선택지가 모두 행동을 나타내고 있으므로 대화를 들을 때 화자 또는 특정 인물이 하고 있거나 하려는 행동이 무엇인지를 주의 깊게 듣는다. 여자가 你有什么计划吗?(넌 무슨 계획이 있어?)라고 묻자, 남자가 我要参加汉语水平考试(나는 HSK를 보려고 해)이라고 답했다. 질문이 남자는 무슨 계획이 있는지 물었으므로 D 参加考试(시험을 본다)을 정답으로 선택한다.

어휘   画 huà 동 (그림을) 그리다 몡 그림   小说 xiǎoshuō 몡 소설   生意 shēngyi 몡 사업, 장사   假期 jiàqī 몡 연휴 기간
　　　打算 dǎsuan 동 ~할 계획이다   国外 guówài 몡 해외   旅行 lǚxíng 동 여행하다   计划 jìhuà 몡 계획
　　　参加 cānjiā 동 참가하다, 참석하다   毕业 bìyè 동 졸업하다   条件 tiáojiàn 몡 조건   之 zhī 조 ~의   原来 yuánlái 분 알고 보니, 원래
　　　严格 yángé 형 엄격하다   而且 érqiě 접 게다가, 또한   合格 hégé 동 합격하다, 표준에 부합되다   按时 ànshí 분 제때

정답   D

* <듣기 예제 병음북 PDF>를 활용하여 예제 문제를 병음과 함께 학습해 보세요.

🌾 비책 공략하기

■ 시험에 자주 나오는 행동 표현 🎧 제2,3부분 대화_2_04_비책 공략하기

자주 출제되는 행동 표현들을 알아 두세요. 잘 외워지지 않는 표현은 박스에 체크하여 복습하세요.

쇼핑	☐ 购物 gòuwù 튭 쇼핑하다, 물건을 사다	☐ 排队 páiduì 튭 줄을 서다
	☐ 付款 fùkuǎn 튭 돈을 지불하다	☐ 退货 tuìhuò 튭 반품하다
	☐ 逛街 guàng jiē 거리를 구경하다, 쇼핑하다	☐ 试穿 shì chuān 입어 보다
	☐ 买自行车 mǎi zìxíngchē 자전거를 사다	☐ 稍后再买 shāohòu zài mǎi 조금 후에 다시 사다
	☐ 只收现金 zhǐ shōu xiànjīn 현금만 받다	☐ 排队结账 páiduì jiézhàng 줄을 서서 계산하다

집안일	☐ 擦 cā 튭 닦다	☐ 打扫 dǎsǎo 튭 청소하다
	☐ 做菜 zuò cài 요리를 하다	☐ 修车 xiū chē 차를 수리하다
	☐ 洗裙子 xǐ qúnzi 치마를 빨다	☐ 抬箱子 tái xiāngzi 상자를 들다
	☐ 收拾房间 shōushi fángjiān 방을 청소하다	☐ 搬东西 bān dōngxi 물건을 옮기다
	☐ 整理桌子 zhěnglǐ zhuōzi 책상을 정리하다	☐ 修理冰箱 xiūlǐ bīngxiāng 냉장고를 수리하다
	☐ 尝一下汤 cháng yíxià tāng 국을 좀 맛보다	
	☐ 送女儿上课 sòng nǚ'ér shàngkè 딸을 수업에 데려다주다	

여가 활동	☐ 跑步 pǎobù 튭 달리기를 하다	☐ 照相 zhàoxiàng 튭 사진을 찍다, 촬영하다
	☐ 散步 sànbù 튭 산책하다	☐ 骑车 qí chē 자전거를 타다
	☐ 打网球 dǎ wǎngqiú 테니스를 치다	☐ 打羽毛球 dǎ yǔmáoqiú 배드민턴을 치다
	☐ 打乒乓球 dǎ pīngpāngqiú 탁구를 치다	☐ 看比赛 kàn bǐsài 경기를 보다
	☐ 逛公园 guàng gōngyuán 공원을 거닐다	☐ 爬长城 pá Chángchéng 만리장성에 오르다
	☐ 弹钢琴 tán gāngqín 피아노를 치다	☐ 听/唱京剧 tīng/chàng jīngjù 경극을 듣다/부르다
	☐ 准备表演 zhǔnbèi biǎoyǎn 공연을 준비하다	☐ 参加比赛 cānjiā bǐsài 경기에 참가하다

여행	☐ 旅行/旅游 lǚxíng/lǚyóu 튭 여행하다	☐ 安排旅程 ānpái lǚchéng 여행 일정을 계획하다
	☐ 办签证 bàn qiānzhèng 비자를 발급받다	☐ 整理行李 zhěnglǐ xíngli 짐을 정리하다
	☐ 出国旅行 chūguó lǚxíng 해외 여행을 하다	☐ 拿登机牌 ná dēngjīpái 탑승권을 받다
	☐ 换乘高铁 huànchéng gāotiě 고속 열차로 환승하다	
	☐ 去南方玩儿 qù nánfāng wánr 남쪽에 가서 놀다	

일상생활	□ 约会 yuēhuì [동] 데이트하다 □ 打扮 dǎban [동] 꾸미다, 치장하다 □ 休息 xiūxi [동] 쉬다 □ 体检 tǐjiǎn [동] 신체 검사를 하다 □ 问路 wèn lù 길을 묻다 □ 少上网 shǎo shàngwǎng 인터넷을 적게 하다 □ 等雨停 děng yǔ tíng 비가 그치길 기다리다 □ 复印文章 fùyìn wénzhāng 글을 복사하다 □ 多穿衣服 duō chuān yīfu 옷을 많이 입다 □ 电话占线 diànhuà zhànxiàn 통화중이다 □ 睡前运动 shuì qián yùndòng 잠을 자기 전에 운동하다 □ 找人帮忙 zhǎo rén bāngmáng 도와줄 사람을 찾다 □ 听中文广播 tīng Zhōngwén guǎngbō 중국어 라디오를 듣다 □ 保护环境 bǎohù huánjìng 환경을 보호하다 □ 聚会 jùhuì [동] 모이다 □ 抽烟 chōuyān [동] 담배를 피우다 □ 商量 shāngliang [동] 상의하다 □ 打车 dǎchē [동] 택시를 타다 □ 搬新家 bān xīn jiā 새집으로 이사하다 □ 寄东西 jì dōngxi 물건을 부치다 □ 发短信 fā duǎnxìn 문자 메시지를 보내다 □ 躺着看书 tǎngzhe kàn shū 누워서 책을 보다 □ 按时吃药 ànshí chī yào 제때에 약을 먹다 □ 少喝咖啡 shǎo hē kāfēi 커피를 적게 마시다
학교/학업	□ 预习 yùxí [동] 예습하다 □ 上课 shàngkè [동] 수업하다, 수업을 듣다 □ 去留学 qù liúxué 유학을 가다 □ 学外语 xué wàiyǔ 외국어를 배우다 □ 参加考试 cānjiā kǎoshì 시험을 보다 □ 多读专业书 duō dú zhuānyè shū 전공책을 많이 읽다 □ 申请奖学金 shēnqǐng jiǎngxuéjīn 장학금을 신청하다 □ 复习 fùxí [동] 복습하다 □ 下课 xiàkè [동] 수업이 끝나다, 수업을 마치다 □ 借词典 jiè cídiǎn 사전을 빌리다 □ 问别人 wèn biérén 다른 사람한테 물어보다 □ 读研究生 dú yánjiūshēng 대학원을 다니다

	□ 工作 gōngzuò 图일하다	□ 上班 shàngbān 图출근하다
	□ 下班 xiàbān 图퇴근하다	□ 加班 jiābān 图야근하다
	□ 开会 kāihuì 图회의를 열다(하다)	□ 面试 miànshì 图면접을 보다
	□ 招聘 zhāopìn 图채용하다	□ 应聘 yìngpìn 图지원하다
	□ 出差 chūchāi 图출장 가다	□ 翻译 fānyì 图번역하다, 통역하다
	□ 找工作 zhǎo gōngzuò 일자리를 구하다	□ 等结果 děng jiéguǒ 결과를 기다리다
회사/업무	□ 填表格 tián biǎogé 표를 작성하다	□ 发传真 fā chuánzhēn 팩스를 보내다
	□ 提建议 tí jiànyì 제안하다	□ 开网店 kāi wǎngdiàn 인터넷 쇼핑몰을 개설하다
	□ 整理材料 zhěnglǐ cáiliào 자료를 정리하다	□ 参加会议 cānjiā huìyì 회의에 참석하다
	□ 调查情况 diàochá qíngkuàng 상황을 조사하다	□ 发电子邮件 fā diànzǐ yóujiàn 이메일을 보내다
	□ 应聘工作 yìngpìn gōngzuò 일자리에 지원하다	□ 修理传真机 xiūlǐ chuánzhēnjī 팩스를 수리하다
	□ 记会议内容 jì huìyì nèiróng 회의 내용을 기록하다	
	□ 参加招聘会 cānjiā zhāopìn huì 취업 박람회에 참가하다	
	□ 学会管理时间 xuéhuì guǎnlǐ shíjiān 시간 관리하는 것을 배우다	

실전연습문제

대화를 듣고 질문에 알맞은 선택지를 고르세요. 🎧 제2,3부분 대화_2_05_실전연습문제

제2부분

1. A 存钱   B 交水费   C 寄东西   D 打电话

2. A 躺着看书   B 收拾行李   C 看电视剧   D 找好座位

3. A 去英国留学   B 去美国留学   C 自己再想一想   D 和父母商量一下

4. A 打车   B 问路   C 逛街   D 打网球

5. A 出差   B 旅行   C 加班   D 上课

6. A 理发   B 购物   C 做饭   D 运动

제3부분 대화

7. A 登山   B 上课   C 打乒乓球   D 去公园跑步

8. A 等雨停   B 等下班   C 等电话   D 等出租车

9. A 买东西   B 做运动   C 复印材料   D 参加会议

10. A 休息   B 骑车   C 吃饭   D 去医院

정답 해설집 p.22

합격비책

03 사람의 상태·상황 문제 공략하기

바로 듣고 학습하기

선택지가 모두 사람의 상태나 상황을 나타내는 표현으로 구성된 문제이다. 주로 화자가 처한 상태나 상황, 화자의 태도, 화자로 하여금 특정 행동을 하도록 만든 상황을 묻는다.

핵심 전략

1. 선택지들이 모두 형용사이거나, 상태의 변화를 나타내는 어기조사 了로 끝나거나, 상태나 상황을 나타내는 是자문 혹은 진행을 나타내는 在/正在가 포함되어 있는 경우, 대화에서 언급되는 화자의 상태나 화자가 현재 처한 상황을 주의 깊게 듣는다.

2. 대화에서 언급된 상태·상황 관련 표현을 같은 의미의 다른 표현으로 바꾸어 쓴 선택지가 자주 정답이 되므로, 시험에 자주 출제되는 표현을 충분히 익혀 둔다.

3. 대화에서 언급된 표현을 그대로 사용한 오답 선택지에 주의한다.

빈출 질문

🎧 제2,3부분 대화
_3_01_빈출
질문

男的怎么了？ 남자는 어떠한가?

女的是什么意思？ 여자의 말은 무슨 뜻인가?

男的是什么态度？ 남자는 어떤 태도인가?

男的为什么那么激动？ 남자는 왜 그렇게 감격했는가?

男的现在心情怎么样？ 지금 남자의 기분은 어떠한가?

关于女的，可以知道什么？ 여자에 관해 알 수 있는 것은 무엇인가?

根据对话，下列哪个正确？ 대화에 근거하여 다음 중 옳은 것은 무엇인가?

📥 예제 맛보기

예제 1 제2부분 🎧 제2,3부분 대화_3_02_예제1

A 生气了	B 不舒服	A 화가 났다	B 아프다
C 有伤心事	D 吃了辣的	C 슬픈 일이 있다	D 매운 것을 먹었다

男：你好像哭过，有什么不开心的事儿吗？	남：당신 마치 운 것 같은데, 무슨 안 좋은 일 있어요?
女：啊，不要误会。我刚才吃了特别辣的酸菜鱼。	여：아, 오해하지 마세요. 제가 방금 아주 매운 쏸차이위를 먹었거든요.
问：根据对话，女的怎么了？	질문：대화에 근거하여 여자는 어떠한가?

해설 제시된 선택지가 모두 사람의 상태·상황을 나타내고 있으므로 대화에서 언급되는 화자의 상태나 현재 처한 상황을 주의 깊게 듣는다. 남자가 여자에게 안 좋은 일이 있냐고 묻자, 여자가 **不要误会**, 我**刚才吃了特别辣的酸菜鱼**。(오해하지 마세요. 제가 방금 아주 매운 쏸차이위를 먹었거든요.)라고 답했다. 질문이 여자는 어떠한지 물었으므로 D 吃了辣的(매운 것을 먹었다)를 정답으로 선택한다. 참고로, 남자가 언급한 不开心的事儿(안 좋은 일)을 듣고 C를 정답으로 선택하지 않도록 주의한다.

어휘 **不舒服** bù shūfu 아프다, 불편하다 **伤心** shāngxīn 통 슬프다, 상심하다 **辣** là 형 맵다 **好像** hǎoxiàng 부 마치 ~와 같다
　　开心 kāixīn 형 좋다, 기쁘다 **误会** wùhuì 오해하다 **刚才** gāngcái 방금, 막 **特别** tèbié 부 아주, 특히
　　酸菜鱼 suāncàiyú 쏸차이위(중국 생선 요리)

정답 D

예제 2 제3부분 대화 🎧 제2,3부분 대화_3_03_예제2

A 自信	B 伤心	A 자신 있다	B 슬프다
C 失望	D 激动	C 실망스럽다	D 감격하다

女：你怎么这么激动？有什么好消息吗？	여: 당신 왜 이렇게 감격했어요? 무슨 좋은 소식 있나요?
男：经理刚才说，因为顾客对我们的服务非常满意，所以公司决定给我们组发奖金。	남: 방금 매니저가 말하길, 고객들이 우리의 서비스에 매우 만족했기 때문에, 회사에서 우리 팀에게 상여금을 주기로 결정했대요.
女：你们的努力得到了肯定，真是太棒了！	여: 여러분의 노력이 인정받았네요. 정말 대단해요!
男：是啊，我要快点儿告诉组员这个好消息。	남: 맞아요, 저는 빨리 이 좋은 소식을 팀원들에게 알려 줘야겠어요.
问：男的现在心情怎么样？	질문: 지금 남자의 기분은 어떠한가?

해설 제시된 선택지가 모두 사람의 심리 상태를 나타내고 있으므로 대화에서 언급되는 화자의 상태를 주의 깊게 듣는다. 여자가 남자에게 你怎么这么激动?(당신 왜 이렇게 감격했어요?)이라고 묻자, 남자가 상여금을 받게 되었다고 답했다. 질문이 지금 남자의 기분은 어떠한지 물었으므로 D 激动(감격하다)을 정답으로 선택한다.

어휘 **自信** zìxìn 형 자신 있다 명 자신감 **伤心** shāngxīn 통 슬프다, 상심하다 **失望** shīwàng 형 실망스럽다 통 실망하다
　　激动 jīdòng 통 감격하다, 감동하다 **消息** xiāoxi 명 소식, 뉴스 **经理** jīnglǐ 명 매니저 **刚才** gāngcái 명 방금, 막
　　顾客 gùkè 명 고객, 손님 **服务** fúwù 통 서비스하다 **满意** mǎnyì 통 만족하다 **决定** juédìng 통 결정하다 명 결정 **组** zǔ 명 팀, 조, 그룹
　　发 fā 통 내주다, 보내다 **奖金** jiǎngjīn 명 상여금, 보너스 **努力** nǔlì 통 노력하다, 힘쓰다 **得到** dédào 통 받다, 얻다
　　肯定 kěndìng 통 인정하다, 확신하다 **棒** bàng 형 대단하다 **心情** xīnqíng 명 기분, 마음

정답 D

* <듣기 예제 병음북 PDF>를 활용하여 예제 문제를 병음과 함께 학습해 보세요.

🥬 비책 공략하기

■ 시험에 자주 나오는 사람의 상태·상황 표현 🎧 제2,3부분 대화_3_04_비책 공략하기

자주 출제되는 사람의 상태·상황 표현과 자주 바꾸어 쓰이는 표현들을 알아 두세요. 잘 외워지지 않는 표현은 박스에 체크하여 복습하세요.

☐ 放松 fàngsōng 긴장을 풀다, 느슨하게 하다	→	☐ 轻松 qīngsōng 홀가분하다, 긴장을 풀다
☐ 谢谢你 xièxie nǐ (당신에게) 감사하다	→	☐ 表示感谢 biǎoshì gǎnxiè 감사를 표시하다
☐ 收取费用 shōuqǔ fèiyòng 비용을 거두다	→	☐ 收费 shōufèi 비용을 받다
☐ 瘦了不少 shòu le bù shǎo 많이 날씬해졌다	→	☐ 变瘦了 biàn shòu le 날씬해졌다
☐ 快迟到了 kuài chídào le 지각할 것 같다	→	☐ 来不及 láibují (시간에) 늦다
☐ 爱发脾气 ài fā píqi 성질을 잘 내다	→	☐ 性格不好 xìnggé bù hǎo 성격이 안 좋다
☐ 没有钱了 méiyǒu qián le 돈이 없다	→	☐ 没有现金了 méiyǒu xiànjīn le 현금이 없다
☐ 拿了第一名 nále dìyī míng 1등을 했다	→	☐ 得了第一名 déle dìyī míng 1등을 얻었다
☐ 咳嗽得厉害 késou de lìhai 기침이 심하다	→	☐ 生病了 shēngbìng le (몸이) 아프다
☐ 考得特别差 kǎo de tèbié chà 시험을 특히 못 봤다	→	☐ 考得不好 kǎo de bù hǎo 시험을 잘 못 봤다
☐ 有很多经历 yǒu hěn duō jīnglì 많은 경험이 있다	→	☐ 经历丰富 jīnglì fēngfù 경험이 풍부하다
☐ 他误会我了 tā wùhuì wǒ le 그가 나를 오해했다	→	☐ 我被误会了 wǒ bèi wùhuì le 나는 오해받았다
☐ 没有赢比赛 méiyǒu yíng bǐsài 경기에서 이기지 못했다	→	☐ 输了 shū le 졌다
☐ 做短发不好看 zuò duǎn fà bù hǎokàn 단발머리를 하는 것이 예쁘지 않다	→	☐ 不适合短发 bú shìhé duǎn fà 단발머리가 어울리지 않는다
☐ 去年才开始学 qùnián cái kāishǐ xué 작년에서야 배우기 시작했다	→	☐ 没学多久 méi xué duōjiǔ 배운지 얼마 안 됐다
☐ 肚子有点儿疼 dùzi yǒudiǎnr téng 배가 조금 아프다	→	☐ 肚子不舒服 dùzi bù shūfu 배가 불편하다
☐ 从来没这么忙过 cónglái méi zhème mángguo 여태껏 이렇게 바빠 본 적이 없다	→	☐ 忙极了 máng jí le 굉장히 바쁘다
☐ 通过公司的面试 tōngguò gōngsī de miànshì 회사의 면접을 통과하다	→	☐ 应聘成功 yìngpìn chénggōng 지원에 성공하다
☐ 常常抽时间运动 chángcháng chōu shíjiān yùndòng 자주 시간을 내서 운동하다	→	☐ 经常锻炼 jīngcháng duànliàn 자주 단련하다

실전연습문제

대화를 듣고 질문에 알맞은 선택지를 고르세요. 🎧 제2,3부분 대화_3_05_실전연습문제

제2부분

1. A 是演员   B 在发邮件   C 喜欢跳舞   D 没学多久

2. A 生病了   B 忙极了   C 想回家   D 精神好

3. A 支持   B 担心   C 不满意   D 很紧张

4. A 被骗了   B 被误会了   C 被发现了   D 被批评了

5. A 工资低   B 做早饭了   C 看篮球比赛了   D 不喜欢看电视

6. A 男的很生气   B 女的过生日   C 男的会做菜   D 家里人很多

제3부분 대화

7. A 表示感谢   B 喜欢男的   C 周末有空儿   D 想让他帮忙

8. A 刚刚回家   B 自己开车   C 快过生日了   D 要坐公交车

9. A 想买电脑   B 电脑坏了   C 要去商店   D 不常上网购物

10. A 得了第一名   B 文章写得差   C 会为女的加油   D 对自己没信心

정답 해설집 p.26

특정 대상의 상태·상황 문제 공략하기

바로 듣고 학습하기

선택지가 모두 사람이 아닌 특정 대상의 상태나 상황을 나타내는 표현으로 구성된 문제이다. 주로 옷, 게임기, 커피, 고속도로 등 일상생활과 관련된 매우 다양한 대상의 현재 상태나 상황을 묻거나, 이들에 대한 화자의 생각을 묻는다.

핵심 전략

1. 선택지들이 특정 대상과 관련된 형용사를 포함하거나 상태·상황을 나타내는 경우, 대화에서 언급되는 특정 대상의 상태나 상황을 파악하면서 주의 깊게 듣는다.

2. 선택지가 문장인 경우, 주어를 핵심 키워드로 체크해 두고 대화에서 언급되는 관련 내용을 주의 깊게 듣는다.

3. 대화에서 언급된 상태·상황 관련 표현을 같은 의미의 다른 표현으로 바꾸어 쓴 선택지가 자주 정답이 되므로, 관련 표현을 충분히 익혀 둔다.

빈출 질문

🎧 제2,3부분 대화
_4_01_빈출
질문

现在天气怎么样？ 현재 날씨는 어떠한가?

女的认为衣服怎么样？ 여자는 옷이 어떻다고 생각하는가?

男的觉得咖啡怎么样？ 남자는 커피가 어떻다고 생각하는가?

关于那家店，可以知道什么？ 그 가게에 관해 알 수 있는 것은 무엇인가?

女的认为商场里的沙发怎么样？ 여자는 백화점의 소파가 어떻다고 생각하는가?

🗲 예제 맛보기

예제 1 제2부분 🎧 제2,3부분 대화_4_02_예제1

A 价格高	B 质量好	A 가격이 비싸다	B 품질이 좋다
C 选择少	D 样子美	C 선택이 적다	D 모양이 아름답다

男：这张沙发是我在网上买的，只花了500元。

女：质量挺好的。如果在商场买差不多的，价格至少是现在的两倍。

问：女的认为商场里的沙发怎么样？

남: 이 소파는 제가 인터넷에서 산 건데, 겨우 500위안 들었어요.

여: 품질이 꽤 좋네요. 만약 백화점에서 비슷한 것을 샀다면, 가격이 적어도 지금의 두 배였을 거예요.

질문: 여자는 백화점의 소파가 어떻다고 생각하는가?

해설   제시된 선택지가 모두 특정 대상의 상태·상황을 나타내고 있으므로 대화를 들을 때 상태·상황과 관련된 내용을 주의 깊게 듣는 다. 남자가 这张沙发是我在网上买的，只花了500元.(이 소파는 제가 인터넷에서 산 건데, 겨우 500위안 들었어요.)이라고 하자, 여자가 如果在商场买差不多的，价格至少是现在的两倍.(만약 백화점에서 비슷한 것을 샀다면, 가격이 적어도 지금의 두 배였을 거예요.)라고 했다. 질문이 여자는 백화점의 소파가 어떻다고 생각하는지 물었으므로 A 价格高(가격이 비싸다)를 정답으로 선택한다. 참고로, 여 자가 언급한 质量(품질)을 듣고 B를 정답으로 선택하지 않도록 주의한다.

어휘   价格 jiàgé 몡가격   质量 zhìliàng 몡품질   选择 xuǎnzé 툉선택하다   样子 yàngzi 몡모양   张 zhāng 얭장[소파, 종이 등을 세는 단위]
    沙发 shāfā 몡소파   网上 wǎngshàng 인터넷   只 zhǐ 팀겨우, 오직   花 huā 툉(돈을) 쓰다   挺 tǐng 팀꽤
    商场 shāngchǎng 몡백화점, 쇼핑 센터   差不多 chàbuduō 쥉비슷하다   至少 zhìshǎo 팀적어도   倍 bèi 얭배, 곱절

정답   A

예제 2 제3부분 대화 🎧 제2,3부분 대화_4_03_예제2

A 客人少	B 在打折	A 손님이 적다	B 할인하고 있다
C 味道不好	D 在地铁站里	C 맛이 좋지 않다	D 지하철역에 있다

女：你明天下午有事吗？没事的话一起去公司 附近的蛋糕店吧。	여: 당신 내일 오후에 일이 있나요? 일이 없다면 회사 근처 케이크 가게에 같이 가요.
男：好的。我听说那里的蛋糕都很好吃。	남: 좋아요. 듣자 하니 거기 케이크가 다 맛있대요.
女：那家店最近在打折，比平时便宜好多。	여: 그 가게는 요즘 할인하고 있어서, 평소보다 훨씬 더 저 렴해요.
男：太棒了，那我们明天下午两点见吧。	남: 아주 좋아요. 그럼 우리 내일 오후 2시에 만나요.
问：关于那家店，可以知道什么？	질문: 그 가게에 관해 알 수 있는 것은 무엇인가?

해설   제시된 선택지가 모두 특정 대상의 상태·상황을 나타내고 있으므로 대화를 들을 때 상태·상황과 관련된 내용을 주의 깊게 듣는 다. 여자가 那家店最近在打折(그 가게는 요즘 할인하고 있다)라고 했다. 질문이 그 가게에 관해 알 수 있는 것은 무엇인지 물었으므 로 B 在打折(할인하고 있다)를 정답으로 선택한다.

어휘   客人 kèrén 몡손님   打折 dǎzhé 툉할인하다, 세일하다   味道 wèidao 몡맛   地铁站 dìtiě zhàn 지하철역   附近 fùjìn 몡근처
    蛋糕 dàngāo 몡케이크   最近 zuìjìn 몡요즘, 최근   平时 píngshí 몡평소, 평상시   棒 bàng 쥉좋다, 대단하다

정답   B

---

* <듣기 예제 병음북 PDF>를 활용하여 예제 문제를 병음과 함께 학습해 보세요.

■ 시험에 자주 나오는 특정 대상의 상태·상황 표현 🎧 제2,3부분 대화_4_04_비책 공략하기

자주 출제되는 특정 대상의 상태·상황 표현과 자주 바꾸어 쓰이는 표현들을 알아 두세요. 잘 외워지지 않는 표현은 박스에 체크하여 복습하세요.

□ 很轻 hěn qīng 가볍다	→	□ 不重 bú zhòng 무겁지 않다
□ 价格贵 jiàgé guì 값이 비싸다	→	□ 价格高 jiàgé gāo 가격이 높다
□ 太脏了 tài zāng le 몹시 더럽다	→	□ 脏极了 zāng jí le 엄청 더럽다
□ 糖放多了 táng fàng duō le 설탕을 많이 넣었다	→	□ 有点甜 yǒudiǎn tián 조금 달다
□ 一切正常 yíqiè zhèngcháng 모두 정상적이다	→	□ 没问题 méi wèntí 문제없다
□ 凉快 liángkuai 서늘하다, 시원하다	→	□ 温度降低了 wēndù jiàngdī le 온도가 낮아졌다
□ 挺简单的 tǐng jiǎndān de 꽤 쉽다	→	□ 不难 bù nán 어렵지 않다
□ 味道还行 wèidao hái xíng 맛이 그런대로 괜찮다	→	□ 味道不错 wèidao búcuò 맛이 좋다
□ 很难解决 hěn nán jiějué 해결하기 어렵다	→	□ 不易解决 bú yì jiějué 해결하기 쉽지 않다
□ 十分精彩 shífēn jīngcǎi 대단히 훌륭하다	→	□ 太精彩了 tài jīngcǎi le 정말 훌륭하다
□ 空气新鲜 kōngqì xīnxiān 공기가 신선하다	→	□ 空气质量好 kōngqì zhìliàng hǎo 공기 질이 좋다
□ 只有一个行李 zhǐyǒu yí ge xíngli 짐이 하나만 있다	→	□ 行李不多 xíngli bù duō 짐이 많지 않다
□ 很久没见太阳 hěn jiǔ méi jiàn tàiyáng 오랫동안 태양을 보지 못했다	→	□ 缺少阳光 quēshǎo yángguāng 햇빛이 부족하다
□ 旁边有个商场 pángbiān yǒu ge shāngchǎng 옆에 백화점이 하나 있다	→	□ 离商场近 lí shāngchǎng jìn 백화점에서 가깝다
□ 高速公路特别堵 gāosù gōnglù tèbié dǔ 고속도로가 매우 막히다	→	□ 堵车严重 dǔchē yánzhòng 차가 심하게 막히다
□ 在咱们公司周围 zài zánmen gōngsī zhōuwéi 우리 회사 주위에 있다	→	□ 在公司附近 zài gōngsī fùjìn 회사 근처에 있다
□ 恐怕要往后推了 kǒngpà yào wǎng hòu tuī le 아마 뒤로 미뤄야 할 것이다	→	□ 可能会推迟 kěnéng huì tuīchí 연기될 가능성이 있다
□ 没什么特别的感觉 méi shénme tèbié de gǎnjué 특별한 느낌이 없다	→	□ 很普通 hěn pǔtōng 평범하다
□ 有些内容写得不够准确 yǒuxiē nèiróng xiě de búgòu zhǔnquè 몇몇 내용이 정확하지 않다	→	□ 有些数字有问题 yǒuxiē shùzì yǒu wèntí 몇몇 숫자에 문제가 있다

대화를 듣고 질문에 알맞은 선택지를 고르세요. 🎧 제2,3부분 대화_4_05_실전연습문제

제2부분

1. A 很流行 　　B 很正式 　　C 很漂亮 　　D 很凉快

2. A 环境不好 　　B 交通很方便 　　C 离公司不远 　　D 空气质量好

3. A 不深 　　B 很危险 　　C 可以进去 　　D 水很干净

4. A 是新的 　　B 弄丢了 　　C 还没修好 　　D 已经修好了

5. A 不够酸 　　B 很好吃 　　C 有点甜 　　D 太辣了

6. A 银行关门了 　　B 东西买少了 　　C 工资太少了 　　D 没有现金了

제3부분 대화

7. A 味道不错 　　B 价格便宜 　　C 上菜很快 　　D 离商场近

8. A 很普通 　　B 十分美丽 　　C 适合生活 　　D 有很大变化

9. A 有些贵 　　B 样子难看 　　C 用处很多 　　D 小时候流行

10. A 堵车严重 　　B 离车站远 　　C 旁边有公园 　　D 停车场很多

정답 해설집 p.31

합격비책

05 특정 명사·명사구 문제 공략하기

바로 듣고 학습하기

선택지가 모두 특정 명사 또는 명사구로 구성된 문제이다. 주로 화자가 하려고 하는 동작의 대상을 묻거나 대화의 중심 소재를 묻는다.

핵심 전략

1. 선택지가 모두 특정 명사나 명사구이면, 대화의 중심 소재를 파악하면서 주의 깊게 듣는다.

2. 대화에서 1개 이상의 선택지가 자주 그대로 언급되므로, 대화에서 들리는 선택지에 체크해 두고 질문에 맞는 선택지를 정답으로 선택한다.

3. 시험에 자주 출제되는 특정 명사 표현을 익혀 두면 대화의 중심 소재를 보다 더 쉽게 파악할 수 있다.

빈출 질문

🎧 제2,3부분 대화
_5_01_빈출
질문

女的在找什么？ 여자는 무엇을 찾고 있는가?

女的哪儿不舒服？ 여자는 어디가 아픈가?

男的让女的买什么？ 남자는 여자에게 무엇을 사라고 하는가?

男的想送给爸爸什么？ 남자는 아빠에게 무엇을 선물하려고 하는가?

女的建议男的喝什么？ 여자는 남자에게 무엇을 마시는 것을 제안하는가?

他们在说/聊/谈/讨论什么？ 그들은 무엇을 이야기하고 있는가?

🎋 예제 맛보기

예제 1 제2부분 🎧 제2,3부분 대화_5_02_예제1

| A 功夫 | B 京剧 | A 쿵후 | B 경극 |
| C 音乐 | D 电影 | C 음악 | D 영화 |

男：你喜欢看京剧吗？同事给了我两张今晚的门票。	남: 당신 경극 보는 것을 좋아해요? 동료가 저에게 오늘 저녁 입장권 두 장을 줬어요.
女：太好了，我一直都想看京剧，可是没人陪我去。	여: 잘됐네요. 저는 줄곧 경극을 보고 싶었지만, 저와 함께 갈 사람이 없었어요.
问：他们在讨论什么？	질문: 그들은 무엇을 이야기하고 있는가?

해설 제시된 선택지가 모두 특정 명사이므로 대화에서 언급되는 각 선택지와 관련된 내용을 주의 깊게 듣는다. 남자가 你喜欢看京剧吗?(당신 경극 보는 것을 좋아해요?)라고 묻자, 여자가 我一直都想看京剧(저는 줄곧 경극을 보고 싶었어요)라고 답했다. 질문이 그들은 무엇을 이야기하고 있는지 물었으므로 B 京剧(경극)를 정답으로 선택한다.

어휘　**功夫** gōngfu 명쿵후　**京剧** jīngjù 명경극　**音乐** yīnyuè 명음악　**张** zhāng 양장[종이·책상 등을 세는 단위]　**门票** ménpiào 명입장권
　　　　一直 yìzhí 튄줄곧, 계속　**可是** kěshì 접그러나, 하지만　**陪** péi 동함께~하다, 모시다　**讨论** tǎolùn 동이야기하다, 토론하다

정답　B

예제 2　제3부분 대화　🎧 제2,3부분 대화_5_03_예제2

| A 西瓜汁 | B 冰咖啡 | A 수박 주스 | B 아이스 커피 |
| C 热牛奶 | D 白葡萄酒 | C 따뜻한 우유 | D 화이트와인 |

女: 你想喝点儿什么？	여: 당신은 무엇을 마시고 싶어요?
男: 我想喝杯西瓜汁。	남: 저는 수박 주스를 마시고 싶어요.
女: 服务员说西瓜汁卖完了。今天天气这么冷，喝点儿热牛奶吧，会觉得暖和一些。	여: 종업원이 수박 주스가 다 팔렸대요. 오늘 날씨도 이렇게나 추운데, 따뜻한 우유를 좀 마셔요. 좀 따뜻하게 느껴질 거예요.
男: 好的，就听你的。	남: 좋아요. 당신 말 들을게요.
问: 女的建议男的喝什么？	질문: 여자는 남자에게 무엇을 마시는 것을 제안하는가?

해설　제시된 선택지가 모두 음료를 나타내는 특정 명사이므로 대화에서 언급되는 음료 및 관련 내용을 주의 깊게 듣는다. 남자가 수박
　　　　주스를 마시고 싶다고 하자, 여자가 西瓜汁卖完了……喝点儿热牛奶吧(수박 주스가 다 팔렸어요……따뜻한 우유를 좀 마셔요)라고
　　　　했다. 질문이 여자는 남자에게 무엇을 마시는 것을 제안하는지 물었으므로 C 热牛奶(따뜻한 우유)를 정답으로 선택한다. 참고로,
　　　　대화에서 언급된 西瓜汁(수박 주스)를 듣고 A를 정답으로 선택하지 않도록 주의한다.

어휘　**西瓜汁** xīguā zhī 수박 주스　**冰** bīng 동차갑다, 시리다　**暖和** nuǎnhuo 형따뜻하다　**建议** jiànyì 동제안하다

정답　C

* <듣기 예제 병음북 PDF>를 활용하여 예제 문제를 병음과 함께 학습해 보세요.

✅ 비책 공략하기

■ 시험에 자주 나오는 특정 명사 표현　🎧 제2,3부분 대화_5_04_비책 공략하기

자주 출제되는 특정 명사 표현들을 알아 두세요. 잘 외워지지 않는 표현은 박스에 체크하여 복습하세요.

음식	☐ **咖啡** kāfēi 명커피	☐ **果汁** guǒzhī 명과일주스
	☐ **矿泉水** kuàngquánshuǐ 명생수	☐ **葡萄酒** pútaojiǔ 명와인, 포도주
	☐ **西红柿** xīhóngshì 명토마토	☐ **鸡蛋** jīdàn 명달걀
	☐ **饺子** jiǎozi 명만두	☐ **烤鸭** kǎoyā 명오리 구이
	☐ **白菜** báicài 명배추	☐ **奶茶** nǎichá 명밀크티
	☐ **剩菜** shèng cài 남은 음식	☐ **巧克力蛋糕** qiǎokèlì dàngāo 초콜릿 케이크

사람의 신체 및 특징	□ 肚子 dùzi 圆배	□ 胳膊 gēbo 圆팔
	□ 眼睛 yǎnjing 圆눈	□ 鼻子 bízi 圆코
	□ 力气 lìqi 圆힘	□ 个子 gèzi 圆키
	□ 声音 shēngyīn 圆목소리	□ 性格 xìnggé 圆성격

일상용품	□ 包 bāo 圆가방	□ 钥匙 yàoshi 圆열쇠
	□ 杂志 zázhì 圆잡지	□ 冰箱 bīngxiāng 圆냉장고
	□ 西装 xīzhuāng 圆정장	□ 帽子 màozi 圆모자
	□ 衬衫 chènshān 圆셔츠	□ 镜子 jìngzi 圆거울
	□ 塑料袋 sùliàodài 圆비닐봉지	□ 毕业照 bìyè zhào 졸업 사진

공연/여행/스포츠	□ 电视剧 diànshìjù 圆드라마	□ 广播 guǎngbō 圆방송 프로그램
	□ 广告 guǎnggào 圆광고	□ 比赛 bǐsài 圆경기
	□ 座位 zuòwèi 圆좌석, 자리	□ 运动会 yùndònghuì 圆운동회
	□ 行李箱 xínglǐxiāng 圆여행용 가방	□ 火车票 huǒchē piào 기차표
	□ 毕业旅行 bìyè lǚxíng 졸업 여행	□ 演出门票 yǎnchū ménpiào 공연 입장권
	□ 出发时间 chūfā shíjiān 출발 시간	□ 乘客的信息 chéngkè de xìnxī 승객 정보
	□ 中国功夫 Zhōngguó gōngfu 중국 쿵후	□ 京剧表演 jīngjù biǎoyǎn 경극 공연
	□ 国际电影节 guójì diànyǐngjié 국제 영화제	□ 长跑 chángpǎo 장거리 달리기

업무/학업	□ 任务 rènwu 圆임무	□ 经济 jīngjì 圆경제
	□ 收入 shōurù 圆수입	□ 会议资料/材料 huìyì zīliào/cáiliào 회의 자료
	□ 电子邮件 diànzǐ yóujiàn 이메일	□ 工作安排 gōngzuò ānpái 업무 계획
	□ 奖学金 jiǎngxuéjīn 圆장학금	□ 国际法 guójìfǎ 圆국제법
	□ 社会学 shèhuìxué 圆사회학	□ 教育方法 jiàoyù fāngfǎ 교육 방법
	□ 专业书 zhuānyè shū 전공책	□ 旅游管理 lǚyóu guǎnlǐ 관광경영학과
	□ 暑假安排 shǔjià ānpái 여름 방학 계획	□ 自然科学 zìrán kēxué 자연 과학

기타	□ 年龄 niánlíng 圆나이, 연령	□ 国籍 guójí 圆국적
	□ 地址 dìzhǐ 圆주소	□ 红色 hóngsè 圆빨간색
	□ 秋天 qiūtiān 圆가을	□ 见面地点 jiànmiàn dìdiǎn 만나는 장소
	□ 洗车卡 xǐchē kǎ 세차 카드	□ 药的用量 yào de yòngliàng 약의 용량
	□ 社会调查 shèhuì diàochá 사회 조사	□ 收费标准 shōufèi biāozhǔn 요금 기준
	□ 付款方式 fùkuǎn fāngshì 결제 방식	□ 法律规定 fǎlǜ guīdìng 법 규정
	□ 地铁路线 dìtiě lùxiàn 지하철 노선	□ 公司地址 gōngsī dìzhǐ 회사 주소
	□ 颜色深的 yánsè shēn de 색깔이 진한 것	□ 举办的城市 jǔbàn de chéngshì 개최되는 도시
	□ 朋友的样子 péngyou de yàngzi 친구의 모습	□ 收件人信息 shōu jiàn rén xìnxī 수취인 정보

실전연습문제

대화를 듣고 질문에 알맞은 선택지를 고르세요. 🎧 제2,3부분 대화_5_05_실전연습문제

제2부분

1. A 啤酒 B 鸡蛋 C 白菜 D 西红柿

2. A 工作 B 毕业照 C 自行车 D 教育方法

3. A 邮件 B 衬衫 C 西装 D 帽子

4. A 英语 B 经济学 C 社会学 D 自然科学

5. A 学习安排 B 材料内容 C 见面地点 D 付款方式

6. A 巧克力 B 塑料袋 C 葡萄酒 D 矿泉水瓶

제3부분 대화

7. A 春季 B 夏季 C 秋季 D 冬季

8. A 七点半 B 八点 C 八点半 D 十点

9. A 红色 B 白色 C 蓝色 D 黑色

10. A 法律规定 B 地铁路线 C 公司地址 D 收费标准

정답 해설집 p.35

실전테스트

바로 듣고 문제 풀기

대화를 듣고 질문에 알맞은 선택지를 고르세요. 🎧 제2,3부분 대화_테스트

[제2부분]

1. A 女的不用 　　B 是信用卡 　　C 男的没接 　　D 能用到三月底

2. A 没力气说话 　　B 想吃包子了 　　C 汤没有味道 　　D 能完成任务

3. A 要去美国了 　　B 常参加聚会 　　C 很会做生意 　　D 下周去检查

4. A 要有礼貌 　　B 少喝饮料 　　C 换个新眼镜 　　D 不要打扰别人

5. A 演出门票 　　B 社会调查 　　C 朋友的样子 　　D 火车到站时间

6. A 发送传真 　　B 整理材料 　　C 仔细检查 　　D 到楼下开会

7. A 病已经好了 　　B 不再抽烟了 　　C 性格变化大 　　D 最近常出差

8. A 晚上要加班 　　B 要去接孩子 　　C 坐地铁回家 　　D 讨厌扔垃圾

9. A 车站 　　B 餐厅 　　C 电梯 　　D 机场

10. A 开心 　　B 着急 　　C 兴奋 　　D 羡慕

11. A 去旅行 　　B 看电影 　　C 见父母 　　D 买机票

12. A 饼干很好吃 　　B 饼干卖完了 　　C 要去整理桌子 　　D 最好自己去看

13. A 讲笑话 　　B 叫警察 　　C 收拾房间 　　D 联系房东

14. A 同事 　　B 夫妻 　　C 母子 　　D 邻居

15. A 工资不高 　　B 身体不好 　　C 觉得无聊 　　D 常常加班

[제3부분 대화]

16. A 宾馆   B 火车票   C 天气情况   D 网页问题

17. A 医院   B 邮局   C 理发店   D 游泳馆

18. A 长得很帅   B 想和女的工作   C 一个人在吃饭   D 是女的的朋友

19. A 座位   B 零钱   C 行李箱   D 卫生间

20. A 没有酒了   B 喜欢吃牛肉   C 上次喝多了   D 全身不舒服

21. A 需要写两篇   B 是关于地球的   C 没有任何错误   D 有些数字有问题

22. A 上网   B 问别人   C 看词典   D 自己想

23. A 律师   B 医生   C 记者   D 老师

24. A 比较严格   B 是个演员   C 在海洋馆工作   D 每次都很冷静

25. A 房租太贵   B 环境不太好   C 想住公司附近   D 房子有点儿小

정답 해설집 p.40

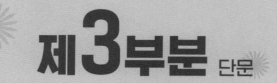

제**3**부분 단문

단문 듣고
질문에 답하기

듣기 제3부분 단문은 단문과 2개의 질문을 듣고 정답을 선택하는 형태로, 총 10문제가 출제된다. 문제지에는 선택지만 제시되고, 단문과 질문은 음성으로만 들려준다.

합격공략법 아래와 같은 종류의 단문들이 출제되므로 그 공략법을 잘 익혀 둔다.

합격비책 01 이야기 공략하기   합격비책 03 실용문 공략하기
합격비책 02 논설문 공략하기   합격비책 04 설명문 공략하기

출제 경향

1. **이야기 단문의 출제 비율이 높다.**

   제3부분 단문에서는 일상생활에서 일어나는 다양한 주제의 이야기, 특정 이슈에 대하여 주장이나 의견을 제시하는 논설문, 안내 방송·소개 멘트와 같은 실용문, 정보를 소개하거나 설명하는 설명문이 출제된다. 그중 이야기 단문이 가장 많이 출제된다.

2. **단문의 세부 내용을 묻는 질문의 출제 빈도가 높다.**

   제3부분 단문에서는 단문의 세부 내용을 묻는 질문과 중심 내용을 묻는 질문이 출제되는데, 그중 세부 내용을 묻는 질문의 출제 빈도가 높다. 세부 내용을 묻는 질문에는 什么(무엇), 为什么(왜), 哪儿(어디), 怎么(어떻게) 등의 의문사가 주로 사용된다.

3. **단문의 내용 전개와 2개의 질문이 묻는 내용의 순서가 대부분 일치한다.**

   단문의 내용 전개와 2개의 질문이 묻는 내용의 순서가 대부분 일치한다. 따라서 단문을 듣기 전에 문제지에 있는 선택지를 미리 읽어 두면, 단문을 들을 때 2개의 질문에 대한 정답을 순서대로 예측할 수 있다.

문제풀이 스텝

<문제지에 제시된 선택지>

1. Ⓐ 去试一试 ✓   B 整理材料
    C 提出意见   D 与经理见面

2. A 脾气很好   B 有自信心
    Ⓒ 态度积极 ✓   D 经验丰富

STEP 1

단문을 듣기 전, 두 문제의 선택지를 읽고 주의 깊게 들어야 할 내용을 확인한다.

2번의 선택지에서 **脾气很好**(성격이 좋다), **有自信心**(자신감이 있다), **态度积极**(태도가 적극적이다), **经验丰富**(경험이 풍부하다)를 읽고, 특정 인물과 관련된 이야기가 나올 것임을 예상할 수 있다. 따라서 단문을 들을 때 인물과 관련된 세부 내용을 주의 깊게 들어야 한다.

<음성으로 들려주는 단문과 질문>

第1到2题是根据下面一段话:

    [1]小天大学毕业后一直没有找到满意的工作。有一天[1]他看到有公司正在招聘，那正好是他很久以前就想进的公司。他觉得自己符合公司提出的所有要求，所以[1]决定去应聘。小天顺利进入那家公司后，[2]经理跟他说，面试时他积极的态度感动了自己。

1. 看到招聘信息，小天决定做什么?
2. 小天能进那家公司的原因是什么?

STEP 2

단문을 들을 때, 단문에서 그대로 언급되거나 관련된 선택지에 체크해 둔다.

단문 초반과 중반에서 **小天……他看到有公司正在招聘……决定去应聘**(샤오톈……그는 어떤 회사가 채용 중이라는 것을 보았는데……지원하러 가기로 결정했다)을 듣고 1번의 A **去试一试**(시도해 본다)을 체크해 둔다.

단문 후반에서 **经理跟他说，面试时他积极的态度感动了自己**(매니저는 그에게, 면접 때 그의 적극적인 태도가 자신을 감동시켰다고 말했다)를 듣고 2번의 C **态度积极**(태도가 적극적이다)를 체크해 둔다.

STEP 3

질문을 듣고 정답을 선택한다.

1. 채용 정보를 보고 샤오톈은 무엇을 하기로 결정했는지 물었으므로 A **去试一试**(시도해 본다)을 정답으로 선택한다.
2. 샤오톈이 그 회사에 들어갈 수 있었던 이유를 물었으므로 C **态度积极**(태도가 적극적이다)를 정답으로 선택한다.

해석 해설집 p.52

이야기 공략하기

바로 듣고 학습하기

이야기는 일상생활과 관련된 화자의 느낌이나 경험에 대한 단문으로, 단문에 나오는 인물에 관한 세부 내용을 주로 묻는다. 이야기는 매회 총 5개의 단문 중 2~4개 정도 출제된다.

핵심 전략

1. 단문의 초반에 언급되는 我(나), 妈妈(엄마), 小张(샤오장) 등과 같은 특정 인물과 관련된 내용을 주의 깊게 듣는다.

2. 선택지가 사람의 상태나 상황과 관련된 내용이면, 단문을 들을 때 인물과 관련하여 구체적으로 언급되는 상황을 주의 깊게 듣는다.

3. 두 번째 질문의 단서가 단문의 초반에 언급되기도 하므로, 선택지를 미리 꼼꼼하게 읽어두는 것이 중요하다.

4. 선택지가 시간, 날짜와 같은 숫자 표현으로 구성되어 있는 경우, 단문에서 그대로 언급되는 선택지 옆에 살짝 체크해 둔다.

기출 토픽

여행·호텔 베이징에서 여행한 이야기, 호텔에서 묵은 이야기

학업·업무 교장 선생님이 학생들을 격려해 주었다는 이야기, 회사에서 행사를 개최한다는 이야기

기타 일상 생활 할인 행사 때 물건을 구매한 이야기, 음식점에 대한 이야기, 열쇠를 잃어버렸다는 이야기, 축구 경기에 대한 이야기, 아버지가 자신의 머리를 잘라준 것에 대한 이야기

빈출 질문

🎧 제3부분 단문
_1_01_빈출
질문

세부 내용 관련 질문

说话人怎么了？ 화자는 어떠한가?

说话人有什么习惯？ 화자는 무슨 습관이 있는가?

小王为什么很高兴？ 샤오왕은 왜 기쁜가?

孩子们周末经常做什么？ 아이들은 주말에 자주 무엇을 하는가?

说话人建议女儿穿什么？ 화자는 딸에게 무엇을 입기를 제안하는가?

说话人认为那个习惯怎么样？ 화자는 그 습관이 어떻다고 생각하는가?

关于校长，下列哪个正确？ 교장에 관해 다음 중 옳은 것은 무엇인가?

根据这段话，可以知道什么？ 이 단문에 근거하여 알 수 있는 것은 무엇인가?

중심 내용 관련 질문

这段话告诉我们什么？ 이 단문은 우리에게 무엇을 알려 주는가?

예제 맛보기

1. A 写日记　　　　B 听音乐
   C 画画儿　　　　D 看比赛

2. A 会浪费时间　　B 对人有坏处
   C 能发现缺点　　D 可以保护环境

1. A 일기를 쓴다　　　　B 음악을 듣는다
   C 그림을 그린다　　　D 경기를 본다

2. A 시간을 낭비할 것이다　B 사람에게 나쁜 점이 있다
   C 단점을 발견할 수 있다　D 환경을 보호할 수 있다

第1到2题是根据下面一段话:

　　[1]从小到大，我一直都在坚持写日记，写日记这个习惯给我带来了很多好处。通过写日记，我知道自己每天做了什么事情，有没有浪费时间。另外，[2]在写日记的过程中，我发现了自己的缺点，同时学会了感谢周围的人。

1. 说话人有什么习惯？
2. 说话人认为那个习惯怎么样？

1–2번 문제는 다음 내용에 근거한다.

　　[1]어려서부터, 나는 줄곧 꾸준히 일기를 썼다. 일기를 쓰는 이 습관은 나에게 많은 좋은 점을 가져왔다. 일기를 쓰는 것을 통해, 나는 스스로가 매일 무슨 일을 했는지, 시간을 낭비하지는 않았는지를 알게 되었다. 이 외에도, [2]일기를 쓰는 과정에서, 나는 스스로의 단점을 발견했고, 동시에 주변 사람들에게 감사하는 것도 배웠다.

1. 화자는 무슨 습관이 있는가?
2. 화자는 그 습관이 어떻다고 생각하는가?

해설　**선택지 읽기**
1번의 선택지에서 写日记(일기를 쓴다), 听音乐(음악을 듣는다), 画画儿(그림을 그린다), 看比赛(경기를 본다)를 읽고, 특정 인물과 관련된 이야기가 나올 것임을 예상할 수 있다. 따라서 단문을 들을 때 인물과 관련된 세부 내용을 주의 깊게 듣는다.

단문 듣기
단문 초반의 从小到大, 我一直都在坚持写日记(어려서부터, 나는 줄곧 꾸준히 일기를 썼다)를 듣고 1번의 A 写日记(일기를 쓴다)를 체크해 둔다.
단문 후반의 在写日记的过程中, 我发现了自己的缺点(일기를 쓰는 과정에서, 나는 스스로의 단점을 발견했다)을 듣고 2번의 C 能发现缺点(단점을 발견할 수 있다)을 체크해 둔다.

질문 듣고 정답 선택하기
1. 화자는 무슨 습관이 있는지 물었으므로 A 写日记(일기를 쓴다)를 정답으로 선택한다.
2. 화자는 그 습관(일기를 쓰는 습관)이 어떻다고 생각하는지 물었으므로 C 能发现缺点(단점을 발견할 수 있다)을 정답으로 선택한다.

어휘　日记 rìjì 몡일기　音乐 yīnyuè 몡음악　画 huà 툉(그림을) 그리다 몡그림　比赛 bǐsài 몡경기, 시합　浪费 làngfèi 툉낭비하다
坏处 huàichu 몡나쁜 점　发现 fāxiàn 툉발견하다, 알아차리다　缺点 quēdiǎn 몡단점, 결점　保护 bǎohù 툉보호하다
环境 huánjìng 몡환경　从小 cóngxiǎo 뷔어려서부터　一直 yìzhí 뷔줄곧, 계속　坚持 jiānchí 툉꾸준히 하다
习惯 xíguàn 몡습관 툉습관이 되다　好处 hǎochu 몡좋은 점, 장점　通过 tōngguò 꽤~을 통해　自己 zìjǐ 떼스스로, 자신
另外 lìngwài 젭이 외에　过程 guòchéng 몡과정　同时 tóngshí 몡동시　感谢 gǎnxiè 툉감사하다, 고맙다
周围 zhōuwéi 몡주변, 주위

정답　1. A　2. C

＊<듣기 예제 병음북 PDF>를 활용하여 예제 문제를 병음과 함께 학습해 보세요.

■ 시험에 자주 나오는 표현 🎧 제3부분 단문_1_03_비책 공략하기

이야기에서 자주 출제되는 표현들을 주제별로 알아 두세요. 잘 외워지지 않는 표현은 박스에 체크하여 복습하세요.

여행/호텔 관련	□ 导游 dǎoyóu 명 가이드	□ 航班 hángbān 명 항공편
	□ 登机口 dēng jī kǒu 탑승 게이트	□ 提供小吃 tígōng xiǎochī 간식을 제공하다
	□ 到处参观 dàochù cānguān 곳곳을 관광하다	
	□ 很难买到票 hěn nán mǎidào piào 표를 구하기 어렵다	
	□ 陪父母旅行 péi fùmǔ lǚxíng 부모님을 모시고 여행을 가다	
	□ 离火车站不远 lí huǒchēzhàn bù yuǎn 기차역에서 멀지 않다	
	□ 差点儿没赶上飞机 chàdiǎnr méi gǎnshang fēijī 비행기를 놓칠 뻔 하다	
학업	□ 借书 jiè shū 책을 빌리다	□ 发现缺点 fāxiàn quēdiǎn 단점을 발견하다
	□ 介绍知识 jièshào zhīshi 지식을 소개하다	□ 加倍努力 jiā bèi nǔlì 배로 노력하다
	□ 尊重选择 zūnzhòng xuǎnzé 선택을 존중하다	□ 通过考试 tōngguò kǎoshì 시험을 통과하다
	□ 对……有研究 duì……yǒu yánjiū ~을 많이 연구하다	
	□ 考上研究生 kǎoshang yánjiūshēng 대학원에 합격하다	
	□ 成绩出来了 chéngjì chūlai le 성적이 나오다	
	□ 从小的理想 cóngxiǎo de lǐxiǎng 어릴적부터의 꿈	
	□ 认真做好一件事 rènzhēn zuòhǎo yí jiàn shì 한 가지 일을 성실하게 하다	
업무	□ 压力大 yālì dà 스트레스가 많다	□ 要求高 yāoqiú gāo 요구가 높다
	□ 准备工作 zhǔnbèi gōngzuò 일을 하려고 하다	□ 打印材料 dǎyìn cáiliào 자료를 프린트하다
	□ 有发展机会 yǒu fāzhǎn jīhuì 발전 기회가 있다	
	□ 安排好一切 ānpái hǎo yíqiè 모든 것을 잘 준비해놓다	
	□ 工作很负责 gōngzuò hěn fùzé 일에 책임감이 강하다	
	□ 工资比较低 gōngzī bǐjiào dī 월급이 비교적 낮다	
	□ 去外地工作 qù wàidì gōngzuò 외지로 가서 일한다	
쇼핑	□ 打折 dǎzhé 동 할인하다, 세일하다	□ 逛商店 guàng shāngdiàn 가게를 둘러보다
	□ 购物节 gòuwù jié 쇼핑 데이	□ 举办活动 jǔbàn huódòng 행사를 열다
	□ 吸引顾客 xīyǐn gùkè 손님을 끌어들이다	
	□ 周末卖得多 zhōumò mài de duō 주말에 많이 팔리다	
	□ 安排活动地点 ānpái huódòng dìdiǎn 행사 장소를 배정하다	
	□ 双十一 shuāng shíyī 쌍11, 광군제[11월 11일, 중국 온라인 쇼핑몰 할인 행사의 날]	

단문을 듣고 질문에 알맞은 선택지를 고르세요. 🎧 제3부분 단문_1_04_실전연습문제

1. A 喜欢看书　　　B 很支持他们　　　C 经常举办比赛　　　D 容易感到开心

2. A 加倍努力　　　B 认真学习　　　C 不参加比赛　　　D 和老师商量

3. A 几分钟　　　　B 好多天　　　　C 三四个月　　　　D 五十多年

4. A 做一个勇敢的人　B 认真做好一件事　C 有付出才有结果　D 去做正确的事情

5. A 解释误会　　　B 表示感谢　　　C 吸引客人　　　　D 交流经验

6. A 5月8日　　　　B 6月18日　　　　C 9月11日　　　　D 11月11日

7. A 家具质量好　　B 看中国电影　　C 写旅行日记　　　D 有北京小吃

8. A 房间不大　　　B 有中国画　　　C 离火车站近　　　D 饮料价格高

정답 해설집 p.52

바로 듣고 학습하기

논설문은 삶의 태도, 건강 또는 교육 등과 관련된 특정 이슈에 대하여 화자가 주장이나 의견을 제시하는 단문으로, 화자의 관점이나 단문의 중심 내용을 주로 묻는다. 논설문은 매회 총 5개의 단문 중 1~2개 정도 출제된다.

핵심 전략

1. 선택지에 应该/要(~해야 한다), 别(~하지 마라)와 같이 주장을 나타내는 표현이나 주관적인 의견을 드러내는 문장이 있으면, 단문을 들을 때 화자의 관점이나 단문의 중심 내용을 파악하며 듣는다.

2. 단문의 처음 부분과 끝 부분에서 화자의 의견이나 단문의 주제가 자주 언급되므로 이 부분을 특히 주의 깊게 듣는다.

3. 단문에서 觉得/认为(~라고 생각하다), 需要(~해야 한다), 必须(반드시 ~해야 한다)와 같은 주관적인 견해를 나타내는 표현이 언급되면, 그 뒤를 특히 주의 깊게 듣는다.

기출 토픽

삶의 태도 긍정적으로 생활을 해야 한다는 주장, 시간을 귀중히 여겨야 한다는 주장, 스트레스를 받을 때 어떻게 해야 하는지에 대한 의견

건강 출근족들이 하기 적합한 운동에 대한 의견, 인터넷에서 잘못된 정보를 보고 약국에 가면 안 된다는 주장, 한 가지 음식만 먹는 다이어트는 좋지 않다는 주장

교육/진로 직업을 선택할 때 고려해야 하는 것에 대한 의견

빈출 질문

🎧 제3부분 단문
_2_01_빈출
질문

세부 내용 관련 질문

这段话中的 "山" 是什么？ 이 단문에서 '산'은 무엇인가?

这段话可能是对谁说的？ 이 단문은 누구에게 말하는 것일 가능성이 큰가?

这段话提到了运动的哪方面？ 이 단문은 운동의 어느 방면에 대해 언급했는가?

중심 내용 관련 질문

说话人的观点是什么？ 화자의 관점은 무엇인가?

这段话主要谈的是什么？ 이 단문이 주로 말하는 것은 무엇인가?

这段话主要想告诉我们什么？ 이 단문이 우리에게 주로 알려 주고자 하는 것은 무엇인가?

예제 맛보기

제3부분 단문_2_02_예제

1. A 胜利　　　　　　B 幸福
　 C 错误　　　　　　D 经验

2. A 增加困难　　　　B 别怕困难
　 C 改变困难　　　　D 送走困难

1. A 승리　　　　　　B 행복
　 C 잘못　　　　　　D 경험

2. A 어려움을 더한다　　　B 어려움을 겁내지 마라
　 C 어려움을 바꾼다　　　D 어려움을 떠나 보낸다

第1到2题是根据下面一段话：

　　困难和胜利总是一起出现。如果说[1]困难是一条河，那么胜利就是河对面的山。过了河，上了山，就等于成功了。困难堵在你面前，是为了试试你的能力和耐心。只要你不怕困难，它就会给你带来更多知识和能力，最后让你走向成功。因此[2]别害怕困难，生活中的困难可能就是你难得的朋友。

1. 这段话中的"山"是什么？

2. 这段话主要想告诉我们什么？

1-2번 문제는 다음 내용에 근거한다.

　　어려움과 승리는 늘 함께 나타난다. 만약 [1]어려움이 한 줄기의 강이라면, 승리는 강 맞은편의 산이다. 강을 건너고, 산을 오르면, 성공하는 것과 같다. 어려움이 당신의 앞을 막는 것은, 당신의 능력과 인내심을 시험해 보기 위함이다. 당신이 어려움을 겁내지 않기만 하면, 이것은 당신에게 더 많은 지식과 능력을 가져다 줄 것이며, 당신을 성공으로 이끌 것이다. 따라서 [2]어려움을 두려워하지 마라. 삶에서의 어려움은 어쩌면 당신이 얻기 힘든 친구일 수 있다.

1. 이 단문에서 '산'은 무엇인가?

2. 이 단문이 우리에게 주로 알려 주고자 하는 것은 무엇인가?

해설　선택지 읽기

2번의 B 别怕困难(어려움을 겁내지 마라)이 주관적인 의견을 나타내므로, 삶의 태도와 관련된 논설문이 나올 것임을 예상할 수 있다. 특히 2번의 선택지에서 공통적으로 등장한 困难(어려움)과 관련하여 언급되는 내용을 주의 깊게 듣는다.

단문 듣기

단문 초반의 困难是一条河, 那么胜利就是河对面的山(어려움이 한 줄기의 강이라면, 승리는 강 맞은편의 산이다)을 듣고 1번의 A 胜利(승리)를 체크해 둔다.
단문 후반의 别害怕困难(어려움을 두려워하지 마라)을 듣고 2번의 B 别怕困难(어려움을 겁내지 마라)을 체크해 둔다.

질문 듣고 정답 선택하기

1. 단문에서 '산'이 무엇인지 물었으므로 A 胜利(승리)를 정답으로 선택한다.
2. 단문이 우리에게 주로 알려 주고자 하는 것은 무엇인지 물었으므로 B 别怕困难(어려움을 겁내지 마라)을 정답으로 선택한다.

어휘　胜利 shènglì 图 승리하다　幸福 xìngfú 图 행복　错误 cuòwù 图 잘못, 착오　经验 jīngyàn 图 경험　增加 zēngjiā 图 더하다
　　　　困难 kùnnan 图 어려움, 곤란　怕 pà 图 겁내다, 두려워하다　改变 gǎibiàn 图 바꾸다　送走 sòngzǒu 떠나 보내다
　　　　总是 zǒngshì 凰 늘, 언제나　出现 chūxiàn 图 나타나다, 출현하다　条 tiáo 逻 [가늘고 긴 것을 세는 단위]　河 hé 图 강
　　　　对面 duìmiàn 图 맞은편　过 guò 图 건너다, 가다　等于 děngyú 图 ~와 같다　成功 chénggōng 图 성공하다　堵 dǔ 图 막다
　　　　面前 miànqián 图 앞　为了 wèile 圙 ~을 위해　试 shì 图 시험하다　能力 nénglì 图 능력　耐心 nàixīn 图 인내심　更 gèng 凰 더, 더욱
　　　　知识 zhīshi 图 지식　走向 zǒuxiàng ~으로 가다　害怕 hàipà 图 두려워하다　生活 shēnghuó 图 삶, 생활　难得 nándé 图 얻기 힘들다

정답　1. A　2. B

* <듣기 예제 병음북 PDF>를 활용하여 예제 문제를 병음과 함께 학습해 보세요.

🌿 비책 공략하기

■ 시험에 자주 나오는 표현 🎧 제3부분 단문_2_03_비책 공략하기

논설문에서 자주 출제되는 표현들을 주제별로 알아 두세요. 잘 외워지지 않는 표현은 박스에 체크하여 복습하세요.

삶의 태도		
☐ 成功者 chénggōngzhě 성공한 사람	☐ 积极解决 jījí jiějué 적극적으로 해결하다
☐ 总结问题 zǒngjié wèntí 문제를 총결산하다	☐ 积累经验 jīlěi jīngyàn 경험을 쌓다
☐ 珍惜时间 zhēnxī shíjiān 시간을 소중히하다	☐ 对人友好 duì rén yǒuhǎo 사람에게 우호적이다
☐ 浪费时间 làngfèi shíjiān 시간을 낭비하다	☐ 认真生活 rènzhēn shēnghuó 성실하게 살다
☐ 成功与困难 chénggōng yǔ kùnnan 성공과 고난	☐ 无法保证 wúfǎ bǎozhèng 보장할 수 없다
☐ 走自己的路 zǒu zìjǐ de lù 자신의 길을 가다	
☐ 带给人快乐 dài gěi rén kuàilè 사람에게 즐거움을 가져다주다	
☐ 对生活有希望 duì shēnghuó yǒu xīwàng 삶에 희망을 가지다	
☐ 积极向上的态度 jījí xiàngshàng de tàidu 긍정적이고 진취적인 태도	
☐ 时间比金钱重要 shíjiān bǐ jīnqián zhòngyào 시간은 돈보다 중요하다	
☐ 不要和别人比较 búyào hé biérén bǐjiào 다른 사람과 비교하지 마라	

건강		
☐ 减肥 jiǎnféi 다이어트하다	☐ 出汗 chū hàn 땀이 나다
☐ 体育运动 tǐyù yùndòng 스포츠, 체육 운동	☐ 坚持锻炼 jiānchí duànliàn 꾸준히 단련하다
☐ 体育比赛 tǐyù bǐsài 스포츠 경기	☐ 少放茶叶 shǎo fàng cháyè 찻잎을 적게 넣다
☐ 对身体有好处 duì shēntǐ yǒu hǎochu 몸에 좋은 점이 있다	
☐ 长时间开空调 cháng shíjiān kāi kōngtiáo 오랫동안 에어컨을 틀다	

교육/진로		
☐ 当老师 dāng lǎoshī 선생님이 되다	☐ 教育孩子 jiàoyù háizi 아이를 교육하다
☐ 选择职业 xuǎnzé zhíyè 직업을 선택하다	☐ 支持孩子 zhīchí háizi 아이를 지지하다
☐ 适合自己 shìhé zìjǐ 자신에게 적합하다	☐ 特点和能力 tèdiǎn hé nénglì 특징과 능력
☐ 选择教育方法 xuǎnzé jiàoyù fāngfǎ 교육 방법을 선택하다	
☐ 符合实际情况 fúhé shíjì qíngkuàng 실제 상황에 부합하다	
☐ 考虑性格特点 kǎolǜ xìnggé tèdiǎn 성격 특징을 고려하다	
☐ 职业影响生活 zhíyè yǐngxiǎng shēnghuó 직업이 삶에 영향을 끼치다	
☐ 考虑收入高低 kǎolǜ shōurù gāodī 수입의 높고 낮음을 고려하다	

단문을 듣고 질문에 알맞은 선택지를 고르세요. 🎧 제3부분 단문_2_04_실전연습문제

1. A 金钱可以浪费　　B 时间不值得节约　　C 时间比金钱重要　　D 金钱是生活的基础

2. A 认真地生活　　B 认真地工作　　C 认真地研究　　D 认真地做作业

3. A 只有一次机会　　B 得到他人关心　　C 职业影响生活　　D 容易让人羡慕

4. A 降低标准　　B 学好技术　　C 找熟人帮忙　　D 考虑性格特点

5. A 时间　　B 经验　　C 支持　　D 金钱

6. A 要坚持锻炼　　B 怎么看比赛　　C 输也是一种赢　　D 比赛的积极影响

7. A 积极解决　　B 选择离开　　C 提出问题　　D 暂时放弃

8. A 心情愉快　　B 积累经验　　C 不再勇敢　　D 放弃工作

정답 해설집 p.56

바로 듣고 학습하기

실용문은 교통 방송이나 일기예보와 같은 안내 방송, 인터뷰나 자기소개와 같은 소개 멘트 등 매체나 특정 장소에서 들을 수 있는 내용의 단문으로, 세부 내용을 주로 묻는다. 실용문은 매회 총 5개의 단문 중 1~2개 정도 출제된다.

핵심 전략

1. 단문의 초반에서 실용문임을 알 수 있는 **大家好**(여러분 안녕하세요), **听众朋友们**(청취자 여러분)과 같은 인사말이나 방송 멘트 등이 자주 언급된다.

2. 안내 방송은 주제, 대상, 날짜, 주의 사항 등의 내용을, 소개 멘트는 장소, 시간, 날짜 등의 내용을 주의 깊게 듣는다.

3. 선택지가 직업을 나타내는 표현이면, 단문을 들을 때 화자의 직업과 관련된 표현을 주의 깊게 듣는다.

기출 토픽

안내 방송 교통 방송, 일기예보, 마트/백화점 안내 방송, 관광지 안내, 기내 방송, 행사 관련 안내 방송

소개 멘트 MC가 게스트를 소개하는 멘트, 면접에서의 자기소개

빈출 질문

🎧 제3부분 단문
_3_01_빈출
질문

세부 내용 관련 질문

说话人正在做什么? 화자는 무엇을 하는 중인가?

电话号码写在哪儿? 전화번호는 어디에 쓰는가?

办信用卡有什么好处? 신용 카드를 만들면 어떤 장점이 있는가?

现在为什么堵车严重? 현재 왜 차가 심각하게 막히는가?

说话人建议听众怎么做? 화자는 청취자가 어떻게 하는 것을 제안하는가?

这段话最可能出自哪里? 이 단문은 어디에서 나올 가능성이 가장 큰가?

说话人最可能是做什么的? 화자는 무엇을 하는 사람일 가능성이 가장 큰가?

参观博物馆时，应该注意什么? 박물관 참관 시, 주의해야 할 것은 무엇인가?

중심 내용 관련 질문

这段话主要介绍了什么? 이 단문이 주로 소개한 것은 무엇인가?

🎧 제3부분 단문_3_02_예제

1. A 出租车多　　　B 修理公路	1. A 택시가 많다　　　B 도로를 수리한다
C 天气不好　　　D 没有警察	C 날씨가 안 좋다　　D 경찰이 없다
2. A 推迟计划　　　B 注意休息	2. A 계획을 미룬다　　　B 휴식에 주의한다
C 不要出门　　　D 选别的路	C 외출하지 마라　　D 다른 길을 선택한다

第1到2题是根据下面一段话：	1~2번 문제는 다음 내용에 근거한다.
²听众朋友们，现在告诉大家全城的交通情况。¹受大雪影响，北京南站开往大兴国际机场方向的路¹现在堵车严重，²建议有出行计划的朋友²选择其他的路。开车时，请大家降低速度，注意交通安全。	²청취자 여러분, 지금 여러분께 도시 전체의 교통 상황을 알려 드리겠습니다. ¹폭설의 영향을 받아, 베이징 남역에서 다싱국제공항 방향으로 가는 길은 ¹현재 차가 심각하게 막히니, 외출 계획이 있는 분은 ²다른 길을 선택하는 것을 제안 드립니다. 운전할 때, 속도를 낮추고, 교통 안전에 주의하세요.
1. 现在为什么堵车严重？	1. 현재 왜 차가 심각하게 막히는가?
2. 说话人建议听众怎么做？	2. 화자는 청취자가 어떻게 하는 것을 제안하는가?

해설　선택지 읽기

각 문제의 선택지를 읽고, 단문의 종류를 예상하기 어려운 경우, 선택지와 관련된 내용을 주의 깊게 듣는다. 1번 선택지에 **出租车**(택시), **修理公路**(도로를 수리한다)가 있고, 2번 선택지에 **出门**(외출하다), **选别的路**(다른 길을 선택한다)가 있으므로, 단문을 들을 때 교통 관련 내용을 주의 깊게 듣는다.

단문 듣기

단문 초반의 **受大雪影响……现在堵车严重**(폭설의 영향을 받아……현재 차가 심각하게 막히다)을 듣고 1번의 C **天气不好**(날씨가 안 좋다)를 체크해 둔다.
단문 초반의 **听众朋友们**(청취자 여러분)과 단문 후반의 **建议……选择其他的路**(다른 길을 선택하는 것을 제안 드립니다)를 듣고 2번의 D **选别的路**(다른 길을 선택한다)를 체크해 둔다.

질문 듣고 정답 선택하기

1. 현재 왜 차가 심각하게 막히는지 물었으므로 C **天气不好**(날씨가 안 좋다)를 정답으로 선택한다.
2. 화자는 청취자가 어떻게 하는 것을 제안하는지 물었으므로 D **选别的路**(다른 길을 선택한다)를 정답으로 선택한다.

어휘　**修理** xiūlǐ 통 수리하다, 고치다　**公路** gōnglù 명 도로　**警察** jǐngchá 명 경찰　**推迟** tuīchí 통 미루다, 연기하다
计划 jìhuà 명 계획　**注意** zhùyì 통 주의하다, 조심하다　**选** xuǎn 통 선택하다, 고르다　**听众** tīngzhòng 명 청취자, 청중
全城 quán chéng 도시 전체　**交通** jiāotōng 명 교통　**情况** qíngkuàng 명 상황, 정황　**受影响** shòu yǐngxiǎng 영향을 받다
南 nán 명 남쪽　**站** zhàn 명 역, 정거장　**大兴国际机场** Dàxīng guójì jīchǎng 다싱국제공항　**方向** fāngxiàng 명 방향
堵车 dǔchē 통 차가 막히다　**严重** yánzhòng 형 심각하다　**建议** jiànyì 통 제안하다　**选择** xuǎnzé 통 선택하다, 고르다
其他 qítā 때 다른, 기타　**降低** jiàngdī 통 낮추다, 내리다　**速度** sùdù 명 속도　**安全** ānquán 형 안전하다

정답　1. C　2. D

* <듣기 예제 병음북 PDF>를 활용하여 예제 문제를 병음과 함께 학습해 보세요.

☘ 비책 공략하기

■ 시험에 자주 나오는 표현 🎧 제3부분 단문_3_03_비책 공략하기

실용문에서 자주 출제되는 표현들을 주제별로 알아 두세요. 잘 외워지지 않는 표현은 박스에 체크하여 복습하세요.

교통 방송	□ 乘客 chéngkè 몡 승객	□ 开往 kāiwǎng ~로 (운전해서) 가다
	□ 目的地 mùdì dì 목적지	□ 修理公路 xiūlǐ gōnglù 도로를 수리하다
	□ 交通安全 jiāotōng ānquán 교통 안전	□ 交通情况 jiāotōng qíngkuàng 교통 상황
	□ 出行计划 chūxíng jìhuà 외출 계획	□ 选别的路 xuǎn bié de lù 다른 길을 선택하다
	□ 降低速度 jiàngdī sùdù 속도를 낮추다	□ 堵车严重 dǔchē yánzhòng 차가 심하게 막히다

일기예보	□ 晴天 qíng tiān 맑은 날	□ 天气原因 tiānqì yuányīn 날씨 요인
	□ 新闻 xīnwén 몡 뉴스	□ 天气情况 tiānqì qíngkuàng 날씨 상황
	□ 最高温度 zuìgāo wēndù 최고 기온	
	□ 受天气影响 shòu tiānqì yǐngxiǎng 날씨 영향을 받다	
	□ 随着冷空气南下 suízhe lěng kōngqì nán xià 찬 공기가 남쪽으로 내려옴에 따라	

마트/ 백화점 안내 방송	□ 服务员 fúwùyuán 몡 종업원	□ 经理 jīnglǐ 몡 매니저
	□ 饼干 bǐnggān 몡 비스킷	□ 打折卡 dǎzhé kǎ 할인 카드
	□ 超市广播 chāoshì guǎngbō 마트 안내 방송	□ 提供服务 tígōng fúwù 서비스를 제공하다
	□ 牙膏广告 yágāo guǎnggào 치약 광고	
	□ 举行一场活动 jǔxíng yì chǎng huódòng 행사를 열다	
	□ 顾客对我店的支持 gùkè duì wǒ diàn de zhīchí 우리 가게에 대한 고객님들의 지지	

소개 멘트	□ 观众 guānzhòng 몡 관중	□ 听众 tīngzhòng 몡 청중
	□ 电视剧 diànshìjù 몡 드라마	□ 演员 yǎnyuán 몡 배우
	□ 记者 jìzhě 몡 기자	□ 导游 dǎoyóu 몡 가이드
	□ 欢迎 huānyíng 동 환영하다	□ 演得精彩 yǎn de jīngcǎi 훌륭하게 연기하다
	□ 各位朋友 gè wèi péngyou 여러분	□ 来自上海 láizì Shànghǎi 상하이에서 오다
	□ 很高兴认识大家 hěn gāoxìng rènshi dàjiā 여러분을 만나서 기쁘다	

단문을 듣고 질문에 알맞은 선택지를 고르세요. 🎧 제3부분 단문_3_04_실전연습문제

1. A 演员   B 导游   C 律师   D 医生

2. A 参加招聘   B 谈电视剧   C 跳民族舞   D 听音乐会

3. A 个人信息   B 杂志广告   C 晚间新闻   D 超市广播

4. A 送货到家   B 送打折卡   C 提供购物袋   D 可以免费试吃

5. A 故宫   B 长城   C 购物中心   D 世纪公园

6. A 看比赛   B 换酒店   C 听京剧   D 去博物馆

7. A 积累经验   B 表示祝贺   C 丰富生活   D 熟悉环境

8. A 奖金   B 午餐   C 家电   D 运动服

정답 해설집 p.60

설명문은 과학 지식 및 최신 이슈, 중국 문화 등과 관련된 다양한 소재를 소개하거나 설명하는 단문으로, 설명하는 소재의 세부 특징을 주로 묻는다. 설명문은 매회 총 5개의 단문 중 1개 정도 출제된다.

핵심 전략

1. 선택지가 특정 대상에 대한 상태나 상황을 설명하는 문장인 경우, 단문에서 언급되는 대상의 세부 특징을 주의 깊게 듣는다.

2. 선택지가 특정 명사로 구성된 경우, 관련하여 언급되는 세부 내용을 주의 깊게 듣는다.

기출 토픽

과학 지식 치약의 효능, 세탁 시 옷의 색이 바래지 않게 하는 법, 창문 크기가 사람에게 끼치는 영향

최신 이슈 휴대폰으로 음식을 주문하는 것의 장점, 신종 직업, 무인 슈퍼

중국 문화 중국 지역 소개, 중국 예술품, 중국 건축물, 중국의 차(茶) 문화

빈출 질문

🎧 제3부분 단문
_4_01_빈출
질문

세부 내용 관련 질문

人们羡慕女的的什么? 사람들은 여자의 무엇을 부러워하는가?

中国人为什么喜欢喝茶? 중국인은 왜 차 마시는 것을 좋아하는가?

关于熊猫, 下列哪个正确? 판다에 관해 다음 중 옳은 것은 무엇인가?

说话人怎么看这种学习方法? 화자는 이러한 공부 방법을 어떻게 생각하는가?

关于《红楼梦》, 可以知道什么? 『홍루몽』에 관해 알 수 있는 것은 무엇인가?

根据这段话, 网上购物有什么优点? 이 단문에 근거하여 인터넷 쇼핑은 어떠한 장점이 있는가?

중심 내용 관련 질문

这段话主要是在谈什么? 이 단문이 주로 말하고 있는 것은 무엇인가?

🎧 제3부분 단문_4_02_예제

1. A 一本书　　　　B 一家人　　　　　　　1. A 책　　　　　　　B 식구
   C 一种节目　　　D 一部电影　　　　　　　　C 프로그램　　　　D 영화

2. A 内容较少　　　B 好人不多　　　　　　2. A 내용이 비교적 적다　　B 좋은 사람이 많지 않다
   C 语言很美　　　D 用词准确　　　　　　　　C 언어가 아름답다　　D 단어 사용이 정확하다

第1到2题是根据下面一段话:

　　¹《红楼梦》是中国著名的长篇小说之一，内容是关于两百多年前贾姓的一家人的故事。这本小说能让我们了解那个时候的社会和人们的生活。同时它在艺术方面也很成功，改变了"好人什么都好，坏人什么都坏"的写法；另外，²它的语言特别美，里面很多词到现在还在使用。

1. 根据短文，《红楼梦》是什么？
2. 关于《红楼梦》，可以知道什么？

1-2번 문제는 다음 내용에 근거한다.

　　¹『홍루몽』은 중국의 유명한 장편 소설 중 하나이며, 내용은 이백 년 전 가씨 성을 가진 가족에 대한 이야기이다. 이 소설은 우리가 그 당시의 사회와 사람들의 생활을 이해할 수 있게 한다. 동시에 이것은 예술 방면에서도 성공적이었는데, '착한 사람은 무엇이든지 다 좋고, 나쁜 사람은 무엇이든지 다 나쁘다'라는 창작 방법을 바꾸었다. 이 밖에 ²이것의 언어는 특히 아름다운데, 많은 구절들이 지금까지도 여전히 사용되고 있다.

1. 단문에 근거하여 『홍루몽』은 무엇인가?
2. 『홍루몽』에 관해 알 수 있는 것은 무엇인가?

해설　선택지 읽기

1번의 书(책), 节目(프로그램), 电影(영화)과 2번의 内容较少(내용이 비교적 적다), 语言很美(언어가 아름답다), 用词准确(단어 사용이 정확하다)를 읽고, 책, 프로그램 혹은 영화와 관련된 설명문이 나올 것임을 예상할 수 있다. 따라서 단문을 들을 때 이들 중 어느 것과 관련하여 어떤 세부 내용이 언급되는지를 주의 깊게 듣는다.

단문 듣기

단문 초반의 《红楼梦》是中国著名的长篇小说之一, 内容是关于两百多年前贾姓的一家人的故事。(『홍루몽』은 중국의 유명한 장편 소설 중 하나이며, 내용은 이백 년 전 가씨 성을 가진 가족에 대한 이야기이다.)을 듣고 1번의 A 一本书(책)와 B 一家人(식구)을 체크해 둔다.

단문 후반의 它的语言特别美(이것의 언어는 특히 아름답다)를 듣고 2번의 C 语言很美(언어가 아름답다)를 체크해 둔다.

질문 듣고 정답 선택하기

1. 『홍루몽』은 무엇인지 물었으므로 A 一本书(책)를 정답으로 선택한다.
2. 『홍루몽』에 관해 알 수 있는 것은 무엇인지 물었으므로 C 语言很美(언어가 아름답다)를 정답으로 선택한다.

어휘　节目 jiémù 몡프로그램　部 bù 몡부, 편　内容 nèiróng 몡내용　语言 yǔyán 몡언어　用词 yòng cí 단어를 사용하다
准确 zhǔnquè 톙정확하다　红楼梦 Hónglóumèng 고유『홍루몽』　著名 zhùmíng 톙유명하다, 저명하다
长篇小说 chángpiān xiǎoshuō 장편 소설　内容 nèiróng 몡내용　关于 guānyú 게~에 대한　故事 gùshi 몡이야기
了解 liǎojiě 통이해하다　社会 shèhuì 몡사회　生活 shēnghuó 몡생활　同时 tóngshí 몡동시에　艺术 yìshù 몡예술
方面 fāngmiàn 몡방면　成功 chénggōng 톙성공적이다 통성공하다　改变 gǎibiàn 통바꾸다, 변하다　坏 huài 톙나쁘다
写法 xiěfǎ 몡창작 방법, 글 쓰는 방법　另外 lìngwài 젭이 밖에　使用 shǐyòng 통사용하다

정답　1. A　2. C

---

* <듣기 예제 병음북 PDF>를 활용하여 예제 문제를 병음과 함께 학습해 보세요.

■ 시험에 자주 나오는 표현 🎧 제3부분 단문_4_03_비책 공략하기

설명문에서 자주 출제되는 표현들을 주제별로 알아 두세요. 잘 외워지지 않는 표현은 박스에 체크하여 복습하세요.

과학 지식	□ 很危险 hěn wēixiǎn 위험하다	□ 生活习惯 shēnghuó xíguàn 생활 습관
	□ 温度较低 wēndù jiào dī 온도가 비교적 낮다	□ 方便生活 fāngbiàn shēnghuó 생활을 편리하게 하다
	□ 研究热点 yánjiū rèdiǎn 연구 이슈	□ 节约时间 jiéyuē shíjiān 시간을 절약하다
	□ 各有特点 gè yǒu tèdiǎn 각각 특징이 있다	
	□ 在网上查 zài wǎngshàng chá 인터넷에서 찾아보다	
	□ 节约不少时间 jiéyuē bù shǎo shíjiān 많은 시간을 절약하다	
	□ 发展得很快 fāzhǎn de hěn kuài 빠르게 발전하다	
	□ 理解生活方式 lǐjiě shēnghuó fāngshì 생활 방식을 이해하다	
	□ 随着科学技术的发展 suízhe kēxué jìshù de fāzhǎn 과학기술의 발전에 따라	

최신 이슈	□ 新职业 xīn zhíyè 새로운 직업	□ 小确幸 xiǎo què xìng 소확행
	□ 电子书 diànzǐ shū 전자책	□ 纸质书 zhǐ zhì shū 종이책
	□ 受欢迎 shòu huānyíng 인기가 있다, 환영을 받다	□ 网络用语 wǎngluò yòngyǔ 인터넷 용어
	□ 手机点餐 shǒujī diǎn cān 휴대폰 음식 주문	□ 网上聊天 wǎngshàng liáotiān 인터넷 채팅
	□ 快餐 kuàicān 패스트푸드	□ 无人超市 wú rén chāoshì 무인 슈퍼
	□ 电子游戏 diànzǐ yóuxì 컴퓨터 게임	□ 在家工作 zàijiā gōngzuò 재택 근무
	□ 手机付款 shǒujī fùkuǎn 휴대폰 결제	□ 付款安全 fùkuǎn ānquán 결제 안전
	□ 环保节日 huánbǎo jiérì 환경 보호의 날	□ 环境变化 huánjìng biànhuà 환경 변화
	□ 世界地球日 shìjiè dìqiú rì 세계 지구의 날	□ 文化不适应 wénhuà bú shìyìng 문화 부적응
	□ 保护动植物 bǎohù dòng zhíwù 동식물을 보호하다	
	□ 无现金生活 wú xiànjīn shēnghuó 현금 없는 생활	

중국 문화	□ 汉字 Hànzì [고유] 한자	□ 长城 Chángchéng [고유] 만리장성
	□ 教功夫 jiāo gōngfu 쿵후를 가르치다	□ 唱京剧 chàng jīngjù 경극을 부르다
	□ 语言很美 yǔyán hěn měi 언어가 아름답다	□ 北京烤鸭 Běijīng kǎoyā 베이징 오리 구이

단문을 듣고 질문에 알맞은 선택지를 고르세요. 🎧 제3부분 단문_4_04_실전연습문제

1. A 一个汉字　　　　B 网上聊天　　　　C 中国人的生活　　　　D 年轻人的习惯

2. A 一种光　　　　　B 一种心情　　　　C 两个人的样子　　　　D 一个流行的东西

3. A 禁止抽烟　　　　B 保护动植物　　　　C 反对节约用水　　　　D 是最大的环保节

4. A 画地球　　　　　B 不开车　　　　　C 放松自己　　　　　D 锻炼身体

5. A 电子书　　　　　B 手机点餐　　　　C 无人超市　　　　　D 网上银行

6. A 干净卫生　　　　B 不做广告　　　　C 排队付款　　　　　D 节约时间

7. A 正确的态度　　　B 健康的生活　　　C 一种幸福感　　　　D 幸福的烦恼

8. A 拒绝邀请　　　　B 上课不睡觉　　　C 航班被推迟　　　　D 吃好吃的东西

정답 해설집 p.63

테스트 1 🎧 제3부분 단문_테스트1

단문을 듣고 질문에 알맞은 선택지를 고르세요.

1. A 只喝一杯　　　　B 少放茶叶　　　　C 要喝红茶　　　　D 加点儿糖

2. A 吃饭的时候　　　B 早上起床时　　　C 饭后半小时　　　D 出去运动前

3. A 律师　　　　　　B 警察　　　　　　C 教授　　　　　　D 科学家

4. A 很粗心　　　　　B 脾气差　　　　　C 会弹钢琴　　　　D 工作很负责

5. A 一种牙膏　　　　B 一份礼物　　　　C 一家医院　　　　D 一个好习惯

6. A 小说里　　　　　B 电影中　　　　　C 广告上　　　　　D 学校里

7. A 很安静　　　　　B 比较危险　　　　C 对人友好　　　　D 特别爱干净

8. A 可以陪他们　　　B 能保护自己　　　C 可以一起锻炼　　D 能帮助做家务

9. A 北京　　　　　　B 海南　　　　　　C 大连　　　　　　D 西安

10. A 很难买到票　　　B 机票价格便宜　　C 景点服务不好　　D 很难被人接受

테스트 2

🎧 제3부분 단문_테스트2

단문을 듣고 질문에 알맞은 선택지를 고르세요.

1. A 老人   B 病人   C 孩子   D 中年人

2. A 很健康   B 味道好   C 要等很久   D 价格不贵

3. A 经常刮风   B 偶尔下雨   C 气温比较低   D 空气污染严重

4. A 春   B 夏   C 秋   D 冬

5. A 顾客少   B 价格便宜   C 关门时间晚   D 周末卖得多

6. A 送午餐   B 打折活动   C 免费停车   D 提供休息区

7. A 了解考试重点   B 熟悉书上内容   C 提高阅读能力   D 增加词语数量

8. A 内容复杂   B 很难听懂   C 从这周开始   D 一周有两次

9. A 记者   B 交通警察   C 数学老师   D 小区管理员

10. A 工资高的   B 交通方便的   C 工作环境好的   D 有发展机会的

정답 해설집 p.67

본교재동영상강의 · 무료학습자료제공

china.Hackers.com

독해

제1부분

빈칸 채우기

제2부분

순서 배열하기

제3부분

지문 읽고 문제 풀기

제1부분

빈칸 채우기

독해 제1부분은 제시된 어휘 중 하나를 골라 문장의 빈칸을 채우는 형태로, 총 10문제가 출제된다. 46번부터 50번까지는 서술문의 빈칸 채우기가 출제되며, 51번부터 55번까지는 대화문의 빈칸 채우기가 출제된다. 제시된 6개의 어휘 중 예시에서 사용된 1개의 어휘를 제외한 나머지 5개의 어휘로 중복하지 않고 빈칸을 채운다.

합격공략법 아래와 같은 세부 유형의 문제들이 출제되므로 그 공략법을 잘 익혀 둔다.

합격비책 01	동사 어휘 채우기	합격비책 04	부사·접속사 어휘 채우기
합격비책 02	명사·대사 어휘 채우기	합격비책 05	양사·개사 어휘 채우기
합격비책 03	형용사 어휘 채우기		

출제 경향

1. **빈칸에 알맞은 품사가 무엇인지를 바로 알 수 있는 문제가 주로 출제된다.**

   빈칸 주변의 단서를 통해 빈칸에 알맞은 품사를 바로 알 수 있는 문제가 주로 출제된다. 예를 들어, 빈칸 앞에 구조조사 的가 있으면 빈칸에 알맞은 품사는 명사임을 바로 알 수 있다.

2. **동사 어휘와 명사 어휘를 채우는 문제가 가장 많이 출제된다.**

   동사 어휘와 명사 어휘를 채우는 문제가 가장 많이 출제되며, 그다음으로는 형용사, 부사, 양사, 접속사, 개사, 대사 어휘를 채우는 문제 순으로 출제된다.

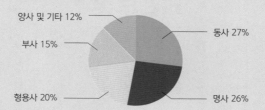

양사 및 기타 12%
부사 15%
형용사 20%
동사 27%
명사 26%

문제풀이 스텝

第46-50题：选词填空。

A 挂　　　　B 偶尔　　　C 表扬

<del>D</del> 坚持　　　E 内容　　　F 香

* 例如：小王的身体一直很健康，因为他每天
　　　　都（ D ）跑步。

今天老师（ C 表扬 ）了他，因为他又取得了
全班第一的好成绩。

* 46~50번(서술문의 빈칸 채우기) 문제에서는 D 坚持(꾸준히 하다)이, 51~55번
(대화문의 빈칸 채우기) 문제에서는 C 温度(온도)가 항상 예시 어휘이므로,
×자로 표시해 두고 나머지 5개의 선택지 중에서 정답을 고른다.

STEP 1

제시된 어휘의 의미와 품사를 파악한다.

예시 어휘 D를 제외한 나머지 어휘의 의미와 품사
는 A 걸다(동사), B 가끔(부사), C 칭찬하다(동사),
E 내용(명사), F 향기롭다(형용사)이다.

* PBT(지필시험)의 경우, 선택지 옆에 뜻과 품사를 살짝
　적어 둔다.

STEP 2

**빈칸에 들어갈 어휘의 품사 또는 문맥을 파
악하여 정답의 후보를 고른다.**

빈칸 뒤에 동태조사 了가 있으므로 빈칸에는 동사가
와야 한다. 따라서 동사 A 挂(걸다)와 C 表扬(칭찬하
다)이 정답의 후보이다.

STEP 3

정답의 후보 중 문맥상 가장 알맞은 어휘를 정답으로 선택한다.

정답의 후보 중 '오늘 선생님께서 그를 _____했다. 그가 또 반 일등이라는 좋은 성적을 받았기 때문이다.' 라는 문맥에 어
울리는 C 表扬(칭찬하다)이 정답이다.

해석 해설집 p.77

01 동사 어휘 채우기

동사 어휘 채우기 문제는 주로 빈칸이 문장의 술어 자리인 경우로 출제된다. 동사 문제는 매회 총 10문제 중 2~4문제로 가장 많이 출제된다.

핵심 전략

1. 빈칸 뒤에 목적어 역할을 하는 명사가 있으면 빈칸에는 동사가 온다.
2. 빈칸 뒤에 동태조사 了, 着, 过가 있으면 빈칸에는 동사가 온다.
3. 빈칸 뒤에 보어가 있으면 빈칸에는 동사가 올 수 있다.
4. 빈칸 앞에 조동사가 있으면 빈칸에는 동사가 온다.
5. 빈칸 앞에 부사가 있으면 빈칸에는 동사가 올 수 있다.
6. 시험에 자주 나오는 동사를 예문과 함께 꼼꼼히 학습한다.

예제 맛보기

A 至少	B 提供	C 号码	A 적어도	B 제공하다	C 번호
D 坚持	E 联系	F 热闹	D 꾸준히 하다	E 연락하다	F 시끌벅적하다

例如：小王的身体一直很健康，因为他每天都（ D ）跑步。	예시 : 샤오왕의 몸은 줄곧 건강하다. 그는 매일 （ D ） 달리기를 하기 때문이다.
你跟他（　　）了没有？他究竟来不来？	당신 그와 （　　）했어요? 그는 도대체 오는 거예요, 안 오는 거예요?

해설　빈칸 뒤에 동태조사 了가 있으므로 빈칸에는 동사가 와야 한다. 따라서 동사 B 提供(제공하다)과 E 联系(연락하다)가 정답의 후보이다. 이 중 '당신 그와 _____했어요?'라는 문맥에 어울리는 E 联系(연락하다)가 정답이다.

어휘　至少 zhìshǎo 閉적어도　提供 tígōng 圄제공하다　号码 hàomǎ 圄번호　联系 liánxì 圄연락하다　热闹 rènao 圈시끌벅적하다　究竟 jiūjìng 閉도대체

정답　E

■ 빈칸에 동사 어휘 채우기

1. 빈칸 뒤에 목적어 역할을 하는 명사가 있으면 빈칸에는 동사가 온다.

小明在(敲)黑板。 샤오밍은 칠판을 두드리고 있다.
　　　동사　명사(목적어)

어휘　敲 qiāo 图 두드리다　黑板 hēibǎn 图 칠판

> **잠깐!** 빈칸 뒤에 목적어 역할을 하는 '술어+목적어' 또는 '주어+술어+(목적어)'가 있으면, 빈칸에는 술목구/주술(목)구를 목적어로 취할 수 있는 동사가 온다.
>
> 森林里任何地方都不(允许)用火。 숲 속 어느 곳에서도 불을 사용하는 것은 허락되지 않는다.
> 　　　　　　　　　동사　술목구(목적어)
>
> • 술목구, 주술(목)구를 목적어로 취할 수 있는 동사

允许 yǔnxǔ 허락하다	猜 cāi 추측하다	估计 gūjì 추측하다	以为 yǐwéi ~인 줄 알다
提醒 tíxǐng 일깨우다	证明 zhèngmíng 증명하다	打扰 dǎrǎo 방해하다	祝贺 zhùhè 축하하다

2. 빈칸 뒤에 동태조사 了, 着, 过가 있으면 빈칸에는 동사가 온다.

在这次比赛过程中，他(积累)了丰富的经验。 이번 경기 과정에서 그는 풍부한 경험을 쌓았다.
　　　　　　　　　　　　동사　동태조사

어휘　比赛 bǐsài 图 경기　过程 guòchéng 图 과정　积累 jīlěi 图 쌓다　丰富 fēngfù 图 풍부하다　经验 jīngyàn 图 경험

3. 빈칸 뒤에 보어가 있으면 빈칸에는 동사가 올 수 있다.

동량보어　关于这件事情，你(考虑)一下吧。 이 일에 관해서, 한번 고려해 보세요.
　　　　　　　　　　　　　　동사　동량보어

정도보어　这个地方(发展)得很快。 이곳은 빠르게 발전했다.
　　　　　　　　　　동사　정도보어

결과보어　我已经把我的房间(整理)好了。 나는 내 방을 이미 다 정리했다.
　　　　　　　　　　　　동사　결과보어

방향보어　请你把垃圾(倒)进垃圾桶里。 쓰레기를 쓰레기통 안에 버려 주세요.
　　　　　　　　　동사　방향보어

어휘　考虑 kǎolǜ 图 고려하다, 생각하다　发展 fāzhǎn 图 발전하다　整理 zhěnglǐ 图 정리하다　垃圾 lājī 图 쓰레기　倒 dào 图 붓다, 뒤집다

4. 빈칸 앞에 조동사가 있으면 빈칸에는 동사가 온다.

这学期有网球兴趣班，我想(报名)。 이번 학기에 테니스 취미반이 있던데, 저는 등록하고 싶어요.
　　　　　　　　　　　　조동사　동사

어휘　学期 xuéqī 图 학기　网球 wǎngqiú 图 테니스　兴趣班 xìngqù bān 취미반　报名 bàomíng 图 등록하다, 신청하다

5. 빈칸 앞에 부사가 있으면 빈칸에는 동사가 올 수 있다.

我不知道他是否(符合)公司的要求。 나는 그가 회사의 요구 사항에 부합하는지 모른다.
　　　　　　　부사　동사

어휘　是否 shìfǒu 图 ~인지 아닌지　符合 fúhé 图 부합하다　要求 yāoqiú 图 요구 사항 图 요구하다

01	挂 guà 걸다	我把那张画挂在客厅里了。 Wǒ bǎ nà zhāng huà guàzài kètīng li le. 나는 그 그림을 거실에 걸었다.
02	躺 tǎng 눕다	你还是不要躺着看书了。 Nǐ háishi bú yào tǎngzhe kàn shū le. 너는 누워서 책을 보지 않는 것이 좋겠어.
03	羡慕 xiànmù 부러워하다	真羡慕你，这么快就拿到了签证。 Zhēn xiànmù nǐ, zhème kuài jiù nádàole qiānzhèng. 당신이 정말 부러워요. 이렇게나 빨리 비자를 받으셨네요.
04	引起 yǐnqǐ (주의를) 끌다, 야기하다	这件事引起了国际社会的重视。 Zhè jiàn shì yǐnqǐle guójì shèhuì de zhòngshì. 이 일은 국제 사회의 주목을 끌었다.
05	符合 fúhé 부합하다, 일치하다	你的条件不符合我们的要求。 Nǐ de tiáojiàn bù fúhé wǒmen de yāoqiú. 당신의 조건은 우리의 요구 사항에 부합하지 않아요.
06	降落 jiàngluò 착륙하다, 내려오다	飞机将于10分钟后降落在机场。 Fēijī jiāngyú shí fēnzhōng hòu jiàngluò zài jīchǎng. 비행기는 10분 뒤에 공항에 착륙한다.
07	证明 zhèngmíng 증명하다	你怎么证明这个答案是正确的呢？ Nǐ zěnme zhèngmíng zhège dá'àn shì zhèngquè de ne? 당신은 이 답이 옳은 것이라는 것을 어떻게 증명할 것인가요?
08	原谅 yuánliàng 용서하다	小李，你可以原谅我吗？ Xiǎo Lǐ, nǐ kěyǐ yuánliàng wǒ ma? 샤오리, 나를 용서해줄 수 있니?
09	允许 yǔnxǔ 허락하다, 허가하다	医院里是不允许抽烟的。 Yīyuàn li shì bù yǔnxǔ chōuyān de. 병원 안에서는 흡연이 허락되지 않는다.
10	浪费 làngfèi 낭비하다	把吃剩的饺子带走吧，别浪费了。 Bǎ chī shèng de jiǎozi dàizǒu ba, bié làngfèi le. 먹다 남은 만두를 들고 가자. 낭비하지 말고.
11	猜 cāi 알아맞히다, 추측하다	我实在猜不出这道题的答案。 Wǒ shízài cāi bu chū zhè dào tí de dá'àn. 나는 이 문제의 답을 도저히 알아맞히지 못하겠다.
12	推 tuī 미루다, 밀다	你快收拾房间吧，别推到下次了。 Nǐ kuài shōushi fángjiān ba, bié tuīdào xiàcì le. 빨리 방을 정리하렴. 다음으로 미루지 말고.
13	改变 gǎibiàn 바꾸다, 변하다	因为下雨，我们不得不改变旅行计划。 Yīnwèi xiàyǔ, wǒmen bùdébù gǎibiàn lǚxíng jìhuà. 비가 오기 때문에, 우리는 어쩔 수 없이 여행 계획을 바꿨다.

14	增加 zēngjiā 증가하다	高度每增加1000m，气温就下降6℃。 Gāodù měi zēngjiā yìqiān mǐ, qìwēn jiù xiàjiàng liù dù. 고도가 1000미터 증가할 때마다, 기온은 6도 떨어진다.
15	联系 liánxì 연락하다	你跟顾客联系一下吧。 Nǐ gēn gùkè liánxì yíxià ba. 당신이 고객과 연락 좀 해 보세요.
16	保护 bǎohù 보호하다	保护地球是我们每个人的责任。 Bǎohù dìqiú shì wǒmen měi ge rén de zérèn. 지구를 보호하는 것은 우리 모두의 책임이다.
17	祝贺 zhùhè 축하하다	今天姐姐结婚，朋友们都来祝贺她了。 Jīntiān jiějie jiéhūn, péngyoumen dōu lái zhùhè tā le. 오늘 누나가 결혼해서, 친구들이 그녀를 축하해 주러 왔다.
18	吸引 xīyǐn 매료시키다, 끌어당기다	这里每年都会吸引不少游客。 Zhèlǐ měi nián dōu huì xīyǐn bù shǎo yóukè. 이곳은 매년 많은 여행객을 매료시킨다.
19	丢 diū 잃어버리다, 잃다	登机牌被我弄丢了。 Dēngjīpái bèi wǒ nòngdiū le. 나는 탑승권을 잃어버렸다.
20	赶 gǎn 서두르다, 재촉하다	如果不是你，我肯定赶不上音乐会了。 Rúguǒ bú shì nǐ, wǒ kěndìng gǎn bu shàng yīnyuèhuì le. 만약 당신이 아니었다면, 저는 분명 음악회에 늦었을 거예요.
21	麻烦 máfan 번거롭게 하다	麻烦你帮我复印一下这份材料。 Máfan nǐ bāng wǒ fùyìn yíxià zhè fèn cáiliào. 번거로우시겠지만 이 자료를 복사해 주세요.
22	提供 tígōng 제공하다	他们为顾客提供了很好的服务。 Tāmen wèi gùkè tígōngle hěn hǎo de fúwù. 그들은 고객을 위해 좋은 서비스를 제공했다.
23	敲 qiāo 두드리다	有人在敲门，可能是外卖到了。 Yǒurén zài qiāo mén, kěnéng shì wàimài dào le. 누군가 문을 두드리고 있는데, 배달 음식이 온 것 같아요.
24	超过 chāoguò 넘다, 초과하다	在这儿，车速不能超过每小时80公里。 Zài zhèr, chēsù bù néng chāoguò měi xiǎoshí bāshí gōnglǐ. 이곳에서 차의 속도는 시속 80킬로미터를 넘으면 안 된다.
25	成为 chéngwéi ~이 되다, ~로 변하다	哥哥去年正式成为了一名律师。 Gēge qùnián zhèngshì chéngwéile yì míng lǜshī. 형은 작년에 정식으로 변호사가 되었다.
26	戴 dài 쓰다, 착용하다	参观时必须要戴好安全帽。 Cānguān shí bìxū yào dàihǎo ānquánmào. 참관할 때는 반드시 안전모를 잘 써야 합니다.
27	来得及 láidejí 겨를이 있다, 늦지 않다	我刚回来，还没来得及看邮件。 Wǒ gāng huílai, hái méi láidejí kàn yóujiàn. 나는 방금 돌아와서, 이메일을 볼 겨를이 없었다.

28	**考虑** kǎolǜ 고려하다, 생각하다	既然大家都反对这件事，你就再考虑一下吧。 Jìrán dàjiā dōu fǎnduì zhè jiàn shì, nǐ jiù zài kǎolǜ yíxià ba. 모두가 이 일에 반대하니, 당신이 다시 한번 고려해 보세요.	
29	**禁止** jìnzhǐ 금지하다	图书馆里禁止大声打电话。 Túshūguǎn li jìnzhǐ dàshēng dǎ diànhuà. 도서관에서는 큰 소리로 통화하는 것을 금지한다.	
30	**回忆** huíyì 회상하다, 추억하다	这些照片让我回忆起当时的生活。 Zhèxiē zhàopiàn ràng wǒ huíyì qi dāngshí de shēnghuó. 이 사진들은 나로 하여금 그때의 생활을 회상하게 한다.	
31	**倒** dào 쏟다, 뒤집다	这碗汤味道很奇怪，快点儿倒掉吧。 Zhè wǎn tāng wèidao hěn qíguài, kuài diǎnr dàodiào ba. 이 국은 맛이 이상하니, 빨리 버리세요.	
32	**加班** jiābān 야근하다, 초과 근무를 하다	我几乎每天都在加班。 Wǒ jīhū měi tiān dōu zài jiābān. 나는 거의 매일 야근하고 있다.	
33	**举办** jǔbàn 개최하다	这个城市下个月要举办世界文化节。 Zhège chéngshì xià ge yuè yào jǔbàn shìjiè wénhuàjié. 이 도시는 다음 달에 세계 문화의 날을 개최하려고 한다.	
34	**邀请** yāoqǐng 초대하다	我打算邀请李教授来我家做客。 Wǒ dǎsuan yāoqǐng Lǐ jiàoshòu lái wǒ jiā zuòkè. 나는 리 교수를 우리집에 초대할 계획이다.	
35	**推迟** tuīchí 지연되다, 미루다	由于天气原因，航班可能会推迟。 Yóuyú tiānqì yuányīn, hángbān kěnéng huì tuīchí. 날씨 때문에, 항공편은 지연될 것이다.	
36	**够** gòu 충분하다	我带的现金好像不够，你有吗？ Wǒ dài de xiànjīn hǎoxiàng bú gòu, nǐ yǒu ma? 내가 가지고 있는 현금이 충분하지 않은 것 같은데, 너는 있니?	
37	**吃惊** chījīng 놀라다	这个消息让所有人都感到非常吃惊。 Zhège xiāoxi ràng suǒyǒu rén dōu gǎndào chījīng. 이 소식은 모든 사람을 매우 놀라게 했다.	
38	**提醒** tíxǐng 상기시키다, 일깨우다	明天你记得提醒我带护照。 Míngtiān nǐ jìde tíxǐng wǒ dài hùzhào. 내일 저에게 여권을 챙기라고 상기시켜 주는 것을 기억하세요. * **提醒**은 '알림'이라는 뜻의 명사로도 사용될 수 있음을 알아 둔다.	
39	**支持** zhīchí 지지하다	谢谢你一直支持我，我会努力的！ Xièxie nǐ yìzhí zhīchí wǒ, wǒ huì nǔlì de! 나를 계속 지지해 줘서 고마워. 나 열심히 할게!	
40	**逛** guàng 구경하다, 거닐다	周末我们一起去逛商场吧。 Zhōumò wǒmen yìqǐ qù guàng shāngchǎng ba. 주말에 우리 같이 백화점에 구경하러 가자.	

빈칸에 알맞은 단어를 고르세요.

서술문

A 支持　　　B 猜　　　C 尤其　　　D 坚持　　　E 推迟　　　F 开心

例如：小王的身体一直很健康，因为他每天都（　D　）跑步。

1. 我（　　　）了半天，还是想不出正确答案。

2. 因为天气原因，比赛（　　　）到明天下午两点。

3. 不管是什么时候，他都（　　　）我。

대화문

A 证明　　　B 提醒　　　C 温度　　　D 否则　　　E 勺子　　　F 原谅

例如：A：今天好热啊，白天的最高（　C　）是40度。
　　　　B：天气预报说明天更热。

4. A：电影是明天下午三点开始，我们两点半在电影院门口见吧。
　 B：今晚你再（　　　）我一下，我最近太忙了。

5. A：对不起，我不是故意来晚的，你可以（　　　）我吗？
　 B：好吧，下次不要再迟到了。

6. A：你怎么（　　　）这本词典是你的呢？
　 B：你仔细看一下第一页，上面写了我的名字——张丽。

정답 해설집 p.77

명사·대사 어휘 채우기 문제는 주로 빈칸이 문장의 주어 또는 목적어 자리인 경우로 출제된다. 명사 문제는 매회 총 10문제 중 2~3문제가 출제되며, 대사 문제는 10~12회에 1문제 정도 출제된다.

핵심 전략

1. 빈칸 앞에 동사가 있으면 빈칸에는 주로 명사가 온다.
2. 빈칸 앞에 관형어를 만드는 구조조사 的가 있으면 빈칸에는 명사가 온다.
3. 빈칸 앞에 양사나 개사가 있으면 빈칸에는 명사가 올 수 있다.
4. 빈칸이 문장 맨 앞에 있고, 뒤에 부사나 개사구가 있으면 빈칸에는 명사가 올 수 있다.
5. 자주 출제되는 '명사+명사' 표현을 외워 둔다.
6. 시험에 자주 나오는 명사·대사를 예문과 함께 꼼꼼히 학습한다.

예제 맛보기

A 对于	B 包子	C 温度
D 倒	E 不管	F 咱们

例如：A: 今天好热啊，白天的最高（ C ）是
40度。
B: 天气预报说明天更热。

A: 这是我做的（　　　），你来尝尝吧。
B: 挺好吃的，不过再加点儿盐就更好。

A ~에 대해	B 만두	C 온도
D 쏟다	E ~에 관계없이	F 우리

예시 : A: 오늘 너무 덥네요. 낮 최고 （ C ）가 40도예요.
B: 일기 예보에서 내일은 더 덥다고 했어요.

A: 이건 내가 만든 （　　　）인데, 네가 맛 좀 봐줘.
B: 아주 맛있네, 그런데 소금을 조금 넣으면 더 좋겠어.

해설　빈칸 앞에 구조조사 的가 있으므로 빈칸에는 명사가 와야 한다. 따라서 명사이면서 '이건 내가 만든 _____ 이다'라는 문맥에 어울리는 B 包子(만두)가 정답이다.

어휘　对于 duìyú 께~에 대해　包子 bāozi 몡만두　倒 dào 통쏟다　不管 bùguǎn 젭~에 관계없이　咱们 zánmen 때 우리
尝 cháng 통맛보다　挺 tǐng 분아주, 꽤　不过 búguò 젭그런데, 그러나　盐 yán 몡소금

정답　B

■ 빈칸에 명사·대사 어휘 채우기

1. 빈칸 앞에 동사가 있으면 빈칸에는 주로 명사가 온다.

到中国之后我会给你发(短信)的。 중국에 도착하면 문자 메시지 보낼게요.
　　　　　　　　　동사　명사(목적어)

어휘　短信 duǎnxìn 圆문자 메시지

2. 빈칸 앞에 관형어를 만드는 구조조사 的가 있으면 빈칸에는 명사가 온다.

这些节目并没有按特别的(顺序)排列。 이 프로그램들은 결코 특별한 순서에 따라 배치되지 않았다.
　　　　　　　　　　　的　명사

어휘　节目 jiémù 圆프로그램　特别 tèbié 圆특별하다　顺序 shùnxù 圆순서, 차례　排列 páiliè 圄배치하다, 배열하다

> **잠깐!** 구조조사 的 앞에 명사가 올 수도 있다.
>
> 因为我刚搬了家，所以对(周围)的环境不太熟悉。 나는 방금 이사를 왔기 때문에, 주위 환경에 그다지 익숙하지 않다.
> 　　　　　　　　　　　　명사　的
>
> **어휘**　搬家 bānjiā 圄이사하다　周围 zhōuwéi 圆주위　环境 huánjìng 圆환경　熟悉 shúxī 圄익숙하다

3. 빈칸 앞에 양사나 개사가 있으면 빈칸에는 명사가 올 수 있다.

我要先洗三个(西红柿)，然后做点儿汤。 나는 먼저 토마토 세 개를 씻고, 그다음에 국을 만들려고 한다.
　　　　　양사　명사(목적어)

我们今天在哪儿见面？你把(地址)发给我。 우리 오늘 어디에서 만날까요? 주소를 저에게 보내 주세요.
　　　　　　　　　　개사　명사

어휘　洗 xǐ 圄씻다　西红柿 xīhóngshì 圆토마토　汤 tāng 圆국, 탕　见面 jiànmiàn 만나다　地址 dìzhǐ 圆주소　发 fā 圄보내다

4. 빈칸이 문장 맨 앞에 있고, 뒤에 부사나 개사구가 있으면 빈칸에는 명사가 올 수 있다.

(演出)快开始了，你们来这儿排队吧。 공연이 곧 시작되니, 너희는 여기로 와서 줄을 서도록 해.
명사(주어)　부사

(科学)对人们的生活有非常重要的影响。 과학은 사람들의 생활에 매우 중요한 영향을 끼친다.
명사(주어)　　　개사구

어휘　演出 yǎnchū 圆공연 圄공연하다　开始 kāishǐ 圄시작하다　排队 páiduì 圄줄을 서다　科学 kēxué 圆과학
　　　生活 shēnghuó 圆생활　重要 zhòngyào 圆중요하다　影响 yǐngxiǎng 圆영향

5. 자주 출제되는 '명사+명사' 표현을 외워 둔다.

在工作过程中，积累工作(经验)是非常重要的。 업무 과정에서 업무 경험을 쌓는 것은 매우 중요하다.
　　　　　　　　　　명사　명사

어휘　过程 guòchéng 圆과정　积累 jīlěi 圄쌓다, 누적하다　经验 jīngyàn 圆경험

• 꼭 알아 두어야 할 '명사+명사' 표현

工作经验 gōngzuò jīngyàn 업무 경험	医院对面 yīyuàn duìmiàn 병원 맞은편	聚会地点 jùhuì dìdiǎn 모임 장소
工作过程 gōngzuò guòchéng 업무 과정	生活垃圾 shēnghuó lājī 생활 쓰레기	空气质量 kōngqì zhìliàng 공기 질
专业基础 zhuānyè jīchǔ 전공 기초	法律方面 fǎlǜ fāngmiàn 법률 분야	比赛结果 bǐsài jiéguǒ 경기 결과

■ 시험에 자주 나오는 명사·대사

명사

01	包子 bāozi 만두	这是我做的包子，你尝一尝。 Zhè shì wǒ zuò de bāozi, nǐ cháng yi cháng. 이건 내가 만든 만두인데, 네가 맛 좀 봐봐.
02	结果 jiéguǒ 결과	大家对昨天的比赛结果感到吃惊。 Dàjiā duì zuótiān de bǐsài jiéguǒ gǎndào chījīng. 모두들 어제 경기 결과에 대해 놀랍다고 느꼈다.
03	基础 jīchǔ 기초	语言是了解不同文化的基础。 Yǔyán shì liǎojiě bù tóng wénhuà de jīchǔ. 언어는 다른 문화를 이해하는 기초이다.
04	区别 qūbié 차이, 구별	老师没有看出来这两篇文章的区别。 Lǎoshī méiyǒu kàn chūlai zhè liǎng piān wénzhāng de qūbié. 선생님은 이 글 두 편의 차이를 알아차리지 못했다.
05	对面 duìmiàn 맞은편, 건너편	公司对面有一家超市。 Gōngsī duìmiàn yǒu yì jiā chāoshì. 회사 맞은편에는 슈퍼가 하나 있다.
06	心情 xīnqíng 기분, 심정	听完这首歌，我的心情变得很好。 Tīngwán zhè shǒu gē, wǒ de xīnqíng biàn de hěn hǎo. 이 노래를 다 듣고 나니, 내 기분이 좋아졌다.
07	距离 jùlí 거리	他们之间的感情并没有受到距离的影响。 Tāmen zhījiān de gǎnqíng bìng méiyǒu shòudào jùlí de yǐngxiǎng. 그들 사이의 감정은 결코 거리의 영향을 받지 않았다.
08	零钱 língqián 잔돈, 용돈	妹妹把零钱放在盒子里了。 Mèimei bǎ língqián fàngzài hézi li le. 여동생은 잔돈을 상자 안에 넣어 두었다.
09	规定 guīdìng 규정, 규칙	经理认为公司的规定有很多问题。 Jīnglǐ rènwéi gōngsī de guīdìng yǒu hěn duō wèntí. 매니저는 회사의 규정에 많은 문제가 있다고 생각한다.
10	勺子 sháozi 숟가락, 국자	勺子太脏了，麻烦给我换一个新的。 Sháozi tài zāng le, máfan gěi wǒ huàn yí ge xīn de. 숟가락이 너무 더러워요. 번거로우시겠지만 새 것으로 바꿔 주세요.
11	方面 fāngmiàn 분야, 부분	技术方面的问题都可以问张林。 Jìshù fāngmiàn de wèntí dōu kěyǐ wèn Zhāng Lín. 기술 분야의 문제는 모두 장린에게 물어보면 된다.

12	作者 zuòzhě 작가, 저자	那本小说的作者参加了这次的活动。 Nà běn xiǎoshuō de zuòzhě cānjiāle zhè cì de huódòng. 그 소설의 작가는 이번 행사에 참석했다.
13	特点 tèdiǎn 특징, 특성	每个民族都有自己的特点。 Měi ge mínzú dōu yǒu zìjǐ de tèdiǎn. 모든 민족은 자신만의 특징을 가지고 있다.
14	厨房 chúfáng 주방	妈妈把饼干放在厨房了。 Māma bǎ bǐnggān fàngzài chúfáng le. 엄마는 과자를 주방에 두었다.
15	消息 xiāoxi 소식	儿子考上大学的消息让他们十分激动。 Érzi kǎoshang dàxué de xiāoxi ràng tāmen shífēn jīdòng. 아들이 대학에 합격했다는 소식은 그들을 매우 감격하게 했다.
16	味道 wèidao 맛	这个菜的味道很不错。 Zhège cài de wèidao hěn búcuò. 이 요리의 맛이 좋네요.
17	日记 rìjì 일기	很多著名作家都有写日记的习惯。 Hěn duō zhùmíng zuòjiā dōu yǒu xiě rìjì de xíguàn. 많은 저명한 작가들은 모두 일기를 쓰는 습관이 있다.
18	袜子 wàzi 양말	咱们买几双厚一点的袜子吧。 Zánmen mǎi jǐ shuāng hòu yìdiǎn de wàzi ba. 우리 좀 두꺼운 양말을 몇 켤레 사요.
19	误会 wùhuì 오해	你别生气了，这只是一场误会。 Nǐ bié shēngqì le, zhè zhǐshì yì chǎng wùhuì. 당신 화내지 마세요. 이건 단지 오해일 뿐이에요.
20	左右 zuǒyòu 가량, 안팎	公司收到了一百公斤左右的货物。 Gōngsī shōudàole yìbǎi gōngjīn zuǒyòu de huòwù. 회사는 100kg 가량의 화물을 받았다.
21	情况 qíngkuàng 상황, 정황	警察了解情况后，就让他离开了。 Jǐngchá liǎojiě qíngkuàng hòu, jiù ràng tā líkāi le. 경찰은 상황을 이해하고 나서, 그에게 가라고 했다.
22	将来 jiānglái 미래, 장래	现在好好学习，将来才能成功。 Xiànzài hǎohāo xuéxí, jiānglái cái néng chénggōng. 지금 열심히 공부해야 미래에 성공할 수 있다.
23	橡皮 xiàngpí 지우개	放在桌子上的橡皮不见了。 Fàngzài zhuōzi shang de xiàngpí bú jiàn le. 책상 위에 놔둔 지우개가 사라졌다.
24	过程 guòchéng 과정	改掉坏习惯需要一个过程。 Gǎidiào huài xíguàn xūyào yí ge guòchéng. 나쁜 습관을 고치는 것은 과정이 필요하다.
25	毛巾 máojīn 수건	你快点儿用毛巾擦擦汗。 Nǐ kuài diǎnr yòng máojīn cāca hàn. 빨리 수건으로 땀을 좀 닦으세요.
26	网站 wǎngzhàn 웹 사이트	最近出现了很多和科技有关的网站。 Zuìjìn chūxiànle hěn duō hé kējì yǒuguān de wǎngzhàn. 요즘 과학 기술과 관련된 웹 사이트가 많이 생겼다.

27	全部 quánbù 전부	我认为金钱并不是生命的全部。 Wǒ rènwéi jīnqián bìng bú shì shēngmìng de quánbù. 나는 결코 돈이 인생의 전부라고 생각하지 않는다.
28	房东 fángdōng 집주인	房东平时都在别的城市。 Fángdōng píngshí dōu zài bié de chéngshì. 집주인은 평소에는 다른 도시에 있다.
29	号码 hàomǎ 번호	请各位拿好号码牌后排队。 Qǐng gè wèi náhǎo hàomǎ pái hòu páiduì. 여러분은 번호표를 가지고 줄을 서 주세요.
30	质量 zhìliàng 품질, 질	这件蓝色大衣的质量特别好。 Zhè jiàn lánsè dàyī de zhìliàng tèbié hǎo. 이 파란색 코트의 품질은 아주 좋다.
31	首都 shǒudū 수도	你知道中国的首都是哪个城市吗？ Nǐ zhīdào Zhōngguó de shǒudū shì nǎge chéngshì ma? 당신은 중국의 수도가 어느 도시인지 아시나요?
32	垃圾 lājī 쓰레기	请不要把垃圾桶放在门外。 Qǐng búyào bǎ lājītǒng fàngzài mén wài. 쓰레기통을 문 밖에 두지 말아 주세요.
33	印象 yìnxiàng 인상	大家对小林的印象都很好。 Dàjiā duì Xiǎo Lín de yìnxiàng dōu hěn hǎo. 모두들 샤오린에 대해 좋은 인상을 가지고 있다.
34	国籍 guójí 국적	多数国家不允许一人有两个国籍。 Duōshù guójiā bù yǔnxǔ yì rén yǒu liǎng ge guójí. 대다수의 국가는 한 사람이 두 개의 국적을 갖는 것이 금지되어 있다.
35	方式(5급) fāngshì 방식, 방법	父母需要用正确的方式和子女交流。 Fùmǔ xūyào yòng zhèngquè de fāngshì hé zǐnǚ jiāoliú. 부모는 올바른 방식으로 자녀와 교류해야 한다.

대사 및 대사와 함께 관용구처럼 쓰이는 표현

01	一切 yíqiè 모든	一切都 yíqiè dōu 모든……다	我做的一切都是为了你。 Wǒ zuò de yíqiè dōu shì wèile nǐ. 내가 하는 모든 것은 다 너를 위해서이다.
02	咱们 zánmen 우리	咱们一起 zánmen yìqǐ 우리 같이	天气这么好，咱们一起去爬山吧。 Tiānqì zhème hǎo, zánmen yìqǐ qù páshān ba. 날씨가 이렇게나 좋은데, 우리 같이 등산하러 가요.
03	各 gè 여러	各位 gè wèi 여러분	飞机要起飞了，请各位乘客坐好。 Fēijī yào qǐfēi le, qǐng gè wèi chéngkè zuòhǎo. 비행기가 곧 이륙하니, 승객 여러분께서는 앉아 주시기 바랍니다.
04	任何 rènhé 어떠한	任何人 rènhé rén 어떠한 사람	任何人都可以提出自己的意见。 Rènhé rén dōu kěyǐ tíchū zìjǐ de yìjiàn. 어떠한 사람이든지 자신의 의견을 제기할 수 있다.

빈칸에 알맞은 단어를 고르세요.

서술문

A 国籍　　　B 袜子　　　C 秒　　　D 坚持　　　E 过程　　　F 暖和

例如：小王的身体一直很健康，因为他每天都（　D　）跑步。

1. 请在这里写上你的姓名，在这里写上你的（　　　　）。

2. 那双（　　　　）看起来更厚一点，而且质量也更好。

3. 在工作（　　　　）中遇到任何问题，都可以打电话问我。

대화문

A 咱们　　　B 情况　　　C 温度　　　D 全部　　　E 加班　　　F 台

例如：A：今天好热啊，白天的最高（　C　）是40度。

　　　B：天气预报说明天更热。

4. A：今年怎么不发奖金了？

　B：我不太了解（　　　　），也许张经理知道。

5. A：阿姨，今天做的面包还有吗？

　B：（　　　　）都卖完了。

6. A：你找我有事吗？

　B：（　　　　）一起抬沙发吧。我一个人抬不动。

정답 해설집 p.79

형용사 어휘 채우기 문제는 주로 빈칸이 문장의 술어 또는 관형어 자리인 경우로 출제된다. 형용사 문제는 매회 총 10문제 중 1~2문제가 출제된다.

핵심 전략

1. 빈칸 앞에 정도부사가 있으면 빈칸에는 형용사가 온다.

2. 빈칸 뒤에 '的+명사'가 있을 경우 빈칸에 형용사가 올 수 있다. 이때 형용사는 주어나 목적어를 수식하는 관형어 역할을 한다.

3. 빈칸 앞에 정도를 나타내는 대사 这么(이렇게)/那么(저렇게)/多么(얼마나)가 있거나, 결과보어를 취하는 동사가 있으면, 빈칸에는 주로 형용사가 온다.

4. 부사처럼 사용되는 형용사는 동사 앞에 오기도 하므로, 이러한 형용사를 알아 둔다.

5. 시험에 자주 나오는 형용사를 예문과 함께 꼼꼼히 학습한다.

예제 맛보기

A 网站	B 考虑	C 辛苦	A 웹 사이트	B 고려하다	C 고생스럽다
D 坚持	E 即使	F 按照	D 꾸준히 하다	E 설령 ~하더라도	F ~에 따라

例如：小王的身体一直很健康，因为他每天都（ D ）跑步。	예시 : 샤오왕의 몸은 줄곧 건강하다. 그는 매일 （ D ）달리기를 하기 때문이다.
总经理说今天要请客，因为这段时间大家工作太（ ）了。	사장님께서 오늘 한턱낼 것이라고 말씀하셨는데, 요즘 모두들 일하느라 너무 （ ）기 때문이다.

해설 빈칸 앞에 정도부사 太(너무)가 있으므로 빈칸에는 형용사가 와야 한다. 따라서 형용사이면서, '요즘 모두들 일하느라 너무 _____기 때문이다'라는 문맥에 어울리는 C 辛苦(고생스럽다)가 정답이다.

어휘 网站 wǎngzhàn 圆 웹 사이트 考虑 kǎolǜ 園 고려하다, 생각하다 辛苦 xīnkǔ 園 고생스럽다, 수고스럽다
即使 jíshǐ 園 설령 ~하더라도 按照 ànzhào 게 ~에 따라, ~대로 总经理 zǒngjīnglǐ 園 사장 请客 qǐngkè 園 한턱내다

정답 C

🎋 비책 공략하기

■ 빈칸에 형용사 어휘 채우기

1. 빈칸 앞에 정도부사가 있으면 빈칸에는 형용사가 온다.

这条裙子你穿着很（合适）。　이 치마는 당신이 입으니 잘 어울려요.
　　　　　　정도부사 형용사(술어)

어휘　条 tiáo 양[(치마, 바지 등) 폭이 좁고 긴 것을 세는 단위]　裙子 qúnzi 명치마　穿 chuān 동입다　合适 héshì 형어울리다

• 꼭 알아 두어야 할 정도부사

很 hěn 매우	挺 tǐng 꽤	十分 shífēn 대단히	非常 fēicháng 아주
太 tài 너무	真 zhēn 정말	比较 bǐjiào 비교적	稍微 shāowēi 약간, 조금
有点儿/有些 yǒudiǎnr/yǒuxiē 조금			

[잠깐!] 정도부사 뒤에 吃惊(놀라다), 感谢(감사하다), 羡慕(부러워하다), 熟悉(익숙하다) 등의 심리동사도 올 수 있음을 알아 둔다.

小丽完成工作的速度让大家很（吃惊）。　샤오리가 업무를 끝내는 속도는 모두를 매우 놀라게 했다.
　　　　　　　　　　　　정도부사 심리동사

2. 빈칸 뒤에 '的+명사'가 있을 경우 빈칸에 형용사가 올 수 있다. 이때 형용사는 주어나 목적어를 수식하는 관형어 역할을 한다.

小雪终于成为了一位（著名）的作家。　샤오쉐는 마침내 유명한 작가가 되었다.
　　　　　　　　　형용사(관형어)　的+명사

어휘　终于 zhōngyú 부마침내, 결국　成为 chéngwéi 동~가 되다　著名 zhùmíng 형유명하다　作家 zuòjiā 명작가

[잠깐!] 빈칸 뒤에 的 없이 명사가 바로 오는 경우도 있음을 알아 둔다. 이때 형용사는 관형어 역할을 하며, 형용사가 명사와 의미적으로 밀접하여 한 단어처럼 쓰이면 的 없이 관형어가 될 수 있다.

这本书今年获得了（优秀）图书奖。　이 책은 올해 우수 도서상을 받았다.
　　　　　　　　형용사(관형어)　명사

3. 빈칸 앞에 정도를 나타내는 대사 这么[이렇게]/那么[저렇게]/多么[얼마나]가 있거나, 결과보어를 취하는 동사가 있으면, 빈칸에는 주로 형용사가 온다.

你怎么这么（开心）？有什么好事吗？　당신 왜 이렇게 즐거워해요? 무슨 좋은 일 있어요?
　　　　대사　형용사(술어)

他故意把电脑弄（坏）了。　그는 일부러 컴퓨터를 고장 냈다.
　　　　　　동사 형용사(결과보어)

어휘　开心 kāixīn 형즐겁다　故意 gùyì 부일부러　弄坏 nònghuài 고장 내다, 망가뜨리다

• 꼭 알아 두어야 할 '동사+형용사(결과보어)' 표현

弄+坏 nònghuài 고장 내다	弄+脏 nòngzāng 더럽히다	吃+饱 chībǎo 배불리 먹다
看+清楚 kàn qīngchu 똑똑히 보다	倒+满 dàomǎn 가득 붓다	写+错 xiěcuò 틀리게 쓰다

4. 부사처럼 사용되는 형용사는 동사 앞에 오기도 하므로, 이러한 형용사를 알아 둔다.

如果有人找老李，你就(直接)去工作室找他。　만약 누군가 라오리를 찾는다면, 바로 작업실로 가서 그를 찾으세요.
　　　　　　　　　　　　　형용사(부사어) 동사

어휘　**如果** rúguǒ 젭 만약 ~라면　**直接** zhíjiē 혱 바로 ~하다　**工作室** gōngzuòshì 작업실

• 꼭 알아 두어야 할 동사 앞에서 부사처럼 사용되는 형용사

直接 zhíjiē 바로 ~하다	**直接去** zhíjiē qù 바로 가다	**仔细** zǐxì 세심하게 ~하다	**仔细检查** zǐxì jiǎnchá 세심하게 검사하다
准时 zhǔnshí 제때 ~하다	**准时到** zhǔnshí dào 제때 도착하다	**顺利** shùnlì 순조롭게 ~하다	**顺利进行** shùnlì jìnxíng 순조롭게 진행하다
正式 zhèngshì 정식으로 ~하다	**正式开始** zhèngshì kāishǐ 정식으로 시작하다	**正常** zhèngcháng 정상적으로 ~하다	**正常上网** zhèngcháng shàngwǎng 정상적으로 인터넷에 접속하다

■ 시험에 자주 나오는 형용사

01	**精彩** jīngcǎi 훌륭하다, 뛰어나다	那本小说特别精彩。 Nà běn xiǎoshuō tèbié jīngcǎi. 그 소설은 아주 훌륭하다.
02	**可惜** kěxī 아쉽다	我新买的皮鞋破了，真是太可惜了。 Wǒ xīn mǎi de píxié pò le, zhēnshi tài kěxī le. 내가 새로 산 가죽 구두가 찢어졌다. 정말 너무 아쉽다.
03	**暖和** nuǎnhuo 따뜻하다	天气暖和的时候，我都会出去运动。 Tiānqì nuǎnhuo de shíhou, wǒ dōu huì chūqu yùndòng. 날씨가 따뜻할 때, 나는 나가서 운동을 하곤 한다.
04	**伤心** shāngxīn 슬프다	你怎么哭得这么伤心？ Nǐ zěnme kū de zhème shāngxīn? 너는 왜 이렇게 슬프게 울고 있니?
05	**合适** héshì 어울리다, 알맞다	这件衬衫你穿着很合适。 Zhè jiàn chènshān nǐ chuānzhe hěn héshì. 이 셔츠는 당신이 입으니 어울려요.
06	**顺利** shùnlì 순조롭다	这次的市场调查进行得很顺利。 Zhè cì de shìchǎng diàochá jìnxíng de hěn shùnlì. 이번 시장 조사는 순조롭게 진행되었다.
07	**粗心** cūxīn 조심성이 없다	妹妹最大的缺点是太粗心了。 Mèimei zuì dà de quēdiǎn shì tài cūxīn le. 여동생의 가장 큰 단점은 너무 조심성이 없다는 것이다.
08	**深** shēn 짙다, 깊다	这条裙子颜色比那条稍微深一些。 Zhè tiáo qúnzi yánsè bǐ nà tiáo shāowēi shēn yìxiē. 이 치마의 색깔은 저것보다 조금 더 짙다.

09	详细 xiángxì 자세하다	你可以告诉我详细情况吗？ Nǐ kěyǐ gàosu wǒ xiángxì qíngkuàng ma? 당신은 저에게 자세한 상황을 말해 줄 수 있나요?
10	勇敢 yǒnggǎn 용감하다	小新很勇敢，从来不怕打针。 Xiǎo Xīn hěn yǒnggǎn, cónglái bú pà dǎzhēn. 샤오신은 용감해서, 여태껏 주사 맞는 것을 두려워한 적이 없다.
11	优秀 yōuxiù 우수하다, 훌륭하다	参加这次比赛的人都很优秀。 Cānjiā zhè cì bǐsài de rén dōu hěn yōuxiù. 이번 경기에 참가하는 사람은 모두 우수하다.
12	紧张 jǐnzhāng 불안하다, 긴장하다	最近他们的关系变得有些紧张。 Zuìjìn tāmen de guānxi biàn de yǒuxiē jǐnzhāng. 요즘 그들의 관계는 조금 불안해졌다.
13	错误 cuòwù 잘못되다, 틀리다	每个人都可能做出错误的决定。 Měi ge rén dōu kěnéng zuòchu cuòwù de juédìng. 모든 사람은 잘못된 결정을 내릴 수 있다.
14	厉害 lìhai 심하다, 대단하다	她咳嗽得越来越厉害了。 Tā késou de yuèláiyuè lìhai le. 그녀는 점점 심하게 기침한다.
15	严格 yángé 엄격하다, 엄하다	王教授是个严格但很有耐心的人。 Wáng jiàoshòu shì ge yángé dàn hěn yǒu nàixīn de rén. 왕 교수는 엄격하지만 인내심이 많은 사람이다.
16	共同 gòngtóng 공통의, 공동의	我和妻子的共同爱好是看京剧。 Wǒ hé qīzi de gòngtóng àihào shì kàn jīngjù. 나와 아내의 공통된 취미는 경극을 보는 것이다.
17	难受 nánshòu 불편하다, 괴롭다	我早上醒来时肚子特别难受。 Wǒ zǎoshang xǐnglai shí dùzi tèbié nánshòu. 나는 아침에 일어났을 때 배가 아주 불편했다.
18	酸 suān 시다	今天做的西红柿汤怎么这么酸？ Jīntiān zuò de xīhóngshì tāng zěnme zhème suān? 오늘 만든 토마토국은 어쩜 이렇게 시죠?
19	真正 zhēnzhèng 진정하다, 참되다	真正的爱情是不分年龄和国籍的。 Zhēnzhèng de àiqíng shì bù fēn niánlíng hé guójí de. 진정한 사랑은 나이와 국적을 가리지 않는다.
20	假 jiǎ 가짜이다, 거짓이다	那个消息是真的还是假的？ Nàge xiāoxi shì zhēn de háishi jiǎ de? 그 정보는 진짜인가요 아니면 가짜인가요?
21	所有 suǒyǒu 모든, 일체의	等所有人都到了，我们再进去吧。 Děng suǒyǒu rén dōu dào le, wǒmen zài jìnqu ba. 모든 사람이 다 도착하면, 우리 들어가요.
22	复杂 fùzá 복잡하다	他帮大家解决了这个复杂的问题。 Tā bāng dàjiā jiějuéle zhè ge fùzá de wèntí. 그는 모두를 도와 이 복잡한 문제를 해결해 주었다.

23	及时 jíshí 시기적절하다	这场雪停得真及时。 Zhè chǎng xuě tíng de zhēn jíshí. 이번 눈은 아주 시기적절하게 그쳤다.
24	香 xiāng (음식이) 맛있다, 향기롭다	这家店的烤鸭特别香，你尝一尝吧。 Zhè jiā diàn de kǎoyā tèbié xiāng, nǐ cháng yi cháng ba. 이 가게의 오리 구이는 매우 맛있는데, 한번 맛보세요.
25	危险 wēixiǎn 위험하다	过马路时玩儿手机很危险。 Guò mǎlù shí wánr shǒujī hěn wēixiǎn. 길을 건널 때 휴대폰을 하는 것은 위험하다.
26	流利 liúlì 유창하다	他汉语说得很流利。 Tā Hànyǔ shuō de hěn liúlì. 그는 중국어를 유창하게 한다.
27	辛苦 xīnkǔ 고생스럽다	无论这份工作多么辛苦，我都不会放弃的。 Wúlùn zhè fèn gōngzuò duōme xīnkǔ, wǒ dōu bú huì fàngqì de. 이 일이 얼마나 고생스러운지에 관계없이, 나는 포기하지 않을 것이다.
28	礼貌 lǐmào 예의 바르다	在咖啡厅里大声讲话是很不礼貌的。 Zài kāfēitīng li dàshēng jiǎnghuà shì hěn bù lǐmào de. 카페에서 큰 소리로 이야기하는 것은 매우 예의 바르지 않은 것이다.
29	激动 jīdòng 감격하다, 감동하다	看到北京队赢了比赛，爸爸十分激动。 Kàndào Běijīng duì yíngle bǐsài, bàba shífēn jīdòng. 베이징 팀이 경기에서 이긴 것을 보고, 아빠는 매우 감격했다.
30	开心 kāixīn 즐겁다, 유쾌하다	我和同事每天都聊得很开心。 Wǒ hé tóngshì měi tiān dōu liáo de hěn kāixīn. 나와 동료는 매일 즐겁게 이야기한다.
31	热闹 rènao 왁자지껄하다, 번화하다	公园里真热闹，今天有什么活动吗？ Gōngyuán li zhēn rènao, jīntiān yǒu shénme huódòng ma? 공원이 정말 왁자지껄한데, 오늘 무슨 행사가 있나요?
32	著名 zhùmíng 유명하다, 저명하다	他是一位著名的京剧演员。 Tā shì yí wèi zhùmíng de jīngjù yǎnyuán. 그는 유명한 경극 배우이다.
33	正常 zhèngcháng 정상적이다	小海的手机坏了，无法正常使用。 Xiǎo Hǎi de shǒujī huài le, wúfǎ zhèngcháng shǐyòng. 샤오하이의 휴대폰은 고장나서 정상적으로 사용할 수 없다.
34	脏 zāng 더럽다	袜子被我弄脏了。 Wàzi bèi wǒ nòngzāng le. 양말이 나에 의해 더럽혀졌다.
35	空 kōng 비다	公交车里已经没有空座位了。 Gōngjiāochē li yǐjīng méiyǒu kōng zuòwèi le. 버스 안에 더 이상 빈 자리가 없다.

빈칸에 알맞은 단어를 고르세요.

서술문

A 脏　　　　B 邀请　　　　C 伤心　　　　D 坚持　　　　E 流利　　　　F 不得不

例如：小王的身体一直很健康，因为他每天都（　D　）跑步。

1. 如果你有什么（　　　　）的事，可以给我发短信。

2. 他在中国学习过两年，汉语说得非常（　　　　）。

3. 你又把衣服弄（　　　　）了？太不小心了吧！

대화문

A 直接　　　　B 逛　　　　C 温度　　　　D 粗心　　　　E 方式　　　　F 详细

例如：A：今天好热啊，白天的最高（　C　）是40度。

　　　　B：天气预报说明天更热。

4. A：学习过程中如果遇到难题，你要（　　　　）去问老师。

　　B：妈妈，我就是那样做的。

5. A：你怎么这么（　　　　），又少写了一个零。

　　B：对不起，请原谅我一次吧，下次我一定仔细看。

6. A：老王的报告写得怎么样？

　　B：内容很不（　　　　），最好重新写一遍。

정답 해설집 p.80

부사 어휘 채우기 문제는 주로 동사/형용사 앞에 부사를 채우는 형태의 문제로, 접속사 어휘 채우기 문제는 주로 문장의 맨 앞에 접속사를 채우는 형태의 문제로 출제된다. 부사·접속사 문제는 매회 총 10문제 중 1~2문제가 출제된다.

핵심 전략

1. 빈칸이 주어와 술어(동사 또는 형용사) 사이에 있거나 술어 앞에 있으면 빈칸에는 주로 부사가 온다.

2. 빈칸 뒤에 '조동사+개사구'가 있으면 빈칸에는 주로 부사가 온다.

3. 빈칸이 문장의 맨 앞 또는 콤마(,) 뒤 구절의 맨 앞에 있으면 빈칸에는 주로 부사 또는 접속사가 온다.

4. 자주 출제되는 '부사+부사' 표현을 외워 둔다.

5. 시험에 자주 나오는 부사·접속사를 예문과 함께 꼼꼼히 학습한다.

📗 예제 맛보기

A 刚	B 回忆	C 温度		A 방금	B 회상하다	C 온도
D 任何	E 公里	F 严格		D 어떠한	E 킬로미터(km)	F 엄격하다

例如：A: 今天好热啊，白天的最高（ C ）是 40度。

     B: 天气预报说明天更热。

예시 : A: 오늘 너무 덥네요. 낮 최고 (C)가 40도예요.

     B: 일기 예보에서 내일은 더 덥다고 했어요.

A: 材料都准备好了吗？

B: 我（   ）打印好，还没来得及给您送过去。

A: 자료는 다 준비됐나요?

B: 제가 (   ) 인쇄를 다 해서, 당신에게 보내드릴 겨를이 없었어요.

해설 빈칸이 주어 我(나)와 술어 打印(인쇄하다) 사이에 있으므로 빈칸에는 부사가 와야 한다. 따라서 부사이면서 '제가 _____ 인쇄를 다 했다'라는 문맥에 어울리는 A 刚(방금)이 정답이다.

어휘 刚 gāng 튀방금, 막 回忆 huíyì 튕회상하다, 추억하다 任何 rènhé 때어떠한, 무슨 公里 gōnglǐ 맹킬로미터(km)
严格 yángé 튕엄격하다, 엄하다 材料 cáiliào 맹자료, 재료 打印 dǎyìn 튕인쇄하다 来得及 láidejí 튕겨를이 있다, 늦지 않다

정답 A

🎋 비책 공략하기

■ 빈칸에 부사·접속사 어휘 채우기

1. 빈칸이 주어와 술어(동사 또는 형용사) 사이에 있거나 술어 앞에 있으면 빈칸에는 주로 부사가 온다.

请你(稍微)等我一会儿，我马上到。 저를 조금만 기다려주세요. 곧 도착해요.
　　주어　부사　술어(동사)

你尝一尝这个巧克力吧，(挺)好吃的。 이 초콜릿 한번 먹어 봐. 매우 맛있어.
　　　　　　　　　　　　부사 술어(형용사)

어휘　稍微 shāowēi 團 조금, 약간　马上 mǎshàng 團 곧　巧克力 qiǎokèlì 團 초콜릿　挺 tǐng 團 매우, 꽤

> **잠깐!** 빈칸이 주어와 술어 사이에 있더라도 짝을 이루는 연결어가 있을 경우에는 빈칸에 접속사가 올 수 있다.
>
> 老李(既然)已经向你道歉了，你就原谅他吧。 라오리가 이미 당신에게 사과를 한 이상, 그를 용서해 주세요.
> 　주어　접속사　　　　　　　술어　　부사
>
> **어휘**　既然……就…… jìrán……jiù…… ~인 이상　道歉 dàoqiàn 團 사과하다　原谅 yuánliàng 團 용서하다

2. 빈칸 뒤에 '조동사+개사구'가 있으면 빈칸에는 주로 부사가 온다.

积极的人(往往)能从生活中发现快乐。 긍정적인 사람은 생활에서 종종 기쁨을 발견할 수 있다.
　　　　　　부사　　조동사+개사구

어휘　积极 jījí 團 긍정적이다　往往 wǎngwǎng 團 종종, 때때로　发现 fāxiàn 團 발견하다

> **잠깐!** 부사어가 2개 이상일 경우, 부사어의 순서는 '부사 → 조동사 → 개사'이다.

3. 빈칸이 문장의 맨 앞 또는 콤마(,) 뒤 구절의 맨 앞에 있으면 빈칸에는 주로 부사 또는 접속사가 온다.

(即使)你现在很健康，也要每天做运动。 설령 네가 지금은 건강할지라도, 매일 운동을 해야 해.
　접속사

王建年底要结婚这个消息，(究竟)是真的还是假的？ 왕젠이 연말에 결혼한다는 소식, 도대체 진짜야 아니면 가짜야?
　　　　　　　　　　콤마　　부사

어휘　即使 jíshǐ 團 설령 ~일지라도　健康 jiànkāng 團 건강하다　年底 niándǐ 團 연말　消息 xiāoxi 團 소식　究竟 jiūjìng 團 도대체

> **잠깐!** 究竟(도대체), 难道(설마 ~하겠는가)와 같은 어기부사는 주로 문장의 맨 앞이나 콤마(,) 뒤 구절의 맨 앞에 온다.

4. 자주 출제되는 '부사+부사' 표현을 외워 둔다.

那个地方很危险，你(千万)别去那里玩儿。 저곳은 위험하니, 절대로 저기에 가서 놀지 말아라.
　　　　　　　　　　　　부사　부사

어휘　危险 wēixiǎn 團 위험하다　千万 qiānwàn 團 절대로, 제발

• 꼭 알아 두어야 할 '부사+부사' 표현

千万+别 qiānwàn+ bié 절대로 ~하지 마라	稍微+有点儿 shāowēi+yǒudiǎnr 조금 약간
从来+没 cónglái+méi 지금까지 ~한 적이 없다	到处+都 dàochù+ dōu 여기저기 다

부사

01	**偶尔** ǒu'ěr 가끔, 때때로	小张偶尔会去餐厅吃饭。 Xiǎo Zhāng ǒu'ěr huì qù cāntīng chīfàn. 샤오장은 가끔 식당에 가서 밥을 먹는다.
02	**稍微** shāowēi 조금, 약간	他的身高比弟弟稍微高一点。 Tā de shēngāo bǐ dìdi shāowēi gāo yìdiǎn. 그의 키는 동생보다 조금 크다.
03	**至少** zhìshǎo 적어도, 최소한	这房子至少4000块钱一个月，实在太贵了。 Zhè fángzi zhìshǎo sìqiān kuài qián yí ge yuè, shízài tài guì le. 이 집은 적어도 한 달에 4000위안인데, 정말 너무 비싸다.
04	**挺** tǐng 꽤, 아주	这本书挺有趣的，你也可以看看。 Zhè běn shū tǐng yǒuqù de, nǐ yě kěyǐ kànkan. 이 책은 꽤 재미있어요. 당신도 한번 보세요.
05	**从来** cónglái 지금까지, 여태껏	其实我从来没有怀疑过你的真心。 Qíshí wǒ cónglái méiyǒu huáiyíguo nǐ de zhēnxīn. 사실 저는 지금까지 당신의 진심을 의심해본 적이 없어요.
06	**往往** wǎngwǎng 종종, 자주	聪明的人往往会认真听取别人的意见。 Cōngming de rén wǎngwǎng huì rènzhēn tīngqǔ biérén de yìjiàn. 똑똑한 사람은 종종 다른 사람의 의견을 열심히 귀담아듣는다.
07	**顺便** shùnbiàn 겸사겸사, ~하는 김에	回家的时候，能不能顺便去超市买点儿矿泉水？ Huí jiā de shíhou, néng bu néng shùnbiàn qù chāoshì mǎi diǎnr kuàngquánshuǐ？ 집에 올 때, 겸사겸사 슈퍼에 가서 생수를 좀 사올 수 있나요?
08	**到底** dàodǐ 도대체	黑板上的那些字到底是什么字？ Hēibǎn shang de nàxiē zì dàodǐ shì shénme zì？ 칠판 위의 저 글자들은 도대체 무슨 글자예요?
09	**互相** hùxiāng 서로, 상호	我们都要互相尊重和理解。 Wǒmen dōu yào hùxiāng zūnzhòng hé lǐjiě. 우리는 서로 존중하고 이해해야 한다.
10	**难道** nándào 설마 ~하겠는가	难道没有其他的解决办法了吗？ Nándào méiyǒu qítā de jiějué bànfǎ le ma？ 설마 다른 해결 방법이 없는 것인가요?
11	**千万** qiānwàn 절대로, 부디	千万别随便把你的账号密码告诉别人。 Qiānwàn bié suíbiàn bǎ nǐ de zhànghào mìmǎ gàosu biérén. 절대로 당신의 계좌 비밀번호를 다른 사람에게 함부로 알려주지 마세요.
12	**专门** zhuānmén 특별히, 일부러	为了拍海边的景色，他专门买了一台照相机。 Wèile pāi hǎibiān de jǐngsè, tā zhuānmén mǎile yì tái zhàoxiàngjī. 해변의 풍경을 찍기 위해, 그는 특별히 카메라 한 대를 샀다.

13	恐怕 kǒngpà 아마 ~일 것이다	还剩好多事情没做，恐怕今天要加班了。 Hái shèng hǎo duō shìqing méi zuò, kǒngpà jīntiān yào jiābān le. 못한 일이 아직 많이 남아서, 아마 오늘은 야근해야 할 것이다.
14	大概 dàgài 대략, 대강	李老师大概三十分钟之后到，我们先进去吧。 Lǐ lǎoshī dàgài sānshí fēnzhōng zhīhòu dào, wǒmen xiān jìnqu ba. 리 선생님은 대략 30분 후에 도착하니, 우리 먼저 들어가요.
15	确实 quèshí 확실히, 정말로	这件事确实是我的错误，请您原谅我吧。 Zhè jiàn shì quèshí shì wǒ de cuòwù, qǐng nín yuánliàng wǒ ba. 이 일은 확실히 제 잘못이에요. 부디 저를 용서해 주세요.
16	接着 jiēzhe 이어서, 연이어	大家先下班，明天再接着讨论吧。 Dàjiā xiān xiàbān, míngtiān zài jiēzhe tǎolùn ba. 여러분 우선 퇴근하시고, 내일 다시 이어서 토론합시다.
17	究竟 jiūjìng 도대체	究竟是什么事情让小王这么烦恼？ Jiūjìng shì shénme shìqing ràng Xiǎo Wáng zhème fánnǎo? 도대체 무슨 일이 샤오왕을 이렇게 걱정스럽게 한 거예요?
18	不得不 bùdébù 어쩔 수 없이	明天会下雪，所以公司不得不取消了原来的计划。 Míngtiān huì xià xuě, suǒyǐ gōngsī bùdébù qǔxiāole yuánlái de jìhuà. 내일 눈이 내린다고 해서, 회사는 어쩔 수 없이 원래의 계획을 취소했다.
19	竟然 jìngrán 뜻밖에도, 의외로	没想到你竟然还记得那家店的地址。 Méi xiǎngdào nǐ jìngrán hái jìde nà jiā diàn de dìzhǐ. 당신이 뜻밖에도 그 가게의 주소를 아직도 기억할 줄 몰랐어요.
20	只好 zhǐhǎo 할 수 없이, 부득이	前面的路出了问题，司机只好走另外一条路。 Qiánmian de lù chūle wèntí, sījī zhǐhǎo zǒu lìngwài yì tiáo lù. 앞쪽 도로에 문제가 생겨서, 기사는 할 수 없이 다른 길로 갔다.
21	最好 zuìhǎo ~하는 것이 제일 좋다	出发之前你最好检查一遍行李。 Chūfā zhīqián nǐ zuìhǎo jiǎnchá yí biàn xíngli. 출발 전에 짐을 한 번 검사하는 것이 제일 좋겠어요.
22	重新 chóngxīn 새로, 다시	老师重新安排了学生们的座位。 Lǎoshī chóngxīn ānpáile xuéshengmen de zuòwèi. 선생님은 학생들의 자리를 새로 배치했다.
23	是否 shìfǒu ~인지 아닌지	我不知道他是否能在两个小时内完成这个任务。 Wǒ bù zhīdào tā shìfǒu néng zài liǎng ge xiǎoshí nèi wánchéng zhège rènwu. 나는 그가 두 시간 내에 이 임무를 완성할 수 있을지 없을지 모르겠다.
24	尤其 yóuqí 특히	我和妹妹长得很像，尤其是眼睛。 Wǒ hé mèimei zhǎng de hěn xiàng, yóuqí shì yǎnjing. 나와 여동생은 매우 닮았는데, 특히 눈이 닮았다.
25	故意 gùyì 일부러	我不是故意把桌子弄乱的。 Wǒ bú shì gùyì bǎ zhuōzi nòngluàn de. 나는 탁자를 일부러 어지럽힌 것이 아니다.

접속사

01	**既然** jìrán 기왕 ~한 이상	既然要去工作，那就不要再想考研的事情了。 Jìrán yào qù gōngzuò, nà jiù búyào zài xiǎng kǎoyán de shìqing le. 기왕 일을 다녀야 하는 이상, 더 이상 대학원 진학에 대한 일은 생각하지 마세요.
02	**不管** bùguǎn ~에 관계없이, ~을 막론하고	不管多晚下班，我都会去附近的公园跑步。 Bùguǎn duō wǎn xiàbān, wǒ dōu huì qù fùjìn de gōngyuán pǎobù. 얼마나 늦게 퇴근하는지에 관계없이, 나는 근처 공원에 가서 달린다.
03	**即使** jíshǐ 설령 ~하더라도	即使最后失败了，她也不会后悔。 Jíshǐ zuìhòu shībài le, tā yě bú huì hòuhuǐ. 설령 마지막에 실패하더라도, 그녀는 후회하지 않을 것이다.
04	**不过** búguò 그러나, 그런데	谢谢你的邀请，不过我今天要加班，没办法参加聚会。 Xièxie nǐ de yāoqǐng, búguò wǒ jīntiān yào jiābān, méi bànfǎ cānjiā jùhuì. 당신의 초대에 감사합니다. 그러나 저는 오늘 야근을 해야 해서, 모임에 참석할 수 없어요.
05	**尽管** jǐnguǎn 비록 ~에도 불구하고	尽管考试结束了，但班长还是坚持每天学习。 Jǐnguǎn kǎoshì jiéshù le, dàn bānzhǎng háishi jiānchí měi tiān xuéxí. 비록 시험이 끝났음에도 불구하고, 반장은 여전히 매일 꾸준히 공부한다.
06	**无论** wúlùn ~든지, ~에 관계없이	无论发生什么事情，我都不会离开你。 Wúlùn fāshēng shénme shìqing, wǒ dōu bú huì líkāi nǐ. 무슨 일이 생기든지, 나는 당신을 떠나지 않을 거예요.
07	**否则** fǒuzé 만약 그렇지 않으면	不要忘记按时吃药，否则你的病会更严重。 Búyào wàngjì ànshí chī yào, fǒuzé nǐ de bìng huì gèng yánzhòng. 제때 약 먹는 것을 잊지 마세요. 만약 그렇지 않으면 당신의 병은 더 심각해질 거예요.

빈칸에 알맞은 단어를 고르세요.

A 重新　　　B 吸引　　　C 难道　　　D 坚持　　　E 不管　　　F 共同

　　例如：小王的身体一直很健康，因为他每天都（　D　）跑步。

1.　我把邮箱的密码忘了，只好（　　　）申请了一个。

2.　他总在包里放一些零钱，（　　　）会不会用得到。

3.　（　　　）你还不知道吗？他们俩已经结婚了啊。

A 丢　　　B 即使　　　C 温度　　　D 千万　　　E 稍微　　　F 合适

　　例如：A：今天好热啊，白天的最高（　C　）是40度。

　　　　　B：天气预报说明天更热。

4.　A：你考虑好了没？

　　B：我想好了，（　　　）我父母不同意，我也要去。

5.　A：今天你做的菜（　　　）有点儿甜。

　　B：是吗？可能糖放多了。

6.　A：这里车速不能超过每小时30公里，（　　　）别超速了。

　　B：好的，我会注意的。

정답 해설집 p.82

양사·개사 어휘 채우기

양사 어휘 채우기 문제는 주로 '수사/대사+양사+명사'의 형태를 완성하는 문제로, 개사 어휘 채우기 문제는 주로 '개사+명사/대사'의 형태를 완성하는 문제로 출제된다. 양사·개사 문제는 매회 총 10문제 중 1문제 정도 출제된다.

핵심 전략

1. 빈칸 앞에 수사가 있으면 빈칸에는 양사가 온다.

2. 빈칸이 지시대사 这(이것)/那(저것)와 명사 사이에 있거나, 의문대사 几(몇)/多少(얼마)/哪(어느) 뒤에 있으면 빈칸에는 양사가 온다.

3. 문장 맨 앞이나 술어 앞에 '(   )+명사/대사' 형태가 있으면 빈칸에는 개사가 온다.

4. 시험에 자주 나오는 양사·개사를 예문과 함께 꼼꼼히 학습한다.

🎋 예제 맛보기

A 比如　　　　B 成为　　　　C 台	A ~가 예다　　　B ~이 되다　　　C 대
D 坚持　　　　E 只好　　　　F 愉快	D 꾸준히 하다　　E 어쩔 수 없이　　F 기쁘다
例如：小王的身体一直很健康，因为他每天都 （ D ）跑步。	예시 : 샤오왕의 몸은 줄곧 건강하다. 그는 매일 （ D ） 달리기를 하기 때문이다.
我要买一（　　　　）冰箱，你能陪我去看看吗？	냉장고 한 （　　　　） 사려고 하는데, 저와 같이 가서 좀 봐 주실 수 있나요?

해설　빈칸 앞에 수사 一(하나)가 있으므로 빈칸에는 양사가 와야 한다. 따라서 양사이면서 '냉장고 한 _____ 사려고 한다'라는 문맥에 어울리는 C 台(대)가 정답이다. 참고로 양사 台는 기계나 설비, 기구 등을 셀 때 쓰인다.

어휘　**比如** bǐrú 통~가 예다, 예를 들면 ~이다　**成为** chéngwéi 통~이 되다, ~로 변하다　**台** tái 양대 [기계·설비 등을 세는 단위]
只好 zhǐhǎo 튄어쩔 수 없이, 부득이　**愉快** yúkuài 톙기쁘다, 유쾌하다　**冰箱** bīngxiāng 몡냉장고　**陪** péi 통같이 가다, 동반하다

정답　C

■ 빈칸에 양사·개사 어휘 채우기

1. **빈칸 앞에 수사가 있으면 빈칸에는 양사가 온다.**

   这个小说真的很让人感动，我已经读了五(遍)。　이 소설은 정말 사람을 감동시켜, 나는 벌써 다섯 번 읽었어.
   _{수사　양사}

   来这里旅游的人比以前多了几(倍)。　이곳에서 여행하는 사람들이 예전보다 몇 배 많아졌다.
   _{수사　양사}

   어휘　**真的** zhēn de 정말　**感动** gǎndòng 图감동하다　**遍** biàn 図번, 회　**倍** bèi 図배, 곱절

   잠깐! 양사 趟 앞에서 수사 一(하나)는 종종 생략되어, 수사 없이 동사 바로 뒤에 오기도 한다.

   我一直头疼, 你有时间的话陪我去(趟)医院吧。　저 계속 머리가 아픈데, 당신 시간 있으면 저랑 같이 병원 한번 가요.
   _{동사　양사}

   어휘　**一直** yìzhí 图계속　**头疼** tóuténg 图머리가 아프다　**趟** tàng 図번, 차례[왕래한 횟수를 세는 단위]

2. **빈칸이 지시대사 这(이것)/那(저것)와 명사 사이에 있거나, 의문대사 几(몇)/多少(얼마)/哪(어느) 뒤에 있으면 빈칸에는 양사가 온다.**

   这(台)洗衣机是我们店里卖得最好的。　이 세탁기는 저희 가게에서 제일 잘 팔려요.
   _{지시대사 양사　명사}

   今天上课的内容在第几(页)啊？　오늘 수업한 내용은 몇 페이지에 있나요?
   _{의문대사 양사}

   어휘　**洗衣机** xǐyījī 図세탁기　**内容** nèiróng 図내용　**页** yè 図페이지, 쪽

3. **문장 맨 앞이나 술어 앞에 '(　　)+명사/대사' 형태가 있으면 빈칸에는 개사가 온다.**

   (对于)刚才发生的事情，我也不太清楚。　방금 발생한 일에 대해서는, 저도 정확하지 않아요.
   _{개사}

   环境保护方面的工作都(由)张亮负责。　환경 보호 분야 업무는 모두 장량이 책임진다.
   _{개사　명사　술어}

   어휘　**对于** duìyú 团~에 대해　**刚才** gāngcái 図방금　**清楚** qīngchu 图정확하다, 명확하다　**环境** huánjìng 図환경
   　　　保护 bǎohù 图보호하다　**方面** fāngmiàn 図분야, 방면　**由** yóu 团~이/가　**负责** fùzé 图책임지다

■ 시험에 자주 나오는 양사·개사

양사

01	遍 biàn 번, 차례[처음~끝 전 과정을 셈]	我把这学期学过的内容重新复习了一遍。 Wǒ bǎ zhè xuéqī xuéguo de nèiróng chóngxīn fùxíle yí biàn. 나는 이번 학기에 배웠던 내용을 다시 한 번 복습했다.
02	台 tái 대	世界上第一台传真机在100多年前就出现了。 Shìjiè shang dìyī tái chuánzhēnjī zài yìbǎi duō nián qián jiù chūxiàn le. 세계 최초의 팩스는 100여 년 전에 이미 나왔다.
03	倍 bèi 배	这台洗碗机的价钱是另一台的两倍多。 Zhè tái xǐwǎnjī de jiàqián shì lìng yì tái de liǎng bèi duō. 이 식기세척기의 가격은 다른 것의 두 배가 넘는다.
04	秒 miǎo 초	她100米跑步的纪录是10秒，是全校第一。 Tā yìbǎi mǐ pǎobù de jìlù shì shí miǎo, shì quán xiào dìyī. 그녀의 100미터 달리기 기록은 10초로, 전교 일등이다.
05	节 jié [수업을 세는 단위]	这节课我给大家介绍一下中国功夫的动作。 Zhè jié kè wǒ gěi dàjiā jièshào yíxià Zhōngguó gōngfu de dòngzuò. 이번 수업에서는 여러분에게 중국 쿵후의 동작을 소개하겠습니다.
06	页 yè 페이지, 쪽	这篇工作总结一共有6页。 Zhè piān gōngzuò zǒngjié yígòng yǒu liù yè. 이 업무 총결산은 모두 6페이지이다.
07	趟 tàng 번, 차례[왕래한 횟수를 셈]	时间还来得及吗？我想去趟卫生间。 Shíjiān hái láidejí ma? Wǒ xiǎng qù tàng wèishēngjiān. 시간이 늦지는 않았나요? 저는 화장실에 한 번 다녀오고 싶어요.
08	场 chǎng 번, 회	这是他们今年举办的第一场演出。 Zhè shì tāmen jīnnián jǔbàn de dìyī chǎng yǎnchū. 이것은 그들이 올해 개최한 첫 번째 공연이다.
09	公里 gōnglǐ 킬로미터(km)	这儿距离目的地大约还有两公里。 Zhèr jùlí mùdìdì dàyuē hái yǒu liǎng gōnglǐ. 이곳은 목적지로부터 약 2킬로미터 떨어져 있다.
10	棵 kē 그루, 포기	这棵树又高又大，而且有很多叶子。 Zhè kē shù yòu gāo yòu dà, érqiě yǒu hěn duō yèzi. 이 나무 한 그루는 높기도 하고 크기도 하며, 게다가 잎이 많다.

개사

01	对于 duìyú ~에 대해, ~에	对于这些规定，我没有其他意见。 Duìyú zhèxiē guīdìng, wǒ méiyǒu qítā yìjiàn. 이 규정들에 대해, 저는 다른 의견 없습니다.
02	随着 suízhe ~에 따라, ~따라서	随着春节的到来，来超市购物的人增加了不少。 Suízhe Chūnjié de dàolái, lái chāoshì gòuwù de rén zēngjiā le bù shǎo. 춘절이 옴에 따라, 슈퍼에서 물건을 사는 사람들이 많이 증가했다.

03	由 yóu ~이/가	经过讨论，最后决定由小李负责广告方面的事。 Jīngguò tǎolùn, zuìhòu juédìng yóu Xiǎo Lǐ fùzé guǎnggào fāngmiàn de shì. 논의를 통해 최종적으로 샤오리가 광고 분야의 일을 담당하기로 결정되었다.
04	按照 ànzhào ~에 따라, ~에 의해	请把这些数字按照从小到大的顺序排列。 Qǐng bǎ zhèxiē shùzì ànzhào cóng xiǎo dào dà de shùnxù páiliè. 이 숫자들을 작은 것에서 큰 순서에 따라 배열하세요.

실전연습문제

빈칸에 알맞은 단어를 고르세요.

서술문

A 节   B 符合   C 页   D 坚持   E 由   F 激动

例如：小王的身体一直很健康，因为他每天都（　D　）跑步。

1. 如果所有的事都（　　　　）父母帮孩子做决定；孩子就会缺少成长的机会。

2. 小张，刚才从那家公司收到的传真一共有几（　　　　）?

3. 请大家下课后好好儿复习这（　　　　）课的内容，下周的考试会重点考这些。

대화문

A 倍   B 举办   C 温度   D 复杂   E 随着   F 趟

例如：A：今天好热啊，白天的最高（　C　）是40度。

　　　B：天气预报说明天更热。

4. A：这个词是什么意思？我以前从来没见过这种词。

　　B：这是外来词。（　　　　）社会的发展，词语也发生了很多变化。

5. A：这几天我一直发烧，头也疼得厉害。

　　B：那我下午陪你去（　　　　）医院。

6. A：这次活动举办得挺成功的，好像来了很多人。

　　B：是啊，这次参加的人数几乎是去年的三（　　　　）。

정답 해설집 p.83

빈칸에 알맞은 단어를 고르세요.

A 精彩   B 积累   C 禁止   D 坚持   E 棵   F 垃圾

例如：小王的身体一直很健康，因为他每天都（ D ）跑步。

1. 这条新建的路是自行车专用通道，（   ）车辆通行。

2. 人们的生活（   ）现在已经严重污染了海洋环境。

3. 花园里有很多树，但是开黄色花的只有这一（   ）。

4. 去年六月一日儿童节，小朋友们表演的节目很（   ）。

5. 这份工作可以帮助你（   ）实际经验。

A 最好　　　B 按照　　　C 温度　　　D 整理　　　E 不过　　　F 优秀

例如：A：今天好热啊，白天的最高（　C　）是40度。

　　　B：天气预报说明天更热。

6.　A：周末我们打算去郊区玩，你来不来？

　　B：我想去啊，（　　　）周末要陪妈妈去医院。

7.　A：长城是中国非常著名的景点。

　　B：确实值得去，但（　　　）在人少的时候去。

8.　A：这周太累了，星期日咱们去看电影吧。

　　B：我想有时间就回去（　　　）一下我的衣服，家里太乱了。

9.　A：他怎么能做出这样的事情呢？我觉得他不是这样的人啊！

　　B：每个人都有自己的缺点，再（　　　）的人也一样。

10.　A：高中的老师一般怎么给学生排座位呢？

　　B：一般都是（　　　）个子排座位。

제2부분

순서 배열하기

독해 제2부분은 제시된 선택지 A, B, C를 문맥에 맞게 순서를 배열하여 하나의 문장을 완성하는 형태로, 총 10문제가 출제된다. 문제지에는 질문 없이 선택지 A, B, C만 주어진다. 제시된 선택지는 구 또는 절로 이루어져 있다.

합격공략법 아래와 같은 세부 유형의 문제들이 출제되므로 그 공략법을 잘 익혀 둔다.

합격비책 **01** 대사와 가리키는 대상으로 순서 배열하기
합격비책 **02** 짝을 이루는 연결어로 순서 배열하기
합격비책 **03** 앞·뒤 구절에 쓰이는 연결어로 순서 배열하기
합격비책 **04** 문맥으로 순서 배열하기

출제 경향

1. **연결어를 단서로 하여 순서를 배열하는 문제가 자주 출제된다.**

   제2부분에서는 대사와 가리키는 대상을 파악하여 순서를 배열하는 문제, 짝을 이루는 연결어나 앞 구절 또는 뒤 구절에 쓰이는 연결어를 단서로 순서를 배열하는 문제, 단서 없이 문맥만으로 순서를 배열하는 문제가 출제된다. 그중 연결어를 단서로 하여 순서를 배열하는 문제가 자주 출제되는데, 특히 앞 구절 또는 뒤 구절에 쓰이는 접속사나 부사를 단서로 하는 문제의 출제 빈도가 높다.

2. **특별한 단서 없이 문맥 파악만으로 순서를 배열해야 하는 문제의 비율이 점점 높아지고 있다.**

   선택지에 대사와 가리키는 대상 또는 연결어와 같은 단서가 없고, 오로지 선택지 간의 문맥을 파악하여 순서를 배열하는 문제의 비율이 점점 높아지고 있는 추세이다.

문제풀이 스텝

A 李老师批评了我
B 他让我把考试内容再复习一遍
C 昨天的考试我考得很不好   C A B

STEP 1

제시된 선택지를 읽고 대사나 연결어 또는 문맥에 따라 두 개의 선택지를 먼저 배열하거나, 특정 선택지를 첫 순서에서 제외한다.

B에 인칭대사 他(그)가 있고, A에 他가 가리키는 대상인 李老师(리 선생님)이 있으므로, B는 첫 순서에 올 수 없으며, A → B로 먼저 배열한다. (A → B)

STEP 2

대사가 가리키는 대상 또는 연결어, 그리고 논리 관계에 따라 남은 선택지의 순서를 배열한다.

남은 C 昨天的考试我考得很不好(내가 어제 시험을 너무 못 봤다)는 A → B로 연결한 내용의 원인이 되므로 C를 A 앞에 배열하면, 'C 시험을 못 봤다 → A 선생님께 혼났다 → B 그는 시험 내용을 다시 복습하라고 했다'라는 자연스러운 문맥이 된다. (C → A → B)

완성된 문장

C 昨天的考试我考得很不好, A 李老师批评了我, B 他让我把考试内容再复习一遍。

C 내가 어제 시험을 너무 못 봐서 A 리 선생님이 나를 혼냈고, B 그는 나에게 시험 내용을 다시 한번 복습하라고 했다.

해석 해설집 p.88

01 대사와 가리키는 대상으로 순서 배열하기

대사와 대사가 가리키는 대상을 파악하여 선택지의 순서를 배열하는 문제가 출제된다. 매회 총 10문제 중 1~2문제 정도 출제된다.

핵심 전략

1. 这(이)/那(그)와 같은 지시대사나 他(그)/她(그녀)와 같은 3인칭 대사를 포함한 선택지는, 대부분 첫 순서에 올 수 없다.

2. 두 개의 선택지에 대사와 대사가 가리키는 대상이 각각 있는 경우 '가리키는 대상이 있는 선택지 → 대사가 있는 선택지'의 순서로 먼저 배열한다.

3. 대사가 가리키는 대상이 나머지 두 개 선택지에 모두 있을 경우 문맥을 파악하여 순서를 배열한다.

4. 선택지에 지시대사 또는 제3자를 나타내는 인칭대사가 있는데, 대사가 가리키는 대상이 없으면 첫 순서로 고려할 수 있다.

예제 맛보기

A 昨天邀请了小李来尝我做的鱼汤	A 어제 내가 만든 생선국을 맛보라고 샤오리를 초대했다
B 我平时喜欢研究中国菜	B 나는 평소 중국 음식을 연구하는 것을 좋아한다
C 他说很好吃，想跟我学	C 그는 맛있어서 나에게 배우고 싶다고 말했다

해설

Step 1 C에 인칭대사 他(그)가 있고, A에 他가 가리키는 대상인 小李(샤오리)가 있으므로, C는 첫 순서에 올 수 없으며, A → C 로 먼저 배열한다. (A → C)

Step 2 B의 我(나)가 A의 주어가 되므로 B를 A 앞에 배열하면, 'B 나는 음식 연구하는 것을 좋아한다 → A 어제 내가 만든 생선 국을 맛보라고 샤오리를 초대했다 → C 그는 맛있다고 말했다' 라는 자연스러운 문맥이 된다. (B → A → C)

완성된 문장

B 我平时喜欢研究中国菜，A 昨天邀请了小李来尝我做的鱼汤，C 他说很好吃，想跟我学。

B 나는 평소 중국 음식을 연구하는 것을 좋아해서, A 어제 내가 만든 생선국을 맛보라고 샤오리를 초대했는데, C 그는 맛있어서 나에게 배우고 싶다고 말했다.

어휘 邀请 yāoqǐng 图 초대하다 尝 cháng 图 맛보다 鱼汤 yútāng 명 생선국 平时 píngshí 명 평소 研究 yánjiū 图 연구하다 跟 gēn 계 ~에게, ~와/과

정답 BAC

ABC를 배열하여 문장을 완성하세요.

1. A 很多朋友发来了祝贺短信
   B 他们的心意让小王十分感动
   C 今天小王大学毕业了

   _____

2. A 桂林真是山美、水美、人更美
   B 我们第一次去桂林旅游时
   C 对那里的景色印象特别深

   _____

3. A 只要求实际工作能力和认真的态度
   B 你感兴趣的话，可以试一试
   C 这儿并不看重学习经历

   _____

4. A 昨天小云跟同事们去看京剧
   B 她只好一个人先回家了
   C 看着看着突然觉得身体不舒服

   _____

5. A 他就没去外面，在家看了一天
   B 今天有人给他带来了一本新书
   C 我朋友特别爱看小说

   _____

정답 해설집 p.88

02 짝을 이루는 연결어로 순서 배열하기

짝을 이루는 연결어를 단서로 하여 선택지의 순서를 배열하는 문제가 출제된다. 매회 총 10문제 중 1~2 문제 정도 출제된다.

핵심 전략

1. 짝을 이루는 연결어가 각각 서로 다른 선택지에 있을 경우, '앞에 나오는 연결어가 있는 선택지 → 뒤에 나오는 연결어가 있는 선택지'의 순서로 먼저 배열한다.
2. 시험에 자주 나오는 짝을 이루는 연결어를 외워두자.

᭜ 예제 맛보기

A 买的时候大约花了三万块	A 구매할 때 대략 삼만 위안을 썼다
B 小王虽然打游戏不怎么样	B 샤오왕은 비록 게임은 잘 못하지만
C 但用的电脑很不错	C 그러나 사용하는 컴퓨터는 좋다

해설

Step 1 B의 虽然(비록 ~이지만)과 C의 但(그러나)은 虽然……, 但……(비록 ~이지만, 그러나~)이라는 짝꿍 연결어로 사용되므로 B → C로 먼저 배열한다. (B → C)

Step 2 남은 A는 문맥상 'B 샤오왕은 게임을 잘 못한다 → C 그러나 사용하는 컴퓨터는 좋다 → A 대략 삼만 위안이다'와 같이 맨 뒤에 오는 것이 자연스러우므로 A를 문장의 맨 뒤에 배열한다. (B → C → A)

완성된 문장
B 小王虽然打游戏不怎么样, C 但用的电脑很不错, A 买的时候大约花了三万块。
B 샤오왕은 비록 게임은 잘 못하지만 C 그러나 사용하는 컴퓨터는 좋은데, A 구매할 때 대략 삼만 위안을 썼다.

어휘 大约 dàyuē 대략, 얼추 花 huā (돈을) 쓰다, 소비하다 打游戏 dǎ yóuxì 게임을 하다

정답 BCA

🎋 비책 공략하기

■ 시험에 자주 나오는 짝을 이루는 연결어

서로 짝을 이루어 구 또는 절을 이어주는 연결어를 알아 두자.

전환	虽然/尽管……, 但(是)/可(是)/然而…… suīrán/jǐnguǎn……, dàn(shì)/kě(shì)/rán'ér…… 비록 ~이지만, 그러나 ~	尽管遇到了很多困难, 但是他从来没有放弃过。 Jǐnguǎn yùdàole hěn duō kùnnan, dànshì tā cónglái méiyǒu fàngqìguo. 비록 많은 어려움을 맞닥뜨렸지만, 그러나 그는 여태껏 포기한 적이 없다.
인과	因为……, 所以…… yīnwèi……, suǒyǐ…… ~때문에, 그래서 ~	他因为太紧张, 所以说得很不流利。 Tā yīnwèi tài jǐnzhāng, suǒyǐ shuō de hěn bù liúlì. 그는 너무 긴장했기 때문에, 그래서 유창하게 말하지 못했다.
	由于……, 因此…… yóuyú……, yīncǐ…… ~때문에, 이로 인해 ~	我由于平时缺少锻炼, 因此经常生病。 Wǒ yóuyú píngshí quēshǎo duànliàn, yīncǐ jīngcháng shēngbìng. 나는 평소 운동이 부족하기 때문에, 이로 인해 자주 병에 걸린다.
	之所以……, 是因为…… zhīsuǒyǐ……, shì yīnwèi…… ~한 까닭은, ~때문이다	他之所以有很多朋友, 是因为性格活泼。 Tā zhīsuǒyǐ yǒu hěn duō péngyou, shì yīnwèi xìnggé huópō. 그가 친구가 많은 까닭은, 성격이 활발하기 때문이다.
점층	不仅/不但……, 而且/并且/还…… bùjǐn/búdàn……, érqiě/bìngqiě/hái…… ~뿐만 아니라, 또한 ~	我们家对面的那家超市不仅东西全, 而且经常打折。 Wǒmen jiā duìmiàn de nà jiā chāoshì bùjǐn dōngxi quán, érqiě jīngcháng dǎzhé. 우리 집 맞은편 슈퍼는 물건이 모두 갖춰졌을 뿐만 아니라, 또한 자주 세일을 한다.
	不光……, 也…… bùguāng……, yě…… ~뿐만 아니라, ~도	这本小说不光翻译得很准确, 内容也很精彩。 Zhè běn xiǎoshuō bùguāng fānyì de hěn zhǔnquè, nèiróng yě hěn jīngcǎi. 이 소설이 정확하게 번역되었을 뿐만 아니라, 내용도 훌륭하다.
선후	首先……, 其次…… shǒuxiān……, qícì…… 가장 먼저~, 그다음~	我对饭店的要求是, 首先菜的味道要好, 其次价格不能太高。 Wǒ duì fàndiàn de yāoqiú shì, shǒuxiān cài de wèidao yào hǎo, qícì jiàgé bù néng tài gāo. 식당에 대한 나의 요구 사항은 가장 먼저 요리의 맛이 좋아야 하고, 그다음은 가격이 너무 높으면 안 된다는 것이다.
	先……, 然后/再…… xiān……, ránhòu/zài…… 먼저~, 그다음~	请您先填写申请表, 然后去那里排队。 Qǐng nín xiān tiánxiě shēnqǐng biǎo, ránhòu qù nàli páiduì. 먼저 신청서를 작성하시고, 그다음 저기에 가서 줄을 서세요.
가정	如果……, 就…… rúguǒ……, jiù…… 만약 ~라면	如果你想去北方旅行, 最好就别选在一月和二月。 Rúguǒ nǐ xiǎng qù běifāng lǚxíng, zuìhǎo jiù bié xuǎnzài yī yuè hé èr yuè. 만약 당신이 북쪽으로 여행을 가려고 한다면, 1월과 2월은 선택하지 않는 것이 가장 좋다.
	只有……, 才…… zhǐyǒu……, cái…… ~해야만, 비로소 ~	只有排列这些数字, 你才能发现它们之间的关系。 Zhǐyǒu páiliè zhèxiē shùzì, nǐ cái néng fāxiàn tāmen zhījiān de guānxi. 이 숫자들을 배열해야만, 비로소 그것들 사이의 관계를 발견해낼 수 있다.

	即使……，也…… jíshǐ……, yě…… 설령 ~하더라도	即使只有百分之一的可能，我们也要付出最大的努力。 Jíshǐ zhǐ yǒu bǎifēnzhī yī de kěnéng, wǒmen yě yào fùchū zuì dà de nǔlì. 설령 1퍼센트의 가능성만 있다고 하더라도, 우리는 최대한의 노력을 들여야 한다.
	要是……， 就…… yàoshi……, jiù…… 만약 ~라면	你要是有法律方面的问题，就去问他吧。 Nǐ yàoshi yǒu fǎlǜ fāngmiàn de wèntí, jiù qù wèn tā ba. 만약 당신이 법률 방면에서 문제가 있다면, 그에게 가서 물어보세요.
조건	**不管/无论……， 都……** bùguǎn/wúlùn……, dōu…… ~에 상관없이	不管有多忙，他每天都出门锻炼身体。 Bùguǎn yǒu duō máng, tā měi tiān dōu chūmén duànliàn shēntǐ. 얼마나 바쁘던지에 상관없이, 그는 매일 나가서 신체를 단련한다.
	只要……， 就…… zhǐyào……, jiù…… ~하기만 하면	你只要把身上的缺点改掉，就能成为更优秀的人。 Nǐ zhǐyào bǎ shēnshang de quēdiǎn gǎidiào, jiù néng chéngwéi gèng yōuxiù de rén. 당신이 가지고 있는 단점을 고치기만 하면, 더욱 뛰어난 사람이 될 수 있다.
	既然……， 就…… jìrán……, jiù…… ~인 이상	既然知道问题出在哪里，就要想办法解决。 Jìrán zhīdào wèntí chūzài nǎli, jiù yào xiǎng bànfǎ jiějué. 문제가 어디에서 나온지 알게 된 이상, 방법을 생각해서 해결해야 해요.
병렬	**除了……， 还/也……** chúle……, hái/yě…… ~뿐만 아니라, ~도	除了专业知识以外，老师还要懂得电脑技术，这样才能给学生上网课。 Chúle zhuānyè zhīshi yǐwài, lǎoshī hái yào dǒngde diànnǎo jìshù, zhèyàng cái néng gěi xuésheng shàng wǎngkè. 전공 지식 뿐만 아니라 선생님은 컴퓨터 기술도 알아야 하는데, 이렇게 해야만 학생들에게 온라인 수업을 해줄 수 있다.
	一方面……， **另一方面……** yì fāngmiàn……, lìng yì fāngmiàn…… 한편으로 ~, 다른 한편으로 ~	坚持运动一方面能减轻压力，另一方面能提高生活质量。 Jiānchí yùndòng yì fāngmiàn néng jiǎnqīng yālì, lìng yì fāngmiàn néng tígāo shēnghuó zhìliàng. 꾸준히 운동하는 것은 한편으로는 스트레스를 줄여줄 수 있고, 다른 한편으로는 생활의 질을 향상시켜줄 수 있다.
선택	**不是……， 而是……** bú shì……, ér shì…… ~가 아니라, ~이다	对我来说最重要的不是比赛的输赢，而是能否坚持到最后。 Duì wǒ lái shuō zuì zhòngyào de bú shì bǐsài de shūyíng, ér shì néng fǒu jiānchí dào zuìhòu. 나에게 가장 중요한 것은 경기에서 지고 이기는 것이 아니라, 끝까지 계속할 수 있는지 없는지이다.
기타	**每（次）……， 都……** měi (cì)……, dōu…… 매번 ~마다	每次看这张照片，我都会想起愉快的大学生活。 Měi cì kàn zhè zhāng zhàopiàn, wǒ dōu huì xiǎngqi yúkuài de dàxué shēnghuó. 매번 이 사진을 볼 때마다, 나는 즐거웠던 대학 생활이 생각난다.
	一共……， 其中……， **另外……** yígòng……, qízhōng……, lìngwài…… 모두 ~, 그중 ~, 이 외에 ~	我们班一共有28名同学，其中24个考上了大学，另外4个出国留学了。 Wǒmen bān yígòng yǒu èrshíbā míng tóngxué, qízhōng èrshísì ge kǎoshangle dàxué, lìngwài sì ge chūguó liúxué le. 우리 반에는 모두 28명의 학우가 있는데, 그중 24명은 대학에 합격했고, 이 외에 4명은 외국으로 유학을 갔다.

ABC를 배열하여 문장을 완성하세요.

1. A 没有其他意见的话
    B 如果大家对明天的活动
    C 就按照原计划进行吧   _____

2. A 无论我们是开心还是难过
    B 他们都会一直陪着我们
    C 朋友对每个人来说都很重要   _____

3. A 汉语是一种很重要的语言
    B 并且会帮助我们更好地了解中国文化
    C 它不仅可以给我们带来更多的工作机会 _____

4. A 成功就会在不远处等着你
    B "失败是成功之母"这句话的意思是
    C 不要为失败难过，只要你能坚持下去   _____

5. A 然后用手机看了会儿新闻
    B 他先陪妻子看了会儿电视
    C 最后才打开电脑继续画图   _____

정답 해설집 p.90

앞 구절 또는 뒤 구절에 주로 쓰이는 연결어를 단서로 하여 선택지의 순서를 배열하는 문제가 출제된다.
매회 총 10문제 중 3~4문제 정도 출제된다.

핵심 전략

1. 앞 구절에 주로 쓰이는 연결어가 있는 선택지는 첫 순서의 후보가 된다.

2. 뒤 구절에 주로 쓰이는 연결어가 있는 선택지는 문장의 맨 앞에 올 수 없으므로 첫 순서에서
   제외한다.

3. 원인을 나타내는 연결어가 있으면 결과에 해당하는 선택지를 찾아서 '원인 → 결과'의 순서로
   배열한다.

4. 앞·뒤 구절에 주로 쓰이는 연결어를 예문과 함께 꼼꼼히 학습한다.

예제 맛보기

A 今天外面一直在下大雨	A 오늘 바깥에 줄곧 큰 비가 내린다
B 交通出现了各种各样的问题	B 교통에 각종 문제가 생겼다
C 因此很多人没有按时到公司	C 이 때문에 많은 사람이 제시간에 회사에 도착하지 못했다

해설

Step 1 C의 **因此**(이 때문에)는 뒤 구절에 주로 쓰이는 연결어이므로 C는 문장의 맨 앞에 올 수 없다. 'C 많은 사람이 제시간에 회사에
도착하지 못했다'의 원인이 되는 선택지는 'B 교통에 문제가 생겼다'이므로 B(원인) → C(결과)의 순서로 먼저 배열한다.
(B → C)

Step 2 남은 A 今天外面一直在下大雨(오늘 바깥에 줄곧 큰 비가 내린다)의 결과가 B 交通出现了各种各样的问题(교통에 각종 문
제가 생겼다)이므로 A(원인) → B(결과)의 순서로 배열한다 (A → B → C)

완성된 문장
A 今天外面一直在下大雨, B 交通出现了各种各样的问题, C 因此很多人没有按时到公司。
A 오늘 바깥에 줄곧 큰 비가 내려서, B 교통에 각종 문제가 생겼는데, C 이 때문에 많은 사람이 제시간에 회사에 도착하지 못했다.

어휘　**一直** yìzhí 🔢줄곧, 계속　**交通** jiāotōng 🔢교통　**出现** chūxiàn 🔢생기다, 나타나다　**各种各样** gèzhǒng gèyàng 각종, 각양각색
　　因此 yīncǐ 🔢이 때문에, 그래서　**按时** ànshí 🔢제시간에, 제때에

정답　ABC

🎋 비책 공략하기

■ 앞 구절에 주로 쓰이는 연결어

앞 구절에 주로 쓰이는 접속사, 부사 등의 연결어를 알아 두자.

원인	**因为** yīnwèi ~때문에	因为科学的发展离不开数学，学校要重视数学教育。 Yīnwèi kēxué de fāzhǎn lí bu kāi shùxué, xuéxiào yào zhòngshì shùxué jiàoyù. 과학의 발전은 수학과 떼려야 뗄 수 없기 때문에, 학교는 수학 교육을 중시해야 한다.
	由于 yóuyú ~때문에	由于您提交的信息有误，您的申请没有通过。 Yóuyú nín tíjiāo de xìnxī yǒu wù, nín de shēnqǐng méiyǒu tōngguò. 당신이 제출한 정보에 오류가 있기 때문에, 신청은 통과되지 않았습니다.
기타	**随着** suízhe ~에 따라	随着科技的发展，人们获得信息的方式变得越来越多样了。 Suízhe kējì de fāzhǎn, rénmen huòdé xìnxī de fāngshì biàn de yuèláiyuè duōyàng le. 과학 기술의 발전에 따라, 사람들이 정보를 얻는 방식은 점점 다양해졌다.
	对 (于)……来说 duì(yú)……lái shuō ~에게 있어서	对很多人来说，提高最低工资标准是一个好消息。 Duì hěn duō rén lái shuō, tígāo zuìdī gōngzī biāozhǔn shì yí ge hǎo xiāoxi. 많은 사람에게 있어서, 최저 임금 기준이 높아지는 것은 좋은 소식이다.
	以后 yǐhòu 이후	我以后不会让这种情况再次发生的，你放心吧。 Wǒ yǐhòu bú huì ràng zhè zhǒng qíngkuàng zàicì fāshēng de, nǐ fàngxīn ba. 이후에 이런 상황이 다시는 생기지 않도록 할게요. 안심하세요.
	为了 wèile ~하기 위해	为了顺利完成工作，我和同事们辛苦了大半年。 Wèile shùnlì wánchéng gōngzuò, wǒ hé tóngshìmen xīnkǔ le dà bàn nián. 순조롭게 업무를 끝내기 위해, 나와 동료들은 반 년 이상 고생했다.
	在……上/中 zài……shang/zhōng ~에/~ 중에	考试内容都在书上，请大家认真复习。 Kǎoshì nèiróng dōu zài shū shang, qǐng dàjiā rènzhēn fùxí. 시험 내용은 모두 책에 있으니, 여러분 열심히 복습하세요.
	在……的时候 zài……de shíhou ~할 때	在你打扫卫生的时候，顺便把洗手间的镜子也擦一下。 Zài nǐ dǎsǎo wèishēng de shíhou, shùnbiàn bǎ xǐshǒujiān de jìngzi yě cā yíxià. 네가 청소할 때, 겸사겸사 화장실 거울도 좀 닦아줘.
	根据…… gēnjù…… ~에 근거하여	根据经理的意见，我重新写了一份计划书。 Gēnjù jīnglǐ de yìjiàn, wǒ chóngxīn xiěle yí fèn jìhuà shū. 매니저님의 의견에 근거하여, 나는 계획서 한 부를 다시 작성했다.

■ 뒤 구절에 주로 쓰이는 연결어

뒤 구절에 주로 쓰이는 접속사, 부사 등의 연결어를 알아 두자.

전환	**可是** kěshì 그러나, 하지만	我有几份会议材料需要复印，可是公司的复印机坏了。 Wǒ yǒu jǐ fèn huìyì cáiliào xūyào fùyìn, kěshì gōngsī de fùyìnjī huài le. 저는 회의 자료를 몇 부 복사해야 해요. 그러나 회사 복사기가 고장 났어요.
	但是 dànshì 하지만, 그러나	这份工作比较辛苦，但是我从中获得了不少经验。 Zhè fèn gōngzuò bǐjiào xīnkǔ, dànshì wǒ cóngzhōng huòdéle bù shǎo jīngyàn. 이 업무는 비교적 힘들었다. 하지만 나는 이 속에서 많은 경험을 얻었다.

전환	**不过** búguò 그런데, 그러나	我想应聘那家公司，不过我不知道自己是否符合他们的条件。 Wǒ xiǎng yìngpìn nà jiā gōngsī, búguò wǒ bù zhīdào zìjǐ shìfǒu fúhé tāmen de tiáojiàn. 나는 그 회사에 지원하려고 한다. 그런데 내가 그들의 조건에 부합하는지 모르겠다.
	然而 rán'ér 그러나	我平时很活泼，然而在不认识的人面前就会变得很安静。 Wǒ píngshí hěn huópō, rán'ér zài bú rènshi de rén miànqián jiù huì biàn de hěn ānjìng. 나는 평소에 활발하다. 그러나 모르는 사람 앞에서는 조용해진다.
	却 què 오히려, 그러나	我去过很多次中国，却没有去过首都北京。 Wǒ qùguo hěn duō cì Zhōngguó, què méiyǒu qùguo shǒudū Běijīng. 나는 중국에 여러 번 가 봤지만, 오히려 수도 베이징에는 가 본 적이 없다.
	而 ér ~(하)고, ~지만	我们要清楚自己想要的是什么，而不要被周围的人影响。 Wǒmen yào qīngchu zìjǐ xiǎng yào de shì shénme, ér búyào bèi zhōuwéi de rén yǐngxiǎng. 우리는 자신이 무엇을 원하는지를 명확하게 해야 하고, 주위 사람들에게 영향을 받아서는 안 된다.
	其实 qíshí 사실	很多人都觉得李亮脾气不好，其实他有很多优点。 Hěn duō rén dōu juéde Lǐ Liàng píqi bù hǎo, qíshí tā yǒu hěn duō yōudiǎn. 많은 사람은 리량의 성격이 안 좋다고 생각하지만 사실 그는 많은 장점이 있다.
	否则 fǒuzé 그렇지 않으면	千万不要在心情激动的时候做决定，否则会后悔的。 Qiānwàn búyào zài xīnqíng jīdòng de shíhou zuò juédìng, fǒuzé huì hòuhuǐ de. 마음이 흥분되었을 때 결정을 하면 절대로 안 된다. 그렇지 않으면 후회할 것이다.
	竟然 jìngrán 뜻밖에도	他走到公司门口才发现，自己竟然忘带会议材料了。 Tā zǒudào gōngsī ménkǒu cái fāxiàn, zìjǐ jìngrán wàng dài huìyì cáiliào le. 그가 회사 입구에 도착했을 때 자신이 뜻밖에도 회의 자료를 놓고 왔다는 것을 알아차렸다.
병렬	**也** yě ~도	生气时说出来的话容易让别人伤心，也会让自己后悔。 Shēngqì shí shuō chūlai de huà róngyì ràng biérén shāngxīn, yě huì ràng zìjǐ hòuhuǐ. 화가 났을 때 나오는 말은 다른 사람을 슬프게 하기 쉽고, 자신도 후회하게 할 수 있다.
점층	**而且** érqiě 게다가, 또한	泳镜能让人在水下看得很清楚，而且还能保护眼睛。 Yǒngjìng néng ràng rén zài shuǐ xià kàn de hěn qīngchu, érqiě hái néng bǎohù yǎnjing. 물안경은 사람이 물 속에서 잘 보이게 하며, 게다가 눈도 보호할 수 있다.
	甚至 shènzhì 심지어, ~조차도	压力不完全是坏事，甚至会让我们变得更优秀。 Yālì bù wánquán shì huài shì, shènzhì huì ràng wǒmen biàn de gèng yōuxiù. 스트레스는 완전히 나쁜 일만은 아니며, 심지어 우리를 더욱 뛰어나게 할 것이다.
	尤其 yóuqí 특히, 더욱이	我们公司重视应聘者的实际能力，尤其是管理能力。 Wǒmen gōngsī zhòngshì yìngpìnzhě de shíjì nénglì, yóuqí shì guǎnlǐ nénglì. 우리 회사는 지원자의 실질적인 능력을 중요시 여기는데, 특히 관리 능력을 중요시 여긴다.
선후	**后来** hòulái 나중에, 그 후	以前茶叶被当作是一种苦菜，后来才发现喝茶对身体有好处。 Yǐqián cháyè bèi dàngzuò shì yì zhǒng kǔ cài, hòulái cái fāxiàn hē chá duì shēntǐ yǒu hǎochu. 예전에 찻잎은 쓴 채소로 여겨졌는데, 나중에서야 차를 마시는 것이 몸에 좋다는 것을 알아냈다.
	然后 ránhòu 그다음에	老师给学生们跳了一遍舞，然后教了大家慢动作。 Lǎoshī gěi xuéshengmen tiàole yí biàn wǔ, ránhòu jiāole dàjiā màn dòngzuò. 선생님은 학생들에게 춤을 한 번 춰 주었고, 그다음에 모두에게 느린 동작을 가르쳤다.
	最后 zuìhòu 맨 마지막, 최후	我们讨论了很久，最后决定由小王负责这次环保活动。 Wǒmen tǎolùnle hěn jiǔ, zuìhòu juédìng yóu Xiǎo Wáng fùzé zhè cì huánbǎo huódòng. 우리는 오랫동안 논의했고, 맨 마지막에는 샤오왕이 이번 환경 보호 행사를 책임지는 것으로 결정했다.

결과	所以 suǒyǐ 그래서	不同的车灯表示不同的信息，所以开车时不要随便开车灯。 Bù tóng de chēdēng biǎoshì bù tóng de xìnxī, suǒyǐ kāichē shí búyào suíbiàn kāi chēdēng. 서로 다른 전조등은 다른 정보를 나타낸다. 그래서 차를 운전할 때 전조등을 함부로 켜면 안 된다.
	于是 yúshì 그래서, 그리하여	他们受不了北方冬天的气候，于是去海南过冬了。 Tāmen shòubuliǎo běifāng dōngtiān de qìhòu, yúshì qù Hǎinán guòdōng le. 그들은 북방의 겨울 기후를 견딜 수 없었다. 그래서 겨울을 보내러 하이난으로 갔다.
	因此 yīncǐ 이 때문에	这本故事书非常有趣，因此深受儿童的喜爱。 Zhè běn gùshi shū fēicháng yǒuqù, yīncǐ shēn shòu értóng de xǐ'ài. 이 이야기 책은 매우 재미있다. 이 때문에 어린이의 큰 사랑을 받았다.
	可见 kějiàn ~라는 것을 알 수 있다	小周没有敲门就直接跑进了办公室，可见他有多着急。 Xiǎo Zhōu méiyǒu qiāo mén jiù zhíjiē pǎojinle bàngōngshì, kějiàn tā yǒu duō zháojí. 샤오저우는 문을 두드리지 않고 바로 사무실로 뛰어 들어갔는데, 그가 얼마나 다급했는지를 알 수 있다.
예시	比如 bǐrú ~가 예다, 예를 들면 ~이다	我只会做最简单的汤，比如西红柿鸡蛋汤。 Wǒ zhǐ huì zuò zuì jiǎndān de tāng, bǐrú xīhóngshì jīdàn tāng. 나는 제일 간단한 국만 만들 줄 아는데, 토마토 달걀국이 그 예다.

실전연습문제

ABC를 배열하여 문장을 완성하세요.

1. A 里面的内容既有趣又容易理解
   B 上周买了本关于自然科学的书
   C 所以我很快就读完了
   _____

2. A 随着互联网技术的快速发展
   B 人们出门时不再需要带现金了
   C 手机付款变得越来越方便
   _____

3. A 她现在打得越来越好了
   B 有时甚至还赢过她的老师
   C 这个月我妹妹一直跟她的老师学习打乒乓球
   _____

4. A 对于许多北方人来说
   B 包饺子就像看春晚、发红包一样
   C 是过节时不可缺少的重要活动
   _____

5. A 她没办法，只能同意
   B 但是我已经决定好了
   C 妈妈反对我去那个公司上班
   _____

정답 해설집 p.92

제시된 선택지에 순서 배열의 단서가 되는 대사나 연결어 없이 오로지 문맥만을 파악해서 순서를 배열하는 문제가 출제된다. 매회 총 10문제 중 3~5문제 정도 출제된다.

핵심 전략

1. 주어가 없는 선택지는 첫 순서에서 제외하고, 목적어가 없는 선택지는 마지막 순서에서 제외한다. 단, 앞 구절에 주로 쓰이는 연결어가 있는 선택지는 주어 없이도 첫 순서가 될 수 있다.

2. '사건의 이유 또는 원인이 되는 선택지 → 결과가 되는 선택지'의 순서로 배열한다.

3. 과거 → 현재 → 미래와 같은 시간의 흐름 또는 사건 발생의 자연스러운 흐름으로 순서를 배열한다.

4. '포괄적이거나 추상적인 내용의 선택지 → 구체적인 내용의 선택지'의 순서로 배열한다.

🎋 예제 맛보기

A 顺便把不穿的旧衣服扔掉	A 겸사겸사 안 입는 낡은 옷을 버리다
B 到时候我打算收拾一下房间	B 그때가 되면 나는 방을 좀 치울 계획이다
C 下个月一共放五天假	C 다음 달에 총 5일 동안 쉰다

해설 Step 1 각 선택지에 대사나 연결어가 없으므로 꼼꼼히 해석하여 첫 순서에 올 수 있는 것과 없는 것을 판단한다.
A는 주어가 없는 불완전한 문장이므로 첫 순서에서 제외한다.
B는 **到时候**(그때가 되면)가 어떤 때인지 구체적으로 알 수 없으므로 역시 첫 순서에서 제외한다.
따라서 C **下个月一共放五天假**(다음 달에 총 5일 동안 쉰다)를 첫 순서로 고른다. (C →)

Step 2 B의 **到时候**(그때가 되면)가 첫 순서로 배열한 C의 **下个月**(다음 달)를 가리키므로 B를 C 뒤에 배열한다. (C → B)
남은 A **顺便把不穿的旧衣服扔掉**(겸사겸사 안 입는 낡은 옷을 버리다)는 B의 **收拾一下房间**(방을 좀 치우다)에 포함되는 일이므로 A를 문장 맨 마지막에 배열한다. (C → B → A)

완성된 문장
C **下个月一共放五天假**, B **到时候我打算收拾一下房间**, A **顺便把不穿的旧衣服扔掉**。
C 다음 달에 총 5일 동안 쉬는데, B 그때가 되면 나는 방을 좀 치우고, A 겸사겸사 안 입는 낡은 옷을 버릴 계획이다.

어휘 **顺便** shùnbiàn 閉 겸사겸사, ~하는 김에   **旧** jiù 匓 낡다, 옛날의   **扔掉** rēngdiào 버리다   **收拾** shōushi 匓 치우다, 정리하다
一共 yígòng 閉 총, 모두   **放假** fàngjià 匓 (휴가로) 쉬다, 방학하다

정답 CBA

🎋 비책 공략하기

1. 사건의 이유 또는 원인 다음에 결과가 나타나도록 순서를 배열한다.

盐放多了(소금을 많이 넣어서) → **有点儿咸**(조금 짜다)
　　이유　　　　　　　　　　　　　결과

特别害怕打针 (주사 맞는 것을 매우 무서워해서) → **大哭起来** (큰 소리로 울기 시작했다)
　　　원인　　　　　　　　　　　　　　　　　　결과

어휘 **盐** yán 圐 소금 **咸** xián 圐 짜다 **特别** tèbié 凰 매우, 특히 **害怕** hàipà 圐 무서워하다, 무섭다 **打针** dǎzhēn 圐 주사를 맞다
哭 kū 圐 울다

2. 시간의 흐름에 따라 순서를 배열한다.

今天晚上(오늘 밤) → **明天早上**(내일 아침)
　현재　　　　　　　미래

来中国以前(중국에 오기 전에) → **来到中国后**(중국에 온 후)
　　과거　　　　　　　　　　　　현재

3. 포괄적이거나 추상적인 내용 다음에 구체적인 내용이 오도록 순서를 배열한다.

有研究发现(어떤 연구에서 발견했다) → **养植物可以减少烦恼**(식물을 기르는 것은 걱정을 감소시킬 수 있다)
　포괄적　　　　　　　　　　　　　　구체적

公司发展得很快(회사는 빠르게 발전했다) → **在黄河路，长江路开店**(황허루, 창장루에 지점을 열었다)
　추상적　　　　　　　　　　　구체적

어휘 **研究** yánjiū 圐 연구하다 **养植物** yǎng zhíwù 식물을 기르다 **减少** jiǎnshǎo 圐 감소하다 **烦恼** fánnǎo 圐 걱정스럽다
发展 fāzhǎn 圐 발전하다 **黄河** Huánghé 고유 황허, 황하 **长江** Chángjiāng 고유 창장(강) **开店** kāi diàn 지점을 열다

실전연습문제

ABC를 배열하여 문장을 완성하세요.

1. A 现在给大家两个小时的时间参观
   B 参观完后我们在四楼的餐厅吃午餐
   C 各位朋友，我们已经到国家大剧院的入口了　_____

2. A 语法是学习语言的一个重要部分
   B 学好语法可以帮助你
   C 更好更快地学会一门语言　_____

3. A 同一条裙子，商场卖800块
   B 是商场的一半
   C 网上的购物中心只卖400块　_____

4. A 在李老师的帮助下，我重新找回了自信
   B 当时心情很差，一点儿信心都没有了
   C 我第一次应聘不太顺利　_____

5. A 广告上写的价格稍微有点高，不过环境非常好
   B 要是有人感兴趣，就直接联系房东
   C 这是我朋友的房子，地点在学校附近　_____

정답 해설집 p.94

ABC를 배열하여 문장을 완성하세요.

例如： A 但是今天起晚了

　　　B 我一般走路上学

　　　C 所以就打车去学校了　　　　　　　　　　　B　A　C

1. A 门票再贵我也会去的

　 B 我后悔没去看今年的音乐节

　 C 早知道有我喜欢的歌手表演节目　　　　　_____

2. A 每个月的工资也很高

　 B 大学毕业后，小王找到了一份很好的工作

　 C 然而他还是经常找父母要钱　　　　　　　_____

3. A 这种想法并不完全正确

　 B 因为如果方向错了，再努力也不一定成功

　 C 有人认为"只要努力，就能成功"　　　　　_____

4. A 但妻子已经在上班的路上了

　 B 得等妻子下班后回家给他开门

　 C 他今天刚出门就想起忘了拿钥匙　　　　　_____

5. A 那家公司的老板要求非常严格

   B 小李实在受不了，就换了另一家公司

   C 结果现在的老板和以前的也没有什么区别 _____

6. A 给参加的人留下了很深的印象

   B 可活动效果非常不错

   C 这次活动虽然是免费的 _____

7. A 有的国家是九月，而有的是三月

   B 同样都是亚洲国家

   C 各国大学新学期开始的时间却有所不同 _____

8. A 表示了真心的祝贺

   B 一直都认真学习的小明，这次考上了名牌大学

   C 朋友们知道后，送出各种各样的礼物 _____

9. A 这样邻居们不会有意见了

   B 就得提前和楼下的邻居打个招呼

   C 如果晚上在房间里举办生日聚会的话 _____

10. A 那是因为机场高速公路堵车太严重了

    B 还有半个小时朋友乘坐的航班就要降落了

    C 可我还没有到机场 _____

정답 해설집 p.96

제3부분

지문 읽고 문제 풀기

독해 제3부분은 지문을 읽고 관련된 문제 1~2개를 푸는 형태로, 총 17개의 지문에 20문제가 출제된다. 17개의 지문 중 14개의 지문은 한 문제씩, 마지막 3개의 지문은 두 문제씩 출제된다. 지문 내용과 선택지를 빠르고 정확하게 파악하여 질문에 가장 알맞은 정답을 골라야 한다.

합격공략법 아래와 같은 세부 유형의 문제들이 출제되므로 그 공략법을 잘 익혀 둔다.

합격비책 01　세부 내용을 묻는 문제 공략하기
합격비책 02　육하원칙 문제 공략하기
합격비책 03　중심 내용을 묻는 문제 공략하기

출제 경향

1. **지문에 나오는 특정 대상의 세부 내용을 묻는 문제의 출제 빈도가 높다.**

   제3부분에서는 지문에 대한 화자의 생각이나 지문에서 언급된 특정 대상과 관련된 세부 내용을 묻는 문제, 의문사를 사용한 육하원칙 문제, 그리고 지문의 중심 내용을 묻는 문제가 출제된다. 그중 특정 대상에 대한 세부 내용을 묻는 문제가 가장 많이 출제된다.

2. **이야기 성격의 지문이 가장 많이 출제된다.**

   제3부분에서는 이야기, 논설문, 설명문, 실용문 지문이 출제된다. 이 중에서도 일상생활에서 일어나는 일과 관련된 화자의 느낌, 경험 등을 다루는 이야기 지문이 가장 많이 출제된다.

문제풀이 스텝

我认为给朋友送礼物时要用心，不要只看贵的，而是要选择一些既好用又值得纪念的东西。

★ 说话人觉得送给朋友的礼物应该是：

A 便宜的　　　　B 好看的
C 好用的　　　　D 特别的

STEP 1

질문과 선택지를 먼저 읽고, 지문에서 중점적으로 파악해야 할 내용이 무엇인지 확인한다.

질문의 送给朋友的礼物(친구에게 주는 선물)와 관련된 내용을 지문에서 중점적으로 파악해야 함을 확인한다.

STEP 2

지문을 읽으며 정답의 단서를 찾는다.

질문의 送给朋友的礼物(친구에게 주는 선물)와 관련하여 지문에서 给朋友送礼物时……选择一些既好用又值得纪念的东西(친구에게 선물을 줄 때……쓰기 좋고 기념할 만한 물건을 선택한다)라고 했으므로, 친구에게 주는 선물은 쓰기 좋고 기념할 만한 물건이어야 함을 알 수 있다.

STEP 3

정답의 단서에 따라 질문에 맞는 선택지를 정답으로 선택한다.

질문이 친구에게 주는 선물은 어떠해야 하는지 물었으므로, 지문에서 그대로 언급된 C 好用的(쓰기 좋은 것)를 정답으로 선택한다.

해석 해설집 p.101

세부 내용을 묻는 문제는 지문에 대한 화자의 생각을 묻거나, 지문에서 언급된 사항과 관련된 구체적인 내용을 묻는 문제이다. 질문이 ':'로 끝나며, 정답을 선택함으로써 질문의 문장이 완성되는 형태이다. 매회 총 20문제 중 9~12문제 정도 출제된다.

핵심 전략

1. 질문이 화자의 생각/의견을 묻는 경우, 질문에 언급된 핵심어구를 지문에서 찾아 주의 깊게 읽는다.

2. 질문에 现在儿子：(지금 아들은:)와 같이 특정 인물/소재/주제만 언급되어 있으면, 이와 관련하여 지문에서 언급되는 세부 특징을 각 선택지와 대조하여 일치하는 것을 정답으로 선택한다.

3. 질문에 没有(~않다)나 不正确(옳지 않다)가 포함된 경우, 지문에서 언급된 선택지는 오답으로 소거하고, 언급되지 않은 선택지를 정답으로 고른다.

질문 형태

说话人希望大家：화자는 모두가 무엇을 하길 바라는가:

根据这段话，现在不少儿童：단문에 근거하여, 요즘 많은 어린이는:

现在儿子：지금 아들은:

说话人的弟弟：화자의 남동생은:

"90后" 一般：'지우링허우'는 일반적으로:

"试着走不同的路"中，"路"指的是：'다른 길로 가는 것을 시도해보다'에서 '길'이 가리키는 것은:

关于喝茶的作用，这段话没有提到的是：차를 마시는 효과에 대해, 단문에서 언급되지 않은 것은:

예제 맛보기

现在很多儿童的体重超过了健康标准，这与他们缺少运动有很大的关系。因此，越来越多的学校开始重视体育课了。

요즘 많은 어린이의 몸무게가 건강 기준을 넘어섰으며, 이는 그들이 운동이 부족한 것과 큰 관계가 있다. 그래서 점점 많은 학교에서 체육 수업을 중요하게 여기기 시작했다.

★ 根据这段话，现在不少儿童：

　A 运动不够　　　　B 体育成绩差

　C 很容易生病　　　D 缺少学习压力

★ 단문에 근거하여, 요즘 많은 어린이는:

　A 운동이 부족하다　　B 체육 성적이 나쁘다

　C 쉽게 병에 걸린다　　D 학업 스트레스가 적다

해설 질문의 现在不少儿童(요즘 많은 어린이)과 관련된 내용을 지문에서 파악한다. 지문에서 现在很多儿童⋯⋯他们缺少运动(요즘 많은 어린이⋯⋯그들이 운동이 부족하다)이라고 했으므로, A 运动不够(운동이 부족하다)를 정답으로 선택한다.

어휘 儿童 értóng 몡어린이, 아동　体重 tǐzhòng 몡몸무게, 체중　超过 chāoguò 통넘다, 초과하다　健康 jiànkāng 톙건강하다
标准 biāozhǔn 몡기준, 표준　与 yǔ 젠~와/과　缺少 quēshǎo 통부족하다　因此 yīncǐ 젭그래서　重视 zhòngshì 통중요하게 여기다
体育 tǐyù 몡체육　成绩 chéngjì 몡성적, 결과　容易 róngyì 톙쉽다　压力 yālì 몡스트레스, 부담

정답 A

지문을 읽고 질문에 알맞은 선택지를 고르세요.

1. 离这个学期结束还有两个星期，各位同学在准备考试的同时，也可以提前计划好假期要去的地方或者打算做的事情。

   ★ 说话人希望大家：

   A 多洗手　　　　　B 做好计划　　　　　C 认真听讲　　　　　D 取得好成绩

2. 人们习惯在饭后马上吃些水果，实际上这样并不好，吃水果的正确时间应该是吃饭前一小时，当然也可以在饭后两小时吃水果。

   ★ 吃水果的正确时间是：

   A 饭前两小时　　　B 饭前一小时　　　C 饭后一小时　　　D 吃饭后马上

3. 梅兰芳先生是中国著名的京剧表演艺术家。他的艺术表演水平极高，演过很多小说里出现过的女性，因此受到了京剧爱好者的喜爱。

   ★ 梅兰芳先生：

   A 表演京剧　　　　B 是个女的　　　　C 歌声很美　　　　D 受女性的欢迎

4. 这是一本旅游杂志，主要介绍了各个地方的旅游信息，包括景点、气候、交通、宾馆和餐厅，还有一些旅行建议，比如一日游、自助游等，值得一看。

   ★ 这本杂志中没有介绍：

   A 气候　　　　　　B 商场　　　　　　C 景点　　　　　　D 交通

정답 해설집 p.101

육하원칙 문제는 哪儿(어디), 什么(무엇, 어떤), 怎么(어떻게), 为什么(왜)와 같은 의문사를 사용하여 관련 정보를 묻는 문제이다. 매회 총 20문제 중 5~7문제 정도 출제된다.

핵심 전략

1. 질문의 핵심어구를 지문에서 찾아 주변을 주의 깊게 읽으며 의문사가 묻는 내용을 파악한다.

2. 지문에서 찾은 정답의 단서가 그대로 언급되었거나, 같은 의미의 다른 표현으로 바뀌어 표현된 선택지를 정답으로 선택한다.

3. 질문이 이유나 원인을 묻는 경우, 지문을 읽을 때 因为(~때문이다), 为了(~을 위해서), 因此 (이 때문에), 所以(그래서)와 같이 원인이나 결과를 나타내는 연결어 주변에서 정답의 단서를 찾는다.

질문 형태

说话人可能在哪儿？ 화자는 어디에 있을 가능성이 큰가?

他们要怎么去植物园？ 그들은 어떻게 식물원에 가려고 하는가?

用盐水洗脸时要注意什么？ 소금물로 얼굴을 씻을 때 무엇을 주의해야 하는가?

在家工作为什么受到人们的欢迎？ 재택근무는 왜 사람들에게 인기 있는가?

那个网站卖的东西有什么特点？ 그 사이트에서 판매하는 물건은 어떤 특징이 있는가?

"二手烟"对谁影响最大？ '간접흡연'은 누구에게 끼치는 영향이 가장 큰가?

♦ 예제 맛보기

盐除了可以吃，还有很多用处。比如盐水洗脸去油效果很好，但是洗的时候注意不要太用力，洗完再用水洗一遍，每周一到两次，慢慢地你就能感觉到皮肤变得越来越好。

소금은 먹을 수 있는 것 외에, 쓰임새가 많다. 예를 들어 소금물 세수는 기름을 제거하는 효과가 좋은데, 씻을 때 너무 세게 하지 않는 것에 주의하고, 다 씻은 다음 물로 다시 한 번 씻어야 한다. 매주 한 번에서 두 번이면, 차츰 피부가 갈수록 좋아지는 것을 느낄 수 있을 것이다.

★ 用盐水洗脸时要注意什么？

A 力气大一点
B 每天都要洗
C 盐里放一点油
D 要用水再洗一遍

★ 소금물로 얼굴을 씻을 때 무엇을 주의해야 하는가?

A 힘을 좀 세게 한다
B 매일 씻어야 한다
C 소금 안에 기름을 좀 넣는다
D 물로 다시 한 번 씻어야 한다

해설 질문의 用盐水洗脸时(소금물로 얼굴을 씻을 때)을 지문에서 찾아 주변 내용을 주의 깊게 읽는다. 지문에서 盐水洗脸······洗完再用水洗一遍(소금물 세수는······다 씻은 다음 물로 다시 한 번 씻어야 한다)이라고 했으므로, D 要用水再洗一遍(물로 다시 한 번 씻어야 한다)을 정답으로 선택한다.

어휘　**盐** yán 圐소금　**除了** chúle 冽~외에　**用处** yòngchù 圐쓰임새, 용도　**盐水** yánshuǐ 圐소금물　**洗脸** xǐliǎn 圄세수하다
去 qù 圄제거하다, 없애다　**油** yóu 圐기름, 지방　**效果** xiàoguǒ 圐효과　**注意** zhùyì 圄주의하다　**用力** yònglì 圄힘을 들이다
遍 biàn 圐번, 차례[동작의 시작부터 끝까지 전체를 세는 단위]　**慢慢** mànmān 圄차츰, 천천히　**皮肤** pífū 圐피부
越来越 yuèláiyuè 갈수록, 더욱더　**力气** lìqi 圐힘　**放** fàng 圄넣다

정답　D

실전연습문제

지문을 읽고 질문에 알맞은 선택지를 고르세요.

1. 这种植物叶子不大，花非常香，有红色、白色、黄色等多种颜色，而且其中红色的花朵常常被人们用来代表爱情。

   ★ 这种植物有什么特点？
   A 叶子大　　　　　B 花很香　　　　　C 能代表友谊　　　　D 花有三种颜色

2. 爷爷说通过一个人的字，可以看出他的性格。比如字写得大的人，喜欢引起别人的注意，也比较积极热情；而字写得小的人，说话做事时比较小心。

   ★ 爷爷认为字写得大的人怎么样？
   A 诚实　　　　　B 活泼　　　　　C 积极　　　　　D 马虎

3-4.

　　研究发现，越是努力工作的人，越容易发胖。因为工作时间长的话，运动时间就会减少。另外，下班后经常聚餐，也会带来肥胖问题。研究者建议上班的人多运动，多喝水，少喝饮料，只有这样才不容易发胖。

   ★ 为什么努力工作的人更容易发胖？
   A 吃得多　　　　　B 运动少　　　　　C 常喝饮料　　　　D 总是加班

   ★ 研究者建议上班的人做什么？
   A 多锻炼　　　　　B 站着办公　　　　　C 喝运动饮料　　　　D 自己准备午饭

정답 해설집 p.103

중심 내용을 묻는 문제는 주로 지문의 주제를 묻거나 지문을 토대로 알 수 있는 것을 묻는다. 매회 총 20문제 중 1~2문제 정도 출제된다.

핵심 전략 | 1. 질문의 형태가 고정적이므로 미리 익혀 두어 중심 내용을 묻는 문제임을 빠르게 파악한다.
2. 지문의 초반 또는 후반에서 자주 중심 내용을 요약하여 언급하므로 이 부분을 주의 깊게 읽는다.
3. 지문의 세부적인 정보보다는 속독을 통해 전체적으로 무엇에 관한 내용인지를 파악한다.

질문 형태 | 这段话主要谈: 이 지문에서 주로 말하는 것은:
这段话在谈什么？ 이 지문에서 말하고 있는 것은 무엇인가?
根据这段话可以知道: 지문에 근거하여 알 수 있는 것은:
这段话主要讲了什么？ 이 지문에서 주로 이야기하는 것은 무엇인가?
这段话主要告诉我们: 이 지문에서 우리에게 주로 말하고자 하는 것은:

⩗ 예제 맛보기

爱好不仅能使人更好地跟别人交流，还可以使人发现自己的才能，例如，唱歌可以表现出你在艺术方面的能力。	취미는 사람으로 하여금 다른 사람과 더욱 잘 교류할 수 있게 할 뿐만 아니라, 게다가 사람으로 하여금 자신의 재능을 발견하게 할 수 있다. 예를 들어, 노래를 부르는 것은 당신이 예술 방면에서의 능력을 나타내게 할 수 있다.
★ 这段话主要在谈: A 性格　　　　B 爱好 C 成绩　　　　D 踢球	★ 이 지문에서 주로 말하는 것은: A 성격　　　　B 취미 C 성적　　　　D 축구 하기

해설　질문이 지문의 중심 내용을 묻고 있으므로, 지문의 초반 또는 후반을 주의 깊게 읽는다. 지문의 초반에서 **爱好不仅能使人更好地跟别人交流, 还可以使人发现自己的才能**(취미는 사람으로 하여금 다른 사람과 더욱 잘 교류할 수 있게 할 뿐만 아니라, 게다가 사람으로 하여금 자신의 재능을 발견하게 할 수 있다)이라고 했으므로 B 爱好(취미)를 정답으로 선택한다.

어휘　**爱好** àihào 몡취미　**更** gèng 뮈더욱　**别人** biérén 떼다른 사람　**交流** jiāoliú 통교류하다　**发现** fāxiàn 통발견하다
自己 zìjǐ 떼자신, 스스로　**才能** cáinéng 몡재능　**例如** lìrú 예를 들어　**表现** biǎoxiàn 통나타내다, 표현하다
艺术 yìshù 몡예술　**方面** fāngmiàn 몡방면　**能力** nénglì 몡능력　**性格** xìnggé 몡성격　**成绩** chéngjì 몡성적

정답　B

지문을 읽고 질문에 알맞은 선택지를 고르세요.

1. 习惯往往决定一个人的成败，这是因为人们每天做的大部分事情都与习惯有关。好习惯可以说是一种积极的态度，它可以让人走得更好更快，离成功更近。养成一个好习惯并不容易，改掉坏习惯就更难了。要想改掉身上的坏习惯，就得付出比别人更多的努力，并坚持下去。

    ★ 这段话主要告诉我们：

    A 要快速成功　　　B 习惯很重要　　　C 得有积极的态度　　D 坏习惯不好养成

2. 研究证明，人经常使用的牙有28个，可是随着年龄的增加，牙数量的减少可能会引起一些问题。因此，"8020计划"建议，为了健康，平时要好好保护牙，这样做可以把20个牙保持到80岁。

    ★ 这段话在谈什么？

    A 如何刷牙　　　　B 人的年龄　　　　C 要保护好牙　　　D 人要坚持锻炼

3-4.

　　很多人都羡慕教授，认为教授不仅收入高，还很自由，然而他们并没有看到教授这一职业的辛苦。其实当教授不是件轻松的事。教授除了给学生上课，教育学生之外，还必须要对自己的专业有深入的了解，坚持研究工作。因此，在大多数情况下，他们都有很大的压力。

    ★ 这段话中的"轻松"指的是：

    A 不重　　　　　　B 不高　　　　　　C 很年轻　　　　　D 没有压力

    ★ 这段话主要谈：

    A 教育的好处　　　B 教授的辛苦　　　C 怎么选择专业　　D 高收入的标准

정답 해설집 p.104

지문을 읽고 질문에 알맞은 선택지를 고르세요.

1. 每年的3月12日是中国的植树节。植树节的目的就是通过植树活动，让人们认识到环保的重要性，并且让更多的人参加进来，保护我们共同的家园。

   ★ 植树节是为了让人们：

   A 保护大自然　　B 多看绿色植物　　C 有共同的爱好　　D 熟悉法律知识

2. 小张通过自己的努力，成为了公司的总经理，但每次因为工作忙而不能陪家人时，心里都特别难受。他认为这些都是钱换不来的。

   ★ 这段话中，"这些"指的是什么？

   A 朋友们的羡慕　　B 陪家人的时间　　C 自己的房和车　　D 总经理这份工作

3. "二手烟"严重影响周围人的身体健康，其中对儿童的影响最大。因此医生建议大家远离二手烟，在餐厅吃饭时，最好选择禁烟区。

   ★ "二手烟"对谁影响最大？

   A 邻居　　　　B 孩子　　　　C 吸烟者　　　　D 老年人

4. 以前老李拿到了300元奖金。为了不让妻子知道，他把钱放进一个盒子里。但他还是很担心，于是在盒子上写了"这里没有300元"。

   ★ 根据这段话可以知道：

   A 他没有钱　　B 他得到了奖金　　C 他不想骗妻子　　D 盒子里面没有钱

5. 妹妹终于考上了理想的大学，我非常高兴。我希望她能学好专业知识，同时积极参加各种活动，度过丰富多彩的大学生活。

   ★ 妹妹：

   A 回国了　　　　B 结婚了　　　　C 考上了大学　　　　D 成为了律师

6. 现在很多广告跟以前大不一样了，无论是演员的表演，还是广告的内容，都有了很大的变化。

   ★ 现在的广告：

   A 变得更无聊了   B 演员演得不好   C 跟以前不一样   D 内容没有变化

7. 跟别人谈谈最近的天气、交通，都没问题，但应注意礼貌，一般不要谈家里人生病等不愉快的事，也不要问年龄、收入和是否已婚等。

   ★ 根据这段话，跟别人可以谈什么？

   A 男的收入   B 最近天气   C 女的年龄   D 伤心的事

8. 商场打折的时候，王先生买了一台打印机。它样子很好看，打印效果也很棒，但不到两天就坏了。所以大家都怀疑王先生被骗了。

   ★ 关于那台打印机，下面哪项不正确？

   A 有打折活动   B 是王先生买的   C 样子非常好看   D 没出任何问题

9. 读博士并不是一件轻松的事情。首先，要学好专业知识，阅读和专业有关的各种书；其次，要有研究能力和写文章的能力，所以应该要坚持学习，积累知识，提高能力。

   ★ 根据这段话，读博士：

   A 与专业无关   B 要有经济能力   C 至少需要五年时间 D 需要提高研究能力

10. 冰心是中国有名的儿童文学作家，她的文学作品从儿童的特点出发，使用幽默的语言，深受孩子们的喜爱。她的作品《寄小读者》是中国儿童文学的优秀之作，被翻译成多国语言。

    ★ 冰心：

    A 是外国人   B 有一个孩子   C 写了《寄小读者》 D 翻译了很多作品

11. 现在很多老年人都敢出国旅游了，这不仅是因为交通方便了，而且是因为国外的餐厅都有中文菜单，点菜变得更加轻松了。

★ 为什么老年人也敢出国旅游？

A 价格便宜　　　B 餐厅有中文菜单　C 英语水平提高了　D 服务员会说汉语

12. 各位顾客朋友们，告诉大家一个好消息，本超市下个月将会推出打折活动，到时候您可以买到各种便宜又新鲜的水果。

★ 根据这段话，可以知道超市：

A 没有客人　　　B 菜的价格过高　　C 水果不太新鲜　　D 下个月开始打折

13. 儿子，爸爸希望你能顺利通过明天的考试。这是你第一次参加的应聘考试，也是你走进社会的第一站。进入社会后，你不仅要坚持学习，更关键的是还要懂得怎么与人交流，管理自己的时间。

★ 说话人希望儿子将来要：

A 更努力工作　　　B 换一个工作　　　C 多交流经验　　　D 懂得安排时间

14. 黄山的云海非常有名，每年都能吸引成千上万的游客。云海就是一大片云层，从山上看，它就像白色的大海，所以叫云海。看着云海，你会觉得自己就像这海里的一条鱼。太阳刚出来的时候，云海是黄色的，白天温度变高后，云海就不见了。

★ 关于云海，下面哪一项**没有**提到？

A 看的人很多　　　B 像白色的大海　　C 里面有很多鱼　　D 有时是黄色的

15-16.

躺在沙发或床上看电视的时候，会很自然地睡着，这是很多人都经历过的事情。医生提醒我们，如果开着电视睡觉的话，很可能引起健康问题。长时间看电视的话，电视的蓝光会让人睡得不好，而且使皮肤变差。

★ 电视中的蓝光会：

A 让人睡得不好　　B 对睡觉有帮助　　C 减少健康问题　　D 让你觉得更困

★ 这段话主要想告诉人们：

    A 常看医生   B 改变坏脾气   C 睡觉时关电视   D 注意保护皮肤

17-18.

    千万别放弃，因为有了第一次放弃，以后就会变成习惯。有人问："坚持这么辛苦，为什么不能放弃呢？"答案很简单，就是为了变得更好，遇到更多机会。放弃，可能只是因为太累了，但坚持却有很多原因。记住，当你感到生活很困难的时候，你往往是在往上走、往前进。

★ 坚持到底是为了：

    A 养成习惯   B 以后不辛苦   C 让生活更简单   D 使自己更优秀

★ 根据这段话，当你感到生活困难时：

    A 要放松心情   B 要考虑原因   C 应该提前计划   D 说明你在前进

19-20.

    最近，不少IT公司重新定了上班时间，要求员工每天从早上9点工作到晚上9点，一周工作6天。这就是很多人谈论过的996。但重视加班的996，并不能解决公司的发展压力。公司只有让员工积极工作，准时下班，才会使压力变小。

★ 关于996，可以知道：

    A 很早就出现了   B 是一种互联网   C 对员工有好处   D 被不少人讨论过

★ 怎样做才能减少公司的压力？

    A 增加员工工资   B 让员工积累知识   C 让员工有积极性   D 要员工每天加班

정답 해설집 p.106

본교재동영상강의 · 무료학습자료제공

china.Hackers.com

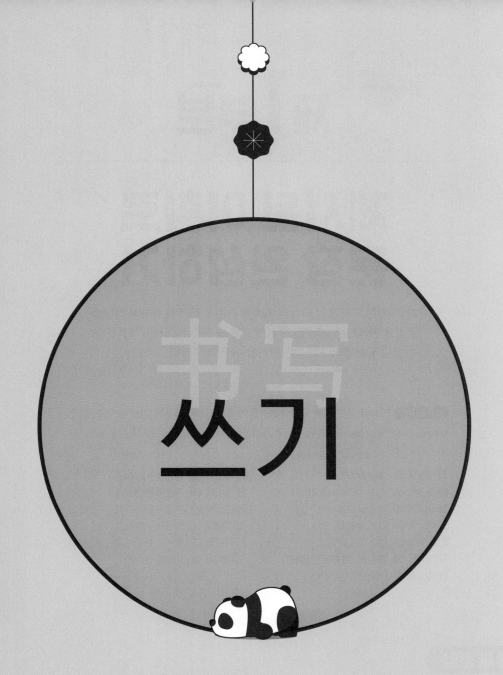

쓰기

제1부분

제시된 어휘로 문장 완성하기

제2부분

제시된 어휘로 사진에 대한
문장 만들기

제1부분

제시된 어휘로 문장 완성하기

제1부분은 4~5개의 제시된 어휘를 어순에 맞게 배치하여 하나의 문장을 완성하는 형태로, 총 10문제가 출제된다. 제시된 어휘를 어순에 맞게 배열하여 문장을 완성할 수 있어야 한다.

합격공략법 아래와 같은 세부 유형의 문제들이 출제되므로 그 공략법을 잘 익혀 둔다.

필수어법 | 1 품사·문장성분 | 2 명사 | 3 대사 | 4 동사 | 5 형용사 | 6 수사·양사 | 7 부사 | 8 조동사
9 개사 | 10 조사 | 11 술어 | 12 주어 | 13 목적어 | 14 관형어 | 15 부사어 | 16 보어(1) 정도보어
17 보어(2) 결과보어 | 18 보어(3) 방향보어 | 19 보어(4) 가능보어 | 20 보어(5) 수량보어

합격비책 01 술어 배치하기
합격비책 02 주어·목적어 배치하기
합격비책 03 관형어 배치하기
합격비책 04 부사어 배치하기
합격비책 05 보어 배치하기
합격비책 06 是자문·有자문 완성하기
합격비책 07 把자문 완성하기

합격비책 08 被자문 완성하기
합격비책 09 존현문 완성하기
합격비책 10 연동문 완성하기
합격비책 11 겸어문 완성하기
합격비책 12 是……的 강조구문 완성하기
합격비책 13 比자문 완성하기

출제 경향

1. **기본 문형을 완성하는 문제가 주로 출제된다.**

   중국어의 핵심 문장성분인 주어, 술어, 목적어를 배치한 후, 이를 수식하는 관형어나 부사어 또는 보어를 배치하여 기본 문형을 완성하는 문제가 주로 출제된다.

2. **특수 문형을 완성하는 문제도 매회 평균 3~5문제 출제된다.**

   把, 被와 같은 특정 어휘가 쓰이거나 연동문, 겸어문과 같이 두 개 이상의 술어가 쓰이는 등 기본 문형과 다른 어법적 특징을 갖는 특수 문형을 완성하는 문제도 매회 3~5문제가 꾸준히 출제된다. 특히 把자문, 被자문이 시험에 자주 출제된다.

문제풀이 스텝

<문제지에 제시된 어휘>

她	这个	喜欢	镜子

<해설>

해설　그녀는 이 거울을 좋아한다.

어휘　喜欢 xǐhuan 圏 좋아하다　镜子 jìngzi 圏 거울

STEP 1　술어 배치하기

제시된 어휘 중 유일한 동사 喜欢(좋아하다)을 술어 자리에 바로 배치한다. → 喜欢

STEP 2　주어·목적어 배치하기

대사 她(그녀)와 명사 镜子(거울) 중 술어 喜欢과 문맥상 목적어로 어울리는 镜子를 목적어 자리에 먼저 배치한다. 그 다음, 주어로 어울리는 她를 주어 자리에 배치한다. → 她　喜欢　镜子

STEP 3　남은 어휘 배치하여 문장 완성하기

남은 어휘인 '대사+양사' 형태의 这个(이)를 목적어 앞 관형어 자리에 배치하여 문장을 완성한다. → 她　喜欢　这个　镜子

완성된 문장 她喜欢这个镜子。(그녀는 이 거울을 좋아한다.)

* 문장 끝에는 반드시 마침표(。)나 물음표(？) 같은 문장부호를 붙여 완성된 문장으로 답안지에 옮겨 적는다.

❶ 품사

단어를 의미 또는 어법적 성격에 따라 분류한 것을 품사라고 한다. 제1부분 '제시된 어휘로 문장 완성하기' 문제를 풀기 위해 알아야 할 품사의 종류는 아래 10가지이다. (품사에 관한 자세한 내용은 필수어법 2~10에서 학습할 수 있다.)

명사	**朋友** péngyou 친구　**杯子** bēizi 컵　**感情** gǎnqíng 감정 朋友(친구), 杯子(컵)처럼 사람이나 사물의 이름을 나타내거나 感情(감정)처럼 눈에 보이지 않는 것을 나타내는 품사를 명사라고 한다.
대사	**她** tā 그녀　**这** zhè 이것　**什么** shénme 무엇 她(그녀), 这(이것)처럼 사람이나 사물의 이름을 대신하거나 什么(무엇)처럼 화자가 모르는 것을 대신하는 품사를 대사라고 한다.
동사	**走** zǒu 걷다　**知道** zhīdào 알다　**喜欢** xǐhuan 좋아하다 走(걷다), 知道(알다)처럼 동작 또는 상태를 나타내거나 喜欢(좋아하다)처럼 심리를 나타내는 품사를 동사라고 한다.
형용사	**饿** è 배고프다　**便宜** piányi 싸다 饿(배고프다), 便宜(싸다)처럼 사람이나 사물의 성질이나 상태를 나타내는 품사를 형용사라고 한다.
수사	**一** yī 일　**二** èr 이 一(1, 일), 二(2, 이)처럼 수를 나타내는 품사를 수사라고 한다.
양사	**个** ge 개, 명　**次** cì 번 一个苹果(사과 한 개)에서 个(개)는 명사 苹果(사과)의 개수를 세는 단위이고, 去一次(한 번 가다)에서 次(번)는 동사 去(가다)의 횟수를 세는 단위이다. 이처럼 사람이나 사물의 개수 또는 동작의 횟수를 세는 품사를 양사라고 한다.
부사	**经常** jīngcháng 자주　**很** hěn 매우 经常看(자주 보다)에서 经常(자주)은 동사 看(보다)을 수식하고, 很漂亮(매우 예쁘다)에서 很(매우)은 형용사 漂亮(예쁘다)을 수식한다. 이처럼 동사나 형용사를 수식하는 품사를 부사라고 한다.
조동사	**想** xiǎng ~하고 싶다　**能** néng ~할 수 있다 想买(사고 싶다)에서 想(~하고 싶다)은 바람이나 소망을 나타내고, 能写(쓸 수 있다)에서 能(~할 수 있다)은 가능, 허가를 나타낸다. 이처럼 동사 앞에서 바람, 가능 등을 나타내는 품사를 조동사라고 한다.
개사	**从** cóng ~부터　**在** zài ~에서 从明天(내일부터)에서 从(~부터)은 명사 明天(내일) 앞에 쓰여 시간의 의미를 더해주고, 在这儿(이곳에서)에서 在(~에서)는 대사 这儿(이곳) 앞에 쓰여 장소의 의미를 더해준다. 이처럼 명사나 대사 앞에 와서 시간, 장소, 대상, 방향 등의 의미를 더해주는 품사를 개사라고 한다.
조사	**的** de ~의, ~한　**过** guo ~한 적이 있다　**吗** ma ~요? 我的衣服(나의 옷)에서 的(~의)는 我(나)와 衣服(옷)를 연결하고, 来过(온 적이 있다)에서 过(~한 적이 있다)는 동사 뒤에서 경험이나 이미 발생한 일을 나타낸다. 또한 饿吗?(배고파요?)에서 吗는 문장 끝에서 의문의 어기를 나타낸다. 이처럼 단어와 단어를 연결하거나 문장의 어기를 나타내는 품사를 조사라고 한다.

* 이밖에 접속사, 감탄사, 의성사도 중국어 품사에 포함된다.

품사가 문장에서 하는 역할을 문장성분이라고 한다. 중국어에는 모두 6개의 문장성분이 있으며 필수성분인 주어, 술어, 목적어와 수식성분인 관형어, 부사어, 보어로 나눌 수 있다. (문장성분에 관한 자세한 내용은 필수어법 11~20에서 학습할 수 있다.)

주어	他看书。 Tā kàn shū. 그는 책을 본다. 他(그)가 看(보다)의 주체인 것처럼, 술어의 주체가 되는 말을 주어라고 한다. 주로 명사나 대사가 주어가 된다.
술어	她去。 Tā qù. 그녀는 간다. 去(가다)가 她(그녀)의 동작을 나타내는 것처럼, 주어의 동작이나 상태를 나타내는 말을 술어라고 한다. 주로 동사나 형용사가 술어가 된다. 술어는 문장에서 반드시 있어야 하는 성분이다.
목적어	我喜欢奶奶。 Wǒ xǐhuan nǎinai. 나는 할머니를 좋아한다. 奶奶(할머니)가 喜欢(좋아하다)의 대상이 되는 것처럼, 술어의 대상이 되는 말을 목적어라고 한다. 주로 명사나 대사가 목적어가 된다.
관형어	我的裙子很漂亮。 Wǒ de qúnzi hěn piàoliang. 나의 치마는 예쁘다. 他吃两个苹果。 Tā chī liǎng ge píngguǒ. 그는 사과 두 개를 먹는다. 첫 번째 예문의 我的(나의)는 주어 裙子(치마)를 수식하고, 두 번째 예문의 两个(두 개)는 목적어 苹果(사과)를 수식한다. 이처럼 주어 또는 목적어를 수식하는 문장성분을 관형어라고 한다. 주로 명사, 대사, 수사+양사, 형용사가 관형어가 된다.
부사어	面包非常甜。 Miànbāo fēicháng tián. 빵은 매우 달다. 究竟你有什么事? Jiūjìng nǐ yǒu shénme shì? 도대체 너 무슨 일이 있는 거니? 첫 번째 예문의 非常(매우)은 술어 甜(달다)을 수식하고, 두 번째 예문의 究竟(도대체)은 문장 전체를 수식한다. 이처럼 술어를 수식하거나 문장 전체를 수식하는 문장성분을 부사어라고 한다. 주로 부사, 조동사, 개사구 등이 부사어가 된다.
보어	她说得很流利。 Tā shuō de hěn liúlì. 그녀는 유창하게 말한다. 很流利(유창하다)는 술어 说(말하다)의 정도를 나타낸다. 이처럼 술어 뒤에서 술어의 정도, 결과, 방향 등을 나타내는 문장성분을 보어라고 한다. 주로 동사, 형용사, 수사+양사 등이 보어가 된다.

☁ **어순**

앞에서 배운 6개의 문장성분을 배열한 중국어 어순을 익혀 두면 쓰기 제1부분 문제를 쉽게 해결할 수 있다.

부사어	+	관형어	+	주어	+	부사어	+	술어	+	보어	+	관형어	+	목적어
今天 Jīntiān 오늘		我的 wǒ de 나의		朋友 péngyou 친구는		跟我 gēn wǒ 내게		说 shuō 말했다		清楚了 qīngchu le 분명하다		那天的 nà tiān de 그날의		事情。 shìqing. 일을.

오늘 나의 친구는 내게 그날의 일을 분명하게 말했다.

다음 문장에서 명사를 찾아보자.

我的	哥哥	很	帅。
Wǒ de	gēge	hěn	shuài.
나의	형은	(매우)	멋지다.

정답: 哥哥

哥哥(형)는 사람을 가리키는 말이다. 이처럼 사람이나 사물의 이름을 나타내는 품사를 명사라고 한다.

1 명사의 역할

1. 명사는 문장에서 '주어' 역할을 한다.

妹妹 很 可爱。 여동생은 귀엽다.
주어 부사어 술어

2. 명사는 문장에서 '목적어' 역할을 한다.

我 去 餐厅。 나는 식당에 간다.
주어 술어 목적어

2 명사의 종류

일반명사	电视 diànshì 텔레비전	沙发 shāfā 소파
	盒子 hézi 상자	零钱 língqián 잔돈
추상명사	时间 shíjiān 시간	文化 wénhuà 문화
	故事 gùshi 이야기	印象 yìnxiàng 인상
시간명사	明天 míngtiān 내일	去年 qùnián 작년
	现在 xiànzài 현재	最近 zuìjìn 최근
장소명사	机场 jīchǎng 공항	森林 sēnlín 숲, 삼림
	超市 chāoshì 슈퍼	办公室 bàngōngshì 사무실
방위명사	上 shàng 위	下 xià 아래
	里 lǐ 안	边 biān 쪽

잠깐! 방위명사는 단독으로 쓰이지 않고, 주로 일반명사나 장소명사 뒤에 붙어서 쓰인다.

桌子上 zhuōzi shang 책상 위 　　　 超市里 chāoshì li 슈퍼 안 　　　 上边 shàngbian 위쪽

3 명사는 다른 품사의 수식을 받는다.

1. 명사는 명사, 대사, 동사, 형용사의 수식을 받는다. 이때, 수식하는 품사와 명사 사이에 구조조사 的가 와서, '~의' 또는 '~한'으로 해석된다.

명사+的 명사
学校的 环境 학교의 환경

대사+的 명사
我的 手表 나의 손목시계

동사+的 명사
发生的 事情 발생한 일

형용사+的 명사
丰富的 经验 풍부한 경험

어휘 **环境** huánjìng 명환경 **发生** fāshēng 통발생하다, 일어나다 **丰富** fēngfù 형풍부하다 **经验** jīngyàn 명경험, 체험

> 잠깐! 명사가 1음절 형용사의 수식을 받는 경우, 형용사와 명사 사이의 구조조사 的는 생략할 수 있다.
>
> 형용사 명사
> 好 办法 좋은 방법
>
> 어휘 **办法** bànfǎ 명방법

2. 명사는 '수사+양사' 또는 '대사+(수사+)양사'의 수식을 받는다.

수사+양사 명사
一个 苹果 사과 한 개

대사+양사 명사
这条 裤子 이 바지

어휘 **条** tiáo 양[가늘고 긴 것을 세는 단위] **裤子** kùzi 명바지

확인학습

다음 중 명사를 골라보세요. (쓰기 제1부분 학습을 마친 후, 확인학습으로 문장도 완성해 보세요.)

1. 图书馆   去   他们   学习
   ⓐ   ⓑ   ⓒ   ⓓ

2. 饮料   要   我   喝
   ⓐ   ⓑ   ⓒ   ⓓ

3. 喜欢   看   电视   她
   ⓐ   ⓑ   ⓒ   ⓓ

정답 1. ⓐ 2. ⓐ 3. ⓒ

완성 문장 해설집 p.116

다음 문장에서 대사를 찾아보자.

她	想	买	电脑。
Tā	xiǎng	mǎi	diànnǎo.
그녀는	~하고 싶다	사다	컴퓨터를.

정답: 她

她(그녀)는 사람을 대신 가리키는 말이다. 이처럼 사람이나 사물의 이름을 대신하여 나타내는 품사를 대사라고 한다.

1 대사의 종류

인칭대사	我 wǒ 나	我们 wǒmen 우리	你 nǐ 너	你们 nǐmen 너희
	他 tā 그	他们 tāmen 그들	她 tā 그녀	她们 tāmen 그녀들
	它 tā 그것	它们 tāmen 그것들	自己 zìjǐ 자신	大家 dàjiā 모두, 여러분
지시대사	这 zhè 이	这儿 zhèr 이곳	这么 zhème 이렇게	这样 zhèyàng 이렇다
	那 nà 그	那儿 nàr 그곳	那么 nàme 그렇게	那样 nàyàng 그렇다
의문대사	谁 shéi 누구	什么 shénme 무엇	哪 nǎ 어느	哪儿 nǎr 어디
	怎么 zěnme 어떻게, 왜	怎么样 zěnmeyàng 어떠한가		

2 대사의 역할

1. 대사는 문장에서 '주어' 역할을 한다.

我	喝	茶。	나는 차를 마신다.
주어	술어	목적어	

2. 대사는 문장에서 '목적어' 역할을 한다.

老师	找	你。	선생님이 너를 찾는다.
주어	술어	목적어	

姐姐	要	去	哪儿?	누나는 어디 가려고 하나요?
주어	부사어	술어	목적어	

어휘 找 zhǎo 圄 찾다 **要** yào 조동 ~하려고 한다, ~해야 한다

3. 대사는 문장에서 的와 함께 주어나 목적어를 수식하는 '관형어' 역할을 한다.

他的 成绩 很 好。 그의 성적은 좋다.
관형어 주어 부사어 술어

作者 拒绝了 我们的 邀请。 작가는 우리의 초대를 거절했다.
주어 술어+了 관형어 목적어

어휘 **成绩** chéngjì [명] 성적, 결과 **作者** zuòzhě [명] 작가, 지은이 **拒绝** jùjué [동] 거절하다 **邀请** yāoqǐng [동] 초대하다, 초청하다

잠깐! 대사가 관형어 역할을 하는 경우 수식의 의미가 소속 · 친족 관계를 나타내면 的는 생략할 수 있다.

我们(的)学校 우리 학교 (소속 관계) **我(的)女儿** 내 딸 (친족 관계)

4. 일부 의문대사는 '술어' 또는 술어를 보충하는 '보어' 역할을 하기도 한다.

味道 怎么样? 맛이 어때요?
주어 술어(의문대사)

你 过得 怎么样? 당신은 어떻게 지내요?
주어 술어+得 보어(의문대사)

어휘 **味道** wèidao [명] 맛 **过** guò [동] 지내다, 보내다

확인학습

다음 중 대사를 골라보세요. (쓰기 제1부분 학습을 마친 후, 확인학습으로 문장도 완성해 보세요.)

1. 很可爱 ⓐ 小狗 ⓑ 的 ⓒ 他 ⓓ

2. 大家 ⓐ 紧张 ⓑ 不要 ⓒ 太 ⓓ

3. 做 ⓐ 鸡蛋汤 ⓑ 怎么 ⓒ 妈妈知道 ⓓ

정답 1. ⓓ 2. ⓐ 3. ⓒ

완성 문장 해설집 p.116

필수어법 4 동사

다음 문장에서 동사를 찾아보자.

小王	正在	听	音乐。
Xiǎo Wáng	zhèngzài	tīng	yīnyuè.
샤오왕은	~하고 있다	듣다	음악을.

정답: 听

听(듣다)은 동작을 나타내는 말이다. 이처럼 동작이나 상태를 나타내는 품사를 **동사**라고 한다.

1 동사의 역할

1. 동사는 문장에서 '술어' 역할을 한다.

他(주어) 敲(술어) 门(목적어)。 그는 문을 두드린다.

어휘 **敲** qiāo [동] 두드리다, 치다

2 동사의 종류

1. 명사나 대사를 목적어로 갖는 동사

老师(주어) 表演(술어) 京剧(목적어, 명사)。 선생님은 경극을 공연한다.

妈妈(주어) 表扬(술어) 我(목적어, 대사)。 엄마는 나를 칭찬한다.

어휘 **表演** biǎoyǎn [동] 공연하다 **京剧** jīngjù [명] 경극 **表扬** biǎoyáng [동] 칭찬하다

[잠깐!] 대부분의 동사는 명사나 대사를 목적어로 갖는다.

2. 두 개의 목적어를 갖는 동사

给 gěi ~에게 ~을 주다	**送** sòng ~에게 ~을 주다/선물하다	**借** jiè ~에게 ~을 빌리다/빌려주다
问 wèn ~에게 ~을 묻다	**告诉** gàosu ~에게 ~을 알리다	**教** jiāo ~에게 ~을 가르치다

他(주어) 送(술어) 我(목적어1) 礼物(목적어2)。 그는 나에게 선물을 준다.

어휘 **礼物** lǐwù [명] 선물

[잠깐!] 목적어1에는 '~에게'라고 해석되는 사람이, 목적어2에는 '~을'이라고 해석되는 사물이 온다.

3. 동사, 형용사, 술목구, 주술(목)구를 목적어로 갖는 동사

认为 rènwéi ~라고 여기다	觉得 juéde ~라고 느끼다	感觉 gǎnjué ~라고 생각하다
进行 jìnxíng 진행하다	决定 juédìng 결정하다	估计 gūjì 추측하다
开始 kāishǐ 시작하다	希望 xīwàng 희망하다	需要 xūyào 필요하다

弟弟(주어) 开始(술어) 运动(동사, 목적어)。 남동생은 운동하는 것을 시작한다.
▶ 开始(시작하다)의 목적어로 동사 运动(운동하다)이 쓰였다.

我(주어) 觉得(술어) 不错(형용사, 목적어)。 나는 좋다고 느낀다.
▶ 觉得(~라고 느끼다)의 목적어로 형용사 不错(좋다)가 쓰였다.

小明(주어) 决定(술어) 去上海(술목구, 목적어)。 샤오밍은 상하이에 가기로 결정한다.
▶ 决定(결정하다)의 목적어로 술목구 去上海(상하이에 가다)가 쓰였다.

周老师(주어) 需要(술어) 我帮忙(주술구, 목적어)。 저우 선생님은 내가 도와주는 것이 필요하다.
▶ 需要(필요하다)의 목적어로 주술구 我帮忙(내가 도와주다)이 쓰였다.

어휘 **不错** búcuò [형] 좋다, 괜찮다 **帮忙** bāngmáng [동] 돕다, 도움을 주다

4. 목적어를 갖지 못하는 이합동사

이합동사는 吃饭(밥을 먹다)과 같이 '동사+목적어'로 이루어진 단어이기 때문에 뒤에 목적어를 가질 수 없으며, 대신 앞에 개사구가 오거나, 두 글자 사이에 관형어가 온다.

见面 jiànmiàn 만나다	帮忙 bāngmáng 도움을 주다	生气 shēngqì 화내다
吃饭 chīfàn 밥을 먹다	理发 lǐfà 이발하다	回家 huíjiā 집으로 돌아가다

我(주어) 见面(술어) ~~他~~(목적어)。 나는 그를 만난다. (X)

我(주어) 跟他(부사어(개사구)) 见面(술어)。 나는 그와 만난다. (O)

她(주어) 帮忙(술어) ~~我~~(목적어)。 그녀는 날 도와준다. (X)

她(주어) 帮(술어) 我的(관형어) 忙(술어)。 그녀는 날 도와준다. (O)

확인학습

다음 중 동사를 골라보세요. (쓰기 제1부분 학습을 마친 후, 확인학습으로 문장도 완성해 보세요.)

1. 毕业 ⓐ　她 ⓑ　了 ⓒ

2. 好消息 ⓐ　我 ⓑ　告诉 ⓒ　他 ⓓ

3. 爸爸 ⓐ　健康 ⓑ　认为 ⓒ　很重要 ⓓ

정답 1. ⓐ 2. ⓒ 3. ⓒ

완성 문장 해설집 p.116

다음 문장에서 형용사를 찾아보자.

这个	故事	特别	精彩。
Zhège	gùshi	tèbié	jīngcǎi.
이	이야기는	특히	훌륭하다.

정답: 精彩

精彩(훌륭하다)는 사물의 성질을 묘사하는 말이다. 이처럼 사람이나 사물의 성질, 상태 등을 나타내는 품사를 형용사라고 한다.

1 형용사의 역할

1. 형용사는 문장에서 '술어' 역할을 한다.

   天气　　很　　暖和。　　날씨가 따뜻하다.
   주어　　부사어　　술어

   어휘　暖和 nuǎnhuo 휑 따뜻하다

2. 형용사는 문장에서 的와 함께 주어나 목적어를 수식하는 '관형어' 역할을 한다.

   新鲜的　　水果　　对身体　　好。　　신선한 과일은 몸에 좋다.
   관형어　　주어　　부사어　　술어

   他　　是　　真正的　　朋友。　　그는 진정한 친구이다.
   주어　술어　　관형어　　목적어

   어휘　新鲜 xīnxiān 휑 신선하다　真正 zhēnzhèng 휑 진정하다, 참되다

3. 형용사는 문장에서 술어를 수식하는 '부사어' 역할을 한다.

   你　　仔细　　看看。　　자세히 좀 보세요.
   주어　부사어　　술어

   어휘　仔细 zǐxì 휑 자세하다, 꼼꼼하다

   잠깐! '형용사+地'의 형태도 부사어가 될 수 있다.

   孩子们　　开心地　　跳舞。　　아이들은 즐겁게 춤을 춘다.
   주어　　부사어　　술어

   어휘　开心 kāixīn 휑 즐겁다, 기쁘다

4. 형용사는 문장에서 술어를 보충하는 '보어' 역할을 한다.

我　　走得　　快。　나는 빨리 걷는다.
주어　　술어+得　　정도보어

他们　　讨论　　好　　了。　그들은 다 논의했다.
주어　　술어　　결과보어　　了

어휘　讨论 tǎolùn 통 논의하다, 토론하다

2 대부분의 형용사는 정도부사의 수식을 받는다.

정도부사　형용사
非常　轻　　매우 가볍다

정도부사　형용사
十分　愉快　　매우 유쾌하다

정도부사　형용사
比较　凉快　　비교적 시원하다

정도부사　형용사
特别　苦　　아주 쓰다

어휘　轻 qīng 형 가볍다　十分 shífēn 부 매우, 아주　愉快 yúkuài 형 유쾌하다, 즐겁다　比较 bǐjiào 부 비교적
凉快 liángkuai 형 시원하다, 서늘하다　特别 tèbié 부 아주, 특히　苦 kǔ 형 (맛이) 쓰다

(확인학습)

다음 중 형용사를 골라보세요. (쓰기 제1부분 학습을 마친 후, 확인학습으로 문장도 완성해 보세요.)

1.　这个菜　　了　　辣　　太
　　ⓐ　　ⓑ　　ⓒ　　ⓓ

2.　发展　　城市　　得　　快　　非常
　　ⓐ　　ⓑ　　ⓒ　　ⓓ　　ⓔ

3.　我　　袜子　　买了　　的　　便宜
　　ⓐ　　ⓑ　　ⓒ　　ⓓ　　ⓔ

정답 1. ⓒ 2. ⓓ 3. ⓔ

완성 문장 해설집 p.116

6 수사·양사

다음 문장에서 '수사+양사'를 찾아보자.

她	吃	两个	包子。
Tā	chī	liǎng ge	bāozi.
그녀는	먹는다	두 개의	만두를.

정답: 两个

两(둘)은 수를 나타내고, 个(개)는 包子(만두)를 세는 단위이다. 이처럼 수를 나타내는 품사를 수사, 사람이나 사물의 개수 또는 동작의 횟수를 세는 품사를 양사라고 한다.

1 수사의 종류

1. '하나, 둘'과 같이 수량을 나타내는 기수

一 yī 하나	三十 sānshí 삼십	五百 wǔbǎi 오백
零点七 líng diǎn qī 0.7	二分之一 èr fēnzhī yī 2분의 1	八倍 bā bèi 여덟 배

2. '첫째, 둘째'와 같이 순서를 나타내는 서수

第一 dìyī 첫째	第二 dì'èr 둘째	第三 dìsān 셋째

> **잠깐!** 수사는 단독으로 명사를 수식할 수 없고, 항상 '수사+양사'의 형태로 명사를 수식한다.
>
> 수사 명사
> 三 老师 세 선생님 (X)
>
> 수사+양사 명사
> 三位 老师 세 분의 선생님 (O)

2 양사의 종류

1. 사람의 인원수나 사물의 개수를 나타내는 명량사

个 ge 개, 명[사물·사람을 세는 단위]	张 zhāng 장[종이나 가구 등을 세는 단위]
名 míng 명[사람을 세는 단위]	篇 piān 편, 장[문장·작품을 세는 단위]
棵 kē 그루, 포기[식물을 세는 단위]	盒 hé 통, 상자[상자로 된 물건을 세는 단위]
条 tiáo 벌, 개[가늘고 긴 것을 세는 단위]	台 tái 대[기계를 세는 단위]
份 fèn 부, 통[신문이나 잡지 등을 세는 단위]	页 yè 쪽, 페이지[책의 한 쪽을 세는 단위]
辆 liàng 대[차량을 세는 단위]	封 fēng 통[편지를 세는 단위]

2. 동작의 횟수를 나타내는 동량사

次 cì 번, 회[동작을 세는 단위]	场 chǎng 회, 번, 차례[공연·경기·체육 활동 등을 세는 단위]
趟 tàng 차례, 번[왕래한 횟수를 세는 단위]	遍 biàn 번, 차례, 회[처음부터 끝까지 전 과정을 세는 단위]

참깐! 公斤(킬로그램, kg), 公里(킬로미터, km) 등과 같이 길이나 무게 등을 표시하는 도량사와, 一些(조금), 一点儿(약간) 등과 같이 정해지지 않은 수량을 표시하는 부정양사도 있다.

3 '수사+양사'의 역할

1. '수사+명량사'는 문장에서 주로 주어나 목적어를 수식하는 '관형어' 역할을 한다.

三条	裤子	都很	漂亮。	세 벌의 바지는 모두 예쁘다.
관형어	주어	부사어	술어	▶ '수사+명량사' 형태인 三条(세 벌)는 주어 裤子(바지)의 관형어이다.

前面	有	一棵	树。	앞에 한 그루의 나무가 있다.
주어	술어	관형어	목적어	▶ '수사+명량사' 형태인 一棵(한 그루)는 목적어 树(나무)의 관형어이다.

어휘 裤子 kùzi 몡 바지 树 shù 몡 나무, 수목

2. '수사+동량사'는 문장에서 주로 술어를 보충하는 '수량보어' 역할을 한다.

他们	每天	进行	一次	会议。	그들은 매일 회의를 한 번 진행한다.
주어	부사어	술어	수량보어	목적어	▶ '수사+동량사' 형태인 一次(한 번)는 술어 进行(진행하다)의 수량보어이다.

어휘 进行 jìnxíng 통 진행하다 会议 huìyì 몡 회의

참깐! '수사+양사' 앞에는 지시대사가 자주 쓰이며, 수사가 '一'이면 수사는 대개 생략된다.

대사+수사+양사	명사		대사+(수사)+양사	명사	
这两件	衣服	이 두 벌의 옷	这(一)件	衣服	이 (한 벌의) 옷

확인학습

다음 중 '수사+양사'를 골라보세요. (쓰기 제1부분 학습을 마친 후, 확인학습으로 문장도 완성해 보세요.)

1. 我 　 四篇 　 写了 　 文章
　 ⓐ 　 ⓑ 　 ⓒ 　 ⓓ

2. 一台 　 想买 　 笔记本 　 我
　 ⓐ 　 ⓑ 　 ⓒ 　 ⓓ

3. 你 　 讲 　 再 　 一遍
　 ⓐ 　 ⓑ 　 ⓒ 　 ⓓ

정답 1. ⓑ 2. ⓐ 3. ⓓ

완성 문장 해설집 p.116

다음 문장에서 부사를 찾아보자.

他	经常	玩儿	游戏。
Tā	jīngcháng	wánr	yóuxì.
그는	자주	한다	게임을.

정답: 经常

经常(자주)은 빈도를 나타내는 말이다. 이처럼 주로 동사나 형용사 앞에서 동작·상태의 정도, 시간, 빈도, 부정, 상태, 범위, 어기를 나타내는 품사를 부사라고 한다.

1 부사의 역할

1. 부사는 문장에서 술어나 문장 전체를 수식하는 '부사어' 역할을 한다.

这件	衬衫	比较	小。	이 셔츠는 비교적 작다.
관형어	주어	부사어	술어	

我	偶尔	喝	啤酒。	나는 가끔 맥주를 마신다.
주어	부사어	술어	목적어	

难道	我们	迷路 了 吗?	설마 우리가 길을 잃었나요?
부사어	주어	술어+了+吗	

어휘 衬衫 chènshān 몡 셔츠, 블라우스 比较 bǐjiào 튄 비교적 偶尔 ǒu'ěr 튄 가끔, 때때로 啤酒 píjiǔ 몡 맥주
难道 nándào 튄 설마 ~하겠는가 迷路 mílù 튕 길을 잃다

2 부사의 종류

정도부사	很 hěn 매우	很喜欢 hěn xǐhuan 매우 좋아하다
	非常 fēicháng 아주	非常旧 fēicháng jiù 아주 낡다
	特别 tèbié 특히	特别精彩 tèbié jīngcǎi 특히 훌륭하다
	十分 shífēn 매우, 대단히	十分感谢 shífēn gǎnxiè 매우 감사하다
	比较 bǐjiào 비교적	比较安静 bǐjiào ānjìng 비교적 조용하다
	稍微 shāowēi 조금, 약간	稍微远 shāowēi yuǎn 조금 멀다
시간부사	正在 zhèngzài ~하고 있다	正在打折 zhèngzài dǎzhé 세일을 하고 있다
	刚(刚) gāng(gāng) 막, 방금	刚刚毕业 gānggāng bìyè 막 졸업했다
	已经 yǐjīng 이미	已经结束 yǐjīng jiéshù 이미 끝났다

빈도부사	再 zài 더, 다시	再努力 zài nǔlì 더 노력하다
	又 yòu 또	又忘记了 yòu wàngjì le 또 잊었다
	偶尔 ǒu'ěr 가끔	偶尔跑步 ǒu'ěr pǎobù 가끔 달리기하다
	经常 jīngcháng 자주, 항상	经常锻炼 jīngcháng duànliàn 자주 단련하다
	往往 wǎngwǎng 종종	往往不够 wǎngwǎng búgòu 종종 부족하다
부정부사	不 bù ~지 않다	不回答 bù huídá 대답하지 않다
	没(有) méi(yǒu) ~지 않았다	没毕业 méi bìyè 졸업하지 않았다
	别 bié ~하지 마라	别迟到 bié chídào 지각하지 마라
상태부사	互相 hùxiāng 서로	互相尊重 hùxiāng zūnzhòng 서로 존중하다
	仍然 réngrán 여전히	仍然不习惯 réngrán bù xíguàn 여전히 익숙하지 않다
	突然 tūrán 갑자기	突然发生 tūrán fāshēng 갑자기 발생하다
범위부사	都 dōu 모두	都重要 dōu zhòngyào 모두 중요하다
	全 quán 전부	全记住了 quán jìzhù le 전부 기억했다
	一共 yígòng 모두, 총	一共多少钱? Yígòng duōshao qián? 모두 얼마예요?
어기부사	难道 nándào 설마 ~하겠는가	难道你不害怕吗? Nándào nǐ bú hàipà ma? 설마 너 무섭지 않니?
	到底 dàodǐ 도대체	到底怎么了? Dàodǐ zěnme le? 도대체 어떻게 된 거야?
	差(一)点儿 chà (yì)diǎnr 하마터면	差点儿输了 chà diǎnr shū le 하마터면 질 뻔했다
	不得不 bùdébù 어쩔 수 없이	不得不放弃 bùdébù fàngqì 어쩔 수 없이 포기하다

쓰기

제1부분

해커스 HSK 4급 한 권으로 합격

확인학습

다음 중 부사를 골라보세요. (쓰기 제1부분 학습을 마친 후, 확인학습으로 문장도 완성해 보세요.)

1. 已经 ⓐ   了 ⓑ   起飞 ⓒ   飞机 ⓓ

2. 密码 ⓐ   都 ⓑ   相同 ⓒ   所有的 ⓓ

3. 她的 ⓐ   差 ⓑ   成绩 ⓒ   非常 ⓓ

정답 1. ⓐ, 2. ⓑ, 3. ⓓ

완성 문장 해설집 p.116

다음 문장에서 조동사를 찾아보자.

我	能	解决	这个问题。
Wǒ	néng	jiějué	zhège wèntí.
나는	~할 수 있다	해결하다	이 문제를.

정답: 能

能(~할 수 있다)은 가능을 나타내는 말이다. 이처럼 동사 앞에서 가능, 바람, 당위를 나타내는 품사를 조동사라고 한다.

■ 조동사의 역할

1. 조동사는 문장에서 술어를 수식하는 '부사어' 역할을 한다.

他	会	弹	钢琴。	그는 피아노를 칠 줄 안다.
주어	부사어	술어	목적어	

② 조동사의 종류

가능	能 néng ~할 수 있다	能用 néng yòng 쓸 수 있다
	可以 kěyǐ ~해도 된다, ~할 수 있다	可以抽烟 kěyǐ chōuyān 담배를 피워도 된다
	会 huì (배워서) ~할 줄 안다	会说汉语 huì shuō Hànyǔ 중국어를 할 줄 안다
	能够 nénggòu (충분히) ~할 수 있다	能够证明 nénggòu zhèngmíng 증명할 수 있다
바람	想 xiǎng ~하고 싶다, ~하려고 한다	想减肥 xiǎng jiǎnféi 다이어트 하고 싶다
	要 yào ~하려고 한다	要买果汁 yào mǎi guǒzhī 주스를 사려고 한다
	愿意 yuànyì ~을 바라다, 원하다	愿意改变 yuànyì gǎibiàn 변화하기를 바라다
당위	要 yào ~해야 한다	要节约 yào jiéyuē 절약해야 한다
	得 děi ~해야 한다	得保护 děi bǎohù 보호해야 한다
	应该 yīnggāi (마땅히) ~해야 한다	应该注意 yīnggāi zhùyì 주의해야 한다

3 조동사의 특징

1. 조동사는 동사 앞에 쓰인다.

我　想　休息。　나는 쉬고 싶다.
주어　부사어　술어
　　　조동사　동사
▶ 조동사 想(~하고 싶다)은 동사 休息(쉬다) 앞에 쓰였다.

我们　得　参加　活动。　우리는 행사에 참가해야 한다.
주어　부사어　술어　목적어
　　　조동사　동사
▶ 조동사 得(~해야 한다)는 동사 参加(참가하다) 앞에 쓰였다.

어휘　参加 cānjiā 튌참가하다, 참석하다　活动 huódòng 명행사, 활동

2 '조동사+不+조동사' 형태의 정반의문문을 만들 수 있다.

你　能不能　完成　作业?　너 숙제를 끝낼 수 있니?
주어　부사어　술어　목적어

어휘　完成 wánchéng 툉끝내다, 완성하다　作业 zuòyè 명숙제, 과제

참깐! 동사, 형용사, 조동사 등을 'A+不+A'의 형태로 병렬시키는 의문문을 '정반의문문'이라고 한다.

3. 조동사가 부사나 개사구와 함께 쓰일 때 조동사는 부사 뒤, 개사구 앞에 온다.

他　很　会　画　画儿。　그는 그림을 매우 잘 그릴 줄 안다.
주어　부사어　부사어　술어　목적어
　　부사　조동사
▶ 부사 很(매우)과 조동사 会(~할 줄 안다)는 '부사 → 조동사'의 순서가 된다.

你　可以　在这儿　照相。　당신은 여기서 사진을 찍어도 돼요.
주어　부사어　부사어　술어
　　조동사　개사구
▶ 조동사 可以(~해도 된다)와 개사구 在这儿(여기서)은 '조동사 → 개사구'의 순서가 된다.

어휘　画 huà 튌그리다 명그림　照相 zhàoxiàng 튌사진을 찍다

참깐! 구에 대한 설명은 필수어법 11 술어(p.172)에서 자세히 다룬다.

확인학습

다음 중 조동사를 골라보세요. (쓰기 제1부분 학습을 마친 후, 확인학습으로 문장도 완성해 보세요.)

1. 应该　　帮助　　我们　　互相
　　ⓐ　　　ⓑ　　　ⓒ　　　ⓓ

2. 出差　　去　　要　　他
　　ⓐ　　ⓑ　　ⓒ　　ⓓ

3. 随便　　能　　停车　　不　　这里
　　ⓐ　　ⓑ　　ⓒ　　ⓓ　　ⓔ

정답 1. ⓐ 2. ⓒ 3. ⓑ

완성 문장 해설집 p.116

다음 문장에서 개사를 찾아보자.

我们	从	这儿	出发。
Wǒmen	cóng	zhèr	chūfā.
우리는	~에서	여기	출발한다.

정답: 从

从(~에서)은 명사나 대사 앞에 쓰여 시간이나 장소의 의미를 더해주는 말이다. 이처럼 명사나 대사 앞에서 시간, 장소, 방향, 대상 등의 의미를 더해주는 품사를 개사라고 한다.

◻1 개사의 종류

시간·장소·방향	从 cóng ~부터, ~에서	从明天开始 cóng míngtiān kāishǐ 내일부터 시작하다
	到 dào ~까지, ~에	从北京到上海 cóng Běijīng dào Shànghǎi 베이징에서 상하이까지
	在 zài ~에서	在家里休息 zài jiā li xiūxi 집에서 쉬다
	向 xiàng ~으로, ~에게	向右走 xiàng yòu zǒu 오른쪽으로 가다
	往 wǎng ~쪽으로	往后推 wǎng hòu tuī 뒤쪽으로 밀다
	于 yú ~에서, ~에	出生于上海 chūshēng yú Shànghǎi 상하이에서 태어나다
대상	跟 gēn ~와/과	跟爸爸商量 gēn bàba shāngliang 아빠와 상의하다
	和 hé ~와/과	和他见面 hé tā jiànmiàn 그와 만나다
	给 gěi ~에게	给她打电话 gěi tā dǎ diànhuà 그녀에게 전화하다
	对 duì ~에, ~에 대해	对身体有好处 duì shēntǐ yǒu hǎochu 몸에 좋은 점이 있다
	关于 guānyú ~에 관한	关于技术的书 guānyú jìshù de shū 기술에 관한 책
	由 yóu ~이/가, ~으로부터	由他负责 yóu tā fùzé 그가 책임진다
	比 bǐ ~보다	比姐姐高 bǐ jiějie gāo 언니보다 키가 크다
	把 bǎ ~을/를	把钥匙弄丢了 bǎ yàoshi nòngdiū le 열쇠를 잃어버렸다
	被 bèi ~에 의해	被他感动了 bèi tā gǎndòng le 그에 의해 감동했다
원인·목적·방식	为 wèi ~을 위해, ~때문에	为顾客服务 wèi gùkè fúwù 고객을 위해 서비스하다
	按照 ànzhào ~에 따라	按照要求写 ànzhào yāoqiú xiě 요구 사항에 따라 쓰다

② 개사의 특징

1. 개사는 대사 또는 명사와 함께 '개사+대사/명사'의 개사구 형태로 쓰인다.

| 他
주어 | 在这儿
부사어 <개사+대사> | 生活。
술어 | 그는 이곳에서 생활한다. |

▶ 개사 在(~에서)가 대사 这儿(이곳)과 함께 개사구 在这儿(이곳에서)의 형태로 쓰였다.

어휘 生活 shēnghuó 통 생활하다

| 妈妈
주어 | 给儿子
부사어 <개사+명사> | 打了
술어+了 | 电话。
목적어 | 엄마는 아들에게 전화를 걸었다. |

▶ 개사 给(~에게)가 명사 儿子(아들)와 함께 개사구 给儿子(아들에게)의 형태로 쓰였다.

> **잠깐!** 개사는 술목구와도 쓰일 수 있다. 구에 대한 설명은 필수어법 11 술어(p.172)에서 자세히 다룬다.

| 我
주어 | 对学习外语
부사어 <개사+술목구(술어+목적어)> | 很感兴趣。
부사어+술어+목적어 | 나는 외국어를 공부하는 것에 대해 매우 흥미를 느낀다. |

어휘 外语 wàiyǔ 명 외국어 感兴趣 gǎn xìngqù 흥미를 느끼다

③ 개사의 역할

1. 개사는 개사구 형태로 문장에서 술어를 수식하는 '부사어' 또는 주어나 목적어를 수식하는 '관형어' 역할을 한다.

| 他
주어 | 在大使馆
부사어 | 办
술어 | 签证。
목적어 | 그는 대사관에서
비자를 발급받는다. | 我
주어 | 知道
술어 | 关于他的
관형어 | 消息。
목적어 | 나는 그에 관한
소식을 안다. |

▶ 개사구 在大使馆(대사관에서)이 술어 办(발급받다)을 수식하는 부사어 역할을 하고, 개사구 关于他的(그에 관한)가 목적어 消息(소식)를 수식하는 관형어 역할을 한다.

어휘 大使馆 dàshǐguǎn 명 대사관 办 bàn 통 발급받다 签证 qiānzhèng 명 비자 消息 xiāoxi 명 소식

2. 개사는 개사구의 형태로 문장에서 술어를 보충하는 '보어' 역할을 한다.

| 奶奶
주어 | 出生
술어 | 于北京。
보어 <개사+명사> | 할머니는 베이징에서 태어났다. |

▶ 개사구 于北京(베이징에서)이 술어 出生(태어나다)을 보충하는 보어 역할을 한다.

어휘 出生 chūshēng 통 태어나다

확인학습

다음 중 개사를 골라보세요. (쓰기 제1부분 학습을 마친 후, 확인학습으로 문장도 완성해 보세요.)

1. 这里   从   你们   进去
   ⓐ   ⓑ   ⓒ   ⓓ

2. 理发店   阿姨   在   工作
   ⓐ   ⓑ   ⓒ   ⓓ

3. 关于   这是   法律的书   一本
   ⓐ   ⓑ   ⓒ   ⓓ

정답 1. ⓑ 2. ⓒ 3. ⓐ

완성 문장 해설집 p.116

다음 문장에서 조사를 찾아보자.

他	的	水平	很高。
Tā	de	shuǐpíng	hěn gāo.
그	~의	수준은	높다.

정답: 的

的(~의)는 단어와 단어를 연결하는 말이다. 이처럼 단어와 단어 사이 또는 문장 끝에서 어법적 역할을 하거나 문장의 어기를 나타내는 품사를 조사라고 한다. 조사에는 구조조사, 동태조사, 어기조사가 있다.

1 구조조사

구조조사는 단어와 단어 사이의 어법적 관계를 나타낸다.

的 de	'~의', '~한'이라는 의미 관형어와 함께 주어나 목적어를 수식함	我的本子 wǒ de běnzi 나의 공책 美丽的景色 měilì de jǐngsè 아름다운 경치
地 de	'~하게'라는 의미 부사어와 함께 술어를 수식함	伤心地哭 shāngxīn de kū 슬프게 울다 认真地学习 rènzhēn de xuéxí 열심히 공부하다
得 de	정도·가능을 나타냄 술어와 보어를 연결함	唱得很好 chàng de hěn hǎo 잘 부르다 吃得完 chī de wán 다 먹을 수 있다

2 동태조사

동태조사는 동사 뒤에서 동작의 완료·진행·경험을 나타낸다.

了 le	'~했다'라는 완료의 의미	听了 tīngle 들었다 成功了 chénggōngle 성공했다
着 zhe	'~하고 있다'라는 진행의 의미	带着 dàizhe 가지고 있다 躺着 tǎngzhe 누워 있다
过 guo	'~한 적 있다'라는 경험의 의미	去过 qùguo 가 본 적 있다 经历过 jīnglìguo 경험해 본 적 있다

3 어기조사

어기조사는 문장 끝에서 의문 · 청유 · 추측 · 변화 등의 어기를 나타낸다.

吗 ma	'~요?'라는 의문의 어기	有人吗? Yǒu rén ma? 누구 있나요?
		明白了吗? Míngbai le ma? 이해했나요?
吧 ba	'~하자'라는 청유의 어기	一起去吧。 Yìqǐ qù ba. 같이 가자.
	'~겠지'라는 추측의 어기	不是吧。 Bú shì ba. 아니겠죠.
了 le	'~되다', '~해지다'라는 변화의 어기	八点了。 Bā diǎn le. 8시가 되었다.
		天黑了。 Tiān hēi le. 날이 어두워졌다.
呢 ne	의문을 강조함	为什么呢? Wèishénme ne? 왜요?
	동작의 진행을 나타냄	看比赛呢。 Kàn bǐsài ne. 경기를 보고 있어요.

확인학습

다음 중 조사를 골라보세요. (쓰기 제1부분 학습을 마친 후, 확인학습으로 문장도 완성해 보세요.)

1. <u>的</u>　　<u>车</u>　　<u>我</u>　　<u>这是</u>
　ⓐ　　ⓑ　　ⓒ　　ⓓ

2. <u>知道</u>　　<u>你</u>　　<u>密码</u>　　<u>吗</u>
　ⓐ　　ⓑ　　ⓒ　　ⓓ

3. <u>坐</u>　　<u>着</u>　　<u>他</u>　　<u>袜子</u>　　<u>穿</u>
　ⓐ　　ⓑ　　ⓒ　　ⓓ　　ⓔ

정답 1. ⓐ 2. ⓓ 3. ⓑ

완성 문장 해설집 p.116

다음 문장에서 술어를 찾아보자.

대사	동사	수사+양사	명사
妹妹	**喝**	**一杯**	**果汁**。
Mèimei	hē	yì bēi	guǒzhī.
여동생은	마시다	한 잔의	주스를.

정답: 喝

喝(마시다)는 妹妹(여동생)의 행위를 나타내는 말이다. 이처럼 주어의 동작이나 상태를 나타내는 문장성분이 술어이다.

1 술어는 모든 문장에 반드시 있어야 한다.

他	是	这本小说的	作者。	그는 이 소설의 작가이다.
주어	술어	관형어	목적어	

어휘   **小说** xiǎoshuō 몡 소설   **作者** zuòzhě 몡 작가, 저자

2 술어가 되는 것

1. 동사

我	买	一本	杂志。	나는 잡지 한 권을 산다.
주어	술어(동사)	관형어	목적어	

小高	参加	学校的	活动。	샤오가오는 학교 행사에 참가한다.
주어	술어(동사)	관형어	목적어	

어휘   **杂志** zázhì 몡 잡지   **参加** cānjiā 동 참가하다, 참석하다   **活动** huódòng 몡 행사, 활동

2. 형용사

她的	房间	非常	乱。	그녀의 방은 아주 어지럽다.
관형어	주어	부사어	술어(형용사)	

丰富的	经验	很	重要。	풍부한 경험은 중요하다.
관형어	주어	부사어	술어(형용사)	

어휘   **乱** luàn 톙 어지럽다, 혼란하다   **丰富** fēngfù 톙 풍부하다   **经验** jīngyàn 몡 경험, 체험   **重要** zhòngyào 톙 중요하다

3. 대사, 명사(구)

		대사	
这杯	咖啡	怎么样?	이 커피 어때요?
관형어	주어	술어(대사)	▶ 대사 怎么样(어때요)은 문장의 술어가 된다.

		수사+양사+명사	
我们	一共	六个人。	우리는 모두 여섯 사람이다.
주어	부사어	술어(명사구)	▶ '수사+양사+명사' 형태의 명사구 六个人(여섯 사람)은 문장의 술어가 된다.

어휘 一共 yígòng 뮈 모두, 총

> **잠깐!** 六个人(여섯 사람)과 같이 명사나 명사구가 술어로 쓰인 문장을 '명사술어문'이라고 한다. 나이, 키, 가격, 수량, 시간/날짜 등과 같이 숫자를 언급하는 문장에서 주로 사용된다.

4. 주술구

		→ 价格(명사)+高(형용사)	
这种	沙发	价格高。	이런 소파는 가격이 비싸다.
관형어	주어	술어(주어+술어)	▶ 주술구 价格高(가격이 비싸다)는 문장의 술어가 된다.

어휘 沙发 shāfā 몡 소파   价格 jiàgé 몡 가격, 값

> **잠깐!** 2개 이상의 어휘가 함께 쓰이는 것을 '구'라고 한다. 다음은 문장에서 자주 쓰이는 구의 종류 및 역할이다.
>
> 1. 주술구(주어+술어)는 문장에서 주어, 관형어, 술어, 목적어 역할을 한다.
>
> | | | → 天气(명사)+不错(형용사) | |
> |---|---|---|---|
> | 我 | 觉得 | 天气不错。 | 나는 날씨가 좋다고 생각한다. |
> | 주어 | 술어 | 목적어(주어+술어) | |
>
> 2. 술목구(술어+목적어)는 문장에서 주어, 관형어, 목적어 역할을 한다.
>
> | → 学习(동사)+汉语(명사) | | | |
> |---|---|---|---|
> | 学习汉语 | 非常 | 有意思。 | 중국어를 배우는 것은 아주 재미있다. |
> | 주어(술어+목적어) | 부사어 | 술어 | |
>
> 3. 개사구(개사+명사/대사)는 문장에서 부사어, 관형어, 보어 역할을 한다.
>
> | | → 在(개사)+那儿(대사) | | |
> |---|---|---|---|
> | 他们 | 在那儿 | 踢 | 足球。 그들은 저기에서 축구를 한다. |
> | 주어 | 부사어(개사구) | 술어 | 목적어 |
>
> **어휘** 不错 búcuò 혱 좋다   有意思 yǒuyìsi 재미있다   踢 tī 图 차다

확인학습

다음 중 술어를 골라보세요. (쓰기 제1부분 학습을 마친 후, 확인학습으로 문장도 완성해 보세요.)

1.	正在 ⓐ	比赛 ⓑ	他们 ⓒ	进行 ⓓ	
2.	特别 ⓐ	我对 ⓑ	结果 ⓒ	满意 ⓓ	
3.	容易 ⓐ	今天 ⓑ	考试 ⓒ	的 ⓓ	很 ⓔ

정답 1. ⓓ 2. ⓓ 3. ⓔ

완성 문장 해설집 p.116

다음 문장에서 주어를 찾아보자.

명사+的	명사	부사	형용사
孙子的	**性格**	**十分**	**活泼**。
Sūnzi de	xìnggé	shífēn	huópō.
손자의	성격은	아주	활발하다.

정답: 性格

性格(성격)는 **活泼**(활발하다)의 주체를 나타내는 말이다. 이처럼 술어가 나타내는 동작이나 상태의 주체가 되는 문장성분, 즉 '~은/는, ~이/가'에 해당하는 말이 주어이다.

1 주어는 술어 앞에서 술어의 주체가 된다.

植物	喜欢	阳光。	식물은 햇빛을 좋아한다.
주어	술어	목적어	

어휘 **植物** zhíwù 몡 식물 **阳光** yángguāng 몡 햇빛

2 주어가 되는 것

1. 대사

他	很	聪明。	그는 똑똑하다.
주어(대사)	부사어	술어	

这	是	我做的	鱼汤。	이것은 내가 만든 생선국이다.
주어(대사)	술어	관형어	목적어	

어휘 **聪明** cōngming 혭 똑똑하다, 총명하다 **汤** tāng 몡 국, 탕

2. 명사

校长	鼓励	我们。	교장 선생님은 우리를 격려한다.
주어(명사)	술어	목적어	

这个	包子	特别	香。	이 만두는 아주 맛있다.
관형어	주어(명사)	부사어	형용사	

어휘 **校长** xiàozhǎng 몡 교장 **鼓励** gǔlì 통 격려하다, 북돋우다 **包子** bāozi 몡 만두, 찐빵 **香** xiāng 혭 (음식이) 맛있다, 향기롭다

3. 동사

游泳　　对身体　　有　　好处。　　수영하는 것은 몸에 좋은 점이 있다.
주어(동사)　부사어　　술어　목적어

어휘　**好处** hǎochu 몡 좋은 점, 이익

4. 형용사

诚实　　是　　她的　　优点。　　성실함은 그녀의 장점이다.
주어(형용사)　술어　관형어　목적어

어휘　**诚实** chéngshí 혱 성실하다, 진실하다　**优点** yōudiǎn 몡 장점

5. 술목구

　　　┌→ 打(동사)+篮球(명사)
打篮球　　不　　简单。　　농구를 하는 것은 간단하지 않다.
주어(술어+목적어)　부사어　술어

어휘　**简单** jiǎndān 혱 간단하다, 단순하다

> **잠깐!** 술목구+술목구 형태의 연동구도 주어가 될 수 있다.
>
> 　　　┌→ 去(동사)+邮局(명사)+寄(동사)+信(명사)
> 去邮局寄信　　很　　麻烦。　　우체국에 가서 편지를 부치는 것은 번거롭다.
> 주어(술목구+술목구)　부사어　술어
>
> 어휘　**邮局** yóujú 몡 우체국　**寄** jì 동 (우편으로) 부치다　**信** xìn 몡 편지　**麻烦** máfan 혱 번거롭다, 귀찮다

6. 주술구

　　　┌→ 他(대사)+做事(동사)
他做事　　十分　　细心。　　그는 일을 하는 것이 매우 세심하다.
주어(주어+술어)　부사어　술어

어휘　**十分** shífēn 뮈 매우, 아주　**细心** xìxīn 혱 세심하다

확인학습

다음 중 주어를 골라보세요. (쓰기 제1부분 학습을 마친 후, 확인학습으로 문장도 완성해 보세요.)

1.　堵车　　　这条　　　总是　　　路
　　ⓐ　　　　ⓑ　　　　ⓒ　　　　ⓓ

2.　好处　　　对健康　　有　　　　散步
　　ⓐ　　　　ⓑ　　　　ⓒ　　　　ⓓ

3.　师傅　　　很　　　　我的　　　厉害
　　ⓐ　　　　ⓑ　　　　ⓒ　　　　ⓓ

정답 1. ⓓ 2. ⓓ 3. ⓐ

완성 문장 해설집 p.116

다음 문장에서 목적어를 찾아보자.

명사	부사	동사	명사
女儿	正在	写	日记。
Nǚ'ér	zhèngzài	xiě	rìjì.
딸은	~하고 있다	쓰다	일기를.

정답: 日记

日记(일기)는 写(쓰다)의 대상을 나타내는 말이다. 이처럼 술어가 나타내는 행위의 대상이 되는 문장성분, 즉 '~을/를'에 해당하는 말이 목적어이다.

① 목적어는 술어 뒤에서 술어의 대상이 된다.

爸爸 去 公园。 아빠는 공원에 간다.
주어 술어 목적어

她 是 记者。 그녀는 기자이다.
주어 술어 목적어

어휘 记者 jìzhě 圐 기자

② 목적어가 되는 것

1. 명사

我 想 学 汉语。 나는 중국어를 배우고 싶다.
주어 부사어 술어 목적어(명사)

2. 대사

明天 你 干 什么? 내일 너 뭐 하니?
부사어 주어 술어 목적어(대사)

어휘 干 gàn 圐 하다

3. 동사

我们 进行 讨论 吧。 우리 토론을 진행합시다.
주어 술어 목적어(동사) 吧
▶ 동사 讨论(토론하다)은 술어 进行(진행하다)의 목적어이다.

어휘 进行 jìnxíng 圐 진행하다 讨论 tǎolùn 圐 토론하다

4. 형용사

司机	要	注意	安全。
주어	부사어	술어	목적어(형용사)

기사는 안전에 주의해야 한다.

▶ 형용사 安全(안전하다)은 술어 注意(주의하다)의 목적어이다.

어휘 **司机** sījī 圆기사 **注意** zhùyì 圄주의하다 **安全** ānquán 圆안전하다

5. 술목구

→ 学(동사)+法律(명사)

他	决定	学法律。
주어	술어	목적어(술어+목적어)

그는 법률을 공부하기로 결정했다.

▶ '술어+목적어' 형태의 술목구 学法律(법률을 공부하다)는 술어 决定(결정하다)의 목적어이다.

어휘 **决定** juédìng 圄결정하다 圆결정 **法律** fǎlǜ 圆법률

잠깐! 술목구+술목구 형태의 연동구도 목적어가 될 수 있다.

→ 用(동사)+手机(명사)+听(동사)+音乐(명사)

奶奶	喜欢	用手机听音乐。
주어	술어	목적어(술목구+술목구)

할머니는 휴대폰으로 음악을 듣는 것을 좋아한다.

6. 주술구

→ 咖啡(명사)+很(부사)+苦(형용사)

弟弟	觉得	咖啡很苦。
주어	술어	목적어(주어+부사어+술어)

남동생은 커피가 쓰다고 생각한다.

어휘 **觉得** juéde 圄~라고 생각하다 **苦** kǔ 圆쓰다

확인학습

다음 중 목적어를 골라보세요. (쓰기 제1부분 학습을 마친 후, 확인학습으로 문장도 완성해 보세요.)

1. 我 ⓐ   小说 ⓑ   看 ⓒ   在 ⓓ

2. 哪儿 ⓐ   办公室 ⓑ   在 ⓒ   高老师的 ⓓ

3. 买了 ⓐ   一 ⓑ   父亲 ⓒ   台 ⓓ   照相机 ⓔ

정답 1. ⓑ 2. ⓑ 3. ⓔ

완성 문장 해설집 p.116

필수어법 13 목적어 177

다음 문장에서 관형어를 찾아보자.

대사+的	명사	부사	형용사
这里的	景色	十分	美丽。
Zhèli de	jǐngsè	shífēn	měilì.
이곳의	풍경은	아주	아름답다.

정답: 这里的

这里的(이곳의)는 景色(풍경)를 수식하는 말이다. 이처럼 주어나 목적어를 수식하는 문장성분이 관형어이다.

1 관형어는 주어 또는 목적어를 수식한다.

1. 주어 앞에서 주어를 수식한다.

我的　脚　非常　疼。　나의 발이 매우 아프다.
관형어　주어　부사어　술어

어휘　脚 jiǎo 몡발　疼 téng 톙아프다

잠깐!　구조조사 的는 명사, 대사, 형용사, 동사 등이 관형어 역할을 하도록 한다.

2. 목적어 앞에서 목적어를 수식한다.

他　收到了　一封　信。　그는 한 통의 편지를 받았다.
주어　술어+了　관형어　목적어

어휘　收到 shōudào 통받다　封 fēng 양통, 부　信 xìn 몡편지

2 的와 함께 관형어가 되는 것

1. 명사, 대사

　　　　　　명사+的
我　喜欢　姐姐的　帽子。　나는 누나의 모자를 좋아한다.
주어　술어　관형어　목적어
▶ 명사 姐姐(누나)는 的(~의)와 함께 帽子(모자)의 관형어가 된다.

대사+的
这里的　天气　很　热。　이곳의 날씨는 덥다.
관형어　주어　부사어　술어
▶ 대사 这里(이곳)는 的(~의)와 함께 天气(날씨)의 관형어가 된다.

어휘　帽子 màozi 몡모자

잠깐!　개사구도 的와 함께 관형어로 쓰인다.

개사구+的　　　　　　　　개사구+的
对她的　看法　그녀에 대한 생각　　关于教育的　文章　교육에 관한 글

2. 동사, 형용사

동사+的

新	买的	东西	很	不错。	새로 산 물건은 좋다.
부사어	관형어	주어	부사어	술어	

▶ 동사 买(사다)는 的(~한)와 함께 东西(물건)의 관형어가 된다.

형용사+的

那	是	漂亮的	盒子。	저것은 예쁜 상자이다.
주어	술어	관형어	목적어	

▶ 형용사 漂亮(예쁘다)은 的(~한)와 함께 盒子(상자)의 관형어가 된다.

어휘 **不错** búcuò 匓 좋다 **盒子** hézi 匓 상자

잠깐! 주술구, 술목구도 的와 함께 관형어로 쓰인다.

주술구+的

他得意的 样子 그가 의기양양한 모습

술목구+的

获得成功的 机会 성공을 얻을 기회

어휘 **得意** déyì 匓 의기양양하다 **样子** yàngzi 匓 모습, 모양 **获得** huòdé 匓 (추상적인 것을) 얻다, 받다 **成功** chénggōng 匓 성공하다
　　 机会 jīhuì 匓 기회

③ 的 없이 관형어가 되는 것

1. 수사+양사

他	吃	三个	包子。	그는 세 개의 만두를 먹는다.
주어	술어	관형어	목적어	

▶ '수사+양사' 형태의 三个(세 개)는 包子(만두)의 관형어이다.

어휘 **包子** bāozi 匓 만두, 찐빵

2. 대사+양사

这些	问题	可以	解决。	이 문제들은 해결할 수 있다.
관형어	주어	부사어	술어	

▶ '대사+양사' 형태의 这些(이 ~들)는 问题(문제)의 관형어이다.

어휘 **解决** jiějué 匓 해결하다, 풀다

잠깐! 1. 이외에도 1음절 형용사나 부사+多/少, 친족 또는 소속을 수식하는 인칭대사는 的 없이 관형어가 된다.

新眼镜 새 안경 很多人 많은 사람 我爸爸 나의 아빠 我学校 나의 학교

2. 명사, 동사, 형용사가 명사와 의미적으로 밀접하여 한 단어처럼 쓰이면 的 없이 관형어가 될 수 있다.

电影演员 영화 배우 学习方法 공부(하는) 방법 好朋友 친한 친구

확인학습

다음 중 관형어를 골라보세요. (쓰기 제1부분 학습을 마친 후, 확인학습으로 문장도 완성해 보세요.)

1.	很	郊区的	新鲜	空气
	ⓐ	ⓑ	ⓒ	ⓓ

2.	看过	电影	这部	我
	ⓐ	ⓑ	ⓒ	ⓓ

3.	优秀的	是	他	厨师
	ⓐ	ⓑ	ⓒ	ⓓ

정답 1. ⓑ 2. ⓒ 3. ⓐ

완성 문장 해설집 p.117

다음 문장에서 부사어를 찾아보자.

대사+양사	명사	부사	형용사
这件	**衣服**	**非常**	**大**。
Zhè jiàn	yīfu	fēicháng	dà.
이	옷은	아주	크다.

정답: 非常

非常(아주)은 大(크다)를 수식하는 말이다. 이처럼 술어나 문장 전체를 수식하는 문장성분이 **부사어**이다.

1 부사어는 술어 또는 문장 전체를 수식한다.

1. 술어 앞에서 술어를 수식한다.

王阿姨	经常	打	网球。
주어	부사어	술어	목적어

왕 아주머니는 테니스를 자주 친다.

▶ 经常(자주)은 술어 打(치다)를 수식한다.

어휘 **阿姨** āyí 圆 아주머니, 이모 **经常** jīngcháng 凰 자주, 항상 **网球** wǎngqiú 圆 테니스

2. 문장 맨 앞에서 문장 전체를 수식한다.

难道	他	不知道	这个	规定	吗?
부사어	주어	부사어+술어	관형어	목적어	吗

설마 그는 이 규정을 모르나요?

▶ 难道(설마~하겠는가)는 문장 전체 他不知道这个规定吗? (그는 이 규정을 모르나요?) 를 수식한다.

어휘 **难道** nándào 凰 설마 ~하겠는가 **规定** guīdìng 圆 규정

2 부사어가 되는 것

1. 부사

火车上	已经	没有	座位了。
주어	부사어(부사)	술어	목적어+了

기차에는 이미 자리가 없다.

어휘 **座位** zuòwèi 圆 자리, 좌석

2. 조동사

我	想	当	翻译。
주어	부사어(조동사)	술어	목적어

나는 번역가가 되고 싶다.

어휘 **当** dāng 图 되다, 담당하다 **翻译** fānyì 圆 번역(가), 통역(가) 图 번역하다, 통역하다

3. 개사구

给(개사)+他(대사)+爸爸(명사)

他	给他爸爸	打	电话。	그는 그의 아빠에게 전화를 건다.
주어	부사어(개사구)	술어	목적어	

4. 형용사(+地), 동사(구)(+地)

你	仔细	看看	表格。	표를 자세히 보세요.
주어	부사어(형용사)	술어	목적어	

▶ 형용사 仔细(자세하다)가 술어 看(보다)의 부사어로 쓰였다.

小高	吃惊地	看着	他。	샤오가오는 놀라서 그를 쳐다보고 있다.
주어	부사어(동사+地)	술어+着	목적어	

▶ 동사 吃惊(놀라다)이 地와 함께 술어 看(보다)의 부사어로 쓰였다.

어휘 仔细 zǐxì 휑 자세하다 表格 biǎogé 몡 표 吃惊 chījīng 휑 놀라다

5. 시간명사, 의문대사

他们	明年	结婚。	그들은 내년에 결혼한다.
주어	부사어(시간명사)	술어	

这种	饼干	怎么	做？	이런 과자는 어떻게 만들어요?
관형어	주어	부사어(의문대사)	술어	

어휘 结婚 jiéhūn 동 결혼하다 种 zhǒng 양 종류, 가지 饼干 bǐnggān 몡 과자, 비스킷

확인학습

다음 중 부사어를 골라보세요. (쓰기 제1부분 학습을 마친 후, 확인학습으로 문장도 완성해 보세요.)

1. 好听   你的   真   声音
    ⓐ   ⓑ   ⓒ   ⓓ

2. 去   旅游   我   想
    ⓐ   ⓑ   ⓒ   ⓓ

3. 从明天   他   开始   学习   英语
    ⓐ   ⓑ   ⓒ   ⓓ   ⓔ

정답 1.ⓒ 2.ⓓ 3.ⓐ

완성 문장 해설집 p.117

다음 문장에서 정도보어를 찾아보자.

명사+명사+的	명사	동사+得	부사+형용사
超市里的	**东西**	**卖得**	**很贵**。
Chāoshì li de	dōngxi	mài de	hěn guì.
마트 안의	물건은	~하게 팔린다	비싸다.

정답: 很贵

很贵(비싸다)는 卖得(~하게 팔린다)의 정도를 보충해주는 말이다. 이처럼 술어 뒤에서 동작이나 상태의 정도가 어떠한지를 나타내는 문장성분이 정도보어이다.

1 정도보어는 '술어+得'나 술어 뒤에서 동작이나 상태의 정도를 나타낸다.

比赛	进行得	很顺利。	경기는 순조롭게 진행되었다.
주어	술어+得	정도보어	

他	开心	极了。	그는 아주 즐겁다.
주어	술어	정도보어	

어휘 **比赛** bǐsài 몡 경기, 시합　**进行** jìnxíng 통 진행하다　**顺利** shùnlì 톙 순조롭다　**开心** kāixīn 톙 즐겁다, 기쁘다

2 '술어+得' 뒤에서 정도보어가 되는 것

1. 형용사

我的肚子	疼得	厉害。	배가 굉장히 아프다.
관형어+주어	술어+得	정도보어	▶ 형용사 厉害(굉장하다)는 '술어+得'인 疼得(~하게 아프다)의 정도보어이다.

어휘 **肚子** dùzi 몡 배　**疼** téng 톙 아프다　**厉害** lìhai 톙 굉장하다, 심하다

2. 부사+형용사

奶奶	咳嗽得	非常严重。	할머니는 매우 심하게 기침한다.
주어	술어+得	정도보어	▶ '부사+형용사' 형태의 非常严重(매우 심하다)은 '술어+得'인 咳嗽得(~하게 기침하다)의 정도보어이다.

어휘 **奶奶** nǎinai 몡 할머니　**咳嗽** késou 통 기침하다　**严重** yánzhòng 톙 심각하다, 위급하다

3. 동사(+了)

张阿姨	高兴得	哭了。	장 아주머니는 울 정도로 기뻤다. (장 아주머니는 기뻐서 울었다.)
주어	술어+得	정도보어	▶ '동사+了' 형태의 哭了(울었다)는 '술어+得'인 高兴得(~하게 기쁘다)의 정도보어이다.

어휘 **阿姨** āyí 몡 아주머니, 이모　**哭** kū 통 울다

4. 술보구

小李　　兴奋得　　跳了起来。　　　샤오리는 껑충 뛸 정도로 흥분했다. (샤오리는 흥분해서 껑충 뛰었다.)
주어　　술어+得　　정도보어
　　　　　　　　　　　　　　▶ '술어+了+보어' 형태의 술보구 跳了起来(껑충 뛰었다)는 '술어+得'인 兴奋得(~하게 흥분하다)의 정도보어이다.

어휘　兴奋 xīngfèn 劇흥분하다, 감격하다　跳 tiào 劇뛰다　起来 qǐlai [동사 뒤에 쓰여 위로 향함을 나타냄]

5. 술목구

爸爸　　感动得　　流下了眼泪。　　아빠는 눈물을 흘릴 정도로 감동했다. (아빠는 감동해서 눈물을 흘렸다.)
주어　　술어+得　　정도보어
　　　　　　　　　　　　　　▶ '술어+보어+了+목적어' 형태의 술목구 流下了眼泪(눈물을 흘렸다)는 '술어+得'인 感动得(~하게 감동하다)의 정도
　　　　　　　　　　　　　　　보어이다.

어휘　感动 gǎndòng 劇감동하다, 감동시키다　流下 liúxia 흘러내리다　眼泪 yǎnlèi 劇눈물

> **잠깐!** 정도보어가 쓰인 문장에서 술어가 목적어를 취하는 경우 '주어+(술어)+목적어+술어+得+정도보어'의 어순을 가지며, 첫 번째 술어
> 는 주로 생략한다.
>
> 她　　(说)　　汉语　　说得　　很流利。　　그녀는 중국어를 유창하게 한다.(그녀는 중국어를 하는데 유창한 정도로 한다.)
> 주어　(술어)　목적어　술어+得　정도보어
>
> 어휘　流利 liúlì 劇(말·문장이) 유창하다

③ 술어 뒤에서 정도보어가 되는 것

……极了 jí le	아주(극도로) ~하다	好极了 hǎo jí le 아주 좋다
……坏了 huài le	몹시 ~하다	饿坏了 è huài le 몹시 배고프다
……死了 sǐ le	~해 죽겠다(죽을 정도로 ~하다)	累死了 lèi sǐ le 힘들어 죽겠다

> **확인학습**
>
> 다음 중 정도보어를 골라보세요. (쓰기 제1부분 학습을 마친 후, 확인학습으로 문장도 완성해 보세요.)
>
> 1.　得　　　　今天　　　很精彩　　她表现
> 　　ⓐ　　　　ⓑ　　　　ⓒ　　　　ⓓ
>
> 2.　紧张　　　哭了　　　儿子　　　得
> 　　ⓐ　　　　ⓑ　　　　ⓒ　　　　ⓓ
>
> 3.　好极了　　小明　　　钢琴　　　弹得
> 　　ⓐ　　　　ⓑ　　　　ⓒ　　　　ⓓ
>
> 정답　1. ⓒ 2. ⓓ 3. ⓐ

완성 문장 해설집 p.117

필수어법 16 보어(1) 정도보어　**183**

다음 문장에서 결과보어를 찾아보자.

명사	부사	동사	형용사+了
房间	**已经**	**整理**	**好了。**
Fángjiān	yǐjīng	zhěnglǐ	hǎo le.
방은	이미	정리가	다 됐다.

정답: 好

好는 整理(정리하다)의 결과를 보충해주는 말이다. 이처럼 술어 뒤에서 동작의 결과를 나타내는 문장성분이 결과보어이다.

1 결과보어는 술어 뒤에서 동작의 결과를 나타낸다.

결과적으로 틀렸다

他　写　错了　答案。　　그는 답을 틀리게 썼다.
주어　술어　결과보어+了　목적어

결과적으로 다 팔았다

今天　水果　卖　完了。　　오늘 과일은 다 팔렸다.
부사어　주어　술어　결과보어+了

어휘　**答案** dá'àn 몡 답, 답안

2 결과보어가 되는 것

1. 동사

我　找　到了　袜子。　　나는 양말을 찾아냈다.
주어　술어　결과보어+了　목적어
▶ 동사 到(~해내다)는 술어 找(찾다)의 결과보어이다.

어휘　**袜子** wàzi 몡 양말

2. 형용사

你　要　解释　清楚。　　당신은 분명하게 해명해야 해요.
주어　부사어　술어　결과보어
▶ 형용사 清楚(분명하다)는 술어 解释(해명하다)의 결과보어이다.

어휘　**解释** jiěshì 동 해명하다, 해석하다　　**清楚** qīngchu 휑 분명하다, 확실하다

동사	完 wán	동작이 완료됨	吃完 chīwán 다 먹다
	住 zhù	동작·상태가 고정 또는 정지됨	吸引住 xīyǐn zhù 사로잡다
	到 dào	동작을 달성함	找到 zhǎodào 찾아내다
	成 chéng	동작이 완료된 후 다른 것으로 변화됨	翻译成 fānyì chéng ~로 번역되다
	掉 diào	동작이 완료된 후 제거·사라짐	扔掉 rēngdiào 버려 버리다
형용사	好 hǎo	동작이 잘 마무리됨	做好 zuòhǎo 다 (잘) 하다
	光 guāng	동작이 완료된 후 아무것도 남지 않음	用光 yòngguāng 모두 다 쓰다
	对 duì	동작의 결과가 맞음	写对 xiěduì 맞게 쓰다
	错 cuò	동작의 결과가 잘못됨	答错 dácuò 잘못 대답하다
	清楚 qīngchu	동작의 결과가 분명함	讲清楚 jiǎng qīngchu 분명하게 말하다

❸ 在/到/给가 결과보어로 쓰이는 경우

在/到/给가 결과보어로 쓰이는 경우, 뒤에 명사(구)/대사가 붙어 동작이나 행위의 결과가 미치는 장소(범위)/시간/
대상이 무엇인지를 구체적으로 드러낸다.

在 zài	~에, ~에서	写在日记里 xiězài rìjì li 일기에 쓰다
到 dào	~으로, ~까지	推迟到下周 tuīchí dào xià zhōu 다음 주로 미뤄지다
给 gěi	~에게	还给他 huángěi tā 그에게 돌려주다

东西　　掉　　在地上　　了。　　물건이 바닥에 떨어졌다.
주어　　술어　결과보어(在+명사구)　了

어휘　掉 diào 图 떨어지다

(확인학습)

다음 중 결과보어를 골라보세요. (쓰기 제1부분 학습을 마친 후, 확인학습으로 문장도 완성해 보세요.)

1.　完　　　　爸爸　　　了菜　　　做
　　ⓐ　　　　ⓑ　　　　ⓒ　　　　ⓓ

2.　记　　　　了地址　　　错　　　我
　　ⓐ　　　　ⓑ　　　　ⓒ　　　ⓓ

3.　了一杯　　她　　　果汁　　　光　　　喝
　　ⓐ　　　　ⓑ　　　ⓒ　　　ⓓ　　　ⓔ

정답 1. ⓐ 2. ⓒ 3. ⓓ

완성 문장 해설집 p.117

다음 문장에서 방향보어를 찾아보자.

수사+양사	명사	동사+了	동사
两个	**学生**	**跑了**	**进来。**
Liǎng ge	xuésheng	pǎole	jìnlai.
두 명의	학생이	뛰었다	들어오다.

정답: 进来

进来(들어오다)는 跑(뛰다)의 방향을 보충해주는 말이다. 이처럼 술어 뒤에서 동작의 방향을 나타내는 문장성분이 방향보어이다.

1 방향보어는 술어 뒤에서 동작의 방향을 나타낸다.

材料	打印	出来	了。	자료가 인쇄되어 나왔다.
주어	술어	방향보어	了	

어휘 **材料** cáiliào 뗑자료 **打印** dǎyìn 동인쇄하다

2 단순 방향보어

방향을 나타내는 동사 来/去/上/下/进/出/回/过/起/开가 술어 뒤에 붙어 단순 방향보어로 쓰인다. 이때, 이 동사들은 경성이 된다.

来 lai	오다	**拿来** nálai 가져오다	
去 qu	가다	**拿去** náqu 가져가다	
上 shang	오르다	**跳上** tiàoshang 뛰어오르다	
下 xia	내리다	**跳下** tiàoxia 뛰어내리다	
进 jin	들다	**走进** zǒujin 걸어 들어오다	
出 chu	나다	**走出** zǒuchu 걸어 나가다	
回 hui	돌다	**送回** sònghui 돌려 보내다	
过 guo	지나다	**走过** zǒuguo 지나가다	
起 qi	서다	**站起** zhànqi 일어서다	
开 kai	열리다, 분리되다	**拉开** lākai 당겨서 열다	

3 복합 방향보어

上/下/进/出/回/过/起 등의 단순 방향보어 뒤에 来나 去가 결합되어 있는 것을 복합 방향보어라고 한다.

1. 복합 방향보어의 기본 용법

복합 방향보어는 기본적으로 술어 뒤에서 동작의 자세한 방향을 나타낸다.

上来 shànglai	올라오다	爬上来 pá shànglai 기어 올라오다	
上去 shàngqu	올라가다	爬上去 pá shàngqu 기어 올라가다	
下来 xiàlai	내려오다	搬下来 bān xiàlai 옮겨서 내려오다	
下去 xiàqu	내려가다	搬下去 bān xiàqu 옮겨서 내려가다	
进来 jìnlai	들어오다	走进来 zǒu jìnlai 걸어 들어오다	
进去 jìnqu	들어가다	走进去 zǒu jìnqu 걸어 들어가다	
出来 chūlai	나오다	跑出来 pǎo chūlai 뛰어 나오다	
出去 chūqu	나가다	跑出去 pǎo chūqu 뛰어 나가다	
回来 huílai	돌아오다	拿回来 ná huílai 가지고 돌아오다	
回去 huíqu	돌아가다	拿回去 ná huíqu 가지고 돌아가다	
过来 guòlai	(다가)오다	带过来 dài guòlai 가지고 오다	
过去 guòqu	(다가)가다	带过去 dài guòqu 가지고 가다	
起来 qǐlai	일어서다	跳起来 tiào qǐlai 펄쩍 뛰다	

2. 복합 방향보어의 파생 용법

복합 방향보어는 문장에서 동작의 방향을 나타내는 것뿐만 아니라, 술어에 새로운 의미를 보충하기도 한다.

下来 xiàlai	강한 상태에서 약한 상태로 변함을 나타냄	冷静下来 lěngjìng xiàlai 진정하다
下去 xiàqu	동작이나 상태를 지속함을 나타냄	坚持下去 jiānchí xiàqu 버티다
出来 chūlai	동작의 완성이나 실현을 나타냄	写出来 xiě chūlai 써내다
过来 guòlai	정상적인 상태로 돌아옴을 나타냄	醒过来 xǐng guòlai 깨어나다
起来 qǐlai	동작이 시작됨을 나타냄	笑起来 xiào qǐlai 웃기 시작하다

확인학습

다음 중 방향보어를 골라보세요. (쓰기 제1부분 학습을 마친 후, 확인학습으로 문장도 완성해 보세요.)

1. 吧 ⓐ   过去 ⓑ   走 ⓒ   你 ⓓ

2. 要 ⓐ   我 ⓑ   回去 ⓒ   了 ⓓ

3. 一定 ⓐ   下去 ⓑ   坚持 ⓒ   你 ⓓ   要 ⓔ

정답 1. ⓑ 2. ⓒ 3. ⓑ

완성 문장 해설집 p.117

다음 문장에서 가능보어를 찾아보자.

대사	동사	得+동사	명사
我	**看**	**得懂**	**中文。**
Wǒ	kàn	de dǒng	Zhōngwén.
나는	보고	이해할 수 있다	중국어를.

정답: 得懂

得懂은 看(보다)에 대한 가능 여부를 보충해주는 말이다. 이처럼 술어 뒤에서 동작의 가능·불가능을 나타내는 문장성분이 **가능보어**이다.

❶ 가능보어는 술어 뒤에서 동작이 실현 가능한지 또는 불가능한지를 나타낸다.

你	听	得到	我的	声音	吗?	당신 제 목소리를 들을 수 있나요?
주어	술어	가능보어	관형어	목적어	吗	

我们	现在	办	不了	签证。	우리는 지금 비자를 발급받을 수 없어요.
주어	부사어	술어	가능보어	목적어	

어휘 声音 shēngyīn 몡목소리, 소리   办 bàn 동발급하다, (일을) 하다   签证 qiānzhèng 몡비자

❷ 가능보어의 형태 (1)

1. '동사+得+결과/방향보어'는 가능을 나타낸다.

동사+得+결과보어 가능보어	吃得完 chī de wán 다 먹을 수 있다	看得懂 kàn de dǒng (보고) 이해할 수 있다
	找得到 zhǎo de dào 찾아낼 수 있다	说得清楚 shuō de qīngchu 명확하게 말할 수 있다
동사+得+방향보어 가능보어	买得起 mǎi de qi (돈이 있어서) 살 수 있다	抬得起来 tái de qǐlai 들어올릴 수 있다
	走得上去 zǒu de shàngqu 걸어 올라갈 수 있다	联系得上 liánxì de shang 연락할 수 있다

你	看	得清楚	这个	字	吗?	당신은 이 글자를 명확하게 볼 수 있나요?
주어	동사 술어	得+결과보어 가능보어	관형어	목적어	吗	

我	抬	得起来	这个	桌子。	나는 이 책상을 들어올릴 수 있다.
주어	동사 술어	得+방향보어 가능보어	관형어	목적어	

어휘 清楚 qīngchu 휑명확하다, 분명하다   字 zì 몡글자   抬 tái 동들다

2. '동사+不+결과/방향보어'는 불가능을 나타낸다.

동사+不+결과보어 가능보어	吃不完 chī bu wán 다 먹을 수 없다	看不懂 kàn bu dǒng (보고) 이해할 수 없다
	找不到 zhǎo bu dào 찾아낼 수 없다	说不清楚 shuō bu qīngchu 명확하게 말할 수 없다
동사+不+방향보어 가능보어	买不起 mǎi bu qǐ (돈이 없어서) 살 수 없다	抬不起来 tái bu qǐlai 들어올릴 수 없다
	走不上去 zǒu bu shàngqu 걸어 올라갈 수 없다	联系不上 liánxì bu shang 연락할 수 없다

他们   吃   不完   这些   包子。   그들은 이 만두들을 다 먹을 수 없다.
주어   술어   가능보어   관형어   목적어
(동사) (不+결과보어)

这件   衣服   我   买   不起。   이 옷은 내가 (돈이 없어서) 살 수 없다.
관형어   목적어   주어   술어   가능보어
(동사) (不+방향보어)

어휘   包子 bāozi 명 만두, 찐빵

3 가능보어의 형태 (2)

1. '동사+得+了(liǎo)'는 가능을 나타낸다.

你   完成   得了   这些   任务   吗?   당신은 이 업무들을 끝낼 수 있나요?
주어   술어   가능보어   관형어   목적어   吗

어휘   完成 wánchéng 통 완성하다   任务 rènwu 명 임무

2. '동사+不+了(liǎo)'는 불가능을 나타낸다.

小李   今天   来   不了。   샤오리는 오늘 올 수 없다.
주어   부사어   술어   가능보어

확인학습

다음 중 가능보어를 골라보세요. (쓰기 제1부분 학습을 마친 후, 확인학습으로 문장도 완성해 보세요.)

1.   适应   我   这里的气候   不了
   ⓐ   ⓑ   ⓒ   ⓓ

2.   得起   这些   我买   衣服
   ⓐ   ⓑ   ⓒ   ⓓ

3.   你   那本书   送的   我看   不完
   ⓐ   ⓑ   ⓒ   ⓓ   ⓔ

정답 1. ⓓ 2. ⓐ 3. ⓔ

완성 문장 해설집 p.117

20 보어(5) 수량보어

다음 문장에서 수량보어를 찾아보자.

대사	동사+过	수사+양사	명사
我	去过	两次	中国。
Wǒ	qùguo	liǎng cì	Zhōngguó.
나는	가 본 적 있다	두 번	중국에.

정답: 两次

两次(두 번)는 **去过**(가 본 적 있다)의 횟수를 보충해주는 말이다. 이처럼 술어 뒤에서 동작의 횟수나 지속 시간을 나타내는 문장성분이 수량보어이며 수량보어에는 **동량보어**와 **시량보어**가 있다.

1 수량보어(동량보어·시량보어)는 술어 뒤에서 동작이 발생한 횟수나 지속된 시간을 나타낸다.

你	再	说明	一遍。(동량보어)	한 번 더 설명해 주세요.
주어	부사어	술어	수량보어	

儿子	游戏	玩了	一个小时。(시량보어)	아들은 1시간 동안 게임을 했다.
주어	목적어	술어+了	수량보어	

어휘 **说明** shuōmíng [동] 설명하다, 해설하다 **遍** biàn [양] 번, 회[동작의 처음부터 끝까지 전 과정을 세는 단위]
游戏 yóuxì [명] 게임, 놀이

2 동량보어

1. 동량보어는 동작이 발생한 횟수를 나타내며 '수사+동량사'가 동량보어가 된다.

我	看过	一次。(수사+동량사)	나는 한 번 본 적 있다.
주어	술어+过	동량보어	

2. 동량보어는 주로 목적어 앞에 오지만, 대사가 목적어로 쓰인 경우에는 반드시 목적어 뒤에 온다.

我	吃过	一次	中国菜。(명사)	나는 중국 음식을 한 번 먹어봤다.
주어	술어+过	동량보어	목적어	

老师	见过	他(대사)	几次。	선생님은 그를 몇 번 본 적 있다.
주어	술어+过	목적어	동량보어	

3 시량보어

1. 시량보어는 동작이 지속된 시간을 나타내며, 시간의 양을 나타내는 一个小时(1시간 동안), 一年(1년 동안), 半天(한나절 동안)과 같은 명사나 '부사+형용사' 형태의 很久(오랫동안)와 같은 표현이 시량보어가 된다.

他　　等了　　一个小时。　　그는 1시간 동안 기다렸다.
주어　　술어+了　　시량보어

• 자주 쓰이는 시량보어

一分钟 yì fēnzhōng 1분 (동안)		一个小时 yí ge xiǎoshí 1시간 (동안)	
一天 yì tiān 1일 (동안)		一个星期 yí ge xīngqī 1주일 (동안)	
一个月 yí ge yuè 1달 (동안)		一年 yì nián 1년 (동안)	
半天 bàntiān 한나절 (동안)		很久 hěn jiǔ 오랫동안	

2. 술어 뒤에 일반명사 목적어가 올 경우, '(술어)+목적어+술어+시량보어'의 어순을 가지며, 첫 번째 술어는 주로 생략한다.

　　　　　　　일반명사
弟弟　　(学)　　英语　　学了　　一年。　　남동생은 영어를 1년 동안 배웠다.
주어　　(술어)　　목적어　　술어+了　　시량보어

3. 대사나 장소명사가 목적어로 쓰인 경우 시량보어는 반드시 목적어 뒤에 온다.

　　　　　　　대사
我　　等了　　你　　半天。　　저는 당신을 한나절 동안 기다렸어요.
주어　　술어+了　　목적어　　시량보어

　　　　　장소명사
老师　　来　　学校　　半个月了。　　선생님이 학교에 온 지 보름이 되었다.
주어　　술어　　목적어　　시량보어+了

4. 去(가다), 来(오다), 毕业(졸업하다), 离开(떠나다)와 같이 동작이 발생과 동시에 완료되는 순간동사 뒤에서는 '시량보어+了(~한 지 ~되었다)'의 형태로 사용된다.

　　순간동사
我　　来　　中国　　三年了。　　나는 중국에 온 지 3년 되었다.
주어　　술어　　목적어　　시량보어+了

확인학습

다음 중 수량보어를 골라보세요. (쓰기 제1부분 학습을 마친 후, 확인학습으로 문장도 완성해 보세요.)

1.　妹妹　　　一遍　　　读了　　　重新
　　ⓐ　　　　ⓑ　　　　ⓒ　　　　ⓓ

2.　烤鸭　　　吃过　　　你　　　几次
　　ⓐ　　　　ⓑ　　　　ⓒ　　　ⓓ

3.　在上海　　住了　　　三年　　　我
　　ⓐ　　　　ⓑ　　　　ⓒ　　　　ⓓ

정답 1.ⓑ 2.ⓓ 3.ⓒ

완성 문장 해설집 p.117

합격비책

01 술어 배치하기

술어는 문장에서 반드시 있어야 하는 필수성분이다. 제시된 어휘 중 술어가 되는 것을 가장 먼저 찾아 배치하면 문장을 쉽게 완성할 수 있다.

핵심 전략 | 1. 술어 자리에 바로 배치할 수 있는 어휘를 찾는다.
2. 술어가 되는 어휘가 2개일 경우 주술(목)구/술목구를 목적어로 가지는 동사나 문장의 맨 앞에 오는 동사를 바로 술어 자리에 배치한다.

예제 맛보기

看了	一只	我	熊猫

	看了	一只	我	熊猫
	동사+了	수사+양사	대사	명사
	↓	↓	↓	↓
	주어	술어+了	관형어	목적어
정답	我	看了	一只	熊猫。

해석　나는 판다 한 마리를 봤다.

어휘　只 zhī ⓥ 마리　熊猫 xióngmāo ⓥ 판다

STEP 1　술어 배치하기

제시된 어휘 중 '동사+了' 형태의 看了(봤다)를 '술어+了' 자리에 바로 배치한다.
→ 看了

STEP 2　주어·목적어 배치하기

대사 我(나)와 명사 熊猫(판다) 중 술어 看(보다)과 문맥상 목적어로 어울리는 熊猫를 목적어 자리에 배치한다. 그 다음, 我를 주어 자리에 배치한다.
→ 我　看了　熊猫

STEP 3　남은 어휘 배치하여 문장 완성하기

남은 어휘인 '수사+양사' 형태의 一只(한 마리)을 목적어 앞 관형어 자리에 배치하여 문장을 완성한다.
→ 我　看了　一只　熊猫

완성된 문장 我看了一只熊猫。(나는 판다 한 마리를 봤다.)

1 술어 자리에 바로 배치할 수 있는 것

1. 제시된 어휘 중 유일한 동사 또는 형용사

제시된 어휘 중 동사나 형용사가 1개뿐이라면 술어 자리에 바로 배치한다.

동사 他　　经常　　看　　词典。　　그는 사전을 자주 본다.
　　　　주어　　부사어　　술어　　목적어

형용사 这个　　西红柿　　非常　　新鲜。　　이 토마토는 아주 신선하다.
　　　　　관형어　　주어　　　부사어　　술어

어휘 经常 jīngcháng 🔺자주, 늘　词典 cídiǎn 🔳사전　西红柿 xīhóngshì 🔳토마토　新鲜 xīnxiān 🔘신선하다

> **잠깐!** 술어 자리에 올 수 있는 어휘가 형용사 1개뿐인데 주어가 될 수 있는 명사/대사가 2개면 주술술어문을 고려하여 문장을 완성한다.
>
> 　　　　　　명사　　명사　　부사+형용사
> 　　　这种　　药　　味道　　不苦。　　이 약은 맛이 쓰지 않다.
> 　　　관형어　주어　　주어　부사어+술어
> 　　　　　　　　　　　└──────┘
> 　　　　　　　　　　　　　술어
>
> **어휘** 味道 wèidao 🔳맛　苦 kǔ 🔘쓰다

2. 동사+了/着/过

동태조사 了/着/过는 술어 뒤에서 동작의 완료, 진행, 경험을 나타내므로 了/着/过가 붙은 동사는 술어 자리에 바로 배치한다.

동사+了 我　　买了　　一本　　杂志。　　나는 잡지를 한 권 샀다.
　　　　　주어　술어+了　관형어　목적어

동사+着 森林里　　住着　　很多　　动物。　　숲에는 많은 동물이 살고 있다.
　　　　　주어　　술어+着　관형어　목적어

동사+过 她　　去过　　许多　　国家。　　그녀는 매우 많은 나라에 가본 적 있다.
　　　　　주어　술어+过　관형어　목적어

어휘 杂志 zázhì 🔳잡지　森林 sēnlín 🔳숲, 삼림　动物 dòngwù 🔳동물　许多 xǔduō 🔺매우 많다　国家 guójiā 🔳나라, 국가

3. 동사/형용사+得

구조조사 得는 술어 뒤에서 술어와 정도보어를 연결하므로 得가 붙은 동사나 형용사는 술어 자리에 바로 배치한다.

동사+得 小雪　　吃得　　很少。　　샤오쉐는 적게 먹는다.
　　　　　주어　술어+得　정도보어

형용사+得 他　　激动得　　哭了。　　그는 울 정도로 감격했다. (그는 감격해서 울었다.)
　　　　　　주어　술어+得　　정도보어

어휘 激动 jīdòng 🔘감격하다, 감동하다

4. 부사+동사/형용사

부사는 술어 앞에서 부사어로 쓰이므로 부사 뒤에 붙은 동사나 형용사는 술어 자리에 바로 배치한다.

부사+동사 他们　　正在接受　　安全教育。　　그들은 안전 교육을 받고 있다.
　　　　　　주어　부사어+술어　목적어

부사+형용사 孙女的　　性格　　特别活泼。　　손녀의 성격은 아주 활발하다.
　　　　　　관형어　　주어　　부사어+술어

어휘 接受 jiēshòu 🔘받다　安全教育 ānquán jiàoyù 안전 교육　性格 xìnggé 🔳성격　活泼 huópō 🔘활발하다

5. 조동사+동사

조동사는 술어 앞에서 부사어로 쓰이므로 조동사 뒤에 붙은 동사는 술어 자리에 바로 배치한다.

조동사+동사　你　　应该积累　　更多的　　知识。　　당신은 더 많은 지식을 쌓아야 합니다.
　　　　　　주어　부사어+술어　관형어　　목적어

어휘　应该 yīnggāi 조동 ~해야 한다　积累 jīlěi 동 쌓이다, 누적하다　知识 zhīshi 명 지식

② 술어가 되는 어휘가 2개일 경우 술어 자리에 배치할 수 있는 것

1. 주술(목)구/술목구를 목적어로 가지는 동사

제시된 어휘 중 동사가 2개이거나 동사와 형용사가 모두 있는데 그중 1개가 주술(목)구/술목구를 목적어로 가지는 동사이면 그 동사를 술어 자리에 배치한다.

　　　　동사　　　　　부사+형용사
我　　认为　他　　很帅。　　나는 그가 잘생겼다고 생각한다.
주어　　술어　주어　부사어+술어
　　　　　　　목적어(주술구)

어휘　认为 rènwéi 동 ~라고 생각하다, ~이라고 여기다　帅 shuài 형 잘생기다

• 자주 출제되는 주술(목)구/술목구를 목적어로 취하는 동사

喜欢 xǐhuan 좋아하다	认为 rènwéi ~라고 생각하다	以为 yǐwéi ~라고 여기다
感觉 gǎnjué 느끼다	估计 gūjì 추측하다	需要 xūyào 필요하다
保证 bǎozhèng 보장하다, 보증하다	考虑 kǎolǜ 고려하다	允许 yǔnxǔ 허락하다

잠깐! 제시된 어휘에 동사와 형용사가 모두 있을 경우 형용사를 술어 자리에 배치하고 동사를 주어 자리에 배치하는 경우도 있다.

　　동사　　　　　　　형용사
保护　环境　十分　重要。　　환경을 보호하는 것은 아주 중요하다.
술어　목적어　부사어　술어
　주어(술목구)

어휘　保护 bǎohù 동 보호하다　环境 huánjìng 명 환경　十分 shífēn 부 아주, 매우　重要 zhòngyào 형 중요하다

2. 문장의 맨 앞에 오는 동사

祝贺(축하하다), 感谢(감사하다)와 같은 동사는 문장의 맨 앞에 배치할 수 있다. 이는 문맥상 화자가 누구인지 분명히 알 수 있기 때문에 문장의 주어가 생략된 경우이다.

(我)　祝贺　你　考上了　　大学。　　(나는) 네가 대학에 합격한 것을 축하해.
(주어)　술어　주어　술어+결과보어+了　목적어
　　　　　　목적어(주술목구)

어휘　考上 kǎoshang (시험에) 합격하다

• 자주 출제되는 문장의 맨 앞에 오는 동사

请 qǐng ~해 주세요	祝(贺) zhù(hè) 축하하다
感谢/谢谢 gǎnxiè/xièxie 감사하다	麻烦 máfan 번거롭게 하다

제시된 어휘로 어순에 맞는 문장을 완성하세요.

1. 表扬　　老师的　　好作用　　起了

   정답: _____

2. 菜　　越来越　　好了　　味道　　我做的

   정답: _____

3. 鼓励　　对我的　　大家　　感谢

   정답: _____

4. 需要　　售货员　　服务　　为顾客

   정답: _____

5. 至少得　　帽子　　这些　　八百多块

   정답: _____

6. 非常　　这种　　受欢迎　　职业

   정답: _____

정답 해설집 p.117

합격비책 02 주어·목적어 배치하기

주어는 술어의 주체가 되는 성분이고, 목적어는 술어의 대상이 되는 성분이다. 따라서 주어·목적어가 되는 것을 찾아서 술어와의 의미 관계에 따라 주어와 목적어를 배치할 수 있어야 한다.

핵심 전략

1. 주어 자리나 목적어 자리에 바로 배치할 수 있는 어휘를 찾는다.
2. 주어나 목적어 자리에 올 수 있는 어휘가 2개일 경우 술어와의 의미 관계에 따라 목적어 → 주어 순으로 배치한다.
3. 주술구, 술목구가 주어나 목적어 자리에 올 수 있는 것에 유의한다.

예제 맛보기

买了	一条	他	毛巾

买了	一条	他	毛巾
동사+了	수사+양사	대사	명사

주어	술어+了	관형어	목적어

정답 他 买了 一条 毛巾。

해설 그는 수건 한 개를 샀다.

어휘 条 tiáo 웹 [가늘고 긴 것을 세는 단위] 毛巾 máojīn 웹 수건, 타월

STEP 1 술어 배치하기

제시된 어휘 중 '동사+了' 형태의 买了(샀다)를 '술어+了' 자리에 바로 배치한다.
→ 买了

STEP 2 주어·목적어 배치하기

대사 他(그)와 명사 毛巾(수건) 중 술어 买(사다)와 문맥상 목적어로 어울리는 毛巾을 목적어 자리에 배치한다. 그 다음, 他를 주어 자리에 배치한다.
→ 他 买了 毛巾

STEP 3 남은 어휘 배치하여 문장 완성하기

남은 어휘인 '수사+양사' 형태의 一条(한 개)를 목적어 앞 관형어 자리에 배치하여 문장을 완성한다. → 他 买了 一条 毛巾

완성된 문장 他买了一条毛巾。(그는 수건 한 개를 샀다.)

🎋 비책 공략하기

1️⃣ 주어 자리에 바로 배치할 수 있는 것

1. 대사/명사+부사/조동사/개사(구)

부사/조동사/개사(구)는 주어 뒤, 술어 앞에서 부사어가 되므로 이와 같은 어휘가 뒤에 붙은 대사나 명사는 주어 자리에 바로 배치한다.

대사+부사	她经常	参加	各种	活动。	그녀는 각종 행사에 자주 참석한다.
	주어+부사어	술어	관형어	목적어	

명사+조동사	弟弟想	成为	一名	演员。	동생은 배우가 되고 싶어 한다.
	주어+부사어	술어	관형어	목적어	

대사+개사구	他从去年	开始	戴眼镜。	그는 작년부터 안경을 쓰기 시작했다.
	주어+부사어	술어	목적어(술목구)	

어휘 参加 cānjiā 통 참석하다 活动 huódòng 명 행사, 활동 成为 chéngwéi 통 ~이 되다 演员 yǎnyuán 명 배우
戴 dài 통 쓰다, 착용하다 眼镜 yǎnjìng 명 안경

2. 어기부사+대사

难道(설마 ~인가), 也许(아마도)와 같은 어기부사는 문장 맨 앞에서 문장 전체를 수식하는 부사어가 될 수 있으므로 어기부사 뒤에 붙은 대사는 주어 자리에 바로 배치한다.

어기부사+대사	难道你	不认识	他吗?	설마 당신은 그녀를 모르는 건가요?
	부사어+주어	부사어+술어	목적어+吗	

어휘 难道 nándào 뷔 설마 ~인가

3. 형용사가 술어인 경우 유일한 명사

형용사가 술어인 경우에는 목적어가 올 수 없으므로, 유일한 명사는 주어 자리에 바로 배치한다.

这碗	鸡蛋汤	特别	咸。	이 달걀국은 아주 짜다.
관형어	주어	부사어	술어	

어휘 碗 wǎn 명 그릇, 공기 汤 tāng 명 국, 탕 咸 xián 형 짜다

2️⃣ 목적어 자리에 바로 배치할 수 있는 것

1. 명사/대사+吗/了

어기조사 吗와 了는 문장 맨 뒤에서 각각 의문과 변화의 어기를 나타내므로 吗나 了가 뒤에 붙은 명사나 대사는 목적어 자리에 바로 배치한다.

명사+吗	飞机上	提供	免费的	饮料吗?	비행기에서 무료 음료를 제공하나요?
	주어	술어	관형어	목적어+吗	

대사+了	你	肯定	误会	她了。	당신은 분명히 그녀를 오해했어요.
	주어	부사어	술어	목적어+了	

어휘 提供 tígōng 통 제공하다, 공급하다 免费 miǎnfèi 통 무료로 하다 饮料 yǐnliào 명 음료 肯定 kěndìng 뷔 분명히, 확실히
误会 wùhuì 통 오해하다

❸ 주어나 목적어 자리에 주술구/술목구 배치하기

1. 주어 자리에 주술구/술목구 배치하기

제시된 어휘 중 술어가 되는 동사가 2개이거나 동사와 형용사가 모두 있는 경우, 주술구 또는 술목구 주어를 고려하여 문장을 완성한다.

주술구　　你　　这么　　做　　不　　符合　　规定。　　당신이 이렇게 하는 것은 규정에 부합하지 않아요.
　　　　　주어　　부사어　술어(동사)　부사어　술어(동사)　목적어
　　　　　　　　　　주어

술목구　　踢　　足球　　特别　　有趣。　　축구를 하는 것은 아주 재미있다.
　　　　　술어(동사)　목적어　부사어　술어(형용사)
　　　　　　　주어

어휘　符合 fúhé 图 부합하다　规定 guīdìng 图 규정　有趣 yǒuqù 图 재미있다, 흥미가 있다

2. 목적어 자리에 주술(목)구/술목구 배치하기

술어 자리에 주술구/술목구를 목적어로 가지는 동사를 배치한 경우, 주술(목)구/술목구 목적어를 고려하여 문장을 완성한다.

주술(목)구　我　　感觉　　今年　　比较　　暖和。　　나는 올해가 비교적 따뜻하다고 느낀다.
　　　　　　주어　술어　주어　부사어　술어
　　　　　　　　　　　　목적어

　　　　　　我　　认为　　她　　有　　问题。　　나는 그녀가 문제가 있다고 생각한다.
　　　　　　주어　술어　주어　술어　목적어
　　　　　　　　　　　　목적어

술목구　　姐姐　　喜欢　　读　　小说。　　언니는 소설을 읽는 것을 좋아한다.
　　　　　주어　술어　술어　목적어
　　　　　　　　　　목적어

어휘　感觉 gǎnjué 图 느끼다　比较 bǐjiào 图 비교적　暖和 nuǎnhuo 图 따뜻하다　认为 rènwéi 图 ~이라고 생각하다
　　　问题 wèntí 图 문제　小说 xiǎoshuō 图 소설

제시된 어휘로 어순에 맞는 문장을 완성하세요.

1. 衣服　　　你穿　　　这件　　　很合适

   정답: _____

2. 适应了　　　那里的　　　他已经　　　气候

   정답: _____

3. 走进了　　　警察看见　　　火车站　　　一个小伙子

   정답: _____

4. 特别　　　这种　　　苦　　　巧克力

   정답: _____

5. 他估计　　　来得及　　　还　　　时间

   정답: _____

6. 没听到那个　　　难道他　　　吗　　　消息

   정답: _____

정답 해설집 p.119

합격비책

03 관형어 배치하기

관형어는 주어 또는 목적어를 수식하는 성분이다. 관형어가 될 수 있는 어휘를 찾아서 주어·목적어와의 의미 관계에 따라 관형어를 배치할 수 있어야 한다.

핵심 전략

1. 관형어 자리에 오는 형태 및 품사를 알아 둔다.
2. 일부 명사나 동사, 1음절 형용사는 **的** 없이 관형어가 될 수 있음을 알아 둔다.
3. 관형어가 될 수 있는 어휘가 2개 이상 제시되기도 하므로, 관형어 배치 순서를 정확히 알아 둔다.

예제 맛보기

他的	非常	房间	干净

	他的	非常	房间	干净
	대사+的	부사	명사	형용사
	[관형어]	[주어]	[부사어]	[술어]
정답	他的	房间	非常	干净。

해설 그의 방은 매우 깨끗하다.

어휘 **干净** gānjìng [형] 깨끗하다

STEP 1 술어 배치하기

제시된 어휘 중 유일한 형용사 **干净**(깨끗하다)을 술어 자리에 바로 배치한다.
→ 干净

STEP 2 주어·목적어 배치하기

제시된 어휘 중 유일한 명사 **房间**(방)을 주어 자리에 바로 배치한다.
→ 房间 干净

STEP 3 남은 어휘 배치하여 문장 완성하기

남은 어휘 중 '대사+的' 형태의 **他的**(그의)는 주어 **房间**(방) 앞에 관형어로 배치하고, 부사 **非常**(매우)은 술어 **干净**(깨끗하다) 앞에 부사어로 배치하여 문장을 완성한다.
→ 他的 房间 非常 干净

완성된 문장 他的房间非常干净。(그의 방은 매우 깨끗하다.)

❶ 관형어 자리에 배치하는 것

1. ·····+的

구조조사 的는 관형어 뒤에서 관형어와 주어·목적어를 연결하므로 的가 뒤에 붙은 어휘는 관형어 자리에 배치한다.

명사/대사+的	演员的	表演	很	精彩。	배우의 공연은 훌륭했다.
	관형어	주어	부사어	술어	

형용사/동사+的	她	提供了	准确的	消息。	그녀는 정확한 정보를 제공했다.
	주어	술어+了	관형어	목적어	

주술구+的	他做的	动作	很	标准。	그가 한 동작은 정확하다.
	관형어	주어	부사어	술어	

술목구+的	老板	提出了	解决问题的	方法。	사장은 문제를 해결하는 방법을 제시했다.
	주어	술어+了	관형어	목적어	

어휘 演员 yǎnyuán 몡배우, 연기자   表演 biǎoyǎn 통공연하다   精彩 jīngcǎi 혱훌륭하다   提供 tígōng 통제공하다
准确 zhǔnquè 혱정확하다   消息 xiāoxi 몡정보, 소식   动作 dòngzuò 몡동작, 포즈   标准 biāozhǔn 혱정확하다, 표준적이다
提出 tíchū 통제시하다   解决 jiějué 통해결하다   方法 fāngfǎ 몡방법

> **잠깐!** 구조조사 的가 단독으로 제시되거나 '的+명사'가 제시되면 술어와 주어·목적어를 배치한 후, 남은 어휘와 的를 연결하여 관형어로
> 배치하거나 남은 어휘를 '的+명사' 앞 관형어로 배치한다.

我	讨厌	<u>那里　的</u>	气候。	나는 그곳의 기후를 싫어한다.
주어	술어	관형어	목적어	

어휘 讨厌 tǎoyàn 통싫어하다   气候 qìhòu 몡기후

2. ·····+양사

양사는 대사나 수사와 함께 주어·목적어를 수식하므로 양사가 뒤에 붙은 어휘는 관형어 자리에 배치한다.

대사+양사	这些	植物	喜欢	阳光。	이 식물들은 햇빛을 좋아한다.
	관형어	주어	술어	목적어	

수사+양사	我	想	成为	一名	律师。	나는 변호사가 되고 싶다.
	주어	부사어	술어	관형어	목적어	

어휘 植物 zhíwù 몡식물   阳光 yángguāng 몡햇빛   成为 chéngwéi 통~이 되다   律师 lǜshī 몡변호사

3. 的 없이 관형어가 될 수 있는 명사, 동사, 1음절 형용사

1음절 형용사 또는 일부 명사나 동사는 的 없이 관형어가 될 수 있고, 꾸미는 대상 바로 앞에 위치한다. 이러한 표현은 관용구
처럼 알아 둔다.

哥哥的	新	房子	很	不错。	형의 새 집은 좋다.
관형어1	관형어2(형용사)	주어	부사어	술어	

这	是	一篇	爱情	故事。	이것은 한 편의 러브 스토리이다.
주어	술어	관형어1	관형어2(명사)	목적어	

어휘 不错 búcuò 혱좋다   篇 piān 얭편[글, 문장을 세는 단위]   爱情故事 àiqíng gùshi 러브 스토리, 사랑 이야기

• 꼭 알아 두어야 할 명사(관형어)+명사, 동사(관형어)+명사 짝꿍 표현

명사(관형어) +명사	手机+号码 shǒujī hàomǎ 휴대폰 번호	足球+比赛 zúqiú bǐsài 축구 시합
	首都+机场 shǒudū jīchǎng 수도 공항	民族+文化 mínzú wénhuà 민족 문화
	生活+经历 shēnghuó jīnglì 생활 경험	森林+公园 sēnlín gōngyuán 삼림 공원
	气候+变化 qìhòu biànhuà 기후 변화	爱情+故事 àiqíng gùshi 러브 스토리
동사(관형어) +명사	招聘+要求 zhāopìn yāoqiú 모집(하는) 요구 사항	联系+方法 liánxì fāngfǎ 연락(하는) 방법
	解决+方法 jiějué fāngfǎ 해결(하는) 방법	放松+方法 fàngsōng fāngfǎ 긴장 완화(하는) 방법
	学习+习惯 xuéxí xíguàn 공부(하는) 습관	调查+结果 diàochá jiéguǒ 조사(한) 결과

2 2개 이상의 관형어 배치 순서

1. 소유·시간·장소를 나타내는 '명사/대사+的'는 첫 번째 관형어로 배치한다.

소유   弟弟的   那台   电脑   坏了。   남동생의 그 컴퓨터는 고장 났다.
관형어1   관형어2   주어   술어+了
▶ 弟弟的(남동생의)는 소유를 나타내므로 관형어 중에서 가장 앞에 위치한다.

시간   今天的   这场   演出   很   成功。   오늘의 이 공연은 성공적이다.
관형어1   관형어2   주어   부사어   술어
▶ 今天的(오늘의)는 시간을 나타내므로 관형어 중에서 가장 앞에 위치한다.

장소   商店里的   那位   售货员   很   热情。   상점의 그 점원은 친절하다.
관형어1   관형어2   주어   부사어   술어
▶ 商店里的(상점의)는 장소를 나타내므로 관형어 중에서 가장 앞에 위치한다.

어휘   台 tái 양 대[기계를 세는 단위]   坏 huài 동 고장 나다, 망가지다   场 chǎng 양 회, 차례   演出 yǎnchū 동 공연하다
成功 chénggōng 형 성공적이다   位 wèi 양 분, 명   售货员 shòuhuòyuán 명 점원   热情 rèqíng 형 친절하다

2. 사물이나 사람을 구체적으로 묘사하는 '동사(구)/형용사(구)+的'는 주로 '대사/수사+양사' 뒤, 꾸미는 대상 바로 앞에 배치한다.

대사+양사   형용사+동사+的
这双   新买的   袜子   很   厚。   이 새로 산 양말은 두껍다.
관형어1   관형어2   주어   부사어   술어
▶ 新买的(새로 산)는 袜子(양말)를 묘사하므로 '대사+양사' 형태의 这双(이) 뒤에 온다.

                수사+양사   형용사+的
海南   是   一个   美丽的   城市。   하이난은 아름다운 도시이다.
주어   술어   관형어1   관형어2   목적어
▶ 美丽的(아름다운)는 城市(도시)을 묘사하므로 '수사+양사' 형태의 一个(한 개) 뒤에 온다.

어휘   双 shuāng 양 켤레   袜子 wàzi 명 양말   厚 hòu 형 두껍다   海南 Hǎinán 고유 하이난, 해남   美丽 měilì 형 아름답다
城市 chéngshì 명 도시

제시된 어휘로 어순에 맞는 문장을 완성하세요.

1. 他的　　　我不能　　　错误　　　原谅

   정답: _____

2. 我记得　　　号码　　　手机　　　房东的

   정답: _____

3. 作家　　　我见过　　　这本小说的

   정답: _____

4. 精彩的　　　我们看了　　　一场　　　比赛

   정답: _____

5. 购买的　　　家具　　　我昨天　　　贵　　　非常

   정답: _____

6. 意见　　　尊重　　　学生的　　　马教授　　　十分

   정답: _____

정답 해설집 p.121

04 부사어 배치하기

부사어는 술어 또는 문장 전체를 수식하는 성분이다. 부사어가 되는 어휘들을 찾아 술어 앞, 주어 뒤인
부사어 자리에 배치할 수 있어야 한다.

핵심 전략
1. 부사어 자리에 오는 형태 및 품사를 알아 둔다.
2. 술어 앞에 2개 이상의 부사어를 배치해야 하는 경우, 그 순서를 정확히 알아 둔다.

예제 맛보기

了	他	笑	得意地

了　　他　　笑　　得意地
조사　　대사　　동사　　형용사+地

주어	부사어	술어	了

정답　　他　　得意地　　笑　　了。

해설　그는 의기양양하게 웃었다.

어휘　**得意** déyì 휑 의기양양하다, 득의양양하다

STEP 1 술어 배치하기
제시된 어휘 중 유일한 동사 笑(웃다)를 술어 자리에 바로 배치한다. → 笑

STEP 2 주어·목적어 배치하기
술어 笑(웃다)와 문맥상 주어로 어울리는 대사 他(그)를 주어 자리에 배치한다.
→ 他　笑

STEP 3 남은 어휘 배치하여
문장 완성하기
남은 어휘 중 '형용사+地' 형태인 得意地(의기양양하게)를 술어 笑(웃다) 앞에 부사어로
배치하고, 조사 了를 술어 笑 뒤에 배치하여 문장을 완성한다.
→ 他　得意地　笑　了

완성된 문장 他得意地笑了。(그는 의기양양하게 웃었다.)

🎋 비책 공략하기

1️⃣ 부사어 자리에 배치하는 것

1. 부사, 조동사, 개사구

부사, 조동사, 개사구는 술어 앞에서 술어를 수식하는 어휘이므로 술어 앞, 주어 뒤인 부사어 자리에 배치한다.

부사	他	竟然	拒绝了	我的	要求。	그는 뜻밖에도 내 요구 사항을 거절했다.
	주어	부사어	술어+了	관형어	목적어	

조동사	你	要	养成	好	习惯。	당신은 좋은 습관을 길러야 한다.
	주어	부사어	술어	관형어	목적어	

개사구	她	在大使馆	办了	签证。	그녀는 대사관에서 비자를 발급받았다.
	주어	부사어	술어+了	목적어	

어휘 竟然 jìngrán 뜻밖에, 의외로 拒绝 jùjué 거절하다, 거부하다 要求 yāoqiú 요구 사항
养成 yǎngchéng 기르다 习惯 xíguàn 습관 大使馆 dàshǐguǎn 대사관 签证 qiānzhèng 비자

> **잠깐!** 难道(설마 ~란 말인가), 到底(도대체)와 같은 어기부사는 문장 맨 앞에도 쓰일 수 있지만, 이 경우 대개 주어가 되는 어휘의 앞에 함께 붙어서 나오는 경우가 많다.

2. ……+地

구조조사 地는 부사어 뒤에서 부사어와 술어를 연결하므로 地가 붙은 어휘는 술어 앞, 주어 뒤인 부사어 자리에 바로 배치한다.

동사+地	他	吃惊地	看着	我。	그는 놀라며 나를 쳐다봤다.
	주어	부사어	술어+着	목적어	

형용사+地	姐姐	害羞地	低下了	头。	언니는 수줍게 고개를 숙였다.
	주어	부사어	술어+보어+了	목적어	

어휘 吃惊 chījīng 놀라다 害羞 hàixiū 수줍어하다, 부끄러워하다 低 dī (머리를) 숙이다

> **잠깐!** 顺利(순조롭다), 仔细(자세하다), 正式(정식적이다)과 같은 두 글자 형용사는 地 없이도 부사어 자리에 올 수 있음을 알아 둔다.

2️⃣ 2개 이상의 부사어 배치 순서

1. 부사 → 조동사 → 개사구

부사 → 조동사	他	偶尔	会	回忆	过去。	그는 때때로 과거를 회상한다.
	주어	부사어1	부사어2	술어	목적어	

조동사 → 개사구	我	想	跟他	做	朋友。	나는 그와 친구로 지내고 싶다.
	주어	부사어1	부사어2	술어	목적어	

부사 → 개사구	这个	工作	都	由她	负责。	이 일은 모두 그녀가 책임진다.
	관형어	주어	부사어1	부사어2	술어	

어휘 偶尔 ǒu'ěr 때때로 回忆 huíyì 회상하다, 기억하다 过去 guòqù 과거 做朋友 zuò péngyou 친구로 지내다
由 yóu ~이/가 负责 fùzé 책임지다

2. 다른 부사어 → 马上(곧)/互相(서로)/随便(함부로) → 술어

마上, 互相, 随便과 같이 술어와 의미 관계가 긴밀한 부사의 경우 다른 부사어 뒤, 술어 바로 앞에 배치한다.

	조동사	부사		
奶奶	能	马上	出院。	할머니는 곧 퇴원을 할 수 있다.
주어	부사어1	부사어2	술어	

	조동사	부사		
朋友之间	应该	互相	尊重。	친구 사이에는 마땅히 서로를 존중해야 한다.
주어	부사어1	부사어2	술어	

	부사	부사		
你	别	随便	放弃。	당신 함부로 포기하지 마세요.
주어	부사어1	부사어2	술어	

어휘 **马上** mǎshàng 뷔곧, 즉시 **出院** chūyuàn 图퇴원하다 **应该** yīnggāi 조동마땅히 ~해야 한다 **互相** hùxiāng 뷔서로, 상호
尊重 zūnzhòng 图존중하다 **随便** suíbiàn 뷔함부로, 마음대로 **放弃** fàngqì 图포기하다

3. 시간을 나타내는 부사어 → 다른 부사어

시간을 나타내는 부사어는 항상 다른 부사어 앞에 배치한다.

	시간부사	범위부사		
资料	已经	全部	整理	好了。 자료는 이미 전부 다 정리되었다.
주어	부사어1	부사어2	술어	보어

어휘 **资料** zīliào 명자료 **全部** quánbù 명전부 **整理** zhěnglǐ 图정리하다

4. 관용구처럼 쓰이는 '부사+부사' 표현을 알아 둔다.

	부사	부사		
我	从来	没	怀疑过	他。 나는 여태껏 그를 의심해본 적이 없다.
주어	부사어1	부사어2	술어+过	술어

어휘 **从来** cónglái 뷔여태껏, 지금까지 **怀疑** huáiyí 图의심하다

• 꼭 알아 두어야 할 '부사+부사' 표현

从来+不/没 cónglái bù/méi 여태껏 ~않다	并+不/没 bìng bù/méi 결코 ~않다
完全+不/没 wánquán bù/méi 완전히 ~않다	一点儿+也+不 yìdiǎnr yě bù 조금도 ~않다
千万+别/不要 qiānwàn bié/búyào 절대로 ~하지 마라	最好+别/不要 zuìhǎo bié/búyào ~하지 않는 것이 제일 좋다
稍微+有点儿 shāowēi yǒudiǎnr 약간	一定+按时 yídìng ànshí 반드시 제때에

제시된 어휘로 어순에 맞는 문장을 완성하세요.

1. 感到   为小明的   骄傲   勇敢   老师

   정답: _____

2. 一点儿   这个   轻松   也不   任务

   정답: _____

3. 对这个网站   非常   熟悉   他

   정답: _____

4. 不得不   考虑这个问题   我   重新

   정답: _____

5. 三个小时后   将于   降落在首都机场   飞机

   정답: _____

6. 可以   知识   阅读报纸   增长

   정답: _____

정답 해설집 p.123

합격비책 05 | 보어 배치하기

보어는 '술어+得' 또는 술어 뒤에서 술어의 의미를 보충하는 문장성분이다. 보어가 되는 어휘는 술어가 되는 어휘와 품사 및 형태가 비슷하므로, 제시된 어휘 중 술어를 먼저 배치한 후 나머지 어휘를 보어 자리에 배치할 수 있어야 한다.

핵심 전략

1. 제시된 어휘 중 '동사/형용사+得'가 있으면 술어와 정도보어를 동시에 배치한다.
2. 결과보어, 방향보어, 수량보어의 쓰임과 의미를 정확히 알아 둔다.

예제 맛보기

很不错	这篇	文章	翻译得

很不错	这篇	文章	翻译得
부사+형용사	대사+양사	명사	동사+得

관형어	주어	술어+得	보어

정답

这篇	文章	翻译得	很不错。

해설 이 글은 잘 번역되었다.

어휘 **不错** búcuò 휑 좋다 **篇** piān 영 편 **文章** wénzhāng 명 글, 문장 **翻译** fānyì 동 번역하다, 통역하다

STEP 1 술어와 보어 배치하기

제시된 어휘 중 翻译得에 정도보어를 이끄는 구조조사 得가 있으므로 '술어+得+정도보어' 형태의 문장을 완성해야 한다. 따라서 '동사+得' 형태인 翻译得(~하게 번역되다)를 '술어+得' 자리에, '부사+형용사' 형태인 很不错(좋다)를 보어 자리에 배치한다. → 翻译得 很不错

STEP 2 주어 배치하기

제시된 어휘 중 명사 文章(글)을 주어 자리에 배치한다.
→ 文章 翻译得 很不错

STEP 3 남은 어휘 배치하여 문장 완성하기

남은 어휘인 '대사+명사' 형태의 这篇(이)을 주어 文章(글) 앞에 관형어로 배치하여 문장을 완성한다. → 这篇 文章 翻译得 很不错

완성된 문장 这篇文章翻译得很不错。 (이 글은 잘 번역되었다.)

비책 공략하기

1 '술어+得' 뒤에 정도보어 배치하기

'동사/형용사+得'가 있으면 술어 자리에 바로 배치한 후, '(부사)+형용사' 또는 술보구, 술목구를 술어 뒤 정도보어로 배치한다.

부사+형용사

这里的　　　东西　　卖得　　很贵。　이곳의 물건은 비싸게 판다.
관형어　　　주어　　술어(동사)+得　정도보어

술보구
　　　　　　　　　　　　　　　↱ 방향보어
我们　　激动得　　站了起来。　우리는 일어날 정도로 감격스러웠다. (우리는 감격스러워서 일어났다.)
주어　　술어(형용사)+得　정도보어

술목구
　　　　　　　　　　　　　↱ 목적어
他　　伤心得　　流下了眼泪。　그는 눈물을 흘릴 정도로 슬퍼했다. (그는 슬퍼서 눈물을 흘렸다.)
주어　술어(형용사)+得　정도보어

어휘　激动 jīdòng 廖감격스러워하다　伤心 shāngxīn 廖슬퍼하다　流 liú 廖흐르다　眼泪 yǎnlèi 廖눈물

• 꼭 알아 두어야 할 '술어+得+정도보어' 표현

술어+得 +(부사) +형용사	打扮+得+漂亮 dǎban de piàoliang 예쁘게 꾸몄다
	卖+得+特别+贵 mài de tèbié guì 아주 비싸게 판다
	谈+得+十分+愉快 tán de shífēn yúkuài 매우 유쾌하게 이야기를 나눴다
	翻译+得+很+准确 fānyì de hěn zhǔnquè 정확하게 번역했다
	咳嗽+得+越来越+严重 késou de yuèláiyuè yánzhòng 점점 심하게 기침한다
술어+得 +술보구	激动+得+站了起来 jīdòng de zhànle qǐlai 일어날 정도로 감격스러웠다(감격스러워서 일어났다)
	高兴+得+跳了起来 gāoxìng de tiàole qǐlai 껑충 뛸 정도로 기뻤다(기뻐서 껑충 뛰었다)
술어+得 +술목구	忙+得+忘了吃饭 máng de wàngle chīfàn 밥 먹는 것을 잊을 정도로 바빴다(바빠서 밥 먹는 것을 잊어버렸다)
	伤心+得+流下了眼泪 shāngxīn de liúxiale yǎnlèi 눈물을 흘릴 정도로 슬펐다(슬퍼서 눈물을 흘렸다)

2 술어 뒤에 결과보어/방향보어/수량보어 배치하기

1. **결과보어 배치하기: 동사/형용사 결과보어**

동작을 나타내는 동사를 술어 자리에 배치하고, 그 동작의 결과를 나타내는 동사/형용사를 술어 뒤 결과보어로 배치한다.

　　　　　　　동사　　형용사+了
我　　已经　　解释　　清楚了。　나는 이미 명확하게 해명했다.
주어　부사어　술어　　결과보어+了

어휘　已经 yǐjing 廖이미　解释 jiěshì 廖해명하다, 해석하다　清楚 qīngchu 廖명확하다, 분명하다

• 꼭 알아 두어야 할 동사+동사/형용사(+了) 표현

弄+坏了 nònghuài le 망가뜨렸다	擦+干净了 cā gānjìng le 깨끗하게 닦았다
吃+光了 chīguāng le 남김없이 먹었다	整理+好了 zhěnglǐ hǎo le 다 정리했다
翻译+错了 fānyì cuò le 틀리게 번역했다	解释+清楚了 jiěshì qīngchu le 명확하게 해명했다

2. 결과보어 배치하기: 在/到/给 결과보어

'동사+在/到/给'가 있으면 술어 자리에 배치하고, 在/到 뒤에는 시점/장소 명사를, 给 뒤에는 사람 명사를 배치한다.

会议   推迟到   明天   了。   회의는 내일로 미뤄졌다.
주어   술어+결과보어   목적어(시점)   了

어휘   会议 huìyì 몡회의   推迟 tuīchí 통미루다

• 꼭 알아 두어야 할 '술어+在/到/给 결과보어' 표현

挂+在+房间 guàzài fángjiān 방에 걸다	坐+在+窗边 zuòzài chuāngbiān 창가 쪽에 앉다
降落+在+机场 jiàngluò zài jīchǎng 공항에 착륙하다	推迟+到+明天 tuīchí dào míngtiān 내일로 미뤄지다
发+给+我 fāgěi wǒ 나에게 보내다	送+给+你 sònggěi nǐ 당신에게 주다

3. 방향보어 배치하기

동작을 나타내는 동사를 술어 자리에 배치하고, 起来(올라가다, ~하기 시작하다), 下来(내려오다, ~해내다), 下去(내려가다, ~해 나가다), 出来(나오다), 出去(나가다) 등과 같은 방향동사를 술어 뒤 방향보어로 배치한다.

结果   已经   总结   出来了。   결과는 이미 총정리되어 나왔다.
주어   부사어   술어   방향보어+了

어휘   结果 jiéguǒ 몡결과   总结 zǒngjié 통총정리하다, 총결산하다

• 꼭 알아 두어야 할 '술어+방향보어' 표현

抬+起来 tái qǐlai 들어 올리다	站+起来 zhàn qǐlai 일어서다
积累+起来 jīlěi qǐlai 축적하기 시작하다	脱+下来 tuō xiàlai 벗어내다
放松+下来 fàngsōng xiàlai 긴장을 완화시키다	坚持+下去 jiānchí xiàqu 꾸준히 해 나가다
总结+出来 zǒngjié chūlai 총정리되어 나오다	寄+出去 jì chūqu 보내다

잠깐! '동사+得/不+방향동사' 형태의 '술어+가능보어'를 완성해야 하는 경우도 있다.

我   猜   不   出   老师的   年龄。   나는 선생님의 나이를 알아맞히지 못하겠다.
주어   술어   가능보어   관형어   목적어

어휘   猜 cāi 통알아맞히다, 추측하다   年龄 niánlíng 몡나이, 연령

4. 수량보어 배치하기

제시된 어휘 중 횟수를 나타내는 '수사+동량사' 표현 또는 '一个小时(한 시간 동안)', '一天(하루 동안)'과 같이 시간의 길이를 나타내는 표현이 있으면 술어 뒤 수량보어로 배치한다.

我   要   去   一趟   机场。   나는 공항에 한 번 다녀오려고 한다.
주어   부사어   술어   수량보어   목적어

大夫   已经   解释了   一个小时。   의사는 이미 한 시간 동안 설명했다.
주어   부사어   술어+了   수량보어

어휘   趟 tàng 양번, 회   大夫 dàifu 몡의사   解释 jiěshì 통설명하다, 해명하다

• 꼭 알아 두어야 할 '술어+수량보어' 표현

举办+一+次 jǔbàn yí cì 한 번 개최하다	进行了+两天 jìnxíngle liǎng tiān 이틀 동안 진행했다
去了+一+趟 qùle yí tàng 한 번 다녀왔다	学了+三个月 xuéle sān ge yuè 3개월 동안 배웠다
讲+一+遍 jiǎng yí biàn 한 번 말하다	等了+很久 děngle hěn jiǔ 오랫동안 기다렸다

실전연습문제

제시된 어휘로 어순에 맞는 문장을 완성하세요.

1. 完了　　全部都　　葡萄已经　　卖

   정답: _____

2. 弟弟　　抬起了　　吃惊地　　头

   정답: _____

3. 一直　　停在　　那辆车　　百货大楼门口

   정답: _____

4. 进行了　　三十分钟　　羽毛球比赛　　已经

   정답: _____

5. 不出来　　看　　他是谁　　我

   정답: _____

6. 出现得　　非常　　及时　　他

   정답: _____

정답 해설집 p.125

是자문·有자문 완성하기

是자문은 '(주어)는 (목적어)이다'라는 의미를, 有자문은 '(주어)는 (목적어)가 있다'라는 의미를 갖는다.
제시된 어휘 중 是 또는 有가 있으면, 각각 是자문과 有자문 완성을 우선 고려한다.

핵심 전략 | 1. 제시된 어휘 중 是이나 有가 있으면 술어 자리에 바로 배치한다.
2. 是자문과 有자문의 특징에 유의한다.

🌱 예제 맛보기

是자문

是	密码	四位数字	必须

정답   密码   必须   是   四位数字。

해설   비밀번호는 반드시 4자리 숫자여야 한다.

어휘   **密码** mìmǎ 圆비밀번호   **位** wèi 圆자리, 분, 명   **数字** shùzì 圆숫자   **必须** bìxū 閏반드시

STEP 1 술어 배치하기   제시된 어휘 중 是(~이다)이 있으므로, 是자문을 완성해야 한다. 동사 是을 술어 자리에 배치한다. → 是

STEP 2 주어·목적어 배치하기   명사 **密码**(비밀번호)와 '수사+양사+명사' 형태의 四位**数字**(4자리 숫자) 중 술어 是(~이다)과 문맥상 주어로 어울리는 密码를 주어 자리에 배치하고, 목적어로 어울리는 数字(숫자)가 포함된 四位数字를 '관형어+목적어' 자리에 배치한다.
→ 密码 是 四位数字

STEP 3 남은 어휘 배치하여 문장 완성하기   남은 어휘인 부사 **必须**(반드시)를 술어 앞에 부사어로 배치하여 문장을 완성한다.
→ 密码 必须 是 四位数字

완성된 문장 密码必须是四位数字。 (비밀번호는 반드시 4자리 숫자여야 한다.)

有자문

一辆	叔叔	有	汽车

一辆	叔叔	有	汽车
수사+양사	명사	동사	목적어

주어	술어	관형어	목적어

정답 叔叔　有　一辆　汽车。

해설　삼촌은 자동차가 한 대 있다.

어휘　**辆** liàng 圀대, 량[차량·자전거 등 탈 것을 세는 단위]　**叔叔** shūshu 圀삼촌, 아저씨　**汽车** qìchē 圀자동차

STEP 1 술어 배치하기
제시된 어휘 중 有(~이 있다)가 있으므로, 有자문을 완성해야 한다. 동사 有를 술어 자리에 배치한다. → 有

STEP 2 주어·목적어 배치하기
명사 叔叔(삼촌)와 汽车(자동차) 중 술어 有(~이 있다)와 문맥상 주어로 어울리는 叔叔를 주어 자리에 배치하고, 汽车를 목적어 자리에 배치한다.
→ 叔叔　有　汽车

STEP 3 남은 어휘 배치하여 문장 완성하기
남은 어휘인 '수사+양사' 형태의 一辆(한 대)을 목적어 앞에 관형어로 배치하여 문장을 완성한다. → 叔叔　有　一辆　汽车

완성된 문장 叔叔有一辆汽车。 (삼촌은 자동차가 한 대 있다.)

비책 공략하기

1 是자문의 특징

1. 주어와 목적어가 동격이거나 주어가 목적어에 소속됨을 나타낸다.

동격 减肥(주어) 是(술어) 她最大的(관형어) 烦恼。(목적어) 다이어트는 그녀의 가장 큰 고민거리이다.

소속 鲜花饼(주어) 是(술어) 一种 云南(관형어) 小吃。(목적어) 셴화빙은 윈난의 간식거리이다.

어휘 **减肥** jiǎnféi [동] 다이어트하다, 살을 빼다 **烦恼** fánnǎo [형] 고민하다
鲜花饼 xiānhuā bǐng 셴화빙[생장미를 넣어 만든 윈난의 전통 과자] **云南** Yúnnán [고유] 윈난, 운남(성) **小吃** xiǎochī [명] 간식거리

[잠깐!] 주어가 목적어에 소속됨을 나타내는 경우 의미 범주가 좁은 어휘는 주어, 넓은 어휘는 목적어에 온다. 또한 목적어에는 '명사+之一(~중 하나)' 형태의 어휘가 자주 온다.

他(주어) 是(술어) 最著名的(부사어+관형어) 作家之一。(목적어) 그는 가장 저명한 작가 중 하나이다.

어휘 **著名** zhùmíng [형] 저명하다 **作家** zuòjiā [명] 작가 **之一** zhīyī [명] ~중 하나

2 有자문의 특징

1. 목적어는 주어가 소유한 대상 또는 수치·수량을 나타낸다.

소유한 대상 我们(주어) 都(부사어) 有(술어) 相同的(관형어) 经历。(목적어) 우리는 모두 같은 경험이 있다.

수치·수량 那本书(관형어+주어) 一共(부사어) 有(술어) 20页。(목적어) 저 책은 총 20페이지이다.

어휘 **相同** xiāngtóng [형] 서로 같다 **经历** jīnglì [명] 경험 **一共** yígòng [부] 총, 전부 **页** yè [양] 페이지, 쪽

2. 목적어가 수치·수량을 나타낼 때 술어 有 앞에는 大约/大概(대략)와 같은 부사가 자주 쓰인다.

这儿(주어) 离北京(부사어) 大约(부사어) 有(술어) 两公里。(목적어) 이곳은 베이징에서 대략 2km이다.

어휘 **离** lí [동] ~에서, ~로부터 **大约** dàyuē [부] 대략, 대강 **公里** gōnglǐ [양] 킬로미터(km)

[잠깐!] 有자문에서 목적어가 거리를 나타낼 때, '从……到……(~에서 ~까지)'와 같은 개사구도 주어로 쓰일 수 있다.

从公园到体育馆(주어) 大概(부사어) 有(술어) 十公里。(목적어) 공원에서 체육관까지 대략 10km이다.

어휘 **体育馆** tǐyùguǎn [명] 체육관 **大概** dàgài [부] 대략 **公里** gōnglǐ [양] 킬로미터(km)

제시된 어휘로 어순에 맞는 문장을 완성하세요.

1. 这　　　张教授的　　　是　　　之一　　　研究结果

   정답: _____

2. 相同的　　　超过一半的同学　　　经历　　　有

   정답: _____

3. 自己的　　　都　　　所有的人　　　烦恼　　　有

   정답: _____

4. 是个　　　的人　　　特别冷静　　　我的爷爷

   정답: _____

5. 一共有　　　参加活动的　　　一千人　　　今天

   정답: _____

6. 他　　　有责任感　　　优点就是　　　最大的

   정답: _____

정답 해설집 p.127

把자문 완성하기

把자문은 '(행위의 대상)을 (술어)하다'라는 의미를 가지며, '把+행위의 대상'을 술어 앞에 배치하는 것이 특징이다. 따라서 제시된 어휘 중 把가 있으면 把자문 완성을 우선 고려한다.

핵심 전략
1. 把자문이 '주어+把+행위의 대상+술어+기타성분'의 어순임을 외워 둔다.
2. 把 또는 把가 포함된 어휘를 술어 앞에 배치한다.
3. 把자문의 특징에 유의한다.

예제 맛보기

把	他	丢	手机	了

	把	他	丢	手机	了
	把	대사	동사	명사	조사

주어	把+행위의 대상 부사어	술어	기타성분

정답	他	把手机	丢	了。

해설 그는 휴대폰을 잃어버렸다.

어휘 丢 diū 동 잃어버리다, 잃다

STEP 1 把 ~ 술어 배치하기
제시된 어휘 중 把가 있으므로, 把자문을 완성해야 한다. 제시된 어휘 중 유일한 동사인 丢(잃어버리다)를 술어 자리에 배치하고, 把를 술어 앞에 배치한다.
→ 把 丢

STEP 2 주어와 행위의 대상 배치하기
대사 他(그)와 명사 手机(휴대폰) 중 문맥상 술어 丢(잃어버리다)의 대상이 되는 手机를 把 다음 행위의 대상 자리에 배치하고, 他는 주어 자리에 배치한다.
→ 他 把 手机 丢

STEP 3 남은 어휘 배치하여 문장 완성하기
남은 어휘인 조사 了를 술어 뒤 기타성분으로 배치하여 문장을 완성한다.
→ 他 把 手机 丢 了

완성된 문장 他把手机丢了。(그는 휴대폰을 잃어버렸다.)

🎋 비책 공략하기

① 把자문의 특징

1. 행위를 나타내는 동사가 술어로 쓰인다.

爸爸	把	袜子	洗	了。	아빠는 양말을 빨았다.
주어	把	행위의 대상	술어	기타성분	

我	把	垃圾	扔	掉了。	나는 쓰레기를 버렸다.
주어	把	행위의 대상	술어	기타성분	

어휘 **袜子** wàzi 몡양말 **洗** xǐ 동(옷을) 빨다, 씻다 **垃圾** lājī 몡쓰레기 **扔** rēng 동버리다

• 把자문에 자주 쓰이는 동사

吃 chī 먹다	写 xiě 쓰다	扔 rēng 버리다	挂 guà 걸다
丢 diū 잃어버리다	擦 cā 닦다	放 fàng 넣다, 두다	倒 dào 쏟다
脱 tuō 벗다	弄 nòng 하다	寄 jì 부치다, 보내다	复印 fùyìn 복사하다

2. 주로 사물 명사가 把 뒤에서 행위의 대상으로 쓰인다.

我	把	桌子	弄	乱了。	나는 책상을 어지럽혔다.
주어	把	행위의 대상	술어	기타성분	

어휘 **桌子** zhuōzi 몡책상 **弄** nòng 동하다 **乱** luàn 톙어지럽다

> **잠깐!** 주로 '대사+양사' 또는 '……+的' 형태의 어휘가 행위의 대상 앞에서 관형어로 쓰인다.

小王	把	这些	菜	吃	光了。	샤오왕은 이 요리들을 다 먹었다.
주어	把	관형어	행위의 대상	술어	기타성분	

他	把	这里的	镜子	挂	在房间了。	그는 이곳의 거울을 방에 걸었다.
주어	把	관형어	행위의 대상	술어	기타성분	

어휘 **光** guāng 톙조금도 남지 않다, 아무것도 없다 **镜子** jìngzi 몡거울 **挂** guà 동걸다

3. 주로 了나 보어가 술어 뒤에서 기타성분으로 쓰인다.

了

我	把	钥匙	丢	了。	나는 열쇠를 잃어버렸다.
주어	把	행위의 대상	술어	기타성분	

정도보어

她	把	故事	讲	得非常精彩。	그녀는 이야기를 매우 훌륭하게 말했다.
주어	把	행위의 대상	술어	기타성분	

결과보어

哥哥	把	饮料	喝	完了。	형은 음료를 다 마셨다.
주어	把	행위의 대상	술어	기타성분	

방향보어

他们	把	沙发	抬	出去了。	그들은 소파를 들고 나갔다.
주어	把	행위의 대상	술어	기타성분	

수량보어

妈妈	把	说明书	读	了一遍。	엄마는 설명서를 한 번 읽었다.
주어	把	행위의 대상	술어	기타성분	

어휘 **钥匙** yàoshi 몡열쇠 **丢** diū 동잃어버리다 **故事** gùshi 몡이야기 **讲** jiǎng 동말하다, 설명하다 **精彩** jīngcǎi 톙훌륭하다
饮料 yǐnliào 몡음료 **沙发** shāfā 몡소파 **抬** tái 동들다 **说明书** shuōmíngshū 몡설명서 **遍** biàn 영번, 회

4. 부정부사, 시간부사, 조동사는 일반적으로 把 앞에서 부사어로 쓰인다.

부정부사 她 没 把 手机号码 告诉 我。 그녀는 내게 휴대폰 번호를 알려주지 않았다.
주어　　부사어　把　　행위의 대상　　술어　기타성분

시간부사 我 已经 把 牙膏 用 光了。 나는 이미 치약을 다 썼다.
주어　　부사어　把　행위의 대상　술어　기타성분

조동사 我 想 把 密码 换 一下。 나는 비밀번호를 좀 바꾸고 싶다.
주어　부사어　把　행위의 대상　술어　기타성분

어휘　**号码** hàomǎ 몡 번호, 숫자　**牙膏** yágāo 몡 치약　**用** yòng 동 쓰다, 사용하다　**光** guāng 혱 조금도 남지 않다, 아무것도 없다
密码 mìmǎ 몡 비밀번호　**换** huàn 동 바꾸다

> **잠깐!** 범위부사 都(모두), 全/全部(전부)는 행위의 대상 뒤에 올 수 있다.
>
> 他 把 资料 全部 复印 好了。 그는 자료를 전부 다 복사했다.
> 주어　把　행위의 대상　부사어　술어　기타성분
>
> 어휘　**资料** zīliào 몡 자료　**全部** quánbù 몡 전부　**复印** fùyìn 동 복사하다

5. 청유를 나타내는 请/麻烦은 주어 앞에 오고, 명령을 나타내는 别/不要는 주어 뒤 把 앞에 온다. 이때 주어는 주로 생략된다.

请 (你) 把 钥匙 还 给我。 열쇠를 저에게 돌려주세요.
请　주어　把　행위의 대상　술어　기타성분

(你) 别 把 垃圾 倒 在这里。 쓰레기를 여기에 비우지 마세요.
주어　부사어　把　행위의 대상　술어　기타성분

어휘　**钥匙** yàoshi 몡 열쇠　**还** huán 동 돌려주다, 반납하다　**垃圾** lājī 몡 쓰레기　**倒** dào 동 비우다, 쏟다

> **잠깐!** 제시된 어휘 중 请, 麻烦, 别, 不要가 없고, 주어가 되는 어휘가 없을 경우 把는 문장의 맨 앞에 오는데, 이때 把자문은 명령의 의미를 나타내며, 주어 你가 생략된 문장이 된다.
>
> (你) 把 窗户 擦 干净。 창문을 깨끗이 닦으세요.
> 주어　把　행위의 대상　술어　기타성분
>
> 어휘　**窗户** chuānghu 몡 창문　**擦** cā 동 닦다　**干净** gānjìng 혱 깨끗하다

6. 把 대신 将이 쓰일 수 있다.

经理 将 会议 推迟 到下周一了。 매니저는 회의를 다음 주 월요일로 미뤘다.
주어　将　행위의 대상　술어　기타성분

어휘　**经理** jīnglǐ 몡 매니저　**将** jiāng 개 ~을/를　**会议** huìyì 몡 회의　**推迟** tuīchí 동 미루다, 연기하다

제시된 어휘로 어순에 맞는 문장을 완성하세요.

1. 钥匙　　你　　送过来　　把　　餐厅的

   정답: _____

2. 怎么能　　卖了呢　　把　　你　　那本杂志

   정답: _____

3. 交给　　麻烦你　　把　　这封感谢信　　他

   정답: _____

4. 这个情况　　一下　　解释　　请将

   정답: _____

5. 扔到　　不要　　河里　　把垃圾

   정답: _____

6. 西红柿　　放在　　把　　塑料袋里了　　我

   정답: _____

정답 해설집 p.129

被자문 완성하기

被자문은 '(행위의 주체)에 의해 (술어)되다'라는 의미를 가지며, '被+행위의 주체'를 술어 앞에 배치하는 것이 특징이다. 따라서 제시된 어휘 중 被가 있으면 被자문 어순에 따라 문장을 완성해야 한다.

핵심 전략

1. 被자문이 '주어+被+행위의 주체+술어+기타성분'의 어순임을 외워 둔다.
2. 被 또는 被가 포함된 어휘를 술어 앞에 부사어로 배치한다.
3. 被자문의 특징에 유의한다.

예제 맛보기

被	吃	弟弟	了	我的饼干

被	吃	弟弟	了	我的饼干
被	동사	명사	조사	대사+的+명사

관형어+주어	被+행위의 주체 부사어	술어	기타성분

정답

我的饼干	被弟弟	吃	了。

해설　내 비스킷은 남동생에 의해 먹혔다. (남동생이 내 비스킷을 먹었다.)

어휘　饼干 bǐnggān 圏 비스킷, 과자

STEP 1 被 ~ 술어 배치하기 　제시된 어휘 중 被가 있으므로, 被자문을 완성해야 한다. 제시된 어휘 중 유일한 동사인 吃(먹다)을 술어 자리에 배치하고, 被를 술어 앞에 배치한다.
→ 被　吃

STEP 2 주어와 행위의 주체 배치하기 　명사 弟弟(남동생)와 '대사+的+명사' 형태의 我的饼干(내 비스킷) 중 문맥상 술어 吃(먹다)의 주체가 되는 弟弟를 被 다음 행위의 주체 자리에 배치하고, 我的饼干을 '관형어+주어'로 배치한다. → 我的饼干　被　弟弟　吃

STEP 3 남은 어휘 배치하여 문장 완성하기 　남은 어휘인 조사 了를 문장 맨 끝에 기타성분으로 배치하여 문장을 완성한다.
→ 我的饼干　被　弟弟　吃　了

완성된 문장 我的饼干被弟弟吃了。 (내 비스킷은 남동생에 의해 먹혔다.)

1 被자문의 특징

1. 행위를 나타내는 동사가 술어로 쓰인다.

我　被　老师　误会　了。　나는 선생님에게 오해를 받았다.
주어　被　행위의 주체　술어　기타성분

窗户　被　我们　擦　干净了。　창문은 우리들에 의해 깨끗이 닦였다.
주어　被　행위의 주체　술어　기타성분

어휘　误会 wùhuì 통 오해하다　窗户 chuānghu 명 창문　擦 cā 통 닦다　干净 gānjìng 형 깨끗하다

• 被자문에 자주 쓰이는 동사

吃 chī 먹다	扔 rēng 버리다	花 huā 소비하다, 쓰다	拿 ná 가지다, 쥐다
吸引 xīyǐn 매료시키다, 끌다	打破 dǎpò 깨지다	误会 wùhuì 오해하다	感动 gǎndòng 감동하다

2. 주로 인칭대사나 사람명사가 被 뒤에서 행위의 주체로 쓰인다.

说明书　被　他　扔　掉了。　설명서는 그에 의해 버려졌다.
주어　被　행위의 주체　술어　기타성분

어휘　说明书 shuōmíngshū 명 설명서　扔 rēng 통 버리다　掉 diào 통 ~해 버리다

잠깐!　행위의 주체를 알 수 없거나, 확실히 알 수 있을 때 행위의 주체는 생략이 가능하다.

環境　被　(人)　污染　了。　환경은 (사람에 의해) 오염되었다.
주어　被　(행위의 주체)　술어　기타성분

어휘　環境 huánjìng 명 환경　污染 wūrǎn 통 오염되다, 오염시키다

3. 주로 了나 보어가 술어 뒤에서 기타성분으로 쓰인다.

了　葡萄　被　妈妈　吃　了。　포도는 엄마에 의해 먹혔다.
주어　被　행위의 주체　술어　기타성분

정도보어　房间　被　弟弟　打扫　得很干净。　방은 남동생에 의해 깨끗하게 청소되었다.
주어　被　행위의 주체　술어　기타성분

결과보어　她　被　这里的　景色　吸引　住了。　그녀는 이곳의 경치에 매료되었다.
주어　被　관형어　행위의 주체　술어　기타성분

방향보어　衣服　被　阿姨　拿　过来了。　옷은 아주머니에 의해 가져와졌다.
주어　被　행위의 주체　술어　기타성분

수량보어　学生　被　老师　批评　了一顿。　학생은 선생님에게 한바탕 혼났다.
주어　被　행위의 주체　술어　기타성분

어휘　葡萄 pútao 명 포도　打扫 dǎsǎo 통 청소하다　干净 gānjìng 형 깨끗하다　景色 jǐngsè 명 경치　吸引 xīyǐn 통 매료시키다
批评 pīpíng 통 혼내다, 비판하다　顿 dùn 양 번, 차례

4. 부정부사, 시간부사, 都(모두)는 일반적으로 被 앞에서 부사어로 쓰인다.

부정부사 那个　计划　没　被　公司　接受。　그 계획은 회사에 의해 받아들여지지 않았다.
　　　　　관형어　주어　부사어　被　행위의 주체　술어

시간부사 行李　已经　被　收拾　好了。　짐은 이미 다 정리되었다.
　　　　　주어　부사어　被　술어　기타성분　(행위의 주체 생략)

都　我们　都　被　他　骗　了。　우리는 모두 그에게 속았다.
　　　　주어　부사어　被　행위의 주체　술어　기타성분

어휘　**计划** jìhuà 圆계획　**接受** jiēshòu 图받아들이다, 받다　**行李** xíngli 圆(여행) 짐　**收拾** shōushi 图정리하다
　　　骗 piàn 图속이다

제시된 어휘로 어순에 맞는 문장을 완성하세요.

1. 老师的故事　　　他　　　吸引住了　　　被

   정답: _____

2. 妹妹　　　被　　　钱包　　　弄丢了

   정답: _____

3. 被他　　　这些建议　　　都　　　拒绝了

   정답: _____

4. 巧克力蛋糕　　　分成了　　　被我　　　四份

   정답: _____

5. 饼干到底　　　昨天买的　　　谁　　　拿走了　　　被

   정답: _____

6. 很好　　　被　　　这座　　　森林　　　保护得

   정답: _____

정답 해설집 p.131

합격비책

09 존현문 완성하기

존현문은 '(장소/시간)에는 (목적어)가 (술어)하다'라는 의미를 가진다. 제시된 어휘 중 장소/시간 표현과 존재함·나타남·사라짐을 의미하는 동사가 있으면 존현문 어순에 따라 문장을 완성해야 한다.

핵심 전략

1. 존현문이 '주어(장소/시간)+술어+(관형어+)목적어'의 어순임을 정확히 외워 둔다.
2. 제시된 어휘 중 존재함·나타남·사라짐을 의미하는 동사와 장소/시간 표현이 있다면 존현문 완성을 고려한다.
3. 존현문의 특징에 유의한다.

예제 맛보기

汽车	门口	两辆	停着

	汽车	门口	两辆	停着
	명사	명사	수사+양사	동사+着
	[주어]	[술어+着]	[관형어]	[목적어]
정답	门口	停着	两辆	汽车。

해설 입구에는 자동차 두 대가 세워져 있다.

어휘 **停** tíng [동] 세우다, 서다 **着** zhe [조] ~해 있다 **辆** liàng [양] 대[차량을 세는 단위] **汽车** qìchē [명] 자동차

STEP 1 술어 배치하기

제시된 어휘 중 존재함을 의미하는 '동사+着' 형태의 **停着**(세워져 있다)와 장소를 나타내는 명사 **门口**(입구)가 있으므로, 존현문을 완성해야 한다. **停着**를 '술어+着' 자리에 배치한다. → 停着

STEP 2 주어·목적어 배치하기

장소명사 **门口**(입구)를 주어 자리에 배치하고, 명사 **汽车**(자동차)를 목적어 자리에 배치한다. → 门口 停着 汽车

STEP 3 남은 어휘 배치하여 문장 완성하기

남은 어휘인 '수사+양사' 형태의 **两辆**(두 대)을 목적어 **汽车**(자동차) 앞에 관형어로 배치하여 문장을 완성한다. → 门口 停着 两辆 汽车

완성된 문장 门口停着两辆汽车。(입구에는 자동차 두 대가 세워져 있다.)

🎋 비책 공략하기

1 존현문의 특징

1. **존재함·나타남·사라짐을 의미하는 동사(구)가 술어 자리에 온다.**

존재함	那边 주어	有 술어	银行。 목적어		저쪽에 은행이 있다.
나타남	对面 주어	新 부사어	开了 술어+了	一家 관형어	蛋糕店。 목적어 맞은편에 케이크 가게 하나가 새로 개점했다.
사라짐	前面 주어	开走了 술어+了	一辆 관형어	车。 목적어	앞에 자동차 한 대가 떠났다.

어휘   **银行** yínháng 圆은행   **对面** duìmiàn 圆맞은편, 건너편   **蛋糕店** dàngāo diàn 케이크 가게   **辆** liàng 圆대[차량을 세는 단위]

• 존현문에서 자주 쓰이는 동사(구)

존재함	有 yǒu ~이/가 있다 站着 zhànzhe (일어)서 있다 停着 tíngzhe 세워져 있다	是 shì ~이다 坐着 zuòzhe 앉아 있다 戴着 dàizhe 쓰고 있다, 착용하고 있다	挂着 guàzhe 걸려 있다 住着 zhùzhe 살고 있다 写着 xiězhe 쓰여 있다
나타남	来了 láile 왔다 发生了 fāshēngle 생겼다	开了 kāile 개점했다, 열었다 走过来 zǒu guòlai 걸어오다	出现了 chūxiànle 나타났다 飞来了 fēilaile 날아왔다
사라짐	走了 zǒule 갔다 死了 sǐle 죽었다	搬走了 bānzǒule 옮겨갔다 飞走了 fēizǒule 날아갔다	开走了 kāizǒule (자동차가) 떠났다 跑过去 pǎo guòqu 달려가다

> **잠깐!** 동태조사 着는 주로 존재함을 의미하는 동사 뒤에, 동태조사 了는 주로 나타남·사라짐을 의미하는 동사 뒤에 온다는 것을 알아 둔다.

2. **주로 장소 표현이나 시간 표현이 주어 자리에 온다.**

장소 표현	这里 주어	有 술어	一台 관형어	复印机。 목적어	이곳에는 복사기 한 대가 있다.
시간 표현	最近 주어	出现了 술어+了	严重的 관형어	海洋污染。 목적어	최근 심각한 해양오염이 생겼다.

어휘   **台** tái 圆대   **复印机** fùyìnjī 圆복사기   **最近** zuìjìn 圆최근   **出现** chūxiàn 圆생기다, 나타나다   **严重** yánzhòng 圆심각하다
      海洋污染 hǎiyáng wūrǎn 해양오염

• 존현문에서 자주 쓰이는 장소 표현과 시간 표현

장소 표현	这儿/这里 zhèr/zhèli 이곳, 여기 森林里 sēnlín li 숲 속 空盒子里 kōng hézi li 빈 상자 안 门后面 mén hòumian 문 뒤 沙发上 shāfā shang 소파 위	那儿/那里 nàr/nàli 그곳, 저기 客厅里 kètīng li 거실 안 电影院里 diànyǐngyuàn li 영화관 안 地上 dì shang 땅 위 网站上 wǎngzhàn shang 홈페이지(에)
시간 표현	最近 zuìjìn 최근 今天 jīntiān 오늘	刚才 gāngcái 방금 전 那天 nà tiān 그날

잠깐! 장소 표현은, 有(~이/가 있다)를 술어로 하는 존현문에서 주어 자리에 오지만, 在(~에 있다)를 술어로 하는 기본문형에서는 목적어 자리에 온다는 것에 주의한다.

银行旁边　　有　商店。　　은행 옆에 상점이 있다.
　주어　　　술어　목적어

商店　在　银行旁边。　상점은 은행 옆에 있다.
주어　술어　목적어

3. 주로 '수사+양사' 또는 '……+的' 형태의 어휘가 목적어 앞에서 관형어로 쓰인다.

수사+양사 家里　　来了　　一位　　客人。　　집에 손님 한 분이 왔다.
　　　　　주어　술어+了　관형어　목적어

……+的 对面　挂着　我拍的　照片。　　맞은 편에 내가 찍은 사진이 걸려 있다.
　　　주어　술어+着　관형어　목적어

어휘 位 wèi 앵분, 명　客人 kèren 앵손님　挂 guà 앵걸다　拍 pāi 앵찍다, 촬영하다　照片 zhàopiàn 앵사진

잠깐! 许多(매우 많다)와 很多(많다)도 목적어 앞에서 관형어로 쓰인다.

森林里　住着　许多　老虎。　　숲에 매우 많은 호랑이가 살고 있다.
　주어　술어+着　관형어　목적어

어휘 森林 sēnlín 앵숲, 삼림　许多 xǔduō 앵매우 많다　老虎 lǎohǔ 앵호랑이

제시된 어휘로 어순에 맞는 문장을 완성하세요.

1. 有　　院子里　　一棵　　葡萄树

   정답: _____

2. 一把　　桌子　　放着　　上　　钥匙

   정답: _____

3. 座位　　餐厅的　　有　　入口处　　两个

   정답: _____

4. 冰箱里　　一些　　有　　饺子

   정답: _____

5. 走　　护士　　那边　　过来　　一位

   정답: _____

6. 墙上　　照片　　很多　　挂着

   정답: _____

정답 해설집 p.133

연동문 완성하기

연동문은 '(주어)가 (술어1)하고 (술어2)하다'라는 의미를 가진다. 제시된 어휘 중 2개 이상의 동사가 의미상 연속 발생이나 행위의 목적 또는 수단 관계이면 연동문 어순에 따라 문장을 완성해야 한다.

핵심 전략
1. 연동문이 '주어+술어1(+목적어1)+술어2(+목적어2)'의 어순임을 외워 둔다.
2. 제시된 어휘 중 술어가 될 수 있는 동사가 2개일 경우 연동문 완성을 고려한다.
3. 연동문의 특징에 유의한다.

예제 맛보기

他	去	骑	包子店	自行车

	他	去	骑	包子店	自行车
	대사	동사	동사	명사	명사

	주어	술어1	목적어1	술어2	목적어2
정답	他	骑	自行车	去	包子店。

해설 그는 자전거를 타고 만두 가게에 간다.

어휘 骑 qí 图타다 包子 bāozi 圆만두, 찐빵 自行车 zìxíngchē 圆자전거

STEP 1 술어 배치하기 — 술어가 될 수 있는 동사가 去(가다)와 骑(타다) 두 개이므로 연동문을 고려하여 문장을 완성해야 한다. 骑는 去의 수단을 나타내므로 骑를 술어1 자리에, 去를 술어2 자리에 배치한다. → 骑 去

STEP 2 주어·목적어 배치하기 — 대사 他(그), 명사 包子店(만두 가게), 自行车(자전거) 중 술어1 骑(타다)와 문맥상 목적어로 어울리는 명사 自行车를 骑 뒤 목적어1 자리에, 술어2 去(가다)와 문맥상 목적어로 어울리는 명사 包子店을 去 뒤 목적어2 자리에 배치한다. 그 다음, 남은 대사 他를 주어 자리에 배치하여 문장을 완성한다.
→ 他 骑 自行车 去 包子店

완성된 문장 他骑自行车去包子店。(그는 자전거를 타고 만두 가게에 간다.)

STEP 3 남은 어휘 배치하여 문장 완성하기 — (연동문을 완성하는 문제의 경우 술어를 2개 이상 배치해야 하므로 관형어 등의 남은 어휘를 별도로 배치하는 문제는 자주 출제되지 않는다.)

🎍 비책 공략하기

1️⃣ 연동문의 특징

1. 술어1과 술어2는 다음과 같은 관계를 갖는다.

연속 발생 (술어1하고 술어2하다)	导游 주어	带 술어1	游客 목적어1	参观 술어2	海洋馆。 목적어2	가이드는 여행객을 데리고 아쿠아리움을 참관한다.
행위의 목적 (술어2하러 술어1하다)	他们 주어	来 술어1	北京 목적어1	参加 술어2	比赛。 목적어2	그들은 경기에 참가하러 베이징에 왔다.
수단·방식 (술어1로 술어2하다)	我 주어	坐 술어1	地铁 목적어1	去 술어2	学校。 목적어2	나는 지하철을 타고 학교에 간다.

어휘 **导游** dǎoyóu 圆 가이드 **带** dài 圄 데리다 **参观** cānguān 圄 참관하다, 견학하다 **海洋馆** hǎiyáng guǎn 아쿠아리움
参加 cānjiā 圄 참가하다 **比赛** bǐsài 圆 경기, 시합 **地铁** dìtiě 圆 지하철

2. 주로 1음절 동사가 술어1로 쓰인다.

她 주어	去 술어1	邮局 목적어1	寄 술어2	信。 목적어2	그녀는 편지를 보내러 우체국에 간다.

어휘 **邮局** yóujú 圆 우체국 **寄** jì 圄 보내다, 부치다 **信** xìn 圆 편지

• 연동문에서 술어로 자주 쓰이는 1음절 동사

来 lái 오다	**去** qù 가다	**到** dào 도착하다
用 yòng 사용하다	**坐** zuò 타다	**陪** péi 함께 ~하다

참간! 술어1에는 有나 需要가 올 수 있으며, 이 경우 有는 '~할 ~이/가 있다', 需要는 '~할 ~이/가 필요하다'라는 의미를 갖는다.

你 주어	有 술어1	机会 목적어	得到 술어2	礼物。 목적어2	당신은 선물을 얻을 기회가 있어요.
我 주어	需要 술어1	时间 목적어	适应。 술어2		나는 적응할 시간이 필요하다.

어휘 **机会** jīhuì 圆 기회 **礼物** lǐwù 圆 선물 **需要** xūyào 圄 필요하다, 요구되다 **适应** shìyìng 圄 적응하다

3. 부사와 조동사는 주로 술어1 앞에서 부사어로 쓰인다.

부사	小马 주어	没有 부사어	去 술어1	医院 목적어1	打针。 술어2	샤오마는 주사를 맞으러 병원에 가지 않았다.
조동사	你 주어	不可以 부사어	用 술어1	生日 목적어1	做 술어2	密码。 목적어2	당신은 생일을 비밀번호로 하면 안 돼요.

어휘 **打针** dǎzhēn 圄 주사를 맞다, 주사를 놓다 **生日** shēngrì 圆 생일 **密码** mìmǎ 圆 비밀번호

4. 진행을 나타내는 동태조사 着는 술어1 뒤에, 완료와 경험을 나타내는 동태조사 了와 过는 술어2 뒤에 온다.

술어1+着 他　　经常　　躺着　　看　　书。　　그는 자주 누워서 책을 본다.
　　　　　　 주어　　부사어　 술어1+着　 술어2　 목적어

술어2+了 我　　去　　动物园　　看了　　熊猫。　　나는 동물원에 가서 판다를 봤다.
　　　　　　 주어　 술어1　 목적어1　　 술어2+了　 목적어2

술어2+过 李经理　　来　　办公室　　找过　　你。　　리 매니저는 사무실에 와서 당신을 찾은 적이 있다.
　　　　　　　 주어　　 술어1　 목적어1　　 술어2+过　 목적어2

어휘　**经常** jīngcháng 倡자주, 늘　**躺** tǎng 鲁눕다　**动物园** dòngwùyuán 뗑동물원　**熊猫** xióngmāo 뗑판다

　　　经理 jīnglǐ 뗑매니저　**办公室** bàngōngshì 뗑사무실

[참깐!] 술어1이 완료되고 곧바로 술어2가 발생할 경우, 동태조사 了는 술어1 뒤에 온다.

　　　妹妹　　听了　　这个　　消息　　哭　　起来了。　　여동생이 이 소식을 듣고 울기 시작했다.
　　　주어　　 술어1　 관형어　 목적어　 술어2　 방향보어+了

　　　어휘　**消息** xiāoxi 뗑소식, 뉴스　**哭** kū 통울다　**起来** qǐlai 통~하기 시작하다

제시된 어휘로 어순에 맞는 문장을 완성하세요.

1. 寄信　　我现在　　邮局　　去

   정답: _____

2. 经常用　　听广播　　爷爷　　手机

   정답: _____

3. 乒乓球　　我们中午　　打　　去　　怎么样

   정답: _____

4. 作为密码　　用生日　　喜欢　　许多人

   정답: _____

5. 我从来　　玩过　　去郊区　　没有

   정답: _____

6. 去　　带小孙女　　公园了　　奶奶

   정답: _____

정답 해설집 p.135

합격비책 11 겸어문 완성하기

겸어문은 '(주어)는 (겸어)가 (술어2)하는 것을 (술어1)하다'라는 의미로, 겸어가 술어1의 목적어이면서 술어2의 주어가 되는 문장이다. 제시된 어휘 중 사역동사나 요청동사가 있을 경우 겸어문 완성을 우선 고려한다.

핵심 전략

1. 겸어문이 '주어1+술어1+겸어(목적어1/주어2)+술어2(+목적어2)'의 어순임을 외워 둔다.

2. 제시된 어휘 중 让(~하게 하다), 使(~하게 시키다)과 같은 사역동사나 邀请(초청하다), 提醒(상기시키다)과 같은 요청동사가 있을 경우, 겸어문 완성을 고려한다.

3. 겸어문의 특징에 유의한다.

✔ 예제 맛보기

让	我	公司	会议	参加

让	我	公司	会议	参加
동사	대사	명사	명사	동사

주어1	술어1	겸어 목적어1/주어2	술어2	목적어2

정답　公司　让　我　参加　会议。

해설　회사는 나를 회의에 참가하게 했다.

어휘　会议 huìyì 몡 회의　参加 cānjiā 동 참가하다, 참석하다

STEP 1　**술어1 배치하기**　제시된 어휘 중 사역동사 让(~하게 하다)이 있으므로, 겸어문을 완성해야 한다. 让을 술어1 자리에 배치한다. → 让

STEP 2　**겸어와 술어2 배치하기**　동사 参加(참가하다)를 술어2 자리에 배치하고, 대사 我(나), 명사 公司(회사)와 会议(회의) 중 술어1 让(~하게 하다)의 대상이 되면서 参加의 주어로 쓰일 수 있는 我를 겸어로 배치한다. → 让 我 参加

STEP 3　**남은 어휘 배치하여 문장 완성하기**　명사 公司(회사), 会议(회의) 중, 술어2 参加(참가하다)와 문맥상 목적어로 어울리는 会议를 목적어2 자리에, 남은 어휘인 公司를 주어1 자리에 배치하여 문장을 완성한다. → 公司 让 我 参加 会议

완성된 문장 公司让我参加会议。 (회사는 나를 회의에 참가하게 했다.)

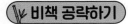

① 겸어문의 특징

1. 사역·요청을 나타내는 동사가 술어1로 쓰인다.

사역동사

老师	让	我	复习	语法。	선생님은 내가 어법을 복습하게 했다.
주어1	술어1	겸어	술어2	목적어2	
		목적어1/주어2			

요청동사

学校	邀请	家长	参观	比赛。	학교는 학부모를 초청해서 시합을 참관하게 했다.
주어1	술어1	겸어	술어2	목적어2	
		목적어1/주어2			

어휘 复习 fùxí 图복습하다　语法 yǔfǎ 图어법, 문법　邀请 yāoqǐng 图초청하다, 초대하다　家长 jiāzhǎng 图학부모
参观 cānguān 图참관하다　比赛 bǐsài 图시합

• 겸어문에서 술어로 자주 쓰이는 사역·요청 동사

사역동사	让 ràng ~하게 하다	叫 jiào ~하게 하다, 명령하다
	使 shǐ ~하게 시키다	令 lìng ~하게 하다, ~를 시키다
	允许 yǔnxǔ 허락하다	禁止 jìnzhǐ 금지하다
요청동사	提醒 tíxǐng 상기시키다	建议 jiànyì 제안하다
	要求 yāoqiú 요구하다	通知 tōngzhī 통지하다
	邀请 yāoqǐng 초청하다	请 qǐng 한턱내다, 초대하다

잠깐! 요청동사는 提醒(알림), 要求(요구 사항)와 같이 명사로도 쓰일 수 있어 기본 문형을 완성하는 문제에서도 출제된다는 점을 알아 둔다.

2. 겸어는 술어1의 목적어가 되는 동시에 술어2의 주어가 되는 어휘이다.

小林	让	他	准备	早餐。	샤오린은 그에게 아침 식사를 준비하도록 했다.
주어1	술어1	겸어	술어2	목적어2	▶ 겸어(他)는 술어1 让(~하게 하다)의 목적어이자 술어2 准备(준비하다)의 주어가 된다.
		목적어1/주어2			

어휘 早餐 zǎocān 图아침 식사

3. 부정부사와 조동사는 주로 술어1 앞에서 부사어로 쓰인다.

부정부사

比赛	结果	没	让	我	失望。	경기 결과는 나를 실망시키지 않았다.
관형어	주어1	부사어	술어1	겸어	술어2	
				목적어1/주어2		

조동사

我	想	请	你	吃	饭。	저는 당신에게 한턱내고 싶어요.
주어1	부사어	술어1	겸어	술어2	목적어2	
			목적어1/주어2			

어휘 比赛 bǐsài 图경기, 시합　结果 jiéguǒ 图결과, 결실　失望 shīwàng 图실망하다图실망스럽다

4. 술어의 의미를 직접 수식하는 정도부사와 '~하지 마라'를 의미하는 别, 不要는 술어2 앞에 온다.

정도부사	这个 관형어	消息 주어1	让 술어1	我 겸어 목적어1/주어2	非常 부사어	开心。 술어2	이 소식은 나를 매우 즐겁게 했다.
别	医生 주어1	建议 술어1	我 겸어 목적어1/주어2	别 부사어	抽烟。 술어2		의사는 나에게 담배를 피우지 말라고 제안했다.

어휘 **消息** xiāoxi [명] 소식, 뉴스 **开心** kāixīn [형] 즐겁다, 기쁘다 **建议** jiànyì [동] 제안하다 **抽烟** chōuyān [동] 담배를 피우다

제시된 어휘로 어순에 맞는 문장을 완성하세요.

1. 真让人   感动   他们的   爱情故事

   정답: _____

2. 能让我   他   开心   感到

   정답: _____

3. 习惯   按时吃饭的   使人   身体   健康

   정답: _____

4. 老师   骄傲   提醒我们   不要

   정답: _____

5. 交   让大家   申请书   老板

   정답: _____

6. 让我   通知大家   9点出发   王老师

   정답: _____

정답 해설집 p.137

是……的 강조구문 완성하기

是……的 강조구문은 이미 발생한 행위에 대한 시간/장소/방식 등을 강조하는 의미를 가지며, 是과 的 사이에 강조내용과 술어를 배치하는 것이 특징이다. 제시된 어휘 중 是과 的가 있으면 是……的 강조 구문 완성을 우선 고려한다.

핵심 전략

1. 是……的 강조구문이 '주어+是+강조내용+술어(+목적어)+的'의 어순임을 외워 둔다.

2. 제시된 어휘에 是과 的가 포함되어 있는 경우 是……的 강조구문 완성을 고려한다.

3. 是……的 강조구문의 특징에 유의한다.

예제 맛보기

的　　　他肯定　　　是　　　昨天走

的	他肯定	是	昨天走
的	대사+부사	是	명사+동사

주어+부사어	是	강조내용+술어	的

정답　　　他肯定　　　是　　　昨天走　　　的。

해설　그는 틀림없이 어제 갔다.

어휘　肯定 kěndìng 閉틀림없이

STEP 1 是과 的 사이에 술어 배치하기

제시된 어휘 중 是과 的, 동사를 포함한 昨天走(어제 가다)가 있으므로, 是……的 강조구문을 완성해야 한다. '명사+동사' 형태인 昨天走를 是과 的 사이 '강조내용+술어' 자리에 배치한다. → 是　昨天走　的

STEP 2 주어·목적어 배치하기

남은 어휘인 '대사+부사' 형태의 他肯定(그는 틀림없이)을 '주어+부사어' 자리에 배치하여 문장을 완성한다. → 他肯定　是　昨天走　的

완성된 문장 他肯定是昨天走的。 (그는 틀림없이 어제 갔다.)

① 是……的 강조구문의 특징

1. 술어는 是과 的 사이, 강조내용 다음에 온다.

那件	事情	是	去年	发生	的。	그 일은 작년에 발생했다.
관형어	주어	是	강조내용	술어	的	

어휘 发生 fāshēng 통 발생하다, 생기다

잠깐! 제시된 어휘에 是과 的가 있는데 술어가 되는 다른 어휘가 없다면 是자문을 완성하는 문제임을 알아 둔다.

她	是	学校的	老师。	그녀는 학교의 선생님이다.
주어	술어	관형어	목적어	

2. 강조내용은 是과 술어 사이에 온다.

시간	我	是	昨天刚	到	的。	나는 어제 막 도착했다.
	주어	是	강조내용	술어	的	

장소	她	是	从北京	来	的。	그녀는 베이징에서 왔다.
	주어	是	강조내용	술어	的	

방식	他们	是	按什么顺序	出场	的?	그들은 무슨 순서대로 출전했는가?
	주어	是	강조내용	술어	的	

목적	这	是	为老师	准备	的。	이것은 선생님을 위해 준비했다.
	주어	是	강조내용	술어	的	

대상	这个计划	是	由他	负责	的。	이 계획은 그가 책임졌다.
	관형어+주어	是	강조내용	술어	的	

어휘 **刚** gāng 부 막, 방금　**按** àn 게 ~대로　**顺序** shùnxù 명 순서, 차례　**出场** chūchǎng 통 (경기에) 출전하다
准备 zhǔnbèi 통 준비하다　**计划** jìhuà 명 계획 통 계획하다　**由** yóu 게 ~이/가　**负责** fùzé 통 책임지다

• 자주 사용되는 '是+강조내용+술어+的' 표현

> 是上礼拜天出生的 shì shàng lǐbài tiān chūshēng de 지난 주 일요일에 태어났다
> 是从哪儿听来的 shì cóng nǎr tīnglai de 어디서 들었는가
> 是在垃圾桶里找到的 shì zài lājītǒng li zhǎodào de 쓰레기통에서 찾았다
> 是塑料做的 shì sùliào zuò de 플라스틱으로 만들었다
> 是按什么顺序出场的 shì àn shénme shùnxù chūchǎng de 무슨 순서대로 출전했는가
> 是专门给王教授留的 shì zhuānmén gěi Wáng jiàoshòu liú de 특별히 왕 교수님을 위해 남겨 놓았다
> 是父亲给我的 shì fùqīn gěi wǒ de 아빠가 줬다
> 是由他来负责的 shì yóu tā lái fùzé de 그가 책임졌다

3. 목적어는 일반적으로 술어 다음, 的 앞에 온다.

他	是	故意	弄乱	桌子	的。	그는 일부러 책상을 어질렀다.
주어	是	강조내용	술어+보어	목적어	的	

어휘 **故意** gùyì 凰 일부러, 고의로 **弄** nòng 图 하다, 만들다 **乱** luàn 阌 어지럽다

4. 부사 不와 都는 是 앞에서 부사어로 쓰인다.

传真机	不	是	我	弄坏	的。	팩스기는 내가 고장 내지 않았다.
주어	부사어	是	강조내용	술어+보어	的	

这些	都	是	爸爸	给	我	的。	이것들은 모두 아빠가 내게 준 것들이다.
주어	부사어	是	강조내용	술어	목적어	的	

어휘 **传真机** chuánzhēnjī 명 팩스기 **弄** nòng 图 하다, 만들다 **坏** huài 图 고장 내다, 나쁘게 하다

제시된 어휘로 어순에 맞는 문장을 완성하세요.

1. 是　　　这位师傅　　　招聘进来　　　的　　　去年六月

   정답: _____

2. 怎样解决　　　困难的　　　你　　　是

   정답: _____

3. 来的　　　为这个　　　目的　　　他们是

   정답: _____

4. 出发的　　　从　　　同事是　　　办公室

   정답: _____

5. 高烧是　　　引起的　　　什么　　　由

   정답: _____

6. 开始怀疑　　　从昨天　　　的　　　警察是　　　那位顾客

   정답: _____

정답 해설집 p.139

합격비책

13 比자문 완성하기

比자문은 '(주어)가 (비교대상)보다 (술어)하다'라는 의미를 가지며, '比+비교대상'을 (부사어+)술어 앞에 배치하는 것이 특징이다. 따라서 제시된 어휘 중 比가 있으면 比자문 어순에 따라 문장을 완성해야 한다.

핵심 전략

1. 比자문이 '주어+比+비교대상+(부사어+)술어(+보어)'의 어순임을 외워 둔다.
2. 比 또는 比가 포함된 어휘를 (부사어+)술어 앞에 부사어로 배치한다.
3. 比자문의 특징에 유의한다.
4. 比를 사용하지 않는 비교문을 꼼꼼히 학습해 둔다.

예제 맛보기

比那位律师	专业	他	更加

	比那位律师	专业	他	更加
	比+대사+양사+명사	형용사	대사	부사
	주어	比+비교대상 부사어	부사어	술어
정답	他	比那位律师	更加	专业。

해설 그는 그 변호사보다 더 전문적이다.

어휘 **律师** lǜshī [명] 변호사 **专业** zhuānyè [형] 전문적이다 **更加** gèngjiā [부] 더, 더욱

STEP 1 比 ~ 술어 배치하기
제시된 어휘 중 比가 있으므로, 比자문을 완성해야 한다. 유일한 형용사 **专业**(전문적이다)를 술어 자리에 바로 배치하고, 比가 포함된 **比那位律师**(그 변호사보다)을 술어 앞에 배치한다. → 比那位律师 专业

STEP 2 주어와 비교대상 배치하기
술어 **专业**(전문적이다)와 문맥상 주어로 어울리는 대사 **他**(그)를 주어 자리에 배치한다. → 他 **比那位律师 专业**

STEP 3 남은 어휘 배치하여 문장 완성하기
남은 어휘인 부사 **更加**(더)를 술어 **专业**(전문적이다) 앞에 부사어로 배치하여 문장을 완성한다. → **他 比那位律师** 更加 **专业**

완성된 문장 他比那位律师更加专业。(그는 그 변호사보다 더 전문적이다.)

비책 공략하기

1 比자문의 특징

1. '比+비교대상'은 주어 다음, (부사어+)술어 앞에 온다.

我	比	姐姐	更	高。	나는 언니보다 키가 더 크다.
주어	比	비교대상	부사어	술어	

[잠깐!] 비교대상에 주어와 동일한 어휘가 쓰인 경우, 비교대상에서 사용된 어휘는 생략이 가능하다.

这里的房租	比	那里(的房租)	便宜。	이곳의 월세는 저곳(의 월세)보다 싸다.
관형어+주어	比	비교대상	술어	

어휘 **房租** fángzū [명] 월세, 집세 **便宜** piányi [형] 싸다, 저렴하다

2. '더, 더욱'의 의미를 가진 更, 更加, 还와 같이 비교의 정도를 강조하는 어휘는 '比+비교대상' 다음, 술어 앞에 부사어로 온다.

他的	经验	比	我	更	丰富。	그의 경험은 나보다 더 풍부하다.
관형어	주어	比	비교대상	부사어	술어	

我的	收入	比	他	还	多。	내 수입은 그보다 더 많다.
관형어	주어	比	비교대상	부사어	술어	

어휘 **经验** jīngyàn [명] 경험, 체험 **丰富** fēngfù [형] 풍부하다 **收入** shōurù [명] 수입, 소득

3. 수량·정도보어가 술어 뒤에서 보어로 쓰여 차이의 정도를 나타낸다.

今年的	奖金	比	去年	增加了	三倍。	올해의 보너스는 작년보다 세 배 늘었다.
관형어	주어	比	비교대상	술어+了	수량보어	

今天的	西红柿	比	昨天	稍微	便宜	一些。	오늘의 토마토는 어제보다 약간 더 싸다.
관형어	주어	比	비교대상	부사어	술어	수량보어	

北方	比	南方	凉快得	多。	북방이 남방보다 훨씬 더 시원하다.
주어	比	비교대상	술어+得	정도보어	

郊区的	房租	比	市区的	低	很多。	교외의 월세는 시내보다 훨씬 더 싸다.
관형어	주어	比	비교대상	술어	정도보어	

어휘 **奖金** jiǎngjīn [명] 보너스, 상금 **增加** zēngjiā [동] 늘다, 증가하다 **倍** bèi [양] 배, 배수 **西红柿** xīhóngshì [명] 토마토 **稍微** shāowēi [부] 약간, 조금 **凉快** liángkuai [형] 시원하다 **郊区** jiāoqū [명] 교외 **房租** fángzū [명] 월세 **市区** shìqū [명] 시내

② 比를 사용하지 않는 비교문

1. '주어+有/没有+비교대상+술어'

'~만큼 ~하다/하지 않다'라는 의미를 갖는 비교문이다.

他的   个子   有   父亲   高。   그의 키는 아버지만큼 크다.
관형어   주어   有   비교대상   술어

他   没有   他哥哥   厉害。   그는 그의 형만큼 대단하지 않다.
주어   没有   비교대상   술어

어휘 个子 gèzi 몡 (사람의) 키, 체격   厉害 lìhai 혱 대단하다, 심각하다

> **잠깐!** 1. 没有 대신 不如를 쓸 수 있다.
>
> 这台   电脑   不如   广告上说的   好。   이 컴퓨터는 광고에서 얘기한 것만큼 좋지 않다.
> 관형어   주어   不如   비교대상   술어
>
> 2. 대사 这么(이렇게)/那么(그렇게)가 술어 앞 부사어 자리에 쓰여 비교의 의미를 강조할 수 있다.
>
> 他   没有   我哥哥   那么   帅。   그는 내 형만큼 그렇게 멋있지 않다.
> 주어   没有   비교대상   부사어   술어
>
> 어휘 不如 bùrú 통 ~만큼 ~하지 않다, ~보다 못하다   广告 guǎnggào 몡 광고   帅 shuài 혱 멋지다, 잘생기다

2. '주어+和/跟+비교대상+一样+술어'

'~와 똑같이 ~하다'라는 의미를 갖는 비교문이다.

新电脑的   价格   和   原来的   一样   贵。   새로운 컴퓨터의 가격은 원래의 것과 똑같이 비싸다.
관형어   주어   和   비교대상   부사어   술어

어휘 价格 jiàgé 몡 가격   原来 yuánlái 몡 원래, 본래   一样 yíyàng 혱 똑같다

제시된 어휘로 어순에 맞는 문장을 완성하세요.

1. 这份 　　 复杂 　　 还 　　 那份资料的内容 　　 比

    정답: _____

2. 比原来 　　 他们公司的 　　 严格了 　　 规定 　　 更加

    정답: _____

3. 我的 　　 那么好 　　 没有以前 　　 生意

    정답: _____

4. 我觉得 　　 情况 　　 更了解 　　 比我 　　 他

    정답: _____

5. 他的普通话 　　 标准 　　 一样 　　 中国人 　　 跟

    정답: _____

6. 这个眼镜的 　　 比 　　 差很多 　　 那个 　　 质量

    정답: _____

정답 해설집 p.141

실전테스트

테스트 1

제시된 어휘로 어순에 맞는 문장을 완성하세요.

1. 注意　　提醒大家　　导游　　安全

2. 距离　　交流　　人与人的　　可以拉近

3. 很顺利　　他们的关系　　发展　　得

4. 会　　朋友　　他经常　　想起　　童年时的

5. 我们还得　　买几盒　　小吃呢　　去超市

6. 擦得　　王老师把　　黑板　　特别干净

7. 被孙女　　光　　果汁　　了　　喝

8. 是　　去年的　　今年的奖金　　三倍

9. 整理　　一下　　我　　结果　　调查

10. 这次演出　　非常　　大使馆的　　成功

테스트 2

제시된 어휘로 어순에 맞는 문장을 완성하세요.

1. 提出的　　作者　　意见　　我们尊重

2. 在互联网上　　学习到的　　是　　他的技术

3. 饺子的　　咸了点儿　　味道　　稍微

4. 那些瓶子　　全都　　扔进　　垃圾袋里　　把

5. 你应该　　假期的计划　　安排好　　提前

6. 我们　　让　　而努力吧　　为成功

7. 国际关系　　不停地　　会随着时间　　变化

8. 乒乓球　　打得　　小林　　很棒

9. 租出去　　楼上的房间　　了　　房东　　被

10. 这几种　　可以　　空气污染　　植物　　有效减轻

정답 해설집 p.143

제**2**부분

제시된 어휘로 사진에 대한 문장 만들기

제2부분은 각 문제에 어휘와 사진이 하나씩 제시되며, 제시된 어휘를 사용하여 제시된 사진과 관련된 문장을 작문하는 형태로 총 5문제가 출제된다.

필수학습	1 문장 템플릿 ┃ 2 헷갈리기 쉬운 한자
합격비책 01	가정·가사 사진에 대한 문장 만들기
합격비책 02	쇼핑·사교 사진에 대한 문장 만들기
합격비책 03	음식·여가 사진에 대한 문장 만들기
합격비책 04	학교·직장·병원 사진에 대한 문장 만들기

출제 경향

1. **가정·가사 사진이 자주 출제된다.**

   제2부분에서는 가정·가사, 쇼핑·사교, 음식·여가, 학교·직장·병원 등 다양한 주제의 사진이 출제되는데, 그중 가정·가사 사진이 자주 출제된다.

2. **인물이 등장하는 사진의 출제 빈도가 높다.**

   제시된 사진 속에는 인물 또는 사물이 등장하는데, 그중 인물이 등장하는 사진의 출제 빈도가 높다. 인물이 등장하는 사진은 주로 인물의 행동이나 인물이 처한 상황이 부각된 사진으로 출제된다.

문제풀이 스텝

重

STEP 1 제시된 어휘를 확인하고, 우리말로 문장 떠올리기

제시된 어휘의 뜻을 사용하여 사진과 관련된 문장을 우리말로 떠올려 본다. 이때, 문장 템플릿(p.248~253)을 활용하면 더욱 쉽게 문장을 떠올릴 수 있다. 사진을 묘사하는 문장이 아닌 사진과 관련된 문장을 만들면 된다는 것에 유의한다.

제시된 어휘: **重** zhòng 웹 무겁다
우리말로 떠올린 문장: 이 상자는 무거워 보인다.

> → 활용한 문장 템플릿: ~는 ~해 보인다.(……**看起来**……。)

* 문장 길이가 길지 않더라도, 쓰기 제2부분 전체 5문제에 사용된 문장의 종류가 다양하면 높은 점수를 받을 수 있다. 따라서 우리말로 문장을 떠올릴 때 사진 속 상황을 설명하는 문장, 사진 속 인물이 할법한 말, 사진 속 인물에게 해줄 수 있는 말을 골고루 사용하도록 한다.

STEP 2 중국어로 활용 표현 써 보기

우리말 문장에 쓸 수 있는 중국어 활용 표현을 써 본다. 이때, 사진 속의 인물이나 사물을 나타내는 중국어 표현, 또는 제시된 어휘와 자주 쓰이는 구문을 활용하면 좋다.

활용 표현: **箱子** xiāngzi 웹 상자

STEP 3 중국어로 문장 쓰기

제시된 어휘와 중국어 활용 표현을 사용하여 중국어로 문장을 쓴다. 문장 작성 후, 중국어 어법에 맞는지 확인하고, 작성 완료된 문장 끝에 반드시 마침표(。) 또는 물음표(?)를 붙이는 것을 잊지 말자.

작성한 문장: **这个箱子看起来很重。**
　　　　　　 이 상자는 무거워 보인다.

> 템플릿　……**看起来**……。: ~는 ~해 보인다.

1 문장 템플릿

쓰기 제2부분에서는 문장 템플릿을 활용하면 다양한 문장을 쉽게 만들 수 있다. 사진 속 상황을 설명할 때 쓰는 문장 템플릿, 사진 속 인물이 할법한 말에 사용하는 문장 템플릿, 사진 속 인물에게 해줄 수 있는 말에 사용하는 문장 템플릿을 익혀 두자.

❶ 사진 속 상황을 설명할 때 쓰는 문장 템플릿

······在/正在······。
······zài/ zhèngzài······.

~는 ~하고 있다.

他在写日记。 그는 일기를 쓰고 있다.

日记　　　　어휘　日记 rìjì 명 일기

······看起来······。
······kànqǐlai······.

~는 ~해 보인다.

她看起来非常困。 그녀는 매우 피곤해 보인다.

困　　　　어휘　困 kùn 형 피곤하다

······一边······一边······。
······yìbiān······yìbiān······.

~는 ~하면서 ~한다.

哥哥一边看杂志一边喝水。 형은 잡지를 보면서 물을 마신다.

杂志　　　　어휘　杂志 zázhì 명 잡지

······又······又······。
······yòu······yòu······.

~는 ~하고 ~하다.

这个行李箱又大又重。 이 캐리어는 크고 무거워요.

重

어휘 重 zhòng 웹무겁다 行李箱 xínglǐxiāng 웹캐리어

图片上有······。
Túpiàn shang yǒu······.

사진에는 ~이 있다.

图片上有一些包子。 사진에는 만두가 몇 개 있다.

包子

어휘 包子 bāozi 웹만두

······好像······了。
······hǎoxiàng······le.

~는 (마치) ~인 것 같다.

他们好像感动了。 그들은 감동한 것 같다.

感动

어휘 好像 hǎoxiàng 웹(마치) ~인 것 같다 感动 gǎndòng 웹감동하다, 감동시키다

······是个很······的人。
······shì ge hěn······de rén.

~는 ~한 사람이다.

小李是个很勇敢的人。 샤오리는 용감한 사람이다.

勇敢

어휘 勇敢 yǒnggǎn 웹용감하다

······对······很感兴趣。
······duì······hěn gǎn xìngqù.

~는 ~에 매우 흥미가 있다.

她对这个消息很感兴趣。 그녀는 이 소식에 매우 흥미가 있다.

消息

어휘 感兴趣 gǎn xìngqù 흥미가 있다, 관심이 있다 消息 xiāoxi 웹소식, 뉴스

❷ 사진 속 인물이 할법한 말에 사용하는 문장 템플릿

我特别喜欢······。
Wǒ tèbié xǐhuan······.

나는 ~을 아주 좋아한다.

烤鸭

我特别喜欢吃烤鸭。 나는 오리 구이 먹는 것을 아주 좋아한다.

어휘 **特别** tèbié 興 아주, 특히   **烤鸭** kǎoyā 몡 오리 구이

······让我十分······。
······ràng wǒ shífēn······.

~은 나를 매우 ~하게 한다.

激动

这件事情让我十分激动。 이 일은 나를 매우 감격하게 한다.

어휘 **十分** shífēn 興 매우, 대단히   **激动** jīdòng 웽 감격하다, 감동하다

我每天都会······。
Wǒ měi tiān dōu huì······.

나는 매일 ~하곤 한다.

准时

我每天都会准时到公司。 나는 매일 회사에 제때에 도착하곤 한다.

어휘 **每天** měi tiān 매일   **准时** zhǔnshí 興 제때에

我认为···对身体很好/不好。
Wǒ rènwéi···duì shēntǐ hěn hǎo/bù hǎo.

나는 ~이 몸에 좋다/나쁘다고 생각한다.

咸

我认为吃咸的东西对身体不好。 나는 짠 것을 먹는 것이 몸에 나쁘다고 생각한다.

어휘 **认为** rènwéi 용 ~라고 생각하다   **咸** xián 웽 짜다

| 我从来没······过······。
Wǒ cónglái méi······guo······. | 나는 여태껏 ~한 적이 없다. |

加班

我从来没加班过。 나는 여태껏 야근을 한 적이 없다.

어휘 从来 cónglái 團 여태껏 加班 jiābān 園 야근하다, 초과 근무를 하다

| 我打算······。
Wǒ dǎsuan······. | 나는 ~할 계획이다. |

商量

我打算跟爸爸商量商量。 나는 아빠와 상의해 볼 계획이다.

어휘 打算 dǎsuan 園 ~할 계획이다 商量 shāngliang 園 상의하다, 의논하다

| ······实在太······了。
······shízài tài······le. | ~는 정말 너무 ~하다. |

肚子

我肚子实在太难受了。 나는 배가 정말 너무 아프다.

어휘 实在 shízài 團 정말, 확실히 肚子 dùzi 團 배, 복부 难受 nánshòu 園 아프다, 불편하다

| 请你把······给我一下。
Qǐng nǐ bǎ······gěi wǒ yíxià. | 저에게 ~을 좀 주세요. |

橡皮

请你把橡皮给我一下。 저에게 지우개를 좀 주세요.

어휘 把 bǎ 閲 ~을/를 橡皮 xiàngpí 團 지우개

| 因为我······，所以······。
Yīnwèi wǒ······, suǒyǐ······. | 나는 ~하기 때문에, (그래서) ~한다. |

祝贺

因为我赢了比赛，所以我同学祝贺我。
내가 경기에서 이겼기 때문에, 반 친구가 나를 축하해줬다.

어휘 祝贺 zhùhè 園 축하하다 赢 yíng 園 이기다 比赛 bǐsài 團 경기, 시합

[3] 사진 속 인물에게 해줄 수 있는 말에 사용하는 문장 템플릿

你快点儿……吧。 Nǐ kuàidiǎnr……ba.	당신 빨리 ~하세요.

整理

你快点儿**整理房间**吧。 당신 빨리 방을 정리하세요.

어휘 **整理** zhěnglǐ [동] 정리하다

我们一起……怎么样？ Wǒmen yìqǐ……zěnmeyàng?	우리 함께 ~하는 것 어때요?

讨论

我们一起**讨论**怎么样？ 우리 함께 논의하는 것 어때요?

어휘 **讨论** tǎolùn [동] 논의하다, 토론하다

麻烦你可以帮我……吗？ Máfan nǐ kěyǐ bāng wǒ……ma?	죄송하지만 ~해 주실 수 있나요?

修理

麻烦你可以帮我**修理手机**吗？ 죄송하지만 휴대폰을 수리해 주실 수 있나요?

어휘 **修理** xiūlǐ [동] 수리하다

你千万别……。 Nǐ qiānwàn bié…….	당신 절대로 ~하지 마세요.

批评

你千万别**批评孩子**。 당신 절대로 아이를 혼내지 마세요.

어휘 **千万** qiānwàn [부] 절대로, 반드시 **批评** pīpíng [동] 혼내다, 비판하다

你最好……。
Nǐ zuìhǎo…….

당신은 ~하는 것이 (가장) 좋겠어요.

矿泉水

你最好买一瓶矿泉水。 당신은 생수를 한 병 사는 것이 좋겠어요.

어휘 最好 zuìhǎo ⓤ ~하는 것이 (가장) 좋다   矿泉水 kuàngquánshuǐ ⓜ 생수

祝贺你……。
Zhùhè nǐ…….

~을 축하합니다.

出生

祝贺你儿子顺利出生。 아들이 순조롭게 태어난 것을 축하합니다.

어휘 出生 chūshēng ⓤ 태어나다   祝贺 zhùhè ⓤ 축하하다   顺利 shùnlì ⓟ 순조롭다

我们应该保护……。
Wǒmen yīnggāi bǎohù…….

우리는 ~을 보호해야 해요.

熊猫

我们应该保护熊猫。 우리는 판다를 보호해야 해요.

어휘 应该 yīnggāi ⓐ ~해야 한다   保护 bǎohù ⓤ 보호하다   熊猫 xióngmāo ⓜ 판다

2 헷갈리기 쉬운 한자

쓰기 제2부분 문장을 작성할 때 자주 틀리게 쓰는 한자를 꼼꼼히 익혀서, 실제 시험에서 틀리게 쓰지 않도록 주의한다.

▣ 모양을 자주 틀리게 쓰는 한자

어휘	틀리게 쓴 모양	어휘	틀리게 쓴 모양
小说 (O) xiǎoshuō 명 소설	**少说** (X)	**米饭** (O) mǐfàn 명 쌀밥	**平饭** (X)
我们 (O) wǒmen 때 우리(들)	**我门** (X)	**公司** (O) gōngsī 명 회사	**公可** (X)
牛奶 (O) niúnǎi 명 우유	**午奶** (X)	**便宜** (O) piányi 형 싸다, 저렴하다	**更宜** (X)
进来 (O) jìnlai 통 들어오다	**讲来** (X)	**自己** (O) zìjǐ 명 자신, 자기	**自已** (X)
一直 (O) yìzhí 부 줄곧, 계속	**一真** (X)	**考试** (O) kǎoshì 통 시험을 보다	**考式** (X)
比赛 (O) bǐsài 명 시합, 경기	**比寒** (X)	**会议** (O) huìyì 명 회의	**会义** (X)
垃圾 (O) lājī 명 쓰레기	**拉圾** (X)	**汽车** (O) qìchē 명 자동차	**气车** (X)
好像 (O) hǎoxiàng 통 (마치) ~인 것 같다	**好象** (X)	**环境** (O) huánjìng 명 환경	**环竟** (X)
激动 (O) jīdòng 형 감격하다, 흥분하다	**邀动** (X)	**表扬** (O) biǎoyáng 통 칭찬하다	**表场** (X)
优秀 (O) yōuxiù 형 우수하다	**尤秀** (X)	**收入** (O) shōurù 명 수입	**收八** (X)
到处 (O) dàochù 부 곳곳, 도처	**到外** (X)	**可惜** (O) kěxī 아쉽다	**可借** (X)

2 IBT(컴퓨터로 진행하는 시험)**에서 병음이 같은 다른 한자로 자주 틀리게 입력하는 한자**

병음	어휘	예시
mai	买 mǎi 图 사다	这是给你卖的礼物。(X) → 这是给你买的礼物。 이것은 네게 사 주는 선물이야. (O)
	卖 mài 图 팔다	巧克力买得最好。(X) → 巧克力卖得最好。 초콜릿이 가장 잘 팔린다. (O)
jiao	教 jiāo 图 가르치다	老师交学生。(X) → 老师教学生。 선생님은 학생을 가르친다. (O)
	交 jiāo 图 주다, 내다	把这本书教给他。(X) → 把这本书交给他。 이 책을 그에게 주세요. (O)
wan	玩 wán 图 놀다	她在完手机。(X) → 她在玩手机。 그녀는 휴대폰을 가지고 놀고 있다. (O)
	完 wán 图 다 ~하다, 완성하다	水果卖玩了。(X) → 水果卖完了。 과일은 다 팔렸다. (O)
xiang	想 xiǎng 图 ~하고 싶다	我像去北京。(X) → 我想去北京。 나는 베이징에 가고 싶다. (O)
	像 xiàng 图 ~와 같다, 닮다	冰箱好想坏了。(X) → 冰箱好像坏了。 냉장고는 고장 난 것 같다. (O)
zai	在 zài 게 ~에서	他再家休息。(X) → 他在家休息。 그는 집에서 쉰다. (O)
	再 zài 图 다시, 또	请你在讲一遍。(X) → 请你再讲一遍。 다시 한번 말씀해 주세요. (O)
zuo	做 zuò 图 하다	他喜欢坐菜。(X) → 他喜欢做菜。 그는 요리하는 것을 좋아한다. (O)
	坐 zuò 图 타다, 앉다	他们做车去公园。(X) → 他们坐车去公园。 그들은 차를 타고 공원에 간다. (O)

합격비책

01 가정·가사 사진에 대한 문장 만들기

아이를 안고 있는 사람 사진, 창문을 닦는 사람 사진 등 집 안에서 있을 법한 상황의 사진과 제시어로 문장을 만드는 문제이다. 인물의 행동이 부각되는 사진과 동사 제시어가 자주 출제된다.

핵심 전략

1. 사진에 집안일과 관련된 인물의 행동이 부각되어 있는 경우, **小李正在挂图。**(샤오리는 그림을 걸고 있다.)와 같이 사진 속 상황을 설명하는 문장을 우선 고려한다. (문장 템플릿 p.248)
2. 활용 표현 및 빈출 문제의 모범답안을 꼼꼼히 암기해 둔다.

예제 맛보기

挂 ✎ ______________________

STEP 1 제시된 어휘를 확인하고, 우리말로 문장 떠올리기

제시된 어휘: **挂** guà [동] 걸다

우리말로 떠올린 문장: 샤오리는 그림을 걸고 있다.

→ 활용한 문장 템플릿: ~는 ~하고 있다.(……在/正在……。)

STEP 2 중국어로 활용 표현 써 보기

图 tú [명] 그림

STEP 3 중국어로 문장 쓰기

小李正在挂图。 샤오리는 그림을 걸고 있다.

+ 모범답안

1. 小李正在挂图。 샤오리는 그림을 걸고 있다.
   [템플릿] ……在/正在……。 : ~는 ~하고 있다.
2. 麻烦你可以帮我把这张画儿挂在客厅里吗？ 죄송하지만 이 그림을 거실에 걸어 주실 수 있나요?
   [템플릿] 麻烦你可以帮我……吗？ : 죄송하지만 ~해 주실 수 있나요?
3. 我把画儿挂在墙上了。 나는 그림을 벽에 걸었다.

어휘 **挂** guà [동] 걸다, 걸리다 **麻烦** máfan [동] 번거롭게 하다, 폐를 끼치다 **张** zhāng [양] 장[종이·책상 등을 세는 단위] **画儿** huàr [명] 그림 **客厅** kètīng [명] 거실, 응접실 **墙** qiáng [명] 벽, 담장

1 활용 표현 익히기

가정·가사 주제의 사진과 제시어에 관련된 문장을 만들 때 자주 사용할 수 있는 활용 표현을 익혀 두자.

사물/특정 명사 표현

客厅 kètīng 몡 거실	鞋子 xiézi 몡 신발	性格 xìnggé 몡 성격
房间 fángjiān 몡 방	空调 kōngtiáo 몡 에어컨	姐妹 jiěmèi 몡 자매
墙 qiáng 몡 벽	行李箱 xínglǐxiāng 몡 캐리어	大夫 dàifu 몡 의사
窗户 chuānghu 몡 창문	汽车 qìchē 몡 자동차	医生 yīshēng 몡 의사
沙发 shāfā 몡 소파	巧克力 qiǎokèlì 몡 초콜릿	音乐 yīnyuè 몡 음악
门 mén 몡 문	超市 chāoshì 몡 마트, 슈퍼마켓	礼貌 lǐmào 몡 예의
画儿 huàr 몡 그림	儿子 érzi 몡 아들	区别 qūbié 몡 차이, 구별
图 tú 몡 그림, 도표	个子 gèzi 몡 키	原来 yuánlái 몜 원래, 본래
垃圾桶 lājītǒng 몡 쓰레기통	眼睛 yǎnjing 몡 눈	每天 měi tiān 매일

행동/상태/기타 표현

扔 rēng 동 버리다	干净 gānjìng 형 깨끗하다	按时 ànshí 몜 제때에
倒 dào 동 비우다, 쏟다	重 zhòng 형 무겁다	到底 dàodǐ 몜 도대체
开车 kāichē 동 운전하다	舒服 shūfu 형 상쾌하다, 편안하다	双 shuāng 얭 쌍, 켤레
带 dài 동 가지다	可爱 kě'ài 형 사랑스럽다, 귀엽다	俩 liǎ 얭 둘
挤 jǐ 동 짜다	好看 hǎokàn 형 예쁘다	朵 duǒ 얭 송이
成为 chéngwéi 동 ~이 되다	顺利 shùnlì 형 순조롭다	支 zhī 얭 [가늘고 긴 물건을 세는 단위]
长 zhǎng 동 생기다, 자라다	健康 jiànkāng 형 건강하다	张 zhāng 얭 [종이·책상 등을 세는 단위]
放弃 fàngqì 동 포기하다	热 rè 형 덥다	把 bǎ 얭 [손잡이가 있는 기구를 세는 단위]

2 빈출 문제와 모범답안 익히기

擦 cā 동 닦다

妈妈正在擦窗户。 엄마는 창문을 닦고 있다.
麻烦你可以帮我擦窗户吗？ 죄송하지만 창문을 닦아 주실 수 있나요?
我每天都会把窗户擦干净。 나는 매일 창문을 깨끗하게 닦아놓곤 한다.

어휘 窗户 chuānghu 몡 창문   麻烦 máfan 동 실례하다, 번거롭게 하다   每天 měi tiān 매일
干净 gānjìng 형 깨끗하다

＊ 다른 사진 활용 표현   擦桌子(책상을 닦다)   擦汽车(자동차를 닦다)   擦脸(얼굴을 닦다)
擦黑板(칠판을 닦다)   擦眼镜(안경을 닦다)

抬 tái [동] 들다

他们在抬沙发。그들은 소파를 들고 있다.
我们一起抬沙发怎么样？우리 함께 소파를 드는 것 어때요?
我觉得这个沙发抬起来很重。나는 이 소파가 들기에 매우 무겁다고 생각한다.

어휘 **沙发** shāfā [명] 소파 **重** zhòng [형] 무겁다

整理/收拾 zhěnglǐ/shōushi [동] 정리하다, 치우다

麻烦你可以帮我整理/收拾一下房间吗？죄송하지만 방을 정리해 주실 수 있나요?
我整理/收拾完房间了。나는 방 정리를 다 했다.
爸爸把房间整理/收拾得很干净。아빠는 방을 깨끗하게 정리했다.

어휘 **麻烦** máfan [동] 번거롭게 하다, 폐를 끼치다 **干净** gānjìng [형] 깨끗하다, 청결하다

* 다른 사진 활용 표현 **整理/收拾衣服**(옷을 정리하다) **整理/收拾行李箱**(캐리어를 정리하다)

垃圾 lājī [명] 쓰레기

小月正在扔垃圾。샤오위에는 쓰레기를 버리고 있다.
我每天都会按时倒垃圾。나는 매일 제때에 쓰레기를 비우곤 한다.
你快点儿把垃圾扔到垃圾桶里吧。당신 빨리 쓰레기를 쓰레기통에 버리세요.

어휘 **扔** rēng [동] 버리다 **按时** ànshí [부] 제때에 **倒** dào [동] 비우다, 쏟다 **垃圾桶** lājītǒng [명] 쓰레기통

破 pò [동] 찢어지다, 해지다, 깨지다

儿子，你快点儿把破鞋扔掉吧。아들아, 빨리 찢어진 신발을 버리거라.
我的鞋被弟弟穿破了。내 신발은 동생이 신어서 찢어졌다.
这双鞋子破了，不能再穿了。이 신발은 찢어져서 더 이상 신을 수 없다.

어휘 **鞋** xié [명] 신발 **扔掉** rēngdiào 버리다, 던져 버리다

* 다른 사진 활용 표현 **塑料袋破了**(비닐봉지가 찢어졌다) **袜子破了**(양말이 해졌다) **裤子破了**(바지가 해졌다) **鸡蛋破了**(계란이 깨졌다)

空 kōng 휑(속이 텅) 비다

图片上有一个空行李箱。 사진에는 빈 캐리어 한 개가 있다.

小东，你能帮我拿一下那个空行李箱吗？ 샤오둥, 저에게 저 빈 캐리어를 가져다주실 수 있나요?

我的行李箱是空的。 내 캐리어는 비어 있다.

어휘　行李箱 xínglǐxiāng 휑캐리어, 여행용 가방

＊다른 사진 활용 표현　空盒子(빈 상자)　空冰箱(빈 냉장고)

钥匙 yàoshi 휑열쇠

图片上有三把钥匙。 사진에는 열쇠 세 개가 있다.

请你把桌子上的钥匙给我一下。 저에게 책상 위에 있는 열쇠를 좀 주세요.

因为我需要开车，所以带了汽车钥匙。 나는 운전을 해야 하기 때문에, 자동차 열쇠를 챙겼다.

어휘　把 bǎ 휑[손잡이가 있는 것을 세는 단위]　需要 xūyào 휑~해야 한다　开车 kāichē 휑운전하다
　　　汽车 qìchē 휑자동차

敲 qiāo 휑두드리다

图片上有人在敲门。 사진에는 문을 두드리고 있는 사람이 있다.

我觉得敲门是一种礼貌。 나는 문을 두드리는 것이 일종의 예의라고 생각한다.

有人在敲门，你去看看到底是谁。 누가 문을 두드리고 있어요. 도대체 누구인지 가서 봐요.

어휘　礼貌 lǐmào 휑예의휑예의바르다　到底 dàodǐ 휌도대체

躺 tǎng 휑눕다

你千万别躺着看书。 당신 절대로 누워서 책을 보지 마세요.

她正在躺着看书。 그녀는 누워서 책을 보고 있다.

我认为躺着看书对眼睛不好。 나는 누워서 책을 보는 것이 눈에 좋지 않다고 생각한다.

어휘　千万 qiānwàn 휌절대로, 반드시　认为 rènwéi 휑~이라고 생각하다

＊다른 사진 활용 표현　躺着听音乐(누워서 음악을 듣다)　躺着休息(누워서 쉬다)

醒 xǐng 图 깨다, 일어나다

因为我睡得很早，所以早上8点就醒了。 나는 일찍 잤기 때문에, 아침 8시에 깼다.

你快点儿醒醒！都10点了。 당신 빨리 일어나세요! 벌써 10시가 다 되었어요.

她今天不上班，所以12点才醒。 그녀는 오늘 출근하지 않아서 12시에야 일어났다.

어휘 上班 shàngbān 图 출근하다

梦 mèng 图 꿈

他看起来在做梦。 그는 꿈을 꾸고 있는 것처럼 보인다.

爸爸，祝你做一个好梦。 아빠, 부디 좋은 꿈 꾸세요.

我昨晚做了很多梦。 나는 어제 저녁에 꿈을 많이 꿨다.

어휘 看起来 kànqǐlai ~해 보이다   祝 zhù 图 기원하다, 축하하다

香 xiāng 图 향기롭다

这些花又香又好看。 이 꽃들은 향기롭고 예뻐요.

她买的花挺香的。 그녀가 산 꽃은 아주 향기롭다.

我觉得这朵花很香。 나는 이 꽃이 향기롭다고 생각한다.

어휘 又……又…… yòu……yòu…… ~하고 ~하다   朵 duǒ 图 송이

盒子 hézi 图 (작은) 상자

图片上有一个很小的盒子。 사진에는 작은 상자가 한 개 있다.

这个空盒子里原来有什么？ 이 빈 상자 안에는 원래 무엇이 있었나요?

盒子里的巧克力被我吃光了。 상자 안의 초콜릿은 내가 남김없이 먹었다.

어휘 空 kōng 图 비다   原来 yuánlái 图 원래   巧克力 qiǎokèlì 图 초콜릿   光 guāng 图 조금도 남지 않다

袜子 wàzi 圐 양말

请你把袜子给我一下。저에게 양말을 좀 주세요.

这两双袜子没有区别。이 양말 두 켤레는 차이가 없다.

这双袜子是我爸爸给我买的。이 양말은 아빠가 내게 사 준 것이다.

어휘 **双** shuāng 圐 켤레, 쌍 [짝을 이룬 물건을 세는 단위]   **区别** qūbié 圐 차이, 구별

牙膏 yágāo 圐 치약

请你把牙膏给我一下。저에게 치약을 좀 주세요.

奶奶正在挤牙膏。할머니는 치약을 짜고 있다.

我们一起去超市买一支牙膏怎么样？우리 함께 마트에 가서 치약을 사는 것이 어때요?

어휘 **奶奶** nǎinai 圐 할머니   **挤** jǐ 圐 짜다   **超市** chāoshì 圐 마트   **支** zhī 圐 [가늘고 긴 물건을 세는 단위]

凉快 liángkuai 圐 시원하다

房间里又凉快又舒服。방 안은 시원하고 상쾌해요.

房间里实在太凉快了！방 안은 정말 너무 시원하구나!

如果太热的话，开空调会很凉快。만약 너무 덥다면, 에어컨을 켜면 시원해질 거예요.

어휘 **舒服** shūfu 圐 상쾌하다, 편안하다   **实在** shízài 圐 정말   **如果……的话** rúguǒ……dehuà 만약 ~라면
空调 kòngtiáo 圐 에어컨

差不多 chàbuduō 圐 비슷하다

她们俩的个子看起来差不多。그녀 둘의 키는 비슷해 보인다.

我觉得你们俩的性格差不多。나는 너희 둘의 성격이 비슷하다고 생각해.

我们俩是姐妹，长得差不多。우리 둘은 자매이고, 비슷하게 생겼다.

어휘 **俩** liǎ 圐 둘   **个子** gèzi 圐 키   **看起来** kànqǐlai ~해 보인다   **性格** xìnggé 圐 성격
姐妹 jiěmèi 圐 자매   **长** zhǎng 圐 생기다, 자라다

出生 chūshēng [동] 태어나다

孩子的出生让我十分开心。아이가 태어난 것은 나를 매우 기쁘게 했다.
这个孩子刚出生。이 아이는 방금 태어났다.
孩子顺利地出生了，妈妈也很健康。아이는 순조롭게 태어났고, 엄마도 건강해요.

어휘 **十分** shífēn [부] 매우 **开心** kāixīn [형] 기쁘다 **顺利** shùnlì [형] 순조롭다 **健康** jiànkāng [형] 건강하다

抱 bào [동] 안다

他正在抱着他的女儿。그는 그의 딸을 안고 있다.
我抱的孩子非常可爱。내가 안고 있는 아이는 매우 사랑스럽다.
你抱着孩子，重不重？당신 아이를 안고 있는데, 무겁지 않아요?

어휘 **可爱** kě'ài [형] 사랑스럽다, 귀엽다 **重** zhòng [형] 무겁다

*다른 사진 활용 표현 **抱着小狗**(강아지를 안고 있다) **抱着书**(책을 안고 있다)

棒 bàng [형] 훌륭하다, 뛰어나다

我的儿子实在太棒了。내 아들은 정말 너무 훌륭해.
小周是个很棒的人。샤오저우는 훌륭한 사람이다.
你儿子汉语讲得真棒。당신의 아들은 중국어를 정말 훌륭하게 하네요.

어휘 **实在** shízài [부] 정말 **讲** jiǎng [동] 말하다, 설명하다

理想 lǐxiǎng [명] 꿈, 이상

你千万别放弃你的理想。당신 절대로 당신의 꿈을 포기하지 마세요.
我的理想是成为一名大夫。내 꿈은 의사가 되는 것이다.
这个孩子的理想是成为一名医生。이 아이의 꿈은 의사가 되는 것이다.

어휘 **放弃** fàngqì [동] 포기하다 **成为** chéngwéi [동] ~이 되다 **大夫** dàifu [명] 의사

제시된 어휘를 사용하여 사진에 대한 문장을 만들어 보세요.

1.

抱　　✎ _____

2.

钥匙　　✎ _____

3.

收拾　　✎ _____

4.

香　　✎ _____

5.

破　　✎ _____

모범답안 해설집 p.150

합격비책

02 쇼핑·사교 사진에 대한 문장 만들기

남녀가 옷을 고르고 있는 사진, 쇼핑백을 들고 있는 사람 사진, 두 사람이 건배를 하고 있는 사진 등 쇼핑이나 사교 활동을 하고 있는 사람의 사진과 제시어로 문장을 만드는 문제이다. 인물의 행동이 부각되는 사진과 동사 제시어가 자주 출제된다.

핵심 전략

1. 사진이 쇼핑이나 사교 활동과 관련 되어 있으면, **我特别喜欢戴帽子**。(나는 모자를 쓰는 것을 아주 좋아한다.)와 같이 사진 속 인물이 할법한 말이나, **你快点儿脱皮鞋吧**。(당신 빨리 구두를 벗으세요.)와 같이 사진 속 인물에게 해줄 수 있는 말을 우선 고려한다. (문장 템플릿 p.250,252)
2. 활용 표현 및 빈출 문제의 모범답안을 꼼꼼히 암기해 둔다.

예제 맛보기

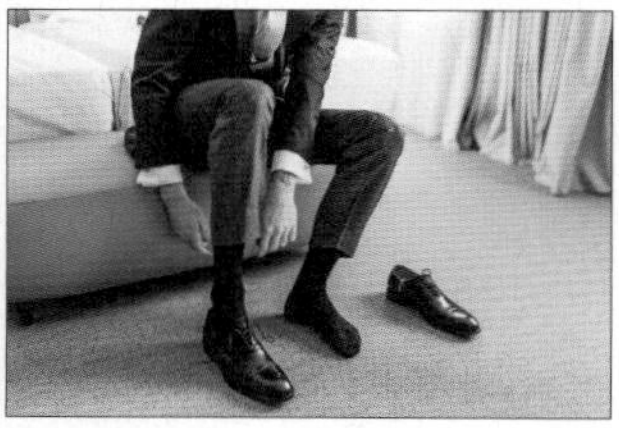

脱

STEP 1 제시된 어휘를 확인하고, 우리말로 문장 떠올리기

제시된 어휘: **脱** tuō [동] 벗다

우리말로 떠올린 문장: 당신 빨리 구두를 벗으세요.

→ 활용한 문장 템플릿: 당신 빨리 ~하세요.(你快点儿……吧。)

STEP 2 중국어로 활용 표현 써 보기

皮鞋 píxié [명] (가죽) 구두

STEP 3 중국어로 문장 쓰기

你快点儿脱皮鞋吧。 당신 빨리 구두를 벗으세요.

+ 모범답안

1. 你快点儿脱皮鞋吧。 당신 빨리 구두를 벗으세요.
   [템플릿] 你快点儿……吧。: 당신 빨리 ~하세요.
2. 他正坐在沙发上脱鞋子。 그는 소파에 앉아서 신발을 벗고 있다.
3. 因为这个鞋子太小了， 我就脱下来了。 이 신발이 너무 작기 때문에, 나는 벗어 버렸다.

어휘 **脱** tuō [동] 벗다 **皮鞋** píxié [명] (가죽) 구두 **沙发** shāfā [명] 소파

1 활용 표현 익히기

쇼핑·사교 주제의 사진과 제시어에 관련된 문장을 만들 때 자주 사용할 수 있는 활용 표현을 익혀 두자.

사물/특정 명사 표현

皮鞋 píxié 뗑 (가죽) 구두	购物车 gòuwùchē 쇼핑 카트	比赛 bǐsài 뗑 경기, 시합
鞋子 xiézi 뗑 신발	信用卡 xìnyòngkǎ 뗑 신용카드	事情 shìqing 뗑 일
帽子 màozi 뗑 모자	银行卡 yínháng kǎ 은행 카드	问题 wèntí 뗑 문제
裤子 kùzi 뗑 바지	百货商店 bǎihuò shāngdiàn 백화점	同事 tóngshì 뗑 동료
衣服 yīfu 뗑 옷	水果 shuǐguǒ 뗑 과일	会议 huìyì 뗑 회의
大小 dàxiǎo 뗑 사이즈, 크기	友谊 yǒuyì 뗑 우정	礼物 lǐwù 뗑 선물

행동/상태/기타 표현

照 zhào 툉 (거울을) 보다, 비추다	发 fā 툉 보내다, 발생하다	咱们 zánmen 떼 우리(들)
破 pò 툉 찢어지다, 깨지다	收到 shōudào 툉 받다	自己 zìjǐ 떼 자신, 자기
忘记 wàngjì 툉 잊어버리다	讲 jiǎng 툉 말하다, 설명하다	别人 biérén 떼 다른 사람, 타인
穿 chuān 툉 (옷을) 입다	哭 kū 툉 울다	如果 rúguǒ 웹 만약
送 sòng 툉 선물하다, 주다	支持 zhīchí 툉 지지하다	位 wèi 앵 분, 명
拿到 nádào 손에 넣다	香 xiāng 휑 향기롭다, (음식이) 맛있다	双 shuāng 앵 켤레, 쌍
邀请 yāoqǐng 툉 초대하다	复杂 fùzá 휑 복잡하다	场 chǎng 앵 번, 회
参加 cānjiā 툉 참석하다, 참가하다	开心 kāixīn 휑 즐겁다, 기쁘다	份 fèn 앵 개[추상적인 것을 세는 단위]
来得及 láidejí 툉 ~할 시간이 있다	准确 zhǔnquè 휑 정확하다, 틀림없다	条 tiáo 앵 [가늘고 긴 것을 세는 단위]

2 빈출 문제와 모범답안 익히기

逛 guàng 툉 구경하다, 거닐다

我们一起去逛街怎么样? 우리 함께 거리를 구경하러 가는 것 어때요?
她打算下午逛街买东西。 그녀는 오후에 거리를 구경하며 물건을 살 계획이다.
我姐姐是很喜欢逛百货商店的人。 내 언니는 백화점 구경하는 것을 매우 좋아하는 사람이다.

어휘 逛街 guàng jiē 거리를 구경하다, 쇼핑하다 百货商店 bǎihuò shāngdiàn 백화점

戴 dài 툉 (안경, 모자, 시계 등을) 쓰다, 착용하다

我特别喜欢戴帽子。 나는 모자를 쓰는 것을 아주 좋아한다.
戴帽子的那位是你姐姐吗? 모자를 쓴 저 분은 너의 누나니?
她戴这个帽子非常好看。 그녀는 이 모자를 쓰면 매우 예쁘다.

어휘 特别 tèbié 휑 아주, 특히 帽子 màozi 뗑 모자 位 wèi 앵 분, 명

*다른 사진 활용 표현 戴眼镜(안경을 쓰다) 戴太阳镜(선글라스를 쓰다)

打折 dǎzhé 圏 할인하다, 세일하다

这些衣服正在打折。 이 옷들은 할인하고 있다.

打折时你最好多买点儿衣服。 당신은 할인할 때 옷을 많이 사는 것이 좋겠어요.

那家商店在打折，你要过去看看吗？ 저 상점은 할인 중인데, 가서 한번 볼래요?

어휘 最好 zuìhǎo 凰 ~하는 것이 (가장) 좋다

镜子 jìngzi 圏 거울

小李特别喜欢照镜子。 샤오리는 거울을 보는 것을 아주 좋아한다.

别照镜子了，我们快走吧。 거울 그만 보고, 우리 빨리 가자.

这件衣服真好看，我想去照照镜子。 이 옷은 정말 예쁘네요, 가서 거울을 보고 싶어요.

어휘 特别 tèbié 凰 아주, 특히   照 zhào 圏 (거울을) 보다, 비추다

*다른 사진 활용 표현 挂镜子 (거울을 걸다)   镜子破了 (거울이 깨졌다)

适合 shìhé 圏 적합하다, 적절하다

我打算买适合孩子的裤子。 나는 아이에게 적합한 바지를 살 계획이다.

他们正在买适合自己的衣服。 그들은 자신에게 적합한 옷을 사고 있다.

这条裤子适合妈妈穿，咱们送给她吧。 이 바지는 엄마가 입기 적합하네, 우리 그녀에게 선물하자.

어휘 裤子 kùzi 圏 바지   自己 zìjǐ 凰 자신, 자기   条 tiáo 圏 [가늘고 긴 것을 세는 단위]
       咱们 zánmen 凰 우리(들)

合适 héshì 圏 알맞다, 어울리다

这双鞋子看起来对她正合适。 이 신발은 그녀에게 딱 알맞아 보인다.

我觉得我穿这双鞋子很合适。 나는 내가 이 신발을 신는 것이 어울린다고 생각한다.

这双皮鞋的大小对你正合适。 이 구두의 사이즈는 당신에게 딱 알맞네요.

어휘 双 shuāng 圏 켤레, 쌍[짝을 이룬 물건을 세는 단위]   看起来 kànqǐlai ~해 보이다
       大小 dàxiǎo 圏 사이즈, 크기   正 zhèng 凰 딱, 꼭

推 tuī 圖밀다

麻烦你可以帮我推一下吗？ 죄송하지만 좀 밀어 주실 수 있나요?

爸爸，我来推购物车吧。 아빠, 제가 쇼핑 카트를 밀게요.

他一边看东西，一边推购物车。 그는 물건을 보면서 쇼핑 카트를 밀고 있다.

어휘 **麻烦** máfan 圖번거롭게 하다, 폐를 끼치다 **购物车** gòuwùchē 쇼핑 카트
一边……一边…… yìbiān…… yìbiān…… ~하면서 ~하다

＊다른 사진 활용 표현 **推箱子**(상자를 밀다) **推汽车**(자동차를 밀다)

塑料袋 sùliàodài 圖비닐봉지

塑料袋里的水果又大又香。 비닐봉지 안의 과일은 크고 향기롭다.

小王，你把苹果放在塑料袋里吧。 샤오왕, 사과를 비닐봉지 안에 넣어 두렴.

塑料袋里有苹果，看起来很好吃。 비닐봉지 안에 사과가 있는데, 맛있어 보인다.

어휘 **又……又……** yòu…… yòu…… ~하고 ~하다 **香** xiāng 圖향기롭다, (음식이) 맛있다
看起来 kànqǐlai ~해 보이다

密码 mìmǎ 圖비밀번호

信用卡密码最好不要太复杂。 신용카드 비밀번호는 너무 복잡하지 않은 것이 좋다.

我忘记了银行卡密码。 나는 은행 카드 비밀번호를 잊어버렸다.

如果你把密码忘了，去银行吧。 만약 당신이 비밀번호를 잊어버렸다면, 은행에 가세요.

어휘 **信用卡** xìnyòngkǎ 圖신용카드 **复杂** fùzá 圖복잡하다 **忘记** wàngjì 圖잊어버리다
银行卡 yínháng kǎ 은행 카드 **如果** rúguǒ 圖만약 ~라면

＊다른 사진 활용 표현 **门口密码**(입구 비밀번호)

干杯 gānbēi 圖건배하다

他们正在干杯。 그들은 건배하고 있다.

为我们的友谊干杯！ 우리의 우정을 위해 건배!

干杯！大家在这场比赛拿到了第一名！ 건배! 여러분이 이번 경기에서 1등을 했어요!

어휘 **为** wèi 團~을 위해 **友谊** yǒuyì 圖우정 **场** chǎng 圖번, 회 **比赛** bǐsài 圖경기, 시합
拿到 nádào 손에 넣다, 받다

聚会 jùhuì 명파티, 모임

和朋友们聚会让我十分开心。 친구들과 파티하는 것은 나를 매우 즐겁게 한다.

谢谢你们邀请我来参加聚会。 저를 모임에 초대해 주셔서 감사합니다.

今天大部分同学都来参加聚会。 오늘 대부분의 동창이 모임에 참석했다.

어휘 十分 shífēn 뷔매우, 아주   开心 kāixīn 휑즐겁다, 기쁘다   邀请 yāoqǐng 통초대하다, 초청하다
参加 cānjiā 통참석하다, 참가하다   大部分 dàbùfen 대부분

约会 yuēhuì 통데이트하다, 만날 약속을 하다 명약속, 데이트

我打算和我男朋友约会。 나는 남자친구와 데이트할 계획이다.

他每天都会跟女朋友约会。 그는 매일 여자친구와 데이트를 하곤 한다.

你明天有什么重要的约会吗? 당신 내일 무슨 중요한 약속이 있어요?

어휘 打算 dǎsuan 통~할 계획이다   跟 gēn 개~와/과   重要 zhòngyào 휑중요하다

打招呼 dǎ zhāohu 인사하다

我正在和王老师打招呼。 나는 왕 선생님과 인사하고 있다.

儿子, 见到大人要先打招呼。 아들아, 어른을 보면 먼저 인사해야 한다.

我有急事, 没来得及跟你打招呼。 제가 급한 일이 있어서, 당신에게 인사할 시간이 없었어요.

어휘 大人 dàrén 명어른, 어르신   先 xiān 뷔먼저, 우선   急事 jí shì 급한 일
来得及 láidejí 통~할 시간이 있다, (제 시간에) 늦지 않다

流利 liúlì 휑(말·문장이) 유창하다

小刘的中文又流利又准确。 샤오리우의 중국어는 유창하고 정확하다.

你说汉语说得真流利。 당신은 중국어를 정말 유창하게 말하네요.

我能说一口流利的英语。 나는 영어를 유창하게 할 수 있다.

어휘 准确 zhǔnquè 휑정확하다, 틀림없다   口 kǒu 양[입에서 나오는 말 등을 세는 단위]

讨论/商量 tǎolùn/shāngliang 통토론하다, 의논하다

我们一起讨论/商量怎么样？ 우리 함께 토론하는 것 어때요?

我特别喜欢和同事讨论/商量问题。 나는 동료와 문제를 의논하는 것을 아주 좋아한다.

他们在会议室讨论/商量了很久。 그들은 회의실에서 오랫동안 토론했다.

어휘 **特别** tèbié 튀아주, 특히 **同事** tóngshì 몜동료 **会议室** huìyì shì 회의실
久 jiǔ 휑오래되다, 시간이 길다

笑话 xiàohua 멩우스운 이야기, 농담 통비웃다, 놀리다

我特别喜欢听笑话。 나는 우스운 이야기를 듣는 것을 아주 좋아한다.

他是个很爱讲笑话的人。 그는 농담하는 것을 매우 좋아하는 사람이다.

笑话别人很不礼貌。 다른 사람을 비웃는 것은 매우 예의 없어요.

어휘 **讲** jiǎng 통말하다, 설명하다 **别人** biérén 뎨다른 사람, 타인 **礼貌** lǐmào 혱예의 바르다

伤心 shāngxīn 휑슬퍼하다, 상심하다

她看起来很伤心。 그녀는 슬퍼 보인다.

我听到这个消息后伤心地哭了。 나는 이 소식을 듣고 슬프게 울었다.

别伤心，我们会在你身边支持你。 슬퍼하지 마세요. 우리는 당신 곁에서 당신을 지지할 거예요.

어휘 **看起来** kànqǐlai ~해 보이다 **消息** xiāoxi 몜소식, 뉴스 **哭** kū 통울다 **支持** zhīchí 통지지하다

吃惊 chījīng 통놀라다

这件事情让我十分吃惊。 이 일은 나를 매우 놀라게 했다.

妈妈吃惊地看着我。 엄마는 놀라서 나를 쳐다봤다.

听到那个好消息，她感到很吃惊。 그 좋은 소식을 듣고, 그녀는 놀랍다고 느꼈다.

어휘 **十分** shífēn 튀매우, 아주 **消息** xiāoxi 몜소식, 뉴스 **感到** gǎndào 통느끼다, 여기다

收 shōu 图 받다

因为今天是我的生日，所以收到了很多礼物。 오늘은 내 생일이기 때문에, 많은 선물을 받았다.

他收到了一份小礼物。 그는 작은 선물 하나를 받았다.

这是我送你的，请你收下。 이것은 제가 당신에게 선물하는 거예요. 받아 주세요.

어휘 礼物 lǐwù 圆 선물 份 fèn 圈 개[추상적인 것을 세는 단위]

丢 diū 图 잃어버리다

小林好像把钱包弄丢了。 샤오린은 지갑을 잃어버린 것 같다.

难道你把刚买的东西丢了吗？ 설마 당신 방금 산 물건을 잃어버렸나요?

我不小心把手机弄丢了。 나는 실수로 휴대폰을 잃어버렸다.

어휘 难道 nándào 閠 설마 ~하겠는가 刚 gāng 閠 방금, 막 不小心 bù xiǎoxīn 실수로
弄丢 nòngdiū 잃어버리다

消息 xiāoxi 图 소식, 뉴스

这个消息让我十分开心。 이 소식은 나를 매우 기쁘게 한다.

这个消息你千万别告诉别人。 이 소식을 다른 사람에게 절대로 알리지 마세요.

小明今天才听到了那个消息。 샤오밍은 오늘에서야 그 소식을 들었다.

어휘 千万 qiānwàn 閠 절대로, 반드시 别人 biérén 圃 다른 사람, 타인 才 cái 閠 ~에서야, 겨우

短信/信息 duǎnxìn/xìnxī 圃 문자 메시지

你快点儿给他发短信/信息吧。 당신 빨리 그에게 문자 메시지를 보내세요.

我每天都会给朋友发短信/信息。 나는 매일 친구에게 문자 메시지를 보내곤 한다.

小东收到了一条短信/信息。 샤오둥은 문자 메시지 한 통을 받았다.

어휘 发 fā 图 보내다, 발생하다 收到 shōudào 图 받다 条 tiáo 圈 [문자 메시지를 세는 단위]

실전연습문제

제시된 어휘를 사용하여 사진에 대한 문장을 만들어 보세요.

1.

商量 🖊 _____

2.

镜子 🖊 _____

3.

戴 🖊 _____

4.

伤心 🖊 _____

5.

吃惊 🖊 _____

모범답안 해설집 p.152

합격비책
03 음식·여가 사진에 대한 문장 만들기

만두가 접시에 놓인 사진, 피아노를 치는 아이 사진 등 음식 사진이나 여가 생활을 하고 있는 사람 사진과 제시어로 문장을 만드는 문제이다. 사물이 부각되는 사진과 명사 제시어가 자주 출제된다.

핵심 전략

1. 사진에 인물 없이 음식만 부각되어 있는 경우, **图片上有一杯果汁。**(사진에는 주스 한 잔이 있다.)과 같이 사진 속 음식을 설명하는 문장을 우선 고려한다. (문장 템플릿 p.248)

2. 사진에 여가 활동을 하고 있는 인물이 있는 경우, **我们一起做饼干怎么样?**(우리 함께 쿠키를 만드는 것 어때요?)과 같이 사진 속 인물에게 해줄 수 있는 말을 우선 고려한다. (문장 템플릿 p.252)

3. 활용 표현 및 빈출 문제의 모범답안을 꼼꼼히 암기해 둔다.

🎋 예제 맛보기

果汁　　　　　✏

STEP 1	제시된 어휘를 확인하고, 우리말로 문장 떠올리기	제시된 어휘: **果汁** guǒzhī 몡 주스 우리말로 떠올린 문장: 사진에는 주스 한 잔이 있다. → 활용한 문장 템플릿: 사진에는 ~이 있다.(图片上有……。)
STEP 2	중국어로 활용 표현 써 보기	**杯** bēi 몡 잔, 컵
STEP 3	중국어로 문장 쓰기	**图片上有一杯果汁。** 사진에는 주스 한 잔이 있다.

+ 모범답안

1. **图片上有一杯果汁。** 사진에는 주스 한 잔이 있다.

   템플릿 **图片上有……。** : 사진에는 ~이 있다.

2. **我认为喝果汁对身体很好。** 나는 주스를 마시는 것이 몸에 좋다고 생각한다.

   템플릿 **我认为……对身体很好。** : 나는 ~이 몸에 좋다고 생각한다.

3. **麻烦你可以帮我拿一下果汁吗?** 죄송하지만 주스를 좀 가져다주실 수 있나요?

   템플릿 **麻烦你可以帮我……吗?** : 죄송하지만 ~해 주실 수 있나요?

어휘 **果汁** guǒzhī 몡 주스　**认为** rènwéi 통 ~이라고 생각하다, ~이라고 여기다　**拿** ná 통 가지다, 잡다

🎋 비책 공략하기

1 활용 표현 익히기

음식·여가 주제의 사진과 제시어에 관련된 문장을 만들 때 자주 사용할 수 있는 활용 표현을 익혀 두자.

사물/특정 명사 표현

巧克力 qiǎokèlì 몡 초콜릿	**药** yào 몡 약	**树** shù 몡 나무, 수목
冰箱 bīngxiāng 몡 냉장고	**地图** dìtú 몡 지도	**习惯** xíguàn 몡 습관
面条 miàntiáo 몡 국수	**照相机** zhàoxiàngjī 몡 사진기	**师傅** shīfu 몡 선생, 기사, 스승

행동 표현

教 jiāo 통 가르치다	**注意** zhùyì 통 주의하다, 조심하다	**画** huà 통 (그림을) 그리다
练习 liànxí 통 연습하다, 익히다	**站** zhàn 통 서다	**照相** zhàoxiàng 통 사진을 찍다
坚持 jiānchí 통 꾸준히 하다	**弄** nòng 통 하다	**起飞** qǐfēi 통 이륙하다
通过 tōngguò 통 통과하다	**丢** diū 통 잃어버리다	**使用** shǐyòng 통 사용하다
面试 miànshì 통 면접을 보다	**跑** pǎo 통 뛰다, 달리다	**感兴趣** gǎn xìngqù 관심이 있다

상태 및 기타 표현

酸 suān 형 시다	**盒** hé 몡 통, 상자	**一定** yídìng 부 반드시, 필히
难 nán 형 어렵다	**只** zhī 몡 마리, 짝	**并** bìng 부 결코
标准 biāozhǔn 형 표준적이다	**碗** wǎn 몡 그릇, 공기	**将** jiāng 부 머지않아, 곧
重要 zhòngyào 형 중요하다	**米** mǐ 몡 미터(m)	**还是** háishi 부 그래도, 여전히
深 shēn 형 깊다	**种** zhǒng 몡 종류, 가지	**大约** dàyuē 부 약, 대략

2 빈출 문제와 모범답안 익히기

饼干 bǐnggān 몡 쿠키, 비스킷, 과자

我从来没做过饼干。 나는 여태껏 쿠키를 만들어본 적이 없다.

我们一起做饼干怎么样？ 우리 함께 쿠키를 만드는 것 어때요?

图片上有一盒巧克力饼干。 사진에는 초콜릿 쿠키 한 통이 있다.

어휘 **从来** cónglái 부 여태껏, 지금까지 **盒** hé 몡 통, 상자 **巧克力** qiǎokèlì 몡 초콜릿

烤鸭 kǎoyā 몡 오리 구이

图片上有一只烤鸭。 사진에는 오리 구이가 한 마리 있다.

你做的烤鸭看起来很不错。 당신이 만든 오리 구이는 괜찮아 보이네요.

我从来没吃过这么好吃的烤鸭。 저는 여태껏 이렇게 맛있는 오리 구이를 먹어본 적이 없어요.

어휘 **只** zhī 몡 마리, 짝 **看起来** kànqǐlai ~해 보이다 **从来** cónglái 부 여태껏, 지금까지

包子/饺子 bāozi/jiǎozi [명] 찐빵/만두

我特别喜欢包包子/饺子。나는 찐빵/만두를 빚는 것을 아주 좋아한다.
她做的包子/饺子非常香。그녀가 빚은 찐빵/만두는 아주 맛있다.
冰箱里的包子/饺子是昨天买的吗？냉장고 안의 찐빵/만두는 어제 산 것인가요?

어휘 **包** bāo [동] 빚다, 싸다 **特别** tèbié [부] 아주, 특히 **香** xiāng [형] (음식이) 맛있다, 향기롭다
冰箱 bīngxiāng [명] 냉장고

苦 kǔ [형] 쓰다

这种药实在太苦了，我吃不下去。이런 약은 정말 너무 써요. 못 먹겠어요.
这种药味道非常苦。이런 약은 맛이 매우 쓰다.
这个不苦，你快点儿喝吧。이건 쓰지 않으니, 빨리 마시렴.

어휘 **实在** shízài [부] 정말, 확실히 **种** zhǒng [양] 종류, 가지 **味道** wèidao [명] 맛

咸 xián [형] 짜다

妈妈，你最好少吃咸的东西。엄마, 짠 것을 적게 먹는 것이 좋겠어요.
姐姐做的汤看起来很咸。언니가 만든 국은 짜 보인다.
我认为吃得太咸对身体很不好。나는 너무 짜게 먹는 것이 몸에 나쁘다고 생각한다.

어휘 **最好** zuìhǎo [부] ~하는 것이 (가장) 좋다 **汤** tāng [명] 국, 탕

辣 là [형] 맵다

我特别爱吃辣的东西。나는 매운 음식을 먹는 것을 아주 좋아한다.
图片上有一碗很辣的汤。사진에는 매운 국이 한 그릇 있다.
这碗汤喝起来又酸又辣。이 국은 마시기에 시고 매워요.

어휘 **碗** wǎn [양] 그릇, 공기 **又……又……** yòu…… yòu…… ~하고 ~하다 **酸** suān [형] 시다

味道 wèidao 몡 맛

这碗面条味道实在太甜了。 이 국수는 맛이 정말 너무 달다.

我做的面条味道怎么样？ 제가 만든 국수 맛이 어때요?

他做的汤味道很不错。 그가 만든 국은 맛이 좋다.

어휘 **碗** wǎn 몡 그릇, 공기　**面条** miàntiáo 몡 국수　**甜** tián 몡 달다　**汤** tāng 몡 국, 탕

弹钢琴 tán gāngqín 피아노를 치다

他一边弹钢琴一边唱歌。 그는 피아노를 치면서 노래를 부른다.

我对弹钢琴很感兴趣。 나는 피아노를 치는 것에 매우 흥미가 있다.

你能教我怎么弹钢琴吗？ 피아노를 어떻게 치는지 저에게 가르쳐줄 수 있나요?

어휘 **感兴趣** gǎn xìngqù 흥미가 있다, 관심이 있다　**教** jiāo 몡 가르치다

动作 dòngzuò 몡 동작, 행동

我觉得这个动作实在太难了。 저는 이 동작이 정말 너무 어렵다고 생각해요.

我们一起练习新动作怎么样？ 우리 함께 새로운 동작을 연습하는 것 어때요?

她在跟老师学习标准动作。 그녀는 선생님에게 표준 동작을 배우고 있다.

어휘 **实在** shízài 몡 정말, 확실히　**难** nán 몡 어렵다　**练习** liànxí 몡 연습하다, 익히다
　　　 跟 gēn 게 ~에게, ~와/과　**标准** biāozhǔn 몡 표준적이다

秒 miǎo 몡 초

小张，祝贺你比上次快了0.5秒。 샤오장, 지난번보다 0.5초가 빨라진 것을 축하해요!

她能在五分三十秒内跑完。 그녀는 5분 30초 내에 완주할 수 있다.

我今天1000米跑了3分55秒。 나는 오늘 1000미터를 3분 55초에 뛰었다.

어휘 **祝贺** zhùhè 몡 축하하다　**内** nèi 몡 내, 안, 속　**米** mǐ 몡 미터(m)

赢 yíng 图 이기다

祝贺你赢了这场比赛。 이 경기에서 이긴 것을 축하해요.

她好像赢了这场比赛。 그녀는 이 경기에서 이긴 것 같다.

我相信我们最后一定能赢。 나는 우리가 최후에 반드시 이길 수 있을 것이라고 믿는다.

어휘   祝贺 zhùhè 图 축하하다   场 chǎng 图 번, 차례   比赛 bǐsài 图 경기, 시합
　　　相信 xiāngxìn 图 믿다, 신뢰하다   最后 zuìhòu 图 최후, 맨 마지막   一定 yídìng 图 반드시, 필히

激动/兴奋 jīdòng/xīngfèn 图 감격하다, 흥분하다, 감동하다

他看起来很激动/兴奋。 그는 감격스러워 보인다.

我激动/兴奋地站了起来。 나는 감격해서 일어났다.

你怎么这么激动/兴奋？是通过面试了吗？ 당신 왜 그렇게 감격했어요? 면접에 통과한 거예요?

어휘   看起来 kànqǐlai ~해 보이다   站 zhàn 图 일어서다   通过 tōngguò 图 통과하다
　　　面试 miànshì 图 면접을 보다

修理 xiūlǐ 图 수리하다, 고치다

王师傅正在修理汽车。 왕 선생님은 자동차를 수리하고 있다.

我对修理汽车很感兴趣。 나는 자동차를 수리하는 것에 매우 흥미가 있다.

麻烦你可以帮我修理一下汽车吗？ 죄송하지만 자동차를 좀 수리해 주실 수 있나요?

어휘   师傅 shīfu 图 선생, 기사, 스승   汽车 qìchē 图 자동차   感兴趣 gǎn xìngqù 흥미가 있다, 관심이 있다

*다른 사진 활용 표현   修理自行车 (자전거를 수리하다)   修理手机 (휴대폰을 수리하다)

日记 rìjì 图 일기

我每天都会写日记。 나는 매일 일기를 쓰곤 한다.

你最好每天写日记。 당신은 매일 일기를 쓰는 것이 좋겠어요.

小林每天晚上都坚持写日记。 샤오린은 매일 저녁 꾸준히 일기를 쓴다.

어휘   坚持 jiānchí 图 꾸준히 하다

降落 jiàngluò 图착륙하다

飞机正在降落。 비행기는 착륙하고 있다.

你的飞机几点降落？ 당신의 비행기는 몇 시에 착륙하나요?

我们的飞机将于15分钟后降落。 우리 비행기는 15분 후에 착륙할 것입니다.

어휘 将 jiāng 뿐머지 않아, 곧   于 yú 게~에, 에서

登机牌 dēngjīpái 图탑승권

先生，请你把登机牌给我一下。 선생님, 저에게 탑승권을 좀 주세요.

我不小心把登机牌弄丢了。 나는 실수로 탑승권을 잃어버렸다.

麻烦你可以帮我看一下登机牌吗？ 죄송하지만 탑승권을 좀 봐 주실 수 있나요?

어휘 不小心 bù xiǎoxīn 실수로, 부주의로   弄丢 nòngdiū 잃어버리다

安全 ānquán 图안전하다

开车时你最好注意安全。 운전할 때 당신은 안전에 주의하는 것이 좋겠어요.

我觉得开车时打电话很不安全。 내 생각에 운전할 때 전화를 하는 것은 매우 안전하지 않다.

她一边开车一边看手机，这样不安全。 그녀는 운전하면서 휴대폰을 보는데, 이러면 안전하지 않다.

어휘 注意 zhùyì 图주의하다, 조심하다   一边……一边…… yìbiān…… yìbiān…… ~하면서 ~하다

迷路 mílù 图길을 잃다

李明好像迷路了。 리밍은 마치 길을 잃은 것 같다.

难道我们迷路了？ 설마 우리 길을 잃은 것인가요?

我是看着地图来的，但还是迷路了。 나는 지도를 보면서 왔는데, 그래도 길을 잃었다.

어휘 好像 hǎoxiàng 图마치   难道 nándào 图설마 ~하겠는가   地图 dìtú 图지도

　　　还是 háishi 图그래도, 여전히

禁止 jìnzhǐ 圄 금지하다

这里禁止照相，你千万别拿出照相机。
이곳은 사진 찍는 것을 금지하니, 당신 절대로 카메라를 꺼내지 마세요.

这条河很深，禁止游泳。 이 강은 깊으니, 수영하는 것을 금지합니다.

飞机起飞时禁止使用手机。 비행기가 이륙할 때 휴대폰 사용을 금지합니다.

어휘　照相 zhàoxiàng 圄 사진을 찍다　千万 qiānwàn 囝 절대로, 반드시　拿 ná 圄 잡다, 쥐다
　　　照相机 zhàoxiàngjī 圄 사진기　条 tiáo 囵 [가늘고 긴 것을 세는 단위]　深 shēn 囹 깊다
　　　起飞 qǐfēi 圄 이륙하다　使用 shǐyòng 圄 사용하다

*다른 사진 활용 표현　禁止抽烟(담배피는 것을 금지하다)　禁止右转(우회전을 금지하다)
　　　禁止骑车(자전거 타는 것을 금지하다)

老虎 lǎohǔ 圄 호랑이

我们应该保护老虎。 우리는 호랑이를 보호해야 한다.

图片上有一只老虎。 사진에는 호랑이 한 마리가 있다.

我从来没有看过老虎。 나는 여태껏 호랑이를 본 적이 없다.

어휘　应该 yīnggāi 莏 ~해야 한다　保护 bǎohù 圄 보호하다　只 zhī 囵 마리, 짝
　　　从来 cónglái 囝 여태껏, 지금까지

棵 kē 囵 그루, 포기

图片上有一棵树。 사진에는 나무 한 그루가 있다.

这棵树又高又大。 이 나무는 높고 크네요.

我家后面有一棵苹果树。 우리 집 뒤에는 사과 나무 한 그루가 있다.

어휘　树 shù 圄 나무, 수목　又……又…… yòu……yòu…… ~하고 ~하다

叶子 yèzi 圄 잎

这个叶子看起来是真的。 이 잎은 진짜 같아 보인다.

这是哪种植物的叶子？ 이것은 어떤 식물의 잎인가요?

平时我特别喜欢看植物的叶子。 평소에 나는 식물의 잎을 보는 것을 아주 좋아한다.

어휘　种 zhǒng 圄 종류, 가지　植物 zhíwù 圄 식물　平时 píngshí 圄 평소　特别 tèbié 囝 아주, 특히

제시된 어휘를 사용하여 사진에 대한 문장을 만들어 보세요.

1.

修理 ✎ _____

2.

苦 ✎ _____

3.

包子 ✎ _____

4.

秒 ✎ _____

5.

日记 ✎ _____

모범답안 해설집 p.154

시험지를 보면서 머리를 싸매고 있는 아이 사진, 정장을 입은 여러 사람이 노트북을 보는 사진, 인상을 찌푸리며 배를 움켜쥔 사람 사진 등 학교나 직장, 병원에서 있을 법한 상황의 사진과 제시어로 문장을 만드는 문제이다. 인물의 표정이나 처해있는 상황이 부각되는 사진과 형용사 제시어가 자주 출제된다.

핵심 전략

1. 사진속 상황이 학교나 직장과 관련된 경우, 我每天都会预习今天要学的内容。(나는 매일 오늘 배울 내용을 예습하곤 한다.)과 같이 사진 속 인물이 할법한 말을 우선 고려한다. (문장 템플릿 p.250)

2. 제시된 사진에 인물의 감정이나 몸의 상태가 부각되어 있는 경우 我耳朵实在太难受了。(내 귀가 정말 너무 아프다.)와 같이 사진 속 인물이 할법한 말을 우선 고려한다. (문장 템플릿 p.250)

3. 활용 표현 및 빈출 문제의 모범답안을 꼼꼼히 암기해 둔다.

예제 맛보기

厉害 ✎ _____

STEP 1	제시된 어휘를 확인하고, 우리말로 문장 떠올리기	제시된 어휘: **厉害** lìhai 휑 심하다, 대단하다 우리말로 떠올린 문장: 내 머리는 정말 너무 심하게 아프다. → 활용한 문장 템플릿: ~는 정말 너무 ~하다.(……实在太……了。)
STEP 2	중국어로 활용 표현 써 보기	**疼** téng 휑 아프다
STEP 3	중국어로 문장 쓰기	**我头疼得实在太厉害了。** 내 머리는 정말 너무 심하게 아프다.

+ 모범답안

1. 我头疼得实在太厉害了。 내 머리는 정말 너무 심하게 아프다.
   > 템플릿 ……实在太……了。: ~는 정말 너무 ~하다.

2. 爸爸头疼得很厉害。 아빠는 머리가 심하게 아프다.

3. 你头疼得厉害的话, 去医院看看吧。 당신 머리가 아프면, 병원에 가 보세요.

어휘 **头** tóu 휑머리 **疼** téng 휑아프다

비책 공략하기

1 활용 표현 익히기

학교·직장·병원 주제의 사진과 제시어에 관련된 문장을 만들 때 자주 사용할 수 있는 활용 표현을 익혀 두자.

사물/특정 명사 표현

学期 xuéqī 명 학기	内容 nèiróng 명 내용	周末 zhōumò 명 주말
博士 bóshì 명 박사 (학위)	小说 xiǎoshuō 명 소설	短信 duǎnxìn 명 문자 메시지
活动 huódòng 명 행사, 활동	文章 wénzhāng 명 글, 문장	护士 hùshi 명 간호사
材料 cáiliào 명 자료, 재료	最近 zuìjìn 명 요즘, 최근	病人 bìngrén 명 환자
词典 cídiǎn 명 사전	比赛 bǐsài 명 시합	头 tóu 명 머리

행동/상태/기타 표현

报名 bàomíng 통 신청하다, 등록하다	咳嗽 késou 통 기침하다	正式 zhèngshì 형 정식이다, 공식적이다
毕业 bìyè 통 졸업하다	发 fā 통 보내다	严重 yánzhòng 형 심각하다, 위급하다
成为 chéngwéi 통 ~이 되다	抬 tái 통 들다	疼 téng 형 아프다
举行 jǔxíng 통 개최하다	害怕 hàipà 통 무서워하다	一共 yígòng 부 모두, 전부
同意 tóngyì 통 동의하다	感动 gǎndòng 통 감동하다	一直 yìzhí 부 줄곧, 계속
复印 fùyìn 통 복사하다	放松 fàngsōng 통 (마음을) 편하게 하다	一定 yídìng 부 반드시, 필히
联系 liánxì 통 연락하다	担心 dānxīn 통 걱정하다	如果 rúguǒ 접 만약 ~라면
参加 cānjiā 통 참가하다	顺利 shùnlì 형 순조롭다	否则 fǒuzé 접 만약 그렇지 않으면

2 빈출 문제와 모범답안 익히기

预习 yùxí 통 예습하다

我每天都会预习今天要学的内容。 나는 매일 오늘 배울 내용을 예습하곤 한다.
你最好上课前先预习一下。 당신은 수업 전에 먼저 예습을 좀 하는 것이 좋겠어요.
他把下学期的内容预习了一遍。 그는 다음 학기의 내용을 한 번 예습했다.

어휘 **内容** nèiróng 명 내용 **最好** zuìhǎo 부 ~하는 것이 (가장) 좋다 **先** xiān 부 먼저, 우선
　　　学期 xuéqī 명 학기 **遍** biàn 양 번, 차례

报名 bàomíng 통 신청하다, 등록하다

你最好提前报名。 당신은 미리 신청하는 것이 좋겠어요.
我打算报名参加英语考试。 나는 영어 시험 참가 신청을 할 계획이다.
同学们在举手报名参加比赛。 학생들은 손을 들어 경기 참가 신청을 하고 있다.

어휘 **提前** tíqián 통 미리 ~하다 **打算** dǎsuan 통 ~할 계획이다 **参加** cānjiā 통 참가하다, 참석하다
　　　举 jǔ 통 들다 **比赛** bǐsài 명 경기, 시합

厚 hòu 圈 두껍다

这本词典又大又厚。이 사전은 크고 두껍다.

今天我新买的小说很厚。오늘 내가 새로 산 소설책은 두껍다.

这本书这么厚，你能看完吗？이 책은 이렇게나 두꺼운데, 당신 다 볼 수 있어요?

어휘　词典 cídiǎn 圈 사전　又……又…… yòu……yòu…… ~하고 ~하다　小说 xiǎoshuō 圈 소설

橡皮 xiàngpí 圈 지우개

那个橡皮看起来很好用。그 지우개는 쓰기 편해 보인다.

我买了新的橡皮。나는 새 지우개를 샀다.

明天考试大家要带好铅笔和橡皮。내일 시험에 여러분은 연필과 지우개를 잘 챙겨 와야 합니다.

어휘　看起来 kànqǐlai ~해 보이다　好用 hǎoyòng 쓰기에 편하다　带 dài 圈 챙기다, 가지다

篇 piān 圈 편, 장[문장·종이의 수를 셀 때 쓰임]

她们对这篇文章很感兴趣。그녀들은 이 글에 매우 흥미가 있다.

这篇文章让我十分感动。이 글은 나를 매우 감동하게 했다.

你觉得这篇文章写得怎么样？당신은 이 글이 어떻다고 생각해요?

어휘　文章 wénzhāng 圈 글, 문장　感兴趣 gǎn xìngqù 흥미가 있다, 관심이 있다
　　　十分 shífēn 圈 매우, 아주　感动 gǎndòng 圈 감동하다, 감동시키다

页 yè 圈 쪽, 페이지

张林，你在看第几页？장린, 당신은 몇 쪽을 보고 있나요?

这本小说一共有250页。이 소설책은 총 250쪽이다.

我觉得最后一页的内容很难。나는 맨 마지막 페이지의 내용이 어렵다고 생각한다.

어휘　小说 xiǎoshuō 圈 소설　一共 yígòng 圈 총, 모두　最后 zuìhòu 圈 맨 마지막, 최후
　　　内容 nèiróng 圈 내용　难 nán 圈 어렵다

紧张 jǐnzhāng 慟 긴장하다, 불안하다

他看起来很紧张。 그는 긴장한 것처럼 보인다.

不要太紧张，放松一点儿。 너무 긴장하지 말고, 마음을 편하게 하세요.

明天要考试了，我真紧张。 내일 시험이라서, 나는 정말 긴장된다.

어휘　**看起来** kànqǐlai ~해 보이다　**放松** fàngsōng 慟 (마음을) 편하게 하다, 긴장을 풀다

加班 jiābān 慟 야근하다, 초과 근무를 하다

最近我每天都会加班。 요즘 나는 매일 야근하곤 한다.

他们周末也要加班。 그들은 주말에도 야근해야 한다.

别加班了，陪我去逛街吧。 야근하지 마세요. 저와 같이 쇼핑하러 가요.

어휘　**最近** zuìjìn 慟 요즘, 최근　**周末** zhōumò 慟 주말　**陪** péi 慟 같이 ~하다, 모시다
　　　　逛街 guàng jiē 쇼핑하다, 거리를 구경하다

传真 chuánzhēn 慟 팩스

同事正在用传真发材料。 동료는 팩스로 자료를 보내고 있다.

麻烦你可以帮我发传真吗？ 죄송하지만 팩스를 보내 주실 수 있나요?

我没有收到公司发的传真。 나는 회사에서 보낸 팩스를 받지 못했다.

어휘　**同事** tóngshì 慟 동료　**发** fā 慟 보내다, 발생하다　**材料** cáiliào 慟 자료, 재료　**收到** shōudào 받다

份 fèn 慟 부[신문·잡지·문서 등을 세는 단위], 개[추상적인 것을 세는 단위],

图片上有三份报纸。 사진에는 신문 세 부가 있다.

请你把那份报纸给我一下。 저에게 그 신문을 좀 주세요.

我打算把这份报纸复印两份。 나는 이 신문을 두 부 복사할 계획이다.

어휘　**复印** fùyìn 慟 복사하다

占线 zhànxiàn 통 통화중이다

电话好像占线了。통화중인 것 같다.

电话又占线了，晚上再联系吧。또 통화중이니, 저녁에 다시 연락합시다.

他的电话一直占线，你给他发短信吧。그는 줄곧 통화중이니, 그에게 문자 메시지를 보내세요.

어휘 **好像** hǎoxiàng 閉 (마치) ~인 것 같다 **联系** liánxì 통 연락하다 **一直** yìzhí 閉 줄곧, 계속
短信 duǎnxìn 명 문자 메시지

看法 kànfǎ 명 견해, 의견, 생각

我打算先听听他的看法。나는 그의 견해를 먼저 들어볼 계획이다.

先生，你完全同意我的看法吗？선생님, 당신은 제 의견에 완전히 동의하시나요?

他们的看法正好相反。그들의 생각은 정반대이다.

어휘 **打算** dǎsuan 통 ~할 계획이다 **先** xiān 閉 먼저, 우선 **完全** wánquán 閉 완전히
同意 tóngyì 통 동의하다, 찬성하다 **正好相反** zhènghǎo xiāngfǎn 정반대이다

祝贺 zhùhè 통 축하하다

祝贺你能顺利毕业。순조롭게 졸업할 수 있는 것을 축하합니다.

我祝贺他正式成为律师。나는 그가 정식으로 변호사가 된 것을 축하한다.

朋友们祝贺他考上了博士。친구들은 그가 박사 시험에 합격한 것을 축하한다.

어휘 **顺利** shùnlì 형 순조롭다 **毕业** bìyè 통 졸업하다 **正式** zhèngshì 형 정식이다, 공식적이다
成为 chéngwéi 통 ~이 되다 **律师** lǜshī 명 변호사 **考上** kǎoshang (시험에) 합격하다
博士 bóshì 명 박사 (학위)

准时 zhǔnshí 형 제때에 ~하다, 시간에 맞다

明天面试你最好准时到。내일 면접에 당신은 제때에 도착하는 것이 좋겠어요.

那个活动明天会准时举行。그 행사는 내일 제때에 개최될 것이다.

别担心，我一定会准时到。걱정하지 마세요, 저는 반드시 제때에 도착할 거예요.

어휘 **最好** zuìhǎo 閉 ~하는 것이 (가장) 좋다 **活动** huódòng 명 행사, 활동 **举行** jǔxíng 통 개최하다, 열다
担心 dānxīn 통 걱정하다 **一定** yídìng 閉 반드시, 필히

堵车 dǔchē [동] 차가 막히다

上班路上堵车让我十分生气。출근길에 차가 막히는 것은 나를 매우 화나게 한다.
这条路堵车很严重。이 길은 차가 심각하게 막힌다.
你迟到是因为堵车吗？당신이 지각한 것은 차가 막혔기 때문인가요?

어휘 **上班** shàngbān [동] 출근하다 **十分** shífēn [부] 매우 **生气** shēngqì [동] 화나다
严重 yánzhòng [형] 심각하다 **迟到** chídào [동] 지각하다

困 kùn [형] 피곤하다, 졸리다

小王好像困了。샤오왕은 피곤한 것 같다.
如果太困了，你先去休息吧。만약 너무 피곤하다면, 먼저 가서 쉬세요.
我昨天加班了，现在又困又累。나는 어제 야근을 해서, 지금 피곤하고 힘들어요.

어휘 **好像** hǎoxiàng [부] (마치) ~인 것 같다 **如果** rúguǒ [접] 만약 ~라면 **先** xiān [부] 먼저, 우선
加班 jiābān [동] 야근하다 **又……又……** yòu…… yòu…… ~하고 ~하다

大夫 dàifu [명] 의사

大夫正在给病人看病。의사는 환자를 진료하고 있다.
大夫，我的病严重吗？의사 선생님, 제 병이 심각해요?
你快点儿去看大夫吧，否则咳嗽会更严重。
당신 빨리 진료를 보러 가세요. 그렇지 않으면 기침이 더 심해질 거예요.

어휘 **严重** yánzhòng [형] 심각하다, 위급하다 **否则** fǒuzé [접] 만약 그렇지 않으면 **咳嗽** késou [동] 기침하다
更 gèng [부] 더, 더욱

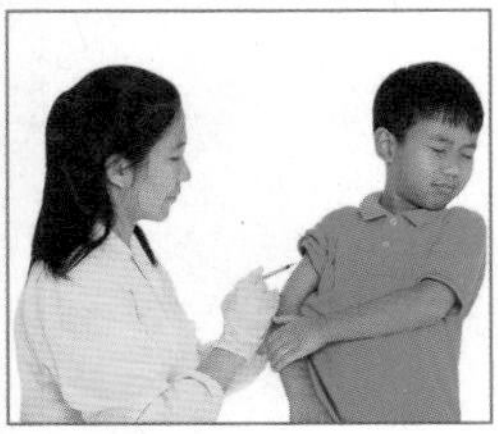

打针 dǎzhēn [동] 주사를 맞다(놓다)

护士在给小孩儿打针。간호사는 아이에게 주사를 놓고 있다.
你快点儿去医院打针吧。당신 빨리 병원에 가서 주사를 맞으세요.
我儿子特别害怕打针。내 아들은 주사 맞는 것을 아주 무서워한다.

어휘 **护士** hùshi [명] 간호사 **特别** tèbié [부] 아주, 특히 **害怕** hàipà [동] 무서워하다, 두려워하다

难受 nánshòu 휑 (몸이) 아프다, 괴롭다

她看起来很难受。 그녀는 아파 보인다.

今天早上醒来耳朵实在太难受了。 오늘 아침에 깼을 때 귀가 정말 너무 아팠다.

什么事情让你这么难受？ 무슨 일이 너를 이렇게 괴롭게 한 거니?

어휘 醒 xǐng 圄 깨다, 일어나다　耳朵 ěrduo 圄 귀　实在 shízài 튄 정말, 확실히

肚子 dùzi 圄 배, 복부

因为我肚子疼，所以没去上课。 나는 배가 아프기 때문에, 수업에 가지 않았다.

她肚子疼得很厉害。 그녀는 배가 심하게 아프다.

你是不是吃坏了肚子？ 당신 배탈이 났나요?

어휘 疼 téng 휑 아프다　厉害 lìhai 휑 심하다, 대단하다　吃坏肚子 chīhuài dùzi 배탈이 나다

胳膊 gēbo 圄 팔

妹妹的胳膊好像破了。 여동생의 팔은 까진 것 같다.

我的胳膊疼得抬不起来。 내 팔은 들어올릴 수 없을 정도로 아프다.

你的胳膊还是疼得厉害吗？ 당신의 팔은 여전히 심하게 아픈가요?

어휘 好像 hǎoxiàng 튄 (마치) ~인 것 같다　破 pò 圄 까지다, 찢어지다　疼 téng 휑 아프다
　　　 抬 tái 圄 들다　还是 háishi 튄 여전히, 아직도

제시된 어휘를 사용하여 사진에 대한 문장을 만들어 보세요.

1.

困

_____

2.

祝贺

_____

3.

加班

_____

4.

厉害

_____

5.

传真

_____

모범답안 해설집 p.156

테스트 1

제시된 어휘를 사용하여 사진에 대한 문장을 만들어 보세요.

1.

躺

2.

激动

3.

打折

4.

盒子

5.

大夫

테스트 2

제시된 어휘를 사용하여 사진에 대한 문장을 만들어 보세요.

1.

报名

2.

信息

3.

敲

4.

空

5.

禁止

모범답안 해설집 p.158

실전테스트 **289**

* 실제 시험을 보는 것처럼 시간에 맞춰 실전모의고사를 풀어보세요.

실전모의고사

1,2,3

실전모의고사
1

汉语水平考试 HSK（四级）答题卡

请填写考生信息
수험자 정보를 기입하세요.

请按照考试证件上的姓名填写：수험표 낭의 영문 이름을 기입하세요.

姓名 　KIM JEE YOUNG

如果有中文姓名，请填写：중문 이름이 있다면 기입하세요.

中文姓名 　金志玲

考生序号 수험 번호를 쓰고 마킹하세요.

6	[0] [1] [2] [3] [4] [5] [6] [7] [8] [9]
O	[0] [1] [2] [3] [4] [5] [6] [7] [8] [9]
1	[0] [1] [2] [3] [4] [5] [6] [7] [8] [9]
5	[0] [1] [2] [3] [4] [5] [6] [7] [8] [9]
9	[0] [1] [2] [3] [4] [5] [6] [7] [8] [9]

请填写考点信息
고시장 정보를 기입하세요.

考点序号 고시장 번호를 쓰고 마킹하세요.

8	[0] [1] [2] [3] [4] [5] [6] [7] [8] [9]
1	[0] [1] [2] [3] [4] [5] [6] [7] [8] [9]
5	[0] [1] [2] [3] [4] [5] [6] [7] [8] [9]
O	[0] [1] [2] [3] [4] [5] [6] [7] [8] [9]
3	[0] [1] [2] [3] [4] [5] [6] [7] [8] [9]
O	[0] [1] [2] [3] [4] [5] [6] [7] [8] [9]
O	[0] [1] [2] [3] [4] [5] [6] [7] [8] [9]

国籍 국적 번호를 쓰고 마킹하세요.

5	[0] [1] [2] [3] [4] [5] [6] [7] [8] [9]
2	[0] [1] [2] [3] [4] [5] [6] [7] [8] [9]
3	[0] [1] [2] [3] [4] [5] [6] [7] [8] [9]

年龄 나이를 쓰고 마킹하세요.

2	[0] [1] [2] [3] [4] [5] [6] [7] [8] [9]
3	[0] [1] [2] [3] [4] [5] [6] [7] [8] [9]

性别 해당하는 성별에 마킹하세요.

男 [1] 　　女 [2]

注意　请用2B铅笔这样写：■ 2B 연필로 마킹하세요.

一、听力 듣기

답안 마킹시 답안표기 방향에 주의하세요.

제1부분

1. [✓] [×]
2. [✓] [×]
3. [✓] [×]
4. [✓] [×]
5. [✓] [×]
6. [✓] [×]
7. [✓] [×]
8. [✓] [×]
9. [✓] [×]
10. [✓] [×]

제2부분

11. [A] [B] [C] [D]
12. [A] [B] [C] [D]
13. [A] [B] [C] [D]
14. [A] [B] [C] [D]
15. [A] [B] [C] [D]
16. [A] [B] [C] [D]
17. [A] [B] [C] [D]
18. [A] [B] [C] [D]
19. [A] [B] [C] [D]
20. [A] [B] [C] [D]
21. [A] [B] [C] [D]
22. [A] [B] [C] [D]
23. [A] [B] [C] [D]
24. [A] [B] [C] [D]
25. [A] [B] [C] [D]

제3부분

26. [A] [B] [C] [D]
27. [A] [B] [C] [D]
28. [A] [B] [C] [D]
29. [A] [B] [C] [D]
30. [A] [B] [C] [D]
31. [A] [B] [C] [D]
32. [A] [B] [C] [D]
33. [A] [B] [C] [D]
34. [A] [B] [C] [D]
35. [A] [B] [C] [D]
36. [A] [B] [C] [D]
37. [A] [B] [C] [D]
38. [A] [B] [C] [D]
39. [A] [B] [C] [D]
40. [A] [B] [C] [D]
41. [A] [B] [C] [D]
42. [A] [B] [C] [D]
43. [A] [B] [C] [D]
44. [A] [B] [C] [D]
45. [A] [B] [C] [D]

二、阅读 독해

제1부분

46. [A] [B] [C] [D] [E] [F]
47. [A] [B] [C] [D] [E] [F]
48. [A] [B] [C] [D] [E] [F]
49. [A] [B] [C] [D] [E] [F]
50. [A] [B] [C] [D] [E] [F]
51. [A] [B] [C] [D] [E] [F]
52. [A] [B] [C] [D] [E] [F]
53. [A] [B] [C] [D] [E] [F]
54. [A] [B] [C] [D] [E] [F]
55. [A] [B] [C] [D] [E] [F]

제2부분 밑줄 위에 순서대로 쓰세요.

56. B A C
57.
58.
59.
60.
61.
62.
63.
64.
65.

제3부분

66. [A] [B] [C] [D]
67. [A] [B] [C] [D]
68. [A] [B] [C] [D]
69. [A] [B] [C] [D]
70. [A] [B] [C] [D]
71. [A] [B] [C] [D]
72. [A] [B] [C] [D]
73. [A] [B] [C] [D]
74. [A] [B] [C] [D]
75. [A] [B] [C] [D]
76. [A] [B] [C] [D]
77. [A] [B] [C] [D]
78. [A] [B] [C] [D]
79. [A] [B] [C] [D]
80. [A] [B] [C] [D]
81. [A] [B] [C] [D]
82. [A] [B] [C] [D]
83. [A] [B] [C] [D]
84. [A] [B] [C] [D]
85. [A] [B] [C] [D]

86. 这道菜又辣又好吃。

87.

88.

89.

90.

91.

92.

93.

94.

95.

96. 她戴的帽子真漂亮!

97.

98.

99.

100.

汉语水平考试 HSK（四级）答题卡

请按照考试证件上的姓名填写：

姓名

考点序号	[0] [1] [2] [3] [4] [5] [6] [7] [8] [9]
	[0] [1] [2] [3] [4] [5] [6] [7] [8] [9]
	[0] [1] [2] [3] [4] [5] [6] [7] [8] [9]
	[0] [1] [2] [3] [4] [5] [6] [7] [8] [9]
	[0] [1] [2] [3] [4] [5] [6] [7] [8] [9]
	[0] [1] [2] [3] [4] [5] [6] [7] [8] [9]
	[0] [1] [2] [3] [4] [5] [6] [7] [8] [9]

如果有中文姓名，请填写：

中文姓名

国籍	[0] [1] [2] [3] [4] [5] [6] [7] [8] [9]
	[0] [1] [2] [3] [4] [5] [6] [7] [8] [9]
	[0] [1] [2] [3] [4] [5] [6] [7] [8] [9]

考生序号	[0] [1] [2] [3] [4] [5] [6] [7] [8] [9]
	[0] [1] [2] [3] [4] [5] [6] [7] [8] [9]
	[0] [1] [2] [3] [4] [5] [6] [7] [8] [9]
	[0] [1] [2] [3] [4] [5] [6] [7] [8] [9]
	[0] [1] [2] [3] [4] [5] [6] [7] [8] [9]

| 年龄 | [0] [1] [2] [3] [4] [5] [6] [7] [8] [9] |
| | [0] [1] [2] [3] [4] [5] [6] [7] [8] [9] |

| 性别 | 男 [1]   女 [2] |

注意   请用2B铅笔这样写：■

一、听力

1. [✓] [×]   6. [✓] [×]
2. [✓] [×]   7. [✓] [×]
3. [✓] [×]   8. [✓] [×]
4. [✓] [×]   9. [✓] [×]
5. [✓] [×]   10. [✓] [×]

11. [A] [B] [C] [D]   16. [A] [B] [C] [D]   21. [A] [B] [C] [D]
12. [A] [B] [C] [D]   17. [A] [B] [C] [D]   22. [A] [B] [C] [D]
13. [A] [B] [C] [D]   18. [A] [B] [C] [D]   23. [A] [B] [C] [D]
14. [A] [B] [C] [D]   19. [A] [B] [C] [D]   24. [A] [B] [C] [D]
15. [A] [B] [C] [D]   20. [A] [B] [C] [D]   25. [A] [B] [C] [D]

26. [A] [B] [C] [D]   31. [A] [B] [C] [D]   36. [A] [B] [C] [D]   41. [A] [B] [C] [D]
27. [A] [B] [C] [D]   32. [A] [B] [C] [D]   37. [A] [B] [C] [D]   42. [A] [B] [C] [D]
28. [A] [B] [C] [D]   33. [A] [B] [C] [D]   38. [A] [B] [C] [D]   43. [A] [B] [C] [D]
29. [A] [B] [C] [D]   34. [A] [B] [C] [D]   39. [A] [B] [C] [D]   44. [A] [B] [C] [D]
30. [A] [B] [C] [D]   35. [A] [B] [C] [D]   40. [A] [B] [C] [D]   45. [A] [B] [C] [D]

二、阅读

46. [A] [B] [C] [D] [E] [F]   51. [A] [B] [C] [D] [E] [F]
47. [A] [B] [C] [D] [E] [F]   52. [A] [B] [C] [D] [E] [F]
48. [A] [B] [C] [D] [E] [F]   53. [A] [B] [C] [D] [E] [F]
49. [A] [B] [C] [D] [E] [F]   54. [A] [B] [C] [D] [E] [F]
50. [A] [B] [C] [D] [E] [F]   55. [A] [B] [C] [D] [E] [F]

56. ___   58. ___   60. ___   62. ___   64. ___

57. ___   59. ___   61. ___   63. ___   65. ___

66. [A] [B] [C] [D]   71. [A] [B] [C] [D]   76. [A] [B] [C] [D]   81. [A] [B] [C] [D]
67. [A] [B] [C] [D]   72. [A] [B] [C] [D]   77. [A] [B] [C] [D]   82. [A] [B] [C] [D]
68. [A] [B] [C] [D]   73. [A] [B] [C] [D]   78. [A] [B] [C] [D]   83. [A] [B] [C] [D]
69. [A] [B] [C] [D]   74. [A] [B] [C] [D]   79. [A] [B] [C] [D]   84. [A] [B] [C] [D]
70. [A] [B] [C] [D]   75. [A] [B] [C] [D]   80. [A] [B] [C] [D]   85. [A] [B] [C] [D]

86-100题 →

三、书写

86. _____

87. _____

88. _____

89. _____

90. _____

91. _____

92. _____

93. _____

94. _____

95. _____

96. _____

97. _____

98. _____

99. _____

100. _____

汉语水平考试
HSK（四级）

注　意

一、HSK（四级）分三部分：

　　　1. 听力（45题，约30分钟）

　　　2. 阅读（40题，40分钟）

　　　3. 书写（15题，25分钟）

二、听力结束后，有5分钟填写答题卡。

三、全部考试约105分钟（含考生填写个人信息时间5分钟）。

一、听 力

第一部分

第1-10题：判断对错。

例如： 我打算去办个银行卡，你今天下午有时间的话，可以陪我去趟银行吗？

    ★ 说话人想今天去银行。   (✓)

    我最近几乎不看电视，因为现在电视广告越来越多了，只要打开电视，不管是什么节目，总会看到很多广告，浪费我的时间。

    ★ 说话人喜欢看广告。   (✗)

1. ★ 说话人因为生病不能出门。   ( )

2. ★ 假期景点里的人特别多。   ( )

3. ★ 新开的餐厅饭菜价格很高。   ( )

4. ★ 那个加油站可以使用信用卡。   ( )

5. ★ 客人在室内抽烟了。   ( )

6. ★ 太害羞的人不适合做售货员。   ( )

7. ★ 大学教授只在研究方面有压力。   ( )

8. ★ 可以用软件翻译照片上的文章。   ( )

9. ★ 答案要填在答题卡上。   ( )

10. ★ 说话人吃到了饼干和果汁。   ( )

第二部分

第11-25题：请选出正确答案。

例如：女：我们的车得加油了，机场附近有加油站吗？
　　　男：有的，你别担心。
　　　问：男的是什么意思？

　　　A 车坏了　　　　B 有加油站 ✓　　　C 要坐飞机　　　D 快到家了

11.　A 水果　　　　　B 蛋糕　　　　　C 剩菜　　　　　D 巧克力

12.　A 自行车坏了　　B 起得太晚了　　C 早上没上班　　D 没赶上火车

13.　A 烦恼　　　　　B 失望　　　　　C 伤心　　　　　D 着急

14.　A 容易迷路　　　B 正在修路　　　C 污染严重　　　D 景色美丽

15.　A 牙非常疼　　　B 找不到号码　　C 忘记带钱了　　D 手机弄丢了

16.　A 散步　　　　　B 问路　　　　　C 看报　　　　　D 招聘

17.　A 机场　　　　　B 宾馆　　　　　C 汽车站　　　　D 电梯里

18.　A 不太忙　　　　B 压力很大　　　C 有了自信心　　D 一直很粗心

19.　A 交通情况　　　B 购物环境　　　C 房东和邻居　　D 最近的天气

20.　A 刚来中国　　　B 普通话不好　　C 已经毕业了　　D 是个外国人

21.   A 老师   B 经理   C 医生   D 律师

22.   A 拿行李   B 准备早餐   C 出门上班   D 整理桌子

23.   A 怀疑   B 反对   C 支持   D 相信

24.   A 一座山   B 一条河   C 一棵树   D 一本书

25.   A 又酸又甜   B 在超市买的   C 是女的种的   D 现在没有了

第三部分

第26-45题：请选出正确答案。

例如：男：你把会议材料打印六份，一会儿开会之前发给大家。

女：好的。会议是上午九点吗？

男：时间推迟了，改到下午两点。

女：好的，会议室没变吧？

男：对，没变，是楼上的大会议室。

问：会议几点开始？

A 9:00   B 12:00   C 12:30   D 14:00 ✓

26. A 多吃水果   B 坚持运动   C 少喝咖啡   D 不要减肥

27. A 在看书   B 没听到   C 去唱歌了   D 电话占线

28. A 秋天很凉快   B 没有被污染   C 小吃很好吃   D 空气太不好

29. A 工作安排   B 学习态度   C 观众数量   D 演出计划

30. A 搬家   B 旅行   C 购物   D 租房

31. A 非常干净   B 特别重要   C 会污染环境   D 在黑色盒子里

32. A 很幽默   B 比较负责   C 特别认真   D 有点儿粗心

33. A 认识他们   B 都是年轻人   C 今天免费表演 D 从西边入口进

34. A 买台笔记本   B 不要再试了   C 自己想办法   D 找小王帮忙

35. A 餐厅　　　　B 花店　　　　　C 超市　　　　D 家具店

36. A 会议地点　　B 会议内容　　　C 参加人数　　D 开会时间

37. A 每年都举行　B 内容很复杂　　C 出了点儿麻烦　D 很少在这儿举办

38. A 愿意开车　　B 会实际开车　　C 在电脑上考试　D 通过四次考试

39. A 养成习惯　　B 交通安全　　　C 教育路人　　D 符合新规

40. A 出差　　　　B 招聘　　　　　C 参观工厂　　D 申请签证

41. A 有窗户　　　B 交通方便　　　C 卫生间大　　D 非常安静

42. A 电影　　　　B 小说　　　　　C 教育　　　　D 生活

43. A 养成好习惯　B 关心周围的人　C 对生活有希望　D 保持健康的身体

44. A 一分钟　　　B 十分钟　　　　C 十五分钟　　D 四十五分钟

45. A 经常加班　　B 环境很差　　　C 离家很近　　D 工资比较低

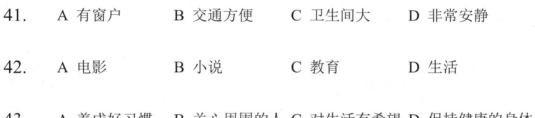

二、阅读

第一部分

第46-50题：选词填空。

A 准时　　B 差不多　　C 印象　　D 坚持　　E 页　　F 解释

例如：小王的身体一直很健康，因为他每天都（　D　）跑步。

46. 这本专业书比较厚，有五百多（　　）。

47. 这次的会议非常重要，请各位一定要（　　）参加。

48. 我们给人留下的第一（　　）很重要，因为它很难改变。

49. 这么热的天爬长城，我和妈妈喝了（　　）十瓶矿泉水。

50. 现在没有时间了，我来不及跟你仔细（　　），先上车再说吧。

第51-55题：选词填空。

A 得意　　　B 留　　　C 温度　　　D 连　　　E 亲戚　　　F 表扬

例如：A：今天好热啊，白天的最高（　C　）是40度。

　　　B：天气预报说明天更热。

51. A：放寒假我要去南京看一个（　　　），你要一起去吗？

　　 B：好主意，我也很久没有去南京了。

52. A：那个电视剧里的男的是谁？我怎么没见过？

　　 B：你（　　　）这个演员都不认识吗？他最近很有名啊。

53. A：老师刚才（　　　）了我们。

　　 B：你和你的朋友们表演得确实不错！

54. A：请（　　　）一下您的联系电话吧，方便我们提前通知您。

　　 B：不用了，我会给你们办公室打电话的。

55. A：你猜猜我这次考试的排名。

　　 B：你这么（　　　），不会是第一名吧？

第二部分

第56-65题：排列顺序。

例如：A 但是今天起晚了

      B 我一般走路上学

      C 所以就打车去学校了   <u> B A C </u>

56. A 我总觉得这题我没有做错

      B 我才发现我看错了数字的顺序

      C 直到老师告诉了我正确答案

57. A 不过失败是成功之母

      B 中国球队这次比赛又没获得理想的成绩

      C 只要继续努力就好

58. A 我们只好换了一个小一点的

      B 我们在家具店买了一个沙发，搬到家里时

      C 发现沙发太大了，完全放不下

59. A 晚上回去好好儿休息一下

      B 同事们辛苦了

      C 明天还有更重要的事情要做

60. A 丽娜学过很多种语言

    B 最近她告诉我她准备来中国继续学习汉语

    C 其中说得最好的还是汉语 _____

61. A 这些新买的家具有一年的保修期

    B 它们的质量要是出了问题

    C 你就给负责修理的人打电话吧 _____

62. A 我已经完全习惯了这里的一切

    B 刚来上海时很不适应这里的气候

    C 上了四年的大学之后 _____

63. A 千万别把年龄小的孩子一个人留在家里

    B 所以老师提醒了所有家长

    C 小孩儿一个人在家时容易发生危险 _____

64. A 我希望大家能够加倍努力

    B 获得更好的结果

    C 我们公司的收入只增长了百分之二十 _____

65. A 大家都以为你在开玩笑

    B 没想到你真的全部都做完了

    C 你说今天能完成所有的任务时 _____

第三部分

第66-85题：请选出正确答案。

例如：她性格活泼，又爱开玩笑，总能给周围的人带来快乐，大家都很喜欢
她。

★ 她是个什么样的人？

A 幽默 ✓　　　　B 认真　　　　C 粗心　　　　D 冷静

66. 中国人常说"笨鸟先飞"。它的意思是，虽然有时候你的能力不如别人，
但如果做事时比别人开始得更早、做得更努力，往往最后也能成功。所以
也许你没那么聪明，但是千万不能懒。

★ "笨鸟"指的是：

A 懒人　　　　　　　　　　B 不努力的人
C 不爱学习的人　　　　　　D 能力比较差的人

67. 有些城市夏天特别热，不少人喜欢在开着空调的房间里喝冰水。冰水虽然能
让身体感到凉快，但如果喝得太多太快会肚子疼，严重的时候还得去医院。

★ 夏天喝太多冰水时：

A 头就会疼　　B 会觉得更热　　C 可能会生病　　D 不需要开空调

68. 为了放松心情，我下班后会去公司旁边的公园里散步。我会一边走一边听
音乐，累了的话就安静地坐一会儿。做完这些，一天的压力就都不见了。

★ 为了放松心情，我会：

A 去公园散步　　B 在家听音乐　　C 在公司午睡　　D 去外面读书

69. 冬天猫喜欢把两只前脚放在身体下面，这是为什么呢？其实猫是通过脚底
排汗的。所以它们经常把前脚放在身体下面，是为了让身体暖和。

★ 冬天猫把前脚放在身体下面是为了：

A 出更多的汗　　　　　　　B 让身体暖和
C 保护脚底皮肤　　　　　　D 让肚子离开地面

70. 根据最新调查，上海不再是中国最堵的城市了。随着交通和科技的发展，上海的交通管理方式发生了不少变化，管理效果也更好了。

　　★ 关于上海的交通，下列哪个正确？

　　　　A 堵车很严重　　B 道路环境差　　C 管理效果好　　D 警察数量少

71. 我有个朋友叫小雪，她不仅长得漂亮，也很会打扮。我很喜欢和她逛街，因为她总会给我提出许多建议，还会帮我挑好看的衣服。

　　★ 关于小雪，可以知道什么？

　　　　A 很会打扮　　B 有点儿懒　　　C 并不友好　　　D 性格内向

72. 如果不小心把行李丢在火车上，该怎么办？别担心，只要打12306，提供行李的颜色、大小等信息，工作人员就会帮你解决问题。

　　★ 这段话是要告诉游客：

　　　　A 提前买好票　　B 记好座位号　　C 怎么找回行李　D 行李牌很重要

73. 每年的11月8日是中国的记者节。记者是普通人了解世界的眼睛。无论发生什么，他们总是以最快的速度让人们看到最新消息。

　　★ 记者为普通人：

　　　　A 提供新闻　　B 改变技术　　　C 举行记者节　　D 提高阅读速度

74. 也许你会觉得，镜子里的你比照片里的你更好看。这可能是因为，照镜子时人的状态比较放松，所以样子比照相时更加自然一些。

　　★ 镜子里的人更好看是因为人：

　　　　A 更喜欢照镜子　B 会做不同动作　C 会有更多想法　D 状态比较放松

75. 听说那家烤鸭店的生意特别好，但每天只卖200只。即使这样，也有很多人排队。今天小真也想买一只，可刚排到他时，烤鸭正好卖完了。他真后悔没早点儿来排队。

　　★ 小真：

　　　　A 不想排队　　B 买到了烤鸭　　C 后悔来晚了　　D 想做烤鸭生意

76. 以前，有些商店专门在晚上开门，只卖一些小吃、衣服等。随着近几年人们生活质量的提高，这些商店开始提供聚会、运动、演出、购物等各种各样的服务，深受年轻人的喜爱。

    ★ 那些在晚上开门的商店现在：

    　　A 不卖小吃　　　B 商品降价了　　C 只有年轻人去　D 提供更多服务

77. 刘笑今年博士毕业了。他本来以为能顺利成为大学教授，没想到被好几所大学拒绝了。于是他改变了职业方向，选择了当研究员。

    ★ 关于刘笑，可以知道什么？

    　　A 在大学教书　　B 换了职业方向　C 考虑改变专业　D 没有顺利毕业

78. 以前人们以为儿童认识的词语数量会影响学习成绩。但新的研究发现，无论父母的收入有多少或者教育水平有多高，影响孩子成绩的不是词语数量，而是父母和孩子的交流方法。

    ★ 影响孩子成绩的关键是什么？

    　　A 生活习惯　　　B 收入多少　　　C 交流方法　　　D 教育经验

79. 随着科技的发展，手机地图越来越受人欢迎，而普通地图较少被使用。这是因为手机地图更加方便、准确，同时还提供交通、餐饮、气候、叫车等多种服务。

    ★ 下列哪个不是手机地图的优点？

    　　A 准确　　　　　B 方便　　　　　C 服务多　　　　D 很正式

80-81.

　　张大爷逛街时，看见商店的广告上写着"买家具，免费送"。他高兴极了，于是要了几种家具。售货员要求张大爷付钱，张大爷觉得奇怪，就问："广告上不是写着'免费'吗？"售货员一听就笑了，对张大爷说："那是买家具免费送货的意思，家具还是需要购买的。"

    ★ 张大爷为什么觉得很奇怪？

    　　A 商场打折　　　B 家具免费　　　C 他需要付款　D 售货员不礼貌

★ 售货员笑是因为张大爷:

A 没带现金　　　B 理解错了　　　C 被别人骗了　　D 买不起家具

82-83.

　　小海每天都感到不高兴,于是决定去听听医生的建议。医生建议他每天和让他开心的朋友聊天,一天三次。他按照医生的建议去做了。几个月后,他像变了个人,每天都过得很开心。医生笑着说:"要想让自己开心,最有效的方法就是多和有趣的朋友在一起。"

★ 小海为什么去看了医生?

A 不爱开玩笑　　B 感到不开心　　C 没什么朋友　　D 常怀疑别人

★ 是什么让小海改变了自己?

A 吃的药效果好　B 生活变丰富了　C 朋友影响了他　D 看了有趣的书

84-85.

　　5G是最新的互联网信息技术。由于信息交流越来越多,对互联网信息技术的要求也在增多。5G技术最大的特点就是速度快。这个技术可以用在无人车、医院等不同的地方,能够为人们提供更加安全、方便的生活。估计今后5G给生活带来的好处还会更多。

★ 关于5G技术,下列哪个正确?

A 速度快　　　　B 以前就有了　　C 好处并不多　　D 仅用在手机上

★ 这段话最可能出自下面哪篇文章?

A《好职业,好生活》　　　　　　B《我和中国的故事》
C《新技术改变生活》　　　　　　D《网上开店,你也行》

三、书　写

第一部分

第86-95题：完成句子。

例如：那家餐厅　　历史　　100多年的　　有　　了

　　　　<u>那家餐厅有100多年的历史了。</u>

86. 我们已经　　时间和机会　　太多的　　浪费了

87. 护照　　是多少　　您的　　号码

88. 帮助　　学校　　提供　　经常为学生

89. 跑步　　他　　大夫让　　坚持

90. 压力　　新学期的　　学习　　挺大的

91. 缺点　　你购买的　　比较多　　打印机

92. 十台电脑　　里　　办公室　　有

93. 研究计划　　教授　　复印了十份　　把

94. 你　　自己的　　看法吗　　能　　谈谈

95. 要求　　不符合　　招聘　　那家公司的　　你

第二部分

第96-100题：看图，用词造句。

例如：　　　　　　　　网球　　　　　　　她每天打网球。

96.　　　　　　　　　推　　　97.

凉快

98.　　　　　　　　　迷路　　　99.

牙膏

100.　　　　　　　　　页

정답 해설집 p.162

실전모의고사

2

汉语水平考试 HSK（四级）答题卡

| 请填写考生信息 | 请填写考点信息 |

请按照考试证件上的姓名填写：

| 姓名 | |

| 考点序号 | [0] [1] [2] [3] [4] [5] [6] [7] [8] [9]
[0] [1] [2] [3] [4] [5] [6] [7] [8] [9]
[0] [1] [2] [3] [4] [5] [6] [7] [8] [9]
[0] [1] [2] [3] [4] [5] [6] [7] [8] [9]
[0] [1] [2] [3] [4] [5] [6] [7] [8] [9]
[0] [1] [2] [3] [4] [5] [6] [7] [8] [9]
[0] [1] [2] [3] [4] [5] [6] [7] [8] [9] |

如果有中文姓名，请填写：

| 中文姓名 | |

| 国籍 | [0] [1] [2] [3] [4] [5] [6] [7] [8] [9]
[0] [1] [2] [3] [4] [5] [6] [7] [8] [9]
[0] [1] [2] [3] [4] [5] [6] [7] [8] [9] |

| 考生序号 | [0] [1] [2] [3] [4] [5] [6] [7] [8] [9]
[0] [1] [2] [3] [4] [5] [6] [7] [8] [9]
[0] [1] [2] [3] [4] [5] [6] [7] [8] [9]
[0] [1] [2] [3] [4] [5] [6] [7] [8] [9]
[0] [1] [2] [3] [4] [5] [6] [7] [8] [9] |

| 年龄 | [0] [1] [2] [3] [4] [5] [6] [7] [8] [9]
[0] [1] [2] [3] [4] [5] [6] [7] [8] [9] |

| 性别 | 男 [1]　　女 [2] |

注意　请用2B铅笔这样写：■

一、听力

1. [✓] [✗]　　6. [✓] [✗]　　11. [A] [B] [C] [D]　　16. [A] [B] [C] [D]　　21. [A] [B] [C] [D]
2. [✓] [✗]　　7. [✓] [✗]　　12. [A] [B] [C] [D]　　17. [A] [B] [C] [D]　　22. [A] [B] [C] [D]
3. [✓] [✗]　　8. [✓] [✗]　　13. [A] [B] [C] [D]　　18. [A] [B] [C] [D]　　23. [A] [B] [C] [D]
4. [✓] [✗]　　9. [✓] [✗]　　14. [A] [B] [C] [D]　　19. [A] [B] [C] [D]　　24. [A] [B] [C] [D]
5. [✓] [✗]　　10. [✓] [✗]　　15. [A] [B] [C] [D]　　20. [A] [B] [C] [D]　　25. [A] [B] [C] [D]

26. [A] [B] [C] [D]　　31. [A] [B] [C] [D]　　36. [A] [B] [C] [D]　　41. [A] [B] [C] [D]
27. [A] [B] [C] [D]　　32. [A] [B] [C] [D]　　37. [A] [B] [C] [D]　　42. [A] [B] [C] [D]
28. [A] [B] [C] [D]　　33. [A] [B] [C] [D]　　38. [A] [B] [C] [D]　　43. [A] [B] [C] [D]
29. [A] [B] [C] [D]　　34. [A] [B] [C] [D]　　39. [A] [B] [C] [D]　　44. [A] [B] [C] [D]
30. [A] [B] [C] [D]　　35. [A] [B] [C] [D]　　40. [A] [B] [C] [D]　　45. [A] [B] [C] [D]

二、阅读

46. [A] [B] [C] [D] [E] [F]　　51. [A] [B] [C] [D] [E] [F]
47. [A] [B] [C] [D] [E] [F]　　52. [A] [B] [C] [D] [E] [F]
48. [A] [B] [C] [D] [E] [F]　　53. [A] [B] [C] [D] [E] [F]
49. [A] [B] [C] [D] [E] [F]　　54. [A] [B] [C] [D] [E] [F]
50. [A] [B] [C] [D] [E] [F]　　55. [A] [B] [C] [D] [E] [F]

56. _____　58. _____　60. _____　62. _____　64. _____

57. _____　59. _____　61. _____　63. _____　65. _____

66. [A] [B] [C] [D]　　71. [A] [B] [C] [D]　　76. [A] [B] [C] [D]　　81. [A] [B] [C] [D]
67. [A] [B] [C] [D]　　72. [A] [B] [C] [D]　　77. [A] [B] [C] [D]　　82. [A] [B] [C] [D]
68. [A] [B] [C] [D]　　73. [A] [B] [C] [D]　　78. [A] [B] [C] [D]　　83. [A] [B] [C] [D]
69. [A] [B] [C] [D]　　74. [A] [B] [C] [D]　　79. [A] [B] [C] [D]　　84. [A] [B] [C] [D]
70. [A] [B] [C] [D]　　75. [A] [B] [C] [D]　　80. [A] [B] [C] [D]　　85. [A] [B] [C] [D]

86-100题 →

三、书写

86.

87.

88.

89.

90.

91.

92.

93.

94.

95.

96.

97.

98.

99.

100.

汉语水平考试

HSK（四级）

注　意

一、HSK（四级）分三部分：

    1.听力（45题，约30分钟）

    2.阅读（40题，40分钟）

    3.书写（15题，25分钟）

二、听力结束后，有5分钟填写答题卡。

三、全部考试约105分钟（含考生填写个人信息时间5分钟）。

一、 听 力

일반버전　고사장 소음 버전

第一部分

第1-10题： 判断对错。

例如： 我打算去办个银行卡，你今天下午有时间的话，可以陪我去趟银行吗？

　　★ 说话人想今天去银行。　　　　　　　　　　　　　（ ✓ ）

　　我最近几乎不看电视，因为现在电视广告越来越多了，只要打开电视，不管是什么节目，总会看到很多广告，浪费我的时间。

　　★ 说话人喜欢看广告。　　　　　　　　　　　　　　（ × ）

1. ★ 李博士的材料快翻译好了。　　　　　　　　　（　　）

2. ★ 那些小朋友们京剧唱得一般。　　　　　　　　（　　）

3. ★ 哥哥想去公司工作。　　　　　　　　　　　　（　　）

4. ★ 小王常常上班迟到。　　　　　　　　　　　　（　　）

5. ★ 说话人吃完饭要去一趟机场。　　　　　　　　（　　）

6. ★ 他们马上坐车去植物园。　　　　　　　　　　（　　）

7. ★ 周文文花的钱不太多。　　　　　　　　　　　（　　）

8. ★ 考试的时候说话人太粗心了。　　　　　　　　（　　）

9. ★ 说话人想进大学再学习几年。　　　　　　　　（　　）

10. ★ 顾客不能用现金购买东西。　　　　　　　　　（　　）

第二部分

第11-25题：请选出正确答案。

例如：女：我们的车得加油了，机场附近有加油站吗？

男：有的，你别担心。

问：男的是什么意思？

A 车坏了   B 有加油站 ✓   C 要坐飞机   D 快到家了

11.   A 特别贵   B 不酸   C 比较大   D 不新鲜

12.   A 顾客的照片   B 会议的材料   C 最新的价格   D 乘客的信息

13.   A 更安全   B 票更便宜   C 可以看景色   D 方便去火车站

14.   A 有礼貌   B 个子高   C 爱说话   D 有耐心

15.   A 出发时间   B 寒假安排   C 孩子的爱好   D 遇到的麻烦

16.   A 开车   B 走路   C 骑车   D 坐地铁

17.   A 太害羞   B 有点儿胖   C 没有工作   D 性格不好

18.   A 价格太贵了   B 应该省点钱   C 网上会有假的   D 店里的质量不好

19.   A 明天过生日   B 有男朋友了   C 自己会养花   D 要给妈妈送花

20.   A 比较大的   B 价格贵的   C 颜色深的   D 最流行的

21.　　A 把票弄丢了　　B 来得太晚了　　C 走错地方了　　D 看错时间了

22.　　A 银行对面　　B 车站附近　　C 邮局里面　　D 公园南边

23.　　A 听广播　　B 换钥匙　　C 修理传真机　　D 打扫会议室

24.　　A 迷路了　　B 手机没电了　　C 找条近的路　　D 加油站太远了

25.　　A 塑料袋　　B 卫生间　　C 取款机　　D 电梯

第三部分

第26-45题：请选出正确答案。

例如：男：你把会议材料打印六份，一会儿开会之前发给大家。

女：好的。会议是上午九点吗？

男：时间推迟了，改到下午两点。

女：好的，会议室没变吧？

男：对，没变，是楼上的大会议室。

问：会议几点开始？

A 9:00 　　　　B 12:00 　　　　C 12:30 　　　　D 14:00 ✓

26. 　A 餐厅 　　　　B 教室 　　　　C 银行 　　　　D 复印店

27. 　A 太长了 　　　　B 很好玩儿 　　　　C 内容太少 　　　　D 用词不合适

28. 　A 夫妻 　　　　B 同事 　　　　C 师生 　　　　D 同学

29. 　A 凉水 　　　　B 牛奶 　　　　C 红酒 　　　　D 奶茶

30. 　A 缺少信心 　　　　B 经验不够丰富 　C 今天应该能赢 　D 不想打羽毛球

31. 　A 要整理房间 　　B 应聘成功了 　　　C 打算请病假 　　　D 原来报过名了

32. 　A 顾客 　　　　B 律师 　　　　C 校长 　　　　D 售货员

33. 　A 景色很美 　　　B 门票便宜 　　　　C 游客很多 　　　　D 不值得去

34. 　A 女的变瘦了 　B 月月生病了 　　C 女的爱打扮 　　D 男的要租房

35. A 多看新闻　　　B 检查身体　　　C 睡前运动　　　D 换个手机

36. A 银行　　　　　B 体育场　　　　C 电视上　　　　D 电影院

37. A 出现高温　　　B 会有大雨　　　C 变得更暖和　　D 受冷空气影响

38. A 开会　　　　　B 买家具　　　　C 做调查　　　　D 跟邻居聊天

39. A 价格　　　　　B 质量　　　　　C 颜色　　　　　D 大小

40. A 不能顺利毕业　B 考上了研究生　C 对收入不满意　D 想找轻松的工作

41. A 失望　　　　　B 烦恼　　　　　C 感动　　　　　D 快乐

42. A 温度较低　　　B 缺少水分　　　C 有很多动物　　D 不允许照相

43. A 开花了　　　　B 长得很高　　　C 颜色变深了　　D 叶子掉得快

44. A 还不普遍　　　B 发展得很快　　C 得不到重视　　D 没有任何问题

45. A 很不方便　　　B 非常危险　　　C 对老人不友好　D 对社会有帮助

二、 阅 读

第一部分

第46-50题：选词填空。

A 抱歉　　B 至少　　C 地球　　D 坚持　　E 总结　　F 共同

例如：小王的身体一直很健康，因为他每天都（ D ）跑步。

46. 快过年的这段时间比较忙，因为公司要开（　　）大会。

47. 保护环境是每个人的责任。因为我们只有一个（　　）。

48. 小张感到十分（　　），觉得这一次不能帮我的忙。

49. 为了锻炼身体，李明每天（　　）散步一个小时。

50. 打羽毛球是他们夫妻俩（　　）的爱好。

第51-55题：选词填空。

A 后悔　　B 对于　　C 温度　　D 专业　　E 普遍　　F 遍

例如：A：今天好热啊，白天的最高（　C　）是40度。

　　　B：天气预报说明天更热。

51. A：老师都讲了好几（　　）了，你怎么还是不明白？

　　 B：我怎么不记得老师讲过？

52. A：我很想转到我们学校的经济学（　　）。

　　 B：那你首先要做到成绩好才行。

53. A：最近上海人都在讨论关于垃圾的事情。

　　 B：是啊。（　　）大多数人来说，解决垃圾问题是非常重要的。

54. A：小丽最近总是说，她（　　）没有坚持减肥。

　　 B：她每天都要加班，哪有空儿做运动啊！

55. A：班上超过一半的孩子都是由爷爷奶奶接送上学的。

　　 B：这种情况在中国很（　　）。

第二部分

第56-65题：排列顺序。

例如： A 但是今天起晚了

B 我一般走路上学

C 所以就打车去学校了　　　　　　　　　　　　　　B A C

56. A 两年内一共开了三家分店

B 小王做生意做得很不错

C 将来打算把分店开到其他城市　　　　　_____

57. A 水果可以做成果汁

B 不过医生建议大家直接吃水果

C 做好后的味道和水果差不多　　　　　_____

58. A 她的计划是到北京后吃一次烤鸭

B 爬一次长城

C 今年暑假小刘决定去北京旅游　　　　　_____

59. A 不再给顾客提供免费的塑料袋

B 从2008年6月1日开始

C 为了保护环境，所有的超市和商场决定　　　　　_____

60. A 工作了五年，也没存多少钱

B 但他平时一点儿都不节约

C 他在银行工作，工资很高

_____

61. A 你身体不舒服的话

B 我帮你向老师请假吧

C 事后把详细情况告诉老师就行

_____

62. A 吃完早饭过去也来得及参加会议

B 明天在新建的一个酒店开会

C 那里离咱们住的地方特别近，走路只需要10分钟

_____

63. A 前台说没有姓关的人

B 恐怕小关已经离开公司了

C 我按照你给的地址去过那家公司

_____

64. A 有时太爱开玩笑，确实让人讨厌

B 请你理解一下，千万不要生他的气

C 他这个人平时比较幽默

_____

65. A 尽管开始的时候输了好几个球

B 紧张而又精彩的乒乓球比赛结束了

C 但最终球员还是没有让观众失望

_____

第三部分

第66-85题：请选出正确答案。

例如：她性格活泼，又爱开玩笑，总能给周围的人带来快乐，大家都很喜欢
她。

★ 她是个什么样的人？

A 幽默 ✓   B 认真   C 粗心   D 冷静

66. 最近几年，上海发展得非常快，交通方便，环境美丽，人们的生活水平也
提高了不少。另外，上海还建了许多游乐场，因此吸引了国内外的朋友来
这个地方游玩。

★ 为什么到上海旅游的人很多？

A 游客比较少   B 经济发展慢   C 交通情况很差 D 好玩的地方多

67. 广告里的东西往往看起来既新鲜又好看，但那些并不一定都是真的。比如
为了让饮料看起来更好看，会在里面放很多水果，加其他颜色。

★ 饮料里加其他颜色是为了：

A 保持新鲜   B 卖得更贵   C 节约广告费   D 让饮料好看

68. 有些人可能没那么聪明，但从来不会随便放弃，他们会坚持努力，直到成
功为止。这说明态度很重要，只要不放弃，最后都能获得成功。

★ 根据这段话，能获得成功的人：

A 对环境很熟悉   B 有复习的习惯
C 不会随便放弃   D 认为态度不重要

69. 电话上除了0到9之外，还有*和#，这是因为，人们发现无论怎么排列这些
数字，总会有地方是空着的，所以就把*和#也加了进去。

★ 这段话主要介绍了*和#：

A 该怎样使用   B 表示的内容   C 是否受欢迎   D 出现的原因

70. 有些人很喜欢照相：学习前先照张照片，看了几页专业书后也照相发到网上，然后就不再去看了。这些人看起来很努力，然而实际上骗了别人，也骗了自己。

★ 有些人照相后会：

A 不再看书　　　B 教学习方法　　　C 买一些专业书　D 继续认真学习

71. 同学们，体育考试将在这周五下午3点进行，请大家准备好运动服和运动鞋。如果那天下大雨的话，学校会重新安排考试时间和地点。

★ 关于体育考试，可以知道：

A 很多人参加　　B 在周末进行　　　C 要求穿运动服　D 家长可以参观

72. 早上好，我是各位的导游，小李。请大家先把行李放到房间里，休息30分钟，之后我会带大家去吃饭。下午我们会去海洋馆观看表演。

★ 根据这段话，导游没提到的是：

A 先休息30分钟　B 带大家去吃饭　C 帮忙收拾行李　D 下午去看表演

73. 篮球赛的时间一般为40分钟，分为上下两个半场，各20分钟，中间休息10分钟。如果40分钟后还没有分出输赢，按照规定，进行加时赛来决定。

★ 关于加时赛，可以知道什么？

A 每场都有　　　B 已被禁止　　　C 一定要有结果　D 时间为40分钟

74. 电视的保修期一般是两年，如果在保修期内，师傅会免费上门修理。如果过了保修期也不需要担心，只要付一些材料费，其他服务都是一样的。

★ 根据这段话，修理超过保修期的电视时：

A 可免费修理　　B 可半价修理　　　C 要付材料费　　D 得付服务费

75. 人生有三把钥匙：接受、改变和放弃。对生活中发生的事情，我们可以接受或努力改变，但如果无法接受或改变，也可以选择放弃。

★ 对无法改变的事情，可以：

A 继续努力　　　B 找人帮忙　　　C 改变环境　　　D 选择放弃

76. 最近超市在举办打折活动，所有衣服都打七折，饮料打八折。逛完回家后，我还在后悔，真应该把爸妈一起叫来，这样的机会不多啊！

★ 这段话中的"后悔"指的是什么？

A 价格太贵　　B 活动太少　　C 爸妈没来　　D 没机会见爸妈

77. 张老师下个月要去美国参加一个国际会议，主要交流一些关于互联网技术的问题。最近他一直忙着去大使馆办签证、证明什么的，几乎看不到他。

★ 张老师下个月：

A 要到国外留学　B 参加国际比赛　C 不打算做研究　D 准备出国开会

78. 研究者认为，语言学习跟周围语言环境有很大关系。比如，儿童即使没有上学，也能学会母语，这是因为周围人每天都在使用母语。

★ 根据这段话，语言学习受什么影响？

A 语言环境　　B 父母教育　　C 学习压力　　D 复习方法

79. 塑料袋给我们带来很大方便的同时，也严重污染了环境。但我们不能完全禁止它的使用，而是要积极研究新技术，减少它对环境的污染。

★ 说话人认为塑料袋：

A 使用时间不长　　　　　　　B 能提高新技术
C 没有污染问题　　　　　　　D 不该被完全禁止

80-81.

　　爬山的时候，你会发现，爬得越高植物就越来越少，你还会觉得越来越冷。这是因为每增加1000米，气温就降低6.5度。山越高，气温就越低，所以许多高山上都有冰雪。夏天的时候，有些人会选择去比较高的山区旅游或休息，就是这个原因。

★ 爬得越高，为什么会觉得越来越冷？

A 植物变少　　B 温度降低　　C 山上下雪　　D 冬天来了

★ 根据这段话，可以知道：

A 爬山很危险　　B 夏天有冰雪　　C 地面有冰雪　　D 高山温度低

82-83.

　　每个人都知道阅读的重要性，但都以各种各样的理由拒绝读书。有时，我们并不是在读书，而是在读自己。因为读得越多，就越清楚自己想成为什么样的人，想要做什么样的事，想要过上怎样的人生。即使读书只是让你感到快乐，那也值得你为它花一些时间。

　　★ 根据这段话，多读书让人：

　　　　A 越来越难受　　B 清楚想做的事　C 生活变得富有　D 获得更多金钱

　　★ 关于阅读，这段话建议人们应该：

　　　　A 多花点时间　　B 提高阅读质量　C 选择合适的书　D 选择幽默的书

84-85.

　　说到"牛"，很多人想到的就是力气很大。特别是在过去，在缺少技术的情况下，它确实给人们的生活提供了很多帮助。因此，现在人们常用"很牛"来说一些特别厉害的技术或东西。有时候如果一个人在一些方面的能力超过别的人，也会被叫作"牛人"。

　　★ "很牛"的技术有什么特点？

　　　　A 长得像牛　　　B 力气很大　　　C 发展很快　　　D 十分厉害

　　★ 这段话主要在介绍：

　　　　A 一种动物　　　B 最新技术　　　C 说话的艺术　　　D 词语的新意思

三、书写

第一部分

第86-95题：完成句子。

例如：那家餐厅　　历史　　100多年的　　有　　了

　　　　那家餐厅有100多年的历史了。

---

86. 继续　　加班　　还得　　我今天

87. 多　　看演出的人　　今天来这里　　比昨天

88. 把　　一下　　客厅　　小王　　整理了

89. 老师　　表演　　要求他们　　进行

90. 经验　　这个小伙子　　生活　　缺少一些

91. 打扮自己　　一起站在　　演员们　　镜子前

92. 丢进了　　被母亲　　矿泉水瓶　　垃圾桶

93. 这儿的　　很寒冷　　一年四季都　　气候

94. 上课内容　　学生　　李老师认为　　认真复习　　得

95. 连　　讲不清楚　　他生气到　　都　　一句话

第二部分

第96-100题：看图，用词造句。

例如：　　　　　　网球　　　　　　她每天打网球。

96.　　　　　　醒

97.　　　　　　干杯

98.　　　　　　棒

99.　　　　　　塑料袋

100.　　　　　　安全

정답 해설집 p.203

실전모의고사

3

汉语水平考试 HSK（四级）答题卡

<table>
<tr><td colspan="2">请填写考生信息</td><td colspan="2">请填写考点信息</td></tr>
</table>

请填写考生信息

请按照考试证件上的姓名填写：

姓名

如果有中文姓名，请填写：

中文姓名

考生序号
[0] [1] [2] [3] [4] [5] [6] [7] [8] [9]
[0] [1] [2] [3] [4] [5] [6] [7] [8] [9]
[0] [1] [2] [3] [4] [5] [6] [7] [8] [9]
[0] [1] [2] [3] [4] [5] [6] [7] [8] [9]
[0] [1] [2] [3] [4] [5] [6] [7] [8] [9]

请填写考点信息

考点序号
[0] [1] [2] [3] [4] [5] [6] [7] [8] [9]
[0] [1] [2] [3] [4] [5] [6] [7] [8] [9]
[0] [1] [2] [3] [4] [5] [6] [7] [8] [9]
[0] [1] [2] [3] [4] [5] [6] [7] [8] [9]
[0] [1] [2] [3] [4] [5] [6] [7] [8] [9]
[0] [1] [2] [3] [4] [5] [6] [7] [8] [9]
[0] [1] [2] [3] [4] [5] [6] [7] [8] [9]

国籍
[0] [1] [2] [3] [4] [5] [6] [7] [8] [9]
[0] [1] [2] [3] [4] [5] [6] [7] [8] [9]
[0] [1] [2] [3] [4] [5] [6] [7] [8] [9]

年龄
[0] [1] [2] [3] [4] [5] [6] [7] [8] [9]
[0] [1] [2] [3] [4] [5] [6] [7] [8] [9]

性别　　　　男 [1]　　　　女 [2]

注意　请用2B铅笔这样写：■

一、听力

1. [✓] [×]　　6. [✓] [×]　　11. [A] [B] [C] [D]　　16. [A] [B] [C] [D]　　21. [A] [B] [C] [D]
2. [✓] [×]　　7. [✓] [×]　　12. [A] [B] [C] [D]　　17. [A] [B] [C] [D]　　22. [A] [B] [C] [D]
3. [✓] [×]　　8. [✓] [×]　　13. [A] [B] [C] [D]　　18. [A] [B] [C] [D]　　23. [A] [B] [C] [D]
4. [✓] [×]　　9. [✓] [×]　　14. [A] [B] [C] [D]　　19. [A] [B] [C] [D]　　24. [A] [B] [C] [D]
5. [✓] [×]　　10. [✓] [×]　　15. [A] [B] [C] [D]　　20. [A] [B] [C] [D]　　25. [A] [B] [C] [D]

26. [A] [B] [C] [D]　　31. [A] [B] [C] [D]　　36. [A] [B] [C] [D]　　41. [A] [B] [C] [D]
27. [A] [B] [C] [D]　　32. [A] [B] [C] [D]　　37. [A] [B] [C] [D]　　42. [A] [B] [C] [D]
28. [A] [B] [C] [D]　　33. [A] [B] [C] [D]　　38. [A] [B] [C] [D]　　43. [A] [B] [C] [D]
29. [A] [B] [C] [D]　　34. [A] [B] [C] [D]　　39. [A] [B] [C] [D]　　44. [A] [B] [C] [D]
30. [A] [B] [C] [D]　　35. [A] [B] [C] [D]　　40. [A] [B] [C] [D]　　45. [A] [B] [C] [D]

二、阅读

46. [A] [B] [C] [D] [E] [F]　　51. [A] [B] [C] [D] [E] [F]
47. [A] [B] [C] [D] [E] [F]　　52. [A] [B] [C] [D] [E] [F]
48. [A] [B] [C] [D] [E] [F]　　53. [A] [B] [C] [D] [E] [F]
49. [A] [B] [C] [D] [E] [F]　　54. [A] [B] [C] [D] [E] [F]
50. [A] [B] [C] [D] [E] [F]　　55. [A] [B] [C] [D] [E] [F]

56.　　　58.　　　60.　　　62.　　　64.

57.　　　59.　　　61.　　　63.　　　65.

66. [A] [B] [C] [D]　　71. [A] [B] [C] [D]　　76. [A] [B] [C] [D]　　81. [A] [B] [C] [D]
67. [A] [B] [C] [D]　　72. [A] [B] [C] [D]　　77. [A] [B] [C] [D]　　82. [A] [B] [C] [D]
68. [A] [B] [C] [D]　　73. [A] [B] [C] [D]　　78. [A] [B] [C] [D]　　83. [A] [B] [C] [D]
69. [A] [B] [C] [D]　　74. [A] [B] [C] [D]　　79. [A] [B] [C] [D]　　84. [A] [B] [C] [D]
70. [A] [B] [C] [D]　　75. [A] [B] [C] [D]　　80. [A] [B] [C] [D]　　85. [A] [B] [C] [D]

86-100题 →

86.

87.

88.

89.

90.

91.

92.

93.

94.

95.

96.

97.

98.

99.

100.

汉语水平考试

HSK（四级）

注　意

一、HSK（四级）分三部分：

　　　1. 听力（45题，约30分钟）

　　　2. 阅读（40题，40分钟）

　　　3. 书写（15题，25分钟）

二、听力结束后，有5分钟填写答题卡。

三、全部考试约105分钟（含考生填写个人信息时间5分钟）。

一、听力

第一部分

第1-10题：判断对错。

例如：我打算去办个银行卡，你今天下午有时间的话，可以陪我去趟银行吗？

  ★ 说话人想今天去银行。   (✓)

  我最近几乎不看电视，因为现在电视广告越来越多了，只要打开电视，不管是什么节目，总会看到很多广告，浪费我的时间。

  ★ 说话人喜欢看广告。   (✕)

1. ★ 总经理明天要去接客人。   ( )

2. ★ 说话人认为早点儿买票比较好。   ( )

3. ★ 说话人觉得自己考得很不错。   ( )

4. ★ 这双皮鞋的价格比较便宜。   ( )

5. ★ 昨天晚上说话人是走着回家的。   ( )

6. ★ 小明性格很急。   ( )

7. ★ 说话人现在喜欢上了自己的专业。 ( )

8. ★ 说话人一般不常看电视节目。   ( )

9. ★ 这段话是在机场听到的。   ( )

10. ★ 李叔叔家来了很多人。   ( )

第二部分

第11-25题：请选出正确答案。

例如： 女：我们的车得加油了，机场附近有加油站吗？
男：有的，你别担心。
问：男的是什么意思？

A 车坏了　　　 B 有加油站 ✓　　　 C 要坐飞机　　　 D 快到家了

11. A 经验丰富　　　 B 热情可爱　　　 C 态度认真　　　 D 长得漂亮

12. A 工作环境　　　 B 吃饭时间　　　 C 同事关系　　　 D 生活态度

13. A 上网　　　 B 运动　　　 C 做家务　　　 D 参加聚会

14. A 变瘦了　　　 B 个子高了　　　 C 心情好了　　　 D 饭吃得少了

15. A 9号没上　　　 B 天气不好　　　 C 观众太少　　　 D 力气不够

16. A 茶　　　 B 果汁　　　 C 咖啡　　　 D 牛奶

17. A 东西卖完　　　 B 活动结束　　　 C 价格太贵　　　 D 质量会差

18. A 饿极了　　　 B 刚起床　　　 C 特别困　　　 D 回来得晚

19. A 正合适　　　 B 有点儿厚　　　 C 孩子会喜欢　　　 D 小了一点儿

20. A 船　　　 B 火车　　　 C 飞机　　　 D 出租车

21. A 把票弄丢了　　B 来得太早了　　C 看错了时间　　D 坐错了座位

22. A 开证明　　　　B 去应聘　　　　C 见王教授　　　D 和女的约会

23. A 参加的人数　　B 举办的城市　　C 专门的网站　　D 招聘的时间

24. A 超市　　　　　B 邮局　　　　　C 球场　　　　　D 理发店

25. A 打针　　　　　B 看病　　　　　C 吃药　　　　　D 住院

第三部分

第26-45题：请选出正确答案。

例如：男：你把会议材料打印六份，一会儿开会之前发给大家。

女：好的。会议是上午九点吗？

男：时间推迟了，改到下午两点。

女：好的，会议室没变吧？

男：对，没变，是楼上的大会议室。

问：会议几点开始？

A 9：00   B 12：00   C 12：30   D 14：00 ✓

26.   A 一个人   B 一本小说   C 一部电影   D 一次会议

27.   A 出发时间   B 旅游信息   C 天气情况   D 便宜的机票

28.   A 邻居   B 师生   C 同事   D 夫妻

29.   A 迷路了   B 病得厉害   C 丢了钱包   D 考得不好

30.   A 参加大赛   B 锻炼身体   C 看一个节目   D 帮女的忙

31.   A 总结经验   B 研究材料   C 进行会议   D 参加聚会

32.   A 在银行对面   B 菜有点儿咸   C 女的以前去过   D 只有面条和饺子

33.   A 买沙发   B 修空调   C 收拾行李   D 检查身体

34.   A 进行比赛   B 讨论问题   C 打印材料   D 应聘工作

35. A 逛街了　　　B 加班了　　　C 看房子了　　　D 去运动了

36. A 按时吃药　　B 今天很特别　C 别忘记带伞　　D 不要乱放东西

37. A 没有拿报纸　B 平时在家很懒　C 今天想换座位　D 没理解妻子的话

38. A 颜色会变　　B 样子不同　　C 秋天掉叶　　　D 大小相同

39. A 要支持孩子　B 走自己的路　C 有积极的态度　D 不要和别人比较

40. A 电视剧　　　B 网站　　　　C 广告　　　　　D 杂志

41. A 打扮　　　　B 艺术　　　　C 健康　　　　　D 经济

42. A 搬回家住　　B 陪父母旅行　C 去外地工作　　D 周末一起回家

43. A 饭菜吃不完　B 父母没人陪　C 爸爸抽烟太多　D 爸妈不会做饭

44. A 新闻里　　　B 笑话里　　　C 广告上　　　　D 小说里

45. A 饼干　　　　B 饮料　　　　C 家具　　　　　D 餐厅

二、 阅 读

第一部分

第46-50题：选词填空。

A 海洋　　B 商量　　C 节　　D 坚持　　E 接受　　F 从来

例如：小王的身体一直很健康，因为他每天都（　D　）跑步。

46. 父母都想让自己的孩子（　　）最好的教育。

47. 我上大学时，一周上了四（　　）汉语课。

48. 专家认为，塑料垃圾是（　　）环境变差的主要原因。

49. 他（　　）不注意节约用水，这让我很生气。

50. 小李打算申请去美国留学，但需要先和父母（　　）一下。

第51-55题：选词填空。

A 应聘　　B 签证　　C 温度　　D 不仅　　E 热闹　　F 工资

例如：A：今天好热啊，白天的最高（　C　）是40度。

　　　B：天气预报说明天更热。

51. A：我觉得减肥的关键是每天坚持运动。

　　B：（　　）要锻炼，还要吃得健康。

52. A：来咱们学校招聘的公司非常多。

　　B：但是我想（　　）的那家公司没有来。

53. A：按照我现在的（　　）水平，就买一辆便宜点儿的车吧。

　　B：既然要买，还是买质量好一些的。

54. A：过年的时候，一般所有亲戚都会聚在一起吃饭。

　　B：对，中国人过年是最（　　）的。

55. A：我想出国旅游，但是不知道怎么办（　　）。

　　B：你可以问问办过的朋友，或者打电话给大使馆。

第二部分

第56-65题：排列顺序。

例如：A 但是今天起晚了

   B 我一般走路上学

   C 所以就打车去学校了   B A C

56. A 他的学习态度改变以后

   B 很快就通过了考试

   C 现在他对学汉语更有信心了   _____

57. A 近年来，随着科技的发展

   B 但打印机的使用却没有受到太大的影响

   C 使用传真机的人越来越少   _____

58. A 可最终他成为了一名警察

   B 因此父母常常为他的安全而担心

   C 小王的理想是当一名律师   _____

59. A 汉语是中华民族的共同语言

   B 外国人学好汉语有很多好处

   C 其中最重要的就是可以顺利地和中国人交流   _____

60. A 而且拿到了四个学期的奖学金

    B 他考上了美国著名大学的博士

    C 全家人都以他为骄傲 _____

61. A 这个羽毛球的质量不太好

    B 我们只好改变计划，去打乒乓球了

    C 才打了十分钟就打坏了 _____

62. A 早早就起床收拾了行李

    B 我兴奋得一夜没睡觉

    C 一想到马上就要放假回家了 _____

63. A 我没办法给女朋友买生日礼物

    B 由于银行卡里只剩20块钱

    C 只好让哥哥给我转一些钱 _____

64. A 打算早一些在国内找一个工资较高的工作

    B 她决定放弃出国留学的机会

    C 考虑到家里的经济情况 _____

65. A 这时开车得有耐心才行

    B 节假日时高速公路是免费的

    C 所以堵车问题比平时更严重 _____

第三部分

第66-85题：请选出正确答案。

例如：她性格活泼，又爱开玩笑，总能给周围的人带来快乐，大家都很喜欢
她。

　　★ 她是个什么样的人？

　　A 幽默 ✓　　　　　B 认真　　　　　C 粗心　　　　　D 冷静

66. 江苏省在中国的东部，"江"指的是南京，"苏"指的是苏州。由于江苏
省在中国的中部，所以会同时有南方和北方的气候特点。

　　★ 关于江苏省，下面哪个是正确的？

　　A "江"是长江　　　　　　　B 在中国的西部
　　C 气候变化很大　　　　　　D 有北方气候特点

67. 爸爸做菜的时候很喜欢放盐，特别是弄肉类的时候。妈妈已经提醒过他好
几次了，老年人吃太多盐对身体不好。虽然他每次都回答记住了，但很快
就又忘了。

　　★ 爸爸做菜的特点是：

　　A 味道特别咸　　B 几乎天天做汤　C 每次做得太多　D 总是忘记放盐

68. 真不敢相信，来中国才半年多，他变得这么活泼，跟以前完全不一样了。
半年前的那个每次说话都会脸红的英国小伙子已经不见了。

　　★ 半年前，他是个什么性格的人？

　　A 很活泼　　　　B 特别幽默　　　　C 非常害羞　　　　D 不相信别人

69. 儿童是一个国家的希望，但通过近几年的调查发现，现在儿童的身体情况
比以前差了很多，而且很容易生病。因此，除了文化课以外，学校还必须
重视体育课，让孩子养成锻炼身体的习惯。

　　★ 这段话主要在谈哪方面的问题？

　　A 历史文化　　　　B 儿童健康　　　　C 医院看病　　　　D 经济发展

70. 大家注意一下，这是小刘，以后国际交流方面的工作就由她负责。小刘是东北大学外国语专业毕业的，所以如果有材料需要翻译，也可以请她帮忙。

    ★ 根据这段话，说话人正在：

    A 安排工作　　　B 招聘新人　　　C 介绍新同事　　D 举行公司聚会

71. 在学生食堂吃饭时，有些留学生由于不知道菜名，只能用手指出自己想吃的菜。如果在每道菜旁边加上中文名字，就能方便学生和工作人员。

    ★ 有些留学生在食堂吃饭时：

    A 经常吃不饱　　B 不知道菜名　　C 会浪费时间　　D 流利地说汉语

72. 有些人会根据网站去判断一家公司。如果公司网站看上去非常干净、舒服，能让人在短时间内找到想要的信息，就容易让人对公司产生好感。

    ★ 公司网站干净的话，可能会：

    A 有放松作用　　B 吸引人们阅读　C 让人产生好感　D 增加公司收入

73. 以前每到一个城市，在火车站、汽车站周围都会有许多叫卖城市纸地图的人，小的一张3块，大的一张6块。而现在人们都看手机地图，是因为手机地图能让人快速找到自己想去的地点。

    ★ 根据这段话，可以知道现在的人：

    A 不怕迷路　　　B 常用手机地图　C 不方便花现金　D 看不懂纸地图

74. 小张打算去法国见朋友。到机场后，因为行李箱超重，他只好把所有小吃都扔掉了。到法国后他才发现，当时可能是太着急了，把为朋友准备的礼物也一起扔了，可再怎么后悔也来不及了。

    ★ 小张为什么后悔？

    A 没带护照　　　B 小吃太少了　　C 行李箱太重了　D 把礼物扔掉了

75. 李教授八十多岁了还坚持给学生上课，因此深受学生们的尊重。他认为，要想成为好的大学教授，关键是要给学生提供高质量的课程。

    ★ 要想成为好的大学教授，关键是：

    A 研究水平很高　B 提供好的课程　C 和学生交朋友　D 课后坚持阅读

76. 周明是法律学院的研究生，毕业后当了一名律师。他常常为那些需要帮助，但又缺钱的穷人提供帮助。他希望这个社会里的每个人，无论是富还是穷，在法律面前都能得到尊重。

★ 周明：

A 还在读硕士　　B 工作比较忙　　C 经常帮助穷人　D 非常尊重富人

77. 电动汽车不仅价格较低，而且不污染环境。但目前选择电动汽车的人并不多，最主要的原因是，能给它提供电的地方太少，使用起来不方便。

★ 目前购买电动汽车的人不多，这是因为：

A 价格比较高　　B 车速不够快　　C 质量不算好　　D 不方便使用

78. 这学期我们没有去学校上课，而是上了网课。上网课不仅方便，还可以节约时间，只要有电脑或手机，就能在家上课。但我有时候觉得学习效果不是很好。

★ 根据这段话，上网课：

A 需要去学校　　B 不用问老师　　C 可节约时间　　D 学习效果好

79. 光学会说外语是远远不够的。学会了词语和语法，你虽然可以很流利地与外国人聊天，但这并不表示你能交流得很顺利。如果不理解其中的文化，你还是会在交流中引起很多误会。

★ 为了交流顺利，学习外语时应该：

A 多练习听力　　B 多做一些笔记　C 同时学习文化　D 积累大量词语

80-81.

人可以通过语言交流，那么植物是否也有自己的"语言"呢？科学家发现，在缺水的情况下，植物会发出小而特别的声音。缺水越严重，声音就越大。后来人们又发现，在不同环境中，植物会发出不同的声音，如果植物感到舒服，发出的声音就会比较好听。

★ 植物缺水时：

A 能和人交流　　B 容易被发现　　C 做一些动作　　D 会发出声音

★ 根据这段话，不同环境中的植物：

A 大小不同　　　B 声音不同　　　C 缺水情况不同　D 花的颜色不同

82-83.

运动是锻炼身体、减少压力的最好方法。然而现在不少年轻人，白天由于工作太忙，没时间运动，就把运动时间推迟到睡觉前。其实在睡前运动会让人太兴奋，影响入睡。简单地说，就是在该睡觉的时候不想睡觉，早上却不能准时醒来。理想的运动时间应该是下午，建议每天锻炼30分钟左右。

★ 睡前运动会：

A 减少压力　　　　　　　　　B 让人睡不着
C 让性格活泼　　　　　　　　D 大大提高睡觉质量

★ 关于运动，说话人在哪方面给出了建议？

A 时间　　　　B 速度　　　　C 地方　　　　D 动作

84-85.

究竟什么是幸福？也许穷人会说有花不完的钱就是幸福，有人会说做自己喜欢的事就是幸福，而有人会觉得和喜欢的人在一起就是幸福。可见每个人对幸福的理解各不相同。幸福没有标准答案，一千个人会有一千种回答。幸福其实很简单，它是一种感觉，只要用心去找，就一定能发现。

★ 对穷人来说，什么是幸福？

A 身体健康　　　B 工作顺利　　　C 有很多钱　　　D 做喜欢的事

★ 根据这段话，幸福：

A 有些复杂　　　B 很难被发现　　　C 有标准答案　　　D 是一种感觉

三、书 写

第一部分

第86-95题：完成句子。

例如：那家餐厅　　历史　　100多年的　　有　　了

　　　　<u>那家餐厅有100多年的历史了。</u>

86. 实在　　这种　　太苦了　　巧克力

87. 想去看　　也　　你是否　　呢　　表演

88. 吗　　是你朋友　　那个　　戴帽子的

89. 散完步　　接回来　　孙子　　顺便把

90. 安排　　这学期的　　非常满　　专业课　　得

91. 大声说话　　禁止　　图书馆里是　　的

92. 被四川菜　　妈妈　　眼泪　　辣出了

93. 距离　　半个小时　　登机　　还有

94. 成为了　　写作业　　烦恼　　他最大的

95. 亚洲国家　　来自　　主要　　这些学生

第二部分

第96-100题：看图，用词造句。

例如：　　　　　网球　　　　　<u>她每天打网球。</u>

96. 味道

97. 逛

98. 份

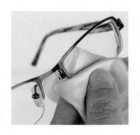

99. 擦

100. 占线

정답 해설집 p.244

기본에서 실전까지 **한 달 완성**

해커스 중국어

HSK4급

한 권으로 합격

초판 8쇄 발행 2024년 12월 16일

초판 1쇄 발행 2021년 11월 1일

지은이	해커스 HSK연구소
펴낸곳	㈜해커스
펴낸이	해커스 출판팀

주소	서울특별시 서초구 강남대로61길 23 ㈜해커스
고객센터	02-537-5000
교재 관련 문의	publishing@hackers.com
	해커스중국어 사이트(china.Hackers.com) 교재 Q&A 게시판
동영상강의	china.Hackers.com

ISBN	979-11-379-0212-1 (13720)
Serial Number	01-08-01

중국어인강 1위
해커스중국어 china.Hackers.com

해커스중국어

- 어려운 중국어 듣기를 완전 정복할 수 있는 **다양한 버전의 교재 무료 MP3**
- **HSK 1-4급 필수어휘 1200 및 병음북 PDF**
- 하루 10분으로 직청직해 실력 완성! **무료 받아쓰기&쉐도잉 프로그램**
- IBT 시험까지 완벽 대비! **해커스 HSK IBT 쓰기 트레이너**
- 해커스 스타강사의 본 **교재 인강**(교재 내 할인쿠폰 수록)

주간동아 선정 2019 한국 브랜드 만족지수 교육(중국어인강) 부문 1위

중국어도 역시 1위 해커스중국어
약 900여 개의 체계적인 무료 학습자료

레벨 \ 분야	공통	회화	HSK	HSKK/TSC
공통	철저한 성적분석 **무료 레벨테스트** 	빠르게 궁금증 해결 **1:1 학습 케어** 	HSK 전 급수 **프리미엄 모의고사** 	TSC 급수별 **발음 완성 트레이너**
초급	초보자가 꼭 알아야 할 **초보 중국어 단어** 	기초 무료 강의 제공 **초보 중국어 회화** 	HSK 4급 쓰기+어휘 완벽 대비 **쓰기 핵심 문장 연습** 	TSC 급수별 **만능 표현** **& 필수 암기 학습자료**
중급	매일 들어보는 **사자성어 & 한자상식** 	입이 트이는 자동발사 **중국어 팟캐스트** 	기본에서 실전까지 마무리 **HSK 무료 강의** 	HSKK/TSC 실전 정복! **고사장 소음 버전 MP3**
고급	실생활 고급 중국어 완성! **중국어 무료 강의** 	상황별 다양한 표현 학습 **여행/비즈니스 중국어** 	HSK 고득점을 위한 **무료 쉐도잉 프로그램** 	고급 레벨을 위한 **TSC 무료 학습자료**

중국어 인강 **1위 해커스중국어**　　china.Hackers.com　　검색

무료 학습자료
확인하기 ▶

해커스 중국어

HSK 4급

한 권으로 합격

해설집

정답 · 해석 · 해설 · 쓰기 2부분 모범 답안

해커스 중국어

HSK 4급

한 권으로 합격

해설집

해커스

듣기

제1부분

문제풀이 스텝 해석
p.23

★ 小西看书看得很仔细。（　）	★ 샤오시는 책을 꼼꼼하게 본다. (✓)
小西很喜欢看书，而且总是看得很仔细。有时候她还会把自己的想法写在旁边。	샤오시는 책 보는 것을 매우 좋아한다. 게다가 늘 꼼꼼하게 본다. 가끔 그녀는 자신의 생각을 옆에 적어두기도 한다.

어휘　**仔细** zǐxì 혱 꼼꼼하다, 세심하다　**而且** érqiě 젭 게다가, 또한　**总是** zǒngshì 뷔 늘, 언제나　**自己** zìjǐ 떼 자신, 자기
　　　想法 xiǎngfǎ 몡 생각, 의견

합격비책 01 | 그대로 언급되면 일치, 다르게 언급되면 불일치 판단하기
p.27

따라 읽으며 학습하기 ▶

1 ✓　2 ✗　3 ✗　4 ✓　5 ✓　6 ✗　7 ✓　8 ✓　9 ✗　10 ✗

1

★ 说话人喜欢汉语专业。（　）	★ 화자는 중국어과를 좋아한다. (✓)
我一定要认真学习，这样才能通过入学考试，进入我喜欢的汉语专业。	나는 반드시 열심히 공부해야 한다. 이렇게 해야 입학 시험을 통과할 수 있고, 내가 좋아하는 중국어과에 들어갈 수 있다.

해설　문장의 **喜欢**(좋아하다), **汉语专业**(중국어과)를 핵심 표현으로 체크해 두고, '화자는 중국어과를 좋아한다'라는 의미임을 파악한다. 지문의 **喜欢**과 **汉语专业**가 문장에서 그대로 언급되었고, 화자가 중국어과를 좋아한다는 내용이므로 일치로 판단한다.

어휘　**专业** zhuānyè 몡 과, 전공　**一定** yídìng 뷔 반드시, 필히　**认真** rènzhēn 혱 열심이다, 성실하다
　　　通过 tōngguò 통 통과하다　**入学** rùxué 통 입학하다　**进入** jìnrù 통 들다, 진입하다

2

★ 这家餐厅离学校很近。（　）	★ 이 식당은 학교에서 가깝다. (✗)
这房子有厨房，可以自己做饭，客厅也很大，最关键的是离学校很近，交通方便。	이 집에는 주방이 있어서, 직접 밥을 할 수 있고, 거실도 크다. 가장 중요한 것은 학교에서 가깝고, 교통이 편리하다는 것이다.

해설　문장의 **这家餐厅**(이 식당), **学校**(학교), **近**(가깝다)을 핵심 표현으로 체크해 두고, '이 식당은 학교에서 가깝다'라는 의미임을 파악한다. 지문의 **这房子**(이 집)와 전혀 무관한 **这家餐厅**이 문장에서 언급되었으므로 불일치로 판단한다.

어휘　**餐厅** cāntīng 몡 식당　**厨房** chúfáng 몡 주방　**自己** zìjǐ 떼 직접, 스스로　**客厅** kètīng 몡 거실
　　　关键 guānjiàn 몡 중요한 것, 관건　**交通** jiāotōng 몡 교통　**方便** fāngbiàn 혱 편리하다

3

★ 说话人耳朵不舒服。（　　）

★ 화자는 귀가 아프다. (✕)

昨天打了一个小时羽毛球，今天早上起床的时候，右胳膊特别不舒服，这说明我平时缺少锻炼。

어제 1시간 동안 배드민턴을 쳐서, 오늘 아침에 일어났을 때, 오른쪽 팔이 너무 아팠다. 이것은 내가 평소에 운동이 부족하다는 것을 증명한다.

해설 　문장의 **耳朵**(귀), **不舒服**(아프다)를 핵심 표현으로 체크해 두고, '화자는 귀가 아프다'라는 의미임을 파악한다. 지문의 **右胳膊** (오른쪽 팔)와 전혀 무관한 **耳朵**가 문장에서 언급되었으므로 불일치로 판단한다.

어휘 　**耳朵** ěrduo 몡 귀　**不舒服** bù shūfu 아프다, 불편하다　**羽毛球** yǔmáoqiú 몡 배드민턴　**胳膊** gēbo 몡 팔
　　　说明 shuōmíng 동 증명하다, 설명하다　**平时** píngshí 몡 평소, 평상시　**缺少** quēshǎo 동 부족하다, 모자라다
　　　锻炼 duànliàn 동 운동하다, 단련하다

4

★ 说话人明天要去海洋馆。（　　）

★ 화자는 내일 아쿠아리움에 가려고 한다. (✓)

动物园附近新开了一个海洋馆，里面有很多可爱的海洋动物。明天正好是礼拜天，我打算去看一看。

동물원 근처에 아쿠아리움이 새로 생겼는데, 안에는 많은 귀여운 해양 동물이 있다. 마침 내일이 일요일이니, 나는 한번 보러 가려고 한다.

해설 　문장의 **明天**(내일), **去海洋馆**(아쿠아리움에 가다)을 핵심 표현으로 체크해 두고, '화자는 내일 아쿠아리움에 가려고 한다'라는 의미임을 파악한다. 특히 시간 표현 **明天**과 장소 표현 **海洋馆**이 지문에서도 동일하게 언급되는지 주의 깊게 듣는다. 지문의 **海洋馆**과 **明天**이 문장에서 그대로 언급되었고, 화자가 내일 아쿠아리움에 가려고 한다는 내용이므로 일치로 판단한다.

어휘 　**海洋馆** hǎiyáng guǎn 아쿠아리움　**动物园** dòngwùyuán 몡 동물원　**附近** fùjìn 몡 근처, 부근　**新** xīn 뷔 새로 휑 새롭다
　　　可爱 kě'ài 휑 귀엽다　**海洋动物** hǎiyáng dòngwù 해양 동물　**正好** zhènghǎo 뷔 마침　**礼拜天** lǐbàitiān 몡 일요일

5

★ 那个小狗能做各种各样的动作。（　　）

★ 그 강아지는 여러 가지 동작을 할 수 있다. (✓)

我们家小狗特别聪明，它不仅能听懂我的话，而且还能做出各种各样的动作。

우리 집 강아지는 아주 똑똑하다. 강아지는 내 말을 알아들을 수 있을 뿐만 아니라, 게다가 여러 가지 동작도 할 수 있다.

해설 　문장의 **小狗**(강아지), **能做各种各样的动作**(여러 가지 동작을 할 수 있다)를 핵심 표현으로 체크해 두고, '그 강아지는 여러 가지 동작을 할 수 있다'라는 의미임을 파악한다. 지문의 **小狗**와 **能做出各种各样的动作**가 문장에서 그대로 언급되었으므로 일치로 판단한다.

어휘 　**各种各样** gè zhǒng gè yàng 여러 가지, 각양각색　**动作** dòngzuò 몡 동작, 행동　**特别** tèbié 뷔 아주, 특히
　　　聪明 cōngming 휑 똑똑하다, 총명하다　**不仅……而且……** bùjǐn……érqiě…… ~뿐만 아니라, 게다가

6

★ 说话人喜欢骑自行车上班。（　　）

★ 화자는 자전거를 타고 출근하는 것을 좋아한다. (✕)

工作累了的时候，我会选择骑自行车到处转转，放松一下。

일하다가 피곤해졌을 때, 나는 자전거를 타고 곳곳을 돌아다니면서, 좀 쉬는 것을 선택하곤 한다.

해설 　문장의 **喜欢**(좋아하다), **骑自行车**(자전거를 타다), **上班**(출근하다)을 핵심 표현으로 체크해 두고, '화자는 자전거를 타고 출근하는 것을 좋아한다'라는 의미임을 파악한다. 지문의 **到处转转, 放松一下**(곳곳을 돌아다니면서, 좀 쉬다)와 전혀 무관한 **上班**이 문장에서 언급되었으므로 불일치로 판단한다.

어휘 　**骑** qí 동 타다　**自行车** zìxíngchē 몡 자전거　**到处** dàochù 뷔 곳곳에, 도처에　**转** zhuàn 동 돌아다니다
　　　放松 fàngsōng 동 쉬다, 긴장을 풀다

7 ★ 说话人今天不想去爬山。（ ）

★ 화자는 오늘 등산하러 가고 싶지 않다. (✓)

强强，我昨天加班到晚上十一点，今天很累，不想去爬山了。我下个星期再带你去吧，今天先让我在家好好儿休息休息，行吗？

챵챵, 나는 어제 저녁 11시까지 야근을 했어. 오늘은 피곤해서 등산하러 가고 싶지 않아. 내가 다음 주에 너를 데리고 갈게. 오늘은 우선 나를 집에서 충분히 쉬게 해 줘. 괜찮지?

해설 문장의 今天(오늘), 不想去爬山(등산하러 가고 싶지 않다)을 핵심 표현으로 체크해 두고, '화자는 오늘 등산하러 가고 싶지 않다'라는 의미임을 파악한다. 특히 시간 표현 今天이 지문에서도 동일하게 언급되는지 주의 깊게 듣는다. 지문의 今天과 不想去爬山이 문장에서 그대로 언급되었으므로 일치로 판단한다.

어휘 爬山 páshān ⑤등산하다　累 lèi ⑩피곤하다　下个星期 xià ge xīngqī 다음 주　带 dài ⑤데리다, 이끌다
先 xiān ⑨우선, 먼저　好好儿 hǎohāor ⑨충분히, 잘　行 xíng ⑩된다, 좋다

---

8 ★ 他们打算提前三个小时出发。（ ）

★ 그들은 3시간 앞당겨서 출발할 계획이다. (✓)

机场离这儿有点儿远，而且路上会特别堵，我们还是提前三个小时出发吧。

공항은 여기에서 조금 멀고, 게다가 길도 아주 막힐 테니, 우리 3시간 앞당겨서 출발하는 것이 좋겠어요.

해설 문장의 提前三个小时(3시간 앞당기다), 出发(출발하다)를 핵심 표현으로 체크해 두고, '그들은 3시간 앞당겨서 출발할 계획이다'라는 의미임을 파악한다. 특히 시간 표현 三个小时이 지문에서도 동일하게 언급되는지 주의 깊게 듣는다. 지문의 提前三个小时出发(3시간 앞당겨서 출발하다)가 문장에서 그대로 언급되었으므로 일치로 판단한다.

어휘 打算 dǎsuan ⑤~할 계획이다, ~할 생각이다　提前 tíqián ⑤(예정된 시간·위치를) 앞당기다　出发 chūfā ⑤출발하다, 떠나다
而且 érqiě ⑳게다가, 또한　特别 tèbié ⑨아주, 특히　堵 dǔ ⑤(길이) 막히다　还是 háishi ⑨~하는 것이 좋다

---

9 ★ 说话人穿了旧衣服。（ ）

★ 화자는 낡은 옷을 입었다. (✕)

天气预报说外面很冷，还刮大风，所以我穿了件厚衣服出来，结果今天一点儿都不冷。

일기예보에서 바깥이 춥고, 바람도 많이 분다고 해서, 두꺼운 옷을 입고 나왔는데, 오늘 하나도 안 추웠다.

해설 문장의 穿(입다), 旧衣服(낡은 옷)를 핵심 표현으로 체크해 두고, '화자는 낡은 옷을 입었다'라는 의미임을 파악한다. 지문의 厚衣服(두꺼운 옷)와 전혀 무관한 旧衣服가 문장에서 언급되었으므로 불일치로 판단한다.

어휘 旧 jiù ⑩낡다　天气预报 tiānqì yùbào 일기예보　刮风 guāfēng ⑤바람이 불다　厚 hòu ⑩두껍다
结果 jiéguǒ ⑳[어떤 상황이나 조건 아래에서 어떤 결과가 생겨남을 나타냄]

---

10 ★ 马建是英语老师。（ ）

★ 마젠은 영어 선생님이다. (✕)

你们好！我叫马建，来自上海，是一名英语专业的学生。我希望毕业以后能成为一名英语老师。

안녕하세요! 저는 마젠이라고 하고, 상하이에서 온 영어 학과 학생입니다. 저는 졸업 후에 영어 선생님이 되고 싶습니다.

해설 문장의 马建(마젠), 英语老师(영어 선생님)을 핵심 표현으로 체크해 두고, '마젠은 영어 선생님이다'라는 의미임을 파악한다. 지문의 是……英语专业的学生(영어학과 학생이다)과 전혀 무관한 英语老师이 문장에서 언급되었으므로 불일치로 판단한다.

어휘 来自 láizì ⑤~(로)부터 오다　上海 Shànghǎi ⑰상하이, 상해　专业 zhuānyè ⑩학과, 전공　毕业 bìyè ⑤졸업하다
成为 chéngwéi ⑤~이 되다

1 ×	2 ✓	3 ×	4 ✓	5 ×	6 ×	7 ✓	8 ×	9 ✓	10 ✓

1

★ 说话人和小林很少联系。（　）

★ 화자는 샤오린과 거의 연락하지 않는다. (×)

小林是我以前的同学，现在我们虽然住在不同的城市，但还是会经常联系。距离一点儿都没有影响到我们之间的友情。

샤오린은 내 예전 동창이다. 비록 지금 우리는 다른 도시에 살고 있지만, 여전히 자주 연락하곤 한다. 거리는 우리의 우정에 조금도 영향을 끼치지 않았다.

해설　문장의 小林(샤오린), 很少联系(거의 연락하지 않는다)를 핵심 표현으로 체크해 두고, '화자는 샤오린과 거의 연락하지 않는다'라는 의미임을 파악한다. 지문에서는 经常联系(자주 연락한다)가 언급되었는데, 문장에서는 很少联系(거의 연락하지 않는다)라는 상반된 표현이 언급되어 다른 내용을 전달하므로 불일치로 판단한다.

어휘　很少 hěn shǎo 거의 ~하지 않는다　联系 liánxì 동 연락하다　不同 bù tóng 다르다　城市 chéngshì 명 도시
　　　还是 háishi 부 여전히, 아직도　经常 jīngcháng 부 자주, 늘　距离 jùlí 명 거리, 간격　影响 yǐngxiǎng 동 영향을 주다 명 영향
　　　友情 yǒuqíng 명 우정

2

★ 说话人现在心情很好。（　）

★ 화자는 지금 기분이 좋다. (✓)

我本来心情很差，不过听了弟弟的笑话后，一下子就变开心了。

나는 원래 기분이 좋지 않았다. 그런데 남동생의 농담을 듣고 난 후, 금방 즐거워졌다.

해설　문장의 现在(지금), 心情很好(기분이 좋다)를 핵심 표현으로 체크해 두고, '화자는 지금 기분이 좋다'라는 의미임을 파악한다. 지문의 开心(즐겁다)이 문장에서 心情很好로 바꾸어 표현되어 동일한 내용을 전달하므로 일치로 판단한다.
　　　＊ 바꾸어 표현　开心 즐겁다 → 心情很好 기분이 좋다

어휘　心情 xīnqíng 명 기분, 심정　本来 běnlái 부 원래, 본래　差 chà 좋지 않다, 나쁘다　不过 búguò 접 그런데, 그러나
　　　笑话 xiàohua 명 농담, 우스운 이야기　一下子 yíxiàzi 부 금방, 단시간에　开心 kāixīn 동 즐겁다, 기쁘다

3

★ 同学聚会将会准时举办。（　）

★ 동창회는 제때에 열릴 것이다. (×)

有几个同学出差赶不回来了，所以原来安排在月底的同学聚会，要推迟到下个月七号了。

출장에서 돌아오지 못한 동창이 몇 명 있어서, 원래 월말에 계획되어 있던 동창회는 다음 달 7일로 연기하려고 한다.

해설　문장의 同学聚会(동창회), 准时举办(제때에 열리다)을 핵심 표현으로 체크해 두고, '동창회는 제때에 열릴 것이다'라는 의미임을 파악한다. 지문에서는 推迟(연기하다)이 언급되었는데, 문장에서는 准时(제때에)이라는 상반된 표현이 언급되어 다른 내용을 전달하므로 불일치로 판단한다.

어휘　同学聚会 tóngxué jùhuì 동창회　准时 zhǔnshí 부 제때에, 시간에 맞다　举办 jǔbàn 동 열다, 개최하다
　　　出差 chūchāi 동 출장 가다　赶回来 gǎn huílai (서둘러) 돌아오다　原来 yuánlái 부 원래, 알고 보니
　　　安排 ānpái 동 (인원 시간 등을) 계획하다, 배정하다　月底 yuèdǐ 명 월말　推迟 tuīchí 동 연기하다, 미루다

4

★ 外国朋友们认为黄山很漂亮。（　）

★ 외국인 친구들은 황산이 아름답다고 여긴다. (✓)

寒假里，我陪几个外国朋友去黄山旅行了，他们都觉得那里的景色太美了。	겨울 방학에 나는 외국인 친구 몇 명을 데리고 황산으로 여행을 갔는데, 그들은 모두 그곳의 풍경이 너무 아름답다고 생각했다.

해설 문장의 **外国朋友**(외국인 친구), **黄山**(황산), **漂亮**(아름답다)을 핵심 표현으로 체크해 두고, '외국인 친구들은 황산이 아름답다고 여긴다'라는 의미임을 파악한다. 지문의 **觉得……景色太美了**(풍경이 너무 아름답다고 생각하다)가 문장에서 **认为……很漂亮**(~이 아름답다고 여기다)으로 바꾸어 표현되어 동일한 내용을 전달하므로 일치로 판단한다.

* 바꾸어 표현 **觉得……太美了** ~이 너무 아름답다고 생각하다 → **认为……很漂亮** ~이 아름답다고 여기다

어휘 **认为** rènwéi [동] ~이라고 여기다, ~이라고 생각하다 **黄山** Huángshān [고유] 황산[안후이성에 있는 산 이름]
寒假 hánjià [명] 겨울 방학 **陪** péi [동] 데리다, 모시다 **旅行** lǚxíng [동] 여행하다 **景色** jǐngsè [명] 풍경, 경치

5

★ 买羊肉包子的人不多。（ ）	★ 양고기 만두를 사는 사람은 많지 않다. (×)
这家店的羊肉包子非常有名，不仅味道鲜，价格也便宜。每天早上都有很多人排队买包子，有时甚至排到马路对面。	이 가게의 양고기 만두는 매우 유명하다. 맛이 좋을 뿐만 아니라, 가격도 저렴하다. 매일 아침 많은 사람들이 줄을 서서 만두를 사는데, 때때로 심지어 길 맞은편까지 줄을 서기도 한다.

해설 문장의 **买羊肉包子**(양고기 만두를 사다), **人不多**(사람이 많지 않다)를 핵심 표현으로 체크해 두고, '양고기 만두를 사는 사람은 많지 않다'라는 의미임을 파악한다. 특히 부정 표현 **不**(~않다)가 지문에서도 동일하게 언급되는지 주의 깊게 듣는다. 지문에서는 **不**가 없는 **很多人**(많은 사람들)이 언급되었는데, 문장에서는 **人不多**라는 상반된 표현이 언급되어 다른 내용을 전달하므로 불일치로 판단한다.

어휘 **包子** bāozi [명] 만두, 찐빵 **不仅……也……** bùjǐn……yě…… ~뿐만 아니라, ~도 **味道** wèidao [명] 맛 **鲜** xiān [형] (맛이) 좋다
价格 jiàgé [명] 가격, 값 **排队** páiduì [동] 줄을 서다 **甚至** shènzhì [접] 심지어, ~까지도 **马路** mǎlù [명] 길, 도로
对面 duìmiàn [명] 맞은편

6

★ 这首歌很难听。（ ）	★ 이 노래는 듣기 안 좋다. (×)
我觉得这首歌真好听，以前学习忙没有时间听，现在静下心来听，总是有一种伤心的感觉。看来歌手唱出了自己的心声。	나는 이 노래가 정말 듣기 좋다고 생각해. 예전에는 공부하느라 바빠서 들을 시간이 없었는데, 지금 마음을 가라앉히고 들으니, 언제나 슬픈 느낌이 들어. 보아하니 가수가 자신의 마음에서 우러나오는 소리를 노래하는 것 같아.

해설 문장의 **这首歌**(이 노래), **难听**(듣기 안 좋다)을 핵심 표현으로 체크해 두고, '이 노래는 듣기 안 좋다'라는 의미임을 파악한다. 지문에서는 **好听**(듣기 좋다)이 언급되었는데, 문장에서는 **难听**이라는 상반된 표현이 언급되어 다른 내용을 전달하므로 불일치로 판단한다.

어휘 **首** shǒu [양] 곡, 수[시·노래 등을 세는 단위] **难听** nántīng [형] 듣기 안 좋다 **以前** yǐqián [명] 예전, 이전
静心 jìngxīn [동] 마음을 가라앉히다 **总是** zǒngshì [부] 언제나, 줄곧 **伤心** shāngxīn [형] 슬퍼하다 **感觉** gǎnjué [명] 느낌, 감각
看来 kànlai 보아하니 **歌手** gēshǒu [명] 가수 **心声** xīnshēng [명] 마음에서 우러나오는 소리

7

★ 秋季应该多锻炼。（ ）	★ 가을철에는 운동을 많이 해야 한다. (✓)
进入秋季后，温度降低，人的身体会发生许多变化。这个时候应该多参加一些体育活动，增强体力。	가을철에 들어서면서, 온도가 내려가게 되어, 사람의 몸은 매우 많은 변화가 생길 수 있다. 이때 체육 활동에 많이 참여하여, 체력을 강화해야 한다.

해설   문장의 秋季(가을철), 锻炼(운동하다)을 핵심 표현으로 체크해 두고, '가을철에는 운동을 많이 해야 한다'라는 의미임을 파악한다. 지문의 参加一些体育活动(체육 활동에 참여하다)이 문장에서 锻炼으로 바꾸어 표현되어 동일한 내용을 전달하므로 일치로 판단한다.

* 바꾸어 표현 参加一些体育活动 체육 활동에 참여하다 → 锻炼 운동하다

어휘   秋季 qiūjì 몡 가을(철)   锻炼 duànliàn 통 운동하다, 단련하다   进入 jìnrù 통 (어떤 시기에) 들어서다   温度 wēndù 몡 온도
    降低 jiàngdī 통 내려가다, 낮아지다   许多 xǔduō 톙 매우 많다   变化 biànhuà 몡 변화   参加 cānjiā 통 참여하다
    体育 tǐyù 몡 체육   活动 huódòng 몡 활동   增强 zēngqiáng 통 강화하다   体力 tǐlì 몡 체력, 힘

---

8   ★ 说话人没有通过考试。( )   ★ 화자는 시험을 통과하지 못했다. (✕)

我以第一名的成绩通过了研究生入学考试，这个消息让朋友们非常吃惊，大家决定星期天请我吃饭。

나는 1등이라는 성적으로 대학원 입학 시험을 통과했는데, 이 소식은 친구들을 매우 놀라게 했고, 일요일에 모두가 나에게 밥을 사주기로 했다.

해설   문장의 没有通过考试(시험을 통과하지 못했다)을 핵심 표현으로 체크해 두고, '화자는 시험을 통과하지 못했다'라는 의미임을 파악한다. 특히 부정 표현 没有(~않았다)가 지문에서도 동일하게 언급되는지 주의 깊게 듣는다. 지문에서는 没有가 없는 通过了(통과했다)가 언급되었는데, 문장에서는 没有通过(통과하지 못했다)라는 상반된 표현이 언급되어 다른 내용을 전달하므로 불일치로 판단한다.

어휘   通过 tōngguò 통 통과하다, 지나가다   以 yǐ 께 ~(으)로(써), ~을 가지고   成绩 chéngjì 몡 성적, 결과
    研究生 yánjiūshēng 몡 대학원생   入学 rùxué 통 입학하다   消息 xiāoxi 몡 소식, 뉴스   吃惊 chījīng 통 놀라다
    决定 juédìng 통 결정하다

---

9   ★ 小志要迟到了。( )   ★ 샤오즈는 지각할 것이다. (✓)

李叔叔，我是小志，真不好意思，我要晚到一个小时左右，我把通知上的时间看错了。

리 아저씨, 저 샤오즈예요. 정말 죄송하지만, 저는 한 시간 가량 늦게 도착할 거예요. 제가 공지 시간을 잘못 봤어요.

해설   문장의 小志(샤오즈), 迟到(지각하다)를 핵심 표현으로 체크해 두고, '샤오즈는 지각할 것이다'라는 의미임을 파악한다. 지문의 晚到(늦게 도착하다)가 문장에서 迟到로 바꾸어 표현되어 동일한 내용을 전달하므로 일치로 판단한다.

* 바꾸어 표현 晚到 늦게 도착하다 → 迟到 지각하다

어휘   迟到 chídào 통 지각하다, 늦다   叔叔 shūshu 몡 아저씨   不好意思 bù hǎo yìsi 죄송합니다   晚到 wǎn dào 늦게 도착하다
    左右 zuǒyòu 몡 가량, 쯤   通知 tōngzhī 몡 공지, 통지

---

10   ★ 说话人没记住信用卡密码。( )   ★ 화자는 신용카드 비밀번호를 기억하지 못했다. (✓)

有件事说出来你可能会不相信，我竟然忘记了自己的信用卡密码。

말하면 당신이 아마 믿지 않을 수도 있는 일이 있어요. 제가 놀랍게도 제 신용카드 비밀번호를 잊어버렸어요.

해설   문장의 没记住(기억하지 못했다), 信用卡密码(신용카드 비밀번호)를 핵심 표현으로 체크해 두고, '화자는 신용카드 비밀번호를 기억하지 못했다'라는 의미임을 파악한다. 특히 부정 표현 没(~않았다)가 지문에서도 동일하게 언급되는지 주의 깊게 듣는다. 지문의 忘记了(잊어버렸다)가 문장에서 没记住로 바꾸어 표현되어 동일한 내용을 전달하므로 일치로 판단한다.

* 바꾸어 표현 忘记了 잊어버렸다 → 没记住 기억하지 못했다

어휘   记住 jìzhù (확실히) 기억하다, 똑똑히 암기해 두다   信用卡 xìnyòngkǎ 몡 신용카드   密码 mìmǎ 몡 비밀번호
    相信 xiāngxìn 통 믿다, 신뢰하다   竟然 jìngrán 匣 놀랍게도, 의외로

합격비책 03 | 추론 가능하면 일치, 다른 사실이 언급되면 불일치 판단하기 p.35

따라 읽으며 학습하기 ▶

1 ✓ 2 × 3 ✓ 4 ✓ 5 ✓ 6 ✓ 7 × 8 × 9 × 10 ×

1

★ 他们公司正在进行招聘。( )	★ 그들의 회사는 지금 사람을 모집하는 중이다. (✓)
我们公司需要有工作经验，会开车，懂电脑技术，又关心环保的人，你可以来试一试。	우리 회사는 업무 경험이 있고, 운전을 할 줄 알고, 컴퓨터 기술을 알고, 환경 보호에도 관심을 가지는 사람이 필요해요. 와서 한번 시도해 보세요.

해설 문장의 **公司**(회사), **招聘**(사람을 모집하다)을 핵심 표현으로 체크해 두고, '그들의 회사는 지금 사람을 모집하는 중이다'라는 의미임을 파악한다. 지문의 **我们公司需要……人**(우리 회사는……사람이 필요해요)이라는 내용을 통해 문장의 내용을 추론할 수 있으므로 일치로 판단한다.

어휘 **招聘** zhāopìn [동](사람을) 모집하다, 채용하다 **经验** jīngyàn [명]경험 **懂** dǒng [동]알다, 이해하다 **技术** jìshù [명]기술
关心 guānxīn [동]관심을 가지다 **环保** huánbǎo [명]환경 보호 **试** shì [동]시도하다

2

★ 杯子要多洗几遍。( )	★ 컵은 여러 번 씻어야 한다. (×)
小东，你喝完饮料后别把杯子放在桌子上，要马上把它洗干净。过一会儿洗的话会洗不干净的。	샤오둥, 음료를 다 마시고 나면 컵을 책상 위에 두지 말고, 바로 깨끗하게 씻어야 해. 나중에 씻으면 깨끗하게 씻기지 않을 거야.

해설 문장의 **杯子**(컵), **多洗几遍**(여러 번 씻다)을 핵심 표현으로 체크해 두고, '컵은 여러 번 씻어야 한다'라는 의미임을 파악한다. 문장의 내용이 지문의 **杯子……要马上把它洗干净**(컵을……바로 깨끗하게 씻어야 해)과 완전히 다른 사실을 언급하고 있으므로 불일치로 판단한다.

어휘 **遍** biàn [양]번, 회 **饮料** yǐnliào [명]음료 **放** fàng [동]두다, 놓다 **马上** mǎshàng [부]바로, 즉시
干净 gānjìng [형]깨끗하다, 청결하다 **过一会儿** guò yíhuìr 나중에, 이따가

3

★ 说话人不喜欢室友抽烟。( )	★ 화자는 룸메이트가 담배 피우는 것을 좋아하지 않는다. (✓)
我的室友非常爱抽烟，早上起床要抽，中午困了也要抽，晚上睡前还要抽。真让人受不了。	나의 룸메이트는 담배 피우는 것을 몹시 좋아해서, 아침에 일어나서 피우고, 점심에 졸려도 피우며, 저녁에 자기 전에도 피운다. 정말 사람을 참을 수 없게 한다.

해설 문장의 **不喜欢**(좋아하지 않는다), **室友**(룸메이트), **抽烟**(담배를 피우다)을 핵심 표현으로 체크해 두고, '화자는 룸메이트가 담배 피우는 것을 좋아하지 않는다'라는 의미임을 파악한다. 특히 부정 표현 **不**(~않다)가 지문에서도 동일하게 언급되는지 주의 깊게 듣는다. 지문의 **我的室友非常爱抽烟**(나의 룸메이트는 담배 피우는 것을 몹시 좋아한다), **真让人受不了。**(정말 사람을 참을 수 없게 한다.)라는 내용을 통해 문장의 내용을 추론할 수 있으므로 일치로 판단한다.

어휘 **室友** shìyǒu [명]룸메이트 **抽烟** chōuyān [동]담배를 피우다, 흡연하다 **困** kùn [형]졸리다, 피곤하다
受不了 shòubuliǎo 참을 수 없다, 견딜 수 없다

4

★ 说话人的邻居会打网球。( )	★ 화자의 이웃은 테니스를 칠 줄 안다. (✓)

我和邻居小刘一起看网球比赛时，她说自己很喜欢网球，于是我打算教她基本动作。可是后来才发现，原来她是专业网球运动员。	나와 이웃 샤오리우가 함께 테니스 경기를 볼 때, 그녀는 자신이 테니스를 매우 좋아한다고 했다. 그래서 나는 그녀에게 기본적인 동작을 가르쳐 줄 계획이었다. 하지만 나중에서야 알아차린 것은, 그녀는 원래 프로 테니스 선수였다는 것이다.

해설　문장의 邻居(이웃), 打网球(테니스를 치다)를 핵심 표현으로 체크해 두고, '화자의 이웃은 테니스를 칠 줄 안다'라는 의미임을 파악한다. 지문의 邻居小刘……原来她是专业网球运动员(이웃 샤오리우가……그녀는 원래 프로 테니스 선수였다)이라는 내용을 통해 문장의 내용을 추론할 수 있으므로 일치로 판단한다.

어휘　**邻居** línjū 몡 이웃　**网球** wǎngqiú 몡 테니스　**比赛** bǐsài 몡 경기, 시합　**自己** zìjǐ 떼 자신, 스스로
　　　于是 yúshì 젭 그래서, 이리하여　**打算** dǎsuan 통 ~할 계획이다　**教** jiāo 통 가르치다　**基本** jīběn 톙 기본적이다
　　　动作 dòngzuò 몡 동작, 행동　**可是** kěshì 젭 하지만, 그러나　**后来** hòulái 몡 나중, 훗날　**才** cái 틘 ~에서야, 겨우
　　　发现 fāxiàn 통 알아차리다, 발견하다　**原来** yuánlái 틘 원래, 알고 보니　**专业** zhuānyè 톙 프로이다, 전문적이다 몡 전공

5
★ 买房子时有许多需要注意的地方。( )	★ 집을 살 때 주의해야 할 부분이 매우 많다. (✓)
买房子的时候，不仅要关心房子的价格和质量，还要看看周围的交通怎么样。仔细点儿总没错，否则以后可能会后悔。	집을 살 때, 집의 가격과 품질에 관심을 기울여야 할 뿐만 아니라, 주변 교통이 어떤지도 봐야 한다. 좀 더 꼼꼼한 것은 늘 옳다. 만약 그렇지 않으면 나중에 후회할 수도 있다.

해설　문장의 买房子(집을 사다), 需要注意的地方(주의해야 할 부분)을 핵심 표현으로 체크해 두고, '집을 살 때 주의해야 할 부분이 매우 많다'라는 의미임을 파악한다. 지문의 买房子的时候，不仅要关心房子的价格和质量，还要看看周围的交通怎么样。(집을 살 때, 집의 가격과 품질에 관심을 기울여야 할 뿐만 아니라, 주변 교통이 어떤지도 봐야 한다.)이라는 내용을 통해 문장의 내용을 추론할 수 있으므로 일치로 판단한다.

어휘　**许多** xǔduō 준 매우 많다　**需要** xūyào 통 ~해야 한다, 필요하다　**注意** zhùyì 통 주의하다　**地方** dìfang 몡 부분, 장소
　　　不仅……还…… bùjǐn……hái…… ~뿐만 아니라, ~도　**关心** guānxīn 통 관심을 기울이다　**价格** jiàgé 몡 가격, 값
　　　质量 zhìliàng 몡 품질, 질　**周围** zhōuwéi 몡 주변, 주위　**交通** jiāotōng 몡 교통　**仔细** zǐxì 톙 꼼꼼하다, 세심하다
　　　否则 fǒuzé 젭 만약 그렇지 않으면　**后悔** hòuhuǐ 통 후회하다, 뉘우치다

6
★ 小张想了解旅游的事情。( )	★ 샤오장은 여행에 관련된 사항을 알아보고 싶어한다. (✓)
小张，你说的这几个景点我都不太了解，不过我有个朋友是导游，我给你他的电话号码，有什么问题你可以直接问他。	샤오장, 당신이 말한 명소들은 제가 잘 몰라요. 그러나 제게 가이드인 친구가 있어요. 제가 당신에게 그의 전화번호를 드릴 테니, 무슨 질문이 있으면 당신이 그에게 바로 물어보면 돼요.

해설　문장의 小张(샤오장), 了解(알아보다), 旅游(여행하다)를 핵심 표현으로 체크해 두고, '샤오장은 여행에 관련된 사항을 알아보고 싶어한다'라는 의미임을 파악한다. 지문의 小张，你说的这几个景点(샤오장, 당신이 말한 명소들), 我有个朋友是导游(제게 가이드인 친구가 있어요), 有什么问题你可以直接问他(무슨 질문이 있으면 당신이 그에게 바로 물어보면 돼요)라는 내용을 통해 문장의 내용을 추론할 수 있으므로 일치로 판단한다.

어휘　**了解** liǎojiě 통 알아보다, 이해하다　**景点** jǐngdiǎn 몡 명소　**导游** dǎoyóu 몡 가이드　**直接** zhíjiē 톙 바로 ~하다, 직접적이다

7
★ 手表马上就能修好。( )	★ 손목시계는 금방 다 고칠 수 있다. (✗)

小姐，您的手表问题比较严重，我们可以帮您修理一下，不过这得需要两三天的时间。	아가씨, 당신의 손목시계는 문제가 비교적 심각해요. 우리가 한번 수리해 볼게요. 그런데 이건 2~3일 정도의 시간이 필요해요.

해설 문장의 **手表**(손목시계), **马上**(금방), **修好**(다 고치다)를 핵심 표현으로 체크해 두고, '손목시계는 금방 다 고칠 수 있다'라는 의미임을 파악한다. 문장의 내용이 지문의 **您的手表……我们可以帮您修理一下, 不过这得需要两三天的时间**(당신의 손목시계는……우리가 한번 수리해 볼게요. 그런데 이건 2~3일 정도의 시간이 필요해요)과 완전히 다른 사실을 언급하고 있으므로 불일치로 판단한다.

어휘 **手表** shǒubiǎo 몡손목시계 **马上** mǎshàng 튄금방, 즉시 **修** xiū 통고치다, 수리하다, 보수하다 **比较** bǐjiào 튄비교적
严重 yánzhòng 혱심각하다, 엄중하다 **修理** xiūlǐ 통수리하다, 고치다 **不过** búguò 젭그런데, 그러나
得 děi 조통~해야 하다 **需要** xūyào 통필요하다, 요구되다

8

★ 乘坐地铁时不能吃东西。（ ）	★ 지하철을 탈 때 음식을 먹으면 안 된다. (×)
购买安全座椅时，应该要根据儿童的年龄和体重来选择最合适的，并且要仔细查看安全座椅是否已通过安全检查。	카시트를 살 때, 아동의 나이와 몸무게에 따라 가장 적당한 것을 선택해야 한다. 또한 카시트가 안전 검사를 이미 통과한 것인지 꼼꼼하게 살펴보아야 한다.

해설 문장의 **乘坐地铁**(지하철을 타다), **不能吃东西**(음식을 먹으면 안 된다)를 핵심 표현으로 체크해 두고, '지하철을 탈 때 음식을 먹으면 안 된다'라는 의미임을 파악한다. 특히 부정 표현 **不**(~않다)가 지문에서도 동일하게 언급되는지 주의 깊게 듣는다. 지문은 카시트를 살 때 살펴보아야 할 것에 대한 내용이고, 문장의 내용과 무관하므로 불일치로 판단한다. 참고로, 문장이 당연한 사실을 나타내더라도, 지문과 전혀 연관성이 없어서 불일치로 판단하는 문제도 출제된다는 것을 알아 둔다.

어휘 **乘坐** chéngzuò 통타다 **地铁** dìtiě 몡지하철 **购买** gòumǎi 통사다, 구매하다 **安全座椅** ānquán zuòyǐ 카시트
根据 gēnjù 젠~에 따라 **儿童** értóng 몡아동, 어린이 **年龄** niánlíng 몡나이, 연령 **体重** tǐzhòng 몡몸무게, 체중
选择 xuǎnzé 통선택하다, 고르다 **合适** héshì 혱적당하다, 알맞다 **并且** bìngqiě 젭또한, 게다가
仔细 zǐxì 혱꼼꼼하다, 세심하다 **是否** shìfǒu 튄~인지 아닌지 **通过** tōngguò 통통과하다, 지나가다
检查 jiǎnchá 통살펴보다, 검사하다

9

★ 互联网十分安全。（ ）	★ 인터넷은 매우 안전하다. (×)
互联网在改变我们生活的同时，也给我们带来了很多麻烦，比如说信息安全问题。	인터넷은 우리의 생활을 변화시키는 동시에, 우리에게 많은 골칫거리도 가져다주었는데, 예를 들면 정보 안전 문제가 있다.

해설 문장의 **互联网**(인터넷), **安全**(안전하다)을 핵심 표현으로 체크해 두고, '인터넷은 매우 안전하다'라는 의미임을 파악한다. 문장의 내용이 지문의 **互联网……也给我们带来了很多麻烦, 比如说信息安全问题**(인터넷은……우리에게 많은 골칫거리도 가져다주었는데, 예를 들면 정보 안전 문제가 있다)와 완전히 다른 사실을 언급하고 있으므로 불일치로 판단한다.

어휘 **互联网** hùliánwǎng 몡인터넷 **十分** shífēn 튄매우, 아주 **安全** ānquán 혱안전하다 **改变** gǎibiàn 통변화하다, 바꾸다
同时 tóngshí 몡동시 **麻烦** máfan 몡골칫거리 **比如说** bǐrú shuō 예를 들어 **信息** xìnxī 몡정보

10

★ 说话人现在在大使馆办签证。（ ）	★ 화자는 지금 대사관에서 비자를 발급받는다. (×)
没想到今天雪下得这么大，车都开不出去了，还怎么去大使馆弄签证呢。	오늘 눈이 이렇게 많이 내릴 줄은 생각지도 못했어요. 차를 몰고 나갈 수도 없는데, 어떻게 대사관에 가서 비자를 발급받을 수 있겠어요.

해설 문장의 **现在**(지금), **大使馆**(대사관), **办签证**(비자를 발급받다)을 핵심 표현으로 체크해 두고, '화자는 지금 대사관에서 비자를

발급받는다'라는 의미임을 파악한다. 특히 장소 표현 大使馆이 지문에서도 동일하게 언급되는지 주의 깊게 듣는다. 문장의 내용이 지문의 怎么去大使馆弄签证呢(어떻게 대사관에 가서 비자를 발급받을 수 있겠어요)와 완전히 다른 사실을 언급하고 있으므로 불일치로 판단한다.

어휘 **大使馆** dàshǐguǎn 몡 대사관 **办** bàn 통 발급하다, 처리하다 **签证** qiānzhèng 몡 비자 **弄** nòng 통 하다, 다루다

| 테스트1 | 1 ✓ | 2 ✓ | 3 ✗ | 4 ✗ | 5 ✗ | 6 ✓ | 7 ✓ | 8 ✗ | 9 ✓ | 10 ✗ |
| 테스트2 | 1 ✓ | 2 ✗ | 3 ✓ | 4 ✓ | 5 ✗ | 6 ✓ | 7 ✗ | 8 ✓ | 9 ✗ | 10 ✗ |

테스트1

1

★ 说话人还没有完成工作。( ) | ★ 화자는 업무를 아직 다 끝내지 못했다. (✓)

我恐怕不能看今晚的比赛了，老板让我准备的会议材料还没整理完呢。 | 저는 아마 오늘 밤 경기를 못 볼 것 같아요. 사장님이 저한테 준비하라고 한 회의 자료를 아직 다 정리하지 못했거든요.

해설 문장의 **还没有完成工作**(업무를 아직 다 끝내지 못했다)를 핵심 표현으로 체크해 두고, '화자는 업무를 아직 다 끝내지 못했다'라는 의미임을 파악한다. 특히 부정 표현 **没有**(~않았다)가 지문에서도 동일하게 언급되는지 주의 깊게 듣는다. 지문의 **老板让我准备的会议材料还没整理完呢**(사장님이 저한테 준비하라고 한 회의 자료를 아직 다 정리하지 못했거든요)라는 내용을 통해 문장의 내용을 추론할 수 있으므로 일치로 판단한다.

어휘 **完成** wánchéng 통 끝나다, 완성하다 **恐怕** kǒngpà 뷔 아마 ~일 것이다 **比赛** bǐsài 몡 경기, 시합 **老板** lǎobǎn 몡 사장 **会议** huìyì 몡 회의 **材料** cáiliào 몡 자료, 재료 **整理** zhěnglǐ 통 정리하다

2

★ 小红穿那件衣服很合适。( ) | ★ 그 옷은 샤오훙에게 어울린다. (✓)

下午逛街时，小红看上了一件衣服。朋友们都说那件衣服很适合她。 | 오후에 쇼핑할 때, 샤오훙은 옷 한 벌이 마음에 들었다. 친구들은 모두 그 옷이 그녀에게 매우 알맞다고 했다.

해설 문장의 **小红**(샤오훙), **衣服**(옷), **合适**(어울리다)을 핵심 표현으로 체크해 두고, '그 옷은 샤오훙에게 어울린다'라는 의미임을 파악한다. 지문의 **衣服很适合她**(옷이 그녀에게 매우 알맞다)가 문장에서 **衣服很合适**(옷이 어울리다)로 바꾸어 표현되어 동일한 내용을 전달하므로 일치로 판단한다.

＊ 바꾸어 표현 **衣服很适合她** 옷이 그녀에게 매우 알맞다 → **衣服很合适** 옷이 어울리다

어휘 **合适** héshì 톙 어울리다, 알맞다 **逛街** guàng jiē 쇼핑하다, 거리를 구경하다 **看上** kànshang 통 마음에 들다, 반하다 **适合** shìhé 통 알맞다, 적합하다

3

★ 说话人的学校赢了昨天的比赛。( ) | ★ 화자의 학교는 어제 경기에서 이겼다. (✗)

昨天的乒乓球比赛太可惜了，我们学校差一点儿就赢了。 | 어제 탁구 경기는 너무 아쉽다. 우리 학교가 거의 이길 뻔 했다.

해설 문장의 **学校**(학교), **赢了**(이겼다), **昨天的比赛**(어제 경기)를 핵심 표현으로 체크해 두고, '화자의 학교는 어제 경기에서 이겼다'라는 의미임을 파악한다. 특히 시간 표현 **昨天**이 지문에서도 동일하게 언급되는지 주의 깊게 듣는다. 문장의 내용이 지문의

差一点儿就赢了(거의 이길 뻔 했다)와 완전히 다른 사실을 언급하고 있으므로 불일치로 판단한다. 참고로, 差一点儿(거의, 가까스로)은 어떤 일이 실현되거나 실현되지 않은 상황에 대해 다행스러움이나 아쉬움을 느끼는 것을 나타낸다.

어휘 赢 yíng [동] 이기다 比赛 bǐsài [명] 경기, 시합 乒乓球 pīngpāngqiú [명] 탁구 可惜 kěxī [형] 아쉽다, 아깝다
差一点儿 chà yìdiǎnr [부] 거의, 하마터면

4

★ 张丽打算跟说话人道歉。( )	★ 장리는 화자에게 사과하려고 한다. (×)
每次一想起那天发生的事情，我就觉得对不起张丽。将来如果有机会，我一定要向她道个歉。	그날 일어난 일을 생각할 때마다, 나는 장리에게 미안하다는 생각이 든다. 나중에 만약 기회가 있다면, 나는 반드시 그녀에게 사과할 것이다.

해설 문장의 张丽(장리), 道歉(사과하다)을 핵심 표현으로 체크해 두고, '장리는 화자에게 사과하려고 한다'라는 의미임을 파악한다. 문장의 내용이 지문의 我就觉得对不起张丽(나는 장리에게 미안하다는 생각이 든다), 我一定要向她道个歉(나는 반드시 그녀에게 사과할 것이다)과 완전히 다른 사실을 언급하고 있으므로 불일치로 판단한다.

어휘 打算 dǎsuan [동] ~하려고 하다, ~할 계획이다 道歉 dàoqiàn [동] 사과하다, 사죄하다 发生 fāshēng [동] 일어나다, 발생하다
将来 jiānglái [명] 나중, 장래 机会 jīhuì [명] 기회 一定 yídìng [부] 반드시, 필히 向 xiàng [개] ~에게, ~을 향하여

5

★ 今天说话人在地铁上一直站着。( )	★ 오늘 화자는 지하철에서 계속 서 있었다. (×)
今天地铁上竟然没有什么乘客，我一上车就找到了座位，平时是不可能那么空的。	오늘 지하철에 뜻밖에도 승객이 별로 없어서, 저는 타자마자 자리를 잡았어요. 평소에는 절대 그렇게 비어있을 리 없어요.

해설 문장의 今天(오늘), 地铁(지하철), 一直站着(계속 서 있다)를 핵심 표현으로 체크해 두고, '오늘 화자는 지하철에서 계속 서 있었다'라는 의미임을 파악한다. 특히 시간 표현 今天이 지문에서도 동일하게 언급되는지 주의 깊게 듣는다. 문장의 내용이 지문의 今天地铁上……我一上车就找到了座位(오늘 지하철에……저는 타자마자 자리를 잡았어요)와 완전히 다른 사실을 언급하고 있으므로 불일치로 판단한다.

어휘 地铁 dìtiě [명] 지하철 一直 yìzhí [부] 계속, 줄곧 站 zhàn [동] 서다 [명] 정거장, 역 竟然 jìngrán [부] 뜻밖에, 의외로
乘客 chéngkè [명] 승객 座位 zuòwèi [명] 자리, 좌석 平时 píngshí [명] 평소, 평상시 空 kōng [형] 비다, 내용이 없다

6

★ 说话人建议姐姐去医院。( )	★ 화자는 언니가 병원에 가는 것을 제안한다. (✓)
姐姐，你咳嗽得太厉害了，这样下去肯定不行，还是请个假早点儿去医院看看吧。	언니, 기침을 너무 심하게 하네, 이렇게는 틀림없이 안 되겠어. 휴가를 내고 일찍 병원에 가서 진찰 받는 것이 좋겠어.

해설 문장의 建议(제안하다), 去医院(병원에 가다)을 핵심 표현으로 체크해 두고, '화자는 언니가 병원에 가는 것을 제안한다'라는 의미임을 파악한다. 특히 장소 표현 医院이 지문에서도 동일하게 언급되는지 주의 깊게 듣는다. 지문의 姐姐……还是请个假早点儿去医院看看吧(언니……휴가를 내고 일찍 병원에 가서 진찰 받는 것이 좋겠어)라는 내용을 통해 문장의 내용을 추론할 수 있으므로 일치로 판단한다.

어휘 建议 jiànyì [동] 제안하다 [명] 제안 咳嗽 késou [동] 기침하다 厉害 lìhai [형] 심하다, 대단하다
肯定 kěndìng [부] 틀림없이, 확실히 还是 háishi [부] ~하는 것이 좋다 请假 qǐngjià [동] 휴가를 내다

7

★ 有些饭店的卫生情况不太好。( )	★ 몇몇 식당의 위생 상태는 그다지 좋지 않다. (✓)

检查结果证明，这条街道上部分饭店的卫生情况确实有一些问题。

> 검사 결과에서 증명하길, 이 거리에 있는 일부 식당의 위생 상태는 확실히 문제가 약간 있다.

해설 문장의 **饭店**(식당), **卫生情况**(위생 상태), **不太好**(그다지 좋지 않다)를 핵심 표현으로 체크해 두고, '몇몇 식당의 위생 상태는 그다지 좋지 않다'라는 의미임을 파악한다. 지문의 **有一些问题**(문제가 약간 있다)가 문장에서 **不太好**로 바꾸어 표현되어 동일한 내용을 전달하므로 일치로 판단한다.

* 바꾸어 표현 **有一些问题** 문제가 약간 있다 → **不太好** 그다지 좋지 않다

어휘 卫生 wèishēng 몡위생　情况 qíngkuàng 몡상태, 상황　检查 jiǎnchá 통검사하다　结果 jiéguǒ 몡결과, 결실
证明 zhèngmíng 통증명하다 몡증명서　条 tiáo 먕[가늘고 긴 것을 세는 단위]　街道 jiēdào 몡거리
部分 bùfen 몡일부, 부분　确实 quèshí 凬확실히, 틀림없이

---

8 ★ 说话人想找警察帮忙。（ ）

★ 화자는 경찰에게 도움을 청하고 싶어한다. （ × ）

如果你遇到了法律方面的问题，那就找张律师帮忙吧。他是专门研究国际法的。

> 만약 법률 분야의 문제에 맞닥뜨렸다면, 장 변호사에게 도움을 청하세요. 그는 국제법을 전문적으로 연구해요.

해설 문장의 **找警察帮忙**(경찰에게 도움을 청하다)을 핵심 표현으로 체크해 두고, '화자는 경찰에게 도움을 청하고 싶어한다'라는 의미임을 파악한다. 지문의 **张律师**(장 변호사)과 전혀 무관한 **警察**가 문장에서 언급되었으므로 불일치로 판단한다.

어휘 警察 jǐngchá 몡경찰　帮忙 bāngmáng 통도움을 주다, 돕다　如果 rúguǒ 젭만약 ~라면　遇到 yùdào 통맞닥뜨리다, 만나다
法律 fǎlǜ 몡법률　方面 fāngmiàn 몡분야, 부분　律师 lǜshī 몡변호사　专门 zhuānmén 凬전문적으로, 특별히
研究 yánjiū 통연구하다　国际 guójì 몡국제

---

9 ★ 航班的起飞时间推迟了。（ ）

★ 항공편의 이륙 시간이 연기됐다. （ ✓ ）

各位乘客请注意，MU2331次航班因天气原因推迟起飞，起飞时间将会通过广播通知，给大家带来的不便，我们深感抱歉。

> 승객 여러분, 주의해 주시기 바랍니다. MU2331 항공편이 날씨로 인해 이륙이 연기되었습니다. 이륙 시간은 방송을 통해 공지할 예정입니다. 여러분께 불편을 가져다 드린 점 깊이 사과 드립니다.

해설 문장의 **航班**(항공편), **起飞时间**(이륙 시간), **推迟**(연기하다)을 핵심 표현으로 체크해 두고, '항공편의 이륙 시간이 연기됐다'라는 의미임을 파악한다. 지문의 **航班**과 **推迟起飞**(이륙이 연기되었다)가 문장에서 그대로 언급되었고, 항공편의 이륙 시간이 연기되었다는 내용이므로 일치로 판단한다.

어휘 航班 hángbān 몡항공편, 운항편　起飞 qǐfēi 통이륙하다, 떠오르다　推迟 tuīchí 통연기하다, 미루다
各位 gèwèi 몡여러분　乘客 chéngkè 몡승객　原因 yuányīn 몡원인　通过 tōngguò 꺤~를 통해
广播 guǎngbō 몡방송 통방송하다　通知 tōngzhī 통공지하다, 통지하다　不便 búbiàn 통불편하다
深感抱歉 shēngǎn bàoqiàn 깊이 사과하다

---

10 ★ 说话人周末可以放松了。（ ）

★ 화자는 주말에 쉴 수 있게 되었다. （ × ）

我以为加了一星期的班，周末可以好好儿休息一下，谁知道经理刚刚又打电话给我，让我周末去趟北京。

> 나는 한 주 동안 야근을 해서, 주말에 제대로 좀 쉴 수 있을 줄 알았는데, 매니저님이 방금 또 전화해서, 나보고 주말에 베이징 한 번 갔다 오라고 할 줄 누가 알았겠어.

해설 문장의 **周末**(주말), **可以放松了**(쉴 수 있게 되었다)를 핵심 표현으로 체크해 두고, '화자는 주말에 쉴 수 있게 되었다'라는 의미임을 파악한다. 특히 시간 표현 **周末**가 지문에서도 동일하게 언급되는지 주의 깊게 듣는다. 문장의 내용이 지문의 我以为……周末可以好好儿休息一下，谁知道经理……让我周末去趟北京(나는……주말에 제대로 좀 쉴 수 있을 줄 알았는데, 매

니저님이······나보고 주말에 베이징 한 번 갔다 오라고 할 줄 누가 알았겠어)과 완전히 다른 사실을 언급하고 있으므로 불일치로 판단한다.

어휘 **周末** zhōumò 몡 주말 **放松** fàngsōng 통 쉬다, (마음을) 편하게 하다 **以为** yǐwéi 통 ~인줄 알다
　　　加班 jiābān 통 야근하다 **好好儿** hǎohāor 児 제대로, 푹 **经理** jīnglǐ 몡 매니저 **刚刚** gānggāng 児 방금, 막
　　　又 yòu 児 또, 다시 **趟** tàng 얭 번, 차례

테스트 2

1

★ 中国人会用骑自行车的方法来锻炼身体。( )	★ 중국인은 자전거를 타는 방법으로 신체를 단련한다. (✓)
在中国，骑自行车不仅是一种交通方式，而且是中国人喜爱的体育运动之一。	중국에서 자전거를 타는 것은 교통 수단일 뿐만 아니라, 또한 중국인이 좋아하는 체육 운동 중 하나이다.

해설 문장의 **中国人**(중국인), **骑自行车**(자전거를 타다), **锻炼身体**(신체를 단련하다)를 핵심 표현으로 체크해 두고, '중국인은 자전거를 타는 방법으로 신체를 단련한다'라는 의미임을 파악한다. 지문의 **骑自行车······是中国人喜爱的体育运动之一**(자전거를 타는 것은······중국인이 좋아하는 체육 운동 중 하나이다)라는 내용을 통해 문장의 내용을 추론할 수 있으므로 일치로 판단한다.

어휘 **骑** qí 통 (동물이나 자전거 등에) 타다 **自行车** zìxíngchē 몡 자전거 **方法** fāngfǎ 몡 방법, 수단 **锻炼** duànliàn 통 단련하다
　　　不仅······而且······ bùjǐn······érqiě······ ~뿐만 아니라, 또한~ **交通** jiāotōng 몡 교통 **方式** fāngshì 몡 수단, 방식
　　　喜爱 xǐ'ài 통 좋아하다, 사랑하다 **体育** tǐyù 몡 체육, 스포츠 **之一** zhī yī ~중 하나

2

★ 他们的毛巾质量不合格。( )	★ 그들의 수건은 품질이 미달이다. (✕)
我们的毛巾材料很好，价格又便宜，最重要的是质量合格。大多数的顾客都很满意。	저희의 수건은 재료가 좋고, 가격도 저렴하며, 가장 중요한 것은 품질이 기준에 부합한다는 것입니다. 대다수의 고객이 모두 매우 만족합니다.

해설 문장의 **毛巾**(수건), **质量不合格**(품질이 미달이다)를 핵심 표현으로 체크해 두고, '그들의 수건은 품질이 미달이다'라는 의미임을 파악한다. 특히 부정 표현 **不**(~않다)가 지문에서도 동일하게 언급되는지 주의 깊게 듣는다. 지문에서는 不가 없는 **质量合格**(품질이 기준에 부합한다)가 언급되었는데, 문장에서는 **质量不合格**라는 상반된 표현이 언급되어 다른 내용을 전달하므로 불일치로 판단한다.

어휘 **毛巾** máojīn 몡 수건, 타월 **质量** zhìliàng 몡 품질, 질 **不合格** bù hégé 미달이다, 불합격하다 **材料** cáiliào 몡 재료, 자료
　　　价格 jiàgé 몡 가격, 값 **重要** zhòngyào 형 중요하다 **合格** hégé 형 기준에 부합되다, 합격하다
　　　大多数 dàduōshù 몡 대다수 **顾客** gùkè 몡 고객, 손님 **满意** mǎnyì 형 만족하다

3

★ 说话人认为毕业后需要一段时间去适应社会。( )	★ 화자는 졸업 후 사회에 적응하는데 한동안의 시간이 필요하다고 생각한다. (✓)
大学毕业以后，或者刚进入社会时，总会有一段适应的时间。不要紧张，慢慢就会习惯的。	대학 졸업 이후나 막 사회에 진입했을 때, 언제나 한동안의 적응하는 시간이 있기 마련이에요. 긴장하지 마세요. 차츰 익숙해질 거예요.

해설 문장의 **毕业后**(졸업 후), **适应社会**(사회에 적응하다)를 핵심 표현으로 체크해 두고, '화자는 졸업 후 사회에 적응하는데 한동안의 시간이 필요하다고 생각한다'라는 의미임을 파악한다. 지문의 **大学毕业以后，或者刚进入社会时，总会有一段适应的时间.**(대학 졸업 이후나 막 사회에 진입했을 때, 언제나 한동안의 적응하는 시간이 있기 마련이에요.)이라는 내용을 통해 문장의 내용을 추론할 수 있으므로 일치로 판단한다.

어휘 认为 rènwéi 图 ~이라고 생각하다, ~이라고 여기다 毕业 bìyè 图 졸업하다 图 졸업 需要 xūyào 图 필요하다, 요구되다
段 duàn 图 한동안, 단락 适应 shìyìng 图 적응하다 社会 shèhuì 图 사회 或者 huòzhě 图 ~이나 刚 gāng 图 막, 방금
进入 jìnrù 图 진입하다, 들다 总会 zǒng huì 언제나 ~하기 마련이다 紧张 jǐnzhāng 图 긴장하다
习惯 xíguàn 图 익숙해지다, 습관이 되다

4

★ 有的人不会安排时间。（　）

能安排好时间很重要。你看，有的人事情不多，但总也做不完；有的人事情特别多，不过却能完成得很快。

★ 어떤 사람은 시간을 배분할 줄 모른다. (✓)

시간을 잘 배분할 줄 아는 것은 중요해요. 보세요. 어떤 사람은 일이 많지 않은데, 언제나 다 끝내지 못하고, 어떤 사람은 일이 아주 많은데, 오히려 빠르게 끝낼 수 있어요.

해설 문장의 **不会安排时间**(시간을 배분할 줄 모른다)을 핵심 표현으로 체크해 두고, '어떤 사람은 시간을 배분할 줄 모른다'라는 의미임을 파악한다. 특히 부정 표현 **不**(~않다)가 지문에서도 동일하게 언급되는지 주의 깊게 듣는다. 지문의 **能安排好时间很重要。**(시간을 잘 배분할 줄 아는 것은 중요해요.), **有的人事情不多，但总也做不完**(어떤 사람은 일이 많지 않은데, 언제나 다 끝내지 못한다)이라는 내용을 통해 문장의 내용을 추론할 수 있으므로 일치로 판단한다.

어휘 安排 ānpái 图 (인원·시간 등을) 배분하다, 배정하다 重要 zhòngyào 图 중요하다 特别 tèbié 图 아주, 특히
不过 búguò 图 그런데, 그러나 却 què 图 오히려, 도리어 完成 wánchéng 图 끝내다, 완성하다

5

★ 公司计划下周举行一场球赛。（　）

为了减轻大家的工作压力，公司打算在下周末举行一次爬山活动，欢迎大家积极报名参加。

★ 회사에서 다음 주에 축구 경기를 개최할 계획이다. (✕)

모두의 업무 스트레스를 줄이기 위해, 회사에서 다음 주 주말에 등산 활동을 실시할 계획입니다. 모두의 적극적인 신청과 참여를 환영합니다.

해설 문장의 **公司**(회사), **下周**(다음 주), **举行**(개최하다), **球赛**(축구 경기)를 핵심 표현으로 체크해 두고, '회사에서 다음 주에 축구 경기를 개최할 계획이다'라는 의미임을 파악한다. 특히 시간 표현 **下周**가 지문에서도 동일하게 언급되는지 주의 깊게 듣는다. 지문의 **爬山活动**(등산 활동)과 전혀 무관한 **球赛**가 문장에서 언급되었으므로 불일치로 판단한다.

어휘 计划 jìhuà 图 ~할 계획이다 举行 jǔxíng 图 개최하다, 실시하다 场 chǎng 图 번, 차례 球赛 qiú sài 축구 경기, 구기 경기
减轻 jiǎnqīng 图 줄이다, 감소하다 压力 yālì 图 스트레스, 부담 打算 dǎsuan 图 ~할 계획이다 周末 zhōumò 图 주말
爬山 páshān 图 등산하다 活动 huódòng 图 활동, 행사 欢迎 huānyíng 图 환영하다 积极 jījí 图 적극적이다, 긍정적이다
报名 bàomíng 图 신청하다, 등록하다

6

★ 学习外语不只是为了跟外国人交流。（　）

学习外语的目的不仅是为了跟外国人交流，而且也是为了了解其他国家的文化。

★ 외국어를 공부하는 것은 외국인과 서로 소통하기 위한 것만은 아니다. (✓)

외국어를 공부하는 목적은 외국인과 서로 소통하기 위함일 뿐만 아니라, 다른 나라의 문화를 이해하기 위함이기도 하다.

해설 문장의 **学习外语**(외국어를 공부하다), **不只是**(~인 것만은 아니다), **跟外国人交流**(외국인과 서로 소통하다)를 핵심 표현으로 체크해 두고, '외국어를 공부하는 것은 단지 외국인과 서로 소통하기 위한 것만은 아니다'라는 의미임을 파악한다. 지문의 **不仅是为了跟外国人交流**(외국인과 서로 소통하기 위일 뿐만 아니라)의 **不仅是**(~뿐만 아니라)이 문장에서 **不只是**로 바꾸어 표현되어 동일한 내용을 전달하므로 일치로 판단한다.

＊ 바꾸어 표현 **不仅是** ~뿐만 아니라 → **不只是** ~인 것만은 아니다

어휘 外语 wàiyǔ 图 외국어 为了 wèile 图 ~을 위해 跟 gēn 图 ~와과 交流 jiāoliú 图 서로 소통하다, 교류하다
目的 mùdì 图 목적 不仅……而且…… bùjǐn…… érqiě…… ~뿐만 아니라 (게다가) ~하다 了解 liǎojiě 图 이해하다, 알다
其他 qítā 图 다른, 기타 国家 guójiā 图 나라, 국가 文化 wénhuà 图 문화

7

★ 说话人以前就有丰富的演出经验。（　）

★ 화자는 예전부터 풍부한 공연 경험이 있었다. (×)

昨天晚上是我第一次参加演出，刚开始的时候，我紧张得连手都不知道应该放哪儿了。

어제 저녁은 내가 처음으로 공연에 참가한 것이어서, 막 시작했을 때, 나는 손을 어디에 두어야 할지 모를 정도로 긴장했었다.

해설　문장의 以前(예전), 丰富(풍부하다), 演出经验(공연 경험)을 핵심 표현으로 체크해 두고, '화자는 예전부터 풍부한 공연 경험이 있었다'라는 의미임을 파악한다. 문장의 내용이 지문의 昨天晚上是我第一次参加演出(어제 저녁은 내가 처음으로 공연에 참가한 것이었다)와 완전히 다른 사실을 언급하고 있으므로 불일치로 판단한다.

어휘　以前 yǐqián 몡예전, 이전　丰富 fēngfù 톙풍부하다, 많다　演出 yǎnchū 통공연하다, 상연하다　经验 jīngyàn 몡경험, 체험
　　　参加 cānjiā 통참가하다, 참석하다　刚 gāng 튀막, 방금　紧张 jǐnzhāng 톙긴장하다, 불안하다　连 lián 개~(조차)도, ~마저도
　　　应该 yīnggāi 조통~해야 한다　放 fàng 통두다, 넣다

8

★ 小王不能吃辣的菜。（　）

★ 샤오왕은 매운 음식을 못 먹는다. (✓)

明天小王要来咱们家吃饭，你做菜的时候千万要注意，他是一点儿辣都不能吃的。

내일 샤오왕이 우리 집에 와서 밥을 먹는데, 당신 요리 할 때 반드시 주의하세요. 그는 약간의 매운 것도 못 먹어요.

해설　문장의 小王(샤오왕), 不能吃辣的菜(매운 음식을 못 먹는다)를 핵심 표현으로 체크해 두고, '샤오왕은 매운 음식을 못 먹는다'라는 의미임을 파악한다. 특히 부정 표현 不(~않다)가 지문에서도 동일하게 언급되는지 주의 깊게 듣는다. 지문의 小王, 辣(맵다), 不能吃(못 먹는다)이 문장에서 그대로 언급되었고, 샤오왕은 매운 음식을 못 먹는다는 내용이므로 일치로 판단한다.

어휘　辣 là 톙맵다　咱们 zánmen 때우리(들)　千万 qiānwàn 튀반드시, 부디　注意 zhùyì 통주의하다, 조심하다

9

★ 说话人参加了那个活动。（　）

★ 화자는 그 행사에 참석했다. (×)

上周那个活动我本来都报名了，但是那天突然有了其他安排，所以就没去。

저는 원래 지난 주 그 행사를 신청했었는데, 그날 갑자기 다른 일정이 생겨서, 가지 않았어요.

해설　문장의 参加(참석하다), 活动(행사)을 핵심 표현으로 체크해 두고, '화자는 그 행사에 참석했다'라는 의미임을 파악한다. 지문에서는 没去(가지 않았다)가 언급되었는데, 문장에서는 参加了(참석했다)라는 상반된 표현이 언급되어 다른 내용을 전달하므로 불일치로 판단한다.

어휘　活动 huódòng 몡행사, 활동　参加 cānjiā 통참석하다, 참가하다　本来 běnlái 튀원래
　　　报名 bàomíng 통신청하다, 등록하다　突然 tūrán 톙갑작스럽다　其他 qítā 때다른, 기타　安排 ānpái 몡일정, 계획

10

★ 说话人是出租车司机。（　）

★ 화자는 택시 기사이다. (×)

师傅，麻烦您能不能再开快一点儿？我要来不及了，如果上课迟到了，给学生们的印象可不好。

기사님, 번거로우시겠지만 조금만 더 빨리 운전해주실 수 있나요? 저 늦을 것 같아요. 만약 수업에 늦으면, 학생들에게 주는 인상이 결코 좋지 않을 거예요.

해설　문장의 出租车司机(택시 기사)를 핵심 표현으로 체크해 두고, '화자는 택시 기사이다'라는 의미임을 파악한다. 문장의 내용이 지문의 如果上课迟到了，给学生们的印象可不好(만약 수업에 늦으면, 학생들에게 주는 인상이 결코 좋지 않을 거예요)와 완전히 다른 사실을 언급하고 있으므로 불일치로 판단한다.

어휘　司机 sījī 몡기사, 운전사　师傅 shīfu 몡기사　麻烦 máfan 통번거롭게 하다　来不及 láibují 통늦다, 시간이 맞지 않다
　　　迟到 chídào 통늦다, 지각하다　印象 yìnxiàng 몡인상　可 kě 튀[평서문에 쓰여 강조를 나타냄]

제2,3부분 대화

문제풀이 스텝 해석

p.39

A 没有成功	B 得了第一名
C 收到了邀请	**D 要参加比赛**

A 성공하지 못했다	B 1등을 했다
C 초대를 받았다	**D 경기에 참가하려고 한다**

女：这次的比赛我一定要参加，上次因为身体不舒服没参加比赛，太可惜了。

男：加油，这次你一定行。

问：关于女的，可以知道什么？

여: 이번 경기에는 제가 꼭 참가할 거예요. 지난 번엔 몸이 안 좋아서 경기에 참가하지 못했기 때문에, 너무 아쉬웠어요.

남: 힘내세요. 이번에는 분명히 할 수 있을 거예요.

질문: 여자에 관해 알 수 있는 것은 무엇인가?

어휘　成功 chénggōng 图성공하다 图성공적이다　得 dé 图얻다, 획득하다　收到 shōudào 받다, 얻다　邀请 yāoqǐng 图초대하다
　　　参加 cānjiā 图참가하다　比赛 bǐsài 图경기, 시합　不舒服 bù shūfu 몸이 안 좋다, 불편하다　可惜 kěxī 图아쉽다, 섭섭하다
　　　加油 jiāyóu 图힘을 내다, 기름을 넣다

합격비책 01 | 장소 및 직업·관계 문제 공략하기　p.45

따라 읽으며 학습하기 ▶

1 C	2 B	3 A	4 A	5 A	6 B	7 A	8 B	9 C	10 D

1

A 家	B 公司
C 医院	D 学校

A 집	B 회사
C 병원	D 학교

男：你丈夫怎么样？最近好点儿了吗？

女：好多了，但是医生说还需要一个月才能出院。

问：女的的丈夫现在在哪儿？

남: 당신 남편은 어때요? 요즘 좀 좋아지셨나요?

여: 많이 좋아졌어요. 하지만 의사가 한 달은 더 있어야 퇴원할 수 있다고 했어요.

질문: 여자의 남편은 지금 어디에 있는가?

해설　제시된 선택지가 모두 장소를 나타내고 있으므로 대화를 들을 때 화자 또는 특정 인물이 있는 장소 혹은 가려고 하는 장소가 어디인지를 주의 깊게 듣는다. 남자가 여자에게 남편은 어떠냐고 묻자, 여자는 **医生说还需要一个月才能出院**(의사가 한 달은 더 있어야 퇴원할 수 있다고 했어요)이라고 답했다. 질문이 여자의 남편은 지금 어디에 있는지 물었으므로 **医生**(의사), **出院**(퇴원하다)이라는 표현을 토대로 알 수 있는 C 医院(병원)을 정답으로 선택한다.

어휘　最近 zuìjìn 图요즘, 최근　需要 xūyào 图~해야 하다, 필요하다　才 cái 图~에서야, 겨우　出院 chūyuàn 图퇴원하다

2

A 同事	**B 夫妻**
C 师生	D 邻居

A 동료	**B 부부**
C 선생님과 학생	D 이웃

女：早上公司有一个重要的会议，我得早点儿出发。	여: 아침에 회사에 중요한 회의가 하나 있어서, 나는 일찍 출발해야 해.
男：好的，知道了。那一会儿我送孩子去学校。	남: 응, 알겠어. 그러면 이따가 내가 아이를 학교에 데려다 줄게.
问：他们最可能是什么关系？	질문: 그들은 무슨 관계일 가능성이 가장 큰가?

해설　제시된 선택지가 모두 관계를 나타내고 있으므로 대화를 들을 때 두 화자의 관계 혹은 특정 인물과의 관계를 나타내는 내용을 주의 깊게 듣는다. 여자가 일찍 출발해야 한다고 하자, 남자가 那一会儿我送孩子去学校(그러면 이따가 내가 아이를 학교에 데려다 줄게)라고 답했다. 질문이 그들의 관계를 물었으므로 送孩子去学校(아이를 학교에 데려다 준다)라는 표현을 토대로 알 수 있는 B 夫妻(부부)를 정답으로 선택한다.

어휘　同事 tóngshì 몡동료　夫妻 fūqī 몡부부　师生 shīshēng 몡선생님과 학생, 사제　邻居 línjū 몡이웃
　　　重要 zhòngyào 톙중요하다　会议 huìyì 몡회의　得 děi 조동~해야 한다　出发 chūfā 동출발하다
　　　一会儿 yíhuìr 이따가, 잠시　关系 guānxi 몡관계

3

A 老师	B 律师	A 선생님	B 변호사
C 作家	D 交警	C 작가	D 교통경찰

男：老师这个职业加班少，假期多，还没什么压力。我真是太羡慕你了。	남: 선생님이라는 직업은 야근이 적고, 휴가가 많고, 스트레스도 별로 없네요. 저는 정말 당신이 너무 부러워요.
女：其实当老师一点儿也不轻松，既要关注学生的成绩，又要管理学生的学习态度。	여: 사실 선생님은 조금도 쉽지 않아요. 학생의 성적에 관심을 가져야 할 뿐만 아니라, 학생들의 학습 태도도 관리해야 해요.
问：女的是做什么的？	질문: 여자는 무슨 일을 하는가?

해설　제시된 선택지가 모두 직업을 나타내고 있으므로 대화를 들을 때 화자 또는 특정 인물의 직업이 무엇인지를 주의 깊게 듣는다. 남자가 老师这个职业(선생님이라는 직업)라며 여자가 부럽다고 하자, 여자가 当老师一点儿也不轻松(선생님은 조금도 쉽지 않아요)이라고 했다. 질문이 여자의 직업을 물었으므로 A 老师(선생님)을 정답으로 선택한다.

어휘　律师 lǜshī 몡변호사　作家 zuòjiā 몡작가　交警 jiāojǐng 몡교통경찰　职业 zhíyè 몡직업
　　　加班 jiābān 동야근하다, 초과 근무를 하다　假期 jiàqī 몡휴가 (기간), 방학 (기간)　压力 yālì 몡스트레스, 부담
　　　羡慕 xiànmù 동부러워하다　其实 qíshí 튀사실　当 dāng 동~가 되다, 담당하다　轻松 qīngsōng 톙쉽다, 수월하다
　　　既……又…… jì……yòu…… ~할 뿐만 아니라 ~하다　关注 guānzhù 동관심을 가지다　成绩 chéngjì 몡성적, 결과
　　　管理 guǎnlǐ 동관리하다　态度 tàidu 몡태도

4

A 王阿姨	B 李爷爷	A 왕 아주머니	B 리 할아버지
C 王医生	D 张老师	C 왕 의사	D 장 선생님

女：我今天在咖啡厅见到了邻居王阿姨。	여: 저는 오늘 카페에서 이웃집 왕 아주머니를 봤어요.
男：是马路对面的那家吗？她经常去那儿。	남: 도로 맞은편의 저 집인가요? 그녀는 자주 거기에 가요.
问：女的见到了谁？	질문: 여자는 누구를 봤는가?

해설　제시된 선택지가 모두 신분이나 직업을 나타내고 있으므로 대화를 들을 때 화자 또는 특정 인물의 신분이나 직업이 무엇인

지를 주의 깊게 듣는다. 여자가 见到了邻居王阿姨(이웃집 왕 아주머니를 봤어요)라고 했다. 질문이 여자는 누구를 봤는지 물었으므로 A 王阿姨(왕 아주머니)를 정답으로 선택한다.

어휘 阿姨 āyí 몡 아주머니, 이모　邻居 línjū 몡 이웃, 이웃 사람　马路 mǎlù 몡 도로, 길　对面 duìmiàn 몡 맞은편, 건너편
　　　经常 jīngcháng 틧 자주, 항상

5

A 厕所	B 药店	A 화장실	B 약국
C 公园	D 办公室	C 공원	D 사무실

男：你要去哪儿？比赛马上就要开始了。	남: 어디 가려고 해요? 경기가 곧 시작돼요.
女：我肚子突然很疼，得去一趟卫生间。你先进去找咱们的座位吧。	여: 배가 갑자기 아파서, 화장실에 한번 가야겠어요. 당신은 먼저 들어가서 우리 자리를 찾으세요.
问：女的要去哪儿？	질문: 여자는 어디에 가려고 하는가?

해설　제시된 선택지가 모두 장소를 나타내고 있으므로 대화를 들을 때 화자 또는 특정 인물이 있는 장소, 혹은 가려고 하는 장소가 어디인지를 주의 깊게 듣는다. 남자가 你要去哪儿?(어디 가려고 해요?)라고 묻자, 여자가 得去一趟卫生间(화장실에 한번 가야겠어요)이라고 답했다. 질문이 여자는 어디에 가려고 하는지 물었으므로 A 厕所(화장실)를 정답으로 선택한다.

＊ 바꾸어 표현　卫生间 화장실 → 厕所 화장실

어휘　厕所 cèsuǒ 몡 화장실　药店 yàodiàn 몡 약국　公园 gōngyuán 몡 공원　办公室 bàngōngshì 몡 사무실
　　　比赛 bǐsài 몡 경기, 시합　马上 mǎshàng 틧 곧, 금방　肚子 dùzi 몡 배, 복부　突然 tūrán 틧 갑작스럽다, 의외다
　　　疼 téng 톙 아프다　得 děi 조동 ~해야 한다　趟 tàng 얭 번, 차례[횟수를 세는 데 쓰임]　卫生间 wèishēngjiān 몡 화장실
　　　先 xiān 틧 먼저, 우선　咱们 zánmen 떼 우리(들)　座位 zuòwèi 몡 자리, 좌석

6

A 记者	**B 律师**	A 기자	**B 변호사**
C 演员	D 售货员	C 배우	D 판매원

女：毕业后你打算做什么？我记得你一直都想当记者。	여: 졸업 후에 너는 무엇을 할 계획이야? 나는 네가 줄곧 기자가 되고 싶어했던 걸로 기억하는데.
男：不，我改变了想法，毕业后我要做一名律师。	남: 아니야. 나는 생각을 바꿨어. 졸업 후에 나는 변호사가 될 거야.
问：男的毕业后想做什么？	질문: 남자는 졸업 후에 무엇이 되고 싶어하는가?

해설　제시된 선택지가 모두 직업을 나타내고 있으므로 대화를 들을 때 화자 또는 특정 인물의 직업이 무엇인지를 주의 깊게 듣는다. 남자가 毕业后我要做一名律师(졸업 후에 나는 변호사가 될 거야)이라고 했다. 질문이 남자는 졸업 후에 무엇이 되고 싶어하는지 물었으므로 B 律师(변호사)를 정답으로 선택한다. 참고로, 여자가 언급한 记者(기자)를 듣고 A를 정답으로 선택하지 않도록 주의한다.

어휘　记者 jìzhě 몡 기자　律师 lǜshī 몡 변호사　演员 yǎnyuán 몡 배우, 연기자　售货员 shòuhuòyuán 몡 판매원, 점원
　　　毕业 bìyè 통 졸업하다　打算 dǎsuan 통 ~할 계획이다, ~할 생각이다　记得 jìde 통 기억하고 있다　一直 yìzhí 틧 줄곧, 계속
　　　当 dāng 통 되다, 담당하다　改变 gǎibiàn 통 바꾸다, 변하다　想法 xiǎngfǎ 몡 생각, 의견

7

A 超市	B 食堂	**A 슈퍼**	B 식당
C 教室	D 省图书馆	C 교실	D 성 도서관

女：我的学生卡找不到了。	여: 제 학생 카드를 못 찾겠어요.
男：你仔细想想放在哪儿了。	남: 어디에다 둔 건지 자세히 생각해 보세요.
女：我去食堂吃了饭，回来的路上去了趟超市，回到房间就发现学生卡不见了。	여: 저는 식당에 가서 밥을 먹었고, 돌아오는 길에 슈퍼를 갔는데, 방으로 돌아와서 학생 카드가 없어졌다는 것을 알아차렸어요.
男：我觉得我们应该从你最后去的地方开始找。	남: 저는 우리가 당신이 제일 마지막에 간 곳부터 찾아봐야 한다고 생각해요.
问：男的建议去哪儿找学生卡？	질문: 남자는 어디에 가서 학생 카드를 찾는 것을 제안하는가?

해설 제시된 선택지가 모두 장소를 나타내고 있으므로 대화를 들을 때 화자 또는 특정 인물이 있는 장소 혹은 가려고 하는 장소가 어디인지를 주의 깊게 듣는다. 여자가 학생 카드를 잃어버렸다고 하며, 我去食堂吃了饭，回来的路上去了趟超市，回到房间就发现学生卡不见了。(저는 식당에 가서 밥을 먹었고, 돌아오는 길에 슈퍼를 갔는데, 방으로 돌아와서 학생 카드가 없어졌다는 것을 알아차렸어요.)라고 하자, 남자가 我觉得我们应该从你最后去的地方开始找。(저는 우리가 당신이 제일 마지막에 간 곳부터 찾아봐야 한다고 생각해요.)라고 했다. 질문이 남자는 어디에 가서 학생 카드를 찾는 것을 제안하는지 물었으므로 여자가 방으로 돌아오기 전 마지막으로 간 장소인 A 超市(슈퍼)을 정답으로 선택한다. 참고로, 여자가 언급한 食堂(식당)을 듣고 B를 정답으로 선택하지 않도록 주의한다.

어휘 超市 chāoshì 圆슈퍼 食堂 shítáng 圆식당, 구내 식당 省图书馆 shěng túshūguǎn 성 도서관[우리 나라의 도립 도서관에 해당]
卡 kǎ 圆카드 仔细 zǐxì 圆자세하다, 꼼꼼하다 放 fàng 圆두다, 놓다 趟 tàng 圆차례, 번
发现 fāxiàn 圆알아차리다, 발견하다 最后 zuìhòu 圆제일 마지막, 끝 建议 jiànyì 圆제안하다, 제기하다

8

A 师生	B 同事	A 선생님과 학생	B 동료
C 恋人	D 亲戚	C 연인	D 친척

男：你看到我发的邮件了吗？	남: 당신 제가 보낸 메일 봤어요?
女：我现在就看。实在抱歉，昨天一直在做其他工作，没有及时看邮件。	여: 지금 바로 볼게요. 정말 미안해요. 어제 계속 다른 일을 해서, 제때에 메일을 보지 못했어요.
男：不用着急，明天上午告诉我意见也来得及。	남: 조급해할 필요 없어요. 내일 오전에 의견을 알려줘도 늦지 않아요.
女：好的，没问题。	여: 네. 문제 없어요.
问：他们最可能是什么关系？	질문: 그들은 무슨 관계일 가능성이 가장 큰가?

해설 제시된 선택지가 모두 관계를 나타내고 있으므로 대화를 들을 때 두 화자의 관계 혹은 특정 인물과의 관계를 나타내는 내용을 주의 깊게 듣는다. 남자가 여자에게 你看到我发的邮件了吗?(당신 제가 보낸 메일 봤어요?)라고 묻자, 여자가 昨天一直在做其他工作，没有及时看邮件(어제 계속 다른 일을 해서, 제때에 메일을 보지 못했어요)이라고 답했다. 그러자 남자가 明天上午告诉我意见也来得及(내일 오전에 의견을 알려줘도 늦지 않아요)라고 했다. 질문이 그들의 관계를 물었으므로 邮件(메일), 工作(일), 意见(의견)이라는 표현을 토대로 알 수 있는 B 同事(동료)을 정답으로 선택한다.

어휘 师生 shīshēng 圆선생님과 학생, 사제 同事 tóngshì 圆동료 恋人 liànrén 圆연인 亲戚 qīnqi 圆친척
发 fā 圆보내다, 발생하다 邮件 yóujiàn 圆메일, 우편물 实在 shízài 圆정말, 확실히
抱歉 bàoqiàn 圆미안하다, 미안해하다 一直 yìzhí 圆계속, 줄곧 其他 qítā 圆다른, 기타 及时 jíshí 圆제때, 즉시
不用 búyòng 圆~할 필요가 없다 着急 zháojí 圆조급하다, 초조하다 意见 yìjiàn 圆의견, 견해
来得及 láidejí 圆(제 시간에) 늦지 않다 关系 guānxi 圆관계

9

A 火车站	B 电影院	A 기차역	B 영화관
C 理发店	D 公交车站	**C 미용실**	D 버스 정류장

女：老板，我头发太长了，想理短一点儿。
男：好的，马上为您安排。除了这个之外，还有其他要求吗？
女：我不想再留黑发了，但又不知道换什么颜色好。
男：您皮肤白，做红色的头发一定很好看。

问：对话最可能发生在哪儿？

여: 사장님, 제 머리가 너무 길어서, 좀 짧게 다듬고 싶어요.
남: 네, 금방 준비해 드릴게요. 이것 외에, 다른 요구 사항 있으신가요?
여: 저는 더 이상 검은 머리를 하고 싶지 않아요. 그런데 또 어떤 색깔로 바꿔야 할지 모르겠어요.
남: 당신 피부가 하얘서, 빨간 머리를 하면 분명 예쁠 거예요.

질문: 대화는 어디에서 발생했을 가능성이 가장 큰가?

해설 제시된 선택지가 모두 장소를 나타내고 있으므로 대화를 들을 때 화자 또는 특정 인물이 있는 장소 혹은 가려고 하는 장소가 어디인지를 주의 깊게 듣는다. 여자가 **老板，我头发太长了，想理短一点儿。**(사장님, 제 머리가 너무 길어서, 좀 짧게 다듬고 싶어요.)이라고 했다. 질문이 대화가 발생한 장소를 물었으므로 **头发**(머리카락), **理短**(짧게 다듬다)이라는 표현을 토대로 알 수 있는 C **理发店**(미용실)을 정답으로 선택한다.

어휘 **理发店** lǐfà diàn 미용실, 이발소 **公交车站** gōngjiāochē zhàn 버스 정류장 **老板** lǎobǎn [명] 사장 **头发** tóufa [명] 머리카락
理 lǐ [동] (머리 등을) 다듬다, 정리하다 **短** duǎn [형] 짧다 **马上** mǎshàng [부] 금방, 곧 **为** wèi [개] ~을 위해, ~에게
安排 ānpái [동] (인원·시간 등을) 준비하다, 배정하다 **除了** chúle [개] ~외에 **其他** qítā [대] 다른, 기타
要求 yāoqiú [명] 요구 사항 [동] 요구하다 **留** liú [동] 기르다, 남기다 **又** yòu [부] 또, 다시 **换** huàn [동] 바꾸다, 교환하다
皮肤 pífū [명] 피부 **一定** yídìng [부] 분명히, 반드시 **对话** duìhuà [동] 대화하다 **发生** fāshēng [동] 발생하다, 일어나다

10

A 作家	B 老师	A 작가	B 선생님
C 医生	**D 护士**	C 의사	**D 간호사**

男：你换地方工作后，咱们就没见过面了。最近过得怎么样？工作辛不辛苦？
女：挺累的。最近医院来了很多病人，所以工作的时候得注意很多事情，一点儿也不能马虎。
男：当护士真的不容易啊，你太厉害了。
女：虽然很累，但是很有意义。

问：女的是做什么的？

남: 당신이 일하는 곳을 바꾼 이후로, 우리 만난 적이 없네요. 요즘 잘 지내고 있어요? 일은 고생스럽지 않나요?
여: 꽤 피곤해요. 요즘 병원에 환자가 많이 와서, 일 할 때 많은 일에 주의해야 하고, 조금도 부주의하면 안 돼요.
남: 간호사가 된다는 건 정말 쉽지 않네요. 정말 대단해요.
여: 비록 힘들지만, 매우 의미 있어요.

질문: 여자의 직업은 무엇인가?

해설 제시된 선택지가 모두 직업을 나타내고 있으므로 대화를 들을 때 화자 또는 특정 인물의 직업이 무엇인지를 주의 깊게 듣는다. 여자가 **最近医院来了很多病人**(요즘 병원에 환자가 많이 왔다)이라고 했고, 남자가 **当护士真的不容易啊**(간호사가 된다는 건 정말 쉽지 않네요)라고 했다. 질문이 여자의 직업을 물었으므로 D **护士**(간호사)을 정답으로 선택한다. 참고로, 여자가 언급한 **医院**(병원)을 듣고 C를 정답으로 선택하지 않도록 주의한다.

어휘 **作家** zuòjiā [명] 작가 **护士** hùshi [명] 간호사 **换** huàn [동] 바꾸다, 교환하다 **地方** dìfang [명] 곳, 장소
咱们 zánmen [대] 우리(들) **最近** zuìjìn [명] 요즘, 최근 **过** guò [동] (시간을) 보내다 **辛苦** xīnkǔ [형] 고생스럽다, 수고스럽다
挺 tǐng [부] 꽤, 제법 **病人** bìngrén [명] 환자 **得** děi [조동] ~해야 하다 **注意** zhùyì [동] 주의하다, 조심하다
马虎 mǎhu [형] 부주의하다, 소홀하다 **当** dāng [동] ~가 되다, 담당하다 **厉害** lìhai [형] 대단하다, 심하다 **意义** yìyì [명] 의미, 의의

| 1 C | 2 B | 3 D | 4 B | 5 A | 6 B | 7 C | 8 A | 9 D | 10 A |

1

A 存钱	B 交水费	A 돈을 저금한다	B 수도 요금을 낸다
C 寄东西	D 打电话	**C 물건을 부친다**	D 전화를 한다

男: 你好，我要给女儿寄东西。

女: 好的，请您先扫码，然后再填地址和联系方式。

问: 男的在做什么？

남: 안녕하세요, 저는 딸에게 물건을 부쳐 주려고 해요.

여: 네. 먼저 QR 코드를 스캔하시고, 그 다음 주소와 연락처를 기입해 주세요.

질문: 남자는 무엇을 하고 있는가?

해설　제시된 선택지가 모두 행동을 나타내고 있으므로 대화를 들을 때 화자 또는 특정 인물이 하고 있거나 하려는 행동이 무엇인지를 주의 깊게 듣는다. 남자가 我要给女儿寄东西(저는 딸에게 물건을 부쳐 주려고 해요)라고 했고, 질문이 남자는 무엇을 하고 있는지 물었으므로 C 寄东西(물건을 부치다)를 정답으로 선택한다.

어휘　存钱 cún qián 저금하다, 예금하다　交 jiāo 圄내다, 제출하다　水费 shuǐfèi 수도 요금　寄 jì 圄(우편으로) 부치다, 보내다　先 xiān 圄먼저, 우선　扫码 sǎo mǎ QR 코드를 스캔하다　填 tián 圄기입하다, 써 넣다　地址 dìzhǐ 圄주소　联系方式 liánxì fāngshì 연락처

2

A 躺着看书	**B 收拾行李**	A 누워서 책을 본다	**B 짐을 꾸린다**
C 看电视剧	D 找好座位	C 드라마를 본다	D 자리를 찾아 놓는다

女: 咱们叫的出租车马上要来了，你快点儿收拾行李，准备下楼。

男: 你别着急，我现在就去收拾。

问: 男的接下来可能做什么？

여: 우리가 부른 택시는 곧 올 거예요. 당신 빨리 짐을 꾸리고, 내려갈 준비하세요.

남: 조급해하지 마세요. 지금 바로 짐을 꾸리러 갈게요.

질문: 남자는 이어서 무엇을 할 가능성이 큰가?

해설　제시된 선택지가 모두 행동을 나타내고 있으므로 대화를 들을 때 화자 또는 특정 인물이 하고 있거나 하려는 행동이 무엇인지를 주의 깊게 듣는다. 여자가 你快点儿收拾行李(당신 빨리 짐을 꾸리세요)라고 하자, 남자가 지금 바로 꾸리겠다고 했다. 질문이 남자는 이어서 무엇을 할 가능성이 큰지 물었으므로 B 收拾行李(짐을 꾸린다)를 정답으로 선택한다.

어휘　躺 tǎng 圄눕다　收拾 shōushi 圄(짐을)꾸리다, 정리하다　行李 xíngli 圄짐, 수화물　电视剧 diànshìjù 圄드라마　座位 zuòwèi 圄자리, 좌석　咱们 zánmen 圃우리(들)　马上 mǎshàng 圄곧, 금방　下楼 xià lóu (아래층에) 내려가다　着急 zháojí 圄조급하다, 초조하다　接下来 jiē xiàlai 이어서, 다음으로

3

A 去英国留学	A 영국에 가서 유학한다
B 去美国留学	B 미국에 가서 유학한다
C 自己再想一想	C 스스로 다시 생각해 본다
D 和父母商量一下	**D 부모님과 상의해 본다**

男：	你打算去哪个国家留学？	남:	당신은 어느 나라에 가서 유학할 계획인가요?
女：	可能去英国，也可能去美国。我得和父母再商量一下。	여:	영국으로 갈 수도 있고, 미국으로 갈 수도 있어요. 부모님과 좀 더 상의해 봐야 해요.
问：	女的接下来可能做什么？	질문:	여자는 이어서 무엇을 할 가능성이 큰가?

해설 제시된 선택지가 모두 행동을 나타내고 있으므로 대화를 들을 때 화자 또는 특정 인물이 하고 있거나 하려는 행동이 무엇인지를 주의 깊게 듣는다. 남자가 你打算去哪个国家留学?(당신은 어느 나라에 가서 유학할 계획인가요?)라고 묻자, 여자가 我得和父母再商量一下(부모님과 좀 더 상의해 봐야 해요)라고 답했다. 질문이 여자는 이어서 무엇을 할 가능성이 큰지 물었으므로 D 和父母商量一下(부모님과 상의해 본다)를 정답으로 선택한다. 참고로, 여자가 언급한 英国(영국), 美国(미국)를 듣고 A나 B를 정답으로 선택하지 않도록 주의한다.

어휘 英国 Yīngguó 고유 영국 美国 Měiguó 고유 미국 留学 liúxué 동 유학하다 自己 zìjǐ 대 스스로 父母 fùmǔ 명 부모
商量 shāngliang 동 상의하다 打算 dǎsuan 동 ~할 계획이다 得 děi 조동 ~해야 한다 接下来 jiē xiàlai 이어서, 다음으로

4

A 打车	**B 问路**	A 택시를 탄다	**B 길을 묻는다**
C 逛街	D 打网球	C 쇼핑한다	D 테니스를 친다

女：	你好！请问医院西门怎么走？	여:	안녕하세요! 실례지만 병원 서문은 어떻게 가나요?
男：	前面路口左转就到了。	남:	앞 길목에서 좌회전하면 바로 도착합니다.
问：	女的在做什么？	질문:	여자는 무엇을 하고 있는가?

해설 제시된 선택지가 모두 행동을 나타내고 있으므로 대화를 들을 때 화자 또는 특정 인물이 하고 있거나 하려는 행동이 무엇인지를 주의 깊게 듣는다. 여자가 请问医院西门怎么走?(실례지만 병원 서문은 어떻게 가나요?)라고 했다. 질문이 여자는 무엇을 하고 있는지 물었으므로 请问(실례지만), 怎么走(어떻게 가나요)라는 표현을 토대로 알 수 있는 B 问路(길을 묻는다)를 정답으로 선택한다.

어휘 打车 dǎchē 동 택시를 타다 问路 wèn lù 길을 묻다 逛街 guàngjiē 쇼핑하다, 거리를 구경하다 网球 wǎngqiú 명 테니스
路口 lùkǒu 명 길목 左转 zuǒ zhuǎn 좌회전하다

5

A 出差	B 旅行	**A 출장을 간다**	B 여행을 한다
C 加班	D 上课	C 야근을 한다	D 수업을 한다

男：	张经理，您怎么还没下班？	남:	장 매니저님, 왜 아직 퇴근하지 않으셨어요?
女：	周五我要去北京出差，所以今天得把这些事情都做完。	여:	금요일에 저는 베이징으로 출장을 가야 해서, 오늘 이 일들을 다 해야 해요.
问：	女的周五要做什么？	질문:	여자는 금요일에 무엇을 하려고 하는가?

해설 제시된 선택지가 모두 행동을 나타내고 있으므로 대화를 들을 때 화자 또는 특정 인물이 하고 있거나 하려는 행동이 무엇인지를 주의 깊게 듣는다. 남자가 왜 아직 퇴근하지 않았냐고 묻자, 여자가 周五我要去北京出差(금요일에 저는 베이징으로 출장을 가야 해요)라고 했다. 질문이 여자는 금요일에 무엇을 하려고 하는지 물었으므로 A 出差(출장을 간다)를 정답으로 선택한다.

어휘 出差 chūchāi 동 출장 가다 旅行 lǚxíng 동 여행하다 加班 jiābān 동 야근하다 经理 jīnglǐ 명 매니저
得 děi 조동 ~해야 한다

6 A 理发	**B 购物**	A 머리를 한다	**B 쇼핑을 한다**
C 做饭	D 运动	C 밥을 한다	D 운동한다

女：同事约我晚上逛街买东西，晚饭你自己吃吧。
男：好的，回来的时候注意安全。

问：女的晚上要做什么？

여: 동료가 저에게 거리를 구경하며 물건을 사러 가자고 했어요. 저녁은 혼자 드세요.
남: 네. 돌아올 때 안전에 주의하세요.

질문: 여자는 저녁에 무엇을 하려고 하는가?

해설 제시된 선택지가 모두 행동을 나타내고 있으므로 대화를 들을 때 화자 또는 특정 인물이 하고 있거나 하려는 행동이 무엇인지를 주의 깊게 듣는다. 여자가 **同事约我晚上逛街买东西，晚饭你自己吃吧。**(동료가 저에게 거리를 구경하며 물건을 사러 가자고 했어요. 저녁은 혼자 드세요.)라고 했다. 질문이 여자는 저녁에 무엇을 하려고 하는지 물었으므로 **逛街买东西**(거리를 구경하며 물건을 사다)라는 표현을 토대로 알 수 있는 B **购物**(쇼핑을 한다)를 정답으로 선택한다.

* 바꾸어 표현 **逛街买东西** 거리를 구경하며 물건을 사다 → **购物** 쇼핑을 하다

어휘 **理发** lǐfà [동]머리를 하다, 이발하다 **购物** gòuwù [동]쇼핑하다, 구매하다 **同事** tóngshì [명]동료 **约** yuē [동]약속하다
逛街 guàng jiē 거리를 구경하다, 쇼핑하다 **自己** zìjǐ [대]혼자, 스스로 **注意** zhùyì [동]주의하다, 조심하다
安全 ānquán [형]안전하다

7 A 登山	B 上课	A 등산을 한다	B 수업을 한다
C 打乒乓球	D 去公园跑步	**C 탁구를 친다**	D 공원에 가서 달린다

女：你明天有什么安排吗？没有的话陪我去打乒乓球吧。
男：我早上去看医生，中午十二点左右就能结束。咱们下午去打怎么样？
女：好的，我最近学了新的技术，到时候给你看看。
男：那我看完医生联系你。

问：他们明天下午打算做什么？

여: 당신 내일 무슨 일정 있어요? 없으면 저와 함께 탁구 치러 가요.
남: 저는 아침에 진료 보러 가서, 낮 12시 쯤이면 끝날 것 같아요. 우리 오후에 치러 가는 거 어때요?
여: 좋아요. 제가 최근에 새로운 기술을 배웠는데, 그때 보여 드릴게요.
남: 그러면 진료 끝나고 연락할게요.

질문: 그들은 내일 오후에 무엇을 할 계획인가?

해설 제시된 선택지가 모두 행동을 나타내고 있으므로 대화를 들을 때 화자 또는 특정 인물이 하고 있거나 하려는 행동이 무엇인지를 주의 깊게 듣는다. 여자가 **陪我去打乒乓球吧**(저와 함께 탁구 치러 가요)라고 하자, 남자가 **咱们下午去打怎么样?**(우리 오후에 치러 가는 거 어때요?)이라고 답했다. 질문이 그들은 내일 오후에 무엇을 할 계획인지 물었으므로 C **打乒乓球**(탁구를 친다)를 정답으로 선택한다.

어휘 **登山** dēngshān [동]등산하다 **乒乓球** pīngpāngqiú [명]탁구 **公园** gōngyuán [명]공원 **安排** ānpái [명]일정, 배치
陪 péi [동]함께 ~하다, 모시다 **左右** zuǒyòu [명]쯤, 가량 **结束** jiéshù [동]끝나다, 마치다 **咱们** zánmen [대]우리(들)
最近 zuìjìn [명]최근, 요즘 **技术** jìshù [명]기술 **联系** liánxì [동]연락하다 **打算** dǎsuan [동]~할 계획이다

8 **A 等雨停**	B 等下班	**A 비가 그치길 기다린다**	B 퇴근하기를 기다린다
C 等电话	D 等出租车	C 전화를 기다린다	D 택시를 기다린다

男：这雨都下了一个小时了，怎么还在下？	남: 비가 벌써 한 시간이나 내렸는데, 어떻게 아직도 내리지?
女：看样子短时间内停不了。	여: 보아하니 짧은 시간 내에 그치지는 않을 것 같아.
男：那可怎么办呢？我还要回去做饭呢。	남: 그럼 어떻게 하지? 난 돌아가서 밥을 해야 해.
女：没事，我开车送你。	여: 괜찮아, 내가 운전해서 데려다줄게.
问：男的在做什么？	질문: 남자는 무엇을 하고 있는가?

해설 제시된 선택지가 모두 '等……(~을 기다리다)' 형태의 행동을 나타내고 있으므로 대화를 들을 때 화자가 무엇을 기다리는지를 주의 깊게 듣는다. 남자가 **这雨都下了一个小时了, 怎么还在下?**(비가 벌써 한 시간이나 내렸는데, 어떻게 아직도 내리지?), **我还要回去做饭呢。**(난 돌아가서 밥을 해야 해.)라고 했고, 여자가 **看样子短时间内停不了。**(보아하니 짧은 시간 내에 그치지는 않을 것 같아.)라고 했다. 질문이 남자는 무엇을 하고 있는지 물었으므로 A **等雨停**(비가 그치길 기다리다)을 정답으로 선택한다.

어휘 **停** tíng [동] 그치다, 정지하다 **下班** xiàbān [동] 퇴근하다 **下** xià [동] (비, 눈 등이) 내리다
看样子 kàn yàngzi 보아하니 ~인 것 같다 **短** duǎn [형] 짧다 **内** nèi [명] 내, 안 **可** kě [부] [강조를 나타냄]

9

A 买东西	B 做运动	A 물건을 산다	B 운동을 한다
C 复印材料	**D 参加会议**	C 자료를 복사한다	**D 회의에 참가한다**

女：实在不好意思，我可以请你帮个忙吗？	여: 정말 죄송한데, 도움을 청해도 될까요?
男：你说吧，只要我能做到，就一定帮你。	남: 말씀하세요. 제가 할 수 있는 것이기만 하면, 반드시 도와드릴게요.
女：今天得把这个寄给顾客，但是我下午三点要开会，没时间去邮局。	여: 오늘 이것을 고객에게 부쳐 드려야 해요. 그런데 제가 오후 3시에 회의를 해야 해서, 우체국에 갈 시간이 없어요.
男：好的，交给我吧。一会儿我就去寄。	남: 좋아요. 저에게 맡기세요. 이따가 바로 가서 부칠게요.
问：女的下午要做什么？	질문: 여자는 오후에 무엇을 하려고 하는가?

해설 제시된 선택지가 모두 행동을 나타내고 있으므로 대화를 들을 때 화자 또는 특정 인물이 하고 있거나 하려는 행동이 무엇인지를 주의 깊게 듣는다. 여자가 **我下午三点要开会**(제가 오후 3시에 회의를 해야 해요)라고 했다. 질문이 여자는 오후에 무엇을 하려고 하는지 물었으므로 D **参加会议**(회의에 참가한다)를 정답으로 선택한다.
* 바꾸어 표현 **开会** 회의를 하다 → **参加会议** 회의에 참가하다

어휘 **复印** fùyìn [동] 복사하다 **材料** cáiliào [명] 자료, 재료 **参加** cānjiā [동] 참가하다, 참석하다 **会议** huìyì [명] 회의
实在 shízài [부] 정말, 확실히 **只要……就……** zhǐyào……jiù…… ~하기만 하면 **一定** yídìng [부] 반드시, 필히
得 děi [조동] ~해야 한다 **把** bǎ [개] ~을(를) **寄** jì [동] (우편으로) 부치다, 보내다 **顾客** gùkè [명] 고객, 손님
邮局 yóujú [명] 우체국 **交** jiāo [동] 맡기다, 제출하다 **一会儿** yíhuìr 이따가, 잠시

10

A 休息	B 骑车	**A 휴식한다**	B 자전거를 탄다
C 吃饭	D 去医院	C 밥을 먹는다	D 병원에 간다

男：小亮好像有点儿不舒服，晚上都没吃东西。	남: 샤오량이 몸이 조금 안 좋은 것 같아요. 저녁에 아무 것도 안 먹었어요.
女：他最近一直在准备明天的表演，是不是太累了？	여: 그는 요즘 줄곧 내일의 공연을 준비하고 있는데, 너무 힘든 것 아니에요?
男：可能吧，也可能是因为天气太热了。	남: 아마도요. 날씨가 너무 덥기 때문일 수도 있어요.
女：那就让他先睡一会儿吧。	여: 그럼 우선 한숨 자라고 해요.
问：他们可能会让小亮做什么？	질문: 그들은 샤오량에게 무엇을 하라고 할 가능성이 큰가?

해설　제시된 선택지가 모두 행동을 나타내고 있으므로 대화를 들을 때 화자 또는 특정 인물이 하고 있거나 하려는 행동이 무엇인지를 주의 깊게 듣는다. 남자가 샤오량이 몸이 조금 안 좋은 것 같다고 하자 여자는 那就让他先睡一会儿吧。(그럼 우선 한숨 자라고 해요.)라고 했다. 질문이 그들은 샤오량에게 무엇을 하라고 할 생각인지 물었으므로 睡一会儿(한숨 자다)이라는 표현을 토대로 알 수 있는 A 休息(휴식한다)를 정답으로 선택한다.

　　* 바꾸어 표현　睡一会儿 한숨 자다 → 休息 휴식하다

어휘　骑车 qí chē 자전거를 타다　好像 hǎoxiàng 凰(마치) ~인 것 같다　不舒服 bù shūfu 몸이 안 좋다, 불편하다
　　最近 zuìjìn 요즘, 최근　表演 biǎoyǎn 凰공연하다　先 xiān 凰우선, 먼저　睡一会儿 shuì yíhuìr 한숨 자다

합격비책 03 | 사람의 상태·상황 문제 공략하기　p.55

따라 읽으며 학습하기 ▶

1 D	2 B	3 A	4 B	5 C	6 C	7 A	8 D	9 A	10 A

1

A 是演员	B 在发邮件	A 배우이다	B 메일을 보내고 있다
C 喜欢跳舞	**D 没学多久**	C 춤 추는 것을 좋아한다	**D 배운지 얼마 안 됐다**

男：你钢琴弹得怎么这么好？是不是学很久了？	남: 당신 피아노를 어쩜 이렇게 잘 쳐요? 오래 배웠죠?
女：哪有，其实我去年才开始学的。	여: 아니에요, 사실 저는 작년에서야 배우기 시작했어요.
问：关于女的，可以知道什么？	질문: 여자에 관해 알 수 있는 것은 무엇인가?

해설　제시된 선택지가 모두 사람의 상태·상황을 나타내고 있으므로 대화에서 언급되는 화자의 상태나 현재 처한 상황을 주의 깊게 듣는다. 남자가 여자에게 피아노를 잘 친다고 하자, 여자가 我去年才开始学(저는 작년에서야 배우기 시작했어요)라고 했다. 질문이 여자에 관해 알 수 있는 것을 물었으므로 D 没学多久(배운지 얼마 안 됐다)를 정답으로 선택한다.

　　* 바꾸어 표현　去年才开始学 작년에서야 배우기 시작했다 → 没学多久 배운지 얼마 안 됐다

어휘　演员 yǎnyuán 圀배우, 연기자　发 fā 圀보내다, 발생하다　邮件 yóujiàn 圀메일　久 jiǔ 오래되다, 시간이 길다
　　弹钢琴 tán gāngqín 피아노를 치다　其实 qíshí 凰사실, 실은　才 cái 凰~에서야, 겨우

2

A 生病了	**B 忙极了**	A 병이 났다	**B 굉장히 바쁘다**
C 想回家	D 精神好	C 집에 가려고 한다	D 기운이 있다

女：你怎么啦？看上去精神不太好，是生病了吗？	여: 너 왜 그래? 기운이 없어 보여. 병이 난 거야?
男：最近常常加班，以前从来没这么忙过，都快累死我了。	남: 요즘 자주 야근을 하는데, 이전에는 여태껏 이렇게 바빠 본 적이 없어서, 힘들어 죽겠어.
问：男的是什么意思？	질문: 남자의 말은 무슨 뜻인가?

해설   제시된 선택지가 모두 사람의 상태·상황을 나타내고 있으므로 대화에서 언급되는 화자의 상태나 현재 처한 상황을 주의 깊게 듣는다. 여자가 남자에게 병이 난 것인지 묻자, 남자는 **最近常常加班，以前从来没这么忙过**(요즘 자주 야근을 하는데, 이전에는 여태껏 이렇게 바빠 본 적이 없어)라고 답했다. 질문이 남자의 말은 무슨 뜻인지 물었으므로 从来没这么忙过(여태껏 이렇게 바빠 본 적이 없다)라는 표현을 토대로 알 수 있는 B 忙极了(굉장히 바쁘다)를 정답으로 선택한다.

* 바꾸어 표현   **从来没这么忙过** 여태껏 이렇게 바빠 본 적이 없다 → **忙极了** 굉장히 바쁘다

어휘   ……**极了** ……jí le (형용사 뒤에 붙어) 굉장히 ~하다   **看上去** kàn shàngqu ~해 보이다   **精神** jīngshen 圈 기운, 기력
        加班 jiābān 圈 야근하다   **以前** yǐqián 이전, 예전   **从来** cónglái 圈 여태껏, 지금까지   ……**死了** ……sǐ le ~해 죽겠다

3

A 支持	B 担心	A 지지한다	B 걱정한다
C 不满意	D 很紧张	C 만족하지 않는다	D 긴장하다

男：妈，我在上海找到了一份不错的工作，下个月就上班了。	남: 엄마, 제가 상하이에서 좋은 일자리를 하나 구해서, 다음 달에 바로 출근하게 됐어요.
女：太好了，以后好好儿工作，别让我担心。	여: 잘 되었구나. 앞으로 일 잘 하고, 내가 걱정하지 않도록 하거라.
问：女的态度怎么样？	질문: 여자의 태도는 어떠한가?

해설   제시된 선택지가 모두 사람의 심리 상태를 나타내고 있으므로 대화에서 언급되는 화자의 상태를 주의 깊게 듣는다. 남자가 좋은 일자리를 구했다고 하자, 여자가 **太好了，以后好好儿工作，别让我担心。**(잘 되었구나. 앞으로 일 잘 하고, 내가 걱정하지 않도록 하거라.)이라고 했다. 질문이 여자의 태도를 물었으므로 太好了(잘 되었구나)라는 표현을 토대로 알 수 있는 A 支持(지지한다)을 정답으로 선택한다. 참고로, 여자가 언급한 担心(걱정한다)을 듣고 B를 정답으로 선택하지 않도록 주의한다.

어휘   **支持** zhīchí 圈 지지하다   **担心** dānxīn 걱정하다   **满意** mǎnyì 圈 만족하다   **紧张** jǐnzhāng 圈 긴장하다
        份 fèn 圈 개[추상적인 것을 세는 단위]   **以后** yǐhòu 圈 앞으로, 이후   **好好(儿)** hǎohāo(r) 圈 잘, 제대로   **态度** tàidu 圈 태도

4

A 被骗了	**B 被误会了**	A 속았다	**B 오해받았다**
C 被发现了	D 被批评了	C 들켰다	D 혼났다

女：你和王林之间发生什么事了吗？	여: 당신과 왕린 사이에 무슨 일이 생겼나요?
男：因为一本书，他误会我了。不过后来我都解释清楚了。	남: 책 한 권 때문에, 그가 저를 오해했어요. 그런데 나중에 제가 명확하게 해명했어요.
问：关于男的，下列哪个正确？	질문: 남자에 관해 다음 중 옳은 것은 무엇인가?

해설   제시된 선택지가 모두 사람의 상태·상황을 나타내고 있으므로 대화에서 언급되는 화자의 상태나 현재 처한 상황을 주의 깊게 듣는다. 여자가 남자와 왕린 사이에 무슨 일이 생겼냐고 묻자, 남자가 **他误会我了**(그가 저를 오해했어요)라고 답했다. 질문이 남자에 관해 옳은 것을 물었으므로 B 被误会了(오해받았다)를 정답으로 선택한다.

어휘 骗 piàn 图속이다 误会 wùhuì 图오해하다 发现 fāxiàn 图알아채다, 발견하다 批评 pīpíng 图혼내다, 꾸짖다
之间 zhījiān 图사이 发生 fāshēng 图생기다, 일어나다 不过 búguò 图그런데, 그러나 后来 hòulái 图나중, 훗날
解释 jiěshì 图해명하다, 해석하다 清楚 qīngchu 图명확하다, 분명하다

5

A 工资低	A 월급이 낮다
B 做早饭了	B 아침을 만들었다
C 看篮球比赛了	**C 농구 경기를 봤다**
D 不喜欢看电视	D 텔레비전 보는 것을 좋아하지 않는다

男: 你看昨晚的篮球比赛了吗? 真的是太精彩了!	남: 당신 어제 저녁 농구 경기 봤어요? 정말 너무 훌륭했어요!
女: 我很早就睡了, 不过我老公看了, 早上吃饭的时候跟我说了比赛结果。	여: 저는 일찍 잤는데, 제 남편은 봤어요. 아침에 밥 먹을 때 저에게 경기 결과를 말해 줬어요.
问: 关于女的的老公, 可以知道什么?	질문: 여자의 남편에 관해 알 수 있는 것은 무엇인가?

해설 제시된 선택지가 모두 사람의 상태·상황을 나타내고 있으므로 대화에서 언급되는 화자의 상태나 현재 처한 상황을 주의 깊게 듣는다. 남자가 여자에게 你看昨晚的篮球比赛了吗?(당신 어제 저녁 농구 경기 봤어요?)라고 묻자, 여자가 我老公看了(제 남편은 봤어요)라고 답했다. 질문이 여자의 남편에 관해 알 수 있는 것을 물었으므로 C 看篮球比赛了(농구 경기를 봤다)를 정답으로 선택한다.

어휘 工资 gōngzī 图월급, 임금 低 dī 图낮다 篮球 lánqiú 图농구 比赛 bǐsài 图경기, 시합
精彩 jīngcǎi 图훌륭하다, 근사하다 老公 lǎogōng 图남편 结果 jiéguǒ 图결과

6

| A 男的很生气 | B 女的过生日 | A 남자는 매우 화가 났다 | B 여자는 생일을 보낸다 |
| **C 男的会做菜** | D 家里人很多 | **C 남자는 요리를 할 줄 안다** | D 집에 사람이 많다 |

女: 爸, 明天你可以多准备一些菜吗? 我有几个老朋友要来家里做客。	여: 아빠, 내일 요리를 좀 더 많이 준비해 주실 수 있어요? 제 몇몇 친한 친구들이 우리 집에 손님으로 올 거예요.
男: 没问题, 既然他们要来, 我就多做一些吧。	남: 문제없어. 그들이 오기로 했다면, 좀 더 많이 해 둘게.
问: 根据对话, 可以知道什么?	질문: 대화에 근거하여 알 수 있는 것은 무엇인가?

해설 제시된 선택지가 모두 사람의 상태·상황을 나타내고 있으므로 대화에서 언급되는 화자의 상태나 현재 처한 상황을 주의 깊게 듣는다. 여자가 남자에게 明天你可以多准备一些菜吗?(내일 요리를 좀 더 많이 준비해 주실 수 있어요?)라고 묻자, 남자가 没问题(문제없어)라고 답했다. 질문이 대화에 근거하여 알 수 있는 것을 물었으므로 准备菜(요리를 준비하다), 没问题(문제없어)라는 표현을 토대로 알 수 있는 C 男的会做菜(남자는 요리를 할 줄 안다)를 정답으로 선택한다.

어휘 生气 shēngqì 图화나다, 화내다 过 guò 图보내다, 지내다 老朋友 lǎo péngyou 친한 친구, 오랜 친구
做客 zuòkè 图손님이 되다 没问题 méi wèntí 문제없다 既然……就…… jìrán……jiù…… (기왕) ~했다면

7

A 表示感谢	**A 감사를 표시한다**
B 喜欢男的	B 남자를 좋아한다
C 周末有空儿	C 주말에 짬이 있다
D 想让他帮忙	D 그에게 도와 달라고 하려고 한다
女：谢谢你平时帮我那么多忙，有你这个朋友真好。	여: 평소에 저를 그렇게나 많이 도와주셔서 감사해요. 당신이라는 친구가 있어서 너무 좋아요.
男：不用这么客气。你是我的好朋友，这些都是我应该做的。	남: 그렇게 예의를 차리실 필요 없어요. 당신은 저의 좋은 친구인데, 이런 건 제가 마땅히 해야죠.
女：为了好好儿谢谢你，周末我请你吃饭，怎么样？	여: 제대로 감사하기 위해서, 주말에 제가 당신에게 밥 살게요. 어때요?
男：好呀，那到时候我得多点几道菜。	남: 좋죠. 그럼 그때 저는 요리를 많이 시켜야겠네요.
问：女的为什么请男的吃饭？	질문: 여자는 왜 남자에게 밥을 사는가?

해설 제시된 선택지가 모두 사람의 상태·상황을 나타내고 있으므로 대화에서 언급되는 화자의 상태나 현재 처한 상황을 주의 깊게 듣는다. 여자가 **为了好好儿谢谢你，周末我请你吃饭**(제대로 감사하기 위해서, 주말에 제가 당신에게 밥 살게요)이라고 했다. 질문이 여자가 왜 남자에게 밥을 사는지 물었으므로 **好好儿谢谢你**(제대로 감사하다)라는 표현을 토대로 알 수 있는 A **表示感谢**(감사를 표시한다)를 정답으로 선택한다. 참고로, 여자가 언급한 **谢谢你平时帮我那么多忙**(평소에 저를 그렇게나 많이 도와주셔서 감사해요)을 듣고 D를 정답으로 선택하지 않도록 주의한다.

* 바꾸어 표현 **谢谢你** (당신에게) 감사하다 → **表示感谢** 감사를 표시하다

어휘 **表示** biǎoshì [동] 표시하다, 나타내다 **感谢** gǎnxiè [동] 감사하다 **周末** zhōumò [명] 주말 **空儿** kòngr [명] 짬, 틈
帮忙 bāngmáng [동] 돕다, 도와주다 **平时** píngshí [명] 평소, 평상시 **客气** kèqi [동] 예의를 차리다, 겸손하다
为了 wèile [개] ~하기 위해서 **请** qǐng [동] 밥을 사다, 한턱내다 **得** děi [조동] ~해야 한다 **点** diǎn [동] 시키다, 주문하다
道 dào [양] [요리, 문제, 횟수를 셀 때 쓰임]

8

A 刚刚回家　　B 自己开车	A 방금 집에 갔다　　B 직접 운전한다
C 快过生日了　　**D 要坐公交车**	C 곧 생일이다　　**D 버스를 타려고 한다**
男：你怎么买了这么多东西？这都是什么呀？	남: 당신 왜 이렇게 많은 물건을 샀어요? 이게 다 뭐예요?
女：要过年了，我买了一些给家人的新年礼物。我已经好久没回去看看他们了。	여: 춘절이 다가와서, 저는 가족들에게 줄 새해 선물을 좀 샀어요. 저는 벌써 오랫동안 그들을 보러 가지 못했어요.
男：可是这么多东西你怎么带呢？要不我开车送你去车站吧。	남: 그런데 이렇게 많은 물건을 당신이 어떻게 가져가려고요? 아니면 제가 운전해서 당신을 역에 데려다 줄게요.
女：不用了，我家门口的七十五路公交车可以直接到火车站。	여: 괜찮아요. 우리 집 앞의 75번 버스가 기차역으로 바로 가요.
问：关于女的，可以知道什么？	질문: 여자에 관해 알 수 있는 것은 무엇인가?

해설 제시된 선택지가 모두 사람의 상태·상황을 나타내고 있으므로 대화에서 언급되는 화자의 상태나 현재 처한 상황을 주의 깊게 듣는다. 남자가 직접 운전해서 역에 데려다 주겠다고 하자, 여자는 **不用了，我家门口的七十五路公交车可以直接到火车站。**(괜찮아요. 우리 집 앞의 75번 버스가 기차역으로 바로 가요.)이라고 했다. 질문이 여자에 관해 알 수 있는 것을 물었으므로 D **要坐公交车**(버스를 타려고 한다)를 정답으로 선택한다.

어휘 　**刚刚** gānggāng 圀방금, 막　**开车** kāichē 圀운전하다　**公交车** gōngjiāochē 버스　**过年** guònián 圀춘절을 보내다
　　　新年 xīnnián 圀새해, 신년　**礼物** lǐwù 圀선물　**好久** hǎojiǔ 圀(시간이 매우) 오래다　**带** dài 圀가지다, 휴대하다
　　　要不 yàobù 圀아니면, 그렇지 않으면　**车站** chēzhàn 圀역, 정류장　**不用了** bú yòng le 괜찮다, 필요 없다　**门口** ménkǒu 圀입구
　　　直接 zhíjiē 圀바로 ~하다, 직접적이다

9

A 想买电脑	A 컴퓨터를 사려고 한다
B 电脑坏了	B 컴퓨터가 고장 났다
C 要去商店	C 상점에 가려고 한다
D 不常上网购物	D 인터넷으로 쇼핑을 자주 하지 않는다

女：你在网上做什么呢？和朋友聊天吗？	여: 당신 인터넷으로 뭐 하고 있어요? 친구랑 이야기해요?
男：不是，我在选电脑，我一直想换台新的。	남: 아니요, 저는 컴퓨터를 고르고 있어요. 저는 줄곧 새 것으로 바꾸고 싶었어요.
女：听说网上卖的东西很多都是假的，小心别被骗呀。	여: 듣자 하니 인터넷에서 파는 물건은 많은 것들이 가짜라던데, 속지 않게 조심하세요.
男：不会的，我经常在网上买，网上的东西又便宜又好用。	남: 그렇지 않을 거예요. 저는 인터넷에서 자주 사는데, 인터넷의 물건이 싸고 쓰기도 좋아요.
问：关于男的，可以知道什么？	질문: 남자에 관해 알 수 있는 것은 무엇인가?

해설　제시된 선택지가 모두 사람의 상태·상황을 나타내고 있으므로 대화에서 언급되는 화자의 상태나 현재 처한 상황을 주의 깊게 듣는다. 여자가 남자에게 인터넷으로 무엇을 하고 있냐고 묻자, 남자는 我在选电脑, 我一直想换台新的(저는 컴퓨터를 고르고 있어요. 저는 줄곧 새 것으로 바꾸고 싶었어요)라고 답했다. 질문이 남자에 관해 알 수 있는 것을 물었으므로 A 想买电脑(컴퓨터를 사려고 한다)를 정답으로 선택한다.

어휘 　**坏** huài 圀고장 나다　**上网** shàngwǎng 圀인터넷을 하다　**购物** gòuwù 圀쇼핑하다, 구매하다
　　　网上 wǎngshàng 인터넷, 온라인　**聊天** liáotiān 圀이야기하다　**选** xuǎn 圀고르다, 선정하다　**一直** yìzhí 圀줄곧, 늘
　　　换 huàn 圀바꾸다, 교환하다　**台** tái 圀대[기계, 설비 등을 세는 단위]　**听说** tīngshuō 圀듣자 하니　**假** jiǎ 圀가짜의, 거짓의
　　　小心 xiǎoxīn 圀조심하다　**骗** piàn 圀속이다　**经常** jīngcháng 圀자주, 늘
　　　好用 hǎoyòng 圀쓰기에 좋다, 사용하기 편리하다

10

A 得了第一名	B 文章写得差	A 1등을 했다	B 글을 못썼다
C 会为女的加油	D 对自己没信心	C 여자를 응원할 것이다	D 자신에 대해 확신이 없다

男：刚才我收到了一封邮件，说我在上次的比赛中拿了第一名。	남: 방금 메일 하나를 받았는데, 제가 지난 번 시합에서 1등을 했대요.
女：祝贺你！你的文章写得那么好，我就知道你肯定能得奖。	여: 축하해요! 당신의 글이 그렇게나 잘 쓰여졌으니, 저는 분명 당신이 상을 받을 것을 알고 있었어요.
男：谢谢你一直为我加油，明天请你吃饭。	남: 줄곧 저를 응원해 주셔서 감사해요. 내일 제가 밥 살게요.
女：好啊，到时候咱们好好儿交流一下。	여: 좋아요. 그때 우리 제대로 이야기해 봐요.
问：关于男的，可以知道什么？	질문: 남자에 관해 알 수 있는 것은 무엇인가?

해설　제시된 선택지가 모두 사람의 상태·상황을 나타내고 있으므로 대화에서 언급되는 화자의 상태나 현재 처한 상황을 주의 깊

게 듣는다. 남자가 我在上次的比赛中拿了第一名(제가 지난 번 시합에서 1등을 했어요)이라고 했다. 질문이 남자에 관해 알 수 있는 것을 물었으므로 A 得了第一名(1등을 했다)을 정답으로 선택한다. 참고로, 남자가 언급한 谢谢你一直为我加油(줄곧 저를 응원해 주셔서 감사해요)를 듣고 C를 정답으로 선택하지 않도록 주의한다.

* 바꾸어 표현　拿了第一名 1등을 했다 → 得了第一名 1등을 했다

어휘　**得** dé 图 얻다, 획득하다　**文章** wénzhāng 圀 글, 문장　**差** chà 圀 좋지 않다, 나쁘다　**为……加油** wèi……jiāyóu ~를 응원하다
　　　自己 zìjǐ 때 자신, 스스로　**信心** xìnxīn 圀 확신, 자신(감)　**刚才** gāngcái 圀 방금, 막　**收到** shōudào 图 받다
　　　封 fēng 窗 통　**邮件** yóujiàn 圀 메일, 우편물　**比赛** bǐsài 圀 시합, 경기　**拿** ná 图 받다, 얻다　**祝贺** zhùhè 图 축하하다
　　　肯定 kěndìng 唱 분명, 확실히　**得奖** déjiǎng 图 상을 받다, 수상하다　**一直** yìzhí 唱 줄곧, 계속　**咱们** zánmen 때 우리(들)
　　　好好儿 hǎohāor 唱 제대로, 잘　**交流** jiāoliú 图 이야기하다, 소통하다

합격비책 04 ┃ 특정 대상의 상태·상황 문제 공략하기　p.59

따라 읽으며 학습하기 ▶

| 1 B | 2 D | 3 B | 4 C | 5 C | 6 D | 7 D | 8 A | 9 D | 10 A |

1

| A 很流行 | B 很正式 | | A 유행한다 | B 격식 있다 |
| C 很漂亮 | D 很凉快 | | C 예쁘다 | D 시원하다 |

男: 你帮我看看这条裤子怎么样，会不会太正式了?

女: 你要去参加同学聚会吗? 我觉得挺合适的，这种颜色很适合你。

问: 男的认为这条裤子怎么样?

남: 이 바지 어떤지 좀 봐 주세요. 너무 격식 있는 것 같지 않나요?

여: 동창회에 참석하러 가는 거죠? 저는 꽤 적당하다고 생각해요. 이런 색이 당신에게 잘 어울려요.

질문: 남자는 이 바지가 어떻다고 생각하는가?

해설　제시된 선택지가 모두 특정 대상의 상태·상황을 나타내고 있으므로 대화를 들을 때 상태·상황과 관련된 내용을 주의 깊게 듣는다. 남자가 你帮我看看这条裤子怎么样, 会不会太正式了?(이 바지 어떤지 좀 봐 주세요. 너무 격식 있는 것 같지 않나요?)라고 했다. 질문이 남자는 이 바지가 어떻다고 생각하는지 물었으므로 B 很正式(격식 있다)을 정답으로 선택한다.

어휘　**流行** liúxíng 图 유행하다　**正式** zhèngshì 圀 격식 있다, 정식이다　**凉快** liángkuai 圀 시원하다　**裤子** kùzi 圀 바지
　　　参加 cānjiā 图 참석하다　**同学聚会** tóngxué jùhuì 동창회　**挺** tǐng 唱 꽤　**合适** héshì 圀 적당하다, 알맞다
　　　适合 shìhé 图 어울리다　**认为** rènwéi 图 ~라고 생각하다

2

| A 环境不好 | B 交通很方便 | | A 환경이 좋지 않다 | B 교통이 편리하다 |
| C 离公司不远 | D 空气质量好 | | C 회사에서 멀지 않다 | D 공기 질이 좋다 |

女: 我住在郊区，那里空气新鲜，不过交通不太方便。

男: 虽然不方便，但是周末你可以到处走走，这对你的健康很有好处。

问: 关于郊区，可以知道什么?

여: 저는 변두리에 사는데, 그곳의 공기는 신선해요. 그런데 교통이 그다지 편리하지 않아요.

남: 비록 편리하진 않지만, 당신은 주말에 곳곳을 걸어 다닐 수 있어요. 이것은 당신의 건강에 좋아요.

질문: 변두리에 관해 알 수 있는 것은 무엇인가?

해설　제시된 선택지가 모두 특정 대상의 상태·상황을 나타내고 있으므로 대화를 들을 때 상태·상황과 관련된 내용을 주의 깊게 듣는다. 여자가 我住在郊区, 那里空气新鲜(저는 변두리에 사는데, 그곳의 공기는 신선해요)이라고 했다. 질문이 변두리에 관해

알 수 있는 것을 물었으므로 D 空气质量好(공기 질이 좋다)를 정답으로 선택한다.

* 바꾸어 표현 空气新鲜 공기가 신선하다 → 空气质量好 공기 질이 좋다

어휘 环境 huánjìng 圓 환경   交通 jiāotōng 圓 교통   方便 fāngbiàn 圈 편리하다   空气 kōngqì 圓 공기
　　　质量 zhìliàng 圓 질, 품질   郊区 jiāoqū 圓 (도시의) 변두리   新鲜 xīnxiān 圈 신선하다   周末 zhōumò 圓 주말
　　　到处 dàochù 곳곳   健康 jiànkāng 圈 건강하다   好处 hǎochu 圓 좋은 점

3

A 不深	B 很危险	A 깊지 않다	B 위험하다
C 可以进去	D 水很干净	C 들어갈 수 있다	D 물이 깨끗하다

男：这条河看上去不是很深，咱们就在这儿　　남: 이 강은 깊어 보이지 않는데, 우리 여기에서 수영해
　　游泳吧。　　　　　　　　　　　　　　　　요.

女：你快点儿出来！那里写着"危险，禁止　　여: 빨리 나오세요! 저기에 '위험, 출입금지'라고 적혀 있
　　入内"。　　　　　　　　　　　　　　　　어요.

问：关于那条河，可以知道什么？　　　　　　질문: 그 강에 대해, 알 수 있는 것은 무엇인가?

해설 제시된 선택지가 모두 특정 대상의 상태·상황을 나타내고 있으므로 대화를 들을 때 상태·상황과 관련된 내용을 주의 깊게
　　　듣는다. 남자가 这条河(이 강)에서 수영하자고 하자, 여자가 那里写着"危险"(저기에 '위험'이라고 적혀 있어요)이라고 했다. 질
　　　문이 그 강에 대해 알 수 있는 것을 물었으므로 B 很危险(위험하다)을 정답으로 선택한다

어휘 深 shēn 圈 깊다   危险 wēixiǎn 圈 위험하다   干净 gānjìng 圈 깨끗하다   条 tiáo 圓 [가늘고 긴 것을 세는 단위]
　　　看上去 kàn shàngqu ~해 보이다   咱们 zánmen 圃 우리(들)   禁止入内 jìnzhǐ rùnèi 출입을 금지하다, 입장을 금지하다

4

A 是新的	B 弄丢了	A 새 것이다	B 잃어버렸다
C 还没修好	D 已经修好了	C 아직 수리가 덜 됐다	D 이미 다 수리했다

女：周末我想和朋友去公园玩儿，你的自行　　여: 주말에 나는 내 친구와 공원에 가서 놀려고 하는데,
　　车借我用一下吧。　　　　　　　　　　　　네 자전거를 내게 좀 빌려줘.

男：不好意思，前几天我妹妹把它弄坏了，　　남: 미안해. 며칠 전에 내 여동생이 그것을 망가뜨려서,
　　到现在也没修好。　　　　　　　　　　　　지금까지도 수리가 덜 됐어.

问：关于自行车，可以知道什么？　　　　　　질문: 자전거에 관해 알 수 있는 것은 무엇인가?

해설 제시된 선택지가 모두 특정 대상의 상태·상황을 나타내고 있으므로 대화를 들을 때 상태·상황과 관련된 내용을 주의 깊게
　　　듣는다. 여자가 남자에게 你的自行车借我用一下吧(네 자전거를 내게 좀 빌려줘)라고 하자, 남자는 它……到现在也没修好(
　　　그것……지금까지도 수리가 덜 됐어)라고 했다. 질문이 자전거에 관해 알 수 있는 것을 물었으므로 C 还没修好(아직 수리가 덜 됐
　　　다)를 정답으로 선택한다.

어휘 弄丢 nòngdiū 잃어버리다   修 xiū 圈 수리하다, 보수하다   周末 zhōumò 圓 주말   自行车 zìxíngchē 圓 자전거
　　　借 jiè 圈 빌려주다, 빌리다   弄坏 nònghuài 망가뜨리다, 망치다

5

A 不够酸	B 很好吃	A 그다지 시지 않다	B 맛있다
C 有点甜	D 太辣了	C 조금 달다	D 너무 맵다

男：今天我做的西红柿汤还可以吧？	남: 오늘 제가 만든 토마토국 꽤 괜찮죠?
女：糖好像放多了，你是不是把盐看成糖了？	여: 설탕을 많이 넣은 것 같은데, 당신 소금을 설탕으로 본 거 아니에요?
问：女的觉得西红柿汤怎么样？	질문: 여자는 토마토국이 어떻다고 생각하는가?

해설　제시된 선택지가 모두 특정 음식의 상태·상황을 나타내고 있으므로 대화에서 언급되는 특정 음식의 상태·상황과 관련된 내용을 주의 깊게 듣는다. 남자가 토마토국이 괜찮은지 묻자, 여자가 糖好像放多了(설탕을 많이 넣은 것 같아요)라고 답했다. 질문이 여자는 토마토국이 어떻다고 생각하는지 물었으므로 C 有点甜 (조금 달다)을 정답으로 선택한다.

＊ 바꾸어 표현　糖放多了 설탕을 많이 넣었다 → 有点甜 조금 달다

어휘　不够 búgòu 囝그다지 ~하지 않다　酸 suān 혱시다　甜 tián 혱달다　辣 là 혱맵다　西红柿 xīhóngshì 몡토마토
　　　汤 tāng 몡국, 탕　糖 táng 몡설탕, 사탕　好像 hǎoxiàng 囝(마치) ~인 것 같다　放 fàng 동넣다, 놓다　盐 yán 몡소금
　　　看成 kànchéng ~로 보다

6

A 银行关门了	B 东西买少了	A 은행이 문을 닫았다	B 물건을 적게 샀다
C 工资太少了	**D 没有现金了**	C 월급이 너무 적다	**D 현금이 없다**

女：不知道银行关门了没有，我昨天买了太多东西，现在没有钱了，得取一点儿。	여: 은행이 문을 닫았는지 모르겠네, 내가 어제 물건을 너무 많이 사서, 지금 돈이 없는데, 좀 찾아야겠어.
男：你去看看就知道了。	남: 네가 가서 보면 알게 될 거야.
问：女的主要是什么意思？	질문: 여자의 말은 주로 무슨 뜻인가?

해설　제시된 선택지가 모두 특정 대상의 상태·상황을 나타내고 있으므로 대화를 들을 때 상태·상황과 관련된 내용을 주의 깊게 듣는다. 여자가 没有钱了，得取一点儿(돈이 없는데, 좀 찾아야겠어)이라고 했다. 질문이 여자의 말은 무슨 뜻인지 물었으므로 D 没有现金了(현금이 없다)를 정답으로 선택한다. 참고로, 여자가 언급한 不知道银行关门了没有(은행이 문을 닫았는지 모르겠네)를 듣고 A를 정답으로 선택하지 않도록 주의한다.

＊ 바꾸어 표현　没有钱了 돈이 없다 → 没有现金了 현금이 없다

어휘　银行 yínháng 몡은행　关门 guānmén 동문을 닫다　工资 gōngzī 몡월급　现金 xiànjīn 몡현금, 돈
　　　得 děi 조동~해야 한다　取 qǔ 동찾다, 가지다

7

A 味道不错	B 价格便宜	A 맛이 좋다	B 가격이 싸다
C 上菜很快	**D 离商场近**	C 요리가 빨리 나온다	**D 백화점에서 가깝다**

女：这家饭店人好多呀，看来味道不错，我们就在这儿吃吧。	여: 이 음식점은 사람이 매우 많네요. 맛이 좋아 보이는데, 우리 여기서 먹어요.
男：还是算了吧，我之前吃过，味道一般。	남: 안 가는 게 낫겠어요. 저는 이전에 먹어본 적이 있는데, 맛이 보통이었어요.
女：那怎么还这么多人啊？价格很便宜吗？	여: 그런데도 이렇게 많은 사람이 있다고요? 가격이 저렴한가요?
男：因为旁边有个商场，大家觉得方便才来的。	남: 옆에 백화점이 하나 있는데, 다들 편리하다고 생각해서 비로소 오는 거예요.
问：大家为什么来这儿吃饭？	질문: 모두 왜 여기에 와서 밥을 먹는가?

해설 제시된 선택지가 특정 대상의 상태·상황을 나타내고 있으므로 대화를 들을 때 상태·상황과 관련된 내용을 주의 깊게 듣는다. 여자가 이 음식점에 왜 이렇게 사람이 많냐고 묻자, 남자가 **因为旁边有个商场, 大家觉得方便才来的。**(옆에 백화점이 하나 있는데, 다들 편리하다고 생각해서 비로소 오는 거예요.)라고 답했다. 질문이 모두 왜 여기에 와서 밥을 먹는지 물었으므로 D **离商场近**(백화점에서 가깝다)을 정답으로 선택한다. 참고로, 여자가 언급한 **看来味道不错**(맛이 좋아 보인다), **价格很便宜吗?**(가격이 저렴한가요?)를 듣고 A나 B를 정답으로 선택하지 않도록 주의한다.

＊바꾸어 표현 **旁边有个商场** 옆에 백화점이 하나 있다 → **离商场近** 백화점에서 가깝다

어휘 **味道** wèidao 몡 맛 **不错** búcuò 휑 좋다, 괜찮다 **价格** jiàgé 몡 가격 **上菜** shàng cài 요리가 나오다
商场 shāngchǎng 몡 백화점, 상점 **看来** kànlai 보아하니 **还是** háishi 젭 ~하는 편이 낫다 **算了** suàn le 그만두다, 됐다
一般 yìbān 휑 보통이다, 일반적이다 **旁边** pángbiān 몡 옆 **方便** fāngbiàn 휑 편리하다

8

A 很普通	B 十分美丽	A 평범하다	B 매우 아름답다
C 适合生活	D 有很大变化	C 살기에 적합하다	D 큰 변화가 있다

男：我好羡慕你啊，能生活在这么美丽的地方。

女：是吗？我在这里生活了二十几年，没什么特别的感觉。

男：可能是因为你对周围的景色太熟悉了。

女：我也觉得是这样。

问：女的认为这里怎么样？

남: 당신이 정말 부러워요. 이렇게 아름다운 곳에서 살 수 있다니.

여: 그래요? 저는 이곳에서 20여 년을 살았더니, 특별한 느낌이 없어요.

남: 아마 당신이 주위 풍경에 너무 익숙해져서 그럴 거예요.

여: 저도 그렇게 생각해요.

질문: 여자는 이곳이 어떻다고 생각하는가?

해설 제시된 선택지가 모두 특정 대상의 상태·상황을 나타내고 있으므로 대화를 들을 때 상태·상황과 관련된 내용을 주의 깊게 듣는다. 남자가 여자에게 아름다운 곳에서 살 수 있어 부럽다고 하자, 여자가 **没什么特别的感觉**(특별한 느낌이 없어요)라고 했다. 질문이 여자는 이곳이 어떻다고 생각하는지 물었으므로 A **很普通**(평범하다)을 정답으로 선택한다. 참고로, 남자가 언급한 **能生活在这么美丽的地方**(이렇게 아름다운 곳에서 살 수 있다니)을 듣고 B를 정답으로 선택하지 않도록 주의한다.

＊바꾸어 표현 **没什么特别的感觉** 특별한 느낌이 없다 → **很普通** 평범하다

어휘 **普通** pǔtōng 휑 평범하다, 보통이다 **十分** shífēn 휜 매우, 대단히 **美丽** měilì 휑 아름답다, 예쁘다
适合 shìhé 통 적합하다, 알맞다 **生活** shēnghuó 통 살다, 생활하다 **变化** biànhuà 몡 변화 통 변화하다
羡慕 xiànmù 통 부러워하다 **地方** dìfang 몡 곳, 장소 **特别** tèbié 휑 특별하다, 특이하다 **感觉** gǎnjué 몡 느낌, 감각
周围 zhōuwéi 몡 주위, 주변 **景色** jǐngsè 몡 풍경, 경치 **熟悉** shúxi 통 익숙하다, 잘 알다

9

A 有些贵	B 样子难看	A 조금 비싸다	B 모양이 못생겼다
C 用处很多	**D 小时候流行**	C 쓸모가 많다	**D 어릴 때 유행했다**

女：每次看到这种游戏机，我就会想到咱们上小学的时候。

男：是啊，那时候可流行这种游戏机了。

女：刚开始妈妈怕影响我学习，一直不给我买。最后看我考了一百分才给我买的。

男：现在想想，这些都是美好的回忆啊。

问：他们觉得这种游戏机怎么样？

여: 매번 이런 게임기를 볼 때마다, 우리가 초등학교 다닐 때가 생각나요.

남: 맞아요, 그때 이런 게임기가 무척 유행했죠.

여: 처음에 엄마는 공부에 영향을 줄까 봐 걱정해서, 줄곧 저에게 사주지 않으셨어요. 결국 제가 100점을 맞고 나서야 사 주셨어요.

남: 지금 생각해보니, 이것들은 모두 아름다운 추억이네요.

질문: 그들은 이런 게임기가 어떻다고 생각하는가?

해설 제시된 선택지가 모두 특정 대상의 상태·상황을 나타내고 있으므로 대화를 들을 때 상태·상황과 관련된 내용을 주의 깊게 듣는다. 여자가 每次看到这种游戏机, 我就会想到咱们上小学的时候。(매번 이런 게임기를 볼 때마다, 우리가 초등학교 다닐 때가 생각나요.)라고 하자, 남자가 那时候可流行这种游戏机了(그때 이런 게임기가 무척 유행했죠)라고 했다. 질문이 그들이 이런 게임기가 어떻다고 생각하는지 물었으므로 D 小时候流行(어릴 때 유행했다)을 정답으로 선택한다.

어휘 样子 yàngzi 몡모양, 모습 难看 nánkàn 휑못생기다, 보기 싫다 用处 yòngchu 몡쓸모, 용도
小时候 xiǎoshíhou 몡어릴 때 流行 liúxíng 됭유행하다 种 zhǒng 먱종류, 가지 游戏机 yóuxìjī 게임기
咱们 zánmen 떼우리(들) 上小学 shàng xiǎoxué 초등학교를 다니다 可 kě 뷔[강조를 나타냄]
刚开始 gāng kāishǐ 처음에는 怕 pà 됭걱정하다, 무서워하다 影响 yǐngxiǎng 됭영향을 주다 一直 yìzhí 뷔줄곧, 계속
最后 zuìhòu 몡결국, 맨 마지막 分 fēn 몡점, 점수 才 cái 뷔~에서야, 겨우 回忆 huíyì 몡추억됭회상하다

10

| A 堵车严重 | B 离车站远 | A 차가 심하게 막힌다 | B 역에서 멀다 |
| C 旁边有公园 | D 停车场很多 | C 옆에 공원이 있다 | D 주차장이 많다 |

男： 您是几点的飞机？现在高速公路特别堵。

女： 那怎么办？我的飞机一个半小时以后就要起飞了。

男： 这样吧，我带你走另外一条路，半个小时就能到。但是价格会高一点，可以吗？

女： 可以的，谢谢你。

问： 关于高速公路，可以知道什么？

남: 당신 몇 시 비행기예요? 지금 고속도로가 매우 막히네요.

여: 그럼 어떡하죠? 제 비행기는 1시간 반 후에 이륙해요.

남: 이렇게 해요. 제가 당신을 다른 길로 데리고 갈게요. 30분이면 도착할 수 있어요. 하지만 가격은 좀 높아질 거예요. 괜찮아요?

여: 좋아요. 감사합니다.

질문: 고속도로에 관해 알 수 있는 것은 무엇인가?

해설 제시된 선택지가 모두 특정 장소의 상태·상황을 나타내고 있으므로 대화에서 언급되는 특정 장소의 상태·상황과 관련된 내용을 주의 깊게 듣는다. 남자가 现在高速公路特别堵。(지금 고속도로가 매우 막히네요.)라고 했다. 질문이 고속도로에 관해 알 수 있는 것을 물었으므로 A 堵车严重(차가 심하게 막힌다)을 정답으로 선택한다.

* 바꾸어 표현 高速公路特别堵 고속도로가 매우 막히다 → 堵车严重 차가 심하게 막히다

어휘 堵车 dǔchē 됭차가 막히다, 교통이 체증되다 严重 yánzhòng 휑심하다, 심각하다 车站 chēzhàn 몡역, 정류장
公园 gōngyuán 몡공원 停车场 tíngchēchǎng 몡주차장 高速公路 gāosù gōnglù 몡고속도로
特别 tèbié 뷔매우, 특히 起飞 qǐfēi 됭이륙하다, 떠오르다 带 dài 됭데리다, 휴대하다 另外 lìngwài 떼다른, 그 밖의
条 tiáo 먱[가늘고 긴 것을 세는 단위] 价格 jiàgé 몡가격, 값

합격비책 05 ㅣ 특정 명사·명사구 문제 공략하기   p.63

따라 읽으며 학습하기 ▶

| 1 D | 2 B | 3 B | 4 D | 5 C | 6 D | 7 C | 8 D | 9 A | 10 D |

1

| A 啤酒 | B 鸡蛋 | A 맥주 | B 달걀 |
| C 白菜 | D 西红柿 | C 배추 | D 토마토 |

男：我打算做西红柿鸡蛋汤，但是家里没有西红柿了。你回来的时候能不能去超市买两斤？

女：好的，我再买点儿鸡蛋吧，我记得家里的鸡蛋也不多了。

问：男的让女的买什么？

남: 저는 토마토 달걀국을 만들 계획이에요. 그런데 집에 토마토가 없어요. 당신이 집에 올 때 슈퍼에 가서 두 근만 살 수 있어요?

여: 좋아요. 달걀도 더 살게요. 제가 기억하기로는 집에 달걀도 많지 않았어요.

질문: 남자는 여자에게 무엇을 사라고 했는가?

해설　제시된 선택지가 모두 음식을 나타내는 특정 명사이므로 대화에서 언급되는 음식 및 관련 내용을 주의 깊게 듣는다. 남자가 **家里没有西红柿了。你回来的时候能不能去超市买两斤?**(집에 토마토가 없어요. 당신이 집에 올 때 슈퍼에 가서 두 근만 살 수 있어요?)이라고 했다. 질문이 남자는 여자에게 무엇을 사라고 했는지 물었으므로 D 西红柿(토마토)을 정답으로 선택한다. 참고로, 대화에서 언급된 鸡蛋(달걀)만 듣고 B를 정답으로 선택하지 않도록 주의한다.

어휘　**啤酒** píjiǔ 몡 맥주　**白菜** báicài 몡 배추　**西红柿** xīhóngshì 몡 토마토　**打算** dǎsuan 됭 ~할 계획이다　**汤** tāng 몡 국, 탕　**超市** chāoshì 몡 슈퍼, 마트　**记得** jìde 됭 기억하고 있다

2

A 工作	B 毕业照	A 업무	B 졸업 사진
C 自行车	D 教育方法	C 자전거	D 교육 방법

女：昨天收拾房间的时候，我找到了你的大学毕业照。

男：真的吗？我一直以为它被丢在以前的房子里了。

问：他们在讨论什么？

여: 어제 방 정리할 때, 당신의 대학 졸업 사진을 찾았어요.

남: 진짜요? 저는 줄곧 그걸 예전 집에서 잃어버린 줄 알았어요.

질문: 그들은 무엇을 이야기하고 있는가?

해설　제시된 선택지가 모두 특정 명사이므로 대화에서 언급되는 각 선택지와 관련된 내용을 주의 깊게 듣는다. 여자가 **我找到了你的大学毕业照**(당신의 대학 졸업 사진을 찾았어요)라고 했다. 질문이 그들은 무엇을 이야기하고 있는지 물었으므로 B 毕业照(졸업 사진)를 정답으로 선택한다.

어휘　**毕业照** bìyè zhào 졸업 사진　**自行车** zìxíngchē 몡 자전거　**教育** jiàoyù 몡 교육 됭 교육하다　**方法** fāngfǎ 몡 방법, 수단　**收拾** shōushi 됭 정리하다, 치우다　**一直** yìzhí 閉 줄곧, 계속　**以为** yǐwéi 됭 ~인줄 알다, 여기다　**丢** diū 잃어버리다, 잃다　**以前** yǐqián 몡 예전, 이전

3

A 邮件	B 衬衫	A 우편물	B 셔츠
C 西装	D 帽子	C 양복	D 모자

男：广告上的这件衬衫看起来很不错，颜色和质量都很好。

女：你既然喜欢，就买一件吧。

问：女的让男的买什么？

남: 광고에 나온 이 셔츠 좋아 보이네요. 색깔과 품질 모두 좋아요.

여: 당신이 마음에 들었다면, 한 벌 사요.

질문: 여자는 남자에게 무엇을 사라고 하는가?

해설　제시된 선택지가 모두 특정 명사이므로 대화에서 언급되는 각 선택지와 관련된 내용을 주의 깊게 듣는다. 남자가 **这件衬衫看起来很不错, 颜色和质量都很好**(이 셔츠 좋아 보이네요. 색깔과 품질 모두 좋아요)라고 하자, 여자가 **买一件吧**(한 벌 사요)라고 했다. 질문이 여자는 남자에게 무엇을 사라고 하는지 물었으므로 B 衬衫(셔츠)을 정답으로 선택한다.

어휘 **邮件** yóujiàn [명] 우편물 **衬衫** chènshān [명] 셔츠 **西装** xīzhuāng [명] 양복 **帽子** màozi [명] 모자 **广告** guǎnggào [명] 광고 **看起来** kànqǐlai ~해 보이다 **质量** zhìliàng [명] 품질 **既然……就……** jìrán……jiù…… (기왕) ~했다면

4

A 英语	B 经济学	A 영어	B 경제학
C 社会学	**D 自然科学**	C 사회학	**D 자연 과학**

女：你这次选经济学了吗？听说这门课的教授很严格。

男：没有，我选了一直想学的自然科学。

问：男的选了什么课？

여: 너 이번에 경제학 선택했어? 듣자 하니 이 과목 교수님이 엄격하대.

남: 아니, 나는 줄곧 배우고 싶었던 자연 과학을 선택했어.

질문: 남자는 무슨 수업을 선택했는가?

해설 제시된 선택지가 모두 특정 명사이므로 대화에서 언급되는 각 선택지와 관련된 내용을 주의 깊게 듣는다. 남자가 **我选了一直想学的自然科学**(나는 줄곧 배우고 싶었던 자연 과학을 선택했어)라고 했다. 질문이 남자는 무슨 수업을 선택했는지 물었으므로 D **自然科学**(자연 과학)를 정답으로 선택한다. 참고로, 여자가 언급한 **经济学**(경제학)를 듣고 B를 정답으로 선택하지 않도록 주의한다.

어휘 **经济学** jīngjìxué [명] 경제학 **社会学** shèhuìxué [명] 사회학 **自然科学** zìrán kēxué 자연 과학 **选** xuǎn [동] 선택하다, 고르다 **教授** jiàoshòu [명] 교수 **严格** yángé [형] 엄격하다, 엄하다 **一直** yìzhí [부] 줄곧, 계속

5

A 学习安排	B 材料内容	A 학습 계획	B 자료 내용
C 见面地点	D 付款方式	**C 만나는 장소**	D 결제 방식

男：明天下午五点，咱们在地铁站出口见吧。

女：地铁站出口很多，你说的是哪一个呢？

问：他们在讨论什么？

남: 내일 오후 5시에 우리 지하철 역 출구에서 만나자.

여: 지하철 역 출구가 많은데, 어느 것을 말하는 거야?

질문: 그들은 무엇을 이야기하고 있는가?

해설 제시된 선택지가 모두 명사구이므로 대화를 들을 때 대화의 중심 소재가 무엇인지 주의 깊게 듣는다. 남자가 **咱们在地铁站出口见吧**(우리 지하철 역 출구에서 만나자)라고 했다. 질문이 그들은 무엇을 이야기하고 있는지 물었으므로 C **见面地点**(만나는 장소)을 정답으로 선택한다.

어휘 **安排** ānpái [동] 계획하다, 분배하다 **材料** cáiliào [명] 자료, 재료 **内容** nèiróng [명] 내용 **见面** jiànmiàn [동] 만나다, 대면하다 **地点** dìdiǎn [명] 장소, 지점 **付款** fùkuǎn [동] 결제하다, 지불하다 **方式** fāngshì [명] 방식 **咱们** zánmen [대] 우리(들) **地铁站** dìtiě zhàn 지하철 역 **出口** chūkǒu [명] 출구

6

A 巧克力	B 塑料袋	A 초콜릿	B 비닐봉지
C 葡萄酒	**D 矿泉水瓶**	C 포도주	**D 생수병**

女：你的衣服怎么这么湿？我给你拿点儿纸擦一下吧。

男：我刚才整理桌子的时候，不小心把上面的矿泉水瓶弄倒了，水全都流到我衣服上了。

여: 당신 옷이 왜 이렇게 축축해요? 제가 휴지를 가져와서 좀 닦아 줄게요.

남: 방금 책상 정리할 때 실수로 위에 있던 생수병을 넘어뜨려서, 물이 전부 제 옷에 흘렀어요.

| 问：男的把什么弄倒了？ | 질문: 남자는 무엇을 넘어뜨렸는가? |

해설 제시된 선택지가 모두 특정 명사이므로 대화에서 언급되는 각 선택지와 관련된 내용을 주의 깊게 듣는다. 남자가 不小心把
上面的矿泉水瓶弄倒了(실수로 위에 있던 생수병을 넘어뜨렸다)라고 했다. 질문이 남자는 무엇을 넘어뜨렸는지 물었으므로 D
矿泉水瓶(생수병)을 정답으로 선택한다.

어휘 巧克力 qiǎokèlì 몡초콜릿 塑料袋 sùliàodài 몡비닐봉지 葡萄酒 pútaojiǔ 몡포도주
矿泉水 kuàngquánshuǐ 몡생수, 미네랄 워터 瓶 píng 몡병 湿 shī 톙축축하다, 습하다 纸 zhǐ 몡휴지, 종이
擦 cā 닦다, 비비다 刚才 gāngcái 몡방금, 막 整理 zhěnglǐ 툉정리하다 不小心 bù xiǎoxīn 실수로
弄倒 nòngdǎo 넘어뜨리다 全 quán 튀전부, 모두 流 liú 툉흐르다

7

| A 春季 | B 夏季 | A 봄 | B 여름 |
| C 秋季 | D 冬季 | C 가을 | D 겨울 |

| 女：下了这么多天雨，终于见到阳光了。
男：晴不了两天，过几天还要继续下呢。
女：要是再下雨，温度就更低了。
男：是啊，所以说一层秋雨一层凉啊。 | 여: 이렇게 오랫동안 비가 내리더니, 드디어 햇빛을 보
네요.
남: 맑은 날씨는 이틀도 채 안 돼서, 며칠 뒤에 또 계속 비
가 내릴 거예요.
여: 만약 비가 더 내린다면, 온도가 더욱 낮아질 거예요.
남: 맞아요, 그래서 가을비가 한 차례 내리면 한층 시원해
진다고 하잖아요. |
| 问：现在有可能是什么季节？ | 질문: 지금은 무슨 계절일 가능성이 큰가? |

해설 제시된 선택지가 모두 계절을 나타내는 특정 명사이므로 대화에서 언급되는 계절 및 관련 내용을 주의 깊게 듣는다. 여자가
남자에게 비가 더 내린다면 온도가 낮아질 거라고 하자, 남자가 所以说一层秋雨一层凉啊(그래서 가을비가 한 차례 내리면 한
층 시원해진다고 하잖아요)라고 했다. 질문이 지금은 무슨 계절일 가능성이 큰지 물었으므로 秋雨(가을비)라는 표현을 토대로
알 수 있는 C 秋季(가을)를 정답으로 선택한다.

어휘 春季 chūnjì 몡봄, 봄철 夏季 xiàjì 몡여름, 여름철 秋季 qiūjì 몡가을, 가을철 冬季 dōngjì 몡겨울, 겨울철
终于 zhōngyú 튀드디어, 마침내 见到 jiàndào 툉보다, 만나다 阳光 yángguāng 몡햇빛 晴 qíng 톙(하늘이) 맑다
继续 jìxù 툉계속하다 要是 yàoshi 젭만약 温度 wēndù 몡온도 低 dī 톙낮다 层 céng 몡층
秋雨 qiūyǔ 몡가을비 凉 liáng 톙시원하다, 서늘하다 季节 jìjié 몡계절

8

| A 七点半 | B 八点 | A 일곱 시 반 | B 여덟 시 |
| C 八点半 | D 十点 | C 여덟 시 반 | D 열 시 |

| 男：你快点儿收拾，我们要迟到了。
女：别着急，现在才七点，飞机十点起飞呢。
男：现在正是堵车的时候，我们至少要在飞
机起飞前一个小时赶到机场。
女：坐地铁的话一个小时就能到，所以八点
出发就可以了。 | 남: 당신 빨리 짐을 꾸리세요. 우리 늦겠어요.
여: 조급해하지 마세요. 지금 겨우 일곱 시예요. 비행기는
열 시에 이륙하는걸요.
남: 지금은 한창 차가 막힐 때예요. 우리는 적어도 비행기
이륙 한 시간 전에는 공항에 도착해야 해요.
여: 지하철을 타면 한 시간이면 도착할 수 있어요. 그래서
여덟 시에 출발하기만 하면 돼요. |
| 问：飞机几点起飞？ | 질문: 비행기는 몇 시에 이륙하는가? |

해설 제시된 선택지가 모두 시간을 나타내는 특정 명사이므로 대화에서 언급되는 시간 표현 및 관련 내용을 주의 깊게 듣는다. 여자가 飞机十点才起飞呢(비행기는 열 시에 이륙하는걸요)라고 했다. 질문이 비행기는 몇 시에 이륙하는지 물었으므로 D 十点(열 시)을 정답으로 선택한다. 참고로, 여자가 언급한 八点(여덟 시)을 듣고 B를 정답으로 선택하지 않도록 주의한다.

어휘 收拾 shōushi 图 (짐을) 꾸리다, 정리하다 迟到 chídào 图 늦다, 지각하다 着急 zháojí 图 조급해하다
     起飞 qǐfēi 图 이륙하다 正 zhèng 图 한창, 마침 堵车 dǔchē 图 차가 막히다 至少 zhìshǎo 图 적어도, 최소한
     赶到 gǎndào 图 (시간 안에) 도착하다, 서둘러 가다 地铁 dìtiě 图 지하철 出发 chūfā 图 출발하다

9

A 红色	B 白色	A 빨간색	B 흰색
C 蓝色	D 黑色	C 파란색	D 검은색

女：我很喜欢昨天买的那条裤子，所以今天就穿来了。

男：其实，我觉得你更适合穿黑色的裤子。

女：今年红色特别流行，所以我想试试这种颜色。

男：啊，原来是这样啊。

问：女的买了什么颜色的裤子？

여: 저는 어제 산 그 바지를 너무 좋아해서, 오늘 입고 왔어요.

남: 사실, 저는 당신이 검은색 바지를 입는 게 더 잘 어울린다고 생각해요.

여: 올해 빨간색이 아주 유행해서, 저는 이런 색깔을 시도해 보고 싶었어요.

남: 아하, 그랬군요.

질문: 여자는 어떤 색깔의 바지를 샀는가?

해설 제시된 선택지가 모두 색깔을 나타내는 특정 명사이므로 대화에서 언급되는 색깔 및 관련 내용을 주의 깊게 듣는다. 여자가 我很喜欢昨天买的那条裤子(저는 어제 산 그 바지를 너무 좋아해요)라며 今年红色特别流行(올해 빨간색이 아주 유행해요)이라고 했다. 질문이 여자는 어떤 색깔의 바지를 샀는지 물었으므로 昨天买的那条裤子(어제 산 그 바지), 红色(빨간색)라는 표현을 토대로 알 수 있는 A 红色(빨간색)를 정답으로 선택한다. 참고로, 남자가 언급한 黑色(검은색)를 듣고 D를 정답으로 선택하지 않도록 주의한다

어휘 蓝色 lánsè 图 파란색 条 tiáo 图 [가늘고 긴 것을 세는 단위] 裤子 kùzi 图 바지 其实 qíshí 图 사실, 실은
     更 gèng 图 더, 더욱 适合 shìhé 图 어울리다, 적합하다 特别 tèbié 图 아주, 특히 流行 liúxíng 图 유행하다
     种 zhǒng 图 종류, 가지 试 shì 图 시도해 보다, 시험 삼아 ~해 보다
     原来是这样 yuánlái shì zhèyàng 그랬군요, (알고 보니) 그랬구나

10

A 法律规定	B 地铁路线	A 법 규정	B 지하철 노선
C 公司地址	**D 收费标准**	C 회사 주소	**D 요금 기준**

男：你寄过书吗？我想给国外的朋友寄几本书，但是不知道该怎么做。

女：你可以去邮局网站查一下，上面信息很全。

男：好的，我想知道邮局是怎么收费的。

女：别担心，网站上有价格表。

问：男的想知道什么？

남: 당신 책 부쳐본 적 있어요? 제가 외국 친구에게 책 몇 권을 부쳐 주려고 하는데, 어떻게 해야 할지 모르겠어요.

여: 우체국 홈페이지에서 찾아보세요. 거기 정보가 완전해요.

남: 좋아요. 저는 우체국에서 어떻게 요금을 받는지 알고 싶어요.

여: 걱정하지 마세요. 홈페이지에 가격표가 있어요.

질문: 남자는 무엇을 알고 싶어하는가?

해설 제시된 선택지가 모두 명사구이므로 대화를 들을 때 대화의 중심 소재가 무엇인지 주의 깊게 듣는다. 남자가 我想知道邮局是怎么收费的(저는 우체국에서 어떻게 요금을 받는지 알고 싶어요)라고 했다. 질문이 남자는 무엇을 알고 싶어하는지 물었으므

로 **怎么收费**(어떻게 요금을 받는가)라는 표현을 토대로 알 수 있는 D **收费标准**(요금 기준)을 정답으로 선택한다.

어휘 **法律** fǎlǜ 圆법, 법률 **规定** guīdìng 圆규정 **地铁** dìtiě 圆지하철 **路线** lùxiàn 圆노선 **地址** dìzhǐ 圆주소
收费 shōu fèi 요금을 받다 **标准** biāozhǔn 圆기준, 표준 **寄** jì 圆(우편으로) 부치다 **邮局** yóujú 圆우체국
网站 wǎngzhàn 圆홈페이지 **查** chá 圆찾다, 조사하다 **信息** xìnxī 圆정보, 소식 **全** quán 圆완전하다
担心 dānxīn 圆걱정하다 **价格表** jiàgé biǎo 가격표

제2,3부분 대화 **실전테스트** p.64

따라 읽으며 학습하기 ▶

1 D	2 C	3 A	4 D	5 C	6 B	7 D	8 A	9 D	10 B
11 A	12 D	13 C	14 C	15 C	16 B	17 C	18 C	19 A	20 C
21 D	22 B	23 D	24 B	25 C					

1

A 女的不用 B 是信用卡
C 男的没接 D 能用到三月底

A 여자는 쓰지 않는다 B 신용카드이다
C 남자는 받지 않았다 D 3월 말까지 쓸 수 있다

男：我明天就要搬走了，不过这个打折卡还能用到三月底，真可惜。

女：那你可以转卖给别人。

问：关于那个卡，下列哪项正确？

남: 저는 내일이면 이사를 가는데, 이 할인 카드는 아직 3월 말까지 쓸 수 있어요. 정말 아쉬워요.

여: 그러면 다른 사람에게 되파세요.

질문: 그 카드에 대해, 다음 중 옳은 것은 무엇인가?

해설 제시된 선택지가 모두 특정 대상의 상태·상황을 나타내고 있으므로 대화를 들을 때 상태·상황과 관련된 내용을 주의 깊게 듣는다. 남자가 **这个打折卡还能用到三月底**(이 할인 카드는 아직 3월 말까지 쓸 수 있어요)라고 했다. 질문이 그 카드에 대해 옳은 것은 무엇인지 물었으므로 D **能用到三月底**(3월 말까지 쓸 수 있다)를 정답으로 선택한다.

어휘 **信用卡** xìnyòngkǎ 圆신용카드 **接** jiē 圆받다, 잡다 **底** dǐ 圆말, 밑 **搬** bān 圆이사하다 **不过** búguò 圆그런데, 그러나
打折卡 dǎzhé kǎ 할인 카드 **可惜** kěxī 圆아쉽다, 아깝다 **转卖** zhuǎnmài 圆되팔다

2

A 没力气说话 B 想吃包子了
C 汤没有味道 D 能完成任务

A 말할 힘이 없다 B 만두가 먹고 싶어졌다
C 국이 맛이 없다 D 업무를 끝낼 수 있다

女：服务员，这碗汤是不是忘记加盐了？怎么一点儿味道都没有？

男：很抱歉，请稍等，我这就给您换一碗。

问：女的遇到了什么问题？

여: 종업원, 이 국에 소금 넣는 것을 잊은 것 아닌가요? 어떻게 조금도 맛이 나지 않죠?

남: 죄송합니다. 잠시만 기다려 주세요. 지금 바꿔 드리겠습니다.

질문: 여자는 어떤 문제에 맞닥뜨렸는가?

해설 제시된 선택지가 모두 사람의 상태·상황을 나타내고 있으므로 대화에서 언급되는 화자의 상태나 현재 처한 상황을 주의 깊게 듣는다. 여자가 **这碗汤……怎么一点儿味道都没有?**(이 국……어떻게 조금도 맛이 나지 않죠?)라고 했다. 질문이 여자는 어떤 문제에 맞닥뜨렸는지 물었으므로 C **汤没有味道**(국이 맛이 없다)를 정답으로 선택한다.

어휘 **力气** lìqi 圆힘, 역량 **包子** bāozi 圆만두, 찐빵 **汤** tāng 圆국, 탕 **味道** wèidao 圆맛 **完成** wánchéng 圆끝내다, 완성하다
任务 rènwu 圆업무, 임무 **碗** wǎn 圆그릇, 공기 **忘记** wàngjì 圆잊다, 까먹다 **加** jiā 圆넣다, 더하다 **盐** yán 圆소금
抱歉 bàoqiàn 圆죄송해하다, 미안해하다 **请稍等** qǐng shāo děng 잠시만 기다려 주세요 **这** zhè 圆지금, 이때
换 huàn 圆바꾸다, 교환하다

3

A 要去美国了 B 常参加聚会 C 很会做生意 D 下周去检查	**A 미국에 가려고 한다** B 모임에 자주 참석한다 C 사업을 매우 잘한다 D 다음 주에 검사하러 간다
男：李成的美国留学申请成功了，听说下个月就要出国了。 女：李成？我想起来了，他从来不参加聚会，我们毕业后就没有见过了。 问：关于李成，可以知道什么？	남: 리청의 미국 유학 신청이 성공해서, 듣자 하니 다음 달에 출국하려고 한대. 여: 리청? 나 생각났어. 그는 지금까지 모임에 참석한 적이 없어서, 졸업한 후에 본 적이 없어. 질문: 리청에 관해 알 수 있는 것은 무엇인가?

해설 제시된 선택지가 모두 사람의 상태·상황을 나타내고 있으므로 대화에서 언급되는 화자의 상태나 현재 처한 상황을 주의 깊게 듣는다. 남자가 **李成的美国留学申请成功了，听说下个月就要出国了。**(리청의 미국 유학 신청이 성공해서, 듣자 하니 다음 달에 출국하려고 한대.)라고 했다. 질문이 리청에 관해 알 수 있는 것을 물었으므로 **A 要去美国了**(미국에 가려고 한다)를 정답으로 선택한다.

어휘 **参加** cānjiā [동] 참석하다 **聚会** jùhuì [명] 모임 [동] 모이다 **生意** shēngyi [명] 사업, 장사 **检查** jiǎnchá [동] 검사하다, 조사하다 **留学** liúxué [동] 유학하다 **申请** shēnqǐng [동] 신청하다 **成功** chénggōng [동] 성공하다 **听说** tīngshuō [동] 듣자 하니 **想起来** xiǎng qǐlai 생각이 나다 **从来** cónglái [부] 지금까지, 여태껏 **毕业** bìyè [동] 졸업하다

4

A 要有礼貌 B 少喝饮料 C 换个新眼镜 **D 不要打扰别人**	A 예의가 있어야 한다 B 음료를 적게 마신다 C 새 안경으로 바꾼다 **D 다른 사람을 방해하지 마라**
女：我要去趟卫生间，今天咖啡喝多了。 男：电影还有几分钟就开始了，快点儿去吧，别打扰周围的人。 问：男的建议女的做什么？	여: 저 화장실 한번 다녀올게요. 오늘 커피를 많이 마셨어요. 남: 몇 분 후면 영화가 시작되니, 빨리 가세요. 주위 사람들을 방해하지 마세요. 질문: 남자는 여자에게 무엇을 하라고 제안하는가?

해설 제시된 선택지가 모두 사람의 상태·상황을 나타내고 있으므로 대화에서 언급되는 화자의 상태나 현재 처한 상황을 주의 깊게 듣는다. 여자가 화장실을 가야겠다고 하자, 남자가 **别打扰周围的人**(주위 사람들을 방해하지 마세요)이라고 했다. 질문이 남자는 여자에게 무엇을 하라고 제안하는지 물었으므로 **D 不要打扰别人**(다른 사람을 방해하지 마라)을 정답으로 선택한다.

* 바꾸어 표현 **别打扰周围的人** 주위 사람들을 방해하지 마라 → **不要打扰别人** 다른 사람을 방해하지 마라

어휘 **礼貌** lǐmào [명] 예의 [형] 예의 바르다 **饮料** yǐnliào [명] 음료 **眼镜** yǎnjìng [명] 안경 **打扰** dǎrǎo [동] 방해하다, 귀찮게 하다 **趟** tàng [양] 번, 차례[횟수를 세는 데 쓰임] **卫生间** wèishēngjiān [명] 화장실 **周围** zhōuwéi [명] 주위, 주변 **建议** jiànyì [동] 제안하다

5

A 演出门票 B 社会调查 **C 朋友的样子** D 火车到站时间	A 공연 입장권 B 사회 조사 **C 친구의 모습** D 기차가 역에 도착하는 시간

男：你们只在网上聊过天，还没真正见过面，一会儿你能认出她来吗？ 女：你别担心，我问过了，她说她戴着眼镜，还提了个黑色的包。 问：他们在谈什么？	남: 너희들 인터넷에서만 이야기 해본 적 있고, 진짜로 만난 적은 아직 없는데, 이따가 그녀를 알아볼 수 있겠어? 여: 걱정 마. 내가 물어봤는데, 그녀는 안경을 쓰고, 검은색 가방을 메고 있다고 했어. 질문: 그들은 무엇을 이야기하고 있는가?

해설 제시된 선택지가 모두 명사구이므로 대화를 들을 때 대화의 중심 소재가 무엇인지 주의 깊게 듣는다. 남자가 이따가 그녀를 알아볼 수 있겠냐고 묻자, 여자가 **她说她戴着眼镜，还提了个黑色的包**(그녀는 안경을 쓰고, 검은색 가방을 메고 있다고 했어)라고 답했다. 질문이 그들이 무엇을 이야기하고 있는지 물었으므로 C **朋友的样子**(친구의 모습)를 정답으로 선택한다.

어휘 **演出** yǎnchū [동]공연하다 **门票** ménpiào [명]입장권 **社会** shèhuì [명]사회 **调查** diàochá [동]조사하다
样子 yàngzi [명]모습, 모양 **站** zhàn [명]역, 정거장 **只** zhǐ [부]~만, 단지 **网上** wǎngshàng 인터넷, 온라인
聊天(儿) liáotiān(r) [동]이야기하다 **真正** zhēnzhèng [형]진짜의, 진정한 **一会儿** yíhuìr 이따가, 잠시
认出来 rèn chūlai 알아보다 **担心** dānxīn [동]걱정하다 **戴** dài [동](안경, 모자, 시계 등을) 쓰다, 착용하다
眼镜 yǎnjìng [명]안경 **提** tí [동]메다, 들다

6

A 发送传真　　**B 整理材料** C 仔细检查　　D 到楼下开会	A 팩스를 보낸다　　**B 자료를 정리한다** C 꼼꼼히 점검한다　　D 아래층에서 회의를 한다
女：小王，你有空的时候帮我整理一下这些材料。 男：行，刘经理，这些材料您需要复印吗？ 问：男的很可能会做什么？	여: 샤오왕, 시간 있을 때 저 대신 이 자료들을 정리 좀 해 주세요. 남: 그럴게요, 류 매니저님. 이 자료들 복사 필요하신가요? 질문: 남자는 무엇을 할 가능성이 큰가?

해설 제시된 선택지가 모두 행동을 나타내고 있으므로 대화를 들을 때 화자 또는 특정 인물이 하고 있거나 하려는 행동이 무엇인지를 주의 깊게 듣는다. 여자가 **你有空的时候帮我整理一下这些材料**(시간 있을 때 저 대신 이 자료들을 정리 좀 해 주세요)라고 하자, 남자가 **行**(그럴게요)이라고 했다. 질문이 남자는 무엇을 할 가능성이 큰지 물었으므로 B **整理材料**(자료를 정리한다)를 정답으로 선택한다.

어휘 **发送** fāsòng [동]보내다, 발송하다 **传真** chuánzhēn [명]팩스 **整理** zhěnglǐ [동]정리하다 **材料** cáiliào [명]자료, 재료
仔细 zǐxì [형]꼼꼼하다, 세심하다 **检查** jiǎnchá [동]점검하다, 검사하다 **楼下** lóu xià 아래층, 건물 아래 **空** kòng [명]시간, 틈
经理 jīnglǐ [명]매니저 **需要** xūyào [동]필요하다 **复印** fùyìn [동]복사하다

7

A 病已经好了 B 不再抽烟了 C 性格变化大 **D 最近常出差**	A 병이 이미 다 나았다 B 더 이상 담배를 피우지 않는다 C 성격의 변화가 크다 **D 최근에 자주 출장을 갔다**
男：你的病本来两个星期就能好的，是不是没有按时吃药啊？ 女：是的，我最近经常出差，所以老忘记吃药。	남: 당신의 병은 원래 2주면 좋아질 수 있는데, 제때에 약을 먹지 않으셨나요? 여: 맞아요. 제가 최근에 자주 출장을 갔어요. 그래서 약을 먹는 것을 항상 잊어버렸어요.

问：关于女的，可以知道什么？

질문: 여자에 관해 알 수 있는 것은 무엇인가?

해설 제시된 선택지가 모두 사람의 상태·상황을 나타내고 있으므로 대화에서 언급되는 화자의 상태나 현재 처한 상황을 주의 깊게 듣는다. 여자가 **我最近经常出差**(제가 최근에 자주 출장을 갔어요)라고 했다. 질문이 여자에 관해 알 수 있는 것을 물었으므로 D **最近常出差**(최근에 자주 출장을 갔다)를 정답으로 선택한다.

어휘 **抽烟** chōuyān [동] 담배를 피우다 **性格** xìnggé [명] 성격 **变化** biànhuà [명] 변화 [동] 변화하다 **最近** zuìjìn [명] 최근, 요즘
常 cháng [부] 자주 **出差** chūchāi [동] 출장 가다 **本来** běnlái [부] 원래 [형] 본래의 **按时** ànshí [부] 제때에
经常 jīngcháng [부] 자주, 늘 **老** lǎo [부] 항상, 줄곧 **忘记** wàngjì [동] 잊어버리다, 까먹다

8

A 晚上要加班
B 要去接孩子
C 坐地铁回家
D 讨厌扔垃圾

A 저녁에 야근을 해야 한다
B 아이를 데리러 가야 한다
C 지하철을 타고 집에 간다
D 쓰레기 버리는 것을 싫어한다

女：今晚有个同学聚会，大家说好久没见你了，希望你能一块儿来。
男：好啊，我也想参加，不过可能要加一会儿班，下班后直接过去。

여: 오늘 저녁에 동창회가 있어요. 모두 당신을 오랫동안 보지 못했으니, 같이 왔으면 좋겠다고 했어요.
남: 좋아요. 저도 참석하고 싶어요. 그런데 아마도 야근을 잠깐 해야 할 것 같아서, 퇴근하고 바로 갈게요.

问：关于男的，可以知道什么？

질문: 남자에 관해 알 수 있는 것은 무엇인가?

해설 제시된 선택지가 모두 사람의 상태·상황을 나타내고 있으므로 대화에서 언급되는 화자의 상태나 현재 처한 상황을 주의 깊게 듣는다. 여자가 **今晚有个同学聚会**(오늘 저녁에 동창회가 있어요)라고 하자, 남자가 자신도 참석하고 싶지만 **可能要加一会儿班**(아마도 야근을 잠깐 해야 할 것 같아요)이라고 했다. 질문이 남자에 관해 알 수 있는 것을 물었으므로 A **晚上要加班**(저녁에 야근을 해야 한다)을 정답으로 선택한다.

어휘 **加班** jiābān [동] 야근하다 **接** jiē [동] 데리러 가다, 마중하다 **地铁** dìtiě [명] 지하철 **讨厌** tǎoyàn [동] 싫어하다, 미워하다
扔 rēng [동] 버리다, 던지다 **垃圾** lājī [명] 쓰레기 **同学聚会** tóngxué jùhuì 동창회 **好久** hǎojiǔ [형] (시간이) 오래되다
一块儿 yíkuàir [부] 같이, 함께 **参加** cānjiā [동] 참석하다, 참가하다 **不过** búguò [접] 그런데, 그러나 **一会儿** yíhuìr 잠깐, 잠시
直接 zhíjiē [형] 바로 ~하다, 직접적이다 **过去** guòqù [동] 가다, 지나가다

9

A 车站 B 餐厅
C 电梯 **D 机场**

A 정류장 B 식당
C 엘리베이터 **D 공항**

男：请问，从上海出发的874航班什么时候降落？
女：是这样的，因为受到大风的影响，起飞时间被推迟了。

남: 실례지만, 상하이에서 출발한 874 항공편은 언제 착륙하나요?
여: 상황은 이렇습니다. 강한 바람의 영향을 받아서, 이륙 시간이 연기되었어요.

问：他们可能在哪里？

질문: 그들은 어디에 있을 가능성이 큰가?

해설 제시된 선택지가 모두 장소를 나타내고 있으므로 대화를 들을 때 화자 또는 특정 인물이 있는 장소 혹은 가려고 하는 장소가 어디인지를 주의 깊게 듣는다. 남자가 **从上海出发的874航班什么时候降落?**(상하이에서 출발한 874 항공편은 언제 착륙하나요?)라고 묻자, 여자가 **起飞时间被推迟了**(이륙 시간이 연기되었어요)라고 답했다. 질문이 그들은 어디에 있을 가능성이 큰지 물었으므로 **航班**(항공편), **降落**(착륙하다), **起飞时间**(이륙 시간)이라는 표현을 토대로 알 수 있는 D **机场**(공항)을 정답으로 선택한다.

어휘 **车站** chēzhàn 圓정류장, 역 **餐厅** cāntīng 圓식당, 레스토랑 **电梯** diàntī 圓엘리베이터 **出发** chūfā 圓출발하다
航班 hángbān 圓항공편, 운항편 **降落** jiàngluò 圓착륙하다 **受到** shòudào 圓받다
影响 yǐngxiǎng 圓영향圓영향을 주다 **起飞** qǐfēi 圓이륙하다, 떠오르다 **推迟** tuīchí 圓연기하다, 미루다

10

| A 开心 | B 着急 | A 즐겁다 | B 조급하다 |
| C 兴奋 | D 羨慕 | C 흥분하다 | D 부러워하다 |

女: 师傅, 您能开得再快一点儿吗? 我恐怕
　　赶不上火车了。

男: 着急也没用, 不能再加快速度了, 就算
　　时间紧, 也得注意安全啊。

问: 女的现在心情怎么样?

여: 기사님, 좀 더 빨리 가 주실 수 있나요? 아마 기차를
　　놓칠 것 같아서요.

남: 조급해하셔도 소용없어요. 속도를 더 낼 수는 없어요.
　　설령 시간이 촉박해도, 안전에 주의해야죠.

질문: 여자는 지금 기분이 어떠한가?

해설 제시된 선택지가 모두 사람의 감정을 나타내고 있으므로 대화에서 언급되는 감정과 관련된 내용을 주의 깊게 듣는다. 여자
가 您能开得再快一点儿吗?我恐怕赶不上火车了。(좀 더 빨리 가 주실 수 있나요? 아마 기차를 놓칠 것 같아서요.)라고 하자, 남자
가 着急也没用(조급해하셔도 소용없어요)이라고 답했다. 질문이 여자는 지금 기분이 어떠한지 물었으므로 B 着急(조급하다)를
정답으로 선택한다.

어휘 **开心** kāixīn 圓즐겁다, 기쁘다 **着急** zháojí 圓조급하다, 초조하다 **兴奋** xīngfèn 圓흥분하다, 감격하다
羨慕 xiànmù 圓부러워하다 **师傅** shīfu 圓기사, 스승 **恐怕** kǒngpà 圓아마 ~일 것이다
赶不上 gǎn bu shang (시간이 안 되어) ~하지 못 하다 **没用** méi yòng 소용없다, 쓸모없다
加快 jiākuài 圓(속도를) 내다, 가속하다 **速度** sùdù 圓속도 **就算** jiùsuàn 圓설령 ~할지라도 **紧** jǐn 圓촉박하다, 긴급하다
得 děi 조통~해야 한다 **注意** zhùyì 圓주의하다, 조심하다 **安全** ānquán 圓안전하다 **心情** xīnqíng 圓기분, 감정

11

| A 去旅行 | B 看电影 | A 여행을 간다 | B 영화를 본다 |
| C 见父母 | D 买机票 | C 부모님을 만난다 | D 비행기 표를 산다 |

男: 咱们二月份才放假, 你现在就开始安排
　　旅程, 是不是太早了?

女: 不早了, 要想去旅行, 最好早点儿买机
　　票。

问: 放假后他们打算做什么?

남: 우리 2월은 돼야 방학하는데, 지금부터 벌써 여행 일
　　정을 계획하는 건 너무 이르지 않아?

여: 이르지 않아. 여행을 가려면, 일찍 비행기표를 사는
　　것이 가장 좋지.

질문: 방학하면 그들은 무엇을 할 계획인가?

해설 제시된 선택지가 모두 행동을 나타내고 있으므로 대화를 들을 때 화자 또는 특정 인물이 하고 있거나 하려는 행동이 무엇인
지를 주의 깊게 듣는다. 남자가 咱们二月份才放假,你现在就开始安排旅程,是不是太早了?(우리 2월은 돼야 방학하는데, 지
금부터 벌써 여행 일정을 계획하는 건 너무 이르지 않아?)라고 했다. 질문이 방학하면 그들은 무엇을 할 계획인지 물었으므로 A 去
旅行(여행을 간다)을 정답으로 선택한다. 참고로 여자가 언급한 买机票(비행기표를 사다)를 듣고 D를 정답으로 선택하지 않도
록 주의한다.

어휘 **旅行** lǚxíng 圓여행하다 **机票** jīpiào 비행기표 **咱们** zánmen 圃우리(들) **月份** yuèfèn 圓월, 달 **才** cái 圓~에서야, 겨우
放假 fàngjià 圓방학하다 **安排** ānpái 圓(인원·시간 등을) 계획하다, 배정하다 **旅程** lǚchéng 圓여행 일정, 여정
最好 zuìhǎo 圓~하는 것이 가장 좋다

12

A 饼干很好吃
B 饼干卖完了
C 要去整理桌子
D 最好自己去看

A 과자는 맛있다
B 과자는 다 팔렸다
C 테이블을 정리하러 가야 한다
D 직접 가서 보는 것이 제일 좋다

女: 叔叔，上周我在这儿买的巧克力饼干很好吃，现在还有吗？
男: 饼干有好多种，都在最后一排，你自己去看看还有没有吧。

问: 男的是什么意思？

여: 아저씨, 지난주에 제가 여기에서 산 초콜릿 과자가 맛있던데, 지금도 있나요?
남: 과자 종류가 아주 많아요. 모두 제일 뒷줄에 있으니, 직접 가서 있는지 없는지 한번 보세요.

질문: 남자의 말은 무슨 뜻인가?

해설 제시된 선택지가 모두 특정 대상의 상태·상황을 나타내고 있으므로 대화를 들을 때 상태·상황과 관련된 내용을 주의 깊게 듣는다. 여자가 초콜릿 과자가 있냐고 묻자, 남자가 你自己去看看还有没有吧(직접 가서 있는지 없는지 한번 보세요)라고 답했다. 질문이 남자의 말은 무슨 뜻인지 물었으므로 D 最好自己去看(직접 가서 보는 것이 제일 좋다)을 정답으로 선택한다. 참고로, 여자가 언급한 巧克力饼干很好吃(초콜릿 과자가 맛있다)를 듣고 A를 정답으로 선택하지 않도록 주의한다.

어휘 饼干 bǐnggān 몡 과자, 비스킷　整理 zhěnglǐ 图 정리하다, 정돈하다　最好 zuìhǎo 囝 ~하는 것이 제일 좋다
自己 zìjǐ 団 직접, 스스로　叔叔 shūshu 몡 아저씨, 삼촌　巧克力 qiǎokèlì 몡 초콜릿　种 zhǒng 양 종류, 가지
排 pái 양 줄, 열

13

A 讲笑话　　B 叫警察
C 收拾房间　D 联系房东

A 농담을 한다　　B 경찰을 부른다
C 방을 정리한다　D 집 주인에게 연락한다

男: 今天这场球赛肯定很精彩，难道你不想陪我一起看吗？
女: 修空调的人刚走，房间太乱了，我得收拾一下。

问: 女的马上要做什么？

남: 오늘 이 축구 경기는 분명히 훌륭할 거예요. 설마 당신 저와 함께 보고 싶지 않은 건가요?
여: 에어컨 수리하는 사람이 방금 가서, 방이 너무 어지러워요. 정리 좀 해야겠어요.

질문: 여자는 곧 무엇을 하려고 하는가?

해설 제시된 선택지가 모두 행동을 나타내고 있으므로 대화를 들을 때 화자 또는 특정 인물이 하고 있거나 하려는 행동이 무엇인지를 주의 깊게 듣는다. 여자가 房间太乱了，我得收拾一下(방이 너무 어지러워요. 정리 좀 해야겠어요)라고 했다. 질문이 여자는 곧 무엇을 하려고 하는지 물었으므로 C 收拾房间(방을 정리한다)을 정답으로 선택한다.

어휘 讲笑话 jiǎng xiàohuà 농담을 하다　警察 jǐngchá 몡 경찰　收拾 shōushi 图 정리하다, 치우다　联系 liánxì 图 연락하다
房东 fángdōng 몡 집주인　场 chǎng 양 번, 회　球赛 qiú sài 축구 경기, 구기 경기　肯定 kěndìng 囝 분명히
精彩 jīngcǎi 혱 훌륭하다, 뛰어나다　难道 nándào 囝 설마 ~하겠는가　陪 péi 图 함께 ~하다, 모시다　修 xiū 图 수리하다
空调 kōngtiáo 몡 에어컨　刚 gāng 囝 방금, 막　乱 luàn 혱 어지럽다, 지저분하다　马上 mǎshàng 囝 곧, 금방

14

A 同事　　B 夫妻
C 母子　D 邻居

A 동료　　B 부부
C 엄마와 아들　D 이웃

女：儿子，老师讲的重点内容你都记住了吗？	여: 아들아, 선생님이 말씀하신 중요한 내용을 다 기억했니?
男：我都看了三遍了，明天的考试肯定没问题，我有信心拿好成绩。	남: 저는 세 번이나 봤으니, 내일 시험은 분명 문제없을 거예요. 저는 좋은 성적을 받을 자신 있어요.
问：他们可能是什么关系？	질문: 그들은 어떤 관계일 가능성이 큰가?

해설 제시된 선택지가 모두 관계를 나타내고 있으므로 대화를 들을 때 두 화자의 관계 혹은 특정 인물과의 관계를 나타내는 내용을 주의 깊게 듣는다. 여자가 남자를 儿子(아들아)라고 불렀다. 질문이 그들의 관계를 물었으므로 여자가 남자를 부르는 호칭을 토대로 알 수 있는 C 母子(엄마와 아들)를 정답으로 선택한다.

어휘 **夫妻** fūqī 圆 부부 **母子** mǔzǐ 圆 엄마와 아들, 모자 **邻居** línjū 圆 이웃 **讲** jiǎng 圆 말하다, 설명하다
重点 zhòngdiǎn 圆 중요한 부분, 중점 **内容** nèiróng 圆 내용 **记住** jìzhù (확실히) 기억하다 **遍** biàn 圆 번, 차례
肯定 kěndìng 圆 분명히 **信心** xìnxīn 圆 자신(감), 확신 **拿** ná 圆 받다, 가지다 **成绩** chéngjì 圆 성적, 결과
关系 guānxi 圆 관계

15

| A 工资不高 | B 身体不好 | A 월급이 높지 않다 | B 몸이 안 좋다 |
| **C 觉得无聊** | D 常常加班 | **C 지루하다고 생각한다** | D 종종 야근한다 |

男：我打算换个工作，天天在商场里整理货物，真无聊。	남: 저는 직업을 바꾸려고 해요. 매일 쇼핑 센터에서 물품을 정리하는 것은 정말 지루해요.
女：我有个朋友是做导游的，他们公司正在招聘，你想去试试吗？	여: 제게 가이드 일을 하는 친구가 있는데, 그 친구 회사가 지금 채용 중이에요. 한번 시도해 보실래요?
问：男的为什么想换工作？	질문: 남자는 왜 직업을 바꾸려고 하는가?

해설 제시된 선택지가 모두 사람의 상태·상황을 나타내고 있으므로 대화에서 언급되는 화자의 상태나 현재 처한 상황을 주의 깊게 듣는다. 남자가 我打算换个工作，天天在商场里整理货物，真无聊。(저는 직업을 바꾸려고 해요. 매일 쇼핑 센터에서 물품을 정리하는 것은 정말 지루해요.)라고 했다. 질문이 남자는 왜 직업을 바꾸려고 하는지 물었으므로 C 觉得无聊(지루하다고 생각한다)를 정답으로 선택한다.

어휘 **工资** gōngzī 圆 월급, 임금 **无聊** wúliáo 圆 지루하다, 심심하다 **常常** chángcháng 圆 종종, 자주 **加班** jiābān 圆 야근하다
打算 dǎsuan 圆 ~하려고 하다, ~할 계획이다 **换** huàn 圆 바꾸다, 교환하다 **天天** tiāntiān 圆 매일, 날마다
商场 shāngchǎng 圆 쇼핑 센터, 백화점 **整理** zhěnglǐ 圆 정리하다, 정돈하다 **货物** huòwù 圆 물품, 상품
导游 dǎoyóu 圆 가이드, 관광 안내원 **招聘** zhāopìn 圆 채용하다, 모집하다 **试** shì 圆 시도해 보다

16

| A 宾馆 | **B 火车票** | A 호텔 | **B 기차표** |
| C 天气情况 | D 网页问题 | C 날씨 상황 | D 웹사이트 문제 |

女：刚才张经理通知我们后天出发，火车票能买到吗？	여: 방금 장 매니저님이 우리한테 모레 출발하라고 알려주셨는데, 기차표를 구할 수 있나요?
男：我看看，后天上午9点半有个普通车，11点有个快车，我们坐哪个？	남: 제가 좀 볼게요. 모레 오전 9시 반에 일반 열차가 있고, 11시에는 급행 열차가 있어요. 우리 어떤 것을 탈까요?
女：坐快车吧，能节约不少时间。	여: 급행 열차 타요. 시간을 많이 절약할 수 있어요.
男：好，我马上就上网买，4张，对吧？	남: 좋아요, 제가 바로 인터넷으로 살게요. 4장 맞죠?

问：他们在谈什么？ | 질문: 그들은 무엇을 이야기하고 있는가?

해설　제시된 선택지가 모두 구체적인 명사구이므로 대화를 들을 때 대화의 중심 소재가 무엇인지 주의 깊게 듣는다. 여자가 火车票能买到吗?(기차표를 구할 수 있나요?)라고 묻자, 남자가 后天上午9点半有个普通车，11点有个快车，我们坐哪个?(모레 오전 9시 반에 일반 열차가 있고, 11시에는 급행 열차가 있어요. 우리 어떤 것을 탈까요?)라고 했다. 질문이 그들은 무엇을 이야기하고 있는지 물었으므로 B 火车票(기차표)를 정답으로 선택한다.

어휘　情况 qíngkuàng 몡 상황, 정황　网页 wǎngyè 몡 웹사이트　刚才 gāngcái 몡 방금, 막　经理 jīnglǐ 몡 매니저
　　　通知 tōngzhī 툉 알려주다, 통지하다　出发 chūfā 툉 출발하다, 떠나다　普通车 pǔtōngchē 일반 열차　快车 kuàichē 급행 열차
　　　节约 jiéyuē 툉 절약하다, 아끼다　马上 mǎshàng 凰 바로, 금방　上网 shàngwǎng 툉 인터넷을 하다

17

| A 医院 | B 邮局 | A 병원 | B 우체국 |
| C 理发店 | D 游泳馆 | C 미용실 | D 수영장 |

男：您现在可以洗头发了，请到这边来。

女：我讨厌这种药水的味道，能完全洗掉吗？

男：您放心，我保证洗完就没有味道了。

女：好，洗完以后再帮我把头发弄干吧。

남: 이제 머리 감으셔도 됩니다. 이쪽으로 오세요.

여: 저는 이런 약물 냄새를 싫어하는데, 완전히 씻어버릴 수 있나요?

남: 안심하세요. 다 씻고 나면 냄새가 없어지는 것을 제가 보장합니다.

여: 좋아요. 감고 나서 제 머리 말려 주세요.

问：对话最可能发生在哪儿？ | 질문: 대화는 어디에서 일어났을 가능성이 가장 큰가?

해설　제시된 선택지가 모두 장소를 나타내고 있으므로 대화를 들을 때 화자 또는 특정 인물이 있는 장소 혹은 가려고 하는 장소가 어디인지 주의 깊게 듣는다. 남자가 您现在可以洗头发了，请到这边来。(이제 머리 감으셔도 됩니다. 이쪽으로 오세요.)라고 했고, 여자가 洗完以后再帮我把头发弄干吧(감고 나서 제 머리 말려 주세요)라고 했다. 질문이 대화는 어디에서 일어났을 가능성이 가장 큰지 물었으므로 洗头发(머리를 감다)，把头发弄干(머리를 말리다)이라는 표현을 토대로 알 수 있는 C 理发店(미용실)을 정답으로 선택한다.

어휘　邮局 yóujú 몡 우체국　理发店 lǐfàdiàn 미용실, 이발소　游泳馆 yóuyǒng guǎn 수영장　头发 tóufa 몡 머리카락
　　　讨厌 tǎoyàn 툉 싫어하다, 미워하다　种 zhǒng 몡 종류, 가지　药水 yàoshuǐ 몡 약물　味道 wèidao 몡 냄새, 맛
　　　完全 wánquán 凰 완전히　放心 fàngxīn 툉 안심하다, 마음을 놓다　保证 bǎozhèng 툉 보장하다, 보증하다
　　　弄干 nònggān 말리다

18

| A 长得很帅 | B 想和女的工作 | A 잘생겼다 | B 여자와 함께 일하고 싶다 |
| C 一个人在吃饭 | D 是女的的朋友 | C 혼자 밥을 먹고 있다 | D 여자의 친구이다 |

女：请问您对面有人吗？

男：没有，这里就我一个人在吃饭，随便坐吧。

女：我觉得你很眼熟，你是不是也在旁边那座大楼工作？

男：是啊，我在十五楼的世纪电子公司上班。

여: 실례지만 맞은편에 누구 있나요?

남: 없어요. 여기 저 혼자 밥을 먹고 있어요. 마음대로 앉으세요.

여: 저는 당신이 매우 낯익은데, 당신도 옆에 있는 저 빌딩에서 일하시나요?

남: 맞아요. 저는 15층 세기 전자 회사를 다녀요.

问：关于男的，可以知道什么？ | 질문: 남자에 관해 알 수 있는 것은 무엇인가?

해설 제시된 선택지가 모두 사람의 상태·상황을 나타내고 있으므로 대화에서 언급되는 화자의 상태나 현재 처한 상황을 주의 깊게 듣는다. 여자가 맞은편에 앉을 자리가 있냐고 묻자, 남자가 **这里就我一个人在吃饭，随便坐吧**(여기 저 혼자 밥을 먹고 있어요. 마음대로 앉으세요)라고 답했다. 질문이 남자에 관해 알 수 있는 것을 물었으므로 C **一个人在吃饭**(혼자 밥을 먹고 있다)을 정답으로 선택한다.

어휘 **长** zhǎng [동] 생기다, 자라다 **帅** shuài [형] 잘생기다, 멋지다 **对面** duìmiàn [명] 맞은편, 건너편
随便 suíbiàn [부] 마음대로 [동] 마음대로 하다 **眼熟** yǎnshú [형] 낯익다, 눈에 익다
座 zuò [양] [(도시, 건축물, 산 등) 비교적 크거나 고정된 물체를 세는 단위] **大楼** dàlóu [명] 빌딩 **世纪** shìjì [명] 세기
电子 diànzǐ [명] 전자

19

A 座位 B 零钱 C 行李箱 D 卫生间	**A 좌석** B 잔돈 C 여행용 가방 D 화장실
男：麻烦你帮我看一下我的座位在哪儿。 女：好的，先生，请给我看一下您的登机牌。 男：在这里，上面写的是20D。 女：您的座位在中间，请您跟我来，我给您带路吧。 问：男的在找什么？	남: 실례지만 제 좌석이 어디인지 좀 봐 주세요. 여: 네, 선생님. 저에게 탑승권을 좀 보여 주세요. 남: 여기 있습니다. 위에 20D라고 적혀있어요. 여: 당신의 좌석은 중간이네요. 저를 따라 오세요. 제가 안내해 드릴게요. 질문: 남자는 무엇을 찾고 있는가?

해설 제시된 선택지가 모두 특정 명사이므로 대화에서 언급되는 각 선택지와 관련된 내용을 주의 깊게 듣는다. 남자가 **麻烦你帮我看一下我的座位在哪儿。**(실례지만 제 좌석이 어디인지 좀 봐 주세요.)이라고 했다. 질문이 남자는 무엇을 찾고 있는지 물었으므로 A **座位**(좌석)를 정답으로 선택한다.

어휘 **座位** zuòwèi [명] 좌석, 자리 **零钱** língqián [명] 잔돈, 용돈 **行李箱** xínglixiāng [명] 여행용 가방, 캐리어
卫生间 wèishēngjiān [명] 화장실 **麻烦** máfan [동] 실례하다, 폐를 끼치다 **登机牌** dēngjīpái [명] 탑승권
跟 gēn [동] 따라가다 [개] ~와/과 **带路** dài lù (길을) 안내하다

20

A 没有酒了 B 喜欢吃牛肉 **C 上次喝多了** D 全身不舒服	A 술이 다 떨어졌다 B 소고기 먹는 것을 좋아한다 **C 지난 번에 많이 마셨다** D 온몸이 좋지 않다
女：咱们不要光吃牛肉，再来杯红葡萄酒吧。 男：别说葡萄酒了，我最近连啤酒都不敢喝了。 女：怎么了？你不是很喜欢喝酒的吗？ 男：上个月几个大学同学来看我，结果我不小心喝多了，难受了好几天。 问：男的为什么不喝酒？	여: 우리 소고기만 먹지 말고, 레드 와인도 한잔 마시자. 남: 와인 이야기 하지마, 나 요즘 맥주조차도 못 마시겠어. 여: 왜 그래? 너 술 마시는 것을 매우 좋아하지 않았어? 남: 지난 달에 대학 동기 몇 명이 나를 보러 왔는데, 내가 실수로 너무 많이 마셔서, 며칠 동안이나 괴로웠어. 질문: 남자는 왜 술을 마시지 않는가?

해설 제시된 선택지가 모두 사람의 상태·상황을 나타내고 있으므로 대화에서 언급되는 화자의 상태나 현재 처한 상황을 주의 깊게 듣는다. 여자가 왜 술을 안 마시냐고 묻자, 남자는 **上个月……我不小心喝多了，难受了好几天**(지난 달에……내가 실수로

너무 많이 마셔서, 며칠 동안이나 괴로웠어)이라고 답했다. 질문이 남자는 왜 술을 마시지 않는지 물었으므로 **上个月**(지난 달), **喝多了**(많이 마셨다)라는 표현을 토대로 알 수 있는 C **上次喝多了**(지난 번에 많이 마셨다)를 정답으로 선택한다. 참고로, 여자가 언급한 **牛肉**(소고기)를 듣고 B를 정답으로 선택하지 않도록 주의한다.

어휘 **全身** quánshēn [명] 온몸, 전신 **不舒服** bù shūfu 몸이 안 좋다, 불편하다 **咱们** zánmen [대] 우리(들) **光** guāng [부] ~만, 오로지 **葡萄酒** pútaojiǔ [명] 와인, 포도주 **最近** zuìjìn [명] 요즘, 최근 **连** lián [개] ~(조차)도, ~마저도 **不敢** bùgǎn (감히) ~하지 못하다 **结果** jiéguǒ [접] [어떤 상황 아래에서 어떤 결과가 생겨남을 나타냄] **难受** nánshòu [형] 괴롭다, (몸이) 불편하다

21

A 需要写两篇	B 是关于地球的	A 두 편을 써야 한다	B 지구에 관한 것이다
C 没有任何错误	**D 有些数字有问题**	C 어떠한 오류도 없다	**D 몇몇 숫자에 문제가 있다**

男：那篇关于污染的文章还没写完吗？都写了半个多月了。
女：其实前天就写完了，不过周教授说有些内容写得不够准确。
男：教授的意思是要你重新写吗？
女：不是，他只是建议我改几个数字。

问：关于那篇文章，可以知道什么？

남: 그 오염에 관한 글을 아직 다 못 썼나요? 쓴 지 보름이 넘었잖아요.
여: 사실 그저께 다 썼어요. 그런데 저우 교수님이 몇몇 내용이 정확하지 않다고 하셨어요.
남: 교수님 말씀은 당신이 새로 써야 한다는 뜻인가요?
여: 아니요. 숫자 몇 개만 고치라고 제안해 주셨어요.

질문: 그 글에 관해 알 수 있는 것은 무엇인가?

해설 제시된 선택지가 모두 특정 대상의 상태·상황을 나타내고 있으므로 대화를 들을 때 상태·상황과 관련된 내용을 주의 깊게 듣는다. 남자가 글을 다 썼냐고 묻자, 여자가 **周教授说有些内容写得不够准确**(저우 교수님이 몇몇 내용이 정확하지 않다고 하셨어요)라며 **他只是建议我改几个数字**(숫자 몇 개만 고치라고 제안해 주셨어요)라고 답했다. 질문이 그 글에 관해 알 수 있는 것을 물었으므로 **改几个数字**(숫자 몇 개를 고치다)라는 표현을 토대로 알 수 있는 D **有些数字有问题**(몇몇 숫자에 문제가 있다)를 정답으로 선택한다.

* 바꾸어 표현 **有些内容写得不够准确** 몇몇 내용이 정확하지 않다 → **有些数字有问题** 몇몇 숫자에 문제가 있다

어휘 **需要** xūyào [동] ~해야 한다, 필요하다 **篇** piān [양] 편, 장[문장·종이의 수를 셀 때 쓰임] **关于** guānyú [개] ~에 관한 **地球** dìqiú [명] 지구 **任何** rènhé [대] 어떠한, 무슨 **错误** cuòwù [명] 오류, 잘못 **数字** shùzì [명] 숫자 **污染** wūrǎn [동] 오염되다 **文章** wénzhāng [명] 글, 문장 **半个月** bàn ge yuè 보름 **其实** qíshí [부] 사실, 실은 **不过** búguò [접] 그런데, 그러나 **教授** jiàoshòu [명] 교수 **内容** nèiróng [명] 내용 **准确** zhǔnquè [형] 정확하다 **重新** chóngxīn [부] 새로, 처음부터 **只** zhǐ [부] ~만, 단지 **建议** jiànyì [동] 제안하다

22

A 上网	**B 问别人**	A 인터넷을 한다	**B 다른 사람한테 물어본다**
C 看词典	D 自己想	C 사전을 찾아본다	D 스스로 생각한다

女：这个词应该怎么解释？你能帮我看看吗？
男：是挺难的，我一下子想不出来合适的解释。
女：问问你亲哥吧，他不是英语专业毕业的吗？
男：好，等他回来我就问。

问：女的打算怎么解决这个问题？

여: 이 단어를 어떻게 해석해야 할까? 네가 좀 봐 줄 수 있니?
남: 꽤 어렵네, 나도 단시간에 적합한 해석을 생각해내지 못하겠어.
여: 네 친형에게 물어보자. 그는 영어 전공으로 졸업하지 않았어?
남: 좋아, 그가 돌아오면 내가 바로 물어볼게.

질문: 여자는 이 문제를 어떻게 해결하려고 하는가?

해설 제시된 선택지가 모두 행동을 나타내고 있으므로 대화를 들을 때 화자 또는 특정 인물이 하고 있거나 하려는 행동이 무엇인

지를 주의 깊게 듣는다. 여자가 这个词应该怎么解释?(이 단어를 어떻게 해석해야 할까?)이라며 问问你亲哥吧(네 친형에게 물어보자)라고 했다. 질문이 여자는 이 문제를 어떻게 해결하려고 하는지 물었으므로 问问(물어보다)이라는 표현을 토대로 알 수 있는 B 问别人(다른 사람한테 물어본다)을 정답으로 선택한다.

어휘 **别人** biérén 몡 다른 사람, 타인　**词典** cídiǎn 몡 사전　**自己** zìjǐ 떼 스스로, 자신　**解释** jiěshì 통 해석하다, 해명하다　**挺** tǐng 뛴 꽤, 제법　**难** nán 혱 어렵다, 힘들다　**一下子** yíxiàzi 단시간에, 갑자기　**合适** héshì 혱 적합하다, 알맞다　**亲哥** qīn gē 친형, 친오빠　**专业** zhuānyè 몡 전공, 과　**毕业** bìyè 통 졸업하다　**解决** jiějué 통 해결하다, 풀다

23

A 律师	B 医生	A 변호사	B 의사
C 记者	**D 老师**	C 기자	**D 선생님**

男：小静，麻烦你通知一下班里的同学，明天上午大家一起去体检。

女：那明天上午的课怎么办呢？

男：上午的课被取消了，另外，提醒大家每人带100块钱体检费。

女：好的，我现在就去通知大家。

问：男的可能是做什么的？

남: 샤오징, 번거롭겠지만 네가 반 친구들에게 내일 오전에 모두 함께 신체 검사를 받으러 간다고 공지해 주렴.

여: 그럼 내일 오전 수업은 어떡하죠?

남: 오전 수업은 취소되었어. 이 외에도 모두에게 각자 신체 검사비 100위안을 가져오라고 알려 주렴.

여: 네, 제가 지금 가서 모두에게 알릴게요.

질문: 남자의 직업은 무엇일 가능성이 큰가?

해설 제시된 선택지가 모두 직업을 나타내고 있으므로 대화를 들을 때 화자 또는 특정 인물의 직업이 무엇인지를 주의 깊게 듣는다. 남자가 麻烦你通知一下班里的同学，明天上午大家一起去体检(번거롭겠지만 네가 반 친구들에게 내일 오전에 모두 함께 신체 검사를 받으러 간다고 공지해 주렴)이라며 上午的课被取消了(오전 수업은 취소되었어)라고 했다. 질문이 남자의 직업을 물었으므로 班(반), 同学(반 친구), 课(수업)라는 표현을 토대로 알 수 있는 D 老师(선생님)를 정답으로 선택한다.

어휘 **律师** lǜshī 몡 변호사　**记者** jìzhě 몡 기자　**麻烦** máfan 혱 번거롭게 하다　**通知** tōngzhī 통 공지하다, 알리다　**体检** tǐjiǎn 신체 검사를 하다　**取消** qǔxiāo 통 취소하다　**另外** lìngwài 젭 이 외에　**提醒** tíxǐng 통 알리다, 일깨우다　**带** dài 통 가지다, 휴대하다　**费** fèi 몡 비용

24

A 比较严格	**B 是个演员**	A 비교적 엄격하다	**B 배우이다**
C 在海洋馆工作	D 每次都很冷静	C 아쿠아리움에서 일한다	D 항상 침착하다

女：您第一次当演员，正式上台表演的时候是多大？

男：我记得大概是七岁，当时我在文化馆里表演了一个节目。

女：当时的心情是怎样的？演出顺利吗？

男：我紧张得一晚上没睡着，结果在台上忘记自己要说什么了。

问：关于男的，可以知道什么？

여: 당신이 처음 배우가 되고, 정식으로 무대에 올라 공연했을 때가 몇 살이었나요?

남: 아마 7살쯤으로 기억해요. 그 당시에 저는 문화관에서 프로그램 하나를 공연했어요.

여: 당시 기분은 어땠어요? 공연은 순조로웠나요?

남: 저는 밤새 잠을 못 잘 정도로 긴장해서, 결국 무대 위에서 제가 무슨 말을 해야 할지 잊어버렸어요.

질문: 남자에 관해 알 수 있는 것은 무엇인가?

해설 제시된 선택지가 모두 사람의 상태·상황을 나타내고 있으므로 대화에서 언급되는 화자의 상태나 현재 처한 상황을 주의 깊게 듣는다. 여자가 您第一次当演员, 正式上台表演的时候是多大?(당신이 처음 배우가 되고, 정식으로 무대에 올라 공연했을 때가 몇 살이었나요?)라고 묻자, 남자가 我记得大概是七岁(아마 7살쯤으로 기억해요)라고 답했다. 질문이 남자에 관해 알 수 있는 것을 물었으므로 演员(배우), 表演(공연하다)이라는 표현을 토대로 알 수 있는 B 是个演员(배우이다)을 정답으로 선택한다.

어휘 **比较** bǐjiào 團비교적 **严格** yángé 團엄격하다, 엄하다 **演员** yǎnyuán 團배우, 연기자 **海洋馆** hǎiyáng guǎn 아쿠아리움
冷静 lěngjìng 團침착하다, 냉정하다 **当** dāng 團되다, 담당하다 **正式** zhèngshì 團정식이다, 공식적이다
上台 shàng tái 무대에 오르다 **表演** biǎoyǎn 團공연하다 **记得** jìde 團기억하고 있다 **大概** dàgài 團아마(도), 대개
当时 dāngshí 團당시, 그때 **文化** wénhuà 團문화 **节目** jiémù 團프로그램 **心情** xīnqíng 團기분, 마음
演出 yǎnchū 團공연하다, 상연하다 **顺利** shùnlì 團순조롭다 **紧张** jǐnzhāng 團긴장하다, 불안하다
结果 jiéguǒ 團결국, 마침내 **忘记** wàngjì 團잊어버리다, 까먹다

25	A 房租太贵　　　　B 环境不太好 C 想住公司附近　　D 房子有点儿小	A 방세가 너무 비싸다　　B 환경이 그다지 좋지 않다 C 회사 근처에서 살고 싶다　D 집이 조금 작다
	男: 我想在公司附近租房子，有没有合适的？ 女: 你现在住的房子不是挺好的吗？搬家多麻烦啊！ 男: 住在公司附近有很多好处，比如不用担心加班后没有地铁了。 女: 那我帮你看看租房信息吧。 问: 男的想搬家的原因是什么？	남: 저는 회사 근처에 집을 얻으려고 하는데, 적당한 곳이 있나요? 여: 당신 지금 살고 있는 집 꽤 좋지 않아요? 이사하는 것이 얼마나 번거로운데요! 남: 회사 근처에서 살면 많은 장점이 있어요. 야근 후 지하철이 끊기는 걸 걱정할 필요가 없는 게 그 예에요. 여: 그러면 제가 임대 정보를 좀 봐 줄게요. 질문: 남자가 이사하려는 이유는 무엇인가?

해설 제시된 선택지가 모두 특정 대상의 상태·상황을 나타내고 있으므로 대화를 들을 때 상태·상황과 관련된 내용을 주의 깊게 듣는다. 남자가 **我想在公司附近租房子**(저는 회사 근처에 집을 얻으려고 해요)라며 **住在公司附近有很多好处**(회사 근처에서 살면 많은 장점이 있어요)라고 했다. 질문이 남자가 이사하려는 이유를 물었으므로 C **想住公司附近**(회사 근처에서 살고 싶다)을 정답으로 선택한다.

어휘 **房租** fángzū 團방세, 임대료 **环境** huánjìng 團환경 **附近** fùjìn 團근처, 부근 **租** zū 團(집을) 얻다, 세내다
合适 héshì 團적당하다, 알맞다 **挺** tǐng 團꽤, 제법 **搬家** bānjiā 團이사하다 **麻烦** máfan 團번거롭다, 귀찮다
好处 hǎochu 團장점, 이로운 점 **比如** bǐrú 團~가 예다, 예를 들면 ~이다 **担心** dānxīn 團걱정하다 **加班** jiābān 團야근하다
地铁 dìtiě 團지하철 **租房** zūfáng 團임대하다, 세내다 **信息** xìnxī 團정보, 소식 **原因** yuányīn 團이유, 원인

문제풀이 스텝 해석

p.67

1. **A** 去试一试	**B** 整理材料		1. **A** 시도해 본다	**B** 자료를 정리한다
C 提出意见	**D** 与经理见面		**C** 의견을 제시한다	**D** 매니저와 만난다
2. **A** 脾气很好	**B** 有自信心		2. **A** 성격이 좋다	**B** 자신감이 있다
C 态度积极	**D** 经验丰富		**C** 태도가 적극적이다	**D** 경험이 풍부하다

第1到2题是根据下面一段话：

　　[1]小天大学毕业后一直没有找到满意的工作。有一天[1]他看到有公司正在招聘，那正好是他很久以前就想进的公司。他觉得自己符合公司提出的所有要求，所以[1]决定去应聘。小天顺利进入那家公司后，[2]经理跟他说，面试时他积极的态度感动了自己。

1. 看到招聘信息，小天决定做什么？
2. 小天能进那家公司的原因是什么？

1-2번 문제는 다음 내용에 근거한다.

　　[1]샤오톈은 대학 졸업 후 줄곧 만족스러운 직장을 찾지 못했다. 어느 날 [1]그는 어떤 회사가 채용 중이라는 것을 보았는데, 그 회사는 마침 그가 오래 전부터 들어가고 싶었던 회사였다. 그는 자신이 회사가 제시한 모든 요구 사항에 부합한다고 생각해서 [1]지원하러 가기로 결정했다. 샤오톈이 순조롭게 그 회사에 들어간 후, [2]매니저는 그에게, 면접 때 그의 적극적인 태도가 자신을 감동시켰다고 말했다.

1. 채용 정보를 보고, 샤오톈은 무엇을 하기로 결정했는가?
2. 샤오톈이 그 회사에 들어갈 수 있었던 이유는 무엇인가?

어휘　　试 shì 圄 시도해 보다　整理 zhěnglǐ 圄 정리하다　材料 cáiliào 圆 자료, 재료　提出 tíchū 圄 제시하다　意见 yìjiàn 圆 의견, 견해
与 yǔ 꿰 ~와/과　经理 jīnglǐ 圆 매니저　见面 jiànmiàn 圄 만나다　脾气 píqi 圆 성격, 성질　自信心 zìxìn xīn 자신감
态度 tàidu 圆 태도　积极 jījí 圈 적극적이다, 긍정적이다　经验 jīngyàn 圆 경험　丰富 fēngfù 圈 풍부하다　根据 gēnjù 꿰 ~에 근거하여
段 duàn 圆 단락, (한) 동안　毕业 bìyè 圄 졸업하다　一直 yìzhí 凰 줄곧, 계속　满意 mǎnyì 圈 만족하다
招聘 zhāopìn 圄 채용하다, 모집하다　正好 zhènghǎo 凰 마침　久 jiǔ 圈 오래되다　以前 yǐqián 圆 예전　自己 zìjǐ 댸 자신, 스스로
符合 fúhé 圄 부합하다　所有 suǒyǒu 圈 모든, 전부의　要求 yāoqiú 圆 요구 사항　决定 juédìng 圄 결정하다
应聘 yìngpìn 圄 지원하다　顺利 shùnlì 圈 순조롭다　跟 gēn 꿰 ~에게, ~와/과　感动 gǎndòng 圄 감동시키다, 감동하다
信息 xìnxī 圆 정보, 소식　原因 yuányīn 圆 이유, 원인

합격비책 01 | 이야기 공략하기　p.71

따라 읽으며 학습하기 ▶

1 B	2 A	3 D	4 B	5 C	6 B	7 D	8 B

1-2

1. **A** 喜欢看书	**B** 很支持他们		1. **A** 책 읽는 것을 좋아한다	**B** 그들을 매우 지지한다
C 经常举办比赛	**D** 容易感到开心		**C** 자주 경기를 연다	**D** 쉽게 즐겁다고 느낀다
2. **A** 加倍努力	**B** 认真学习		2. **A** 배로 노력한다	**B** 열심히 공부한다
C 不参加比赛	**D** 和老师商量		**C** 경기에 참가하지 않는다	**D** 선생님과 상의한다

第1到2题是根据下面一段话：

　　在这次比赛中，我们输给了另外一个学校。面对这个结果，所有参加比赛的人都感到非常伤心。不过¹校长不但没有失望，还¹表示会继续支持我们。校长的鼓励让我们有了信心。为了在下次比赛中取得优秀的成绩，²大家决定加倍努力。

1. 关于校长，可以知道什么？

2. 他们决定以后怎么做？

1-2번 문제는 다음 내용에 근거한다.

　　이번 경기에서, 우리는 다른 학교에게 졌다. 이 결과를 마주했을 때, 경기에 참가한 모든 사람은 매우 슬프다고 느꼈다. 그런데 ¹교장 선생님은 실망하지 않았을 뿐만 아니라, ¹계속 우리를 지지할 것임을 밝혔다. 교장 선생님의 격려는 우리가 자신감이 생기게 했다. 다음 경기에서 우수한 성적을 얻기 위해, ²모두들 배로 노력하기로 결정했다.

1. 교장 선생님에 관해, 알 수 있는 것은 무엇인가?

2. 그들은 앞으로 어떻게 하기로 결정했는가?

해설　선택지 읽기

1번의 선택지에서 **喜欢看书**(책 읽는 것을 좋아한다), **经常举办比赛**(자주 경기를 연다), **容易感到开心**(쉽게 즐겁다고 느낀다)을 읽고, 특정 인물과 관련된 이야기가 나올 것임을 예상할 수 있다. 따라서 단문을 들을 때 인물과 관련된 세부 내용을 주의 깊게 듣는다.

단문 듣기

단문 중반에서 **校长……表示会继续支持我们**(교장 선생님은……계속 우리를 지지할 것임을 밝혔다)을 듣고 1번의 B **很支持他们**(그들을 매우 지지한다)을 체크해 둔다.

단문 후반에서 **大家决定加倍努力**(모두들 배로 노력하기로 결정했다)를 듣고 2번의 A **加倍努力**(배로 노력한다)를 체크해 둔다.

질문 듣고 정답 선택하기

1. 교장 선생님에 관해 알 수 있는 것을 물었으므로 B **很支持他们**(그들을 매우 지지한다)을 정답으로 선택한다.

2. 그들은 앞으로 어떻게 하기로 결정했는지 물었으므로 A **加倍努力**(배로 노력한다)를 정답으로 선택한다.

어휘　**支持** zhīchí 图지지하다　**经常** jīngcháng 图자주, 늘　**举办** jǔbàn 图열다, 개최하다　**比赛** bǐsài 图경기, 시합
容易 róngyì 图쉽다　**开心** kāixīn 图즐겁다　**加倍** jiābèi 图배로, 곱절로　**努力** nǔlì 图노력하다
认真 rènzhēn 图열심이다, 성실하다　**参加** cānjiā 图참가하다, 참석하다　**商量** shāngliang 图상의하다, 의논하다
输 shū 图지다, 패하다　**另外** lìngwài 圃다른, 그 밖의　**面对** miànduì 图마주하다, 직면하다　**结果** jiéguǒ 图결과
所有 suǒyǒu 图모든, 전부의　**伤心** shāngxīn 图슬퍼하다　**不过** búguò 图그런데, 그러나　**校长** xiàozhǎng 图교장
不但……还…… búdàn……hái…… ~뿐만 아니라, ~도　**失望** shīwàng 图실망하다　**表示** biǎoshì 图밝히다, 나타내다
继续 jìxù 图계속하다　**鼓励** gǔlì 图격려하다, 북돋우다　**信心** xìnxīn 图자신(감)　**为了** wèile 团~하기 위해
取得 qǔdé 图얻다　**优秀** yōuxiù 图우수하다　**成绩** chéngjì 图성적, 결과　**决定** juédìng 图결정하다

3 - 4

3. A 几分钟　　　　B 好多天
　 C 三四个月　　　**D 五十多年**

4. A 做一个勇敢的人
　 B 认真做好一件事
　 C 有付出才有结果
　 D 去做正确的事情

3. A 몇 분　　　　　B 며칠
　 C 3~4개월　　　**D 50여 년**

4. A 용감한 사람이 된다
　 B 한 가지 일을 성실하게 잘 한다
　 C 노력을 들여야만 결과가 있다
　 D 올바른 일을 한다

第3到4题是根据下面一段话：	3-4번 문제는 다음 내용에 근거한다.
有一位³警察为了找一个坏人，一共打了三十多万次电话，走了八十多万公里路，³五十二年后终于找到了坏人，并把他送到了该去的地方。这时这位警察已经七十三岁了。有人问他："你这样做值得吗？"他说："⁴一个人一生只要干好一件事，就是值得的。"	한 ³경찰이 나쁜 사람을 찾기 위해 총 30여만 번의 전화를 했고, 80여만 킬로미터를 걸었다. ³52년 후에 마침내 나쁜 사람을 찾아냈고, 그를 마땅히 가야 할 곳으로 보냈다. 이때 이 경찰은 이미 73살이었다. 어떤 사람이 그에게 물었다. "이렇게 하시는 것이 그럴 만한 가치가 있나요?" 그는 말했다. "⁴사람이 평생 한 가지 일을 잘 해내기만 한다면, 그것이 바로 가치 있는 것이죠."
3. 警察花了多长时间才找到坏人？	3. 경찰은 얼마나 걸려서 비로소 나쁜 사람을 찾아냈는가?
4. 这段话告诉我们什么？	4. 이 단문은 우리에게 무엇을 알려주는가?

해설 선택지 읽기

4번의 선택지를 읽고, 교훈이 담긴 이야기가 나올 것임을 예상할 수 있다. 3번 선택지에 시간 표현이 사용되었으므로, 단문을 들을 때 그대로 언급되는 선택지 옆에 살짝 체크해 둔다.

단문 듣기

단문 중반에서 警察……五十二年后终于找到了坏人(경찰이……52년 후에 마침내 나쁜 사람을 찾아냈다)을 듣고 3번의 D 五十多年(50여 년)을 체크해 둔다.
단문 후반에서 一个人一生只要干好一件事, 就是值得的(사람이 평생 한 가지 일을 잘 해내기만 한다면, 그것이 바로 가치 있는 것이죠)를 듣고 4번의 B 认真做好一件事(한 가지 일을 성실하게 잘 한다)을 체크해 둔다.

질문 듣고 정답 선택하기

3. 경찰은 얼마나 걸려서 비로소 나쁜 사람을 찾아냈는지 물었으므로 D 五十多年(50여 년)을 정답으로 선택한다.
4. 단문의 중심 내용을 물었으므로 B 认真做好一件事(한 가지 일을 성실하게 잘 한다)을 정답으로 선택한다.

어휘 **勇敢** yǒnggǎn 圈 용감하다 **认真** rènzhēn 圈 성실하다, 진지하다 **付出** fùchū 圈 (노력을) 들이다 **结果** jiéguǒ 圈 결과
正确 zhèngquè 圈 올바르다, 정확하다 **警察** jǐngchá 圈 경찰 **一共** yígòng 圈 총, 전부 **公里** gōnglǐ 圈 킬로미터(km)
终于 zhōngyú 圈 마침내, 결국 **并** bìng 圈 그리고, 또 **该** gāi 조동 (마땅히) ~해야 한다 **地方** dìfang 圈 곳, 장소
值得 zhídé 圈 ~할 만한 가치가 있다 **只要** zhǐyào 圈 ~하기만 하면 **干** gàn 圈 (일을) 하다 **花** huā 圈 (시간이) 걸리다, 쓰다

5-6

5. A 解释误会	B 表示感谢	5. A 오해를 해명한다	B 감사를 표한다
C 吸引客人	D 交流经验	**C 손님을 끌어들인다**	D 경험을 나눈다
6. A 5月8日	**B 6月18日**	6. A 5월 8일	**B 6월 18일**
C 9月11日	D 11月11日	C 9월 11일	D 11월 11일

第5到6题是根据下面一段话：	5-6번 문제는 다음 내용에 근거한다.
"双十一"就是每年十一月十一日举行的购物节，在这一天，⁵为了吸引顾客，网上很多商家都进行打折活动，购物网站变得十分热闹。但是因为网上买东西的人太多，我总是买不到自己喜欢的，而且价格也没有我想的那么便宜。所以⁶我一般选择在六月十八日的购物节买东西。	'쌍11'은 매년 11월 11일에 개최되는 쇼핑의 날이다. 이날에는 ⁵고객을 끌어들이기 위해, 온라인의 많은 판매자는 할인 행사를 진행해서, 쇼핑 사이트는 매우 활기차진다. 그러나 온라인에서 물건을 사는 사람이 너무 많아서, 나는 늘 내가 좋아하는 것을 사지 못했고, 게다가 가격도 내가 생각한 만큼 저렴하지 않았다. 그래서 ⁶나는 보통 6월 18일 쇼핑의 날에 물건을 사는 것을 선택한다.

5. 商家进行打折活动是为了什么？	5. 판매자가 할인 행사를 진행하는 것은 무엇을 위함인가?
6. 说话人一般在什么时候购物？	6. 화자는 보통 언제 쇼핑을 하는가?

해설 선택지 읽기

각 문제의 선택지를 읽고, 단문의 종류를 예상하기 어려운 경우, 선택지와 관련된 내용을 주의 깊게 듣는다. 6번의 선택지가 숫자를 사용한 날짜로 구성되어 있으므로, 단문을 들을 때 그대로 언급되는 선택지 옆에 살짝 체크해 둔다.

단문 듣기

단문 초반에서 **十一月十一日**(11월 11일)을 듣고, 6번의 D 11月11日(11월 11일)을 체크해 둔다. 이어서 **为了吸引顾客，网上很多商家都进行打折活动**(고객을 끌어들이기 위해, 온라인의 많은 판매자는 할인 행사를 진행한다)을 읽고, 5번의 C **吸引客人**(손님을 끌어들인다)을 체크해 둔다.

단문 후반에서 **我一般选择在六月十八日的购物节买东西**(나는 보통 6월 18일 쇼핑의 날에 물건을 사는 것을 선택한다)를 듣고, 6번의 B 6月18日(6월 18일)을 체크해 둔다.

질문 듣고 정답 선택하기

5. 판매자가 할인 행사를 진행하는 것은 무엇을 위함인지 물었으므로 C **吸引客人**(손님을 끌어들인다)을 정답으로 선택한다.
6. 화자는 보통 언제 쇼핑을 하는지 물었으므로 B 6月18日(6월 18일)을 정답으로 선택한다.
   참고로, 단문 초반에서 **十一月十一日**(11월 11일)만 듣고 D를 정답으로 선택하지 않도록 주의한다.

어휘 **解释** jiěshì [동] 해명하다 **误会** wùhuì [명] 오해 **表示** biǎoshì [동] 표하다, 나타내다 **感谢** gǎnxiè [동] 감사하다
吸引 xīyǐn [동] 끌어들이다, 매료시키다 **客人** kèrén [명] 손님 **交流** jiāoliú [동] 나누다, 교류하다 **经验** jīngyàn [명] 경험, 체험
双十一 shuāng shíyī 쌍11, 광군제[매년 11월11일에 열리는 중국 인터넷 쇼핑몰의 할인 행사의 날] **举行** jǔxíng [동] 개최하다, 열다
购物 gòuwù [동] 쇼핑하다, 물건을 사다 **节** jié [명] 날, 명절 **为了** wèile [개] ~을 위해 **顾客** gùkè [명] 고객, 손님
商家 shāngjiā [명] 판매자, 업체 **进行** jìnxíng [동] 진행하다 **打折** dǎzhé [동] 할인하다, 세일하다 **活动** huódòng [명] 행사, 활동
网站 wǎngzhàn [명] 웹사이트 **十分** shífēn [부] 매우 **热闹** rènao [형] 활기차다 **总是** zǒngshì [부] 늘, 언제나
自己 zìjǐ [대] 자신, 스스로 **而且** érqiě [접] 게다가 **价格** jiàgé [명] 가격, 값 **一般** yìbān [형] 보통이다, 일반적이다
选择 xuǎnzé [동] 선택하다, 고르다

7 - 8

7. A 家具质量好　B 看中国电影 C 写旅行日记　**D 有北京小吃**	7. A 가구 품질이 좋다　B 중국 영화를 본다 C 여행 일기를 쓴다　**D 베이징 간식이 있다**
8. A 房间不大　**B 有中国画** C 离火车站近　D 饮料价格高	8. A 방이 크지 않다　**B 중국화가 있다** C 기차역에서 가깝다　D 음료 가격이 높다
第7到8题是根据下面一段话： 　这次去北京旅行的时候，我住在一家很有名的酒店。[8]酒店的每个房间都放满了中式家具和中国画，给我留下了很深的印象。[7]最让我满意的是，酒店提供了各种各样的北京小吃。下次有机会再去的话，我还想住在那里。	7-8번 문제는 다음 내용에 근거한다. 　이번에 베이징에 가서 여행할 때, 나는 유명한 호텔에 묵었다. [8]호텔의 모든 방은 중국식 가구와 중국화로 가득 차 있어서, 나에게 깊은 인상을 남겼다. [7]나를 가장 만족시킨 것은 호텔에서 갖가지 베이징 간식을 제공한 것이다. 다음 번에 다시 갈 기회가 있다면, 나는 거기에서 또 묵고 싶다.
7. 最让说话人满意的是什么？ 8. 那家酒店有什么特点？	7. 화자를 가장 만족시킨 것은 무엇인가? 8. 그 호텔은 어떤 특징이 있는가?

해설 선택지 읽기

각 문제의 선택지를 읽고, 단문의 종류를 예상하기 어려운 경우, 선택지와 관련된 내용을 주의 깊게 듣는다. 7번 선택지에 **中国电影**(중국 영화), **北京小吃**(베이징 간식)이 있고, 8번 선택지에 **中国画**(중국화)가 있으므로, 단문을 들을 때 중국과 관련하여 언급

되는 내용을 주의 깊게 듣는다.

단문 듣기

단문 초반에서 酒店的每个房间都放满了中式家具和中国画(호텔의 모든 방은 중국식 가구와 중국화로 가득 차 있었다)를 듣고 8번의 B 有中国画(중국화가 있다)를 체크해 둔다.

단문 후반에서 最让我满意的是，酒店提供了各种各样的北京小吃。(나를 가장 만족시킨 것은 호텔에서 갖가지 베이징 간식을 제공한 것이다.)을 듣고 7번의 D 有北京小吃(베이징 간식이 있다)을 체크해 둔다.

질문 듣고 정답 선택하기

7. 화자를 가장 만족시킨 것을 물었으므로 D 有北京小吃(베이징 간식이 있다)을 정답으로 선택한다.

8. 그 호텔은 어떤 특징이 있는지 물었으므로 B 有中国画(중국화가 있다)를 정답으로 선택한다.

참고로, 두 번째 문제의 단서가 단문 초반에 언급되는 문제도 출제되므로 선택지를 미리 꼼꼼히 읽어 둔다.

어휘 **家具** jiājù 몡 가구 **质量** zhìliàng 몡 품질, 질 **旅行** lǚxíng 통 여행하다 **日记** rìjì 몡 일기 **小吃** xiǎochī 몡 간식, 먹거리
画 huà 몡 그림 **饮料** yǐnliào 몡 음료 **价格** jiàgé 몡 가격, 값 **有名** yǒumíng 휑 유명하다 **放满** fàngmǎn 가득 차다, 가득하다
中式 zhōngshì 중국식의, 중국풍의 **留** liú 통 남기다, 머무르다 **深** shēn 휑 깊다 **印象** yìnxiàng 몡 인상
满意 mǎnyì 휑 만족하다, 만족스럽다 **提供** tígōng 통 제공하다, 공급하다 **各种各样** gè zhǒng gè yàng 갖가지, 각양각색
机会 jīhuì 몡 기회 **特点** tèdiǎn 몡 특징, 특색

합격비책 02 | 논설문 공략하기 p.75

따라 읽으며 학습하기 ▶

| 1 C | 2 A | 3 C | 4 D | 5 B | 6 D | 7 A | 8 B |

1-2

1. A 金钱可以浪费
   B 时间不值得节约
   C 时间比金钱重要
   D 金钱是生活的基础

2. **A 认真地生活**　　B 认真地工作
   C 认真地研究　　D 认真地做作业

1. A 돈은 낭비해도 된다
   B 시간은 절약할 가치가 없다
   C 시간은 돈보다 중요하다
   D 돈은 생활의 기초이다

2. **A 성실하게 생활한다**　　B 성실하게 일한다
   C 성실하게 연구한다　　D 성실하게 숙제를 한다

第1到2题是根据下面一段话：

"时间就是金钱，却更甚于金钱"，这句话的意思是，[1]时间比金钱还重要，浪费的时间永远都不可能再用金钱买回来。因此不管我们是父母还是孩子，是博士还是小学生，都应该珍惜时间，[2]认真过好每一天。

1. 关于时间和金钱，下列哪项正确？

2. 根据短文，我们应该怎么做？

1-2번 문제는 다음 내용에 근거한다.

"시간은 돈이지만 오히려 돈을 더 능가한다", 이 말의 뜻은, [1]시간은 돈보다 더 중요하며, 낭비한 시간은 영원히 돈으로 다시 사 올 수 없다는 것이다. 그러므로 우리가 부모인지 아니면 아이인지, 박사인지 아니면 초등학생인지에 관계없이, 모두 시간을 귀중히 여겨야 하고, [2]성실하게 하루하루를 보내야 한다.

1. 시간과 돈에 관해, 다음 중 옳은 것은?

2. 단문에 근거하여 우리는 어떻게 해야 하는가?

해설 선택지 읽기

1번의 선택지가 모두 주관적인 의견을 나타내고 있으므로, 삶의 태도와 관련된 논설문이 나올 것임을 예상할 수 있다. 특히 선택지에서 공통적으로 등장하고 있는 1번의 金钱(돈), 时间(시간)과 2번의 认真地(성실하게)와 관련하여 언급되는 내용을 주의 깊게 듣는다.

단문 듣기

단문 초반에서 **时间比金钱还重要**(시간은 돈보다 더 중요하다)를 듣고, 1번의 **C 时间比金钱重要**(시간은 돈보다 중요하다)를 체크해 둔다.

단문 후반에서 **认真过好每一天**(성실하게 하루하루를 보내야 한다)을 듣고 2번의 **A 认真地生活**(성실하게 생활한다)를 체크해 둔다.

질문 듣고 정답 선택하기

1. 시간과 돈에 관해 옳은 것을 물었으므로 C **时间比金钱重要**(시간은 돈보다 중요하다)를 정답으로 선택한다.

2. 단문에 근거하여 우리는 어떻게 해야 하는지 물었으므로 A **认真地生活**(성실하게 생활한다)를 정답으로 선택한다.

어휘 **金钱** jīnqián 圀 돈, 금전 **浪费** làngfèi 圄 낭비하다 **值得** zhídé 圄 ~할 만한 가치가 있다 **节约** jiéyuē 圄 절약하다
重要 zhòngyào 圄 중요하다 **基础** jīchǔ 圀 기초 **认真** rènzhēn 圄 성실하다, 진지하다 **生活** shēnghuó 圄 생활하다
研究 yánjiū 圄 연구하다 **做作业** zuò zuòyè 숙제를 하다 **却** què 囝 오히려, 하지만 **更** gèng 囝 더, 더욱
甚于 shènyú 圄 ~를 능가하다, ~보다 심하다 **永远** yǒngyuǎn 囝 영원히 **因此** yīncǐ 圙 그러므로 **不管** bùguǎn 圙 ~에 관계없이
博士 bóshì 圀 박사 **小学生** xiǎoxuéshēng 圀 초등학생 **应该** yīnggāi 函 ~해야 한다 **珍惜** zhēnxī 圄 귀중히 여기다
过 guò 圄 (시간을) 보내다

3-4

3. A 只有一次机会
   B 得到他人关心
   C 职业影响生活
   D 容易让人羡慕

4. A 降低标准
   B 学好技术
   C 找熟人帮忙
   D 考虑性格特点

3. A 기회가 한 번밖에 없다
   B 다른 사람의 관심을 받는다
   C 직업은 삶에 영향을 준다
   D 쉽게 부러움을 산다

4. A 기준을 낮춘다
   B 기술을 배운다
   C 지인에게 도움을 청한다
   D 성격 특징을 고려해야 한다

第3到4题是根据下面一段话：

　对年轻人来说，职业十分重要，这是因为 ³选择了什么样的工作，就等于选择了什么样的生活。别人眼中的好工作不一定适合你，因此不用太重视其他人的看法。选择职业时不仅要考虑收入，还需要 ⁴考虑自己的兴趣、⁴性格特点。

3. 职业选择为什么很重要？

4. 根据这段话，选择职业时应该怎么做？

3-4번 문제는 다음 내용에 근거한다.

　젊은 사람에게 있어서 직업은 매우 중요한데, 이것은 ³어떤 직업을 선택했느냐가 어떤 삶을 선택했는지와 같기 때문이다. 다른 사람 눈에는 좋은 직업이 당신에게는 적합하지 않을 수 있으므로, 다른 사람의 의견을 너무 중시할 필요는 없다. 직업을 선택할 때 수입을 고려해야 할 뿐만 아니라, 자신의 흥미, ⁴성격 특징도 고려해야 한다.

3. 직업을 선택하는 것은 왜 중요한가?

4. 이 단문에 근거하여, 직업을 선택할 때 어떻게 해야 하는가?

해설 선택지 읽기

3번 선택지에 **职业**(직업), **不用**(~할 필요가 없다)이 있고, 4번 선택지에 **学好技术**(기술을 배운다), **考虑性格特点**(성격 특징을 고려해야 한다)이 있으므로, 교육/진로와 관련된 논설문이 나올 것임을 예상할 수 있다. 따라서 화자의 의견이나 단문의 주제가 자주 언급되는 단문의 처음 부분과 끝 부분을 주의 깊게 듣는다.

단문 듣기

단문 초반에서 **选择了什么样的工作，就等于选择了什么样的生活**(어떤 직업을 선택했느냐가 어떤 삶을 선택했는지와 같다)를 듣고 3번의 **C 职业影响生活**(직업은 삶에 영향을 준다)를 체크해 둔다.

단문 후반에서 **考虑……性格特点**(성격 특징을 고려해야 한다)을 듣고 4번의 **D 考虑性格特点**(성격 특징을 고려해야 한다)을 체크해 둔다.

3. 직업을 선택하는 것은 왜 중요한지 물었으므로 C 职业影响生活(직업은 삶에 영향을 준다)를 정답으로 선택한다.

4. 이 단문에 근거하여 직업을 선택할 때 어떻게 해야 하는지 물었으므로 D 考虑性格特点(성격 특징을 고려해야 한다)을 정답으로 선택한다.

어휘 **机会** jīhuì 圓기회 **得到** dédào 圓받다 **关心** guānxīn 圓관심을 갖다 **职业** zhíyè 圓직업 **影响** yǐngxiǎng 圓영향을 주다
羡慕 xiànmù 圓부러워하다 **降低** jiàngdī 圓낮추다 **标准** biāozhǔn 圓기준, 표준 **技术** jìshù 圓기술 **考虑** kǎolǜ 圓고려하다
性格 xìnggé 圓성격 **特点** tèdiǎn 圓특징 **年轻** niánqīng 圓젊다 **十分** shífēn 圓매우, 아주 **重要** zhòngyào 圓중요하다
选择 xuǎnzé 圓선택하다 **等于** děngyú 圓~과 같다 **适合** shìhé 圓적합하다 **因此** yīncǐ 圓그러므로 **重视** zhòngshì 圓중시하다
其他 qítā 圓다른 사람 **看法** kànfǎ 圓의견, 견해 **不仅……还……** bùjǐn……hái…… ~뿐만 아니라,~도 **收入** shōurù 圓수입
兴趣 xìngqù 圓흥미

5-6

| 5. A 时间 | **B 经验** |
| C 支持 | D 金钱 |

6. A 要坚持锻炼
   B 怎么看比赛
   C 输也是一种赢
   D 比赛的积极影响

| 5. A 시간 | **B 경험** |
| C 지지 | D 돈 |

6. A 꾸준히 단련해야 한다
   B 어떻게 경기를 보는가
   C 지는 것도 이기는 것이다
   D 경기의 긍정적 영향

第5到6题是根据下面一段话：

　　体育比赛中，人人都想赢。赢了当然很开心，但是输了也不是什么坏事，原因有以下三点：首先，⁶参加比赛这个过程能让人得到快乐；其次，比赛是一种很好的锻炼和练习的机会；最后，⁵人们可以从失败中总结自己的问题，获得更多经验。

5. 人们可以从失败中得到什么？

6. 这段话主要谈什么？

5-6번 문제는 다음 내용에 근거한다.

　　체육 경기에서, 사람들은 모두 이기고 싶어한다. 이기면 당연히 기쁘다. 하지만 지는 것도 나쁜 일은 아닌데, 그 이유는 아래 3가지가 있다. 먼저, ⁶경기에 참가하는 과정은 사람들로 하여금 즐거움을 얻을 수 있게 한다. 그다음으로, 경기는 일종의 단련과 연습의 좋은 기회이다. 마지막으로, ⁵사람들은 실패에서 자신의 문제를 총정리할 수 있고, 더 많은 경험을 얻을 수 있다.

5. 사람들은 실패에서 무엇을 얻을 수 있는가?

6. 이 단문에서 주로 말하는 것은 무엇인가?

해설 선택지 읽기

6번의 A 要坚持锻炼(꾸준히 단련해야 한다), C 输也是一种赢(지는 것도 이기는 것이다)이 주관적인 의견을 나타내고 있으므로, 삶의 태도나 건강과 관련된 논설문이 나올 것임을 예상할 수 있다. 따라서 화자의 의견이나 단문의 주제가 자주 언급되는 단문의 처음 부분과 끝 부분을 주의 깊게 듣는다.

단문 듣기

단문 중반에서 **参加比赛这个过程能让人得到快乐;其次, 比赛是一种很好的锻炼和练习的机会;**(경기에 참가하는 과정은 사람들로 하여금 즐거움을 얻을 수 있게 한다. 그다음으로, 경기는 일종의 단련과 연습의 좋은 기회이다.)를 듣고 6번의 D **比赛的积极影响**(경기의 긍정적 영향)를 체크해 둔다.

단문 후반에서 **人们可以从失败中总结自己的问题, 获得更多经验**(사람들은 실패에서 자신의 문제를 총정리할 수 있고, 더 많은 경험을 얻을 수 있다)을 듣고, 그대로 언급된 5번의 B **经验**(경험)을 체크해 둔다.

질문 듣고 정답 선택하기

5. 사람들은 실패에서 무엇을 얻을 수 있는지 물었으므로 B **经验**(경험)을 정답으로 선택한다.

6. 단문의 중심 내용을 물었으므로 단문 전반적으로 경기가 사람에게 미치는 긍정적 영향에 대해 언급된 내용으로 유추할 수

있는 D 比赛的积极影响(경기의 긍정적 영향)를 정답으로 선택한다.

참고로, 두 번째 문제의 단서가 단문 초반에 언급되는 문제도 출제되므로 선택지를 미리 꼼꼼히 읽어 둔다.

어휘 经验 jīngyàn 몡경험 支持 zhīchí 통지지하다 金钱 jīnqián 몡돈 坚持 jiānchí 통꾸준히 하다 锻炼 duànliàn 통단련하다
比赛 bǐsài 몡경기 输 shū 통지다 赢 yíng 통이기다, 승리하다 积极 jījí 휑긍정적이다 影响 yǐngxiǎng 몡영향
体育 tǐyù 몡체육 当然 dāngrán 휑당연히 坏事 huàishì 몡나쁜 일 原因 yuányīn 몡이유, 원인 以下 yǐxià 몡아래, 이하
首先 shǒuxiān 몜먼저, 첫째 过程 guòchéng 몡과정 得到 dédào 통얻다 其次 qícì 떼그다음 练习 liànxí 몡연습 통연습하다
机会 jīhuì 몡기회 最后 zuìhòu 몡마지막, 최후 总结 zǒngjié 통총정리하다 自己 zìjǐ 떼자신, 자기 获得 huòdé 통얻다, 취득하다
得到 dédào 통얻다, 획득하다

---

7 - 8

7. **A** 积极解决	B 选择离开	7. **A** 적극적으로 해결한다	B 떠나는 것을 선택한다
C 提出问题	D 暂时放弃	C 문제를 제기한다	D 잠시 포기한다
8. A 心情愉快	**B** 积累经验	8. A 기분이 유쾌하다	**B** 경험을 쌓는다
C 不再勇敢	D 放弃工作	C 더는 용감하지 않다	D 일을 포기한다

第7到8题是根据下面一段话：

　没有人喜欢压力，但是压力却常常给人们带来想不到的收获。因此当我们[7]有压力时，应该选择勇敢接受，并且[7]试着用各种办法去解决它。只有这样，我们才能[8]从中积累经验，学会更多解决问题的方法，变得越来越坚强。

7. 有压力时，应该怎么做？

8. 根据这段话，压力可能会让人怎么样？

7-8번 문제는 다음 내용에 근거한다.

　스트레스를 좋아하는 사람은 없다. 그러나 스트레스는 오히려 사람들에게 종종 생각지 못한 소득을 가져다 준다. 따라서 우리는 [7]스트레스를 받을 때, 용감하게 받아들이는 것을 선택해야 하고, 또한 [7]각종 방법으로 해결하는 것을 시도해야 한다. 이렇게 해야만, 우리는 [8]그 안에서 경험을 쌓고, 더 많은 문제를 해결하는 방법을 배우고, 점점 더 굳세어질 수 있다.

7. 스트레스를 받을 때, 어떻게 해야 하는가?

8. 이 단문에 근거하여 스트레스는 사람을 어떻게 할 가능성이 큰가?

해설 선택지 읽기

7번의 선택지에서 解决(해결하다), 选择(선택하다), 提出(제기하다), 放弃(포기하다)가 문제에 대한 해결 방안과 관련된 표현이므로, 문제 해결 방법과 관련된 논설문이 나올 것임을 예상할 수 있다. 따라서 화자의 의견이나 단문의 주제가 자주 언급되는 단문의 처음 부분과 끝 부분을 주의 깊게 듣는다.

단문 듣기

단문 중반에서 有压力时······试着用各种办法去解决它(스트레스를 받을 때······각종 방법으로 해결하는 것을 시도한다)를 듣고 7번의 A 积极解决(적극적으로 해결한다)를 체크해 둔다.

단문 후반에서 从中积累经验(그 안에서 경험을 쌓는다)을 듣고, 8번의 B 积累经验(경험을 쌓는다)을 체크해 둔다.

질문 듣고 정답 선택하기

7. 스트레스를 받을 때 어떻게 해야 하는지 물었으므로 A 积极解决(적극적으로 해결한다)를 정답으로 선택한다.

8. 이 단문에 근거하여 스트레스는 사람을 어떻게 할 가능성이 큰지 물었으므로 B 积累经验(경험을 쌓는다)을 정답으로 선택한다.

어휘 积极 jījí 휑적극적이다, 긍정적이다 解决 jiějué 통해결하다 选择 xuǎnzé 통선택하다 离开 líkāi 통떠나다
提出 tíchū 통제기하다 暂时 zànshí 몡잠시, 잠깐 放弃 fàngqì 통포기하다 心情 xīnqíng 몡기분, 마음
愉快 yúkuài 휑유쾌하다, 즐겁다 积累 jīlěi 통쌓다, 누적되다 经验 jīngyàn 몡경험 勇敢 yǒnggǎn 휑용감하다
压力 yālì 몡스트레스 却 què 휑오히려 想不到 xiǎng bu dào 생각지 못하다 收获 shōuhuò 몡소득, 수확
因此 yīncǐ 젭따라서, 이로 인하여 接受 jiēshòu 통받아들이다, 수락하다 并且 bìngqiě 젭또한, 게다가 试 shì 통시도하다
办法 bànfǎ 몡방법, 수단 方法 fāngfǎ 몡방법, 방식 越来越 yuèláiyuè 점점 坚强 jiānqiáng 휑굳세다

합격비책 03 | 실용문 공략하기 p.79

따라 읽으며 학습하기 ▸

1 A　2 B　3 D　4 B　5 B　6 C　7 C　8 A

1-2

1. **A 演员**　B 导游
   C 律师　D 医生

2. A 参加招聘　**B 谈电视剧**
   C 跳民族舞　D 听音乐会

第1到2题是根据下面一段话：

你好，[1]张英，你们的电视剧很受欢迎，男女老少都很爱看。你在电视剧中演了一位音乐家，[1]你演得非常精彩，给大家留下了很深的印象。所以，今天面对电视机前的观众，[2]能不能谈谈你在拍电视剧时的感想和一些有趣的事儿？

1. 张英的职业是什么？
2. 张英接下来可能会做什么？

1. **A 배우**　B 가이드
   C 변호사　D 의사

2. A 채용에 참가한다　**B 드라마에 대해 이야기한다**
   C 민족 무용을 춘다　D 음악회를 감상한다

1-2번 문제는 다음 내용에 근거한다.

안녕하세요, [1]장잉 씨, 당신들의 드라마는 매우 인기가 있어서, 남녀노소가 모두 매우 좋아해요. 당신은 드라마에서 한 음악가를 연기했는데, [1]당신이 연기를 아주 뛰어나게 해서, 사람들에게 깊은 인상을 남겼어요. 그래서, 오늘은 텔레비전 앞의 관중들과 마주하고, [2]당신이 드라마를 찍을 때 느낀 점과 몇몇 재미있는 일들을 이야기해 주실 수 있나요?

1. 장잉의 직업은 무엇인가?
2. 장잉은 이어서 무엇을 할 가능성이 큰가?

해설 선택지 읽기

각 문제의 선택지를 읽고, 특정 인물을 소개하는 실용문이나 특정 인물에 대한 이야기가 나올 것임을 예상할 수 있다. 특히 1번의 선택지가 직업 표현으로 구성되어 있으므로, 단문을 들을 때 화자의 직업 또는 관련 표현을 주의 깊게 듣는다.

단문 듣기

단문 초반에서 **张英, 你们的电视剧很受欢迎**(장잉 씨, 당신들의 드라마는 매우 인기가 있어요)과 **你演得非常精彩**(당신이 연기를 아주 뛰어나게 했어요)를 듣고 1번의 A 演员(배우)을 체크해 둔다.

단문 후반에서 **能不能谈谈你在拍电视剧时的感想和一些有趣的事儿？**(당신이 드라마를 찍을 때 느낀 점과 몇몇 재미있는 일들을 이야기해 주실 수 있나요?)을 듣고 2번의 B 谈电视剧(드라마에 대해 이야기한다)를 체크해 둔다.

질문 듣고 정답 선택하기

1. 장잉의 직업을 물었으므로 A 演员(배우)을 정답으로 선택한다.
2. 장잉은 이어서 무엇을 할 가능성이 큰지 물었으므로 B 谈电视剧(드라마에 대해 이야기한다)를 정답으로 선택한다.

어휘 **演员** yǎnyuán [명] 배우, 연기자　**导游** dǎoyóu [명] 가이드　**律师** lǜshī [명] 변호사　**参加** cānjiā [동] 참가하다
招聘 zhāopìn [동] 채용하다　**谈** tán [동] 이야기하다, 말하다　**电视剧** diànshìjù [명] 드라마　**民族舞** mínzú wǔ 민족 무용
受欢迎 shòu huānyíng 인기가 있다, 환영을 받다　**男女老少** nán nǚ lǎo shào 남녀노소　**演** yǎn [동] 연기하다
音乐家 yīnyuèjiā 음악가　**精彩** jīngcǎi [형] 뛰어나다　**留下** liúxia 남기다　**深** shēn [형] 깊다　**印象** yìnxiàng [명] 인상
面对 miànduì [동] 마주하다　**观众** guānzhòng [명] 관중　**拍** pāi [동] 찍다, 촬영하다　**感想** gǎnxiǎng [명] 느낀 점, 소감
有趣 yǒuqù [형] 재미있다　**接下来** jiē xiàlai 이어서, 다음으로

3. A 个人信息　　　B 杂志广告 　　C 晚间新闻　　　**D 超市广播**	3. A 개인 정보　　　　B 잡지 광고 　　C 저녁 뉴스　　　　**D 마트 안내 방송**
4. A 送货到家　　　**B 送打折卡** 　　C 提供购物袋　　 D 可以免费试吃	4. A 집까지 물건을 배달해 준다　**B 할인 카드를 준다** 　　C 장바구니를 제공한다　　　 D 무료로 시식할 수 있다

第3到4题是根据下面一段话： 　　³各位顾客，早上好。为了感谢顾客对我店的支持，我们打算举办一场⁴活动，³全场所有东西都打九折，⁴只要买一个东西就送打折卡，满三百元送一份小礼物。机会难得，千万不要错过这个机会，我们将为大家提供最好的服务。 3. 这段话最可能出自哪儿？ 4. 关于那个活动，可以知道什么？	3-4번 문제는 다음 내용에 근거한다. 　　³고객 여러분, 좋은 아침입니다. 저희 가게에 대한 고객님들의 지지에 감사드리기 위해, 저희는 ⁴행사를 개최하려고 합니다. ³전 매장 모든 물건을 10% 할인하고, ⁴물건을 한 개만 사도 할인 카드를 드리며, 300위안을 채우면 작은 선물 하나를 드립니다. 얻기 힘든 기회이니, 이 기회를 절대 놓치지 마세요. 저희는 여러분을 위해 최고의 서비스를 제공할 것입니다. 3. 이 단문은 어디에서 나올 가능성이 가장 큰가? 4. 그 행사에 대해 알 수 있는 것은 무엇인가?

해설　선택지 읽기

3번의 선택지를 읽고, 안내 방송이나 뉴스 또는 광고와 관련된 실용문이 나올 것임을 예상할 수 있다. 따라서 단문을 들을 때 장소, 시간, 날짜 등의 세부 사항을 주의 깊게 듣는다.

단문 듣기

단문 초반에서 **各位顾客, 早上好。**(고객 여러분, 좋은 아침입니다.)와 **全场所有东西都打九折**(전 매장 모든 물건을 10% 할인한다)를 듣고 3번의 D **超市广播**(마트 안내 방송)를 체크해 둔다.

단문 중반에서 **活动……只要买一个东西就送打折卡**(행사……물건을 한 개만 사도 할인 카드를 드린다)를 듣고 4번의 B **送打折卡**(할인 카드를 준다)를 체크해 둔다.

질문 듣고 정답 선택하기

3. 이 단문은 어디에서 나올 가능성이 가장 큰지 물었으므로 D **超市广播**(마트 안내 방송)를 정답으로 선택한다.

4. 그 행사에 대해 알 수 있는 것은 무엇인지 물었으므로 B **送打折卡**(할인 카드를 준다)를 정답으로 선택한다.

어휘　**个人** gèrén 圓개인　**信息** xìnxī 圓정보, 소식　**杂志** zázhì 圓잡지　**广告** guǎnggào 圓광고　**晚间新闻** wǎnjiān xīnwén 저녁 뉴스
超市 chāoshì 圓마트, 슈퍼　**广播** guǎngbō 圓(안내) 방송　圓방송하다　**送货到家** sònghuò dàojiā 집까지 물건을 배달해 주다
打折卡 dǎzhé kǎ 할인 카드　**提供** tígōng 圓제공하다　**购物袋** gòuwù dài 장바구니　**免费** miǎnfèi 圓무료로 하다
试吃 shì chī 시식하다　**各位** gè wèi 圓여러분　**顾客** gùkè 圓고객, 손님　**为了** wèile 図~을 위해　**感谢** gǎnxiè 圓감사하다, 고맙다
支持 zhīchí 圓지지하다　**打算** dǎsuan 圓~하려고 한다　**举办** jǔbàn 圓개최하다, 열다　**场** chǎng 圓차례, 회　**活动** huódòng 圓행사
所有 suǒyǒu 圓모든　**满** mǎn 圓차다, 가득하다　**元** yuán 圓위안[중국의 화폐 단위]　**份** fèn 圓개, 세트　**礼物** lǐwù 圓선물
机会 jīhuì 圓기회　**难得** nándé 圓얻기 힘들다　**千万** qiānwàn 図절대, 부디　**错过** cuòguò 圓놓치다
服务 fúwù 圓서비스하다

5. A 故宫　　　　　**B 长城** 　　C 购物中心　　　 D 世纪公园	5. A 고궁　　　　　　**B 만리장성** 　　C 쇼핑 센터　　　　 D 세기공원

6. A 看比赛	B 换酒店		6. A 경기를 본다	B 호텔을 바꾼다
C 听京剧	D 去博物馆		**C 경극을 듣는다**	D 박물관을 간다

第5到6题是根据下面一段话：

　　大家好，欢迎来到首都北京，我是东方旅行社的导游小张。首先我来告诉大家今天的旅行计划。⁵上午我们爬长城，吃完午饭后，下午去参观故宫。⁶如果晚上有人想听京剧，我就带大家去长安大剧院。

5. 他们上午会去哪里？

6. 他们晚上可能会去做什么？

5-6번 문제는 다음 내용에 근거한다.

　　여러분 안녕하세요, 수도 베이징에 오신 것을 환영합니다. 저는 동방여행사의 가이드 샤오장입니다. 먼저 제가 여러분에게 오늘의 여행 계획을 알려 드리겠습니다. ⁵오전에 우리는 만리장성을 오르고, 점심을 먹은 후, 오후에는 고궁을 참관합니다. ⁶만약 저녁에 경극을 듣고 싶은 분이 있다면, 제가 여러분을 데리고 창안대극장을 가도록 하겠습니다.

5. 그들은 오전에 어디를 갈 것인가?

6. 그들은 저녁에 무엇을 하러 갈 가능성이 큰가?

해설　선택지 읽기

각 문제의 선택지를 읽고, 특정 장소에 대해 소개하는 실용문이나 특정 인물에 대한 이야기가 나올 것임을 예상할 수 있다. 특히 5번의 선택지가 특정 장소로 구성되어 있으므로, 단문을 들을 때 관련된 내용을 주의 깊게 듣는다.

단문 듣기

단문 중반에서 上午我们爬长城(오전에 우리는 만리장성을 오른다)을 듣고 5번의 B 长城(만리장성)을 체크해 둔다.

이어서 参观故宫(고궁을 참관하다)을 듣고 5번의 A 故宫(고궁)을 체크해 둔다.

단문 후반에서 如果晚上有人想听京剧, 我就带大家去长安大剧院.(만약 저녁에 경극을 듣고 싶은 분이 있다면, 제가 여러분을 데리고 창안대극장을 가도록 하겠습니다.)을 듣고 6번의 C 听京剧(경극을 듣는다)를 체크해 둔다.

질문 듣고 정답 선택하기

5. 그들은 오전에 어디를 갈 것인지 물었으므로 B 长城(만리장성)을 정답으로 선택한다.

6. 그들은 저녁에 무엇을 하러 갈 가능성이 큰지 물었으므로 C 听京剧(경극을 듣는다)를 정답으로 선택한다.

어휘　**故宫** Gùgōng [고유] 고궁　**长城** Chángchéng [고유] 만리장성　**购物中心** gòuwù zhōngxīn 쇼핑 센터　**世纪** shìjì [명] 세기
公园 gōngyuán [명] 공원　**比赛** bǐsài [명] 경기, 시합　**换** huàn [동] 바꾸다, 교환하다　**京剧** jīngjù [명] 경극
博物馆 bówùguǎn [명] 박물관　**欢迎** huānyíng [동] 환영하다　**首都** shǒudū [명] 수도　**旅行社** lǚxíng shè 여행사
导游 dǎoyóu [명] 가이드　**首先** shǒuxiān [부] 먼저, 첫째　**计划** jìhuà [명] 계획　**参观** cānguān [동] 참관하다, 견학하다
如果 rúguǒ [접] 만약　**带** dài [동] 데리다　**剧院** jùyuàn [명] 극장

---

7 - 8

7. A 积累经验	B 表示祝贺		7. A 경험을 쌓는다	B 축하를 표한다
C 丰富生活	D 熟悉环境		**C 생활을 풍부하게 한다**	D 환경에 익숙해진다
8. **A 奖金**	B 午餐		8. **A 상금**	B 점심 식사
C 家电	D 运动服		C 가전 제품	D 운동복

第7到8题是根据下面一段话：

　　⁷为了丰富大家的生活，同时提醒大家多关注健康，公司决定下个月举办秋季运动会，到时候会提供运动服和美味的午餐。另外，⁸拿第一名的组还可以得到五百块钱的奖金。希望各位同事积极报名参加。

7-8번 문제는 다음 내용에 근거한다.

　　⁷여러분의 생활을 풍부하게 하고, 동시에 여러분이 건강에 많이 관심을 가지도록 일깨우기 ⁷위해, 회사에서 다음 달에 가을 운동회를 개최하기로 결정했습니다. 그때가 되면 운동복과 맛있는 점심 식사를 제공할 것입니다. 이 외에, ⁸1등을 하는 팀은 5백 위안의 상금도 받을 수 있습니다. 동료 여러분이 적극적으로 신청하고 참가하기를 바랍니다.

7. 公司举办运动会的目的是什么？	7. 회사가 운동회를 여는 목적은 무엇인가？
8. 根据这段话，拿到第一名可以得到什么？	8. 이 단문에 근거하여, 1등을 하면 무엇을 받을 수 있는가？

해설 선택지 읽기

각 문제의 선택지를 읽고, 단문의 종류를 예상하기 어려운 경우, 선택지와 관련된 내용을 주의 깊게 듣는다. 7번 선택지에 积累经验(경험을 쌓는다), 丰富生活(생활을 풍부하게 한다)가 있으므로, 단문을 들을 때 삶과 관련된 내용을 주의 깊게 듣는다.

단문 듣기

단문 초반에서 为了丰富大家的生活(여러분의 생활을 풍부하게 하기 위해)를 듣고 7번의 C 丰富生活(생활을 풍부하게 한다)를 체크해 둔다.

단문 중반에서 提供运动服和美味的午餐(운동복과 맛있는 점심 식사를 제공한다)을 듣고 8번의 B 午餐(점심 식사)과 D 运动服(운동복)를 체크해 둔다.

단문 후반에서 拿第一名的组还可以得到五百块钱的奖金(1등을 하는 팀은 5백 위안의 상금도 받을 수 있습니다)을 듣고 8번의 A 奖金(상금)을 체크해 둔다.

질문 듣고 정답 선택하기

7. 회사가 운동회를 여는 목적이 무엇인지 물었으므로 C 丰富生活(생활을 풍부하게 한다)를 정답으로 선택한다.

8. 이 단문에 근거하여 1등을 하면 무엇을 받을 수 있는지 물었으므로 A 奖金(상금)을 정답으로 선택한다.

어휘 积累 jīlěi 图 쌓이다, 누적하다   经验 jīngyàn 圀경험   表示 biǎoshì 图 표하다, 나타내다   祝贺 zhùhè 图축하하다
丰富 fēngfù 图풍부하게 하다 圀풍부하다   生活 shēnghuó 圀생활   熟悉 shúxi 图익숙해지다, 잘 알다   环境 huánjìng 圀환경
奖金 jiǎngjīn 圀상금, 보너스   午餐 wǔcān 圀점심 식사   家电 jiādiàn 圀가전 제품   为了 wèile 꽤~을 위해
同时 tóngshí 圀동시   提醒 tíxǐng 图일깨우다, 깨우치다   关注 guānzhù 图관심을 가지다   健康 jiànkāng 圀건강하다
决定 juédìng 图결정하다   举办 jǔbàn 图개최하다, 열다   秋季 qiūjì 圀가을(철)   提供 tígōng 图제공하다, 공급하다
另外 lìngwài 圀이 외에   拿 ná 图받다, 얻다   组 zǔ 圀팀, 조   各位 gèwèi 圀여러분   同事 tóngshì 圀동료
积极 jījí 圀적극적이다   报名 bàomíng 图신청하다, 등록하다   参加 cānjiā 图참가하다, 참석하다   目的 mùdì 圀목적

합격비책 04 | 설명문 공략하기 p.83

따라 읽으며 학습하기 ▶

1 A	2 B	3 D	4 B	5 B	6 D	7 C	8 D

1-2

1. **A** 一个汉字	B 网上聊天	1. **A** 한자	B 온라인 채팅
C 中国人的生活	D 年轻人的习惯	C 중국인의 생활	D 젊은이들의 습관
2. A 一种光	**B** 一种心情	2. A 빛	**B** 기분
C 两个人的样子	D 一个流行的东西	C 두 사람의 모습	D 유행하는 물건

第1到2题是根据下面一段话：

　¹囧是一个很有趣的汉字，它在词典上的意思是光。在日常生活中，中国人本来都不怎么用这个字了，然而因为它像一个人张大嘴，看起来不知道要说什么的样子，所以在互联网上流行起来了。²很多年轻人在网上聊天的时候，常常用这个字表示自己的心情。

1-2번 문제는 다음 내용에 근거한다.

　¹囧(jiǒng)은 재미있는 한자이다. 이 글자의 사전적 의미는 빛이다. 일상 생활에서 원래 중국인은 이 글자를 그다지 사용하지 않았었다. 그러나 이 글자가 사람이 입을 크게 벌리고, 무엇을 말해야 할지 모르는 모습처럼 보이기 때문에, 인터넷상에서 유행하기 시작했다. ²많은 젊은이들은 온라인에서 채팅을 할 때, 종종 이 글자를 사용해 자신의 기분을 나타낸다.

1. 这段话在讲什么？	1. 이 단문은 무엇을 말하고 있는가?
2. 现在，囧(jiǒng)这个字用来表示什么？	2. 현재, 囧(jiǒng)이라는 글자는 무엇을 나타내는데 사용되는가?

해설　선택지 읽기

　　1번과 2번의 선택지가 모두 특정 명사로 구성되어 있으므로, 단문을 들을 때 각 선택지와 관련하여 언급되는 내용을 주의 깊게 듣는다.

　　단문 듣기

　　단문 초반에서 囧是一个很有趣的汉字(囧(jiǒng)은 재미있는 한자이다)를 듣고 1번의 A 一个汉字(한자)를 체크해 둔다.

　　단문 후반에서 很多年轻人在网上聊天的时候，常常用这个字表示自己的心情。(많은 젊은이들은 온라인에서 채팅을 할 때, 종종 이 글자를 사용해 자신의 기분을 나타낸다.)를 듣고 1번의 B 网上聊天(온라인 채팅)과 2번의 B 一种心情(기분)을 체크해 둔다.

　　질문 듣고 정답 선택하기

　　1. 단문의 중심 내용을 물었으므로 A 一个汉字(한자)를 정답으로 선택한다.

　　2. 현재 囧(jiǒng)이라는 글자는 무엇을 나타내는데 사용되는지 물었으므로 B 一种心情(기분)을 정답으로 선택한다.

어휘　汉字 Hànzì ᴬᴮ 한자　网上聊天 wǎngshàng liáotiān 온라인 채팅　年轻人 niánqīng rén 젊은이, 청년　习惯 xíguàn 통 습관
　　　光 guāng 명 빛　心情 xīnqíng 명 기분, 감정　样子 yàngzi 명 모습　流行 liúxíng 통 유행하다
　　　囧 jiǒng 명 빛[인터넷 용어로 '답답한, 난감한' 등의 의미로 사용됨]　有趣 yǒuqù 형 재미있다　词典 cídiǎn 명 사전
　　　日常生活 rìcháng shēnghuó 일상생활　张大 zhāngdà 통 크게 벌리다　嘴 zuǐ 명 입　互联网 hùliánwǎng 명 인터넷
　　　起来 qǐlai 통 ~하기 시작하다　表示 biǎoshì 통 나타내다

---

3 - 4

3. A 禁止抽烟	3. A 흡연을 금지한다
B 保护动植物	B 동식물을 보호한다
C 反对节约用水	C 물을 절약해서 쓰는 것에 반대한다
D 是最大的环保节	**D 가장 큰 환경 보호의 날이다**
4. A 画地球　　　B 不开车	4. A 지구를 그린다　　　B 운전하지 않는다
C 放松自己　　　D 锻炼身体	C 자신의 긴장을 푼다　　　D 몸을 단련한다

第3到4题是根据下面一段话：	3-4번 문제는 다음 내용에 근거한다.
每年的四月二十二日是世界地球日。在这天，很多人都会积极参加环保活动，⁴有些人把车停在家里，另外还有一些人会收拾自己家周围的塑料袋和垃圾。他们用实际行动，让人们了解环保的重要性，保护我们的地球。³世界地球日已成为世界上最大的环保节日。	매년 4월 22일은 세계 지구의 날이다. 이날에는, 많은 사람들이 적극적으로 환경 보호 활동에 참여하는데, ⁴어떤 사람들은 차를 집에 세워 두고, 다른 어떤 사람들은 자신의 집 주변의 비닐봉지와 쓰레기를 치우기도 한다. 그들은 실질적인 행동으로 사람들이 환경 보호의 중요성을 이해하게 하고, 우리의 지구를 보호한다. ³세계 지구의 날은 이미 세계에서 가장 큰 환경 보호의 날이 되었다.
3. 关于世界地球日，可以知道什么？	3. 세계 지구의 날에 관해, 알 수 있는 것은 무엇인가?
4. 世界地球日那天，有些人会做什么？	4. 세계 지구의 날에, 어떤 사람들은 무엇을 하는가?

해설　선택지 읽기

　　각 문제의 선택지를 읽고 단문의 종류를 예상하기 어려운 경우, 선택지와 관련된 내용을 주의 깊게 듣는다. 3번의 선택지에서 保护动植物(동물을 보호한다), 节约用水(물을 절약해서 쓰다), 环保节(환경 보호의 날)를 읽고, 단문을 들을 때 환경 보호 관련 내용을 주의 깊게 듣는다.

단문 듣기

단문 초반에서 **有些人把车停在家里**(어떤 사람들은 차를 집에 세워 둔다)를 듣고 4번의 B **不开车**(운전하지 않는다)를 체크해 둔다.

단문 후반에서 **世界地球日已成为世界上最大的环保节。**(세계 지구의 날은 이미 세계에서 가장 큰 환경 보호의 날이 되었다.)을 듣고, 3번의 D **是最大的环保节**(가장 큰 환경 보호의 날이다)를 체크해 둔다.

질문 듣고 정답 선택하기

3. 세계 지구의 날에 관해 알 수 있는 것은 무엇인지 물었으므로 D **是最大的环保节**(가장 큰 환경 보호의 날이다)를 정답으로 선택한다.

4. 세계 지구의 날에 어떤 사람들은 무엇을 하는지 물었으므로 B **不开车**(운전하지 않는다)를 정답으로 선택한다.

참고로, 두 번째 문제의 단서가 단문 초반에 언급되는 문제도 출제되므로 선택지를 미리 꼼꼼히 읽어 둔다.

어휘 **禁止** jìnzhǐ 图금지하다 **抽烟** chōuyān 图흡연하다, 담배를 피우다 **保护** bǎohù 图보호하다 **动植物** dòng zhí wù 동식물 **反对** fǎnduì 图반대하다 **节约** jiéyuē 图절약하다, 아끼다 **用** yòng 图쓰다, 사용하다 **环保** huánbǎo 환경 보호(**环境保护**의 줄임말) **节** jié 图날, 명절 **画** huà 图(그림을) 그리다 图그림 **地球** dìqiú 图지구 **放松** fàngsōng 图긴장을 풀다, (마음을) 편하게 하다 **锻炼** duànliàn 图단련하다 **世界** shìjiè 图세계, 세상 **积极** jījí 图적극적이다, 긍정적이다 **参加** cānjiā 图참여하다, 참가하다 **停** tíng 图세우다, 정지하다 **另外** lìngwài 图다른, 그 밖의 **收拾** shōushi 图치우다, 정리하다 **周围** zhōuwéi 图주변, 주위 **塑料袋** sùliàodài 图비닐봉지 **垃圾** lājī 图쓰레기 **实际** shíjì 图실질적이다 **行动** xíngdòng 图행동 **了解** liǎojiě 图이해하다, 분명히 알다 **重要性** zhòngyào xìng 중요성 **成为** chéngwéi 图~이 되다 **节日** jiérì 图날, 명절

5-6

5. A 电子书	**B 手机点餐**	5. A 전자책	**B 휴대폰 음식 주문**
C 无人超市	D 网上银行	C 무인 슈퍼	D 인터넷 뱅킹
6. A 干净卫生	B 不做广告	6. A 깨끗하고 위생적이다	B 광고를 하지 않는다
C 排队付款	**D 节约时间**	C 줄을 서서 결제한다	**D 시간을 절약한다**

第5到6题是根据下面一段话：

随着科技的发展，手机极大地方便了我们的生活。比如说⁵很多餐厅都提供手机点菜服务，顾客可以通过手机轻松查看菜单、点菜，并用手机付款，到餐厅后就直接用餐，而不需要再排队等位了。这不仅方便，⁶还能节约不少时间。

5. 很多餐厅提供什么服务？

6. 关于这种服务，下列哪个正确？

5-6번 문제는 다음 내용에 근거한다.

과학 기술의 발전에 따라, 휴대폰은 우리의 생활을 극히 편리하게 했다. 예를 들어 ⁵많은 식당들은 휴대폰 음식 주문 서비스를 제공하는데, 고객은 휴대폰으로 손쉽게 메뉴를 살펴보고, 주문하고, 휴대폰으로 결제를 할 수 있어서, 식당에 도착한 후 바로 식사를 할 수 있고, 줄을 서서 자리를 기다릴 필요가 없게 되었다. 이것은 편리할 뿐만 아니라, ⁶많은 시간을 절약할 수도 있다.

5. 많은 식당들은 어떤 서비스를 제공하는가?

6. 이런 서비스에 관해, 다음 중 옳은 것은 무엇인가?

해설 선택지 읽기

5번 선택지가 특정 명사로 구성되어 있고, 6번 선택지가 상태나 상황을 설명하는 문장으로 구성되어 있으므로, 특정 대상에 대한 설명문이 나올 것임을 예상할 수 있다. 따라서 단문을 들을 때 특히 5번 선택지들 중 어느 것과 관련하여 어떤 세부 내용이 언급되는지를 주의 깊게 듣는다.

단문 듣기

단문 초반에서 **很多餐厅都提供手机点菜服务**(많은 식당들은 휴대폰 음식 주문 서비스를 제공한다)를 듣고 5번의 B **手机点餐**(휴대폰 음식 주문)을 체크해 둔다.

단문 후반에서 **还能节约不少时间**(많은 시간을 절약할 수도 있다)을 듣고 6번의 D **节约时间**(시간을 절약한다)을 체크해 둔다.

질문 듣고 정답 선택하기

5. 많은 식당들은 어떤 서비스를 제공하는지 물었으므로 B **手机点餐**(휴대폰 음식 주문)을 정답으로 선택한다.

6. 이 서비스에 관해 옳은 것이 무엇인지 물었으므로 D **节约时间**(시간을 절약한다)을 정답으로 선택한다.

어휘 电子书 diànzǐ shū 전자책　**点餐** diǎn cān 음식을 주문하다　**无人超市** wúrén chāoshì 무인 슈퍼
网上银行 wǎngshàng yínháng 인터넷 뱅킹　**干净** gānjìng 圈 깨끗하다　**卫生** wèishēng 圈 위생적이다　**广告** guǎnggào 圈 광고
排队 páiduì 圈 줄을 서다　**付款** fùkuǎn 圈 결제하다, 돈을 지불하다　**节约** jiéyuē 圈 절약하다　**随着** suízhe ~에 따라
科技 kējì 圈 과학 기술　**发展** fāzhǎn 圈 발전하다　**极大** jí dà 극히, 한껏　**方便** fāngbiàn 圈 편리하게 하다 圈 편리하다
生活 shēnghuó 圈 생활　**比如** bǐrú 예를 들어 ~이다, ~가 예다　**餐厅** cāntīng 圈 식당, 레스토랑　**提供** tígōng 圈 제공하다
服务 fúwù 圈 서비스하다　**顾客** gùkè 圈 고객, 손님　**通过** tōngguò 圈 ~으로　**轻松** qīngsōng 圈 쉽다, 편안하다
查看 chákàn 圈 살펴보다, 조사하다　**菜单** càidān 圈 메뉴　**直接** zhíjiē 圈 바로 ~하다　**用餐** yòngcān 圈 식사를 하다
而 ér 圈 ~고, 그리고　**需要** xūyào 圈 필요하다　**等位** děng wèi 자리를 기다리다　**不仅** bùjǐn 圈 ~뿐만 아니라

7-8

7. A 正确的态度	B 健康的生活	7. A 올바른 태도	B 건강한 생활
C 一种幸福感	D 幸福的烦恼	**C 행복감의 한 종류**	D 행복한 고민
8. A 拒绝邀请	B 上课不睡觉	8. A 초대를 거절한다	B 수업할 때 자지 않는다
C 航班被推迟	**D 吃好吃的东西**	C 항공편이 연기된다	**D 맛있는 것을 먹는다**

第7到8题是根据下面一段话:

"小确幸"是一种网络用语。每当希望发生的小事正好发生在自己身上时，人们会获得[7]小而确实的幸福感，这就是"小确幸"。比如，[8]周末和朋友吃美味的蛋糕；运动后喝一瓶冰饮料；打算买的东西正好在打折等。这些生活中的小事能给人带来最简单的快乐与幸福。

7. "小确幸"指的是什么？

8. 根据这段话，下列哪个有可能是"小确幸"？

7-8번 문제는 다음 내용에 근거한다.

'소확행'은 인터넷 용어의 한 종류이다. 매번 일어나기를 바라는 작은 일이 마침 자신에게 일어났을 때, 사람들은 [7]작지만 확실한 행복감을 얻게 되는데, [7]이것이 바로 '소확행'이다. 예를 들어, [8]주말에 친구와 맛있는 케이크를 먹거나, 운동 후에 찬 음료를 마시거나, 사려고 했던 물건이 마침 세일 중인 것 등이다. 이런 생활 속의 작은 일이 사람들에게 가장 단순한 기쁨과 행복을 가져다줄 수 있다.

7. '소확행'은 무엇을 가리키는가?

8. 이 단문에 근거하여, 다음 중 어떤 것이 '소확행'일 가능성이 큰가?

해설　선택지 읽기
각 문제의 선택지를 읽고 단문의 종류를 예상하기 어려운 경우, 선택지와 관련된 내용을 주의 깊게 듣는다. 7번의 선택지에서 C 一种幸福感(행복감의 한 종류), D 幸福的烦恼(행복한 고민)를 읽고, 단문을 들을 때 행복과 관련된 내용을 주의 깊게 듣는다.

단문 듣기
단문 초반에서 小而确实的幸福感, 这就是"小确幸"(작지만 확실한 행복감······이것이 바로 '소확행'이다)을 듣고 7번의 C 一种幸福感(행복감의 한 종류)을 체크해 둔다.
이어서 周末和朋友吃美味的蛋糕(주말에 친구와 맛있는 케이크를 먹다)를 듣고 8번의 D 吃好吃的东西(맛있는 것을 먹는다)를 체크해 둔다.

질문 듣고 정답 선택하기
7. '소확행'이 무엇을 가리키는지 물었으므로 C 一种幸福感(행복감의 한 종류)을 정답으로 선택한다.
8. 이 단문에 근거하여 다음 중 어떤 것이 '소확행'일 가능성이 큰지 물었다. 단문에서 친구와 맛있는 케이크를 먹거나 운동 후에 찬 음료를 마시는 것처럼 작고 확실한 행복이 '소확행'이라고 했으므로, 제시된 선택지 중 '소확행'이라고 할 수 있는 D 吃好吃的东西(맛있는 것을 먹는다)를 정답으로 선택한다.

어휘 正确 zhèngquè 圈 올바르다, 정확하다　**态度** tàidu 圈 태도　**健康** jiànkāng 圈 건강하다　**生活** shēnghuó 圈 생활
种 zhǒng 圈 종류, 가지　**幸福感** xìngfú gǎn 행복감　**烦恼** fánnǎo 圈 고민스럽다, 걱정스럽다　**拒绝** jùjué 圈 거절하다
邀请 yāoqǐng 圈 초대하다, 초청하다　**航班** hángbān 圈 항공편　**推迟** tuīchí 圈 연기하다, 미루다

小确幸 xiǎo què xìng 소확행, 작지만 확실한 행복　**网络用语** wǎngluò yòngyǔ 인터넷 용어　**当……时** dāng……shí ~을 때
发生 fāshēng 图 일어나다, 발생하다　**正好** zhènghǎo 图 마침　**自己** zìjǐ 图 자신, 스스로　**获得** huòdé 图 얻다, 받다
而 ér 图 ~고, 그리고　**确实** quèshí 图 확실하다　**比如** bǐrú 예를 들어 ~이다, ~가 예다　**周末** zhōumò 图 주말
美味 měi wèi 맛이 있다, 맛 좋은 음식　**蛋糕** dàngāo 图 케이크　**饮料** yǐnliào 图 음료　**打折** dǎzhé 图 세일하다, 할인하다
等 děng 图 등, 따위　**简单** jiǎndān 图 단순하다, 간단하다　**与** yǔ 图 ~와/과　**指** zhǐ 图 가리키다

제**3**부분 단문　실전테스트 p.84

따라 읽으며 학습하기 ▶

| 테스트 1 | 1 B | 2 C | 3 A | 4 D | 5 A | 6 C | 7 C | 8 A | 9 B | 10 A |
| 테스트 2 | 1 C | 2 D | 3 B | 4 C | 5 D | 6 B | 7 C | 8 D | 9 C | 10 D |

테스트 1

1-2

1. A 只喝一杯　　**B 少放茶叶**
　 C 要喝红茶　　D 加点儿糖

2. A 吃饭的时候　　B 早上起床时
　 C 饭后半小时　　D 出去运动前

1. A 한 잔만 마신다　　**B 찻잎을 적게 넣는다**
　 C 홍차를 마셔야 한다　　D 설탕을 약간 추가한다

2. A 밥을 먹을 때　　B 아침에 일어났을 때
　 C 식후 30분　　D 운동하러 나가기 전

第1到2题是根据下面一段话：

　　大部分人习惯饭后马上喝茶，认为这样对身体有好处。实际上，这不算是个好习惯。不仅是饭后，[1]饭前最好也少喝茶。如果实在是[1]想喝，可以少放点儿茶叶，喝比较清淡的茶。必须要记住的是，千万不能在吃饭过程中喝茶，这样对身体没有好处。[2]最科学的做法是吃完饭半小时以后再喝茶。

1. 想在饭前喝茶，应该怎么做？

2. 根据这段话，什么时候喝茶比较好？

1-2번 문제는 다음 내용에 근거한다.

　　대부분의 사람은 밥을 먹고 난 후 바로 차를 마시는 것이 습관이 되어 있고, 이렇게 하는 것이 몸에 좋다고 생각한다. 사실, 이것은 좋은 습관이라고 할 수 없다. 식후 뿐만 아니라, [1]식전에도 차를 적게 마시는 것이 가장 좋다. 만약 정말 [1]마시고 싶다면, 찻잎을 적게 넣어서 비교적 연한 차를 마시면 된다. 반드시 기억해야 할 것은, 절대로 밥을 먹는 도중에 차를 마셔서는 안 되는데, 이렇게 하는 것은 몸에 좋지 않다. [2]가장 과학적인 방법은 밥을 다 먹고 30분 후에 차를 마시는 것이다.

1. 밥을 먹기 전에 차를 마시고 싶다면, 어떻게 해야 하는가?

2. 이 단문에 근거하여, 언제 차를 마시는 것이 비교적 좋은가?

해설　선택지 읽기

　　1번 선택지에 **要**(~해야 한다)가 있고 2번 선택지에 **早上起床**(아침에 일어나다), **出去运动**(운동하러 나간다)이 있으므로, 건강과 관련된 논설문이 나올 것임을 예상할 수 있다. 특히 1번의 B **少放茶叶**(찻잎을 적게 넣는다)와 C **要喝红茶**(홍차를 마셔야 한다)를 읽고, 단문을 들을 때 **茶**(차)와 관련하여 언급되는 내용을 주의 깊게 듣는다.

　　단문 듣기

　　단문 중반에서 **饭前……想喝, 可以少放点儿茶叶**(식전에……마시고 싶다면, 찻잎을 적게 넣는다)를 듣고 1번의 B **少放茶叶**(찻잎을 적게 넣는다)를 체크해 둔다.

　　단문 후반에서 **最科学的做法是吃完饭半小时以后再喝茶。**(가장 과학적인 방법은 밥을 다 먹고 30분 후에 차를 마시는 것이다.)를 듣고 2번의 C **饭后半小时**(식후 30분)을 체크해 둔다.

질문 듣고 정답 선택하기

1. 밥을 먹기 전에 차를 마시고 싶다면 어떻게 해야 하는지 물었으므로 B 少放茶叶(찻잎을 적게 넣는다)를 정답으로 선택한다.
2. 이 단문에 근거하여 언제 차를 마시는 것이 비교적 좋은지 물었으므로 C 饭后半小时(식후 30분)를 정답으로 선택한다.

어휘   **放** fàng 图넣다   **茶叶** cháyè 찻잎   **糖** táng 图설탕   **大部分** dàbùfen 대부분   **习惯** xíguàn 图습관이 되다, 익숙해지다
马上 mǎshàng 图바로, 즉시   **认为** rènwéi 图~이라고 생각하다   **好处** hǎochu 图좋은 점, 장점   **实际上** shíjìshang 图사실(상)
不算 bú suàn ~라고 할 수는 없다, ~한 편은 아니다   **不仅……也……** bùjǐn……yě…… ~뿐만 아니라, ~도
最好 zuìhǎo 图~하는 것이 가장 좋다   **如果** rúguǒ 圙만약   **实在** shízài 图정말, 확실히   **比较** bǐjiào 图비교적
清淡 qīngdàn 图연하다, 담백하다   **必须** bìxū 图반드시   **千万** qiānwàn 图절대로, 반드시   **过程** guòchéng 图과정
科学 kēxué 图과학적이다

3 - 4

3. **A** 律师	B 警察	3. **A** 변호사	B 경찰
C 教授	D 科学家	C 교수	D 과학자
4. A 很粗心	B 脾气差	4. A 부주의하다	B 성격이 나쁘다
C 会弹钢琴	**D** 工作很负责	C 피아노를 칠 줄 안다	**D** 일에 책임감이 강하다

第3到4题是根据下面一段话：

　　⁴我的妻子是一个非常有责任心的人。不管是对生活还是工作，她都非常负责。³作为一名律师，她工作的时候既认真又仔细。她每次都会提前做好计划，从来没有在工作上出过问题，所以同事和老板都很喜欢她。

3. 说话人的妻子是做什么的？

4. 关于说话人的妻子，下列哪项正确？

3-4번 문제는 다음 내용에 근거한다.

　　⁴내 아내는 매우 책임감 있는 사람이다. 생활에서나 아니면 일에서나에 관계없이, 그녀는 매우 책임감이 강하다. ³변호사로서, 그녀는 일을 할 때 성실하고 꼼꼼하다. 그녀는 매번 미리 계획을 세워서, 여태껏 업무에서 문제가 발생한 적이 없다. 그래서 동료와 사장은 모두 그녀를 매우 좋아한다.

3. 화자의 아내는 무슨 일을 하는가?

4. 화자의 아내에 관해, 다음 중 옳은 것은 무엇인가?

해설   선택지 읽기

4번의 선택지에서 粗心(부주의하다), 脾气差(성격이 나쁘다), 会弹钢琴(피아노를 칠 줄 안다), 工作很负责(일에 책임감이 강하다)를 읽고, 특정 인물과 관련된 이야기가 나올 것임을 예상할 수 있다. 특히 3번 선택지가 직업 표현으로 구성되어 있으므로, 단문을 들을 때 화자의 직업 또는 관련 표현을 주의 깊게 듣는다.

단문 듣기

단문 초반의 我的妻子是一个非常有责任心的人。不管是对生活还是工作，她都非常负责。(내 아내는 매우 책임감 있는 사람이다. 생활에서나 아니면 일에서나에 관계없이, 그녀는 매우 책임감이 강하다.)를 듣고 4번의 D 工作很负责(일에 책임감이 강하다)를 체크해 둔다. 이어서 作为一名律师(변호사로서)을 듣고 3번의 A 律师(변호사)을 체크해 둔다.

질문 듣고 정답 선택하기

3. 화자의 아내는 무슨 일을 하는지 물었으므로 A 律师(변호사)를 정답으로 선택한다.
4. 화자의 아내에 관해 다음 중 옳은 것은 무엇인지 물었으므로 D 工作很负责(일에 책임감이 강하다)를 정답으로 선택한다.
　　참고로, 두 번째 문제의 단서가 단문 초반에 언급되는 문제도 출제되므로 선택지를 미리 꼼꼼히 읽어 둔다.

어휘   **律师** lǜshī 图변호사   **警察** jǐngchá 图경찰   **教授** jiàoshòu 图교수   **科学家** kēxuéjiā 图과학자   **粗心** cūxīn 图부주의하다
脾气 píqi 图성격, 성질   **差** chà 图나쁘다   **弹钢琴** tán gāngqín 피아노를 치다   **负责** fùzé 图책임감이 강하다
责任心 zérèn xīn 책임감   **不管……都……** bùguǎn……dōu…… ~에 관계없이   **生活** shēnghuó 图생활 图생활하다
还是 háishi 图아니면, 또는   **作为** zuòwéi 전~로서   **既……又……** jì……yòu…… ~하고 ~하다   **认真** rènzhēn 图성실하다
仔细 zǐxì 图꼼꼼하다   **提前** tíqián 图미리 ~하다   **计划** jìhuà 图계획   **从来** cónglái 图여태껏, 지금까지
同事 tóngshì 图동료   **老板** lǎobǎn 图사장

5-6

5. **A** 一种牙膏	**B** 一份礼物	5. **A** 치약	**B** 선물
C 一家医院	**D** 一个好习惯	**C** 병원	**D** 좋은 습관
6. **A** 小说里	**B** 电影中	6. **A** 소설에서	**B** 영화에서
C 广告上	**D** 学校里	**C** 광고에서	**D** 학교에서

第5到6题是根据下面一段话:

　　想让您的牙更白更健康吗？试试我们公司推出的全新舒而健⁵牙膏吧，保证一个月能见效，三个月完全改变。新的一天，从舒而健开始。一次买两盒以上的顾客，还可以获得一份小礼物。⁶欢迎打电话了解更多信息。

5. 这段话主要介绍了什么？

6. 这段话最可能出现在哪里？

5-6번 문제는 다음 내용에 근거한다.

　　당신의 치아를 더 하얗고 더 건강하게 하고 싶나요? 저희 회사에서 출시한 완전히 새로운 수얼젠 ⁵치약을 사용해 보세요. 한 달이면 효과를 보고, 세 달이면 완전히 바뀌는 것을 보장합니다. 새로운 하루는, 수얼젠으로부터 시작됩니다. 한 번에 두 개 이상 구매하신 고객님은 작은 선물 하나도 받으실 수 있습니다. ⁶전화로 더 많은 정보를 알아보세요.

5. 이 단문이 주로 소개하는 것은 무엇인가?

6. 이 단문은 어디에서 나올 가능성이 가장 큰가?

해설　선택지 읽기

5번의 선택지가 모두 특정 명사로 구성되어 있으므로, 단문을 들을 때 각 선택지와 관련하여 언급되는 내용을 주의 깊게 듣는다.

단문 듣기

단문 초반에서 牙膏(치약)를 듣고 5번의 A 一种牙膏(치약)를 체크해 둔다.

단문 후반에서 一份小礼物(작은 선물 하나)를 듣고 5번의 B 一份礼物(선물)를 체크해 둔다. 이어서 欢迎打电话了解更多信息. (전화로 더 많은 정보를 알아보세요.)를 듣고 6번의 C 广告上(광고에서)을 체크해 둔다.

질문 듣고 정답 선택하기

5. 이 단문이 주로 소개하는 것은 무엇인지 물었으므로 A 一种牙膏(치약)를 정답으로 선택한다.

6. 이 단문은 어디에서 나올 가능성이 가장 큰지 물었으므로, 단문 전반적으로 치약에 대해 홍보하고 있는 내용으로 유추할 수 있는 C 广告上(광고에서)을 정답으로 선택한다.

어휘　牙膏 yágāo 圏치약　份 fèn 圏개[추상적인 것을 세는 단위]　礼物 lǐwù 圏선물　习惯 xíguàn 圏습관　小说 xiǎoshuō 圏소설
广告 guǎnggào 圏광고　更 gèng 凰더, 더욱　健康 jiànkāng 圏건강하다　试 shì 圐시도해 보다　推出 tuīchū 圐출시하다, 내놓다
保证 bǎozhèng 圐보장하다　见效 jiànxiào 圐효과를 보다　完全 wánquán 凰완전히　改变 gǎibiàn 圐바꾸다, 변하다
盒 hé 圏개, 통　顾客 gùkè 圏고객, 손님　获得 huòdé 圐받다, 얻다　欢迎 huānyíng 圐환영하다　了解 liǎojiě 圐알다, 이해하다
信息 xìnxī 圏정보　出现 chūxiàn 圐나타나다, 출현하다

7-8

7. **A** 很安静	**B** 比较危险	7. **A** 조용하다	**B** 비교적 위험하다
C 对人友好	**D** 特别爱干净	**C** 사람에게 우호적이다	**D** 깨끗한 것을 아주 좋아한다
8. **A** 可以陪他们	**B** 能保护自己	8. **A** 그들과 함께할 수 있다	**B** 스스로를 보호할 수 있다
C 可以一起锻炼	**D** 能帮助做家务	**C** 함께 단련할 수 있다	**D** 집안일을 도와줄 수 있다

第7到8题是根据下面一段话：

现在很多人家里都有 7小动物，其中狗和猫最多。这些动物不仅聪明可爱，而且 7对人的态度也十分友好。另外，它们还能跟人进行感情交流。对于很多人来说，尤其是 8老人和孩子，这些动物甚至已经成为了他们的朋友和家人，因为不管是在难受还是开心的时候，8这些动物都能耐心地陪着他们。

7. 这段话中提到的小动物有什么特点？
8. 老人和孩子喜欢动物的原因是什么？

7-8번 문제는 다음 내용에 근거한다.

요즘 많은 사람들 집에는 7작은 동물이 있는데, 7그중에서 강아지와 고양이가 가장 많다. 이 동물들은 똑똑하고 귀여울 뿐만 아니라, 7사람을 대하는 태도 또한 매우 우호적이다. 이 외에, 그것들은 사람과 감정 교류도 할 수 있다. 많은 사람들에게 있어서, 특히 8노인과 아이들에게 이 동물들은 심지어 이미 그들의 친구와 가족이 되었는데, 괴롭거나 아니면 즐거울 때에 관계없이, 8이 동물들은 참을성 있게 그들과 함께할 수 있기 때문이다.

7. 이 단문에서 언급된 작은 동물은 어떤 특징이 있는가?
8. 노인과 아이가 동물을 좋아하는 이유는 무엇인가?

해설 선택지 읽기

7번과 8번의 선택지가 어떤 것에 대한 특징을 설명하는 문장으로 구성되어 있으므로, 특정 대상에 대한 설명문이 나올 것임을 예상할 수 있다. 따라서 단문을 들을 때 어떤 대상이 언급되는지, 그리고 그것에 대해 어떤 세부 내용이 언급되는지를 주의 깊게 듣는다.

단문 듣기

단문 초반에서 小动物, 其中狗和猫……对人的态度也十分友好(작은 동물, 그중에서 강아지와 고양이가……사람을 대하는 태도 또한 매우 우호적이다)를 듣고 7번의 C 对人友好(사람에게 우호적이다)를 체크해 둔다.

단문 후반에서 老人和孩子……这些动物都能耐心地陪着他们(노인과 아이들……이 동물들은 참을성 있게 그들과 함께 할 수 있다)을 듣고 8번의 A 可以陪他们(그들과 함께할 수 있다)을 체크해 둔다.

질문 듣고 정답 선택하기

7. 이 단문에서 언급된 작은 동물은 어떤 특징이 있는지 물었으므로 C 对人友好(사람에게 우호적이다)를 정답으로 선택한다.
8. 노인과 아이가 동물을 좋아하는 이유는 무엇인지 물었으므로 A 可以陪他们(그들과 함께할 수 있다)을 정답으로 선택한다.

어휘 **安静** ānjìng 휑조용하다 **比较** bǐjiào 휀비교적 **危险** wēixiǎn 위험하다 **友好** yǒuhǎo 휑우호적이다 **特别** tèbié 휀아주, 특히
干净 gānjìng 휑깨끗하다 **陪** péi 휑함께하다, 모시다 **保护** bǎohù 휑보호하다 **自己** zìjǐ 휀스스로, 자신
锻炼 duànliàn 휑단련하다 **家务** jiāwù 휑집안일, 가사 **动物** dòngwù 휑동물 **其中** qízhōng 휑그중, 그 안에
不仅……而且…… bùjǐn……érqiě…… ~뿐만 아니라, 또한~ **聪明** cōngming 휑똑똑하다 **可爱** kě'ài 휑귀엽다 **态度** tàidu 휑태도
十分 shífēn 휀매우, 아주 **另外** lìngwài 휑이 외에, 이 밖에 **进行** jìnxíng 휑진행하다 **感情** gǎnqíng 휑감정
交流 jiāoliú 휑교류하다 **对于……来说** duìyú……lái shuō ~에게 있어서 **尤其** yóuqí 휀특히, 더욱
甚至 shènzhì 휀심지어, ~까지도 **成为** chéngwéi 휑~이 되다, ~로 변하다 **不管……都……** bùguǎn……dōu…… ~에 관계없이
难受 nánshòu 휑(몸이) 괴롭다, 불편하다 **还是** háishi 휀아니면, 또는 **开心** kāixīn 휑즐겁다, 기쁘다
耐心 nàixīn 휑참을성이 있다 휑인내심 **特点** tèdiǎn 휑특징 **原因** yuányīn 휑이유, 원인

9 - 10

9. A 北京   **B 海南**
   C 大连   D 西安

10. **A 很难买到票**
    B 机票价格便宜
    C 景点服务不好
    D 很难被人接受

9. A 베이징   **B 하이난**
   C 다롄   D 시안

10. **A 표를 구하기 어렵다**
    B 비행기표 가격이 저렴하다
    C 명소의 서비스가 좋지 않다
    D 다른 사람에게 받아들여지기 어렵다

第9到10题是根据下面一段话：

一到节假日，很多人会选择出门旅行。随着出行人数的增加，购买车票、船票或机票成为了一个让人头疼的问题。⁹来自南京的王先生告诉记者，他⁹计划这个春节去海南，大概算了一下，一家三口的这趟旅程至少得花掉三万块。他还说，¹⁰如果没有提前半年买好机票，现在肯定买不到了。

9. 王先生一家人春节打算去哪儿旅游？
10. 关于节日出行，可以知道什么？

9-10번 문제는 다음 내용에 근거한다.

명절과 휴일이 되기만 하면, 많은 사람들은 나가서 여행하는 것을 선택한다. 여행을 하는 사람 수가 증가함에 따라, 차 표, 배 표 혹은 비행기표를 구매하는 것이 골치 아픈 문제가 되었다. ⁹난징에서 온 왕 선생님은 기자에게 그가 ⁹이번 춘절에 하이난을 갈 계획이며, 대략 계산해 봤을 때 세 식구의 이번 여정에는 적어도 삼만 위안을 써야 한다고 했다. 그는 ¹⁰만약 반 년 전에 미리 비행기표를 사 두지 않았다면, 지금은 분명히 구할 수 없었을 것이라고도 했다.

9. 왕 선생님 가족은 춘절에 어디로 여행을 갈 계획인가?
10. 명절에 여행하는 것에 관해, 알 수 있는 것은 무엇인가?

해설 선택지 읽기

9번의 선택지가 특정 명사로 구성되어 있고, 10번은 어떤 것에 대한 상태나 상황을 설명하고 있으므로 설명문이 나올 것임을 예상할 수 있다. 9번 선택지에 중국 지명이 있고, 10번 선택지에 买到票(표를 구하다), 机票价格(비행기표 가격), 景点(명소)이 있으므로, 단문을 들을 때 이와 관련된 내용을 주의 깊게 듣는다.

단문 듣기

단문 중반에서 来自南京的王先生……计划这个春节去海南(난징에서 온 왕 선생님은……이번 춘절에 하이난을 갈 계획이다)을 듣고 9번의 B 海南(하이난)을 체크해 둔다.

단문 후반에서 如果没有提前半年买好机票, 现在肯定买不到了(만약 반 년 전에 미리 비행기표를 사 두지 않았다면, 지금은 분명히 구할 수 없었을 것이다)를 듣고 10번의 A 很难买到票(표를 구하기 어렵다)를 체크해 둔다.

질문 듣고 정답 선택하기

9. 왕 선생님 가족은 춘절에 어디로 여행을 갈 계획인지 물었으므로 B 海南(하이난)을 정답으로 선택한다.
10. 명절에 여행하는 것에 관해 알 수 있는 것을 물었으므로 A 很难买到票(표를 구하기 어렵다)를 정답으로 선택한다.

어휘 海南 Hǎinán [고유] 하이난 (성)   大连 Dàlián [고유] 다롄, 대련   西安 Xī'ān [고유] 시안, 서안   难 nán [형] 어렵다, 힘들다
价格 jiàgé [명] 가격, 값   景点 jǐngdiǎn [명] 명소, 관광지   服务 fúwù [동] 서비스하다   接受 jiēshòu [동] 받아들이다, 받다
节假日 jiéjià rì [명] 명절과 휴일   选择 xuǎnzé [동] 선택하다, 고르다   旅行 lǚxíng [동] 여행하다   随着 suízhe [개] ~에 따라서
出行 chūxíng [동] 여행하다, 외출하다   增加 zēngjiā [동] 증가하다, 늘리다   购买 gòumǎi [동] 구매하다, 사다   船 chuán [명] 배, 선박
成为 chéngwéi [동] ~이 되다, ~로 변하다   疼 téng [형] 아프다   来自 láizì [동] ~에서 오다   记者 jìzhě [명] 기자   计划 jìhuà [동] ~할 계획이다
春节 Chūnjié [고유] 춘절   大概 dàgài [부] 대략, 아마(도)   口 kǒu [양] 식구   趟 tàng [양] 차례, 번[횟수를 세는 데 쓰임]
旅程 lǚchéng [명] 여정   至少 zhìshǎo [부] 적어도, 최소한   花 huā [동] 쓰다, 소비하다   万 wàn [수] 만, 10000   如果 rúguǒ [접] 만약
提前 tíqián [동] 미리~ 하다   肯定 kěndìng [부] 분명히, 확실히   节日 jiérì [명] 명절, 기념일

테스트 2

1 - 2

1. A 老人	B 病人		1. A 노인	B 환자
C 孩子	D 中年人		**C** 아이	D 중년
2. A 很健康	B 味道好		2. A 건강하다	B 맛이 좋다
C 要等很久	**D 价格不贵**		C 오래 기다려야 한다	**D 가격이 비싸지 않다**

| 第1到2题是根据下面一段话： | 1-2번 문제는 다음 내용에 근거한다. |

第1到2题是根据下面一段话：

　　¹快餐进入中国后十分受欢迎，¹尤其是受年轻人和孩子们的喜爱。²快餐价格不贵，而且能节约大量的时间。但其中有的是垃圾食品，没有营养，吃多了对身体没有好处。所以为了身体健康，我们应该少吃快餐。

1. 哪些人特别喜欢吃快餐？

2. 关于快餐，可以知道什么？

1-2번 문제는 다음 내용에 근거한다.

　　¹패스트푸드는 중국에 들어온 후 매우 환영 받았는데, ¹특히 젊은 사람들과 아이들의 사랑을 받았다. ²패스트푸드는 가격이 비싸지 않고, 게다가 많은 시간을 절약할 수 있다. 하지만 그중 어떤 것은 정크푸드이고, 영양가가 없어서, 많이 먹으면 몸에 안 좋다. 따라서 건강을 위해, 우리는 패스트푸드를 적게 먹어야 한다.

1. 어떤 사람들이 패스트푸드를 먹는 것을 특히 좋아하는가?

2. 패스트푸드에 대해, 알 수 있는 것은 무엇인가?

해설　선택지 읽기

2번의 선택지에서 健康(건강하다), 味道(맛), 价格不贵(가격이 비싸지 않다)를 읽고, 음식에 대한 설명문이 나올 것임을 예상할 수 있다. 따라서 단문을 들을 때 음식과 관련하여 어떤 세부 내용이 언급되는지를 주의 깊게 듣는다.

단문 듣기

단문 초반에서 快餐……尤其是受年轻人和孩子们的喜爱(패스트푸드는……특히 젊은 사람들과 아이들의 사랑을 받았다)를 듣고 1번의 C 孩子(아이)를 체크해 둔다.

이어서 快餐价格不贵(패스트푸드는 가격이 비싸지 않다)를 듣고 2번의 D 价格不贵(가격이 비싸지 않다)를 체크해 둔다.

질문 듣고 정답 선택하기

1. 어떤 사람들이 패스트푸드를 먹는 것을 특히 좋아하는지 물었으므로 C 孩子(아이)를 정답으로 선택한다.

2. 패스트푸드에 대해 알 수 있는 것을 물었으므로 D 价格不贵(가격이 비싸지 않다)를 정답으로 선택한다.

어휘　老人 lǎorén 圆노인　病人 bìngrén 圆환자　中年人 zhōngnián rén 중년, 중년층　健康 jiànkāng 圆건강하다
味道 wèidao 맛　价格 jiàgé 圆가격, 값　快餐 kuàicān 圆패스트푸드　十分 shífēn 凰매우, 아주
欢迎 huānyíng 圆환영하다　尤其 yóuqí 凰특히, 더욱　年轻人 niánqīng rén 젊은 사람　喜爱 xǐ'ài 圆사랑하다, 좋아하다
而且 érqiě 圆게다가, 또한　节约 jiéyuē 圆절약하다, 아끼다　大量 dàliàng 圆대량의　垃圾食品 lājī shípǐn 정크푸드
营养 yíngyǎng 圆영양(가)　好处 hǎochu 圆좋은 점　为了 wèile 邧~을 위해서

3 - 4

3. A 经常刮风	**B 偶尔下雨**	3. A 자주 바람이 분다	**B 가끔 비가 내린다**
C 气温比较低	D 空气污染严重	C 기온이 비교적 낮다	D 공기 오염이 심각하다
4. A 春	B 夏	4. A 봄	B 여름
C 秋	D 冬	**C 가을**	D 겨울

第3到4题是根据下面一段话：

　　⁴我最喜欢东北的秋天。秋天气温不高也不低，虽然³偶尔下雨，但很少刮风。走在大街上，到处都能看到金黄色的树叶，空气中满是水果香甜的味道。一到秋天，我就想去东北玩儿，感受东北美丽的秋天。

3. 关于这个季节的东北，可以知道什么？

4. 说话人最喜欢东北的哪个季节？

3-4번 문제는 다음 내용에 근거한다.

　　⁴나는 둥베이의 가을을 가장 좋아한다. 가을 기온은 높지도 않고 낮지도 않으며, 비록 ³가끔 비가 내리지만, 바람은 매우 적게 분다. 큰길을 걸으면 황금빛 나뭇잎을 곳곳에서 볼 수 있고, 공기 중에는 과일의 향긋하고 달콤한 냄새가 가득하다. 가을이 되기만 하면, 나는 둥베이에 가서 놀고, 둥베이의 아름다운 가을을 느끼고 싶다.

3. 이 계절의 둥베이에 관해, 알 수 있는 것은 무엇인가?

4. 화자는 둥베이의 어느 계절을 가장 좋아하는가?

해설 선택지 읽기

3번 선택지가 날씨를 묘사하는 내용으로 구성되어 있고, 4번 선택지가 계절로 구성되어 있으므로, 날씨나 계절에 대한 설명문이 나올 것임을 예상할 수 있다. 따라서 단문을 들을 때 날씨나 계절과 관련하여 어떤 세부 내용이 언급되는지를 주의 깊게 듣는다.

단문 듣기

단문 초반에서 我最喜欢东北的秋天。(나는 둥베이의 가을을 가장 좋아한다.)을 듣고 4번의 C 秋(가을)를 체크해 둔다.

이어서 偶尔下雨(가끔 비가 내린다)를 듣고 3번의 B 偶尔下雨(가끔 비가 내린다)를 체크해 둔다.

질문 듣고 정답 선택하기

3. 이 계절의 둥베이에 관해 알 수 있는 것을 물었으므로 B 偶尔下雨(가끔 비가 내린다)를 정답으로 선택한다.

4. 화자는 둥베이의 어느 계절을 가장 좋아하는지 물었으므로 C 秋(가을)를 정답으로 선택한다.

　참고로, 두 번째 문제의 단서가 단문 초반에 언급되는 문제도 출제되므로 선택지를 미리 꼼꼼히 읽어 둔다.

어휘 经常 jīngcháng 图자주, 늘　刮风 guāfēng 图바람이 불다　偶尔 ǒu'ěr 图가끔, 때때로　气温 qìwēn 명기온
比较 bǐjiào 閉비교적　低 dī 혱낮다　空气 kōngqì 명공기　污染 wūrǎn 됭오염되다　严重 yánzhòng 혱심각하다　春 chūn 명봄
夏 xià 명여름　秋 qiū 명가을　冬 dōng 명겨울　东北 dōngběi 명둥베이, 동북　大街 dàjiē 명큰길　到处 dàochù 명곳곳에, 도처에
金黄色 jīnhuáng sè 황금색　树叶 shùyè 명나뭇잎　满 mǎn 혱가득하다, 가득 차다　香 xiāng 혱향기롭다, (음식이) 맛있다
甜 tián 혱달콤하다, 달다　味道 wèidao 명냄새, 맛　一……就…… yī……jiù…… ~하기만 하면 ~하다
感受 gǎnshòu 됭느끼다　季节 jìjié 명계절

5 - 6

5. A 顾客少	B 价格便宜
C 关门时间晚	**D 周末卖得多**
6. A 送午餐	**B 打折活动**
C 免费停车	D 提供休息区

5. A 고객이 적다	B 가격이 싸다
C 문 닫는 시간이 늦다	**D 주말에 많이 팔린다**
6. A 점심을 준다	**B 할인 행사**
C 무료 주차	D 쉼터를 제공한다

第5到6题是根据下面一段话：

　　一位商场经理告诉记者说，他最喜欢的是5周末两天。根据商场工作人员进行的5市场调查结果可以知道，在一周当中，5这两天售出的东西一般比前五天售出的还要多。因此，所有的商场都得在一周的前五天做好各种准备，6比如打折活动、新品广告等，6来吸引顾客的注意。

5. 根据对那家商场的市场调查，可以知道什么？

6. 根据这段话，下面哪一项是商场用来吸引顾客的方法？

5-6번 문제는 다음 내용에 근거한다.

　　한 쇼핑 센터 매니저가 기자에게 그가 제일 좋아하는 날은 5주말 이틀이라고 했다. 쇼핑 센터 직원이 진행한 5시장 조사 결과에 근거하면, 한 주 중에 5이 이틀간 판매된 물건이 일반적으로 앞의 5일 동안 판매된 것보다 더 많은 것을 알 수 있다. 그러므로, 모든 쇼핑 센터는 한 주의 앞의 5일 동안 각종 준비를 잘 해야 하는데, 6예를 들어 할인 행사, 신제품 광고 등6으로 고객의 주의를 끌어야 한다.

5. 그 쇼핑 센터의 시장 조사 결과에 근거하여, 알 수 있는 것은 무엇인가?

6. 이 단문에 근거하여, 다음 중 쇼핑 센터가 고객을 끌어들이기 위해 사용하는 방법은 무엇인가?

해설 선택지 읽기

각 문제의 선택지를 읽고, 단문의 종류를 예상하기 어려운 경우, 선택지와 관련된 내용을 주의 깊게 듣는다. 5번 선택지에 顾客少(고객이 적다), 关门时间晚(문 닫는 시간이 늦다), 卖得多(많이 팔린다)가 있고, 6번 선택지에 打折活动(할인 행사)이 있으므로, 단문을 들을 때 쇼핑 관련 내용을 주의 깊게 듣는다.

단문 듣기

단문 초반에서 周末两天……市场调查结果……这两天售出的东西一般比前五天售出的还要多(주말 이틀……시장 조사 결과 ……이 이틀간 판매된 물건이 일반적으로 앞의 5일 동안 판매된 것보다 더 많다)를 듣고 5번의 D 周末卖得多(주말에 많이 팔린다)를 체크

해 둔다.

단문 후반에서 比如打折活动……来吸引顾客的注意(예를 들어 할인 행사……으로 고객의 주의를 끈다)를 듣고 6번의 B 打折活动(할인 행사)을 체크해 둔다.

질문 듣고 정답 선택하기

5. 그 쇼핑 센터의 시장 조사 결과에 근거하여 알 수 있는 것은 무엇인지 물었으므로 D 周末卖得多(주말에 많이 팔린다)를 정답으로 선택한다.

6. 이 단문에 근거하여 쇼핑 센터가 고객을 끌어들이기 위해 사용하는 방법은 무엇인지 물었으므로 B 打折活动(할인 행사)을 정답으로 선택한다.

어휘 **顾客** gùkè 몡고객, 손님　**价格** jiàgé 몡가격, 값　**关** guān 통닫다, 끄다　**周末** zhōumò 몡주말
打折 dǎzhé 통할인하다, 세일하다　**活动** huódòng 몡행사, 활동　**免费** miǎnfèi 통무료로 하다
停车 tíngchē 통주차하다, 정차하다　**提供** tígōng 통제공하다, 공급하다　**休息区** xiūxi qū 쉼터, 휴식 공간　**位** wèi 양분, 명
商场 shāngchǎng 몡쇼핑 센터, 백화점　**经理** jīnglǐ 몡매니저　**记者** jìzhě 몡기자　**工作人员** gōngzuò rényuán 직원
进行 jìnxíng 통진행하다　**市场** shìchǎng 몡시장　**调查** diàochá 통조사하다　**结果** jiéguǒ 몡결과, 결실
售出 shòuchū 통판매하다　**一般** yìbān 톙일반적이다, 보통이다　**因此** yīncǐ 쩹그러므로, 그래서　**所有** suǒyǒu 톙모든, 전부의
各种 gè zhǒng 각종(의)　**比如** bǐrú 통예를 들어 ~이다, ~가 예다　**新品** xīnpǐn 몡신제품　**广告** guǎnggào 몡광고
吸引 xīyǐn 통끌어들이다, 매료시키다　**注意** zhùyì 통주의하다　**用** yòng 통사용하다, 쓰다　**方法** fāngfǎ 몡방법, 수단

7 - 8

7. A 了解考试重点 　　B 熟悉书上内容 　　**C 提高阅读能力** 　　D 增加词语数量	7. A 시험의 중요 포인트를 이해한다 　　B 책의 내용을 숙지한다 　　**C 독해 능력을 향상시킨다** 　　D 어휘량을 늘린다
8. A 内容复杂　　　B 很难听懂 　　C 从这周开始　　**D 一周有两次**	8. A 내용이 복잡하다　　B 알아듣기 어렵다 　　C 이번 주부터 시작한다　**D 일주일에 2번 있다**
第7到8题是根据下面一段话： 　　为了大家能顺利地通过这次考试，学校计划从下周开始，7每周增加四节汉语课，重点帮助大家提高语法水平和阅读能力。8汉语课的时间将安排在每周三和周四下午一点半到三点半，上课地点是八号教学楼的三零二教室。大家可以根据自己的需要进行选择，欢迎报名！	7-8번 문제는 다음 내용에 근거한다. 　　여러분이 이번 시험을 순조롭게 통과할 수 있게 하기 위해, 학교는 다음 주부터 시작해서, 7매주 중국어 수업을 4회 늘리고, 여러분의 어법 실력과 독해 능력을 향상시키는 것을 중점적으로 도와줄 계획입니다. 8중국어 수업 시간은 매주 수요일과 목요일 오후 1시 반에서 3시 반까지 8배정될 예정이고, 수업 장소는 8강의동 302호 교실입니다. 모두들 자신의 필요에 따라 선택할 수 있으니, 신청을 환영합니다!
7. 增加汉语课的原因是什么？	7. 중국어 수업을 늘린 이유는 무엇인가？
8. 关于新增加的课程，可以知道什么？	8. 새로 늘어난 수업에 관하여 알 수 있는 것은 무엇인가？

해설 선택지 읽기

각 문제의 선택지를 읽고, 단문의 종류를 예상하기 어려운 경우, 선택지와 관련된 내용을 주의 깊게 듣는다. 7번 선택지에서 **考试重点**(시험의 중요 포인트), **书上内容**(책의 내용), **阅读能力**(독해 능력), **词语数量**(어휘량)을 읽고, 단문을 들을 때 학업 관련 내용을 주의 깊게 듣는다.

단문 듣기

단문 초반에서 **每周增加四节汉语课，重点帮助大家提高语法水平和阅读能力**(매주 중국어 수업을 4회 늘리고, 여러분의 어법 실력과 독해 능력을 향상시키는 것을 중점적으로 도와줄 계획입니다)를 듣고 7번의 **C 提高阅读能力**(독해 능력을 향상시킨다)를 체크해 둔다.

이어서 **汉语课的时间将安排在每周三和周四**(중국어 수업 시간은 매주 수요일과 목요일에 배정될 예정이다)를 듣고 8번의 D **一周有两次**(일주일에 2번 있다)를 체크해 둔다.

질문 듣고 정답 선택하기

7. 중국어 수업을 늘린 이유는 무엇인지 물었으므로 C **提高阅读能力**(독해 능력을 향상시킨다)를 정답으로 선택한다.

8. 새로 늘어난 수업에 관하여 알 수 있는 것을 물었으므로 D **一周有两次**(일주일에 2번 있다)를 정답으로 선택한다.

어휘
了解 liǎojiě 圄 이해하다, 분명히 알다 **重点** zhòngdiǎn 圄 중요 포인트, 중점 **熟悉** shúxī 圄 숙지하다, 익숙하다
内容 nèiróng 圄 내용 **提高** tígāo 圄 향상시키다, 높이다 **阅读能力** yuèdú nénglì 독해 능력 **增加** zēngjiā 圄 늘리다, 증가하다
词语 cíyǔ 圄 어휘, 단어 **数量** shùliàng 圄 수(량) **复杂** fùzá 圄 복잡하다 **难** nán 圄 어렵다, 힘들다
为了 wèile 囲 ~을 하기 위해 **顺利** shùnlì 圄 순조롭다 **通过** tōngguò 圄 통과하다 **计划** jìhuà 圄 ~할 계획이다
节 jié 圄 [수업의 수를 세는 단위] **语法** yǔfǎ 圄 어법 **水平** shuǐpíng 圄 실력, 수준 **将** jiāng 圄 ~할 예정이다
安排 ānpái 圄 (인원 시간 등을) 배정하다, 안배하다 **地点** dìdiǎn 圄 장소, 지점 **教学楼** jiào xué lóu 강의동
根据 gēnjù 囲 ~에 따라 **自己** zìjǐ 떼 자신, 자기 **需要** xūyào 圄 필요, 수요 **进行** jìnxíng 圄 진행하다
选择 xuǎnzé 圄 선택하다, 고르다 **欢迎** huānyíng 圄 환영하다 **报名** bàomíng 圄 신청하다, 등록하다 **原因** yuányīn 圄 원인
课程 kèchéng 圄 수업, 커리큘럼

9 - 10

9. A 记者	B 交通警察	9. A 기자	B 교통경찰
C 数学老师	D 小区管理员	**C 수학 선생님**	D 단지 관리인
10. A 工资高的	B 交通方便的	10. A 월급이 높은	B 교통이 편리한
C 工作环境好的	**D 有发展机会的**	C 업무 환경이 좋은	**D 발전 기회가 있는**

第9到10题是根据下面一段话：

　　9大学毕业后，林新在北京工作了一段时间，在一个中学9当了数学老师。去年他去了南方，先在广州一家教育电视台当了记者，半年后又去广告公司应聘，最终当了经理。那份工作工资非常高，不过没过多久，他又进了一家高科技公司。10林新说，他之所以这么做，10是因为想找有更多发展机会的工作。

　　9. 林新毕业后做的第一份工作是什么？

　　10. 林新希望找到一份怎样的工作？

9-10번 문제는 다음 내용에 근거한다.

　　9대학 졸업 후, 린신은 한동안 베이징에서 일했으며, 중학교에서 9수학 선생님을 맡았었다. 작년에 그는 남방에 가서, 먼저 광저우의 교육 방송국에서 기자가 되었다가, 반년 후 또 한 광고 회사에 지원하여 최종적으로 매니저가 되었다. 그 직업의 월급은 아주 높았다. 그러나 오래 되지 않아 그는 또다시 한 첨단 기술 회사에 들어갔다. 10린신은 그가 이렇게 하는 이유가 10더욱 많은 발전 기회가 있는 일을 찾고 싶기 때문이라고 말했다.

　　9. 린신이 졸업한 후 종사한 첫 번째 직업은 무엇인가?

　　10. 린신은 어떠한 일을 찾길 바라는가?

해설 선택지 읽기

각 문제의 선택지를 읽고, 단문의 종류를 예상하기 어려운 경우, 선택지와 관련된 내용을 주의 깊게 듣는다. 특히 9번 선택지가 직업 표현으로 구성되어 있으므로, 단문을 들을 때 화자의 직업 또는 관련 표현을 주의 깊게 듣는다.

단문 듣기

단문 초반에서 **大学毕业后, 林新……当了数学老师**(대학 졸업 후, 린신은……수학 선생님을 맡았었다)을 듣고 9번의 C **数学老师**(수학 선생님)을 체크해 둔다. 이어서 **当了记者**(기자가 되었다)를 듣고 9번의 A **记者**(기자)를 체크해 둔다.

단문 후반에서 **工资非常高**(월급이 아주 높다)를 듣고 10번의 A **工资高的**(월급이 높은)를 체크해 둔다.

이어서 **林新说……是因为想找有更多发展机会的工作**(린신은……더욱 많은 발전 기회가 있는 일을 찾고 싶기 때문이라고 말했다)를 듣고 10번의 D **有发展机会的**(발전 기회가 있는)를 체크해 둔다.

질문 듣고 정답 선택하기

9. 린신이 졸업한 후 종사한 첫 번째 직업은 무엇인지 물었으므로 C **数学老师**(수학 선생님)을 정답으로 선택한다.

10. 린신은 어떠한 일을 찾길 바라는지 물었으므로 D **有发展机会的**(발전 기회가 있는)를 정답으로 선택한다.

어휘 **记者** jìzhě [명] 기자 **交通警察** jiāotōng jǐngchá 교통경찰 **数学** shùxué [명] 수학 **小区** xiǎoqū [명] 주택 단지, 동네
管理员 guǎnlǐ yuán 관리인, 관리원 **工资** gōngzī [명] 월급, 임금 **方便** fāngbiàn [형] 편리하다 **环境** huánjìng [명] 환경
发展 fāzhǎn [명] 발전 [동] 발전하다 **机会** jīhuì [명] 기회 **毕业** bìyè [동] 졸업하다 **段** duàn [양] 한동안, 단락 **当** dāng [동] 맡다, 되다
南方 nánfāng [명] 남방, 남부 **先** xiān [부] 먼저, 우선 **广州** Guǎngzhōu [고유] 광저우, 광주 **教育** jiàoyù [명] 교육 [동] 교육하다
电视台 diànshìtái [명] 방송국 **半年** bànnián [명] 반년 **又** yòu [부] 또, 다시 **广告** guǎnggào [명] 광고 **应聘** yìngpìn [동] 지원하다
最终 zuìzhōng [명] 최종 **经理** jīnglǐ [명] 매니저 **份** fèn [양] 개[추상적인 것을 세는 단위] **不过** búguò [접] 그러나, 그런데
多久 duōjiǔ [부] 오래, 오랫동안 **高科技** gāo kējì 첨단 기술, 하이테크 **之所以** zhīsuǒyǐ [접] ~한 이유는 **更** gèng [부] 더욱, 더

독해

제1부분

문제풀이 스텝 해석

p.89

A 挂	B 偶尔	C 表扬
D 坚持	E 内容	F 香

例如：小王的身体一直很健康，因为他每天都
（ D ）跑步。

今天老师（ 　　 ）了他，因为他又取得了全班
第一的好成绩。

A 걸다	B 가끔	C 칭찬하다
D 꾸준히 하다	E 내용	F 향기롭다

예시: 샤오왕의 몸은 줄곧 건강하다. 그는 매일 (**D 꾸준히**) 달리기를 하기 때문이다.

오늘 선생님께서 그를 (**C 칭찬**)했다. 그가 또 반 일등이라는 좋은 성적을 받았기 때문이다.

* D 坚持(꾸준히 하다)은 예시 어휘이므로, 이를 제외한 나머지 5개의 선택지 중에서 정답을 고른다.

어휘　挂 guà 圖걸다　偶尔 ǒu'ěr 凰가끔　表扬 biǎoyáng 圖칭찬하다　内容 nèiróng 圖내용　香 xiāng 圖향기롭다, (음식이) 맛있다
　　　又 yòu 凰또, 다시　取得 qǔdé 圖받다　全班 quán bān 반 (전체)　成绩 chéngjì 圖성적

합격비책 01 | 동사 어휘 채우기　p.95

따라 읽으며 학습하기 ▶

1 B	2 E	3 A	4 B	5 F	6 A

1-3

A 支持	B 猜	C 尤其
D 坚持	E 推迟	F 开心

A 지지하다	B 추측하다	C 특히
D 꾸준히 하다	E 연기하다	F 즐겁다

* D 坚持(꾸준히 하다)은 예시 어휘이므로, 이를 제외한 나머지 5개의 선택지 중에서 정답을 고른다.

어휘　支持 zhīchí 圖지지하다　猜 cāi 圖추측하다　尤其 yóuqí 凰특히　推迟 tuīchí 圖연기하다　开心 kāixīn 圖즐겁다

1 　我（**B 猜**）了半天，还是想不出正确答案。

나는 한참 동안 (**B 추측했**)지만, 여전히 정답이 생각나지 않는다.

해설　빈칸 뒤에 동태조사 了가 있으므로 빈칸에는 동사가 와야 한다. 따라서 동사 A 支持(지지하다), B 猜(추측하다), E 推迟(연기하다)이 정답의 후보이다. 이 중 '나는 한참 동안 ＿＿＿＿＿＿지만, 여전히 정답이 생각나지 않는다'라는 문맥에 어울리는 B 猜(추측하다)가 정답이다.

어휘　半天 bàntiān 한참 동안　还是 háishi 凰여전히　正确答案 zhèngquè dá'àn 정답

2 　因为天气原因，比赛（**E 推迟**）到明天下午两点。

날씨로 인해, 경기는 내일 오후 2시로 (**E 연기되었다**).

해설 빈칸 뒤에 결과보어 到가 있으므로 빈칸에는 동사가 와야 한다. 따라서 동사 A 支持(지지하다), E 推迟(연기하다)이 정답의 후보이다. 이 중 '날씨로 인해, 경기는 내일 오후 2시로 _____'라는 문장에 어울리는 E 推迟(연기하다)이 정답이다. 참고로, 推迟은 到와 함께 '推迟到+시간'(~로 연기되다)의 형태로 자주 쓰임을 알아 둔다.

어휘 原因 yuányīn 명원인   比赛 bǐsài 명경기, 시합

---

3 不管是什么时候，他都(**A 支持**)我。 언제라도, 그는 나를 (**A 지지한다**).

해설 빈칸 앞에 부사 都가 있으므로, 동사이면서 '언제라도, 그는 나를 _____'라는 문맥에 어울리는 A 支持(지지하다)이 정답이다.

어휘 不管 bùguǎn 젭~에 상관없이, ~에 관계없이

<table>
<tr><td colspan="3">4 - 6</td><td></td><td></td><td></td></tr>
<tr><td>A 证明</td><td>B 提醒</td><td>C 温度</td><td>A 증명하다</td><td>B 상기시키다</td><td>C 온도</td></tr>
<tr><td>D 否则</td><td>E 勺子</td><td>F 原谅</td><td>D 만약 그렇지않으면</td><td>E 숟가락</td><td>F 용서하다</td></tr>
</table>

* C 温度(온도)는 예시 어휘이므로, 이를 제외한 나머지 5개의 선택지 중에서 정답을 고른다.

어휘 证明 zhèngmíng 동증명하다   提醒 tíxǐng 동상기시키다   否则 fǒuzé 접만약 그렇지 않으면   勺子 sháozi 명숟가락
原谅 yuánliàng 동용서하다

---

4 A: 电影是明天下午三点开始，我们两点半在电影院门口见吧。
   B: 今晚你再(**B 提醒**)我一下，我最近太忙了。

   A: 영화는 내일 오후 세 시에 시작하니, 우리 두 시 반에 영화관 입구에서 만나요.
   B: 오늘 저녁에 당신이 저를 다시(**B 상기시켜**) 주세요. 제가 최근에 너무 바빠요.

해설 빈칸 뒤에 목적어 역할을 하는 대사 我(저)가 있으므로 빈칸에는 동사가 와야 한다. 따라서 동사 A 证明(증명하다), B 提醒(상기시키다), F 原谅(용서하다)이 정답의 후보이다. 이 중 '오늘 저녁에 당신이 저를 다시 _____ 주세요. 제가 최근에 너무 바빠요'라는 문맥에 어울리는 B 提醒(상기시키다)이 정답이다.

어휘 电影院 diànyǐngyuàn 명영화관   门口 ménkǒu 명입구   提醒 tíxǐng 동상기시키다, 일깨우다   最近 zuìjìn 명최근

---

5 A: 对不起，我不是故意来晚的，你可以(**F 原谅**)我吗？
   B: 好吧，下次不要再迟到了。

   A: 죄송해요. 저는 일부러 늦게 온 것이 아니에요. 저를 (**F 용서**)해 주실 수 있나요?
   B: 알겠어요. 다음에 다시는 지각하지 마세요.

해설 빈칸 앞에 조동사 可以(~할 수 있다)가 있으므로 빈칸에는 동사가 와야 한다. 따라서 동사 A 证明(증명하다), F 原谅(용서하다)이 정답의 후보이다. 이 중 '저는 일부러 늦게 온 것이 아니에요. 저를 _____ 해 주실 수 있나요?'라는 문맥에 어울리는 F 原谅(용서하다)이 정답이다.

어휘 故意 gùyì 부일부러, 고의로   迟到 chídào 동지각하다

---

6 A: 你怎么(**A 证明**)这本词典是你的呢？
   B: 你仔细看一下第一页，上面写了我的名字——张丽。

   A: 당신은 이 사전이 당신의 것이라는 것을 어떻게 (**A 증명하시**)죠?
   B: 첫 번째 페이지를 자세히 보세요. 위에 장리라고 제 이름이 쓰여 있잖아요.

해설 빈칸 뒤에 목적어 역할을 하는 주술목구 형태의 这本词典是你的(이 사전이 당신의 것이라는 것)가 있으므로, 주술목구를 목적어로 취할 수 있는 동사이면서 '당신은 이 사전이 당신의 것이라는 것을 어떻게_____죠?'라는 문맥에 어울리는 A 证明

(증명하다)이 정답이다. 참고로, 의문대사 怎么(어떻게) 뒤에는 주로 동사가 온다는 것을 알아 둔다.

어휘 词典 cídiǎn 圆 사전　**仔细** zǐxì 圆 자세하다, 꼼꼼하다　**页** yè 圆 페이지, 쪽

합격비책 02 | 명사·대사 어휘 채우기　p.101

따라 읽으며 학습하기 ▶

1 A　**2** B　**3** E　**4** B　**5** D　**6** A

1 - 3

A 国籍	B 袜子	C 秒	A 국적	B 양말	C 초
D 坚持	E 过程	F 暖和	D 꾸준히 하다	E 과정	F 따뜻하다

* D 坚持(꾸준히 하다)은 예시 어휘이므로, 이를 제외한 나머지 5개의 선택지 중에서 정답을 고른다.

어휘 国籍 guójí 圆 국적　**袜子** wàzi 圆 양말　**秒** miǎo 圆 초　**过程** guòchéng 圆 과정　**暖和** nuǎnhuo 圆 따뜻하다

1

请在这里写上你的姓名，在这里写上你的
（**A** 国籍）。

여기에 당신의 이름을 쓰시고, 여기에는 당신의 (**A** 국적)
을 써 주십시오.

해설 빈칸 앞에 구조조사 的가 있으므로 빈칸에는 명사가 와야 한다. 따라서 명사 A 国籍(국적), B 袜子(양말), E 过程(과정)이 정답의 후보이다. 이 중 '여기에 당신의 이름을 쓰시고, 여기에는 당신의 ＿＿＿＿＿ 을 써 주십시오'라는 문맥에 어울리는 A 国籍(국적)가 정답이다.

어휘 姓名 xìngmíng 圆 이름, 성명

2

那双（**B** 袜子）看起来更厚一点，而且质量也
更好。

그 (**B** 양말)이 더 두꺼워 보이고, 게다가 품질도 더 좋
아 보여요.

해설 빈칸 앞에 양사 双(켤레)이 있으므로 빈칸에는 명사가 와야 한다. 따라서 명사 B 袜子(양말), E 过程(과정)이 정답의 후보이다. 이 중 양사 双과 문맥상 어울리는 명사 B 袜子(양말)가 정답이다.

어휘 双 shuāng 圆 켤레　**厚** hòu 圆 두껍다　**而且** érqiě 圆 게다가　**质量** zhìliàng 圆 품질

3

在工作（**E** 过程）中遇到任何问题，都可以打
电话问我。

업무 (**E** 과정)에서 어떠한 문제를 맞닥뜨리면, 저에게 전
화해서 물어보셔도 됩니다.

해설 빈칸 앞의 명사 工作(업무)와 함께 '명사+명사' 형태의 工作过程(업무 과정)으로 자주 쓰이는 명사 E 过程(과정)이 정답이다.

어휘 遇到 yùdào 圆 맞닥뜨리다, 만나다　**任何** rènhé 圆 어떠한, 무슨

---

4 - 6

A 咱们	B 情况	C 温度	A 우리	B 상황	C 온도
D 全部	E 加班	F 台	D 전부	E 야근하다	F 대

* C 温度(온도)는 예시 어휘이므로, 이를 제외한 나머지 5개의 선택지 중에서 정답을 고른다.

어휘 咱们 zánmen 圆 우리　**情况** qíngkuàng 圆 상황　**全部** quánbù 圆 전부　**加班** jiābān 圆 야근하다, 초과 근무를 하다
　　　台 tái 圆 대[기계·설비 등을 세는 단위]

4	
A: 今年怎么不发奖金了?	A: 올해는 왜 상여금을 주지 않는 거예요?
B: 我不太了解(**B 情况**), 也许张经理知道。	B: 저는 (**B 상황**)을 잘 알지 못해요. 어쩌면 장 매니저님은 아실 수도 있어요.

해설 빈칸 앞에 동사 了解(알다)가 있으므로 빈칸에는 명사 또는 대사가 와야 한다. 따라서 대사 A 咱们(우리)과 명사 B 情况(상황), D 全部(전부)가 정답의 후보이다. 이 중 '저는 ________을 잘 알지 못해요. 어쩌면 장 매니저님은 아실 수도 있어요'라는 문맥에 어울리는 B 情况(상황)이 정답이다.

어휘 **发** fā [동] 내주다 **奖金** jiǎngjīn [명] 상여금, 보너스 **了解** liǎojiě [동] 알다 **也许** yěxǔ [부] 어쩌면, 아마도

5	
A: 阿姨, 今天做的面包还有吗?	A: 아주머니, 오늘 만든 빵 아직 있나요?
B: (**D 全部**)都卖完了。	B: (**D 전부**) 다 팔렸어요.

해설 빈칸이 문장 맨 앞에 있고, 빈칸 뒤에 부사 都(다)가 있으므로 빈칸에는 명사 또는 대사가 와야 한다. 따라서 대사 A 咱们(우리)과 명사 D 全部(전부)가 정답의 후보이다. 이 중 '________ 다 팔렸어요'라는 문맥에 어울리는 D 全部(전부)가 정답이다.

어휘 **阿姨** āyí [명] 아주머니 **面包** miànbāo [명] 빵

6	
A: 你找我有事吗?	A: 무슨 일로 나를 찾았어?
B: (**A 咱们**)一起抬沙发吧。我一个人抬不动。	B: (**A 우리**) 소파를 함께 들자. 나 혼자서는 들 수 없어.

해설 빈칸이 문장 맨 앞에 있고, 빈칸 뒤에 부사 一起(함께)가 있으므로 대사이면서 '________ 소파를 함께 들자'라는 문맥에 어울리는 A 咱们(우리)이 정답이다. 참고로, 咱们은 一起와 함께 관용구처럼 자주 쓰임을 알아 둔다.

어휘 **抬** tái [동] 들다, 들어 올리다 **沙发** shāfā [명] 소파

합격비책 03 | 형용사 어휘 채우기 p.107

따라 읽으며 학습하기 ▶

1 C 2 E 3 A 4 A 5 D 6 F

1-3

A 脏	B 邀请	C 伤心	A 더럽다	B 초대하다	C 슬프다
D 坚持	E 流利	F 不得不	D 꾸준히 하다	E 유창하다	F 어쩔 수 없이

* D 坚持(꾸준히 하다)은 예시 어휘이므로, 이를 제외한 나머지 5개의 선택지 중에서 정답을 고른다.

어휘 **脏** zāng [형] 더럽다 **邀请** yāoqǐng [동] 초대하다 **伤心** shāngxīn [형] 슬프다 **流利** liúlì [형] (말·문장이) 유창하다 **不得不** bùdébù [부] 어쩔 수 없이

1	
如果你有什么(**C 伤心**)的事, 可以给我发短信。	만약 당신이 무슨 (**C 슬픈**) 일이 있으시다면, 저에게 문자 메시지를 보내셔도 돼요.

해설 빈칸 뒤에 '的+명사' 형태의 的事(~한 일)이 있으므로 빈칸에는 형용사가 와야 한다. 따라서 형용사 A 脏(더럽다), C 伤心(슬프다), E 流利(유창하다)가 정답의 후보이다. 이 중 '만약 당신이 무슨 ________ 일이 있으시다면, 저에게 문자 메시지를 보내셔도 돼요'라는 문맥에 어울리는 C 伤心(슬프다)이 정답이다.

어휘 **如果** rúguǒ [접] 만약 ~라면 **发** fā [동] 보내다 **短信** duǎnxìn [명] 문자 메시지, 짧은 편지

2

他在中国学习过两年，汉语说得非常（**E 流利**）。

그는 중국에서 2년 동안 공부한 적이 있으며, 중국어를 매우 (**E 유창하**)게 한다.

해설 빈칸 앞에 정도부사 非常(매우)이 있으므로 빈칸에는 형용사가 와야 한다. 따라서 형용사 A 脏(더럽다), E 流利(유창하다)가 정답의 후보이다. 이 중 '중국어를 매우 _____게 한다'라는 문맥에 어울리는 E 流利(유창하다)가 정답이다.

어휘 流利 liúlì 휑(말·문장이) 유창하다

3

你又把衣服弄（**A 脏**）了？太不小心了吧！

너 또 옷을 (**A 더럽게**) 했니? 너무 조심성이 없구나!

해설 빈칸 앞에 결과보어를 취하는 동사 弄(하다)이 있으므로, 형용사이면서 '너 또 옷을 _____ 했니?'라는 문맥에 어울리는 A 脏(더럽다)이 정답이다.

어휘 弄 nòng 휑하다 不小心 bù xiǎoxīn 조심성이 없다, 실수로

4 - 6

A 直接	B 逛	C 温度	A 바로 ~하다	B 거닐다	C 온도
D 粗心	E 方式	F 详细	D 부주의하다	E 방식	F 상세하다

* C 温度(온도)는 예시 어휘이므로, 이를 제외한 나머지 5개의 선택지 중에서 정답을 고른다.

어휘 直接 zhíjiē 휑바로 ~하다 逛 guàng 휑거닐다 粗心 cūxīn 휑부주의하다 方式 fāngshì 휑방식 详细 xiángxì 휑상세하다

4

A: 学习过程中如果遇到难题，你要（**A 直接**）去问老师。

B: 妈妈，我就是那样做的。

A: 학습 과정에서 만약 어려운 문제를 맞닥뜨린다면, (**A 바로**) 선생님께 가서 물어봐야 해.

B: 엄마, 저 그렇게 했어요.

해설 빈칸 뒤에 동사 去(가다)가 있고, '학습 과정에서 만약 어려운 문제를 맞닥뜨린다면, _____ 선생님께 가서 물어봐야 해'라는 문맥에 어울리면서 부사처럼 사용되는 형용사 A 直接(바로 ~하다)가 정답이다. 참고로, 형용사 直接는 동사 앞에서 '바로 ~하다'라는 뜻의 부사처럼 자주 쓰임을 알아 둔다.

어휘 过程 guòchéng 휑과정 遇到 yùdào 휑맞닥뜨리다, 만나다 难题 nántí 휑어려운 문제, 난제

5

A: 你怎么这么（**D 粗心**），又少写了一个零。

B: 对不起，请原谅我一次吧，下次我一定仔细看。

A: 당신은 어쩜 이렇게나 (**D 부주의해요**), 또 0 하나를 적게 적었네요.

B: 죄송해요. 한번만 용서해 주세요. 다음 번에는 반드시 자세히 볼게요.

해설 빈칸 앞에 대사 这么(이렇게)가 있으므로, 빈칸에는 형용사가 와야 한다. 따라서 형용사 D 粗心(부주의하다), F 详细(상세하다)가 정답의 후보이다. 이 중 '당신은 어쩜 이렇게나 _____, 또 0 하나를 적게 적었네요'라는 문맥에 어울리는 D 粗心(부주의하다)이 정답이다.

어휘 怎么这么 zěnme zhème 어쩜 이렇게 原谅 yuánliàng 휑용서하다 一定 yídìng 휑반드시 仔细 zǐxì 휑자세하다

6

A: 老王的报告写得怎么样？

B: 内容很不（**F 详细**），最好重新写一遍。

A: 라오왕의 보고서는 잘 쓰였나요?

B: 내용이 매우 (**F 상세하지**) 않아서, 다시 한번 쓰는 것이 가장 좋겠어요.

해설　빈칸 앞에 정도부사 很(매우)이 있으므로, 형용사이면서 '내용이 매우 _____ 않아서, 다시 한번 쓰는 것이 가장 좋겠어요'
　　　라는 문맥에 어울리는 F 详细(상세하다)가 정답이다.

어휘　报告 bàogào 圆보고서　内容 nèiróng 圆내용　最好 zuìhǎo 凰~하는 것이 가장 좋다　遍 biàn 窗번

합격비책 04 | 부사·접속사 어휘 채우기　p.113

따라 읽으며 학습하기 ▶

1 A　2 E　3 C　4 B　5 E　6 D

1-3

| A 重新 | B 吸引 | C 难道 | A 새로 | B 끌어들이다 | C 설마 ~하겠는가 |
| D 坚持 | E 不管 | F 共同 | D 꾸준히 하다 | E ~에 관계없이 | F 함께 |

*D 坚持(꾸준히 하다)은 예시 어휘이므로, 이를 제외한 나머지 5개의 선택지 중에서 정답을 고른다.

어휘　重新 chóngxīn 凰새로, 다시　吸引 xīyǐn 圆끌어들이다, 매료시키다　难道 nándào 凰설마 ~하겠는가
　　　不管 bùguǎn 圙~에 관계없이　共同 gòngtóng 凰함께, 다 같이

1　我把邮箱的密码忘了，只好(**A 重新**)申请了
一个。

나는 이메일 비밀번호를 잊어버려서, 어쩔 수 없이 (**A 새
로**) 하나 신청했다.

해설　빈칸 뒤에 술어인 동사 申请(신청하다)이 있으므로 빈칸에는 부사가 와야 한다. 따라서 부사 A 重新(새로), C 难道(설마 ~하겠
　　　는가), F 共同(함께)이 정답의 후보이다. 이 중 '나는 이메일 비밀번호를 잊어버려서, 어쩔 수 없이 _____ 하나 신청했다'라
　　　는 문맥에 어울리는 A 重新(새로)이 정답이다.

어휘　邮箱 yóuxiāng 圆이메일　密码 mìmǎ 圆비밀번호　忘 wàng 圆잊다　只好 zhǐhǎo 凰어쩔 수 없이　申请 shēnqǐng 圆신청하다

2　他总在包里放一些零钱，(**E 不管**)会不会用
得到。

그는 쓸 수 있을지 없을지(**E 에 관계없이**) 가방에 잔돈
약간을 늘 넣어 둔다.

해설　빈칸 앞에 콤마(,)가 있으므로 빈칸에는 부사 또는 접속사가 와야 한다. 따라서 부사 C 难道(설마 ~하겠는가), F 共同(함께)과 접
　　　속사 E 不管(~에 관계없이)이 정답의 후보이다. 이 중 '그는 쓸 수 있을지 없을지 _____ 가방에 잔돈 약간을 늘 넣어 둔다'
　　　라는 문맥에 어울리는 E 不管(~에 관계없이)이 정답이다.

어휘　包 bāo 圆가방　放 fàng 圆넣다, 두다　零钱 língqián 圆잔돈, 용돈　用 yòng 圆쓰다, 사용하다

3　(**C 难道**)你还不知道吗？他们俩已经结婚了
啊。

(**C 설마**) 당신 아직도 모르고 있는 거예요? 그들 둘은 이
미 결혼했어요.

해설　빈칸이 문장의 맨 앞에 있고, 제시된 선택지 중 주어가 되는 명사가 없으므로 부사 C 难道(설마 ~하겠는가), F 共同(함께)이 정
　　　답의 후보이다. 이 중 '_____ 당신 아직도 모르고 있는 거예요?'라는 문맥에 어울리는 C 难道(설마 ~하겠는가)가 정답이다.
　　　참고로, 难道는 难道……吗?(설마 ~하겠는가?)의 형태로 자주 쓰임을 알아 둔다.

어휘　俩 liǎ ㈜두 사람, 두 개　结婚 jiéhūn 圆결혼하다

4 – 6

A 丢	B 即使	C 温度	A 잃어버리다	B 설령 ~하더라도	C 온도
D 千万	E 稍微	F 合适	D 절대로	E 조금	F 알맞다

* C 温度(온도)는 예시 어휘이므로, 이를 제외한 나머지 5개의 선택지 중에서 정답을 고른다.

어휘 **丢** diū 图잃어버리다 **即使** jíshǐ 쥅설령 ~하더라도 **千万** qiānwàn 뷔절대로 **稍微** shāowēi 뷔조금 **合适** héshì 휑알맞다

4

A：你考虑好了没？

B：我想好了，(**B 即使**)我父母不同意，我也要去。

A: 당신 생각 다 했어요?

B: 제가 생각해 봤는데, (**B 설령**) 부모님께서 찬성하지 않으시더라도, 저는 갈 거예요.

해설 빈칸 앞에 콤마(,)가 있으므로 빈칸에는 부사 또는 접속사가 와야 한다. 따라서 접속사 B 即使(설령 ~하더라도)과 부사 D 千万 (절대로), E 稍微(조금)가 정답의 후보이다. 이 중 '_____ 부모님께서 찬성하지 않으시더라도, 저는 갈 거예요'라는 문맥에 어울리는 B 即使(설령 ~하더라도)이 정답이다. 참고로, 即使은 也와 같은 부사와 자주 짝을 이루어 쓰임을 알아 둔다.

어휘 **考虑** kǎolǜ 图생각하다, 고려하다 **同意** tóngyì 图찬성하다, 동의하다

5

A：今天你做的菜(**E 稍微**)有点儿甜。

B：是吗？可能糖放多了。

A: 오늘 당신이 한 요리는 (**E 조금**) 약간 달아요.

B: 그래요? 설탕을 많이 넣었나 보네요.

해설 빈칸이 주어 菜(요리)와 술어 甜(달다) 사이에 있고, 빈칸 뒤 부사 有点儿(약간)과 함께 稍微有点儿(조금 약간)의 형태로 자주 쓰이는 부사 E 稍微(조금)가 정답이다.

어휘 **有点儿** yǒudiǎnr 뷔약간 **甜** tián 휑달다 **糖** táng 阄설탕, 사탕 **放** fàng 图넣다, 놓다

6

A：这里车速不能超过每小时30公里，(**D 千万**)别超速了。

B：好的，我会注意的。

A: 이곳에서는 차 속도가 시속 30킬로미터가 넘으면 안 돼요. (**D 절대로**) 과속을 하지 마세요.

B: 네, 주의할게요.

해설 빈칸 앞에 콤마(,)가 있고, 빈칸 뒤 부사 别(~하지 마라)와 함께 千万别(절대로 ~하지 마라)로 자주 쓰이는 부사 D 千万(절대로)이 정답이다.

어휘 **车速** chēsù 阄차 속도 **超过** chāoguò 图넘다 **公里** gōnglǐ 鑫킬로미터(km) **注意** zhùyì 图주의하다

합격비책 05 | 양사·개사 어휘 채우기 p.117

따라 읽으며 학습하기 ▶

1 E	2 C	3 A	4 E	5 F	6 A

1 – 3

A 节	B 符合	C 页	A [수업의 수를 세는 단위]	B 부합하다	C 쪽
D 坚持	E 由	F 激动	D 꾸준히 하다	E ~이/가	F 감격하다

* D 坚持(꾸준히 하다)은 예시 어휘이므로, 이를 제외한 나머지 5개의 선택지 중에서 정답을 고른다.

어휘 **节** jié 鑫[수업의 수를 세는 단위] **符合** fúhé 图부합하다 **页** yè 鑫쪽, 페이지 **由** yóu 꺤~이/가 **激动** jīdòng 휑감격하다

1

如果所有的事都（**E** 由）父母帮孩子做决定，孩子就会缺少成长的机会。

만약 모든 일을 부모（**E** 가）아이 대신 결정을 한다면, 아이는 성장할 기회가 부족해질 것이다.

해설 술어인 동사 帮(~대신 ~하다) 앞에 '( )+명사' 형태가 있으므로, 빈칸에는 개사가 와야 한다. 따라서 개사 E 由(~이/가)가 정답이다.

어휘 **如果** rúguǒ 웹만약 **所有** suǒyǒu 웹모든, 전부의 **决定** juédìng 웹결정 통결정하다 **缺少** quēshǎo 통부족하다, 모자라다 **成长** chéngzhǎng 통성장하다, 자라다 **机会** jīhuì 웹기회

2

小张，刚才从那家公司收到的传真一共有几（**C** 页）?

샤오장, 방금 그 회사에서 받은 팩스는 전부 몇 (**C** 쪽)인가요?

해설 빈칸 앞에 의문대사 几(몇)가 있으므로, 빈칸에는 양사가 와야 한다. 따라서 양사 A 节([수업의 수를 세는 단위]), C 页(쪽)가 정답의 후보이다. 이 중 '팩스는 전부 몇 _____ 인가요?'라는 문맥에 어울리는 C 页(쪽)가 정답이다.

어휘 **刚才** gāngcái 웹방금, 지금 **传真** chuánzhēn 웹팩스 **一共** yígòng 웹전부, 모두

3

请大家下课后好好儿复习这（**A** 节）课的内容，下周的考试会重点考这些。

모두들 수업이 끝난 후 이 수업의 내용을 잘 복습하세요. 다음 주 시험에서 중점적으로 이것들을 시험 볼 거예요.

해설 빈칸이 지시대사 这(이)와 명사 课(수업) 사이에 있으므로, 빈칸에는 양사가 와야 한다. 따라서 양사 A 节([수업의 수를 세는 단위])가 정답이다. 참고로 节는 주로 '수업의 수'를 셀 때 쓰인다.

어휘 **好好儿** hǎohāor 웹잘, 푹 **复习** fùxí 통복습하다 **内容** nèiróng 웹내용 **重点** zhòngdiǎn 웹중점적으로

4 - 6

| A 倍 | B 举办 | C 温度 | A 배 | B 개최하다 | C 온도 |
| D 复杂 | E 随着 | F 趟 | D 복잡하다 | E ~에 따라 | F 번 |

*C 温度(온도)는 예시 어휘이므로, 이를 제외한 나머지 5개의 선택지 중에서 정답을 고른다.

어휘 **倍** bèi 웹배, 배수 **举办** jǔbàn 통개최하다, 열다 **复杂** fùzá 웹복잡하다 **随着** suízhe 게~에 따라 **趟** tàng 웹번, 차례

4

A：这个词是什么意思？我以前从来没见过这种词。

B：这是外来词。（**E** 随着）社会的发展，词语也发生了很多变化。

A: 이 어휘는 무슨 뜻인가요? 저는 지금까지 이런 어휘를 본 적이 없어요.

B: 이것은 외래어예요. 사회의 발전(**E** 에 따라), 어휘도 많은 변화가 생겼어요.

해설 빈칸이 문장 맨 앞에 있으므로, 빈칸에는 개사가 와야 한다. 따라서 개사 E 随着(~에 따라)가 정답이다.

어휘 **从来** cónglái 웹지금까지 **外来词** wàiláicí 웹외래어 **社会** shèhuì 웹사회 **发展** fāzhǎn 통발전하다 **词语** cíyǔ 웹어휘, 단어 **发生** fāshēng 통생기다, 일어나다 **变化** biànhuà 웹변화 통변화하다

5

A：这几天我一直发烧，头也疼得厉害。

B：那我下午陪你去（**F** 趟）医院。

A: 요 며칠 계속 열이 나고, 머리도 심하게 아프네.

B: 그럼 오후에 내가 너를 데리고 병원에 (**F** 한 번) 가 줄게.

해설 '오후에 내가 너를 데리고 병원에 _____ 가 줄게'라는 문맥에 어울리는 양사 F 趟(번)이 정답이다. 참고로, 양사 趟은 앞에서 수사 一(하나)가 종종 생략되어, 동사 바로 뒤에 오기도 한다는 것을 알아 둔다.

어휘 **一直** yìzhí ⟮児⟯ 계속 **发烧** fāshāo ⟮客⟯ 열이 나다 **疼** téng ⟮客⟯ 아프다 **厉害** lìhai ⟮慷⟯ 심하다 **陪** péi ⟮客⟯ 데리다, 함께 ~하다

6

A: 这次活动举办得挺成功的，好像来了很多人。

B: 是啊，这次参加的人数几乎是去年的三（**A 倍**）。

A: 이번 행사는 꽤 성공적으로 개최되었어요. 사람들이 많이 온 것 같아요.

B: 맞아요, 이번에 참가한 사람 수는 거의 작년의 3(**A 배**)였어요.

해설 빈칸 앞에 수사 三(3)이 있으므로, 빈칸에는 양사가 와야 한다. 따라서 양사 A 倍(배)가 정답이다.

어휘 **活动** huódòng ⟮児⟯ 행사, 활동 **举办** jǔbàn ⟮客⟯ 개최하다 **挺** tǐng ⟮児⟯ 꽤 **成功** chénggōng ⟮慷⟯ 성공적이다
好像 hǎoxiàng ⟮児⟯ ~인 것 같다 **参加** cānjiā ⟮客⟯ 참가하다 **人数** rén shù 사람 수 **几乎** jīhū ⟮児⟯ 거의

제1부분 실전테스트 p.118

따라 읽으며 학습하기 ▶

1 C	2 F	3 E	4 A	5 B	6 E	7 A	8 D	9 F	10 B

1 - 5

A 精彩	B 积累	C 禁止		A 훌륭하다	B 쌓다	C 금지하다
D 坚持	E 棵	F 垃圾		D 꾸준히 하다	E 그루	F 쓰레기

* D **坚持**(꾸준히 하다)은 예시 어휘이므로, 이를 제외한 나머지 5개의 선택지 중에서 정답을 고른다.

어휘 **精彩** jīngcǎi ⟮慷⟯ 훌륭하다 **积累** jīlěi ⟮客⟯ 쌓다 **禁止** jìnzhǐ ⟮客⟯ 금지하다 **棵** kē ⟮児⟯ 그루 **垃圾** lājī ⟮児⟯ 쓰레기

1

这条新建的路是自行车专用通道，（**C 禁止**）车辆通行。

이 새로 만든 길은 자전거 전용 도로이므로, 차량 통행을 （**C 금지합니다**）.

해설 빈칸 뒤에 목적어 역할을 하는 **车辆通行**(차량 통행)이 있으므로 빈칸에는 동사가 와야 한다. 따라서 동사 B 积累(쌓다), C 禁止(금지하다)이 정답의 후보이다. 이 중 '차량 통행을 _____'라는 문맥에 어울리는 C 禁止(금지하다)이 정답이다.

어휘 **条** tiáo ⟮児⟯ [가늘고 긴 것을 세는 단위] **建** jiàn ⟮客⟯ 만들다, 세우다 **自行车** zìxíngchē ⟮児⟯ 자전거
专用通道 zhuānyòng tōngdào 전용 도로 **车辆** chēliàng ⟮児⟯ 차량 **通行** tōngxíng ⟮客⟯ 통행하다

2

人们的生活（**F 垃圾**）现在已经严重污染了海洋环境。

사람들의 생활（**F 쓰레기**）는 현재 해양 환경을 이미 심각하게 오염시켰다.

해설 문장에 주어가 없고 빈칸 앞에 명사 **生活**(생활)가 있으므로, 명사이면서 '생활 _____는 현재 해양 환경을 이미 심각하게 오염시켰다'라는 문맥에 어울리는 F 垃圾(쓰레기)가 정답이다. 참고로 垃圾는 生活와 함께 生活垃圾(생활 쓰레기)로 자주 쓰임을 알아 둔다.

어휘 **生活** shēnghuó ⟮児⟯ 생활 ⟮客⟯ 생활하다 **严重** yánzhòng ⟮慷⟯ 심각하다, 위급하다 **污染** wūrǎn ⟮客⟯ 오염시키다, 오염되다
海洋 hǎiyáng ⟮児⟯ 해양, 바다 **环境** huánjìng ⟮児⟯ 환경

3	花园里有很多树，但是开黄色花的只有这一 （**E 棵**）。	화원에는 나무가 많다. 그러나 노란 꽃이 피는 것은 이 한 （**E 그루**) 뿐이다.

해설　빈칸 앞에 수사 一(1)가 있으므로, 빈칸에는 양사가 와야 한다. 따라서 양사 E 棵(그루)가 정답이다.

어휘　花园 huāyuán 圈화원　树 shù 圈나무, 수목　花 huā 圈꽃

4	去年六月一日儿童节，小朋友们表演的节目 很（**A 精彩**）。	작년 6월 1일 어린이날에 어린이들이 공연한 프로그램 은 （**A 훌륭했다**).

해설　빈칸 앞에 정도부사 很이 있으므로, 빈칸에는 형용사가 와야 한다. 따라서 형용사 A 精彩(훌륭하다)가 정답이다.

어휘　儿童节 értóngjié 圈어린이날　表演 biǎoyǎn 圈공연하다　节目 jiémù 圈프로그램

5	这份工作可以帮助你（**B 积累**）实际经验。	이 일은 당신이 실제 경험을 （**B 쌓을**) 수 있게 도와줄 수 있다.

해설　빈칸 뒤에 목적어 역할을 하는 实际经验(실제 경험)이 있으므로, 동사이면서 '실제 경험을 ＿＿＿＿＿＿ 수 있게 도와준다'라는
문맥에 어울리는 B 积累(쌓다)가 정답이다. 참고로 积累는 经验과 함께 积累……经验(~ 경험을 쌓다)으로 자주 함께 쓰임을
알아 둔다.

어휘　份 fèn 圈개[추상적인 것을 세는 단위]　实际 shíjì 圈실제적이다, 실질적이다 圈실제　经验 jīngyàn 圈경험

---

6 - 10

A 最好	B 按照	C 温度	A ~하는 게 제일 좋다	B ~대로	C 온도
D 整理	E 不过	F 优秀	D 정리하다	E 그런데	F 우수하다

* C 温度(온도)는 예시 어휘이므로, 이를 제외한 나머지 5개의 선택지 중에서 정답을 고른다.

어휘　最好 zuìhǎo 圈~하는 게 제일 좋다　按照 ànzhào 圈~대로, ~에 따라　整理 zhěnglǐ 圈정리하다, 정돈하다
不过 búguò 圈그런데, 그러나　优秀 yōuxiù 圈우수하다, 뛰어나다

6	A：周末我们打算去郊区玩，你来不来？ B：我想去啊，（**E 不过**）周末要陪妈妈去医院。	A: 주말에 우리 교외에 가서 놀려고 하는데, 너 올래? B: 나도 가고 싶어. （**E 그런데**) 주말에 엄마를 모시고 병 원에 가야 해.

해설　빈칸 앞에 콤마(,)가 있으므로, 부사 A 最好(~하는 게 제일 좋다)와 접속사 E 不过(그런데)가 정답의 후보이다. 이 중 '나도 가고
싶어. ＿＿＿＿＿＿ 주말에 엄마를 모시고 병원에 가야 해'라는 문맥에 어울리는 E 不过(그런데)가 정답이다.

어휘　周末 zhōumò 圈주말　打算 dǎsuan 圈~하려고 하다　郊区 jiāoqū 圈교외, 변두리　陪 péi 圈모시다, 함께 ~하다

7	A：长城是中国非常著名的景点。 B：确实值得去，但（**A 最好**）在人少的时候 去。	A: 만리장성은 중국에서 매우 유명한 명소예요. B: 확실히 가볼 만한 가치가 있어요. 그런데 사람이 적을 때 가는 게 （**A 제일 좋아요**).

해설　빈칸 뒤에 개사구 在人少的时候(사람이 적을 때)와 술어인 동사 去(가다)가 있으므로, 부사이면서 '그런데 사람이 적을 때 가
는 게 ＿＿＿＿＿＿'라는 문맥에 어울리는 A 最好(~하는 게 제일 좋다)가 정답이다.

어휘　著名 zhùmíng 圈유명하다　景点 jǐngdiǎn 圈명소　确实 quèshí 圈확실히　值得 zhídé 圈~할 만한 가치가 있다

8

A: 这周太累了，星期日咱们去看电影吧。

B: 我想有时间就回去（**D 整理**）一下我的衣服，家里太乱了。

A: 이번 주는 너무 피곤하네. 일요일에 우리 영화 보러 가자.

B: 시간이 있으면 돌아가서 내 옷을 (**D 정리하**)려고 해. 집 안이 너무 지저분해.

해설　빈칸 뒤에 동량보어 一下가 있으므로, 동사 D **整理**(정리하다)가 정답이다.

어휘　**咱们** zánmen 떼 우리(들)　**乱** luàn 혱 지저분하다, 어지럽다

9

A: 他怎么能做出这样的事情呢？我觉得他不是这样的人啊！

B: 每个人都有自己的缺点，再（**F 优秀**）的人也一样。

A: 그가 어떻게 이런 일을 할 수 있어요? 저는 그가 이런 사람이라고 생각하지 않았어요!

B: 모든 사람은 자신만의 단점이 있어요. 아무리 (**F 우수**)한 사람이라도 똑같아요.

해설　빈칸 뒤에 '的+명사' 형태의 的人(~한 사람)이 있으므로, 형용사 F **优秀**(우수하다)가 정답이다.

어휘　**自己** zìjǐ 떼 자신, 스스로　**缺点** quēdiǎn 혱 단점, 결점　**一样** yíyàng 혱 같다, 동일하다

10

A: 高中的老师一般怎么给学生排座位呢？

B: 一般都是（**B 按照**）个子排座位。

A: 고등학교 선생님은 보통 학생들 자리를 어떻게 배치하나요?

B: 보통은 키 (**B 대로**) 자리를 배치해요.

해설　술어인 동사 排(배치하다) 앞에 '(　)+명사' 형태가 있으므로, 개사 B **按照**(~대로)가 정답이다.

어휘　**一般** yìbān 혱 보통이다, 일반적이다　**排** pái 동 배치하다, 배열하다　**座位** zuòwèi 명 자리, 좌석　**个子** gèzi 명 (사람의) 키, 체격

문제풀이 스텝 해석

p.121

A 李老师批评了我	A 리 선생님이 나를 혼냈다
B 他让我把考试内容再复习一遍	B 그는 나에게 시험 내용을 다시 한번 복습하라고 했다
C 昨天的考试我考得很不好	C 내가 어제 시험을 너무 못 봤다

완성된 문장

C 昨天的考试我考得很不好，A 李老师批评了我，B 他让我把考试内容再复习一遍。

C 내가 어제 시험을 너무 못 봐서 A 리 선생님이 나를 혼냈고, B 그는 나에게 시험 내용을 다시 한번 복습하라고 했다.

어휘 　批评 pīpíng 图 혼내다, 비판하다 　内容 nèiróng 圈 내용 　复习 fùxí 图 복습하다

합격비책 01 ┃ 대사와 가리키는 대상으로 순서 배열하기 　p.123

따라 읽으며 학습하기 ▶

1 CAB　　2 BCA　　3 CAB　　4 ACB　　5 CBA

1

A 很多朋友发来了祝贺短信	A 많은 친구들이 축하 메시지를 보냈다
B 他们的心意让小王十分感动	B 그들의 성의는 샤오왕을 매우 감동시켰다
C 今天小王大学毕业了	C 오늘 샤오왕이 대학을 졸업했다

해설　Step 1　B에 인칭대사 他们(그들)이 있고, A에 他们이 가리키는 대상인 很多朋友(많은 친구)가 있으므로, B는 첫 순서에 올 수 없으며, A → B로 먼저 배열한다. (A → B)

　　　Step 2　남은 C 今天小王大学毕业了(오늘 샤오왕이 대학을 졸업했다)는 A 很多朋友发来了祝贺短信(많은 친구들이 축하 메시지를 보냈다)의 원인이 되므로 C를 A 앞에 배열하면 'C 샤오왕이 대학을 졸업해서 → A 많은 친구들이 축하 메시지를 보냈다 → B 샤오왕은 감동했다'라는 자연스러운 문맥이 된다. (C → A → B)

완성된 문장

C 今天小王大学毕业了，A 很多朋友发来了祝贺短信，B 他们的心意让小王十分感动。

C 오늘 샤오왕이 대학을 졸업해서 A 많은 친구들이 축하 메시지를 보냈고, B 그들의 성의는 샤오왕을 매우 감동시켰다.

어휘　发 fā 图 보내다, 발송하다 　祝贺 zhùhè 图 축하하다 　短信 duǎnxìn 圈 (문자) 메시지 　十分 shífēn 囝 매우, 아주
　　　感动 gǎndòng 图 감동하다, 감동시키다 　毕业 bìyè 图 졸업하다

2

A 桂林真是山美、水美、人更美	A 구이린은 정말이지 산이 아름답고, 물이 아름다우며, 사람은 더욱 아름답다
B 我们第一次去桂林旅游时	B 우리가 처음 구이린으로 여행을 갔을 때
C 对那里的景色印象特别深	C 그곳의 풍경에 대한 인상이 아주 깊다

해설　Step 1　C에 지시대사 那里(그곳)가 있고 A, B에 那里가 가리키는 장소인 桂林(구이린)이 있으므로, C는 첫 순서에 올 수 없다. 따라서 A, B의 각 문맥에 따라 순서를 결정해야 한다.

　　　Step 2　B의 我们(우리)이 C의 주어가 되므로 B → C의 순서로 배열한다. (B → C)
　　　남은 A 桂林真是山美、水美、人更美(구이린은 정말이지 산이 아름답고, 물이 아름다우며, 사람은 더욱 아름답다)는 C의 对……的景色印象特别深(~의 풍경에 대한 인상이 아주 깊다)을 구체적으로 설명하는 내용이므로 A를 C 뒤에 배열하

면, 'B 우리가 처음 구이린으로 여행을 갔을 때 → C 그곳의 풍경에 대한 인상이 깊었다 → A 구이린은 정말 아름답다'라는 자연스러운 문맥이 된다. (B → C → A)

완성된 문장

B 我们第一次去桂林旅游时，C 对那里的景色印象特别深，A 桂林真是山美、水美、人更美。

B 우리가 처음 구이린으로 여행을 갔을 때, C 그곳의 풍경에 대한 인상이 아주 깊었는데, A 구이린은 정말이지 산이 아름답고, 물이 아름다우며, 사람은 더욱 아름답다.

어휘 **桂林** Guìlín 고유 구이린, 계림[중국의 명승지 중 하나]　**景色** jǐngsè 명 풍경　**印象** yìnxiàng 명 인상　**深** shēn 형 깊다

3

A 只要求实际工作能力和认真的态度	A 실질적인 업무 능력과 성실한 태도만을 요구합니다
B 你感兴趣的话，可以试一试	B 흥미가 있다면, 시도해 보세요
C 这儿并不看重学习经历	C 이곳은 결코 학벌을 중시하지 않습니다

해설 **Step 1** C에 지시대사 这儿(이곳)이 있지만 A, B에 这儿이 가리키는 대상이 없으므로 C를 첫 순서로 고려하면서 문맥을 파악한다.

Step 2 첫 순서로 고려한 C의 这儿(이곳)이 A의 주어가 되므로 C → A의 순서로 배열한다. (C → A)
남은 B는 문맥상 'C 이곳은 학벌을 중시하지 않고 → A 업무 능력과 성실한 태도만 요구하니 → B 흥미가 있다면, 시도해 보세요'와 같이 맨 뒤에 오는 것이 순서 배열이 자연스러우므로 B를 문장의 맨 뒤에 배열한다. (C → A → B)

완성된 문장

C 这儿并不看重学习经历，A 只要求实际工作能力和认真的态度，B 你感兴趣的话，可以试一试。

C 이곳은 결코 학벌을 중시하지 않고, A 실질적인 업무 능력과 성실한 태도를 요구하니 B 흥미가 있다면, 시도해 보세요.

어휘 **实际** shíjì 형 실질적이다　**能力** nénglì 명 능력　**认真** rènzhēn 형 성실하다　**态度** tàidu 명 태도　**感兴趣** gǎn xìngqù 흥미가 있다　**试** shì 동 시도해 보다　**看重** kànzhòng 동 중시하다　**学习经历** xuéxí jīnglì 학벌

4

A 昨天小云跟同事们去看京剧	A 어제 샤오윈은 동료들과 경극을 보러 갔다
B 她只好一个人先回家了	B 그녀는 할 수 없이 혼자 먼저 집으로 돌아왔다
C 看着看着突然觉得身体不舒服	C 보다 보니 갑자기 몸이 안 좋아졌다

해설 **Step 1** B에 인칭대사 她(그녀)가 있고, A에 她가 가리키는 대상인 小云(샤오윈)이 있으므로, B는 첫 순서에 올 수 없으며, A → B로 먼저 배열한다. (A → B)

Step 2 남은 C 看着看着突然觉得身体不舒服(보다 보니 갑자기 몸이 안 좋아졌다)가 B의 只好一个人先回家了(할 수 없이 혼자 먼저 집으로 돌아왔다)의 원인이 되므로 C를 B 바로 앞에 배열하면 'A 샤오윈은 동료들과 경극을 보러 갔는데 → C 갑자기 몸이 안 좋아져서 → B 할 수 없이 혼자 먼저 집에 왔다'라는 자연스러운 문맥이 된다. (A → C → B)

완성된 문장

A 昨天小云跟同事们去看京剧，C 看着看着突然觉得身体不舒服，B 她只好一个人先回家了。

A 어제 샤오윈은 동료들과 경극을 보러 갔는데, C 보다 보니 갑자기 몸이 안 좋아져서, B 그녀는 할 수 없이 혼자 먼저 집으로 돌아왔다.

어휘 **同事** tóngshì 명 동료　**京剧** jīngjù 명 경극　**只好** zhǐhǎo 부 할 수 없이, 어쩔 수 없이　**先** xiān 부 먼저, 우선　**突然** tūrán 형 갑작스럽다　**不舒服** bù shūfu (몸이) 안 좋다, 아프다

5

A 他就没去外面，在家看了一天	A 그는 밖에 나가지 않고, 집에서 하루 종일 봤다
B 今天有人给他带来了一本新书	B 오늘 어떤 사람이 그에게 새 책 한 권을 가져다줬다
C 我朋友特别爱看小说	C 내 친구는 소설을 보는 것을 특히 좋아한다

독해

제2부분 해커스 HSK 4급 한 권으로 합격

해설　Step 1　A, B에 인칭대사 他(그)가 있고, C에 他가 가리키는 대상인 我朋友(내 친구)가 있으므로 C 我朋友特别爱看小说(내 친구는 소설을 보는 것을 특히 좋아한다)를 첫 순서로 배열한다. (C →)

　　　 Step 2　A의 看了一天(하루 종일 봤다)한 것은 B의 一本新书(새 책 한 권)이므로, B → A의 순서로 연결하여 C 뒤에 배열한다.
　　　　　 (C → B → A)

　　　 완성된 문장
　　　 C 我朋友特别爱看小说, B 今天有人给他带来了一本新书, A 他就没去外面, 在家看了一天。
　　　 C 내 친구는 소설을 보는 것을 특히 좋아하는데, B 오늘 어떤 사람이 그에게 새 책 한 권을 가져다줘서, A 그는 밖에 나가지 않고, 집에서 하루 종일 봤다.

어휘　外面 wàimian 圕밖, 바깥　一天 yìtiān 하루 종일　带 dài 튕가지다　特别 tèbié 튕특히　小说 xiǎoshuō 圕소설

합격비책 02 | 짝을 이루는 연결어로 순서 배열하기　p.127

따라 읽으며 학습하기 ▶

1 BAC　2 CAB　3 ACB　4 BCA　5 BAC

1
A 没有其他意见的话　　　　　　A 다른 의견이 없다면
B 如果大家对明天的活动　　　　B 만약 모두가 내일 행사에 대해
C 就按照原计划进行吧　　　　　C 원래 계획대로 진행합시다

해설　Step 1　B의 如果(만약 ~라면)와 C의 就는 如果……, 就……(만약 ~라면)라는 짝꿍 연결어로 사용되므로 B → C로 먼저 배열한다. (B → C)

　　　 Step 2　B의 大家(모두)가 A의 주어가 되므로 A를 B 뒤, C 앞에 배열하면, 'B 모두가 → A 다른 의견이 없다면 → C 원래 계획대로 진행합시다'라는 자연스러운 문맥이 된다. (B → A → C)

　　　 완성된 문장
　　　 B 如果大家对明天的活动, A 没有其他意见的话, C 就按照原计划进行吧。
　　　 B 만약 모두가 내일 행사에 대해 A 다른 의견이 없다면, C 원래 계획대로 진행합시다.

어휘　其他 qítā 圕다른, 기타　意见 yìjiàn 圕의견, 견해　如果 rúguǒ 圙만약 ~라면　活动 huódòng 圕행사, 활동
　　　按照 ànzhào 圝~대로, ~에 따라　计划 jìhuà 圕계획 튕~할 계획이다　进行 jìnxíng 튕진행하다

2
A 无论我们是开心还是难过　　　A 우리가 기쁜지 아니면 슬픈지에 관계없이
B 他们都会一直陪着我们　　　　B 그들은 우리와 줄곧 함께할 것이다
C 朋友对每个人来说都很重要　　C 친구는 모든 사람에게 있어서 중요하다

해설　Step 1　A의 无论(~에 관계없이)과 B의 都는 无论……, 都……(~에 관계없이)라는 짝꿍 연결어로 사용되므로 A → B로 먼저 배열한다. (A → B)

　　　 Step 2　B에 인칭대사 他们(그들)이 있고, C에 他们이 가리키는 대상인 朋友(친구)가 있으므로, C를 A → B 앞에 배열하면 'C 친구는 모두에게 중요하다 → A 기쁜지 슬픈지에 관계없이 → B 그들은 우리와 함께할 것이다'라는 자연스러운 문맥이 된다. (C → A → B)

　　　 완성된 문장
　　　 C 朋友对每个人来说都很重要, A 无论我们是开心还是难过, B 他们都会一直陪着我们。
　　　 C 친구는 모든 사람에게 있어서 중요하다. A 우리가 기쁜지 아니면 슬픈지에 관계없이, B 그들은 우리와 줄곧 함께할 것이다.

어휘　无论 wúlùn 圙~에 관계없이　开心 kāixīn 圕기쁘다　还是 háishi 圙아니면　难过 nánguò 圕슬프다
　　　一直 yìzhí 圝줄곧　陪 péi 튕함께하다, 동반하다　每个人 měi ge rén 모든 사람, 개개인　重要 zhòngyào 圕중요하다

3

A 汉语是一种很重要的语言	A 중국어는 중요한 언어이다
B 并且会帮助我们更好地了解中国文化	B 게다가 우리가 중국 문화를 더 잘 이해할 수 있도록 도와줄 것이다
C 它不仅可以给我们带来更多的工作机会	C 그것은 우리에게 더 많은 업무 기회를 가져다줄 수 있을 뿐만 아니라

해설 **Step 1** B의 并且(게다가)와 C의 不仅(~뿐만 아니라)은 不仅……, 并且……(~뿐만 아니라, 게다가~)라는 짝꿍 연결어로 사용되므로 C → B로 먼저 배열한다. (C → B)

Step 2 C에 지시대사 它(그것)가 있고, A에 它가 가리키는 대상인 汉语(중국어)가 있으므로 A를 C 앞에 배열한다. (A → C → B)

완성된 문장

A 汉语是一种很重要的语言, C 它不仅可以给我们带来更多的工作机会, B 并且会帮助我们更好地了解中国文化。
A 중국어는 중요한 언어이다. C 그것은 우리에게 더 많은 업무 기회를 가져다줄 수 있을 뿐만 아니라, B 게다가 우리가 중국 문화를 더 잘 이해할 수 있도록 도와줄 것이다.

어휘 语言 yǔyán 몡언어 并且 bìngqiě 젭게다가 了解 liǎojiě 동이해하다, 분명히 알다 文化 wénhuà 몡문화
不仅 bùjǐn 젭~뿐만 아니라 机会 jīhuì 몡기회

4

A 成功就会在不远处等着你	A 성공은 멀지 않은 곳에서 당신을 기다리고 있을 것이다
B "失败是成功之母"这句话的意思是	B "실패는 성공의 어머니이다"라는 말의 의미는 ~이다
C 不要为失败难过，只要你能坚持下去	C 실패 때문에 슬퍼하지 말고, 당신이 꾸준히 해 나갈 수 있기만 하면

해설 **Step 1** A의 就와 C의 只要(~하기만 하면)는 只要……, 就……(~하기만 하면)라는 짝꿍 연결어로 사용되므로 C → A로 먼저 배열한다. (C → A)

Step 2 C → A로 연결한 내용이 B "失败是成功之母"这句话的意思是("실패는 성공의 어머니이다"라는 말의 의미는 ~이다)의 목적어가 되므로 B를 문장의 맨 앞에 배열하면, 'B "실패는 성공의 어머니이다"라는 말의 의미 → C 실패 때문에 슬퍼하지 말고, 꾸준히 해 나간다면 → A 성공이 기다리고 있을 것이다'라는 자연스러운 문맥이 된다. (B → C → A)

완성된 문장

B "失败是成功之母"这句话的意思是 C 不要为失败难过, 只要你能坚持下去, A 成功就会在不远处等着你。
B "실패는 성공의 어머니이다"라는 말은 C 실패 때문에 슬퍼하지 말고, 당신이 꾸준히 해 나갈 수 있기만 하면, A 성공은 멀지 않은 곳에서 당신을 기다리고 있을 것이라는 의미이다.

어휘 成功 chénggōng 동성공하다 远处 yuǎn chù 먼 곳 失败 shībài 동실패하다 之 zhī 조~의 为 wèi 개~때문에
难过 nánguò 동슬프다 只要 zhǐyào 젭~하기만 하면 坚持 jiānchí 동꾸준히 하다

5

A 然后用手机看了会儿新闻	A 그다음에 휴대폰으로 뉴스를 잠시 봤다
B 他先陪妻子看了会儿电视	B 그는 먼저 아내와 함께 텔레비전을 잠시 봤다
C 最后才打开电脑继续画图	C 제일 마지막에서야 컴퓨터를 켜서 계속 그림을 그린다

해설 **Step 1** A의 然后(그다음)와 B의 先(먼저)은 先……, 然后……(먼저~, 그다음~)라는 짝꿍 연결어로 사용되므로 B → A로 먼저 배열한다. (B → A)

Step 2 남은 C의 最后(제일 마지막)는 문맥상 'B 먼저 → A 그다음 → C 제일 마지막'과 같이 맨 뒤에 오는 것이 순서 배열이 자연스러우므로 C를 문장의 맨 뒤에 배열한다. (B → A → C)

완성된 문장

B 他先陪妻子看了会儿电视, A 然后用手机看了会儿新闻, C 最后才打开电脑继续画图。

B 그는 먼저 아내와 함께 텔레비전을 잠시 봤고, A 그다음에 휴대폰으로 뉴스를 잠시 봤으며, C 제일 마지막에서야 컴퓨터를 켜서 계속 그림을 그렸다.

어휘 **然后** ránhòu 📖그다음 **新闻** xīnwén 📖뉴스 **先** xiān 📖먼저, 우선 **陪** péi 📖함께 ~하다, 모시다
最后 zuìhòu 📖제일 마지막 **打开** dǎkāi 📖켜다, 틀다 **继续** jìxù 📖계속하다 **画图** huàtú 📖그림을 그리다

합격비책 03 ㅣ 앞·뒤 구절에 쓰이는 연결어로 순서 배열하기 p.131

따라 읽으며 학습하기 ▶

| 1 BAC | 2 ACB | 3 CAB | 4 ABC | 5 CBA |

1

A 里面的内容既有趣又容易理解

B 上周买了本关于自然科学的书

C 所以我很快就读完了

A 안의 내용은 재미있고 이해하기도 쉽다

B 지난 주에 자연 과학에 관한 책 한 권을 샀다

C 그래서 나는 빠르게 다 읽었다

해설 **Step 1** C의 所以(그래서)는 뒤 구절에 주로 쓰이는 연결어이므로 C는 문장의 맨 앞에 올 수 없다. 'C 그래서 나는 빠르게 다 읽었다'의 원인이 되는 선택지는 'A 안의 내용은 재미있고 이해하기도 쉽다'이므로 A(원인) → C(결과)의 순서로 먼저 배열한다. (A → C)

Step 2 A 里面的内容既有趣又容易理解(안의 내용은 재미있고 이해하기도 쉽다)는 B의 书(책)를 구체적으로 설명하는 내용이므로 B를 A 앞에 배열한다. (B → A → C)

완성된 문장
B 上周买了本关于自然科学的书, A 里面的内容既有趣又容易理解, C 所以我很快就读完了。
B 지난 주에 자연 과학에 관한 책 한 권을 샀는데, A 안의 내용이 재미있고 이해하기도 쉽다. C 그래서 나는 빠르게 다 읽었다.

어휘 **内容** nèiróng 📖내용 **既……又……** jì……yòu…… ~하고 ~하다 **有趣** yǒuqù 📖재미있다, 흥미가 있다
容易 róngyì 📖쉽다 **理解** lǐjiě 📖이해하다, 알다 **关于** guānyú 깨~에 관한 **自然科学** zìrán kēxué 자연 과학

2

A 随着互联网技术的快速发展

B 人们出门时不再需要带现金了

C 手机付款变得越来越方便

A 인터넷 기술의 빠른 발전에 따라

B 사람들은 외출할 때 더 이상 현금을 가지고 나갈 필요가 없어졌다

C 휴대폰으로 결제를 하는 것이 점점 편리해진다

해설 **Step 1** A의 随着(~에 따라)는 앞 구절에 주로 쓰이는 연결어이므로 첫 순서로 고려하면서 문맥을 파악한다.

Step 2 C '휴대폰으로 결제를 하는 것이 점점 편리해진다'의 결과가 B '사람들은 외출할 때 더 이상 현금을 가지고 나갈 필요가 없어졌다'이므로 C(원인) → B(결과)의 순서로 배열한다. (C → B)

첫 순서로 고려한 A는 문맥상 'A 인터넷 기술의 발전에 따라 → C 휴대폰 결제가 점점 편리해져서 → B 외출할 때 현금을 가지고 나갈 필요가 없다'와 같이 맨 앞에 오는 것이 순서 배열이 자연스러우므로 A를 문장의 맨 앞에 배열한다. (A → C → B)

완성된 문장
A 随着互联网技术的快速发展, C 手机付款变得越来越方便, B 人们出门时不再需要带现金了。
A 인터넷 기술의 빠른 발전에 따라, C 휴대폰으로 결제를 하는 것이 점점 편리해져서, B 사람들은 외출할 때 더 이상 현금을 가지고 나갈 필요가 없어졌다.

어휘 **随着** suízhe 깨~에 따라 **互联网** hùliánwǎng 📖인터넷 **技术** jìshù 📖기술 **快速** kuàisù 📖(속도가) 빠르다
发展 fāzhǎn 📖발전하다 **带** dài 📖가지다, 휴대하다 **现金** xiànjīn 📖현금 **付款** fùkuǎn 📖결제하다, 돈을 지불하다
方便 fāngbiàn 📖편리하다 📖편리하게 하다

3

A 她现在打得越来越好了	A 현재 그녀는 점점 더 잘 치게 되었다
B 有时甚至还赢过她的老师	B 어떨 때는 심지어 그녀의 선생님을 이긴 적도 있다
C 这个月我妹妹一直跟她的老师学习打乒乓球	C 이번 달에 내 여동생은 그녀의 선생님에게 줄곧 탁구 치는 것을 배우고 있다

해설   **Step 1** B의 甚至(심지어)은 뒤 구절에 주로 쓰이는 연결어이므로 B는 문장의 맨 앞에 올 수 없다.

A에 인칭대사 她(그녀)가 있고, C에 她가 가리키는 대상인 我妹妹(내 여동생)가 있으므로, C → A로 먼저 배열한다. (C → A)

Step 2 A의 她(그녀)가 B의 주어가 되므로 B를 A 뒤에 배열하면, 'C 내 여동생은 탁구를 배운다 → A 그녀는 점점 더 잘 치게 되었다 → B 심지어 선생님을 이긴 적도 있다'라는 자연스러운 문맥이 된다. (C → A → B)

완성된 문장

C 这个月我妹妹一直跟她的老师学习打乒乓球, A 她现在打得越来越好了, B 有时甚至还赢过她的老师。

C 이번 달에 내 여동생은 그녀의 선생님에게 줄곧 탁구 치는 것을 배우고 있는데, A 현재 그녀는 점점 더 잘 치게 되었고, B 어떨 때는 심지어 그녀의 선생님을 이긴 적도 있다.

어휘   甚至 shènzhì 圈 심지어, ~까지도   赢 yíng 圈 이기다   一直 yìzhí 團 줄곧, 계속   乒乓球 pīngpāngqiú 圆 탁구

4

A 对于许多北方人来说	A 매우 많은 북방 지역 사람에게 있어서
B 包饺子就像看春晚、发红包一样	B 만두를 빚는 것은 마치 춘완을 보거나, 홍빠오를 나누어 주는 것과 같다
C 是过节时不可缺少的重要活动	C 명절을 보낼 때 없어서는 안 될 중요한 행사이다

해설   **Step 1** A의 对于……来说(~에게 있어서)는 앞 구절에 주로 쓰이는 연결어이므로 첫 순서로 고려하면서 문맥을 파악한다.

Step 2 B의 包饺子(만두를 빚는 것)가 C 是过节时不可缺少的重要活动(명절을 보낼 때 없어서는 안 될 중요한 행사이다)의 주어가 되므로 B → C의 순서로 배열한다. (B → C)

첫 순서로 고려한 A는 문맥상 'A 북방 지역 사람에게 → B 만두를 빚는 것은 → C 명절에 없어서는 안 될 중요한 행사이다'와 같이 맨 앞에 오는 것이 순서 배열이 자연스러우므로 A를 문장의 맨 앞에 배열한다. (A → B → C)

완성된 문장

A 对于许多北方人来说, B 包饺子就像看春晚、发红包一样, C 是过节时不可缺少的重要活动。

A 매우 많은 북방 지역 사람에게 있어서, B 만두를 빚는 것은 마치 춘완을 보거나, 홍빠오를 나누어 주는 것과 같이 C 명절을 보낼 때 없어서는 안 될 중요한 행사이다.

어휘   对于……来说 duìyú……lái shuō ~에게 있어서   许多 xǔduō 囹 매우 많다   北方 běifāng 圆 북방 지역   包 bāo 圈 빚다, 싸다   饺子 jiǎozi 圆 만두, 교자   春晚 chūnwǎn 圆 춘완(중국의 춘절 특집 프로그램)   发 fā 圈 나누어 주다   红包 hóngbāo 圆 홍빠오, 춘절에 주는 용돈   过节 guòjié 圆 명절을 보내다   不可缺少 bùkě quēshǎo 없어서는 안 된다   重要 zhòngyào 圈 중요하다   活动 huódòng 圆 행사, 활동

5

A 她没办法，只能同意	A 그녀는 어쩔 수 없이 동의할 수밖에 없다
B 但是我已经决定好了	B 그러나 나는 이미 결정을 했다
C 妈妈反对我去那个公司上班	C 엄마는 내가 그 회사에서 근무하는 것을 반대한다

해설   **Step 1** B의 但是(그러나)은 뒤 구절에 주로 쓰이는 연결어이므로 B는 문장의 맨 앞에 올 수 없다.

A에 인칭대사 她(그녀)가 있고, C에 她가 가리키는 대상인 妈妈(엄마)가 있으므로 C → A로 먼저 배열한다. (C → A)

Step 2 B의 전환을 나타내는 접속사 但是(그러나)이 C의 反对(반대하다)와 A의 同意(동의하다)를 연결해 주므로 B를 C 뒤, A 앞에 배열하면, 'C 엄마는 반대한다 → B 그러나 나는 이미 결정해서 → A 그녀는 동의할 수밖에 없었다'라는 자연스러운 문맥이 된다. (C → B → A)

완성된 문장

C 妈妈反对我去那个公司上班，B 但是我已经决定好了，A 她没办法，只能同意。

C 엄마는 내가 그 회사에서 근무하는 것을 반대했다. B 그러나 나는 이미 결정해서, A 그녀는 어쩔 수 없이 동의할 수밖에 없었다.

어휘 **没办法** méi bànfǎ 어쩔 수 없다 **同意** tóngyì 图동의하다, 찬성하다 **决定** juédìng 图결정하다图결정 **反对** fǎnduì 图반대하다
上班 shàngbān 图근무하다, 출근하다

합격비책 04 | 문맥으로 순서 배열하기 p.133

따라 읽으며 학습하기 ▶

| 1 CAB | 2 ABC | 3 ACB | 4 CBA | 5 CAB |

1

A 现在给大家两个小时的时间参观 　　A 지금 모두에게 참관할 시간을 두 시간 드리겠습니다
B 参观完后我们在四楼的餐厅吃午餐 　　B 참관한 후에는 4층 식당에서 점심을 먹습니다
C 各位朋友，我们已经到国家大剧院的入口了 　　C 여러분, 우리는 벌써 국가대극원 입구에 도착했습니다

해설 Step 1 각 선택지에 순서 배열의 단서가 되는 대사나 연결어가 없으므로 꼼꼼히 해석하여 첫 순서에 올 수 있는 것과 없는
것을 판단한다.
A는 '지금 모두에게 참관할 시간을 두 시간 드리겠습니다'라는 내용이다.
B는 '참관한 후에는 4층 식당에서 점심을 먹습니다'라는 내용이다.
C의 **各位朋友**(여러분)와 같이 특정 대상을 부르는 표현이 포함된 문장은 주로 맨 앞에 위치한다. 따라서 C **各位朋友,
我们已经到国家大剧院的入口了**(여러분, 우리는 벌써 국가대극원 입구에 도착했습니다)를 첫 순서로 배열한다. (C →)

Step 2 B의 **参观完后**(참관한 후)는 A의 **参观**(참관하다) 이후에 발생하는 일이므로 A → B의 순서로 연결하여 C 뒤에 배열한
다. (C → A → B)

완성된 문장

C 各位朋友，我们已经到国家大剧院的入口了，A 现在给大家两个小时的时间参观，B 参观完后我们在四楼的餐厅
吃午餐。

C 여러분, 우리는 벌써 국가대극원 입구에 도착했습니다. A 지금 모두에게 참관할 시간을 두 시간 드리고, B 참관한 후에는
4층 식당에서 점심을 먹을 것입니다.

어휘 **参观** cānguān 图참관하다 **餐厅** cāntīng 图식당 **午餐** wǔcān 图점심 **各位朋友** gè wèi péngyou 여러분
国家大剧院 guójiā dàjùyuàn 국가대극원 **入口** rùkǒu 图입구

2

A 语法是学习语言的一个重要部分 　　A 어법은 언어를 학습하는 데 중요한 부분이다
B 学好语法可以帮助你 　　B 어법을 잘 공부하는 것은 당신을 도와줄 수 있다
C 更好更快地学会一门语言 　　C 언어를 더 잘하고 더 빠르게 습득하다

해설 Step 1 각 선택지에 순서 배열의 단서가 되는 대사나 연결어가 없으므로 꼼꼼히 해석하여 첫 순서에 올 수 있는 것과 없는
것을 판단한다.
A는 '어법은 언어를 학습하는 데 중요한 부분이다'라는 내용이다.
B는 **帮助**(도와주다)의 목적어가 없어 무엇을 도와줄 수 있는지 알 수 없으므로 마지막 순서에서 제외한다.
C는 주어가 없는 불완전한 문장이므로 첫 순서에서 제외한다.
따라서 A와 B가 첫 순서의 후보이다.

Step 2 B의 **你**(당신)가 C의 주어가 되므로 B → C의 순서로 배열한다. (B → C)
남은 A는 문맥상 'A 어법은 언어를 학습하는 데 중요하다 → B 어법은 당신을 도와줄 수 있다 → C 언어를 더 잘하게

한다'와 같이 맨 앞에 오는 것이 순서 배열이 자연스러우므로 A를 문장의 맨 앞에 배열한다. (A → B → C)

완성된 문장

A 语法是学习语言的一个重要部分，B 学好语法可以帮助你 C 更好更快地学会一门语言。

A 어법은 언어를 학습하는 데 중요한 부분이며, B 어법을 잘 공부하는 것은 당신이 C 언어를 더 잘하고 더 빠르게 습득하도록 도와줄 수 있다.

어휘 语法 yǔfǎ 몡 어법　语言 yǔyán 몡 언어　重要 zhòngyào 휑 중요하다　部分 bùfen 몡 부분, 일부
门 mén 양 [언어, 과목 등의 항목을 세는 단위]

3

A 同一条裙子，商场卖800块	A 같은 치마를, 백화점에서는 800위안에 판다
B 是商场的一半	B 백화점의 절반이다
C 网上的购物中心只卖400块	C 온라인 쇼핑몰에서는 400위안에 판다

해설　Step 1 각 선택지에 순서 배열의 단서가 되는 대사나 연결어가 없으므로 꼼꼼히 해석하여 첫 순서에 올 수 있는 것과 없는 것을 판단한다.

A는 '백화점에서 치마를 800위안에 판다'라는 내용이다.

B는 주어 없이 술어 是(~이다)로 시작하는 불완전한 문장이므로 첫 순서에서 제외한다.

C는 무엇을 400위안에 판다는 것인지 구체적으로 알 수 없으므로 첫 순서에서 제외한다.

따라서 A 同一条裙子，商场卖800块(같은 치마를, 백화점에서는 800위안에 판다)를 첫 순서로 배열한다. (A →　)

Step 2 C의 주어가 A의 裙子(치마)이므로 C를 A 뒤에 배열한다. (A → C)

남은 B는 문맥상 'A 같은 치마를 백화점에서는 800위안에 파는데 → C 온라인 쇼핑몰에서는 400위안에 판다 → B 백화점의 절반이다'와 같이 맨 뒤에 오는 것이 순서 배열이 자연스러우므로 B를 문장의 맨 뒤에 배열한다. (A → C → B)

완성된 문장

A 同一条裙子，商场卖800块，C 网上的购物中心只卖400块，B 是商场的一半。

A 같은 치마를, 백화점에서는 800위안에 팔고, C 온라인 쇼핑몰에서는 400위안에 파는데, B 백화점의 절반이다.

어휘 条 tiáo 양 [가늘고 긴 것을 세는 단위]　裙子 qúnzi 몡 치마, 스커트　商场 shāngchǎng 몡 백화점　一半 yíbàn 몡 절반, 2분의 1
购物中心 gòuwù zhōngxīn 쇼핑몰, 쇼핑센터　只 zhǐ 휑 단지, 다만

4

A 在李老师的帮助下，我重新找回了自信	A 리 선생님의 도움으로, 나는 다시 자신감을 회복했다
B 当时心情很差，一点儿信心都没有了	B 그때는 기분이 좋지 않아 자신감이 하나도 없었다
C 我第一次应聘不太顺利	C 나의 첫 번째 입사 지원은 그다지 순조롭지 못했다

해설　Step 1 각 선택지에 순서 배열의 단서가 되는 대사나 연결어가 없으므로 꼼꼼히 해석하여 첫 순서에 올 수 있는 것과 없는 것을 판단한다.

A는 '리 선생님의 도움으로, 나는 다시 자신감을 회복했다'라는 내용이다.

B의 当时(그때)이 어떤 때인지 구체적으로 알 수 없으므로 첫 순서에서 제외한다.

C는 '나의 첫 번째 입사 지원은 그다지 순조롭지 못했다'라는 내용이다.

따라서 A와 C가 첫 순서의 후보이다.

Step 2 A의 找回了自信(자신감을 회복했다)과 B의 一点儿信心都没有了(자신감이 하나도 없었다)는 시간의 흐름상 'B 자신감이 없었다 → A 자신감을 회복했다'의 순서 배열이 자연스러우므로 B → A의 순서로 배열한다. (B → A)

'C 첫 번째 입사 지원은 순조롭지 못했다'의 결과가 되는 선택지는 'B 그때 자신감이 하나도 없었다'이므로 C를 B 앞에 배열한다. (C → B → A)

완성된 문장

C 我第一次应聘不太顺利，B 当时心情很差，一点儿信心都没有了，A 在李老师的帮助下，我重新找回了自信。

C 나의 첫 번째 입사 지원은 그다지 순조롭지 못해서, B 그때는 기분이 좋지 않아 자신감이 하나도 없었지만, A 리 선생님의 도움으로, 나는 다시 자신감을 회복했다.

어휘   **重新** chóngxīn 團다시   **找回** zhǎohuí 회복하다   **自信** zìxìn 圈자신감   **当时** dāngshí 圈그때
      心情 xīnqíng 圈기분, 마음   **差** chà 圈좋지 않다   **信心** xìnxīn 圈자신감   **应聘** yìngpìn 圈(회사 등에) 지원하다, 초빙하다
      顺利 shùnlì 圈순조롭다

5

A 广告上写的价格稍微有点高，不过环境非常好

B 要是有人感兴趣，就直接联系房东

C 这是我朋友的房子，地点在学校附近

A 광고에 쓰여 있는 가격은 약간 비싸지만, 환경이 매우 좋습니다

B 만약 관심이 있다면, 직접 집주인에게 연락하세요

C 이것은 제 친구의 집인데, 위치는 학교 근처입니다

해설   **Step 1**   각 선택지에 순서 배열의 단서가 되는 대사나 연결어가 없으므로 꼼꼼히 해석하여 첫 순서에 올 수 있는 것과 없는 것을 판단한다.

A의 价格稍微有点高(가격이 약간 비싸다)와 环境非常好(환경이 매우 좋다)는 어떤 것이 그러한지 구체적으로 알 수 없으므로 첫 순서에서 제외한다.

B는 '만약 관심이 있다면, 직접 집주인에게 연락하세요'라는 내용이다.

C는 '이것은 제 친구의 집인데, 위치는 학교 근처입니다'라는 내용이다.

따라서 B와 C가 첫 순서의 후보이다.

  Step 2   A의 价格稍微有点高와 环境非常好는 C의 房子(집)에 대해 구체적으로 설명하고 있으므로 C → A의 순서로 배열한다. (C → A)

남은 B는 문맥상 'C 제 친구의 집은 → A 가격은 약간 비싸지만 환경이 매우 좋습니다 → B 관심이 있다면 집주인에게 연락하세요'와 같이 맨 뒤에 오는 것이 순서 배열이 자연스러우므로 B를 문장의 맨 뒤에 배열한다. (C → A → B)

완성된 문장

C 这是我朋友的房子，地点在学校附近，**A** 广告上写的价格稍微有点高，不过环境非常好，**B** 要是有人感兴趣，就直接联系房东。

C 이것은 제 친구의 집인데, 위치는 학교 근처입니다. **A** 광고에 쓰여 있는 가격은 약간 비싸지만 환경이 매우 좋으니, **B** 만약 관심이 있다면, 직접 집주인에게 연락하세요.

어휘   **广告** guǎnggào 圈광고   **价格** jiàgé 圈가격   **稍微** shāowēi 團약간   **不过** búguò 圈하지만   **环境** huánjìng 圈환경
      要是 yàoshi 圈만약 ~라면   **感兴趣** gǎn xìngqù 관심이 있다   **直接** zhíjiē 圈직접적이다   **联系** liánxì 圈연락하다
      房东 fángdōng 圈집주인   **地点** dìdiǎn 圈위치, 장소   **附近** fùjìn 圈근처, 부근

제2부분   실전테스트 p.134

따라 읽으며 학습하기 ▶

| 1 BCA | 2 BAC | 3 CAB | 4 CAB | 5 ABC | 6 CBA | 7 BCA | 8 BCA | 9 CBA | 10 BCA |

1

A 门票再贵我也会去的

B 我后悔没去看今年的音乐节

C 早知道有我喜欢的歌手表演节目

A 입장권이 아무리 비싸도 나는 갈 것이다

B 나는 올해 뮤직 페스티벌을 보러 가지 못한 것이 후회된다

C 내가 좋아하는 가수의 공연 프로그램이 있는지 일찍 알았더라면

해설   **Step 1**   각 선택지에 순서 배열의 단서가 되는 대사나 연결어가 없으므로 꼼꼼히 해석하여 첫 순서에 올 수 있는 것과 없는 것을 판단한다.

A의 门票(입장권)가 구체적으로 어떤 것의 입장권인지 알 수 없으므로 첫 순서에서 제외한다.

B는 '나는 올해 뮤직 페스티벌을 보러 가지 못한 것이 후회된다'라는 내용이다.

C는 '내가 좋아하는 가수의 공연 프로그램이 있는지 일찍 알았더라면'이라는 내용이다.

따라서 B와 C가 첫 순서의 후보이다.

Step2 A의 门票(입장권)는 B의 音乐节(뮤직 페스티벌)의 입장권이므로 B → A의 순서로 배열한다. (B → A)
남은 C는 문맥상 'B 뮤직 페스티벌을 보러 가지 못한 것이 후회된다 → C 좋아하는 가수의 공연이 있는지 알았더라면
→ A입장권이 비싸도 갔을 것이다'와 같이 중간에 오는 것이 순서 배열이 자연스러우므로 C를 B와 A 사이에 배열한다.
(B → C → A)

완성된 문장

B 我后悔没去看今年的音乐节，C 早知道有我喜欢的歌手表演节目，A 门票再贵我也会去的。
B 나는 올해 뮤직 페스티벌을 보러 가지 못한 것이 후회된다. C 내가 좋아하는 가수의 공연 프로그램이 있는지 일찍 알았더
라면, A 입장권이 아무리 비싸도 나는 갔을 것이다.

어휘 门票 ménpiào 圆입장권 后悔 hòuhuǐ 圄후회하다 音乐节 yīnyuè jié 뮤직 페스티벌 歌手 gēshǒu 圆가수
表演 biǎoyǎn 圄공연하다 节目 jiémù 圆프로그램, 항목

2

A 每个月的工资也很高	A 매달 월급 또한 높다
B 大学毕业后，小王找到了一份很好的工作	B 대학 졸업 후, 샤오왕은 좋은 일자리를 찾았다
C 然而他还是经常找父母要钱	C 그러나 그는 여전히 부모님께 자주 손을 벌린다

해설 Step1 A의 也(또한)와 C의 然而(그러나)은 뒤 구절에 주로 쓰이는 연결어이므로 A와 C는 문장의 맨 앞에 올 수 없다. 따라
서 B 大学毕业后，小王找到了一份很好的工作(대학 졸업 후, 샤오왕은 좋은 일자리를 찾았다)를 첫 순서로 배열한다.
(B →)

Step2 'A 매달 월급 또한 높다'의 이유가 되는 선택지는 'B 좋은 일자리를 찾았다'이므로 A를 B 뒤에 배열한다. (B → A)
남은 C는 문맥상 'B 좋은 일자리를 찾았다 → A 월급도 높다 → C 그러나 여전히 부모님께 손을 벌린다'와 같이 맨 뒤
에 오는 것이 순서 배열이 자연스러우므로 C를 문장의 맨 뒤에 배열한다. (B → A → C)

완성된 문장

B 大学毕业后，小王找到了一份很好的工作，A 每个月的工资也很高，C 然而他还是经常找父母要钱。
B 대학 졸업 후, 샤오왕은 좋은 일자리를 찾았고, A 매달 월급 또한 높다. C 그러나 그는 여전히 부모님께 자주 손을 벌린다.

어휘 工资 gōngzī 圆월급 毕业 bìyè 圄졸업하다 份 fèn 圆개[추상적인 것을 세는 단위] 然而 rán'ér 圈그러나
还是 háishi 圄여전히 经常 jīngcháng 圄자주 父母 fùmǔ 圆부모(님) 要钱 yào qián 손을 벌리다, 돈을 요구하다

3

A 这种想法并不完全正确	A 이런 생각은 결코 완전히 옳은 것은 아니다
B 因为如果方向错了，再努力也不一定成功	B 만약 방향이 틀렸다면, 아무리 노력해도 반드시 성공하는 것은 아니기 때문이다
C 有人认为"只要努力，就能成功"	C 어떤 사람은 "노력하기만 하면, 성공할 수 있다"라고 생각한다

해설 Step1 B의 因为(~때문이다)는 앞 구절에 주로 쓰이는 연결어이므로 첫 순서로 고려하면서 문맥을 파악한다.
A에 지시대사 这(이)가 있고, C 有人认为"只要努力，就能成功"은 这가 가리키는 대상이므로, A는 첫 순서에 올 수
없으며, C → A로 먼저 배열한다. (C → A)

Step2 남은 B는 문맥상 'C 노력만 하면 성공할 수 있다는 생각은 → A 완전히 옳은 것은 아니다 → B 방향이 틀렸다면 성공
하지 못할 수도 있다'와 같이 맨 뒤에 오는 것이 순서 배열이 자연스러우므로 B를 문장의 맨 뒤에 배열한다. (C → A
→ B)

완성된 문장

C 有人认为"只要努力，就能成功"，A 这种想法并不完全正确，B 因为如果方向错了，再努力也不一定成功。
C 어떤 사람은 "노력하기만 하면, 성공할 수 있다"라고 생각한다. A 이런 생각은 결코 완전히 옳은 것은 아닌데, B 만약 방향
이 틀렸다면, 아무리 노력해도 반드시 성공하는 것은 아니기 때문이다.

어휘 想法 xiǎngfǎ 圆생각 完全 wánquán 圄완전히 正确 zhèngquè 圄옳다 如果 rúguǒ 圈만약 ~라면 方向 fāngxiàng 圆방향
努力 nǔlì 圄노력하다 一定 yídìng 圄반드시 成功 chénggōng 圄성공하다 只要 zhǐyào 圈~하기만 하면

A 但妻子已经在上班的路上了	A 그러나 아내는 이미 출근길에 올랐다
B 得等妻子下班后回家给他开门	B 아내가 퇴근 후 집에 돌아와서 문을 열어 주길 기다려야 한다
C 他今天刚出门就想起忘了拿钥匙	C 그는 오늘 외출하자마자 열쇠를 안 가져왔다는 것이 떠올랐다

해설 **Step 1** A의 但(그러나)은 뒤 구절에 주로 쓰이는 연결어이므로 A는 문장의 맨 앞에 올 수 없다.

Step 2 C의 他(그)가 B의 주어가 되므로 C → B의 순서로 배열한다. (C → B)

남은 A는 문맥상 'C 그는 열쇠를 안 가져왔다 → A 그러나 아내는 이미 출근했다 → B 아내가 퇴근 후 문을 열어 주길 기다려야 한다'와 같이 중간에 오는 것이 순서 배열이 자연스러우므로 A를 C와 B 사이에 배열한다. (C → A → B)

완성된 문장

C 他今天刚出门就想起忘了拿钥匙，A 但妻子已经在上班的路上了，B 得等妻子下班后回家给他开门。

C 그는 오늘 외출하자마자 열쇠를 안 가져왔다는 것이 떠올랐다. A 그러나 아내는 이미 출근길에 올라서, B 아내가 퇴근 후 집에 돌아와서 문을 열어 주길 기다려야 한다.

어휘 **得** děi 区동~해야 한다 **刚** gāng 图~하자마자, 막 **想起** xiǎngqǐ 떠올리다, 생각해내다 **拿** ná 图가지다, 쥐다
钥匙 yàoshi 圐열쇠

A 那家公司的老板要求非常严格	A 그 회사 사장의 요구 사항은 굉장히 엄격하다
B 小李实在受不了，就换了另一家公司	B 샤오리는 정말 견딜 수 없어서, 다른 회사로 옮겼다
C 结果现在的老板和以前的也没有什么区别	C 그 결과 지금 사장도 이전 사장과 별반 차이가 없다

해설 **Step 1** 각 선택지에 순서 배열의 단서가 되는 대사나 연결어가 없으므로 꼼꼼히 해석하여 첫 순서에 올 수 있는 것과 없는 것을 판단한다.

A는 '그 회사 사장의 요구 사항은 굉장히 엄격하다'라는 내용이다.

B는 '샤오리는 정말 견딜 수 없어서, 다른 회사로 옮겼다'라는 내용이다.

C의 结果(그 결과)가 어떤 것의 결과인지 알 수 없는 불완전한 문장이므로 첫 순서에서 제외한다.

따라서 A와 B가 첫 순서의 후보이다.

Step 2 'A 그 회사 사장의 요구 사항은 굉장히 엄격하다'의 결과가 'B 샤오리는 정말 견딜 수 없어서, 다른 회사로 옮겼다'이므로 A(원인) → B(결과)의 순서로 배열한다. (A → B)

남은 C는 문맥상 'A 회사 사장은 엄격하다 → B 샤오리는 다른 회사로 옮겼다 → C 지금 사장도 이전 사장과 차이가 없다'와 같이 맨 뒤에 오는 것이 순서 배열이 자연스러우므로 C를 문장의 맨 뒤에 배열한다. (A → B → C)

완성된 문장

A 那家公司的老板要求非常严格，B 小李实在受不了，就换了另一家公司，C 结果现在的老板和以前的也没有什么区别。

A 그 회사 사장의 요구 사항은 굉장히 엄격하다. B 샤오리는 정말 견딜 수 없어서, 다른 회사로 옮겼는데, C 그 결과 지금 사장도 이전 사장과 별반 차이가 없다.

어휘 **老板** lǎobǎn 圐사장, 주인 **要求** yāoqiú 圐요구 사항 **严格** yángé 圐엄격하다 **实在** shízài 图정말
受不了 shòubuliǎo 견딜 수 없다 **换** huàn 图(직장 등을) 옮기다 **结果** jiéguǒ 圐그 결과 **以前** yǐqián 圐이전 **区别** qūbié 圐차이

A 给参加的人留下了很深的印象	A 참가한 사람들에게 깊은 인상을 남겼다
B 可活动效果非常不错	B 그러나 행사 효과는 매우 좋다
C 这次活动虽然是免费的	C 이번 행사는 비록 무료이지만

해설 **Step 1** B의 可(그러나)와 C의 虽然(비록 ~지만)은 虽然……, 可(비록 ~지만, 그러나~)라는 짝꿍 연결어로 사용되므로 C → B로

본 교재 동영상강의·무료 학습자료 제공 china.Hackers.com

먼저 배열한다. (C → B)

Step2 남은 A는 문맥상 'C 행사는 무료이지만 → B 행사 효과는 좋았다 → A 사람들에게 깊은 인상을 남겼다'와 같이 맨 뒤에 오는 것이 순서 배열이 자연스러우므로 A를 문장의 맨 뒤에 배열한다. (C → B → A)

완성된 문장

C 这次活动虽然是免费的, B 可活动效果非常不错, A 给参加的人留下了很深的印象。

C 이번 행사는 비록 무료이지만, B 그러나 행사 효과는 매우 좋아서, A 참가한 사람들에게 깊은 인상을 남겼다.

어휘 **参加** cānjiā 图참가하다, 참석하다 **留** liú 图남기다, 남다 **深** shēn 图깊다 **印象** yìnxiàng 图인상

活动 huódòng 图행사, 활동 **效果** xiàoguǒ 图효과 **免费** miǎnfèi 图무료로 하다

7

A 有的国家是九月，而有的是三月	A 어떤 나라는 9월이고, 어떤 나라는 3월이다
B 同样都是亚洲国家	B 같은 아시아 국가이다
C 各国大学新学期开始的时间却有所不同	C 각국의 대학교 새 학기가 시작하는 시기는 오히려 조금씩 다르다

해설 Step1 각 선택지에 순서 배열의 단서가 되는 대사나 연결어가 없으므로 꼼꼼히 해석하여 첫 순서에 올 수 있는 것과 없는 것을 판단한다.

A는 어떤 것이 각각 9월과 3월인지 알 수 없으므로 첫 순서에서 제외한다.

B는 '같은 아시아 국가이다'라는 내용이다.

C는 '각국의 대학교 새 학기가 시작하는 시기는 오히려 조금씩 다르다'라는 내용이다.

Step2 C의 **新学期开始的时间**(새 학기가 시작하는 시기)이 A의 **九月**(9월)와 **三月**(3월)이므로, C → A의 순서로 배열한다. (C → A)

남은 B는 문맥상 'B 같은 아시아 국가인데 → C 새 학기가 시작하는 시기는 조금씩 다르다 → A 어떤 나라는 9월, 어떤 나라는 3월이다'와 같이 맨 앞에 오는 것이 순서 배열이 자연스러우므로 B를 문장의 맨 앞에 배열한다. (B → C → A)

완성된 문장

B 同样都是亚洲国家, C 各国大学新学期开始的时间却有所不同, A 有的国家是九月, 而有的是三月。

B 같은 아시아 국가인데, C 각국의 대학교 새 학기가 시작하는 시기는 오히려 조금씩 다르다. A 어떤 나라는 9월이고, 어떤 나라는 3월이다.

어휘 **国家** guójiā 图나라, 국가 **亚洲** Yàzhōu 고유아시아 **各** gè 때각, 여러 **学期** xuéqī 图학기

却 què 图오히려, 하지만 **有所** yǒu suǒ 조금, 다소

8

A 表示了真心的祝贺	A 진심 어린 축하를 표시했다
B 一直都认真学习的小明，这次考上了名牌大学	B 줄곧 열심히 공부한 샤오밍은 이번에 명문 대학에 합격했다
C 朋友们知道后，送出各种各样的礼物	C 친구들이 알게 된 후, 각양각색의 선물을 줬다

해설 Step1 각 선택지에 순서 배열의 단서가 되는 대사나 연결어가 없으므로 꼼꼼히 해석하여 첫 순서에 올 수 있는 것과 없는 것을 판단한다.

A는 주어 없이 술어 **表示**(표시하다)로 시작하는 불완전한 문장이므로 첫 순서에서 제외한다.

B는 '줄곧 열심히 공부한 샤오밍은 이번에 명문 대학에 합격했다'라는 내용이다.

C는 '친구들이 알게 된 후, 각양각색의 선물을 줬다'라는 내용이다.

따라서 B와 C가 첫 순서의 후보이다.

Step2 C의 **朋友们**(친구들)이 A의 주어가 되므로 C → A의 순서로 배열한다. (C → A)

남은 B는 문맥상 'B 대학에 합격했다 → C 친구들이 선물을 주면서 → A 축하를 표시했다'와 같이 맨 앞에 오는 것이 순서 배열이 자연스러우므로 B를 문장의 맨 앞에 배열한다. (B → C → A)

완성된 문장

B 一直都认真学习的小明, 这次考上了名牌大学, C 朋友们知道后, 送出各种各样的礼物, A 表示了真心的祝贺。

B 줄곧 열심히 공부한 샤오밍은 이번에 명문 대학에 합격했고, C 친구들이 알게 된 후, 각양각색의 선물을 주면서 A 진심 어린 축하를 표시했다.

어휘 **表示** biǎoshì 图 표시하다, 나타내다 　**真心** zhēnxīn 图 진심 　**祝贺** zhùhè 图 축하하다 　**一直** yìzhí 图 줄곧, 계속
名牌大学 míngpái dàxué 명문대학 　**各种各样** gè zhǒng gè yàng 각양각색, 온갖 　**礼物** lǐwù 图 선물

9

A 这样邻居们不会有意见了	A 이렇게 하면 이웃들이 불만을 표출하지 않을 것이다
B 就得提前和楼下的邻居打个招呼	B 사전에 아래층 이웃에게 알려야 한다
C 如果晚上在房间里举办生日聚会的话	C 만약 저녁에 방에서 생일 파티를 연다면

해설　Step 1　B의 就와 C의 如果(만약 ~라면)는 如果……, 就……(만약 ~라면)라는 짝꿍 연결어로 사용되므로 C → B로 먼저 배열한다. (C → B)

Step 2　A에 지시대사 这样(이렇게)이 있고, B의 提前和楼下的邻居打个招呼는 这样이 가리키는 행위이므로 A를 B 뒤에 배열한다. (C → B → A)

완성된 문장

C 如果晚上在房间里举办生日聚会的话, B 就得提前和楼下的邻居打个招呼, A 这样邻居们不会有意见了。

C 만약 저녁에 방에서 생일 파티를 연다면, B 사전에 아래층 이웃에게 알려야 하는데, A 이렇게 하면 이웃들이 불만을 표출하지 않을 것이다.

어휘 **邻居** línjū 图 이웃 　**意见** yìjiàn 图 불만, 의견 　**得** děi 区 ~해야 한다 　**提前** tíqián 图 사전에 ~하다 　**楼下** lóu xià 아래층
打招呼 dǎ zhāohu 알리다, (가볍게) 인사하다 　**如果** rúguǒ 만약 ~라면 　**举办** jǔbàn 图 열다, 개최하다 　**聚会** jùhuì 图 파티, 모임

10

A 那是因为机场高速公路堵车太严重了	A 그 이유는 공항 고속도로의 교통 체증이 심각하기 때문이다
B 还有半个小时朋友乘坐的航班就要降落了	B 30분 뒤에 친구가 탄 항공편이 착륙할 것이다
C 可我还没有到机场	C 그러나 나는 아직 공항에 도착하지 못했다

해설　Step 1　C의 可(그러나)는 뒤 구절에 주로 쓰이는 연결어이므로 C는 문장의 맨 앞에 올 수 없다.

A에 지시대사 那(그)가 있고, C에 那가 가리키는 상황인 我还没有到机场(나는 아직 공항에 도착하지 못했다)이 있으므로 C → A로 먼저 배열한다. (C → A)

Step 2　남은 B는 문맥상 'B 30분 뒤에 친구가 탄 항공편이 착륙한다 → C 그러나 나는 아직 공항에 도착하지 못했다 → A 교통 체증이 심각하기 때문이다'와 같이 맨 앞에 오는 것이 순서 배열이 자연스러우므로 B를 문장의 맨 앞에 배열한다. (B → C → A)

완성된 문장

B 还有半个小时朋友乘坐的航班就要降落了, C 可我还没有到机场, A 那是因为机场高速公路堵车太严重了。

B 30분 뒤에 친구가 탄 항공편이 착륙할 것이다. C 그러나 나는 아직 공항에 도착하지 못했는데, A 그 이유는 공항 고속도로의 교통 체증이 심각하기 때문이다.

어휘 **高速公路** gāosù gōnglù 图 고속도로 　**堵车** dǔchē 图 교통이 체증되다, 차가 막히다 　**严重** yánzhòng 图 심각하다, 위급하다
半个小时 bàn ge xiǎoshí 30분 　**乘坐** chéngzuò 图 (자동차·배·비행기 등을) 타다 　**航班** hángbān 图 항공편, 운항편
降落 jiàngluò 图 착륙하다, 내려오다

제3부분

문제풀이 스텝 해석

p.137

我认为给朋友送礼物时要用心，不要只看贵的，而是要选择一些既好用又值得纪念的东西。

나는 친구에게 선물을 줄 때 신경을 써야 한다고 생각한다. 비싼 것만 보는 것이 아니라, 쓰기 좋고 기념할 만한 물건을 선택해야 한다.

★ 说话人觉得送给朋友的礼物应该是:

A 便宜的　　　　　B 好看的
C 好用的　　　　　D 特别的

★ 화자는 친구에게 주는 선물이 어떠해야 한다고 생각하는가:

A 싼 것　　　　　B 예쁜 것
C 쓰기 좋은 것　　C 특별한 것

어휘　**认为** rènwéi 圏~이라고 생각하다　**礼物** lǐwù 圏선물　**用心** yòngxīn 圏신경을 쓰다, 심혈을 기울이다　**选择** xuǎnzé 圏선택하다
既……又…… jì……yòu…… ~하고 ~하다　**值得** zhídé 圏~할 만한 가치가 있다　**纪念** jìniàn 圏기념하다　**特别** tèbié 圏특별하다

합격비책 01 | 세부 내용을 묻는 문제 공략하기 p.139

따라 읽으며 학습하기 ▶

1 B　2 B　3 A　4 B

1

离这个学期结束还有两个星期，各位同学在准备考试的同时，也可以提前计划好假期要去的地方或者打算做的事情。

이번 학기가 끝나기까지 아직 2주가 남았으니, 학생 여러분은 시험을 준비하는 동시에, 방학 기간에 갈 장소 혹은 할 일을 미리 계획해 두는 것도 좋을 거예요.

★ 说话人希望大家:

A 多洗手　　　　　**B 做好计划**
C 认真听讲　　　　D 取得好成绩

★ 화자는 모두가 무엇을 하길 바라는가:

A 손을 많이 씻는다　　　**B 계획을 세워 둔다**
C 열심히 강의를 듣는다　D 좋은 성적을 얻는다

해설　질문의 **大家**(모두)와 관련된 화자의 생각을 지문에서 파악한다. 지문에서 各位同学……也可以提前计划好假期要去的地方或者打算做的事情(학생 여러분은……방학 기간에 갈 장소 혹은 할 일을 미리 계획해 두는 것도 좋을 거예요)이라고 했으므로 B **做好计划**(계획을 세워 둔다)를 정답으로 선택한다.

어휘　**学期** xuéqī 圏학기　**结束** jiéshù 圏끝나다　**各位** gè wèi 여러분　**同时** tóngshí 圏동시(에)　**提前** tíqián 圏미리 ~하다
计划 jìhuà 圏계획하다　**假期** jiàqī 圏방학 기간, 휴가 기간　**地方** dìfang 圏장소, 곳　**或者** huòzhě 圏혹은, 또는
认真 rènzhēn 圏열심히 하다, 성실하다　**听讲** tīngjiǎng 圏강의를 듣다　**取得** qǔdé 圏얻다　**成绩** chéngjì 圏성적

2

人们习惯在饭后马上吃些水果，实际上这样并不好，吃水果的正确时间应该是吃饭前一小时，当然也可以在饭后两小时吃水果。

사람들은 식후에 바로 과일을 먹는 것에 익숙한데, 사실 이렇게 하는 것은 결코 좋지 않다. 과일을 먹는 올바른 시간은 식사 한 시간 전이며, 물론 식사 두 시간 후 과일을 먹어도 된다.

> ★ 吃水果的正确时间是：
>
> A 饭前两小时　　**B 饭前一小时**
>
> C 饭后一小时　　D 吃饭后马上

> ★ 과일을 먹는 올바른 시간은：
>
> A 식사 두 시간 전　　**B 식사 한 시간 전**
>
> C 식사 한 시간 후　　D 밥을 먹은 후 바로

해설 질문의 吃水果的正确时间(과일을 먹는 올바른 시간)과 관련된 내용을 지문에서 파악한다. 지문에서 吃水果的正确时间应该是吃饭前一小时(과일을 먹는 올바른 시간은 식사 한 시간 전이다)이라고 했으므로, B 饭前一小时(식사 한 시간 전)을 정답으로 선택한다.

D 吃饭后马上(밥을 먹은 후 바로)은 지문에서 人们习惯在饭后马上吃些水果(사람들은 식후에 바로 과일을 먹는 것에 익숙하다)라고 했지 '밥을 먹은 후 바로 과일을 먹어야 한다'라고 하지 않았으므로 오답이다.

어휘 习惯 xíguàn 동 익숙해지다, 습관이 되다　饭后 fàn hòu 식후　马上 mǎshàng 부 바로, 곧　实际上 shíjìshang 부 사실(상)
并 bìng 부 결코　正确 zhèngquè 형 올바르다, 정확하다　当然 dāngrán 부 물론, 당연히

3

梅兰芳先生是中国著名的京剧表演艺术家。他的艺术表演水平极高，演过很多小说里出现过的女性，因此受到了京剧爱好者的喜爱。

메이란팡 선생은 중국의 유명한 경극 공연 예술가이다. 그의 예술 연기는 수준이 아주 높은데, 소설에 나온 많은 여성 역할을 연기했으며, 이로 인해 경극 애호가들에게 사랑을 받았다.

> ★ 梅兰芳先生：
>
> **A 表演京剧**　　B 是个女的
>
> C 歌声很美　　D 受女性的欢迎

> ★ 메이란팡 선생은：
>
> **A 경극을 공연한다**　　B 여성이다
>
> C 노랫소리가 아름답다　　D 여성에게 환영 받는다

해설 질문의 梅兰芳先生(메이란팡 선생)과 관련된 세부 특징을 지문에서 찾아 각 선택지와 대조한다. 지문에서 梅兰芳先生是中国著名的京剧表演艺术家。(메이란팡 선생은 중국의 유명한 경극 공연 예술가이다.)라고 했으므로, A 表演京剧(경극을 공연한다)를 정답으로 선택한다.

B 是个女的(여성이다)는 지문에서 演过很多小说里出现过的女性(소설에 나온 많은 여성 역할을 연기했다)이라고 했지 '그는 여성이다'라고 하지 않았으므로 오답이다.

D 受女性的欢迎(여성에게 환영 받는다)은 지문에서 受到了京剧爱好者的喜爱(경극 애호가들에게 사랑을 받았다)라고 했지 '그는 여성에게 환영 받았다'라고 하지 않았으므로 오답이다.

어휘 梅兰芳 Méilánfāng 고유 메이란팡(중국의 경극 배우)　著名 zhùmíng 형 유명하다　京剧 jīngjù 명 경극　表演 biǎoyǎn 동 공연하다
艺术家 yìshùjiā 명 예술가　水平 shuǐpíng 명 수준　极 jí 부 아주, 몹시　演 yǎn 동 연기하다, 공연하다　女性 nǚxìng 명 여성, 여자
因此 yīncǐ 접 이 때문에　受到 shòudào 동 받다　爱好者 àihàozhě 애호가　喜爱 xǐ'ài 동 사랑하다, 좋아하다
歌声 gēshēng 명 노랫소리

4

这是一本旅游杂志，主要介绍了各个地方的旅游信息，包括景点、气候、交通、宾馆和餐厅，还有一些旅行建议，比如一日游、自助游等，值得一看。

이것은 여행 잡지인데, 주로 명소, 기후, 교통, 호텔과 식당을 포함한 각 지역의 여행 정보를 소개하고 있다. 그리고 몇몇 여행 제안도 있는데, 당일치기 여행, 자유 여행 등이 그 예이고, 한번 볼 만한 가치가 있다.

> ★ 这本杂志中没有介绍：
>
> A 气候　　**B 商场**
>
> C 景点　　D 交通

> ★ 이 잡지에서 소개하지 않은 것은：
>
> A 기후　　**B 백화점**
>
> C 명소　　D 교통

해설 질문에 没有가 있으므로, 杂志(잡지)과 관련하여 지문에서 언급된 것은 오답으로 제거하고, 언급되지 않은 것을 정답으로 선택한다. 지문에서 杂志，主要介绍了各个地方的旅游信息，包括景点、气候、交通、宾馆和餐厅(잡지는 주로 명소, 기후, 교통, 호텔과 식당을 포함한 각 지역의 여행 정보를 소개하고 있다)이라고 했으므로、언급되지 않은 B 商场(백화점)을 정답으로 선택한다.

어휘 **旅游** lǚyóu 圖여행하다 **杂志** zázhì 圖잡지 **主要** zhǔyào 圖주요하다 **介绍** jièshào 圖소개하다 **地方** dìfang 圖지역, 곳
　　信息 xìnxī 圖정보 **包括** bāokuò 圖포함하다 **景点** jǐngdiǎn 圖명소 **气候** qìhòu 圖기후 **交通** jiāotōng 圖교통
　　餐厅 cāntīng 圖식당 **旅行** lǚxíng 圖여행하다 **建议** jiànyì 圖제안, 건의 **比如** bǐrú 圖~가 예다, 예를 들면 ~이다
　　一日游 yí rì yóu 당일치기 여행 **自助游** zì zhù yóu 자유 여행 **等** děng 圖등 **值得** zhídé 圖~할 만한 가치가 있다

1 B　**2** C　**3** B　**4** A

1

这种植物叶子不大，花非常香，有红色、白色、黄色等多种颜色，而且其中红色的花朵常常被人们用来代表爱情。

이 식물은 잎이 크지 않고, 꽃이 매우 향기로우며, 빨간색, 흰색, 노란색 등 여러 가지의 색깔이 있다. 그중 빨간색 꽃은 사람들이 사랑을 나타내는 데 자주 쓰인다.

★ 这种植物有什么特点？

A 叶子大　　　**B 花很香**
C 能代表友谊　D 花有三种颜色

★ 이 식물은 어떤 특징이 있는가？

A 잎이 크다　　　**B 꽃이 향기롭다**
C 우정을 나타낼 수 있다　D 꽃은 세 가지 색깔이 있다

해설　질문의 **这种植物**(이 식물)를 지문에서 찾아 주변 내용을 주의 깊게 읽는다. 지문에서 **这种植物……花非常香**(이 식물은……꽃이 매우 향기롭다)이라고 했으므로 B 花很香(꽃이 향기롭다)을 정답으로 선택한다.
　　　A 叶子大(잎이 크다)는 지문에서 叶子不大(잎이 크지 않다)라고 했으므로 오답이다.
　　　D 花有三种颜色(꽃은 세 가지 색깔이 있다)는 지문에서 有红色、白色、黄色等颜色(빨간색, 흰색, 노란색 등의 색깔이 있다)라고 했지 '꽃은 세 가지 색깔이 있다'라고 하지 않았으므로 오답이다.

어휘　**种** zhǒng 圖종류, 부류　**植物** zhíwù 圖식물　**叶子** yèzi 圖잎　**香** xiāng 圖향기롭다　**等** děng 圖등　**花朵** huāduǒ 圖꽃
　　　代表 dàibiǎo 圖나타내다, 대표하다 圖대표　**特点** tèdiǎn 圖특징, 특색　**友谊** yǒuyì 圖우정

2

爷爷说通过一个人的字，可以看出他的性格。比如字写得大的人，喜欢引起别人的注意，也比较积极热情；而字写得小的人，说话做事时比较小心。

할아버지는 한 사람의 글씨를 통해, 그 사람의 성격을 알 수 있다고 말씀하셨다. 글씨를 크게 쓰는 사람은 다른 사람의 주의를 끄는 것을 좋아하고, 비교적 적극적이고 열정적인 것이 그 예다. 그러나 글씨를 작게 쓰는 사람은, 말을 할 때나, 일을 할 때 비교적 신중하다.

★ 爷爷认为字写得大的人怎么样？

A 诚实　　　B 活泼
C 积极　　　D 马虎

★ 할아버지는 글씨를 크게 쓰는 사람이 어떻다고 생각하는가？

A 성실하다　　　B 활발하다
C 적극적이다　　D 부주의하다

해설　질문의 **字写得大的人**(글씨를 크게 쓰는 사람)을 지문에서 찾아 주변 내용을 주의 깊게 읽는다. 지문에서 **字写得大的人……积极**(글씨를 크게 쓰는 사람은……적극적이다)라고 했으므로 C 积极(적극적이다)를 정답으로 선택한다.

어휘　**爷爷** yéye 圖할아버지　**通过** tōngguò 圖~를 통해　**看出** kànchu 알아내다, 알아차리다　**性格** xìnggé 圖성격
　　　引起 yǐnqǐ 圖(주의를) 끌다, 일으키다　**别人** biérén 圖다른 사람, 타인　**注意** zhùyì 圖주의하다, 조심하다
　　　积极 jījí 圖적극적이다, 긍정적이다　**热情** rèqíng 圖열정적이다, 친절하다　**而** ér 圖그러나, ~지만
　　　小心 xiǎoxīn 圖신중하다, 조심스럽다　**诚实** chéngshí 圖성실하다　**活泼** huópō 圖활발하다　**马虎** mǎhu 圖부주의하다, 소홀하다

研究发现，³越是努力工作的人，越容易发胖。因为工作时间长的话，运动时间就会减少。另外，下班后经常聚餐，也会带来肥胖问题。⁴研究者建议上班的人多运动，多喝水，少喝饮料，只有这样才不容易发胖。

연구를 통해, ³열심히 일하는 사람일수록, 쉽게 살이 찐다는 것을 발견했다. ³일하는 시간이 길면, 운동하는 시간이 감소하기 때문이다. 이 외에도, 퇴근 후 자주 회식을 하는 것도 비만 문제를 초래할 수 있다. ⁴연구자는 출근하는 사람에게 운동을 많이 하고, 물을 많이 마시고, 음료를 적게 마시라고 ⁴제안한다. 이렇게 해야만 쉽게 살이 찌지 않는다.

어휘 研究 yánjiū 통연구하다 发现 fāxiàn 통발견하다 越……越…… yuè……yuè…… ~할수록 ~하다 努力 nǔlì 혱열심히 하다
容易 róngyì 쉽다 发胖 fāpàng 통살찌다, 뚱뚱해지다 减少 jiǎnshǎo 통감소하다 聚餐 jùcān 통회식하다
带来 dàilai 초래하다 肥胖 féipàng 비만하다, 뚱뚱하다 建议 jiànyì 통제안하다 饮料 yǐnliào 몡음료

---

3 ★ 为什么努力工作的人更容易发胖？

　　A 吃得多　　　　**B 运动少**

　　C 常喝饮料　　　D 总是加班

★ 왜 열심히 일하는 사람이 더 쉽게 살이 찌는가?

　　A 많이 먹는다　　　**B 운동을 적게 한다**

　　C 음료를 자주 마신다　　D 항상 야근한다

해설 질문의 努力工作的人更容易发胖(열심히 일하는 사람이 더 쉽게 살이 찐다)을 지문에서 찾아 주변 내용을 주의 깊게 읽는다. 지문에서 越是努力工作的人, 越容易发胖。因为工作时间长的话, 运动时间就会减少。(열심히 일하는 사람일수록, 쉽게 살이 찐다. 일하는 시간이 길면, 운동하는 시간이 감소하기 때문이다.)라고 했으므로, B 运动少(운동을 적게 한다)를 정답으로 선택한다.
C 常喝饮料(음료를 자주 마신다)는 지문에서 少喝饮料(음료를 적게 마신다)라고 했으므로 오답이다.

어휘 总是 zǒngshì 면항상, 늘 加班 jiābān 통야근하다, 초과 근무를 하다

---

4 ★ 研究者建议上班的人做什么？

　　A 多锻炼　　　　B 站着办公

　　C 喝运动饮料　　　D 自己准备午饭

★ 연구자는 출근하는 사람에게 무엇을 하라고 제안하는가?

　　A 몸을 많이 단련한다　　B 서서 근무한다

　　C 스포츠 음료를 마신다　　D 스스로 점심을 준비한다

해설 질문의 研究者建议上班的人做(연구자는 출근하는 사람에게 ~하라고 제안한다)를 지문에서 찾아 주변 내용을 주의 깊게 읽는다. 지문에서 研究者建议上班的人多运动(연구자는 출근하는 사람에게 운동을 많이 하라고 제안한다)이라고 했으므로, A 多锻炼(몸을 많이 단련한다)을 정답으로 선택한다.

＊ 바꾸어 표현 多运动 운동을 많이 하다 → 多锻炼 몸을 많이 단련하다

어휘 锻炼 duànliàn 통단련하다 站 zhàn 통서다, 일어서다 办公 bàngōng 통근무하다, 업무를 처리하다 自己 zìjǐ 때스스로

합격비책 03 | 중심 내용을 묻는 문제 공략하기　p.143

따라 읽으며 학습하기 ▶

1 B　2 C　3 D　4 B

1

习惯往往决定一个人的成败，这是因为人们每天做的大部分事情都与习惯有关。好习惯可以说是一种积极的态度，它可以让人走得更好更快，离成功更近。养成一个好习惯并不容易，改掉坏习惯就更难了。要想改掉身上的坏习惯，就得付出比别人更多的努力，并坚持下去。

★ 这段话主要告诉我们：

　A　要快速成功

　B　习惯很重要

　C　得有积极的态度

　D　坏习惯不好养成

습관은 종종 한 사람의 성공과 실패를 결정한다. 이것은 사람들이 매일 하는 대부분의 일이 습관과 관계가 있기 때문이다. 좋은 습관은 일종의 적극적인 태도라고 말할 수 있고, 그것은 사람이 더욱 빠르게 잘 나아갈 수 있게 하고, 성공에 더 가까워지게 한다. 좋은 습관을 기르는 것은 결코 쉽지 않지만, 나쁜 습관을 고치는 것은 더 어렵다. 자신의 나쁜 습관을 고치고 싶다면, 다른 사람보다 더 많은 노력을 들여야 하며, 또한 꾸준히 해야 한다.

★ 이 지문에서 우리에게 주로 말하고자 하는 것은:

　A　빠르게 성공해야 한다

　B　습관은 중요하다

　C　적극적인 태도가 있어야 한다

　D　나쁜 습관은 기르기 어렵다

해설　질문이 지문의 중심 내용을 묻고 있으므로, 지문의 초반 또는 후반을 주의 깊게 읽는다. 지문의 초반에서 习惯往往决定一个人的成败(습관은 종종 한 사람의 성공과 실패를 결정한다)라고 했으므로, 습관이 중요하다는 것을 알 수 있다. 따라서 B 习惯很重要(습관은 중요하다)를 정답으로 선택한다.

어휘　习惯 xíguàn 몡습관　往往 wǎngwǎng 冖종종, 자주　决定 juédìng 동결정하다　成败 chéngbài 몡성공과 실패　大部分 dàbùfen 대부분　与 yǔ 冖~와/과　种 zhǒng 명종류　积极 jījí 휑적극적이다　态度 tàidu 몡태도　成功 chénggōng 동성공하다　养成 yǎngchéng 동기르다　容易 róngyì 휑쉽다　改掉 gǎidiào 고치다　坏 huài 휑나쁘다　难 nán 휑어렵다　得 děi 조동~해야 한다　付出 fùchū 들이다, 지불하다　努力 nǔlì 동노력하다　快速 kuàisù 휑(속도가) 빠른　重要 zhòngyào 휑중요하다

2

研究证明，人经常使用的牙有28个，可是随着年龄的增加，牙数量的减少可能会引起一些问题。因此，"8020计划"建议，为了健康，平时要好好保护牙，这样做可以把20个牙保持到80岁。

★ 这段话在谈什么？

　A　如何刷牙

　B　人的年龄

　C　要保护好牙

　D　人要坚持锻炼

연구에서 사람이 자주 사용하는 치아가 28개 있는데, 나이가 많아짐에 따라, 치아의 개수가 감소하는 것이 여러 문제들을 야기할 수 있다는 것이 증명되었다. 그래서 '8020 계획'은 건강을 위해 평소에 치아를 잘 보호해야 한다는 것을 제안하며, 이렇게 하면 20개의 치아를 80세까지 유지할 수 있다.

★ 이 지문에서 말하고 있는 것은 무엇인가?

　A　어떻게 양치를 하는가

　B　사람의 나이

　C　치아를 잘 보호해야 한다

　D　사람은 꾸준히 단련해야 한다

해설　질문이 지문의 중심 내용을 묻고 있으므로, 지문의 초반 또는 후반을 주의 깊게 읽는다. 지문에서 牙数量的减少可能会引起一些问题……平时要好好保护牙(치아의 개수가 감소하는 것이 여러 문제들을 야기할 수 있다 …… 평소에 치아를 잘 보호해야 한다)라고 했으므로 치아를 잘 보호해야 한다는 것을 알 수 있다. 따라서 C 要保护好牙(치아를 잘 보호해야 한다)를 정답으로 선택한다.

어휘　研究 yánjiū 동연구하다　证明 zhèngmíng 동증명하다　使用 shǐyòng 동사용하다　牙 yá 몡치아, 이　随着 suízhe 冖~에 따라서　年龄 niánlíng 몡나이, 연령　增加 zēngjiā 동늘다, 증가하다　数量 shùliàng 몡개수, 수량　减少 jiǎnshǎo 동감소하다　引起 yǐnqǐ 야기하다　因此 yīncǐ 쩹그래서　计划 jìhuà 몡계획　建议 jiànyì 동제안하다　为了 wèile 冖~을 위해　健康 jiànkāng 휑건강하다　平时 píngshí 몡평소, 평상시　保护 bǎohù 동보호하다　保持 bǎochí 동유지하다, 지키다　如何 rúhé 떼어떻다, 어떠하다　刷牙 shuāyá 동양치질하다

很多人都羡慕教授，认为教授不仅收入高，还很自由，然而⁴他们并没有看到教授这一职业的辛苦。³其实当教授不是件<u>轻松</u>的事。教授除了给学生上课，教育学生之外，还必须要对自己的专业有深入的了解，坚持研究工作。因此，³/⁴在大多数情况下，他们都有很大的压力。	많은 사람들이 교수를 부러워하는데, 교수는 수입이 높을 뿐만 아니라, 자유로울 것이라고 생각한다. 그러나 ⁴그들은 교수라는 직업의 고생을 결코 보지 못했다. ³사실 교수가 되는 것은 **쉬운** 일이 아니다. 교수는 학생에게 수업을 하고, 교육을 하는 것 이외에, 자신의 전공에 대한 깊이 있는 이해도 반드시 필요하며, 꾸준히 연구 작업도 해야 한다. 그래서 ³/⁴대부분의 상황에서 그들은 큰 스트레스가 있다.

어휘 **羡慕** xiànmù 통 부러워하다 **教授** jiàoshòu 명 교수 **不仅……还……** bùjǐn……hái…… ~뿐만 아니라, ~도
收入 shōurù 명 수입, 소득 **自由** zìyóu 형 자유롭다 **然而** rán'ér 접 그러나, 하지만 **职业** zhíyè 명 직업
辛苦 xīnkǔ 형 고생스럽다, 수고스럽다 **当** dāng 통 되다, 담당하다 **轻松** qīngsōng 형 쉽다, 편안하다 **教育** jiàoyù 통 교육하다
必须 bìxū 부 반드시 **专业** zhuānyè 명 전공 **深入** shēnrù 형 깊이 있다 **了解** liǎojiě 통 이해하다, 알다 **坚持** jiānchí 통 꾸준히 하다
研究 yánjiū 통 연구하다 **因此** yīncǐ 접 그래서 **大多数** dàduōshù 명 대다수 **情况** qíngkuàng 명 상황 **压力** yālì 명 스트레스, 부담

3

★ 这段话中的"轻松"指的是： | ★ 이 지문에서 '쉽다'가 가리키는 것은：

A 不重 　　　　B 不高
C 很年轻 　　　D 没有压力

A 무겁지 않다 　　　B 높지 않다
C 젊다 　　　　　　　**D 스트레스가 없다**

해설 질문의 轻松(쉽다)을 지문에서 찾아 주변 내용을 주의 깊게 읽는다. 지문에서 其实当教授不是件轻松的事.(사실 교수가 되는 것은 쉬운 일이 아니다.), 在大多数情况下, 他们都有很大的压力(대부분의 상황에서 그들은 큰 스트레스가 있다)라고 했다. 즉, 교수가 되는 것이 쉽지 않다는 것은 스트레스가 많기 때문이라는 말이므로, '쉽다'라는 말은 '스트레스가 없다'라는 말임을 알 수 있다. 따라서 D 没有压力(스트레스가 없다)를 정답으로 선택한다.

어휘 **指** zhǐ 통 (손으로) 가리키다 **重** zhòng 형 무겁다 **年轻** niánqīng 형 젊다, 어리다 **压力** yālì 명 스트레스, 부담

4

★ 这段话主要谈： | ★ 이 지문에서 주로 말하고 있는 것은：

A 教育的好处 　　**B 教授的辛苦**
C 怎么选择专业 　D 高收入的标准

A 교육의 장점 　　　**B 교수의 고생**
C 어떻게 전공을 선택하는가 D 고소득의 기준

해설 질문이 지문의 중심 내용을 묻고 있으므로, 지문의 초반 또는 후반을 주의 깊게 읽는다. 지문에서 他们并没有看到教授这一职业的辛苦(그들은 교수라는 직업의 고생을 결코 보지 못했다), 在大多数情况下, 他们都有很大的压力(대부분의 상황에서 그들은 큰 스트레스가 있다)라고 했으므로, 이를 통해 알 수 있는 B 教授的辛苦(교수의 고생)를 정답으로 선택한다.

어휘 **好处** hǎochu 명 장점 **选择** xuǎnzé 통 선택하다 **标准** biāozhǔn 명 기준, 표준

제3부분　실전테스트　p.144

따라 읽으며 학습하기 ▶

1 A	2 B	3 B	4 B	5 C	6 C	7 B	8 D	9 D	10 C
11 B	12 D	13 D	14 C	15 A	16 C	17 D	18 D	19 D	20 C

1

每年的3月12日是中国的植树节。植树节的目的就是通过植树活动，让人们认识到环保的重要性，并且让更多的人参加进来，保护我们共同的家园。

매년 3월 12일은 중국의 식목일이다. 식목일의 목적은 바로 나무를 심는 활동을 통해, 사람들이 환경 보호의 중요성을 이해하게 하고, 더 많은 사람들이 참여하게 하여, 우리 공동의 터전을 보호하는 것이다.

★ 植树节是为了让人们：

　A 保护大自然

　B 多看绿色植物

　C 有共同的爱好

　D 熟悉法律知识

★ 식목일은 사람들이 무엇을 하게 하기 위함인가：

　A 대자연을 보호한다

　B 녹색식물을 많이 본다

　C 공통된 취미가 있다

　D 법률 지식을 잘 안다

해설　질문의 植树节是为了让人们(식목일은 사람들이 무엇을 하게 하기 위함인가)과 관련된 내용을 지문에서 파악한다. 지문에서 植树节的目的……让人们认识到环保的重要性……保护我们共同的家园(식목일의 목적은……사람들이 환경 보호의 중요성을 이해하게 하고……우리 공동의 터전을 보호하는 것이다)이라고 했으므로, A 保护大自然(대자연을 보호한다)을 정답으로 선택한다.

어휘　植树节 Zhíshùjié 고유식목일　目的 mùdì 몡목적　通过 tōngguò 게~를 통해　植树 zhíshù 통나무를 심다
　　　活动 huódòng 몡활동, 행사　环保 huánbǎo 몡'환경 보호'의 준말　重要性 zhòngyào xìng 중요성
　　　并且 bìngqiě 젭그리고, 게다가　参加 cānjiā 통참여하다　保护 bǎohù 통보호하다　共同 gòngtóng 몡공동의, 공통의
　　　家园 jiāyuán 몡터전, 정원　为了 wèile 게~을 하기 위하여　大自然 dàzìrán 몡대자연　植物 zhíwù 몡식물
　　　爱好 àihào 몡취미　熟悉 shúxi 통잘 알다, 익숙하다　法律 fǎlǜ 몡법률　知识 zhīshi 몡지식

2

小张通过自己的努力，成为了公司的总经理，但每次因为工作忙而不能陪家人时，心里都特别难受。他认为这些都是钱换不来的。

샤오장은 자신의 노력으로 회사의 최고 경영자가 되었다. 그러나 일이 바빠서 가족과 함께하지 못할 때마다, 마음이 아주 슬프다. 그는 이런 것들은 돈으로 바꿀 수 없다고 생각한다.

★ 这段话中，"这些"指的是什么？

　A 朋友们的羡慕

　B 陪家人的时间

　C 自己的房和车

　D 总经理这份工作

★ 지문에서 '이런 것들'은 무엇을 가리키는가？

　A 친구들의 부러움

　B 가족들과 함께하는 시간

　C 자신의 집과 차

　D 최고 경영자라는 직업

해설　질문의 这些(이런 것들)를 지문에서 찾아 주변 내용을 주의 깊게 읽는다. 지문의 这些는 앞 문장의 내용인 但每次因为工作忙而不能陪家人时，心里都特别难受(그러나 일이 바빠서 가족과 함께하지 못할 때마다, 마음이 아주 슬프다)이다. 즉, 가족과 함께하는 것을 돈으로 바꿀 수 없다는 말이므로, '이런 것들'은 가족들과 함께하는 시간이라는 것을 알 수 있다. 따라서 B 陪家人的时间(가족들과 함께하는 시간)을 정답으로 선택한다.

어휘　通过 tōngguò 게~으로　努力 nǔlì 통노력하다　成为 chéngwéi 통~이 되다　总经理 zǒngjīnglǐ 몡최고 경영자, 사장
　　　而 ér 젭~해서　陪 péi 통함께하다　难受 nánshòu 통슬프다, 괴롭다　换 huàn 통바꾸다, 교환하다　指 zhǐ 통가리키다
　　　羡慕 xiànmù 통부러워하다

3

"二手烟"严重影响周围人的身体健康，其中对儿童的影响最大。因此医生建议大家远离二手烟，在餐厅吃饭时，最好选择禁烟区。

'간접흡연'은 주위 사람의 신체 건강에 심각한 영향을 끼치는데, 그중 아동에게 끼치는 영향이 가장 크다. 이 때문에 의사는 여러분에게 간접흡연을 멀리하라고 제안하는데, 식당에서 밥을 먹을 때는 금연 구역을 선택하는 것이 가장 좋다.

★ "二手烟"对谁影响最大?	★ '간접흡연'은 누구에게 끼치는 영향이 가장 큰가?
A 邻居　　　　　B 孩子	A 이웃　　　　　**B 아이**
C 吸烟者　　　　D 老年人	C 흡연자　　　　D 노인

해설　질문의 "二手烟"('간접흡연'), 影响最大(끼치는 영향이 가장 크다)를 지문에서 찾아 주변 내용을 주의 깊게 읽는다. 지문에서 "二手烟"……对儿童的影响最大('간접흡연'은……아동에게 끼치는 영향이 가장 크다)라고 했으므로, B 孩子(아이)를 정답으로 선택한다.

＊ 바꾸어 표현 　儿童 아동 → 孩子 아이

어휘　二手烟 èrshǒuyān 간접흡연　严重 yánzhòng 휑심각하다　影响 yǐngxiǎng 휑영향을 끼치다 명영향
　　　周围 zhōuwéi 명주위, 주변　健康 jiànkāng 휑건강하다　其中 qízhōng 몡그중, 그 안에　儿童 értóng 명아동, 어린이
　　　因此 yīncǐ 젭이 때문에　建议 jiànyì 통제안하다　远离 yuǎnlí 통멀리하다　最好 zuìhǎo 튐~하는 게 제일 좋다
　　　选择 xuǎnzé 통선택하다　禁烟区 jìnyān qū 금연 구역　邻居 línjū 몡이웃　吸烟 xīyān 담배를 피우다

4

以前老李拿到了300元奖金。为了不让妻子知道，他把钱放进一个盒子里。但他还是很担心，于是在盒子上写了"这里没有300元"。	예전에 라오리는 보너스로 300위안을 받았다. 아내가 알지 못하게 하기 위해, 그는 돈을 상자에 넣었다. 그러나 그는 여전히 걱정스러웠다. 그래서 상자 위에 '이곳에는 300위안이 없다'라고 썼다.
★ 根据这段话可以知道:	★ 지문에 근거하여 알 수 있는 것은:
A 他没有钱	A 그는 돈이 없다
B 他得到了奖金	**B 그는 보너스를 얻었다**
C 他不想骗妻子	C 그는 아내를 속이고 싶지 않다
D 盒子里面没有钱	D 상자에는 돈이 없다

해설　질문이 지문의 중심 내용을 묻고 있으므로, 지문의 초반 또는 후반을 주의 깊게 읽는다. 지문의 초반에서 以前老李拿到了
　　　300元奖金。(예전에 라오리는 보너스로 300위안을 받았다.)이라고 했으므로, B 他得到了奖金(그는 보너스를 얻었다)을 정답으로
　　　선택한다.
　　　＊ 바꾸어 표현 　拿到了奖金 보너스를 받았다 → 得到了奖金 보너스를 얻었다
　　　D 盒子里面没有钱(상자에는 돈이 없다)은 지문에서 他把钱放进一个盒子里(그는 돈을 상자에 넣었다)라고 했지 '상자에는 돈
　　　이 없다'라고 하지 않았으므로 오답이다.

어휘　以前 yǐqián 명예전, 이전　元 yuán 몡위안[중국의 화폐 단위]　奖金 jiǎngjīn 명보너스, 상금　为了 wèile 젠~을 위해
　　　盒子 hézi 명상자　还是 háishi 튐여전히, 아직도　担心 dānxīn 통걱정하다　于是 yúshì 젭그래서, 이리하여　骗 piàn 통속이다

5

妹妹终于考上了理想的大学，我非常高兴。我希望她能学好专业知识，同时积极参加各种活动，度过丰富多彩的大学生活。	여동생이 바라던 대학교에 마침내 합격을 해서, 나는 정말 기쁘다. 나는 그녀가 전공 지식을 잘 배우고, 동시에 여러 행사에 적극적으로 참가해서, 풍부하고 다채로운 대학 생활을 보낼 수 있길 바란다.
★ 妹妹:	★ 여동생은:
A 回国了　　　　B 结婚了	A 귀국했다　　　　B 결혼했다
C 考上了大学　D 成为了律师	**C 대학교에 합격했다**　D 변호사가 되었다

해설　질문의 妹妹(여동생)와 관련된 세부 특징을 지문에서 찾아 각 선택지와 대조한다. 지문에서 妹妹终于考上了理想的大学(여
동생이 바라던 대학교에 마침내 합격을 했다)라고 했으므로, C 考上了大学(대학교에 합격했다)를 정답으로 선택한다.

어휘 　终于 zhōngyú 图마침내, 결국　　考上 kǎoshang (대학교에) 합격하다　　理想 lǐxiǎng 图바라던 바다, 이상적이다

　　　专业 zhuānyè 전공　　知识 zhīshi 图지식　　同时 tóngshí 图동시　　积极 jījí 图적극적이다, 긍정적이다

　　　各种 gè zhǒng 여러, 각종　　活动 huódòng 图행사, 활동　　度过 dùguò 图(시간을) 보내다

　　　丰富多彩 fēngfù duōcǎi 풍부하고 다채롭다　　结婚 jiéhūn 图결혼하다　　成为 chéngwéi 图~이 되다　　律师 lǜshī 图변호사

6

现在很多广告跟以前大不一样了，无论是演员的表演，还是广告的内容，都有了很大的变化。

요즘 많은 광고들은 예전과 크게 달라졌다. 배우의 연기라든지, 아니면 광고의 내용이라든지, 모든 것에 많은 변화가 생겼다.

　★ 现在的广告：

　　A 变得更无聊了

　　B 演员演得不好

　　C 跟以前不一样

　　D 内容没有变化

　★ 요즘 광고는:

　　A 더 지루해졌다

　　B 배우가 연기를 못한다

　　C 예전과 다르다

　　D 내용에 변화가 없다

해설 　질문의 现在的广告(요즘 광고)와 관련된 세부 특징을 지문에서 찾아 각 선택지와 대조한다. 지문에서 现在很多广告跟以前大不一样了(요즘 많은 광고들은 예전과 크게 달라졌다)라고 했으므로, C 跟以前不一样(예전과 다르다)을 정답으로 선택한다. B 演员演得不好(배우가 연기를 못한다)는 지문에서 演员的表演……有了很大的变化(배우의 연기……많은 변화가 생겼다)라고 했지 '배우가 연기를 못한다'라고 하지 않았으므로 오답이다.

어휘 　广告 guǎnggào 图광고　　以前 yǐqián 图예전, 이전　　无论……还…… wúlùn……hái…… ~라든지, ~에 관계없이

　　　演员 yǎnyuán 图배우, 연기자　　表演 biǎoyǎn 图연기하다, 공연하다　　还是 háishi 图아니면, 또는　　内容 nèiróng 图내용

　　　变化 biànhuà 图변화　图변화하다　　更 gèng 图더, 더욱　　无聊 wúliáo 图지루하다, 심심하다　　演 yǎn 图연기하다, 공연하다

7

跟别人谈谈最近的天气、交通，都没问题，但应注意礼貌，一般不要谈家里人生病等不愉快的事，也不要问年龄、收入和是否已婚等。

다른 사람과 최근의 날씨, 교통에 대해 이야기하는 것은 문제가 없다. 하지만 예의에 주의해야 하고, 보통 가족이 병이 났다는 등의 즐겁지 않은 일을 이야기해서는 안 되며, 나이, 수입 그리고 이미 결혼했는지 아닌지 등을 물어봐서도 안 된다.

　★ 根据这段话，跟别人可以谈什么？

　　A 男的收入　　　**B 最近天气**

　　C 女的年龄　　　D 伤心的事

　★ 지문에 근거하여 다른 사람과 이야기할 수 있는 것은 무엇인가?

　　A 남자의 수입　　　**B 최근 날씨**

　　C 여자의 나이　　　D 슬픈 일

해설 　질문의 跟别人可以谈(다른 사람과 이야기할 수 있는 것)을 지문에서 찾아 주변 내용을 주의 깊게 읽는다. 지문에서 跟别人谈谈最近的天气、交通，都没问题(다른 사람과 최근의 날씨, 교통에 대해 이야기하는 것은 문제가 없다)라고 했으므로, B 最近天气(최근 날씨)를 정답으로 선택한다.

어휘 　谈 tán 图이야기하다　　最近 zuìjìn 图최근　　交通 jiāotōng 图교통　　应 yīng 图~해야 한다　　注意 zhùyì 图주의하다

　　　礼貌 lǐmào 图예의　　愉快 yúkuài 图즐겁다, 유쾌하다　　年龄 niánlíng 图나이　　收入 shōurù 图수입

　　　是否 shìfǒu 图~인지 아닌지　　已婚 yǐhūn 이미 결혼했다, 기혼이다

8

商场打折的时候，王先生买了一台打印机。它样子很好看，打印效果也很棒，但不到两天就坏了。所以大家都怀疑王先生被骗了。

쇼핑몰에서 할인할 때, 왕 선생님은 프린터 한 대를 샀다. 그것은 모양이 예쁘고, 출력 효과도 좋았지만, 이틀이 채 안 되어서 고장이 났다. 그래서 모두들 왕 선생님이 속았다고 짐작한다.

★ 关于那台打印机，下面哪项不正确？	★ 그 프린터에 관해, 다음 중 옳지 않은 것은?
A 有打折活动	A 할인 행사를 한다
B 是王先生买的	B 왕 선생님이 샀다
C 样子非常好看	C 모양이 매우 예쁘다
D 没出任何问题	**D 어떠한 문제도 생기지 않았다**

해설 질문에 不正确가 있으므로, 那台打印机(그 프린터)와 관련하여 옳은 것은 오답으로 제거하고, 옳지 않은 것을 정답으로 선택한다. 지문에서 打折的时候, 王先生买了一台打印机。它样子很好看(할인할 때, 왕 선생님은 프린터 한 대를 샀다. 그것은 모양이 예쁘다)이라고 했으므로, 언급되지 않은 D 没出任何问题(어떠한 문제도 생기지 않았다)를 정답으로 선택한다.

어휘 **商场** shāngchǎng 圈쇼핑몰, 백화점 **打折** dǎzhé 图할인하다 **台** tái 圈대[기계·설비 등을 세는 단위] **打印机** dǎyìnjī 圈프린터
样子 yàngzi 圈모양, 모습 **打印** dǎyìn 图출력하다, 인쇄하다 **效果** xiàoguǒ 圈효과 **棒** bàng 圈좋다, 높다
坏 huài 图고장 나다 **怀疑** huáiyí 图짐작하다, 의심하다 **骗** piàn 图속이다 **任何** rènhé 때어떠한, 무슨

9
读博士并不是一件轻松的事情。首先，要学好专业知识，阅读和专业有关的各种书；其次，要有研究能力和写文章的能力，所以应该要坚持学习，积累知识，提高能力。	박사 과정을 밟는 것은 결코 쉬운 일이 아니다. 먼저, 전공 지식을 마스터해야 하며, 전공과 관련 있는 각종 책을 읽어야 한다. 그다음, 연구 능력과 글 쓰는 능력이 있어야 한다. 그래서 꾸준히 공부를 해야 하며, 지식을 쌓아야 하고, 능력을 향상시켜야 한다.
★ 根据这段话，读博士：	★ 이 단문에 근거하여, 박사 과정을 밟는 것은:
A 与专业无关	A 전공과 무관하다
B 要有经济能力	B 경제력이 있어야 한다
C 至少需要五年时间	C 적어도 5년의 시간이 걸린다
D 需要提高研究能力	**D 연구 능력을 향상시켜야 한다**

해설 질문의 读博士(박사 과정을 밟는 것)와 관련된 내용을 지문에서 파악한다. 지문에서 读博士……要有研究能力……提高能力(박사 과정을 밟는 것은……연구 능력이 있어야 한다……능력을 향상시켜야 한다)라고 했으므로, D 需要提高研究能力(연구 능력을 향상시켜야 한다)를 정답으로 선택한다.
A 与专业无关(전공과 무관하다)은 지문에서 阅读和专业有关的各种书(전공과 관련 있는 각종 책을 읽는다)라고 했으므로 오답이다.

어휘 **读博士** dú bóshì 박사 과정을 밟다 **轻松** qīngsōng 圈쉽다, 가볍다 **首先** shǒuxiān 때먼저 **专业** zhuānyè 圈전공
知识 zhīshi 圈지식 **阅读** yuèdú 图읽다, 열람하다 **其次** qícì 때그다음 **研究** yánjiū 图연구하다 **能力** nénglì 圈능력
文章 wénzhāng 圈글, 문장 **应该** yīnggāi 区~해야 한다 **坚持** jiānchí 图꾸준히 하다 **积累** jīlěi 图쌓다, 누적하다
提高 tígāo 图향상시키다 **经济** jīngjì 圈경제 **与……无关** yǔ……wúguān ~와 무관하다 **至少** zhìshǎo 때적어도, 최소한

10
冰心是中国有名的儿童文学作家，她的文学作品从儿童的特点出发，使用幽默的语言，深受孩子们的喜爱。她的作品《寄小读者》是中国儿童文学的优秀之作，被翻译成多国语言。	빙심은 중국의 유명한 아동 문학 작가이다. 그녀의 문학 작품은 어린이의 특징에서 출발하여, 유머러스한 언어를 사용했고, 아이들의 사랑을 크게 받았다. 그녀의 작품 『어린 독자에게』는 중국 아동 문학의 우수한 작품이며, 많은 다른 나라의 언어로 번역되었다.

★ 冰心：

A 是外国人

B 有一个孩子

C 写了《寄小读者》

D 翻译了很多作品

★ 빙심은:

A 외국인이다

B 아이가 하나 있다

C 『어린 독자에게』를 썼다

D 많은 작품을 번역했다

해설 질문의 冰心(빙심)과 관련된 세부 특징을 지문에서 찾아 각 선택지와 대조한다. 지문에서 冰心……她的作品《寄小读者》
(빙심……그녀의 작품 『어린 독자에게』)라고 했으므로, C 写了《寄小读者》(『어린 독자에게』를 썼다)를 정답으로 선택한다.

어휘 **有名** yǒumíng ᠂ 유명하다 **儿童** értóng ᠂ 아동, 어린이 **文学** wénxué ᠂ 문학 **作家** zuòjiā ᠂ 작가 **作品** zuòpǐn ᠂ 작품
特点 tèdiǎn ᠂ 특징, 특색 **出发** chūfā ᠂ 출발하다, 떠나다 **使用** shǐyòng ᠂ 사용하다 **幽默** yōumò ᠂ 유머러스하다
语言 yǔyán ᠂ 언어 **深受** shēn shòu 크게 받다, 깊이 받다 **喜爱** xǐ'ài ᠂ 사랑하다, 좋아하다 **优秀** yōuxiù ᠂ 우수하다, 뛰어나다
之 zhī ᠂ ~의 **翻译** fānyì ᠂ 번역하다, 통역하다

11

现在很多老年人都敢出国旅游了，这不仅是
因为交通方便了，而且是因为国外的餐厅都
有中文菜单，点菜变得更加轻松了。

요즘 많은 노인들은 자신 있게 해외로 여행을 간다. 이것
은 교통이 편리해졌기 때문만이 아니라, 게다가 외국 식
당에 중국어 메뉴판이 다 있어서, 메뉴를 주문하는 것이
더 쉬워졌기 때문이다.

★ 为什么老年人也敢出国旅游？

A 价格便宜

B 餐厅有中文菜单

C 英语水平提高了

D 服务员会说汉语

★ 왜 노인들도 자신 있게 해외로 여행을 가는가?

A 가격이 저렴하다

B 식당에 중국어 메뉴판이 있다

C 영어 실력이 높아졌다

D 직원이 중국어를 할 줄 안다

해설 질문의 老年人也敢出国旅游(노인들도 자신 있게 해외로 여행을 간다)를 지문에서 찾아 주변 내용을 주의 깊게 읽는다. 지문에
서 现在很多老年人都敢出国旅游了(요즘 많은 노인들은 자신 있게 해외로 여행을 간다), 是因为国外的餐厅都有中文菜单(외
국 식당에 중국어 메뉴판이 다 있기 때문이다)이라고 했으므로, B 餐厅有中文菜单(식당에 중국어 메뉴판이 있다)을 정답으로 선택
한다.

어휘 **老年人** lǎonián rén 노인, 노년층 **敢** gǎn ᠂ 자신 있게 ~하다, 과감하게 ~하다 **出国** chūguó ᠂ 외국에 가다, 출국하다
不仅……而且…… bùjǐn……érqiě…… ~뿐만 아니라, 게다가 **交通** jiāotōng ᠂ 교통 **方便** fāngbiàn ᠂ 편리하다
国外 guówài ᠂ 외국 **餐厅** cāntīng ᠂ 식당, 레스토랑 **中文** Zhōngwén ᠂ 중국어, 중문 **菜单** càidān ᠂ 메뉴판, 식단
点菜 diǎn cài 메뉴를 주문하다 **更加** gèngjiā ᠂ 더, 더욱 **轻松** qīngsōng ᠂ 쉽다, 수월하다 **价格** jiàgé ᠂ 가격, 값
水平 shuǐpíng ᠂ 수준 **提高** tígāo ᠂ 높이다, 향상시키다

12

各位顾客朋友们，告诉大家一个好消息，本
超市下个月将会推出打折活动，到时候您可
以买到各种便宜又新鲜的水果。

고객 여러분, 여러분께 좋은 소식 하나를 전달 드리겠습
니다. 본 마트는 다음 달에 할인 행사를 선보일 것입니
다. 그때가 되면 저렴하고 신선한 과일을 구매하실 수
있습니다.

★ 根据这段话，可以知道超市：

A 没有客人

B 菜的价格过高

C 水果不太新鲜

D 下个月开始打折

★ 지문에 근거하여, 마트에 대해 알 수 있는 것은:

A 손님이 없다

B 채소의 가격이 너무 비싸다

C 과일이 그다지 신선하지 않다

D 다음 달에 할인을 시작한다

해설 질문의 **超市**(마트)과 관련된 내용을 지문에서 파악한다. 지문에서 **本超市下个月将会推出打折活动**(본 마트는 다음 달에 할인 행사를 선보일 것입니다)이라고 했으므로, D **下个月开始打折**(다음 달에 할인을 시작하다)를 정답으로 선택한다.

C **水果不太新鲜**(과일이 그다지 신선하지 않다)은 지문에서 **可以买到各种便宜又新鲜的水果**(저렴하고 신선한 과일을 구매하실 수 있습니다)라고 했으므로 오답이다.

어휘 **亲爱** qīn'ài 園 친애하다, 사랑하다 **顾客** gùkè 園 고객, 손님 **消息** xiāoxi 園 소식, 뉴스 **超市** chāoshì 園 마트, 슈퍼
将 jiāng 🖩 ~할 것이다 **推出** tuīchū 園 선보이다, 내놓다 **打折** dǎzhé 園 할인하다 **活动** huódòng 園 행사, 활동
新鲜 xīnxiān 園 신선하다 **客人** kèrén 園 손님, 방문객 **价格** jiàgé 園 가격, 값 **过** guò 🖩 너무, 지나치게

13

儿子，爸爸希望你能顺利通过明天的考试。这是你第一次参加的应聘考试，也是你走进社会的第一站。进入社会后，你不仅要坚持学习，更关键的是还要懂得怎么与人交流，管理自己的时间。

아들아, 아빠는 네가 내일 시험을 순조롭게 통과하길 바란다. 이것은 네가 첫 번째로 보는 입사 시험이자, 네가 사회로 내딛는 첫 걸음이란다. 사회로 나가면, 너는 꾸준히 공부를 해야 할 뿐만 아니라, 더 중요한 것은 어떻게 사람과 소통하는지 알아야 하고, 자신의 시간을 관리할 줄 알아야 한단다.

★ 说话人希望儿子将来要：

　A 更努力工作
　B 换一个工作
　C 多交流经验
　D 懂得安排时间

★ 화자는 아들이 장래에 무엇을 하길 바라는가:

　A 더욱 열심히 일한다
　B 직업을 바꾼다
　C 경험을 많이 교류한다
　D 시간을 관리할 줄 안다

해설 질문의 **儿子将来**(아들이 장래에)와 관련된 화자의 생각을 지문에서 파악한다. 지문에서 **要懂得……管理自己的时间**(자신의 시간을 관리할 줄 알아야 한단다)이라고 했으므로, 이를 통해 알 수 있는 D **懂得安排时间**(시간을 관리할 줄 안다)을 정답으로 선택한다.

어휘 **顺利** shùnlì 園 순조롭다 **通过** tōngguò 園 통과하다 **应聘考试** yìngpìn kǎoshì 입사 시험 **社会** shèhuì 園 사회
第一站 dìyīzhàn 첫 걸음 **进入** jìnrù 園 들다, 진입하다 **不仅** bùjǐn 쥅 ~뿐만 아니라 **坚持** jiānchí 園 꾸준히 하다
更 gèng 🖩 더, 더욱 **关键** guānjiàn 園 가장 중요한 **交流** jiāoliú 園 소통하다, 교류하다 **管理** guǎnlǐ 園 관리하다, 돌보다
努力 nǔlì 園 열심히 하다 **换** huàn 園 바꾸다, 교환하다 **经验** jīngyàn 園 경험, 체험 **安排** ānpái 園 관리하다, 배분하다

14

黄山的云海非常有名，每年都能吸引成千上万的游客。云海就是一大片云层，从山上看，它就像白色的大海，所以叫云海。看着云海，你会觉得自己就像这海里的一条鱼。太阳刚出来的时候，云海是黄色的，白天温度变高后，云海就不见了。

황산의 운해는 아주 유명해서, 매년 수천수만 명의 여행객들을 매료시킨다. 운해는 거대한 구름층인데, 산에서 보면, 마치 흰 바다 같아서 운해라고 불린다. 운해를 보고 있으면, 당신은 자신이 이 바다 속의 한 마리의 물고기 같다고 생각할 것이다. 태양이 막 나왔을 때, 운해는 노란색이고, 낮에 온도가 올라가면, 운해는 보이지 않게 된다.

★ 关于云海，下面哪一项没有提到？

　A 看的人很多
　B 像白色的大海
　C 里面有很多鱼
　D 有时是黄色的

★ 운해에 관해, 다음 중 언급되지 않은 것은?

　A 보는 사람이 많다
　B 흰 바다 같다
　C 안에 많은 물고기가 있다
　D 때때로 노란색이다

해설 질문에 **没有提到**가 있으므로, **云海**(운해)와 관련하여 지문에서 언급된 것은 오답으로 제거하고, 언급되지 않은 것을 정답으로 선택한다. 지문에서 **云海……每年都能吸引成千上万的游客**(운해는……매년 수천수만 명의 여행객들을 매료시킨다), **它就像白色的大海**(마치 흰 바다 같아서), **太阳刚出来的时候，云海是黄色的**(태양이 막 나왔을 때, 운해는 노란색이다)라고 했으므로,

언급되지 않은 C **里面有很多鱼**(안에 많은 물고기가 있다)를 정답으로 선택한다.

어휘 **黄山** Huáng Shān 고유 황산   **云海** yúnhǎi 몡 운해, 구름 바다   **有名** yǒumíng 톙 유명하다   **吸引** xīyǐn 동 매료시키다
成千上万 chéngqiān shàngwàn 수천수만, 대단히 많은   **游客** yóukè 몡 여행객   **片** piàn 양 조각   **云层** yúncéng 몡 구름층
白色 báisè 몡 흰색   **太阳** tàiyáng 몡 태양   **黄色** huángsè 몡 노란색   **温度** wēndù 몡 온도

15 - 16

躺在沙发或床上看电视的时候，会很自然地睡着，这是很多人都经历过的事情。16医生提醒我们，如果开着电视睡觉的话，很可能引起健康问题。长时间看电视的话，15电视的蓝光会让人睡得不好，而且使皮肤变差。	소파 또는 침대에 누워서 텔레비전을 볼 때, 자연스럽게 잠이 들게 되는데, 이것은 많은 사람들이 다 경험해 본 일이다. 16의사는 만약 텔레비전을 켜 놓고 잠을 잔다면, 건강 문제를 일으킬 가능성이 높다고 경고한다. 장시간 텔레비전을 본다면, 15텔레비전의 블루라이트가 사람들을 잘 못 자게 하고, 게다가 피부를 나빠지게 한다.

어휘 **躺** tǎng 동 눕다   **沙发** shāfā 몡 소파   **或** huò 접 또는, 혹은   **自然** zìrán 톙 자연스럽다   **经历** jīnglì 동 경험하다, 겪다
提醒 tíxǐng 동 경고하다, 일깨우다   **如果** rúguǒ 접 만약   **引起** yǐnqǐ 동 일으키다, 야기하다   **健康** jiànkāng 톙 건강하다
蓝光 lánguāng 몡 블루라이트   **皮肤** pífū 몡 피부   **差** chà 톙 나쁘다, 다르다

15
　★ 电视中的蓝光会：
　　　A 让人睡得不好
　　　B 对睡觉有帮助
　　　C 减少健康问题
　　　D 让你觉得更困

　★ 텔레비전의 블루라이트는：
　　　A 잘 못 자게 한다
　　　B 잠을 자는데 도움이 된다
　　　C 건강 문제를 줄인다
　　　D 더 피곤하게 한다

해설 질문의 **电视中的蓝光**(텔레비전의 블루라이트)과 관련된 세부 특징을 지문에서 찾아 각 선택지와 대조한다. 지문에서 **电视的蓝光会让人睡得不好**(텔레비전의 블루라이트가 사람들을 잘 못 자게 한다)라고 했으므로, A **让人睡得不好**(잘 못 자게 한다)를 정답으로 선택한다.
C **减少健康问题**(건강 문제를 줄인다)는 지문에서 **很可能引起健康问题**(건강 문제를 일으킬 가능성이 높다)라고 했으므로 오답이다.

어휘 **减少** jiǎnshǎo 동 줄이다, 감소하다   **更** gèng 부 더, 더욱   **困** kùn 톙 피곤하다, 졸리다

16
　★ 这段话主要想告诉人们：
　　　A 常看医生
　　　B 改变坏脾气
　　　C 睡觉时关电视
　　　D 注意保护皮肤

　★ 이 단문이 주로 우리에게 알려주고자 하는 것은：
　　　A 자주 진료를 받는다
　　　B 나쁜 성격을 바꾼다
　　　C 잠을 잘 때 텔레비전을 끈다
　　　D 피부를 보호하는 것에 주의한다

해설 질문이 지문의 중심 내용을 묻고 있으므로, 지문의 초반 또는 후반을 주의 깊게 읽는다. 지문에서 **医生提醒我们，如果开着电视睡觉的话，很可能引起健康问题。**(의사는 만약 텔레비전을 켜 놓고 잠을 잔다면, 건강 문제를 일으킬 가능성이 높다고 경고한다.)라고 했으므로, 이를 통해 알 수 있는 C **睡觉时关电视**(잠을 잘 때 텔레비전을 끈다)을 정답으로 선택한다.

어휘 **改变** gǎibiàn 동 바꾸다, 변하다   **脾气** píqi 몡 성격, 성질   **注意** zhùyì 동 주의하다   **保护** bǎohù 동 보호하다

千万别放弃，因为有了第一次放弃，以后就会变成习惯。¹⁷有人问："坚持这么辛苦，为什么不能放弃呢？"答案很简单，就是为了变得更好，遇到更多机会。放弃，可能只是因为太累了，但坚持却有很多原因。记住，¹⁸当你感到生活很困难的时候，你往往是在往上走、往前进。

절대로 포기하지 말아라. 첫 번째 포기가 있으면, 이후에는 습관이 되기 때문이다. ¹⁷어떤 사람은 "꾸준히 하는 것이 이렇게나 힘든데, 왜 포기하면 안 되나요?"라고 묻는다. 답은 간단하다. 바로 더 나아지고, 더 많은 기회를 만나기 ¹⁷위함이다. 포기하는 것은 아마도 단지 너무 힘들기 때문일 것이다. 그러나 꾸준히 하는 것은 오히려 많은 이유가 있다. 기억해라, ¹⁸당신이 삶이 힘들다는 생각이 들 때, 당신은 늘 올라가고 있고, 앞으로 나아가고 있는 것이다.

어휘　**千万** qiānwàn 圖절대로, 반드시　**放弃** fàngqì 圖포기하다　**习惯** xíguàn 圖습관　**辛苦** xīnkǔ 圖힘들다, 고생스럽다
　　　答案 dá'àn 圖답, 답안　**简单** jiǎndān 圖간단하다　**为了** wèile 圆~을 위해　**遇到** yùdào 만나다, 마주치다　**机会** jīhuì 圖기회
　　　只 zhǐ 圖단지, 다만　**却** què 圖오히려, 하지만　**原因** yuányīn 圖이유, 원인　**当……时候** dāng……shíhou ~할 때
　　　感到 gǎndào 圖생각하다　**生活** shēnghuó 圖삶, 생활　**困难** kùnnan 圖힘들다, 어렵다　**往往** wǎngwǎng 圖늘, 종종

17　★ 坚持到底是为了：

A 养成习惯

B 以后不辛苦

C 让生活更简单

D 使自己更优秀

★ 끝까지 꾸준히 하는 것은 무엇을 하기 위함인가:

A 습관을 기른다

B 나중에 힘들지 않다

C 삶을 더 간단하게 한다

D 자신을 더 우수하게 만든다

해설　질문의 坚持到底(끝까지 꾸준히 하는 것)와 관련된 내용을 지문에서 파악한다. 지문에서 有人问："坚持这么辛苦, 为什么不能放弃呢？"答案很简单, 就是为了变得更好(어떤 사람은 "꾸준히 하는 것이 이렇게나 힘든데, 왜 포기하면 안 되나요?"라고 묻는다. 답은 간단하다. 바로 더 나아지기 위함이다)라고 했으므로, 이를 통해 알 수 있는 D 使自己更优秀(자신을 더 우수하게 만든다)를 정답으로 선택한다.

어휘　**到底** dàodǐ 圖끝까지 가다　**养成** yǎngchéng 圖기르다, 키우다　**生活** shēnghuó 圖삶, 생활　**自己** zìjǐ 圓자신, 스스로
　　　优秀 yōuxiù 圖우수하다, 뛰어나다

18　★ 根据这段话，当你感到生活困难时：

A 要放松心情

B 要考虑原因

C 应该提前计划

D 说明你在前进

★ 단문에 근거하여, 삶이 힘들다는 생각이 들 때:

A 마음을 편안히 해야 한다

B 원인을 생각해야 한다

C 미리 계획해야 한다

D 당신이 나아가고 있다는 것을 나타낸다

해설　질문의 当你感到生活困难时(삶이 힘들다는 생각이 들 때)과 관련된 내용을 지문에서 파악한다. 지문에서 当你感到生活很困难的时候, 你往往是在往上走、往前进(당신이 삶이 힘들다는 생각이 들 때, 당신은 늘 올라가고 있고, 앞으로 나아가고 있는 것이다)라고 했으므로, D 说明你在前进(당신이 나아가고 있다는 것을 나타낸다)을 정답으로 선택한다.

어휘　**生活** shēnghuó 圖삶, 생활　**放松** fàngsōng 圖(마음을) 편하게 하다　**心情** xīnqíng 圖마음, 기분
　　　考虑 kǎolǜ 圖생각하다, 고려하다　**提前** tíqián 圖미리 ~하다　**计划** jìhuà 圖계획하다　**说明** shuōmíng 圖설명하다

最近，不少IT公司重新定了上班时间，要求员工每天从早上9点工作到晚上9点，一周工作6天。¹⁹这就是很多人谈论过的996。但重视加班的996，并不能解决公司的发展压力。²⁰公司只有让员工积极工作，准时下班，才会使压力变小。

최근, 많은 IT 기업들은 출근 시간을 새롭게 정했는데, 직원들이 매일 아침 9시부터 저녁 9시까지 일주일에 6일을 일하도록 요구했다. ¹⁹이것이 바로 많은 사람들이 이야기한 996이다. 그러나 야근을 중시하는 996은 회사의 성장에 대한 압박을 결코 해결할 수 없다. ²⁰회사는 직원들이 적극적으로 일하게 하고, 제때 퇴근하게 해야만 압박을 감소시킬 수 있다.

어휘　**最近** zuìjìn 團 최근, 요즘　**重新** chóngxīn 團 새롭게, 다시　**定** dìng 圖 정하다　**要求** yāoqiú 圖 요구하다
员工 yuángōng 團 직원, 종업원　**谈论** tánlùn 圖 이야기하다
996 jiǔ jiǔ liù 오전 9시 출근, 오후 9시 퇴근, 주 6일 근무하는 근무 형태[인터넷 용어]　**重视** zhòngshì 圖 중시하다
加班 jiābān 圖 야근하다, 초과 근무를 하다　**发展压力** fāzhǎn yālì 성장에 대한 압박(경제학 용어)　**积极** jījí 圖 적극적이다, 긍정적이다
准时 zhǔnshí 圖 제때에, 시간에 맞다　**才** cái 團 ~에서야, 겨우　**压力** yālì 團 압박, 스트레스

19

★ 关于996，可以知道：

A 很早就出现了
B 是一种互联网
C 对员工有好处
D 被不少人讨论过

★ 996에 관해, 알 수 있는 것은:

A 일찌감치 나타났다
B 인터넷의 한 종류이다
C 직원들에게 좋은 점이 있다
D 많은 사람들이 이야기했다

해설　질문의 996와 관련된 세부 특징을 지문에서 찾아 각 선택지와 대조한다. 지문에서 这就是很多人谈论过的996。(이것이 바로 많은 사람들이 이야기한 996이다.)라고 했으므로, D 被不少人讨论过(많은 사람들이 이야기했다)를 정답으로 선택한다.

어휘　**出现** chūxiàn 圖 나타나다, 출현하다　**种** zhǒng 圖 종류, 부류　**互联网** hùliánwǎng 圈 인터넷　**好处** hǎochu 圈 좋은 점, 이익
讨论 tǎolùn 圖 이야기하다, 토론하다

20

★ 怎样做才能减少公司的压力？

A 增加员工工资
B 让员工积累知识
C 让员工有积极性
D 要员工每天加班

★ 어떻게 해야 회사의 압박을 줄일 수 있는가?

A 직원 월급을 늘린다
B 직원들에게 지식을 쌓게 한다
C 직원들이 적극성을 가지게 한다
D 직원들이 매일 야근해야 한다

해설　질문의 能减少公司的压力(회사의 압박을 줄일 수 있다)를 지문에서 찾아 주변 내용을 주의 깊게 읽는다. 지문에서 公司只有让员工积极工作，准时下班，才会使压力变小。(회사는 직원들이 적극적으로 일하게 하고, 제때 퇴근하게 해야만 압박을 감소시킬 수 있다.)라고 했으므로, C 让员工有积极性(직원들이 적극성을 가지게 한다)을 정답으로 선택한다.

어휘　**减少** jiǎnshǎo 圖 줄이다, 감소하다　**增加** zēngjiā 圖 늘리다, 증가하다　**工资** gōngzī 圈 월급, 임금　**积累** jīlěi 圖 쌓이다, 누적하다
知识 zhīshi 圈 지식　**积极性** jījíxìng 적극성

쓰기

제1부분

필수어법 확인학습 완성문장

합격비책 01 | 술어 배치하기 p.195

따라 읽으며 학습하기 ▶

1 老师的表扬起了好作用。
2 我做的菜味道越来越好了。
3 感谢大家对我的鼓励。
4 售货员需要为顾客服务。
5 这些帽子至少得八百多块。
6 这种职业非常受欢迎。

1

表扬　老师的　好作用　起了

→

명사+的	동사	동사+了	형용사+명사
老师的	表扬	起了	好作用。
관형어	주어	술어+了	관형어+목적어

해석　선생님의 칭찬은 좋은 효과가 나타났다.

해설　**Step 1**　동사 表扬(칭찬하다)과 '동사+了' 형태의 起了(나타났다) 중 起了를 '술어+了' 자리에 바로 배치한다. 참고로, 동태조사 了는 술어 뒤에서 동작의 완료를 나타내므로 동태조사 了가 붙은 동사는 바로 술어 자리에 배치할 수 있다.
　　　⇨ 起了

　　　Step 2　동사 表扬(칭찬하다)과 '형용사+명사' 형태의 好作用(좋은 효과) 중 술어 起(나타나다)와 문맥상 목적어로 어울리는 好作用을 '관형어+목적어' 자리에 배치하고, 동사 表扬을 주어 자리에 배치한다. 참고로, 동사도 주어 자리에 올 수 있음을 알아 둔다. ⇨ 表扬　起了　好作用

　　　Step 3　남은 어휘인 '명사+的' 형태의 老师的(선생님의)를 주어 表扬(칭찬하다) 앞에 관형어로 배치하여 문장을 완성한다.
　　　⇨ 老师的　表扬　起了　好作用

　　　완성된 문장 老师的表扬起了好作用。(선생님의 칭찬은 좋은 효과가 나타났다.)

어휘　**表扬** biǎoyáng 圐칭찬하다　**起作用** qǐ zuòyòng 효과가 나타나다, 역할을 하다

2

菜 越来越 好了 味道 我做的	→	대사+동사+的 **我做的** 관형어	명사 **菜** 주어	명사 **味道** 주어	부사 **越来越** 부사어	형용사+了 **好了。** 술어+了

해석　내가 만든 요리는 맛이 점점 좋아진다.

해설　**Step 1**　제시된 어휘 중 술어가 될 수 있는 어휘는 형용사 好(좋다)인데, 주어가 될 수 있는 명사가 菜(요리), 味道(맛) 2개이므로 주술술어문을 고려하여 문장을 완성한다. 菜와 味道 중 주어로 어울리는 菜를 주어 자리에 배치하고, 味道와 好了를 味道好了(맛이 좋아지다)라는 주술구 형태로 연결한 후 술어 자리에 배치한다.

⇨ 菜　味道　好了

　　　Step 2　남은 어휘 중 부사 越来越(점점)를 好了(좋아지다) 앞에 부사어로 배치하고, '대사+동사+的' 형태의 我做的(내가 만든)를 주어 菜(요리) 앞에 관형어로 배치하여 문장을 완성한다. ⇨ 我做的　菜　味道　越来越　好了

완성된 문장　我做的菜味道越来越好了。(내가 만든 요리는 맛이 점점 좋아진다.)

어휘　越来越 yuèláiyuè 점점, 더욱더　味道 wèidao 뎽맛, 냄새

3

鼓励 对我的 大家 感谢	→	동사 **感谢** 술어	대사 **大家** 관형어	개사+대사+的 **对我的** 	동사 **鼓励。** 목적어

해석　저에 대한 여러분의 격려에 감사합니다.

해설　**Step 1**　제시된 어휘 중 동사 感谢(감사하다)를 문장의 맨 앞에 배치한다. 참고로, 感谢와 같은 동사는 문장의 맨 앞에 바로 배치할 수 있는데, 문맥상 화자가 누구인지 분명하게 알 수 있어 주어가 생략되었다. ⇨ 感谢

　　　Step 2　동사 鼓励(격려하다)를 목적어 자리에 배치한다. 참고로, 동사도 목적어 자리에 올 수 있음을 알아 둔다.

⇨ 感谢　鼓励

　　　Step 3　남은 어휘인 '개사+대사+的' 형태의 对我的(저에 대한)와 대사 大家(여러분)를 大家对我的(여러분의 저에 대한)로 연결한 후, 목적어 鼓励(격려하다) 앞에 관형어로 배치하여 문장을 완성한다. ⇨ 感谢　大家　对我的　鼓励

완성된 문장　感谢大家对我的鼓励。(저에 대한 여러분의 격려에 감사합니다.)

어휘　鼓励 gǔlì 뎽격려하다　感谢 gǎnxiè 뎽감사하다

4

需要 售货员 服务 为顾客	→	명사 **售货员** 주어	동사 **需要** 술어	개사+명사 **为顾客** 부사어	동사 **服务。** 술어

목적어

해석　점원은 고객을 위해 서비스해야 한다.

해설　**Step 1**　동사 需要(~해야 한다)와 服务(서비스하다) 중 需要를 술어 자리에 바로 배치한다. 참고로, 需要는 동사, 술목구, 주술구를 목적어로 취할 수 있으므로 다른 동사와 함께 제시되더라도 술어 자리에 바로 배치할 수 있다. ⇨ 需要

　　　Step 2　남은 어휘 중 동사 服务(서비스하다)와 '개사+명사' 형태인 为顾客(고객을 위해)를 为顾客服务(고객을 위해 서비스하다)로 연결하여 술어 需要(~해야 한다)의 목적어로 배치하고, 명사 售货员(점원)을 주어 자리에 배치하여 문장을 완성한다. ⇨ 售货员　需要　为顾客　服务

완성된 문장　售货员需要为顾客服务。(점원은 고객을 위해 서비스해야 한다.)

어휘　需要 xūyào 뎽~해야 한다, 필요하다　售货员 shòuhuòyuán 뎽점원, 판매원　服务 fúwù 뎽서비스하다　为 wèi 깨~을 위해
顾客 gùkè 뎽고객

5

至少得 帽子 这些 八百多块	→	대사+양사 **这些** 관형어	명사 **帽子** 주어	부사+동사 **至少得** 부사어+술어	수사+수사+양사 **八百多块。** 목적어

해석　이 모자들은 적어도 800여 위안은 필요하다.

해설 **Step 1** 제시된 어휘 중 유일하게 동사를 포함하고 있는 '부사+동사' 형태의 至少得(적어도 ~가 필요하다)를 '부사어+술어' 자리에 바로 배치한다. 참고로, 得는 '~해야 한다'라는 뜻의 조동사로 자주 쓰이지만, '필요하다, 걸리다'라는 뜻의 동사로도 쓰임을 알아 둔다. ⇨ **至少得**

Step 2 명사 帽子(모자)와 '수사+수사+양사' 형태의 八百多块(800여 위안) 중, 문맥상 주어로 자연스러운 帽子를 주어 자리에, 八百多块를 목적어 자리에 배치한다. ⇨ **帽子　至少得　八百多块**

Step 3 남은 어휘인 '대사+양사' 형태의 这些(이런 것들)를 주어 帽子(모자) 앞에 관형어로 배치하여 문장을 완성한다.
⇨ **这些　帽子　至少得　八百多块**

완성된 문장 **这些帽子至少得八百多块。**(이 모자들은 적어도 800여 위안은 필요하다.)

어휘 **至少** zhìshǎo 적어도, 최소한　**得** děi 圄(금전·시간 등이) 필요하다, 걸리다 조동~해야 한다　**帽子** màozi 圄모자
多 duō 㽞여, 남짓

6

非常　这种　受欢迎　职业	⇨	대사+양사	명사	부사	동사+동사
		这种	**职业**	**非常**	**受欢迎。**
		관형어	주어	부사어	술어+목적어

해석 이러한 종류의 직업은 매우 환영을 받는다.

해설 **Step 1** 제시된 어휘 중 유일하게 동사를 포함하고 있는 '동사+동사' 형태의 受欢迎(환영을 받다)을 '술어+목적어' 자리에 바로 배치한다. 참고로, 受欢迎에서 欢迎은 목적어이며, 동사도 목적어 자리에 올 수 있음을 알아 둔다. ⇨ **受欢迎**

Step 2 제시된 어휘 중 유일한 명사 职业(직업)를 주어 자리에 바로 배치한다. ⇨ **职业　受欢迎**

Step 3 남은 어휘 중 '대사+양사' 형태의 这种(이러한 종류)은 주어 职业(직업) 앞에 관형어로 배치하고, 부사 非常(매우)은 受欢迎(환영을 받다) 앞에 부사어로 배치하여 문장을 완성한다.⇨ **这种　职业　非常　受欢迎**

완성된 문장 **这种职业非常受欢迎。**(이러한 종류의 직업은 매우 환영을 받는다.)

어휘 **受欢迎** shòu huānyíng 환영을 받다, 인기가 있다　**职业** zhíyè 圄직업

합격비책 02 | 주어·목적어 배치하기　p.199

따라 읽으며 학습하기 ▶

1 你穿这件衣服很合适。　　2 他已经适应了那里的气候。
3 警察看见一个小伙子走进了火车站。　　4 这种巧克力特别苦。
5 他估计时间还来得及。　　6 难道他没听到那个消息吗？

1

衣服　你穿　这件　很合适	⇨	대사+동사	대사+양사	명사	부사+형용사
		你穿	**这件**	**衣服**	**很合适。**
		주어+술어	관형어	목적어	부사어+술어
		주어(주술목구)			

해석 당신이 이 옷을 입으니 어울려요.

해설 **Step 1** '대사+동사' 형태의 你穿(당신이 입다)과 '부사+형용사' 형태의 很合适(어울리다) 중 형용사가 포함된 很合适을 '부사어+술어' 자리에 배치하고, 你穿은 주어 자리에 배치한다. 참고로, 你穿은 '주어+술어' 형태의 주술구로, 주술구나 주술목구도 주어 자리에 올 수 있음을 알아 둔다. ⇨ **你穿　很合适**

Step 2 남은 어휘 중 명사 衣服(옷)와 '대사+양사' 형태의 这件(이 한 벌)을 这件衣服(이 옷)로 연결한 후 你穿(당신이 입다) 뒤에 배치하여 '주어(주술목구)+부사어+술어' 형태의 문장을 완성한다. ⇨ **你穿　这件　衣服　很合适**

완성된 문장 **你穿这件衣服很合适。**(당신이 이 옷을 입으니 어울려요.)

어휘 **合适** héshì 圄어울리다, 적합하다

2

		대사+부사	동사+了	대사+的	명사
适应了　那里的　他已经　气候	→	**他已经**	**适应了**	**那里的**	**气候。**
		주어+부사어	술어+了	관형어	목적어

해석　그는 이미 그곳의 기후에 적응했다.

해설　Step 1　제시된 어휘 중 '동사+了' 형태의 适应了(적응했다)를 '술어+了' 자리에 바로 배치한다. 참고로, 동태조사 了는 술어 뒤에서 동작의 완료를 나타내므로 동태조사 了가 붙은 동사는 바로 술어 자리에 배치할 수 있다. ⇨ 适应了

　　　Step 2　명사 气候(기후)를 목적어 자리에 바로 배치하고, '대사+부사' 형태의 他已经(그는 이미)을 '주어+부사어' 자리에 배치한다. ⇨ 他已经　适应了　气候

　　　Step 3　남은 어휘인 '대사+的' 형태의 那里的(그곳의)를 목적어 气候(기후) 앞에 관형어로 배치하여 문장을 완성한다.
　　　⇨ 他已经　适应了　那里的　气候

　　　완성된 문장　他已经适应了那里的气候。(그는 이미 그곳의 기후에 적응했다.)

어휘　适应 shìyìng 图적응하다　已经 yǐjing 튀이미　气候 qìhòu 圆기후

3

		명사+동사	수사+양사+명사	동사+동사+了	명사
走进了　警察看见　火车站　一个小伙子	→	**警察看见**	**一个小伙子**	**走进了**	**火车站。**
		주어+술어	관형어+주어	술어+방향보어+了	목적어
			목적어(주술목구)		

해석　경찰은 한 젊은이가 기차역에 걸어 들어가는 것을 보았다.

해설　Step 1　'동사+동사+了' 형태의 走进了(걸어 들어갔다)와 '명사+동사' 형태의 警察看见(경찰은 보다) 중, 警察看见을 '주어+술어' 자리에 바로 배치한다. 참고로, 동사 看见(보다)은 주술구나 술목구를 목적어로 취할 수 있으므로 다른 동사와 함께 제시되더라도 술어 자리에 바로 배치할 수 있다. ⇨ 警察看见

　　　Step 2　술어가 看见(보다)이므로 주술구 또는 술목구 목적어를 완성한다. 남은 어휘 중 유일하게 동사를 포함하고 있는 走进了(걸어 들어갔다)를 문맥상 走进了의 목적어가 되는 명사 火车站(기차역)과 주어가 되는 '수사+양사+명사' 형태의 一个小伙子(한 젊은이)와 함께 一个小伙子走进了火车站(한 젊은이가 기차역에 걸어 들어갔다)이라는 주술목구 형태로 연결한 후 술어 看见 뒤에 목적어로 배치하여 문장을 완성한다.
　　　⇨ 警察看见　一个小伙子　走进了　火车站

　　　완성된 문장　警察看见一个小伙子走进了火车站。(경찰은 한 젊은이가 기차역에 걸어 들어가는 것을 보았다.)

어휘　警察 jǐngchá 圆경찰　小伙子 xiǎohuǒzi 圆젊은이, 총각

4

		대사+양사	명사	부사	형용사
特别　这种　苦　巧克力	→	**这种**	**巧克力**	**特别**	**苦。**
		관형어	주어	부사어	술어

해석　이런 종류의 초콜릿은 아주 쓰다.

해설　Step 1　제시된 어휘 중 형용사 特别(특별하다)와 苦(쓰다)가 술어로 쓰일 수 있는데, 特别는 다른 형용사와 함께 제시될 경우 '아주'라는 뜻의 부사로 쓰이므로 苦를 술어 자리에 배치한다. ⇨ 苦

　　　Step 2　제시된 어휘 중 유일한 명사 巧克力(초콜릿)를 주어 자리에 바로 배치한다. ⇨ 巧克力　苦

　　　Step 3　남은 어휘 중 '대사+양사' 형태의 这种(이런 종류의)은 주어 巧克力(초콜릿) 앞에 관형어로 배치하고, 부사 特别(아주)는 술어 苦(쓰다) 앞에 부사어로 배치하여 문장을 완성한다. ⇨ 这种　巧克力　特别　苦

　　　완성된 문장　这种巧克力特别苦。(이런 종류의 초콜릿은 아주 쓰다.)

어휘　特别 tèbié 튀아주, 특별히 圈특별하다　种 zhǒng 圆종류　苦 kǔ 圈쓰다　巧克力 qiǎokèlì 圆초콜릿

5

		대사+동사	명사	부사	동사
他估计　来得及　还　时间	→	**他估计**	**时间**	**还**	**来得及。**
		주어+술어	주어	부사어	술어
			목적어(주술구)		

해석　그는 시간이 아직 늦지 않았다고 추측한다.

해설　Step 1　'대사+동사' 형태의 他估计(그는 추측하다)와 동사 来得及(늦지 않다) 중, 他估计를 '주어+술어' 자리에 바로 배치한다. 참고로, 동사 估计(추측하다)는 주술구, 술목구를 목적어로 취할 수 있으므로 다른 동사와 함께 제시되더라도 술어 자리에 바로 배치할 수 있다.　⇨ 他估计

　　　Step 2　술어가 估计(추측하다)이므로 주술구 또는 술목구 목적어를 완성한다. 동사 来得及(늦지 않다)와 명사 时间(시간)을 时间来得及(시간이 늦지 않다)라는 주술구 형태로 연결한 후 술어 估计 뒤에 목적어로 배치한다.

　　　　　⇨ 他估计　时间　来得及

　　　Step 3　남은 어휘인 부사 还(아직)는 来得及(늦지 않다) 앞에 부사어로 배치하여 문장을 완성한다.

　　　　　⇨ 他估计　时间　还　来得及

　　　완성된 문장　他估计时间还来得及。(그는 시간이 아직 늦지 않았다고 추측한다.)

어휘　估计 gūjì 圏 추측하다, 예측하다　来得及 láidejí 圏 늦지 않다, 제 시간에 대다

6

没听到那个　难道他　吗　消息　→

부사+대사	부사+동사+동사+대사+양사	명사	조사
难道他	**没听到那个**	**消息**	**吗?**
부사어+주어	부사어+술어+보어+관형어	목적어	吗

해석　설마 그는 그 소식을 듣지 못했나요?

해설　Step 1　제시된 어휘 중 유일한 동사가 포함된 '부사+동사+동사+대사+양사' 형태의 没听到那个(그 ~을 듣지 못했다)를 '부사어+술어+보어+관형어' 자리에 바로 배치한다.　⇨ 没听到那个

　　　Step 2　'부사+대사' 형태의 难道他(설마 그는)와 명사 消息(소식) 중, 难道他를 '부사어+주어' 자리에 바로 배치하고, 消息를 목적어 자리에 배치한다. 참고로, 难道와 같은 어기부사 뒤에 붙은 대사는 주어 자리에 바로 배치할 수 있음을 알아 둔다.　⇨ 难道他　没听到那个　消息

　　　Step 3　남은 어휘인 의문을 나타내는 조사 吗는 문장 맨 끝에 배치하고 물음표를 붙여 문장을 완성한다.

　　　　　⇨ 难道他　没听到那个　消息　吗

　　　완성된 문장　难道他没听到那个消息吗?(설마 그는 그 소식을 듣지 못했나요?)

어휘　难道 nándào 圄 설마 ~인가　消息 xiāoxi 圆 소식

합격비책 03 | 관형어 배치하기　p.203

따라 읽으며 학습하기 ▶

1 我不能原谅他的错误。　　　2 我记得房东的手机号码。
3 我见过这本小说的作家。　　　4 我们看了一场精彩的比赛。
5 我昨天购买的家具非常贵。　　　6 马教授十分尊重学生的意见。

1

他的　我不能　错误　原谅　→

대사+부사+조동사	동사	대사+的	명사
我不能	**原谅**	**他的**	**错误。**
주어+부사어	술어	관형어	목적어

해석　나는 그의 잘못을 용서할 수 없다.

해설　Step 1　제시된 어휘 중 형용사 错误(잘못되다)와 동사 原谅(용서하다)이 술어가 될 수 있는데, 문맥상 原谅错误(잘못을 용서하다)가 자연스럽게 연결되므로 原谅을 술어 자리에, 错误를 목적어 자리에 배치한다. 참고로, 여기서 错误는 '잘못'이라는 뜻의 명사로 쓰였다.　⇨ 原谅　错误

　　　Step 2　제시된 어휘 중 '대사+부사+조동사' 형태의 我不能(나는 ~을 할 수 없다)을 '주어+부사어' 자리에 바로 배치한다.

　　　　　⇨ 我不能　原谅　错误

　　　Step 3　남은 어휘인 '대사+的' 형태의 他的(그의)를 목적어 错误(잘못) 앞에 관형어로 배치하여 문장을 완성한다.

　　　　　⇨ 我不能　原谅　他的　错误

　　　완성된 문장　我不能原谅他的错误。(나는 그의 잘못을 용서할 수 없다.)

어휘　错误 cuòwù 圆 잘못 圏 잘못되다　原谅 yuánliàng 圏 용서하다, 양해하다

2

	我记得 号码 手机 房东的	→	대사+동사	명사+的	명사	명사
			我记得	**房东的**	**手机**	**号码。**
			주어+술어	관형어		목적어

해석   나는 집주인의 휴대폰 번호를 기억한다.

해설   Step 1   제시된 어휘 중 유일한 동사 记得(기억하다)가 포함된 '대사+동사' 형태의 我记得(나는 기억한다)를 '주어+술어' 자리에 바로 배치한다. ⇨ 我记得

       Step 2   명사 号码(번호)와 手机(휴대폰)를 手机号码(휴대폰 번호)로 연결하여 '관형어+목적어' 자리에 배치한다. 참고로, 手机 号码에서 手机는 号码의 관형어이다. ⇨ 我记得 手机 号码

       Step 3   남은 어휘인 '명사+的' 형태의 房东的(집주인의)를 手机号码(휴대폰 번호) 앞에 관형어로 배치하여 문장을 완성한다. ⇨ 我记得 房东的 手机 号码

       완성된 문장   我记得房东的手机号码。(나는 집주인의 휴대폰 번호를 기억한다.)

어휘   记得 jìde 图 기억하다   手机号码 shǒujī hàomǎ 휴대폰 번호   房东 fángdōng 图 집주인

3

	作家 我见过 这本小说的	→	대사+동사+过	대사+양사+명사+的	명사
			我见过	**这本小说的**	**作家。**
			주어+술어+过	관형어	목적어

해석   나는 이 소설의 작가를 만난 적이 있다.

해설   Step 1   제시된 어휘 중 유일하게 동사를 포함하고 있는 '대사+동사+过' 형태의 我见过(나는 만난 적이 있다)를 '주어+술어+过' 자리에 바로 배치한다. ⇨ 我见过

       Step 2   남은 어휘 중 명사 作家(작가)를 목적어 자리에 배치하고, '대사+양사+명사+的' 형태의 这本小说的(이 소설의)를 목적어 作家 앞에 관형어로 배치하여 문장을 완성한다. ⇨ 我见过 这本小说的 作家

       완성된 문장   我见过这本小说的作家。(나는 이 소설의 작가를 만난 적이 있다.)

어휘   作家 zuòjiā 图 작가   小说 xiǎoshuō 图 소설

4

	精彩的 我们看了 一场 比赛	→	대사+동사+了	수사+양사	형용사+的	명사
			我们看了	**一场**	**精彩的**	**比赛。**
			주어+술어+了	관형어		목적어

해석   우리는 훌륭한 경기를 봤다.

해설   Step 1   제시된 어휘 중 유일하게 동사를 포함하고 있는 '대사+동사+了' 형태의 我们看了(우리는 봤다)를 '주어+술어+了' 자리에 바로 배치한다. 참고로, 我们看了에서 了는 동태조사이다. ⇨ 我们看了

       Step 2   명사 比赛(경기)를 술어 看(보다)의 목적어 자리에 바로 배치한다. ⇨ 我们看了 比赛

       Step 3   남은 어휘 중 '형용사+的' 형태의 精彩的(훌륭한)와 '수사+양사' 형태의 一场(한 차례)을 一场精彩的(훌륭한 한 차례의)로 연결한 후 목적어 比赛(경기) 앞에 관형어로 배치하여 문장을 완성한다. 참고로, '…+的' 형태의 관형어가 묘사의 의미를 갖는 경우, '…+양사' 형태의 관형어 뒤에 온다. ⇨ 我们看了 一场 精彩的 比赛

       완성된 문장   我们看了一场精彩的比赛。(우리는 훌륭한 경기를 봤다.)

어휘   精彩 jīngcǎi 图 훌륭하다, 뛰어나다   场 chǎng 图 차례, 회, 번   比赛 bǐsài 图 경기, 시합

5

	购买的 家具 我昨天 贵 非常	→	대사+명사	동사+的	명사	부사	형용사
			我昨天	**购买的**	**家具**	**非常**	**贵。**
				관형어	주어	부사어	술어

해석   내가 어제 산 가구는 매우 비싸다.

해설   Step 1   제시된 어휘 중 유일한 형용사 贵(비싸다)를 술어 자리에 바로 배치한다. ⇨ 贵

       Step 2   명사 家具(가구)와 '대사+명사' 형태의 我昨天(나는 어제)중 술어 贵(비싸다)와 문맥상 주어로 어울리는 家具를 주어 자리에 배치한다. ⇨ 家具 贵

       Step 3   남은 어휘 중 '동사+的' 형태의 购买的(산)와 '대사+명사' 형태의 我昨天(나는 어제)을 我昨天购买的(내가 어제 산)로

연결하여 주어 **家具**(가구) 앞에 관형어로 배치하고, 부사 **非常**(매우)을 술어 앞에 부사어로 배치하여 문장을 완성한다. ⇨ **我昨天　购买的　家具　非常　贵**

완성된 문장 **我昨天购买的家具非常贵。**(내가 어제 산 가구는 매우 비싸다.)

어휘 **购买** gòumǎi [동] 사다, 구매하다　**家具** jiājù [명] 가구

6

意见　尊重　学生的　马教授　十分 →

명사	부사	동사	명사+的	명사
马教授	十分	尊重	学生的	意见。
주어	부사어	술어	관형어	목적어

해석 마 교수는 학생의 의견을 매우 존중한다.

해설 Step 1 제시된 어휘 중 유일한 동사 **尊重**(존중하다)을 술어 자리에 바로 배치한다. ⇨ **尊重**

Step 2 명사 **意见**(의견)과 **马教授**(마 교수) 중 술어 **尊重**(존중하다)과 문맥상 주어로 어울리는 **马教授**를 주어 자리에 배치하고, 목적어로 어울리는 **意见**을 목적어 자리에 배치한다. ⇨ **马教授　尊重　意见**

Step 3 남은 어휘 중 '명사+的' 형태의 **学生的**(학생의)는 목적어 **意见**(의견) 앞에 관형어로 배치하고, 부사 **十分**(매우)은 술어 **尊重**(존중하다) 앞에 부사어로 배치하여 문장을 완성한다. ⇨ **马教授　十分　尊重　学生的　意见**

완성된 문장 **马教授十分尊重学生的意见。**(마 교수는 학생의 의견을 매우 존중한다.)

어휘 **意见** yìjiàn [명] 의견, 견해　**尊重** zūnzhòng [동] 존중하다　**教授** jiàoshòu [명] 교수　**十分** shífēn [부] 매우, 특히

합격비책 04 | 부사어 배치하기 p.207

따라 읽으며 학습하기 ▶

1 老师为小明的勇敢感到骄傲。　2 这个任务一点儿也不轻松。
3 他对这个网站非常熟悉。　4 我不得不重新考虑这个问题。
5 飞机将于三个小时后降落在首都机场。　6 阅读报纸可以增长知识。

1

感到　为小明的　骄傲　勇敢　老师 →

명사	개사+명사+的	형용사	동사	형용사
老师	为小明的	勇敢	感到	骄傲。
주어	부사어		술어	목적어

해석 선생님은 샤오밍의 용감함에 자랑스러움을 느낀다.

해설 Step 1 동사 **感到**(느끼다)와 형용사 **骄傲**(자랑스럽다)를 **感到骄傲**(자랑스러움을 느끼다)로 연결한 후 '술어+목적어' 자리에 배치한다. ⇨ **感到　骄傲**

Step 2 술어 **感到**(느끼다)와 문맥상 주어로 어울리는 명사 **老师**(선생님)을 주어 자리에 바로 배치한다.
⇨ **老师　感到　骄傲**

Step 3 남은 어휘 중 '개사+명사+的' 형태의 개사구 **为小明的**(샤오밍 때문에)와 형용사 **勇敢**(용감하다)을 **为小明的勇敢**(샤오밍의 용감함 때문에)으로 연결한 후 술어 **感到**(느끼다) 앞에 부사어로 배치하여 문장을 완성한다. 참고로, 여기서 **勇敢**은 '용감함' 이라는 뜻의 명사로 쓰였다. ⇨ **老师　为小明的　勇敢　感到　骄傲**

완성된 문장 **老师为小明的勇敢感到骄傲。**(선생님은 샤오밍의 용감함에 자랑스러움을 느낀다.)

어휘 **感到** gǎndào [동] 느끼다, 여기다　**为……骄傲** wèi……jiāo'ào ~때문에 자랑스럽다　**勇敢** yǒnggǎn [형] 용감하다

2

一点儿　这个　轻松　也不　任务 →

대사+양사	명사	수사+양사	부사+부사	형용사
这个	任务	一点儿	也不	轻松。
관형어	주어	부사어		술어

해석 이 업무는 조금도 수월하지 않다.

해설 Step 1 제시된 어휘 중 유일한 형용사 **轻松**(수월하다)을 술어 자리에 바로 배치한다. ⇨ **轻松**

Step 2 제시된 어휘 중 유일한 명사 **任务**(업무)를 주어 자리에 바로 배치한다. ⇨ **任务　轻松**

Step 3 남은 어휘 중 '수사+양사' 형태의 **一点儿**(조금)과 '부사+부사' 형태의 **也不**(~도 ~지 않다)를 **一点儿也不**(조금도 ~지 않다)로 연결하여 술어 **轻松**(수월하다) 앞에 부사어로 배치하고, '대사+양사' 형태의 **这个**(이)를 주어 **任务**(업무) 앞에 관형어로 배치하여 문장을 완성한다. 참고로, **一点儿**과 **也不**는 **一点儿也不**의 형태로 자주 쓰임을 알아 둔다.

⇒ **这个　任务　一点儿　也不　轻松**

완성된 문장 **这个任务一点儿也不轻松。**(이 업무는 조금도 수월하지 않다.)

어휘　**轻松** qīngsōng 웹 수월하다, 가볍다　**任务** rènwu 웹 업무, 임무

3

	대사	개사+대사+양사+명사	부사	동사
对这个网站　非常　熟悉　他 →	**他**	**对这个网站**	**非常**	**熟悉。**
	주어	부사어		술어

해석　그는 이 웹사이트에 대해 매우 잘 안다.
해설　Step 1 제시된 어휘 중 유일한 동사 **熟悉**(잘 알다)를 술어 자리에 바로 배치한다. ⇒ **熟悉**
　　　Step 2 제시된 어휘 중 유일한 대사 **他**(그)를 주어 자리에 바로 배치한다. ⇒ **他　熟悉**
　　　Step 3 남은 어휘 중 '개사+대사+양사+명사' 형태의 개사구 **对这个网站**(이 웹사이트에 대해)을 술어 **熟悉**(잘 알다) 앞에 부사어로 배치하고, 부사 **非常**(매우)은 술어 **熟悉**를 긴밀하게 수식하므로 술어 바로 앞에 배치하여 문장을 완성한다.

⇒ **他　对这个网站　非常　熟悉**

완성된 문장 **他对这个网站非常熟悉。**(그는 이 웹사이트에 대해 매우 잘 안다.)

어휘　**网站** wǎngzhàn 웹 웹사이트　**熟悉** shúxi 웹 잘 알다, 익숙하다

4

	대사	부사	부사	동사+대사+양사+명사
不得不　考虑这个问题　我　重新 →	**我**	**不得不**	**重新**	**考虑这个问题。**
	주어	부사어		술어+관형어+목적어

해석　나는 어쩔 수 없이 이 문제를 다시 고려해야 한다.
해설　Step 1 제시된 어휘 중 유일한 동사 **考虑**(고려하다)가 포함된 '동사+대사+양사+명사' 형태의 **考虑这个问题**(이 문제를 고려하다)를 '술어+관형어+목적어' 자리에 배치한다. ⇒ **考虑这个问题**
　　　Step 2 제시된 어휘 중 유일한 대사 **我**(나)를 주어 자리에 바로 배치한다. ⇒ **我　考虑这个问题**
　　　Step 3 남은 어휘인 부사 **不得不**(어쩔 수 없이)와 **重新**(다시)을 **不得不重新**(어쩔 수 없이 다시)으로 연결하여 술어 **考虑**(고려하다) 앞에 부사어로 배치하여 문장을 완성한다. 참고로, **不得不重新**은 자주 함께 쓰이는 '부사+부사' 표현임을 알아둔다.

⇒ **我　不得不　重新　考虑这个问题**

완성된 문장 **我不得不重新考虑这个问题。**(나는 어쩔 수 없이 이 문제를 다시 고려해야 한다.)

어휘　**不得不** bùdébù 웹 어쩔 수 없이, 반드시　**考虑** kǎolǜ 웹 고려하다, 생각하다　**重新** chóngxīn 웹 다시, 재차

5

	명사	부사+개사	수사+양사+명사+명사	동사+동사+명사+명사
三个小时后　将于　降落在首都机场　飞机 →	**飞机**	**将于**	**三个小时后**	**降落在首都机场。**
	주어	부사어		술어+결과보어+목적어

해석　비행기는 세 시간 후에 수도 공항에 착륙할 예정이다.
해설　Step 1 제시된 어휘 중 유일한 동사 **降落**(착륙하다)가 포함된 '동사+동사+명사+명사' 형태의 **降落在首都机场**(수도 공항에 착륙하다)을 '술어+결과보어+목적어' 자리에 바로 배치한다. ⇒ **降落在首都机场**
　　　Step 2 제시된 어휘 중 유일한 명사 **飞机**(비행기)를 주어 자리에 바로 배치한다. ⇒ **飞机　降落在首都机场**
　　　Step 3 남은 어휘인 '수사+양사+명사+명사' 형태의 **三个小时后**(세 시간 후)와 '부사+개사' 형태의 **将于**(~에 ~할 예정이다)를 **将于三个小时后**(세 시간 후에 ~할 예정이다)로 연결하여 술어 **降落**(착륙하다) 앞에 부사어로 배치하여 문장을 완성한다. 참고로, **将**(~할 예정이다)과 같은 시간을 나타내는 부사는 항상 다른 부사어 앞에 온다는 것을 알아 둔다.

⇒ **飞机　将于　三个小时后　降落在首都机场**

완성된 문장 **飞机将于三个小时后降落在首都机场。**(비행기는 세 시간 후에 수도 공항에 착륙할 예정이다.)

어휘　**将** jiāng 웹 ~할 예정이다　**于** yú 웹 ~에, ~에서　**降落** jiàngluò 웹 착륙하다　**首都** shǒudū 웹 수도

6

					동사+명사	조동사	동사	명사
可以	知识	阅读报纸	增长	→	阅读报纸	可以	增长	知识。
					주어(술목구)	부사어	술어	목적어

해석   신문을 보는 것은 지식을 늘릴 수 있다.

해설   Step 1   제시된 어휘 중 '동사+명사' 형태의 阅读报纸(신문을 보다)과 동사 增长(늘어나다) 중 增长을 술어 자리에 배치하고, 阅读报纸을 주어 자리에 배치한다. 참고로, 阅读报纸은 '술어+목적어' 형태의 술목구이고, 술목구는 주어 자리에 배치할 수 있다. ⇨ 阅读报纸   增长

       Step 2   명사 知识(지식)을 목적어 자리에 배치한다. ⇨ 阅读报纸   增长   知识

       Step 3   남은 어휘인 조동사 可以(~할 수 있다)를 술어 增长(늘어나다) 앞에 부사어로 배치하여 문장을 완성한다.

           ⇨ 阅读报纸   可以   增长   知识

       완성된 문장 阅读报纸可以增长知识。(신문을 보는 것은 지식을 늘릴 수 있다.)

어휘   知识 zhīshi 圆지식   阅读 yuèdú 圆(신문이나 책을) 보다   报纸 bàozhǐ 圆신문   增长 zēngzhǎng 圆늘어나다, 증가하다

합격비책 05 | 보어 배치하기   p.211

따라 읽으며 학습하기 ▶

1   葡萄已经全部都卖完了。   2   弟弟吃惊地抬起了头。
3   那辆车一直停在百货大楼门口。   4   羽毛球比赛已经进行了三十分钟。
5   我看不出来他是谁。   6   他出现得非常及时。

1

					명사+부사	부사+부사	동사	동사+了
完了	全部都	葡萄已经	卖	→	葡萄已经	全部都	卖	完了。
					주어	부사어	술어	결과보어+了

해석   포도는 이미 전부 다 팔렸다.

해설   Step 1   '동사+了' 형태의 完了(다 ~했다)와 동사 卖(팔다) 중, 동작을 나타내는 동사 卖를 술어 자리에 배치하고, 동작의 결과를 나타내는 完了는 술어 卖 뒤 '결과보어+了' 자리에 배치한다. ⇨ 卖   完了

       Step 2   제시된 어휘 중 유일하게 명사를 포함한 '명사+부사' 형태의 葡萄已经(포도는 이미)을 '주어+부사어' 자리에 배치한다. ⇨ 葡萄已经   卖   完了

       Step 3   남은 어휘인 '부사+부사' 형태의 全部都(전부 다)를 술어 卖(팔다) 앞에 부사어로 배치하여 문장을 완성한다.

           ⇨ 葡萄已经   全部都   卖   完了

       완성된 문장 葡萄已经全部都卖完了。(포도는 이미 전부 다 팔렸다.)

어휘   全部 quánbù 圆전부   葡萄 pútao 圆포도

2

				명사	동사+地	동사+동사+了	명사
弟弟	抬起了	吃惊地	头	→	弟弟	吃惊地	抬起了	头。
					주어	부사어	술어+방향보어+了	목적어

해석   남동생은 놀라서 고개를 들었다.

해설   Step 1   제시된 어휘 중 '동사+동사+了' 형태의 抬起了(들었다)를 '술어+방향보어+了' 자리에 배치한다. ⇨ 抬起了

       Step 2   문맥상 술어 抬(들다)의 목적어로 어울리는 명사 头(머리)를 목적어 자리에 배치하고, 명사 弟弟(남동생)를 주어 자리에 배치한다. ⇨ 弟弟   抬起了   头

       Step 3   남은 어휘인 '동사+地' 형태의 吃惊地(놀라서)를 술어 抬(들다) 앞에 부사어로 배치하여 문장을 완성한다.

           ⇨ 弟弟   吃惊地   抬起了   头

       완성된 문장 弟弟吃惊地抬起了头。(남동생은 놀라서 고개를 들었다.)

어휘   抬 tái 圆들다   吃惊 chījīng 圆놀라다   地 de 图[관형어 뒤에 쓰여, 이것 앞의 단어나 구가 부사어로서 동사·형용사를 수식함을 나타냄]

3

一直	停在	那辆车	百货大楼门口	→	那辆车	一直	停在	百货大楼门口。
					대사+양사+명사	부사	동사+동사	명사+명사
					관형어+주어	부사어	술어+결과보어	목적어

해석　그 차는 백화점 입구에 계속 세워져 있다.

해설　**Step 1**　제시된 어휘 중 유일하게 동사를 포함한 '동사+동사' 형태의 停在(~에 세우다)를 '술어+결과보어' 자리에 바로 배치하고, '명사+명사' 형태의 百货大楼门口(백화점 입구)를 목적어로 배치한다. ⇨ 停在　百货大楼门口

　　　Step 2　남은 어휘 중 '대사+양사+명사' 형태의 那辆车(그 차)를 '관형어+주어' 자리에 배치하고, 부사 一直(계속)을 술어 停(세우다) 앞에 부사어로 배치하여 문장을 완성한다. ⇨ 那辆车　一直　停在　百货大楼门口

　　　완성된 문장　那辆车一直停在百货大楼门口。(그 차는 백화점 입구에 계속 세워져 있다.)

어휘　**一直** yìzhí 匣계속, 줄곧　**停** tíng 동세우다, 서다　**辆** liàng 양대, 량[차량·자전거 등 탈 것을 세는 단위]
　　　百货大楼 bǎihuò dàlóu 백화점　**门口** ménkǒu 명입구

4

进行了	三十分钟	羽毛球比赛	已经	→	羽毛球比赛	已经	进行了	三十分钟。
					명사+명사	부사	동사+了	수사+명사
					관형어+주어	부사어	술어+了	수량보어

해석　배드민턴 경기는 이미 30분동안 진행됐다.

해설　**Step 1**　제시된 어휘 중 유일하게 동사를 포함한 '동사+了' 형태의 进行了(진행했다)를 '술어+了' 자리에 바로 배치한다. ⇨ 进行了

　　　Step 2　'수사+명사' 형태의 三十分钟(30분)을 술어 뒤 수량보어로 배치한다. 참고로, 三十分钟과 같이 시간의 길이를 나타내는 표현이 있으면 술어 뒤 수량보어로 배치할 수 있다. ⇨ 进行了　三十分钟

　　　Step 3　남은 어휘 중 '명사+명사' 형태의 羽毛球比赛(배드민턴 경기)를 '관형어+주어' 자리에 배치하고, 부사 已经(이미)을 술어 进行(진행하다) 앞에 부사어로 배치하여 문장을 완성한다. 참고로, 羽毛球比赛에서 羽毛球는 比赛의 관형어이다. ⇨ 羽毛球比赛　已经　进行了　三十分钟

　　　완성된 문장　羽毛球比赛已经进行了三十分钟。(배드민턴 경기는 이미 30분동안 진행됐다.)

어휘　**进行** jìnxíng 동진행하다　**分钟** fēnzhōng 명분[시간]　**羽毛球** yǔmáoqiú 명배드민턴　**比赛** bǐsài 명경기, 시합

5

不出来	看	他是谁	我	→	我	看	不出来	他是谁。
					대사	동사	부사+동사	대사+동사+대사
					주어	술어	가능보어	주어+술어+목적어
								목적어(주술목구)

해석　나는 그가 누구인지 알아보지 못하겠다.

해설　**Step 1**　'부사+동사' 형태의 不出来(나오지 않다)와 동사 看(보다), '대사+동사+대사' 형태의 他是谁(그는 누구인가) 중, 看을 술어 자리에 바로 배치하고, 동작이 불가능함을 나타내는 不出来를 술어 뒤 가능보어로 배치한다. 참고로, 동사 看은 주술구나 술목구를 목적어로 취할 수 있으므로 다른 동사와 함께 제시되더라도 술어 자리에 바로 배치할 수 있다. ⇨ 看　不出来

　　　Step 2　술어가 看(보다)이므로 주술구 또는 술목구 목적어를 완성한다. 남은 어휘 중 동사를 포함하고 있는 他是谁(그는 누구인가)를 술어 看의 목적어로 배치한다. ⇨ 看　不出来　他是谁

　　　Step 3　남은 어휘인 대사 我(나)를 주어 자리에 배치하여 문장을 완성한다. ⇨ 我　看　不出来　他是谁

　　　완성된 문장　我看不出来他是谁。(나는 그가 누구인지 알아보지 못하겠다.)

어휘　**出来** chūlai 동동사 뒤에 쓰여 보이지 않다가 드러나는 것을 나타냄

6

出现得	非常	及时	他	→	他	出现得	非常	及时。
					대사	동사+得	부사	형용사
					주어	술어+得	정도보어	

해석　그는 매우 시기적절하게 나타났다.

해설　Step 1　제시된 어휘 중 出现得에 정도보어를 이끄는 구조조사 得가 있으므로 '술어+得+정도보어' 형태의 문장을 완성해야
　　　　 한다. '동사+得' 형태의 出现得(~하게 나타났다)를 '술어+得' 자리에 바로 배치하고, 부사 非常(매우)과 형용사 及时(시
　　　　 기적절하다)을 '부사+형용사' 형태의 非常及时(매우 시기적절하다)로 연결하여 정도보어 자리에 배치한다.
　　　　　⇒　出现得　非常　及时
　　　 Step 2　남은 어휘인 대사 他(그)를 주어 자리에 배치하여 문장을 완성한다.　⇒　他　出现得　非常　及时
　　　 완성된 문장　他出现得非常及时。(그는 매우 시기적절하게 나타났다.)
어휘　出现 chūxiàn 图나타나다　及时 jíshí 图시기적절하다

따라 읽으며 학습하기 ▶

1　这是张教授的研究结果之一。
2　超过一半的同学有相同的经历。
3　所有的人都有自己的烦恼。
4　我的爷爷是个特别冷静的人。
5　今天参加活动的一共有一千人。
6　他最大的优点就是有责任感。

1

这 张教授的 是 之一 研究结果 →	대사 **这**	동사 **是**	명사+的 **张教授的**	동사+명사 **研究结果** 명사 **之一。**
	주어	술어	관형어	목적어

해석　이것은 장 교수의 연구 결과 중 하나이다.
해설　Step 1　제시된 어휘 중 是(~이다)이 있으므로, 是자문을 완성해야 한다. 동사 是을 술어 자리에 배치한다.　⇒　是
　　　 Step 2　명사 之一(~중 하나)와 '동사+명사' 형태의 研究结果(연구 결과)는 研究结果之一(연구 결과 중 하나)로 연결하여 목적
　　　　 어 자리에 배치하고, 대사 这(이것)는 주어 자리에 배치한다.　⇒　这　是　研究结果　之一
　　　 Step 3　남은 어휘인 '명사+的' 형태의 张教授的(장 교수의)를 목적어 研究结果之一(연구 결과 중 하나) 앞에 관형어로 배치하
　　　　 여 문장을 완성한다.　⇒　这　是　张教授的　研究结果　之一
　　　 완성된 문장　这是张教授的研究结果之一。(이것은 장 교수의 연구 결과 중 하나이다.)
어휘　教授 jiàoshòu 图교수　之一 zhīyī 图~중 하나　研究 yánjiū 图연구하다　结果 jiéguǒ 图결과

2

相同的 超过一半的同学 经历 有 →	동사+수사+的+명사 **超过一半的同学**	동사 **有**	형용사+的 **相同的**	명사 **经历。**
	관형어+주어	술어	관형어	목적어

해석　절반이 넘는 학생들은 똑같은 경험이 있다.
해설　Step 1　제시된 어휘 중 有(~이 있다)가 있으므로, 有자문을 완성해야 한다. 동사 有를 술어 자리에 배치한다.　⇒　有
　　　 Step 2　'동사+수사+的+명사' 형태의 超过一半的同学(절반이 넘는 학생)와 명사 经历(경험) 중 술어 有(~이 있다)와 문맥상 주
　　　　 어로 어울리는 명사 同学(학생)가 포함된 超过一半的同学를 '관형어+주어' 자리에 배치하고, 목적어로 어울리는 经
　　　　 历를 목적어 자리에 배치한다.　⇒　超过一半的同学　有　经历
　　　 Step 3　남은 어휘인 '형용사+的' 형태의 相同的(똑같은)를 목적어 经历(경험) 앞에 관형어로 배치하여 문장을 완성한다.
　　　　　⇒　超过一半的同学　有　相同的　经历
　　　 완성된 문장　超过一半的同学有相同的经历。(절반이 넘는 학생들은 똑같은 경험이 있다.)
어휘　相同 xiāngtóng 图똑같다, 일치하다　超过 chāoguò 图넘다, 초과하다　一半 yíbàn 图절반, 반　经历 jīnglì 图경험, 경력

3

自己的 都 所有的人 烦恼 有 →	형용사+的+명사 **所有的人**	부사 **都**	동사 **有**	대사+的 **自己的** 형용사 **烦恼。**
	관형어+주어	부사어	술어	관형어 목적어

해석　모든 사람들은 다 자신만의 걱정이 있다.

해설 Step 1 제시된 어휘 중 有(~이 있다)가 있으므로, 有자문을 완성해야 한다. 동사 有를 술어 자리에 배치한다. ⇨ 有

Step 2 '형용사+的+명사' 형태의 所有的人(모든 사람)과 형용사 烦恼(걱정하다) 중 술어 有(~가 있다)와 문맥상 목적어로 어울리는 烦恼를 목적어 자리에 배치하고, 所有的人(모든 사람)을 '관형어+주어' 자리에 배치한다. 참고로, 여기서 烦恼는 '걱정'이라는 뜻의 명사처럼 쓰였다. ⇨ 所有的人 有 烦恼

Step 3 남은 어휘 중 '대사+的' 형태의 自己的(자신의)는 목적어 烦恼(걱정) 앞에 관형어로 배치하고, 부사 都(모두)는 술어 有(~가 있다) 앞에 부사어로 배치하여 문장을 완성한다. ⇨ 所有的人 都 有 自己的 烦恼

완성된 문장 所有的人都有自己的烦恼。(모든 사람들은 다 자신만의 걱정이 있다.)

어휘 自己 zìjǐ 때 자신, 자기 所有 suǒyǒu 휑 모든 烦恼 fánnǎo 휑 걱정하다

4

是个　　的人　　特别冷静　　我的爷爷

대사+的+명사	~ 동사+양사	부사+형용사	的+명사
我的爷爷	**是个**	**特别冷静**	**的人。**
관형어+주어	술어	관형어	목적어

해석 우리 할아버지는 아주 냉정한 분이다.

해설 Step 1 제시된 어휘 중 是(~이다)이 있으므로, 是자문을 완성해야 한다. 동사 是을 포함한 '동사+양사' 형태의 是个(한 명의 ~이다)를 '술어+관형어' 자리에 배치한다. 참고로, 是个에서 양사 个(명) 앞에 숫자 一(1, 하나)가 생략되었다.
⇨ 是个

Step 2 '대사+的+명사' 형태의 我的爷爷(우리 할아버지)를 '관형어+주어' 자리에 배치한다. ⇨ 我的爷爷　　是个

Step 3 남은 어휘 중 '的+명사' 형태의 的人(~한 사람)과 '부사+형용사' 형태의 特别冷静(아주 냉정하다)을 特别冷静的人(아주 냉정한 사람)으로 연결하여 술어 是(~이다) 뒤 '관형어+목적어' 자리에 배치하여 문장을 완성한다.
⇨ 我的爷爷　　是个　　特别冷静　　的人

완성된 문장 我的爷爷是个特别冷静的人。(우리 할아버지는 아주 냉정한 분이다.)

어휘 特别 tèbié 휑 아주, 특히 冷静 lěngjìng 휑 냉정하다, 침착하다 爷爷 yéye 휑 할아버지

5

一共有　　参加活动的　　一千人　　今天

명사	동사+명사+的	부사+동사	수사+명사
今天	**参加活动的**	**一共**	**一千人。**
부사어	관형어+주어	부사어+술어	관형어+목적어

해석 오늘 행사에 참가한 사람은 총 천 명이다.

해설 Step 1 제시된 어휘 중 有(~이 있다)가 있으므로, 有자문을 완성해야 한다. '부사+동사' 형태의 一共有(총 ~이 있다)를 '부사어+술어' 자리에 배치한다. ⇨ 一共有

Step 2 '동사+명사+的' 형태의 参加活动的(행사에 참가한 사람), '수사+명사' 형태의 一千人(천 명), 명사 今天(오늘) 중 술어 有(~이 있다)와 문맥상 목적어로 어울리는 一千人을 '관형어+목적어' 자리에 배치하고, 参加活动的를 '관형어+주어' 자리에 배치한다. 참고로, 参加活动的는 参加活动的人(행사에 참가한 사람)에서 人(사람)이 생략된 것이다.
⇨ 参加活动的　　一共有　　一千人

Step 3 남은 어휘인 명사 今天(오늘)을 문장 맨 앞에 부사어로 배치하여 문장을 완성한다.
⇨ 今天　　参加活动的　　一共有　　一千人

완성된 문장 今天参加活动的一共有一千人。(오늘 행사에 참가한 사람은 총 천 명이다.)

어휘 一共 yígòng 휑 총, 전부 参加 cānjiā 휑 참가하다 活动 huódòng 휑 행사, 활동

6

他　　有责任感　　优点就是　　最大的

대사	부사+형용사+的	명사+부사+동사	동사+명사
他	**最大的**	**优点就是**	**有责任感。**
	관형어	주어+부사어+술어	술어+목적어
			목적어(술목구)

해석 그의 가장 큰 장점은 바로 책임감이 있다는 것이다.

해설 Step 1 제시된 어휘 중 有(~이 있다)와 是(~이다)이 있으므로, 有자문 또는 是자문을 고려하여 문장을 완성해야 한다. 문맥상 동사 是이 포함된 '명사+부사+동사' 형태의 优点就是(장점은 바로 ~이다)을 '주어+부사어+술어' 자리에 배치하고, '동사+명사' 형태의 有责任感(책임감이 있다)을 목적어 자리에 배치한다. 참고로, 有责任感은 '술어+목적어' 형태의 술

목구이고, 술목구는 주어 또는 목적어 자리에 배치할 수 있다. ⇨ **优点就是 有责任感**

Step2 남은 어휘인 대사 他(그)와 '부사+형용사+的' 형태의 **最大的**(가장 큰)를 他最大的(그의 가장 큰)로 연결한 후, 주어 **优点**(장점) 앞에 관형어로 배치하여 문장을 완성한다. ⇨ **他　最大的　优点就是　有责任感**

완성된 문장 **他最大的优点就是有责任感。**(그의 가장 큰 장점은 바로 책임감이 있다는 것이다.)

어휘 **责任感** zérèngǎn 圓 책임감　**优点** yōudiǎn 圓 장점

합격비책 07 ㅣ 把자문 완성하기　p.219

따라 읽으며 학습하기 ▶

1	你把餐厅的钥匙送过来。	2	你怎么能把那本杂志卖了呢?
3	麻烦你把这封感谢信交给他。	4	请将这个情况解释一下。
5	不要把垃圾扔到河里。	6	我把西红柿放在塑料袋里了。

1

钥匙　你　送过来　把　餐厅的 →

대사	把	명사+的	명사	동사+동사
你	**把**	**餐厅的**	**钥匙**	**送过来。**
주어	把	관형어	행위의 대상	술어+방향보어
				기타성분

해석 당신이 식당 열쇠를 가지고 와 주세요.

해설 Step1 제시된 어휘 중 把가 있으므로, 把자문을 완성해야 한다. 유일하게 동사를 포함하고 있는 '동사+동사' 형태의 送过来(가지고 오다)를 '술어+기타성분' 자리에 바로 배치하고, 把를 술어 앞에 배치한다. 참고로, 送过来에서 过来는 방향보어 형태의 기타성분이다. ⇨ **把　送过来**

Step2 명사 钥匙(열쇠)과 대사 你(너) 중 钥匙이 술어 送(가져가다)의 대상이 되므로 把 다음 행위의 대상 자리에 배치하고, 你는 주어 자리에 배치한다. ⇨ **你　把　钥匙　送过来**

Step3 남은 어휘인 '명사+的' 형태의 餐厅的(식당의)를 钥匙(열쇠) 앞에 관형어로 배치하여 문장을 완성한다.
⇨ **你　把　餐厅的　钥匙　送过来**

완성된 문장 **你把餐厅的钥匙送过来。**(당신이 식당 열쇠를 가지고 와 주세요.)

어휘 **钥匙** yàoshi 圓 열쇠　**餐厅** cāntīng 圓 식당

2

怎么能　卖了呢　把　你　那本杂志 →

대사	대사+조동사	把	대사+양사+명사	동사+了+조사
你	**怎么能**	**把**	**那本杂志**	**卖了呢?**
주어	부사어	把	행위의 대상	술어+了+呢
				기타성분

해석 당신 어떻게 그 잡지를 팔 수 있어요?

해설 Step1 제시된 어휘 중 把가 있으므로, 把자문을 완성해야 한다. 유일하게 동사를 포함하고 있는 '동사+了+조사' 형태의 卖了呢(팔았다)를 '술어+기타성분+呢' 자리에 배치하고, 把를 술어 앞에 배치한다. 참고로, 卖了呢에서 了는 기타성분이다. ⇨ **把　卖了呢**

Step2 대사 你(당신)와 '대사+양사+명사' 형태의 那本杂志(그 잡지) 중 문맥상 술어 卖(팔다)의 대상이 되는 那本杂志을 把 다음 행위의 대상 자리에 배치하고, 你를 주어 자리에 배치한다. ⇨ **你　把　那本杂志　卖了呢**

Step3 남은 어휘인 '대사+조동사' 형태의 怎么能(어떻게 ~할 수 있어요)을 把 앞에 부사어로 배치한다. 참고로, 把자문에서 부사어는 주로 把 앞에 온다는 것을 알아 둔다. 의문대사 怎么(어떻게)가 있으므로, 문장 끝에 물음표를 붙여 문장을 완성한다. ⇨ **你　怎么能　把　那本杂志　卖了呢**

완성된 문장 **你怎么能把那本杂志卖了呢?**(당신 어떻게 그 잡지를 팔 수 있어요?)

어휘 **杂志** zázhì 圓 잡지

3

交给　麻烦你　把　这封感谢信　他

→

동사+대사	把	대사+양사+동사+명사	동사+동사	대사
麻烦你	**把**	**这封感谢信**	**交给**	**他。**
麻烦+주어	把	행위의 대상	술어	기타성분

해석 번거롭겠지만 당신이 이 감사 편지를 그에게 건네 주세요.

해설 Step 1 제시된 어휘 중 **把**가 있으므로, **把**자문을 완성해야 한다. '동사+동사' 형태의 **交给**(~에게 건네 주다)를 '술어+기타성분' 자리에 배치하고, **把**를 술어 앞에 배치한다. 참고로, **给**(~에게)는 결과보어 형태의 기타성분이다. ⇒ **把　交给**

Step 2 '동사+대사' 형태의 **麻烦你**(번거롭겠지만 당신이~)를 주어 자리에 바로 배치하고, '대사+양사+동사+명사' 형태의 **这封感谢信**(이 감사 편지)이 술어 **交**(건네다)의 대상이 되므로 **把** 다음 행위의 대상 자리에 배치한다. 참고로, 동사 **麻烦**(번거롭게 하다)은 문장 맨 앞에서 '번거롭겠지만 ~'이라는 의미를 나타내므로 **麻烦**이 붙은 대사는 주어 자리에 바로 배치할 수 있다. ⇒ **麻烦你　把　这封感谢信　交给**

Step 3 남은 어휘인 대사 **他**(그)를 **交给**(~에게 건네 주다) 뒤에 배치하여 문장을 완성한다.
⇒ **麻烦你　把　这封感谢信　交给　他**

완성된 문장 **麻烦你把这封感谢信交给他。**(번거롭겠지만 당신이 이 감사 편지를 그에게 건네 주세요.)

어휘 **交** jiāo [동] 건네다, 주다　**麻烦** máfan [동] 번거롭게 하다, 폐를 끼치다　**封** fēng [양] 통[편지를 세는 단위]　**感谢信** gǎnxiè xìn 감사 편지

4

这个情况　一下　解释　请将

→

请+将	대사+양사+명사	동사	수사+양사
请将	**这个情况**	**解释**	**一下。**
请+将	행위의 대상	술어	수량보어 기타성분

해석 이 상황을 해명해 주세요.

해설 Step 1 제시된 어휘 중 **将**이 있으므로, **把**자문을 완성해야 한다. 동사 **解释**(해명하다)을 술어 자리에 배치하고, **请将**(~을 해 주세요)을 술어 앞에 배치한다. 참고로, **把**자문에서 **把** 대신 **将**이 쓰일 수 있다. ⇒ **请将　解释**

Step 2 '대사+양사+명사' 형태의 **这个情况**(이 상황)은 술어 **解释**(해명하다)의 대상이 되므로 **将** 다음 행위의 대상 자리에 배치한다. ⇒ **请将　这个情况　解释**

Step 3 남은 어휘인 '수사+양사' 형태의 **一下**는 술어 뒤에서 '~해 보다'라는 의미를 나타내는 수량보어이므로 술어 뒤 기타성분으로 배치하여 문장을 완성한다. 참고로, 청유를 나타내는 **请**은 주어 앞에 오며, 이 때 주어는 주로 생략된다.
⇒ **请将　这个情况　解释　一下**

완성된 문장 **请将这个情况解释一下。**(이 상황을 해명해 주세요.)

어휘 **情况** qíngkuàng [명] 상황　**解释** jiěshì [동] 해명하다, 해석하다

5

扔到　不要　河里　把垃圾

→

부사	把+명사	동사+동사	명사+명사
不要	**把垃圾**	**扔到**	**河里。**
부사어	把+행위의 대상	술어	기타성분

해석 쓰레기를 강에 버리지 마세요.

해설 Step 1 제시된 어휘 중 **把**가 있으므로, **把**자문을 완성해야 한다. **把**를 포함하고 있는 **把垃圾**(쓰레기를)를 '把+행위의 대상' 자리에 배치한다. ⇒ **把垃圾**

Step 2 유일하게 동사를 포함하고 있는 '동사+동사' 형태의 **扔到**(~에 버리다)를 '술어+기타성분' 자리에 배치한다. 참고로, **扔到**에서 **到**(~에, ~으로)는 사물이 동작을 따라 어떤 곳에 도달함을 나타내는 결과보어이다. ⇒ **把垃圾　扔到**

Step 3 남은 어휘 중 '명사+명사' 형태의 **河里**(강)는 **扔到**(~에 버리다) 뒤에 배치하고, 부사 **不要**(~하지 마라)는 문장 맨 앞에 부사어로 배치하여 문장을 완성한다. 참고로, 명령을 나타내는 **不要**는 주어 뒤에 오며, 이 때 주어는 주로 생략된다.
⇒ **不要　把垃圾　扔到　河里**

완성된 문장 **不要把垃圾扔到河里。**(쓰레기를 강에 버리지 마세요.)

어휘 **扔** rēng [동] 버리다, 던지다　**河** hé [명] 강, 하천　**垃圾** lājī [명] 쓰레기

6

대사	把	명사	동사+동사	명사+명사+了
我	**把**	**西红柿**	**放在**	**塑料袋里了。**
주어	把	행위의 대상	술어	기타성분

西红柿　放在　把　塑料袋里了　我　→

해석　나는 토마토를 비닐봉지 안에 넣었다.

해설　Step 1 제시된 어휘 중 把가 있으므로, 把자문을 완성해야 한다. 유일하게 동사를 포함하고 있는 '동사+동사' 형태의 放在 (~에 넣다)를 '술어+기타성분' 자리에 배치하고, 把를 술어 앞에 배치한다. 참고로, 在(~에)는 결과보어 형태의 기타성분이다. ⇨ **把　放在**

　　　Step 2 명사 西红柿(토마토)과 대사 我(나) 중 문맥상 술어 放(넣다)의 대상이 되는 西红柿을 把 다음 행위의 대상 자리에 배치하고, 我는 주어 자리에 배치한다. ⇨ **我　把　西红柿　放在**

　　　Step 3 남은 어휘인 '명사+명사+了' 형태의 塑料袋里了를 放在(~에 넣다) 뒤에 배치하여 문장을 완성한다.
　　　⇨ **我　把　西红柿　放在　塑料袋里了**

　　　완성된 문장 **我把西红柿放在塑料袋里了。**(나는 토마토를 비닐봉지 안에 넣었다.)

어휘　**西红柿** xīhóngshì 圆토마토　**放** fàng 圄넣다, 두다　**塑料袋** sùliàodài 圆비닐봉지

합격비책 08 ㅣ 被자문 완성하기 p.223

따라 읽으며 학습하기 ▶

1 他被老师的故事吸引住了。　　　　2 钱包被妹妹弄丢了。

3 这些建议都被他拒绝了。　　　　　4 巧克力蛋糕被我分成了四份。

5 昨天买的饼干到底被谁拿走了？　　6 这座森林被保护得很好。

1

대사	被	명사+的+명사	동사+동사+了
他	**被**	**老师的故事**	**吸引住了**
주어	被	행위의 주체	술어+결과보어+了
			기타성분

老师的故事　他　吸引住了　被　→

해석　그는 선생님의 이야기에 매료됐다.

해설　Step 1 제시된 어휘 중 被가 있으므로, 被자문을 완성해야 한다. 유일하게 동사를 포함하고 있는 '동사+동사+了' 형태의 吸引住了(매료시켰다)를 '술어+기타성분' 자리에 바로 배치하고, 被를 술어 앞에 배치한다. 참고로, 吸引住了에서 住는 확고함이나 안정됨을 나타내는 결과보어이다. ⇨ **被　吸引住了**

　　　Step 2 '명사+的+명사' 형태의 老师的故事(선생님의 이야기)과 대사 他(그) 중, 문맥상 술어 吸引의 주체가 되는 老师的故事을 被 뒤 행위의 주체 자리에 배치하고, 他를 주어 자리에 배치하여 문장을 완성한다.
　　　⇨ **他　被　老师的故事　吸引住了**

　　　완성된 문장 **他被老师的故事吸引住了。**(그는 선생님의 이야기에 매료됐다.)

어휘　**故事** gùshi 圆이야기　**吸引** xīyǐn 圄매료시키다, 끌어들이다

2

명사	被	명사	동사+동사+了
钱包	**被**	**妹妹**	**弄丢了。**
주어	被	행위의 주체	술어+결과보어+了
			기타성분

妹妹　被　钱包　弄丢了　→

해석　지갑은 여동생에 의해 잃어버려졌다.

해설　Step 1 제시된 어휘 중 被가 있으므로, 被자문을 완성해야 한다. 유일하게 동사를 포함하고 있는 '동사+동사+了' 형태의 弄丢了(잃어버렸다)를 '술어+기타성분' 자리에 바로 배치하고, 被를 술어 앞에 배치한다. 참고로, 弄丢了에서 丢는 결과보어이다. ⇨ **被　弄丢了**

　　　Step 2 명사 妹妹(여동생)와 钱包(지갑) 중, 문맥상 술어 弄의 주체가 되는 妹妹를 被 뒤 행위의 주체 자리에 배치하고, 钱包를

주어 자리에 배치하여 문장을 완성한다. ⇨ 钱包　被　妹妹　弄丢了

완성된 문장 **钱包被妹妹弄丢了。**(지갑은 여동생에 의해 잃어버려졌다.)

어휘　**钱包** qiánbāo 圐지갑　**弄丢** nòng diū 잃어버리다

3

			→	대사+양사+명사	부사	被+대사	동사+了
被他	这些建议　都　拒绝了			**这些建议**	**都**	**被他**	**拒绝了。**
				관형어+주어	부사어	被+행위의 주체	술어+了
							기타성분

해석　이 제안들은 모두 그에 의해 거절되었다.

해설　Step 1　제시된 어휘 중 被가 있으므로, 被자문을 완성해야 한다. 유일하게 동사를 포함하고 있는 '동사+了' 형태의 **拒绝了**
(거절했다)를 '술어+기타성분' 자리에 바로 배치하고, '被+대사' 형태의 **被他**(그에 의해)를 술어 앞에 배치한다. 참고로,
被他에서 他는 술어 拒绝의 행위의 주체이다. ⇨ 被他　拒绝了

　　　Step 2　'대사+양사+명사' 형태의 **这些建议**(이 제안들)를 '관형어+주어' 자리에 배치하고, 남은 어휘인 부사 **都**(모두)를 被 앞
부사어 자리에 배치하여 문장을 완성한다. ⇨ 这些建议　都　被他　拒绝了

완성된 문장 **这些建议都被他拒绝了。**(이 제안들은 모두 그에 의해 거절되었다.)

어휘　**建议** jiànyì 圐제안, 건의 圎제안하다, 건의하다　**拒绝** jùjué 圎거절하다

4

			→	명사+명사	被+대사	동사+동사+了	수사+양사
巧克力蛋糕	分成了　被我　四份			**巧克力蛋糕**	**被我**	**分成了**	**四份。**
				관형어+주어	被+행위의 주체	술어	기타성분

해석　초콜릿 케이크는 나로 인해 4개로 나눠졌다.

해설　Step 1　제시된 어휘 중 被가 있으므로, 被자문을 완성해야 한다. 유일하게 동사를 포함하고 있는 '동사+동사+了' 형태의 **分
成了**(~으로 나눴다)를 '술어+기타성분' 자리에 바로 배치하고, '被+대사' 형태의 **被我**(나에 의해)를 술어 앞에 배치한
다. 참고로, **分成了**에서 成은 '~이 되다'라는 뜻의 결과보어이다. ⇨ 被我　分成了

　　　Step 2　'명사+명사' 형태의 **巧克力蛋糕**(초콜릿 케이크)를 '관형어+주어' 자리에 배치하고, 남은 어휘인 '수사+양사' 형태의 **四
份**(4개)을 술어 뒤 기타성분으로 배치하여 문장을 완성한다. 참고로, **巧克力蛋糕**에서 巧克力는 蛋糕의 관형어이다.
　　　⇨ 巧克力蛋糕　被我　分成了　四份

완성된 문장 **巧克力蛋糕被我分成了四份。**(초콜릿 케이크는 나로 인해 4조각으로 나눠졌다.)

어휘　**巧克力** qiǎokèlì 圐초콜릿　**蛋糕** dàngāo 圐케이크　**分** fēn 圎나누다, 가르다　**份** fèn 圎개[추상적인 것을 세는 단위]

5

			→	명사+동사+的	명사+부사	被	대사	동사+동사+了
饼干到底	昨天买的　谁　拿走了　被			**昨天买的**	**饼干到底**	**被**	**谁**	**拿走了?**
				관형어	주어+부사어	被	행위의 주체	술어+결과보어+了
								기타성분

해석　어제 산 과자는 도대체 누가 가져간 거예요?

해설　Step 1　제시된 어휘 중 被가 있으므로, 被자문을 완성해야 한다. 유일하게 동사를 포함하고 있는 '동사+동사+了' 형태의 **拿
走了**(가져갔다)를 '술어+기타성분' 자리에 바로 배치하고, 被를 술어 앞에 배치한다. 참고로, **拿走了**에서 走는 결과
보어이다. ⇨ 被　拿走了

　　　Step 2　'명사+부사' 형태의 **饼干到底**(과자는 도대체)와 대사 **谁**(누구) 중, 문맥상 술어 拿의 주체가 되는 **谁**를 被 뒤 행위의 주
체 자리에 배치하고, **饼干到底**를 '주어+부사어' 자리에 배치한다. ⇨ 饼干到底　被　谁　拿走了

　　　Step 3　남은 어휘인 '명사+동사+的' 형태의 **昨天买的**(어제 산)를 주어 앞에 관형어로 배치한다. 의문대사 **谁**(누구)가 있으므
로 문장 끝에 물음표를 붙여 문장을 완성한다. ⇨ 昨天买的　饼干到底　被　谁　拿走了

완성된 문장 **昨天买的饼干到底被谁拿走了?**(어제 산 과자는 도대체 누가 가져간 거예요?)

어휘　**饼干** bǐnggān 圐과자, 비스킷　**到底** dàodǐ 圎도대체

6

					→	대사+양사	명사	被	동사+得	부사+형용사
很好	被	这座	森林	保护得		**这座**	**森林**	**被**	**保护得**	**很好。**
						관형어	주어	被	술어+得	정도보어
										기타성분

해석　이 숲은 잘 보호되었다.

해설　**Step 1**　제시된 어휘 중 被가 있으므로, 被자문을 완성해야 한다. 유일하게 동사를 포함하고 있는 '동사+得' 형태의 保护得
(~하게 보호하다)를 '술어+기타성분' 자리에 바로 배치하고, 被를 술어 앞에 배치한다. ⇨ 被　保护得

　　　Step 2　保护得(~하게 보호하다)에 정도보어를 이끄는 구조조사 得가 있으므로 '부사+형용사' 형태의 很好(좋다)를 '술어+得'
뒤 정도보어 자리에 배치한다. ⇨ 被　保护得　很好

　　　Step 3　남은 어휘인 '대사+양사' 형태의 这座(이)와 명사 森林(숲)을 这座森林(이 숲)으로 연결한 후 '관형어+주어' 자리에 배
치하여 문장을 완성한다. 참고로, 이 문장에서 행위의 주체는 생략되었다. ⇨ 这座　森林　被　保护得　很好

　　　완성된 문장　这座森林被保护得很好。(이 숲은 잘 보호되었다.)

어휘　**座** zuò 양[(도시, 건축물, 산 등) 비교적 크거나 고정된 물체를 세는 단위]　**森林** sēnlín 명 숲, 삼림　**保护** bǎohù 동 보호하다

합격비책 09 | 존현문 완성하기　p.227

따라 읽으며 학습하기 ▶

1　院子里有一棵葡萄树。　　　　　　2　桌子上放着一把钥匙。
3　餐厅的入口处有两个座位。　　　　4　冰箱里有一些饺子。
5　那边走过来一位护士。　　　　　　6　墙上挂着很多照片。

1

				→	명사+명사	동사	수사+양사	명사+명사
有	院子里	一棵	葡萄树		**院子里**	**有**	**一棵**	**葡萄树。**
					주어	술어	관형어	목적어

해석　정원 안에는 포도나무 한 그루가 있다.

해설　**Step 1**　제시된 어휘 중 존재함을 의미하는 동사 有(~이 있다)와 장소를 나타내는 '명사+명사' 형태의 院子里(정원 안)가 있으
므로, 존현문을 완성해야 한다. 동사 有를 술어 자리에 배치한다. ⇨ 有

　　　Step 2　장소를 나타내는 '명사+명사' 형태의 院子里(정원 안)를 주어 자리에 배치하고, '명사+명사' 형태의 葡萄树(포도나무)
를 '관형어+목적어' 자리에 배치한다. 참고로, 葡萄树에서 葡萄는 树의 관형어이다. ⇨ 院子里　有　葡萄树

　　　Step 3　남은 어휘인 '수사+양사' 형태의 一棵(한 그루)에서 棵(그루)는 나무를 세는 양사이므로 葡萄树(포도나무) 앞에 관형어
로 배치하여 문장을 완성한다. ⇨ 院子里　有　一棵　葡萄树

　　　완성된 문장　院子里有一棵葡萄树。(정원 안에는 포도나무 한 그루가 있다.)

어휘　**院子** yuànzi 명 정원, 뜰　**棵** kē 양 그루, 포기[식물을 세는 단위]　**葡萄** pútao 명 포도　**树** shù 명 나무

2

					→	명사	명사	동사+着	수사+양사	명사
一把	桌子	放着	上	钥匙		**桌子**	**上**	**放着**	**一把**	**钥匙。**
						주어		술어+着	관형어	목적어

해석　책상에 열쇠 한 개가 놓여 있다.

해설　**Step 1**　제시된 어휘 중 존재함을 의미하는 '동사+着' 형태의 放着(놓여 있다)와 방위사 上(위)이 있으므로, 존현문을 완성해야
한다. 放着를 '술어+着' 자리에 배치한다. ⇨ 放着

　　　Step 2　방위사 上(위)은 주로 다른 명사와 결합하여 쓰이므로 명사 桌子(책상)와 桌子上(책상에)으로 연결하여 주어 자리에
배치하고, 명사 钥匙(열쇠)을 목적어 자리에 배치한다. ⇨ 桌子　上　放着　钥匙

　　　Step 3　남은 어휘인 '수사+양사' 형태의 一把(한 개)에서 把(개)는 열쇠를 세는 양사이므로 목적어 钥匙(열쇠) 앞에 관형어로
배치하여 문장을 완성한다. ⇨ 桌子　上　放着　一把　钥匙

완성된 문장 **桌子上放着一把钥匙。**(책상에 열쇠 한 개가 놓여 있다.)

어휘 **把** bǎ 窗[손잡이·자루가 있는 기구를 세는 단위]　**放** fàng 图놓다, 두다　**钥匙** yàoshi 图열쇠

3

座位	餐厅的	有	入口处	两个

→

명사+的	명사+명사	동사	수사+양사	명사
餐厅的	**入口处**	**有**	**两个**	**座位。**
관형어	주어	술어	관형어	목적어

해석 식당 입구에 자리 두 개가 있다.

해설 **Step 1** 제시된 어휘 중 존재함을 나타내는 동사 **有**(~이 있다)와 장소를 나타내는 '명사+명사' 형태의 **入口处**(입구)가 있으므로 존현문을 완성해야 한다. 동사 **有**를 술어 자리에 배치한다. ⇨ 有

　　　Step 2 장소를 나타내는 '명사+명사' 형태의 **入口处**(입구)를 주어 자리에 배치하고, 명사 **座位**(자리)를 목적어 자리에 배치한다. ⇨ **入口处 有 座位**

　　　Step 3 남은 어휘 중 '명사+的' 형태의 **餐厅的**(식당의)를 주어 **入口处**(입구) 앞에 관형어로 배치하고, '수사+양사' 형태의 **两个**(두 개)는 목적어 **座位**(자리) 앞에 관형어로 배치하여 문장을 완성한다. ⇨ **餐厅的 入口处 有 两个 座位**

완성된 문장 **餐厅的入口处有两个座位。**(식당 입구에 자리 두 개가 있다.)

어휘 **座位** zuòwèi 图자리, 좌석　**餐厅** cāntīng 图식당　**入口处** rùkǒu chù 입구

4

冰箱里	一些	有	饺子

→

명사+명사	동사	수사+양사	명사
冰箱里	**有**	**一些**	**饺子。**
주어	술어	관형어	목적어

해석 냉장고 안에는 약간의 만두가 있다.

해설 **Step 1** 제시된 어휘 중 존재함을 의미하는 동사 **有**(~이 있다)와 장소를 나타내는 '명사+명사' 형태의 **冰箱里**(냉장고 안)가 있으므로 존현문을 완성해야 한다. 동사 **有**를 술어 자리에 배치한다. ⇨ 有

　　　Step 2 장소를 나타내는 '명사+명사' 형태의 **冰箱里**(냉장고 안)를 주어 자리에 배치하고, 명사 **饺子**(만두)를 목적어 자리에 배치한다. ⇨ **冰箱里 有 饺子**

　　　Step 3 남은 어휘인 '수사+양사' 형태의 **一些**(약간)를 목적어 **饺子**(만두) 앞에 관형어로 배치하여 문장을 완성한다.
　　　　⇨ **冰箱里 有 一些 饺子**

완성된 문장 **冰箱里有一些饺子。**(냉장고 안에는 약간의 만두가 있다.)

어휘 **冰箱** bīngxiāng 图냉장고　**一些** yìxiē 약간, 조금　**饺子** jiǎozi 图만두

5

走	护士	那边	过来	一位

→

명사	동사	동사	수사+양사	명사
那边	**走**	**过来**	**一位**	**护士。**
주어	술어	방향보어	관형어	목적어

해석 저쪽에서 간호사 한 명이 걸어온다.

해설 **Step 1** 제시된 어휘 중 나타남을 의미하는 동사 **过来**(오다)와 장소를 나타내는 명사 **那边**(저쪽)이 있으므로 존현문을 완성해야 한다. 동사 **走**(걷다)와 방향을 나타내는 동사 **过来**를 **走过来**(걸어오다)로 연결하여 '술어+방향보어' 자리에 배치한다. ⇨ **走 过来**

　　　Step 2 장소를 나타내는 명사 **那边**(저쪽)을 주어 자리에 배치하고, 명사 **护士**(간호사)을 목적어 자리에 배치한다.
　　　　⇨ **那边 走 过来 护士**

　　　Step 3 남은 어휘인 '수사+양사' 형태의 **一位**(한 명)에서 **位**(명)는 사람을 세는 양사이므로 목적어 **护士**(간호사) 앞에 관형어로 배치하여 문장을 완성한다. ⇨ **那边 走 过来 一位 护士**

완성된 문장 **那边走过来一位护士。**(저쪽에서 간호사 한 명이 걸어온다.)

어휘 **护士** hùshi 图간호사　**过来** guòlai 图오다, 다가오다

6

墙上　照片　很多　挂着	→	명사+명사	동사+着	부사+형용사	명사
		墙上	**挂着**	**很多**	**照片。**
		주어	술어+着	관형어	목적어

해석　벽에 많은 사진이 걸려 있다.

해설　Step 1　제시된 어휘 중 존재함을 의미하는 '동사+着' 형태의 挂着(걸려 있다)와 장소를 나타내는 '명사+명사' 형태의 墙上(벽에)이 있으므로 존현문을 완성해야 한다. 挂着를 '술어+着' 자리에 배치한다. ⇨ 挂着

　　　Step 2　장소를 나타내는 '명사+명사' 형태의 墙上(벽에)을 주어 자리에 배치하고, 명사 照片(사진)을 목적어 자리에 배치한다. ⇨ 墙上　挂着　照片

　　　Step 3　남은 어휘인 '부사+형용사' 형태의 很多(많다)를 목적어 照片(사진) 앞에 관형어로 배치하여 문장을 완성한다.
　　　　　　⇨ 墙上　挂着　很多　照片

　　　완성된 문장　墙上挂着很多照片。(벽에 많은 사진이 걸려 있다.)

어휘　墙 qiáng 圆벽　照片 zhàopiàn 圆사진　挂 guà 圆걸다

합격비책 10 | 연동문 완성하기　p.231

따라 읽으며 학습하기 ▶

1 我现在去邮局寄信。　　　　　2 爷爷经常用手机听广播。
3 我们中午去打乒乓球怎么样?　　4 许多人喜欢用生日作为密码。
5 我从来没有去郊区玩过。　　　　6 奶奶带小孙女去公园了。

1

寄信　我现在　邮局　去	→	대사+명사	동사	명사	동사+명사
		我现在	**去**	**邮局**	**寄信。**
		주어+부사어	술어1	목적어1	술어2+목적어2

해석　나는 지금 편지를 부치러 우체국에 간다.

해설　Step 1　술어가 될 수 있는 동사 寄(부치다)와 去(가다) 두 개이므로 연동문을 고려하여 문장을 완성해야 한다. 寄는 去라는 행위의 목적을 나타내므로 去를 술어1 자리에, '동사+명사' 형태의 寄信(편지를 부치다)을 '술어2+목적어2' 자리에 배치한다. ⇨ 去　寄信

　　　Step 2　'대사+명사' 형태의 我现在(나는 지금)를 '주어+부사어' 자리에 바로 배치하고, 남은 어휘인 명사 邮局(우체국)를 술어1 去 뒤 목적어1 자리에 배치하여 문장을 완성한다. 참고로, 现在(지금)와 같은 시간명사는 주어 뒤, 술어 앞에서 부사어가 될 수 있으므로 시간명사가 붙은 대사는 바로 주어 자리에 배치할 수 있다. ⇨ 我现在　去　邮局　寄信

　　　완성된 문장　我现在去邮局寄信。(나는 지금 편지를 부치러 우체국에 간다.)

어휘　寄 jì 圆부치다, 보내다　信 xìn 圆편지　邮局 yóujú 圆우체국

2

经常用　听广播　爷爷　手机	→	명사	부사+동사	명사	동사+명사
		爷爷	**经常用**	**手机**	**听广播。**
		주어	부사어+술어1	목적어1	술어2+목적어2

해석　할아버지는 자주 휴대폰으로 방송을 듣는다.

해설　Step 1　술어가 될 수 있는 동사가 用(사용하다)과 听(듣다) 두 개이므로 연동문을 고려하여 문장을 완성해야 한다. 用은 听이라는 행위의 수단이 될 수 있으므로 '부사+동사' 형태의 经常用(자주 사용하다)을 '부사어+술어1' 자리에, '동사+명사' 형태의 听广播(방송을 듣다)를 '술어2+목적어2' 자리에 배치한다. ⇨ 经常用　听广播

　　　Step 2　술어1 用(사용하다)의 문맥상 목적어로 어울리는 명사 手机(휴대폰)를 用 뒤 목적어1 자리에 배치하고, 남은 어휘인 명사 爷爷(할아버지)를 주어 자리에 배치하여 문장을 완성한다. ⇨ 爷爷　经常用　手机　听广播

　　　완성된 문장　爷爷经常用手机听广播。(할아버지는 자주 휴대폰으로 방송을 듣는다.)

어휘　经常 jīngcháng 圆자주, 늘　用 yòng 圆사용하다, 쓰다　广播 guǎngbō 圆(라디오·텔레비전) 방송圆방송하다
　　　爷爷 yéye 圆할아버지

3

						대사+명사	동사	동사	명사	대사
乒乓球	我们中午	打	去	怎么样	→	我们中午	去	打	乒乓球	怎么样?
						주어+부사어	술어1	술어2	목적어2	怎么样

해석　우리 점심에 탁구 치러 가는 게 어때요?

해설　**Step 1**　동사가 打(치다), 去(가다)와 대사 怎么样(어때요)이 술어가 될 수 있으므로 연동문을 고려하여 문장을 완성해야 한다. 打는 去라는 행위의 목적을 나타내므로 去를 술어1 자리에, 打를 술어2 자리에 배치한다. 怎么样은 문장 마지막에서 '~하는 게 어때요?'라는 의미로 사용되므로 문장의 끝에 배치한다. ⇒ 去　打　怎么样

　　　Step 2　'대사+명사' 형태의 我们中午(우리 점심에)를 '주어+부사어' 자리에 바로 배치하고, 남은 어휘인 명사 乒乓球(탁구)는 술어2 打(치다)와 문맥상 목적어로 어울리므로 打 뒤 목적어2 자리에 배치한다. 참고로, 中午(점심)와 같은 시간 명사는 주어 뒤, 술어 앞에서 부사어로 사용될 수 있으므로 시간명사가 붙은 대사는 주어 자리에 바로 배치할 수 있다. 의문대사 怎么样(어때요)이 있으므로 문장 끝에 물음표를 붙여 문장을 완성한다.

　　　⇒ 我们中午　去　打　乒乓球　怎么样

완성된 문장　我们中午去打乒乓球怎么样?(우리 점심에 탁구 치러 가는 게 어때요?)

어휘　乒乓球 pīngpāngqiú 몡탁구　中午 zhōngwǔ 몡점심, 정오

4

				형용사+명사	동사	동사+명사	동사+명사
作为密码	用生日	喜欢	许多人	→ 许多人	喜欢	用生日	作为密码。
				관형어+주어	술어	술어1+목적어1	술어2+목적어2
							목적어(연동문)

해석　매우 많은 사람이 생일을 비밀번호로 하는 것을 좋아한다.

해설　**Step 1**　술어가 될 수 있는 동사가 作为(~로 하다), 用(사용하다), 喜欢(좋아하다) 세 개이므로 연동문을 고려하여 문장을 완성해야 한다. 用은 作为라는 행위의 수단이 될 수 있으므로 '동사+명사' 형태의 用生日(생일을 사용하다)을 '술어1+목적어1' 자리에, '동사+명사' 형태의 作为密码(비밀번호로 하다)를 '술어2+목적어2' 자리에 배치한다.

　　　⇒ 用生日　作为密码

　　　Step 2　동사 喜欢(좋아하다)을 술어 자리에 배치한다. 이때, 用生日作为密码(생일을 비밀번호로 하다)는 연동문 형태의 목적어가 된다. ⇒ 喜欢　用生日　作为密码

　　　Step 3　남은 어휘인 '형용사+명사' 형태의 许多人(매우 많은 사람)을 '관형어+주어' 자리에 배치하여 문장을 완성한다.

　　　⇒ 许多人　喜欢　用生日　作为密码

완성된 문장　许多人喜欢用生日作为密码。(매우 많은 사람이 생일을 비밀번호로 하는 것을 좋아한다.)

어휘　作为 zuòwéi 동~로 하다, ~로 여기다　密码 mìmǎ 몡비밀번호　用 yòng 동사용하다, 쓰다　许多 xǔduō 윤매우 많다

5

			대사+부사	부사	동사+명사	동사+过
我从来	玩过	去郊区	没有	→ 我从来	没有	去郊区	玩过。
			주어	부사어	술어1+목적어1	술어2+过

해석　나는 지금까지 교외에 가서 논 적이 없다.

해설　**Step 1**　술어가 될 수 있는 동사가 玩(놀다)과 去(가다) 두 개이므로 연동문을 고려하여 문장을 완성해야 한다. 玩은 去라는 행위의 목적을 나타내므로 '동사+명사' 형태의 去郊区(교외에 가다)를 '술어1+목적어1' 자리에, '동사+过' 형태의 玩过(논 적이 있다)를 '술어2+过' 자리에 배치한다. ⇒ 去郊区　玩过

　　　Step 2　'대사+부사' 형태의 我从来(나는 지금까지)를 '주어+부사어' 자리에 바로 배치하고, 남은 어휘인 부사 没有를 술어1 去(가다) 앞 부사어 자리에 배치하여 문장을 완성한다. 참고로, 연동문에서 부사는 주로 술어1 앞에서 부사어로 쓰인다. ⇒ 我从来　没有　去郊区　玩过

완성된 문장　我从来没有去郊区玩过。(나는 지금까지 교외에 가서 논 적이 없다.)

어휘　从来 cónglái 윤지금까지, 여태껏　郊区 jiāoqū 몡교외, (도시의) 변두리

6

		명사	동사+형용사+명사	동사	명사+了
去 带小孙女 公园了 奶奶	→	**奶奶**	**带小孙女**	**去**	**公园了。**
		주어	술어1+관형어+목적어1	술어2	목적어2+了

해석 할머니는 어린 손녀를 데리고 공원에 갔다.

해설 Step 1 술어가 될 수 있는 동사가 去(가다)와 带(데리다) 두 개이므로 연동문을 고려하여 문장을 완성해야 한다. 去와 문맥상 목적어로 어울리는 명사 公园(공원)을 포함한 '명사+了' 형태의 公园了를 去公园了(공원에 갔다)로 연결한다. '동사+형용사+명사' 형태의 带小孙女(어린 손녀를 데리다)라는 행위와 去公园了(공원에 갔다)라는 행위는 연속적으로 발생하므로 带小孙女를 '술어1+관형어+목적어1' 자리에, 去公园了를 '술어2+목적어2+了'자리에 배치한다.
⇒ 带小孙女 去 公园了

Step 2 남은 어휘인 명사 奶奶(할머니)를 주어 자리에 배치하여 문장을 완성한다. ⇒ 奶奶 带小孙女 去 公园了

완성된 문장 奶奶带小孙女去公园了。(할머니는 어린 손녀를 데리고 공원에 갔다.)

어휘 带 dài 圐데리다, 가지다 孙女 sūnnǚ 圕손녀 公园 gōngyuán 圕공원 奶奶 nǎinai 圕할머니

합격비책 11 | 겸어문 완성하기 p.235

따라 읽으며 학습하기 ▶

1 他们的爱情故事真让人感动。
2 他能让我感到开心。
3 按时吃饭的习惯使人身体健康。
4 老师提醒我们不要骄傲。
5 老板让大家交申请书。
6 王老师让我通知大家9点出发。

1

		대사+的	명사+명사	부사+동사+명사	동사
真让人 感动 他们的 爱情故事	→	**他们的**	**爱情故事**	**真让人**	**感动。**
		관형어	주어1	부사어+술어1+겸어	술어2
				목적어1/주어2	

해석 그들의 러브스토리는 정말 사람을 감동시킨다.

해설 Step 1 제시된 어휘 중 사역동사 让이 있으므로, 겸어문을 완성해야 한다. 让이 있는 '부사+동사+명사' 형태의 真让人(정말 사람을 ~하게 하다)을 '부사어+술어1+겸어' 자리에 배치한다. ⇒ 真让人

Step 2 동사 感动(감동하다)을 술어2 자리에 배치한다. ⇒ 真让人 感动

Step 3 남은 어휘 중 '명사+명사' 형태의 爱情故事(러브스토리)을 '관형어+주어1' 자리에, '대사+的' 형태의 他们的(그들의)를 爱情故事 앞에 관형어로 배치하여 문장을 완성한다. ⇒ 他们的 爱情故事 真让人 感动

완성된 문장 他们的爱情故事真让人感动。(그들의 러브스토리는 정말 사람을 감동시킨다.)

어휘 感动 gǎndòng 圐감동하다, 감동시키다 爱情故事 àiqíng gùshi 러브스토리, 사랑 이야기

2

		대사	조동사+동사+대사	동사	형용사
能让我 他 开心 感到	→	**他**	**能让我**	**感到**	**开心。**
		주어1	부사어+술어1+겸어	술어2	목적어2
			목적어1/주어2		

해석 그는 내가 즐겁다고 느끼게 할 수 있다.

해설 Step 1 제시된 어휘 중 사역동사 让이 있으므로, 겸어문을 완성해야 한다. 让이 있는 '조동사+동사+대사' 형태의 能让我(나를 ~하게 할 수 있다)를 '부사어+술어1+겸어' 자리에 배치한다. ⇒ 能让我

Step 2 남은 어휘 중 형용사 开心(즐겁다)과 동사 感到(느끼다)를 感到开心(즐겁다고 느끼다)으로 연결하여 '술어2+목적어2' 자리에 배치한다. ⇒ 能让我 感到 开心

Step 3 남은 어휘인 대사 他(그)를 주어1 자리에 배치하여 문장을 완성한다. ⇒ 他 能让我 感到 开心

완성된 문장 他能让我感到开心。(그는 내가 즐겁다고 느끼게 할 수 있다.)

어휘 开心 kāixīn 圐즐겁다, 기쁘다 感到 gǎndào 圐느끼다, 여기다

3

习惯　按时吃饭的　使人　身体　健康 →	부사+동사+명사+的 **按时吃饭的** 관형어	명사 **习惯** 주어1	동사+명사 **使人** 술어1+겸어 목적어1/주어2	명사 **身体** 주어 술어2	형용사 **健康。** 술어

해석　제때 밥을 먹는 습관은 사람의 몸을 건강하게 한다.

해설　**Step 1**　제시된 어휘 중 사역동사 使이 있으므로, 겸어문을 완성해야 한다. 使이 있는 '동사+명사' 형태의 使人(사람을 ~하게 하다)을 '술어1+겸어' 자리에 배치한다. ⇨ 使人

　　　　Step 2　남은 어휘 중 술어가 될 수 있는 어휘는 형용사 健康(건강하다)인데, 주어가 될 수 있는 명사가 习惯(습관), 身体(몸) 2개이므로 주술구 술어를 고려하여 문장을 완성한다. 健康과 문맥상 주어로 어울리는 身体를 身体健康(몸이 건강하다)이라는 주술구 형태로 연결한 후 술어2 자리에 배치하고, 남은 명사 习惯은 주어1 자리에 배치한다.

　　　　　　⇨ 习惯　使人　身体　健康

　　　　Step 3　남은 어휘인 '부사+동사+명사+的' 형태의 按时吃饭的(제때 밥을 먹는)를 주어1 앞에 관형어로 배치하여 문장을 완성한다. ⇨ 按时吃饭的　习惯　使人　身体　健康

　　　　완성된 문장 按时吃饭的习惯使人身体健康。(제때 밥을 먹는 습관은 사람의 몸을 건강하게 한다.)

어휘　习惯 xíguàn 圆 습관　按时 ànshí 제때, 시간 맞추어　健康 jiànkāng 圆 건강하다

4

老师　骄傲　提醒我们　不要 →	명사 **老师** 주어1	동사+대사 **提醒我们** 술어1+겸어 목적어1/주어2	부사 **不要** 부사어	형용사 **骄傲。** 술어2

해석　선생님은 우리에게 거만해지지 말라고 주의를 주었다.

해설　**Step 1**　제시된 어휘 중 형용사 骄傲(거만하다)와 동사 提醒(주의를 주다)이 술어로 쓰일 수 있는데, 동사 提醒이 '(~에게 ~하도록) 주의를 주다'라는 의미로 쓰일 수 있으므로 겸어문을 고려하여 문장을 완성해야 한다. '동사+대사' 형태의 提醒我们(우리에게 ~하도록 주의를 주다)을 '술어1+겸어' 자리에 배치한다. ⇨ 提醒我们

　　　　Step 2　형용사 骄傲(거만하다)를 술어2 자리에 배치한다. ⇨ 提醒我们　骄傲

　　　　Step 3　남은 어휘 중 명사 老师(선생님)을 주어1 자리에 배치하고, 남은 어휘인 부사 不要(~하지 마라)를 술어2 앞에 부사어로 배치하여 문장을 완성한다. 참고로, '~하지 마라'를 의미하는 不要는 술어2 앞에 온다.

　　　　　　⇨ 老师　提醒我们　不要　骄傲

　　　　완성된 문장 老师提醒我们不要骄傲。(선생님은 우리에게 거만해지지 말라고 주의를 주었다.)

어휘　骄傲 jiāo'ào 圆 거만하다, 자랑스럽다　提醒 tíxǐng 圆 주의를 주다, 일깨우다

5

交　让大家　申请书　老板 →	명사 **老板** 주어1	동사+대사 **让大家** 술어1+겸어 목적어1/주어2	동사 **交** 술어2	동사+명사 **申请书。** 목적어2

해석　사장은 모두에게 신청서를 제출하도록 했다.

해설　**Step 1**　제시된 어휘 중 사역동사 让이 있으므로, 겸어문을 완성해야 한다. 让이 있는 '동사+대사' 형태의 让大家(모두에게 ~하게 하다)를 '술어1+겸어' 자리에 배치한다. ⇨ 让大家

　　　　Step 2　동사 交(제출하다)를 술어2 자리에 배치한다. ⇨ 让大家　交

　　　　Step 3　'동사+명사' 형태의 申请书(신청서)와 명사 老板(사장) 중 술어1 让(~에게 ~하게 하다)과 문맥상 주어로 어울리는 老板을 주어1 자리에, 술어2 交(제출하다)와 문맥상 목적어로 어울리는 申请书를 목적어2 자리에 배치하여 문장을 완성한다. ⇨ 老板　让大家　交　申请书

　　　　완성된 문장 老板让大家交申请书。(사장은 모두에게 신청서를 제출하도록 했다.)

어휘　申请书 shēnqǐng shū 신청서　老板 lǎobǎn 圆 사장

6

让我　通知大家　9点出发　王老师　→

명사	동사+대사	동사+대사	명사+동사
王老师	**让我**	**通知大家**	**9点出发。**
주어1	술어1+겸어	술어2+겸어	부사어+술어3
	목적어1/주어2	목적어2/주어3	

해석　왕 선생님은 나에게 모두에게 9시에 출발하도록 통지하라고 했다.

해설　Step 1　제시된 어휘 중 사역동사 让이 있으므로, 겸어문을 완성해야 한다. 让이 있는 '동사+대사' 형태의 让我(나에게 ~하게 하다)를 '술어1+겸어' 자리에 배치한다. ⇒ **让我**

Step 2　남은 어휘 중 동사 通知(통지하다)과 出发(출발하다)가 술어로 쓰일 수 있는데, 동사 通知이 '(~에게 ~하도록) 통지하다'라는 의미로 쓰일 수 있으므로 通知大家(모두에게 통지하다)를 '술어2+겸어' 자리에, 9点出发(9시에 출발하다)를 '부사어+술어3' 자리에 배치한다. 참고로, 通知大家에서 大家(모두)는 술어2 通知(통지하다)의 목적어2가 되면서 술어3인 出发의 주어3이 되는 겸어이다. ⇒ **让我　通知大家　9点出发**

Step 3　남은 어휘인 명사 王老师(왕 선생님)을 주어1 자리에 배치하여 문장을 완성한다.
⇒ **王老师　让我　通知大家　9点出发**

완성된 문장　**王老师让我通知大家9点出发。**(왕 선생님은 나에게 모두에게 9시에 출발하도록 통지하라고 했다.)

어휘　通知 tōngzhī 통 통지하다, 알리다　出发 chūfā 통 출발하다

합격비책 12 | 是……的 강조구문 완성하기　p.239

따라 읽으며 학습하기 ▶

1　这位师傅是去年六月招聘进来的。
2　你是怎样解决困难的?
3　他们是为这个目的来的。
4　同事是从办公室出发的。
5　高烧是由什么引起的?
6　警察是从昨天开始怀疑那位顾客的。

1

是　这位师傅　招聘进来　的　去年六月　→

대사+양사+명사	是	명사+명사	동사+동사	的
这位师傅	**是**	**去年六月**	**招聘进来**	**的。**
관형어+주어	是	강조내용	술어	的

해석　이 선생님은 작년 6월에 채용되어 왔다.

해설　Step 1　제시된 어휘 중 是과 的가 있으므로, 是……的 강조구문을 완성해야 한다. '동사+동사' 형태의 招聘进来(채용되어 오다)를 是와 的 사이에 술어로 배치한다. ⇒ **是　招聘进来　的**

Step 2　'대사+양사+명사' 형태의 这位师傅(이 선생님)를 是 앞 '관형어+주어' 자리에 배치한다.
⇒ **这位师傅　是　招聘进来　的**

Step 3　남은 어휘인 '명사+명사' 형태의 去年六月(작년 6월)를 是 뒤에 강조내용으로 배치하여 문장을 완성한다.
⇒ **这位师傅　是　去年六月　招聘进来　的**

완성된 문장　**这位师傅是去年六月招聘进来的。**(이 선생님은 작년 6월에 채용되어 왔다.)

어휘　师傅 shīfu 명 선생님, 기사, 아저씨　招聘 zhāopìn 통 채용하다, 초빙하다

2

怎样解决　困难的　你　是　→

대사	是	대사+동사	명사+的
你	**是**	**怎样解决**	**困难的?**
주어	是	강조내용+술어	목적어+的

해석　당신은 어떻게 어려움을 해결했나요?

해설　Step 1　제시된 어휘 중 是과 的가 있으므로, 是……的 강조구문을 완성해야 한다. '대사+동사' 형태의 怎样解决(어떻게 해결하다)를 是과 困难的 사이 '강조내용+술어' 자리에 배치한다. 참고로, 困难的에서 困难(어려움)은 목적어이다.
⇒ **是　怎样解决　困难的**

Step 2　남은 어휘인 대사 你(당신)를 주어로 배치한다. 의문대사 怎样(어떻게)이 있으므로, 문장 끝에 물음표를 붙여 문장을

완성한다. ⇨ 你 是 怎样解决 困难的

완성된 문장 你是怎样解决困难的？(당신은 어떻게 어려움을 해결했나요?)

어휘 **怎样** zěnyàng 데 어떻게, 어떠하다 　 **解决** jiějué 통 해결하다, 풀다 　 **困难** kùnnan 명 어려움, 빈곤 형 곤란하다, 어렵다

3

来的 　 为这个 　 目的 　 他们是 　 ⇨

대사+是	개사+대사	명사	동사+的
他们是	为这个	目的	来的。
주어+是		강조내용	술어+的

해석 　 그들은 이 목적을 위해 왔다.

해설 　 Step 1 　 제시된 어휘 중 是과 的가 있으므로, 是……的 강조구문을 완성해야 한다. 是이 포함된 他们是(그들은)을 '주어+是' 자리에, '동사+的' 형태의 来的(오다)를 '술어+的' 자리에 배치한다. ⇨ 他们是　来的

　　　 Step 2 　 남은 어휘 중 '개사+대사' 형태의 为这个(이 ~를 위해)와 명사 目的(목적)를 为这个目的(이 목적을 위해)로 연결한 후 是 뒤에 강조내용으로 배치하여 문장을 완성한다. ⇨ 他们是　为这个　目的　来的

완성된 문장 他们是为这个目的来的。(그들은 이 목적을 위해 왔다.)

어휘 　 **为** wèi 개 ~을 위해, ~에게 　 **目的** mùdì 명 목적

4

出发的 　 从 　 同事是 　 办公室 　 ⇨

명사+是	개사	명사	동사+的
同事是	从	办公室	出发的。
주어+是		강조내용	술어+的

해석 　 동료는 사무실에서 출발했다.

해설 　 Step 1 　 제시된 어휘 중 是과 的가 있으므로, 是……的 강조구문을 완성해야 한다. 是이 포함된 同事是(동료는)을 '주어+是' 자리에, '동사+的' 형태의 出发的(출발하다)를 '술어+的' 자리에 배치한다. ⇨ 同事是　出发的

　　　 Step 2 　 남은 어휘 중 개사 从(~에서)과 명사 办公室(사무실)를 从办公室(사무실에서)로 연결한 후 是 뒤에 강조내용으로 배치하여 문장을 완성한다. ⇨ 同事是　从　办公室　出发的

완성된 문장 同事是从办公室出发的。(동료는 사무실에서 출발했다.)

어휘 　 **出发** chūfā 통 출발하다 　 **同事** tóngshì 명 동료 　 **办公室** bàngōngshì 명 사무실

5

高烧是 　 引起的 　 什么 　 由 　 ⇨

명사+是	개사	대사	동사+的
高烧是	由	什么	引起的？
주어+是		강조내용	술어+的

해석 　 고열은 무엇이 야기했나요?

해설 　 Step 1 　 제시된 어휘 중 是과 的가 있으므로, 是……的 강조구문을 완성해야 한다. 是이 포함된 高烧是(고열은)을 '주어+是' 자리에, '동사+的' 형태의 引起的(야기하다)를 '술어+的' 자리에 배치한다. ⇨ 高烧是　引起的

　　　 Step 2 　 남은 어휘 중 대사 什么(무엇)와 개사 由(~이)를 由什么(무엇이)로 연결한 후 是 뒤에 강조내용으로 배치하여 문장을 완성한다. 의문대사 什么가 있으므로, 문장 끝에 물음표를 붙여 문장을 완성한다. ⇨ 高烧是　由　什么　引起的

완성된 문장 高烧是由什么引起的？(고열은 무엇이 야기했나요?)

어휘 　 **高烧** gāoshāo 명 고열 　 **引起** yǐnqǐ 통 야기하다, (주의를) 끌다 　 **由** yóu 개 ~이, ~에서

6

开始怀疑 　 从昨天 　 的 　 警察是 　 那位顾客 　 ⇨

명사+是	개사+명사	동사+동사	대사+양사+명사	的
警察是	从昨天	开始怀疑	那位顾客	的。
주어+是	강조내용	술어 술어	관형어+목적어	的
			목적어(술목구)	

해석 　 경찰은 어제부터 그 고객을 의심하기 시작했다.

해설 　 Step 1 　 제시된 어휘 중 是과 的가 있으므로, 是……的 강조구문을 완성해야 한다. 是이 포함된 警察是(경찰은)을 '주어+是' 자리에, '동사+동사' 형태의 开始怀疑(의심하기 시작하다)를 警察是과 的 사이 '술어+목적어' 자리에 배치한다.

　　　　　⇨ 警察是　开始怀疑　的

Step2 怀疑(의심하다)와 문맥상 목적어로 어울리는 명사 顾客(고객)가 포함된 '대사+양사+명사' 형태의 那位顾客(그 고객)를 '관형어+목적어' 자리에 배치한다. 참고로, 怀疑那位顾客(그 고객을 의심하다)는 开始(시작하다)의 술목구 목적어가 된다. ⇒ 警察是 开始怀疑 那位顾客 的

Step3 남은 어휘인 '개사+명사' 형태의 从昨天(어제부터)을 뒤에 강조내용으로 배치하여 문장을 완성한다.

⇒ 警察是 从昨天 开始怀疑 那位顾客 的

완성된 문장 警察是从昨天开始怀疑那位顾客的。(경찰은 어제부터 그 고객을 의심하기 시작했다.)

어휘 开始 kāishǐ 圖시작하다 怀疑 huáiyí 圖의심하다 警察 jǐngchá 圖경찰 顾客 gùkè 圖고객

합격비책 13 | 比자문 완성하기 p.243

따라 읽으며 학습하기 ▶

1 那份资料的内容比这份还复杂。

2 他们公司的规定比原来更加严格了。

3 我的生意没有以前那么好。

4 我觉得他比我更了解情况。

5 他的普通话跟中国人一样标准。

6 这个眼镜的质量比那个差很多。

1

这份 复杂 还 那份资料的内容 比 →

대사+양사+명사+的+명사	比	대사+양사	부사	형용사
那份资料的内容	比	这份	还	复杂。
관형어+주어	比	비교대상	부사어	술어

해석 그 자료의 내용은 이것보다 더 복잡하다.

해설 Step1 제시된 어휘 중 比가 있으므로, 比자문을 완성해야 한다. 제시된 어휘 중 유일한 형용사 复杂(복잡하다)를 술어 자리에 바로 배치하고, 比를 술어 앞에 배치한다. ⇒ 比 复杂

Step2 술어 复杂(복잡하다)와 문맥상 주어로 어울리는 '대사+양사+명사+的+명사' 형태의 那份资料的内容(그 자료의 내용)을 '관형어+주어' 자리에 배치하고, 那份资料的内容과 비교대상으로 자연스러운 '대사+양사' 형태의 这份(이것)은 比 다음 비교대상 자리에 배치한다. ⇒ 那份资料的内容 比 这份 复杂

Step3 남은 어휘인 부사 还(더)를 술어 复杂(복잡하다) 앞에 부사어로 배치하여 문장을 완성한다.

⇒ 那份资料的内容 比 这份 还 复杂

완성된 문장 那份资料的内容比这份还复杂。(그 자료의 내용은 이것보다 더 복잡하다.)

어휘 份 fèn 圖부, 권[신문·잡지·문건 등을 세는 단위] 复杂 fùzá 圖복잡하다 资料 zīliào 圖자료 内容 nèiróng 圖내용

2

比原来 他们公司的 严格了 规定 更加 →

대사+명사+的	명사	比+명사	부사	형용사+了
他们公司的	规定	比原来	更加	严格了。
관형어	주어	比+비교대상	부사어	술어+了

해석 그들 회사의 규정은 원래보다 더욱 엄격해졌다.

해설 Step1 제시된 어휘 중 比가 있으므로, 比자문을 완성해야 한다. 제시된 어휘 중 유일하게 형용사를 포함하고 있는 '형용사+了' 형태의 严格了(엄격해졌다)를 '술어+了' 자리에 배치하고, 比가 포함된 比原来(원래보다)를 술어 앞에 배치한다. ⇒ 比原来 严格了

Step2 명사 规定(규정)을 주어 자리에 바로 배치한다. ⇒ 规定 比原来 严格了

Step3 남은 어휘 중 '대사+명사+的' 형태의 他们公司的(그들 회사의)는 주어 规定(규정) 앞에 관형어로 배치하고, 부사 更加(더욱)는 술어 严格(엄격하다) 앞에 부사어로 배치하여 문장을 완성한다.

⇒ 他们公司的 规定 比原来 更加 严格了

완성된 문장 他们公司的规定比原来更加严格了。(그들 회사의 규정은 원래보다 더욱 엄격해졌다.)

어휘 原来 yuánlái 圖원래 严格 yángé 圖엄격하다 规定 guīdìng 圖규정 更加 gèngjiā 圖더욱

3

我的	那么好	没有以前	生意	→	대사+的	명사	没有+명사	대사+형용사
					我的	**生意**	**没有以前**	**那么好。**
					관형어	주어	没有+비교대상	부사어+술어

해석　내 사업은 예전만큼 그렇게 좋지 않다.

해설　**Step 1**　제시된 어휘 중 没有와 那么(그렇게)가 있으므로, '주어+没有+비교대상+那么+술어(~만큼 그렇게 ~하지 않다)' 형태의 비교문을 완성해야 한다. '대사+형용사' 형태인 那么好(그렇게 좋다)를 '부사어+술어' 자리에 바로 배치하고, '没有+명사' 형태의 没有以前(예전만큼 ~하지 않다)을 술어 앞에 배치한다. ⇨ 没有以前　那么好

　　　　Step 2　명사 生意(사업)를 주어 자리에 바로 배치한다. ⇨ 生意　没有以前　那么好

　　　　Step 3　남은 어휘인 '대사+的' 형태의 我的(내)를 주어 生意(사업) 앞에 관형어로 배치하여 문장을 완성한다.
　　　　　　⇨ 我的　生意　没有以前　那么好

　　　　완성된 문장　我的生意没有以前那么好。(내 사업은 예전만큼 그렇게 좋지 않다.)

어휘　**那么** nàme 떼 그렇게　**以前** yǐqián 멤 예전, 과거　**生意** shēngyi 멤 사업, 장사

4

我觉得	情况	更了解	比我	他	→	대사+동사	대사	比+대사	부사+동사	명사
						我觉得	**他**	**比我**	**更了解**	**情况。**
						주어+술어	주어	比+비교대상	부사어+술어	목적어
									목적어(주술목구)	

해석　나는 그가 나보다 상황을 더 잘 이해한다고 생각한다.

해설　**Step 1**　제시된 어휘 중 比가 있으므로, 比자문을 완성해야 한다. '대사+동사' 형태의 我觉得(나는 ~라고 생각한다)와 '부사+동사' 형태의 更了解(더 이해하다) 중, 我觉得를 '주어+술어' 자리에 바로 배치한다. 참고로, 我觉得의 동사 觉得(~라고 생각하다)는 주술구, 술목구를 목적어로 취할 수 있으므로 다른 동사와 함께 제시되더라도 술어 자리에 바로 배치할 수 있다.
　　　　　　⇨ 我觉得

　　　　Step 2　술어가 觉得(~라고 생각하다)이므로 주술구 또는 술목구 목적어를 완성한다. '부사+동사' 형태의 更了解(더 이해하다)를 '부사어+술어' 자리에 배치하고, 比가 포함된 比我(나보다)를 更了解 앞에 배치한다. 문맥상 了解(이해하다)의 주어가 되는 대사 他(그), 목적어가 되는 명사 情况(상황)과 함께 他比我更了解情况(그는 나보다 상황을 더 잘 이해하다)이라는 주술목구 형태로 연결한 후 술어 觉得(~라고 생각하다)뒤에 목적어로 배치하여 문장을 완성한다.
　　　　　　⇨ 我觉得　他　比我　更了解　情况

　　　　완성된 문장　我觉得他比我更了解情况。(나는 그가 나보다 상황을 더 잘 이해한다고 생각한다.)

어휘　**情况** qíngkuàng 멤 상황　**更** gèng 閂 더, 더욱　**了解** liǎojiě 통 이해하다, 잘 알다

5

他的普通话	标准	一样	中国人	跟	→	대사+的+명사	跟	명사	一样	형용사
						他的普通话	**跟**	**中国人**	**一样**	**标准。**
						관형어+주어	跟	비교대상	一样	술어

해석　그의 푸통화는 중국인처럼 표준적이다.

해설　**Step 1**　제시된 어휘 중 跟(~와)과 一样(같다)이 있으므로 '주어+跟+비교대상+一样+술어(~처럼 ~하다)' 형태의 비교문을 완성해야 한다. 제시된 어휘 중 유일한 형용사 标准(표준적이다)을 술어 자리에 바로 배치하고, 跟과 一样을 술어 앞에 배치한다. ⇨ 跟　一样　标准

　　　　Step 2　'대사+的+명사' 형태의 他的普通话(그의 푸통화)와 명사 中国人(중국인) 중 술어 标准(표준적이다)과 문맥상 주어로 어울리는 他的普通话를 '관형어+주어' 자리에 배치하고, 他的普通话와 비교대상으로 자연스러운 中国人은 跟 다음 비교대상 자리에 배치하여 문장을 완성한다. ⇨ 他的普通话　跟　中国人　一样　标准

　　　　완성된 문장　他的普通话跟中国人一样标准。(그의 푸통화는 중국인처럼 표준적이다.)

어휘　**普通话** pǔtōnghuà 멤 푸통화, (중국어의) 표준어　**标准** biāozhǔn 혱 표준적이다　**一样** yíyàng 혱 같다

6

这个眼镜的	比	差很多	那个	质量	→	대사+양사+명사+的	명사	比	대사+양사	형용사+부사+형용사
						这个眼镜的	**质量**	**比**	**那个**	**差很多。**
						관형어	주어	比	비교대상	술어+보어

해석 　이 안경의 품질은 그것보다 많이 나쁘다.

해설 　**Step 1** 　제시된 어휘 중 比가 있으므로, 比자문을 완성해야 한다. 유일하게 형용사를 포함하고 있는 '형용사+부사+형용사' 형태의 差很多(많이 나쁘다)를 '술어+보어' 자리에 바로 배치하고, 比를 술어 앞에 배치한다. ⇨ 比　差很多

　　　　Step 2 　제시된 어휘 중 유일한 명사 质量(품질)을 주어 자리에 바로 배치하고, 문맥상 주어 质量의 비교 대상으로 자연스러운 '대사+양사' 형태의 那个(그것)를 比 다음 비교대상 자리에 배치한다. ⇨ 质量　比　那个　差很多

　　　　Step 3 　남은 어휘인 '대사+양사+명사+的' 형태의 这个眼镜的(이 안경의)를 주어 质量(품질) 앞에 관형어로 배치하여 문장을 완성한다. ⇨ 这个眼镜的　质量　比　那个　差很多

　　　　완성된 문장 　**这个眼镜的质量比那个差很多。**(이 안경의 품질은 그것보다 많이 나쁘다.)

어휘 　眼镜 yǎnjìng 몡안경　差 chà 톙나쁘다　质量 zhìliàng 몡품질

제1부분 **실전테스트** p.244

따라 읽으며 학습하기 ▶

[테스트 1]

1 导游提醒大家注意安全。　　　　　　2 交流可以拉近人与人的距离。
3 他们的关系发展得很顺利。　　　　　4 他经常会想起童年时的朋友。
5 我们还得去超市买几盒小吃呢。　　　6 王老师把黑板擦得特别干净。
7 果汁被孙女喝光了。　　　　　　　　8 今年的奖金是去年的三倍。
9 我整理一下调查结果。　　　　　　　10 大使馆的这次演出非常成功。

[테스트 2]

1 我们尊重作者提出的意见。　　　　　2 他的技术是在互联网上学习到的。
3 饺子的味道稍微咸了点儿。　　　　　4 把那些瓶子全都扔进垃圾袋里。
5 你应该提前安排好假期的计划。　　　6 让我们为成功而努力吧。
7 国际关系会随着时间不停地变化。　　8 小林乒乓球打得很棒。
9 楼上的房间被房东租出去了。　　　　10 这几种植物可以有效减轻空气污染。

[테스트 1]

1

注意　提醒大家　导游　安全　→

명사	동사+대사	동사	형용사
导游	**提醒大家**	**注意**	**安全。**
주어1	술어1+겸어	술어2	목적어2
	목적어1/주어2		

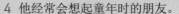
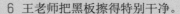

해석 　가이드는 모두에게 안전에 주의하라고 경고했다.

해설 　**Step 1** 　제시된 어휘 중 동사 注意(주의하다), 提醒(경고하다)과 형용사 安全(안전하다)이 술어로 쓰일 수 있는데, 동사 提醒이 '(~에게 ~하도록) 경고하다'라는 의미로 쓰일 수 있으므로 겸어문을 고려하여 문장을 완성해야 한다. '동사+대사' 형태의 提醒大家(모두에게~하도록 경고하다)를 '술어1+겸어' 자리에 배치한다. ⇨ 提醒大家

　　　　Step 2 　명사 导游(가이드)를 주어1 자리에 배치하고, 남은 어휘인 동사 注意(주의하다)와 형용사 安全(안전하다)을 注意安全(안전에 주의하다)으로 연결한 후 '술어2+목적어2' 자리에 배치하여 문장을 완성한다.

　　　　　　⇨ 导游　提醒大家　注意　安全

　　　　완성된 문장 　**导游提醒大家注意安全。**(가이드는 모두에게 안전에 주의하라고 경고했다.)

어휘 　注意 zhùyì 툉주의하다, 조심하다　提醒 tíxǐng 툉경고하다, 주의를 주다　导游 dǎoyóu 몡가이드　安全 ānquán 톙안전하다

2

	距离	交流	人与人的	可以拉近	→	동사 **交流** 주어	조동사+동사+형용사 **可以拉近** 부사어+술어+보어	명사+접속사+명사+的 **人与人的** 관형어	명사 **距离。** 목적어

해석   교류하는 것은 사람과 사람의 거리를 가깝게 해줄 수 있다.

해설   **Step 1**   제시된 어휘 중 '조동사+동사+형용사' 형태의 **可以拉近**(가깝게 해줄 수 있다)을 '부사어+술어+보어' 자리에 바로 배치한다. 참고로, 조동사는 술어 앞에서 부사어로 쓰이므로 조동사 뒤에 붙은 동사는 술어 자리에 바로 배치할 수 있다. ⇨ 可以拉近

       Step 2   拉近(가깝게 하다)과 문맥상 목적어로 어울리는 명사 **距离**(거리)를 목적어 자리에 배치하고, 동사 **交流**(교류하다)를 주어 자리에 배치한다. ⇨ 交流   可以拉近   距离

       Step 3   남은 어휘인 '명사+접속사+명사+的' 형태의 **人与人的**(사람과 사람의)를 목적어 앞에 관형어로 배치하여 문장을 완성한다. ⇨ 交流   可以拉近   人与人的   距离

       완성된 문장 交流可以拉近人与人的距离。(교류하는 것은 사람과 사람의 거리를 가깝게 해줄 수 있다.)

어휘   **距离** jùlí 톙거리, 간격   **交流** jiāoliú 툉교류하다   **与** yǔ 젠~와/과   **拉近** lājìn 가깝게 하다, 끌어당기다

3

	很顺利	他们的关系	发展	得	→	대사+的+명사 **他们的关系** 관형어+주어	동사 **发展** 술어	得 **得** 得	부사+형용사 **很顺利。** 정도보어

해석   그들의 관계는 순조롭게 발전했다.

해설   **Step 1**   제시된 어휘 중 정도보어를 이끄는 구조조사 得가 있으므로 '술어+得+정도보어' 형태의 문장을 완성해야 한다. 동사 **发展**(발전하다)을 술어 자리에, **得**를 술어 바로 뒤에, '부사+형용사' 형태의 **很顺利**(순조롭다)를 정도보어 자리에 배치한다. ⇨ 发展   得   很顺利

       Step 2   남은 어휘인 '대사+的+명사' 형태의 **他们的关系**(그들의 관계)를 '관형어+주어' 자리에 배치하여 문장을 완성한다. ⇨ 他们的关系   发展   得   很顺利

       완성된 문장 他们的关系发展得很顺利。(그들의 관계는 순조롭게 발전했다.)

어휘   **顺利** shùnlì 톙순조롭다   **关系** guānxi 톙관계   **发展** fāzhǎn 툉발전하다

4

	会	朋友	他经常	想起	童年时的	→	대사+부사 **他经常** 주어 부사어	조동사 **会** 	동사+동사 **想起** 술어+방향보어	명사+명사+的 **童年时的** 관형어	명사 **朋友。** 목적어

해석   그는 어릴 적 친구를 자주 떠올리곤 한다.

해설   **Step 1**   제시된 어휘 중 유일하게 동사를 포함한 '동사+동사' 형태의 **想起**(떠올리다)를 '술어+방향보어' 자리에 바로 배치한다. ⇨ 想起

       Step 2   '대사+부사' 형태의 **他经常**(그는 자주)을 술어 앞 '주어+부사어' 자리에 배치하고, 명사 **朋友**(친구)를 목적어 자리에 배치한다. ⇨ 他经常   想起   朋友

       Step 3   남은 어휘 중 **会**(~하곤 한다)를 술어 앞에 부사어로 배치하고, '명사+명사+的' 형태의 **童年时的**(어릴 적의)를 목적어 앞에 관형어로 배치하여 문장을 완성한다. ⇨ 他经常   会   想起   童年时的   朋友

       완성된 문장 他经常会想起童年时的朋友。(그는 어릴 적 친구를 자주 떠올리곤 한다.)

어휘   **经常** jīngcháng 틴자주, 늘   **想起** xiǎngqi 떠올리다, 생각해 내다   **童年** tóngnián 톙어릴 적

5

	我们还得	买几盒	小吃呢	去超市	→	대사+부사+조동사 **我们还得** 주어+부사어	동사+명사 **去超市** 술어1+목적어1	동사+수사+양사 **买几盒** 술어2+관형어	명사+조사 **小吃呢。** 목적어2+呢

해석   우리 마트에 가서 간식도 몇 팩 사야 하잖아.

해설   **Step 1**   술어가 될 수 있는 동사가 买(사다)와 去(가다) 두 개이므로 연동문을 고려하여 문장을 완성해야 한다. 买가 去라는 행위의 목적을 나타내므로 '동사+명사' 형태의 **去超市**(마트에 가다)을 '술어1+목적어1' 자리에, '동사+수사+양사' 형태

의 买几盒(몇 팩 사다)를 '술어2+관형어' 자리에 배치한다. ⇨ 去超市　买几盒

Step2　남은 어휘 중 '대사+부사+조동사' 형태의 我们还得(우리 ~도 해야 한다)를 '주어+부사어' 자리에, '명사+조사' 형태의 小吃呢(간식)를 '목적어2+呢' 자리에 배치하여 문장을 완성한다. ⇨ 我们还得　去超市　买几盒　小吃呢

완성된 문장 我们还得去超市买几盒小吃呢。(우리 마트에 가서 간식도 몇 팩 사야 하잖아.)

어휘　得 děi 区동~해야 한다　盒 hé 맹팩, 박스[상자에 든 물건을 세는 단위]　小吃 xiǎochī 맹간식, 먹거리

6

	擦得	王老师把	黑板	特别干净	→

명사+把	명사	동사+得	부사+형용사
王老师把	**黑板**	**擦得**	**特别干净。**
주어+把	행위의 대상	술어+得	정도보어
			기타성분

해석　왕 선생님은 칠판을 아주 깨끗하게 닦았다.

해설　Step1　제시된 어휘 중 把가 있으므로, 把자문을 완성해야 한다. 유일하게 동사를 포함하고 있는 '동사+得' 형태의 擦得(~하게 닦다)를 '술어+기타성분' 자리에 배치하고, 把를 포함하고 있는 王老师把(왕 선생님은)를 술어 앞 '주어+把' 자리에 배치한다. ⇨ 王老师把　擦得

　　　Step2　擦得(~하게 닦다)에 정도보어를 이끄는 구조조사 得가 있으므로 '부사+형용사' 형태의 特别干净(아주 깨끗하다)을 '술어+得' 뒤 정도보어 자리에 배치하고, 남은 어휘인 명사 黑板(칠판)을 把 다음 행위의 대상 자리에 배치하여 문장을 완성한다. ⇨ 王老师把　黑板　擦得　特别干净

　　　완성된 문장 王老师把黑板擦得特别干净。(왕 선생님은 칠판을 아주 깨끗하게 닦았다.)

어휘　擦 cā 동닦다, 비비다　黑板 hēibǎn 맹칠판　特别 tèbié 본아주, 특히　干净 gānjìng 형깨끗하다, 청결하다

7

	被孙女	光	果汁	了	喝	→

명사	被+명사	동사	형용사	了
果汁	**被孙女**	**喝**	**光**	**了。**
주어	被+행위의 주체	술어	결과보어+了	
			기타성분	

해석　과일주스는 손녀에 의해 남김없이 마셔졌다.

해설　Step1　제시된 어휘 중 被가 있으므로, 被자문을 완성해야 한다. 동사 喝(마시다)를 술어 자리에 바로 배치하고, '被+명사' 형태의 被孙女(손녀에 의해)를 술어 앞에 배치한다. 참고로, 被孙女에서 孙女(손녀)는 행위의 주체이다.
　　　　　⇨ 被孙女　喝

　　　Step2　명사 果汁(과일주스)을 주어 자리에 배치한다. ⇨ 果汁　被孙女　喝

　　　Step3　남은 어휘 중 형용사 光(남김없이 ~하다)과 了를 光了로 연결한 후 술어 뒤 기타성분 자리에 배치하여 문장을 완성한다. 참고로, 光은 결과보어이다. ⇨ 果汁　被孙女　喝　光　了

　　　완성된 문장 果汁被孙女喝光了。(과일주스는 손녀에 의해 남김없이 마셔졌다.)

어휘　孙女 sūnnǚ 맹손녀　光 guāng 형남김없이 ~하다, 아무것도 없다　果汁 guǒzhī 맹과일주스

8

	是	去年的	今年的奖金	三倍	→

명사+的+명사	동사	명사+的	수사+양사
今年的奖金	**是**	**去年的**	**三倍。**
관형어+주어	술어	관형어	목적어

해석　올해의 상여금은 작년의 세 배이다.

해설　Step1　제시된 어휘 중 是(~이다)이 있으므로, 是자문을 완성해야 한다. 동사 是을 술어 자리에 배치한다. ⇨ 是

　　　Step2　'명사+的+명사' 형태의 今年的奖金(올해의 상여금)과 '수사+양사' 형태의 三倍(세 배) 중 술어 是(~이다)과 문맥상 주어로 어울리는 今年的奖金을 주어 자리에, 三倍를 목적어 자리에 배치한다. ⇨ 今年的奖金　是　三倍

　　　Step3　남은 어휘인 '명사+的' 형태의 去年的(작년의)를 목적어 앞에 관형어로 배치하여 문장을 완성한다.
　　　　　⇨ 今年的奖金　是　去年的　三倍

　　　완성된 문장 今年的奖金是去年的三倍。(올해의 상여금은 작년의 세 배이다.)

어휘　奖金 jiǎngjīn 맹상여금, 상금　倍 bèi 맹배, 배수

9

					대사	동사	수사+양사	동사	명사
整理	一下	我	结果	调查	→	我	整理	一下	调查 结果。
						주어	술어	수량보어	목적어

해석　저는 조사 결과 좀 정리할게요.

해설　Step 1　술어가 될 수 있는 동사 整理(정리하다), 调查(조사하다) 중, 명사 结果(결과)와 의미적으로 호응하는 整理를 술어 자리에 배치하고, 结果를 목적어 자리에 배치한다. ⇨ 整理　结果

　　　Step 2　대사 我(나)를 주어 자리에 배치하고, 동사 调查(조사하다)를 结果(결과) 앞에 배치하여 调查结果(조사 결과)라는 목적어로 연결한다. ⇨ 我　整理　调查　结果

　　　Step 3　남은 어휘인 '수사+양사' 형태의 一下(~좀 하다)를 술어 整理(정리하다) 뒤에 수량보어로 배치하여 문장을 완성한다. ⇨ 我　整理　一下　调查　结果

　　　완성된 문장　我整理一下调查结果。(저는 조사 결과 좀 정리할게요.)

어휘　整理 zhěnglǐ 통정리하다, 정돈하다　结果 jiéguǒ 명결과, 결실　调查 diàochá 통조사하다

10

				명사+的	대사+양사+동사	부사	형용사
这次演出	非常	大使馆的	成功	→	大使馆的	这次演出	非常 成功。
					관형어	주어	부사어　술어

해석　대사관의 이번 공연은 매우 성공적이다.

해설　Step 1　제시된 어휘 중 유일하게 술어가 될 수 있는 형용사 成功(성공하다)을 술어 자리에 바로 배치한다. ⇨ 成功

　　　Step 2　'대사+양사+동사' 형태의 这次演出(이번 공연)를 '관형어+주어' 자리에 배치한다. ⇨ 这次演出　成功

　　　Step 3　남은 어휘 중 부사 非常(매우)은 술어 앞에 부사어로 배치하고, '명사+的' 형태의 大使馆的(대사관의)는 주어 앞에 관형어로 배치하여 문장을 완성한다. ⇨ 大使馆的　这次演出　非常　成功

　　　완성된 문장　大使馆的这次演出非常成功。(대사관의 이번 공연은 매우 성공적이다.)

어휘　演出 yǎnchū 통공연하다, 상연하다　大使馆 dàshǐguǎn 명대사관　成功 chénggōng 형성공적이다 통성공하다, 이루다

테스트 2

1

			대사+동사	명사	동사+的	명사
提出的	作者	意见 我们尊重	→	我们尊重	作者	提出的 意见。
				주어+술어	관형어	목적어

해석　우리는 저자가 제기한 의견을 존중한다.

해설　Step 1　제시된 어휘 중 술어가 될 수 있는 동사를 포함한 '대사+동사' 형태의 我们尊重(우리는 존중한다)을 '주어+술어' 자리에 바로 배치한다. ⇨ 我们尊重

　　　Step 2　명사 作者(저자)와 意见(의견) 중 관형어 提出的(제기한)의 목적어로 어울리는 意见을 목적어 자리에 배치하고, 作者와 '동사+的' 형태의 提出的를 作者提出的(저자가 제기한)로 연결한 후 목적어 앞에 관형어로 배치하여 문장을 완성한다. ⇨ 我们尊重　作者　提出的　意见

　　　완성된 문장　我们尊重作者提出的意见。(우리는 저자가 제기한 의견을 존중한다.)

어휘　提出 tíchū 통제기하다, 제시하다　作者 zuòzhě 명저자, 지은이　意见 yìjiàn 명의견, 견해　尊重 zūnzhòng 통존중하다

2

			대사+的+명사	是	개사+명사+명사	동사+동사+的
在互联网上	学习到的	是 他的技术	→	他的技术	是	在互联网上	学习到的。
				관형어+주어	是	강조내용	술어+결과보어+的

해석　그의 기술은 인터넷에서 배웠다.

해설　Step 1　제시된 어휘 중 是과 的가 있으므로, 是……的 강조구문을 완성해야 한다. '동사+동사+的' 형태의 学习到的(배웠다)를 '술어+결과보어+的' 자리에 배치하고, 앞에 是을 배치한다. ⇨ 是　学习到的

　　　Step 2　'대사+的+명사' 형태의 他的技术(그의 기술)를 '관형어+주어' 자리에 배치한다. ⇨ 他的技术　是　学习到的

Step3 남은 어휘인 '개사+명사+명사' 형태의 在互联网上(인터넷에서)을 是 뒤에 강조내용으로 배치하여 문장을 완성한다. ⇒ 他的技术　是　在互联网上　学习到的

완성된 문장 他的技术是在互联网上学习到的。(그의 기술은 인터넷에서 배웠다.)

어휘 互联网 hùliánwǎng 圐인터넷　技术 jìshù 圐기술

3

饺子的　咸了点儿　味道　稍微	→	명사+的	명사	부사	형용사+了+양사
		饺子的	味道	稍微	咸了点儿。
		관형어	주어	부사어	술어+了+수량보어

해석 만두의 맛은 약간 좀 짜다.

해설 Step1 제시된 어휘 중 유일한 형용사를 포함한 '형용사+了+양사' 형태의 咸了点儿(좀 짜다)을 '술어+了+수량보어' 자리에 바로 배치한다. 참고로, (一)点儿(좀)의 一는 생략될 수 있다. ⇒ 咸了点儿

Step2 제시된 어휘 중 유일한 명사 味道(맛)를 주어 자리에 배치한다. ⇒ 味道　咸了点儿

Step3 '명사+的' 형태의 饺子的(만두의)를 주어 앞에 관형어로 배치하고, 부사 稍微(약간)를 술어 앞에 부사어로 배치하여 문장을 완성한다. ⇒ 饺子的　味道　稍微　咸了点儿

완성된 문장 饺子的味道稍微咸了点儿。(만두의 맛은 약간 좀 짜다.)

어휘 饺子 jiǎozi 圐만두, 교자　咸 xián 圐짜다　味道 wèidao 圐맛　稍微 shāowēi 圐약간, 조금

4

那些瓶子　全都　扔进　垃圾袋里　把	→	把	대사+양사+명사	부사+부사	동사+동사	명사+명사
		把	那些瓶子	全都	扔进	垃圾袋里。
		把	행위의 대상	부사어	술어	기타성분

해석 저 병들을 전부 다 쓰레기 봉투에 버리세요.

해설 Step1 제시된 어휘 중 把가 있으므로, 把자문을 완성해야 한다. '동사+동사' 형태인 扔进(~에 버리다)을 '술어+기타성분' 자리에 배치하고, 把를 술어 앞에 배치한다. 참고로, 扔进에서 进은 방향보어이다. ⇒ 把　扔进

Step2 '대사+양사+명사' 형태의 那些瓶子(저 병들)는 문맥상 扔进의 대상이 되므로 把 다음 행위의 대상 자리에 배치한다. ⇒ 把　那些瓶子　扔进

Step3 남은 어휘 중 '명사+명사' 형태의 垃圾袋里(쓰레기 봉투)는 扔进 뒤 기타성분으로 배치하고, '부사+부사' 형태의 全都(전부 다)는 술어 扔(버리다) 앞에 부사어로 배치하여 문장을 완성한다. 이 문장에서 주어는 생략되었으며, 제시된 어휘 중 请, 麻烦, 别, 不要가 없고 주어가 되는 어휘가 없는 把자문은 명령의 의미를 나타낸다. 참고로, 보통 부정부사, 시간부사, 조동사는 把 앞에 쓰이지만, 범위부사 全/全部(전부), 都(모두)는 행위의 대상 뒤에 올 수 있다.
⇒ 把　那些瓶子　全都　扔进　垃圾袋里

완성된 문장 把那些瓶子全都扔进垃圾袋里。(저 병들을 전부 다 쓰레기 봉투에 버리세요.)

어휘 瓶子 píngzi 圐병　扔 rēng 圐버리다, 던지다　垃圾袋 lājī dài 쓰레기 봉투

5

你应该　假期的计划　安排好　提前	→	대사+조동사	동사	동사+형용사	명사+的+명사
		你应该	提前	安排好	假期的计划。
		주어+부사어	술어	술어+결과보어	관형어+목적어
					목적어(술목구)

해석 당신은 휴가 기간의 계획을 미리 잘 세워야 해요.

해설 Step1 '동사+형용사' 형태의 安排好(잘 세우다)와 동사 提前(미리 ~하다) 중, 提前을 술어 자리에 바로 배치한다. 참고로, 동사 提前은 주술구, 술목구를 목적어로 취할 수 있으므로 다른 동사와 함께 제시되더라도 술어 자리에 바로 배치할 수 있다. ⇒ 提前

Step2 술어가 提前(미리 ~하다)이므로 주술구 또는 술목구 목적어를 완성한다. '동사+형용사' 형태의 安排好(잘 세우다)와 '명사+的+명사' 형태의 假期的计划(휴가 기간의 계획)를 安排好假期的计划(휴가 기간의 계획을 잘 세우다)라는 술목구 형태로 연결한 후 술어 뒤 목적어 자리에 배치한다. ⇒ 提前　安排好　假期的计划

Step3 남은 어휘인 '대사+조동사' 형태의 你应该(당신은 ~해야 한다)를 술어 앞 '주어+부사어' 자리에 배치하여 문장을 완성한다. ⇒ 你应该　提前　安排好　假期的计划

완성된 문장 你应该提前安排好假期的计划。(당신은 휴가 기간의 계획을 미리 잘 세워야 해요.)

어휘 应该 yīnggāi [조동]~해야 한다 假期 jiàqī [명] 휴가 기간 计划 jìhuà [명]계획 [동]~할 계획이다
安排 ānpái [동]세우다, (인원·시간 등을) 계획하다 提前 tíqián [동]미리 ~하다, 앞당기다

6

我们　让　而努力吧　为成功 →	동사 **让** 술어1	대사 **我们** 겸어 목적어1+주어2	개사+동사 **为成功** 부사어	접속사+동사+조사 **而努力吧。** 而+술어2+吧

해석 우리 성공을 위해 노력하자.
해설 Step 1 제시된 어휘 중 사역동사 让이 있으므로, 겸어문을 완성해야 한다. 따라서 让(~을 ~하게 하다)을 술어1 자리에 배치한다. ⇒ 让
　　　Step 2 '접속사+동사+조사' 형태의 而努力吧(노력하자)를 '而+술어2+吧' 자리에 배치하고, 술어1 让의 대상이 되면서 문맥상 술어2의 주어로 쓰일 수 있는 대사 我们(우리)을 겸어로 배치한다. ⇒ 让　我们　而努力吧
　　　Step 3 남은 어휘인 '개사+동사' 형태의 为成功(성공을 위해)을 술어2 努力(노력하다) 앞에 부사어로 배치하여 문장을 완성한다. 참고로 겸어문에서 주어1은 명확하게 알 수 있는 대상일 경우 생략할 수 있음을 알아 둔다.
　　　　　⇒ 让　我们　为成功　而努力吧
완성된 문장 让我们为成功而努力吧。(우리 성공을 위해 노력하자.)

어휘 而 ér [접][순접을 나타냄] 努力 nǔlì [동]노력하다 为 wèi [개]~을 위해, ~에게 成功 chénggōng [동]성공하다, 이루다

7

国际关系　不停地　会随着时间　变化 →	명사+명사 **国际关系** 주어	조동사+개사+명사 **会随着时间** 부사어	부사+地 **不停地**	동사 **变化。** 술어

해석 국제 관계는 시간에 따라 끊임없이 변화할 것이다.
해설 Step 1 제시된 어휘 중 유일한 동사 变化(변화하다)를 술어 자리에 바로 배치한다. ⇒ 变化
　　　Step 2 '명사+명사' 형태의 国际关系(국제 관계)를 주어 자리에 바로 배치한다. ⇒ 国际关系　变化
　　　Step 3 남은 어휘 중 '조동사+개사+명사' 형태의 会随着时间(시간에 따라 ~할 것이다)을 술어 变化(변화하다) 앞 부사어 자리에 배치하고, '부사+地' 형태의 不停地(끊임없이)는 술어 变化를 긴밀하게 수식하므로 술어 바로 앞에 부사어로 배치하여 문장을 완성한다. ⇒ 国际关系　会随着时间　不停地　变化
완성된 문장 国际关系会随着时间不停地变化。(국제 관계는 시간에 따라 끊임없이 변화할 것이다.)

어휘 国际 guójì [명]국제 关系 guānxi [명]관계 不停 bùtíng [부]끊임없이 随着 suízhe [개]~에 따라서 变化 biànhuà [동]변화하다

8

乒乓球　打得　小林　很棒 →	명사 **小林** 주어	명사 **乒乓球** 목적어	동사+得 **打得** 술어+得	부사+형용사 **很棒。** 정도보어

해석 샤오린은 탁구를 잘 친다.
해설 Step 1 제시된 어휘 중 打得에 정도보어를 이끄는 구조조사 得가 있으므로 '술어+得+정도보어' 형태의 문장을 완성해야 한다. '동사+得' 형태인 打得(~하게 친다)를 '술어+得' 자리에, '부사+형용사' 형태의 很棒(잘하다)을 정도보어 자리에 배치한다. ⇒ 打得　很棒
　　　Step 2 남은 어휘 중 문맥상 술어 打(치다)의 목적어로 어울리는 명사 乒乓球(탁구)를 술어 앞에 목적어로 배치하고, 명사 小林(샤오린)을 주어 자리에 배치하여 문장을 완성한다. 참고로, 정도보어가 쓰인 문장에서 술어가 목적어를 취하는 경우 첫 번째 술어는 주로 생략되는데, 위 문장도 小林打乒乓球打得很棒。에서 첫 번째 술어 打가 생략된 문장이다.
　　　　　⇒ 小林　乒乓球　打得　很棒
완성된 문장 小林乒乓球打得很棒。(샤오린은 탁구를 잘 친다.)

어휘 乒乓球 pīngpāngqiú [명]탁구 棒 bàng [형]잘하다, (수준이) 높다

			→	명사+的+명사	被	명사	동사+동사	了
租出去　楼上的房间　了　房东　被				**楼上的房间**	**被**	**房东**	**租出去**	**了。**
				관형어+주어	被	행위의 주체	술어+방향보어	了
								기타성분

해석　위층의 방은 집주인에 의해 세놓아졌다.

해설　**Step 1**　제시된 어휘 중 被가 있으므로, 被자문을 완성해야 한다. 유일하게 동사를 포함하고 있는 '동사+동사' 형태의 租出去 (세놓다)를 '술어+기타성분' 자리에 바로 배치하고, 被를 술어 앞에 배치한다. 참고로, 租出去에서 出去는 방향보어 이다. ⇨ **被　租出去**

　　　Step 2　'명사+的+명사' 형태의 楼上的房间(위층의 방)과 명사 房东(집주인) 중, 문맥상 술어 租(세놓다)의 주체가 되는 房东을 被 뒤 행위의 주체 자리에 배치하고, 楼上的房间을 '관형어+주어' 자리에 배치한다.

　　　　⇨ **楼上的房间　被　房东　租出去**

　　　Step 3　남은 어휘인 了를 문장 맨 끝에 배치하여 문장을 완성한다. ⇨ **楼上的房间　被　房东　租出去　了**

　　　완성된 문장　楼上的房间被房东租出去了。(위층의 방은 집주인에 의해 세놓아졌다.)

어휘　**租** zū 图세놓다, 세내다　**楼上** lóushàng 图위층　**房东** fángdōng 图집주인

			→	대사+수사+양사	명사	조동사	형용사+동사	명사+명사
这几种　可以　空气污染　植物　有效减轻				**这几种**	**植物**	**可以**	**有效减轻**	**空气污染。**
				관형어	주어	부사어	술어	목적어

해석　이 몇 가지 식물은 공기 오염을 효과적으로 줄일 수 있다.

해설　**Step 1**　제시된 어휘 중 유일하게 동사를 포함하고 있는 '형용사+동사' 형태의 有效减轻(효과적으로 줄이다)을 '부사어+술어' 자리에 바로 배치한다. 참고로, 有效(효과적이다)는 형용사이지만 '효과적으로'라는 뜻의 부사처럼 쓰일 수 있다.

　　　　⇨ **有效减轻**

　　　Step 2　'명사+명사' 형태의 空气污染(공기 오염)과 명사 植物(식물) 중, 술어 减轻(줄이다)과 문맥상 목적어로 어울리는 空气 污染을 목적어 자리에, 植物를 주어 자리에 배치한다. ⇨ **植物　有效减轻　空气污染**

　　　Step 3　남은 어휘인 '대사+수사+양사' 형태의 这几种(이 몇 가지)을 주어 앞에 관형어로 배치하고, 조동사 可以(~할 수 있다)를 有效减轻(효과적으로 줄이다) 앞에 부사어로 배치하여 문장을 완성한다.

　　　　⇨ **这几种　植物　可以　有效减轻　空气污染**

　　　완성된 문장　这几种植物可以有效减轻空气污染。(이 몇 가지 식물은 공기 오염을 효과적으로 줄일 수 있다.)

어휘　**空气** kōngqì 图공기　**污染** wūrǎn 图오염　**植物** zhíwù 图식물　**有效** yǒuxiào 图효과적이다

　　　减轻 jiǎnqīng 图줄이다

합격비책 01 | 가정·가사 사진에 대한 문장 만들기 p.263

따라 읽으며 학습하기 ▶

베스트 답안 구성 다양한 형태의 문장과 다양한 표현으로 5문제의 답안을 구성해요.

1 爸爸正在抱孩子。 아빠는 아이를 안고 있다.

2 图片上有一把钥匙。 사진에는 열쇠 한 개가 있다.

3 麻烦你可以帮我收拾一下房间吗? 죄송하지만 방을 정리해 주실 수 있나요?

4 这些花实在太香了。 이 꽃들은 정말 너무 향기롭다.

5 你的袜子好像破了。 당신의 양말은 해진 것 같아요.

1

抱 bào 圖 안다, 포옹하다

Step 1 우리말로 문장 떠올리기
아빠는 아이를 안고 있다.

Step 2 중국어로 활용 표현 써 보기
孩子 háizi 圖 아이

Step 3 중국어로 문장 쓰기
爸爸正在抱孩子。

+ **모범답안** ① 爸爸正在抱孩子。 아빠는 아이를 안고 있다.
  템플릿 ······正在······。: ~는 ~하고 있다.

② 麻烦你可以帮我抱一下孩子吗? 죄송하지만 아이를 안아 주실 수 있나요?
  템플릿 麻烦你可以帮我······吗?: 죄송하지만 ~해 주실 수 있나요?

③ 我一边抱着孩子，一边给他唱歌。 나는 아이를 안고 있으면서 그에게 노래를 불러 준다.
  템플릿 一边······一边······。: ~는 ~하면서 ~한다.

어휘 麻烦 máfan 圖 번거롭게 하다, 폐를 끼치다

2

钥匙 yàoshi 圖 열쇠

Step 1 우리말로 문장 떠올리기
사진에는 열쇠 한 개가 있다.

Step 2 중국어로 활용 표현 써 보기
把 bǎ 圖 [손잡이가 있는 기구를 세는 단위]

Step 3 중국어로 문장 쓰기
图片上有一把钥匙。

+ **모범답안** ① 图片上有一把钥匙。 사진에는 열쇠 한 개가 있다.
  템플릿 图片上有······。: 사진에는 ~이 있다.

② 请你把钥匙给我一下。 저에게 열쇠를 좀 주세요.
  템플릿 请你把······给我一下。: 저에게 ~을 좀 주세요.

③ 我不小心把钥匙弄丢了。 나는 실수로 열쇠를 잃어버렸다.

어휘 图片 túpiàn 圖 사진, 그림 把 bǎ 㘉 ~을(를) 不小心 bù xiǎoxīn 실수로 弄丢 nòngdiū 잃어버리다

3

收拾 shōushi 圖 정리하다, 치우다

Step 1 우리말로 문장 떠올리기
죄송하지만 방을 정리해 주실 수 있나요?

Step 2 중국어로 활용 표현 써 보기
房间 fángjiān 圖 방

Step 3 중국어로 문장 쓰기
麻烦你可以帮我收拾一下房间吗?

+ 모범답안　① 麻烦你可以帮我收拾一下房间吗? 죄송하지만 방을 정리해 주실 수 있나요?

　　　　　템플릿 麻烦你可以帮我……吗?: 죄송하지만 ~해 주실 수 있나요?

　　　　② 我每天都会收拾房间。 나는 매일 방을 정리하곤 한다.

　　　　　템플릿 我每天都会……。: 나는 매일 ~하곤 한다.

　　　　③ 她已经把房间收拾干净了。 그녀는 이미 방을 깨끗하게 정리했다.

어휘　每天 měi tiān 매일　干净 gānjìng 圖 깨끗하다, 청결하다

4

香 xiāng 圖 향기롭다

Step 1 우리말로 문장 떠올리기
이 꽃들은 정말 너무 향기롭다.

Step 2 중국어로 활용 표현 써 보기
花 huā 圖 꽃

Step 3 중국어로 문장 쓰기
这些花实在太香了。

+ 모범답안　① 这些花实在太香了。 이 꽃들은 정말 너무 향기롭다.

　　　　　템플릿 ……实在太……了。: ~는 정말 너무 ~하다.

　　　　② 这家店的花特别香。 이 가게의 꽃은 아주 향기롭다.

　　　　③ 这些花怎么样? 香不香? 이 꽃들은 어떤가요? 향기롭나요?

어휘　实在 shízài 圖 정말, 확실히　特别 tèbié 圖 아주, 특히

5

破 pò 圖 해지다, 찢어지다

Step 1 우리말로 문장 떠올리기
당신의 양말은 해진 것 같아요.

Step 2 중국어로 활용 표현 써 보기
袜子 wàzi 圖 양말

Step 3 중국어로 문장 쓰기
你的袜子好像破了。

+ 모범답안　① 你的袜子好像破了。 당신의 양말은 해진 것 같아요.

　　　　　템플릿 ……好像……了。: ~는 (마치) ~인 것 같다.

　　　　② 图片上有一双破袜子。 사진에는 해진 양말 한 켤레가 있다.

　　　　　템플릿 图片上有……: 사진에는 ~이 있다.

　　　　③ 因为我的袜子破了, 所以打算买新的。 내 양말이 해졌기 때문에, 새것을 살 계획이다.

　　　　　템플릿 因为我……, 所以……。: 나는 ~하기 때문에, (그래서) ~한다.

어휘　好像 hǎoxiàng 圖 (마치) ~인 것 같다　双 shuāng 圖 켤레, 쌍[짝을 이룬 물건을 세는 단위]　打算 dǎsuan 圖 ~할 계획이다, ~할 생각이다

합격비책 02 | 쇼핑·사교 사진에 대한 문장 만들기 p.271

따라 읽으며 학습하기 ▶

베스트 답안 구성 다양한 형태의 문장과 다양한 표현으로 5문제의 답안을 구성해요.

1 他们在认真地商量问题。그들은 진지하게 문제를 상의하고 있다.
2 小李是个很喜欢照镜子的人。샤오리는 거울 보는 것을 매우 좋아하는 사람이다.
3 外面很热，你最好戴帽子。밖이 더우니, 당신은 모자를 쓰는 것이 좋겠어요.
4 我从来没这么伤心地哭过。나는 여태껏 이렇게 슬프게 운 적이 없다.
5 这个消息让我十分吃惊。이 소식은 나를 매우 놀라게 했다.

1

商量 shāngliang [동] 상의하다, 의논하다

Step 1 우리말로 문장 떠올리기
그들은 진지하게 문제를 상의하고 있다.

Step 2 중국어로 활용 표현 써 보기
认真 rènzhēn [형] 진지하다, 성실하다

Step 3 중국어로 문장 쓰기
他们在认真地商量问题。

\+ 모범답안 ① 他们在认真地商量问题。그들은 진지하게 문제를 상의하고 있다.
[템플릿] ……在……。: ~는 ~하고 있다.

② 我们一起商量怎么样？우리 함께 상의하는 것 어때요?
[템플릿] 我们一起……怎么样?: 우리 함께 ~하는 것 어때요?

③ 我打算跟经理商量一下这件事。나는 매니저와 이 일을 좀 상의할 계획이다.
[템플릿] 我打算……。: 나는 ~할 계획이다.

어휘 打算 dǎsuan [동] ~할 계획이다, ~할 생각이다 跟 gēn [개] ~와/과 经理 jīnglǐ [명] 매니저

2

镜子 jìngzi [명] 거울

Step 1 우리말로 문장 떠올리기
샤오리는 거울 보는 것을 매우 좋아하는 사람이다.

Step 2 중국어로 활용 표현 써 보기
照 zhào [동] 보다, 비추다

Step 3 중국어로 문장 쓰기
小李是个很喜欢照镜子的人。

\+ 모범답안 ① 小李是个很喜欢照镜子的人。샤오리는 거울 보는 것을 매우 좋아하는 사람이다.
[템플릿] ……是个很……的人。: ~는 ~한 사람이다.

② 我特别喜欢照镜子。나는 거울 보는 것을 아주 좋아한다.
[템플릿] 我特别喜欢……。: 나는 ~을 아주 좋아한다.

③ 别照镜子了，咱们快出去吧。거울 그만 보고, 우리 빨리 나가자.

어휘 特别 tèbié [부] 아주, 특히 咱们 zánmen [대] 우리(들)

3

戴 dài 图 쓰다, 착용하다

Step 1 우리말로 문장 떠올리기
밖이 더우니, 당신은 모자를 쓰는 것이 좋겠어요.

Step 2 중국어로 활용 표현 써 보기
帽子 màozi 圆모자

Step 3 중국어로 문장 쓰기
外面很热，你最好戴帽子。

+ 모범답안 ① 外面很热，你最好戴帽子。 밖이 더우니, 당신은 모자를 쓰는 것이 좋겠어요.
　　　템플릿 你最好……。: 당신은 ~하는 것이 (가장) 좋겠어요.

② 我每天都会戴帽子出门。 나는 매일 모자를 쓰고 외출하곤 한다.
　　　템플릿 我每天都会……。: 나는 매일 ~하곤 한다.

③ 最近流行戴这种帽子。 최근 이런 종류의 모자를 쓰는 것이 유행한다.

어휘　最好 zuìhǎo 图 ~하는 것이 (가장) 좋다　每天 měi tiān 매일　最近 zuìjìn 图 최근, 요즘　流行 liúxíng 图 유행하다

4

伤心 shāngxīn 图 슬프다, 상심하다

Step 1 우리말로 문장 떠올리기
나는 여태껏 이렇게 슬프게 운 적이 없다.

Step 2 중국어로 활용 표현 써 보기
哭 kū 图 울다

Step 3 중국어로 문장 쓰기
我从来没这么伤心地哭过。

+ 모범답안 ① 我从来没这么伤心地哭过。 나는 여태껏 이렇게 슬프게 운 적이 없다.
　　　템플릿 从来没……过……。: 나는 여태껏 ~한 적이 없다.

② 妹妹伤心得哭了起来。 여동생은 슬퍼서 울기 시작했다.

③ 你别伤心，你妈妈没事的。 슬퍼하지 마세요. 당신의 어머니는 무사해요.

어휘　从来 cónglái 图 여태껏, 지금까지

5

吃惊 chījīng 图 놀라다

Step 1 우리말로 문장 떠올리기
이 소식은 나를 매우 놀라게 했다.

Step 2 중국어로 활용 표현 써 보기
消息 xiāoxi 图 소식

Step 3 중국어로 문장 쓰기
这个消息让我十分吃惊。

+ 모범답안 ① 这个消息让我十分吃惊。 이 소식은 나를 매우 놀라게 했다.
　　　템플릿 ……让我十分……。: ~은 나를 매우 ~하게 한다.

② 听到这个消息，她又吃惊又开心。 이 소식을 듣고, 그녀는 놀라고 기뻤다.
　　　템플릿 ……又……又……。: ~는 ~하고 ~하다.

③ 什么事情让你这么吃惊？ 무슨 일이 당신을 이렇게 놀라게 했나요?

어휘　十分 shífēn 图 매우, 아주　开心 kāixīn 图 기쁘다, 즐겁다

베스트 답안 구성 다양한 형태의 문장과 다양한 표현으로 5문제의 답안을 구성해요.

1 麻烦你可以帮我修理一下自行车吗？ 죄송하지만 자전거를 수리해 주실 수 있나요?

2 这个药实在太苦了，我不想吃。 이 약은 정말 너무 써서, 나는 먹기 싫다.

3 我特别喜欢吃包子。 나는 만두 먹는 것을 아주 좋아한다.

4 祝贺你在10秒内跑完了50米。 10초 안에 50미터를 달린 것을 축하해요.

5 小张正在写日记。 샤오장은 일기를 쓰고 있다.

1

修理 xiūlǐ 통 수리하다

Step 1 우리말로 문장 떠올리기
죄송하지만 자전거를 수리해 주실 수 있나요?

Step 2 중국어로 활용 표현 써 보기
自行车 zìxíngchē 명 자전거

Step 3 중국어로 문장 쓰기
麻烦你可以帮我修理一下自行车吗？

+ 모범답안 ① 麻烦你可以帮我修理一下自行车吗？ 죄송하지만 자전거를 수리해 주실 수 있나요?
　　　　　템플릿 麻烦你可以帮我……吗？: 죄송하지만 ~해 주실 수 있나요?

　　　　　② 我打算修理自行车。 나는 자전거를 수리할 계획이다.
　　　　　템플릿 我打算……。: 나는 ~할 계획이다.

　　　　　③ 爷爷把自行车修理好了。 할아버지는 자전거를 다 수리했다.

어휘　麻烦 máfan 통 번거롭게 하다, 폐를 끼치다　打算 dǎsuan 통 ~할 계획이다, ~할 생각이다　爷爷 yéye 명 할아버지

2

苦 kǔ 형 쓰다

Step 1 우리말로 문장 떠올리기
이 약은 정말 너무 써서, 나는 먹기 싫다.

Step 2 중국어로 활용 표현 써 보기
药 yào 명 약

Step 3 중국어로 문장 쓰기
这个药实在太苦了，我不想吃。

+ 모범답안 ① 这个药实在太苦了，我不想吃。 이 약은 정말 너무 써서, 나는 먹기 싫다.
　　　　　템플릿 ……实在太……了。: ~는 정말 너무 ~하다.

　　　　　② 你快点儿吃药吧，不苦的。 너 빨리 약을 먹으렴, 쓰지 않단다.
　　　　　템플릿 你快点儿……吧。: 당신 빨리 ~하세요.

　　　　　③ 妹妹觉得这个药很苦。 여동생은 이 약이 쓰다고 생각한다.

어휘　实在 shízài 부 정말, 확실히

3

包子 bāozi 몡 만두, 찐빵

Step 1 우리말로 문장 떠올리기
나는 만두 먹는 것을 아주 좋아한다.

Step 2 중국어로 활용 표현 써 보기
吃 chī 툉 먹다

Step 3 중국어로 문장 쓰기
我特别喜欢吃包子。

+ 모범답안   ① 我特别喜欢吃包子。 나는 만두 먹는 것을 아주 좋아한다.
　　　　　　 템플릿 我特别喜欢……。: 나는 ~을 아주 좋아한다.

　　　　　 ② 图片上有很多包子。 사진에는 많은 만두가 있다.
　　　　　　 템플릿 图片上有……。: 사진에는 ~이 있다.

　　　　　 ③ 你做的包子味道真棒! 당신이 만든 만두는 맛이 정말 훌륭하네요!

어휘　特别 tèbié 튄 아주, 특히　图片 túpiàn 몡 사진, 그림　味道 wèidao 몡 맛　棒 bàng 톈 훌륭하다, 대단하다

4

秒 miǎo 몡 초

Step 1 우리말로 문장 떠올리기
10초 안에 50미터를 달린 것을 축하해요.

Step 2 중국어로 활용 표현 써 보기
跑 pǎo 툉 달리다

Step 3 중국어로 문장 쓰기
祝贺你在10秒内跑完了50米。

+ 모범답안   ① 祝贺你在10秒内跑完了50米。 10초 안에 50미터를 달린 것을 축하해요.
　　　　　　 템플릿 祝贺你……。: ~을 축하합니다.

　　　　　 ② 跑50米至少需要7秒。 50미터를 달리는 데 최소한 7초가 걸린다.

　　　　　 ③ 这次的100米比赛，我跑了15秒。 이번 100미터 경기에서, 나는 15초에 들어왔다.

어휘　祝贺 zhùhè 툉 축하하다　内 nèi 몡 안, 내　米 mǐ 몡 미터(m)　至少 zhìshǎo 튄 최소한, 적어도　需要 xūyào 툉 걸리다, 필요하다
　　　比赛 bǐsài 몡 경기, 시합

5

日记 rìjì 몡 일기

Step 1 우리말로 문장 떠올리기
샤오장은 일기를 쓰고 있다.

Step 2 중국어로 활용 표현 써 보기
写 xiě 툉 (글씨를) 쓰다

Step 3 중국어로 문장 쓰기
小张正在写日记。

+ 모범답안   ① 小张正在写日记。 샤오장은 일기를 쓰고 있다.
　　　　　　 템플릿 ……正在……。: ~는 ~하고 있다.

　　　　　 ② 你最好每天都坚持写日记。 당신은 매일 꾸준히 일기를 쓰는 것이 좋겠어요.
　　　　　　 템플릿 你最好……。: 당신은 ~하는 것이 (가장) 좋겠어요.

　　　　　 ③ 我觉得写日记是一个很好的习惯。 나는 일기를 쓰는 것이 좋은 습관이라고 생각한다.

어휘　最好 zuìhǎo 튄 ~하는 것이 (가장) 좋다　习惯 xíguàn 몡 습관

베스트 답안 구성 다양한 형태의 문장과 다양한 표현으로 5문제의 답안을 구성해요.

1 我现在又困又累。 나는 지금 피곤하고 힘들다.
2 祝贺你通过了考试。 시험에 합격한 것을 축하합니다.
3 我打算今天晚上在公司加班。 나는 오늘 저녁에 회사에서 야근할 계획이다.
4 他看起来疼得很厉害。 그는 심하게 아파 보인다.
5 小王，你快点儿发传真吧。 샤오왕, 당신 빨리 팩스를 보내세요.

1

困 kùn 圈 피곤하다, 졸리다

Step 1 우리말로 문장 떠올리기
나는 지금 피곤하고 힘들다.

Step 2 중국어로 활용 표현 써 보기
累 lèi 圈 힘들다, 지치다

Step 3 중국어로 문장 쓰기
我现在又困又累。

+ 모범답안 ① 我现在又困又累。 나는 지금 피곤하고 힘들다.
　　　　　 템플릿 ……又……又……。: ~는 ~하고 ~하다.

② 这个男的看起来很困。 이 남자는 졸려 보인다.
　 템플릿 ……看起来……。: ~는 ~해 보인다.

③ 你最近经常加班，困不困？ 당신 최근에 자주 야근하는데, 피곤하지 않아요?

어휘　最近 zuìjìn 圈 최근, 요즘　经常 jīngcháng 團 자주, 늘　加班 jiābān 圈 야근하다, 초과 근무를 하다

2

祝贺 zhùhè 圈 축하하다

Step 1 우리말로 문장 떠올리기
시험에 합격한 것을 축하합니다.

Step 2 중국어로 활용 표현 써 보기
通过 tōngguò 圈 합격하다, 통과하다

Step 3 중국어로 문장 쓰기
祝贺你通过了考试。

+ 모범답안 ① 祝贺你通过了考试。 시험에 합격한 것을 축하합니다.
　　　　　 템플릿 祝贺你……。: ~을 축하합니다.

② 他们在祝贺同事的成功。 그들은 동료의 성공을 축하하고 있다.
　 템플릿 ……在……。: ~는 ~하고 있다.

③ 非常感谢大家的祝贺。 여러분의 축하에 매우 감사드립니다.

어휘　同事 tóngshì 圈 동료　成功 chénggōng 圈 성공하다　感谢 gǎnxiè 圈 감사하다

3

加班 jiābān
[동] 야근하다, 초과 근무를 하다

Step 1 우리말로 문장 떠올리기
나는 오늘 저녁에 회사에서 야근할 계획이다.

Step 2 중국어로 활용 표현 써 보기
公司 gōngsī [명] 회사

Step 3 중국어로 문장 쓰기
我打算今天晚上在公司加班。

+ 모범답안 ① **我打算今天晚上在公司加班。나는 오늘 저녁에 회사에서 야근할 계획이다.**
  [템플릿] 我打算……。: 나는 ~할 계획이다.

  ② **他们每天都在加班。그들은 매일 야근하고 있다.**
  [템플릿] ……在……。: ~는 ~하고 있다.

  ③ **你最近怎么每天都加班啊? 당신 최근에 왜 매일 야근해요?**

어휘 **打算** dǎsuan [동] ~할 계획이다, ~할 생각이다 **最近** zuìjìn [명] 최근, 요즘 **每天** měi tiān 매일

4

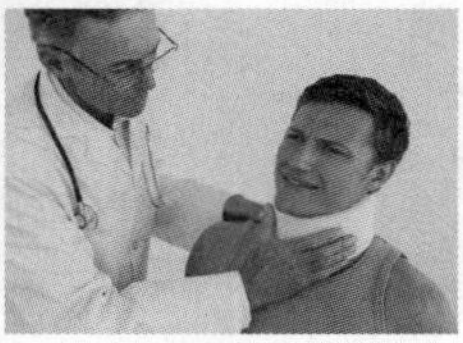

厉害 lìhai [형] 심하다

Step 1 우리말로 문장 떠올리기
그는 심하게 아파 보인다.

Step 2 중국어로 활용 표현 써 보기
疼 téng [형] 아프다

Step 3 중국어로 문장 쓰기
他看起来疼得很厉害。

+ 모범답안 ① **他看起来疼得很厉害。그는 심하게 아파 보인다.**
  [템플릿] ……看起来……。: ~는 ~해 보인다.

  ② **因为我疼得很厉害，所以去看了大夫。나는 심하게 아프기 때문에, 의사에게 진찰 받으러 갔다.**
  [템플릿] 因为我……, 所以……。: 나는 ~하기 때문에, (그래서) ~한다.

  ③ **我现在疼得非常厉害，请帮我看看。제가 지금 아주 심하게 아픈데, 좀 봐 주세요.**

어휘 **大夫** dàifu [명] 의사

5

传真 chuánzhēn [명] 팩스

Step 1 우리말로 문장 떠올리기
샤오왕, 당신 빨리 팩스를 보내세요.

Step 2 중국어로 활용 표현 써 보기
发 fā [동] 보내다

Step 3 중국어로 문장 쓰기
小王，你快点儿发传真吧。

+ 모범답안 ① **小王，你快点儿发传真吧。샤오왕, 당신 빨리 팩스를 보내세요.**
  [템플릿] 你快点儿……吧。: 당신 빨리 ~하세요.

  ② **同事正在发传真。동료가 팩스를 보내고 있다.**
  [템플릿] ……正在……。: ~는 ~하고 있다

  ③ **我没有收到公司发的传真。나는 회사에서 보낸 팩스를 받지 못했다.**

어휘 **收到** shōudào 받다, 얻다

테스트1

베스트 답안 구성 다양한 형태의 문장과 다양한 표현으로 5문제의 답안을 구성해요.

1 我特别喜欢躺在沙发上。 나는 소파에 누워있는 것을 아주 좋아한다.
2 这场比赛让我十分激动。 이 경기는 나를 매우 감격시켰다.
3 打折活动好像已经结束了。 할인 행사는 이미 끝난 것 같다.
4 请你把那个空盒子给我一下。 저에게 그 빈 상자를 좀 주세요.
5 李大夫在给病人看病。 리 의사는 환자를 진찰하고 있다.

1

躺 tǎng 圖 눕다

Step 1 우리말로 문장 떠올리기
나는 소파에 누워있는 것을 아주 좋아한다.

Step 2 중국어로 활용 표현 써 보기
沙发 shāfā 圖 소파

Step 3 중국어로 문장 쓰기
我特别喜欢躺在沙发上。

+ 모범답안 ① 我特别喜欢躺在沙发上。 나는 소파에 누워있는 것을 아주 좋아한다.
　　　　　 템플릿 我特别喜欢……。: 나는 ~을 아주 좋아한다.

② 小高，你怎么一直躺着？ 샤오가오, 왜 계속 누워 있니?

③ 他躺在沙发上休息了一会儿。 그는 소파에 누워서 잠시 쉬었다.

어휘　特别 tèbié 團 아주, 특히　一直 yìzhí 團 계속, 줄곧　一会儿 yíhuìr 잠시, 좀

2

激动 jīdòng 圖 감격하다, 흥분하다

Step 1 우리말로 문장 떠올리기
이 경기는 나를 매우 감격시켰다.

Step 2 중국어로 활용 표현 써 보기
比赛 bǐsài 圖 경기, 시합

Step 3 중국어로 문장 쓰기
这场比赛让我十分激动。

+ 모범답안 ① 这场比赛让我十分激动。 이 경기는 나를 매우 감격시켰다.
　　　　　 템플릿 ……让我十分……。: ~은 나를 매우 ~하게 한다.

② 他们激动得站了起来。 그들은 감격해서 일어났다.

③ 你别激动，比赛还没结束呢。 흥분하지 마세요. 시합은 아직 안 끝났어요.

어휘　场 chǎng 圖 회, 번　十分 shífēn 團 매우, 아주　站 zhàn 圖 일어나다　结束 jiéshù 圖 끝나다

3

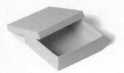

打折 dǎzhé 통 할인하다, 세일하다

Step 1 우리말로 문장 떠올리기
할인 행사는 이미 끝난 것 같다.

Step 2 중국어로 활용 표현 써 보기
活动 huódòng 명 행사, 활동

Step 3 중국어로 문장 쓰기
打折活动好像已经结束了。

+ 모범답안 ① 打折活动好像已经结束了。 할인 행사는 이미 끝난 것 같다.
  템플릿 ……好像……了。: ~는 (마치) ~인 것 같다.

  ② 我对这次的打折活动很感兴趣。 나는 이번 할인 행사에 매우 흥미가 있다.
  템플릿 ……对……很感兴趣。: ~는 ~에 매우 흥미가 있다.

  ③ 这家商场有打折活动，我们去看看吧。 이 백화점에 할인 행사가 있으니, 우리 한번 가 봐요.

어휘 好像 hǎoxiàng 튀 (마치) ~인 것 같다   商场 shāngchǎng 명 백화점

4

盒子 hézi 명 (작은) 상자

Step 1 우리말로 문장 떠올리기
저에게 그 빈 상자를 좀 주세요.

Step 2 중국어로 활용 표현 써 보기
空 kōng 형 비다

Step 3 중국어로 문장 쓰기
请你把那个空盒子给我一下。

+ 모범답안 ① 请你把那个空盒子给我一下。 저에게 그 빈 상자를 좀 주세요.
  템플릿 请你把……给我一下。: 저에게 ~을 좀 주세요.

  ② 图片上有一个空盒子。 사진에는 빈 상자가 한 개 있다.
  템플릿 图片上有……。: 사진에는 ~이 있다.

  ③ 我把盒子里的饼干全吃光了。 나는 상자 안의 과자를 남김없이 먹어 치웠다.

어휘 图片 túpiàn 명 사진, 그림   饼干 bǐnggān 명 과자, 비스킷   光 guāng 형 조금도 남지 않다, 아무것도 없다

5

大夫 dàifu 명 의사

Step 1 우리말로 문장 떠올리기
리 의사는 환자를 진찰하고 있다.

Step 2 중국어로 활용 표현 써 보기
看病 kànbìng 통 진찰하다, 진료하다

Step 2 중국어로 문장 쓰기
李大夫在给病人看病。

+ 모범답안 ① 李大夫在给病人看病。 리 의사는 환자를 진찰하고 있다.
  템플릿 ……在……。: ~는 ~하고 있다.

  ② 我打算去看大夫。 나는 의사에게 진찰을 받을 계획이다.
  템플릿 我打算……。: 나는 ~할 계획이다.

  ③ 你最好听听大夫的意见。 당신은 의사의 의견을 들어 보는 것이 좋겠어요.
  템플릿 你最好……: 당신은 ~하는 것이 (가장) 좋겠어요.

어휘 病人 bìngrén 명 환자   打算 dǎsuan 통 ~할 계획이다, ~할 생각이다   最好 zuìhǎo 튀 ~하는 것이 (가장) 좋다   意见 yìjiàn 명 의견, 견해

테스트 2

베스트 답안 구성 다양한 형태의 문장과 다양한 표현으로 5문제의 답안을 구성해요.

1 你快点儿举手报名吧。 당신 빨리 손을 들어서 신청하세요.
2 我打算给父母发信息。 나는 부모님께 문자 메시지를 보낼 계획이다.
3 这个男的正在敲门。 이 남자는 문을 두드리고 있다.
4 请你把那个空行李箱给我一下。 저에게 그 빈 캐리어를 좀 주세요.
5 这里禁止骑车，你千万别骑。 여기는 자전거 타는 것이 금지되어 있으니, 절대로 타지 마세요.

1

报名 bàomíng [동] 신청하다, 등록하다

Step 1 우리말로 문장 떠올리기
당신 빨리 손을 들어서 신청하세요.

Step 2 중국어로 활용 표현 써 보기
举 jǔ [동] 들다

Step 3 중국어로 문장 쓰기
你快点儿举手报名吧。

+ 모범답안 ① 你快点儿举手报名吧。 당신 빨리 손을 들어서 신청하세요.
템플릿 你快点儿……吧。: 당신 빨리 ~하세요.
② 这次报名的人实在太多了。 이번에 신청한 사람은 정말 너무 많다.
템플릿 ……实在太……了。: ~는 정말 너무 ~하다.
③ 同学们想报名参加这次的比赛。 학생들은 이번 시합에 참가 신청하고 싶어한다.

어휘 实在 shízài [부] 정말, 확실히 比赛 bǐsài [명] 시합, 경기

2

信息 xìnxī [명] 문자 메시지

Step 1 우리말로 문장 떠올리기
나는 부모님께 문자 메시지를 보낼 계획이다.

Step 2 중국어로 활용 표현 써 보기
发 fā [동] 보내다

Step 3 중국어로 문장 쓰기
我打算给父母发信息。

+ 모범답안 ① 我打算给父母发信息。 나는 부모님께 문자 메시지를 보낼 계획이다.
템플릿 我打算……。: 나는 ~할 계획이다.
② 难道你还没给他发信息吗？ 설마 당신 아직 그에게 문자 메시지를 보내지 않은 것인가요?
③ 姐姐用手机填写了报名信息。 언니는 휴대폰으로 신청 정보를 기입했다.

어휘 打算 dǎsuan [동] ~할 계획이다, ~할 생각이다 难道 nándào [부] 설마 ~인가 用 yòng [동] 쓰다, 사용하다
填写 tiánxiě [동] 기입하다, 입력하다 报名 bàomíng [동] 신청하다, 등록하다

3

敲 qiāo 圖두드리다

Step 1 우리말로 문장 떠올리기
이 남자는 문을 두드리고 있다.

Step 2 중국어로 활용 표현 써 보기
门 mén 圆문

Step 3 중국어로 문장 쓰기
这个男的正在敲门。

+ 모범답안 ① 这个男的正在敲门。이 남자는 문을 두드리고 있다.
　　　　 템플릿 ······正在······。: ~는 ~하고 있다.

　　　　 ② 你猜猜看外面敲门的人是谁。밖에 문을 두드리는 사람이 누구인지 맞혀 보세요.

　　　　 ③ 外面有人在敲门，可能是外卖到了。밖에 문을 두드리고 있는 사람이 있어요. 배달 음식이 도착했나 봐요.

어휘　猜 cāi 圖알아맞히다, 추측하다　外卖 wàimài 圆배달 음식圖포장 판매하다

4

空 kōng 圓비다

Step 1 우리말로 문장 떠올리기
저에게 그 빈 캐리어를 좀 주세요.

Step 2 중국어로 활용 표현 써 보기
行李箱 xínglǐxiāng 圆캐리어, 여행용 가방

Step 3 중국어로 문장 쓰기
请你把那个空行李箱给我一下。

+ 모범답안 ① 请你把那个空行李箱给我一下。저에게 그 빈 캐리어를 좀 주세요.
　　　　 템플릿 请你把······给我一下。: 저에게 ~을 좀 주세요.

　　　　 ② 这个行李箱好像是空的。이 캐리어는 빈 것 같다.

　　　　 ③ 我需要一个空行李箱。나는 빈 캐리어 한 개가 필요하다.

어휘　好像 hǎoxiàng 圖(마치) ~인 것 같다　需要 xūyào 圖필요하다

5

禁止 jìnzhǐ 圖금지하다

Step 1 우리말로 문장 떠올리기
여기는 자전거 타는 것이 금지되어 있으니, 절대로 타지 마세요.

Step 2 중국어로 활용 표현 써 보기
骑车 qí chē 자전거를 타다

Step 3 중국어로 문장 쓰기
这里禁止骑车，你千万别骑。

+ 모범답안 ① 这里禁止骑车，你千万别骑。여기는 자전거 타는 것이 금지되어 있으니, 절대로 타지 마세요.
　　　　 템플릿 你千万别······。: 당신 절대로 ~하지 마세요.

　　　　 ② 我不知道这条路禁止骑车。나는 이 길이 자전거 타는 것이 금지되어 있는 줄 몰랐다.

　　　　 ③ 在高速公路上禁止骑车。고속도로에서는 자전거를 타는 것이 금지되어 있다.

어휘　千万 qiānwàn 圖절대로, 반드시　条 tiáo 圆[가늘고 긴 것을 세는 단위]　高速公路 gāosù gōnglù 圆고속도로

실전모의고사 1

듣기
p.299

제1부분
1× 2✓ 3× 4× 5✓ 6✓ 7× 8✓ 9✓ 10×

제2부분
11 C 12 B 13 D 14 B 15 B 16 D 17 A 18 B 19 C 20 D 21 A 22 D 23 B 24 A 25 C

제3부분
26 B 27 B 28 C 29 A 30 B 31 D 32 A 33 D 34 D 35 A 36 B 37 D 38 D 39 B 40 A 41 B
42 D 43 C 44 C 45 D

독해
p.304

제1부분
46 E 47 A 48 C 49 B 50 F 51 E 52 D 53 F 54 B 55 A

제2부분
56 ACB 57 BAC 58 BCA 59 BCA 60 ACB 61 ABC 62 BCA 63 CBA 64 CAB 65 CAB

제3부분
66 D 67 C 68 A 69 B 70 C 71 A 72 C 73 A 74 D 75 C 76 D 77 B 78 C 79 D 80 C 81 B
82 B 83 C 84 A 85 C

쓰기
p.312

제1부분
86 我们已经浪费了太多的时间和机会。

87 您的护照号码是多少？

88 学校经常为学生提供帮助。

89 大夫让他坚持跑步。

90 新学期的学习压力挺大的。

91 你购买的打印机缺点比较多。

92 办公室里有十台电脑。

93 教授把研究计划复印了十份。

94 你能谈谈自己的看法吗？

95 你不符合那家公司的招聘要求。

제2부분 [베스트 답안 구성]
96 麻烦你可以帮我推一下购物车吗？

97 开空调实在太凉快了。

98 他在看地图，好像迷路了。

99 我打算去超市买一个牙膏。

100 我在看这本书的最后一页。

1

★ 说话人因为生病不能出门。(   )

★ 화자는 병이 났기 때문에 외출할 수 없다. (×)

这本小说真是精彩极了，我想在家一口气读完它，就不陪你们去逛街了。

이 소설은 정말 아주 훌륭해. 난 집에서 이것을 단숨에 다 읽어버리고 싶으니, 너희와 쇼핑은 함께 하지 않을게.

해설　문장의 生病(병이 나다), 不能出门(외출할 수 없다)을 핵심 표현으로 체크해 두고, '화자는 병이 났기 때문에 외출할 수 없다'라는 의미임을 파악한다. 특히 부정 표현 不(~않다)가 지문에서도 동일하게 언급되는지 주의 깊게 듣는다. 문장의 내용이 지문의 小说……我想在家一口气读完它，就不陪你们去逛街了(소설……난 집에서 이것을 단숨에 다 읽어버리고 싶으니, 너희와 쇼핑은 함께 하지 않을게)와 완전히 다른 사실을 언급하고 있으므로 불일치로 판단한다.

어휘　出门 chūmén 圐 외출하다, 밖에 나가다　小说 xiǎoshuō 圐 소설　精彩 jīngcǎi 圐 훌륭하다, 뛰어나다
　　　……极了 ……jí le 아주(극히) ~하다　一口气 yìkǒuqì 囝 단숨에, 단번에　陪 péi 圐 함께 ~하다, 동반하다
　　　逛街 guàng jiē 쇼핑하다, 거리를 구경하다

2

★ 假期景点里的人特别多。(   )

★ 휴가 기간에 여행지에는 사람이 아주 많다. (✓)

假期出门旅游并不是一件轻松的事。到处都堵车，景点里的人也很多，光是排队买门票就要花很长时间，尤其是那些特别有名的地方。

휴가 기간에 밖으로 나가 여행하는 것은 결코 쉬운 일이 아니다. 곳곳에 차가 막히고, 여행지에 사람도 많으며, 단지 줄을 서서 표를 사는 것만 해도 많은 시간을 써야 한다. 특히 아주 유명한 곳들은 더욱 그렇다.

해설　문장의 假期(휴가 기간), 景点(여행지), 人特别多(사람이 아주 많다)를 핵심 표현으로 체크해 두고, '휴가 기간에 여행지에는 사람이 아주 많다'라는 의미임을 파악한다. 지문의 假期, 景点과 人……多(사람이 많다)가 문장에서 그대로 언급되었고, 휴가 기간에 여행지에는 사람이 많다는 내용이므로 일치로 판단한다.

어휘　假期 jiàqī 圐 휴가 기간　景点 jǐngdiǎn 圐 여행지, 관광지　特别 tèbié 囝 아주, 특히　轻松 qīngsōng 圐 쉽다, 편안하다
　　　到处 dàochù 圐 곳곳에, 도처에　堵车 dǔchē 圐 차가 막히다　光 guāng 囝 단지, 오로지　排队 páiduì 圐 줄을 서다
　　　花 huā 圐 쓰다, 소비하다　尤其 yóuqí 囝 특히, 더욱　有名 yǒumíng 圐 유명하다　地方 dìfang 圐 곳, 장소

3

★ 新开的餐厅饭菜价格很高。(   )

★ 새로 연 식당은 식사 가격이 높다. (×)

郊区新开了一家餐厅，味道很不错，价格也便宜，所以生意很好。如果你想去那儿尝一尝，就得提前三天打电话定座位。

교외에 식당 하나가 새로 열렸는데, 맛이 좋고 가격도 싸서, 장사가 잘 된다. 만약 당신이 가서 맛보고 싶다면, 3일 전에 미리 전화로 자리를 예약해야 한다.

해설　문장의 餐厅(식당), 饭菜价格很高(식사 가격이 높다)를 핵심 표현으로 체크해 두고, '새로 연 식당은 식사 가격이 높다'라는 의미임을 파악한다. 특히 장소 표현 餐厅이 지문에서도 동일하게 언급되는지 주의 깊게 듣는다. 지문에서는 价格也便宜(가격도 싸다)가 언급되었는데, 문장에서는 价格很高(가격이 높다)라는 상반된 표현이 언급되어 다른 내용을 전달하므로 불일치로 판단한다.

어휘　餐厅 cāntīng 圐 식당, 레스토랑　饭菜 fàncài 圐 식사, 반찬　价格 jiàgé 圐 가격, 값　郊区 jiāoqū 圐 교외, (도시의) 변두리
　　　味道 wèidao 圐 맛　生意 shēngyi 圐 장사, 사업　如果 rúguǒ 圙 만약　尝 cháng 圐 맛보다　得 děi 区圐 ~해야 한다
　　　提前 tíqián 圐 미리 ~하다　定 dìng 圐 예약하다　座位 zuòwèi 圐 자리, 좌석

4 ★ 那个加油站可以使用信用卡。(　　) ★ 그 주유소에서는 신용 카드를 사용할 수 있다. (✗)

从这里上高速公路，大概开三十五公里以后，会看到一个加油站，不过那里只能用现金付款。

여기에서 고속도로를 타서, 대략 35km를 가면, 주유소가 하나 보일 거예요. 그런데 거기는 현금으로만 결제가 가능해요.

해설 문장의 加油站(주유소), 使用信用卡(신용 카드를 사용하다)를 핵심 표현으로 체크해 두고, '그 주유소에서는 신용 카드를 사용할 수 있다'라는 의미임을 파악한다. 특히 장소 표현 加油站이 지문에서도 동일하게 언급되는지 주의 깊게 듣는다. 문장의 내용이 지문의 会看到一个加油站,不过那里只能用现金付款(주유소가 하나 보일 거예요. 그런데 거기는 현금으로만 결제가 가능해요)과 완전히 다른 사실을 언급하고 있으므로 불일치로 판단한다.

어휘 加油站 jiāyóuzhàn 몡주유소　使用 shǐyòng 통사용하다　信用卡 xìnyòngkǎ 몡신용 카드
高速公路 gāosù gōnglù 고속도로　大概 dàgài 뮈대략, 아마(도)　公里 gōnglǐ 얭킬로미터(km)
不过 búguò 젭그런데, 그러나　只 zhǐ 뮈~만, 단지　现金 xiànjīn 몡현금　付款 fùkuǎn 통결제하다, 돈을 지불하다

5 ★ 客人在室内抽烟了。(　　) ★ 손님이 실내에서 담배를 피웠다. (✓)

经过调查，警察发现，这场大火原来是由于客人在房间里抽烟而引起的。

조사를 거쳐, 경찰은 이 큰 불이 알고 보니 손님이 방 안에서 담배를 피웠기 때문에 났다는 것을 발견했다.

해설 문장의 客人(손님), 在室内(실내에서), 抽烟(담배를 피우다)을 핵심 표현으로 체크해 두고, '손님이 실내에서 담배를 피웠다'라는 의미임을 파악한다. 특히 장소 표현 室内가 지문에서도 동일하게 언급되는지 주의 깊게 듣는다. 지문의 在房间里抽烟(방 안에서 담배를 피우다)이 문장에서 在室内抽烟(실내에서 담배를 피우다)으로 바꾸어 표현되어 동일한 내용을 전달하므로 일치로 판단한다.

* 바꾸어 표현 房间里 방 안 → 室内 실내

어휘 客人 kèrén 몡손님　室内 shìnèi 몡실내　抽烟 chōuyān 통담배를 피우다　经过 jīngguò 통거치다, 지나다
调查 diàochá 통조사하다　警察 jǐngchá 몡경찰　发现 fāxiàn 통발견하다, 알아차리다　场 chǎng 얭번, 회
火 huǒ 몡불　原来 yuánlái 뮈알고 보니, 원래　由于 yóuyú 젠~때문에　引起 yǐnqǐ 통일으키다, 야기하다

6 ★ 太害羞的人不适合做售货员。(　　) ★ 지나치게 수줍어하는 사람은 판매원을 하는 것이 적합하지 않다. (✓)

如果想当售货员，你就不能太害羞，要积极、活泼一点儿，这样才能提供让顾客满意的服务。

만약 판매원이 되고 싶다면, 당신은 지나치게 수줍어해서는 안 되며, 적극적이고, 활발해야 한다. 이래야만 고객을 만족시키는 서비스를 제공할 수 있다.

해설 문장의 太害羞的人(지나치게 수줍어하는 사람), 不适合(적합하지 않다), 售货员(판매원)을 핵심 표현으로 체크해 두고, '지나치게 수줍어하는 사람은 판매원을 하는 것이 적합하지 않다'라는 의미임을 파악한다. 특히 부정 표현 不(~않다)가 지문에서도 동일하게 언급되는지 주의 깊게 듣는다. 지문의 如果想当售货员, 你就不能太害羞(만약 판매원이 되고 싶다면, 당신은 지나치게 수줍어해서는 안 된다)라는 내용을 통해 문장의 내용을 추론할 수 있으므로 일치로 판단한다.

어휘 害羞 hàixiū 통수줍어하다, 부끄러워하다　适合 shìhé 통적합하다, 어울리다　售货员 shòuhuòyuán 몡판매원, 점원
如果 rúguǒ 젭만약　当 dāng 통되다, 맡다　积极 jījí 톙적극적이다, 긍정적이다　活泼 huópō 톙활발하다
才 cái 뮈~해야만, 비로소　提供 tígōng 통제공하다　顾客 gùkè 몡고객　满意 mǎnyì 통만족하다　服务 fúwù 통서비스하다

7 ★ 大学教授只在研究方面有压力。( )

★ 대학 교수는 연구 분야에서만 스트레스를 받는다. (✕)

大部分大学教授不仅有教学方面的压力，还有科学研究方面的压力，因此他们平时都非常忙。

대부분의 대학 교수는 강의 분야에서 스트레스를 받을 뿐만 아니라, 과학 연구 분야에서도 스트레스를 받는다. 그래서 그들은 평소에 매우 바쁘다.

해설 문장의 **大学教授**(대학 교수), **研究方面**(연구 분야), **有压力**(스트레스를 받다)를 핵심 표현으로 체크해 두고, '대학 교수는 연구 분야에서만 스트레스를 받는다'라는 의미임을 파악한다. 문장의 내용이 지문의 **大学教授不仅有教学方面的压力，还有科学研究方面的压力**(대학 교수는 강의 분야에서 스트레스를 받을 뿐만 아니라, 과학 연구 분야에서도 스트레스를 받는다)와 완전히 다른 사실을 언급하고 있으므로 불일치로 판단한다.

어휘 **教授** jiàoshòu 圆 교수 **只** zhǐ 囝 ~만, 단지 **研究** yánjiū 圄 연구하다 **方面** fāngmiàn 圆 분야, 방면
压力 yālì 스트레스, 부담 **大部分** dàbùfen 대부분 **不仅** bùjǐn 圙 ~뿐만 아니라 **科学** kēxué 圆 과학
因此 yīncǐ 圙 그래서, 이로 인하여 **平时** píngshí 圆 평소, 평상시

---

8 ★ 可以用软件翻译照片上的文章。( )

★ 애플리케이션으로 사진에 있는 글을 번역할 수 있다. (✓)

随着技术的发展，现在可以通过软件，把手机照片上的长篇文章快速地翻译出来。

기술의 발전에 따라, 지금은 애플리케이션으로 휴대폰 사진에 있는 장문의 글을 신속하게 번역할 수 있다.

해설 문장의 **软件**(애플리케이션), **翻译**(번역하다), **照片上的文章**(사진에 있는 글)을 핵심 표현으로 체크해 두고, '애플리케이션으로 사진에 있는 글을 번역할 수 있다'라는 의미임을 파악한다. 지문의 **软件, 照片上的……文章, 翻译**가 문장에서 그대로 언급되었고, 애플리케이션으로 사진에 있는 글을 번역할 수 있다는 내용이므로 일치로 판단한다.

어휘 **软件** ruǎnjiàn 圆 애플리케이션, 소프트웨어 **翻译** fānyì 圄 번역하다, 통역하다 **照片** zhàopiàn 圆 사진
文章 wénzhāng 圆 글, 문장 **随着** suízhe 껜 ~에 따라서 **技术** jìshù 圆 기술 **发展** fāzhǎn 圄 발전하다
通过 tōngguò 껜 ~으로, ~를 통해 **长篇** chángpiān 圆 장문, 장편 **快速** kuàisù 圄 신속하다

---

9 ★ 答案要填在答题卡上。( )

★ 답은 답안지에 기입해야 한다. (✓)

考试时大家千万要注意，填空题的答案要另外填在答题卡上，否则答案将会无效。

시험을 볼 때 모두들 반드시 주의하세요. 빈칸 채우기 문제의 답은 답안지에 따로 기입하여야 합니다. 만약 그렇지 않으면 답안은 무효 처리될 것입니다.

해설 문장의 **答案**(답), **填在答题卡上**(답안지에 기입하다)을 핵심 표현으로 체크해 두고, '답은 답안지에 기입해야 한다'라는 의미임을 파악한다. 지문의 **答案, 填在答题卡上**이 문장에서 그대로 언급되었고, 답은 답안지에 기입해야 한다는 내용이므로 일치로 판단한다.

어휘 **答案** dá'àn 圆 답, 답안 **填** tián 圄 기입하다, 채우다 **答题卡** dá tí kǎ 답안지, OMR 카드 **千万** qiānwàn 囝 반드시, 절대로
注意 zhùyì 圄 주의하다, 조심하다 **填空** tiánkòng 圄 빈칸을 채우다, 괄호를 채우다 **另外** lìngwài 囝 따로, 그밖에
否则 fǒuzé 圙 만약 그렇지 않으면 **将** jiāng 囝 ~일 것이다, ~하게 될 것이다 **无效** wúxiào 圄 무효이다, 효과가 없다

---

10 ★ 说话人吃到了饼干和果汁。( )

★ 화자는 과자와 주스를 먹었다. (✕)

这家餐厅每天下午免费提供果汁和饼干，但我们来得太晚了，饼干已经没有了。

이 식당은 매일 오후 주스와 과자를 무료로 제공한다. 하지만 우리가 너무 늦게 와서, 과자는 이미 없다.

해설 문장의 **吃到了**(먹었다), **饼干和果汁**(과자와 주스)을 핵심 표현으로 체크해 두고, '화자는 과자와 주스를 먹었다'라는 의미임을 파악한다. 문장의 내용이 지문의 **每天下午免费提供果汁和饼干，但……饼干已经没有了**(매일 오후 주스와 과자를 무료로 제공한다. 하지만……과자는 이미 없다)와 완전히 다른 사실을 언급하고 있으므로 불일치로 판단한다.

어휘 **饼干** bǐnggān 圓과자, 비스킷　**果汁** guǒzhī 圓(과일) 주스　**餐厅** cāntīng 圓식당, 레스토랑　**免费** miǎnfèi 圓무료로 하다
提供 tígōng 圓제공하다

11

A 水果	B 蛋糕	A 과일	B 케이크
C 剩菜	D 巧克力	**C 남은 음식**	D 초콜릿

男：我总感觉不吃完这些剩菜的话，太浪费了，　　남：나는 이 남은 음식들을 다 먹지 않으면, 너무 낭비라
　　所以就都吃了。　　　　　　　　　　　　　　　　고 늘 생각해. 그래서 다 먹었어.

女：下次别这样了，吃坏肚子就不好了。　　　　　여：다음 번에는 그러지 마. 배탈 나면 안 좋잖아.

问：男的吃了什么？　　　　　　　　　　　　　　질문：남자는 무엇을 먹었는가?

해설　제시된 선택지가 모두 음식을 나타내는 특정 명사이므로 대화를 들을 때 언급되는 음식 및 관련 내용을 주의 깊게 듣는다.
　　남자가 我总感觉不吃完这些剩菜的话，太浪费了，所以就都吃了。(나는 이 남은 음식들을 다 먹지 않으면, 너무 낭비라고 늘 생각
　　해. 그래서 다 먹었어.)라고 했다. 질문이 남자는 무엇을 먹었는지 물었으므로 C 剩菜(남은 음식)를 정답으로 선택한다.

어휘　**蛋糕** dàngāo 圓케이크　**剩** shèng 圓남다　**巧克力** qiǎokèlì 圓초콜릿　**总** zǒng 圓늘, 항상
　　感觉 gǎnjué 圓생각하다, 느끼다　**浪费** làngfèi 圓낭비하다　**吃坏肚子** chīhuài dùzi 배탈이 나다

12

A 自行车坏了	**B 起得太晚了**	A 자전거가 고장 났다	**B 너무 늦게 일어났다**
C 早上没上班	D 没赶上火车	C 아침에 출근을 안 했다	D 기차를 놓쳤다

女：我早上起得太晚了，来不及坐地铁，只　　여：제가 아침에 너무 늦게 일어났는데, 지하철을 탈 겨
　　好打了出租车。　　　　　　　　　　　　　　　이 없어서, 어쩔 수 없이 택시를 탔어요.

男：上班没迟到就行，不过下次你得稍微注　　남：출근 시간에 지각하지 않았으면 돼요. 하지만 다음 번
　　意点儿了。　　　　　　　　　　　　　　　　　에는 조금 더 주의하세요.

问：女的怎么了？　　　　　　　　　　　　　　질문：여자는 무슨 일인가?

해설　제시된 선택지가 모두 특정 대상의 상태·상황을 나타내고 있으므로 대화를 들을 때 상태·상황과 관련된 내용을 주의 깊게
　　듣는다. 여자가 我早上起得太晚了(제가 아침에 너무 늦게 일어났어요)라고 했다. 질문이 여자는 무슨 일인지 물었으므로 B 起
　　得太晚了(너무 늦게 일어났다)를 정답으로 선택한다.

어휘　**自行车** zìxíngchē 圓자전거　**坏** huài 圓고장 나다, 상하다　**没赶上** méi gǎnshang ~을 놓치다
　　来不及 láibují 圓(시간이 촉박하여) 겨를이 없다, ~할 수 없다　**地铁** dìtiě 圓지하철　**只好** zhǐhǎo 圓어쩔 수 없이, 부득이
　　迟到 chídào 圓지각하다, 늦다　**不过** búguò 圓하지만, 그런데　**稍微** shāowēi 圓조금, 약간　**注意** zhùyì 圓주의하다, 조심하다

13

A 烦恼	B 失望	A 걱정스럽다	B 실망스럽다
C 伤心	**D 着急**	C 슬프다	**D 조급하다**

男：我们现在就收拾一下吧！最好提前去超　　남：우리 지금 바로 짐을 좀 꾸리자! 미리 마트에 가서 가
　　市买点儿路上吃的东西。　　　　　　　　　　　는 길에 먹을 것도 좀 사는 것이 좋겠어.

女：怎么这么着急啊，我们下个星期才出发　　여：왜 이렇게 조급해 해, 우리 다음 주에야 출발하는걸.
　　呢。

해설　제시된 선택지가 모두 사람의 심리 상태를 나타내고 있으므로 대화에서 언급되는 화자의 상태를 주의 깊게 듣는다. 남자가 지금 바로 짐을 꾸리자고 하자, 여자가 **怎么这么着急啊**(왜 이렇게 조급해 해)라고 했다. 질문이 여자는 남자가 지금 어떻다고 생각하는지 물었으므로 D 着急(조급하다)를 정답으로 선택한다.

어휘　**烦恼** fánnǎo 휑 걱정스럽다, 괴롭다　**失望** shīwàng 휑 실망스럽다　**伤心** shāngxīn 휑 슬프다
　　　着急 zháojí 휑 조급하다, 초조하다　**收拾** shōushi 됨 짐을 꾸리다, 정리하다　**最好** zuìhǎo 핌 ~하는 게 (제일) 좋다
　　　提前 tíqián 됨 미리 ~하다, 앞당기다　**超市** chāoshì 끠 마트, 슈퍼　**出发** chūfā 됨 출발하다, 떠나다

14　A 容易迷路　　　**B 正在修路**　　　　A 길을 잃어버리기 쉽다　　**B 도로를 정비하고 있다**
　　　C 污染严重　　　D 景色美丽　　　　　C 오염이 심하다　　　　　D 풍경이 아름답다

女: 师傅, 前面红绿灯附近有个入口, 我想　　여: 기사님, 앞쪽 신호등 근처에 입구가 있는데, 거기에
　　在那儿下车。　　　　　　　　　　　　서 내려 주세요.
男: 那儿在修路, 不让停车, 要不我给你送　　남: 그곳은 도로를 정비하고 있어서, 차를 못 세우게 해
　　到后门吧, 离这里也不远。　　　　　　요. 아니면 후문으로 데려다 드릴게요. 여기서 멀지
　　　　　　　　　　　　　　　　　　　도 않아요.

问: 为什么不能在前面入口停车?　　　　　질문: 왜 앞쪽 입구에 차를 세울 수 없는가?

해설　제시된 선택지가 모두 특정 대상의 상태·상황을 나타내고 있으므로 대화를 들을 때 상태·상황과 관련된 내용을 주의 깊게 듣는다. 여자가 앞쪽 신호등 근처 입구에서 내려 달라고 하자, 남자가 **那儿在修路, 不让停车**(그곳은 도로를 정비하고 있어서, 차를 못 세우게 해요)라고 했다. 질문이 왜 앞쪽 입구에 차를 세울 수 없는지 물었으므로 B 正在修路(도로를 정비하고 있다)를 정답으로 선택한다.

어휘　**容易** róngyì 휑 쉽다　**迷路** mílù 됨 길을 잃다　**修路** xiū lù 도로를 정비하다　**污染** wūrǎn 됨 오염되다, 오염시키다
　　　严重 yánzhòng 휑 심하다, 위급하다　**景色** jǐngsè 끠 풍경, 경치　**美丽** měilì 휑 아름답다, 예쁘다　**师傅** shīfu 끠 기사, 스승
　　　红绿灯 hónglǜdēng 끠 신호등　**附近** fùjìn 끠 근처, 부근　**入口** rùkǒu 끠 입구　**停车** tíngchē 됨 차를 세우다, 주차하다
　　　要不 yàobù 젭 아니면, 그렇지 않으면

15　A 牙非常疼　　　　　　A 치아가 매우 아프다
　　　B 找不到号码　　　**B 번호를 못 찾았다**
　　　C 忘记带钱了　　　　　C 돈을 가져오는 것을 잊어버렸다
　　　D 手机弄丢了　　　　　D 휴대폰을 잃어버렸다

男: 你能再给我写一下你的手机号码吗? 我　　남: 저에게 당신의 휴대폰 번호를 다시 써 주실 수 있나
　　找不到了。　　　　　　　　　　　　　요? 제가 못 찾겠어요.
女: 好, 我猜你上次可能没存。　　　　　　여: 네, 제가 추측하기로는 당신이 지난 번에 저장하지
　　　　　　　　　　　　　　　　　　　않은 것 같네요.

问: 关于男的, 可以知道什么?　　　　　　질문: 남자에 관해, 알 수 있는 것은 무엇인가?

해설　제시된 선택지가 모두 사람의 상태·상황을 나타내고 있으므로 대화에서 언급되는 화자의 상태나 현재 처한 상황을 주의 깊게 듣는다. 남자가 **你的手机号码……我找不到了**(당신의 휴대폰 번호……제가 못 찾겠어요)라고 했다. 질문이 남자에 관해 알 수 있는 것을 물었으므로 B 找不到号码(번호를 못 찾았다)를 정답으로 선택한다.

어휘　**牙** yá 끠 치아, 이　**疼** téng 휑 아프다　**号码** hàomǎ 끠 번호, 숫자　**忘记** wàngjì 됨 잊어버리다, 까먹다
　　　带 dài 됨 가지다, 휴대하다　**弄丢** nòngdiū 됨 잃어버리다　**猜** cāi 됨 추측하다, 알아맞히다　**存** cún 됨 저장하다, 보존하다

16

A 散步	B 问路	A 산책한다	B 길을 묻는다
C 看报	**D 招聘**	C 신문을 본다	**D 채용한다**

女：您好，请问您是来应聘什么工作的？
男：在报纸上看到这里缺售货员的消息，我有丰富的工作经验，希望您能考虑我。
问：女的在做什么？

여: 안녕하세요, 실례지만 어떤 업무에 지원하러 오셨나요?
남: 신문에서 이곳에 판매원이 부족하다는 기사를 봤어요. 저는 풍부한 업무 경험이 있으니, 저를 고려해주시길 바랍니다.
질문: 여자는 무엇을 하고 있는가?

해설 제시된 선택지가 모두 행동을 나타내고 있으므로 대화를 들을 때 화자 또는 특정 인물이 하고 있거나 하려는 행동이 무엇인지를 주의 깊게 듣는다. 여자가 **请问您是来应聘什么工作的?**(실례지만 어떤 업무에 지원하러 오셨나요?)라고 했다. 질문이 여자는 무엇을 하고 있는지 물었으므로 **应聘**(지원하다)이라는 표현을 토대로 알 수 있는 D **招聘**(채용한다)을 정답으로 선택한다. 참고로, 남자가 언급한 **在报纸上看到**(신문에서 봤다)를 듣고 C를 선택하지 않도록 주의한다.

어휘 **散步** sànbù [동] 산책하다 **报** bào [명] 신문 **招聘** zhāopìn [동] 채용하다, 모집하다 **应聘** yìngpìn [동] 지원하다, 초빙에 응하다 **缺** quē [동] 부족하다 **售货员** shòuhuòyuán [명] 판매원, 점원 **消息** xiāoxi [명] 기사, 소식 **丰富** fēngfù [형] 풍부하다, 많다 **经验** jīngyàn [명] 경험 **考虑** kǎolǜ [동] 고려하다, 생각하다

17

A 机场	B 宾馆	**A 공항**	B 호텔
C 汽车站	D 电梯里	C 버스 정류장	D 엘리베이터 안

男：非常抱歉，由于天气原因，这趟航班不能按时起飞。
女：那我们还要在这里等到什么时候？
问：他们现在可能在哪里？

남: 정말 죄송합니다. 날씨로 인해, 이 항공편은 제때에 이륙할 수 없습니다.
여: 그럼 우리는 여기서 언제까지 더 기다려야 하나요?
질문: 그들은 현재 어디에 있을 가능성이 큰가?

해설 제시된 선택지가 모두 장소를 나타내고 있으므로 대화를 들을 때 화자 또는 특정 인물이 있는 장소 혹은 가려고 하는 장소가 어디인지를 주의 깊게 듣는다. 남자가 **这趟航班不能按时起飞**(이 항공편은 제때에 이륙할 수 없습니다)라고 했다. 질문이 그들은 현재 어디에 있을 가능성이 큰지 물었으므로 **航班**(항공편)이라는 표현을 토대로 알 수 있는 A **机场**(공항)을 정답으로 선택한다.

어휘 **机场** jīchǎng [명] 공항 **汽车站** qìchē zhàn 버스 정류장 **电梯** diàntī [명] 엘리베이터 **抱歉** bàoqiàn [형] 죄송하다, 미안하다 **由于** yóuyú [접] ~으로 인하여, ~때문에 **原因** yuányīn [명] 원인 **趟** tàng [양] 차례, 번 **航班** hángbān [명] 항공편, 운항편 **按时** ànshí [부] 제때에 **起飞** qǐfēi [동] 이륙하다

18

A 不太忙	**B 压力很大**	A 그다지 바쁘지 않다	**B 스트레스가 크다**
C 有了自信心	D 一直很粗心	C 자신감이 생겼다	D 줄곧 부주의하다

女：以前从来没出现过这样的错误，你这次怎么这么粗心？
男：最近工作压力特别大，总是睡不着，觉得很累。

여: 예전에는 이런 실수가 나온 적이 없었는데, 이번에는 왜 이렇게 부주의해요?
남: 요즘에 업무 스트레스가 너무 크고, 늘 잠에 들지 못해서, 피곤하다고 느껴요.

问：男的最近怎么样？　　　　　　　　　　　　　질문: 남자는 요즘 어떠한가?

해설　제시된 선택지가 모두 사람의 상태·상황을 나타내고 있으므로 대화에서 언급되는 화자의 상태나 현재 처한 상황을 주의 깊게 듣는다. 남자가 最近工作压力特别大(요즘에 업무 스트레스가 너무 크다)라고 했다. 질문이 남자는 요즘 어떠한지 물었으므로 B 压力很大(스트레스가 크다)를 정답으로 선택한다. 참고로, 여자가 언급한 怎么这么粗心?(왜 이렇게 부주의해요?)을 듣고 D를 선택하지 않도록 주의한다.

　　*바꾸어표현　工作压力特别大 업무 스트레스가 너무 크다 → 压力很大 스트레스가 크다

어휘　压力 yālì 圐 스트레스, 부담　自信心 zìxìnxīn 圐 자신감　一直 yìzhí 囝 줄곧, 계속　粗心 cūxīn 圐 부주의하다, 소홀하다　从来 cónglái 囝 여태껏, 지금까지　出现 chūxiàn 圐 나타나다, 출현하다　错误 cuòwù 圐 실수, 잘못　最近 zuìjìn 圐 요즘, 최근　特别 tèbié 囝 너무, 아주　总是 zǒngshì 囝 늘, 항상

19
A 交通情况　　　　　B 购物环境　　　　　　A 교통 상황　　　　　B 쇼핑 환경
C 房东和邻居　　　　D 最近的天气　　　　　C 집주인과 이웃　　　D 최근 날씨

男：你刚搬来，房东和邻居们对你怎么样？　　　남: 당신 막 이사 왔는데, 집주인과 이웃들은 잘 대해줘요?
女：挺好的，大家都很热情，而且经常给我　　여: 꽤 좋아요. 모두들 친절하고, 게다가 저에게 자주 여
　　提供各种帮助。　　　　　　　　　　　　　　러 가지 도움을 줘요.

问：他们在谈什么？　　　　　　　　　　　질문: 그들은 무엇을 이야기하고 있는가?

해설　제시된 선택지가 모두 명사구이므로 대화를 들을 때 대화의 중심 소재가 무엇인지 주의 깊게 듣는다. 남자가 房东和邻居们对你怎么样?(집주인과 이웃들은 잘 대해줘요?)이라고 묻자, 여자가 大家都很热情(모두들 친절해요)이라고 답했다. 질문이 그들은 무엇을 이야기하고 있는지 물었으므로 C 房东和邻居(집주인과 이웃)를 정답으로 선택한다.

어휘　交通 jiāotōng 圐 교통　情况 qíngkuàng 圐 상황, 정황　购物 gòuwù 圐 쇼핑하다, 구매하다　环境 huánjìng 圐 환경　房东 fángdōng 圐 집주인　邻居 línjū 圐 이웃　最近 zuìjìn 圐 최근, 요즘　刚 gāng 囝 막, 방금　搬 bān 圐 이사하다, 옮기다　挺 tǐng 囝 꽤, 제법　热情 rèqíng 圐 친절하다, 열정적이다　经常 jīngcháng 囝 자주, 늘　提供 tígōng 圐 주다, 제공하다　各种 gè zhǒng 여러 가지, 각종

20
A 刚来中国　　　　B 普通话不好　　　　　A 막 중국에 왔다　　　B 보통화를 못한다
C 已经毕业了　　　D 是个外国人　　　　　C 이미 졸업했다　　　D 외국인이다

女：你的普通话真标准，我还以为你是中国　　여: 당신의 보통화는 정말 표준적이네요. 저는 당신이 중
　　人呢。　　　　　　　　　　　　　　　　　　국인인 줄 알았어요.
男：哪里哪里，不过我来中国已经十几年　　남: 별 말씀을요, 그런데 저는 중국에 온지 이미 10여 년
　　了。　　　　　　　　　　　　　　　　　　　됐어요.

问：关于男的，下面哪个正确？　　　　　질문: 남자에 관해, 다음 중 옳은 것은 무엇인가?

해설　제시된 선택지가 모두 사람의 상태·상황을 나타내고 있으므로 대화에서 언급되는 화자의 상태나 현재 처한 상황을 주의 깊게 듣는다. 여자가 남자에게 중국인인 줄 알았다고 하자, 남자가 我来中国已经十几年了(저는 중국에 온지 이미 10여 년 됐어요)라고 했다. 질문이 남자에 관해 옳은 것을 물었으므로 来中国(중국에 오다)라는 표현을 토대로 알 수 있는 D 是个外国人(외국인이다)을 정답으로 선택한다

어휘　刚 gāng 囝 막, 방금　普通话 pǔtōnghuà 圐 보통화, (현대 중국어의) 표준어　毕业 bìyè 圐 졸업하다　标准 biāozhǔn 圐 표준적이다　以为 yǐwéi 圐 ~인줄 알다, 여기다　不过 búguò 囵 그런데, 그러나

21

A 老师	B 经理	A 선생님	B 매니저
C 医生	D 律师	C 의사	D 변호사

男：当老师真好，有寒暑假，可以做自己喜欢的事情，真羡慕你。

女：我选择当老师不是因为有寒暑假，而是因为我喜欢和孩子们在一起。

问：女的是做什么的？

남: 선생님은 참 좋아. 겨울 방학과 여름 방학이 있어서 자기가 좋아하는 일을 할 수 있잖아. 네가 정말 부럽다.

여: 내가 선생님이 되는 것을 선택한 것은 겨울 방학과 여름 방학이 있어서가 아니라, 내가 아이들과 함께 하는 것을 좋아하기 때문이야.

질문: 여자의 직업은 무엇인가?

해설 　제시된 선택지가 모두 직업을 나타내고 있으므로 대화를 들을 때 화자 또는 특정 인물의 직업이 무엇인지를 주의 깊게 듣는다. 여자가 我选择当老师(내가 선생님이 되는 것을 선택하다)라고 했다. 질문이 여자의 직업을 물었으므로 A 老师(선생님)을 정답으로 선택한다.

어휘 　经理 jīnglǐ 圏매니저　律师 lǜshī 圏변호사　当 dāng ~이 되다, 담당하다　寒暑假 hán shǔ jià 겨울 방학과 여름 방학
羡慕 xiànmù 圏부러워하다　选择 xuǎnzé 圏선택하다, 고르다　不是……而是…… búshì……érshì…… ~가 아니라 ~이다

22

A 拿行李	B 准备早餐	A 짐을 찾는다	B 아침 식사를 준비한다
C 出门上班	**D 整理桌子**	C 출근하러 나간다	**D 책상을 정리한다**

女：别躺着啦！快把你的桌子整理一下，这儿乱得我都受不了了！

男：我再睡半小时就起来，保证一起来就收拾。

问：男的起床后可能会做什么？

여: 누워있지만 말고! 빨리 네 책상을 정리하렴. 여기는 참을 수 없을 정도로 지저분하구나!

남: 30분만 더 자고 일어날게요. 일어나자마자 바로 치운다고 약속할게요.

질문: 남자는 일어난 후에 무엇을 할 가능성이 큰가?

해설 　제시된 선택지가 모두 행동을 나타내고 있으므로 대화를 들을 때 화자 또는 특정 인물이 하고 있거나 하려는 행동이 무엇인지를 주의 깊게 듣는다. 여자가 快把你的桌子整理一下(빨리 네 책상을 정리하렴)라고 하자, 남자가 保证一起来就收拾(일어나자마자 바로 치운다고 약속할게요)이라고 했다. 질문이 남자는 일어난 후에 무엇을 할 가능성이 큰지 물었으므로 D 整理桌子(책상을 정리한다)를 정답으로 선택한다.

어휘 　拿 ná 圏가지다, 잡다　行李 xíngli 圏짐　早餐 zǎocān 圏아침 식사　整理 zhěnglǐ 圏정리하다　躺 tǎng 圏눕다
把 bǎ 冽~을/를　乱 luàn 圏지저분하다, 어지럽다　受不了 shòubuliǎo 참을 수 없다　起来 qǐlai 圏일어나다, 일어서다
保证 bǎozhèng 圏약속하다, 보증하다　一……就…… yī……jiù…… ~하자마자 ~하다　收拾 shōushi 圏치우다, 정리하다

23

A 怀疑	**B 反对**	A 의심한다	**B 반대한다**
C 支持	D 相信	C 지지한다	D 신뢰한다

男：今年流行绿色，我也打算去理发店把我的头发弄成绿色。

女：你别开玩笑了，那样你会看起来很奇怪的！

남: 올해 초록색이 유행이라 나도 미용실에 가서 내 머리를 초록색으로 할 생각이야.

여: 농담하지 마. 그러면 이상해 보일 거야!

| 问：女的是什么态度？ | 질문: 여자는 어떤 태도인가? |

해설 제시된 선택지가 모두 행동을 나타내고 있으므로 대화를 들을 때 화자 또는 특정 인물이 하고 있거나 하려는 행동이 무엇인지를 주의 깊게 듣는다. 남자가 머리를 초록색으로 할 생각이라고 하자, 여자가 你别开玩笑了，那样你会看起来很奇怪的!(농담하지 마. 그러면 이상해 보일 거야!)라고 했다. 질문이 여자는 어떤 태도인지 물었으므로 别开玩笑(농담하지 마)라는 표현을 토대로 알 수 있는 B 反对(반대한다)를 정답으로 선택한다.

어휘 **怀疑** huáiyí 통의심하다 **反对** fǎnduì 통반대하다 **支持** zhīchí 통지지하다 **相信** xiāngxìn 통신뢰하다, 믿다
流行 liúxíng 통유행하다 **绿色** lǜsè 통초록색 **打算** dǎsuan 통~할 생각이다 **理发店** lǐfàdiàn 미용실, 이발소
头发 tóufa 통머리카락 **弄** nòng 통하다, 다루다 **开玩笑** kāiwánxiào 통농담하다, 웃기다
看起来 kànqǐlai ~해 보이다, 보기에~하다 **奇怪** qíguài 통이상하다

24

| A 一座山 | B 一条河 | A 산 하나 | B 강 한 줄기 |
| C 一棵树 | D 一本书 | C 나무 한 그루 | D 책 한 권 |

女：听说你昨天去新学校了？	여: 듣자 하니 너 어제 새 학교에 갔다면서?
男：是啊，学校挺漂亮的，大门旁边有一棵大树，后面还有一座不高的山。	남: 맞아, 학교가 꽤 예뻐. 정문 옆에 큰 나무 한 그루가 있고, 뒤에는 높지 않은 산 하나가 있어.
问：学校后面有什么？	질문: 학교 뒤에는 무엇이 있는가?

해설 제시된 선택지가 모두 특정 명사이므로 대화에서 언급되는 각 선택지와 관련된 내용을 주의 깊게 듣는다. 남자가 学校……后面还有一座不高的山(학교……뒤에는 높지 않은 산 하나가 있어)이라고 했다. 질문이 학교 뒤에는 무엇이 있는지 물었으므로 A 一座山(산 하나)을 정답으로 선택한다. 참고로, 남자가 언급한 大门旁边有一棵大树(정문 옆에 큰 나무 한 그루가 있어)를 듣고 C를 정답으로 선택하지 않도록 주의한다.

어휘 **座** zuò 양[(산, 건축물, 도시 등) 비교적 크거나 고정된 물체를 세는 단위] **条** tiáo 양[가늘고 긴 것을 세는 단위] **河** hé 통강
棵 kē 양그루, 포기 **树** shù 통나무, 수목 **挺** tǐng 꽤, 제법 **大门** dàmén 통정문, 대문

25

| A 又酸又甜 | B 在超市买的 | A 시고 달다 | B 마트에서 산 것이다 |
| **C 是女的种的** | D 现在没有了 | **C 여자가 심은 것이다** | D 지금은 없다 |

男：这葡萄可真甜，你是从哪里买的？	남: 이 포도는 정말 달아요. 어디에서 샀어요?
女：不是买的，是自己种的。还剩一些，你想吃的话都拿走吧。	여: 산 게 아니라, 제가 직접 심은 거예요. 아직 좀 남았으니, 먹고 싶으면 다 가져가세요.
问：关于葡萄，可以知道什么？	질문: 포도에 관해, 알 수 있는 것은 무엇인가?

해설 제시된 선택지가 모두 특정 대상의 상태·상황을 나타내고 있으므로 대화를 들을 때 상태·상황과 관련된 내용을 주의 깊게 듣는다. 남자가 포도를 어디에서 샀는지 묻자, 여자가 不是买的，是自己种的.(산 게 아니라, 제가 직접 심은 거예요.)라고 했다. 질문이 포도에 관해 알 수 있는 것을 물었으므로 C 是女的种的(여자가 심은 것이다)를 정답으로 선택한다. 참고로, 남자가 언급한 可真甜(정말 달아요)을 듣고 A를 정답으로 선택하지 않도록 주의한다.

어휘 **又……又** yòu……yòu…… ~하고~하다 **酸** suān 통시다 **甜** tián 통달다 **超市** chāoshì 통마트, 슈퍼
葡萄 pútao 통포도 **可** kě 통[강조를 나타냄] **种** zhòng 통심다, 파종하다 **自己** zìjǐ 명직접, 스스로 **剩** shèng 통남다
拿 ná 통가지다, 잡다

26

A 多吃水果	**B 坚持运动**	A 과일을 많이 먹는다	**B 운동을 꾸준히 한다**
C 少喝咖啡	D 不要减肥	C 커피를 적게 마신다	D 살을 빼지 마라

女：我不吃了，我最近在减肥。

男：该吃的还是要吃啊，其实你应该多运动运动，要科学减肥。

女：我一直觉得运动太累了，不过我打算下个月开始跑步。

男：你有计划就好，坚持下去一定会有效果的！

问：男的建议女的做什么？

여: 저는 안 먹을래요. 요즘 살을 빼고 있어요.

남: 먹어야 할 건 그래도 먹어야죠. 사실 당신은 운동을 많이 해야 하고, 과학적으로 살을 빼야 해요.

여: 저는 줄곧 운동이 너무 힘들다고 생각했어요. 그런데 다음 달부터는 달리기를 시작하려고 해요.

남: 계획이 있으면 됐어요. 꾸준히 해 나가면 반드시 효과가 있을 거예요!

질문: 남자는 여자에게 무엇을 하는 것을 제안하는가?

해설 제시된 선택지가 모두 행동을 나타내고 있으므로 대화를 들을 때 화자 또는 특정 인물이 하고 있거나 하려는 행동이 무엇인지를 주의 깊게 듣는다. 여자가 요즘 살을 빼고 있다고 하자, 남자가 **你应该多运动运动**(당신은 운동을 많이 해야 해요)이라며, **坚持下去一定会有效果的**(꾸준히 해 나가면 반드시 효과가 있을 거예요)라고 했다. 질문이 남자는 여자에게 무엇을 하는 것을 제안하는지 물었으므로 B **坚持运动**(운동을 꾸준히 한다)을 정답으로 선택한다.

어휘 坚持 jiānchí 圈 꾸준히 하다   减肥 jiǎnféi 圈 살을 빼다, 다이어트하다   最近 zuìjìn 圈 요즘, 최근
　　　还是 háishi 閆 그래도, 여전히   科学 kēxué 圈 과학적이다 圈 과학   计划 jìhuà 圈 계획 圈 ~할 계획이다
　　　效果 xiàoguǒ 圈 효과   建议 jiànyì 圈 제안하다

27

A 在看书	**B 没听到**	A 책을 보고 있다	**B 못 들었다**
C 去唱歌了	D 电话占线	C 노래를 부르러 갔다	D 통화 중이다

男：昨天晚上给你打了好几个电话，你都没接。

女：抱歉，昨天我一回家就睡觉了，没听到手机的响声。你找我有事吗？

男：我周六打算去打网球，你要不要一起去？

女：不好意思，那天晚上我要去听音乐会，下次一起去吧。

问：女的为什么没接电话？

남: 어제 저녁에 당신에게 몇 번이나 전화를 걸었는데, 당신은 다 받지 않았어요.

여: 죄송해요. 어제 저는 집에 돌아오자마자 바로 잠을 자서, 휴대폰 소리를 못 들었어요. 무슨 일로 저를 찾으셨어요?

남: 토요일에 테니스 치러 갈 계획인데, 같이 가실래요?

여: 죄송해요. 그날 저녁에 저는 음악회를 가려고 해요. 다음에 같이 가요.

질문: 여자는 왜 전화를 받지 않았는가?

해설 제시된 선택지가 모두 사람의 상태·상황을 나타내고 있으므로 대화에서 언급되는 화자의 상태나 현재 처한 상황을 주의 깊게 듣는다. 남자가 여자에게 몇 번이나 전화를 걸었는데 안 받았다고 하자, 여자가 **没听到手机的响声**(휴대폰 벨소리를 못 들었어요)이라고 했다. 질문이 여자는 왜 전화를 받지 않았는지 물었으므로 B **没听到**(못 들었다)를 정답으로 선택한다.

어휘 占线 zhànxiàn 圈 통화 중이다   接 jiē 圈 (전화를) 받다, 잇다   抱歉 bàoqiàn 圈 미안해하다
　　　一……就…… yī……jiù…… ~하자마자 바로 ~하다   响声 xiǎngshēng 圈 벨소리, 소리   打算 dǎsuan 圈 ~할 계획이다
　　　网球 wǎngqiú 圈 테니스   音乐会 yīnyuèhuì 음악회

A 秋天很凉快	B 没有被污染	A 가을은 시원하다	B 오염되지 않았다
C 小吃很好吃	D 空气不太好	**C 먹거리가 맛있다**	D 공기가 그다지 좋지 않다

女：我太喜欢那个地方了，要是以后有空的话，我还会再去一次。

男：我从来没去过那儿，你能跟我详细说说吗？

女：那里景色很美，气候也好，即使是夏天也很凉快。更别说那儿的小吃了！

男：听你这么一说，我也想去看看了。

问：关于那个地方，可以知道什么？

여: 저는 그곳이 너무 좋아요. 만약 나중에 시간이 있다면, 저는 다시 한번 갈 거예요.

남: 저는 여태까지 그곳을 가 본 적이 없어요. 저에게 자세히 말해주실 수 있어요?

여: 그곳의 경치는 아름답고, 기후도 좋고, 설령 여름이라고 하더라도 시원해요. 그곳의 먹거리는 더 말할 필요가 없어요!

남: 당신이 이렇게 말하는 것을 들으니, 저도 한번 가보고 싶네요.

질문: 그곳에 관해, 알 수 있는 것은 무엇인가?

해설　제시된 선택지가 모두 특정 대상의 상태·상황을 나타내고 있으므로 대화를 들을 때 상태·상황과 관련된 내용을 주의 깊게 듣는다. 여자가 我太喜欢那个地方了(저는 그곳이 너무 좋아요)라고 하며, 更别说那儿的小吃了!(그곳의 먹거리는 더 말할 필요가 없어요!)라고 했다. 질문이 그곳에 관해 알 수 있는 것을 물었으므로 C 小吃很好吃(먹거리가 맛있다)을 정답으로 선택한다.

어휘　秋天 qiūtiān 圀가을　凉快 liángkuai 圀시원하다　污染 wūrǎn 圀오염되다, 오염시키다　小吃 xiǎochī 圀먹거리, 간식
空气 kōngqì 圀공기　地方 dìfang 圀곳, 장소　要是 yàoshi 圙만약 ~라면　空 kòng 圀시간, 틈
从来 cónglái 凟여태까지, 여태껏　跟 gēn 께~에게, ~와/과　详细 xiángxì 圀자세하다, 상세하다　景色 jǐngsè 圀경치, 풍경
美 měi 圀아름답다　气候 qìhòu 圀기후　即使 jíshǐ 圙설령 ~하더라도　夏天 xiàtiān 圀여름　更 gèng 凟더, 더욱
别说 bié shuō 말할 필요도 없다

A 工作安排	B 学习态度	A 업무 계획	B 학습 태도
C 观众数量	D 演出计划	C 관중 수	D 공연 계획

男：你通知一下大家，马上有一个新任务，让大家这两天做好加班的准备。

女：好的，还有其他需要说的吗？

男：暂时没有了，如果这次任务完成得好，人人都会有奖金。

女：我们一定会努力做好的，您放心。

问：他们在讨论什么？

남: 곧 새로운 업무가 있을 것이니, 모두에게 이틀 동안 야근할 준비를 하라고 공지해 주세요.

여: 네. 더 얘기해야 할 것이 있나요?

남: 일단은 없어요. 만약 이번 업무가 잘 끝난다면, 모두에게 상여금이 있을 거예요.

여: 저희는 반드시 노력해서 잘 해낼 거예요. 안심하세요.

질문: 그들은 무엇을 이야기하고 있는가?

해설　제시된 선택지가 모두 명사구이므로 대화를 들을 때 대화의 중심 소재가 무엇인지 주의 깊게 듣는다. 남자가 你通知一下大家, 马上有一个新任务, 让大家这两天做好加班的准备.(곧 새로운 업무가 있을 것이니, 모두에게 이틀 동안 야근할 준비를 하라고 공지해 주세요.)라고 했다. 질문이 그들은 무엇을 이야기하고 있는지 물었으므로 新任务(새로운 업무), 准备(준비하다)라는 표현을 토대로 알 수 있는 A 工作安排(업무 계획)를 정답으로 선택한다.

어휘　安排 ānpái 圐계획하다, 배정하다　态度 tàidu 圀태도　观众 guānzhòng 圀관중　数量 shùliàng 圀수, 수량
演出 yǎnchū 圐공연하다, 상연하다　计划 jìhuà 圀계획　通知 tōngzhī 圐공지하다, 통지하다　马上 mǎshàng 凟곧, 금방
任务 rènwu 圀업무, 임무　加班 jiābān 圐야근하다　其他 qítā 団다른, 기타　暂时 zànshí 圀일단, 당분간
如果 rúguǒ 圙만약 ~라면　完成 wánchéng 圐끝내다　奖金 jiǎngjīn 圀상여금, 보너스　一定 yídìng 凟반드시
努力 nǔlì 圐노력하다, 힘쓰다　放心 fàngxīn 圐안심하다, 마음을 놓다

30

A 搬家	B 旅行
C 购物	D 租房

A 이사한다	B 여행한다
C 쇼핑한다	D 집을 세낸다

女：这里的冬天真暖和。

男：是啊，这里冬暖夏凉，非常适合旅行，我们选对地方了。

女：真羡慕住在这里的人，太幸福了！

男：以后我们也可以考虑搬到这里来住呀。

问：他们这次来这儿做什么？

여: 이곳의 겨울은 정말 따뜻하네요.

남: 맞아요. 이곳은 겨울에 따뜻하고 여름에 시원해서, 여행하기 매우 적합해요. 우리는 장소를 잘 골랐어요.

여: 이곳에 사는 사람이 정말 부러워요. 너무 행복하겠어요!

남: 나중에 우리도 이곳으로 이사 와서 사는 것을 고려해 볼 수 있겠네요.

질문: 그들은 이번에 이곳에 와서 무엇을 하는가?

해설　제시된 선택지가 모두 행동을 나타내고 있으므로 대화를 들을 때 화자 또는 특정 인물이 하고 있거나 하려는 행동이 무엇인지를 주의 깊게 듣는다. 남자가 这里冬暖夏凉, 非常适合旅行, 我们选对地方了(이곳은 겨울에 따뜻하고 여름에 시원해서, 여행하기 매우 적합해요. 우리는 장소를 잘 골랐어요)라고 했다. 질문이 그들은 이번에 이곳에 와서 무엇을 하는지 물었으므로 B 旅行(여행한다)을 정답으로 선택한다. 참고로, 남자가 말한 搬到这里来住(이곳으로 이사 와서 살다)를 듣고 A를 선택하지 않도록 주의한다.

어휘　搬家 bānjiā 통이사하다　旅行 lǚxíng 통여행하다　购物 gòuwù 통쇼핑하다, 구매하다　租 zū 통세내다, 빌려 쓰다
冬天 dōngtiān 몡겨울　暖和 nuǎnhuo 톙따뜻하다　冬暖夏凉 dōng nuǎn xià liáng 겨울에 따뜻하고 여름에 시원하다
适合 shìhé 통적합하다, 적절하다　选 xuǎn 통고르다, 선택하다　地方 dìfang 몡장소, 곳　羡慕 xiànmù 통부러워하다
幸福 xìngfú 톙행복하다　考虑 kǎolǜ 통고려하다, 생각하다

31

A 非常干净	B 特别重要
C 会污染环境	D 在黑色盒子里

A 매우 깨끗하다	B 아주 중요하다
C 환경을 오염시킬 것이다	D 검은색 상자 안에 있다

男：黑色盒子里面的是什么？

女：是我收集的一些空矿泉水瓶。

男：你要用它们做什么？

女：马上要过儿童节了，我想给班里的孩子们做些小花盆。

问：关于这些矿泉水瓶，可以知道什么？

남: 검은색 상자 안에 있는 건 뭐예요?

여: 제가 모은 빈 생수병들이에요.

남: 그걸로 뭘 하려고요?

여: 곧 어린이날인데, 반 아이들에게 작은 화분을 만들어 주려고 해요.

질문: 이 생수병들에 관해, 알 수 있는 것은 무엇인가?

해설　제시된 선택지가 모두 특정 대상의 상태·상황을 나타내고 있으므로 대화를 들을 때 상태·상황과 관련된 내용을 주의 깊게 듣는다. 남자가 黑色盒子里面的是什么?(검은색 상자 안에 있는 건 뭐예요?)라고 묻자, 여자가 是我收集的一些空矿泉水瓶。(제가 모은 빈 생수병들이에요.)이라고 답했다. 질문이 이 생수병들에 관해 알 수 있는 것을 물었으므로 D 在黑色盒子里(검은색 상자 안에 있다)를 정답으로 선택한다.

어휘　干净 gānjìng 톙깨끗하다　特别 tèbié 뷔아주, 특히　重要 zhòngyào 톙중요하다　污染 wūrǎn 통오염되다, 오염시키다
环境 huánjìng 몡환경　黑色 hēisè 몡검은색　盒子 hézi 몡상자　收集 shōují 통모으다, 수집하다
空 kōng 톙비다, 내용이 없다　矿泉水 kuàngquánshuǐ 몡생수, 미네랄 워터　瓶 píng 몡병　儿童节 értóngjié 몡어린이날
班 bān 몡반, 그룹　花盆 huāpén 몡화분

32

| A 很幽默 | B 比较负责 | A 유머러스하다 | B 비교적 책임감이 강하다 |
| C 特别认真 | D 有点儿粗心 | C 아주 성실하다 | D 조금 부주의하다 |

女：我对那个新来的小伙子印象还不错，他很幽默。

男：性格也挺好的，但是工作能力还需要提高。

女：他才刚来，以后会慢慢适应的。

男：将来工作压力会越来越大，希望他可以坚持下来。

问：新来的小伙子怎么样？

여: 저는 새로 온 청년에 대한 인상이 꽤 좋아요. 그는 유머러스해요.

남: 성격도 아주 좋아요. 하지만 업무 능력은 향상시킬 필요가 있어요.

여: 그는 겨우 막 왔잖아요. 앞으로 천천히 적응할 거예요.

남: 앞으로 업무 스트레스가 점점 커질 텐데, 그가 버틸 수 있기를 바라요.

질문: 새로 온 청년은 어떠한가?

해설 제시된 선택지가 모두 사람의 상태·상황을 나타내고 있으므로 대화에서 언급되는 화자의 상태나 현재 처한 상황을 주의 깊게 듣는다. 여자가 新来的小伙子……他很幽默(새로 온 청년……그는 유머러스해요)라고 했다. 질문이 새로 온 청년은 어떠한지 물었으므로 A 很幽默(유머러스하다)를 정답으로 선택한다.

어휘 幽默 yōumò 웹 유머러스하다　比较 bǐjiào 틴 비교적　负责 fùzé 웹 책임감이 강하다　特别 tèbié 틴 아주, 특히
认真 rènzhēn 웹 성실하다, 진지하다　粗心 cūxīn 웹 부주의하다　小伙子 xiǎohuǒzi 몡 청년, 젊은이　印象 yìnxiàng 몡 인상
性格 xìnggé 몡 성격　挺 tǐng 틴 아주, 제법　能力 nénglì 몡 능력　需要 xūyào 통 필요하다
提高 tígāo 통 향상시키다, 높이다　才 cái 틴 겨우, ~에서야　刚 gāng 틴 막, 방금　适应 shìyìng 통 적응하다
将来 jiānglái 몡 미래, 장래　越来越 yuèláiyuè 점점　坚持 jiānchí 통 버티다, 꾸준히 하다

33

| A 认识他们 | B 都是年轻人 | A 그들을 안다 | B 모두 젊은 사람이다 |
| C 今天免费表演 | D 从西边入口进 | C 오늘 무료로 공연한다 | D 서쪽 입구로 들어간다 |

男：来看表演的观众非常多，所以要排这么长的队。

女：是啊，今天邀请到的可是我国著名的京剧演员，肯定很受欢迎。

男：西边那个入口人稍微少一点，我们从那里进去吧。

女：那个入口是专门为演员开的，我们进不去。

问：关于演员，下面哪个正确？

남: 공연을 보러 온 관중이 아주 많아서, 줄을 이렇게나 길게 서야 하네요.

여: 맞아요. 오늘 초대된 사람이 바로 우리 나라의 유명한 경극 배우잖아요. 분명히 매우 인기가 많을 거예요.

남: 서쪽의 저 입구는 사람이 좀 더 적네요. 우리 저기로 들어가요.

여: 저 입구는 특별히 배우를 위해 열어둔 곳이에요. 우리는 들어갈 수 없어요.

질문: 배우에 관해, 다음 중 옳은 것은 무엇인가?

해설 제시된 선택지가 모두 사람의 상태·상황을 나타내고 있으므로 대화에서 언급되는 화자의 상태나 현재 처한 상황을 주의 깊게 듣는다. 남자가 西边那个入口(서쪽의 저 입구)로 들어가자고 하자, 여자가 那个入口是专门为演员开的(저 입구는 특별히 배우를 위해 열어둔 곳이에요)라고 했다. 질문이 배우에 관해 옳은 것을 물었으므로 D 从西边入口进(서쪽 입구로 들어간다)을 정답으로 선택한다.

어휘 年轻人 niánqīng rén 젊은 사람, 젊은이　免费 miǎnfèi 통 무료로 하다　表演 biǎoyǎn 통 공연하다　入口 rùkǒu 몡 입구
观众 guānzhòng 몡 관중, 시청자　排队 páiduì 통 줄을 서다　邀请 yāoqǐng 통 초대하다, 초청하다　可 kě 틴 [평서문에 쓰여 강조를 나타냄]　著名 zhùmíng 웹 유명하다, 저명하다　京剧 jīngjù 몡 경극
演员 yǎnyuán 몡 배우, 연기자　肯定 kěndìng 틴 분명히, 확실히　受欢迎 shòu huānyíng 인기가 많다, 환영을 받다
稍微 shāowēi 틴 조금, 약간　专门 zhuānmén 틴 특별히, 전문적으로　为 wèi 껜 ~을 위해, ~에게

A 买台笔记本	A 노트북을 산다
B 不要再试了	B 더는 시도하지 마라
C 自己想办法	C 스스로 방법을 생각한다
D 找小王帮忙	**D 샤오왕에게 도움을 청한다**

女：我忘记电脑密码了，里面还有下午开会
要用的内容，怎么办呀？

男：别着急，你先试试常用的几个密码。

女：好，不过还是不行的话，怎么办呢？

男：我去找小王，他是计算机专业毕业的，
也许会有其他办法。

问：男的是什么意思？

여: 제가 컴퓨터 비밀번호를 잊어버렸어요. 안에 오후에
회의할 때 써야 하는 내용도 있는데, 어떡하죠？

남: 조급해하지 마세요. 먼저 자주 쓰는 비밀번호 몇 개
를 시도해보세요.

여: 네, 그런데 그래도 안 되면 어떡하죠？

남: 샤오왕을 찾으러 가 볼게요. 그는 컴퓨터 학과를 졸업
해서, 어쩌면 다른 방법이 있을 수도 있어요.

질문: 남자의 말은 무슨 뜻인가？

해설　제시된 선택지가 모두 행동을 나타내고 있으므로 대화를 들을 때 화자 또는 특정 인물이 하고 있거나 하려는 행동이 무엇인
지를 주의 깊게 듣는다. 여자가 컴퓨터 비밀번호를 잊어버렸다고 하자, 남자가 **我去找小王, 他是计算机专业毕业的, 也许**
会有其他办法.(샤오왕을 찾으러 가 볼게요. 그는 컴퓨터 학과를 졸업해서, 어쩌면 다른 방법이 있을 수도 있어요.)라고 답했다. 질문이
남자의 말은 무슨 뜻인지 물었으므로 小王(샤오왕), 有其他办法(다른 방법이 있다)라는 표현을 토대로 알 수 있는 D 找小王帮
忙(샤오왕에게 도움을 청한다)을 정답으로 선택한다.

어휘　**台** tái 圐대[기계·설비 등을 세는 단위]　**笔记本** bǐjìběn 圐노트북, 노트　**试** shì 圐시도하다　**自己** zìjǐ 団스스로, 직접
办法 bànfǎ 圐방법, 수단　**帮忙** bāngmáng 圄(일을) 돕다, 도움을 주다　**忘记** wàngjì 圄잊어버리다, 까먹다
密码 mìmǎ 圐비밀번호　**用** yòng 圄쓰다, 사용하다　**内容** nèiróng 圐내용　**着急** zháojí 圄조급하다, 초조하다
先 xiān 囝먼저, 우선　**常用** cháng yòng 자주 쓰다　**不过** búguò 웹그런데, 그러나　**还是** háishi 囝그래도, 여전히
行 xíng 圄된다, 좋다　**计算机** jìsuànjī 圐컴퓨터　**专业** zhuānyè 圐학과, 전공　**毕业** bìyè 圄졸업하다
也许 yěxǔ 囝어쩌면, 아마도　**其他** qítā 団다른, 기타

A 餐厅	B 花店	A 식당	B 꽃집
C 超市	D 家具店	C 마트	D 가구점

男：小姐，您是今天第九十九个来我们餐厅
用餐的顾客。

女：真的吗？

男：按照规定，您今天可以免费用餐，另外
我们还为您准备了一个礼物。

女：真是太让人惊喜了！

问：他们最有可能在哪儿？

남: 아가씨, 당신은 오늘 저희 식당에서 식사하신 99번
째 고객입니다.

여: 정말이에요？

남: 규정에 따라 손님은 오늘 무료로 식사하실 수 있고,
이 외에도 저희가 손님을 위해 선물 하나를 준비하
였습니다.

여: 정말 저를 놀랍고 기쁘게 하네요！

질문: 그들은 어디에 있을 가능성이 가장 큰가？

해설　제시된 선택지가 모두 장소를 나타내고 있으므로 대화를 들을 때 화자 또는 특정 인물이 있는 장소 혹은 가려고 하는 장소가
어디인지를 주의 깊게 듣는다. 남자가 **您是今天第九十九个来我们餐厅用餐的顾客**(당신은 오늘 저희 식당에서 식사하신 99번
째 고객입니다)라고 했다. 질문이 그들은 어디에 있을 가능성이 가장 큰지 물었으므로 A 餐厅(식당)을 정답으로 선택한다.

어휘　**餐厅** cāntīng 圐식당, 레스토랑　**花店** huādiàn 圐꽃집　**超市** chāoshì 圐마트, 슈퍼　**家具** jiājù 圐가구
用餐 yòngcān 圄식사를 하다　**顾客** gùkè 圐고객, 손님　**按照** ànzhào 逌~에 따라, ~에 의해　**规定** guīdìng 圐규정, 규칙

免费 miǎnfèi 통 무료로 하다　**另外** lìngwài 젭 이 외에　**为** wèi 캐 ~을 위해　**礼物** lǐwù 몡 선물
惊喜 jīngxǐ 통 놀랍고 기쁘다

36. A 会议地点　　　**B 会议内容**

    C 参加人数　　　D 开会时间

37. A 每年都举行

    B 内容很复杂

    C 出了点儿麻烦

    D 很少在这儿举办

---

36. A 회의 장소　　　**B 회의 내용**

    C 참가하는 사람 수　　D 회의 시간

37. A 매해 개최된다

    B 내용이 복잡하다

    C 문제가 조금 생겼다

    D 이곳에서 거의 열리지 않는다

第36到37题是根据下面一段话:

    小李，上次通知的那个会议时间推迟了，你得注意一下。另外，³⁶会议的内容最好再检查一遍，千万不能出错。³⁷这个会议好不容易在我们这儿举行一回。要是出了什么事儿，可就全是我们的责任了。

36. 说话人要求小李检查什么?

37. 关于会议，可以知道什么?

36-37번 문제는 다음 내용에 근거한다.

    샤오리, 지난 번에 통지한 그 회의 시간은 연기되었어요. 주의해 주세요. 이 외에, ³⁶회의 내용을 다시 한번 점검해 보는 것이 가장 좋겠어요. 절대로 실수를 하면 안 돼요. ³⁷이 회의는 여기서 겨우 한 번 열리게 되었어요. 만약 무슨 일이 생긴다면, 모두 우리의 책임이에요.

36. 화자는 샤오리에게 무엇을 점검하도록 요구하는가?

37. 회의에 관해, 알 수 있는 것은 무엇인가?

해설　선택지 읽기

36번의 선택지를 읽고, 회의 공지와 관련한 실용문이 나올 것임을 예상할 수 있다. 따라서 단문을 들을 때 장소, 시간, 날짜 등의 세부 사항을 주의 깊게 듣는다. 특히 선택지에서 공통적으로 등장하고 있는 **会议**(회의)와 관련하여 언급되는 내용을 주의 깊게 듣는다.

단문 듣기

단문 중반에서 **会议的内容最好再检查一遍**(회의 내용을 다시 한번 점검해 보는 것이 가장 좋겠어요)을 듣고 36번의 B **会议内容**(회의 내용)을 체크해 둔다.

단문 후반에서 **这个会议好不容易在我们这儿举行一回。**(이 회의는 여기서 겨우 한 번 열리게 되었어요.)를 듣고 37번의 D **很少在这儿举办**(이곳에서 거의 열리지 않는다)을 체크해 둔다.

질문 듣고 정답 선택하기

36. 화자는 샤오리에게 무엇을 점검하도록 요구하는지 물었으므로 B **会议内容**(회의 내용)을 정답으로 선택한다.

37. 회의에 관해 알 수 있는 것을 물었으므로 D **很少在这儿举办**(이곳에서 거의 열리지 않는다)을 정답으로 선택한다.

어휘　**地点** dìdiǎn 몡 장소, 지점　**内容** nèiróng 몡 내용　**参加** cānjiā 통 참가하다, 참석하다　**人数** rén shù 사람 수
举行 jǔxíng 통 개최하다, 열다　**复杂** fùzá 톙 복잡하다　**麻烦** máfan 몡 문제, 골칫거리　**举办** jǔbàn 통 열다, 개최하다
通知 tōngzhī 통 통지하다 몡 통지　**推迟** tuīchí 통 연기하다, 미루다　**得** děi 조동 ~해야 한다　**另外** lìngwài 젭 이 외에
最好 zuìhǎo 톙 ~하는 게 가장 좋다　**检查** jiǎnchá 통 점검하다, 검사하다　**遍** biàn 뙁 번, 차례　**千万** qiānwàn 뮈 절대로, 반드시
出错 chū cuò 실수를 하다　**好不容易** hǎobù róngyì 겨우, 가까스로　**回** huí 뙁 번, 회　**要是……就……** yàoshi……jiù…… 만약 ~라면
责任 zérèn 몡 책임

38. A 愿意开车

    B 会实际开车

    C 在电脑上考试

    D 通过四次考试

39. A 养成习惯   **B 交通安全**

    C 教育路人   D 符合新规

---

38. A 운전하고 싶어 한다

    B 실제로 운전할 줄 안다

    C 컴퓨터로 시험을 본다

    D 네 번의 시험을 통과한다

39. A 습관을 기른다   **B 교통 안전**

    C 행인을 교육한다   D 새 규정에 부합한다

第38到39题是根据下面一段话：

    在中国，³⁸如果你想成为一名合格的司机，必须通过四次考试。其中第一次和第四次是在电脑上考试，第二次和第三次考实际开车。今年国庆后，³⁹考试难度又增加了，而且更加重视开车习惯。新的规定虽然严格，但³⁹可以更好地保证路人和司机的安全。

38. 在中国，怎样才能成为一名合格的司机？

39. 考试增加难度是为了什么？

38-39번 문제는 다음 내용에 근거한다.

    중국에서, ³⁸만약 당신이 기준에 부합하는 운전자가 되고 싶다면, 반드시 네 번의 시험을 통과해야 한다. 그중 첫 번째와 네 번째는 컴퓨터로 시험을 보고, 두 번째와 세 번째는 도로 주행 시험을 본다. 올해 국경절 이후, ³⁹시험 난이도가 또 높아졌고, 게다가 운전 습관을 더 중요시한다. 새로운 규정은 비록 엄격하지만, ³⁹행인과 운전자의 안전을 더 잘 보장할 수 있다.

38. 중국에서는 어떻게 해야 기준에 부합하는 운전자가 될 수 있는가?

39. 시험 난이도가 높아진 것은 무엇을 위해서인가?

해설

선택지 읽기

각 문제의 선택지를 읽고 단문의 종류를 예상하기 어려운 경우, 선택지와 관련된 내용을 주의 깊게 듣는다. 38번의 **开车**(운전하다), 39번의 **交通安全**(교통 안전), **路人**(행인), **新规**(새 규정)를 읽고, 단문을 들을 때 교통 관련 내용을 주의 깊게 듣는다.

단문 듣기

단문 초반에서 如果你想成为一名合格的司机，必须通过四次考试(만약 당신이 기준에 부합하는 운전자가 되고 싶다면, 반드시 네 번의 시험을 통과해야 한다)을 듣고 38번의 D 通过四次考试(네 번의 시험을 통과한다)을 체크해 둔다. 이어서 在电脑上考试(컴퓨터로 시험을 보다)을 듣고 38번의 B 在电脑上考试(컴퓨터로 시험을 본다)을 체크해 둔다.

단문 후반에서 考试难度又增加了……可以更好地保证路人和司机的安全(시험 난이도가 또 높아졌고……행인과 운전자의 안전을 더 잘 보장할 수 있다)을 듣고 39번의 B 交通安全(교통 안전)을 체크해 둔다.

질문 듣고 정답 선택하기

38. 중국에서는 어떻게 해야 기준에 부합하는 운전자가 될 수 있는지 물었으므로 D 通过四次考试(네 번의 시험을 통과한다)을 정답으로 선택한다.

39. 시험 난이도가 높아진 것은 무엇을 위해서인지 물었으므로 B 交通安全(교통 안전)을 정답으로 선택한다.

어휘

愿意 yuànyì 조롱 ~하고 싶다, ~하기를 바라다　**开车** kāichē 통 운전하다　**实际** shíjì 휑 실제적이다, 현실적이다
考试 kǎoshì 통 시험을 보다　**通过** tōngguò 통 통과하다　**养成** yǎngchéng 통 기르다, 양성하다　**习惯** xíguàn 몡 습관
交通 jiāotōng 몡 교통　**安全** ānquán 휑 안전　**教育** jiàoyù 통 교육하다　**路人** lùrén 몡 행인　**符合** fúhé 통 부합하다
新规 xīn guī 새 규정　**如果** rúguǒ 젭 만약 ~라면　**成为** chéngwéi 통 ~가 되다　**合格** hégé 휑 기준에 부합하다, 합격하다
司机 sījī 몡 운전사, 기사　**必须** bìxū 휑 반드시, 꼭　**其中** qízhōng 몡 그중　**国庆** guóqìng 몡 국경절, 건국 기념일
难度 nándù 몡 난이도　**又** yòu 휑 또, 다시　**增加** zēngjiā 통 증가하다　**更** gèng 휑 더, 더욱　**重视** zhòngshì 통 중요시하다
规定 guīdìng 몡 규정, 규칙　**严格** yángé 휑 엄격하다　**保证** bǎozhèng 통 보장하다, 보증하다

40.	A 出差	B 招聘	40.	A 출장 간다	B 채용한다
	C 参观工厂	D 申请签证		C 공장을 참관한다	D 비자를 신청한다
41.	A 有窗户	**B 交通方便**	41.	A 창문이 있다	**B 교통이 편리하다**
	C 卫生间大	D 非常安静		C 화장실이 크다	D 매우 조용하다

第40到41题是根据下面一段话:

⁴⁰下周一经理要去国外出差，我们要安排一下签证的事情，要提前联系好那边的宾馆，⁴¹要保证宾馆房间干净卫生，⁴¹附近交通方便。这些方面你都需要考虑到，并且要调查清楚，没问题的话就把宾馆地址用邮件发给我。

40. 经理下周要做什么?

41. 说话人对于宾馆有什么要求?

40-41번 문제는 다음 내용에 근거한다.

⁴⁰다음 주 월요일에 매니저님이 해외로 출장을 가시니, 우리는 비자와 관련된 일을 준비해야 하고, 미리 그쪽 호텔에 연락해서 ⁴¹호텔 방이 깨끗하고, ⁴¹근처 교통이 편리한 것을 확실히 책임져야 해요. 이런 부분들을 당신은 모두 고려해야 하고, 또한 명확하게 조사해야 해요. 문제가 없다면 호텔 주소를 제게 메일로 보내주세요.

40. 매니저는 다음 주에 무엇을 하려고 하는가?

41. 화자는 호텔에 대해 어떤 요구 사항이 있는가?

해설 선택지 읽기

각 문제의 선택지를 읽고, 단문의 종류를 예상하기 어려운 경우, 선택지와 관련된 내용을 주의 깊게 듣는다. 40번 선택지에서 出差(출장 간다), 招聘(채용한다), 参观工厂(공장을 참관한다)을 읽고, 단문을 들을 때 회사 업무와 관련하여 언급되는 내용을 주의 깊게 듣는다.

단문 듣기

단문 초반에서 下周一经理要去国外出差(다음 주 월요일에 매니저님이 해외로 출장을 가신다)를 듣고 40번의 A 出差(출장 간다)를 체크해 둔다.

단문 중반에서 要保证宾馆……附近交通方便(호텔……근처 교통이 편리한 것을 확실히 책임져야 해요)을 듣고 41번의 B 交通方便(교통이 편리하다)을 체크해 둔다.

질문 듣고 정답 선택하기

40. 매니저는 다음 주에 무엇을 하는지 물었으므로 A 出差(출장 간다)를 정답으로 선택한다.

41. 화자는 호텔에 대해 어떤 요구 사항이 있는지 물었으므로 B 交通方便(교통이 편리하다)을 정답으로 선택한다.

어휘 出差 chūchāi 🗐 출장 가다　招聘 zhāopìn 🗐 채용하다, 모집하다　参观 cānguān 🗐 참관하다, 견학하다
工厂 gōngchǎng 🗐 공장　申请 shēnqǐng 🗐 신청하다　签证 qiānzhèng 🗐 비자　窗户 chuānghu 🗐 창문, 창
交通 jiāotōng 🗐 교통　方便 fāngbiàn 🗐 편리하다　卫生间 wèishēngjiān 🗐 화장실　安静 ānjìng 🗐 조용하다
经理 jīnglǐ 🗐 매니저　安排 ānpái 🗐 준비하다, 배정하다　提前 tíqián 🗐 미리 ~하다　联系 liánxì 🗐 연락하다
保证 bǎozhèng 🗐 확실히 책임지다, 보증하다　干净 gānjìng 🗐 깨끗하다　附近 fùjìn 🗐 근처, 부근　方面 fāngmiàn 🗐 부분, 분야
需要 xūyào 🗐 ~해야 하다, 필요하다　考虑 kǎolǜ 🗐 고려하다, 생각하다　并且 bìngqiě 🗐 또한, 게다가
调查 diàochá 🗐 조사하다　清楚 qīngchu 🗐 명확하다, 분명하다　地址 dìzhǐ 🗐 주소　邮件 yóujiàn 🗐 메일
发 fā 🗐 보내다, 발생하다　对于 duìyú 🗐 ~에 대해　要求 yāoqiú 🗐 요구 사항

42. A 电影　　　　B 小说　　　　　　　42. A 영화　　　　B 소설
　　C 教育　　　　D 生活　　　　　　　　　C 교육　　　　D 삶

43. A 养成好习惯　　　　　　　　　　　43. A 좋은 습관을 기른다
　　B 关心周围的人　　　　　　　　　　　B 주변 사람에게 관심을 기울인다
　　C 对生活有希望　　　　　　　　　　　C 삶에 희망을 가진다
　　D 保持健康的身体　　　　　　　　　　D 건강한 몸을 유지한다

第42到43题是根据下面一段话：

　　我记得在一部电影中有这么一句话："42生活就像一盒巧克力，你永远不知道下一个是什么味道。"它的意思是说，在生活中，你永远都不会知道下一分钟会发生什么，你会获得什么，失去什么。43你能做的就是带着希望生活，勇敢地走自己的路，努力向前跑，只有这样，幸福才会来到你的身边。

42. 这段话主要谈的是什么？

43. 这段话告诉我们应该怎样生活？

42-43번 문제는 다음 내용에 근거한다.

　　나는 한 영화에서 이런 말이 있었던 것을 기억한다: "42삶은 초콜릿 상자와 같아서, 당신은 영원히 다음 것이 무슨 맛인지 모른다." 이것의 의미는 즉, 삶에서 당신은 1분 뒤에 무엇이 발생할지, 무엇을 얻고, 무엇을 잃을지 영원히 알 수 없다는 것이다. 43당신이 할 수 있는 것은 희망을 가지고 살고, 용감하게 자신의 길을 가고, 노력하며 앞을 향해 달려가는 것이다. 이렇게 해야만, 행복은 비로소 당신 곁에 올 것이다.

42. 이 단문은 주로 무엇을 이야기하고 있는가?

43. 이 단문은 우리가 어떻게 살아야 한다고 알려주는가?

해설　선택지 읽기

43번의 선택지가 모두 주관적인 의견을 나타내고 있으므로, 삶의 태도나 건강과 관련된 논설문이 나올 것임을 예상할 수 있다. 따라서 화자의 의견이나 단문의 주제가 자주 언급되는 단문의 처음 부분과 끝 부분을 주의 깊게 듣는다.

단문 듣기

단문 초반에서 我记得在一部电影中有这么一句话(나는 한 영화에서 이런 말이 있었던 것을 기억한다)를 듣고 42번의 A 电影(영화)을 체크해 둔다. 이어서 生活就像一盒巧克力(삶은 초콜릿 상자와 같다)를 듣고 42번의 D 生活(삶)를 체크해 둔다.

단문 후반에서 你能做的就是带着希望生活(당신이 할 수 있는 것은 희망을 가지고 사는 것이다)를 듣고 43번의 C 对生活有希望(삶에 희망을 가진다)을 체크해 둔다.

질문 듣고 정답 선택하기

42. 이 단문은 주로 무엇을 이야기하고 있는지 물었으므로 D 生活(삶)를 정답으로 선택한다. 참고로, 단문 초반에서 电影(영화)만 듣고 A를 정답으로 선택하지 않도록 주의한다.

43. 이 단문은 우리가 어떻게 살아야 한다고 알려주는지 물었으므로 C 对生活有希望(삶에 희망을 가진다)을 정답으로 선택한다.

어휘　小说 xiǎoshuō 圆소설　教育 jiàoyù 圆삶, 인생 圆교육하다　生活 shēnghuó 圆삶, 인생 圆살다, 생활하다
养成 yǎngchéng 圄기르다, 키우다　习惯 xíguàn 圆습관　关心 guānxīn 圄관심을 기울이다　周围 zhōuwéi 圆주변, 주위
保持 bǎochí 圄유지하다, 지키다　健康 jiànkāng 圆건강하다　记得 jìde 圄기억하고 있다　像 xiàng 圄~와 같다, 닮다
盒 hé 圆상자, 팩, 통　巧克力 qiǎokèlì 圆초콜릿　永远 yǒngyuǎn 圑영원히, 항상　味道 wèidao 圆맛
发生 fāshēng 圄발생하다, 생기다　获得 huòdé 圄얻다, 취득하다　失去 shīqù 圄잃다　勇敢 yǒnggǎn 圆용감하다
努力 nǔlì 圄노력하다, 힘쓰다　向 xiàng 团~을 향해, ~으로　只有 zhǐyǒu 圙~해야만, ~만 있다　幸福 xìngfú 圆행복 圆행복하다
才 cái 圑비로소, 겨우　谈 tán 圄이야기하다

44. A 一分钟	B 十分钟	44. A 1분	B 10분
C 十五分钟	D 四十五分钟	**C 15분**	D 45분
45. A 经常加班	B 环境很差	45. A 자주 야근한다	B 환경이 나쁘다
C 离家很近	**D 工资比较低**	C 집에서 가깝다	**D 월급이 비교적 낮다**

第44到45题是根据下面一段话：

　　最近，我在找工作。朋友知道这件事后，就给我介绍了一个公司。⁴⁴那个公司环境很好，⁴⁴离我家也很近，走过去只要一刻钟。可惜⁴⁵有一点我不满意，就是工资比较低，才三千块，所以我还在考虑要不要应聘。

44. 说话人从家走到那个公司要多久？
45. 朋友介绍的公司有什么缺点？

44-45번 문제는 다음 내용에 근거한다.

　　최근에 나는 일을 찾고 있다. 친구가 이를 알게 된 후, 나에게 한 회사를 소개시켜 주었다. ⁴⁴그 회사는 환경이 좋고, ⁴⁴집에서도 가까워서, 걸어서 15분이면 간다. 아쉽게도 ⁴⁵나는 한 가지에 불만족한다. 바로 월급이 비교적 낮다는 것인데, 겨우 3000위안이다. 그래서 나는 아직 지원할지 말지 고민하고 있다.

44. 화자는 집에서 그 회사까지 걸어서 얼마나 걸리는가?
45. 친구가 소개해준 회사는 어떤 단점이 있는가?

해설　선택지 읽기

각 문제의 선택지를 읽고, 단문의 종류를 예상하기 어려운 경우, 선택지와 관련된 내용을 주의 깊게 듣는다. 44번 선택지에 시간 표현이 사용되었으므로, 단문을 들을 때 그대로 언급되는 선택지 옆에 살짝 체크해 둔다.

단문 듣기

단문 중반에서 **那个公司……离我家也很近, 走过去只要一刻钟**(그 회사는……집에서도 가까워서, 걸어서 15분이면 간다)을 듣고 44번의 C **十五分钟**(15분)과 45번의 C **离家很近**(집에서 가깝다)을 체크해 둔다.

단문 후반에서 **有一点我不满意, 就是工资比较低**(나는 한 가지에 불만족한다. 바로 월급이 비교적 낮다는 것이다)를 듣고 45번의 D **工资比较低**(월급이 비교적 낮다)를 체크해 둔다.

질문 듣고 정답 선택하기

44. 화자는 집에서 그 회사까지 걸어서 얼마나 걸리는지 물었으므로 C **十五分钟**(15분)을 정답으로 선택한다. 참고로, 선택지의 **十五分钟**(15분)이 단문에서 **一刻钟**(15분)으로 바꾸어 표현되었다.

45. 친구가 소개해준 회사는 어떤 단점이 있는지 물었으므로 D **工资比较低**(월급이 비교적 낮다)를 정답으로 선택한다.

어휘　加班 jiābān 圖 야근하다　环境 huánjìng 圓 환경　差 chà 圓 나쁘다, 다르다　工资 gōngzī 圓 월급, 임금
比较 bǐjiào 圖 비교적　低 dī 圓 낮다　最近 zuìjìn 圓 최근, 요즘　过去 guòqu 圖 가다, 지나가다　刻 kè 圓 15분
可惜 kěxī 圓 아쉽다, 아깝다　满意 mǎnyì 圖 만족하다　才 cái 圖 겨우, ~에서야　考虑 kǎolǜ 圖 고민하다, 고려하다
应聘 yìngpìn 圖 지원하다, 초빙에 응하다　缺点 quēdiǎn 圓 단점, 결점

46 - 50

A 准时	B 差不多	C 印象	A 제때에 ~하다	B 거의	C 인상
D 坚持	E 页	F 解释	D 꾸준히 하다	E 쪽	F 해명하다

* D 坚持(꾸준히 하다)은 예시 어휘이므로, 이를 제외한 나머지 5개의 선택지 중에서 정답을 고른다.

어휘　**准时** zhǔnshí 톙제때에 ~하다, 시간에 맞다　**差不多** chàbuduō 튄거의, 대체로 톙비슷하다　**印象** yìnxiàng 똉인상
页 yè 양쪽, 페이지　**解释** jiěshì 동해명하다, 해석하다

46　这本专业书比较厚，有五百多(**E 页**)。　이 전공책은 비교적 두꺼워요. 500여 (**E 쪽**)이에요.

해설　빈칸 앞에 수사 五百多(500여)가 있으므로, 빈칸에는 양사가 와야 한다. 따라서 양사 E 页(쪽)가 정답이다.

어휘　**专业** zhuānyè 똉전공　**比较** bǐjiào 튄비교적　**厚** hòu 톙두껍다

47　这次的会议非常重要，请各位一定要(**A 准时**)参加。　이번 회의는 매우 중요하니, 모두들 반드시 (**A 제때에**) 참석하세요.

해설　빈칸 뒤에 동사 参加(참석하다)가 있으므로, '모두들 반드시 _____ 참석하세요'라는 문맥에 어울리면서 부사처럼 사용되는 형용사 A 准时(제때에 ~하다)이 정답이다. 참고로, 准时은 동사 앞에서 '제때에 ~하다'라는 뜻의 부사처럼 자주 쓰임을 알아 둔다.

어휘　**会议** huìyì 똉회의　**重要** zhòngyào 톙중요하다　**各位** gèwèi 똉여러분　**一定** yídìng 튄반드시
参加 cānjiā 동참석하다, 참가하다

48　我们给人留下的第一(**C 印象**)很重要，因为它很难改变。　우리가 사람에게 남기는 첫 (**C 인상**)은 중요하다. 이것은 바꾸기 어렵기 때문이다.

해설　빈칸 앞에 구조조사 的가 있으므로 빈칸에는 명사가 와야 한다. 따라서 명사이면서 '우리가 사람에게 남기는 첫 _____은 중요하다'라는 문맥에 어울리는 C 印象(인상)이 정답이다.

어휘　**留** liú 동남기다, 남다　**重要** zhòngyào 톙중요하다　**难** nán 톙어렵다　**改变** gǎibiàn 동바꾸다, 변하다

49　这么热的天爬长城，我和妈妈喝了(**B 差不多**)十瓶矿泉水。　이렇게나 더운 날에 만리장성을 올라서, 나와 엄마는 생수를 (**B 거의**) 10병이나 마셨다.

해설　'나와 엄마는 생수를 _____10병이나 마셨다'라는 문맥에 어울리는 부사 B 差不多(거의)가 정답이다.

어휘　**爬** pá 동오르다　**长城** Chángchéng 고유만리장성　**瓶** píng 양병　**矿泉水** kuàngquánshuǐ 똉생수, 미네랄 워터

50　现在没有时间了，我来不及跟你仔细(**F 解释**)，先上车再说吧。　지금은 시간이 없어서, 저는 당신에게 자세히 (**F 해명할**) 시간이 없어요. 우선 차에 타서 다시 얘기해요.

해설　빈칸 앞에 동사 앞에서 부사처럼 사용되는 형용사 仔细(자세하다)가 있으므로, 빈칸에는 동사가 와야 한다. 따라서 동사이면서 '저는 당신에게 자세히 _____ 시간이 없어요'라는 문맥에 어울리는 F 解释(해명하다)이 정답이다.

어휘　来不及 láibují 통 시간이 없다, 겨를이 없다　跟 gēn 개 ~에게　仔细 zǐxì 형 자세하다, 꼼꼼하다　先 xiān 부 우선, 먼저

51 – 55

A 得意	B 留	C 温度	A 의기양양하다	B 남기다	C 온도
D 连	E 亲戚	F 表扬	D ~도	E 친척	F 칭찬하다

* C 温度(온도)는 예시 어휘이므로, 이를 제외한 나머지 5개의 선택지 중에서 정답을 고른다

어휘　得意 déyì 형 의기양양하다　留 liú 통 남기다, 남다　连 lián 개 ~(조차)도, ~마저도　亲戚 qīnqi 명 친척　表扬 biǎoyáng 통 칭찬하다

51

A: 放寒假我要去南京看一个(**E 亲戚**)，你要一起去吗？

B: 好主意，我也很久没有去南京了。

A : 겨울방학을 하면 나는 난징에 (**E 친척**) 한 명을 보러 갈 건데, 나랑 같이 갈래?

B : 좋은 생각이야. 나도 오랫동안 난징에 안 갔어.

해설　빈칸 앞에 동사 看(보다)이 있으므로, 빈칸에는 명사가 와야 한다. 따라서 명사이면서 '나는 난징에 _____ 한 명을 보러 갈 것이다'라는 문맥에 어울리는 E 亲戚(친척)가 정답이다.

어휘　放寒假 fàng hánjià 겨울방학을 하다　南京 Nánjīng 고유 난징, 남경　主意 zhǔyi 명 생각, 아이디어　久 jiǔ 형 오래되다, 시간이 길다

52

A: 那个电视剧里的男的是谁？我怎么没见过？

B: 你(**D 连**)这个演员都不认识吗？他最近很有名啊。

A : 저 드라마 속 남자는 누구예요? 저는 왜 본적이 없죠?

B : 당신 이 배우(**D 도**) 알지 못하나요? 요즘에 유명하잖아요.

해설　술어 认识(알다) 앞에 '(　)+명사' 형태가 있으므로 빈칸에는 개사가 와야 한다. 따라서 개사 D 连(~도)이 정답이다.

어휘　电视剧 diànshìjù 명 드라마　演员 yǎnyuán 명 배우, 연기자　最近 zuìjìn 명 요즘, 최근　有名 yǒumíng 형 유명하다

53

A: 老师刚才(**F 表扬**)了我们。

B: 你和你的朋友们表演得确实不错！

A : 선생님이 방금 저희를 (**F 칭찬했어요**).

B : 너와 네 친구들은 정말로 공연을 정말 잘 했어!

해설　빈칸 뒤에 동태조사 了가 있으므로 빈칸에는 동사가 와야 한다. 따라서 동사이면서 '선생님이 방금 저희를 _____'라는 문맥에 어울리는 F 表扬(칭찬하다)이 정답이다.

어휘　刚才 gāngcái 명 방금, 지금　表演 biǎoyǎn 통 공연하다　确实 quèshí 부 정말로, 확실히

54

A: 请(**B 留**)一下您的联系电话吧，方便我们提前通知您。

B: 不用了，我会给你们办公室打电话的。

A : 당신의 연락처를 좀 (**B 남겨**) 주세요. 저희가 당신에게 미리 통지하기 편리하게요.

B : 그럴 필요 없어요. 제가 당신 사무실로 전화할게요.

해설　빈칸 뒤에 동량보어 一下가 있으므로 빈칸에는 동사가 와야 한다. 따라서 동사이면서 목적어 联系电话(연락처)와 문맥상 어울리는 B 留(남기다)가 정답이다.

어휘　联系 liánxì 통 연락하다, 연결하다　方便 fāngbiàn 통 편리하게 하다 형 편리하다　提前 tíqián 통 미리 ~하다, 앞당기다
　　　通知 tōngzhī 통 통지하다　不用 búyòng 부 ~할 필요가 없다　办公室 bàngōngshì 명 사무실

55

A：你猜猜我这次考试的排名。 B：你这么（**A** 得意），不会是第一名吧？	A: 제가 이번 시험에서 몇 등을 했는지 알아맞혀 보세요. B: 네가 이렇게나 (**A 의기양양하다니**), 1등은 아니겠지?

해설 빈칸 앞에 대사 **这么**(이렇게)가 있으므로, 빈칸에는 형용사가 와야 한다. 따라서 형용사이면서 '네가 이렇게나 ________' 라는 문맥에 어울리는 A **得意**(의기양양하다)가 정답이다.

어휘 **猜** cāi [동] 알아맞히다, 추측하다 **排名** páimíng [동] 등수를 매기다

56

A 我总觉得这题我没有做错 B 我才发现我看错了数字的顺序 C 直到老师告诉了我正确答案	A 나는 아무래도 내가 이 문제를 틀리게 푼 것 같지 않다고 생각한다 B 나는 내가 숫자의 순서를 잘못 봤다는 것을 비로소 알아차렸다 C 선생님이 나에게 정답을 알려 주고 나서야

해설 Step 1 각 선택지에 순서 배열의 단서가 되는 대사나 연결어가 없으므로 꼼꼼히 해석하여 첫 순서에 올 수 있는 것과 없는 것을 판단한다.
A는 '나는 아무래도 내가 이 문제를 틀리게 푼 것 같지 않다고 생각한다'라는 내용이다.
B는 '나는 내가 숫자의 순서를 잘못 봤다는 것을 비로소 알아차렸다'라는 내용이다.
C는 주어 없이 술어 **直到**(~하고 나서야)로 시작하는 불완전한 문장이므로 첫 순서에서 제외한다.
따라서 A와 B가 첫 순서의 후보이다.

Step 2 시간의 흐름상 'C 정답을 알려줘서 → B 순서를 잘못 봤다는 것을 알아차렸다'의 순서 배열이 자연스러우므로 C→ B의 순서로 배열한다. (C → B)
남은 A는 문맥상 'A 문제를 틀리게 푼 것 같지 않다고 생각했는데 → C 선생님이 정답을 알려 주고 나서야 → B 숫자 순서를 잘못 봤다는 것을 알았다'와 같이 맨 앞에 오는 것이 순서 배열이 자연스러우므로 A를 문장 맨 앞에 배열한다. (A → C → B)

완성된 문장

A 我总觉得这题我没有做错，C 直到老师告诉了我正确答案，B 我才发现我看错了数字的顺序。

A 나는 아무래도 내가 이 문제를 틀리게 푼 것 같지 않다고 생각했는데, C 선생님이 나에게 정답을 알려 주고 나서야, B 나는 내가 숫자의 순서를 잘못 봤다는 것을 비로소 알아차렸다.

어휘 **总** zǒng [부] 아무래도, 어쨌든 **才** cái [부] 비로소, 겨우 **发现** fāxiàn [동] 알아차리다, 발견하다 **数字** shùzì [명] 숫자, 수
顺序 shùnxù [명] 순서, 차례 **直到** zhídào [동] ~하고 나서야, ~까지 **正确** zhèngquè [형] 정확하다, 올바르다
答案 dá'àn [명] 답, 답안

57

A 不过失败是成功之母 B 中国球队这次比赛又没获得理想的成绩 C 只要继续努力就好	A 그러나 실패는 성공의 어머니이다 B 중국 팀은 이번 경기에서 또 이상적인 성적을 얻지 못했다 C 계속 노력하기만 하면 된다

해설 Step 1 A의 **不过**(그러나)는 뒤 구절에 주로 쓰이는 연결어이므로 A는 문장의 맨 앞에 올 수 없다.
따라서 B와 C가 첫 순서의 후보이다.

Step 2 B의 **没获得理想的成绩**(이상적인 성적을 얻지 못했다)는 A의 **失败**(실패)를 가리키므로, B → A의 순서로 배열한다. (B → A)
남은 C는 문맥상 'B 이상적인 성적을 얻지 못했다 → A 실패는 성공의 어머니이니 → C 계속 노력하면 된다'와 같이 맨 뒤에 오는 것이 순서 배열이 자연스러우므로 C를 문장의 맨 뒤에 배열한다. (B → A → C)

완성된 문장

B 中国球队这次比赛又没获得理想的成绩，A 不过失败是成功之母，C 只要继续努力就好。

B 중국 팀은 이번 경기에서 또 이상적인 성적을 얻지 못했다. A 그러나 실패는 성공의 어머니이니, C 계속 노력하기만 하면 된다.

어휘   **不过** búguò 圙 그러나   **失败** shībài 圙 실패하다   **成功** chénggōng 圙 성공하다   **之** zhī 图 ~의
       球队 qiú duì (구기 종목의) 팀   **比赛** bǐsài 圙 경기, 시합   **又** yòu 圙 또, 다시   **获得** huòdé 圙 얻다, 취득하다
       理想 lǐxiǎng 圙 이상적이다   **成绩** chéngjì 圙 성적   **只要** zhǐyào 圙 ~하기만 하면   **继续** jìxù 圙 계속하다
       努力 nǔlì 圙 노력하다

58

A 我们只好换了一个小一点的	A 우리는 어쩔 수 없이 더 작은 것으로 교환했다
B 我们在家具店买了一个沙发，搬到家里时	B 우리는 가구점에서 소파 하나를 샀는데, 집으로 옮겼을 때
C 发现沙发太大了，完全放不下	C 소파가 너무 커서, 아예 놓지 못한다는 것을 알아차렸다

해설   **Step 1**   각 선택지에 순서 배열의 단서가 되는 대사나 연결어가 없으므로 꼼꼼히 해석하여 첫 순서에 올 수 있는 것과 없는 것을 판단한다.
        A는 무엇을 작은 것으로 교환했다는 것인지 구체적으로 알 수 없으므로 첫 순서에서 제외한다.
        B는 '우리는 가구점에서 소파 하나를 샀는데, 집으로 옮겼을 때'라는 내용이다.
        C는 주어 없이 술어 发现(알아차리다)으로 시작하는 불완전한 문장이므로 첫 순서에서 제외한다.
        따라서 B 我们在家具店买了一个沙发，搬到家里时(우리는 가구점에서 소파 하나를 샀는데, 집으로 옮겼을 때)을 첫 순서로 배열한다. (B → 　)

        Step 2   C의 주어가 B의 我们(우리)이므로 C를 B 뒤에 배열한다. (B → C)
        A 我们只好换了一个小一点的(우리는 어쩔 수 없이 더 작은 것으로 교환했다)의 이유가 B → C로 연결한 것이므로, A를 문장의 맨 뒤에 배열한다. (B → C → A)

완성된 문장

B 我们在家具店买了一个沙发，搬到家里时，C 发现沙发太大了，完全放不下，A 我们只好换了一个小一点的。

B 우리는 가구점에서 소파 하나를 샀는데, 집으로 옮겼을 때, C 소파가 너무 커서, 아예 놓지 못한다는 것을 알아차렸다. A 우리는 어쩔 수 없이 더 작은 것으로 교환했다.

어휘   **只好** zhǐhǎo 圙 어쩔 수 없이   **换** huàn 圙 교환하다, 바꾸다   **家具店** jiājù diàn 가구점   **沙发** shāfā 圙 소파
       搬 bān 圙 옮기다   **发现** fāxiàn 圙 알아차리다   **完全** wánquán 圙 아예, 완전히   **放** fàng 圙 놓다, 넣다

59

A 晚上回去好好儿休息一下	A 저녁에 돌아가서 푹 쉬세요
B 同事们辛苦了	B 동료 여러분 수고하셨습니다
C 明天还有更重要的事情要做	C 내일 더 중요한 일을 해야 한다

해설   **Step 1**   각 선택지에 순서 배열의 단서가 되는 대사나 연결어가 없으므로 꼼꼼히 해석하여 첫 순서에 올 수 있는 것과 없는 것을 판단한다.
        A는 주어가 없는 불완전한 문장이므로 첫 순서에서 제외한다.
        B는 '동료 여러분 수고하셨습니다'라는 내용이다.
        C는 '내일 더 중요한 일을 해야 한다'라는 내용이다.
        따라서 B와 C가 첫 순서의 후보이다.

        Step 2   A의 주어가 B의 同事们(동료 여러분)이므로 B → A의 순서로 배열한다. (B → A)
        남은 C는 문맥상 'B수고하셨습니다 → C내일 더 중요한 일을 해야 하니 → A저녁에 푹 쉬세요'와 같이 중간에 오는 것이 순서 배열이 자연스러우므로 C를 B와 A 사이에 배열한다. (B → C → A)

완성된 문장

B 同事们辛苦了, **C** 明天还有更重要的事情要做, **A** 晚上回去好好儿休息一下。

B 동료 여러분 수고하셨습니다. **C** 내일 더 중요한 일을 해야 하니, **A** 저녁에 돌아가서 푹 쉬세요.

어휘 　**同事** tóngshì 몡동료　**辛苦** xīnkǔ 혱수고하다, 고생하다　**更** gèng 튀더, 더욱　**重要** zhòngyào 혱중요하다

60

A 丽娜学过很多种语言	**A** 리나는 많은 언어를 배운 적이 있다
B 最近她告诉我她准备来中国继续学习汉语	**B** 최근에 그녀는 나에게 그녀가 중국에 와서 중국어를 계속 배울 계획이라는 것을 알려주었다
C 其中说得最好的还是汉语	**C** 그중 가장 잘 하는 것은 역시 중국어다

해설　**Step 1**　B에 인칭대사 她(그녀)가 있고, A에 她가 가리키는 대상인 丽娜(리나)가 있으므로, B는 첫 순서에 올 수 없으며, A → B로 먼저 배열한다. (A → B)

　　　Step 2　남은 C는 문맥상 'A 리나는 많은 언어를 배운 적이 있다 → C 그중 중국어를 가장 잘한다 → B 그녀는 중국에 와서 중국어를 배울 계획이다'와 같이 중간에 오는 것이 순서 배열이 자연스러우므로 C를 A와 B 사이에 배열한다. (A → C → B)

완성된 문장

A 丽娜学过很多种语言, **C** 其中说得最好的还是汉语, **B** 最近她告诉我她准备来中国继续学习汉语。

A 리나는 많은 언어를 배운 적이 있는데, **C** 그중 가장 잘 하는 것은 역시 중국어다. **B** 최근에 그녀는 나에게 그녀가 중국에 와서 중국어를 계속 배울 계획이라는 것을 알려주었다.

어휘　**语言** yǔyán 몡언어　**最近** zuìjìn 몡최근, 요즘　**继续** jìxù 통계속하다　**其中** qízhōng 몡그중　**还是** háishi 튀역시, 그래도

61

A 这些新买的家具有一年的保修期	**A** 새로 산 가구들은 보증 수리 기간이 1년이다
B 它们的质量要是出了问题	**B** 이것들의 품질에 만약 문제가 생기면
C 你就给负责修理的人打电话吧	**C** 수리를 책임지는 사람에게 전화하세요

해설　**Step 1**　B의 要是(만약 ~라면)과 C의 就는 要是……, 就……(만약 ~라면)라는 짝꿍 연결어로 사용되므로 B → C로 먼저 배열한다. (B → C)

　　　Step 2　B에 인칭대사 它们(이것들)이 있고, A에 它们이 가리키는 대상인 这些新买的家具(새로 산 가구들)가 있으므로, A를 B 앞에 배열한다. (A → B → C)

완성된 문장

A 这些新买的家具有一年的保修期, **B** 它们的质量要是出了问题, **C** 你就给负责修理的人打电话吧。

A 새로 산 가구들은 보증 수리 기간이 1년이니, **B** 이것들의 품질에 만약 문제가 생기면, **C** 수리를 책임지는 사람에게 전화하세요.

어휘　**家具** jiājù 몡가구　**保修期** bǎoxiūqī 보증 수리 기간　**质量** zhìliàng 몡품질　**要是** yàoshi 젭만약 ~라면
　　　负责 fùzé 통책임지다　**修理** xiūlǐ 통수리하다, 고치다

62

A 我已经完全习惯了这里的一切	**A** 나는 이미 완전히 이곳의 모든 것에 익숙해졌다
B 刚来上海时很不适应这里的气候	**B** 상하이에 막 왔을 때는 이곳의 기후에 매우 적응이 안 됐다
C 上了四年的大学之后	**C** 4년 동안 대학을 다니고 난 뒤

해설　**Step 1**　A에 지시대사 这里(이곳)가 있고, B에 这里가 가리키는 장소인 上海(상하이)가 있으므로, A는 첫 순서에 올 수 없으며, B → A로 먼저 배열한다. (B → A)

　　　Step 2　남은 C는 문맥상 'B 막 왔을 때는 적응이 안 됐다 → C 4년 뒤 → A 완전히 익숙해졌다'와 같이 중간에 오는 것이 순서

배열이 자연스러우므로 C를 B와 A 사이에 배열한다. (B → C → A)

완성된 문장

B 刚来上海时很不适应这里的气候，C 上了四年的大学之后，A 我已经完全习惯了这里的一切。

B 상하이에 막 왔을 때는 이곳의 기후에 매우 적응이 안 됐지만, C 4년 동안 대학을 다니고 난 뒤, A 나는 이미 완전히 이곳의 모든 것에 익숙해졌다.

어휘　完全 wánquán 图완전히　习惯 xíguàn 图익숙해지다 圕습관　一切 yíqiè 圕모든 것, 전부　刚 gāng 图막, 방금
　　　上海 Shànghǎi 교위상하이, 상해　适应 shìyìng 图적응하다　气候 qìhòu 圕기후　之后 zhīhòu 圕~뒤, ~후

63　A 千万别把年龄小的孩子一个人留在家里　　　　A 절대로 나이가 어린 아이를 집에 혼자 남겨두지 마라

　　　B 所以老师提醒了所有家长　　　　　　　　　B 그래서 선생님은 모든 학부모에게 주의를 주었다

　　　C 小孩儿一个人在家时容易发生危险　　　　　C 아이가 집에 혼자 있으면 쉽게 위험이 생긴다

해설　Step 1　B의 所以(그래서)는 뒤 구절에 주로 쓰이는 연결어이므로 B는 문장의 맨 앞에 올 수 없다.
　　　　　　　따라서 A와 C가 첫 순서의 후보이다.
　　　Step 2　'A 어린 아이를 집에 혼자 두지 마라'의 이유가 'C 아이가 집에 혼자 있으면 쉽게 위험이 생긴다'이므로 C(이유) → A
　　　　　　　(결과)의 순서로 배열한다. (C → A)
　　　　　　　남은 B는 문맥상 'C 아이가 혼자 있으면 위험하다 → B 그래서 주의를 주었다 → A 어린 아이를 혼자 두지 말라고'와
　　　　　　　같이 중간에 오는 것이 순서 배열이 자연스러우므로 B를 C와 A 사이에 배열한다. (C → B → A)

완성된 문장

C 小孩儿一个人在家时容易发生危险，B 所以老师提醒了所有家长 A 千万别把年龄小的孩子一个人留在家里。

C 아이가 집에 혼자 있으면 쉽게 위험이 생기므로, B 그래서 선생님은 모든 학부모에게 A 절대로 나이가 어린 아이를 집에
혼자 남겨두지 말라고 주의를 주었다.

어휘　千万 qiānwàn 图절대로, 반드시　年龄 niánlíng 圕나이, 연령　留 liú 图남기다, 남다　提醒 tíxǐng 图주의를 주다, 일깨우다
　　　所有 suǒyǒu 圕모든, 전부의　家长 jiāzhǎng 圕학부모, 가장　容易 róngyì 圕쉽다　发生 fāshēng 图생기다, 일어나다
　　　危险 wēixiǎn 圕위험 圕위험하다

64　A 我希望大家能够加倍努力　　　　　　　　　A 저는 여러분이 배로 노력할 수 있기를 바라요

　　　B 获得更好的结果　　　　　　　　　　　　　B 더 좋은 결과를 얻다

　　　C 我们公司的收入只增长了百分之二十　　　　C 우리 회사의 수입은 겨우 20% 증가했다

해설　Step 1　각 선택지에 순서 배열의 단서가 되는 대사나 연결어가 없으므로 꼼꼼히 해석하여 첫 순서에 올 수 있는 것과 없는
　　　　　　　것을 판단한다.
　　　　　　　A는 '저는 여러분이 배로 노력할 수 있기를 바라요'라는 내용이다.
　　　　　　　B는 주어 없이 술어 获得(얻다)로 시작하는 불완전한 문장이므로 첫 순서에서 제외한다.
　　　　　　　C는 '우리 회사의 수입은 겨우 20% 증가했다'라는 내용이다.
　　　　　　　따라서 A와 C가 첫 순서의 후보이다.
　　　Step 2　B의 주어가 A의 大家(여러분)이므로 A → B의 순서로 배열한다. (A → B)
　　　　　　　남은 C는 문맥상 'C 수입이 겨우 20% 증가했다 → A 여러분이 배로 노력해서 → B 더 좋은 결과를 얻을 수 있길 바란
　　　　　　　다'와 같이 맨 앞에 오는 것이 순서 배열이 자연스러우므로 C를 문장의 맨 앞에 배열한다. (C → A → B)

완성된 문장

C 我们公司的收入只增长了百分之二十，A 我希望大家能够加倍努力，B 获得更好的结果。

C 우리 회사의 수입은 겨우 20% 증가했어요. A 저는 여러분이 배로 노력해서, B 더 좋은 결과를 얻을 수 있기를 바라요.

어휘　能够 nénggòu 图~할 수 있다　倍 bèi 圕배, 배수　努力 nǔlì 图노력하다, 힘쓰다　获得 huòdé 图얻다, 취득하다
　　　更 gèng 图더, 더욱　结果 jiéguǒ 圕결과, 결실　收入 shōurù 圕수입, 소득　增长 zēngzhǎng 图증가하다
　　　百分之 bǎifēnzhī 퍼센트

65

A 大家都以为你在开玩笑	A 모두가 당신이 농담을 하고 있다고 생각했어요
B 没想到你真的全部都做完了	B 당신이 진짜로 전부 다 할 줄은 생각지 못했어요
C 你说今天能完成所有的任务时	C 당신이 오늘 모든 업무를 끝낼 수 있다고 말했을 때

해설　**Step 1**　각 선택지에 순서 배열의 단서가 되는 대사나 연결어가 없으므로 꼼꼼히 해석하여 첫 순서에 올 수 있는 것과 없는 것을 판단한다.

A는 '모두가 당신이 농담을 하고 있다고 생각했어요'라는 내용이다.

B는 무엇을 다 했다는 것인지 구체적으로 알 수 없으므로 첫 순서에서 제외한다.

C는 '당신이 오늘 모든 업무를 끝낼 수 있다고 말했을 때'라는 내용이다.

따라서 A와 C가 첫 순서의 후보이다.

Step 2　B의 做完了(다했다) 한 것이 C의 任务(업무)이므로, C → B의 순서로 배열한다. (C → B)

남은 A는 문맥상 'C 오늘 모든 업무를 끝낼 수 있다고 해서 → A 농담한다고 생각했다 → B 진짜로 다 할 줄은 몰랐다'와 같이 중간에 오는 것이 순서 배열이 자연스러우므로 A를 C와 B 사이에 배열한다. (C → A → B)

완성된 문장

C 你说今天能完成所有的任务时, A 大家都以为你在开玩笑, B 没想到你真的全部都做完了。

C 당신이 오늘 모든 업무를 끝낼 수 있다고 말했을 때, A 모두가 당신이 농담을 하고 있다고 생각했어요. B 당신이 진짜로 전부 다 할 줄은 생각지 못했어요.

어휘　**以为** yǐwéi 圄 (~라고) 생각하다, 여기다　**开玩笑** kāiwánxiào 圄 농담하다, 웃기다　**全部** quánbù 圕 전부
完成 wánchéng 圄 끝내다, 완료하다　**所有** suǒyǒu 圕 모든, 전부의　**任务** rènwu 圕 업무, 임무

66

中国人常说"笨鸟先飞"。它的意思是，虽然有时候你的能力不如别人，但如果做事时比别人开始得更早、做得更努力，往往最后也能成功。所以也许你没那么聪明，但是千万不能懒。	중국인들은 '우둔한 새가 먼저 난다'라고 자주 말한다. 이것의 뜻은, 비록 때로는 당신의 능력이 다른 사람만 못하더라도, 만약 일을 할 때 다른 사람보다 더 일찍 시작하고, 더 노력해서 한다면, 종종 마지막에는 성공할 수 있다는 것이다. 그러니 어쩌면 당신이 그렇게 똑똑하지 않더라도, 절대로 게을러서는 안 된다.
★ "笨鸟"指的是：	★ '우둔한 새'가 가리키는 것은：
A 懒人	A 게으름뱅이
B 不努力的人	B 노력하지 않는 사람
C 不爱学习的人	C 공부하기를 좋아하지 않는 사람
D 能力比较差的人	**D 능력이 비교적 부족한 사람**

해설　질문의 笨鸟(우둔한 새)와 관련된 내용을 지문에서 파악한다. 지문에서 笨鸟……它的意思是, 虽然有时候你的能力不如别人(우둔한 새……이것의 뜻은, 비록 때로는 당신의 능력이 다른 사람만 못하더라도)이라고 했으므로, D 能力比较差的人(능력이 비교적 부족한 사람)을 정답으로 선택한다.

어휘　**笨** bèn 圄 우둔하다, 멍청하다　**鸟** niǎo 圕 새　**先** xiān 圕 먼저　**飞** fēi 圄 날다　**能力** nénglì 圕 능력
不如 bùrú 圄 ~만 못하다　**如果** rúguǒ 圙 만약 ~라면　**别人** biérén 圎 다른 사람, 타인　**更** gèng 圕 더, 더욱
努力 nǔlì 圄 노력하다　**往往** wǎngwǎng 圕 종종, 왕왕　**最后** zuìhòu 圕 마지막, 최후　**成功** chénggōng 圄 성공하다
也许 yěxǔ 圕 어쩌면, 아마도　**千万** qiānwàn 圕 절대로, 부디　**懒** lǎn 圄 게으르다　**比较** bǐjiào 圕 비교적
差 chà 圄 부족하다, 나쁘다

67

有些城市夏天特别热，不少人喜欢在开着空调的房间里喝冰水。冰水虽然能让身体感到凉快，但如果喝得太多太快会肚子疼，严重的时候还得去医院。

어떤 도시들은 여름이 특히나 더워서, 많은 사람들은 에어컨을 틀어둔 방에서 찬물을 마시는 것을 좋아한다. 비록 찬물은 몸이 시원함을 느끼게 할 수 있지만, 만약 너무 많이, 너무 빨리 마신다면 배가 아플 수 있고, 심하면 병원에 가야할 수도 있다.

★ 夏天喝太多冰水时：

A 头就会疼 　　　 B 会觉得更热

C 可能会生病 　　 D 不需要开空调

★ 여름에 너무 많이 찬물을 마시면:

A 머리가 아프다 　　 B 더욱 덥다고 느낀다

C 아플 수 있다 　　　 D 에어컨을 켤 필요가 없다

해설　질문의 夏天喝太多冰水时(여름에 너무 많이 찬물을 마시면)과 관련된 내용을 지문에서 파악한다. 지문에서 夏天……冰水……如果喝得太多太快会肚子疼, 严重的时候还得去医院(여름……찬물은……만약 너무 많이, 너무 빨리 마신다면 배가 아플 수 있고, 심하면 병원에 가야할 수도 있다)이라고 했으므로, C 可能会生病(아플 수 있다)을 정답으로 선택한다.

어휘　城市 chéngshì 몡 도시　　夏天 xiàtiān 몡 여름　　特别 tèbié 틧 특히, 아주　　不少 bù shǎo 많다, 적지 않다
空调 kōngtiáo 몡 에어컨　　冰水 bīng shuǐ 찬물　　凉快 liángkuai 톙 시원하다, 서늘하다　　肚子 dùzi 몡 배, 복부
疼 téng 톙 아프다　　严重 yánzhòng 톙 심하다, 중대하다　　得 děi 조동 ~해야 한다　　需要 xūyào 됭 필요하다

68

为了放松心情，我下班后会去公司旁边的公园里散步。我会一边走一边听音乐，累了的话就安静地坐一会儿。做完这些，一天的压力就都不见了。

마음을 편히 하기 위해, 나는 퇴근 후 회사 옆에 있는 공원에 가서 산책을 한다. 나는 걸으면서 음악을 듣고, 지치면 조용히 잠시 앉아 있는다. 이것들을 마치면, 하루의 스트레스가 모두 사라진다.

★ 为了放松心情，我会：

A 去公园散步 　　 B 在家听音乐

C 在公司午睡 　　 D 去外面读书

★ 마음을 편히 하기 위해, 나는:

A 공원에 가서 산책한다 　B 집에서 음악을 듣는다

C 회사에서 낮잠을 잔다 　D 밖에 가서 책을 읽는다

해설　질문의 为了放松心情, 我会(마음을 편히 하기 위해, 나는)와 관련된 내용을 지문에서 파악한다. 지문에서 为了放松心情, 我下班后会去公司旁边的公园里散步。(마음을 편히 하기 위해, 나는 퇴근 후 회사 옆에 있는 공원에 가서 산책을 한다.)라고 했으므로, A 去公园散步(공원에 가서 산책한다)를 정답으로 선택한다.

어휘　为了 wèile ~을 위해　　放松 fàngsōng 됭 (마음을) 편하게 하다, 긴장을 풀다　　心情 xīnqíng 몡 마음, 기분
下班 xiàbān 됭 퇴근하다　　公园 gōngyuán 몡 공원　　散步 sànbù 됭 산책하다
一边……一边…… yìbiān……yìbiān…… ~하면서 ~하다　　音乐 yīnyuè 몡 음악　　安静 ānjìng 톙 조용하다, 고요하다
一会儿 yíhuìr 잠시, 곧　　压力 yālì 몡 스트레스, 부담　　午睡 wǔshuì 됭 낮잠을 자다

69

冬天猫喜欢把两只前脚放在身体下面，这是为什么呢？其实猫是通过脚底排汗的。所以它们经常把前脚放在身体下面，是为了让身体暖和。

겨울에 고양이는 두 앞발을 몸 아래에 두는 것을 좋아하는데, 이것은 왜일까? 사실 고양이는 발바닥을 통해 땀을 배출한다. 그래서 고양이가 자주 앞발을 몸 아래에 두는 것은, 몸을 따뜻하게 하기 위함이다.

★ 冬天猫把前脚放在身体下面是为了：

A 出更多的汗

B 让身体暖和

C 保护脚底皮肤

D 让肚子离开地面

★ 겨울에 고양이가 앞발을 몸 아래에 두는 것은 무엇을 하기 위함인가:

A 더 많은 땀을 흘린다

B 몸을 따뜻하게 한다

C 발바닥의 피부를 보호한다

D 배를 땅바닥에서 떨어지게 한다

해설 질문의 冬天猫把前脚放在身体下面是为了(겨울에 고양이가 앞발을 몸 아래에 두는 것은 무엇을 하기 위함인가)과 관련된 부분을 지문에서 찾아 주의 깊게 읽는다. 지문에서 猫……把前脚放在身体下面, 是为了让身体暖和(고양이는……앞발을 몸 아래에 두는 것은, 몸을 따뜻하게 하기 위함이다)라고 했으므로, B 让身体暖和(몸을 따뜻하게 한다)를 정답으로 선택한다.

어휘 冬天 dōngtiān 몡 겨울　只 zhī 양 쪽, 짝[쌍으로 이루어진 것 중 하나를 세는 단위]　脚 jiǎo 몡 발　放 fàng 동 두다, 넣다
其实 qíshí 囝 사실, 실은　通过 tōngguò 刀 ~를 통해　底 dǐ 몡 바닥　排汗 pái hàn 땀을 배출하다　经常 jīngcháng 囝 자주, 늘
为了 wèile 刀 ~을 위해　暖和 nuǎnhuo 톙 따뜻하다　保护 bǎohù 동 보호하다　皮肤 pífū 몡 피부
离开 líkāi 동 떠나다, 벗어나다　地面 dìmiàn 몡 땅바닥

70

根据最新调查，上海不再是中国最堵的城市了。随着交通和科技的发展，上海的交通管理方式发生了不少变化，管理效果也更好了。

최신 조사에 따르면, 상하이는 더 이상 중국에서 가장 차가 막히는 도시가 아니다. 교통과 과학 기술의 발전에 따라, 상하이의 교통 관리 방법에 많은 변화가 생겼고, 관리 효과도 더 좋아졌다.

★ 关于上海的交通，下列哪个正确？

A 堵车很严重　　B 道路环境差

C 管理效果好　D 警察数量少

★ 상하이의 교통에 관해, 다음 중 옳은 것은 무엇인가?

A 차가 심각하게 막힌다　B 도로 환경이 나쁘다

C 관리 효과가 좋다　　D 경찰의 수가 적다

해설 질문의 上海的交通(상하이의 교통)과 관련된 내용을 지문에서 파악한다. 지문에서 上海的交通……管理效果也更好了(상하이의 교통……관리 효과도 더 좋아졌다)라고 했으므로, C 管理效果好(관리 효과가 좋다)를 정답으로 선택한다.

어휘 根据 gēnjù 刀 ~에 따라, ~에 의거하여　调查 diàochá 동 조사하다　上海 Shànghǎi 고유 상하이, 상해
堵 dǔ 동 막다, 틀어막다　城市 chéngshì 몡 도시　随着 suízhe 刀 ~에 따라서　交通 jiāotōng 몡 교통　科技 kējì 과학 기술
发展 fāzhǎn 동 발전하다　管理 guǎnlǐ 동 관리하다, 돌보다　方式 fāngshì 몡 방법, 방식　发生 fāshēng 동 생기다, 일어나다
不少 bù shǎo 많다, 적지 않다　变化 biànhuà 몡 변화 동 변화하다　效果 xiàoguǒ 몡 효과
堵车 dǔchē 동 차가 막히다, 교통이 체증되다　严重 yánzhòng 톙 심각하다, 위급하다　道路 dàolù 몡 도로
环境 huánjìng 몡 환경　差 chà 톙 나쁘다　警察 jǐngchá 몡 경찰　数量 shùliàng 몡 수(량), 양

71

我有个朋友叫小雪，她不仅长得漂亮，也很会打扮。我很喜欢和她逛街，因为她总会给我提出许多建议，还会帮我挑好看的衣服。

나는 샤오쉐라고 하는 친구가 있는데, 그녀는 예쁘게 생겼을 뿐만 아니라, 꾸미는 것 또한 아주 잘한다. 나는 그녀와 쇼핑하는 것을 아주 좋아하는데, 그녀는 항상 내게 많은 의견을 내 주고, 내게 예쁜 옷도 골라주기 때문이다.

★ 关于小雪，可以知道什么？

A 很会打扮　　B 有点儿懒

C 并不友好　　D 性格内向

★ 샤오쉐에 관해, 알 수 있는 것은 무엇인가?

A 아주 잘 꾸민다　　B 조금 게으르다

C 결코 우호적이지 않다　D 성격이 내성적이다

해설 질문의 小雪(샤오쉐)와 관련된 내용을 지문에서 파악한다. 지문에서 小雪……很会打扮(샤오쉐……꾸미는 것을 아주 잘한다)이라고 했으므로, A 很会打扮(아주 잘 꾸민다)을 정답으로 선택한다.

어휘 **不仅……也……** bùjǐn……yě…… ~일 뿐만 아니라, 또한~ **长** zhǎng 图 생기다, 자라다 **打扮** dǎban 图 꾸미다, 치장하다
逛街 guàngjiē 쇼핑하다 **总** zǒng 图 항상, 늘 **提出** tíchū (의견을) 내다 **许多** xǔduō 令 매우 많다 **建议** jiànyì 图 의견, 제안
挑 tiāo 图 고르다 **懒** lǎn 图 게으르다, 나태하다 **并不** bìng bù 결코 ~하지 않다 **友好** yǒuhǎo 图 우호적이다
性格 xìnggé 图 성격 **内向** nèixiàng 图 내성적이다

72

如果不小心把行李丢在火车上，该怎么办？
别担心，只要打12306，提供行李的颜色、
大小等信息，工作人员就会帮你解决问题。

만약 실수로 기차에서 짐을 잃어버리면 어떻게 해야 할
까? 걱정하지 않아도 된다. 12306에 전화해서, 짐의 색
깔, 크기 등의 정보를 제공하기만 하면, 직원이 당신을 도
와 문제를 해결해 줄 것이다.

★ 这段话是要告诉游客：

  A 提前买好票   B 记好座位号

  C 怎么找回行李   D 行李牌很重要

★ 이 단문이 여행객에게 알려주고자 하는 것은:

  A 미리 표를 산다   B 좌석 번호를 기억한다

  C 어떻게 짐을 되찾는가 D 수화물 태그는 중요하다

해설 질문이 지문의 중심 내용을 묻고 있으므로, 지문의 초반 또는 후반을 주의 깊게 읽는다. 지문에서 如果不小心把行李丢在
火车上，该怎么办?(만약 실수로 기차에서 짐을 잃어버리면 어떻게 해야 할까?)이라고 하며 지문 전반적으로 짐을 잃어버렸을 때
어떻게 해야 하는지를 이야기하고 있으므로, C 怎么找回行李(어떻게 짐을 되찾는가)를 정답으로 선택한다.

어휘 **如果** rúguǒ 图 만약 ~라면 **不小心** bù xiǎoxīn 실수로 **行李** xíngli 图 짐 **丢** diū 图 잃어버리다, 잃다
担心 dānxīn 图 걱정하다, 염려하다 **只要** zhǐyào 图 ~하기만 하면 **提供** tígōng 图 제공하다, 공급하다 **等** děng 图 등, 따위
信息 xìnxī 图 정보, 소식 **工作人员** gōngzuò rényuán 직원 **解决** jiějué 图 해결하다, 풀다 **游客** yóukè 图 여행객, 관광객
提前 tíqián 图 미리 ~하다, 앞당기다 **座位** zuòwèi 图 좌석, 자리 **行李牌** xíngli pái 수화물 태그
重要 zhòngyào 图 중요하다

73

每年的11月8日是中国的记者节。记者是普
通人了解世界的眼睛。无论发生什么，他们
总是以最快的速度让人们看到最新消息。

매년 11월 8일은 중국의 기자의 날이다. 기자는 일반 사
람들이 세상을 이해하는 눈이다. 어떤 일이 발생하든지,
그들은 항상 가장 빠른 속도로 사람들이 최신 소식을 보
게 한다.

★ 记者为普通人：

  A 提供新闻

  B 改变技术

  C 举行记者节

  D 提高阅读速度

★ 기자는 일반 사람들을 위해:

  A 뉴스를 제공한다

  B 기술을 바꾼다

  C 기자의 날을 개최한다

  D 읽는 속도를 향상시킨다

해설 질문의 记者为普通人(기자는 일반 사람들을 위해)과 관련된 내용을 지문에서 파악한다. 지문에서 记者……让人们看到最新
消息(기자는……사람들이 최신 소식을 보게 한다)라고 했으므로, 이를 통해 알 수 있는 A 提供新闻(뉴스를 제공한다)을 정답으로
선택한다.

어휘 **记者** jìzhě 图 기자 **节** jié 图 기념일, 명절 **普通人** pǔtōngrén 일반 사람 **了解** liǎojiě 图 이해하다, 조사하다
世界 shìjiè 图 세상, 세계 **无论** wúlùn 图 ~하든지, ~에 관계없이 **发生** fāshēng 图 발생하다, 생기다
总是 zǒngshì 图 항상, 늘 **以** yǐ 图 ~(으)로(써), ~을 가지고 **速度** sùdù 图 속도 **消息** xiāoxi 图 소식
为 wèi 图 ~을 위해, ~에게 **提供** tígōng 图 제공하다, 공급하다 **新闻** xīnwén 图 뉴스 **改变** gǎibiàn 图 바꾸다, 변하다
技术 jìshù 图 기술 **举行** jǔxíng 图 개최하다, 열다 **提高** tígāo 图 향상시키다, 향상하다 **阅读** yuèdú 图 읽다, 열람하다

也许你会觉得，镜子里的你比照片里的你更好看。这可能是因为，照镜子时人的状态比较放松，所以样子比照相时更加自然一些。

어쩌면 당신은, 거울 속의 당신이 사진 속의 당신보다 더 잘생겼다고 생각할 것이다. 이것은 아마도 사람이 거울을 볼 때의 상태가 비교적 편안하기 때문이다. 그래서 표정이 사진을 찍을 때보다 더 자연스럽다.

★ 镜子里的人更好看是因为人：

A 更喜欢照镜子

B 会做不同动作

C 会有更多想法

D 状态比较放松

★ 거울 속의 사람이 더 잘생긴 것은 사람이 어떻기 때문인가:

A 거울 보는 것을 더 좋아한다

B 다른 동작을 한다

C 더 많은 생각이 있다

D 상태가 비교적 편안하다

해설 질문의 **镜子里的人更好看是因为人**(거울 속의 사람이 더 잘생긴 것은 사람이 어떻기 때문인가)과 관련된 내용을 지문에서 파악한다. 지문에서 **镜子里的你比照片里的你更好看……是因为，照镜子时人的状态比较放松**(거울 속의 당신이 사진 속의 당신보다 더 잘생겼다……사람이 거울을 볼 때의 상태가 비교적 편안하기 때문이다)이라고 했으므로, 이를 통해 알 수 있는 **D 状态比较放松**(상태가 비교적 편안하다)를 정답으로 선택한다.

어휘 **也许** yěxǔ 團 어쩌면, 아마 **镜子** jìngzi 圐 거울 **照片** zhàopiàn 圐 사진 **更** gèng 團 더, 더욱
照 zhào 圐 (거울을) 보다, 비추다 **状态** zhuàngtài 圐 상태 **比较** bǐjiào 團 비교적
放松 fàngsōng 圐 (마음을) 편하게 하다, 긴장을 풀다 **样子** yàngzi 圐 표정, 모습 **照相** zhàoxiàng 圐 사진을 찍다
自然 zìrán 圐 자연스럽다 **动作** dòngzuò 圐 동작, 행동 **想法** xiǎngfǎ 圐 생각, 의견

听说那家烤鸭店的生意特别好，但每天只卖200只。即使这样，也有很多人排队。今天小真也想买一只，可刚排到他时，烤鸭正好卖完了。他真后悔没早点儿来排队。

듣자 하니 그 오리구이 가게가 장사가 아주 잘되는데, 매일 200마리만 판다고 한다. 설령 이렇다 하더라도, 많은 사람이 줄을 서 있다. 오늘 샤오전도 한 마리 사려고 했다. 그러나 그의 차례가 막 되었을 때, 오리구이가 마침 다 팔렸다. 그는 일찍 와서 줄을 서지 않은 것을 정말 후회했다.

★ 小真：

A 不想排队

B 买到了烤鸭

C 后悔来晚了

D 想做烤鸭生意

★ 샤오전은:

A 줄을 서고 싶지 않다

B 오리구이를 샀다

C 늦게 온 것을 후회했다

D 오리구이 장사를 하려고 한다

해설 질문의 **小真**(샤오전)과 관련된 세부 특징을 지문에서 찾아 각 선택지와 대조한다. 지문에서 **小真……他真后悔没早点儿来排队**(샤오전……그는 일찍 와서 줄을 서지 않은 것을 정말 후회했다)라고 했으므로, **C 后悔来晚了**(늦게 온 것을 후회했다)를 정답으로 선택한다.

어휘 **听说** tīngshuō 圐 듣자 하니 **烤鸭** kǎoyā 圐 오리구이 **生意** shēngyi 圐 장사, 사업 **特别** tèbié 團 아주, 특히
只 zhī 圐 마리, 짝 **即使……也……** jíshǐ……yě…… 설령 ~하더라도 **排队** páiduì 圐 줄을 서다 **刚** gāng 團 막, 방금
正好 zhènghǎo 團 마침 **后悔** hòuhuǐ 圐 후회하다

76

以前，有些商店专门在晚上开门，只卖一些小吃、衣服等。随着近几年人们生活质量的提高，这些商店开始提供聚会、运动、演出、购物等各种各样的服务，深受年轻人的喜爱。

예전에, 어떤 가게들은 오로지 밤에만 문을 열어, 간식, 옷 등만을 팔았다. 최근 몇 년간 사람들의 삶의 질이 향상됨에 따라, 이런 가게들은 모임, 운동, 공연, 쇼핑 등 각종 서비스를 제공하기 시작했고, 젊은 사람들의 사랑을 크게 받았다.

★ 那些在晚上开门的商店现在：

A 不卖小吃

B 商品降价了

C 只有年轻人去

D 提供更多服务

★ 밤에 문을 여는 가게들은 현재:

A 간식을 팔지 않는다

B 상품 가격이 떨어졌다

C 젊은 사람만 간다

D 더 많은 서비스를 제공한다

해설 질문의 那些在晚上开门的商店现在(밤에 문을 여는 가게들은 현재)와 관련된 내용을 지문에서 파악한다. 지문에서 有些商店专门在晚上开门……这些商店开始提供聚会、运动、演出、购物等各种各样的服务(어떤 가게는 오로지 밤에만 문을 열어……이런 가게들은 모임, 운동, 공연, 쇼핑 등 각종 서비스를 제공하기 시작했다)라고 했으므로, 이를 통해 알 수 있는 D 提供更多服务(더 많은 서비스를 제공한다)를 정답으로 선택한다.

C 只有年轻人去(젊은 사람만 간다)는 지문에서 深受年轻人的喜爱(젊은 사람들의 사랑을 크게 받았다)라고 했지 '젊은 사람만 간다'라고 하지 않았으므로 오답이다.

어휘 以前 yǐqián 명예전, 이전   专门 zhuānmén 부오로지, 특별히   只 zhǐ 부~만, 단지   小吃 xiǎochī 명간식, 먹거리
等 děng 조등, 따위   随着 suízhe 깨~에 따라   生活 shēnghuó 명삶, 생활   质量 zhìliàng 명질, 품질
提高 tígāo 동향상시키다, 높이다   提供 tígōng 동제공하다, 공급하다   聚会 jùhuì 명모임 동모이다   演出 yǎnchū 동공연하다
购物 gòuwù 동쇼핑하다, 구매하다   各种各样 gè zhǒng gè yàng 각종, 각양각색   服务 fúwù 동서비스하다
深受 shēn shòu 크게 받다, 깊이 받다   年轻人 niánqīng rén 젊은 사람, 젊은이   喜爱 xǐài 동사랑하다, 흥미를 느끼다
商品 shāngpǐn 명상품   降价 jiàngjià 가격이 떨어지다

77

刘笑今年博士毕业了。他本来以为能顺利成为大学教授，没想到被好几所大学拒绝了。于是他改变了职业方向，选择了当研究员。

류샤오는 올해 박사 졸업을 했다. 그는 원래 순조롭게 대학 교수가 될 수 있을 줄 알았는데, 생각지 못하게 꽤 많은 대학으로부터 거절당했다. 그래서 그는 직업 방향을 바꿨고, 연구원이 되는 것을 선택했다.

★ 关于刘笑，可以知道什么？

A 在大学教书

B 换了职业方向

C 考虑改变专业

D 没有顺利毕业

★ 류샤오에 관해, 알 수 있는 것은 무엇인가?

A 대학에서 학생을 가르치고 있다

B 직업 방향을 바꿨다

C 전공을 바꾸는 것을 고려한다

D 순조롭게 졸업하지 못했다

해설 질문의 刘笑(류샤오)와 관련된 내용을 지문에서 파악한다. 지문에서 刘笑……改变了职业方向(류샤오는……직업 방향을 바꿨다)이라고 했으므로, B 换了职业方向(직업 방향을 바꿨다)을 정답으로 선택한다.

어휘 博士 bóshì 명박사 (학위)   毕业 bìyè 동졸업하다   本来 běnlái 부원래, 본래   以为 yǐwéi 동~인줄 알다, 여기다
顺利 shùnlì 형순조롭다   成为 chéngwéi 동~이 되다, ~로 변하다   教授 jiàoshòu 명교수
好 hǎo 부[수량이 많음을 강조함]   所 suǒ 양채, 동[학교나 집 등을 셀 때 쓰임]   拒绝 jùjué 동거절하다, 거부하다
于是 yúshì 접그래서, 이리하여   改变 gǎibiàn 동바꾸다, 변하다   职业 zhíyè 명직업   方向 fāngxiàng 명방향
选择 xuǎnzé 동선택하다, 고르다   当 dāng 동되다, 담당하다   研究员 yánjiūyuán 명연구원
教书 jiāoshū 동학생을 가르치다, 수업하다   换 huàn 동바꾸다   考虑 kǎolǜ 동고려하다   专业 zhuānyè 명전공

78

以前人们以为儿童认识的词语数量会影响学习成绩。但新的研究发现，无论父母的收入有多少或者教育水平有多高，影响孩子成绩的不是词语数量，而是父母和孩子的交流方法。

예전에 사람들은 아이가 아는 어휘량이 학업 성적에 영향을 끼칠 것이라고 여겼다. 그러나 새로운 연구에서, 부모의 수입이 얼마인지, 혹은 교육 수준이 얼마나 높은지에 관계없이, 아이의 성적에 영향을 끼치는 것은 어휘량이 아니라, 부모와 아이의 교류 방법이라는 것을 발견했다.

★ 影响孩子成绩的关键是什么？

A 生活习惯　　B 收入多少
C 交流方法　　D 教育经验

★ 아이의 성적에 영향을 끼치는 관건은 무엇인가?

A 생활 습관　　B 수입 액수
C 교류 방법　　D 교육 경험

해설　질문의 影响孩子成绩的关键(아이의 성적에 영향을 끼치는 관건)을 지문에서 찾아 주변 내용을 주의 깊게 읽는다. 지문에서 影响孩子成绩的……是父母和孩子的交流方法(아이의 성적에 영향을 끼치는 것은……부모와 아이의 교류 방법이다)라고 했으므로, C 交流方法(교류 방법)를 정답으로 선택한다.

어휘　以前 yǐqián 몡예전, 이전　以为 yǐwéi 통(~라고) 여기다, 알다　儿童 értóng 몡아이, 아동　词语 cíyǔ 몡어휘, 단어
　　　数量 shùliàng 몡양, 수량　影响 yǐngxiǎng 통영향을 끼치다　成绩 chéngjì 몡성적, 결과　研究 yánjiū 통연구하다
　　　发现 fāxiàn 통발견하다, 알아차리다　无论 wúlùn 젭~에 관계없이, ~을 막론하고　收入 shōurù 몡수입, 소득
　　　或者 huòzhě 젭혹은, ~이든지　教育 jiàoyù 몡교육　水平 shuǐpíng 몡수준, 능력
　　　不是……而是…… bú shì……ér shì…… ~이 아니라 ~이다　交流 jiāoliú 통교류하다, 서로 소통하다　方法 fāngfǎ 몡방법, 수단
　　　关键 guānjiàn 몡관건, 열쇠　生活 shēnghuó 몡생활 통생활하다　习惯 xíguàn 몡습관　经验 jīngyàn 몡경험, 체험

79

随着科技的发展，手机地图越来越受人欢迎，而普通地图较少被使用。这是因为手机地图更加方便、准确，同时还提供交通、餐饮、气候、叫车等多种服务。

과학 기술의 발전에 따라, 휴대폰 지도는 점점 사람들에게 환영 받고 있고, 일반 지도는 비교적 적게 사용되고 있다. 이것은 휴대폰 지도가 더 편리하고, 정확하며, 동시에 교통, 식사, 기후, 콜택시 등 다양한 서비스도 제공하기 때문이다.

★ 下列哪个<u>不是</u>手机地图的优点？

A 准确　　　　B 方便
C 服务多　　　D 很正式

★ 다음 중 휴대폰 지도의 장점이 <u>아닌</u> 것은 무엇인가?

A 정확하다　　B 편리하다
C 서비스가 많다　　D 정식적이다

해설　질문에 不是이 있으므로, 手机地图的优点(휴대폰 지도의 장점)과 관련하여 지문에서 언급된 것은 오답으로 제거하고, 언급되지 않은 것을 정답으로 선택한다. 지문에서 手机地图更加方便、准确, 同时还提供……多种服务(휴대폰 지도가 더 편리하고, 정확하며, 동시에……다양한 서비스도 제공한다)라고 했으므로, 언급되지 않은 D 很正式(정식적이다)을 정답으로 선택한다.

어휘　随着 suízhe 깨~에 따라　科技 kējì 과학 기술　发展 fāzhǎn 발전하다　地图 dìtú 지도　越来越 yuèláiyuè 점점, 점차
　　　欢迎 huānyíng 통환영하다　而 ér 젭~고　使用 shǐyòng 통사용하다, 쓰다　更加 gèngjiā 튄더, 더욱
　　　方便 fāngbiàn 톙편리하다, 편하다　准确 zhǔnquè 톙정확하다, 틀림없다　同时 tóngshí 몡동시
　　　提供 tígōng 통제공하다, 공급하다　交通 jiāotōng 몡교통　餐饮 cānyǐn 몡식사, 음식과 음료　气候 qìhòu 몡기후
　　　叫车 jiàochē 콜택시, 차를 부르다　等 děng 조등, 따위　服务 fúwù 통서비스하다　优点 yōudiǎn 몡장점
　　　正式 zhèngshì 톙정식이다, 공식적이다

张大爷逛街时，看见商店的广告上写着"买家具，免费送"。他高兴极了，于是要了几种家具。⁸⁰售货员要求张大爷付钱，^{80/81}张大爷觉得奇怪，就问："广告上不是写着'免费'吗？"售货员一听就笑了，对张大爷说："那是买家具免费送货的意思，家具还是需要购买的。"

장 할아버지가 쇼핑할 때, 가게 광고에 '가구를 사면, 무료로 드립니다'라고 적혀 있는 것을 보았다. 그는 매우 기뻤다. 그래서 가구 몇 가지를 달라고 했다. ⁸⁰점원이 장 할아버지에게 계산을 요구하자, ^{80/81}장 할아버지는 이상하다고 생각하며 "광고에 '무료'라고 적혀있지 않나요?"라고 물었다. 점원은 듣자마자 웃으며 장 할아버지에게 말했다. "그건 가구를 사면 무료로 상품을 배송해 드린다는 뜻이에요. 가구는 여전히 구매하셔야 합니다."

어휘 　大爷 dàyé 명 할아버지, 어르신　逛街 guàng jiē 쇼핑하다, 길거리를 거닐다　广告 guǎnggào 명 광고　家具 jiājù 명 가구
免费 miǎnfèi 동 무료로 하다　……极了 ……jí le 매우(극히) ~하다　于是 yúshì 접 그래서, 이리하여　种 zhǒng 양 가지, 종류
售货员 shòuhuòyuán 명 점원, 판매원　要求 yāoqiú 동 요구하다　付 fù 동 지불하다　奇怪 qíguài 형 이상하다
送货 sòng huò 배송하다, 배달하다　还是 háishi 부 여전히, 아직　需要 xūyào 조동 ~해야 한다　购买 gòumǎi 동 구매하다

80

★ 张大爷为什么觉得很奇怪？

　A 商场打折

　B 家具免费

　C 他需要付款

　D 售货员不礼貌

★ 장 할아버지는 왜 이상하다고 생각했는가?

　A 가게에서 세일한다

　B 가구가 무료이다

　C 그가 돈을 지불해야 한다

　D 종업원이 예의가 없다

해설 　질문의 张大爷……觉得很奇怪(장 할아버지는……이상하다고 생각했다)와 관련된 부분을 지문에서 찾아 주변에서 그 이유를 파악한다. 지문에서 售货员要求张大爷付钱, 张大爷觉得奇怪(점원이 장 할아버지에게 계산을 요구하자, 장 할아버지는 이상하다고 생각했다)라고 했으므로, 이를 통해 알 수 있는 C 他需要付款(그가 돈을 지불해야 한다)을 정답으로 선택한다.

어휘 　大爷 dàyé 명 할아버지, 어르신　奇怪 qíguài 형 이상하다　商场 shāngchǎng 명 가게, 백화점
打折 dǎzhé 동 세일하다, 할인하다　家具 jiājù 명 가구　免费 miǎnfèi 동 무료로 하다　需要 xūyào 조동 ~해야 한다
付款 fùkuǎn 동 돈을 지불하다　售货员 shòuhuòyuán 명 점원, 판매원　礼貌 lǐmào 형 예의 바르다

81

★ 售货员笑是因为张大爷：

　A 没带现金

　B 理解错了

　C 被别人骗了

　D 买不起家具

★ 점원이 웃은 것은 장 할아버지가:

　A 현금을 가져오지 않았다

　B 잘못 이해했다

　C 다른 사람에게 속았다

　D 가구를 살 수 없다

해설 　질문의 售货员笑(점원이 웃은 것)와 관련된 부분을 지문에서 찾아 주의 깊게 읽는다. 지문에서 张大爷觉得奇怪, 就问："广告上不是写着'免费'吗？"售货员一听就笑了, 对张大爷说："那是买家具免费送货的意思, 家具还是需要购买的。"(장 할아버지는 이상하다고 생각하며 "광고에 '무료'라고 적혀있지 않나요?"라고 물었다. 점원은 듣자마자 웃으며 장 할아버지에게 말했다. "그건 가구를 사면 무료로 상품을 배송해 드린다는 뜻이에요. 가구는 여전히 구매하셔야 합니다.")라고 했으므로, 이를 통해 알 수 있는 B 理解错了(잘못 이해했다)를 정답으로 선택한다.

어휘 　带 dài 동 가지다, 휴대하다　现金 xiànjīn 명 현금　理解 lǐjiě 동 이해하다, 알다　别人 biérén 대 다른 사람, 타인
骗 piàn 동 속이다, 기만하다　买不起 mǎi bu qi (돈이 없어) 살 수 없다　家具 jiājù 명 가구

⁸²小海每天都感到不高兴，于是决定去听听医生的建议。⁸³医生建议他每天和让他开心的朋友聊天，一天三次。他按照医生的建议去做了。几个月后，他像变了个人，每天都过得很开心。医生笑着说："要想让自己开心，最有效的方法就是多和有趣的朋友在一起。"

⁸²샤오하이는 매일 기분이 좋지 않다. 그래서 의사의 의견을 들어보기로 결정했다. ⁸³의사는 그에게 매일 하루에 세 번 그를 유쾌하게 하는 친구와 수다를 떨라고 제안했다. 그는 의사의 제안대로 했다. 몇 개월 후, 그는 사람이 바뀐 것처럼, 매일 즐겁게 보냈다. 의사는 웃으며 말했다. "자신을 즐겁게 하고 싶다면, 가장 효과적인 방법은 재미있는 친구와 자주 같이 있는 것이에요."

어휘 **于是** yúshì 웹 그래서, 이리하여 **决定** juédìng 통 결정하다 **建议** jiànyì 평 제안 통 제안하다 **开心** kāixīn 형 유쾌하다, 즐겁다
聊天(儿) liáotiān(r) 통 수다를 떨다, 잡담하다 **按照** ànzhào 깨 ~대로, ~에 따라 **像** xiàng 통 마치 ~와 같다
过 guò 통 (시간을) 보내다, 건너다 **有效** yǒuxiào 형 효과적이다, 유효하다 **方法** fāngfǎ 평 방법, 수단
有趣 yǒuqù 형 재미있다, 흥미가 있다

---

82 ★ 小海为什么去看了医生?

　　A 不爱开玩笑

　　B 感到不开心

　　C 没什么朋友

　　D 常怀疑别人

★ 샤오하이는 왜 진료를 보러 갔는가?

　　A 농담하는 것을 좋아하지 않는다

　　B 즐겁지 않다

　　C 친구가 별로 없다

　　D 다른 사람을 자주 의심한다

해설 질문의 **小海……去看了医生**(샤오하이는……진료를 보러 갔다)과 관련된 부분을 지문에서 찾아 주변에서 그 이유를 파악한다. 지문에서 **小海每天都感到不高兴, 于是决定去听听医生的建议。**(샤오하이는 매일 기분이 좋지 않다. 그래서 의사의 의견을 들어보기로 결정했다.)라고 했으므로, 이를 통해 알 수 있는 **B 感到不开心**(즐겁지 않다)을 정답으로 선택한다.

＊ 바꾸어 표현 **感到不高兴** 기분이 좋지 않다 → **感到不开心** 즐겁지 않다

어휘 **开玩笑** kāiwánxiào 통 농담하다, 웃기다 **开心** kāixīn 형 즐겁다, 유쾌하다 **常** cháng 뷔 자주, 늘 **怀疑** huáiyí 통 의심하다
别人 biérén 때 다른 사람, 타인

---

83 ★ 是什么让小海改变了自己?

　　A 吃的药效果好

　　B 生活变丰富了

　　C 朋友影响了他

　　D 看了有趣的书

★ 무엇이 샤오하이가 자신을 변하게 했는가?

　　A 먹은 약이 효과가 좋다

　　B 생활이 다채로워졌다

　　C 친구가 그에게 영향을 끼쳤다

　　D 재미있는 책을 봤다

해설 질문의 让小海改变了自己(샤오하이가 자신을 변하게 했다)를 지문에서 찾아 주변 내용을 주의 깊게 읽는다. 지문에서 **医生建议他每天和让他开心的朋友聊天, 一天三次。他按照医生的建议去做了。几个月后, 他像变了个人, 每天都过得很开心。**(의사는 그에게 매일 하루에 세 번 그를 유쾌하게 하는 친구와 수다를 떨라고 제안했다. 그는 의사의 제안대로 했다. 몇 개월 후, 그는 사람이 바뀐 것처럼, 매일 즐겁게 보냈다.)이라고 했으므로, 이를 통해 알 수 있는 **C 朋友影响了他**(친구가 그에게 영향을 끼쳤다)를 정답으로 선택한다.

어휘 **改变** gǎibiàn 통 변하다, 변화하다 **效果** xiàoguǒ 평 효과 **生活** shēnghuó 평 생활 **丰富** fēngfù 형 다채롭다, 풍부하다
影响 yǐngxiǎng 통 영향을 끼치다 **有趣** yǒuqù 형 재미있다, 흥미가 있다

⁸⁵5G是最新的互联网信息技术。由于信息交流越来越多，对互联网信息技术的要求也在增多。⁸⁴5G技术最大的特点就是速度快。这个技术可以用在无人车、医院等不同的地方，能够为人们提供更加安全、方便的生活。⁸⁵估计今后5G给生活带来的好处还会更多。

⁸⁵5G는 최신 인터넷 IT 기술이다. 정보 교류가 점점 더 많아짐으로 인해, 인터넷 IT 기술에 대한 요구 사항도 많아지고 있다. ⁸⁴5G 기술의 가장 큰 특징은 바로 속도가 빠르다는 것이다. 이 기술은 무인 자동차, 병원 등 여러 곳에서 사용될 수 있고, 사람들에게 더 안전하고, 편리한 생활을 제공할 수 있다. ⁸⁵추측하건데 앞으로 5G가 생활에 가져올 장점은 더 많을 것이다.

어휘　**互联网** hùliánwǎng 몡인터넷　**信息技术** xìnxī jìshù IT 기술　**由于** yóuyú 졥~으로 인해, ~때문에
交流 jiāoliú 튕교류하다, 서로 소통하다　**越来越** yuèláiyuè 점점, 점차　**要求** yāoqiú 몡요구 사항, 요구　**特点** tèdiǎn 몡특징, 특색
速度 sùdù 몡속도　**无人车** wúrénchē 무인 자동차　**等** děng 조등, 따위　**地方** dìfang 몡곳, 장소　**能够** nénggòu 조통~할 수 있다
为 wèi 졥~에게, ~을 위해　**提供** tígōng 튕제공하다, 공급하다　**更加** gèngjiā 튀더, 더욱　**安全** ānquán 톙안전하다
方便 fāngbiàn 톙편리하다　**生活** shēnghuó 몡생활　**估计** gūjì 튕추측하다, 짐작하다　**今后** jīnhòu 몡앞으로
带 dài 튕가지다, 휴대하다　**好处** hǎochu 몡장점, 이로운 점

84　★ 关于5G技术，下列哪个正确？　　★ 5G 기술에 관해, 다음 중 옳은 것은 무엇인가?

　A 速度快　　　**B** 以前就有了　　　**A** 속도가 빠르다　　**B** 예전부터 있었다

　C 好处并不多　　**D** 仅用在手机上　　**C** 장점이 결코 많지 않다　**D** 휴대폰에서만 쓰인다

해설　질문의 **5G技术**(5G 기술)와 관련된 내용을 지문에서 파악한다. 지문에서 **5G技术最大的特点就是速度快**。(5G 기술의 가장 큰 특징은 바로 속도가 빠르다는 것이다.)라고 했으므로, A **速度快**(속도가 빠르다)를 정답으로 선택한다.

어휘　**技术** jìshù 몡기술　**以前** yǐqián 몡예전, 이전　**并不** bìng bù 결코 ~하지 않다　**仅** jǐn 튀~만, 단지　**用** yòng 튕쓰다, 사용하다

85　★ 这段话最可能出自下面哪篇文章？　★ 이 지문은 아래의 어떤 글에서 찾아볼 수 있을 가능성이 가장 큰가?

　　A《好职业，好生活》　　　　　A『좋은 직업, 좋은 생활』

　　B《我和中国的故事》　　　　　B『나와 중국의 이야기』

　　C《新技术改变生活》　　　　　**C**『신기술은 생활을 변화시킨다』

　　D《网上开店，你也行》　　　　　D『온라인 상점 개업, 너도 할 수 있어』

해설　질문이 이 지문은 어떤 글에서 찾아볼 가능성이 가장 큰지 물었으므로, 지문의 전반적인 내용을 파악한다. 지문에서 **5G是最新的互联网信息技术**。(5G는 최신 인터넷 IT 기술이다.), **估计今后5G给生活带来的好处还会更多**。(추측하건데 앞으로 5G가 생활에 가져올 장점은 더 많을 것이다.)라고 했으므로, 이를 통해 추론할 수 있는 C《**新技术改变生活**》(『신기술은 생활을 변화시킨다』)를 정답으로 선택한다.

어휘　**出自** chūzì ~로부터 나오다　**篇** piān 몡편, 장[문장·종이의 수를 셀 때 쓰임]　**文章** wénzhāng 몡글, 문장　**职业** zhíyè 몡직업
生活 shēnghuó 몡생활　**故事** gùshi 몡이야기　**技术** jìshù 몡기술　**改变** gǎibiàn 튕변하다, 바꾸다
开店 kāi diàn 개업하다, 개점하다　**行** xíng 톙된다, 좋다

86

我们已经	时间和机会	太多的	浪费了

→

대사+부사	동사+了	부사+형용사+的	명사+접속사+명사
我们已经	**浪费了**	**太多的**	**时间和机会。**
주어+부사어	술어+了	관형어	목적어

해석　우리는 이미 너무 많은 시간과 기회를 낭비했다.

해설　Step 1　제시된 어휘 중 유일하게 동사를 포함하고 있는 '동사+了' 형태의 浪费了(낭비했다)를 '술어+了' 자리에 바로 배치한다. 참고로, 동태조사 了는 술어 뒤에서 동작의 완료를 나타내므로 동태조사 了가 붙은 동사는 바로 술어 자리에 배치할 수 있다. ⇨ 浪费了

　　　Step 2　'대사+부사' 형태의 我们已经(우리는 이미)을 '주어+부사어' 자리에, '명사+접속사+명사' 형태의 时间和机会(시간과 기회)를 목적어 자리에 배치한다. ⇨ 我们已经　浪费了　时间和机会

　　　Step 3　남은 어휘인 '부사+형용사+的' 형태의 太多的(너무 많은)를 목적어 앞에 관형어로 배치하여 문장을 완성한다.
　　　　　　⇨ 我们已经　浪费了　太多的　时间和机会

　　　완성된 문장　我们已经浪费了太多的时间和机会。(우리는 이미 너무 많은 시간과 기회를 낭비했다.)

어휘　机会 jīhuì 圀 기회　浪费 làngfèi 圄 낭비하다, 헛되이 쓰다

87

护照	是多少	您的	号码

→

대사+的	명사	명사	동사+대사
您的	**护照**	**号码**	**是多少？**
관형어		주어	술어+목적어

해석　당신의 여권 번호는 무엇입니까?

해설　Step 1　제시된 어휘 중 是(~이다)이 있으므로, 是자문을 완성해야 한다. 동사 是을 포함한 '동사+대사' 형태의 是多少(얼마입니까)를 '술어+목적어' 자리에 배치한다. ⇨ 是多少

　　　Step 2　남은 어휘 중 명사 护照(여권)와 号码(번호)를 护照号码(여권 번호)로 연결하여 '관형어+주어' 자리에 배치한다. 참고로, 护照号码에서 护照는 号码의 관형어이다. ⇨ 护照　号码　是多少

　　　Step 3　남은 어휘인 '대사+的' 형태의 您的(당신의)를 护照号码(여권 번호) 앞에 관형어로 배치한다. 의문대사 多少(얼마)가 있으므로, 문장 끝에 물음표를 붙여 문장을 완성한다. ⇨ 您的　护照　号码　是多少

　　　완성된 문장　您的护照号码是多少？(당신의 여권 번호는 무엇입니까?)

어휘　护照 hùzhào 圀 여권　号码 hàomǎ 圀 번호, 숫자

88

帮助	学校	提供	经常为学生

→

명사	부사+개사+명사	동사	동사
学校	**经常为学生**	**提供**	**帮助。**
주어	부사어	술어	목적어

해석　학교는 학생을 위해 자주 도움을 제공한다.

해설　Step 1　제시된 어휘 중 동사 帮助(돕다)와 提供(제공하다)이 술어로 쓰일 수 있는데, 문맥상 帮助는 提供의 목적어가 될 수 있으므로 提供을 술어 자리에, 帮助를 목적어 자리에 배치한다. ⇨ 提供　帮助

　　　Step 2　제시된 어휘 중 유일한 명사 学校(학교)를 주어 자리에 배치한다. ⇨ 学校　提供　帮助

　　　Step 3　남은 어휘인 '부사+개사+명사' 형태의 经常为学生(학생을 위해 자주)을 술어 앞에 부사어로 배치하여 문장을 완성한다. ⇨ 学校　经常为学生　提供　帮助

　　　완성된 문장　学校经常为学生提供帮助。(학교는 학생을 위해 자주 도움을 제공한다.)

어휘　提供 tígōng 圄 제공하다, 공급하다　为 wèi 圀 ~을 위해

	명사+동사	대사	동사	동사
跑步　他　大夫让　坚持 →	**大夫让**	**他**	**坚持**	**跑步。**
	주어1+술어1	겸어	술어2	목적어2
		목적어1/주어2		

해석　의사는 그에게 달리기를 꾸준히 하라고 했다.

해설　Step 1　제시된 어휘 중 사역동사 让이 있으므로, 겸어문을 완성해야 한다. 让이 있는 '명사+동사' 형태의 大夫让(의사는 ~에게 ~하게 하다)을 '주어1+술어1' 자리에 배치한다. ⇨ **大夫让**

Step 2　동사 跑步(달리기를 하다)와 坚持(꾸준히 하다)을 坚持跑步(달리기를 꾸준히 하다)로 연결하여 '술어2+목적어2' 자리에 배치한다. ⇨ **大夫让　坚持　跑步**

Step 3　대사 他(그)를 겸어 자리에 배치하여 문장을 완성한다. ⇨ **大夫让　他　坚持　跑步**

완성된 문장　**大夫让他坚持跑步。**(의사는 그에게 달리기를 꾸준히 하라고 했다.)

어휘　**大夫** dàifu 몡의사　**坚持** jiānchí 동꾸준히 하다

	형용사+명사+的	동사	명사	부사+형용사+的
压力　新学期的　学习　挺大的 →	**新学期的**	**学习**	**压力**	**挺大的。**
	관형어		주어	부사어+술어+的

해석　새학기의 학습 스트레스는 꽤 크다.

해설　Step 1　동사 学习(학습하다)와 형용사 大(크다)가 술어로 쓰일 수 있는데, 문맥상 술어로 어울리는 형용사 大(크다)가 포함된 挺大的(꽤 크다)를 '부사어+술어+的' 자리에 배치한다. 참고로, 부사 挺(꽤)은 '挺+형용사+的'의 형식으로 자주 쓰이며, '꽤 ~(형용사)하다' 라는 뜻을 나타낸다. ⇨ **挺大的**

Step 2　명사 压力(스트레스)와 동사 学习(학습하다)를 学习压力(학습 스트레스)로 연결하여 '관형어+주어' 자리에 배치한다. 참고로, 学习压力에서 学习는 压力의 관형어이다. ⇨ **学习　压力　挺大的**

Step 3　남은 어휘인 '형용사+명사+的' 형태의 新学期的(새학기의)를 学习压力(학습 스트레스) 앞에 관형어로 배치하여 문장을 완성한다. ⇨ **新学期的　学习　压力　挺大的**

완성된 문장　**新学期的学习压力挺大的。**(새학기의 학습 스트레스는 꽤 크다.)

어휘　**压力** yālì 몡스트레스, 부담　**学期** xuéqī 몡학기　**挺……的** tǐng……de 꽤 ~하다

	대사+동사+的	명사	명사	부사+형용사
缺点　你购买的　比较多　打印机 →	**你购买的**	**打印机**	**缺点**	**比较多。**
	관형어	주어	주어	부사어+술어
				술어

해석　당신이 구매한 프린터는 단점이 비교적 많아요.

해설　Step 1　제시된 어휘 중 술어가 될 수 있는 어휘는 '부사+형용사' 형태의 比较多(비교적 많다)인데, 주어가 될 수 있는 명사가 缺点(단점), 打印机(프린터) 2개이므로 주술술어문을 고려하여 문장을 완성한다. 缺点과 打印机 중 주어로 어울리는 打印机를 주어 자리에 배치하고, 缺点과 比较多를 缺点比较多(단점이 비교적 많다)라는 주술구 형태로 연결한 후 술어 자리에 배치한다. ⇨ **打印机　缺点　比较多**

Step 2　남은 어휘인 '대사+동사+的' 형태의 你购买的(당신이 구매한)를 주어 打印机(프린터) 앞에 관형어로 배치하여 문장을 완성한다. ⇨ **你购买的　打印机　缺点　比较多**

완성된 문장　**你购买的打印机缺点比较多。**(당신이 구매한 프린터는 단점이 비교적 많아요.)

어휘　**缺点** quēdiǎn 몡단점, 결점　**购买** gòumǎi 동구매하다, 사다　**比较** bǐjiào 몡비교적　**打印机** dǎyìnjī몡프린터

	명사	명사	동사	수사+양사+명사
十台电脑　里　办公室　有 →	**办公室**	**里**	**有**	**十台电脑。**
	주어		술어	관형어+목적어

해석　사무실 안에는 컴퓨터 열 대가 있다.

해설　Step 1　제시된 어휘 중 존재함을 의미하는 동사 有(~이 있다)와 장소를 나타내는 명사 办公室(사무실)이 있으므로, 존현문을 완성해야 한다. 동사 有를 술어 자리에 배치한다. ⇨ 有

　　　　Step 2　장소명사 办公室(사무실)과 방위사 里(~안)를 办公室里(사무실 안)로 연결하여 주어 자리에 배치하고, '수사+양사+명사' 형태의 十台电脑(컴퓨터 열 대)를 목적어 자리에 배치하여 문장을 완성한다.

　　　　　　⇨ 办公室　里　有　十台电脑

　　　완성된 문장　办公室里有十台电脑。(사무실 안에는 컴퓨터 열 대가 있다.)

어휘　台 tái 양 대 [기계·설비 등을 세는 단위]　办公室 bàngōngshì 명 사무실

93

研究计划　教授　复印了十份　把　→

명사	把	동사+명사	동사+了+수사+양사
教授	**把**	**研究计划**	**复印了十份。**
주어	把	행위의 대상	술어+기타성분

해석　교수는 연구 계획을 10부 복사했다.

해설　Step 1　제시된 어휘 중 把가 있으므로, 把자문을 완성해야 한다. '동사+了+수사+양사' 형태의 复印了十份(10부 복사했다)을 '술어+기타성분' 자리에 배치하고, 把를 술어 앞에 배치한다. ⇨ 把　复印了十份

　　　　Step 2　'동사+명사' 형태의 研究计划(연구 계획)와 명사 教授(교수) 중 研究计划가 술어 复印(복사하다)의 대상이 되므로 把 다음 행위의 대상 자리에 배치하고, 教授는 주어 자리에 배치하여 문장을 완성한다.

　　　　　　⇨ 教授　把　研究计划　复印了十份

　　　완성된 문장　教授把研究计划复印了十份。(교수는 연구 계획을 10부 복사했다.)

어휘　研究 yánjiū 동 연구하다, 검토하다　计划 jìhuà 명 계획 동 ~할 계획이다　教授 jiàoshòu 명 교수　复印 fùyìn 동 복사하다
　　　份 fèn 양 부[신문·잡지·문서 등을 세는 단위]

94

你　自己的　看法吗　能　谈谈　→

대사	조동사	동사	대사+的	명사+조사
你	**能**	**谈谈**	**自己的**	**看法吗?**
주어	부사어	술어	관형어	목적어+吗

해석　당신은 자신의 견해를 이야기해 볼 수 있나요?

해설　Step 1　제시된 어휘 중 유일한 동사 谈(이야기하다)을 중첩한 형태인 谈谈(이야기해 보다)을 술어 자리에 바로 배치한다.
　　　　　　⇨ 谈谈

　　　　Step 2　대사 你(당신)와 '명사+조사' 형태의 看法吗(견해 ~?) 중, 看法吗를 '목적어+吗' 자리에 바로 배치하고, 你를 주어 자리에 배치한다. 참고로, 吗가 뒤에 붙은 명사는 바로 목적어 자리에 배치할 수 있다. ⇨ 你　谈谈　看法吗

　　　　Step 3　남은 어휘 중 조동사 能(~할 수 있다)을 술어 앞에 부사어로 배치하고, '대사+的' 형태의 自己的(자신의)를 목적어 앞에 관형어로 배치한다. 의문을 나타내는 조사 吗가 있으므로, 문장 끝에 물음표를 붙여 문장을 완성한다.

　　　　　　⇨ 你　能　谈谈　自己的　看法吗

　　　완성된 문장　你能谈谈自己的看法吗?(당신은 자신의 견해를 이야기해 볼 수 있나요?)

어휘　看法 kànfǎ 명 견해, 의견　谈 tán 동 이야기하다, 토론하다

95

要求　不符合　招聘　那家公司的　你　→

대사	부사+동사	대사+양사+명사+的	동사	명사
你	**不符合**	**那家公司的**	**招聘**	**要求。**
주어	부사어+술어	관형어		목적어

해석　당신은 그 회사의 채용 요구 사항에 부합하지 않아요.

해설　Step 1　제시된 어휘 중 '부사+동사' 형태의 不符合(부합하지 않는다)를 '부사어+술어' 자리에 바로 배치한다. 참고로, 부사는 술어 앞에서 부사어로 쓰이므로 부사 뒤에 붙은 동사나 형용사는 술어 자리에 바로 배치할 수 있다. ⇨ 不符合

　　　　Step 2　명사 要求(요구 사항)와 대사 你(당신) 중 문맥상 술어 符合(부합하다)의 목적어로 어울리는 要求를 招聘(채용하다)과 招聘要求(채용 요구 사항)로 연결하여 '관형어+목적어' 자리에 배치하고, 你를 주어 자리에 배치한다. 참고로, 招聘要求에서 招聘은 要求의 관형어이다. ⇨ 你　不符合　招聘　要求

　　　　Step 3　남은 어휘인 '대사+양사+명사+的' 형태의 那家公司的(그 회사의)를 招聘要求(채용 요구 사항) 앞에 관형어로 배치하여 문장을 완성한다. ⇨ 你　不符合　那家公司的　招聘　要求

완성된 문장 **你不符合那家公司的招聘要求。**(당신은 그 회사의 채용 요구 사항에 부합하지 않아요.)

어휘 **要求** yāoqiú [명]요구 사항 [동]요구하다 **符合** fúhé [동]부합하다, 들어맞다 **招聘** zhāopìn [동]채용하다, 모집하다

96

推 tuī [동]밀다

Step 1 우리말로 문장 떠올리기
죄송하지만 쇼핑 카트 좀 밀어 주실 수 있나요?

Step 2 중국어로 활용 표현 써 보기
购物车 gòuwùchē 쇼핑 카트

Step 3 중국어로 문장 쓰기
麻烦你可以帮我推一下购物车吗？

\+ 모범답안 ① **麻烦你可以帮我推一下购物车吗？ 죄송하지만 쇼핑 카트 좀 밀어 주실 수 있나요?**
[템플릿] **麻烦你可以帮我……吗?**: 죄송하지만 ~해 주실 수 있나요?

② **妹妹正在推购物车。 여동생은 쇼핑 카트를 밀고 있다.**
[템플릿] ……**正在**……。: ~는 ~하고 있다.

③ **我们一起推购物车怎么样？ 우리 함께 쇼핑 카트를 미는 것 어때요?**
[템플릿] **我们一起……怎么样?**: 우리 함께 ~하는 것 어때요?

어휘 **麻烦** máfan [동]번거롭게 하다, 폐를 끼치다

97

凉快 liángkuai [형]시원하다

Step 1 우리말로 문장 떠올리기
에어컨을 켜니 정말 너무 시원하다.

Step 2 중국어로 활용 표현 써 보기
空调 kōngtiáo [명]에어컨

Step 3 중국어로 문장 쓰기
开空调实在太凉快了。

\+ 모범답안 ① **开空调实在太凉快了。 에어컨을 켜니 정말 너무 시원하다.**
[템플릿] ……**实在太**……**了**。: ~는 정말 너무 ~하다.

② **你去开空调吧，会变凉快的。 가서 에어컨을 틀으렴, 시원해질 거야.**

③ **夏天开空调会很凉快。 여름에 에어컨을 켜면 시원해진다.**

어휘 **实在** shízài [부]정말, 확실히 **夏天** xiàtiān [명]여름

98

迷路 mílù [동]길을 잃다

Step 1 우리말로 문장 떠올리기
그는 지도를 보고 있는데, 길을 잃어버린 것 같다.

Step 2 중국어로 활용 표현 써 보기
地图 dìtú [명]지도

Step 3 중국어로 문장 쓰기
他在看地图，好像迷路了。

\+ 모범답안 ① **他在看地图，好像迷路了。 그는 지도를 보고 있는데, 길을 잃어버린 것 같다.**
[템플릿] ……**好像**……**了**。: ~는 (마치) ~인 것 같다

② **这里的路很复杂，你千万别迷路了。 이곳의 길은 복잡하니, 당신 절대로 길을 잃지 마세요.**
[템플릿] **你千万别**……。: 당신 절대로 ~하지 마세요.

③ 我今天在路上看到了一个迷路的孩子。 나는 오늘 길에서 길을 잃은 아이를 봤다.

어휘 好像 hǎoxiàng 囝(마치) ~인 것 같다 千万 qiānwàn 囝절대로, 부디

99

牙膏 yágāo 몡치약

Step 1 우리말로 문장 떠올리기
나는 마트에 가서 치약을 하나 살 계획이다.

Step 2 중국어로 활용 표현 써 보기
买 mǎi 囲사다

Step 3 중국어로 문장 쓰기
我打算去超市买一个牙膏。

+ 모범답안 ① 我打算去超市买一个牙膏。 나는 마트에 가서 치약을 하나 살 계획이다.
  템플릿 我打算……。: 나는 ~할 계획이다.

② 麻烦你可以帮我买一下牙膏吗？ 죄송하지만 치약 좀 사다 주실 수 있나요?
  템플릿 麻烦你可以帮我……吗?: 죄송하지만 ~해 주실 수 있나요?

③ 这个牙膏快用完了。 이 치약은 거의 다 썼다.

어휘 打算 dǎsuan 囲~할 계획이다 超市 chāoshì 몡마트, 슈퍼마켓 用 yòng 囲쓰다, 사용하다

100

页 yè 얭페이지, 쪽

Step 1 우리말로 문장 떠올리기
나는 이 책의 마지막 페이지를 보고 있다.

Step 2 중국어로 활용 표현 써 보기
书 shū 몡책

Step 3 중국어로 문장 쓰기
我在看这本书的最后一页。

+ 모범답안 ① 我在看这本书的最后一页。 나는 이 책의 마지막 페이지를 보고 있다.
  템플릿 ……在……。: ~는 ~하고 있다.

② 这本书一共有多少页？ 이 책은 총 몇 페이지가 있나요?

③ 答案在这本书的最后一页。 정답은 이 책의 마지막 페이지에 있다.

어휘 最后 zuìhòu 몡마지막, 최후 一共 yígòng 囝총, 모두 答案 dá'àn 몡정답, 답안

🔷 실전모의고사 2

듣기

p.319

제1부분
1 ✓　2 ✕　3 ✕　4 ✓　5 ✓　6 ✕　7 ✓　8 ✓　9 ✕　10 ✕

제2부분
11 B　12 D　13 C　14 A　15 A　16 C　17 D　18 C　19 D　20 C　21 C　22 A　23 C　24 C　25 D

제3부분
26 D　27 D　28 A　29 D　30 C　31 D　32 D　33 A　34 B　35 C　36 C　37 D　38 C　39 B　40 B　41 D
42 A　43 D　44 B　45 C

독해

p.324

제1부분
46 E　47 C　48 A　49 B　50 F　51 F　52 D　53 B　54 A　55 E

제2부분
56 BAC　57 ACB　58 CAB　59 CBA　60 CBA　61 ABC　62 BCA　63 CAB　64 CAB　65 BAC

제3부분
66 D　67 D　68 C　69 D　70 A　71 C　72 C　73 C　74 C　75 D　76 C　77 D　78 A　79 D　80 B　81 D
82 B　83 A　84 D　85 D

쓰기

p.332

제1부분
86 我今天还得继续加班。

87 今天来这里看演出的人比昨天多。

88 小王把客厅整理了一下。

89 老师要求他们进行表演。

90 这个小伙子缺少一些生活经验。

91 演员们一起站在镜子前打扮自己。

92 矿泉水瓶被母亲丢进了垃圾桶。

93 这儿的气候一年四季都很寒冷。

94 李老师认为学生得认真复习上课内容。

95 他生气到连一句话都讲不清楚。

제2부분 [베스트 답안 구성]
96 因为我睡得很晚，所以今天12点才醒。

97 他们正在为这次的成功干杯。

98 我女儿实在太棒了。

99 你快点儿把垃圾放在塑料袋里吧。

100 小林，你最好注意安全。

---

1 ★ 李博士的材料快翻译好了。(　)

★ 이 박사의 자료는 곧 번역이 다 된다. (✓)

李博士，您要的材料我差不多翻译完了，您有空的时候看看是否准确。

이 박사님, 요구하신 자료는 제가 거의 다 번역했습니다. 시간이 있으실 때 정확한지 좀 봐주세요.

해설　문장의 李博士(이 박사), 材料(자료), 快翻译好了(곧 번역이 다 된다)를 핵심 표현으로 체크해 두고, '이 박사의 자료는 곧 번역이 다 된다'라는 의미임을 파악한다. 지문의 差不多翻译完了(거의 다 번역했다)가 문장에서 快翻译好了로 바꾸어 표현되어 동일한 내용을 전달하므로 일치로 판단한다.

＊ 바꾸어 표현　差不多……完了 거의 다……했다 → 快……好了 곧……다 된다

어휘　博士 bóshì 몡 박사　材料 cáiliào 몡 자료, 재료　翻译 fānyì 번역하다, 통역하다　差不多 chàbuduō 뿐 거의, 대체로
空 kòng 몡 시간, 틈　是否 shìfǒu 뿐 ~인지 아닌지　准确 zhǔnquè 혱 정확하다, 틀림없다

---

2 ★ 那些小朋友们京剧唱得一般。(　)

★ 그 어린이들은 경극을 보통으로 부른다. (✕)

中国人是不是都会唱京剧？连这些小朋友们都唱得这么好，这么专业。

중국인들은 모두 경극을 부를 줄 아나요? 어린이들조차도 이렇게나 훌륭하고, 전문적으로 부르네요.

해설　문장의 小朋友(어린이), 京剧(경극), 唱得一般(보통으로 부른다)을 핵심 표현으로 체크해 두고, '그 어린이들은 경극을 보통으로 부른다'라는 의미임을 파악한다. 지문의 唱得这么好(이렇게 훌륭하게 부른다)와 전혀 무관한 唱得一般이 문장에서 언급되었으므로 불일치로 판단한다.

어휘　京剧 jīngjù 몡 경극　一般 yìbān 혱 보통이다, 일반적이다　连 lián 刊 ~조차도, ~까지도　专业 zhuānyè 혱 전문적이다

---

3 ★ 哥哥想去公司工作。(　)

★ 형은 회사에 가서 일을 하고 싶어한다. (✕)

哥哥快要大学毕业了，但他好像还不想找工作，因为他拒绝了好几家公司的邀请。

형은 곧 대학교를 졸업하는데, 그는 아직 일자리를 찾고 싶지 않아하는 것 같다. 그가 여러 회사의 초빙을 거절했기 때문이다.

해설　문장의 哥哥(형), 公司(회사), 工作(일하다)를 핵심 표현으로 체크해 두고, '형은 회사에 가서 일을 하고 싶어한다'라는 의미임을 파악한다. 지문의 还不想找工作(아직 일자리를 찾고 싶지 않다)와 전혀 무관한 想去公司工作(회사에 가서 일을 하고 싶어한다)가 문장에서 언급되었으므로 불일치로 판단한다.

어휘　毕业 bìyè 몽 졸업하다　好像 hǎoxiàng 뿐 (마치) ~과 같다　拒绝 jùjué 몽 거절하다, 거부하다
邀请 yāoqǐng 몽 초빙하다, 초청하다

---

4 ★ 小王常常上班迟到。(　)

★ 샤오왕은 출근할 때 자주 지각한다. (✓)

小王，你这是第几次迟到了？如果你下次还不准时到办公室，总经理肯定会找你谈谈的。

샤오왕, 너 이번이 몇 번째 지각하는 거야? 만약 다음에 또 제때 사무실에 도착하지 않으면, 사장님이 분명히 너에게 이야기를 하실 거야.

해설　문장의 小王(샤오왕), 常常(자주), 上班迟到(출근할 때 지각하다)를 핵심 표현으로 체크해 두고, '샤오왕은 출근할 때 자주 지각

한다'라는 의미임을 파악한다. 지문의 小王，你这是第几次迟到了？如果你下次还不准时到办公室(샤오왕, 너 이번이 몇 번째 지각하는 거야? 만약 다음에 또 제때 사무실에 도착하지 않으면)이라는 내용을 통해 문장의 내용을 추론할 수 있으므로 일치로 판단한다.

어휘   **迟到** chídào 图 지각하다, 늦다   **如果** rúguǒ 图 만약   **准时** zhǔnshí 图 제때에, 시간에 맞다   **办公室** bàngōngshì 图 사무실
总经理 zǒngjīnglǐ 图 사장, 최고 경영자   **肯定** kěndìng 图 분명히, 확실히   **谈** tán 图 이야기하다, 토론하다

---

5   ★ 说话人吃完饭要去一趟机场。（   ）   ★ 화자는 밥을 다 먹고 공항에 가야 한다. (✓)

麻烦您快点儿给我上菜，我吃完饭还要开车   죄송하지만 음식 좀 빨리 주세요. 저는 밥을 다 먹고 운
去机场接客人，要来不及了。   전해서 공항에 손님을 마중하러 가야 하는데, 늦을 것 같
   아요.

해설   문장의 吃完饭(밥을 다 먹다), 去……机场(공항에 가다)을 핵심 표현으로 체크해 두고, '화자는 밥을 다 먹고 공항에 가야 한다'
라는 의미임을 파악한다. 특히 장소 표현 机场(공항)이 지문에서도 동일하게 언급되는지 주의 깊게 듣는다. 지문의 吃完饭과
去机场이 문장에서 그대로 언급되었고, 화자가 밥을 다 먹고 공항에 가야 한다는 내용이므로 일치로 판단한다.

어휘   **趟** tàng 图 번, 차례[횟수를 세는 데 쓰임]   **麻烦** máfan 图 번거롭게 하다, 폐를 끼치다   **接** jiē 图 마중하다   **客人** kèrén 图 손님
来不及 láibují 图 늦다, 시간에 맞추지 못하다

---

6   ★ 他们马上坐车去植物园。（   ）   ★ 그들은 곧 차를 타고 식물원에 갈 것이다. (✗)

从家到植物园不太远，我们完全不需要打   집에서 식물원까지 그다지 멀지 않으니, 우린 전혀 택시
的，你换双运动鞋，保证二十分钟就能走   를 탈 필요가 없어요. 당신 운동화로 갈아 신으세요. 걸어
到。   서 20분이면 갈 수 있다고 장담해요.

해설   문장의 马上(곧), 坐车(차를 타다), 去植物园(식물원에 가다)을 핵심 표현으로 체크해 두고, '그들은 곧 차를 타고 식물원에 갈
것이다'라는 의미임을 파악한다. 특히 장소 표현 植物园(식물원)이 지문에서도 동일하게 언급되는지 주의 깊게 듣는다. 문장
의 내용이 지문의 从家到植物园不太远，我们完全不需要打的(집에서 식물원까지 그다지 멀지 않으니, 우린 전혀 택시를 탈 필요
가 없어요)와 완전히 다른 사실을 언급하고 있으므로 불일치로 판단한다.

어휘   **马上** mǎshàng 图 곧, 금방   **植物园** zhíwùyuán 图 식물원   **完全** wánquán 图 전혀, 완전히   **需要** xūyào 图 필요하다
打的 dǎdī 图 택시를 타다, 택시를 잡다   **双** shuāng 图 켤레, 쌍[짝을 이룬 물건을 세는 단위]
保证 bǎozhèng 图 장담하다, 보증하다

---

7   ★ 周文文花的钱不太多。（   ）   ★ 저우원원이 쓴 돈은 그다지 많지 않다. (✓)

别看周文文买的衣服多，其实没有花掉多少   저우원원이 산 옷은 많지만, 사실 돈을 얼마 쓰지 않았다.
钱，因为今天商店正好有打折活动。   오늘 가게에 마침 할인 행사가 있었기 때문이다.

해설   문장의 周文文(저우원원), 花的钱(쓴 돈), 不太多(그다지 많지 않다)를 핵심 표현으로 체크해 두고, '저우원원이 쓴 돈은 그다지
많지 않다'라는 의미임을 파악한다. 특히 부정 표현 不(~않다)가 지문에서도 동일하게 언급되는지 주의 깊게 듣는다. 지문의
没有花掉多少钱(돈을 얼마 쓰지 않았다)이 문장에서 花的钱不太多(쓴 돈은 그다지 많지 않다)로 바꾸어 표현되어 동일한 내용
을 전달하므로 일치로 판단한다.

* 바꾸어 표현   没有花掉多少钱 돈을 얼마 쓰지 않았다 → 花的钱不太多 쓴 돈은 그다지 많지 않다

어휘   **花** huā 图 쓰다, 소비하다   **别看** biékàn 图 ~지만, ~라고 보지 마라   **其实** qíshí 图 사실   **正好** zhènghǎo 图 마침
打折 dǎzhé 图 할인하다, 세일하다   **活动** huódòng 图 행사, 활동

8

★ 考试的时候说话人太粗心了。（　　　）

★ 시험을 볼 때 화자는 너무 부주의했다. (✓)

这次考试我出了很多错误，不是我不会，而是没有看清楚上面的内容。

이번 시험에서 나는 많은 실수를 했다. 내가 할 줄 모르는 것이 아니라, 내용을 명확하게 보지 않았다.

해설　문장의 考试(시험을 보다), 粗心(부주의하다)을 핵심 표현으로 체크해 두고, '시험을 볼 때 화자는 너무 부주의했다'라는 의미임을 파악한다. 지문의 这次考试我出了很多错误……没有看清楚上面的内容(이번 시험에서 나는 많은 실수를 했다……내용을 명확하게 보지 않았다)이라는 내용을 통해 문장의 내용을 추론할 수 있으므로 일치로 판단한다.

어휘　**粗心** cūxīn 혱부주의하다, 소홀하다　**出错误** chū cuòwù 실수를 하다　**不是……而是……** búshì……érshì…… ~이 아니라 ~이다
清楚 qīngchu 혱명확하다, 분명하다　**内容** nèiróng 몡내용

9

★ 说话人想进大学再学习几年。（　　　）

★ 화자는 대학교에 들어가서 몇 년 더 공부하려고 한다. (✕)

我是教育专业毕业的，我的理想是成为一个受学生欢迎的大学老师。

나는 교육학과를 졸업했고, 내 꿈은 학생들에게 환영 받는 대학교 선생님이 되는 것이다.

해설　문장의 进大学(대학교에 들어가다), 再学习几年(몇 년 더 공부하다)을 핵심 표현으로 체크해 두고, '화자는 대학교에 들어가서 몇 년 더 공부하려고 한다'라는 의미임을 파악한다. 문장의 내용이 지문의 我是教育专业毕业的, 我的理想是成为一个受学生欢迎的大学老师.(나는 교육학과를 졸업했고, 내 꿈은 학생들에게 환영 받는 대학교 선생님이 되는 것이다.)과 완전히 다른 사실을 언급하고 있으므로 불일치로 판단한다.

어휘　**教育** jiàoyù 몡교육　**专业** zhuānyè 몡학과, 전공　**毕业** bìyè 통졸업하다　**理想** lǐxiǎng 몡꿈, 이상
成为 chéngwéi 통~이 되다, ~로 변하다　**受欢迎** shòu huānyíng 환영을 받다

10

★ 顾客不能用现金购买东西。（　　　）

★ 고객은 현금으로 물건을 구매할 수 없다. (✕)

不好意思，我们店不支持手机或银行卡付款，您没带现金的话，可以先到对面的银行取款。

죄송합니다. 저희 매장은 휴대폰이나 은행 카드로 계산하는 것을 지원하지 않습니다. 현금을 가지고 오지 않으셨다면, 먼저 맞은편 은행에서 돈을 찾으세요.

해설　문장의 顾客(고객), 用现金购买东西(현금으로 물건을 구매하다)를 핵심 표현으로 체크해 두고, '고객은 현금으로 물건을 구매할 수 없다'라는 의미임을 파악한다. 특히 부정 표현 不(~않다)가 지문에서도 동일하게 언급되는지 주의 깊게 듣는다. 문장의 내용이 지문의 您没带现金的话, 可以先到对面的银行取款(현금을 가지고 오지 않으셨다면, 먼저 맞은편 은행에서 돈을 찾으세요)과 완전히 다른 사실을 언급하고 있으므로 불일치로 판단한다.

어휘　**顾客** gùkè 몡고객, 손님　**现金** xiànjīn 몡현금　**购买** gòumǎi 통구매하다　**支持** zhīchí 통지원하다, 지지하다
银行卡 yínháng kǎ 은행 카드　**付款** fùkuǎn 통계산하다, 돈을 지불하다　**带** dài 통가지다, 휴대하다　**先** xiān 閈먼저, 우선
对面 duìmiàn 몡맞은편, 건너편　**取款** qǔkuǎn 통돈을 찾다

11

A 特别贵　　　　　　**B 不酸**
C 比较大　　　　　　D 不新鲜

A 아주 비싸다　　　　**B 시지 않다**
C 비교적 크다　　　　D 신선하지 않다

男：这种葡萄酸不酸？我不喜欢吃酸的水果。
女：不酸，不信你尝尝看。

남: 이 포도는 신가요? 제가 신 과일 먹는 것을 좋아하지 않아서요.
여: 시지 않아요. 못 믿으시겠으면 한번 맛보세요.

问: 女的认为这种葡萄怎么样?	질문: 여자는 이 포도가 어떻다고 생각하는가?

해설 제시된 선택지가 모두 특정 대상의 상태·상황을 나타내고 있으므로 대화를 들을 때 상태·상황과 관련된 내용을 주의 깊게 듣는다. 남자가 这种葡萄酸不酸?(이 포도는 신가요?)이라고 묻자, 여자가 不酸(시지 않아요)이라고 답했다. 질문이 여자는 이 포도가 어떻다고 생각하는지 물었으므로 B 不酸(시지 않다)을 정답으로 선택한다.

어휘 特别 tèbié 튀아주, 특히 酸 suān 튀시다 新鲜 xīnxiān 튀신선하다 葡萄 pútao 튀포도 信 xìn 튀믿다
尝 cháng 튀맛보다 认为 rènwéi 튀~이라고 생각하다, ~이라고 여기다

12

A 顾客的照片	B 会议的材料	A 고객 사진	B 회의 자료
C 最新的价格	D 乘客的信息	C 최신 가격	**D 승객 정보**

女: 能帮我打印一张所有乘客的信息吗?	여: 저에게 모든 승객 정보를 한 장 인쇄해 주실 수 있나요?
男: 没问题,等这些材料都打印完,十五分钟后我把它们送到您的办公室去。	남: 물론입니다. 이 자료들을 다 인쇄하고 나서, 15분 후에 제가 그것들을 사무실로 가져다드릴게요.

问: 女的需要什么?	질문: 여자는 무엇이 필요한가?

해설 제시된 선택지가 모두 명사구이므로 대화를 들을 때 대화의 중심 소재가 무엇인지 주의 깊게 듣는다. 여자가 能帮我打印一张所有乘客的信息吗?(저에게 모든 승객 정보를 한 장 인쇄해 주실 수 있나요?)라고 했다. 질문이 여자는 무엇이 필요한지 물었으므로 D 乘客的信息(승객 정보)를 정답으로 선택한다.

어휘 顾客 gùkè 튀고객 照片 zhàopiàn 튀사진 会议 huìyì 튀회의 材料 cáiliào 튀자료, 재료 最新 zuì xīn 최신의
价格 jiàgé 튀가격 乘客 chéngkè 튀승객, 탑승객 信息 xìnxī 튀정보 打印 dǎyìn 튀인쇄하다 所有 suǒyǒu 튀모든, 전부의
分钟 fēnzhōng 튀분 办公室 bàngōngshì 튀사무실

13

A 更安全	B 票更便宜	A 더 안전하다	B 표가 더 싸다
C 可以看景色	D 方便去火车站	**C 풍경을 볼 수 있다**	D 기차역에 가기 편하다

男: 周末去北京的机票早就卖完了。	남: 주말에 베이징 가는 비행기표가 진작에 다 팔렸어요.
女: 那就坐火车吧,坐火车的话还可以看窗外的美丽景色呢。	여: 그럼 기차를 타요. 기차를 타면 창 밖의 아름다운 풍경도 볼 수 있잖아요.

问: 女的认为坐火车怎么样?	질문: 여자는 기차를 타는 것이 어떻다고 생각하는가?

해설 제시된 선택지가 모두 특정 대상의 상태·상황을 나타내고 있으므로 대화를 들을 때 상태·상황과 관련된 내용을 주의 깊게 듣는다. 여자가 坐火车的话还可以看窗外的美丽景色呢(기차를 타면 창 밖의 아름다운 풍경도 볼 수 있잖아요)라고 했다. 질문이 여자는 기차를 타는 것이 어떻다고 생각하는지 물었으므로 C 可以看景色(풍경을 볼 수 있다)를 정답으로 선택한다.

어휘 更 gèng 튀더, 더욱 安全 ānquán 튀안전하다 景色 jǐngsè 튀풍경, 경치 方便 fāngbiàn 튀편하다, 편리하다
周末 zhōumò 튀주말 美丽 měilì 튀아름답다, 예쁘다 窗 chuāng 튀창, 창문

14

A 有礼貌	B 个子高	**A 예의가 바르다**	B 키가 크다
C 爱说话	D 有耐心	C 말하는 것을 좋아한다	D 참을성이 있다

女：刚才我们遇到的是小林的男朋友吧？	여: 방금 우리가 마주친 사람은 샤오린의 남자친구죠?
男：是啊，我看人挺不错的，很有礼貌，而且还很幽默。	남: 맞아요. 제가 보기에 사람이 참 괜찮아요. 아주 예의가 바르고, 게다가 유머러스하기도 해요.
问：小林的男朋友怎么样？	질문: 샤오린의 남자친구는 어떠한가?

해설　제시된 선택지가 모두 사람의 상태·상황을 나타내고 있으므로 대화에서 언급되는 화자의 상태나 현재 처한 상황을 주의 깊게 듣는다. 여자가 刚才我们遇到的是小林的男朋友吧?(방금 우리가 마주친 사람은 샤오린의 남자친구죠?)라고 묻자, 남자가 是啊……很有礼貌(맞아요……아주 예의가 발라요)라고 답했다. 질문이 샤오린의 남자친구는 어떠한지 물었으므로 A 有礼貌(예의가 바르다)를 정답으로 선택한다.

어휘　**有礼貌** yǒu lǐmào 예의가 바르다　**个子** gèzi (사람의) 키　**耐心** nàixīn 참을성, 인내심　**刚才** gāngcái 圆방금, 막
　　　遇到 yùdào 圆마주치다, 만나다　**挺** tǐng 圆참, 꽤　**而且** érqiě 圈게다가, 또한　**幽默** yōumò 圈유머러스하다

---

15 A 出发时间　　B 寒假安排　　　　　　A 출발 시간　　　　　B 겨울 방학 계획
C 孩子的爱好　D 遇到的麻烦　　　　　C 아이의 취미　　　D 맞닥뜨린 문제

男：这次旅行你们都准备好了吗？什么时候出发？	남: 이번 여행 다 준비하셨나요? 언제 출발하세요?
女：准备得差不多了，我们打算明天一大早就出发。	여: 거의 다 준비했어요. 저희는 내일 이른 아침에 출발할 계획이에요.
问：他们在谈什么？	질문: 그들은 무엇을 이야기하고 있는가?

해설　제시된 선택지가 모두 명사구이므로 대화를 들을 때 대화의 중심 소재가 무엇인지 주의 깊게 듣는다. 남자가 什么时候出发?(언제 출발하세요?)라고 묻자, 여자가 我们打算明天一大早就出发(저희는 내일 이른 아침에 출발할 계획이에요)라고 답했다. 질문이 그들은 무엇을 이야기하고 있는지 물었으므로 A 出发时间(출발 시간)을 정답으로 선택한다.

어휘　**出发** chūfā 圆출발하다　**寒假** hánjià 圆겨울 방학　**安排** ānpái 圆계획하다, 배정하다　**爱好** àihào 圆취미
　　　遇到 yùdào 圆맞닥뜨리다, 만나다　**麻烦** máfan 圆문제, 번거로운 일　**旅行** lǚxíng 圆여행하다
　　　差不多 chàbuduō 圆거의, 대체로　**打算** dǎsuan 圆~할 계획이다, ~하려고 하다

---

16 A 开车　　　　B 走路　　　　　　　A 차를 운전한다　　B 걷는다
C 骑车　　　　D 坐地铁　　　　　C 자전거를 탄다　　D 지하철을 탄다

女：路上又堵车了，我要晚一点儿才能到，帮我跟经理打个招呼吧。	여: 도로에 차가 또 막히네요. 저는 조금 늦게 도착해요. 저 대신 매니저님에게 좀 알려주세요.
男：行，你以后还是学学我吧。骑自行车上下班就不用担心堵车，还能锻炼身体。	남: 알겠어요. 다음부터는 저처럼 하시는 게 좋겠어요. 자전거로 출퇴근하면 차가 막히는 것을 걱정하지 않아도 되고, 몸을 단련할 수도 있잖아요.
问：男的一般怎么上班？	질문: 남자는 보통 어떻게 출근하는가?

해설　제시된 선택지가 모두 행동을 나타내고 있으므로 대화를 들을 때 화자 또는 특정 인물이 하고 있거나 하려는 행동이 무엇인지를 주의 깊게 듣는다. 여자가 차가 막혀서 늦게 도착한다고 하자, 남자가 你以后还是学学我吧。骑自行车上下班就不用担心堵车(다음부터는 저처럼 하시는 게 좋겠어요. 자전거로 출퇴근하면 차가 막히는 것을 걱정하지 않아도 돼요)라고 했다. 질문이 남자는 보통 어떻게 출근하는지 물었으므로 C 骑车(자전거를 탄다)를 정답으로 선택한다. 참고로, 여자가 언급한 堵车(차가 막히다)

를 듣고 A를 정답으로 선택하지 않도록 주의한다.

* 바꾸어 표현 **骑自行车** 자전거를 타다 → **骑车** 자전거를 타다

어휘 **骑车** qí chē 자전거를 타다 **地铁** dìtiě 지하철 **又** yòu 또, 다시 **堵车** dǔchē 차가 막히다 **经理** jīnglǐ 매니저
打招呼 dǎ zhāohu 알리다, 인사하다 **还是** háishi ~하는 것이 좋다 **自行车** zìxíngchē 자전거 **担心** dānxīn 걱정하다
锻炼 duànliàn 단련하다 **一般** yìbān 보통, 보통이다

17

A 太害羞	B 有点儿胖	A 너무 부끄러워한다	B 조금 뚱뚱하다
C 没有工作	**D 性格不好**	C 직업이 없다	**D 성격이 나쁘다**

男：你和小周到底怎么了？他不是一直对你
挺好的吗？

女：他各个方面都不错，不过就是爱发脾气。

问：小周有什么缺点？

남: 너 샤오저우와 도대체 무슨 일이야? 그가 너에게 계
속 꽤 잘해 주는 거 아니었어?

여: 그는 여러 부분에서 다 좋아. 그런데 성질을 잘 내.

질문: 샤오저우는 어떤 단점이 있는가?

해설 제시된 선택지가 모두 사람의 상태·상황을 나타내고 있으므로 대화에서 언급되는 화자의 상태나 현재 처한 상황을 주의 깊
게 듣는다. 남자가 여자에게 샤오저우와 무슨 일이 있었냐고 묻자, 여자가 他……**爱发脾气**(그는……성질을 잘 내)라고 답했
다. 질문이 샤오저우는 어떤 단점이 있는지 물었으므로 **爱发脾气**(성질을 잘 낸다)라는 표현을 토대로 알 수 있는 D **性格不好**
(성격이 나쁘다)를 정답으로 선택한다.

* 바꾸어 표현 **爱发脾气** 성질을 잘 내다 → **性格不好** 성격이 나쁘다

어휘 **害羞** hàixiū 부끄러워하다 **胖** pàng 뚱뚱하다 **性格** xìnggé 성격 **到底** dàodǐ 도대체
一直 yìzhí 계속, 줄곧 **挺** tǐng 꽤, 제법 **各** gè 여러 **方面** fāngmiàn 부분, 방면 **不过** búguò 그런데, 그러나
就是 jiùshì [확고한 어기를 나타냄] **发脾气** fā píqi 성질을 내다, 화내다 **缺点** quēdiǎn 단점, 결점

18

A 价格太贵了	A 가격이 너무 비싸다
B 应该省点钱	B 돈을 아껴야 한다
C 网上会有假的	**C 인터넷에는 가짜가 있을 수 있다**
D 店里的质量不好	D 가게의 것은 품질이 안 좋다

女：我们还是在网上买吧，店里的价格实在
是太贵了。

男：别省这点儿钱了，我担心会买到假的，
还是这儿的质量让人放心。

问：男的是什么意思？

여: 우리 인터넷에서 사는 것이 좋겠어요. 가게의 것은 가
격이 정말 너무 비싸요.

남: 이 정도 돈은 아끼지 마세요. 저는 가짜를 살까 봐 걱
정돼요. 그래도 이곳의 품질은 안심이 되네요.

질문: 남자의 말은 무슨 뜻인가?

해설 제시된 선택지가 모두 특정 대상의 상태·상황을 나타내고 있으므로 대화를 들을 때 상태·상황과 관련된 내용을 주의 깊게
듣는다. 여자가 **我们还是在网上买吧**(우리 인터넷에서 사는 것이 좋겠어요)라고 하자, 남자가 **别省这点儿钱了，我担心会买到
假的**(이 정도 돈은 아끼지 마세요. 저는 가짜를 살까 봐 걱정돼요)라고 했다. 질문이 남자의 말은 무슨 뜻인지 물었으므로 **网上**(인터
넷), **担心**(걱정하다), **假的**(가짜)라는 표현을 토대로 알 수 있는 C **网上会有假的**(인터넷에는 가짜가 있을 수 있다)를 정답으로 선
택한다. 참고로, 남자가 언급한 **别省这点儿钱了**(이 정도 돈은 아끼지 마세요)를 듣고 B를 정답으로 선택하지 않도록 주의한다.

어휘 **价格** jiàgé 가격, 값 **应该** yīnggāi ~해야 한다 **省** shěng 아끼다, 절약하다 **假** jiǎ 가짜이다, 거짓이다
质量 zhìliàng 품질, 질 **还是** háishi ~하는 것이 좋다, 그래도 **实在** shízài 정말, 확실히 **担心** dānxīn 걱정하다
放心 fàngxīn 안심하다, 마음을 놓다

19

A 明天过生日	A 내일 생일을 맞는다
B 有男朋友了	B 남자친구가 생겼다
C 自己会养花	C 꽃을 키울 줄 안다
D 要给妈妈送花	**D 엄마에게 꽃을 선물하려고 한다**
男：这么漂亮的花儿，我猜一定是男朋友送的。	남: 이렇게 예쁜 꽃은 제가 추측하건데 분명히 남자친구가 선물한 것일 거예요.
女：我哪儿有男朋友啊，这是要送给我妈的，今天是她的生日。	여: 제가 남자친구가 어디 있어요. 이건 저희 엄마 드릴 거예요. 오늘은 엄마 생신이에요.
问：关于女的，可以知道什么？	질문: 여자에 관해, 알 수 있는 것은 무엇인가?

해설 제시된 선택지가 모두 사람의 상태·상황을 나타내고 있으므로 대화에서 언급되는 화자의 상태나 현재 처한 상황을 주의 깊게 듣는다. 남자가 **花儿**(꽃)에 대해 이야기하자, 여자가 **这是要送给我妈的**(이건 저희 엄마 드릴 거예요)라고 했다. 질문이 여자에 관해 알 수 있는 것을 물었으므로 D **要给妈妈送花**(엄마에게 꽃을 선물하려고 한다)를 정답으로 선택한다. 참고로, 여자가 언급한 **我哪儿有男朋友啊**(제가 남자친구가 어디 있어요)를 듣고 B를 정답으로 선택하지 않도록 주의한다.

어휘 **过** guò [동] (생일을) 맞다, (시간을) 보내다 **自己** zìjǐ [대] 자신, 스스로 **养** yǎng [동] 키우다, 기르다 **花** huā [명] 꽃
猜 cāi [동] 추측하다, 알아맞히다 **一定** yídìng [부] 분명히, 반드시 **关于** guānyú [개] ~에 관해

20

A 比较大的	B 价格贵的	A 비교적 큰 것	B 가격이 비싼 것
C 颜色深的	D 最流行的	**C 색깔이 진한 것**	D 가장 유행하는 것

女：咱们房间里的东西大部分是白色，这几件家具也是白色，颜色好像不太合适吧。	여: 우리 방 안에 있는 물건이 대부분 흰색이잖아요. 이 가구들도 흰색이라서, 색깔이 그다지 적합하지 않은 것 같아요.
男：你说得对，我们还是买颜色深一点儿的家具吧。	남: 당신 말이 맞아요. 우리 좀 더 진한 색깔의 가구를 사는 게 좋겠어요.
问：男的想买怎样的家具？	질문: 남자는 어떤 가구를 사려고 하는가?

해설 제시된 선택지가 모두 명사구이므로 대화를 들을 때 대화의 중심 소재가 무엇인지 주의 깊게 듣는다. 남자가 **我们还是买颜色深一点儿的家具吧**(우리 좀 더 진한 색깔의 가구를 사는 게 좋겠어요)라고 했다. 질문이 남자는 어떤 가구를 사려고 하는지 물었으므로 C **颜色深的**(색깔이 진한 것)를 정답으로 선택한다.

어휘 **比较** bǐjiào [부] 비교적 **价格** jiàgé [명] 가격, 값 **深** shēn [형] 진하다, 깊다 **流行** liúxíng [동] 유행하다
咱们 zánmen [대] 우리(들) **大部分** dàbùfen 대부분 **家具** jiājù [명] 가구 **好像** hǎoxiàng [부] (마치) ~인 것 같다
合适 héshì [형] 적합하다, 알맞다

21

A 把票弄丢了	B 来得太晚了	A 표를 잃어버렸다	B 너무 늦게 왔다
C 走错地方了	D 看错时间了	**C 잘못된 곳으로 갔다**	D 시간을 잘못 봤다

男：我们来早了吧？周围怎么一个人都没有？

女：你再仔细看看票，上面写的是四号厅，可这里是一号厅啊！

问：关于男的，可以知道什么？

남: 우리가 일찍 온 거죠? 주위에 왜 사람이 한 명도 없죠?

여: 당신 표를 다시 자세히 좀 보세요. 표에 적힌 건 4번 홀인데, 여긴 1번 홀이잖아요!

질문: 남자에 관해, 알 수 있는 것은 무엇인가?

해설 제시된 선택지가 모두 사람의 상태·상황을 나타내고 있으므로 대화에서 언급되는 화자의 상태나 현재 처한 상황을 주의 깊게 듣는다. 남자가 왜 사람이 없는지 궁금해하자, 여자가 你再仔细看看票，上面写的是四号厅，可这里是一号厅啊！(당신 표를 다시 자세히 좀 보세요. 표에 적힌 건 4번 홀인데, 여긴 1번 홀이잖아요!)라고 했다. 질문이 남자에 관해 알 수 있는 것을 물었으므로, C 走错地方了(잘못된 곳으로 갔다)를 정답으로 선택한다.

어휘 弄丢 nòngdiū 잃어버리다　地方 dìfang 圐곳, 장소　周围 zhōuwéi 圐주위, 주변　仔细 zǐxì 圐자세하다, 꼼꼼하다
厅 tīng 圐홀, 큰 방

22

A 银行对面	B 车站附近	A 은행 맞은편	B 정류장 근처
C 邮局里面	D 公园南边	C 우체국 안	D 공원 남쪽

女：这附近有没有超市？我想买个牙刷。

男：银行对面不是有一个吗？离这儿不远，走五分钟就到了。

问：超市在哪儿？

여: 이 근처에 마트가 있나요? 저는 칫솔을 하나 사고 싶어요.

남: 은행 맞은편에 하나 있지 않아요? 여기서 멀지 않고, 걸어서 5분이면 도착해요.

질문: 마트는 어디에 있는가?

해설 제시된 선택지가 모두 장소를 나타내고 있으므로 대화를 들을 때 화자 또는 특정 인물이 있는 장소 혹은 가려고 하는 장소가 어디인지를 주의 깊게 듣는다. 여자가 근처에 마트가 있냐고 묻자, 남자가 银行对面不是有一个吗?(은행 맞은편에 하나 있지 않아요?)이라고 답했다. 질문이 마트는 어디에 있는지 물었으므로 A 银行对面(은행 맞은편)을 정답으로 선택한다.

어휘 银行 yínháng 圐은행　对面 duìmiàn 圐맞은편, 건너편　车站 chēzhàn 圐정류장, 역　附近 fùjìn 圐근처, 부근
邮局 yóujú 圐우체국　公园 gōngyuán 圐공원　南边 nánbian 圐남쪽　超市 chāoshì 圐마트, 슈퍼
牙刷 yáshuā 圐칫솔

23

A 听广播	B 换钥匙	A 라디오를 듣는다	B 열쇠를 교체한다
C 修理传真机	D 打扫会议室	**C 팩스를 수리한다**	D 회의실을 청소한다

男：小王说办公室的传真机出了点儿问题，我得马上去修理。

女：小王现在到楼上开会去了，你去的时候把钥匙带着吧。

问：男的要去做什么？

남: 샤오왕이 사무실 팩스에 문제가 좀 생겼다고 하던데, 제가 바로 가서 수리해야겠어요.

여: 샤오왕은 지금 위층에 회의하러 갔어요. 갈 때 열쇠 가져가세요.

질문: 남자는 무엇을 하러 가려고 하는가?

해설 제시된 선택지가 모두 행동을 나타내고 있으므로 대화를 들을 때 화자 또는 특정 인물이 하고 있거나 하려는 행동이 무엇인지를 주의 깊게 듣는다. 남자가 小王说办公室的传真机出了点儿问题，我得马上去修理.(샤오왕이 사무실 팩스에 문제가 좀 생겼다고 하던데, 제가 바로 가서 수리해야겠어요.)라고 했다. 질문이 남자는 무엇을 하러 가려고 하는지 물었으므로 C 修理传真机(팩스를 수리한다)를 정답으로 선택한다.

어휘 广播 guǎngbō 圆(라디오 혹은 텔레비전) 방송　换 huàn 圆교체하다, 교환하다　钥匙 yàoshi 圆열쇠
修理 xiūlǐ 圆수리하다, 고치다　传真机 chuánzhēnjī 圆팩스　打扫 dǎsǎo 圆청소하다　办公室 bàngōngshì 圆사무실
得 děi 区圆~해야 한다　马上 mǎshàng 團바로, 곧　楼上 lóu shàng 위층　会议室 huìyìshì 圆회의실
带 dài 圆가지다, 휴대하다

24

A 迷路了	B 手机没电了	A 길을 잃었다	B 휴대폰 배터리가 없다
C 找条近的路	D 加油站太远了	**C 가까운 길을 찾는다**	D 주유소가 너무 멀다

女：快没油了，我先把车开到加油站去。

男：让我先看一下手机地图，找找怎么走最近。

问：男的为什么看地图？

여: 기름이 다 떨어져가네요. 주유소로 먼저 갈게요.

남: 어떻게 가야 가장 가까울지 먼저 휴대폰 지도를 좀 찾아봐야겠어요.

질문: 남자는 왜 지도를 보는가?

해설 제시된 선택지가 모두 특정 대상의 상태·상황을 나타내고 있으므로 대화를 들을 때 상태·상황과 관련된 내용을 주의 깊게 듣는다. 여자가 주유소로 간다고 하자, 남자가 让我先看一下手机地图,找找怎么走最近.(어떻게 가야 가장 가까울지 먼저 휴대폰 지도를 좀 찾아봐야겠어요.)이라고 했다. 질문이 남자는 왜 지도를 보는지 물었으므로 C 找条近的路(가까운 길을 찾는다)를 정답으로 선택한다.

어휘 迷路 mílù 圆길을 잃다　电 diàn 圆배터리, 전기　条 tiáo 圆[가늘고 긴 것을 세는 단위]　加油站 jiāyóuzhàn 圆주유소
先 xiān 團먼저, 우선　地图 dìtú 圆지도

25

A 塑料袋	B 卫生间	A 비닐봉지	B 화장실
C 取款机	**D 电梯**	C 현금 인출기	**D 엘리베이터**

男：抱歉，您不能从这儿上去，这是送货用的电梯，客人用的在另外一边。

女：不好意思，您说的是服务台对面的那个吗？

问：他们在谈什么？

남: 죄송하지만, 여기로 올라가실 수 없습니다. 이것은 화물을 운송할 때 사용하는 엘리베이터고, 손님용은 다른 쪽에 있습니다.

여: 죄송합니다. 말씀하신 것은 안내 데스크 맞은편의 것인가요?

질문: 그들은 무엇에 대해 이야기하고 있는가?

해설 제시된 선택지가 모두 특정 명사이므로 대화에서 언급되는 각 선택지와 관련된 내용을 주의 깊게 듣는다. 남자가 这是送货用的电梯,客人用的在另外一边(이것은 화물을 운송할 때 사용하는 엘리베이터고, 손님용은 다른 쪽에 있습니다)이라고 했다. 질문이 그들은 무엇에 대해 이야기하고 있는지 물었으므로 D 电梯(엘리베이터)를 정답으로 선택한다.

어휘 塑料袋 sùliàodài 圆비닐봉지　卫生间 wèishēngjiān 圆화장실　取款机 qǔkuǎn jī 현금 인출기, ATM　电梯 diàntī 圆엘리베이터
抱歉 bàoqiàn 圆죄송하다, 미안해하다　送货 sòng huò 화물을 운송하다　客人 kèrén 圆손님, 고객
另外 lìngwài 圆다른, 그 밖의　一边 yìbiān 圆한쪽　服务台 fúwù tái 안내 데스크

26

A 餐厅	B 教室	A 식당	B 교실
C 银行	**D 复印店**	C 은행	**D 복사 가게**

女: 刚才我来这里复印材料，回去的时候发现零钱包没了。

男: 我一直在忙着，没有注意到。

女: 这是我的电话号码，如果有人看到，请让他给我打个电话。

男: 没问题，一有消息，我就通知你。

问: 他们可能在哪儿？

여: 방금 제가 여기에서 자료를 복사했는데, 돌아가는 길에 동전 지갑이 없어졌다는 걸 알아차렸어요.

남: 제가 계속 바빠서, 신경을 쓰지 못했네요.

여: 이건 제 전화번호예요. 만약 누군가 발견하면, 그 사람한테 저에게 전화 좀 해달라고 부탁해주세요.

남: 물론이죠. 소식 있으면, 바로 알려 드릴게요.

질문: 그들은 어디에 있을 가능성이 큰가?

해설　제시된 선택지가 모두 장소를 나타내고 있으므로 대화를 들을 때 화자 또는 특정 인물이 있는 장소 혹은 가려고 하는 장소가 어디인지를 주의 깊게 듣는다. 여자가 刚才我来这里复印材料, 回去的时候发现零钱包没了。(방금 제가 여기에서 자료를 복사했는데, 돌아가는 길에 동전 지갑이 없어졌다는 걸 알아차렸어요.)라고 했다. 질문이 그들은 어디에 있을 가능성이 큰지 물었으므로 复印(복사하다)이라는 표현을 토대로 알 수 있는 D 复印店(복사 가게)을 정답으로 선택한다.

어휘　餐厅 cāntīng 圆식당, 레스토랑　银行 yínháng 圆은행　复印 fùyìn 圆복사하다　刚才 gāngcái 圆방금, 막
材料 cáiliào 圆자료, 재료　发现 fāxiàn 圆알아차리다, 발견하다　零钱包 língqián bāo 동전 지갑　一直 yìzhí 圆계속, 줄곧
注意 zhùyì 圆신경을 쓰다, 주의하다　号码 hàomǎ 圆번호, 숫자　如果 rúguǒ 圆만약　消息 xiāoxi 圆소식, 뉴스
通知 tōngzhī 圆알리다, 통지하다

27

A 太长了

B 很好玩儿

C 内容太少

D 用词不合适

A 너무 길다

B 재미있다

C 내용이 너무 적다

D 어휘 사용이 적합하지 않다

男: 你寄来的那篇文章还是挺不错的。

女: 有什么意见的话，您尽管提。

男: 内容很丰富，不过有些词语用得不合适，还要再改改。

女: 您放心，我会按照您的要求改的！

问: 男的觉得这篇文章怎么样？

남: 당신이 보내준 그 글 그래도 꽤 좋던데요.

여: 의견이 있으시다면, 얼마든지 내주세요.

남: 내용은 풍부해요. 그런데 일부 어휘가 적합하지 않게 쓰여서 좀 더 고쳐야겠어요.

여: 안심하세요. 당신의 요구 사항대로 고칠게요!

질문: 남자는 이 글이 어떻다고 생각하는가?

해설　제시된 선택지가 모두 특정 대상의 상태·상황을 나타내고 있으므로 대화를 들을 때 상태·상황과 관련된 내용을 주의 깊게 듣는다. 여자가 남자에게 文章(글)에 대해 의견이 있으면 말해달라고 하자, 남자가 内容很丰富, 不过有些词语用得不合适 (내용은 풍부해요. 그런데 일부 어휘가 적합하지 않게 쓰였어요)이라고 했다. 질문이 남자는 이 글이 어떻다고 생각하는지 물었으므로 D 用词不合适(어휘 사용이 적합하지 않다)을 정답으로 선택한다.

어휘　好玩儿 hǎowánr 圆재미있다　内容 nèiróng 圆내용　词 cí 圆어휘, 말　合适 héshì 圆적합하다, 알맞다
寄 jì 圆(우편으로) 보내다　篇 piān 圆편, 장[문장·종이의 수를 셀 때 쓰임]　文章 wénzhāng 圆글, 문장　还是 háishi 圆그래도, 역시
意见 yìjiàn 圆의견, 견해　尽管 jǐnguǎn 圆얼마든지　提 tí 圆(생각이나 의견 등을) 내다, 제기하다　丰富 fēngfù 圆풍부하다, 많다
词语 cíyǔ 圆어휘, 단어　改 gǎi 圆고치다　放心 fàngxīn 圆마음을 놓다　按照 ànzhào 圆~대로, ~에 따라

28

| A 夫妻 | B 同事 | A 부부 | B 동료 |
| C 师生 | D 同学 | C 선생님과 학생 | D 동창 |

女：我明天晚上加班的话，你和孩子吃什么呢？	여: 제가 내일 저녁에 야근하면, 당신과 아이는 뭘 먹죠?
男：冰箱里不是还有吃剩的饺子吗？	남: 냉장고 안에 먹다 남은 만두 있지 않아요?
女：饺子早就吃完了。	여: 만두는 진작에 다 먹었어요.
男：那我去超市买几斤牛肉，回家再做个西红柿鸡蛋汤吧。	남: 그러면 제가 마트에 가서 소고기 몇 근 사고, 집에 와서 토마토 달걀국도 만들게요.
问：他们可能是什么关系？	질문: 그들은 무슨 관계일 가능성이 가장 큰가?

해설 제시된 선택지가 모두 관계를 나타내고 있으므로 대화를 들을 때 두 화자의 관계 혹은 특정 인물과의 관계를 나타내는 내용을 주의 깊게 듣는다. 여자가 我明天晚上加班的话，你和孩子吃什么呢?(제가 내일 저녁에 야근하면, 당신과 아이는 뭘 먹죠?)라고 했다. 질문이 그들의 관계를 물었으므로 孩子(아이)라는 표현을 토대로 알 수 있는 A 夫妻(부부)를 정답으로 선택한다.

어휘 夫妻 fūqī 몡부부　同事 tóngshì 몡동료　师生 shīshēng 몡선생님과 학생, 사제　加班 jiābān 통야근하다
冰箱 bīngxiāng 몡냉장고　剩 shèng 통남다　饺子 jiǎozi 몡만두, 교자　超市 chāoshì 몡마트, 슈퍼　牛肉 niúròu 몡소고기
西红柿 xīhóngshì 몡토마토　汤 tāng 몡국, 탕　关系 guānxi 몡관계

29

A 凉水	B 牛奶	A 찬물	B 우유
C 红酒	**D 奶茶**	C 와인	**D 밀크티**

男：今天确实很冷，你想喝点儿热的饮料吗？	남: 오늘 확실히 춥네요. 따뜻한 음료 좀 마실래요?
女：好啊，你要去买的话，顺便帮我带一杯吧。	여: 좋아요. 사러 가실 거면, 겸사겸사 제 것도 한 잔 사다 주세요.
男：你想喝红茶还是咖啡？	남: 홍차 마실래요? 아니면 커피 마실래요?
女：我觉得上次喝的奶茶还不错，就帮我买那个吧。	여: 지난 번에 마신 밀크티가 맛있었는데, 그거 사다 주세요.
问：女的想要什么？	질문: 여자는 무엇을 원하는가?

해설 제시된 선택지가 모두 특정 명사이므로 대화에서 언급되는 각 선택지와 관련된 내용을 주의 깊게 듣는다. 남자가 여자에게 뭘 마실 것인지 묻자, 여자가 我觉得上次喝的奶茶还不错，就帮我买那个吧。(지난 번에 마신 밀크티가 맛있었는데, 그거 사다 주세요.)라고 답했다. 질문이 여자는 무엇을 원하는지 물었으므로 D 奶茶(밀크티)를 정답으로 선택한다.

어휘 凉水 liáng shuǐ 찬물, 냉수　红酒 hóngjiǔ 몡와인　奶茶 nǎichá 몡밀크티　确实 quèshí 튄확실히, 틀림없이
饮料 yǐnliào 몡음료　顺便 shùnbiàn 튄겸사겸사, ~하는 김에　带 dài 통가지다, 휴대하다　还是 háishi 젭아니면, 또는

30

A 缺少信心	A 믿음이 부족하다
B 经验不够丰富	B 경험이 풍부하지 않다
C 今天应该能赢	**C 오늘은 아마 이길 수 있을 것이다**
D 不想打羽毛球	D 배드민턴을 치고 싶지 않다

女: 吃完午饭，你能陪我打会儿羽毛球吗？

男: 好的。我都输了好几次了，这次一定要赢一回。

女: 你最近打得越来越好了，这次应该能赢。

男: 我也这么认为。

问: 男的是什么意思？

여: 점심 다 먹고, 나랑 같이 배드민턴 쳐 줄 수 있어?

남: 좋아. 내가 벌써 몇 번이나 졌는데, 이번에는 반드시 한 판은 이길 거야.

여: 너 요즘 갈수록 잘 치니까, 이번에는 아마 이길 수 있을 거야.

남: 나도 그렇게 생각해.

질문: 남자의 말은 무슨 뜻인가?

해설 제시된 선택지가 모두 사람의 상태·상황을 나타내고 있으므로 대화에서 언급되는 화자의 상태나 현재 처한 상황을 주의 깊게 듣는다. 여자가 你……这次应该能赢(너……이번에는 아마 이길 수 있을 거야)이라고 하자, 남자가 我也这么认为。(나도 그렇게 생각해.)라고 했다. 질문이 남자의 말은 무슨 뜻인지 물었으므로 C 今天应该能赢(오늘은 아마 이길 수 있을 것이다)을 정답으로 선택한다.

어휘 缺少 quēshǎo 통부족하다, 모자라다 信心 xìnxīn 명믿음, 자신(감) 经验 jīngyàn 명경험 丰富 fēngfù 형풍부하다, 많다
应该 yīnggāi 조통아마 ~일 것이다 赢 yíng 통이기다 羽毛球 yǔmáoqiú 명배드민턴 陪 péi 통함께 ~하다
输 shū 통지다, 패하다 回 huí 양번, 차례 最近 zuìjìn 명요즘, 최근 越来越 yuèláiyuè 갈수록, 점점

31

A 要整理房间　　　　B 应聘成功了
C 打算请病假　　　　**D 原来报过名了**

A 방을 정리해야 한다　　　B 채용됐다
C 병가를 내려고 한다　　　**D 원래 신청했었다**

男: 下周末的演出你能参加吗？

女: 我已经报名了，不过可能去不了了。

男: 怎么了？

女: 我姐姐那天从国外回来，我得去机场接她。

问: 关于女的，可以知道什么？

남: 다음 주 주말 공연에 참석할 수 있어요?

여: 이미 신청은 했어요. 그런데 아마도 못 갈 것 같아요.

남: 무슨 일 있어요?

여: 저희 언니가 그날 외국에서 돌아와서, 공항으로 마중 나가야 해요.

질문: 여자에 관해, 알 수 있는 것은 무엇인가?

해설 제시된 선택지가 모두 사람의 상태·상황을 나타내고 있으므로 대화에서 언급되는 화자의 상태나 현재 처한 상황을 주의 깊게 듣는다. 남자가 여자에게 다음 주 주말 공연에 참석할 수 있냐고 묻자, 여자가 我已经报名了,不过可能去不了了。(이미 신청은 했어요. 그런데 아마도 못 갈 것 같아요.)라고 답했다. 질문이 여자에 관해 알 수 있는 것을 물었으므로 D 原来报过名了(원래 신청했었다)를 정답으로 선택한다.

어휘 整理 zhěnglǐ 통정리하다 应聘 yìngpìn 통지원하다, 초빙에 응하다 成功 chénggōng 통성공하다 病假 bìngjià 명병가
原来 yuánlái 명원래, 알고 보니 报名 bàomíng 통신청하다, 등록하다 周末 zhōumò 명주말 演出 yǎnchū 통공연하다
不过 búguò 접그런데, 그러나 得 děi 조통~해야 한다 接 jiē 통마중하다

32

A 顾客　　　　B 律师
C 校长　　　　**D 售货员**

A 고객　　　　B 변호사
C 교장　　　　**D 점원**

女：真是对不起，刚才我同事的态度不好。	여: 정말 죄송합니다. 방금 제 동료의 태도가 좋지 않았어요.
男：没事，刚才我也有点儿着急，没把话说清楚。	남: 괜찮아요. 방금 저도 조금 다급해서, 말을 분명하게 하지 않았어요.
女：抱歉，您有什么要求，尽管跟我说吧。	여: 죄송합니다. 요구 사항이 있으시다면, 저에게 얼마든지 말씀해 주세요.
男：是这样，买的时候我也没注意，这里有个脏东西，怎么也擦不掉，能给我换一双吗？	남: 네, 샀을 때는 저도 몰랐는데, 여기에 더러운 게 있어요. 어떻게 해도 닦이지 않는데, 교환해 주실 수 있나요?
问：女的可能是做什么的？	질문: 여자의 직업은 무엇일 가능성이 큰가?

해설　제시된 선택지가 모두 직업을 나타내고 있으므로 대화를 들을 때 화자 또는 특정 인물의 직업이 무엇인지를 주의 깊게 듣는다. 여자가 抱歉，您有什么要求，尽管跟我说吧。(죄송합니다. 요구 사항이 있으시다면, 저에게 얼마든지 말씀해 주세요.)라고 하자, 남자가 这里有个脏东西，怎么也擦不掉，能给我换一双吗？(여기에 더러운 게 있어요. 어떻게 해도 닦이지 않는데, 교환해 주실 수 있나요?)라고 했다. 질문이 여자의 직업을 물었으므로 要求(요구 사항), 尽管跟我说(저에게 얼마든지 말씀해 주세요)라는 표현을 토대로 알 수 있는 D 售货员(점원)을 정답으로 선택한다.

어휘　顾客 gùkè 圆고객　律师 lǜshī 圆변호사　校长 xiàozhǎng 圆교장　售货员 shòuhuòyuán 圆점원　刚才 gāngcái 圆방금
　　　同事 tóngshì 圆동료　态度 tàidu 圆태도　着急 zháojí 圆다급하다, 조급하다　清楚 qīngchu 圆분명하다, 명확하다
　　　抱歉 bàoqiàn 圆죄송하다, 미안해하다　要求 yāoqiú 圆요구 사항　尽管 jǐnguǎn 圆얼마든지　脏 zāng 圆더럽다　擦 cā 圆닦다
　　　换 huàn 圆교환하다, 바꾸다　双 shuāng 圆켤레, 쌍

33

A 景色很美　　　B 门票便宜	A 풍경이 아름답다　　　B 입장권이 저렴하다
C 游客很多　　　D 不值得去	C 여행객이 많다　　　D 갈 만한 가치가 없다

男：你去过新建的西山森林公园吗？	남: 당신 새로 지어진 시산 삼림공원에 가본 적 있어요?
女：上个周末刚去的，非常值得去玩一玩。这个周末我们还要去。	여: 지난 주말에 막 갔다 왔어요. 매우 가서 놀만한 가치가 있어요. 이번 주말에 우리 또 가기로 했어요.
男：这么好啊？是景色特别漂亮吗？	남: 그렇게나 좋아요? 풍경이 특히 예쁜가요?
女：不只是景色美，空气也好。而且因为刚开，人也特别少。	여: 풍경이 아름다울 뿐만 아니라, 공기도 좋아요. 게다가 막 개장했기 때문에, 사람도 아주 적어요.
问：根据对话，西山森林公园怎么样？	질문: 대화에 근거하여, 시산 삼림공원은 어떠한가?

해설　제시된 선택지가 모두 특정 장소의 상태를 나타내고 있으므로 대화를 들을 때 언급되는 특정 장소와 관련된 내용을 주의 깊게 듣는다. 남자가 西山森林公园(시산 삼림공원)의 풍경이 예쁘냐고 묻자, 여자가 不只是景色美，空气也好。(풍경이 아름다울 뿐만 아니라, 공기도 좋아요.)라고 답했다. 질문이 시산 삼림공원은 어떠한지를 물었으므로 A 景色很美(풍경이 아름답다)를 정답으로 선택한다.

어휘　景色 jǐngsè 圆풍경　门票 ménpiào 圆입장권　游客 yóukè 圆여행객　值得 zhídé 圆~할 만한 가치가 있다
　　　建 jiàn 圆짓다, 건설하다　森林 sēnlín 圆삼림, 숲　空气 kōngqì 圆공기　而且 érqiě 圙게다가

34

A 女的变瘦了	A 여자는 살이 빠졌다
B 月月生病了	**B 위에위에가 아프다**
C 女的爱打扮	C 여자는 꾸미는 것을 좋아한다
D 男的要租房	D 남자는 집을 세내려고 한다

女：月月咳嗽得更厉害了。

男：我也觉得，今天就别送她去学校了吧。

女：行，我先带她去趟医院，然后再把她送到我妈家。

男：厨房里有几箱茶叶，你给妈妈带点儿吧。

问：根据对话，可以知道什么？

여: 위에위에가 기침이 더 심해졌어요.

남: 저도 그렇게 생각해요. 오늘 학교에 보내지 말아야겠어요.

여: 좋아요, 먼저 그녀를 병원에 데리고 갈게요. 그런 후에 그녀를 외할머니 댁에 데려다 줘야겠어요.

남: 주방에 찻잎 몇 박스가 있으니, 어머니께 좀 가져다 드려요.

질문: 대화에 근거하여 알 수 있는 것은 무엇인가?

해설 제시된 선택지가 모두 사람의 상태·상황을 나타내고 있으므로 대화에서 언급되는 화자의 상태나 현재 처한 상황을 주의 깊게 듣는다. 여자가 月月咳嗽得更厉害了。(위에위에가 기침이 더 심해졌어요.)라고 하며, 我先带她去趟医院(먼저 그녀를 병원에 데리고 갈게요)이라고 했다. 질문이 대화에 근거하여 알 수 있는 것을 물었으므로 B 月月生病了(위에위에가 아프다)를 정답으로 선택한다.

＊ 바꾸어 표현 咳嗽得厉害 기침이 심하다 → 生病了 (몸이) 아프다

어휘 瘦 shòu 휑마르다　生病 shēngbìng 휑(몸이) 아프다, 병이 나다　打扮 dǎban 휑꾸미는 것, 분장　租 zū 휑세내다, 빌려 쓰다　咳嗽 késou 휑기침하다　更 gèng 휑더, 더욱　厉害 lìhai 휑심하다, 대단하다　行 xíng 휑좋다, 된다　先 xiān 휑먼저, 우선　带 dài 휑데리다, 가지다　趟 tàng 휑차례, 번[횟수를 세는 데 쓰임]　然后 ránhòu 휑그런 후에　厨房 chúfáng 휑주방, 부엌　箱 xiāng 휑박스, 상자　茶叶 cháyè 휑찻잎

35

A 多看新闻		B 检查身体	
C 睡前运动		D 换个手机	
A 뉴스를 많이 본다		B 신체 검사를 한다	
C 자기 전에 운동한다		D 휴대폰을 바꾼다	

男：最近一段时间我很难入睡，而且老做梦，也不知道是怎么回事。

女：是不是工作压力太大了？

男：我来这个公司已经三个月了，现在觉得一切正常，和同事们的关系也不错。

女：那就睡前做做运动，少上网，少看手机。

问：女的建议男的干什么？

남: 최근 한동안 잠들기 어렵고, 게다가 자주 꿈을 꿔요. 어떻게 된 일인지도 모르겠어요.

여: 업무 스트레스가 너무 커서 그런 게 아닐까요?

남: 제가 이 회사에 온 지 벌써 3개월째예요. 지금은 모든 것이 정상적이라고 느껴지고, 동료들과의 관계도 좋아요.

여: 그럼 자기 전에 운동을 한번 해 보세요. 인터넷을 적게 하고, 휴대폰을 적게 보고요.

질문: 여자는 남자에게 무엇을 하는 것을 제안하는가?

해설 제시된 선택지가 모두 행동을 나타내고 있으므로 대화를 들을 때 화자 또는 특정 인물이 하고 있거나 하려는 행동이 무엇인지를 주의 깊게 듣는다. 남자가 최근 잠들기 어렵다고 하자, 여자가 睡前做做运动(자기 전에 운동을 한번 해 보세요)이라고 했다. 질문이 여자는 남자에게 무엇을 하라고 제안했는지 물었으므로 C 睡前运动(자기 전에 운동한다)을 정답으로 선택한다.

어휘 新闻 xīnwén 휑뉴스　检查 jiǎnchá 휑검사하다, 점검하다　换 huàn 휑바꾸다, 교환하다　最近 zuìjìn 휑최근, 요즘　段 duàn 휑(한)동안, 단락　难 nán 휑어렵다, 힘들다　老 lǎo 휑자주, 언제나　梦 mèng 휑꿈　꿈을 꾸다　压力 yālì 휑스트레스, 부담　一切 yíqiè 휑모든 것, 일체　正常 zhèngcháng 휑정상적이다　关系 guānxi 휑관계　上网 shàngwǎng 휑인터넷을 하다　建议 jiànyì 휑제안하다

36. A 银行	B 体育场		36. A 은행	B 경기장
C 电视上	D 电影院		**C 텔레비전**	D 영화관

37. A 出现高温	B 会有大雨		37. A 고온 현상이 나타난다	B 많은 비가 내릴 것이다
C 变得更暖和	**D 受冷空气影响**		C 더 따뜻해진다	**D 찬 공기의 영향을 받는다**

第36到37题是根据下面一段话：

　　³⁶观众朋友，晚上好。下面我要为大家介绍一下明天的天气情况。³⁷受北方冷空气的影响，上海将出现大风降温天气，白天最高气温为零下一度。希望大家做好防寒准备。

36. 这段话最有可能在哪儿听到？

37. 明天上海的天气怎么样？

36-37번 문제는 다음 내용에 근거한다.

　　³⁶시청자 여러분, 안녕하세요. 다음으로는 여러분께 내일 날씨 상황을 알려 드리겠습니다. ³⁷북쪽 찬 공기의 영향을 받아, 상하이는 바람이 많이 불고 기온이 떨어질 예정입니다. 낮 최고 기온은 영하 1도입니다. 모두들 추위 대비를 잘 하시기 바랍니다.

36. 이 단문은 어디에서 들을 가능성이 가장 큰가?

37. 내일 상하이의 날씨는 어떠한가?

해설　선택지 읽기

각 문제의 선택지를 읽고, 단문의 종류를 예상하기 어려운 경우, 선택지와 관련된 내용을 주의 깊게 듣는다. 37번의 선택지가 날씨를 묘사하는 표현으로 구성되어 있으므로, 단문을 들을 때 날씨와 관련되어 언급되는 내용을 주의 깊게 듣는다.

단문 듣기

단문 초반에서 观众朋友，晚上好。下面我要为大家介绍一下明天的天气情况。(시청자 여러분, 안녕하세요. 다음으로는 여러분께 내일 날씨 상황을 알려 드리겠습니다.)를 듣고 36번의 C 电视上(텔레비전)을 체크해 둔다. 이어서 受北方冷空气的影响，上海将出现大风降温天气(북쪽 찬 공기의 영향을 받아, 상하이는 바람이 많이 불고 기온이 떨어질 예정입니다)를 듣고 37번의 D 受冷空气影响(찬 공기의 영향을 받는다)을 체크해 둔다.

질문 듣고 정답 선택하기

36. 이 단문은 어디에서 들을 가능성이 가장 큰지 물었으므로 C 电视上(텔레비전)을 정답으로 선택한다.

37. 내일 상하이의 날씨는 어떠한지 물었으므로 D 受冷空气影响(찬 공기의 영향을 받는다)을 정답으로 선택한다.

어휘　**银行** yínháng 圓은행　**体育场** tǐyù chǎng 경기장, 스타디움　**出现** chūxiàn 圄나타나다, 출현하다　**更** gèng 囝더, 더욱　**暖和** nuǎnhuo 휑따뜻하다　**空气** kōngqì 圓공기　**影响** yǐngxiǎng 圓영향 圄영향을 주다　**观众** guānzhòng 圓시청자, 관중　**情况** qíngkuàng 圓상황　**北方** běifāng 圓북쪽, 북부 지역　**降温** jiàngwēn 圄기온이 떨어지다　**白天** báitiān 圓낮, 대낮　**气温** qìwēn 圓기온　**零下** língxià 영하　**防寒** fánghán 圄추위를 막다

38. A 开会	B 买家具		38. A 회의를 한다	B 가구를 산다
C 做调查	D 跟邻居聊天		**C 조사를 한다**	D 이웃과 이야기를 한다

39. A 价格	**B 质量**		39. A 가격	**B 품질**
C 颜色	D 大小		C 색깔	D 크기

第38到39题是根据下面一段话：	38-39번 문제는 다음 내용에 근거한다.
³⁸顾客，您好，我是美福公司的调查员。半年前您在互联网上购买了我们公司的家具，³⁸我们现在想了解一下这半年以来的使用情况，比如，在使用过程中，您有没有遇到过什么问题？³⁹家具的味道大不大？质量怎么样？另外，您是否对我们的服务满意？希望您能提出一些建议，因为这是对我们工作最大的支持，谢谢！	³⁸고객님, 안녕하세요. 저는 메이푸 회사의 조사 담당자입니다. 반년 전에 고객님께서 인터넷으로 저희 회사 가구를 구매해 주셨는데, ³⁸저희는 반년 동안의 사용 상황에 대해 알고 싶습니다. 예를 들어, 사용하는 과정에서 어떤 문제가 있었던 적이 있으신가요? ³⁹가구에서 냄새가 많이 나나요? 품질은 어떤가요? 그 밖에도, 저희의 서비스가 만족스러우신가요? 의견을 제시해 주시기 바랍니다. 이것은 저희 업무에 있어 가장 큰 지지이기 때문입니다. 감사합니다!
38. 说话人可能在做什么？	38. 화자는 무엇을 하고 있을 가능성이 큰가?
39. 说话人想了解家具哪方面的问题？	39. 화자는 가구의 어떤 부분의 문제를 알고 싶어하는가?

해설 선택지 읽기

각 문제의 선택지를 읽고, 단문의 종류를 예상하기 어려운 경우, 선택지와 관련된 내용을 주의 깊게 듣는다. 39번의 선택지가 모두 특정 명사로 구성되어 있으므로, 단문을 들을 때 각 선택지와 관련하여 언급되는 내용을 주의 깊게 듣는다.

단문 듣기

단문 초반에서 顾客，您好，我是美福公司的调查员。(고객님, 안녕하세요. 저는 메이푸 회사의 조사 담당자입니다.)과 我们现在想了解一下这半年以来的使用情况(저희는 반년 동안의 사용 상황에 대해 알고 싶습니다)을 듣고 38번의 C 做调查(조사를 한다)를 체크해 둔다.

단문 중반에서 家具的味道大不大？质量怎么样？(가구에서 냄새가 많이 나나요? 품질은 어떤가요?)을 듣고 39번의 B 质量(품질)을 체크해 둔다.

질문 듣고 정답 선택하기

38. 화자는 무엇을 하고 있을 가능성이 큰지 물었으므로 C 做调查(조사를 한다)를 정답으로 선택한다.
39. 화자는 가구의 어떤 부분의 문제를 알고 싶어하는지 물었으므로 B 质量(품질)을 정답으로 선택한다.

어휘 家具 jiājù 圆가구　调查 diàochá 園조사하다　邻居 línjū 圆이웃　聊天(儿) liáotiān(r) 圆이야기를 하다　价格 jiàgé 圆가격, 값
质量 zhìliàng 圆품질, 질　大小 dàxiǎo 圆크기　顾客 gùkè 圆고객, 손님　调查员 diàochá yuán 조사 담당자
半年 bàn nián 반년　互联网 hùliánwǎng 圆인터넷　了解 liǎojiě 圆알다, 이해하다　以来 yǐlái 圆동안, 이래
使用 shǐyòng 圆사용하다　情况 qíngkuàng 圆상황　比如 bǐrú 圆예를 들어 ~이다, ~가 예다　过程 guòchéng 圆과정
味道 wèidao 圆냄새, 맛　另外 lìngwài 圆그 밖에　是否 shìfǒu 圆~인지 아닌지　服务 fúwù 圆서비스하다　满意 mǎnyì 圆만족하다
提出 tíchū 圆제시하다　建议 jiànyì 圆의견　支持 zhīchí 圆지지하다　方面 fāngmiàn 圆부분, 분야

40 - 41

40. A 不能顺利毕业	40. A 순조롭게 졸업할 수 없다
B 考上了研究生	**B 대학원에 합격했다**
C 对收入不满意	C 수입이 만족스럽지 않다
D 想找轻松的工作	D 쉬운 일을 찾으려고 한다
41. A 失望　　　B 烦恼	41. A 실망스럽다　　　B 걱정스럽다
C 感动　　　**D 快乐**	C 감동적이다　　　**D 즐겁다**

第40到41题是根据下面一段话：

　　⁴⁰王静大学毕业后，在一家公司工作了一年。在这期间，她一边工作，一边准备研究生考试。一年后，⁴⁰她顺利考上了东南大学经济学专业研究生。后来，她成为了银行职员。虽然需要经常加班，有时还得到外地出差，但王静很喜欢这份工作。⁴¹王静的生活可以用现在流行的一句话来说明，那就是"辛苦并快乐着"。

40. 关于王静，可以知道什么？
41. 王静现在的心情怎么样？

40-41번 문제는 다음 내용에 근거한다.

　　⁴⁰왕징은 대학 졸업 이후, 한 회사에서 1년 동안 일했다. 이 기간에, 그녀는 일하면서 대학원 시험을 준비했다. 일 년 후, ⁴⁰그녀는 순조롭게 동난대학교 경제학과 대학원에 합격했다. 이후, 그녀는 은행원이 되었다. 비록 자주 야근을 해야 하고, 가끔은 지방으로 출장도 가야 하지만, 왕징은 이 일을 매우 좋아한다. ⁴¹왕징의 생활을 지금 유행하는 말로 설명할 수 있는데, 바로 '힘들지만 행복하다'이다.

40. 왕징에 관해, 알 수 있는 것은 무엇인가?
41. 지금 왕징의 심정은 어떠한가?

해설 **선택지 읽기**
40번의 특정 인물의 상태를 묘사하는 내용의 선택지와 41번의 사람의 감정을 나타내는 표현으로 구성된 선택지를 읽고, 학업이나 업무와 관련된 이야기가 나올 것임을 예상할 수 있다. 따라서 단문을 들을 때 인물과 관련된 세부 내용을 주의 깊게 듣는다.

단문 듣기
단문 초반에서 王静……她顺利考上了东南大学经济学专业研究生(왕징은……그녀는 순조롭게 동난대학교 경제학과 대학원에 합격했다)을 듣고 40번의 B 考上了研究生(대학원에 합격했다)을 체크해 둔다.
단문 후반에서 王静的生活可以用现在流行的一句话来说明，那就是"辛苦并快乐着"。(왕징의 생활을 지금 유행하는 말로 설명할 수 있는데, 바로 '힘들지만 행복하다'이다.)를 듣고 41번의 D 快乐(즐겁다)를 체크해 둔다.

질문 듣고 정답 선택하기
40. 왕징에 관해 알 수 있는 것을 물었으므로 B 考上了研究生(대학원에 합격했다)을 정답으로 선택한다.
41. 지금 왕징의 심정은 어떠한지 물었으므로 D 快乐(즐겁다)를 정답으로 선택한다.

어휘 顺利 shùnlì 國순조롭다　毕业 bìyè 圖졸업하다　研究生 yánjiūshēng 圓대학원(생)　收入 shōurù 圓수입, 소득
满意 mǎnyì 圖만족하다　轻松 qīngsōng 圈쉽다, 수월하다　失望 shīwàng 圖실망스럽다　烦恼 fánnǎo 圈걱정스럽다
感动 gǎndòng 圖감동적이다　期间 qījiān 圓기간　一边……一边…… yìbiān……yìbiān…… ~하면서 ~하다
经济学 jīngjìxué 圓경제학　专业 zhuānyè 圓전공　后来 hòulái 圓이후, 나중　成为 chéngwéi 圖~이 되다　银行 yínháng 圓은행
职员 zhíyuán 圓직원　经常 jīngcháng 圈자주, 늘　加班 jiābān 圖야근하다　外地 wàidì 圓지방, 외지　出差 chūchāi 圖출장 가다
份 fèn 圖개[추상적인 것을 세는 단위]　生活 shēnghuó 圓생활, 삶　流行 liúxíng 圖유행하다　句 jù 圖마디, 구
说明 shuōmíng 圖설명하다　辛苦 xīnkǔ 圈힘들다, 고생스럽다

---

42 - 43

42. **A** 温度较低　　　B 缺少水分 　　 C 有很多动物　　D 不允许照相	42. **A** 온도가 비교적 낮다　B 수분이 부족하다 　　 C 많은 동물이 있다　D 사진을 찍으면 안 된다
43. A 开花了　　　　　B 长得很高 　　 C 颜色变深了　　**D** 叶子掉得快	43. A 꽃이 폈다　　　　　B 높게 자랐다 　　 C 색깔이 진해졌다　**D** 잎이 빨리 떨어졌다

第42到43题是根据下面一段话：

你知道吗？和人一样，植物对周围的环境也有很高的要求。你还记得我们以前常去的公园吗？⁴³那里有很多植物，它们的叶子比其他地方的植物掉得快。最近我才知道，原来那个⁴²公园的温度比较低，植物适应不了环境，所以叶子很快就掉光了。

42. 关于那个公园，可以知道什么？

43. 那些植物怎么了？

42-43번 문제는 다음 내용에 근거한다.

당신은 알고 있나요? 사람처럼 식물도 주위 환경에 높은 요구 사항이 있어요. 당신은 우리가 예전에 자주 가던 공원 아직 기억해요? ⁴³거기에 많은 식물이 있는데, 그 식물들의 잎은 다른 곳의 식물보다 빨리 떨어졌어요. 최근에서야 알게 됐는데, 알고 보니 그 ⁴²공원의 온도가 비교적 낮아서, 식물이 환경에 적응하지 못하고, 잎이 빠르게 다 떨어진 거예요.

42. 그 공원에 관해, 알 수 있는 것은 무엇인가?

43. 그 식물들은 어떠한가?

해설 선택지 읽기

42번과 43번의 선택지가 식물에 대해 묘사하는 내용으로 구성되어 있으므로, 식물에 대한 설명문이 나올 것임을 예상할 수 있다. 따라서 단문을 들을 때 식물과 관련하여 어떤 세부 내용이 언급되는지를 주의 깊게 듣는다.

단문 듣기

단문 중반에서 **那里有很多植物, 它们的叶子比其他地方的植物掉得快**.(거기에 많은 식물이 있는데, 그 식물들의 잎은 다른 곳의 식물보다 빨리 떨어졌어요.)를 듣고 43번의 D **叶子掉得快**(잎이 빨리 떨어졌다)를 체크해 둔다.

단문 후반에서 **公园的温度比较低**(공원의 온도가 비교적 낮다)를 듣고 42번의 A **温度较低**(온도가 비교적 낮다)를 체크해 둔다.

질문 듣고 정답 선택하기

42. 그 공원에 관해 알 수 있는 것을 물었으므로 A **温度较低**(온도가 비교적 낮다)를 정답으로 선택한다.

43. 그 식물들은 어떠한지 물었으므로 D **叶子掉得快**(잎이 빨리 떨어졌다)를 정답으로 선택한다.

참고로, 두 번째 문제의 단서가 첫 번째 문제의 단서보다 먼저 언급되는 문제도 출제되므로 선택지를 미리 꼼꼼히 읽어 둔다.

어휘 温度 wēndù 몡온도　较 jiào 뵘비교적　低 dī 톙낮다　缺少 quēshǎo 통부족하다, 모자라다　水分 shuǐfèn 몡수분
动物 dòngwù 몡동물　允许 yǔnxǔ 통허가하다, 허락하다　照相 zhàoxiàng 통사진을 찍다　花 huā 몡꽃
长 zhǎng 통자라다, 생기다　深 shēn 톙진하다, 깊다　叶子 yèzi 몡잎　掉 diào 통떨어지다
和……一样 hé……yíyàng ~처럼, ~와 같이　植物 zhíwù 몡식물　周围 zhōuwéi 몡주위, 주변　环境 huánjìng 몡환경
记得 jìde 통기억하고 있다　以前 yǐqián 몡예전, 이전　公园 gōngyuán 몡공원　其他 qítā 떼다른, 기타　地方 dìfang 몡곳, 장소
才 cái 뵘~에서야, 겨우　原来 yuánlái 뵘알고 보니, 원래　适应 shìyìng 통적응하다

44 - 45

44. A 还不普遍　　**B 发展得很快**
　　C 得不到重视　　D 没有任何问题

45. A 很不方便
　　B 非常危险
　　C 对老人不友好
　　D 对社会有帮助

---

44. A 아직 보편적이지 않다　**B 빠르게 발전했다**
　　C 중시 받지 못한다　　D 어떠한 문제도 없다

45. A 매우 불편하다
　　B 아주 위험하다
　　C 노인들에게 우호적이지 않다
　　D 사회에 도움이 된다

第44到45题是根据下面一段话：

　　高科技的发展正在改变我们的生活。44最近刷脸技术发展得很快，不少城市开始提供刷脸进地铁站的服务。刷脸进站服务不仅可以节约时间，还可以减少很多麻烦事。然而大家对此事的看法各不相同。有些网友认为45刷脸进站服务方便出行，45有些网友则认为这对老人不友好。

44. 关于刷脸技术，下列哪个正确？

45. 网友觉得刷脸进站的服务怎么样？

44-45번 문제는 다음 내용에 근거한다.

　　첨단 기술의 발전은 우리의 생활을 변화시키고 있다. 44최근 안면 인식 기술이 빠르게 발전하여, 많은 도시가 안면 인식으로 지하철역에 들어가는 서비스를 제공하기 시작했다. 안면 인식으로 역에 들어가는 서비스는 시간을 절약할 수 있을 뿐만 아니라, 많은 번거로운 일을 줄일 수도 있다. 하지만 사람들은 이 일에 대한 견해가 각자 다르다. 어떤 네티즌들은 45안면 인식으로 역에 들어가는 서비스가 외출하는 데 있어서 편리하다고 생각하지만, 45어떤 네티즌들은 오히려 이것이 노인들에게 우호적이지 않다고 생각한다.

44. 안면 인식 기술에 대해, 다음 중 옳은 것은 무엇인가?

45. 네티즌은 안면 인식으로 역에 들어가는 서비스가 어떻다고 생각하는가?

해설　선택지 읽기

각 문제의 선택지를 읽고 단문의 종류를 예상하기 어려운 경우, 선택지와 관련된 내용을 주의 깊게 듣는다. 44번의 선택지에서 **还不普遍**(아직 보편적이지 않다), **发展得很快**(빠르게 발전했다), 45번의 선택지에서 **对社会有帮助**(사회에 도움이 된다)를 읽고, 단문을 들을 때 과학 기술, 사회와 관련하여 언급되는 내용을 주의 깊게 듣는다.

단문 듣기

단문 초반에서 **最近刷脸技术发展得很快**(최근 안면 인식 기술이 빠르게 발전했다)를 듣고 44번의 B **发展得很快**(빠르게 발전했다)를 체크해 둔다.

단문 후반에서 **刷脸进站服务⋯⋯有些网友则认为这对老人不友好**(안면 인식으로 역에 들어가는 서비스가⋯⋯어떤 네티즌들은 오히려 이것이 노인들에게 우호적이지 않다고 생각한다)를 듣고 45번의 C **对老人不友好**(노인에게 우호적이지 않다)를 체크해 둔다.

질문 듣고 정답 선택하기

44. 안면 인식 기술에 대해 옳은 것을 물었으므로 B **发展得很快**(빠르게 발전했다)를 정답으로 선택한다.

45. 네티즌은 안면 인식으로 역에 들어가는 서비스가 어떻다고 생각하는지 물었으므로 C **对老人不友好**(노인들에게 우호적이지 않다)를 정답으로 선택한다.

어휘　**普遍** pǔbiàn 휑보편적이다　**发展** fāzhǎn 통발전하다　**重视** zhòngshì 통중시하다　**任何** rènhé 때어떠한, 무슨　**方便** fāngbiàn 휑편리하다　**危险** wēixiǎn 휑위험하다　**友好** yǒuhǎo 휑우호적이다　**社会** shèhuì 휑사회　**高科技** gāokējì 첨단 기술　**改变** gǎibiàn 통변하다, 바꾸다　**生活** shēnghuó 휑생활　**最近** zuìjìn 휑최근, 요즘　**刷脸技术** shuāliǎn jìshù 안면 인식 기술　**城市** chéngshì 휑도시　**提供** tígōng 통제공하다　**地铁站** dìtiě zhàn 지하철역　**不仅⋯⋯还** bùjǐn⋯⋯hái⋯⋯ ~뿐만 아니라, ~도　**节约** jiéyuē 통절약하다, 아끼다　**减少** jiǎnshǎo 통줄이다, 감소하다　**麻烦** máfan 번거롭다, 귀찮다　**然而** rán'ér 휑하지만, 그러나　**看法** kànfǎ 휑견해, 의견　**相同** xiāngtóng 휑서로 같다, 똑같다　**网友** wǎngyǒu 휑네티즌　**认为** rènwéi 통~이라고 생각하다　**出行** chūxíng 통외출하다　**则** zé 쥅오히려, 그러나

46 - 50

A 抱歉	B 至少	C 地球	A 미안해하다	B 적어도	C 지구
D 坚持	E 总结	F 共同	D 꾸준히 하다	E 총결산	F 공통의

* D 坚持(꾸준히 하다)은 예시 어휘이므로, 이를 제외한 나머지 5개의 선택지 중에서 정답을 고른다.

어휘　**抱歉** bàoqiàn 튕 미안해하다　**至少** zhìshǎo 튕 적어도, 최소한　**地球** dìqiú 튕 지구

　　　总结 zǒngjié 튕 총결산, 최종 결론 튕 총정리하다　**共同** gòngtóng 튕 공통의, 공동의 튕 함께

46　快过年的这段时间比较忙，因为公司要开
　　　(**E 总结**)大会。

곧 춘절이 다가오는 이 시기는 비교적 바쁘다. 회사는 (**E 총결산**) 총회를 개최하려고 하기 때문이다.

해설　빈칸 앞에 동사 开(개최하다)가 있으므로, 명사이면서 '회사는 _____ 총회를 개최하려고 한다'라는 문맥에 어울리는 E 总结(총결산)가 정답이다. 참고로 总结는 大会와 함께 总结大会(총결산 총회)로 자주 쓰임을 알아 둔다.

어휘　**段** duàn 튕 시기, (한)동안　**比较** bǐjiào 튕 비교적　**大会** dàhuì 튕 총회, 대회

47　保护环境是每个人的责任。因为我们只有一
　　　个(**C 地球**)。

환경을 보호하는 것은 모든 사람의 책임이다. 우리에게는 오직 하나의 (**C 지구**)만 있기 때문이다.

해설　빈칸 앞에 양사 个(개)가 있으므로, 명사이면서 '우리에게는 오직 하나의 _____만 있기 때문이다'라는 문맥에 어울리는 C 地球(지구)가 정답이다.

어휘　**保护** bǎohù 튕 보호하다　**环境** huánjìng 튕 환경　**责任** zérèn 튕 책임

48　小张感到十分(**A 抱歉**)，觉得这一次不能
　　　帮我的忙。

샤오장은 아주 (**A 미안해하며**), 이번에는 나를 도와줄 수 없다고 생각했다.

해설　빈칸 앞에 정도부사 十分(아주)이 있으므로 빈칸에는 형용사가 와야 한다. 따라서 형용사 A 抱歉(미안해하다), F 共同(공통의)이 정답의 후보이다. 이 중 '샤오장은 아주 _____'라는 문맥에 어울리는 A 抱歉(미안해하다)이 정답이다.

어휘　**感到** gǎndào 튕 느끼다　**十分** shífēn 튕 아주, 대단히　**帮忙** bāngmáng 튕 돕다

49　为了锻炼身体，李明每天(**B 至少**)散步一
　　　个小时。

몸을 단련하기 위해, 리밍은 매일 (**B 적어도**) 한 시간 동안 산책을 한다.

해설　빈칸이 주어 李明(리밍)과 술어 散步(산책하다) 사이에 있으므로, 부사이면서 '리밍은 매일 _____ 한 시간 동안 산책을 한다'라는 문맥에 어울리는 B 至少(적어도)가 정답이다.

어휘　**锻炼** duànliàn 튕 단련하다　**散步** sànbù 튕 산책하다

50　打羽毛球是他们夫妻俩(**F 共同**)的爱好。

배드민턴을 치는 것은 그 부부 두 사람의 (**F 공통**)된 취미이다.

해설 빈칸 뒤에 '的+명사' 형태의 的爱好(~한 취미)가 있으므로, 형용사이면서 '두 사람의 _____ 된 취미이다'라는 문맥에 어울리는 F 共同(공통의)이 정답이다.

어휘 羽毛球 yǔmáoqiú 명 배드민턴　夫妻 fūqī 명 부부　俩 liǎ 준 두 사람, 두 개　爱好 àihào 명 취미

---

51 - 55

A 后悔	B 对于	C 温度	A 후회하다	B ~에게	C 온도
D 专业	E 普遍	F 遍	D 과	E 보편적이다	D 번

* C 温度(온도)는 예시 어휘이므로, 이를 제외한 나머지 5개의 선택지 중에서 정답을 고른다

어휘 后悔 hòuhuǐ 통 후회하다, 뉘우치다　对于 duìyú 개 ~에게　专业 zhuānyè 명 (학)과, 전공 형 전문적이다
普遍 pǔbiàn 형 보편적이다　遍 biàn 양 번, 차례

51

A: 老师都讲了好几(**F 遍**)了, 你怎么还是不明白?

B: 我怎么不记得老师讲过?

A: 선생님께서 벌써 몇 (**F 번**)이나 말씀하셨는데, 너는 왜 아직도 모르니?

B: 나는 왜 선생님께서 말씀하셨다는 게 기억이 안 나지?

해설 빈칸 앞에 수사 几(몇)가 있으므로 빈칸에는 양사가 와야 한다. 따라서 선택지 중 유일한 양사 F 遍(번)이 정답이다.

어휘 讲 jiǎng 통 말하다, 설명하다　还是 háishi 분 아직도, 여전히　明白 míngbai 통 알다, 이해하다　记得 jìde 통 기억하고 있다

52

A: 我很想转到我们学校的经济学(**D 专业**)。

B: 那你首先要做到成绩好才行。

A: 저는 우리 학교의 경제학(**D 과**)로 매우 전과하고 싶어요.

B: 그럼 먼저 성적이 좋아야 돼요.

해설 빈칸 앞에 구조조사 的가 있으므로 빈칸에는 명사가 와야 한다. 명사이면서 '우리 학교의 경제학 _____'라는 문맥에 어울리는 D 专业(과)가 정답이다. 참고로 专业는 经济学专业(경제학과)와 같이 과의 이름을 나타내는 명사와 자주 함께 쓰임을 알아 둔다.

어휘 转专业 zhuǎn zhuānyè 전과하다, 전공을 바꾸다　经济学 jīngjìxué 명 경제학　首先 shǒuxiān 명 먼저
成绩 chéngjì 명 성적, 결과　才 cái 분 ~에야, 비로소　行 xíng 형 된다, 좋다

53

A: 最近上海人都在讨论关于垃圾的事情。

B: 是啊。(**B 对于**)大多数人来说, 解决垃圾问题是非常重要的。

A: 요즘 상하이 사람들은 모두 쓰레기에 대한 일을 이야기하고 있어요.

B: 맞아요. 대다수의 사람(**B 에게**) 있어서, 쓰레기 문제를 해결하는 것은 매우 중요해요.

해설 빈칸이 문장 맨 앞에 있으므로, 빈칸에는 개사가 와야 한다. 따라서 개사 B 对于(~에게)가 정답이다. 참고로 对于는 来说와 함께 对于……来说(~에게 있어서)의 형태로 자주 쓰임을 알아 둔다.

어휘 最近 zuìjìn 명 요즘, 최근　上海 Shànghǎi 고유 상하이, 상해　讨论 tǎolùn 통 이야기하다　关于 guānyú 개 ~에 대한
垃圾 lājī 명 쓰레기　大多数 dàduōshù 대다수　解决 jiějué 통 해결하다　重要 zhòngyào 형 중요하다

54

A: 小丽最近总是说, 她(**A 后悔**)没有坚持减肥。

B: 她每天都要加班, 哪有空儿做运动啊!

A: 샤오리는 요즘 다이어트를 꾸준히 하지 않은 것을 늘 (**A 후회한다**)고 해요.

B: 그녀는 매일 야근하는데, 운동할 틈이 어디 있겠어요!

해설　빈칸 뒤에 술목구 형태의 목적어 坚持减肥(다이어트를 꾸준히 하다)가 있으므로, 동사이면서 '다이어트를 꾸준히 하지 않은 것을 _____'라는 문맥에 어울리는 A 后悔(후회하다)가 정답이다.

어휘　最近 zuìjìn 뎽요즘, 최근　总是 zǒngshì 뎽늘, 항상　坚持 jiānchí 뎽꾸준히 하다　减肥 jiǎnféi 뎽다이어트하다, 살을 빼다
　　　加班 jiābān 뎽야근하다　空儿 kòngr 뎽틈, 짬

실전모의고사 2

55

A: 班上超过一半的孩子都是由爷爷奶奶接送上学的。	A: 반에 절반이 넘는 아이들은 할아버지 할머니가 등하교 시켜요.
B: 这种情况在中国很 (**E 普遍**)。	B: 이런 상황은 중국에서 (**E 보편적이죠**).

해설　빈칸 앞에 정도부사 很(매우)이 있으므로, 형용사이면서 '이런 상황은 중국에서 _____'라는 문맥에도 어울리는 E 普遍(보편적이다)이 정답이다.

어휘　班 bān 뎽반, 그룹　超过 chāoguò 뎽넘다, 초과하다　半 bàn 쥉절반, 2분의 1　由 yóu 꿰~이/가, ~에서
　　　爷爷 yéye 뎽할아버지　奶奶 nǎinai 뎽할머니　接送 jiē sòng 데려다주고 데려오다　情况 qíngkuàng 뎽상황, 정황

56

A 两年内一共开了三家分店	A 2년 안에 총 세 개의 분점을 열었다
B 小王做生意做得很不错	B 샤오왕은 장사를 잘한다
C 将来打算把分店开到其他城市	C 나중에는 다른 도시에 분점을 열 계획이다

해설　**Step 1**　각 선택지에 순서 배열의 단서가 되는 대사나 연결어가 없으므로 꼼꼼히 해석하여 첫 순서에 올 수 있는 것과 없는 것을 판단한다.
　　　A와 C는 주어가 없는 불완전한 문장이므로 첫 순서에서 제외한다. 따라서 B 小王做生意做得很不错(샤오왕은 장사를 잘한다)를 첫 순서로 배열한다. (B →)

　　　Step 2　'B 샤오왕은 장사를 잘한다'의 결과가 'A 총 세 개의 분점을 열었다'이므로 A를 B 뒤에 배열한다. (B → A)
　　　남은 C는 문맥상 'B 샤오왕은 장사를 잘한다 → A 세 개의 분점을 열었다 → C 나중에 다른 도시에 분점을 열 계획이다'와 같이 맨 뒤에 오는 것이 순서 배열이 자연스러우므로 C를 문장의 맨 뒤에 배열한다. (B → A → C)

　　　완성된 문장
　　　B 小王做生意做得很不错, A 两年内一共开了三家分店, C 将来打算把分店开到其他城市。
　　　B 샤오왕은 장사를 잘해서, A 2년 안에 총 세 개의 분점을 열었다. C 나중에는 다른 도시에 분점을 열 계획이다.

어휘　内 nèi 뎽안, 내부　一共 yígòng 뜼총, 전부　分店 fēndiàn 뎽분점, 지점　生意 shēngyi 뎽장사, 영업
　　　将来 jiānglái 뎽미래, 장래　打算 dǎsuan 뎽~할 계획이다　其他 qítā 떼다른, 기타　城市 chéngshì 뎽도시

57

A 水果可以做成果汁	A 과일로 주스를 만들 수 있다
B 不过医生建议大家直接吃水果	B 그러나 의사는 과일 그대로를 먹는 것을 제안한다
C 做好后的味道和水果差不多	C 만들어진 후의 맛은 과일과 비슷하다

해설　**Step 1**　B의 不过(그러나)는 뒤 구절에 주로 쓰이는 연결어이므로 B는 문장의 맨 앞에 올 수 없다.
　　　C의 做好后的味道(만들어진 후의 맛)는 어떤 것에 대한 설명인지 알 수 없으므로 문장의 맨 앞에 올 수 없다.
　　　따라서 A 水果可以做成果汁(과일로 주스를 만들 수 있다)을 첫 순서로 배열한다. (A →)

　　　Step 2　C의 做好后的味道(만들어진 후의 맛)가 A의 果汁(주스)에 대한 설명이므로 C를 A 뒤에 배열한다. (A → C)
　　　남은 B는 문맥상 'A 과일로 주스를 만들 수 있다 → C 만들고 나면 과일과 맛이 비슷하다 → B 그러나 의사는 과일 그대로를 먹는 것을 제안한다'와 같이 맨 뒤에 오는 것이 순서 배열이 자연스러우므로 B를 문장의 맨 뒤에 배열한다. (A → C → B)

　　　완성된 문장
　　　A 水果可以做成果汁, C 做好后的味道和水果差不多, B 不过医生建议大家直接吃水果。

A 과일로 주스를 만들 수 있고, C 만들어진 후의 맛은 과일과 비슷하다. B 그러나 의사는 과일 그대로를 먹는 것을 제안한다.

어휘 **果汁** guǒzhī 몡 (과일) 주스 **不过** búguò 젭 그러나, 그런데 **建议** jiànyì 동 제안하다
直接 zhíjiē 톈 그대로 ~하다, 바로 ~하다 **味道** wèidao 몡 맛 **差不多** chàbuduō 혱 비슷하다

58

A 她的计划是到北京后吃一次烤鸭
B 爬一次长城
C 今年暑假小刘决定去北京旅游

A 그녀의 계획은 베이징에 가서 오리 구이를 한번 먹는 것이다
B 만리장성을 한번 오르다
C 올해 여름 방학에 샤오류는 베이징에 가서 여행하기로 결정했다

해설 Step 1 A에 인칭대사 她(그녀)가 있고, C에 她가 가리키는 대상인 小刘(샤오류)가 있으므로, A는 첫 순서에 올 수 없으며, C → A로 먼저 배열한다. (C → A)
Step 2 남은 B는 문맥상 'C 베이징에 가서 여행하기로 했다 → A 계획은 오리 구이를 먹고 → B 만리장성을 오르는 것이다'와 같이 맨 뒤에 오는 것이 순서 배열이 자연스러우므로 B를 문장의 맨 뒤에 배열한다. (C → A → B)

완성된 문장
C 今年暑假小刘决定去北京旅游，A 她的计划是到北京后吃一次烤鸭，B 爬一次长城。
C 올해 여름 방학에 샤오류는 베이징에 가서 여행하기로 결정했다. A 그녀의 계획은 베이징에 가서 오리 구이를 한번 먹고, B 만리장성을 한번 오르는 것이다.

어휘 **计划** jìhuà 몡 계획 **烤鸭** kǎoyā 몡 오리 구이 **爬** pá 동 오르다 **长城** Chángchéng 고유 만리장성
暑假 shǔjià 몡 여름 방학 **决定** juédìng 동 결정하다 몡 결정 **旅游** lǚyóu 동 여행하다

59

A 不再给顾客提供免费的塑料袋
B 从2008年6月1日开始
C 为了保护环境，所有的超市和商场决定

A 더 이상 고객에게 무료 비닐봉투를 제공하지 않는다
B 2008년 6월 1일부터 시작해서
C 환경을 보호하기 위해, 모든 슈퍼와 쇼핑 센터는 결정했다

해설 Step 1 C의 为了(~하기 위해)는 앞 구절에 주로 쓰이는 연결어이므로 첫 순서로 고려하면서 문맥을 파악한다.
Step 2 'A 무료 비닐봉투를 제공하지 않는다'의 이유가 'C 환경을 보호하기 위해'이므로 C(이유) → A(결과)의 순서로 배열한다. (C → A)
남은 B는 문맥상 'C 슈퍼와 쇼핑센터는 결정했다 → B 6월 1일부터 → A 무료 비닐봉투를 제공하지 않는다'와 같이 중간에 오는 것이 순서 배열이 자연스러우므로 B를 C와 A 사이에 배열한다. (C → B → A)

완성된 문장
C 为了保护环境，所有的超市和商场决定，B 从2008年6月1日开始，A 不再给顾客提供免费的塑料袋。
C 환경을 보호하기 위해, 모든 슈퍼와 쇼핑 센터는 B 2008년 6월 1일부터 시작해서, A 더 이상 고객에게 무료 비닐봉투를 제공하지 않기로 결정했다.

어휘 **顾客** gùkè 몡 고객, 손님 **提供** tígōng 동 제공하다, 공급하다 **免费** miǎnfèi 동 무료로 하다 **塑料袋** sùliàodài 몡 비닐봉지
为了 wèile 刑 ~을 위해 **保护** bǎohù 동 보호하다 **环境** huánjìng 몡 환경 **所有** suǒyǒu 혱 모든, 전부의
超市 chāoshì 몡 슈퍼, 마트 **商场** shāngchǎng 몡 쇼핑 센터, 백화점 **决定** juédìng 동 결정하다

60

A 工作了五年，也没存多少钱
B 但他平时一点儿都不节约
C 他在银行工作，工资很高

A 5년 동안 일을 했는데도 돈을 얼마 저축하지 못했다
B 그러나 그는 평소에 하나도 절약하지 않는다
C 그는 은행에서 일하며, 월급이 높다

해설 Step 1 B의 但(그러나)은 뒤 구절에 주로 쓰이는 연결어이므로 B는 문장의 맨 앞에 올 수 없다.

A는 주어가 없는 불완전한 문장이므로 첫 순서에서 제외한다.

따라서 C 他在银行工作, 工资很高(그는 은행에서 일하며, 월급이 높다)를 첫 순서로 배열한다. (C →)

Step 2 A 没存多少钱(돈을 얼마 저축하지 못했다)의 이유가 B 平时一点儿都不节约(평소에 하나도 절약하지 않는다)이므로 B → A의 순서로 연결하여 C 뒤에 배열한다. (C → B → A)

완성된 문장

C 他在银行工作, 工资很高, B 但他平时一点儿都不节约, A 工作了五年, 也没存多少钱。

C 그는 은행에서 일하며, 월급이 높다. B 그러나 그는 평소에 하나도 절약하지 않아서 A 5년 동안 일을 했는데도 돈을 얼마 저축하지 못했다.

어휘 存 cún 圄 저축하다 平时 píngshí 圀 평소, 평상시 节约 jiéyuē 圄 절약하다, 아끼다 银行 yínháng 圀 은행
工资 gōngzī 圀 월급, 임금

61
A 你身体不舒服的话	A 네가 몸이 아프다면
B 我帮你向老师请假吧	B 내가 대신 선생님께 조퇴 신청을 해 줄게
C 事后把详细情况告诉老师就行	C 사후에 자세한 상황을 선생님께 알려드리기만 하면 돼

해설 **Step 1** 각 선택지에 순서 배열의 단서가 되는 대사나 연결어가 없으므로 꼼꼼히 해석하여 첫 순서에 올 수 있는 것과 없는 것을 판단한다.

A는 '네가 몸이 아프다면' 이라는 내용이다.

B는 '내가 대신 선생님께 조퇴 신청을 해 줄게' 라는 내용이다.

C는 주어가 없는 불완전한 문장이므로 첫 순서에서 제외한다.

따라서 A와 B가 첫 순서의 후보이다.

Step 2 C의 주어가 A의 你(너)이므로 A → C의 순서로 배열한다. (A → C)

남은 B는 문맥상 'A 아프면 → B 조퇴 신청 해 줄게 → C 사후에 상황을 선생님께 알려드리면 돼'와 같이 중간에 오는 것이 순서 배열이 자연스러우므로 B를 A와 C 사이에 배열한다. (A → B → C)

완성된 문장

A 你身体不舒服的话, B 我帮你向老师请假吧, C 事后把详细情况告诉老师就行。

A 네가 몸이 아프다면, B 내가 대신 선생님께 조퇴 신청을 해 줄게. C 사후에 자세한 상황을 선생님께 알려드리기만 하면 돼.

어휘 不舒服 bù shūfu 아프다, 불편하다 向 xiàng 꿰 ~에게, ~을 향해 请假 qǐngjià 圄 조퇴를 신청하다 事后 shìhòu 圀 사후
详细 xiángxì 圀 자세하다, 상세하다 情况 qíngkuàng 圀 상황 行 xíng 圄 된다, 좋다

62
A 吃完早饭过去也来得及参加会议	A 아침을 다 먹고 가도 회의에 늦지 않게 참석할 수 있다
B 明天在新建的一个酒店开会	B 내일 새로 지은 호텔에서 회의를 한다
C 那里离咱们住的地方特别近, 走路只需要 10分钟	C 그곳은 우리가 머무르고 있는 곳에서 아주 가까워서, 걸어서 10분밖에 안 걸린다

해설 **Step 1** C에 지시대사 那里(그곳)가 있고, B에 那里가 가리키는 장소인 酒店(호텔)이 있으므로 C는 문장의 맨 앞에 올 수 없으며, B → C로 먼저 배열한다. (B → C)

Step 2 남은 A는 문맥상 'B 내일 호텔에서 회의를 하는데 → C 그곳은 우리가 머무르고 있는 곳에서 아주 가까워서 → A 아침을 먹고 가도 늦지 않는다'와 같이 맨 뒤에 오는 것이 순서 배열이 자연스러우므로 A를 문장의 맨 뒤에 배열한다. (B → C → A)

완성된 문장

B 明天在新建的一个酒店开会, C 那里离咱们住的地方特别近, 走路只需要10分钟, A 吃完早饭过去也来得及参加会议。

B 내일 새로 지은 호텔에서 회의를 하는데, C 그곳은 우리가 머무르고 있는 곳에서 아주 가까워서, 걸어서 10분밖에 안 걸리니, A 아침을 다 먹고 가도 회의에 늦지 않게 참석할 수 있어요.

어휘　来得及 láidejí 圄(제 시간에) 늦지 않다　参加 cānjiā 圄참석하다, 참가하다　会议 huìyì 圀회의　酒店 jiǔdiàn 圀호텔
　　　咱们 zánmen 団우리(들)　地方 dìfang 圀곳, 장소　特别 tèbié 囝아주, 특히

63

A 前台说没有姓关的人	A 프런트에서 관 씨인 사람은 없다고 한다
B 恐怕小关已经离开公司了	B 아마 샤오관은 이미 회사를 떠났을 것이다
C 我按照你给的地址去过那家公司	C 나는 당신이 준 주소대로 그 회사에 가 봤다

해설　Step 1　각 선택지에 순서 배열의 단서가 되는 대사나 연결어가 없으므로 꼼꼼히 해석하여 첫 순서에 올 수 있는 것과 없는
　　　　　　　　것을 판단한다.
　　　　　　　　A의 前台(프런트)는 어떤 장소의 프런트인지 알 수 없으므로 첫 순서에서 제외한다.
　　　　　　　　B는 '아마 샤오관은 이미 회사를 떠났을 것이다'라는 내용이다.
　　　　　　　　C는 '나는 당신이 준 주소대로 그 회사에 가봤다'라는 내용이다.
　　　　　　　　따라서 B와 C가 첫 순서의 후보이다.
　　　　Step 2　A의 前台(프런트)는 C의 那家公司(그 회사)의 前台이므로 C → A의 순서로 배열한다. (C → A)
　　　　　　　　남은 B는 문맥상 'C 그 회사에 갔는데 → A 관 씨인 사람은 없다고 한다 → B 샤오관은 이미 회사를 떠났을 것이다'와
　　　　　　　　같이 맨 뒤에 오는 것이 순서 배열이 자연스러우므로 B를 문장의 맨 뒤에 배열한다. (C → A → B)

　　　완성된 문장
　　　C 我按照你给的地址去过那家公司, A 前台说没有姓关的人, B 恐怕小关已经离开公司了。
　　　C 저는 당신이 준 주소대로 그 회사에 가 봤는데, A 프런트에서 관 씨인 사람은 없다고 해요. B 아마 샤오관은 이미 회사를
　　　떠났을 거예요.

어휘　前台 qiántái 프런트(데스크)　恐怕 kǒngpà 囝아마 ~일 것이다　离开 líkāi 圄떠나다, 벗어나다
　　　按照 ànzhào 껜~대로, ~에 따라　地址 dìzhǐ 圀주소

64

A 有时太爱开玩笑，确实让人讨厌	A 가끔은 농담하는 것을 너무 좋아해서, 확실히 사람을 짜증나게 한다
B 请你理解一下，千万不要生他的气	B 이해해 주시고, 부디 그 때문에 기분 나빠하지 마세요
C 他这个人平时比较幽默	C 그는 평소에 비교적 유머러스하다

해설　Step 1　C에 인칭대사 他(그)가 있지만 A, B에 他가 가리키는 대상이 없으므로 C를 첫 순서로 고려하면서 문맥을 파악한다.
　　　　Step 2　첫 순서로 고려한 C의 他가 A의 주어가 되므로 C → A의 순서로 배열한다. (C → A)
　　　　　　　　남은 B는 문맥상 'C 그는 유머러스하다 → A 농담을 좋아해서 가끔 사람을 짜증나게 하니 → B 기분 나빠하지 마세요'
　　　　　　　　와 같이 맨 뒤에 오는 것이 순서 배열이 자연스러우므로 B를 문장의 맨 뒤에 배열한다. (C → A → B)

　　　완성된 문장
　　　C 他这个人平时比较幽默, A 有时太爱开玩笑，确实让人讨厌, B 请你理解一下，千万不要生他的气。
　　　C 그는 평소에 비교적 유머러스한데, A 가끔은 농담하는 것을 너무 좋아해서, 확실히 사람을 짜증나게 하지만, B 이해해 주
　　　시고, 부디 그 때문에 기분 나빠하지 마세요.

어휘　开玩笑 kāiwánxiào 圄농담하다　确实 quèshí 囝확실히, 틀림없이　讨厌 tǎoyàn 圄짜증나다, 미워하다
　　　理解 lǐjiě 圄이해하다　千万 qiānwàn 囝부디, 절대로　平时 píngshí 圀평소　比较 bǐjiào 囝비교적
　　　幽默 yōumò 圄유머러스하다

65

A 尽管开始的时候输了好几个球	A 비록 시작할 때 점수를 여러 점 내줬지만
B 紧张而又精彩的乒乓球比赛结束了	B 긴장되고 또 훌륭했던 탁구 경기가 끝났다
C 但最终球员还是没有让观众失望	C 그러나 결국 탁구 선수는 관중을 실망시키지 않았다

해설 Step 1 A의 尽管(비록 ~이지만)과 C의 但(그러나)은 尽管……, 但……(비록 ~이지만, 그러나~)이라는 짝꿍 연결어로 사용되므로 A → C로 먼저 배열한다. (A → C)

Step 2 남은 B는 문맥상 'B 탁구 경기가 끝났다 → A 비록 시작할 때 점수를 여러 점 내줬지만 → C 관중을 실망시키지 않았다'와 같이 맨 앞에 오는 것이 순서 배열이 자연스러우므로 B를 문장의 맨 앞에 배열한다. (B → A → C)

완성된 문장

B 紧张而又精彩的乒乓球比赛结束了，A 尽管开始的时候输了好几个球，C 但最终球员还是没有让观众失望。

B 긴장되고 또 훌륭했던 탁구 경기가 끝났다. A 비록 시작할 때 점수를 여러 점 내줬지만, C 그러나 결국 탁구 선수는 관중을 실망시키지 않았다.

어휘 **尽管** jǐnguǎn 웹비록 ~이지만 **开始** kāishǐ 통시작하다 **输球** shū qiú 점수를 내주다, (구기 시합에서) 패하다
紧张 jǐnzhāng 웹긴장하다 **而** ér 웹~고, 그리고 **又** yòu 웹또, 다시 **精彩** jǐngcǎi 웹훌륭하다, 뛰어나다
乒乓球 pīngpāngqiú 웹탁구 **比赛** bǐsài 웹경기, 시합 **结束** jiéshù 통끝나다 **最终** zuìzhōng 웹결국, 마지막
观众 guānzhòng 웹관중 **失望** shīwàng 통실망하다 웹실망스럽다

66

最近几年，上海发展得非常快，交通方便，环境美丽，人们的生活水平也提高了不少。另外，上海还建了许多游乐场，因此吸引了国内外的朋友来这个地方游玩。

최근 몇 년간, 상하이는 매우 빠르게 발전했고, 교통이 편리하고, 환경이 아름다우며, 사람들의 생활 수준도 많이 향상되었다. 이 외에, 상하이에는 많은 놀이동산이 지어지기도 하였으며, 이 때문에 국내외의 사람들을 매료시켜 이곳에 와서 놀고 즐기도록 했다.

★ 为什么到上海旅游的人很多？

A 游客比较少　　B 经济发展慢

C 交通情况很差　**D 好玩的地方多**

★ 왜 상하이에 와서 여행하는 사람이 많은가?

A 관광객이 비교적 적다　B 경제 발전이 느리다

C 교통 상황이 나쁘다　**D 재미있는 곳이 많다**

해설 질문의 到上海旅游(상하이에 와서 여행하다)를 지문에서 찾아 주변에서 그 이유를 파악한다. 지문에서 上海还建了许多游乐场，因此吸引了国内外的朋友来这个地方游玩(상하이에는 많은 놀이동산이 지어지기도 하였으며, 이 때문에 국내외의 사람들을 매료시켜 이곳에 와서 놀고 즐기도록 했다)이라고 했으므로, D 好玩的地方多(재미있는 곳이 많다)를 정답으로 선택한다.

어휘 **最近** zuìjìn 웹최근 **上海** Shànghǎi 고유상하이, 상해 **发展** fāzhǎn 통발전하다 **交通** jiāotōng 웹교통
方便 fāngbiàn 웹편리하다, 편하다 **环境** huánjìng 웹환경 **美丽** měilì 웹아름답다 **生活** shēnghuó 웹생활
水平 shuǐpíng 웹수준 **提高** tígāo 통향상시키다, 높이다 **不少** bùshǎo 많다, 적지 않다
另外 lìngwài 웹이 외에, 이 밖에 **建** jiàn 통짓다, 건설하다 **许多** xǔduō (매우) 많다
游乐场 yóulèchǎng 놀이동산, 유원지 **因此** yīncǐ 웹이 때문에 **吸引** xīyǐn 통매료시키다, 끌어들이다
国内外 guónèi wài 국내외 **地方** dìfang 웹곳, 장소 **游玩** yóuwán 통놀고 즐기다 **旅游** lǚyóu 통여행하다
游客 yóukè 웹관광객, 여행객 **比较** bǐjiào 웹비교적 **经济** jīngjì 웹경제 **情况** qíngkuàng 웹상황, 정황
差 chà 웹나쁘다 **好玩** hǎowán 웹재미있다, 놀기가 좋다

67

广告里的东西往往看起来既新鲜又好看，但那些并不一定都是真的。比如为了让饮料看起来更好看，会在里面放很多水果，加其他颜色。

광고 속 제품은 종종 신선하고 보기 좋아 보이지만, 그러나 그것들이 결코 다 진짜이지는 않다. 음료수를 더 예쁘게 보이게 하기 위해, 안에 많은 과일을 넣고, 다른 색깔을 첨가하곤 하는 것이 그 예다.

★ 饮料里加其他颜色是为了：

A 保持新鲜

B 卖得更贵

C 节约广告费

D 让饮料好看

★ 음료에 다른 색깔을 넣는 것은 무엇을 위함인가:

A 신선함을 유지한다

B 더 비싸게 판다

C 광고비를 절약한다

D 음료를 예쁘게 보이게 한다

68

有些人可能没那么聪明，但从来不会随便放弃，他们会坚持努力，直到成功为止。这说明态度很重要，只要不放弃，最后都能获得成功。

어떤 사람은 그렇게 똑똑하지는 않을 수 있지만, 단 한번도 함부로 포기하지 않으며, 그들은 성공할 때까지 꾸준히 노력한다. 이것은 태도가 중요하고, 포기하지만 않는다면, 마지막에는 성공을 얻을 수 있다는 것을 증명한다.

★ 根据这段话，能获得成功的人：

　　A 对环境很熟悉
　　B 有复习的习惯
　　C 不会随便放弃
　　D 认为态度不重要

★ 이 단문에 근거하여, 성공을 얻을 수 있는 사람은:

　　A 환경에 익숙하다
　　B 복습하는 습관이 있다
　　C 함부로 포기하지 않는다
　　D 태도는 중요하지 않다고 생각한다

69

电话上除了0到9之外，还有*和#，这是因为，人们发现无论怎么排列这些数字，总会有地方是空着的，所以就把*和#也加了进去。

전화기에는 0에서 9 이외에, *과 #도 있는데, 이것은 사람들이 이 숫자들을 전화기에 어떻게 배치하든 간에 항상 비어있는 곳이 있다는 것을 알아차렸고, 그래서 *과 #를 빈 곳에 배치했기 때문이다.

★ 这段话主要介绍了*和#:

　　A 该怎样使用
　　B 表示的内容
　　C 是否受欢迎
　　D 出现的原因

★ 이 지문에서 주로 소개하는 것은 *과 #이:

　　A 어떻게 사용해야 하는가
　　B 의미하는 내용
　　C 환영을 받는지
　　D 나타난 원인

总 zǒng 🔟항상, 늘　地方 dìfang 🔟곳, 장소　空 kōng 🔟비다, 내용이 없다　使用 shǐyòng 🔟사용하다
表示 biǎoshì 🔟의미하다, 나타내다　内容 nèiróng 🔟내용　是否 shìfǒu 🔟~인지 아닌지　受欢迎 shòu huānyíng 환영을 받다
出现 chūxiàn 🔟나타나다, 출현하다　原因 yuányīn 🔟원인

70

有些人很喜欢照相: 学习前先照张照片, 看了几页专业书后也照相发到网上, 然后就不再去看了。这些人看起来很努力, 然而实际上骗了别人, 也骗了自己。

어떤 사람은 사진 찍는 것을 매우 좋아하는데, 공부하기 전에 먼저 사진을 찍고, 전공 서적 몇 페이지를 본 것도 사진을 찍어서 인터넷에 올리고, 그리고는 더 이상 보지 않는다. 이런 사람은 열심히 하는 것처럼 보이지만, 그러나 실제로는 다른 사람을 속이고, 자신도 속인 것이다.

★ 有些人照相后会:

A 不再看书

B 教学习方法

C 买一些专业书

D 继续认真学习

★ 어떤 사람은 사진을 찍은 후에 무엇을 하는가:

A 더 이상 책을 보지 않는다

B 공부 방법을 가르친다

C 전공 서적을 산다

D 계속해서 열심히 공부한다

해설　질문의 有些人照相后(어떤 사람은 사진을 찍은 후에)와 관련된 내용을 지문에서 파악한다. 지문에서 有些人……先照张照片, 看了几页专业书……然后就不再去看了(어떤 사람은……먼저 사진을 찍고, 전공 서적 몇 페이지를 보고……그리고는 더 이상 보지 않는다)라고 했으므로, 이를 통해 알 수 있는 A 不再看书(더 이상 책을 보지 않는다)를 정답으로 선택한다.

어휘　照相 zhàoxiàng 🔟사진을 찍다　先 xiān 🔟먼저, 우선　张 zhāng 🔟장[종이·책상 등을 세는 단위]　照片 zhàopiàn 🔟사진
页 yè 🔟페이지, 쪽　专业 zhuānyè 🔟전공　发 fā 🔟올리다, 보내다　然后 ránhòu 🔟그리고, 그다음에
努力 nǔlì 🔟열심히 하다, 노력하다　然而 rán'ér 🔟그러나, 하지만　实际上 shíjìshang 🔟실제로　骗 piàn 🔟속이다, 기만하다
别人 biéren 🔟다른 사람, 타인　自己 zìjǐ 🔟자신, 자기　教 jiāo 🔟가르치다　方法 fāngfǎ 🔟방법, 수단
继续 jìxù 🔟계속하다　认真 rènzhēn 🔟열심히 하다, 성실하다

71

同学们, 体育考试将在这周五下午3点进行, 请大家准备好运动服和运动鞋。如果那天下大雨的话, 学校会重新安排考试时间和地点。

학생 여러분, 체육 시험은 이번 주 금요일 오후 3시에 진행될 예정이니, 모두들 운동복과 운동화를 준비하시기 바랍니다. 만약 그 날에 비가 많이 온다면, 학교에서 시험 시간과 장소를 다시 배정할 것입니다.

★ 关于体育考试, 可以知道:

A 很多人参加

B 在周末进行

C 要求穿运动服

D 家长可以参观

★ 체육 시험에 관해, 알 수 있는 것은:

A 많은 사람이 참가한다

B 주말에 진행한다

C 운동복을 입는 것이 요구된다

D 학부모가 참관할 수 있다

해설　질문의 体育考试(체육 시험)과 관련된 내용을 지문에서 파악한다. 지문에서 请大家准备好运动服和运动鞋(모두들 운동복과 운동화를 준비하시기 바랍니다)라고 했으므로, 이를 통해 알 수 있는 C 要求穿运动服(운동복을 입는 것이 요구된다)를 정답으로 선택한다.

B 在周末进行(주말에 진행한다)은 지문에서 在这周五下午3点进行(이번 주 금요일 오후 3시에 진행된다)이라고 했으므로 오답이다.

어휘　体育 tǐyù 🔟체육, 스포츠　进行 jìnxíng 🔟진행하다　如果 rúguǒ 🔟만약　重新 chóngxīn 🔟다시, 재차
安排 ānpái 🔟(인원 시간 등을) 배정하다, 계획하다　地点 dìdiǎn 🔟장소, 지점　参加 cānjiā 🔟참가하다, 참석하다
周末 zhōumò 🔟주말　要求 yāoqiú 🔟요구하다　家长 jiāzhǎng 🔟학부모　参观 cānguān 🔟참관하다, 견학하다

72

早上好，我是各位的导游，小李。请大家先把行李放到房间里，休息30分钟，之后我会带大家去吃饭。下午我们会去海洋馆观看表演。

★ 根据这段话，导游没提到的是：

A 先休息30分钟

B 带大家去吃饭

C 帮忙收拾行李

D 下午去看表演

좋은 아침입니다. 저는 여러분들의 가이드, 샤오리입니다. 모두 먼저 짐을 방에 두고, 30분간 휴식하세요. 그다음에 제가 여러분을 데리고 밥을 먹으러 갈 것입니다. 오후에 우리는 아쿠아리움에 가서 공연을 관람할 것입니다.

★ 지문에 근거하여, 가이드가 언급하지 않은 것은:

A 먼저 30분간 휴식한다

B 모두를 데리고 밥을 먹는다

C 짐 정리를 돕는다

D 오후에 공연을 보러 간다

해설 질문에 没가 있으므로, **导游提到的**(가이드가 언급한 것)와 관련하여 지문에서 언급된 것은 오답으로 제거하고, 언급되지 않은 것을 정답으로 선택한다. 지문에서 **休息30分钟**(30분간 휴식하세요), **带大家去吃饭**(여러분을 데리고 밥을 먹으러 가다), **下午我们会去海洋馆观看表演**(오후에 우리는 아쿠아리움에 가서 공연을 관람할 것입니다)이라고 했으므로, 언급되지 않은 C **帮忙收拾行李**(짐 정리를 돕는다)를 정답으로 선택한다.

어휘 **各位** gè wèi 여러분 **导游** dǎoyóu [명] 가이드, 관광 안내원 **先** xiān [부] 먼저, 우선 **行李** xíngli [명] 짐, 수화물 **放** fàng [동] 두다, 놓다 **带** dài [동] 데리다, 가지다 **海洋馆** hǎiyáng guǎn 아쿠아리움 **观看** guānkàn [동] 관람하다, 보다 **表演** biǎoyǎn [동] 공연하다 **提到** tídào 언급하다 **帮忙** bāngmáng [동] (일을) 돕다, 도움을 주다 **收拾** shōushi [동] 정리하다, 청소하다

73

篮球赛的时间一般为40分钟，分为上下两个半场，各20分钟，中间休息10分钟。如果40分钟后还没有分出输赢，按照规定，进行加时赛来决定。

★ 关于加时赛，可以知道什么？

A 每场都有

B 已被禁止

C 一定要有结果

D 时间为40分钟

농구 경기의 시간은 보통 40분이며, 전반전과 후반전 두 개로 나뉘는데, 각 20분씩이며, 중간에 10분 동안 휴식한다. 만약 40분 후에도 승패가 가려지지 않는다면, 규정에 따라, 연장전을 진행하여 결정한다.

★ 연장전에 관해 알 수 있는 것은 무엇인가?

A 매 경기마다 모두 있다

B 이미 금지되었다

C 반드시 결과가 있어야 한다

D 시간은 40분이다

해설 질문의 **加时赛**(연장전)와 관련된 내용을 지문에서 파악한다. 지문에서 **如果40分钟后还没有分出输赢，按照规定，进行加时赛来决定。**(만약 40분 후에도 승패가 가려지지 않는다면, 규정에 따라, 연장전을 진행하여 결정한다.)이라고 했으므로, 이를 통해 알 수 있는 C **一定要有结果**(반드시 결과가 있어야 한다)를 정답으로 선택한다.

어휘 **篮球赛** lánqiú sài 농구 경기 **一般** yìbān [형] 보통, 일반적으로 **分为** fēnwéi [동] (~으로) 나누다 **半场** bànchǎng [명] (운동 경기의) 절반, 전반전, 후반전 **各** gè [대] 각, 각자 **中间** zhōngjiān [명] 중간 **分** fēn [동] 가리다, 분별하다 **如果** rúguǒ [접] 만약, 만일 **输赢** shūyíng [명] 승패, 승부 **按照** ànzhào [개] ~에 따라 **规定** guīdìng [명] 규정 **进行** jìnxíng [동] 진행하다 **加时赛** jiāshísài [명] 연장전 **决定** juédìng [동] 결정하다 **场** chǎng [양] 번, 차례 **禁止** jìnzhǐ [동] 금지하다 **一定** yídìng [부] 반드시, 꼭 **结果** jiéguǒ [명] 결과

74

电视的保修期一般是两年，如果在保修期内，师傅会免费上门修理。如果过了保修期也不需要担心，只要付一些材料费，其他服务都是一样的。

텔레비전의 보증 수리 기간은 보통 2년이며, 만약 보증 수리 기간 내에서라면, 기사님이 무료로 방문 수리를 해 드립니다. 만약 보증 수리 기간이 지났다고 해도 걱정할 필요 없습니다. 약간의 부품비를 지불하기만 하면, 다른 서비스는 모두 같습니다.

★ 根据这段话，修理超过保修期的电视时：

A 可免费修理

B 可半价修理

C 要付材料费

D 得付服务费

★ 지문에 근거하여, 보증 수리 기간이 지난 텔레비전을 수리할 때:

A 무료로 수리할 수 있다

B 반값으로 수리할 수 있다

C 부품비를 지불해야 한다

D 서비스 비용을 지불해야 한다

해설 질문의 **修理超过保修期的电视时**(보증 수리 기간이 지난 텔레비전을 수리할 때)과 관련된 내용을 파악한다. 지문에서 **如果过了保修期也不需要担心, 只要付一些材料费, 其他服务都是一样的。**(만약 보증 수리 기간이 지났다고 해도 걱정할 필요 없습니다. 약간의 부품비를 지불하기만 하면, 다른 서비스는 모두 같습니다.)라고 했으므로 C **要付材料费**(부품비를 지불해야 한다)를 정답으로 선택한다.

어휘 保修期 bǎoxiū qī 보증 수리 기간 一般 yìbān 보통, 일반적으로 内 nèi 내, 안 师傅 shīfu 기사님
免费 miǎnfèi 무료로 하다 上门 shàngmén 방문하다 修理 xiūlǐ 수리하다 担心 dānxīn 걱정하다
只要 zhǐyào ~하기만 하면 付 fù 지불하다 材料费 cáiliào fèi 부품비, 재료비 其他 qítā 다른, 기타
服务 fúwù 서비스하다 一样 yíyàng 같다, 똑같다 超过 chāoguò (기간이) 지나다, 초과하다 半价 bànjià 반값

75

人生有三把钥匙：接受、改变和放弃。对生活中发生的事情，我们可以接受或努力改变，但如果无法接受或改变，也可以选择放弃。

인생에는 세 개의 열쇠가 있다. 수용, 변화와 포기이다. 삶에서 발생하는 일에 대해, 우리는 수용하거나 변화시키려고 노력할 수 있지만, 만약 수용할 수 없거나 변화시킬 수 없다면, 포기하는 것을 선택할 수도 있다.

★ 对无法改变的事情，可以：

A 继续努力

B 找人帮忙

C 改变环境

D 选择放弃

★ 변화시킬 수 없는 일에 대해, 할 수 있는 것은:

A 계속 열심히 한다

B 도와줄 사람을 찾는다

C 환경을 바꾼다

D 포기하는 것을 선택한다

해설 질문의 **无法改变的事情**(변화시킬 수 없는 일)과 관련된 내용을 지문에서 파악한다. 지문에서 **对生活中发生的事情……如果无法接受或改变, 也可以选择放弃**(삶에서 발생하는 일에 대해……만약 수용할 수 없거나 변화시킬 수 없다면, 포기하는 것을 선택할 수도 있다)라고 했으므로 D **选择放弃**(포기하는 것을 선택한다)를 정답으로 선택한다.

어휘 人生 rénshēng 인생 把 bǎ [손잡이가 있는 기구를 세는 단위] 钥匙 yàoshi 열쇠
接受 jiēshòu 수용하다, 받아들이다 改变 gǎibiàn 변화하다, 바꾸다 放弃 fàngqì 포기하다
生活 shēnghuó 삶, 생활; 생활하다 发生 fāshēng 발생하다, 생기다 努力 nǔlì 노력하다, 힘쓰다
如果 rúguǒ 만약 无法 wúfǎ ~할 수 없다 选择 xuǎnzé 선택하다, 고르다 继续 jìxù 계속하다
帮忙 bāngmáng (일을) 돕다, 도움을 주다 环境 huánjìng 환경

76

最近超市在举办打折活动，所有衣服都打七折，饮料打八折。逛完回家后，我还在后悔，真应该把爸妈一起叫来，这样的机会不多啊！

최근 마트에서 할인 행사를 열고 있는데, 모든 옷을 30% 할인하고, 음료수는 20%할인한다. 구경을 다 하고 집으로 돌아온 후에도 나는 여전히 아빠, 엄마를 함께 불러왔어야 했다고 후회하고 있다. 이런 기회는 많지 않으니까!

★ 这段话中的"后悔"指的是什么？

    A 价格太贵

    B 活动太少

    C 爸妈没来

    D 没机会见爸妈

★ 지문에서 '후회하다'가 가리키는 것은 무엇인가?

    A 가격이 너무 비싸다

    B 행사가 너무 적다

    C 아빠, 엄마가 오지 않았다

    D 아빠, 엄마를 볼 기회가 없다

해설   질문의 后悔(후회하다)를 지문에서 찾아 주변 내용을 주의 깊게 읽는다. 지문에서 我还在后悔, 真应该把爸妈一起叫来(나는 여전히 아빠, 엄마를 함께 불러왔어야 했다고 후회하고 있다)라고 했다. 즉, 내가 후회하는 것은 아빠, 엄마를 부르지 않았기 때문이라는 말이므로, '후회하다'라는 말은 '아빠, 엄마가 오지 않았다'라는 말임을 알 수 있다. 따라서 C 爸妈没来(아빠, 엄마가 오지 않았다)를 정답으로 선택한다.

어휘   **最近** zuìjìn 團최근, 요즘 **超市** chāoshì 團마트, 슈퍼 **举办** jǔbàn 團열다, 개최하다 **打折** dǎzhé 團할인하다
      活动 huódòng 團행사, 활동 **所有** suǒyǒu 團모든, 전부의 **饮料** yǐnliào 團음료수 **逛** guàng 團구경하다
      后悔 hòuhuǐ 團후회하다 **机会** jīhuì 團기회 **价格** jiàgé 團가격, 값

77

张老师下个月要去美国参加一个国际会议，主要交流一些关于互联网技术的问题。最近他一直忙着去大使馆办签证、证明什么的，几乎看不到他。

장 선생님은 다음 달에 미국에 가서 주로 인터넷 기술 문제에 대해 교류하는 국제 회의에 참석하려고 한다. 최근 그는 줄곧 대사관에 가서 비자, 증명 같은 것들을 발급받느라 바빠서, 그를 거의 보지 못했다.

★ 张老师下个月：

    A 要到国外留学

    B 参加国际比赛

    C 不打算做研究

    D 准备出国开会

★ 장 선생님은 다음 달에：

    A 외국으로 유학을 가려고 한다

    B 국제 경기에 참가한다

    C 연구를 하지 않을 계획이다

    D 외국에 가서 회의를 하려고 한다

해설   질문의 张老师下个月(장 선생님은 다음 달에)와 관련된 내용을 지문에서 파악한다. 지문에서 张老师下个月要去美国参加一个国际会议(장 선생님은 다음 달에 미국에 가서 국제 회의에 참석하려고 한다)라고 했으므로, D 准备出国开会(외국에 가서 회의를 하려고 한다)를 정답으로 선택한다.

어휘   **国际** guójì 團국제 **会议** huìyì 團회의 **主要** zhǔyào 團주요하다 **交流** jiāoliú 團교류하다 **关于** guānyú 团~에 대해
      互联网 hùliánwǎng 團인터넷 **技术** jìshù 團기술 **一直** yìzhí 團줄곧, 계속 **大使馆** dàshǐguǎn 團대사관
      签证 qiānzhèng 團비자 **证明** zhèngmíng 團증명(서) **几乎** jīhū 團거의 **国外** guówài 團외국, 해외 **留学** liúxué 團유학하다
      比赛 bǐsài 團경기, 시합 **打算** dǎsuan 團~할 계획이다 **研究** yánjiū 團연구하다

78

研究者认为，语言学习跟周围语言环境有很大关系。比如，儿童即使没有上学，也能学会母语，这是因为周围人每天都在使用母语。

연구자들은 언어 학습이 주위 언어 환경과 큰 관계가 있다고 생각한다. 예를 들어, 어린이는 비록 학교를 다니지 않더라도, 자신의 모국어를 습득할 수 있는데, 이것은 주변 사람이 매일 모국어를 사용하고 있기 때문이다.

★ 根据这段话，语言学习受什么影响？

　　A 语言环境　　　　**B** 父母教育

　　C 学习压力　　　　**D** 复习方法

★ 이 지문에 근거하여, 언어 학습은 무엇의 영향을 받는가?

　　A 언어 환경　　　　**B** 부모의 교육

　　C 학업 스트레스　　**D** 복습 방법

해설　질문의 **语言学习受……影响**(언어 학습은 영향을 받는다)을 지문에서 찾아 주변 내용을 주의 깊게 읽는다. 지문에서 **语言学习跟周围语言环境有很大关系**(언어 학습이 주위 언어 환경과 큰 관계가 있다)라고 했으므로, A **语言环境**(언어 환경)을 정답으로 선택한다.

어휘　**研究者** yánjiūzhě 연구자　**语言** yǔyán 圓언어　**跟** gēn 깨～와/과　**周围** zhōuwéi 圓주위, 주변　**环境** huánjìng 圓환경
　　　关系 guānxi 圓관계　**比如** bǐrú 圓예를 들어 ~이다, ~가 예다　**儿童** értóng 圓어린이, 아동
　　　即使……也…… jíshǐ……yě…… 비록~하더라도　**母语** mǔyǔ 圓모국어　**使用** shǐyòng 圓사용하다　**影响** yǐngxiǎng 圓영향
　　　教育 jiàoyù 圓교육　**压力** yālì 圓스트레스, 부담　**复习** fùxí 圓복습하다　**方法** fāngfǎ 圓방법, 수단

79
塑料袋给我们带来很大方便的同时，也严重污染了环境。但我们不能完全禁止它的使用，而是要积极研究新技术，减少它对环境的污染。

비닐봉지는 우리에게 큰 편리함을 가져다준 동시에, 환경을 심각하게 오염시키기도 했다. 그러나 우리는 그것의 사용을 완전히 금지하면 안 되고, 적극적으로 새로운 기술을 연구하여, 환경 오염을 줄여야 한다.

★ 说话人认为塑料袋：

　　A 使用时间不长

　　B 能提高新技术

　　C 没有污染问题

　　D 不该被完全禁止

★ 화자는 비닐봉지가 어떻다고 생각하는가:

　　A 사용한 지 오래되지 않았다

　　B 신기술을 향상시킬 수 있다

　　C 오염 문제가 없다

　　D 완전히 금지되면 안 된다

해설　질문의 **塑料袋**(비닐봉지)와 관련된 화자의 생각을 지문에서 파악한다. 지문에서 **塑料袋……我们不能完全禁止它的使用**(비닐봉지는……우리는 그것의 사용을 완전히 금지하면 안 된다)이라고 했으므로, D **不该被完全禁止**(완전히 금지되면 안 된다)을 정답으로 선택한다.

어휘　**塑料袋** sùliàodài 圓비닐봉지　**方便** fāngbiàn 圓편리하다　**同时** tóngshí 圓동시　**严重** yánzhòng 圓심각하다
　　　污染 wūrǎn 圓오염시키다　**环境** huánjìng 圓환경　**完全** wánquán 圓완전히　**禁止** jìnzhǐ 圓금지하다
　　　使用 shǐyòng 圓사용하다　**积极** jījí 圓적극적이다　**研究** yánjiū 圓연구하다　**技术** jìshù 圓기술
　　　减少 jiǎnshǎo 圓줄이다, 감소하다　**提高** tígāo 圓향상시키다, 높이다

---

80 - 81

　　爬山的时候，你会发现，⁸⁰爬得越高植物就越来越少，⁸⁰你还会觉得越来越冷。这是因为每增加1000米，气温就降低6.5度。⁸¹山越高，气温就越低，所以许多高山上都有冰雪。夏天的时候，有些人会选择去比较高的山区旅游或休息，就是这个原因。

　　등산할 때, 당신은 ⁸⁰높이 오를수록 식물이 점점 적어지는 것을 알아차릴 수 있고, ⁸⁰또한 점점 추워지는 것을 느낄 수 있다. 이는 1000미터가 증가할 때마다, 기온이 6.5도 내려가기 때문이다. ⁸¹산이 높을수록, 기온이 낮은데, 그래서 많은 높은 산 위에는 모두 얼음과 눈이 있다. 여름에, 어떤 사람들이 비교적 높은 산간 지역에 가서 여행하거나 휴식하는 것을 선택하는 것도, 바로 이런 이유에서다.

어휘　**爬山** páshān 圓등산하다　**发现** fāxiàn 圓알아차리다, 발견하다　**越** yuè 圓~일수록 ~하다　**植物** zhíwù 圓식물
　　　越来越 yuèláiyuè 점점, 더욱더　**增加** zēngjiā 증가하다　**米** mǐ 圓미터　**气温** qìwēn 圓기온　**降低** jiàngdī 圓내려가다
　　　度 dù 圓도[온도의 단위]　**许多** xǔduō 圓(매우) 많다　**冰雪** bīng xuě 얼음과 눈　**夏天** xiàtiān 圓여름　**选择** xuǎnzé 圓선택하다
　　　山区 shānqū 圓산간 지역　**旅游** lǚyóu 圓여행하다　**原因** yuányīn 圓원인

80

★ 爬得越高，为什么会觉得越来越冷？

A 植物变少　　**B 温度降低**

C 山上下雪　　D 冬天来了

★ 높이 오를수록, 왜 점점 춥다고 느끼는가?

A 식물이 적어진다　　**B 온도가 내려간다**

C 산 위에 눈이 내린다　　D 겨울이 왔다

해설　질문의 爬得越高(높이 오를수록), 会觉得越来越冷(점점 춥다고 느끼다)을 지문에서 찾아 주변에서 그 이유를 파악한다. 지문에서 爬得越高……你还会觉得越来越冷。这是因为每增加1000米，气温就降低6.5度。(높이 오를수록……또한 점점 추워지는 것을 느낄 수 있다. 이는 1000미터가 증가할 때마다, 기온이 6.5도 내려가기 때문이다.)라고 했으므로 B 温度降低(온도가 내려간다)를 정답으로 선택한다.

어휘　爬 pá 圖오르다　温度 wēndù 圖온도　下雪 xià xuě 눈이 내리다　冬天 dōngtiān 圖겨울

81

★ 根据这段话，可以知道：

A 爬山很危险　　B 夏天有冰雪

C 地面有冰雪　　**D 高山温度低**

★ 지문에 근거하여 알 수 있는 것은:

A 등산은 위험하다　　B 여름에 얼음과 눈이 있다

C 지면에 얼음과 눈이 있다　D 높은 산은 온도가 낮다

해설　질문에 특별한 핵심어구가 없으므로 각 선택지의 爬山很危险(등산은 위험하다), 夏天有冰雪(여름에 얼음과 눈이 있다), 地面有冰雪(지면에 얼음과 눈이 있다), 高山温度低(높은 산은 온도가 낮다)를 핵심어구로 체크해 둔다. 지문에서 山越高，气温就越低(산이 높을수록, 기온이 낮다)라고 했으므로, 이를 통해 알 수 있는 D 高山温度低(높은 산은 온도가 낮다)를 정답으로 선택한다.

어휘　危险 wēixiǎn 圖위험하다　地面 dìmiàn 圖지면, 바닥　温度 wēndù 圖온도

82 - 83

　　每个人都知道阅读的重要性，但都以各种各样的理由拒绝读书。有时，我们并不是在读书，而是在读自己。因为[82]读得越多，就越清楚自己想成为什么样的人，[82]想要做什么样的事，想要过上怎样的人生。即使[83]读书只是让你感到快乐，[83]那也值得你为它花一些时间。

　　모든 사람은 독서의 중요성을 알고 있지만, 다양한 이유로 책을 읽는 것을 거부한다. 간혹, 우리는 결코 책을 읽고 있는 것이 아니라, 자신을 읽고 있는 것이다. [82]많이 읽을수록, 자신이 어떤 사람이 되고 싶고, [82]어떤 일을 하고 싶고, 어떤 인생을 살고 싶은지 [82]명확해지기 때문이다. 설령 [83]책을 읽는 것이 단지 당신을 즐겁게 해 주는 것밖에 못하더라도, [83]그 또한 그것에 시간을 쓸 가치가 있다.

어휘　阅读 yuèdú 圖독서하다, 읽다　重要性 zhòngyào xìng 중요성　以 yǐ 圖~(으)로(써)　各种各样 gè zhǒng gè yàng 다양한
　　理由 lǐyóu 圖이유, 원인　拒绝 jùjué 圖거부하다　不是……而是…… bú shì……ér shì…… ~이 아니라 ~이다　自己 zìjǐ 圃자신, 자기
　　清楚 qīngchu 圖명확하다, 분명하다　成为 chéngwéi 圖~이 되다　过 guò 圖(시간을) 보내다　人生 rénshēng 圖인생
　　即使……也…… jíshǐ……yě…… 설령 ~하더라도　只 zhǐ 圓단지 ~밖에 없다　值得 zhídé 圖~할 만한 가치가 있다
　　花 huā 圖쓰다, 들이다

82

★ 根据这段话，多读书让人：

A 越来越难受

B 清楚想做的事

C 生活变得富有

D 获得更多金钱

★ 이 지문에 근거하여, 책을 많이 읽는 것은 사람을:

A 점점 괴롭게 한다

B 하고 싶은 일을 명확하게 한다

C 삶을 부유하게 해준다

D 더 많은 돈을 얻게 한다

해설　질문의 多读书让人(책을 많이 읽는 것은 사람을)과 관련된 내용을 지문에서 파악한다. 지문에서 读得越多，就越清楚自己……想要做什么样的事(많이 읽을수록, 자신이 어떤 일을 하고 싶은지 명확해진다)이라고 했으므로 B 清楚想做的事(하고 싶은 일을 명확하게 한다)를 정답으로 선택한다.

어휘 **越来越** yuèláiyuè 점점, 더욱더 **难受** nánshòu [형] 괴롭다, 불편하다 **生活** shēnghuó [명] 삶, 생활 **富有** fùyǒu [형] 부유하다
获得 huòdé [동] 얻다, 취득하다 **金钱** jīnqián [명] 돈, 금전 **更** gèng [부] 더, 더욱

83

★ 关于阅读，这段话建议人们应该：	★ 독서에 관하여, 이 지문은 사람들이 마땅히 어떻게 해야 한다고 제안하는가:
A 多花点时间	**A 많은 시간을 들인다**
B 提高阅读质量	B 독서의 질을 향상시킨다
C 选择合适的书	C 적합한 책을 선택한다
D 选择幽默的书	D 유머러스한 책을 선택한다

해설 질문의 阅读(독서)와 관련된 내용을 지문에서 파악한다. 지문에서 **读书……那也值得你为它花一些时间**(책을 읽는 것이……그 또한 그것에 시간을 쓸 가치가 있다)이라고 했으므로 **A 多花点时间**(많은 시간을 들인다)을 정답으로 선택한다.

어휘 **建议** jiànyì [동] 제안하다 **应该** yīnggāi [조동] ~해야 하다 **提高** tígāo [동] 향상시키다, 높이다 **质量** zhìliàng [명] 질, 품질
选择 xuǎnzé [동] 선택하다, 고르다 **合适** héshì [형] 적합하다, 알맞다 **幽默** yōumò [형] 유머러스하다

84 - 85

说到[85]"牛"，很多人想到的就是力气很大。特别是在过去，在缺少技术的情况下，它确实给人们的生活提供了很多帮助。因此，[84]现在人们常用[84/85]"很牛"来说一些特别厉害的技术或东西。有时候如果一个人在一些方面的能力超过别的人，也会被叫作[85]"牛人"。	[85]'牛(소)'를 말하자면, 많은 사람들은 힘이 세다는 것을 생각한다. 특히 과거에, 기술이 부족한 상황에서, 소는 확실히 사람들의 삶에 많은 도움을 제공했다. 이 때문에, [84]요즘 사람들은 아주 대단한 기술 혹은 물건들을 [84/85]'很牛(아주 대단하다)'라고 말한다. 때때로 한 사람이 어떤 분야에서의 능력이 다른 사람을 능가한다면, 마찬가지로 [85]'牛人(대단한 사람)'이라고 불린다.

어휘 **牛** niú [명] 소 [형] 대단하다[인터넷 용어] **力气** lìqi [명] 힘, 역량 **过去** guòqù [명] 과거 **缺少** quēshǎo [동] 부족하다, 모자라다
技术 jìshù [명] 기술 **情况** qíngkuàng [명] 상황 **确实** quèshí [부] 확실히, 틀림없이 **生活** shēnghuó [명] 삶, 생활
提供 tígōng [동] 제공하다, 공급하다 **因此** yīncǐ [접] 이 때문에 **厉害** lìhai [형] 대단하다, 심하다 **方面** fāngmiàn [명] 분야, 방면
能力 nénglì [명] 능력 **超过** chāoguò [동] 능가하다, 넘다

84

★ "很牛"的技术有什么特点？		★ '很牛(아주 대단하다)'한 기술은 어떤 특징이 있는가?	
A 长得像牛	B 力气很大	A 소처럼 생겼다	B 힘이 세다
C 发展很快	**D 十分厉害**	C 발전이 빠르다	**D 매우 대단하다**

해설 질문의 "很牛"的技术(아주 대단한 기술)를 지문에서 찾아 주변 내용을 주의 깊게 읽는다. 지문에서 **现在人们常用"很牛"来说一些特别厉害的技术**(요즘 사람들은 아주 대단한 기술을 '很牛(아주 대단하다)'라고 말한다)라고 했으므로, **D 十分厉害**(매우 대단하다)를 정답으로 선택한다.

어휘 **特点** tèdiǎn [명] 특징, 특색 **长** zhǎng [동] 생기다, 자라다 **像** xiàng [동] ~와 같다 **力气** lìqi [명] 힘, 역량
发展 fāzhǎn [동] 발전하다, 발전시키다 **十分** shífēn [부] 매우, 아주

85

★ 这段话主要在介绍：		★ 이 단문에서 주로 소개하고 있는 것은:	
A 一种动物	B 最新技术	A 동물	B 최신 기술
C 说话的艺术	**D 词语的新意思**	C 말하는 기술	**D 단어의 새로운 의미**

해설 질문이 지문의 중심 내용을 묻고 있으므로, 지문의 초반 또는 후반을 주의 깊게 읽는다. 지문 전반적으로 "牛(소)", "很牛(아주 대단하다)", "牛人(대단한 사람)"을 언급하며 단어의 새로운 의미를 이야기하고 있으므로, D 词语的新意思(단어의 새로운 의미)를 정답으로 선택한다.

어휘 动物 dòngwù 圏 동물 艺术 yìshù 圏 기술, 예술 词语 cíyǔ 圏 단어, 어휘

86

继续　加班　还得　我今天　→

대사+명사	부사+조동사	동사	동사
我今天	**还得**	**继续**	**加班**。
주어	부사어	술어	목적어

해석　나는 오늘도 야근을 계속해야 한다.

해설　**Step 1**　제시된 어휘 중 동사 继续(계속하다)와 加班(야근하다)이 술어로 쓰일 수 있는데, 문맥상 加班은 继续의 목적어가 될 수 있으므로 继续를 술어 자리에, 加班을 목적어 자리에 배치한다. ⇨ 继续　加班

　　　Step 2　'대사+명사' 형태의 我今天(나는 오늘)을 '주어+부사어' 자리에 배치하고, 남은 어휘인 '부사+조동사' 형태의 还得(~도 ~해야 한다)를 술어 앞에 부사어로 배치하여 문장을 완성한다. ⇨ 我今天　还得　继续　加班

　　　완성된 문장 我今天还得继续加班。(나는 오늘도 야근을 계속해야 한다.)

어휘　继续 jìxù 图계속하다　加班 jiābān 图야근하다, 초과 근무를 하다　得 děi 조통~해야 한다

87

多　看演出的人　今天来这里　比昨天　→

명사+동사+대사	동사+동사+的+명사	比+명사	형용사
今天来这里	**看演出的人**	**比昨天**	**多**。
부사어	관형어	주어	比+비교대상	술어

해석　오늘 여기에 공연을 보러 온 사람은 어제보다 많다.

해설　**Step 1**　제시된 어휘 중 比가 있으므로, 比자문을 완성해야 한다. 유일한 형용사 多(많다)를 술어 자리에 바로 배치하고, 比가 포함된 比昨天(어제보다)을 술어 앞에 배치한다. ⇨ 比昨天　多

　　　Step 2　'동사+동사+的+명사' 형태의 看演出的人(공연을 보는 사람)과 '명사+동사+대사' 형태의 今天来这里(오늘 여기에 오다)를 今天来这里看演出的人(오늘 여기에 공연을 보러 온 사람)으로 연결한 후 '부사어+관형어+주어' 자리에 배치하여 문장을 완성한다. ⇨ 今天来这里　看演出的人　比昨天　多

　　　완성된 문장 今天来这里看演出的人比昨天多。(오늘 여기에 공연을 보러 온 사람은 어제보다 많다.)

어휘　演出 yǎnchū 图공연하다, 상연하다

88

把　一下　客厅　小王　整理了　→

명사	把	명사	동사+了	수사+양사
小王	**把**	**客厅**	**整理了**	**一下**。
주어	把	행위의 대상	술어+了	수량보어
				기타성분

해석　샤오왕은 거실을 정리했다.

해설　**Step 1**　제시된 어휘 중 把가 있으므로, 把자문을 완성해야 한다. 유일하게 동사를 포함하고 있는 '동사+了' 형태의 整理了(정리했다)를 '술어+기타성분' 자리에 바로 배치하고, 把를 술어 앞에 배치한다. ⇨ 把　整理了

　　　Step 2　명사 客厅(거실)과 小王(샤오왕) 중 客厅이 술어 整理(정리하다)의 대상이 되므로 把 다음 행위의 대상 자리에 배치하고, 小王은 주어 자리에 배치한다. ⇨ 小王　把　客厅　整理了

　　　Step 3　남은 어휘인 '수사+양사' 형태의 一下(~해 보다)를 문장 맨 끝에 기타성분으로 배치하여 문장을 완성한다. 참고로, 一下는 수량보어 형태의 기타성분이다. ⇨ 小王　把　客厅　整理了　一下

　　　완성된 문장 小王把客厅整理了一下。(샤오왕은 거실을 정리했다.)

어휘　客厅 kètīng 图거실　整理 zhěnglǐ 图정리하다, 정돈하다

89

老师　表演　要求他们　进行　→

명사	동사+대사	동사	동사
老师	**要求他们**	**进行**	**表演**。
주어1	술어1+겸어	술어2	목적어2
	목적어1/주어2		

해가스 HSK 4급 한 권으로 합격

실전모의고사 2

해석 선생님은 그들이 공연을 진행하도록 요구했다.

해설 Step 1 제시된 어휘 중 동사 表演(공연하다), 要求(요구하다), 进行(진행하다)이 술어로 쓰일 수 있는데, 동사 要求가 '(~에게 ~하도록) 요구하다'라는 의미로 쓰일 수 있으므로 겸어문을 고려하여 문장을 완성해야 한다. '동사+대사' 형태의 要求他们(그들에게 ~하도록 요구하다)을 '술어1+겸어' 자리에 배치한다. ⇒ 要求他们

Step 2 남은 어휘 중 동사 表演(공연하다)과 进行(진행하다)이 술어로 쓰일 수 있는데, 表演은 '공연'이라는 뜻의 명사로도 쓰일 수 있으므로 进行을 술어2 자리에, 문맥상 进行의 목적어로 어울리는 表演을 목적어2 자리에 배치한다.
⇒ 要求他们 进行 表演

Step 3 남은 어휘인 명사 老师(선생님)을 주어1 자리에 배치하여 문장을 완성한다. ⇒ 老师 要求他们 进行 表演

완성된 문장 老师要求他们进行表演。(선생님은 그들이 공연을 진행하도록 요구했다.)

어휘 表演 biǎoyǎn [동] 공연하다 要求 yāoqiú [동] 요구하다 [명] 요구 사항 进行 jìnxíng [동] 진행하다

90

经验 这个小伙子 生活 缺少一些 → 这个小伙子 缺少一些 生活 经验。

대사+양사+명사	동사+수사+양사	명사	명사
这个小伙子	缺少一些	生活	经验。
관형어+주어	술어 / 관형어	관형어	목적어

해석 이 청년은 생활 경험이 조금 부족하다.

해설 Step 1 제시된 어휘 중 동사 经验(경험하다), 生活(생활하다), 缺少(부족하다)가 술어가 될 수 있는데, 관형어가 될 수 있는 一些(조금)를 포함한 '동사+수사+양사' 형태의 缺少一些(조금 부족하다)를 '술어+관형어' 자리에 배치한다.
⇒ 缺少一些

Step 2 문맥상 술어 缺少(부족하다)의 목적어로 어울리는 명사 经验(경험)을 목적어 자리에 배치하고, 주어로 어울리는 '대사+양사+명사' 형태의 这个小伙子(이 청년)를 '관형어+주어' 자리에 배치한다.
⇒ 这个小伙子 缺少一些 经验

Step 3 남은 어휘인 生活를 经验(경험) 앞에 관형어로 배치하여 문장을 완성한다. 참고로, 经验과 生活는 '경험'과 '생활'이라는 뜻의 명사로도 쓰일 수 있다. ⇒ 这个小伙子 缺少一些 生活 经验

완성된 문장 这个小伙子缺少一些生活经验。(이 청년은 생활 경험이 조금 부족하다.)

어휘 经验 jīngyàn [명] 경험, 체험 [동] 경험하다 小伙子 xiǎohuǒzi [명] 청년, 젊은이 生活 shēnghuó [명] 생활 [동] 생활하다
缺少 quēshǎo [동] 부족하다, 모자라다

91

打扮自己 一起站在 演员们 镜子前 →

명사	부사+동사+동사	명사+명사	동사+대사
演员们	一起站在	镜子前	打扮自己。
주어	부사어+술어1+결과보어	목적어1	술어2+목적어2

해석 배우들은 함께 거울 앞에 서서 스스로를 단장한다.

해설 Step 1 술어가 될 수 있는 동사가 打扮(단장하다)과 站(서다) 두 개이므로 연동문을 고려하여 문장을 완성해야 한다. 站이 打扮이라는 행위의 방식을 나타내므로 '부사+동사+동사' 형태의 一起站在(함께 ~에 서다)를 '부사어+술어1+결과보어' 자리에, '동사+대사' 형태의 打扮自己(스스로를 단장하다)를 '술어2+목적어2' 자리에 배치한다.
⇒ 一起站在 打扮自己

Step 2 남은 어휘 중 명사 演员们(배우들)을 주어 자리에, '명사+명사' 형태의 镜子前(거울 앞)을 站在(~에 서다)뒤 목적어1로 배치하여 문장을 완성한다. ⇒ 演员们 一起站在 镜子前 打扮自己

완성된 문장 演员们一起站在镜子前打扮自己。(배우들은 함께 거울 앞에 서서 스스로를 단장한다.)

어휘 打扮 dǎban [동] 단장하다 自己 zìjǐ [대] 자신, 자기 站 zhàn [동] 서다 演员 yǎnyuán [명] 배우 镜子 jìngzi [명] 거울

92

丢进了 被母亲 矿泉水瓶 垃圾桶 →

명사+명사	被+명사	동사+동사+了	명사
矿泉水瓶	被母亲	丢进了	垃圾桶。
주어	被+행위의 주체	술어+기타성분	

해석 생수병은 어머니에 의해 쓰레기통에 던져 넣어졌다.

해설 Step 1 제시된 어휘 중 被가 있으므로, 被자문을 완성해야 한다. 유일하게 동사를 포함한 '동사+동사+了' 형태의 丢进了(~에 던져 넣어졌다)를 '술어+기타성분' 자리에 바로 배치하고, '被+명사' 형태의 被母亲(어머니에 의해)을 술어 앞에 배

치한다. 참고로, 丢进了에서 进은 방향보어이다. ⇨ **被母亲　丢进了**

Step2 '명사+명사' 형태의 矿泉水瓶(생수병)과 명사 垃圾桶(쓰레기통) 중, 문맥상 술어 丢(버리다)의 대상이 되는 **矿泉水瓶**을 주어 자리에 배치하고, 垃圾桶을 목적어 자리에 배치하여 문장을 완성한다.

　　⇨ **矿泉水瓶　被母亲　丢进了　垃圾桶**

완성된 문장 **矿泉水瓶被母亲丢进了垃圾桶。**(생수병은 어머니에 의해 쓰레기통에 던져 넣어졌다.)

어휘 **丢** diū 圄던지다, 내버리다　**母亲** mǔqīn 圆어머니　**矿泉水** kuàngquánshuǐ 圆생수　**垃圾桶** lājītǒng 圆쓰레기통

93

这儿的　很寒冷　一年四季都　气候	⇨	대사+的	명사	수사+양사+명사+부사	부사+형용사
		这儿的	气候	一年四季都	很寒冷。
		관형어	주어	부사어	술어

해석 이곳의 기후는 1년 사계절 내내 춥다.

해설 Step1 제시된 어휘 중 유일하게 형용사를 포함한 '부사+형용사' 형태의 很寒冷(춥다)을 '부사어+술어' 자리에 바로 배치한다.
　　⇨ **很寒冷**

Step2 제시된 어휘 중 유일한 명사 气候(기후)를 주어 자리에 바로 배치한다. ⇨ **气候　很寒冷**

Step3 '대사+的' 형태의 这儿的(이곳의)를 주어 气候(기후) 앞에 관형어로 배치하고, '수사+양사+명사+부사' 형태의 **一年四季都**(1년 사계절 내내)를 很寒冷(춥다) 앞에 부사어로 배치하여 문장을 완성한다.
　　⇨ **这儿的　气候　一年四季都　很寒冷**

완성된 문장 **这儿的气候一年四季都很寒冷。**(이곳의 기후는 1년 사계절 내내 춥다.)

어휘 **寒冷** hánlěng 圐춥다, 차다　**四季** sìjì 圆사계절　**气候** qìhòu 圆기후

94

上课内容　学生　李老师认为　认真复习　得	⇨	명사+동사	명사	조동사	형용사+동사	동사+명사
		李老师认为	学生	得	认真复习	上课内容。
		주어+술어	주어	부사어	술어	목적어
					목적어(주술목구)	

해석 리 선생님은 학생은 열심히 수업 내용을 복습해야 한다고 생각한다.

해설 Step1 '명사+동사' 형태의 李老师认为(리 선생님은 생각한다)와 '형용사+동사' 형태의 认真复习(열심히 복습하다) 중, 李老师认为를 '주어+술어' 자리에 바로 배치한다. 참고로, 동사 认为(~라고 생각하다)는 주술구, 술목구를 목적어로 취할 수 있으므로 다른 동사와 함께 제시되더라도 술어 자리에 바로 배치할 수 있다. ⇨ **李老师认为**

Step2 술어가 认为(~라고 생각하다)이므로 주술구 또는 술목구 목적어를 완성한다. '동사+명사' 형태의 上课内容(수업 내용), 명사 学生(학생), '형용사+동사' 형태의 认真复习(열심히 복습하다)를 学生认真复习上课内容(학생은 열심히 수업 내용을 복습한다)이라는 주술목구 형태로 연결한 후 술어 认为 뒤에 목적어로 배치한다.
　　⇨ **李老师认为　学生　认真复习　上课内容**

Step3 남은 어휘인 조동사 得(~해야 한다)를 认真复习(열심히 복습하다) 앞에 부사어로 배치하여 문장을 완성한다.
　　⇨ **李老师认为　学生　得　认真复习　上课内容**

완성된 문장 **李老师认为学生得认真复习上课内容。**(리 선생님은 학생은 열심히 수업 내용을 복습해야 한다고 생각한다.)

어휘 **内容** nèiróng 圆내용　**认为** rènwéi 圄~이라고 생각하다　**认真** rènzhēn 圐열심이다, 성실하다　**复习** fùxí 圄복습하다
　　得 děi 조동~해야 한다

95

连　讲不清楚　他生气到　都　一句话	⇨	대사+동사+동사	개사	수사+양사+명사	부사	동사+부사+형용사
		他生气到	连	一句话	都	讲不清楚。
		주어+술어+결과보어		부사어		술어+가능보어
						목적어

해석 그는 한마디 말조차 명확하게 못할 정도로 화가 났다.

해설 Step1 '대사+동사+동사' 형태의 他生气到(그는 ~할 정도로 화가 났다)와 '동사+부사+형용사' 형태의 讲不清楚(명확하게 말하지 못하다) 중, 문맥상 주어로 어울리는 他(그)가 포함된 他生气到를 '주어+술어+결과보어' 자리에 배치한다.
　　⇨ **他生气到**

Step 2 　'동사+부사+형용사' 형태의 **讲不清楚**(명확하게 말하지 못하다)를 목적어 자리에 배치한다.
　　　　⇨ 他生气到　讲不清楚

Step 3 　남은 어휘 중 개사 **连**(~조차)과 부사 **都**는 **连**……**都**……(~조차 ~하다)라는 짝꿍 연결어로 쓰이므로 '수사+양사+명사'
　　　　형태의 **一句话**(한마디)와 **连一句话都**(한마디 조차 ~하다)로 연결 후 목적어 앞에 부사어로 배치하여 문장을 완성한
　　　　다. ⇨ 他生气到　连　一句话　都　讲不清楚

완성된 문장 他生气到连一句话都讲不清楚。(그는 한마디 말조차 명확하게 못할 정도로 화가 났다.)

어휘 　**连**……**都**…… lián……dōu…… ~조차도 ~하다 　**讲** jiǎng 图 말하다 　**清楚** qīngchu 图 명확하다 　**生气** shēngqì 图 화가 나다

96

醒 xǐng 图 일어나다, 깨다

Step 1 　우리말로 문장 떠올리기
　　　　나는 늦게 잤기 때문에, 오늘 12시가 되어서야 깼다.

Step 2 　중국어로 활용 표현 써 보기
　　　　晚 wǎn 图 늦다

Step 3 　중국어로 문장 쓰기
　　　　因为我睡得很晚, 所以今天12点才**醒**。

+ 모범답안 　① 因为我睡得很晚，所以今天12点才**醒**。나는 늦게 잤기 때문에, 오늘 12시가 되어서야 깼다.
　　　　템플릿 因为我……，所以……。: 나는 ~하기 때문에, (그래서) ~한다.

　　　　② 她在睡觉，还没**醒**。그녀는 자고 있고, 아직 일어나지 않았다.

　　　　③ 女儿，你怎么还没**醒**? 딸아, 왜 아직도 일어나지 않았니?

어휘 　**才** cái 凰 ~에야 (비로소)

97

干杯 gānbēi 图 건배하다

Step 1 　우리말로 문장 떠올리기
　　　　그들은 이번 성공을 위해 건배하고 있다.

Step 2 　중국어로 활용 표현 써 보기
　　　　成功 chénggōng 图 성공하다

Step 3 　중국어로 문장 쓰기
　　　　他们正在为这次的成功**干杯**。

+ 모범답안 　① 他们正在为这次的成功**干杯**。그들은 이번 성공을 위해 건배하고 있다.
　　　　템플릿 ……正在……。: ~는 ~하고 있다.

　　　　② **干杯**! 祝贺你考上了大学。건배! 당신이 대학에 합격한 것을 축하해요.
　　　　템플릿 祝贺你……。: ~을 축하합니다.

　　　　③ 让我们为这次的成功**干杯**。우리 이번 성공을 위해 건배해요.

어휘 　**为** wèi 캐 ~을 위해, ~에게 　**祝贺** zhùhè 图 축하하다 　**考上大学** kǎoshang dàxué 대학에 합격하다

98

棒 bàng 阎 훌륭하다, 뛰어나다

Step 1 　우리말로 문장 떠올리기
　　　　내 딸은 정말 너무 훌륭하다.

Step 2 　중국어로 활용 표현 써 보기
　　　　女儿 nǚ'ér 图 딸

Step 3 　중국어로 문장 쓰기
　　　　我女儿实在太**棒**了。

+ 모범답안 ① 我女儿实在太棒了。 내 딸은 정말 너무 훌륭하다.

　　　템플릿 ……实在太……了。: ~는 정말 너무 ~하다.

② 你女儿挺棒的，又聪明又活泼。 당신의 딸은 참 훌륭하군요. 똑똑하고 활발해요.

　　　템플릿 ……又……又……。: ~는 ~하고 ~하다.

③ 父母都觉得自己的孩子很棒。 부모는 모두 자신의 자식이 훌륭하다고 생각한다.

어휘　**实在** shízài 閏정말, 확실히　**聪明** cōngming 閺똑똑하다, 총명하다　**活泼** huópō 閺활발하다　**自己** zìjǐ 閔자신, 자기

---

[99]

Step 1 우리말로 문장 떠올리기
당신 빨리 쓰레기를 비닐봉지에 넣으세요.

Step 2 중국어로 활용 표현 써 보기
垃圾 lājī 閺쓰레기

Step 3 중국어로 문장 쓰기
你快点儿把垃圾放在塑料袋里吧。

塑料袋 sùliàodài 閺비닐봉지

+ 모범답안 ① 你快点儿把垃圾放在塑料袋里吧。 당신 빨리 쓰레기를 비닐봉지에 넣으세요.

　　　템플릿 你快点儿……吧。: 당신 빨리 ~하세요.

② 这个塑料袋好像满了。 이 비닐봉지는 가득 찬 것 같다.

　　　템플릿 ……好像……了。: ~는 (마치) ~인 것 같다.

③ 我把塑料袋扔到垃圾桶里了。 나는 비닐봉지를 쓰레기통에 버렸다.

어휘　**好像** hǎoxiàng 閏(마치) ~인 것 같다　**满** mǎn 閺가득 차다, 가득하다　**扔** rēng 閻버리다　**垃圾桶** lājītǒng 閺쓰레기통

---

[100]

Step 1 우리말로 문장 떠올리기
샤오린, 당신은 안전에 주의하는 것이 좋겠어요.

Step 2 중국어로 활용 표현 써 보기
注意 zhùyì 閻주의하다, 조심하다

Step 3 중국어로 문장 쓰기
小林，你最好注意安全。

安全 ānquán 閺안전하다

+ 모범답안 ① 小林，你最好注意安全。 샤오린, 당신은 안전에 주의하는 것이 좋겠어요.

　　　템플릿 你最好……。: 당신은 ~하는 것이 (가장) 좋겠어요.

② 开车用手机很不安全。 운전하면서 휴대폰을 사용하는 것은 매우 안전하지 않다.

③ 我觉得开车时需要注意安全。 나는 운전할 때 안전에 주의해야 한다고 생각한다.

어휘　**最好** zuìhǎo 閏~하는 것이 (가장) 좋다　**开车** kāichē 閻운전하다　**用** yòng 閻사용하다, 쓰다
需要 xūyào 閻~해야 한다, 필요하다

실전모의고사 3

듣기   p.339

제1부분
1 ✕   2 ✓   3 ✕   4 ✓   5 ✕   6 ✕   7 ✓   8 ✓   9 ✕   10 ✓

제2부분
11 C   12 B   13 A   14 A   15 A   16 B   17 D   18 C   19 B   20 D   21 D   22 C   23 B   24 D   25 A

제3부분
26 B   27 C   28 C   29 D   30 C   31 C   32 B   33 B   34 D   35 C   36 B   37 D   38 B   39 A   40 D   41 A
42 D   43 B   44 C   45 A

독해   p.344

제1부분
46 E   47 C   48 A   49 F   50 B   51 D   52 A   53 F   54 E   55 B

제2부분
56 ABC   57 ACB   58 CAB   59 ABC   60 BAC   61 ACB   62 CBA   63 BAC   64 CBA   65 BCA

제3부분
66 D   67 A   68 C   69 B   70 C   71 B   72 C   73 B   74 D   75 B   76 C   77 D   78 C   79 C   80 D   81 B
82 B   83 A   84 C   85 D

쓰기   p.352

제1부분
86 这种巧克力实在太苦了。

87 你是否也想去看表演呢？

88 那个戴帽子的是你朋友吗？

89 散完步顺便把孙子接回来。

90 这学期的专业课安排得非常满。

91 图书馆里是禁止大声说话的。

92 妈妈被四川菜辣出了眼泪。

93 距离登机还有半个小时。

94 写作业成为了他最大的烦恼。

95 这些学生主要来自亚洲国家。

제2부분 [베스트 답안 구성]
96 麻烦你可以帮我尝一尝味道吗？

97 我特别喜欢逛街。

98 这份材料的内容实在太难了。

99 你快点儿擦眼镜吧。

100 王经理的电话好像占线了。

1

★ 总经理明天要去接客人。（　　　）

★ 사장은 내일 손님을 데리러 가야 한다. (✗)

小刘，请通知公司所有人，明天下午的会议换到星期五上午，因为总经理明天要出差。

샤오류, 회사의 모든 사람에게, 내일 오후 회의는 금요일 오전으로 바뀌었다고 공지해주세요. 사장님이 내일 출장을 가야 하기 때문이에요.

해설 문장의 总经理(사장), 明天(내일), 去接客人(손님을 데리러 가다)을 핵심 표현으로 체크해 두고, '사장은 내일 손님을 데리러 가야 한다'라는 의미임을 파악한다. 특히 시간 표현 明天이 지문에서도 동일하게 언급되는지 주의 깊게 듣는다. 지문의 出差(출장 가다)와 전혀 무관한 去接客人이 문장에서 언급되었으므로 불일치로 판단한다.

어휘 **总经理** zǒngjīnglǐ 몡사장, 최고 경영자　**接** jiē 통데리다, 마중하다　**客人** kèrén 몡손님　**通知** tōngzhī 통공지하다, 통지하다
所有 suǒyǒu 웽모든, 전부의　**会议** huìyì 몡회의　**换** huàn 통바꾸다, 교환하다　**出差** chūchāi 통출장 가다

2

★ 说话人认为早点儿买票比较好。（　　　）

★ 화자는 표를 일찍 사는 것이 비교적 좋다고 생각한다. (✓)

放寒假和暑假时，火车票和机票一般都比较难买，建议你还是提前在网上买。

겨울 방학과 여름 방학 때, 기차표와 비행기 표는 보통 구하기 비교적 어려우니, 미리 온라인으로 사는 것을 제안해요.

해설 문장의 早点儿(일찍), 买票(표를 사다), 好(좋다)를 핵심 표현으로 체크해 두고, '화자는 표를 일찍 사는 것이 비교적 좋다고 생각한다'라는 의미임을 파악한다. 지문의 火车票和机票……建议你还是提前在网上买(기차표와 비행기 표는……미리 온라인으로 사는 것을 제안해요)라는 내용을 통해 문장의 내용을 추론할 수 있으므로 일치로 판단한다.

어휘 **认为** rènwéi 통~이라고 생각하다　**比较** bǐjiào 뮈비교적　**寒假** hánjià 몡겨울 방학　**暑假** shǔjià 몡여름 방학
一般 yìbān 웽보통이다, 일반적이다　**难** nán 웽어렵다, 힘들다　**建议** jiànyì 통제안하다　**还是** háishi 뮈~하는 것이 좋다
提前 tíqián 통미리~하다, 앞당기다

3

★ 说话人觉得自己考得很不错。（　　　）

★ 화자는 자신이 시험을 잘 봤다고 생각한다. (✗)

这次我考得不太理想，有两道题完全答不出来。其实那两个问题是我前一天晚上复习过的。

이번에는 그다지 만족스럽지 않게 시험을 봤어요. 두 문제를 전혀 답하지 못했는데, 사실 그 두 문제는 제가 전날 밤 복습했던 것이었어요.

해설 문장의 考得很不错(시험을 잘 봤다)를 핵심 표현으로 체크해 두고, '화자는 자신이 시험을 잘 봤다고 생각한다'라는 의미임을 파악한다. 지문에서는 考得不太理想(그다지 만족스럽지 않게 시험을 봤어요)이 언급되었는데, 문장에서는 考得很不错라는 상반된 표현이 언급되어 다른 내용을 전달하므로 불일치로 판단한다.

어휘 **自己** zìjǐ 떼자신, 스스로　**理想** lǐxiǎng 웽만족스럽다, 이상적이다　**道** dào 얭[문제 등을 세는 단위]
完全 wánquán 뮈전혀, 완전히　**其实** qíshí 뮈사실, 실은　**复习** fùxí 통복습하다

4

★ 这双皮鞋的价格比较便宜。（　　　）

★ 이 가죽 구두의 가격은 비교적 저렴하다. (✓)

这双皮鞋我看你穿着挺合适，颜色也漂亮。正好我们今天也有活动，还能打八折。	이 가죽 구두는 제가 보기에 당신이 신으니 꽤 잘 어울리고, 색깔도 예쁘네요. 마침 저희가 오늘 행사도 있어서, 20%할인도 돼요.

해설　문장의 **皮鞋**(가죽 구두), **价格**(가격), **便宜**(저렴하다)를 핵심 표현으로 체크해 두고, '이 가죽 구두의 가격은 비교적 저렴하다'라는 의미임을 파악한다. 지문의 **这双皮鞋……打八折**(이 가죽 구두는……20%할인한다)라는 내용을 통해 문장의 내용을 추론할 수 있으므로 일치로 판단한다.

어휘　**双** shuāng 켤레, 쌍[짝을 이룬 물건을 세는 단위]　**皮鞋** píxié 가죽 구두　**价格** jiàgé 가격, 값　**挺** tǐng 꽤, 제법
　　　合适 héshì 잘 어울리다, 적합하다　**正好** zhènghǎo 마침　**活动** huódòng 행사, 활동　**打折** dǎzhé 할인하다

5　★ 昨天晚上说话人是走着回家的。（　　）　　★ 어제 저녁 화자는 걸어서 집에 갔다. (×)

昨天的活动结束得很晚，我们出来的时候，连出租车都很难打到，只好几个人坐一辆。	어제 행사가 늦게 끝났는데, 우리가 나왔을 때, 택시마저 잡기 힘들어서, 어쩔 수 없이 몇 명이서 한 차를 탔다.

해설　문장의 **昨天晚上**(어제 저녁), **走着回家**(걸어서 집에 가다)를 핵심 표현으로 체크해 두고, '어제 저녁 화자는 걸어서 집에 갔다'라는 의미임을 파악한다. 특히 시간 표현 昨天晚上이 지문에서도 동일하게 언급되는지 주의 깊게 듣는다. 문장의 내용이 지문의 **昨天的活动结束得很晚……只好几个人坐一辆**(어제 행사가 늦게 끝났는데……어쩔 수 없이 몇 명이서 한 차를 탔다)과 완전히 다른 사실을 언급하고 있으므로 불일치로 판단한다.

어휘　**活动** huódòng 행사, 활동　**结束** jiéshù 끝나다, 마치다　**连** lián ~마저, ~(조차)도　**难** nán 힘들다, 어렵다
　　　只好 zhǐhǎo 어쩔 수 없이, 부득이　**辆** liàng 대, 량[차량·자전거 등 탈 것을 세는 단위]

6　★ 小明性格很急。（　　）　　★ 샤오밍의 성격은 급하다. (×)

只要小明一出现，办公室里就满是笑声。他是我们办公室最不能缺少的"开心果"。	샤오밍이 나타나기만 하면, 사무실에는 웃음소리가 가득하다. 그는 우리 사무실에서 가장 빼놓을 수 없는 '엔도르핀'이다.

해설　문장의 **小明**(샤오밍), **性格**(성격), **急**(급하다)를 핵심 표현으로 체크해 두고, '샤오밍의 성격은 급하다'라는 의미임을 파악한다. 문장의 내용이 지문의 **只要小明一出现, 办公室里就满是笑声**(샤오밍이 나타나기만 하면, 사무실에는 웃음소리가 가득하다.)과 완전히 다른 사실을 언급하고 있으므로 불일치로 판단한다.

어휘　**性格** xìnggé 성격　**急** jí 급하다　**只要** zhǐyào ~하기만 하면　**出现** chūxiàn 나타나다, 출현하다
　　　办公室 bàngōngshì 사무실　**满** mǎn 가득하다, 가득차다　**笑声** xiào shēng 웃음소리
　　　缺少 quēshǎo 부족하다, 모자라다　**开心果** kāixīnguǒ 엔도르핀, 남을 즐겁게 하는 사람

7　★ 说话人现在喜欢上了自己的专业。（　　）　　★ 화자는 지금은 자신의 전공을 좋아하게 되었다. (✓)

刚开始我很讨厌这个专业，但是在老师们的影响下，我的想法有了很大的改变。	나는 처음에 이 전공을 매우 싫어했었다. 그러나 선생님의 영향으로 나의 생각에 큰 변화가 생겼다.

해설　문장의 **现在**(지금), **喜欢上**(좋아하게 되다), **专业**(전공)를 핵심 표현으로 체크해 두고, '화자는 지금은 자신의 전공을 좋아하게 되었다'라는 의미임을 파악한다. 특히 시간 표현 现在가 지문에서도 동일하게 언급되는지 주의 깊게 듣는다. 지문의 **刚开始我很讨厌这个专业……我的想法有了很大的改变**(나는 처음에 이 전공을 매우 싫어했었다……나의 생각에 큰 변화가 생겼다)이라는 내용을 통해 문장의 내용을 추론할 수 있으므로 일치로 판단한다.

어휘　**专业** zhuānyè 전공, 전문적이다　**刚开始** gāng kāishǐ 처음에는, 막 시작하다　**讨厌** tǎoyàn 싫어하다, 미워하다
　　　影响 yǐngxiǎng 영향, 영향을 주다　**想法** xiǎngfǎ 생각, 의견　**改变** gǎibiàn 변화하다, 바꾸다

8

★ 说话人一般不常看电视节目。（　　）

★ 화자는 보통 TV 프로그램을 자주 보지 않는다. (✓)

这个节目确实很有趣，连我这个平时不怎么爱看电视的人，也被它吸引住了。

이 프로그램은 확실히 재미있네요. 저처럼 평소에 TV 보는 것을 그다지 좋아하지 않는 사람조차도 사로잡혀 버렸어요.

해설　문장의 **一般**(보통), **不常看**(자주 보지 않는다), **电视节目**(TV 프로그램)를 핵심 표현으로 체크해 두고, '화자는 보통 TV 프로그램을 자주 보지 않는다'라는 의미임을 파악한다. 지문의 **不怎么爱看电视**(TV 보는 것을 그다지 좋아하지 않는다)이 문장에서 **不常看电视节目**(TV 프로그램을 자주 보지 않는다)로 바꾸어 표현되어 동일한 내용을 전달하므로 일치로 판단한다.

* 바꾸어 표현　**不怎么爱看电视** TV 보는 것을 그다지 좋아하지 않는다 → **不常看电视节目** TV 프로그램을 자주 보지 않는다

어휘　**一般** yìbān 웹보통이다, 일반적이다　**常** cháng 위자주, 늘　**节目** jiémù 웹프로그램　**确实** quèshí 위확실히, 틀림없이
　　　有趣 yǒuqù 웹재미있다, 흥미가 있다　**连** lián 게~(조차)도, ~마저　**平时** píngshí 웹평소, 평상시
　　　吸引 xīyǐn 图사로잡다, 매료시키다　**住** zhù 图[동사 뒤에 결과보어로 쓰여 확고함이나 안정됨을 나타냄]

9

★ 这段话是在机场听到的。（　　）

★ 이 지문은 공항에서 들리는 것이다. (×)

乘客们，晚上好，受大雪天气影响，G150高铁将会晚点三十分钟。请大家及时收听广播通知，不要远离火车站。

승객 여러분, 안녕하세요. 많은 눈이 내리는 날씨의 영향을 받아, G150 고속열차는 30분 연착될 것입니다. 안내 방송을 제때에 들어 주시고, 기차역을 벗어나지 말아 주세요.

해설　문장의 **机场**(공항)을 핵심 표현으로 체크해 두고, '이 지문은 공항에서 들리는 것이다'라는 의미임을 파악한다. 지문에서 언급된 **高铁**(고속열차), **火车站**(기차역)을 통해 이 지문은 공항에서 들리는 것이 아닌 기차역에서 들리는 것임을 알 수 있으므로 불일치로 판단한다.

어휘　**乘客** chéngkè 웹승객　**受影响** shòu yǐngxiǎng 영향을 받다　**高铁** gāotiě 고속열차　**晚点** wǎndiǎn 图연착하다
　　　及时 jíshí 위제때에, 즉시　**收听** shōutīng图듣다, 청취하다　**广播通知** guǎngbō tōngzhī 안내 방송
　　　远离 yuǎnlí 图벗어나다, 멀어지다

10

★ 李叔叔家来了很多人。（　　）

★ 리 아저씨 집에 많은 사람이 왔다. (✓)

外边儿好热闹，原来邻居李叔叔的女儿今天结婚，他家所有的亲戚都来了。

바깥이 매우 시끌벅적한데, 알고 보니 리 아저씨의 딸이 오늘 결혼해서, 그의 모든 친척이 다 왔다.

해설　문장의 **李叔叔**(리 아저씨), **来**(오다), **很多人**(많은 사람)을 핵심 표현으로 체크해 두고, '리 아저씨 집에 많은 사람이 왔다'라는 의미임을 파악한다. 지문의 **李叔叔……他家所有的亲戚都来了**(리 아저씨……그의 모든 친척이 다 왔다)라는 내용을 통해 문장의 내용을 추론할 수 있으므로 일치로 판단한다.

어휘　**叔叔** shūshu 웹아저씨, 삼촌　**热闹** rènao 웹시끌벅적하다, 떠들썩하다　**原来** yuánlái 위알고 보니
　　　结婚 jiéhūn 图결혼하다　**所有** suǒyǒu 웹모든, 전부의　**亲戚** qīnqi 웹친척

11

| A 经验丰富 | B 热情可爱 |
| C 态度认真 | D 长得漂亮 |

| A 경험이 풍부하다 | B 친절하고 귀엽다 |
| C 태도가 성실하다 | D 예쁘게 생겼다 |

男: 听说校长今天找小月谈话了，要让她到
　　美国工作两年。

女: 小月的工作态度一直很认真，对学生也
　　很负责，她最适合去美国。

问: 女的认为小月怎么样？

남: 듣자 하니 교장 선생님이 오늘 샤오위에와 이야기를
　　했는데, 그녀에게 미국으로 가서 2년 동안 일하라고
　　했대요.

여: 샤오위에의 업무 태도는 늘 성실하고, 학생에게도 책
　　임을 다하니, 그녀가 미국에 가기에 가장 적합하죠.

질문: 여자는 샤오위에가 어떻다고 생각하는가?

해설 제시된 선택지가 모두 사람의 상태·상황을 나타내고 있으므로 대화에서 언급되는 화자의 상태나 현재 처한 상황을 주의 깊
　　게 듣는다. 여자가 **小月的工作态度一直很认真**(샤오위에의 업무 태도는 늘 성실하다)이라고 했다. 질문이 여자는 샤오위에가
　　어떻다고 생각하는지 물었으므로 C **态度认真**(태도가 성실하다)을 정답으로 선택한다.

어휘 **经验** jīngyàn 阌경험, 체험　**丰富** fēngfù 匥풍부하다　**热情** rèqíng 匥친절하다, 열정적이다　**可爱** kě'ài 匥귀엽다
　　态度 tàidu 阌태도　**认真** rènzhēn 匥성실하다, 진지하다　**长** zhǎng 呴생기다, 자라다　**校长** xiàozhǎng 阌교장
　　谈话 tánhuà 呴이야기하다　**一直** yìzhí 剘늘, 계속　**负责** fùzé 呴책임을 다하다　**适合** shìhé 呴적합하다, 알맞다

12

A 工作环境	B 吃饭时间	A 업무 환경	B 식사 시간
C 同事关系	D 生活态度	C 동료 관계	D 생활 태도

女: 我看这儿工作环境还不错，你满意吗？

男: 十分满意，而且工资不低，还有奖金。
　　但是客人多的时候，不能按时吃饭。

问: 男的对哪方面不满意？

여: 제가 보기에 이곳의 업무 환경이 꽤 괜찮은데요, 당신
　　은 만족하시나요?

남: 매우 만족해요. 게다가 월급도 낮지 않고, 상여금도
　　있어요. 하지만 고객이 많을 때는 제 시간에 밥을 먹
　　을 수 없어요.

질문: 남자는 어느 부분에 만족하지 않는가?

해설 제시된 선택지가 모두 명사구이므로 대화를 들을 때 대화의 중심 소재가 무엇인지 주의 깊게 듣는다. 여자가 업무 환경에 만
　　족하냐고 묻자, 남자가 **十分满意……但是客人多的时候, 不能按时吃饭。**(매우 만족해요……하지만 고객이 많을 때는 제 시간
　　에 밥을 먹을 수 없어요.)이라고 답했다. 질문이 남자는 어느 부분에 만족하지 않는지 물었으므로 B **吃饭时间**(식사 시간)을 정답
　　으로 선택한다. 참고로, 여자가 언급한 **工作环境**(업무 환경)을 듣고 A를 정답으로 선택하지 않도록 주의한다.

어휘 **环境** huánjìng 阌환경　**同事** tóngshì 阌동료　**生活** shēnghuó 阌생활　**态度** tàidu 阌태도　**满意** mǎnyì 匥만족하다
　　十分 shífēn 剘매우, 대단히　**而且** érqiě 匫게다가, 또한　**工资** gōngzī 阌월급, 임금　**低** dī 匥낮다
　　奖金 jiǎngjīn 阌상여금, 보너스　**客人** kèrén 阌고객, 손님　**按时** ànshí 阌제 시간에, 제때에　**方面** fāngmiàn 阌부분, 분야

13

A 上网	B 运动	A 인터넷을 한다	B 운동한다
C 做家务	D 参加聚会	C 집안일을 한다	D 모임에 참석한다

男: 你昨天晚上刚向妈妈保证过，一定要早
　　睡早起，怎么又上网到现在？

女: 你千万别告诉她，我保证这是最后一次。

问: 女的为什么到现在还没睡觉？

남: 너 어젯밤에 엄마에게 반드시 일찍 자고 일찍 일어
　　나겠다고 막 약속했잖니, 왜 또 지금까지 인터넷을
　　하니?

여: 절대로 엄마한테 말하지 마세요. 이번이 마지막이라
　　고 약속할게요.

질문: 여자는 왜 지금까지 잠을 자지 않는가?

해설 제시된 선택지가 모두 행동을 나타내고 있으므로 대화를 들을 때 화자 또는 특정 인물이 하고 있거나 하려는 행동이 무엇인

지를 주의 깊게 듣는다. 남자가 **你昨天晚上刚向妈妈保证过, 一定要早睡早起, 怎么又上网到现在?**(너 어젯밤에 엄마에게 반드시 일찍 자고 일찍 일어나겠다고 막 약속했잖니, 왜 또 지금까지 인터넷을 하니?)라고 했다. 질문이 여자는 왜 지금까지 잠을 자지 않는지 물었으므로 A **上网**(인터넷을 한다)을 정답으로 선택한다.

어휘 **上网** shàngwǎng 圄인터넷을 하다　**家务** jiāwù 圄집안일　**参加** cānjiā 圄참석하다　**聚会** jùhuì 圄모임
　　刚 gāng 圄막, 방금　**向** xiàng 꽤~에게, ~을 향해　**保证** bǎozhèng 圄약속하다, 장담하다　**又** yòu 圄또, 다시
　　千万 qiānwàn 圄절대로, 반드시　**最后** zuìhòu 圄마지막, 최후

14

A 变瘦了	B 个子高了	A 날씬해졌다	B 키가 컸다
C 心情好了	D 饭吃得少了	C 기분이 좋아졌다	D 밥을 적게 먹게 되었다

女: 你有没有感觉到我最近瘦了不少?

男: 你不提我还真没发现, 怎么了? 是运动效果好还是工作压力太大?

问: 女的觉得自己有什么变化?

여: 저 요즘 많이 날씬해졌다고 느껴지지 않아요?

남: 당신이 말을 꺼내지 않았다면 정말 알아차리지 못했을텐데, 어떻게 된 거예요? 운동 효과가 좋아서예요? 아니면 업무 스트레스가 너무 커서예요?

질문: 여자는 자신이 어떤 변화가 있다고 생각하는가?

해설 제시된 선택지가 모두 사람의 상태·상황을 나타내고 있으므로 대화에서 언급되는 화자의 상태나 현재 처한 상황을 주의 깊게 듣는다. 여자가 **你有没有感觉到我最近瘦了不少?**(저 요즘 많이 날씬해졌다고 느껴지지 않아요?)라고 했다. 질문이 여자는 자신이 어떤 변화가 있다고 생각하는지 물었으므로 A **变瘦了**(날씬해졌다)를 정답으로 선택한다.

＊ 바꾸어 표현 **瘦了不少** 많이 날씬해졌다 → **变瘦了** 날씬해졌다

어휘 **瘦** shòu 圄마르다, 여위다　**个子** gèzi 圄키, 체격　**心情** xīnqíng 圄기분, 감정　**感觉** gǎnjué 圄느끼다, 여기다
　　最近 zuìjìn 圄요즘, 최근　**发现** fāxiàn 圄알아차리다, 발견하다　**效果** xiàoguǒ 圄효과　**还是** háishi 圈아니면
　　压力 yālì 圄스트레스, 부담　**自己** zìjǐ 떼자신, 스스로　**变化** biànhuà 圄변화

15

A 9号没上	A 9번 (선수)이 출전하지 않았다
B 天气不好	B 날씨가 좋지 않다
C 观众太少	C 관중이 너무 적다
D 力气不够	D 힘이 부족하다

男: 我说得没错吧? 这场足球比赛真是太有意思了。

女: 可惜9号没有上, 要是他上了的话, 恐怕咱们早就赢了。

问: 女的认为没赢的原因是什么?

남: 제 말이 맞죠? 이번 축구 경기는 정말 너무 재미있었어요.

여: 9번 (선수)이 출전하지 않아서 아쉬워요. 만약 그가 출전했다면, 아마도 진작에 우리가 이겼을 거예요.

질문: 여자는 이기지 못한 원인이 무엇이라고 생각하는가?

해설 제시된 선택지가 모두 특정 대상의 상태·상황을 나타내고 있으므로 대화를 들을 때 상태·상황과 관련된 내용을 주의 깊게 듣는다. 여자가 **可惜9号没上, 要是他上了的话, 恐怕咱们早就赢了。**(9번 (선수)이 출전하지 않아서 아쉬워요. 만약 그가 출전했다면, 아마도 진작에 우리가 이겼을 거예요.)라고 했다. 질문이 여자는 이기지 못한 원인이 무엇이라고 생각하는지 물었으므로 A **9号没上**(9번 (선수)이 출전하지 않았다)을 정답으로 선택한다.

어휘 **观众** guānzhòng 圄관중　**力气** lìqi 圄힘, 역량　**够** gòu 圄충분하다, 넉넉하다　**场** chǎng 圄번, 차례
　　比赛 bǐsài 圄경기, 시합　**有意思** yǒuyìsi 圄재미있다　**可惜** kěxī 圄아쉽다, 아깝다　**上** shàng 圄출전하다, 나가다
　　要是 yàoshi 圈만약~라면　**恐怕** kǒngpà 圄아마~일 것이다　**咱们** zánmen 떼우리(들)　**赢** yíng 圄이기다
　　原因 yuányīn 圄원인

16	A 茶	**B 果汁**	A 차	**B 주스**
	C 咖啡	D 牛奶	C 커피	D 우유

女：你要下楼吗？顺便帮我买杯咖啡吧，不加糖的。

男：你这几天觉都睡不好，还敢喝咖啡？我还是给你带一杯果汁吧。

问：男的建议女的喝什么？

여: 너 내려갈 거야? 겸사겸사 나 대신 커피 좀 사다 줘, 설탕 안 넣은 걸로.

남: 너 요 며칠 잠도 잘 못 잤으면서, 감히 커피를 마시겠다고? 내가 주스 한 잔을 사다 줄게.

질문: 남자는 여자에게 무엇을 마시는 것을 제안하는가?

해설 제시된 선택지가 모두 음료를 나타내는 특정 명사이므로 대화를 들을 때 언급되는 음료 및 관련 내용을 주의 깊게 듣는다. 여자가 커피를 사달라고 하자, 남자가 我还是给你带一杯果汁吧.(내가 주스 한 잔을 사다 줄게.)라고 했다. 질문이 남자는 여자에게 무엇을 마시는 것을 제안하는지 물었으므로 B 果汁(주스)을 정답으로 선택한다. 참고로, 여자가 언급한 咖啡(커피)를 듣고 C를 정답으로 선택하지 않도록 주의한다.

어휘 果汁 guǒzhī 몡주스　下楼 xià lóu (아래층으로) 내려가다　顺便 shùnbiàn 몜겸사겸사, ~하는 김에　糖 táng 몡설탕, 사탕
敢 gǎn 조통감히 ~하다　还是 háishi 몜…하는 편이 (더) 낫다　建议 jiànyì 통제안하다

17	A 东西卖完	B 活动结束	A 물건이 다 팔렸다	B 행사가 끝났다
	C 价格太贵	**D 质量会差**	C 가격이 너무 비싸다	**D 품질이 나쁠 것이다**

男：这些打折的东西价格这么便宜，会不会质量比较差呢？

女：也不一定，你相信我吧，这方面我很有经验的。

问：男的在担心什么？

남: 이 세일하는 물건들은 가격이 이렇게나 저렴한데, 품질이 비교적 나쁘지는 않을까요?

여: 꼭 그렇지만은 않아요, 저를 믿으세요. 이 분야에서는 제가 경험이 매우 많아요.

질문: 남자는 무엇을 걱정하는가?

해설 제시된 선택지가 모두 특정 대상의 상태·상황을 나타내고 있으므로 대화를 들을 때 상태·상황과 관련된 내용을 주의 깊게 듣는다. 남자가 这些打折的东西……会不会质量比较差呢?(이 세일하는 물건들은……품질이 비교적 나쁘지는 않을까요?)라고 했다. 질문이 남자가 무엇을 걱정하는지 물었으므로 D 质量会差(품질이 나쁠 것이다)를 정답으로 선택한다.

어휘 活动 huódòng 몡행사, 활동　结束 jiéshù 끝나다, 마치다　价格 jiàgé 몡가격, 값　质量 zhìliàng 몡품질, 질
打折 dǎzhé 통세일하다, 할인하다　相信 xiāngxìn 믿다, 신뢰하다　方面 fāngmiàn 몡분야, 부분　经验 jīngyàn 몡경험
担心 dānxīn 통걱정하다

18	A 饿极了	B 刚起床	A 매우 배가 고프다	B 막 일어났다
	C 特别困	D 回来得晚	**C 아주 피곤하다**	D 늦게 돌아왔다

女：你看起来很困，可是现在才八点多。

男：是啊，刚才吃完饭就想睡觉了，可能是因为饭后吃了感冒药。

问：关于男的，可以知道什么？

여: 당신 졸려 보여요. 하지만 지금 겨우 여덟 시가 조금 넘었어요.

남: 맞아요, 방금 밥을 다 먹자마자 자고 싶어졌는데, 아마도 밥 먹고 난 후에 감기약을 먹어서인 것 같아요.

질문: 남자에 관해, 알 수 있는 것은 무엇인가?

해설 제시된 선택지가 모두 사람의 상태·상황을 나타내고 있으므로 대화에서 언급되는 화자의 상태나 현재 처한 상황을 주의 깊

게 듣는다. 여자가 你看起来很困(당신 졸려 보여요)이라고 하자, 남자가 是啊(맞아요)라고 했다. 질문이 남자에 관해 알 수 있는 것을 물었으므로 C 特别困(아주 피곤하다)을 정답으로 선택한다.

어휘   饿 è 형 배고프다 …… 极了 ……jíle ……매우 ~하다   刚 gāng 부 막, 방금   特别 tèbié 부 아주, 특히
困 kùn 형 피곤하다, 졸리다   看起来 kànqǐlai ~해 보이다   可是 kěshì 접 하지만, 그러나   才 cái 부 겨우, ~에서야
刚才 gāngcái 부 방금, 지금   感冒 gǎnmào 명 감기 동 감기에 걸리다

19

A 正合适	B 有点儿厚	A 딱 알맞다	B 조금 두껍다
C 孩子会喜欢	D 小了一点儿	C 아이가 좋아할 것이다	D 조금 작다

男：这是我们这里卖得最好的本子，很多男孩儿都喜欢。

女：对于孩子来说，这种有点儿厚了。

问：女的觉得那种本子怎么样？

남: 이건 저희 가게에서 가장 잘 팔리는 노트예요. 많은 남자 아이들이 좋아해요.

여: 아이에게 이런 종류는 조금 두껍네요.

질문: 여자는 그런 종류의 노트가 어떻다고 생각하는가?

해설   제시된 선택지가 모두 특정 대상의 상태·상황을 나타내고 있으므로 대화를 들을 때 상태·상황과 관련된 내용을 주의 깊게 듣는다. 남자가 이것이 가게에서 가장 잘 팔리는 노트라고 하자, 여자가 对于孩子来说，这种有点儿厚了。(아이에게 이런 종류는 조금 두껍네요.)라고 했다. 질문이 여자는 그런 종류의 노트가 어떻다고 생각하는지 물었으므로 B 有点儿厚(조금 두껍다)를 정답으로 선택한다. 참고로, 남자가 언급한 很多男孩儿都喜欢(많은 남자 아이들이 좋아해요)을 듣고 C를 정답으로 선택하지 않도록 주의한다.

어휘   正 zhèng 부 딱, 마침   合适 héshì 형 알맞다, 적합하다   厚 hòu 형 두껍다   本子 běnzi 명 노트, 공책
对于……来说 duìyú……lái shuō ~에게 (있어서)   种 zhǒng 양 종류, 부류

20

A 船	B 火车	A 배	B 기차
C 飞机	D 出租车	C 비행기	D 택시

女：师傅，我在国际商场门口等你等了半个小时，你怎么还没到？

男：快了快了，我刚刚经过上海路，这边太堵车了，请你稍等一会儿。

问：女的可能在等什么？

여: 기사님, 저는 국제 백화점 입구에서 30분째 기사님을 기다리고 있는데, 왜 아직도 안 오세요?

남: 곧 갑니다. 방금 상하이로를 지났어요. 이쪽에 차가 너무 막혀서요. 조금만 기다려 주세요.

질문: 여자는 무엇을 기다리고 있을 가능성이 큰가?

해설   제시된 선택지가 모두 교통 수단을 나타내는 특정 명사이므로 대화를 들을 때 언급되는 교통 수단 및 관련 내용을 주의 깊게 듣는다. 여자가 师傅，我在国际商场门口等你等了半个小时(기사님, 저는 국제 백화점 입구에서 30분째 기사님을 기다리고 있어요)이라고 했다. 질문이 여자는 무엇을 기다리고 있을 가능성이 큰지 물었으므로 师傅(기사)라는 표현을 토대로 알 수 있는 D 出租车(택시)를 정답으로 선택한다.

어휘   船 chuán 명 배, 선박   师傅 shīfu 명 기사, 스승   国际 guójì 명 국제 형 국제적이다   商场 shāngchǎng 명 백화점, 쇼핑 센터
门口 ménkǒu 명 입구   半个小时 bàn ge xiǎoshí 30분   刚刚 gānggāng 부 방금, 막   经过 jīngguò 동 지나다, 거치다
堵车 dǔchē 동 차가 막히다   稍 shāo 부 조금, 약간   一会儿 yíhuìr 수량 잠시, 곧

21

A 把票弄丢了	B 来得太早了	A 표를 잃어버렸다	B 너무 일찍 왔다
C 看错了时间	D 坐错了座位	C 시간을 잘못 봤다	D 자리를 잘못 앉았다

男：打扰一下，您坐的好像是我的座位，这	남: 실례지만 당신이 앉은 곳이 아마도 제 자리인 것 같아
是我的票，八排三号。	요. 이것은 제 표예요. 8번째 줄 3번.
女：这里是八排吗？不好意思，我看错了，	여: 여기가 8번째 줄인가요? 죄송해요. 제가 잘못 봤네
我还以为这是九排。	요. 저는 여기가 9번째 줄인 줄 알았어요.
问：关于女的，可以知道什么？	질문: 여자에 관해, 알 수 있는 것은 무엇인가?

해설　제시된 선택지가 모두 사람의 상태·상황을 나타내고 있으므로 대화에서 언급되는 화자의 상태나 현재 처한 상황을 주의 깊게 듣는다. 남자가 您坐的好像是我的座位(당신이 앉은 곳이 아마도 제 자리인 것 같아요)라고 하자, 여자가 不好意思, 我看错了, 我还以为这是九排.(죄송해요. 제가 잘못 봤네요. 저는 여기가 9번째 줄인 줄 알았어요.)라고 했다. 질문이 여자에 관해 알 수 있는 것을 물었으므로 座位(자리), 看错了(잘못 봤다)라는 표현을 토대로 알 수 있는 D 坐错了座位(자리를 잘못 앉았다)를 정답으로 선택한다.

어휘　弄丢 nòngdiū 잃어버리다　座位 zuòwèi 몡 자리, 좌석　打扰 dǎrǎo 동 실례하다, 방해하다
好像 hǎoxiàng 분 (아마도) ~인 것 같다　排 pái 줄, 열　以为 yǐwéi 동 (~인줄) 알다, 여기다

22
A 开证明	B 去应聘	A 증명서를 뗀다	B 지원하러 간다
C 见王教授	D 和女的约会	**C 왕 교수를 만난다**	D 여자와 데이트한다

女：你的那篇文章写完了没有？	여: 너 그 글 다 썼니?
男：写好了，王教授也看过了，他约我今天	남: 다 썼어. 왕 교수님도 보셨고, 오늘 오후에 가서 이야
下午过去谈谈呢。	기하기로 약속했는걸.
问：男的下午可能做什么？	질문: 남자는 오후에 무엇을 할 가능성이 큰가?

해설　제시된 선택지가 모두 행동을 나타내고 있으므로 대화를 들을 때 화자 또는 특정 인물이 하고 있거나 하려는 행동이 무엇인지를 주의 깊게 듣는다. 여자가 글을 다 썼냐고 묻자, 남자가 王教授也看过了, 他约我今天下午过去谈谈呢(왕 교수님도 보셨고, 오늘 오후에 가서 이야기하기로 약속했는걸)라고 답했다. 질문이 남자는 오후에 무엇을 할 가능성이 큰지 물었으므로 王教授(왕 교수), 约(약속하다)라는 표현을 토대로 알 수 있는 C 见王教授(왕 교수를 만난다)를 정답으로 선택한다.

어휘　开证明 kāi zhèngmíng 증명서를 떼다　应聘 yìngpìn 동 지원하다, 초빙에 응하다　教授 jiàoshòu 몡 교수
约会 yuēhuì 동 데이트하다, 약속하다 몡 데이트, 약속　篇 piān 양 편, 장[문장·종이의 수를 셀 때 쓰임]
文章 wénzhāng 몡 글, 문장　约 yuē 동 약속하다　谈 tán 동 이야기하다, 토론하다

23
A 参加的人数	**B 举办的城市**	A 참가하는 사람 수	**B 개최되는 도시**
C 专门的网站	D 招聘的时间	C 전문 사이트	D 채용 시기

男：我在网站上看到你们公司要在全国举办	남: 제가 웹사이트에서 귀사가 전국에서 채용 박람회를
招聘会，请问会来北京吗？	열 것이라는 것을 봤는데, 베이징에도 오시나요?
女：我来看看，有的，我们在北京有一场研	여: 제가 한번 볼게요. 있네요. 베이징에서 대학원생 채용
究生招聘会。	박람회가 한 번 있어요.
问：关于招聘会，男的想知道什么？	질문: 채용 박람회에 관해, 남자는 무엇을 알고 싶어하
	는가?

해설　제시된 선택지가 모두 명사구이므로 대화를 들을 때 대화의 중심 소재가 무엇인지 주의 깊게 듣는다. 남자가 你们公司要在全国举办招聘会, 请问会来北京吗?(귀사가 전국에서 채용 박람회를 열 것이라던데, 베이징에도 오시나요?)라고 했다. 질문이 채

용 박람회에 관해 남자는 무엇을 알고 싶어하는지 물었으므로 **来北京吗?**(베이징에도 오시나요?)라는 표현을 토대로 알 수 있는 B **举办的城市**(개최되는 도시)을 정답으로 선택한다.

어휘 **举办** jǔbàn [동] 개최하다, 열다 **城市** chéngshì [명] 도시 **专门** zhuānmén [형] 전문적이다
网站 wǎngzhàn [명] 사이트, 홈페이지 **招聘** zhāopìn [동] 채용하다, 모집하다 **网站** wǎngzhàn [명] 웹사이트
场 chǎng [양] 회, 번 **研究生** yánjiūshēng [명] 대학원생

24

A 超市	B 邮局	A 마트	B 우체국
C 球场	**D 理发店**	C 구장	**D 미용실**

女：林林，天热了，头发短点儿会更舒服，放学以后咱们去趟理发店吧。	여: 린린, 날씨가 더워져서, 머리가 짧으면 더욱 편할 것 같아. 학교 끝나고 우리 미용실 한번 가자.
男：今天的作业多，礼拜天我再陪你去，行不行？	남: 오늘 과제가 많아서, 일요일에 너랑 같이 가 줄게. 어때?
问：星期天他们可能去哪儿？	질문: 일요일에 그들은 어디에 갈 가능성이 큰가?

해설 제시된 선택지가 모두 장소를 나타내고 있으므로 대화를 들을 때 화자 또는 특정 인물이 있는 장소 혹은 가려고 하는 장소가 어디인지를 주의 깊게 듣는다. 여자가 **放学以后咱们去趟理发店吧**(학교 끝나고 우리 미용실 한번 가자)라고 하자, 남자가 **礼拜天我再陪你去，行不行?**(일요일에 너랑 같이 가 줄게. 어때?)이라고 했다. 질문이 일요일에 그들은 어디에 갈 가능성이 큰지 물었으므로 D **理发店**(미용실)을 정답으로 선택한다.

어휘 **超市** chāoshì [명] 마트, 슈퍼 **邮局** yóujú [명] 우체국 **球场** qiúchǎng [명] 구장 **理发店** lǐfàdiàn 미용실 **头发** tóufa [명] 머리카락
短 duǎn [형] 짧다 **更** gèng [부] 더욱, 더 **舒服** shūfu [형] 편안하다 **放学** fàngxué [동] 학교가 마치다 **咱们** zánmen [대] 우리(들)
趟 tàng [양] 번, 차례[횟수를 세는 데 쓰임] **作业** zuòyè [명] 과제, 숙제 **礼拜天** lǐbàitiān [명] 일요일 **陪** péi [동] 같이 가다, 동반하다

25

A 打针	B 看病	**A 주사를 맞는다**	B 진료를 받는다
C 吃药	D 住院	C 약을 먹는다	D 입원한다

男：医生，我不怕打针，不过打的时候麻烦您轻一点儿。	남: 의사 선생님, 저는 주사가 무섭지 않아요. 하지만 놓으실 때 좀 살살 해 주세요.
女：你是我见过的最勇敢的孩子，我保证一点儿也不疼。	여: 너는 내가 본 아이 중 가장 용감한 아이야. 하나도 아프지 않다고 약속할게.
问：男的可能马上要做什么？	질문: 남자는 곧 무엇을 할 가능성이 큰가?

해설 제시된 선택지가 모두 행동을 나타내고 있으므로 대화를 들을 때 화자 또는 특정 인물이 하고 있거나 하려는 행동이 무엇인지를 주의 깊게 듣는다. 남자가 **我不怕打针，不过打的时候麻烦您轻一点儿**(저는 주사가 무섭지 않아요. 하지만 놓으실 때 좀 살살 해 주세요)이라고 했다. 질문이 남자는 곧 무엇을 할 가능성이 큰지 물었으므로 A **打针**(주사를 맞는다)을 정답으로 선택한다.

어휘 **打针** dǎzhēn [동] 주사를 맞다(놓다) **住院** zhùyuàn [동] 입원하다 **怕** pà [동] 무서워하다 **不过** búguò [접] 하지만, 그런데
麻烦 máfan [동] 번거롭게 하다, 폐를 끼치다 **轻** qīng [형] (힘이나 소리 등이) 가볍다, 작다 **勇敢** yǒnggǎn [형] 용감하다
保证 bǎozhèng [동] 약속하다, 장담하다 **疼** téng [형] 아프다

26

A 一个人	**B 一本小说**	A 사람	**B 소설책**
C 一部电影	D 一次会议	C 영화	C 회의

女：你看过小说《边城》吗？	여：『변성』이라는 소설 본 적 있어요?
男：看过，一个中国朋友建议我看的。	남：본 적 있어요. 중국 친구가 저에게 보라고 제안했어요.
女：我不仅喜欢故事里的人，还喜欢故事里的风景。	여：저는 이야기 속 인물을 좋아할 뿐만 아니라, 이야기 속 풍경도 좋아해요.
男：放暑假的时候，我们可以去一趟，听说那儿的自然景色确实不错。	남：여름 방학 때, 우리 한번 가 봐요. 듣자 하니 그곳의 자연 풍경이 정말 좋다고 하더라고요.
问：他们在谈什么？	질문: 그들은 무엇을 이야기하고 있는가?

해설　제시된 선택지가 모두 특정 명사이므로 대화에서 언급되는 각 선택지와 관련된 내용을 주의 깊게 듣는다. 여자가 **你看过小说《边城》吗?**(『변성』이라는 소설 본 적 있어요?)라고 묻자, 남자가 **看过**(본 적 있어요)라고 답했다. 질문이 그들은 무엇을 이야기하고 있는지 물었으므로 **小说**(소설)라는 표현을 토대로 알 수 있는 B **一本小说**(소설책)를 정답으로 선택한다.

어휘　**小说** xiǎoshuō 뗑소설　**部** bù 똉[영화, 서적 등을 세는 단위]　**会议** huìyì 뗑회의
　　　边城 Biānchéng 고유『변성』(중국 소설가 심종문의 중장편 소설)　**建议** jiànyì 똉제안하다
　　　不仅……还…… bùjǐn……hái…… ~뿐만 아니라 ~도　**故事** gùshi 뗑이야기　**风景** fēngjǐng 뗑풍경, 경치
　　　放暑假 fàng shǔjià 여름 방학을 하다　**趟** tàng 똉번, 차례[횟수를 세는 데 쓰임]　**自然** zìrán 뗑자연　**景色** jǐngsè 뗑풍경, 경치
　　　确实 quèshí 튀정말, 확실히

27

A 出发时间	B 旅游信息	A 출발 시간	B 여행 정보
C 天气情况	D 便宜的机票	**C 날씨 상황**	D 저렴한 비행기표

男：现在能看到下周的天气情况吗？	남：지금 다음 주 날씨 상황을 볼 수 있나요?
女：可以，不过也不知道准不准确。	여：네. 그런데 정확한지는 모르겠어요.
男：我查到了，网上说从下周四开始有雨。你什么时候出发？	남：찾았어요. 인터넷에서 다음 주 목요일부터 비가 온대요. 당신은 언제 출발해요?
女：星期三，应该不会影响航班起飞的。	여：수요일이요. 아마 항공기가 이륙하는데 영향을 주지는 않을 거예요.
问：男的在网上找了什么？	질문: 남자는 인터넷에서 무엇을 찾았는가?

해설　제시된 선택지가 모두 명사구이므로 대화를 들을 때 대화의 중심 소재가 무엇인지 주의 깊게 듣는다. 남자가 **现在能看到下周的天气情况吗?**(지금 다음 주 날씨 상황을 볼 수 있나요?)라고 하며, **我查到了，网上说从下周四开始有雨。**(찾았어요. 인터넷에서 다음 주 목요일부터 비가 온대요.)라고 했다. 질문이 남자는 인터넷에서 무엇을 찾았는지 물었으므로 C **天气情况**(날씨 상황)을 정답으로 선택한다. 참고로, 남자가 언급한 **你什么时候出发?**(당신은 언제 출발해요?)를 듣고 A를 정답으로 선택하지 않도록 주의한다.

어휘　**出发** chūfā 동출발하다, 떠나다　**信息** xìnxī 뗑정보, 소식　**情况** qíngkuàng 뗑상황　**不过** búguò 젭그런데, 그러나
　　　准确 zhǔnquè 혱정확하다, 틀림없다　**查** chá 동찾아보다, 조사하다　**影响** yǐngxiǎng 동영향을 주다 뗑영향
　　　航班 hángbān 뗑항공편, 운항편　**起飞** qǐfēi 동이륙하다, 떠오르다

28

A 邻居	B 师生	A 이웃	B 선생님과 학생
C 同事	D 夫妻	**C 동료**	D 부부

女：明天的答谢活动都准备好了吗？很多老顾客都会来。

男：该准备的都准备好了，一会儿我会再检查一遍。

女：明天就麻烦你了，我在附近开会，有事的话及时联系。

男：好的，你放心吧。

问：他们最可能是什么关系？

여: 내일 고객 감사 행사는 다 준비되었나요? 많은 단골 손님이 오실 거예요.

남: 준비해야 할 것은 다 준비했어요. 이따가 제가 한 번 더 점검할 거예요.

여: 내일 당신이 고생이 많겠어요. 저는 근처에서 회의를 하니, 일이 생기면 바로 연락하세요.

남: 알겠습니다. 마음 놓으세요.

질문: 그들은 무슨 관계일 가능성이 가장 큰가?

해설 제시된 선택지가 모두 관계를 나타내고 있으므로 대화를 들을 때 두 화자의 관계 혹은 특정 인물과의 관계를 나타내는 내용을 주의 깊게 듣는다. 여자가 明天的答谢活动都准备好了吗?(내일 고객 감사 행사는 다 준비되었나요?)라며, 我在附近开会, 有事的话及时联系(저는 근처에서 회의를 하니, 일이 생기면 바로 연락하세요)라고 했다. 질문이 그들의 관계를 물었으므로 准备(준비하다), 开会(회의하다)라는 표현을 토대로 알 수 있는 C 同事(동료)을 정답으로 선택한다.

어휘 邻居 línjū 圆이웃 师生 shīshēng 圆선생님과 학생, 사제 同事 tóngshì 圆동료 夫妻 fūqī 圆부부
答谢活动 dáxiè huódòng (고객) 감사 행사, 답례 행사 老顾客 lǎo gùkè 단골 손님 一会儿 yíhuìr 이따가, 잠시
检查 jiǎnchá 점검하다, 검사하다 遍 biàn 圆번, 차례 麻烦 máfan 圆번거롭게 하다, 부담을 주다
附近 fùjìn 圆근처, 부근 及时 jíshí 圆바로, 즉시 联系 liánxì 圆연락하다 放心 fàngxīn 圆마음을 놓다, 안심하다

29

A 迷路了　　　　　B 病得厉害
C 丢了钱包　　　　D 考得不好

A 길을 잃었다　　　　B 심하게 아프다
C 지갑을 잃어버렸다　　D 시험을 잘 못 봤다

男：你怎么看起来不太高兴？不是已经考完试了吗？

女：别提了，这次考得特别差，怎么开心得起来？

男：不要太难过了，我陪你去爬山，怎么样？

女：周末去吧，这几天我只想好好睡一觉。

问：女的怎么了？

남: 너 왜 기분이 별로 안 좋아 보여? 이미 시험 다 본 거 아니야?

여: 말도 꺼내지 마. 이번 시험을 특히 못 봤는데, 어떻게 즐거울 수 있겠어?

남: 너무 슬퍼하지 마. 같이 등산 가줄게, 어때?

여: 주말에 가자. 요 며칠은 잠 좀 푹 자고 싶어.

질문: 여자는 무슨 일인가?

해설 제시된 선택지가 모두 사람의 상태·상황을 나타내고 있으므로 대화에서 언급되는 화자의 상태나 현재 처한 상황을 주의 깊게 듣는다. 남자가 왜 기분이 안 좋아 보이냐고 묻자, 여자가 这次考得特别差, 怎么开心得起来?(이번 시험을 특히 못 봤는데, 어떻게 즐거울 수 있겠어?)라고 답했다. 질문이 여자는 무슨 일인지 물었으므로 D 考得不好(시험을 잘 못 봤다)를 정답으로 선택한다.

＊바꾸어 표현 考得特别差 시험을 특히 못 봤다 → 考得不好 시험을 잘 못 봤다

어휘 迷路 mílù 圆길을 잃다 厉害 lìhai 圆심하다, 대단하다 丢 diū 圆잃어버리다 看起来 kànqǐlai ~해 보이다
提 tí 圆말을 꺼내다, 언급하다 开心 kāixīn 圆즐겁다 难过 nánguò圆슬프다, 괴롭다 陪 péi 圆같이 가다, 동반하다
爬山 páshān 圆등산하다 周末 zhōumò 圆주말 好好(儿) hǎohāo(r) 圆푹, 잘

30

A 参加大赛　　　　B 锻炼身体
C 看一个节目　　　D 帮女的忙

A 대회에 참가한다　　　B 몸을 단련한다
C 프로그램을 본다　　　D 여자를 도와준다

女：是什么那么吸引你啊？我叫了你两次你都没听见。	여: 뭐가 너를 그렇게나 사로잡았니? 내가 너를 두 번이나 불렀는데도 너는 듣지 못했어.
男：啊，实在抱歉！我在看《自然》这个节目呢。	남: 아, 정말 미안해! 나는 『자연』이라는 프로그램을 보고 있어.
女：这期是介绍什么的？	여: 이번 시즌에는 뭘 소개해?
男：是关于长江的，记者在不同的地方调查它的水质和周围环境。	남: 창장에 관한 건데, 기자가 여러 장소에서 창장의 수질과 주위 환경을 조사하고 있어.
问：男的可能在做什么？	질문: 남자는 무엇을 하고 있을 가능성이 큰가?

해설 　제시된 선택지가 모두 행동을 나타내고 있으므로 대화를 들을 때 화자 또는 특정 인물이 하고 있거나 하려는 행동이 무엇인지를 주의 깊게 듣는다. 남자가 我在看《自然》这个节目呢.(나는 『자연』이라는 프로그램을 보고 있어.)라고 했다. 질문이 남자는 무엇을 하고 있을 가능성이 큰지 물었으므로 C 看一个节目(프로그램을 본다)를 정답으로 선택한다.

어휘 　**大赛** dàsài 圆 대회, 규모가 큰 경기　**锻炼** duànliàn 圆 단련하다　**节目** jiémù 圆 프로그램
　　　帮忙 bāngmáng 圆(일을) 돕다, 도움을 주다　**吸引** xīyǐn 圆 사로잡다, 끌어들이다　**实在** shízài 원 정말, 확실히
　　　抱歉 bàoqiàn 圆 미안해하다　**自然** zìrán 圆 자연　**期** qī 圆 시즌　**长江** Chángjiāng 교유 창장(강)　**记者** jìzhě 圆 기자
　　　不同 bùtóng 圆(같지 않은) 여러, 다르다　**地方** dìfang 圆 장소, 곳　**调查** diàochá 圆 조사하다　**水质** shuǐzhì 圆 수질
　　　周围 zhōuwéi 圆 주위, 주변　**环境** huánjìng 圆 환경

31

A 总结经验	B 研究材料	A 경험을 종합한다	B 자료를 검토한다
C 进行会议	D 参加聚会	**C 회의를 진행한다**	D 모임에 참석한다

男：这个问题不是上个星期已经研究过了吗？	남: 이 문제는 지난 주에 이미 검토하지 않았나요?
女：听说总经理看完材料，又提出了一些新的意见，他希望我们再讨论一下。	여: 듣자 하니 사장님이 자료를 다 보신 후에 새로운 의견들을 더 제기하셨고, 우리가 좀 더 논의하기를 바라신대요.
男：大家现在有空的话，一起开个会。	남: 여러분들이 지금 시간이 되면, 같이 회의를 하죠.
女：好的，我马上就去安排。	여: 좋아요, 바로 준비할게요.
问：他们打算做什么？	질문: 그들은 무엇을 하려고 하는가?

해설 　제시된 선택지가 모두 행동을 나타내고 있으므로 대화를 들을 때 화자 또는 특정 인물이 하고 있거나 하려는 행동이 무엇인지를 주의 깊게 듣는다. 남자가 大家现在有空的话，一起开个会。(여러분들이 지금 시간이 되면, 같이 회의를 하죠.)라고 하자, 여자가 好的，我马上就去安排。(좋아요, 바로 준비할게요.)라고 했다. 질문이 그들은 무엇을 하려고 하는지 물었으므로 C 进行会议(회의를 진행한다)를 정답으로 선택한다. 참고로, 남자가 언급한 研究(검토하다)를 듣고 B를 선택하지 않도록 주의한다.

　　　* 바꾸어 표현　**开会** 회의를 하다 → **进行会议** 회의를 진행하다

어휘 　**总结** zǒngjié 圆 종합하다, 총정리하다　**经验** jīngyàn 圆 경험, 체험　**研究** yánjiū 圆 검토하다, 연구하다　**材料** cáiliào 圆 자료, 재료
　　　进行 jìnxíng 圆 진행하다　**会议** huìyì 圆 회의　**参加** cānjiā 圆 참석하다　**聚会** jùhuì 圆 모임
　　　总经理 zǒngjīnglǐ 圆 사장, 최고 경영자　**又** yòu 원 더, 다시　**意见** yìjiàn 圆 의견, 견해　**讨论** tǎolùn 圆 논의하다, 토론하다
　　　空 kòng 圆 시간, 틈, 짬　**马上** mǎshàng 원 바로, 곧　**安排** ānpái 圆(인원 시간 등을) 준비하다

32

A 在银行对面	A 은행 맞은편에 있다
B 菜有点儿咸	**B 요리가 조금 짜다**
C 女的以前去过	C 여자는 예전에 가본 적이 있다
D 只有面条和饺子	D 국수와 만두만 있다

女：今天中午咱们换家饭馆吃吧。	여: 오늘 점심은 우리 다른 음식점에서 먹어요.
男：行啊，这几天一直吃面条儿和饺子，正好想吃别的了。	남: 좋아요. 요 며칠 국수와 만두만 계속 먹었더니, 마침 다른 것이 먹고 싶어졌어요.
女：那我们去对面新开的那家尝尝，怎么样？	여: 그럼 우리 맞은편에 새로 연 곳에 가서 먹어보는 것 어때요?
男：是邮局旁边的那家吗？他们家的菜有点儿咸。	남: 우체국 옆에 있는 그 집이요? 그 집 요리는 조금 짜요.
问：关于那家新饭馆，可以知道什么？	질문: 새 식당에 관해, 알 수 있는 것은 무엇인가?

해설 제시된 선택지가 모두 특정 대상의 상태·상황을 나타내고 있으므로 대화를 들을 때 상태·상황과 관련된 내용을 주의 깊게 듣는다. 여자가 那我们去对面新开的那家尝尝,怎么样?(그럼 우리 맞은편에 새로 연 곳에 가서 먹어보는 것 어때요?)이라고 묻자, 남자가 他们家的菜有点儿咸。(그 집 요리는 조금 짜요.)이라고 답했다. 질문이 새 식당에 관해 알 수 있는 것을 물었으므로 B 菜有点儿咸(요리가 조금 짜다)를 정답으로 선택한다.

어휘 银行 yínháng 圀은행 对面 duìmiàn 圀맞은편 咸 xián 혱짜다 以前 yǐqián 圀예전, 이전 饺子 jiǎozi 圀만두, 교자
　　 咱们 zánmen 떼우리(들) 换 huàn 통바꾸다, 교환하다 饭馆 fànguǎn 圀음식점 一直 yìzhí 凰계속, 줄곧
　　 正好 zhènghǎo 凰마침 尝 cháng 통맛보다 邮局 yóujú 圀우체국

33

A 买沙发		**B 修空调**	
C 收拾行李		D 检查身体	

A 소파를 산다		**B 에어컨을 수리한다**	
C 짐을 정리한다		D 신체검사를 한다	

男：妈说家里的空调坏了，让我去修，你下午能接孩子吗？	남: 어머니께서 집에 있는 에어컨이 고장 났으니 나보고 수리하라고 하셨는데, 오후에 당신이 아이 마중 나갈 수 있어?
女：那我跟经理请个假，早点儿出发应该来得及。	여: 그럼 매니저님께 조퇴 신청을 할게. 일찍 출발하면 아마 제 시간에 갈 수 있을 거야.
男：晚上我就不回来吃饭了，你们俩别等我。	남: 저녁은 집에서 먹지 않을 거니까, 둘이 나 기다리지 마.
女：知道了，走之前给我打个电话。	여: 알겠어. 가기 전에 전화 한번 해줘.
问：男的下午可能做什么？	질문: 남자는 오후에 무엇을 할 가능성이 큰가?

해설 제시된 선택지가 모두 행동을 나타내고 있으므로 대화를 들을 때 화자 또는 특정 인물이 하고 있거나 하려는 행동이 무엇인지를 주의 깊게 듣는다. 남자가 妈说家里的空调坏了,让我去修,你下午能接孩子吗?(어머니께서 집에 있는 에어컨이 고장 났으니 나보고 수리하라고 하셨는데, 오후에 당신이 아이 마중 나갈 수 있어?)라고 했다. 질문이 남자는 오후에 무엇을 할 가능성이 큰지 물었으므로 空调坏了(에어컨이 고장 났다), 修(수리하다)라는 표현을 토대로 알 수 있는 B 修空调(에어컨을 수리한다)를 정답으로 선택한다.

어휘 沙发 shāfā 圀소파 修 xiū 통수리하다, 고치다 空调 kōngtiáo 圀에어컨 收拾 shōushi 통정리하다, 치우다
　　 行李 xíngli 圀짐 检查 jiǎnchá 통검사하다, 점검하다 坏 huài 통고장 나다, 상하다 接 jiē 통마중하다
　　 经理 jīnglǐ 圀매니저 请假 qǐngjià 통(휴가·조퇴 등을) 신청하다 出发 chūfā 통출발하다, 떠나다
　　 应该 yīnggāi 区통아마도, ~해야 한다 来得及 láidejí 통제 시간에 가다, 늦지 않다 俩 liǎ 囝두 사람, 두 개

A 进行比赛	B 讨论问题	A 경기를 한다	B 문제를 토론한다
C 打印材料	D 应聘工作	C 자료를 인쇄한다	D 일자리에 지원한다

女：你认为自己最大的优点是什么？

男：我觉得自己最大的优点是有责任心，而且愿意学习新知识。

女：那你觉得自己有什么缺点呢？

男：在生活中缺少一点儿耐心。

问：男的可能在做什么？

여: 당신은 자신의 가장 큰 장점이 무엇이라고 생각합니까?

남: 저의 가장 큰 장점은 책임감이 있고, 또한 새로운 지식을 배우는 것을 좋아하는 것이라고 생각합니다.

여: 그러면 자신이 어떤 단점이 있다고 생각합니까?

남: 일상 생활에서 인내심이 조금 부족합니다.

질문: 남자는 무엇을 하고 있을 가능성이 큰가?

해설 제시된 선택지가 모두 행동을 나타내고 있으므로 대화를 들을 때 화자 또는 특정 인물이 하고 있거나 하려는 행동이 무엇인지를 주의 깊게 듣는다. 여자가 남자에게 优点是什么?(장점이 무엇입니까?)라고 묻자, 남자가 优点是有责任心(장점은 책임감이 있다)이라고 답했다. 이어서 여자가 有什么缺点呢?(어떤 단점이 있습니까?)라고 묻자, 남자가 缺少一点儿耐心(인내심이 조금 부족합니다)이라고 대답했다. 질문이 남자는 무엇을 하고 있을 가능성이 큰지 물었으므로 대화 전반적으로 남자의 장점과 단점을 물어보고 답하는 내용을 토대로 알 수 있는 D 应聘工作(일자리에 지원한다)를 정답으로 선택한다.

어휘 进行 jìnxíng 통진행하다 比赛 bǐsài 명경기, 시합 讨论 tǎolùn 통토론하다 打印 dǎyìn 통인쇄하다
材料 cáiliào 명자료, 재료 应聘 yìngpìn 통지원하다, 초빙에 응하다 认为 rènwéi 통~라고 생각하다
自己 zìjǐ 대자신, 스스로 优点 yōudiǎn 명장점 责任心 zérèn xīn 책임감 而且 érqiě 접또한, 게다가
愿意 yuànyì 조통좋아하다, 원하다 知识 zhīshi 명지식 缺点 quēdiǎn 명단점, 결점 生活 shēnghuó 명생활
缺少 quēshǎo 통부족하다, 모자라다 耐心 nàixīn 명인내심

A 逛街了	B 加班了	A 쇼핑을 했다	B 야근을 했다
C 看房子了	D 去运动了	C 집을 봤다	D 운동을 하러 갔다

男：听说你有买房子的计划了？

女：最近几个月房价贵了不少，我怎么买得起？

男：我上个周末好像看到你在附近看房。

女：那是因为我姐姐想在周围租个房子，所以让我陪她一起去看。

问：女的上个周末做什么了？

남: 듣자 하니 당신 집을 살 계획이 생겼다면서요?

여: 최근 몇 개월 동안 집 값이 많이 비싸졌는데, 제가 어떻게 살 수 있겠어요?

남: 지난 주말에 당신이 근처에서 집을 보는 걸 본 것 같아요.

여: 그건 저희 언니가 주위에 방을 구하고 싶어서, 저한테 같이 가서 봐 달라고 한 것이었어요.

질문: 여자는 지난 주말에 무엇을 했는가?

해설 제시된 선택지가 모두 사람의 상태 상황을 나타내고 있으므로 대화에서 언급되는 화자의 상태나 현재 처한 상황을 주의 깊게 듣는다. 남자가 我上个周末好像看到你在附近看房。(지난 주말에 당신이 근처에서 집을 보는 걸 본 것 같아요.)이라고 하자, 여자가 那是因为我姐姐想在周围租个房子, 所以让我陪她一起去看。(그건 저희 언니가 주위에 방을 구하고 싶어서, 저한테 같이 가서 봐 달라고 한 것이었어요.)이라고 했다. 질문이 여자는 지난 주말에 무엇을 했는지 물었으므로 C 看房子了(집을 봤다)를 정답으로 선택한다.

어휘 逛街 guàng jiē 쇼핑하다, 거리를 구경하다 加班 jiābān 통야근하다 房子 fángzi 명집, 건물 计划 jìhuà 명계획
最近 zuìjìn 명최근, 요즘 买得起 mǎi de qi 살 수 있다(살 능력이 되다) 周末 zhōumò 명주말
好像 hǎoxiàng 분(마치)~인 것 같다 附近 fùjìn 명근처, 부근 周围 zhōuwéi 명주위, 주변 租 zū 통임대하다, 세내다
陪 péi 통같이 가다, 동반하다

36. A 按时吃药

    B 今天很特别

    C 别忘记带伞

    D 不要乱放东西

37. A 没有拿报纸

    B 平时在家很懒

    C 今天想换座位

    D 没理解妻子的话

36. A 제때에 약을 먹는다

    B 오늘은 특별하다

    C 우산을 챙기는 것을 잊지 마라

    D 함부로 물건을 두지 마라

37. A 신문을 가지고 오지 않았다

    B 평소에 집에서 게으르다

    C 오늘 자리를 바꾸고 싶다

    D 부인의 말을 이해하지 못했다

第36到37题是根据下面一段话：

    有一对夫妻结婚好多年了，³⁶丈夫总是会忘记一些特别的日子。在结婚十年的那天，他们俩在餐桌上吃早饭，³⁶妻子借这个机会提醒丈夫说：³⁷"你知不知道？我们坐在这两张椅子上已经十年了。"丈夫放下手里的杂志，看着妻子说：³⁷"你是不是想跟我换个座位？"

36. 妻子想要提醒丈夫什么？

37. 关于丈夫，可以知道什么？

36-37번 문제는 다음 내용에 근거한다.

    한 부부가 결혼한 지 여러 해가 되어서, ³⁶남편은 늘 특별한 날들을 잊어버리곤 했다. 결혼한 지 10년이 되던 날, 두 사람은 식탁에서 아침을 먹고 있었는데, ³⁶부인은 이 기회에 남편에게 일깨워주고자 말했다. ³⁷"당신 알고 있어요? 우리가 이 두 의자에 앉은 지 벌써 10년이 되었어요." 남편은 손에 있는 잡지를 내려놓고, 부인을 보며 말했다. ³⁷"당신 저와 자리를 바꾸고 싶어요?"

36. 부인이 남편에게 일깨워주려던 것은 무엇인가?

37. 남편에 대해, 알 수 있는 것은 무엇인가?

해설 선택지 읽기

    37번의 선택지 没有拿报纸(신문을 가지고 오지 않았다), 平时在家很懒(평소에 집에서 게으르다), 没理解妻子的话(부인의 말을 이해하지 못했다)를 읽고, 특정 인물과 관련된 이야기가 나올 것임을 예상할 수 있다. 따라서 단문을 들을 때 인물과 관련된 세부 내용을 주의 깊게 듣는다.

단문 듣기

    단문 초반에서 丈夫总是会忘记一些特别的日子(남편은 늘 특별한 날들을 잊어버리곤 했다)와 妻子借这个机会提醒丈夫说(부인은 이 기회에 남편에게 일깨워주고자 말했다)를 듣고 36번의 B 今天很特别(오늘은 특별하다)를 체크해 둔다.

    이어서 "你知不知道？我们坐在这两张椅子上已经十年了。"("당신 알고 있어요? 우리가 이 두 의자에 앉은 지 벌써 10년이 되었어요.")와 "你是不是想跟我换个座位？"("당신 저와 자리를 바꾸고 싶어요?")를 듣고 37번의 D没理解妻子的话(부인의 말을 이해하지 못했다)를 체크해 둔다.

질문 듣고 정답 선택하기

36. 부인이 남편에게 일깨워주려던 것을 물었으므로 B 今天很特别(오늘은 특별하다)를 정답으로 선택한다.

37. 남편에 대해 알 수 있는 것을 물었으므로, 부인이 오늘이 결혼한 지 10년이 되는 날이라는 것을 일깨워주려고 한 말을 남편이 잘못 이해한 내용을 통해 유추할 수 있는 D 没理解妻子的话(부인의 말을 이해하지 못했다)를 정답으로 선택한다.

어휘 按时 ànshí 图제때에　特别 tèbié 图특별하다, 특이하다　忘记 wàngjì 图잊어버리다, 까먹다　带 dài 图챙기다, 가지다　伞 sǎn 图우산　乱 luàn 图함부로, 제멋대로　放 fàng 图두다, 넣다　拿 ná 图가지다, 잡다　平时 píngshí 图평소　懒 lǎn 图게으르다　换 huàn 图바꾸다, 교환하다　座位 zuòwèi 图자리, 좌석　理解 lǐjiě 图이해하다, 알다　对 duì 図쌍, 짝　夫妻 fūqī 図부부　总是 zǒngshì 图늘, 항상　日子 rìzi 図날, 날짜　俩 liǎ 囹두 사람, 두 개　借 jiè 图빌리다, 빌려 주다　机会 jīhuì 図기회　提醒 tíxǐng 图일깨우다, 깨우치다　杂志 zázhì 図잡지

38. A 颜色会变　　　**B** 样子不同

　　C 秋天掉叶　　　D 大小相同

39. **A** 要支持孩子

　　B 走自己的路

　　C 有积极的态度

　　D 不要和别人比较

---

38. A 색깔이 변한다　　　**B** 모양이 다르다

　　C 가을에 잎이 떨어진다　D 크기가 같다

39. **A** 아이를 지지해야 한다

　　B 자신의 길을 간다

　　C 긍정적인 태도를 가진다

　　D 다른 사람과 비교하지 마라

第38到39题是根据下面一段话：

　　38有位名人说过一句话："世界上没有完全相同的两片树叶。"同样，世界上没有完全相同的两个人，每个人都有自己的优点和缺点。既然这样，39那就不要总和别人比较，以积极向上的态度，坚持走自己的路，相信你能得到想要的生活。

38. 根据名人的话，树叶有什么特点？

39. 下列哪个不是说话人的建议？

38-39번 문제는 다음 내용에 근거한다.

　　38한 유명 인사가 "세상에 완전히 같은 나뭇잎 두 개는 없다."라는 말을 한 적이 있다. 마찬가지로, 세상에 완전히 같은 두 사람은 없으며, 모든 사람은 자신의 장점과 단점을 가지고 있다. 기왕 이렇다면, 39늘 다른 사람과 비교하지 말고, 긍정적이고 진취적인 태도로 자신의 길을 꾸준히 간다면, 당신이 원하는 삶을 얻을 수 있다고 믿는다.

38. 유명 인사의 말에 근거하여, 나뭇잎은 어떤 특징이 있는가?

39. 다음 중 화자의 제안이 아닌 것은 무엇인가?

해설　선택지 읽기

39번의 要支持孩子(아이를 지지해야 한다), 走自己的路(자신의 길을 간다), 不要和别人比较(다른 사람과 비교하지 마라)가 주관적인 의견을 나타내고 있으므로, 삶의 태도와 관련된 논설문이 나올 것임을 예상할 수 있다. 따라서 화자의 의견이나 단문의 주제가 자주 언급되는 단문의 처음 부분과 끝 부분을 주의 깊게 듣는다.

단문 듣기

단문 초반에서 有位名人说过一句话："世界上没有完全相同的两片树叶。"(한 유명 인사가 "세상에 완전히 같은 나뭇잎 두 개는 없다."라는 말을 한 적이 있다.)를 듣고 38번의 B 样子不同(모양이 다르다)을 체크해 둔다.

단문 후반에서 那就不要总和别人比较，以积极向上的态度，坚持走自己的路(늘 다른 사람과 비교하지 말고, 긍정적이고 진취적인 태도로 자신의 길을 꾸준히 간다)를 듣고 39번의 B 走自己的路(자신의 길을 간다), C 有积极的态度(긍정적인 태도를 가진다), D 不要和别人比较(다른 사람과 비교하지 마라)를 체크해 둔다.

질문 듣고 정답 선택하기

38. 유명 인사의 말에 근거하여 나뭇잎은 어떤 특징이 있는지 물었으므로 B 样子不同(모양이 다르다)을 정답으로 선택한다.

39. 다음 중 화자의 제안이 아닌 것을 물었으므로 단문에서 언급되지 않은 A 要支持孩子(아이를 지지해야 한다)를 정답으로 선택한다.

어휘　样子 yàngzi 뗑모양, 모습　掉叶 diào yè 잎이 떨어지다　相同 xiāngtóng 톙(서로) 같다　支持 zhīchí 됭지지하다
自己 zìjǐ 떼자신, 스스로　积极 jījí 톙긍정적이다, 적극적이다　态度 tàidu 뗑태도　别人 biérén 떼다른 사람, 타인
比较 bǐjiào 됭비교하다　位 wèi 떙분, 명　名人 míngrén 뗑유명 인사, 유명한 사람　世界 shìjiè 뗑세상, 세계
完全 wánquán 틘완전히　片 piàn 떙[조각·면적 등을 세는 단위]　树叶 shù yè 나뭇잎　优点 yōudiǎn 뗑장점　缺点 quēdiǎn 뗑단점
既然……就…… jìrán……jiù…… 기왕 ~인 이상　以 yǐ 쪠~(으)로(써), ~을 가지고　坚持 jiānchí 됭꾸준히 하다
相信 xiāngxìn 됭믿다, 신뢰하다　生活 shēnghuó 뗑삶, 생활　特点 tèdiǎn 뗑특징, 특색　建议 jiànyì 뗑제안

40. A 电视剧	B 网站		40. A 드라마	B 웹사이트
C 广告	**D 杂志**		C 광고	**D 잡지**
41. **A 打扮**	B 艺术		41. **A 꾸밈**	B 예술
C 健康	D 经济		C 건강	D 경제

第40到41题是根据下面一段话：

　　与看电影和看小说相比，⁴⁰我更喜欢看杂志，尤其是一本叫做《流行色》的杂志。⁴¹它介绍了很多关于穿戴打扮的方法，比如比较胖的人最好穿深色的衣服或者长裙，个子不高的人不要穿太长、太大的上衣。我每个月都会买一本《流行色》，它的价格也不算太贵，里面的广告不多，而且很厚。

40. 说话人在介绍什么？

41. 通过《流行色》能了解哪方面的知识？

40-41번 문제는 다음 내용에 근거한다.

　　영화를 보는 것과 소설을 보는 것을 비교했을 때, ⁴⁰나는 잡지를 보는 것을 더 좋아하는데, 특히 『유행하는 색』이라는 잡지를 좋아한다. ⁴¹이것은 입고 꾸미는 것에 관한 많은 방법을 소개하고 있는데, 비교적 뚱뚱한 사람은 진한 색의 옷이나 긴 치마를 입는 것이 가장 좋고, 키가 크지 않은 사람은 너무 길거나, 큰 상의를 입지 않아야 한다는 것이 그 예다. 나는 매달 『유행하는 색』을 사는데, 이것의 가격은 그다지 비싼 편도 아니고, 안에 광고가 많지 않으며, 게다가 두껍다.

40. 화자는 무엇을 소개하고 있는가?

41. 『유행하는 색』을 통해 어떤 분야의 지식을 알 수 있는가?

해설 선택지 읽기

40번과 41번의 선택지가 모두 특정 명사로 구성되어 있으므로, 단문을 들을 때 각 선택지와 관련하여 언급되는 내용을 주의 깊게 듣는다.

단문 듣기

단문 초반에서 **我更喜欢看杂志，尤其是一本叫做《流行色》的杂志**(나는 잡지를 보는 것을 더 좋아하는데, 특히 『유행하는 색』이라는 잡지를 좋아한다)을 듣고 40번의 D 杂志(잡지)을 체크해 둔다. 이어서 **它介绍了很多关于穿戴打扮的方法**(이것은 입고 꾸미는 것에 관한 많은 방법을 소개하고 있다)을 듣고 41번의 A 打扮(꾸밈)을 체크해 둔다.

단문 후반에서 **里面的广告不多**(안에 광고가 많지 않다)를 듣고 40번의 C 广告(광고)를 체크해 둔다.

질문 듣고 정답 선택하기

40. 화자는 무엇을 소개하고 있는지 물었으므로 D 杂志(잡지)을 정답으로 선택한다.

41. 『유행하는 색』을 통해 어떤 분야의 지식을 알 수 있는지 물었으므로 A 打扮(꾸밈)을 정답으로 선택한다.

어휘 **电视剧** diànshìjù 몡 드라마　**网站** wǎngzhàn 몡 웹사이트　**广告** guǎnggào 몡 광고　**杂志** zázhì 몡 잡지
打扮 dǎban 툉 꾸미다, 치장하다　**艺术** yìshù 몡 예술　**健康** jiànkāng 혱 건강하다　**经济** jīngjì 몡 경제
与……相比 yǔ……xiāngbǐ ~과 비교하다　**更** gèng 閂 더, 더욱　**尤其** yóuqí 閂 특히, 더욱　**流行** liúxíng 툉 유행하다
穿戴 chuāndài 툉 입다, 꾸미다　**方法** fāngfǎ 몡 방법, 방식　**比如** bǐrú 툉 ~가 예다, 예를 들어 ~이다　**比较** bǐjiào 閂 비교적
胖 pàng 혱 뚱뚱하다　**最好** zuìhǎo 閂 ~하는 게 제일 좋다　**深** shēn 혱 진하다, 깊다　**或者** huòzhě 젭 ~이나
长裙 chángqún 몡 긴 치마, 롱스커트　**个子** gèzi 몡 (사람의) 키　**上衣** shàngyī 몡 상의　**价格** jiàgé 몡 가격, 값
而且 érqiě 젭 게다가, 또한　**厚** hòu 혱 두껍다　**通过** tōngguò 刈 ~을 통해　**了解** liǎojiě 툉 알다, 이해하다
方面 fāngmiàn 몡 분야, 부분　**知识** zhīshi 몡 지식

42. A 搬回家住

    B 陪父母旅行

    C 去外地工作

    D 周末一起回家

43. A 饭菜吃不完

    B 父母没人陪

    C 爸爸抽烟太多

    D 爸妈不会做饭

42. A 집으로 돌아가서 산다

    B 부모님을 모시고 여행을 간다

    C 외지로 가서 일한다

    D 주말에 같이 집에 간다

43. A 음식을 다 못 먹는다

    B 부모님과 함께할 사람이 없다

    C 아빠가 담배를 너무 많이 피운다

    D 아빠와 엄마는 밥을 할 줄 모른다

第42到43题是根据下面一段话:

    我和弟弟因为工作的原因，先后都从家里搬出去住了，⁴³家里就只剩下父母两个人。没有了我们，他们总是很孤单。⁴²我跟弟弟经过商量以后，决定一到周末就回家去看看他们，仅仅是陪他们吃一顿饭也好。每次回家，妈妈都会做不少我们俩爱吃的菜，全家人一起边吃边聊天真的很幸福。爸妈年龄一天比一天大了，也需要我们的关心和照顾。如果能常回家看看，我们就不会太担心他们孤单。

42. 说话人和弟弟决定做什么?

43. 说话人最担心的是什么?

42-43번 문제는 다음 내용에 근거한다.

    나와 남동생은 일 때문에, 잇따라 집에서 나가서 살게 되어서, ⁴³집에 부모님 두 분만 남게 되었다. 우리가 없어지니, 그들은 늘 외로워하신다. ⁴²나와 남동생은 상의를 한 후, 밥 한 끼만 함께하더라도 좋으니 ⁴²주말이 되면 집으로 그들을 보러 가기로 결정했다. 집에 갈 때마다, 엄마는 우리가 좋아하는 음식을 많이 해 주고, 온 가족이 함께 먹으면서 이야기하는데, 정말 행복하다. 아빠와 엄마의 연세는 하루가 갈수록 많아져서, 우리의 관심과 보살핌이 필요하다. 만약 자주 집에 가서 볼 수 있으면, 우리는 그들이 외로워하는 것을 그렇게 걱정하지 않을 것이다.

42. 화자와 남동생은 무엇을 하기로 결정했는가?

43. 화자가 가장 걱정하는 것은 무엇인가?

해설　선택지 읽기

42번의 선택지 陪父母旅行(부모님을 모시고 여행을 간다)과 43번의 선택지 父母没人陪(부모님과 함께할 사람이 없다), 爸妈不会做饭(아빠와 엄마는 밥을 할 줄 모른다)을 읽고, 부모님과 관련된 이야기가 나올 것임을 예상할 수 있다. 따라서 단문을 들을 때 인물과 관련된 세부 내용을 주의 깊게 듣는다.

단문 듣기

단문 초반에서 家里就只剩下父母两个人。没有了我们，他们总是很孤单。(집에 부모님 두 분만 남게 되었다. 우리가 없어지니, 그들은 늘 외로워하신다.)을 듣고 43번의 B 父母没人陪(부모님과 함께할 사람이 없다)를 체크해 둔다. 이어서 我跟弟弟经过商量以后，决定一到周末就回家去看看他们(나와 남동생은 상의를 한 후, 주말이 되면 그들을 보러 가기로 결정했다)을 듣고 42번의 D 周末一起回家(주말에 같이 집에 간다)를 체크해 둔다.

질문 듣고 정답 선택하기

42. 화자와 남동생은 무엇을 하기로 결정했는지 물었으므로 D 周末一起回家(주말에 같이 집에 간다)를 정답으로 선택한다.

43. 화자가 가장 걱정하는 것을 물었으므로 B 父母没人陪(부모님과 함께할 사람이 없다)를 정답으로 선택한다.

    참고로, 두 번째 문제의 단서가 첫 번째 문제의 단서보다 먼저 언급되는 문제도 출제되므로 선택지를 미리 꼼꼼히 읽어 둔다.

어휘　搬 bān 图옮기다, 이사하다　陪 péi 图모시다, 함께 ~하다　旅行 lǚxíng 图여행하다　外地 wàidì 图외지
抽烟 chōuyān 图담배를 피우다　原因 yuányīn 图원인　先后 xiānhòu 图잇따라　剩 shèng 图남다　总是 zǒngshì 图늘, 항상
孤单 gūdān 图외롭다　经过 jīngguò 图거치다　商量 shāngliang 图상의하다, 의논하다　决定 juédìng 图결정하다
仅仅 jǐnjǐn 图~만, 단지　顿 dùn 图끼, 차례　俩 liǎ 图두 사람, 두 개　聊天(儿) liáotiān(r) 图이야기하다　幸福 xìngfú 图행복하다
年龄 niánlíng 图연세, 나이　关心 guānxīn 图관심을 갖다　照顾 zhàogù 图보살피다, 돌보다　常 cháng 图자주, 늘
担心 dānxīn 图걱정하다

44. A 新闻里   B 笑话里

    C 广告上   D 小说里

45. A 饼干   B 饮料

    C 家具   D 餐厅

44. A 뉴스에서   B 우스운 이야기에서

    C 광고에서   D 소설에서

45. A 비스킷   B 음료

    C 가구   D 식당

第44到45题是根据下面一段话：

　　45美加美饼干，44它有您最爱的味道，是您购物时的第一选择。工作时，来一杯咖啡和一块美加美，您的心情一定会变得更愉快；旅行时，您也可以在包里装一盒美加美，它既方便带出门，又可以在短时间内增加体力。美加美饼干，让您精神百倍。

44. 这段话最有可能出现在哪里？

45. 这段话主要介绍了什么？

44-45번 문제는 다음 내용에 근거한다.

　　45메이쟈메이 비스킷, 44당신이 가장 좋아하는 맛이 있고, 쇼핑할 때의 첫 번째 선택입니다. 일할 때, 커피 한 잔과 메이쟈메이 한 조각이면, 당신의 기분은 반드시 더욱 유쾌해질 거예요. 여행할 때, 가방에 메이쟈메이 한 팩을 담으세요. 이것은 가지고 나가기 편하고, 또 짧은 시간 안에 체력을 증가시킬 수 있습니다. 메이쟈메이 비스킷, 당신을 쌩쌩하게 합니다.

44. 이 단문은 어디에서 나올 가능성이 가장 큰가?

45. 이 단문이 주로 소개하는 것은 무엇인가?

해설 선택지 읽기

44번의 단문 종류를 나타내는 선택지를 읽고, 실용문이 나올 것임을 예상할 수 있다. 따라서 단문을 들을 때 장소, 시간, 날짜 등의 세부 사항을 주의 깊게 듣는다.

단문 듣기

단문 초반에서 美加美饼干(메이쟈메이 비스킷)을 듣고 45번의 A 饼干(비스킷)을 체크해 둔다. 이어서 它有您最爱的味道, 是您购物时的第一选择(당신이 가장 좋아하는 맛이 있고, 쇼핑할 때의 첫 번째 선택입니다)를 듣고, 44번의 C 广告上(광고에서)을 체크해 둔다.

질문 듣고 정답 선택하기

44. 이 단문은 어디에서 나올 가능성이 가장 큰지 물었으므로, 지문 전반적으로 메이쟈메이 비스킷을 소개하는 내용에서 유추할 수 있는 C 广告上(광고에서)을 정답으로 선택한다.

45. 이 단문이 주로 소개하는 것을 물었으므로 A 饼干(비스킷)을 정답으로 선택한다.

　　참고로, 두 번째 문제의 단서가 첫 번째 문제의 단서보다 먼저 언급되는 문제도 출제되므로 선택지를 미리 꼼꼼히 읽어 둔다.

어휘 新闻 xīnwén 명뉴스 　笑话 xiàohua 명우스운 이야기, 농담 　广告 guǎnggào 명광고 　小说 xiǎoshuō 명소설
饼干 bǐnggān 명비스킷, 과자 　饮料 yǐnliào 명음료 　家具 jiājù 명가구 　餐厅 cāntīng 명식당, 레스토랑 　味道 wèidao 명맛
购物 gòuwù 통쇼핑하다, 구매하다 　选择 xuǎnzé 통선택하다, 고르다 　心情 xīnqíng 명기분, 감정 　更 gèng 분더욱
愉快 yúkuài 형유쾌하다, 즐겁다 　旅行 lǚxíng 통여행하다 　包 bāo 명팩, 봉지 　装 zhuāng 통담다, 포장하다
既……又…… jì……yòu…… ~하고 ~하다 　方便 fāngbiàn 형편리하다 　带 dài 통가지다, 휴대하다 　短 duǎn 형짧다
内 nèi 명안, 속 　增加 zēngjiā 통증가하다, 늘리다 　体力 tǐlì 명체력 　精神百倍 jīngshén bǎibèi (정신이) 쌩쌩하다, 활력이 넘치다
出现 chūxiàn 통나오다, 출현하다

| 46 - 50 |

A 海洋	B 商量	C 节	A 해양	B 상의하다	C 시간, 교시
D 坚持	E 接受	F 从来	D 꾸준히 하다	E 받다	F 여태껏

* D 坚持(꾸준히 하다)은 예시 어휘이므로, 이를 제외한 나머지 5개의 선택지 중에서 정답을 고른다.

어휘 **海洋** hǎiyáng 몡해양, 바다   **商量** shāngliang 툉상의하다, 의논하다   **节** jié 얭시간, 교시 [수업을 세는 단위]   **接受** jiēshòu 툉받다
从来 cónglái 閈여태껏, 지금까지

46

父母都想让自己的孩子(**E 接受**)最好的教育。

부모는 자신의 아이가 가장 좋은 교육을 (**E 받기**)를 원한다.

해설 빈칸 뒤에 목적어 역할을 하는 명사 **教育**(교육)가 있으므로 빈칸에는 동사가 와야 한다. 따라서 동사 B 商量(상의하다), E 接受(받다)가 정답의 후보이다. 이 중 '부모는 자신의 아이가 가장 좋은 교육을_____를 원한다'라는 문맥에 어울리는 E 接受(받다)가 정답이다.

어휘 **自己** zìjǐ 떼자신, 스스로   **教育** jiàoyù 몡교육 툉교육하다

47

我上大学时，一周上了四(**C 节**)汉语课。

내가 대학을 다닐 때에는, 일주일에 중국어 수업을 4 (**C 시간**) 들었다.

해설 빈칸 앞에 수사 **四**(4)가 있으므로 빈칸에는 양사가 와야 한다. 따라서 양사 C 节(시간, 교시)가 정답이다. 참고로, 节는 주로 수업의 수를 셀 때 쓰인다.

어휘 **节** jié 얭시간, 교시 [수업을 세는 단위]

48

专家认为，塑料垃圾是(**A 海洋**)环境变差的主要原因。

전문가들은 플라스틱 쓰레기가 (**A 해양**) 환경이 나빠지는 주요 원인이라고 생각한다.

해설 빈칸 뒤의 명사 **环境**(환경)과 함께 '명사+명사' 형태의 **海洋环境**(해양 환경)으로 자주 쓰이는 A 海洋(해양)이 정답이다.

어휘 **专家** zhuānjiā 몡전문가   **塑料垃圾** sùliào lājī 플라스틱 쓰레기   **环境** huánjìng 몡환경   **主要** zhǔyào 톙주요하다
原因 yuányīn 몡원인

49

他(**F 从来**)不注意节约用水，这让我很生气。

그는 (**F 여태껏**) 절약하여 물을 사용하는 것에 주의하지 않는데, 이것은 나를 매우 화나게 만든다.

해설 빈칸이 주어 **他**(그)와 술어 **注意**(주의하다) 사이에 있으므로, 부사이면서 '그는_____절약하여 물을 사용하는 것에 주의하지 않는데'라는 문맥에 어울리는 F 从来(여태껏)가 정답이다.

어휘 **注意** zhùyì 툉주의하다   **节约** jiéyuē 툉절약하다   **用** yòng 툉사용하다, 쓰다   **生气** shēngqì 툉화나다, 화내다

50

小李打算申请去美国留学，但需要先和父母（**B 商量**）一下。

샤오리는 미국에 가서 유학하는 것을 신청할 계획인데, 하지만 먼저 부모님과 (**B 상의**)를 해 봐야 한다.

해설　빈칸 뒤에 동량보어 **一下**(~해 보다)가 있으므로, 동사이면서 '하지만 먼저 부모님과 _____를 해 봐야 한다'라는 문맥에 어울리는 B **商量**(상의하다)이 정답이다.

어휘　**申请** shēnqǐng 图신청하다　**留学** liúxué 图유학하다　**需要** xūyào 图~해야 한다　**先** xiān 图먼저, 우선

---

51 - 55

A 应聘	B 签证	C 温度	A 지원하다	B 비자	C 온도
D 不仅	E 热闹	F 工资	D ~뿐만 아니라	E 시끌벅적하다	F 월급

* C 温度(온도)는 예시 어휘이므로, 이를 제외한 나머지 5개의 선택지 중에서 정답을 고른다

어휘　**应聘** yìngpìn 图지원하다, 초빙에 응하다　**签证** qiānzhèng 图비자　**不仅** bùjǐn 접~뿐만 아니라　**热闹** rènao 图시끌벅적하다
　　　工资 gōngzī 图월급

51

A: 我觉得减肥的关键是每天坚持运动。
B: （**D 不仅**）要锻炼，还要吃得健康。

A: 나는 다이어트의 관건이 매일 꾸준히 운동하는 것이라고 생각해.
B: 단련을 해야할 (**D 뿐만 아니라**), 건강하게도 먹어야 해.

해설　빈칸이 문장 맨 앞에 있고, 뒤 절에 부사 **还**(~도)가 있으므로, 접속사 D **不仅**(~뿐만 아니라)이 정답이다. 참고로, **不仅**은 부사 **还**와 함께 자주 짝을 이루어 쓰임을 알아 둔다.

어휘　**减肥** jiǎnféi 图다이어트하다, 살을 빼다　**关键** guānjiàn 图관건, 열쇠　**锻炼** duànliàn 图단련하다　**健康** jiànkāng 图건강하다

52

A: 来咱们学校招聘的公司非常多。
B: 但是我想（**A 应聘**）的那家公司没有来。

A: 우리 학교에 와서 채용하는 회사가 아주 많네.
B: 하지만 내가 (**A 지원하**)고 싶은 그 회사는 안 왔네.

해설　빈칸 앞에 조동사 **想**(~하고 싶다)이 있으므로 빈칸에는 동사가 와야 한다. 따라서 동사 A **应聘**(지원하다)이 정답이다.

어휘　**咱们** zánmen 데우리(들)　**招聘** zhāopìn 图채용하다, 모집하다

53

A: 按照我现在的（**F 工资**）水平，就买一辆便宜点儿的车吧。
B: 既然要买，还是买质量好一些的。

A: 제 현재의 (**F 월급**) 수준에 따라 좀 저렴한 차를 구매해야겠어요.
B: 기왕 사려고 한다면, 품질이 좋은 것으로 사는 것이 좋겠어요.

해설　빈칸 앞에 구조조사 **的**(~의)가 있으므로 빈칸에는 명사가 와야 한다. 따라서 명사 B **签证**(비자), F **工资**(월급)가 정답의 후보이다. 이 중 '제 현재의 _____ 수준'이라는 문맥에 어울리는 F **工资**(월급)가 정답이다. 참고로 工资는 水平과 함께 工资水平(월급 수준)으로 자주 쓰임을 알아 둔다.

어휘　**按照** ànzhào 게~에 따라, ~대로　**水平** shuǐpíng 图수준　**辆** liàng 図대, 량[차량 자전거 등 탈 것을 세는 단위]
　　　既然 jìrán 접기왕 ~된 바에야, ~인 이상　**还是** háishi 图~하는 것이 좋다　**质量** zhìliàng 図품질, 질

54

A: 过年的时候，一般所有亲戚都会聚在一起吃饭。	A: 춘절을 보낼 때, 보통 모든 친척이 모두 모여서 같이 밥을 먹어요.
B: 对，中国人过年是最(**E 热闹**)的。	B: 맞아요, 중국 사람들이 춘절을 보내는 것은 가장 (**E 시끌벅적**)하죠.

해설　빈칸 앞에 정도부사 最(가장)가 있으므로 빈칸에는 형용사가 와야 한다. 따라서 형용사이면서 '중국 사람들이 춘절을 보내는 것은 가장 _____ 하죠'라는 문맥에 어울리는 E 热闹(시끌벅적하다)가 정답이다.

어휘　过年 guònián 툉춘절을 보내다　一般 yìbān 톙보통이다, 일반적이다　所有 suǒyǒu 톙모든, 전부의　亲戚 qīnqi 톙친척
　　　聚 jù 툉모이다, 집합하다

55

A: 我想出国旅游，但是不知道怎么办(**B 签证**)。	A: 나는 해외 여행을 가고 싶어. 하지만 어떻게 (**B 비자**)를 발급받는지 모르겠어.
B: 你可以问问办过的朋友，或者打电话给大使馆。	B: 발급받아 본 친구에게 물어보거나, 대사관에 전화해서 물어봐도 돼.

해설　빈칸 앞에 동사 办(발급하다)이 있으므로, 명사이면서 '_____를 발급받다'라는 문맥에 어울리는 B 签证(비자)이 정답이다.

어휘　旅游 lǚyóu 툉여행하다　办 bàn 툉발급하다　或者 huòzhě 졥~(이)거나　大使馆 dàshǐguǎn 톙대사관

56

A 他的学习态度改变以后	A 그의 학습 태도가 바뀐 이후에
B 很快就通过了考试	B 빠르게 시험에 합격했다
C 现在他对学汉语更有信心了	C 지금 그는 중국어를 공부하는 것에 더욱 자신감이 생겼다

해설　**Step 1**　각 선택지에 순서 배열의 단서가 되는 대사나 연결어가 없으므로 꼼꼼히 해석하여 첫 순서에 올 수 있는 것과 없는 것을 판단한다.
　　　　　A는 '그의 학습 태도가 바뀐 이후에'라는 내용이다.
　　　　　B는 주어가 없는 불완전한 문장이므로 첫 순서에서 제외한다.
　　　　　C는 '지금 그는 중국어를 공부하는 것에 더욱 자신감이 생겼다'라는 내용이다.
　　　　　따라서 A와 C가 첫 순서의 후보이다.
　　　　Step 2　'C 지금 그는 중국어를 공부하는 것에 더욱 자신감이 생겼다'의 이유가 'B 빠르게 시험에 합격했다'이므로 B(이유) → C(결과)의 순서로 배열한다. (B → C)
　　　　　남은 A는 문맥상 'A 그의 학습 태도가 바뀐 후 → B 시험에 합격해서 → C 공부에 더욱 자신감이 생겼다'와 같이 맨 앞에 오는 것이 순서 배열이 자연스러우므로 A를 문장의 맨 앞에 배열한다. (A → B → C)

완성된 문장
A 他的学习态度改变以后，B 很快就通过了考试，C 现在他对学汉语更有信心了。
A 그의 학습 태도가 바뀐 이후에 B 빠르게 시험에 합격했다. C 지금 그는 중국어를 공부하는 것에 더욱 자신감이 생겼다.

어휘　态度 tàidu 톙태도　改变 gǎibiàn 툉바꾸다, 변하다　通过 tōngguò 툉(시험에) 합격하다　信心 xìnxīn 톙자신(감), 확신

57

A 近年来，随着科技的发展	A 최근, 과학 기술의 발전에 따라
B 但打印机的使用却没有受到太大的影响	B 그러나 프린트의 사용은 오히려 그다지 큰 영향을 받지 않았다
C 使用传真机的人越来越少	C 팩스를 사용하는 사람이 점점 적어지고 있다

해설 　Step 1　A의 随着(~에 따라)는 앞 구절에 주로 쓰이는 연결어이므로 첫 순서로 고려하면서 문맥을 파악한다.

B의 但(그러나)은 뒤 구절에 주로 쓰이는 연결어이므로 B는 문장의 맨 앞에 올 수 없다.

따라서 A와 C가 첫 순서의 후보이다.

　Step 2　B의 전환을 나타내는 접속사 但(그러나)이 'C 팩스를 사용하는 사람이 점점 적어지고 있다'와 'B 프린트의 사용은 오히려 그다지 큰 영향을 받지 않았다'를 연결해주므로 C → B의 순서로 배열한다. (C → B)

남은 A는 문맥상 'A 과학 기술의 발전에 따라 → C 팩스를 쓰는 사람이 적어지고 있다 → B 그러나 프린트의 사용은 영향을 받지 않았다'와 같이 맨 앞에 오는 것이 순서 배열이 자연스러우므로 A를 문장의 맨 앞에 배열한다. (A → C → B)

완성된 문장

A 近年来，随着科技的发展，C 使用传真机的人越来越少，B 但打印机的使用却没有受到太大的影响。

A 최근, 과학 기술의 발전에 따라, C 팩스를 사용하는 사람이 점점 적어지고 있다. B 그러나 프린트의 사용은 오히려 그다지 큰 영향을 받지 않았다.

어휘　随着 suízhe 젠 ~에 따라　科技 kējì 과학 기술　发展 fāzhǎn 통 발전하다　打印机 dǎyìnjī 프린터
使用 shǐyòng 통 사용하다　却 què 오히려, 하지만　受到 shòudào 통 받다　影响 yǐngxiǎng 통 영향 통 영향을 주다
传真机 chuánzhēnjī 팩스　越来越 yuèláiyuè 점점

58

A 可最终他成为了一名警察	A 그러나 그는 결국 경찰이 되었다
B 因此父母常常为他的安全而担心	B 그래서 부모님은 그의 안전을 자주 걱정한다
C 小王的理想是当一名律师	C 샤오왕의 꿈은 변호사가 되는 것이다

해설　Step 1　A의 可(그러나)와 B의 因此(그래서)는 뒤 구절에 주로 쓰이는 연결어이므로 A와 B는 문장의 맨 앞에 올 수 없다.

A에 인칭대사 他(그)가 있고, C에 그가 가리키는 대상인 小王(샤오왕)이 있으므로 C → A로 먼저 배열한다. (C → A)

　Step 2　'B 그래서 부모님은 그의 안전을 걱정한다'는 'A 그는 결국 경찰이 되었다'의 결과이므로 B를 A 뒤에 배열한다. (C → A → B)

완성된 문장

C 小王的理想是当一名律师，A 可最终他成为了一名警察，B 因此父母常常为他的安全而担心。

C 샤오왕의 꿈은 변호사가 되는 것이었다. A 그러나 그는 결국 경찰이 되었고, B 그래서 부모님은 그의 안전을 자주 걱정한다.

어휘　最终 zuìzhōng 명 결국, 마지막　成为 chéngwéi 통 ~이 되다　警察 jǐngchá 명 경찰　因此 yīncǐ 젭 그래서
安全 ānquán 명 안전하다　担心 dānxīn 통 걱정하다　理想 lǐxiǎng 명 꿈, 이상　当 dāng 통 되다, 담당하다　律师 lǜshī 명 변호사

59

A 汉语是中华民族的共同语言	A 한어는 중화민족의 공통 언어이다
B 外国人学好汉语有很多好处	B 외국인이 한어를 마스터하면 많은 장점이 있다
C 其中最重要的就是可以顺利地和中国人交流	C 그중 가장 중요한 것은 중국인과 순조롭게 소통할 수 있다는 것이다

해설　Step 1　각 선택지에 순서 배열의 단서가 되는 대사나 연결어가 없으므로 꼼꼼히 해석하여 첫 순서에 올 수 있는 것과 없는 것을 판단한다.

A는 '한어는 중화민족의 공통 언어이다'라는 내용이다.

B는 '외국인이 한어를 마스터하면 많은 장점이 있다'라는 내용이다.

C는 무엇이 가장 중요한 것인지 구체적으로 알 수 없으므로 첫 순서에서 제외한다.

따라서 A와 B가 첫 순서의 후보이다.

　Step 2　C는 B의 很多好处(많은 장점) 중의 하나에 대해 구체적으로 설명하고 있으므로 B → C의 순서로 배열한다. (B → C)

남은 A는 문맥상 'A 한어는 공통 언어이다 → B 한어를 잘하면 장점이 많다 → C 중국인과 순조롭게 소통할 수 있다'와 같이 맨 앞에 오는 것이 순서 배열이 자연스러우므로 A를 문장의 맨 앞에 배열한다. (A → B → C)

완성된 문장

A 汉语是中华民族的共同语言，B 外国人学好汉语有很多好处，C 其中最重要的就是可以顺利地和中国人交流。

A 한어는 중화 민족의 공통 언어이다. B 외국인이 한어를 마스터하면 많은 장점이 있는데, C 그중 가장 중요한 것은 중국인과 순조롭게 소통할 수 있다는 것이다.

어휘 汉语 Hànyǔ [교과] 한어, 중국어　中华民族 Zhōnghuá Mínzú [교과] 중화민족　共同 gòngtóng 웹 공통의, 공동의
语言 yǔyán 웹 언어　好处 hǎochu 웹 장점, 이로운 점　其中 qízhōng 웹 그중　重要 zhòngyào 웹 중요하다
顺利 shùnlì 웹 순조롭다　交流 jiāoliú 통 소통하다, 교류하다

60

A 而且拿到了四个学期的奖学金	A 게다가 4개 학기의 장학금도 받았다
B 他考上了美国著名大学的博士	B 그는 미국 유명 대학의 박사 과정에 합격했다
C 全家人都以他为骄傲	C 온 가족이 그를 자랑스러워한다

해설 Step 1 A의 而且(게다가)는 뒤 구절에 주로 쓰이는 연결어이므로 A는 문장의 맨 앞에 올 수 없다.
따라서 B와 C가 첫 순서의 후보이다.

Step 2 A의 점층을 나타내는 접속사 而且(게다가)가 B의 考上了博士(박사 과정에 합격했다)과 A의 拿到了奖学金(장학금을 받았다)을 연결해주므로 B → A의 순서로 배열한다. (B → A)
남은 'C 온 가족이 그를 자랑스러워한다'는 B → A의 결과이므로 C를 문장의 맨 뒤에 배열한다. (B → A → C)

완성된 문장

B 他考上了美国著名大学的博士，A 而且拿到了四个学期的奖学金，C 全家人都以他为骄傲。

B 그는 미국 유명 대학의 박사 과정에 합격했고, A 게다가 4개 학기의 장학금도 받아서, C 온 가족이 그를 자랑스러워한다.

어휘 而且 érqiě 웹 게다가　拿 ná 통 받다　学期 xuéqī 웹 학기　奖学金 jiǎngxuéjīn 웹 장학금　著名 zhùmíng 웹 유명하다
博士 bóshì 웹 박사 (학위)　以 yǐ ~을 가지고, ~(으)로(써)　骄傲 jiāo'ào 웹 자랑스럽다, 거만하다

61

A 这个羽毛球的质量不太好	A 이 배드민턴 공의 품질이 그다지 좋지 않다
B 我们只好改变计划，去打乒乓球了	B 우리는 어쩔 수 없이 계획을 바꿔서, 탁구를 치러 갔다
C 才打了十分钟就打坏了	C 10분 밖에 치지 않았는데 망가졌다

해설 Step 1 각 선택지에 순서 배열의 단서가 되는 대사나 연결어가 없으므로 꼼꼼히 해석하여 첫 순서에 올 수 있는 것과 없는 것을 판단한다.
A는 '이 배드민턴 공의 품질이 그다지 좋지 않다'라는 내용이다.
B는 '우리는 어쩔 수 없이 계획을 바꿔서, 탁구를 치러 갔다'라는 내용이다.
C는 주어가 없는 불완전한 문장이므로 첫 순서에서 제외한다.
따라서 A와 B가 첫 순서의 후보이다.

Step 2 C의 주어가 A의 羽毛球(배드민턴 공)이므로 A → C의 순서로 배열한다. (A → C)
'B 우리는 어쩔 수 없이 계획을 바꿔, 탁구를 치러 갔다'는 A → C의 결과이므로 B를 문장 맨 뒤에 배열한다. (A → C → B)

완성된 문장

A 这个羽毛球的质量不太好，C 才打了十分钟就打坏了，B 我们只好改变计划，去打乒乓球了。

A 이 배드민턴 공의 품질이 그다지 좋지 않아서, C 10분 밖에 치지 않았는데 망가졌다. B 우리는 어쩔 수 없이 계획을 바꿔서, 탁구를 치러 갔다.

어휘 羽毛球 yǔmáoqiú 웹 배드민턴 (공)　质量 zhìliàng 웹 품질　只好 zhǐhǎo 뿐 어쩔 수 없이　改变 gǎibiàn 통 바꾸다, 변하다
计划 jìhuà 웹 계획　乒乓球 pīngpāngqiú 웹 탁구　分钟 fēnzhōng 웹 분　坏 huài 웹 망가지다

62	A 早早就起床收拾了行李	A 일찍 일어나서 짐을 정리했다
	B 我兴奋得一夜没睡觉	B 나는 흥분해서 밤새 잠을 못 잤다
	C 一想到马上就要放假回家了	C 곧 방학을 해서 집에 돌아간다는 생각을 하자마자

해설   Step 1   각 선택지에 순서 배열의 단서가 되는 대사나 연결어가 없으므로 꼼꼼히 해석하여 첫 순서에 올 수 있는 것과 없는 것을 판단한다.

A는 주어가 없는 불완전한 문장이므로 첫 순서에서 제외한다.

B는 '나는 흥분해서 밤새 잠을 못 잤다'라는 내용이다.

C는 '곧 방학을 해서 집에 돌아간다는 생각을 하자마자'라는 내용이다.

따라서 B와 C가 첫 순서의 후보이다.

Step 2   A의 주어가 B의 我(나)이므로 B → A의 순서로 배열한다. (B → A)

남은 C는 문맥상 'C 집에 돌아간다는 생각을 하자마자 → B 밤새 잠을 못 잤다 → A 일찍 일어나서 짐을 정리했다'와 같이 맨 앞에 오는 것이 순서 배열이 자연스러우므로 C를 문장의 맨 앞에 배열한다. (C → B → A)

완성된 문장

C 一想到马上就要放假回家了, B 我兴奋得一夜没睡觉, A 早早就起床收拾了行李。

C 곧 방학을 해서 집에 돌아간다는 생각을 하자마자, B 나는 흥분해서 밤새 잠을 못 잤고, A 일찍 일어나서 짐을 정리했다.

어휘   收拾 shōushi 통 정리하다   兴奋 xīngfèn 형 흥분하다   夜 yè 명 밤   马上 mǎshàng 부 곧   放假 fàngjià 통 방학하다

63	A 我没办法给女朋友买生日礼物	A 나는 여자친구에게 생일 선물을 사 줄 방법이 없다
	B 由于银行卡里只剩20块钱	B 은행 카드에 겨우 20위안이 남았기 때문에
	C 只好让哥哥给我转一些钱	C 어쩔 수 없이 형으로 하여금 내게 돈을 조금 이체하게 했다

해설   Step 1   B의 由于(~때문에)는 앞 구절에 주로 쓰이는 연결어이므로 첫 순서로 고려하면서 문맥을 파악한다.

Step 2   'A 생일 선물을 살 방법이 없다'의 이유가 'B 겨우 20위안 있어서'이므로 B(이유) → A(결과)의 순서로 배열한다. (B → A)

남은 C는 문맥상 'B 겨우 20위안 있어서 → A 생일 선물을 살 방법이 없다 → C 형에게 돈을 보내달라고 했다'와 같이 맨 뒤에 오는 것이 순서 배열이 자연스러우므로 C를 문장의 맨 뒤에 배열한다. (B → A → C)

완성된 문장

B 由于银行卡里只剩20块钱, A 我没办法给女朋友买生日礼物, C 只好让哥哥给我转一些钱。

B 은행 카드에 겨우 20위안이 남았기 때문에, A 나는 여자친구에게 생일 선물을 사 줄 방법이 없어서 C 어쩔 수 없이 형으로 하여금 내게 돈을 조금 이체하게 했다.

어휘   办法 bànfǎ 명 방법, 수단   礼物 lǐwù 명 선물   由于 yóuyú 접 ~때문에   银行卡 yínháng kǎ 은행 카드
       只 zhǐ 부 겨우, 단지   剩 shèng 통 남다   只好 zhǐhǎo 부 어쩔 수 없이, 부득이   转钱 zhuǎn qián (돈을) 이체하다

64	A 打算早一些在国内找一个工资较高的工作	A 빨리 국내에서 월급이 비교적 높은 일자리를 찾을 계획이다
	B 她决定放弃出国留学的机会	B 그녀는 해외 유학의 기회를 포기하기로 결정했다
	C 考虑到家里的经济情况	C 집안의 경제 상황을 고려하다

해설   Step 1   각 선택지에 순서 배열의 단서가 되는 대사나 연결어가 없으므로 꼼꼼히 해석하여 첫 순서에 올 수 있는 것과 없는 것을 판단한다.

A는 주어 없이 술어 打算(~할 계획이다)으로 시작하는 불완전한 문장이므로 첫 순서에서 제외한다.

B는 '그녀는 해외 유학의 기회를 포기하기로 결정했다'라는 내용이다.

C는 '집안의 경제 상황을 고려하다'라는 내용이다.

따라서 B와 C가 첫 순서의 후보이다.

Step 2 A의 주어가 B의 她(그녀)이므로 B → A의 순서로 배열한다. (B → A)

남은 C는 문맥상 'C 경제 상황을 고려해서 → B 해외 유학을 포기했다 → A 국내에서 일자리를 찾을 계획이다'와 같이 맨 앞에 오는 것이 순서 배열이 자연스러우므로 C를 문장의 맨 앞에 배열한다. (C → B → A)

완성된 문장

C 考虑到家里的经济情况, **B** 她决定放弃出国留学的机会, **A** 打算早一些在国内找一个工资较高的工作。

C 집안의 경제 상황을 고려해서, **B** 그녀는 해외 유학의 기회를 포기하기로 결정했고, **A** 빨리 국내에서 월급이 비교적 높은 일자리를 찾을 계획이다.

어휘 **打算** dǎsuan 暠 ~할 계획이다   **国内** guónèi 暠 국내   **工资** gōngzī 暠 월급   **决定** juédìng 暠 결정하다

放弃 fàngqì 暠 포기하다   **留学** liúxué 暠 유학하다   **机会** jīhuì 暠 기회   **考虑** kǎolǜ 暠 고려하다, 생각하다

经济 jīngjì 暠 경제   **情况** qíngkuàng 暠 상황

65

A 这时开车得有耐心才行	A 이때 운전하려면 인내심이 있어야 한다
B 节假日时高速公路是免费的	B 공휴일에 고속도로는 무료이다
C 所以堵车问题比平时更严重	C 그래서 차 막힘 문제가 평소보다 더 심하다

해설 Step 1 C의 **所以**(그래서)는 뒤 구절에 주로 쓰이는 연결어이므로 C는 문장의 맨 앞에 올 수 없다.

A에 지시대사를 포함한 这时(이때)이 있고, B에 这时이 가리키는 때인 节假日时(공휴일에)이 있으므로, A는 첫 순서에 올 수 없으며, B → A의 순서로 먼저 배열한다. (B → A)

Step 2 남은 C는 문맥상 'B 고속도로가 무료이다 → C 차 막힘이 심하다 → A 인내심이 있어야 한다'와 같이 중간에 오는 것이 순서 배열이 자연스러우므로 C를 B와 A사이에 배열한다. (B → C → A)

완성된 문장

B 节假日时高速公路是免费的, **C** 所以堵车问题比平时更严重, **A** 这时开车得有耐心才行。

B 공휴일에 고속도로는 무료인데, **C** 그래서 차 막힘 문제가 평소보다 더 심해서, **A** 이때 운전하려면 인내심이 있어야 한다.

어휘 **开车** kāichē 暠 운전하다   **得** děi 暠 ~해야 한다   **耐心** nàixīn 暠 인내심   **节假日** jiéjiàrì 暠 공휴일

高速公路 gāosù gōnglù 暠 고속도로   **免费** miǎnfèi 暠 무료이다   **堵车** dǔchē 暠 차가 막히다   **平时** píngshí 暠 평소

更 gèng 暠 더, 더욱   **严重** yánzhòng 暠 심하다

66

江苏省在中国的东部, "江" 指的是南京, "苏" 指的是苏州。由于江苏省在中国的中部, 所以会同时有南方和北方的气候特点。	장쑤성은 중국의 동부에 위치해 있으며, '장'은 난징을 가리키고, '쑤'는 쑤저우를 가리킨다. 장쑤성은 중국의 중부에 있기 때문에, 남방과 북방의 기후 특징을 동시에 가지고 있다.
★ 关于江苏省, 下面哪个是正确的?	★ 장쑤성에 대해, 다음 중 옳은 것은 무엇인가?
A "江" 是长江 B 在中国的西部	A '장'은 창장이다 B 중국의 서부에 있다
C 气候变化很大 D 有北方气候特点	C 기후 변화가 크다 D 북방 기후 특징이 있다

해설 질문의 江苏省(장쑤성)과 관련된 내용을 지문에서 파악한다. 지문에서 由于江苏省在中国的中部, 所以会同时有南方和北方的气候特点。(장쑤성은 중국의 중부에 있기 때문에, 남방과 북방의 기후 특징을 동시에 가지고 있다.)이라고 했으므로, D 有北方气候特点(북방 기후 특징이 있다)을 정답으로 선택한다.

어휘 **江苏省** Jiāngsū shěng 교유 장쑤성, 강소성   **东部** dōngbù 暠 동부   **南京** Nánjīng 교유 난징, 남경

指 zhǐ 暠 (손으로) 가리키다   **苏州** Sūzhōu 교유 쑤저우, 소주   **由于** yóuyú 暠 ~때문에   **中部** zhōngbù 暠 중부, 한가운데

同时 tóngshí 暠 동시   **南方** nánfāng 暠 남방   **北方** běifāng 暠 북방   **气候** qìhòu 暠 기후   **特点** tèdiǎn 暠 특징, 특색

长江 Chángjiāng 교유 창장 (강), 양쯔강   **西部** xībù 暠 서부   **变化** biànhuà 暠 변화, 변화하다

爸爸做菜的时候很喜欢放盐，特别是弄肉类的时候。妈妈已经提醒过他好几次了，老年人吃太多盐对身体不好。虽然他每次都回答记住了，但很快就又忘了。

아빠는 요리를 할 때 소금을 넣는 것을 아주 좋아하는데, 특히 육류를 요리할 때는 더 그렇다. 엄마는 벌써 몇 번이나 그에게 주의를 주며, 노년층은 소금을 너무 많이 먹으면 몸에 좋지 않다고 했다. 비록 그는 매번 기억했다고 대답하지만, 금방 또 잊어버린다.

★ 爸爸做菜的特点是：

A 味道特别咸

B 几乎天天做汤

C 每次做得太多

D 总是忘记放盐

★ 아빠가 요리할 때의 특징은:

A 맛이 특히나 짜다

B 거의 매일 국을 만든다

C 매번 너무 많이 만든다

D 늘 소금 넣는 것을 잊어버린다

해설 질문의 **爸爸做菜的特点**(아빠가 요리할 때의 특징)과 관련된 내용을 지문에서 파악한다. 지문에서 **爸爸做菜的时候很喜欢放盐**(아빠는 요리를 할 때 소금을 넣는 것을 아주 좋아한다)이라고 했으므로, **A 味道特别咸**(맛이 특히나 짜다)을 정답으로 선택한다.

어휘 **放** fàng 图넣다, 놓다　**盐** yán 図소금　**弄** nòng 图하다, 다루다　**肉类** ròulèi 図육류　**提醒** tíxǐng 图주의를 주다, 일깨우다　**老年人** lǎoniánrén 노년층, 노인　**回答** huídá 图대답하다　**又** yòu 图또, 다시　**特点** tèdiǎn 図특징　**味道** wèidao 図맛　**咸** xián 図짜다　**几乎** jīhū 图거의　**汤** tāng 図국, 탕　**总是** zǒngshì 图늘, 항상　**忘记** wàngjì 图잊어버리다, 까먹다

真不敢相信，来中国才半年多，他变得这么活泼，跟以前完全不一样了。半年前的那个每次说话都会脸红的英国小伙子已经不见了。

정말 믿지 못하겠어. 중국에 온지 반 년밖에 안 됐는데, 그가 이렇거나 활발해지다니, 예전과 완전히 달라졌어. 반년 전 말을 할 때마다 얼굴이 빨개지던 그 영국 청년은 이미 없어졌어.

★ 半年前，他是个什么性格的人？

A 很活泼　　　B 特别幽默

C 非常害羞　　D 不相信别人

★ 반 년 전, 그는 어떤 성격의 사람이었는가?

A 활발하다　　　B 아주 유머러스하다

C 매우 수줍어한다　D 다른 사람을 믿지 않는다

해설 질문의 **半年前, 他是个什么性格的人**(반 년 전, 그는 어떤 성격의 사람이었는가)을 지문에서 찾아 주변 내용을 주의 깊게 읽는다. 지문에서 **半年前的那个每次说话都会脸红的英国小伙子已经不见了。**(반년 전 말을 할 때마다 얼굴이 빨개지던 그 영국 청년은 이미 없어졌어.)라고 했으므로, 이를 통해 알 수 있는 **C 非常害羞**(매우 수줍어한다)를 정답으로 선택한다.

어휘 **不敢** bùgǎn 图(감히) ~하지 못하다　**相信** xiāngxìn 图믿다, 신뢰하다　**活泼** huópō 图활발하다　**跟** gēn 꿰~와/과　**以前** yǐqián 図예전, 이전　**完全** wánquán 图완전히　**一样** yíyàng 図같다, 동일하다　**脸** liǎn 図얼굴　**小伙子** xiǎohuǒzi 図청년, 젊은이　**性格** xìnggé 図성격　**特别** tèbié 图아주, 특히　**幽默** yōumò 図유머러스하다　**害羞** hàixiū 图수줍어하다, 부끄러워하다　**别人** biérén 図다른 사람

儿童是一个国家的希望，但通过近几年的调查发现，现在儿童的身体情况比以前差了很多，而且很容易生病。因此，除了文化课以外，学校还必须重视体育课，让孩子养成锻炼身体的习惯。

어린이는 한 나라의 희망이다. 하지만 최근 몇 년간의 조사에서, 현재 어린이의 건강 상태가 예전보다 많이 나빠졌고, 게다가 쉽게 병에 걸리는 것으로 나타났다. 그러므로, 기본 과목 이외에, 학교는 체육 수업도 반드시 중시해야 하며, 아이들이 몸을 단련하는 습관을 기르게 해야 한다.

★ 这段话主要在谈哪方面的问题？

    A 历史文化　　**B 儿童健康**

    C 医院看病　　D 经济发展

★ 이 지문은 주로 어떤 분야의 문제를 이야기하고 있는가?

    A 역사 문화　　**B 아동 건강**

    C 병원 진료　　D 경제 발전

해설 질문이 지문의 중심 내용을 묻고 있으므로, 지문의 초반 또는 후반을 주의 깊게 읽는다. 지문에서 现在儿童的身体情况比以前差了很多(현재 어린이의 건강 상태가 예전보다 많이 나빠졌다)라고 하며 지문 전반적으로 아동의 건강에 대해 이야기하고 있으므로, B 儿童健康(아동 건강)을 정답으로 선택한다.

어휘 儿童 értóng 몡어린이, 아동　国家 guójiā 몡나라, 국가　通过 tōngguò 께~을 거쳐　调查 diàochá 됭조사하다
发现 fāxiàn 나타나다, 발견하다　情况 qíngkuàng 몡상태, 상황　以前 yǐqián 몡예전, 이전　而且 érqiě 젭게다가, 또한
容易 róngyì 쉽다　因此 yīncǐ 젭그러므로, 그래서　除了 chúle 께~외에　文化课 wénhuà kè 기본 과목　必须 bìxū 쀠반드시
重视 zhòngshì 중시하다　体育 tǐyù 몡체육, 스포츠　养成 yǎngchéng 기르다　锻炼 duànliàn 단련하다
习惯 xíguàn 몡습관　主要 zhǔyào 쀍주요하다　方面 fāngmiàn 몡분야, 부분　历史 lìshǐ 몡역사　健康 jiànkāng 쀍건강하다
经济 jīngjì 몡경제　发展 fāzhǎn 됭발전하다

70

大家注意一下，这是小刘，以后国际交流方面的工作就由她负责。小刘是东北大学外国语专业毕业的，所以如果有材料需要翻译，也可以请她帮忙。

여러분 주목해 주세요. 여기는 샤오류예요. 앞으로 국제 교류 분야 업무는 그녀가 담당합니다. 샤오류는 둥베이 대학교 외국어 전공으로 졸업했으니, 만약 번역해야 하는 자료가 있다면, 그녀에게 도움을 청해도 좋아요.

★ 根据这段话，说话人正在：

    A 安排工作　　B 招聘新人

    C 介绍新同事　　D 举行公司聚会

★ 이 지문에 근거하여, 화자가 하고 있는 것은:

    A 업무를 배정한다　　B 신입을 채용한다

    C 새 동료를 소개한다　　D 회사 모임을 연다

해설 질문의 说话人正在(화자가 하고 있는 것은)와 관련된 내용을 지문에서 파악한다. 지문에서 大家注意一下, 这是小刘, 以后国际交流方面的工作就由她负责。(여러분 주목해 주세요. 여기는 샤오류예요. 앞으로 국제 교류 분야 업무는 그녀가 담당합니다.)라고 했다. 이를 통해 알 수 있는 C 介绍新同事(새 동료를 소개한다)을 정답으로 선택한다.

어휘 注意 zhùyì 됭주목하다, 주의하다　国际 guójì 몡국제　交流 jiāoliú 됭교류하다, 소통하다　方面 fāngmiàn 몡분야, 부분
由 yóu 께~이/가　负责 fùzé 됭담당하다, 책임지다　东北 dōngběi 몡중국의 둥베이 지역, 동북　专业 zhuānyè 몡전공
毕业 bìyè 됭졸업하다　如果 rúguǒ 젭만약　材料 cáiliào 몡자료, 재료　需要 xūyào 됭필요하다
翻译 fānyì 됭번역하다, 통역하다　帮忙 bāngmáng 됭돕다, 도움을 주다　安排 ānpái 됭배정하다, 계획하다
招聘 zhāopìn 됭채용하다, 모집하다　新人 xīnrén 몡신입　同事 tóngshì 몡동료　举行 jǔxíng 됭열다, 개최하다
聚会 jùhuì 몡모임

71

在学生食堂吃饭时，有些留学生由于不知道菜名，只能用手指出自己想吃的菜。如果在每道菜旁边加上中文名字，就能方便学生和工作人员。

학생 식당에서 밥을 먹을 때, 일부 유학생은 요리의 이름을 모르기 때문에, 손으로 자기가 먹고 싶은 요리를 가리키는 수밖에 없다. 만약 요리마다 옆에 중국어 이름을 추가한다면, 학생들과 직원들을 편리하게 할 수 있다.

★ 有些留学生在食堂吃饭时：

    A 经常吃不饱　　**B 不知道菜名**

    C 会浪费时间　　D 流利地说汉语

★ 일부 유학생은 식당에서 밥을 먹을 때:

    A 자주 배불리 먹지 못한다　　**B 요리 이름을 모른다**

    C 시간을 낭비한다　　D 중국어를 유창하게한다

해설 질문의 有些留学生在食堂吃饭时(일부 유학생은 식당에서 밥을 먹을 때)과 관련된 내용을 지문에서 파악한다. 지문에서 在学生食堂吃饭时, 有些留学生由于不知道菜名(학생 식당에서 밥을 먹을 때, 일부 유학생은 요리의 이름을 모르기 때문에)이라고 했으

므로, B 不知道菜名(요리 이름을 모른다)을 정답으로 선택한다.

어휘 　留学生 liúxuéshēng 圆유학생　由于 yóuyú 게~때문에　指 zhǐ 圄(손으로) 가리키다　如果 rúguǒ 圙만약
　　　加 jiā 圄추가하다, 더하다　方便 fāngbiàn 圄편리하게 하다 圃편리하다　工作人员 gōngzuò rényuán 직원
　　　经常 jīngcháng 凰자주, 항상　饱 bǎo 圃배부르다　浪费 làngfèi 圄낭비하다　流利 liúlì (말·문장이) 유창하다

---

72 有些人会根据网站去判断一家公司。如果公司网站看上去非常干净、舒服，能让人在短时间内找到想要的信息，就容易让人对公司产生好感。

★ 公司网站干净的话，可能会：

A 有放松作用

B 吸引人们阅读

C 让人产生好感

D 增加公司收入

어떤 사람들은 웹사이트에 근거하여 회사를 판단한다. 만약 회사 웹사이트가 매우 깔끔하고, 편안해 보이며, 짧은 시간 안에 필요한 정보를 찾을 수 있게 한다면, 회사에 쉽게 호감이 생긴다.

★ 회사 웹사이트가 깔끔하다면, 아마도:

A 편안하게 하는 효과가 있다

B 사람들이 읽게끔 끌어들인다

C 사람이 호감을 갖게 한다

D 회사 수입을 증가시킨다

해설　질문의 公司网站干净的话(회사 웹사이트가 깔끔하다면)와 관련된 내용을 지문에서 파악한다. 지문에서 如果公司网站看上去非常干净……就容易让人对公司产生好感(만약 회사 웹사이트가 매우 깔끔해 보이면……회사에 쉽게 호감이 생긴다)이라고 했으므로, C 让人产生好感(사람이 호감을 갖게 한다)을 정답으로 선택한다.

어휘　根据 gēnjù 게~에 근거하여　网站 wǎngzhàn 圆웹사이트　判断 pànduàn 圄판단하다　如果 rúguǒ 圙만약
　　　干净 gānjìng 圃깔끔하다, 깨끗하다　舒服 shūfu 圃편안하다　短 duǎn 圃짧다　内 nèi 圆안, 속　信息 xìnxī 圆정보, 소식
　　　容易 róngyì 圃쉽다　产生 chǎnshēng 圄생기다, 나타나다　好感 hǎogǎn 圆호감　放松 fàngsōng 圄(마음을) 편하게 하다
　　　作用 zuòyòng 圆효과　吸引 xīyǐn 圄끌어들이다, 매료시키다　阅读 yuèdú 圄읽다, 열람하다　增加 zēngjiā 圄증가하다, 늘리다
　　　收入 shōurù 圆수입, 소득

---

73 以前每到一个城市，在火车站、汽车站周围都会有许多叫卖城市纸地图的人，小的一张3块，大的一张6块。而现在人们都看手机地图，是因为手机地图能让人快速找到自己想去的地点。

★ 根据这段话，可以知道现在的人：

A 不怕迷路

B 常用手机地图

C 不方便花现金

D 看不懂纸地图

예전에는 도시마다 기차역, 버스 정류장 주변에 도시의 종이 지도를 파는 사람들이 많았다. 작은 것은 한 장에 3위안, 큰 것은 한 장에 6위안이었다. 하지만 요즘은 사람들이 모두 휴대폰 지도를 보는데, 휴대폰 지도는 사람들이 빠르게 자신이 가고 싶은 장소를 찾을 수 있게 하기 때문이다.

★ 이 지문에 근거하여, 요즘 사람들은 어떠한 것을 알 수 있는가:

A 길을 잃는 것을 두려워하지 않는다

B 휴대폰 지도를 자주 사용한다

C 현금을 쓰는 것이 불편하다

D 종이 지도를 알아볼 수 없다

해설　질문의 现在的人(요즘 사람들)과 관련된 내용을 지문에서 파악한다. 지문에서 现在人们都看手机地图(요즘은 사람들이 모두 휴대폰 지도를 본다)라고 했으므로, B 常用手机地图(휴대폰 지도를 자주 사용한다)를 정답으로 선택한다.

어휘　以前 yǐqián 圆예전, 이전　城市 chéngshì 圆도시　周围 zhōuwéi 圆주변, 주위　许多 xǔduō 囵매우 많다
　　　地图 dìtú 圆지도　张 zhāng 게장[종이·책상 등을 세는 단위]　自己 zìjǐ 凰자신, 스스로　地点 dìdiǎn 圆장소, 지점
　　　迷路 mílù 圄길을 잃다　方便 fāngbiàn 圃편리하다　花 huā 圄쓰다, 소비하다　现金 xiànjīn 圆현금

74

小张打算去法国见朋友。到机场后，因为行李箱超重，他只好把所有小吃都扔掉了。到法国后他才发现，当时可能是太着急了，把为朋友准备的礼物也一起扔了，可再怎么后悔也来不及了。

샤오장은 프랑스에 가서 친구를 볼 계획이다. 공항에 도착한 후, 캐리어가 무게를 초과해서, 그는 어쩔 수 없이 모든 간식을 버렸다. 프랑스에 도착한 후에야 그는 그 당시 아마도 너무 조급해서, 친구를 위해 준비한 선물도 같이 버렸다는 것을 알아차렸다. 그러나 아무리 후회해도 이미 늦었다.

★ 小张为什么后悔？

    A 没带护照　　　B 小吃太少了

    C 行李箱太重了　**D 把礼物扔掉了**

★ 샤오장은 왜 후회하는가?

    A 여권을 챙기지 않았다　　B 간식이 너무 적다

    C 캐리어가 너무 무겁다　　**D 선물을 버렸다**

해설　질문의 小张……后悔(샤오장은……후회한다)와 관련된 부분을 지문에서 찾아 주변에서 그 이유를 파악한다. 지문에서 小张……把为朋友准备的礼物也一起扔了，可再怎么后悔也来不及了(샤오장은…… 친구를 위해 준비한 선물도 같이 버렸다. 그러나 아무리 후회해도 이미 늦었다)라고 했으므로, D 把礼物扔掉了(선물을 버렸다)를 정답으로 선택한다.

어휘　法国 Fǎguó 圆프랑스　行李箱 xínglǐxiāng 圆캐리어, 여행용 가방　超重 chāo zhòng (규정된) 무게를 초과하다
　　　只好 zhǐhǎo 凰어쩔 수 없이　所有 suǒyǒu 圆모든, 전부　小吃 xiǎochī 圆간식　扔掉 rēngdiào 버리다
　　　发现 fāxiàn 圄알아차리다, 발견하다　当时 dāngshí 圆당시, 그때　着急 zháojí 圄조급하다, 초조하다　礼物 lǐwù 圆선물
　　　后悔 hòuhuǐ 圄후회하다　来不及 láibují 圄늦다, 겨를이 없다　带 dài 圄챙기다, 가지다　护照 hùzhào 圆여권

75

李教授八十多岁了还坚持给学生上课，因此深受学生们的尊重。他认为，要想成为好的大学教授，关键是要给学生提供高质量的课程。

리 교수는 80세가 넘었는데도 여전히 학생들에게 꾸준히 수업을 하고 있어서, 학생들의 존중을 깊이 받고 있다. 그는 좋은 대학 교수가 되려면, 학생에게 높은 퀄리티의 커리큘럼을 제공해야 하는 것이 관건이라고 생각한다.

★ 要想成为好的大学教授，关键是：

    A 研究水平很高

    B 提供好的课程

    C 和学生交朋友

    D 课后坚持阅读

★ 좋은 대학 교수가 되려면, 관건은:

    A 연구 수준이 높다

    B 좋은 커리큘럼을 제공한다

    C 학생과 친구가 된다

    D 수업 후 독서를 꾸준히 한다

해설　질문의 要想成为好的大学教授, 关键是(좋은 대학 교수가 되려면, 관건은)와 관련된 내용을 지문에서 파악한다. 지문에서 要想成为好的大学教授，关键是要给学生提供高质量的课程(좋은 대학 교수가 되려면, 학생에게 높은 퀄리티의 커리큘럼을 제공해야 하는 것이 관건이다)이라고 했으므로, 이를 통해 알 수 있는 B 提供好的课程(좋은 커리큘럼을 제공한다)을 정답으로 선택한다.

    ＊ 바꾸어 표현　提供高质量的课程 높은 퀄리티의 커리큘럼을 제공하다 → 提供好的课程 좋은 커리큘럼을 제공하다

어휘　教授 jiàoshòu 圆교수　坚持 jiānchí 圄꾸준히 하다　因此 yīncǐ 圙그래서, 이로 인하여　深 shēn 깊다
　　　尊重 zūnzhòng 圄존중하다　成为 chéngwéi 圄~이 되다　关键 guānjiàn 圆관건, 열쇠　提供 tígōng 圄제공하다, 공급하다
　　　质量 zhìliàng 圆퀄리티, 품질　课程 kèchéng 圆커리큘럼, 교과 과정　研究 yánjiū 圄연구하다　水平 shuǐpíng 圆수준
　　　交 jiāo 圄사귀다　阅读 yuèdú 圄독서하다, 읽다

76

周明是法律学院的研究生，毕业后当了一名律师。他常常为那些需要帮助，但又缺钱的穷人提供帮助。他希望这个社会里的每个人，无论是富还是穷，在法律面前都能得到尊重。

저우밍은 법학 대학 대학원생이었는데, 졸업 후에 변호사가 되었다. 그는 도움이 필요하지만, 돈이 부족한 가난한 사람에게 자주 도움을 주었다. 그는 이 사회의 모든 사람이, 부유하거나 가난한 것에 관계없이, 법 앞에서는 모두 존중받을 수 있길 바란다.

★ 周明：	★ 저우밍은:
A 还在读硕士	A 아직 석사 과정을 밟고 있다
B 工作比较忙	B 일이 비교적 바쁘다
C 经常帮助穷人	**C 가난한 사람을 자주 도와준다**
D 非常尊重富人	D 부유한 사람을 매우 존중한다

해설 질문의 周明(저우밍)과 관련된 세부 특징을 찾아 각 선택지와 대조한다. 지문에서 周明……他常常为那些需要帮助, 但又缺钱的穷人提供帮助.(저우밍은……그는 도움이 필요하지만, 돈이 부족한 가난한 사람에게 자주 도움을 주었다.)라고 했으므로, C 经常帮助穷人(가난한 사람을 자주 도와준다)을 정답으로 선택한다.

어휘 **法律** fǎlǜ 圓법률　**学院** xuéyuàn 圓(단과) 대학　**研究生** yánjiūshēng 圓대학원생　**毕业** bìyè 圖졸업하다
当 dāng 圖되다, 담당하다　**律师** lǜshī 圓변호사　**需要** xūyào 圖필요하다　**缺** quē 圖부족하다, 모자라다
穷 qióng 圖가난하다, 빈곤하다　**提供** tígōng 圖제공하다, 공급하다　**社会** shèhuì 圓사회
无论……都…… wúlùn……dōu…… ~에 관계없이　**富** fù 圖부유하다　**尊重** zūnzhòng 圖존중하다
硕士 shuòshì 圓석사 (학위)　**比较** bǐjiào 圓비교적　**经常** jīngcháng 圓자주, 늘

77

电动汽车不仅价格较低，而且不污染环境。但目前选择电动汽车的人并不多，最主要的原因是，能给它提供电的地方太少，使用起来不方便。

전기 자동차는 가격이 비교적 낮을 뿐만 아니라, 게다가 환경을 오염시키지 않는다. 그러나 현재 전기 자동차를 선택하는 사람은 결코 많지 않은데, 가장 주요한 원인은, 그것에 전기를 공급할 수 있는 곳이 너무 적어서, 사용하기에 불편하다는 것이다.

★ 目前购买电动汽车的人不多，这是因为：	★ 현재 전기 자동차를 구매하는 사람이 많지 않은데, 이것은 무엇 때문인가:
A 价格比较高	A 가격이 비교적 높다
B 车速不够快	B 차의 속도가 충분히 빠르지 않다
C 质量不算好	C 품질이 좋은 편은 아니다
D 不方便使用	**D 사용하기에 불편하다**

해설 질문의 目前购买电动汽车的人不多(현재 전기 자동차를 구매하는 사람이 많지 않다)와 관련된 부분을 지문에서 찾아 주변에서 그 이유를 파악한다. 지문에서 目前选择电动汽车的人并不多, 最主要的原因是……使用起来不方便(현재 전기 자동차를 선택하는 사람은 결코 많지 않은데, 가장 주요한 원인은……사용하기에 불편하다는 것이다)이라고 했으므로, 이를 통해 알 수 있는 D 不方便使用(사용하기에 불편하다)을 정답으로 선택한다.

어휘 **电动汽车** diàndòng qìchē 전기 자동차　**不仅……而且……** bùjǐn……érqiě…… ~뿐만 아니라, 게다가~　**价格** jiàgé 圓가격, 값
低 dī 圖낮다　**污染** wūrǎn 圖오염시키다　**环境** huánjìng 圓환경　**目前** mùqián 圓현재, 지금
选择 xuǎnzé 圖선택하다, 고르다　**主要** zhǔyào 圖주요하다　**原因** yuányīn 圓원인　**提供** tígōng 圖공급하다, 제공하다
地方 dìfang 圓곳, 장소　**使用** shǐyòng 圖사용하다　**方便** fāngbiàn 圖편리하다　**够** gòu 圓충분히　**质量** zhìliàng 圓품질, 질
不算 bú suàn ~한 편은 아니다

78

这学期我们没有去学校上课，而是上了网课。上网课不仅方便，还可以节约时间，只要有电脑或手机，就能在家上课。但我有时候觉得学习效果不是很好。

이번 학기에 우리는 학교에 가서 수업을 듣지 않고, 온라인 수업을 들었다. 온라인 수업을 듣는 것은 편리할 뿐만 아니라, 시간도 절약할 수 있고, 컴퓨터나 휴대폰만 있으면, 집에서 수업을 들을 수 있다. 그러나 나는 때때로 학습 효과가 그렇게 좋지는 않다고 생각한다.

★ 根据这段话，上网课：

　　A 需要去学校

　　B 不用问老师

　　C 可节约时间

　　D 学习效果好

★ 이 지문에 근거하여, 온라인 수업을 듣는 것은:

　　A 학교에 가야 한다

　　B 선생님에게 물어볼 필요가 없다

　　C 시간을 절약할 수 있다

　　D 학습 효과가 좋다

해설　질문의 上网课(온라인 수업을 듣는 것)와 관련된 내용을 지문에서 파악한다. 지문에서 上网课不仅方便, 还可以节约时间(온라인 수업을 듣는 것은 편리할 뿐만 아니라, 시간도 절약할 수 있다)이라고 했으므로 C 可节约时间(시간을 절약할 수 있다)을 정답으로 선택한다.

어휘　**学期** xuéqī 몡학기　　**而** ér 젭~고, 그리고　　**上网课** shàng wǎng kè 온라인 수업을 듣다
　　不仅……还…… bùjǐn……hái…… ~뿐만 아니라, ~도　　**方便** fāngbiàn 혭편리하다　　**节约** jiéyuē 통절약하다, 아끼다
　　只要 zhǐyào 젭~하기만 하면　　**效果** xiàoguǒ 몡효과　　**需要** xūyào 통~해야 한다, 필요하다

---

79 光学会说外语是远远不够的。学会了词语和语法，你虽然可以很流利地与外国人聊天，但这并不表示你能交流得很顺利。如果不理解其中的文化，你还是会在交流中引起很多误会。

외국어를 말할 줄만 아는 것은 턱없이 부족하다. 어휘와 어법을 배우고 나서, 비록 당신은 외국인과 유창하게 이야기할 수 있겠지만, 이것은 결코 당신이 순조롭게 소통할 수 있다는 것을 의미하지는 않는다. 만약 그 속의 문화를 이해하지 못한다면, 당신은 소통하는 도중에 여전히 많은 오해를 일으킬 것이다.

★ 为了交流顺利，学习外语时应该：

　　A 多练习听力

　　B 多做一些笔记

　　C 同时学习文化

　　D 积累大量词语

★ 순조롭게 소통하기 위해, 외국어를 공부할 때 마땅히 해야 하는 것은:

　　A 듣기를 많이 연습한다

　　B 필기를 더 많이 한다

　　C 동시에 문화를 배운다

　　D 많은 양의 어휘를 쌓는다

해설　질문의 为了交流顺利, 学习外语时应该(순조롭게 소통하기 위해, 외국어를 공부할 때 마땅히 해야 하는 것은)와 관련된 내용을 지문에서 파악한다. 지문에서 光学会说外语是远远不够的。(외국어를 말할 줄만 아는 것은 턱없이 부족하다.), 如果不理解其中的文化, 你还是会在相互交流中引起很多误会。(만약 그 속의 문화를 이해하지 못한다면, 당신은 소통하는 도중에 여전히 많은 오해를 일으킬 것이다.)라고 했으므로, 이를 통해 알 수 있는 C 同时学习文化(동시에 문화를 배운다)를 정답으로 선택한다.

어휘　**光** guāng 흼~만, 단지　　**远远不够** yuǎnyuǎn bú gòu 턱없이 부족하다　　**词语** cíyǔ 몡어휘, 단어　　**语法** yǔfǎ 몡어법
　　流利 liúlì 혭(말·문장이) 유창하다　　**与** yǔ 젠~와/과　　**聊天** liáotiān 통이야기하다　　**表示** biǎoshì 통의미하다, 나타내다
　　交流 jiāoliú 통소통하다, 교류하다　　**顺利** shùnlì 혭순조롭다　　**如果** rúguǒ 젭만약　　**理解** lǐjiě 통이해하다, 알다
　　其中 qízhōng 몡그 속, 그중　　**文化** wénhuà 몡문화　　**还是** háishi 흼여전히, 아직도　　**引起** yǐnqǐ 통일으키다, 야기하다
　　误会 wùhuì 몡오해 통오해하다　　**为了** wèile 젠~을 하기 위해　　**应该** yīnggāi 조통마땅히 ~해야 한다
　　练习 liànxí 통연습하다, 익히다　　**听力** tīnglì 몡듣기, 청력　　**做笔记** zuò bǐjì 필기하다　　**同时** tóngshí 몡동시
　　积累 jīlěi 통쌓이다, 누적하다　　**大量** dàliàng 혭많은 양의, 대량의

人可以通过语言交流，那么植物是否也有自己的"语言"呢？科学家发现，80在缺水的情况下，植物会发出小而特别的声音。缺水越严重，声音就越大。后来人们又发现，81在不同环境中，植物会发出不同的声音，如果植物感到舒服，发出的声音就会比较好听。

사람은 언어로 소통할 수 있다. 그렇다면 식물은 자신만의 '언어'가 있을까? 과학자들은 80물이 부족한 상황에서, 식물이 작고 특이한 소리를 낸다는 것을 알아냈다. 물 부족이 심할수록, 소리는 더 커졌다. 후에 사람들은 81각기 다른 환경에 있을 때, 식물은 각기 다른 소리를 내고, 만약 식물이 편안함을 느낀다면, 내는 소리가 비교적 듣기 좋다는 것을 알아냈다.

어휘 通过 tōngguò 께 ~로, ~를 통해 语言 yǔyán 몡 언어 交流 jiāoliú 통 소통하다, 교류하다 植物 zhíwù 몡 식물
是否 shìfǒu 쿠 ~인지 아닌지 自己 zìjǐ 때 자신, 스스로 科学家 kēxuéjiā 몡 과학자 发现 fāxiàn 통 알아내다, 발견하다
缺水 quē shuǐ 물이 부족하다 情况 qíngkuàng 몡 상황 特别 tèbié 몡 특이하다 声音 shēngyīn 몡 소리, 목소리
越……越 yuè……yuè ~할수록 ~하다 严重 yánzhòng 몡 심하다, 중대하다 不同 bù tóng 다르다 环境 huánjìng 몡 환경
如果 rúguǒ 졉 만약 舒服 shūfu 몡 편안하다 比较 bǐjiào 뵘 비교적

---

80 ★ 植物缺水时：

    A 能和人交流   B 容易被发现

    C 做一些动作   **D 会发出声音**

★ 식물은 물이 부족할 때：

A 사람과 소통할 수 있다 B 발견되기 쉽다

C 몇몇 동작을 한다   **D 소리를 낸다**

해설 질문의 植物缺水时(식물은 물이 부족할 때)과 관련된 내용을 지문에서 파악한다. 지문에서 在缺水的情况下，植物会发出小而特别的声音(물이 부족한 상황에서, 식물이 작고 특이한 소리를 낸다)이라고 했으므로, 이를 통해 알 수 있는 D 会发出声音(소리를 낸다)을 정답으로 선택한다.

어휘 容易 róngyì 몡 쉽다 动作 dòngzuò 몡 동작, 행동

---

81 ★ 根据这段话，不同环境中的植物：

    A 大小不同

    B 声音不同

    C 缺水情况不同

    D 花的颜色不同

★ 이 지문에 근거하여, 각기 다른 환경에서의 식물은：

A 크기가 다르다

B 소리가 다르다

C 물이 부족한 상황이 다르다

D 꽃의 색깔이 다르다

해설 질문의 不同环境中的植物(각기 다른 환경에서의 식물)와 관련된 내용을 지문에서 파악한다. 지문에서 在不同环境中，植物会发出不同的声音(각기 다른 환경에 있을 때, 식물은 각기 다른 소리를 낸다)이라고 했으므로, 이를 통해 알 수 있는 B 声音不同(소리가 다르다)을 정답으로 선택한다.

어휘 不同 bù tóng 다르다 环境 huánjìng 몡 환경 情况 qíngkuàng 몡 상황

실전모의고사 3

해커스 HSK 4급 한 권으로 합격

运动是锻炼身体、减少压力的最好方法。然而现在不少年轻人，白天由于工作太忙，没时间运动，就把运动时间推迟到睡觉前。其实 [82]在睡前运动会让人太兴奋，影响入睡。简单地说，就是在该睡觉的时候不想睡觉，早上却不能准时醒来。理想的运动时间应该是下午，[83]建议每天锻炼30分钟左右。

운동은 몸을 단련하고, 스트레스를 줄이는 가장 좋은 방법이다. 그러나 현재 많은 청년들은 낮에는 일이 너무 바쁘기 때문에, 운동할 시간이 없어서 운동 시간을 잠 자기 전으로 미룬다. 사실 [82]잠을 자기 전에 운동하는 것은 사람을 너무 흥분시켜서, 잠 드는 것에 영향을 준다. 간단하게 말하면, 자야 할 때 자고 싶지 않고, 아침에는 오히려 제때에 깰 수 없는 것이다. 이상적인 운동 시간은 오후이며, [83]30분 정도 매일 단련하는 것을 제안한다.

어휘 **锻炼** duànliàn 图단련하다 **减少** jiǎnshǎo 图줄이다, 감소하다 **压力** yālì 圆스트레스, 부담 **方法** fāngfǎ 圆방법, 수단
然而 rán'ér 圖그러나, 하지만 **年轻人** niánqīng rén 청년, 젊은이 **由于** yóuyú 젠~때문에
推迟 tuīchí 图미루다, 연기하다 **其实** qíshí 團사실, 실은 **兴奋** xīngfèn 图흥분하다 **影响** yǐngxiǎng 图영향을 주다 圆영향
入睡 rùshuì 图잠에 들다 **简单** jiǎndān 图간단하다, 단순하다 **却** què 團오히려, 도리어 **准时** zhǔnshí 圓제때에, 시간에 맞다
醒 xǐng 图깨어나다 **理想** lǐxiǎng 圆이상적이다 **建议** jiànyì 图제안하다 **分钟** fēnzhōng 圆분 **左右** zuǒyòu 圆정도

82

★ 睡前运动会：

A 减少压力

B 让人睡不着

C 让性格活泼

D 大大提高睡觉质量

★ 잠을 자기 전에 운동하면:

A 스트레스를 줄인다

B 잠들 수 없게 한다

C 성격이 활발해지게 한다

D 수면의 질을 크게 높인다

해설 질문의 **睡前运动**(잠을 자기 전에 운동하다)과 관련된 내용을 지문에서 파악한다. 지문에서 **在睡前运动会让人太兴奋，影响入睡**(잠을 자기 전에 운동하는 것은 사람을 너무 흥분시켜서, 잠 드는 것에 영향을 준다)라고 했으므로, B **让人睡不着**(잠들 수 없게 한다)를 정답으로 선택한다.

어휘 **睡不着** shuì bu zháo 잠들 수 없다 **性格** xìnggé 圆성격 **活泼** huópō 图활발하다 **大大** dàdà 團크게
提高 tígāo 图높이다, 향상시키다 **质量** zhìliàng 圆질, 품질

83

★ 关于运动，说话人在哪方面给出了建议？

A 时间   B 速度

C 地方   D 动作

★ 운동에 관해, 화자는 어느 분야의 제안을 하고 있는가?

A 시간   B 속도

C 장소   D 동작

해설 질문의 **运动**(운동), **建议**(제안)를 지문에서 찾아 주변 내용을 주의 깊게 읽는다. 지문에서 **建议每天锻炼30分钟左右**(30분 정도 매일 단련하는 것을 제안한다)라고 했으므로, 이를 통해 알 수 있는 A **时间**(시간)을 정답으로 선택한다.

어휘 **方面** fāngmiàn 圆분야, 부분 **速度** sùdù 圆속도 **地方** dìfang 圆장소, 곳 **动作** dòngzuò 圆동작, 행동

究竟什么是幸福？也许⁸⁴穷人会说有花不完的钱就是幸福，有人会说做自己喜欢的事就是幸福，而有人会觉得和喜欢的人在一起就是幸福。可见每个人对幸福的理解各不相同。幸福没有标准答案，一千个人会有一千种回答。⁸⁵幸福其实很简单，它是一种感觉，只要用心去找，就一定能发现。

행복이란 과연 무엇일까? 어쩌면 ⁸⁴가난한 사람은 다 쓰지 못할 정도의 돈이 있는 것이 행복이라고 할 수 있고, 어떤 사람은 자신이 좋아하는 일을 하는 것이 행복이라고 할 수 있으며, 어떤 사람은 자기가 좋아하는 사람과 같이 있는 것이 행복이라고 생각할 수 있을 것이다. 사람마다 행복에 대한 이해가 각기 다르다는 점을 알 수 있다. 행복에는 모범 답안이 없고, 천 명의 사람이 있으면 천 가지의 답이 있다. ⁸⁵행복은 사실 간단하다. 그것은 일종의 느낌이며, 열심히 찾기만 한다면, 반드시 발견할 수 있다.

어휘 　究竟 jiūjìng 图과연, 도대체 　幸福 xìngfú 圀행복 圄행복하다 　也许 yěxǔ 图어쩌면, 아마 　穷人 qióngrén 圀가난한 사람
花 huā 图쓰다, 소비하다 　自己 zìjǐ 떼자신, 스스로 　而 ér 圙~고, 그리고 　可见 kějiàn 圙~임을 알 수 있다
理解 lǐjiě 圄이해하다, 알다 　各不相同 gè bù xiāngtóng 각기 다르다, 서로 다르다 　标准答案 biāozhǔn dá'àn 모범 답안
种 zhǒng 떙가지, 종류 　回答 huídá 圄대답하다 　其实 qíshí 图사실, 실은 　简单 jiǎndān 匶간단하다, 단순하다
感觉 gǎnjué 圀느낌, 감각 　只要 zhǐyào 圙~하기만 하면 　用心 yòngxīn 圄열심히 하다, 마음을 쓰다 　一定 yídìng 图반드시
发现 fāxiàn 圄발견하다, 알아차리다

84
★ 对穷人来说，什么是幸福？

　A 身体健康　　　B 工作顺利

　C 有很多钱　　D 做喜欢的事

★ 가난한 사람에게, 행복이란 무엇인가?

　A 신체가 건강하다　　B 일이 순조롭다

　C 돈이 많다　　D 좋아하는 일을 한다

해설 　질문의 穷人(가난한 사람), 幸福(행복)를 지문에서 찾아 주변 내용을 주의 깊게 읽는다. 지문에서 穷人会说有花不完的钱就是幸福(가난한 사람은 다 쓰지 못할 정도의 돈이 있는 것이 행복이라고 할 수 있다)라고 했으므로, 이를 통해 알 수 있는 C 有很多钱(돈이 많다)을 정답으로 선택한다.

어휘 　健康 jiànkāng 圄건강하다 　顺利 shùnlì 圄순조롭다

85
★ 根据这段话，幸福：

　A 有些复杂　　　B 很难被发现

　C 有标准答案　　**D 是一种感觉**

★ 이 지문에 근거하여, 행복은:

　A 조금 복잡하다　　B 발견되기 어렵다

　C 모범 답안이 있다　**D 일종의 느낌이다**

해설 　질문의 幸福(행복)와 관련된 내용을 지문에서 파악한다. 지문에서 幸福其实很简单, 它是一种感觉(행복은 사실 간단하다. 그것은 일종의 느낌이다)라고 했으므로, D 是一种感觉(일종의 느낌이다)를 정답으로 선택한다.

어휘 　复杂 fùzá 圄복잡하다

86

实在 这种 太苦了 巧克力	→	대사+양사	명사	부사	부사+형용사+了
		这种	**巧克力**	**实在**	**太苦了。**
		관형어	주어	부사어	술어+了

해석 이런 초콜릿은 정말 너무 쓰다.

해설 Step 1 제시된 어휘 중 유일하게 술어가 될 수 있는 형용사를 포함한 '부사+형용사+了' 형태의 太苦了(너무 쓰다)를 '부사어+술어+了' 자리에 바로 배치한다. ⇨ 太苦了

Step 2 제시된 어휘 중 유일한 명사 巧克力(초콜릿)를 주어 자리에 바로 배치한다. ⇨ 巧克力 太苦了

Step 3 남은 어휘 중 '대사+양사' 형태의 这种(이런)을 주어 앞에 관형어로 배치하고, 부사 实在(정말)를 술어 앞에 부사어로 배치하여 문장을 완성한다. ⇨ 这种 巧克力 实在 太苦了

완성된 문장 这种巧克力实在太苦了。(이런 초콜릿은 정말 너무 쓰다.)

어휘 **实在** shízài 囝 정말, 확실히 **种** zhǒng 囫 종류, 가지 **苦** kǔ 園 쓰다 **巧克力** qiǎokèlì 囵 초콜릿

87

想去看 也 你是否 呢 表演	→	대사+부사	부사	조동사+동사+동사	동사	조사
		你是否	**也**	**想去看**	**表演**	**呢?**
		주어	부사어	술어1+술어2	목적어2	呢

해석 당신도 공연을 보러 가고 싶나요?

해설 Step 1 술어가 될 수 있는 동사가 去(가다)와 看(보다), 表演(공연하다) 3개이므로 연동문을 고려하여 문장을 완성해야 한다. 看이 去라는 행위의 목적을 나타내므로 '조동사+동사+동사' 형태의 想去看(가서 보고 싶다)을 '부사어+술어1+술어2' 자리에 바로 배치한다. ⇨ 想去看

Step 2 表演(공연하다)은 문맥상 술어 看(보다)의 목적어로 어울리므로 목적어2 자리에 배치하고, '대사+부사' 형태의 你是否(당신은 ~인지 아닌지)를 '주어+부사어' 자리에 배치한다. 참고로, 表演은 여기서 동사가 아닌 '공연'이라는 뜻의 명사처럼 쓰였다. ⇨ 你是否 想去看 表演

Step 3 부사 也(~도)를 술어1 앞에 부사어로 배치한 후, 조사 呢를 문장 맨 끝에 배치하고 물음표를 붙여 문장을 완성한다. ⇨ 你是否 也 想去看 表演 呢

완성된 문장 你是否也想去看表演呢?(당신도 공연을 보러 가고 싶나요?)

어휘 **是否** shìfǒu 囝 ~인지 아닌지 **表演** biǎoyǎn 園 공연하다

88

吗 是你朋友 那个 戴帽子的	→	대사+양사	동사+명사+的	동사+대사+명사	조사
		那个	**戴帽子的**	**是你朋友**	**吗?**
		관형어	주어	술어+관형어+목적어	吗

해석 모자를 쓴 저 사람은 당신 친구인가요?

해설 Step 1 제시된 어휘 중 是(~이다)이 있으므로, 是자문을 완성해야 한다. 동사 是을 포함한 '동사+대사+명사' 형태의 是你朋友(당신 친구이다)를 '술어+관형어+목적어' 자리에 배치한다. ⇨ 是你朋友

Step 2 '대사+양사' 형태의 那个(저)와 '동사+명사+的' 형태의 戴帽子的(모자를 쓴)를 那个戴帽子的(모자를 쓴 저)로 연결한 후 '관형어+주어' 자리에 배치한다. 참고로 那个戴帽子的 뒤에는 人(사람)이 생략되었다. ⇨ 那个 戴帽子的 是你朋友

Step 3 남은 어휘인 의문을 나타내는 조사 吗를 문장 맨 끝에 배치하고 물음표를 붙여 문장을 완성한다. ⇨ 那个 戴帽子的 是你朋友 吗

완성된 문장 那个戴帽子的是你朋友吗?(모자를 쓴 저 사람은 당신 친구인가요?)

어휘 **戴** dài 園 (안경, 모자, 시계 등을) 쓰다, 착용하다 **帽子** màozi 囵 모자

89

	동사+동사+명사	부사+把	명사	동사+동사
散完步　接回来　孙子　顺便把　→	散完步	顺便把	孙子	接回来。
	주어	부사어+把	행위의 대상	술어+방향보어 기타성분

해석　산책이 끝난 후 겸사겸사 손자를 데리고 오세요.

해설　Step 1　제시된 어휘 중 把가 있으므로, 把자문을 완성해야 한다. '동사+동사' 형태의 接回来(데리고 오다)를 '술어+기타성분' 자리에 배치하고, 顺便把(겸사겸사 ~를)를 술어 앞에 배치한다. 참고로, 接回来에서 回来는 방향보어 형태의 기타성분이다. ⇨ 顺便把　接回来

　　　　Step 2　'동사+동사+명사' 형태의 散完步(산책이 끝난 후)와 명사 孙子(손자) 중, 孙子가 술어 接回来의 대상이 되므로 把 다음 행위의 대상 자리에 배치하고, 散完步는 주어 자리에 배치하여 문장을 완성한다.
　　　　　　　⇨ 散完步　顺便把　孙子　接回来

　　　　완성된 문장 散完步顺便把孙子接回来。(산책이 끝난 후 겸사겸사 손자를 데리고 오세요.)

어휘　散步 sànbù 图산책하다　接 jiē 图데리고 오다, 마중하다　孙子 sūnzi 图손자　顺便 shùnbiàn 囝겸사겸사, ~하는 김에

90

	대사+명사+的	명사+명사	동사	得	부사+형용사
安排　这学期的　非常满　专业课　得　→	这学期的	专业课	安排	得	非常满。
	관형어	주어	술어	得	정도보어

해석　이번 학기의 전공 수업은 매우 꽉 차게 배정되어 있다.

해설　Step 1　제시된 어휘 중 구조조사 得가 있으므로 '술어+得+보어' 형태의 문장을 완성해야 한다. 제시된 어휘 중 유일한 동사인 安排(배정하다)를 술어 자리에, '부사+형용사' 형태의 非常满(매우 꽉 차다)을 정도보어 자리에 배치한다.
　　　　　　　⇨ 安排　得　非常满

　　　　Step 2　'명사+명사' 형태의 专业课(전공 수업)를 주어 자리에 배치하고, '대사+명사+的' 형태의 这学期的(이번 학기의)를 주어 앞에 관형어로 배치하여 문장을 완성한다. ⇨ 这学期的　专业课　安排　得　非常满

　　　　완성된 문장 这学期的专业课安排得非常满。(이번 학기의 전공 수업은 매우 꽉 차게 배정되어 있다.)

어휘　安排 ānpái 图(인원 시간 등을) 배정하다　学期 xuéqī 图학기　满 mǎn 图꽉 차다, 가득하다　专业 zhuānyè 图전공

91

	명사+명사+是	동사	형용사+명사+동사	的
大声说话　禁止　图书馆里是　的　→	图书馆里是	禁止	大声说话	的。
	주어+是	술어	부사어+목적어	的

해석　도서관 안에서는 큰 소리로 떠드는 것이 금지입니다.

해설　Step 1　제시된 어휘 중 是과 的가 있으므로, 是……的 구문을 완성해야 한다. '명사+명사+是' 형태인 图书馆里是(도서관 안에서는)을 '주어+是' 자리에 배치한다. ⇨ 图书馆里是

　　　　Step 2　'형용사+명사+동사' 형태의 大声说话(큰 소리로 떠들다)와 동사 禁止(금지하다) 중 문맥상 술어로 어울리는 禁止을 술어 자리에 배치하고, 大声说话를 '부사어+목적어' 자리에 배치한다. ⇨ 图书馆里是　禁止　大声说话

　　　　Step 3　남은 어휘인 的를 문장 맨 뒤에 배치하여 문장을 완성한다. 참고로, 여기에서 是……的 구문은 어떤 사물·상황에 대한 설명의 어기를 나타낸다. ⇨ 图书馆里是　禁止　大声说话　的

　　　　완성된 문장 图书馆里是禁止大声说话的。(도서관 안에서는 큰 소리로 떠드는 것이 금지입니다.)

어휘　大声 dà shēng 큰 소리　禁止 jìnzhǐ 图금지하다

92

	명사	被+명사+명사	동사+동사+了	명사
被四川菜　妈妈　眼泪　辣出了　→	妈妈	被四川菜	辣出了	眼泪。
	주어	被+행위의 주체	술어	기타성분

해석　엄마는 쓰촨 요리 때문에 매워서 눈물이 나왔다.

해설　Step 1　제시된 어휘 중 被가 있으므로, 被자문을 완성해야 한다. 유일하게 동사를 포함하고 있는 '동사+동사+了' 형태의 辣出了(매워서 ~가 나왔다)를 '술어+기타성분' 자리에 바로 배치한다. 참고로, 辣出了에서 出는 방향보어이며, 辣는 '맵

다'라는 뜻의 형용사로 자주 쓰이지만 '(매운맛이) 자극하다'라는 뜻의 동사로도 쓰일 수 있다. ➡ 辣出了

Step2 '被+명사+명사' 형태의 被四川菜(쓰촨 요리에 의해)를 술어 앞에 배치한다. ➡ 被四川菜 辣出了

Step3 명사 妈妈(엄마)와 眼泪(눈물) 중, 문맥상 辣出了(매워서 ~가 나왔다)의 주어로 어울리는 妈妈를 주어 자리에 배치하고, 眼泪를 목적어 자리에 배치하여 문장을 완성한다. ➡ 妈妈 被四川菜 辣出了 眼泪

완성된 문장 妈妈被四川菜辣出了眼泪。(엄마는 쓰촨 요리 때문에 매워서 눈물이 났다.)

어휘 四川 Sìchuān 고유 쓰촨, 사천 眼泪 yǎnlèi 명 눈물 辣 là 동 (매운 맛이) 자극하다, 얼얼하다 형 맵다

93

距离 半个小时 登机 还有	→	동사	동사	부사+동사	수사+양사+명사
		距离	登机	还有	半个小时。
		주어		부사어+술어	목적어

해석 탑승하기까지 30분이 더 남았다.

해설 Step1 제시된 어휘 중 有(~이 있다)가 있으므로, 有자문을 완성해야 한다. '부사+동사' 형태의 还有(더 남았다)를 '부사어+술어' 자리에 배치한다. ➡ 还有

Step2 문맥상 술어 有의 목적어로 어울리는 半个小时(30분)을 목적어 자리에 배치하고, 동사 距离와 登机를 距离登机(탑승하기까지)로 연결한 후 주어 자리에 배치하여 문장을 완성한다. ➡ 距离 登机 还有 半个小时

완성된 문장 距离登机还有半个小时。(탑승하기까지 30분이 더 남았다.)

어휘 距离 jùlí 동 ~로부터 떨어지다 명 거리, 간격 半个小时 bàn ge xiǎoshí 30분

94

成为了 写作业 烦恼 他最大的	→	동사+명사	동사+了	대사+부사+형용사+的	형용사
		写作业	成为了	他最大的	烦恼。
		주어	술어+了	관형어	목적어

해석 숙제를 하는 것은 그의 가장 큰 고민거리가 되었다.

해설 Step1 '동사+了' 형태의 成为了(되었다), '동사+명사' 형태의 写作业(숙제를 하다), 형용사 烦恼(고민스럽다) 중 成为了를 '술어+了' 자리에 바로 배치한다. 참고로, 동태조사 了는 술어 뒤에서 동작의 완료를 나타내므로 동태조사 了가 붙은 동사는 바로 술어 자리에 배치할 수 있다. ➡ 成为了

Step2 남은 어휘 중 문맥상 술어 成为(되다)의 목적어로 어울리는 형용사 烦恼(고민스럽다)를 목적어 자리에 배치한다. 참고로, 이 문장에서 烦恼는 '고민거리'라는 뜻의 명사처럼 쓰였다. ➡ 成为了 烦恼

Step3 '동사+명사' 형태의 写作业(숙제를 하다)를 주어로 배치하고, 他最大的(그의 가장 큰)를 목적어 앞에 관형어로 배치하여 문장을 완성한다. ➡ 写作业 成为了 他最大的 烦恼

완성된 문장 写作业成为了他最大的烦恼。(숙제를 하는 것은 그의 가장 큰 고민거리가 되었다.)

어휘 成为 chéngwéi 동 ~이 되다, ~로 변하다 写作业 xiě zuòyè 숙제를 하다 烦恼 fánnǎo 형 고민스럽다, 걱정스럽다

95

亚洲国家 来自 主要 这些学生	→	대사+양사+명사	형용사	동사	명사+명사
		这些学生	主要	来自	亚洲国家。
		관형어+주어	부사어	술어	관형어+목적어

해석 이 학생들은 주로 아시아 국가에서 왔다.

해설 Step1 제시된 어휘 중 술어가 될 수 있는 동사 来自(~에서 오다)와 형용사 主要(주요하다)를 主要来自(주로 ~에서 오다)로 연결하여 '부사어+술어' 자리에 배치한다. 참고로, 主要는 '주로'라는 뜻의 부사처럼 자주 쓰임을 알아 둔다.
➡ 主要 来自

Step2 '명사+명사' 형태의 亚洲国家(아시아 국가)와 '대사+양사+명사' 这些学生(이 학생들) 중, 문맥상 술어 来自(~에서 오다)의 목적어로 자연스러운 亚洲国家를 '관형어+목적어' 자리에, 这些学生을 '관형어+주어' 자리에 배치하여 문장을 완성한다. ➡ 这些学生 主要 来自 亚洲国家

완성된 문장 这些学生主要来自亚洲国家。(이 학생들은 주로 아시아 국가에서 왔다.)

어휘 亚洲 Yàzhōu 고유 아시아 国家 guójiā 명 국가, 나라 来自 láizì 동 ~에서 오다 主要 zhǔyào 형 주요하다

96

味道 wèidao 阌맛

Step 1 우리말로 문장 떠올리기
죄송하지만 맛 좀 봐주실 수 있나요?

Step 2 중국어로 활용 표현 써 보기
尝 cháng 阊맛보다

Step 3 중국어로 문장 쓰기
麻烦你可以帮我尝一尝味道吗?

+ 모범답안 ① 麻烦你可以帮我尝一尝味道吗? 죄송하지만 맛 좀 봐 주실 수 있나요?
　　　템플릿 麻烦你可以帮我……吗?: 죄송하지만 ~해 주실 수 있나요?

② 这碗汤味道有点儿咸。 이 국은 맛이 조금 짜요.

③ 弟弟做的汤味道很不错。 남동생이 만든 국은 맛이 좋다.

어휘 麻烦 máfan 阊번거롭게 하다, 폐를 끼치다   碗 wǎn 阌그릇, 공기   汤 tāng 阌국, 탕   咸 xián 阌짜다

97

逛 guàng 阊구경하다, 거닐다

Step 1 우리말로 문장 떠올리기
나는 거리를 구경하는 것을 아주 좋아한다.

Step 2 중국어로 활용 표현 써 보기
街 jiē 阌거리

Step 3 중국어로 문장 쓰기
我特别喜欢逛街。

+ 모범답안 ① 我特别喜欢逛街。 나는 거리를 구경하는 것을 아주 좋아한다.
　　　템플릿 我特别喜欢……。: 나는 ~을 아주 좋아한다.

② 她是个很喜欢逛街的人。 그녀는 쇼핑하는 것을 매우 좋아하는 사람이다.
　　　템플릿 ……是个很……的人。: ~는 ~한 사람이다.

③ 听说那家商场正在打折,我们去逛逛吧。 듣자 하니 그 백화점이 할인하고 있다고 해요. 우리 구경하러 가요.

어휘 逛街 guàngjiē 거리를 구경하다, 쇼핑하다   商场 shāngchǎng 阌백화점   打折 dǎzhé 阊할인하다, 가격을 깎다

98

Step 1 우리말로 문장 떠올리기
이 자료의 내용은 정말 너무 어렵다.

Step 2 중국어로 활용 표현 써 보기
材料 cáiliào 阌자료, 재료

Step 3 중국어로 문장 쓰기
这份材料的内容实在太难了。

份 fèn 阌부[신문·문서 등을 세는 단위],
개[추상적인 것을 세는 단위]

+ 모범답안 ① 这份材料的内容实在太难了。 이 자료의 내용은 정말 너무 어렵다.
　　　템플릿 ……实在太……了。: ~는 정말 너무 ~하다.

② 他打印了好几份材料。 그는 자료를 여러 부 인쇄했다.

③ 你把这份材料发到我的邮箱吧。 이 자료를 제 메일로 보내 주세요.

어휘 内容 nèiróng 阌내용   实在 shízài 閄정말, 확실히   打印 dǎyìn 阊인쇄하다   发 fā 阊보내다   邮箱 yóuxiāng 阌메일

擦 cā 图닦다

Step 1	우리말로 문장 떠올리기 당신 빨리 안경을 닦으세요.
Step 2	중국어로 활용 표현 써 보기 眼镜 yǎnjìng 图안경
Step 3	중국어로 문장 쓰기 你快点儿擦眼镜吧。

+ 모범답안　① 你快点儿擦眼镜吧。 당신 빨리 안경을 닦으세요.
　　　　　 템플릿 你快点儿……吧。: 당신 빨리 ~하세요.

　　　　　 ② 我每天都会把眼镜擦得很干净。 나는 매일 안경을 깨끗하게 닦곤 한다.
　　　　　 템플릿 我每天都会……。: 나는 매일 ~하곤 한다.

　　　　　 ③ 他把眼镜擦了一遍。 그는 안경을 한 번 닦았다.

어휘　干净 gānjìng 图깨끗하다　遍 biàn 图번, 회

99

占线 zhànxiàn 图통화 중이다

Step 1	우리말로 문장 떠올리기 왕 매니저는 통화 중인 것 같다.
Step 2	중국어로 활용 표현 써 보기 电话 diànhuà 图전화
Step 3	중국어로 문장 쓰기 王经理的电话好像占线了。

+ 모범답안　① 王经理的电话好像占线了。 왕 매니저는 통화 중인 것 같다.
　　　　　 템플릿 ……好像……了。: ~는 (마치) ~인 것 같다.

　　　　　 ② 刚才你的电话怎么一直占线? 방금 당신은 왜 계속 통화 중이었나요?

　　　　　 ③ 小东没回我信息，电话也总是占线。 샤오둥은 내 문자 메시지에 답장하지 않았고, 줄곧 통화 중이다.

어휘　经理 jīnglǐ 图매니저　好像 hǎoxiàng 图(마치) ~인 것 같다　一直 yìzhí 图계속, 줄곧　信息 xìnxī 图문자 메시지
　　　总是 zǒngshì 图줄곧, 항상

100

해커스중국어 china.Hackers.com

본 교재 인강 · 교재 무료 MP3 · 1-4급 필수어휘 1200 PDF 및 MP3
병음북 PDF · 무료 받아쓰기&쉐도잉 프로그램 · 해커스 HSK IBT 쓰기 트레이너

중국어도 역시

1위 해커스중국어

중국어인강
1위

네이버
검색어 트렌드
1위

강의 만족도
96.4%

[인강] 주간동아 선정 2019 한국 브랜드만족지수 교육(중국어인강) 부문 1위
[트렌드] 주요 5개 업체 간의 네이버 검색어 트렌드 검색량 비교 결과(검색어: 업체명+중국어, 대표 강사 및 상품 등 2019.07.~2020.07.)
[만족도] 해커스중국어 2020 강의 수강생 대상 설문조사 취합 결과

중국어인강 **1위 해커스**의 저력,
수많은 HSK 합격자로 증명합니다.

HSK 200% 환급반 4급
성적미션 환급자

합격 점수
평균 253점

* 성적 미션 달성자
**HSK 200% 환급반 4급 성적미션 환급대상자 56명 기준(2023.03.28.~2024.04.15.)

HSK 200% 환급반 5급
성적미션 환급자

합격 점수
평균 234점

* 성적 미션 달성자
** HSK 200% 환급반 5급 성적미션 환급대상자 86명 기준(2023.03.28.~2024.04.15.)

HSK 6급 252점 고득점 합격

HSK 6급(2023.11.18) 汉语水平考试			총점
듣기	독해	쓰기	**총점**
90	80	82	252

HSK 환급반 수강생 정*웅님 후기

이미 많은 선배들이 **해커스중국어**에서
고득점으로 HSK 졸업 했습니다.

잃었던 자신의 꿈을 위해
자기개발을 다시 시작하는
워킹맘 A씨도

어학성적을 바탕으로
남들보다 빠른 취업을 희망하는
취준생 B씨도

실무를 위한
중국어 어학 능력이 필요한
직장인 C씨도

" HSK로 자신의 꿈에 한 걸음 더 가까워졌습니다. "

당신의 꿈에 가까워지는 길
해커스중국어가 함께 합니다.